中华人民共和国史编年

2016 年卷

当代中国研究所　中央档案馆 编

当代中国出版社
Contemporary China Publishing House
2019 年 · 北京

目　录

凡　例

一　《中华人民共和国史编年》（简称《国史编年》）是以编年体全面反映中华人民共和国各个领域重大史事的资料书，旨在为研究中华人民共和国史提供翔实可靠的史料，同时也为国内外读者查阅有关中华人民共和国史的资料提供方便。

二　举凡涉及中华人民共和国政治、经济、文化、科技、教育、卫生、民族、社会、人口、宗教、疆域、地理、区划、灾害、气候、生态、资源、军事、国防、外交等方面的大事，均在编写之列。

三　《国史编年》为多卷本，自1949年起，每年独立成卷，采用纲目体编写。

四　《国史编年》由纲文、目文、注释、附录等部分组成。部分条目史事简单，将纲目合一，仅以纲文记事。与纲目文内容相关的重要文献或史料，分别以文献或附录形式附在纲文或目文之后，并标明资料来源。对纲目文涉及的人名、地名等，作必要注释。注释采用页末脚注。

五　《国史编年》条目采自原始的或权威的资料，凡对某一事件有两种或两种以上说法的，在经过认真考证后，采用相对准确的说法，并用注释加以说明。

六　《国史编年》条目以时间先后为序，逐日排列。难以确定具体日期的，视具体情况分别标以上旬、中旬、下旬，月初、月底，或月、季、上半年、下半年。

七　在编写《国史编年》的条目时，原则上一事一条，遇有重大事件或一件事始终时间间隔较长的，可以出两个条目。

八　《国史编年》对各种机构、会议的称谓，凡文字较多的，在文内用简称，并在附录中附有该机构的全称与简称对照表。

九　《国史编年》采用1986年经国务院批示由国家语言文字工作委员会重

新发表的《简化字总表》，以及1988年由国家语言文字工作委员会和新闻出版署发布的《现代汉语通用字表》收录的汉字。

十 《国史编年》所用数字，除习惯用法或特殊用法以汉字标示外，一般用阿拉伯数字。文献中的数字遵从原文中的用法。

十一 《国史编年》中的人物在加注时，凡中国人，只注明生卒年（不详者空缺备考）、民族、籍贯、时任职务（兼数职者注主要职务）。凡外国人，取其标准译名，只注国别和时任职务。

十二 凡条目所涉及的内容在本卷或之前各卷中有相关内容的，凡编者认为有必要提示的，在该条目中用括号标注：参见本卷某月某日，或《国史编年》某某年卷某月某日。

十三 《国史编年》每卷在目录后面均置：（1）《凡例》，说明《国史编年》的体例；（2）《本卷编辑说明》，概述该年基本历史脉络、特点、主要资料来源、未尽事宜和作者分工。

《中华人民共和国史编年》编委会

2019年5月30日

本卷编辑说明

本卷为《中华人民共和国史编年》(简称《国史编年》)2016年卷，起止时间为2016年1月1日至12月31日。

2016年10月召开的中共十八届六中全会明确确立了习近平总书记在党中央和全党的核心地位。坚决维护习近平总书记的核心地位，是这次全会取得的最重大成果和历史性贡献。习近平总书记的核心地位，是在领导和推进伟大斗争、伟大事业、伟大工程的进程中形成的，党的十八大以来党和国家波澜壮阔的发展历程充分证明，习近平总书记是众望所归、名副其实、当之无愧的党中央的核心、全党的核心。确立习近平为全党核心，是全党的选择，是人民的选择，是历史和实践的选择，是全党全军全国各族人民的共同心愿，是党和国家的根本利益所在，是坚持和加强党的领导的根本保证。这个我们党发展历程中具有重要里程碑意义的大事，载入了党和国家光辉史册。

2016年在政治建设方面，扎实开展“两学一做”学习教育，认真落实党中央八项规定精神，坚决纠正“四风”，严格执行国务院“约法三章”。依法惩处一批腐败分子，反腐败斗争形成压倒性态势。新修订的《中国共产党廉洁自律准则》和《中国共产党纪律处分条例》正式施行；6月28日，中共中央政治局审议通过了《中国共产党问责条例》；党的十八届六中全会通过了《关于新形势下党内政治生活的若干准则》，对加强和规范党内政治生活的重点内容、主要任务、重要举措作出系统部署；全会还通过了《中国共产党党内监督条例》，从制度建设角度强化了新形势下的党内监督。

2016年在法制建设方面，全国人大常委会制定了深海海底区域资源勘探开发法、慈善法、境外非政府组织境内活动管理法、资产评估法、国防交通法、网络安全法、电影产业促进法、中医药法、公共文化服务保障法、环境保护税法等，修改节约能源法、外资企业法等27部法律，还依法对辽宁拉票贿选案的有关问题进行处理、对香港基本法第一百零四条作出解释等。

2016年是“十三五”发展规划的开局之年，中国发展面临国内外诸多矛盾叠加、风险隐患交汇的严峻挑战，经济继续保持了6.7%增长速度，仍然名列世界前茅，对全球经济增长的贡献率超过30%。居民消费价格上涨2%；工业企业利润由上年下降2.3%转为增长8.5%，单位国内生产总值能耗下降5%，经济发展的质量和效益明显提高；全年城镇新增就业1314万人，年末城镇登记失业率4.02%，为多年来最低；服务业增加值占国内生产总值比重上升到51.6%；全年新登记企业增长24.5%，平均每天新增1.5万户，加上个体工商户等，各类市场主体每天新增4.5万户；新建高速铁路投产里程超过1900公里，新建改建高速公路6700多公里、农村公路29万公里；新开工重大水利工程21项，新增第四代移动通信用户3.4亿、光缆线路550多万公里；全国居民人均可支配收入实际增长6.3%，农村贫困人口减少1240万，其中易地扶贫搬迁人口超过240万，棚户区住房改造600多万套，农村危房改造380多万户；国内旅游快速增长，出境旅游超过1.2亿人次。

2016年改革开放和经济社会发展等各项工作实现了预期目标，稳中有进，各领域工作和取得的成效主要表现在以下几个方面：

继续创新和加强宏观调控，经济运行保持在合理区间。全面推开营改增试点，全年降低企业税负5700多亿元，所有行业实现税负只减不增。制定实施中央与地方增值税收入划分过渡方案，确保地方既有财力不变。扩大地方政府存量债务置换规模，降低利息负担约4000亿元。稳健的货币政策灵活适度，广义货币M2增长11.3%，低于13%左右的预期目标。

着力抓好“三去一降一补”，供给结构有所改善。以钢铁、煤炭行业为重点去产能，全年退出钢铁产能超过6500万吨、煤炭产能超过2.9亿吨，超额完成年度目标任务，分流职工得到较好安置。支持农民工在城镇购房，提高棚改货币化安置比例，房地产去库存取得积极成效。推动企业兼并重组，发展直接融资，实施市场化法治化债转股，工业企业资产负债率有所下降。着眼促进企业降成本，出台减税降费、降低“五险一金”缴费比例、下调用电价格等举措。

大力深化改革开放，发展活力进一步增强。在提前完成本届政府减少行政审批事项三分之一目标的基础上，又取消165项国务院部门及其指定地方实施的审批事项，清理规范192项审批中介服务事项、220项职业资格许可认定事项。深化商事制度改革。全面推行“双随机、一公开”，增强事中事后监管的有效性，推进“互联网+政务服务”。推动国有企业调整重组和混合所有制改革。建立公平竞争审查制度。深化资源税改革。完善农村土地“三权分置”办法，建立贫困退出机制。推进科技管理体制改革，扩大高校和科研院所自主权，出台以增加知识价值为导向的分配政策。放开养老服务市场。扩大公立医院综合改革试点，深化药品医疗器械审评审批制度改革。制定自然资源统一确权登记办法，开展省以下环保机构监测监察执法垂直管理、耕地轮作休耕改革等试点，全面推行河长制，健全生态保护补偿机制。

积极扩大对外开放。推进“一带一路”建设，与沿线国家加强战略对接、务实合作。人民币正式纳入国际货币基金组织特别提款权货币篮子。“深港通”开启。完善促进外贸发展措施，新设12个跨境电子商务综合试验区，进出口逐步回稳。推广上海等自贸试验区改革创新成果，新设7个自贸试验区。除少数实行准入特别管理措施领域外，外资企业设立及变更一律由审批改为备案管理。实际使用外资1300多亿美元，继续位居发展中国家首位。

2016年，二十国集团领导人第十一次峰会在杭州市召开，习近平主席出席并参加有关活动。杭州峰会是2016年我国最重要的主场外交，也是新中国成立以来我国主办的层级最高、影响最深远的多边峰会。会议主题议题和成果有雄心、有视野、有创新，具有开创性、方向性、标志性意义，为摆脱当前世界经济困局提供了新思路，为深化国际经济合作指明了新方向，体现了中国的广阔战略视野，展现了中国领导人的博大气度胸怀。

强化创新引领，新动能快速成长。深入推进“互联网+”行动和国家大数据战略，全面实施《中国制造2025》，落实和完善“双创”政策措施。部署启动面向2030年的科技创新重大项目，支持北京、上海建设具有全球影响力的科技创新中心，新设6个国家自主创新示范区。全社会研发经费支出与国内生产总值之比达到2.08%。国内有效发明专利拥有量突破100万件，技术交易额超过1万亿元。科技进步贡献率上升到56.2%，创新对发展的支撑作用明显增强。

促进区域城乡协调发展，新的增长极增长带加快形成。深入实施“一带一路”建设、京津冀协同发展、长江经济带发展三大战略，启动建设一批重点项目。编制西部大开发“十三五”规划，实施新一轮东北振兴战略，推动中部地区崛起，支持东部地区率先发展。加快推进新型城镇化，深化户籍制度改革，全面推行居住证制度，又有1600万人进城落户。

加强生态文明建设，绿色发展取得新进展。制定实施生态文明建设目标评价考核办法，建设国家生态文明试验区。强化大气污染治理，二氧化硫、氮氧化物排放量分别下降5.6%和4%，74个重点城市细颗粒物（$PM_{2.5}$）年均浓度下降9.1%。优化能源结构，清洁能源消费比重提高1.7个百分点，煤炭消费比重下降2个百分点。推进水污染防治，出台土壤污染防治行动计划。开展中央环境保护督察，严肃查处一批环境违法案件，推动了环保工作深入开展。

注重保障和改善民生，人民群众获得感增强。全面推进脱贫攻坚，全国财政专项扶贫资金投入超过1000亿元。提高低保、优抚、退休人员基本养老金等标准，为1700多万困难和重度残疾人发放生活或护理补贴。财政性教育经费支出占国内生产总值比例继续超过4%。重点高校招收贫困地区农村学生人数增长21.3%。免除农村贫困家庭学生普通高中学杂费。全年资助各类学校家庭困难学生8400多万人次。通过及时有力开展抢险救灾，在部分地区特别是长江流域发生严重洪涝等灾害中，紧急转移安置900多万人次，最大限度降低了灾害损失，恢复重建有序进行。

哲学社会科学建设取得重大突破，5月17日，中共中央总书记、国家主席、中央军委主席习近平在北京主持召开哲学社会科学工作座谈会并发表重要讲话，有力推进了哲学社会科学的发展。在科技和文化体育建设方面，“中国天眼”落成启用，“悟空”号已在轨运行一年，“墨子号”飞向太空，神舟十一号和天宫二号遨游星汉，中国奥运健儿勇创佳绩，中国女排时隔12年再次登上奥运会最高领奖台。

这一年，中国还隆重庆祝了中国共产党成立95周年、纪念了中国工农红军长征胜利80周年。习近平总书记在庆祝中国共产党成立95周年大会的讲话中首次提出“不忘初心，继续前进”。

2016年，中央军委将四个总部改为15个职能部门，重新调整划设战区、组建战区联合作战指挥机构，健全军委联合作战指挥机构，着力构建军委——战区——部队的作战指挥体系和军委——军种——部队的领导管理体系，这是推进领导掌握部队和高效指挥部队有机统一重大举措。这一年，中国人民解放军原七大军区撤销，五大战区正式成立。这是党中央和中央军委着眼实现中国梦强军梦作出的战略决策，是全面实施改革强军战略的标志性举措，是构建我军联合作战体系的历史性进展，对确保我军能打仗、打胜仗，有效维护国家安全，具有重大而深远的意义。中国军队由此进入“战区时代”。

中国特色大国外交卓有成效。习近平等国家领导人出访多国，出席亚太经合组织领导人非正式会议、上海合作组织峰会、金砖国家领导人会晤、核安全峰会、联大系列高级别会议、亚欧首脑会议、东亚合作领导人系列会议等重大活动。成功举办澜沧江—湄公河合作首次领导人会议。同主要大国协调合作得到加强，同周边国家全面合作持续推进，同发展中国家友好合作不断深化，同联合国等国际组织联系更加密切。积极促进全球治理体系改革与完善。推动《巴黎协定》生效。经济外交、人文交流成果丰硕。坚定维护国家领土主权和海洋权益。中国作为负责任大国，在国际和地区事务中发挥了建设性作用，为世界和平与发展做出了重要贡献。

在取得上述成绩的同时，中国经济和社会发展中还存在不少困难和问题。经济增长内生动力仍需增强，部分行业产能过剩严重，一些企业生产经营困难较多，地区经济走势分化，财政收支矛盾较大，经济金融风险隐患不容忽视。环境污染形势依然严峻，特别是一些地区严重雾霾频发，治理措施需要进一步加强。在住房、教育、医疗、养老、食品药品安全、收入分配等方面，人民群众还有不少不满意的地方。煤矿、建筑、交通等领域发生了一些重大安全事故。政府工作存在不足，有些改革举措和政策落实不到位，涉企收费多、群众办事难等问题仍较突出，行政执法中存在不规范不公正不文明现象，少数干部懒政怠政、推诿扯皮，一些领域腐败问题时有发生。这些问题需要今后在改革和发展中去逐步解决。

本卷在编写过程中，依据和参考文献的主要来源为《习近平谈治国理政》第二卷、《十八大以来重要文献选编》（中）、《十八大以来新发展新成就》、《国务院公报》、《中国统计年鉴》、《人民日报》、《光明日报》、《经济日报》、中国共产党新闻网、中国政府网、中国人大网、中国政协网、中华人民共和国最高人民法院网、中华人民共和国最高人民检察院网、新华网、人民网及国务院各部委网站等。

本卷在编写过程中，武力、王凤环、徐成参加了统稿工作，吴文红参与了资料整理和编辑工作，王绍忠、焦东华、纪国伟等参加了审定稿工作。

本卷撰稿人的分工如下：陈希驰：1月1日—1月31日；戴燕军：2月1日—4月30日，6月1日—6月30日，8月1日—8月31日；徐成：5月1日—5月31日，7月1日—7月31日，9月1日—12月31日；章舜粤：附录

本卷编写组

正 文

1 月

1月1日

［纲　文］ **中共中央、国务院印发《关于落实发展新理念加快农业现代化实现全面小康目标的若干意见》。**

［目　文］《意见》由六个部分组成：一、持续夯实现代农业基础，提高农业质量效益和竞争力。二、加强资源保护和生态修复，推动农业绿色发展。三、推进农村产业融合，促进农民收入持续较快增长。四、推动城乡协调发展，提高新农村建设水平。五、深入推进农村改革，增强农村发展内生动力。六、加强和改善党对“三农”工作领导。

《意见》强调，深入开展中国特色社会主义和中国梦宣传教育，加强农村思想道德建设，大力培育和弘扬社会主义核心价值观，增强农民的国家意识、法治意识、社会责任意识，加强诚信教育，倡导契约精神、科学精神，提高农民文明素质和农村社会文明程度。深入开展文明村镇、“星级文明户”、“五好文明家庭”创建，培育文明乡风、优良家风、新乡贤文化。广泛宣传优秀基层干部、道德模范、身边好人等先进事迹。

1月1日

［纲　文］ **《求是》杂志发表习近平《在党的十八届五中全会第二次全体会议上的讲话（节选）》。**

［目　文］《讲话（节选）》共四个部分：一、深刻分析了全面建成小康社会决胜阶段的形势。二、着重阐明以新的发展理念引领发展。三、着重阐明需要下大力气破解制约如期全面建成小康社会的重点难点问题。四、着重阐明提高党领导经济社会发展能力。

1月1日

［纲　文］ **由中共中央纪律检查委员会、中共中央文献研究室编辑的《习近平关于严明党的纪律和规矩论述摘编》出版发行。**

［目　文］《论述摘编》共七个专题：加强纪律建设是全面从严治党的治本之策；严明党的纪律，首要的就是严明政治纪律；严明党的组织纪律，增强组织纪律性；创新党内法规制度，把各项纪律和规矩立起来；使纪律真正成为带电的高压线；抓住领导干部这个“关键少数”；落实管党治党责任，强化监督执纪问责。书中收入200段论述，摘自习近平同志2012年11月16日至2015年10月29日期间的讲话、文章等40多篇重要文献。

中央纪委机关、中央宣传部联合下发通知，要求各级党组织认真组织学习习近平总书记关于严明党的纪律和规矩的重要论述，切实担负起全面从严治党的主体责任，坚持高标准，守住底线，真正把纪律立起来、严起来，执行到位，为协调推进“四个全面”战略布局提供坚强纪律保证。

1月1日

［纲　文］　**发展改革委公布《决定废止的规章目录》。**

［目　文］　《目录》包括《关于颁发建设项目进行可行性研究的试行管理办法的通知》等30件规章。

1月1日

［纲　文］　**发展改革委公布《决定废止的规范性文件目录》。**

［目　文］　《目录》包括《关于试行加强基本建设管理几个规定的通知》等1032件规范性文件。

1月1日

［纲　文］　**国土资源部公布《不动产登记暂行条例实施细则》。**

［目　文］　《细则》共8章108条，主要有总则、不动产登记簿、登记程序、不动产权利登记、其他登记、不动产登记资料的查询、法律责任、附则等内容。自2016年1月1日施行。

1月1日

［纲　文］　**2016年中国调整部分关税。**

［目　文］　2016年1月1日起，中国进一步扩大进口日用消费品降税范围，对箱包、毛制或棉制大衣、毛制西服套装、围巾、毯子等16种进口日用消费品实施降税。降税后，箱包、毛制西服套装的暂定进口税率为10%，毛制上衣、围巾、毯子的暂定进口税率为8%，真空保温杯的暂定进口税率为12%，太阳镜为6%。除了这些日用消费品，根据2016年度《关税实施方案》，包括家用滤水壶芯在内的家用滤水装置进口暂定税率从12%降至5%。

1月1日

［纲　文］　**外交部发言人就法国记者郭玉离开中国表示，中方依法保障外国记者在华采访报道的合法权益。**

［目　文］　有记者问，法国外交部和欧盟对外行动署就法国《新观察家》驻京记者郭玉离开中国发表了声明。同时我们注意到，法国网民超半数对中方作出郭玉记者证不再获准延期决定表示理解和支持。请问你对此有何评论？

发言人说，这说明，在反对恐怖主义这一大是大非问题上，国际社会绝大多数民众都能够秉持正义和公理、反对双重标准。中方依法保障外国记者在华采访报道的合法权益，但中国政府和人民决不容忍为恐怖主义张目。

1月1日

［纲　文］　**2015年中国电影票房440.69亿元，同比增长48.7%，国产电影票房达271.36亿元，占票房总额的61.58%。**

1月1日

［纲　文］　**中国石化宣布，中国页岩气开发取得重大进展，国内首个实现商业开发的大型页岩气田——国家级页岩气示范区、中国石化涪陵页岩气田顺利实现50亿方年产能的建设目标。**

1月1日

［纲　文］　**广西防城港核电有限公司在南宁宣布，中国西部地区首座核电站——防城港核电站一号机组正式投入商业运行。**

［目　文］　该机组是中国“十三五”规划实施后首台投入商业运行的核电机组，每天发电量达2400万千瓦时，可满足一座中等城市的电力需求。

1月1日

［纲　文］　**《人民日报》发表题为《新开局要有新作为——元旦献词》的社论。**

1月2日

［纲　文］　**《人民日报》报道，亚洲开发银行发布的《2015年亚洲经济一体化报告》显示，中国在亚洲高端科技产品出口中所占份额从2000年的9.4%升至2014年的43.7%，位居亚洲第一，以高铁、核电和卫星等为代表的中国高端科技产品深受亚洲各国的欢迎。**

1月2日

［纲　文］　**外交部发言人就中国南沙群岛永暑礁新建机场校验飞行活动表示，中国对南沙群岛及其附近海域拥有无可争辩的主权。**

［目　文］　有记者问，据报道，越南外交部发言人1月2日发表谈话，表示反对中方在南沙群岛永暑礁新建机场进行校验试飞。请问中方对此有何评论？

发言人说，中国南沙群岛永暑礁新建机场已竣工。中国政府征用民航飞机对该机场进行校验试飞，旨在测试该机场设施是否符合民用航空标准。有关活动完全是中方主权范围内的事情。中国对南沙群岛及其附近海域拥有无可争辩的主权。中方不接受越方的无理指责。当前中越关系总体保持发展势头。希望越方同中方相向而行，以实际行动推动中越双边关系持续健康稳定发展。

6日，中国政府征用的两架民航客机先后从海口美兰机场起飞，经过近2小时的飞行于10时21分、10时46分平稳降落南沙永暑礁新建机场并于当日下午返回海口，试飞成功。这次试飞成功证明该机场具备了保障民航大型客机安全运行的能力，将为岛礁物资运输、人员往来、医疗救护提供便捷的交通方式，同时将为南海地区的跨洋飞行提供新的备降机场选择和更为经济灵活的航线选择。永暑礁新建机场位于中国南沙永暑礁上，是我国目前最南端的一座机场。

1月2—4日

［纲　文］　**汪洋在云南专题调研“直过民族”扶贫工作。**

［目　文］　国务院副总理汪洋在勐海县看望慰问拉祜族、布朗族等“直过民族”[①]贫困群众，进村入户开展问卷调查，询问群众生产生活情况和扶贫工作进展情况，逐户剖析致贫原因和脱贫措施，并召开座谈会听取推进“直过民族”脱贫攻坚的意见建议。

汪洋肯定长期以来云南省“直过民族”扶贫开发工作取得的成绩并强调，要从实现第一个百年奋斗目标、促进民族团结、边疆稳固的高度，下大力气推进“直过民族”扶贫开发，确保如期实现脱贫目标。“直过民族”长期处在封闭状态，社会发育滞后，生存条件恶劣。“直过民族”地区党委政府要切实将主要精力转到脱贫攻坚上来，认真分析研究不同群体的致贫原因，瞄准建档立卡贫困人口精准施策，把扶贫资源和各项帮扶措施落实到村、到户、到人。针对“直过民族”教育文化水平相对较低的情况，要重视采用资产收益扶贫方式实现短期脱贫，通过大户带动、加强教育培训等实现长期能力提升。要重视“走出去”和“引进来”，强化“直过民族”与外部的交流融合，促进贫困群众更加积极主动参与脱贫攻坚。

1月3日

［纲　文］　**国务院印发《关于整合城乡居民基本医疗保险制度的意见》。**

［目　文］　《意见》由五个部分组成：一、总体要求与基本原则。二、整合基本制度政策。三、理顺管理体制。四、提升服务效能。五、精心组织实施，确保整合工作平稳推进。

《意见》指出，整合城乡居民医保制度是深化医改的一项重点任务，各省（区、市）要于2016年6月底前对制度整合作出规划和部署，各统筹地区要于2016年12月底前出台具体实施方案。综合医改试点省要将整合城乡居民医保作为重点改革内容，加强与医改其他工作的统筹协调，加快推进。

1月3日

［纲　文］　**中国首家自贸区法院在广州南沙挂牌成立。**

［目　文］　2015年11月28日，最高人民法院批复，正式同意设立广东自由贸易区南沙片区人民法院，授权其集中受理、审理原由南沙区法院管辖的、与南沙自贸区相关联的第一审民商事案件，包括与南沙自贸区相关联的投资、贸易、金融、知识产权等案件。

1月3日

［纲　文］　**中国第32次南极科学考察队员在南极格罗夫山安装一台自动气象站。**

［目　文］　此项任务由国家海洋环境预报中心委托中国南极科学考察队内陆队完成，这是中国首次在南极内陆格罗夫山冰盖表面架设自动气象站。

1月3—9日

［纲　文］　**应全国人大常委会委员长张德江邀请，加拿大参议长富里率团访华。**

---

① 直过民族，特指中华人民共和国成立后未经民主改革，从原始社会或奴隶社会，跨越几种社会形态，直接过渡到社会主义社会的人口较少的少数民族。

［目　文］　4日，张德江在北京与富里举行会谈时说，中国全国人大重视发展与加拿大议会的友好往来，愿进一步加强交流合作，推动合作向更深层次、更高水平拓展。一是加强沟通，增进相互了解。中加历史文化、意识形态、发展阶段不同，两国立法机关应着眼合作大局，坦诚交换看法，利用好中加议会协会合作平台，不断丰富交流议题，增进相互理解和共识。二是促进合作，推动共同发展。中加合作潜力巨大、领域广阔。两国立法机关要积极推动落实双方发展战略对接，为扩大企业合作和投资合作创造更多便利条件、提供法律保障。中国正在深化反腐败斗争，致力于构建中国特色的反腐败法律和制度框架。两国立法机关应加强法治领域的交流合作，支持两国政府在反腐败、追逃追赃方面的合作，不断完善相关双边合作协定和条约。

富里说，发展加中友好关系、深化加中互利合作符合两国的共同利益。加拿大议会视中国为发展对外关系的优先方向，愿密切与中国全国人大的友好往来，积极推动两国各领域务实合作，增进人民间的相互了解和友好感情，为加中关系发展多做工作。

同日，国家副主席李源潮在北京会见富里时说，中国愿同加拿大一道，努力落实好两国领导人共识，加强战略沟通，增进政治互信，拓展务实合作，推进反腐败和司法执法合作，推动中加关系向前发展。

富里表示，加方高度重视对华关系，愿与中方加强经贸、文化、资源等领域互利合作，更好造福两国人民。

1月4—6日

［纲　文］　**习近平在重庆调研并视察第十三集团军。**

［目　文］　中共中央总书记习近平在两江新区果园港考察，听取长江上游航运中心建设、现代化港口群布局、铁路公路水路联运、渝新欧国际铁路开行等情况介绍，了解重庆推动长江经济带发展和“一带一路”建设、扩大内陆地区开放开发以及功能区生态文明建设情况。他指出，“一带一路”建设为重庆提供了“走出去”的更大平台，推动长江经济带发展为重庆提供了更好融入中部和东部的重要载体，重庆发展潜力巨大、前景光明；在考察重庆科技企业公司时指出，创新作为企业发展和市场制胜的关键，核心技术不是别人赐予的，不能只是跟着别人走，而必须自强奋斗、敢于突破。创新人才犹如优秀种子，很是难得，要大力培养。

考察期间，习近平听取了重庆市委和市政府工作汇报，他希望重庆发挥西部大开发重要战略支点作用，积极融入“一带一路”建设和长江经济带发展，在全面建成小康社会、加快推进社会主义现代化中再创新的辉煌。

5日，习近平在重庆召开推动长江经济带发展座谈会，听取有关省市和国务院有关部门对推动长江经济带发展的意见和建议。国务院副总理、推动长江经济带发展领导小组组长张高丽出席座谈会并讲话。王沪宁、栗战书和中央有关部门负责人参加座谈会。湖北、上海、重庆等省市负责人，发展改革委、环境保护部负责人结合实际，从不同角度就推动长江经济带发展有关问题谈了认识和看法。

习近平指出，推动长江经济带发展必须从中华民族长远利益考虑，走生态优先、绿色发展之路，使绿水青山产生巨大生态效益、经济效益、社会效益，使母亲河永葆生机活力。推动长江经济带发展是国家一项重大区域发展战略。长江、黄河都是中华民族的发源地，都是中华民族的摇篮。推动长江经济带发展领导小组要更好发挥统领作用。沿江省市要加快政府职能转变，提高公共服务水平，创造良好市场环境。沿江省市和国家相关部门要在思想认识上形成一条心，在实际行动中形成一盘棋，共同努力把长江经济带建成生态更优美、交通更顺畅、经济更协调、市场更统一、机制更科学的黄金经济带。

同日，习近平在第十三集团军机关，接见驻渝部队师以上领导干部、第十三集团军机关处长和建制团单位主官；视察了集团军军史馆。在听取集团军工作汇报后，习近平强调，政治建军是我军的立军之本，任何时候任何情况下都不能有丝毫松懈。贯彻政治建军要求，要持续贯彻全军政治工作会议精神，加强理想信念教育，深化理论武装，引导官兵立根固本，铸牢军魂，打牢“三个自信”的思想政治基础，真正从思想上政治上建设和掌握部队，努力培养有灵魂、有本事、有血性、有品德的新一代革命军人，锻造具有铁一般信仰、铁一般信念、铁一般纪律、铁一般担当的过硬部队。要把部队各级党委班子和团以上领导干部搞坚强，坚持以身作则、以上率下，自觉强化政治意识、看齐意识、带头意识，自觉坚定政治信念、站稳政治立场、严守政治纪律和政治规矩，做政治上的明白人。

1月4日

［纲　文］　**国家主席习近平任免驻外大使。**

［目　文］　习近平根据全国人民代表大会常务委员会的决定任免下列驻外大使：免去高育生的中华人民共和国驻约旦哈希姆王国特命全权大使职务；任命潘伟芳为中华人民共和国驻约旦哈希姆王国特命全权大使。

1月4日

［纲　文］　**新华社讯，中共中央印发《中国共产党地方委员会工作条例》，并发出通知，要求各地区各部门认真遵照执行。**

［目　文］　通知指出，地方党委制度是我们党执政治国的重要组织制度，完善这项制度是推进国家治理体系和治理能力现代化的重要方面。协调推进“四个全面”战略布局，必须始终坚持和加强党的领导，更好发挥党总揽全局、协调各方的领导核心作用。省市县三级地方党委作为本地区的领导核心，在贯彻落实中央决策部署、推动党的奋斗目标实现上居于关键位置、负有重大责任。地方党委工作必须进一步加强，地方党委领导能力必须进一步提高。1996年4月中共中央印发的《中国共产党地方委员会工作条例（试行）》，对加强和改善地方党委领导发挥了重要作用。随着党和国家事业不断发展，该条例已不能完全适应新形势新任务要求，党中央决定予以修订。

通知要求，地方各级党委要按照《条例》要求，坚持贯彻落实中央决策部署和创造性开展工作相结合，坚持领导经济社会发展和履行全面从严治党政治责任相结合，坚持集体领导和个人分工负责相结合，坚持党委领导和支持保证国家机关依法履行职责相结合，确保在本地区充分发挥总揽全局、协调各方的领导核心作用。中央有关部门和地方各级党委要全力抓好《条例》的学习贯彻，中央组织部要会同中央党校等单位，通过举办专题研讨班、培训班等方式，深入抓好《条例》的学习培训；地方各级党委要对《条例》的学习贯彻工作作出专门安排，通过深入系统学习，帮助广大党员干部特别是领导干部深刻理解《条例》基本精神和主要内容，不断提高运用《条例》做好党委工作的能力和水平。要加强督促落实，确保《条例》各项规定要求落到实处。

1月4日

［纲　文］　**国务院印发《关于促进加工贸易创新发展的若干意见》。**

［目　文］　《意见》由八个部分组成：一、总体要求。二、延长产业链，提升加工贸易在全球价值链中的地位。三、发挥沿海地区示范带动作用，促进转型升级提质增效。四、支持内陆沿边地区承接产业梯度转移，推动区域协调发展。五、引导企业有序开展国际产能合作，统筹国际国内两个市场两种资源。六、改革创新管理体制，增强发展动力。七、完善政策措施，优化发展环境。八、组织保障。

《意见》要求，各地区、各部门要充分认识加快推动加工贸易创新发展的重要性和紧迫性，结合地区实际和部门分工，制定具体实施方案，形成合力。各部门要密切协作，建立协调工作机制，为加工贸易发展营造良好政策环境；各地区要出台相关配套措施，抓好政策落实。

1月4日

［纲　文］　**财政部、人民银行印发《单位公务卡管理办法（试行）》，自2016年2月1日起实施。**

1月4—5日

［纲　文］　**李克强在山西考察。**

［目　文］　国务院总理李克强在太原钢铁集团，了解企业生产经营、产品结构调整、用工和效益等情况后说，受产能过剩和需求收缩影响，钢铁行业形势十分严峻，当前要把去产能、促升级作为紧迫任务，痛下决心进行结构调整，既治标、又治本，既要采取多种方式出清落后产能，禁上新增产能项目，又要转变只在传统产业上做文章的观念，积极培育新产业、新业态等新动能；在西山煤电集团官地矿，到几百米深的工作面实地察看，与正在作业的矿工交谈，叮嘱大家把安全放在第一位。李克强说，煤炭行业是山西的支柱产业，当前煤炭行业正面临产能严重过剩、价格大幅下跌等问题，处于历史上少有的困难时期。煤矿企业从业人员多、历史包袱重，要根据市场需要，主动压产减量，严控新增产能，同时通过创新拓展发展空间，促进富余职工转岗就业，政府也要多措并举创造环境。

李克强在清华科技园太原分园考察时说，中国市场潜力巨大、预期向好，新的发展动能可以有效带动扩大就业，为传统动能改造提升创造良好条件，其源泉正是来自于创新驱动，来自于大众创业、万众创新的蓬勃开展；在杏花岭小北关棚户区，走进居民家中，询问他们是否了解相关政策，还有什么意愿并说，棚户区不是一个现代化城市应该有的，群众这么迫切希望加快棚改，要持续加大这方面工作力度，让棚户区居民早日住进新楼房；来到晋商博物馆，了解晋商文化和晋商精神时说，晋商行走天下，之所以能在金融和贸易等方面领先和称雄，其商业文化的精华除了坚守诚信，还突出表现在善于“无中生有”，发现和创造商机。当前经济发展要应对各种风险挑战，企业经营要摆脱困境，都需要摒弃旧思维，走出创新路，发展新动能。

李克强希望山西全面贯彻落实中央经济工作会议精神，以新的发展理念和良好的工作状态，攻坚克难，顶住压力促调整，在加快结构性改革中实现升级发展。

4日，李克强在太原主持召开钢铁煤炭行业化解过剩产能、实现脱困发展工作座谈会。钢铁、煤炭行业主要产能大省以及24家龙头企业参加座谈。山西省委书记王儒林、河北省省长张庆伟、山西省省长李小鹏、内蒙古自治区主席巴特尔、山东省省长郭树清和河北钢铁、江苏沙钢、陕西煤化、淮南矿业负责人汇报了情况，并提出建议。

李克强指出，培育新动能和改造传统动能形成双轮驱动是治本之策。目前我国钢铁、煤炭装备大多处在世界先进水平，企业生产经营之所以困难，很重要的因素是富余人员多。近几年通过实施创新驱动发展战略，开展大众创业、万众创新和“互联网+”行动等，创造了大量就业岗位，为传统产业减员增效升级创造了良好条件。产业结构调整优化不能只盯老产业，更要注重发展新产业、新业态等新动能，打造“双引擎”，为传统产业减少富余人员、拓展新的就业创造条件，通过开拓创新、提高劳动生产率焕发新的生机。

1月4日

［纲　文］　**张高丽在北京市调研并主持召开大气污染防治工作座谈会。**

［目　文］　国务院副总理张高丽听取北京市委市政府的汇报和意见建议。他指出，要抓住关键、突出重点，大力实施冬季大气污染防治强化措施，切实加强重污染天气应对。习近平总书记强调，生态环境特别是大气、水、土壤污染严重，已成为全面建成小康社会的突出短板。扭转环境恶化、提高环境质量是广大人民群众的热切期盼，是“十三五”时期必须高度重视并切实推进的一项重要工作。李克强总理要求持续下大力气治理大气雾霾。我们要把思想认识和行动统一到党中央、国务院决策部署上来，牢固树立绿色发展理念，深刻认识大气污染治理的紧迫性、艰巨性和长期性，坚持不懈打好大气污染防治攻坚战和持久战。要把京津冀及周边地区特别是北京作为重点的重点，针对存在的问题、薄弱环节和冬季大气污染物排放增加的情况，采取法律、经济、技术和行政等更加强化的防控手段措施。一是强化散煤污染控制，做好散煤替代工作，大力推进“煤改气”“煤改电”及其他新能源应用。二是强化机动车管控，加快推进重型柴油车使用清洁化，推动公交、物流领域率先更换使用新能源车辆，严格机动车排放检测标准。三是强化工业企业治理，通过“关停并转”等措施，彻底解决小企业、小作坊超标排放问题。探索

在京津冀执行大气污染物特别排放限值，研究实施冬季差异化排污收费政策。四是强化重污染天气应急管理，统一重污染天气预警分级标准，加强区域预警联动和监测信息共享。五是强化区域联动机制，认真实施《京津冀协同发展生态环境保护规划》，探索建立跨地区环保机构，推动区域联动治污。

1月4日

［纲　文］　**刘延东在北京考察妇幼保健和幼教机构。**

［目　文］　国务院副总理刘延东在北京市东城区第一妇幼保健院产科门诊和病房同医务人员询问有关情况后指出，妇幼健康服务是提高出生人口素质的重要关口，随着全面两孩政策的实施，出生人口数量增加，高龄孕产妇比例增高，妇幼健康服务面临新挑战。要结合深化医改，加快健全妇幼健康服务体系，加强孕产妇和新生儿危急重症救治能力建设，确保母婴安全，保障妇女儿童权益。要普及生殖健康知识，做好生育咨询、指导和再生育技术服务，推进优生优育全程服务，降低出生缺陷发生率；在分司厅幼儿园，看望全园师生时说，北京要为全国的学前教育做出榜样，闯出路子，积累经验，学前教育是教育的起点，关系到千家万户的幸福和孩子们的终身发展，“十二五”期间全国学前三年毛入园率已超过70%。全面两孩政策实施后，要科学测算人口增长的变化，做好幼儿园等教育资源布局规划，加大投入力度，谋划解决好新增幼儿入园等问题。要将普惠性学前教育作为重要的基本公共服务，着力扩大学前教育资源供给，始终坚持公益普惠的发展方向，大力发展公办幼儿园，引导和扶持民办幼儿园提供普惠性服务。

1月4日

［纲　文］　**屠呦呦等五位著名科学家获得小行星永久命名仪式在北京举行。**

［目　文］　经中科院国家天文台提议和国际天文学联合会批准，中国2015年诺贝尔生理学或医学奖获得者屠呦呦和近年中国国家最高科技奖获得者谢家麟、吴良镛、郑哲敏、张存浩获得永久性小行星命名。国务院副总理刘延东出席仪式，并向五位科学家分别颁发了小行星命名证书和运行轨道铜牌。

刘延东说，屠呦呦等科学家作为中国老一辈科技工作者的杰出代表，矢志创新、求真务实，在各自领域作出了重要贡献，赢得了科技界乃至全社会的认可与赞誉。希望全国广大科技工作者以老一辈科学家为楷模，深入学习他们忠于祖国和人民的爱国情怀、严谨求实的科学态度、敢为人先的创新精神、无私奉献的高尚品格，积极投身现代化建设，在迈向创新型国家和科技强国的伟大征程中作出贡献。刘延东强调，科学家是科学知识和科学精神的重要承载者，也是国家科技进步的宝贵财富，要为他们创造更好科研条件，大力宣传先进事迹，努力在全社会形成尊重知识、尊重人才的良好环境。

小行星是各类天体中唯一可以根据发现者意愿进行提名并得到国际命名的天体。其命名是世界公认的记载褒奖杰出人士的一种方式，目前中国已有包括最高科技奖获得者在内的80余位科学家获此殊荣。

1月4日

［纲　文］　**邮政局在北京召开2016年全国邮政管理工作会议。**

［目　文］　交通运输部部长杨传堂出席会议并讲话。国家邮政局局长马军胜作工作报告。各省（区、市）邮政管理局、国家邮政局机关各司局、各直属单位以及中国邮政集团公司和主要快递企业的负责人参加会议。会议全面总结了2015年主要工作，并对“十二五”时期工作进行了总体回顾，深刻分析了邮政业“十三五”时期面临的新形势新任务，贯彻落实十八届五中全会五大发展理念，研究提出邮政业今后一段时期的发展方向与思路，安排部署2016年的重点任务。

会议提出，以“互联网+”邮政业为发展方向，加大供给侧结构性改革力度，牢固树立和贯彻落实创新、协调、绿色、开放、共享的发展理念，推动我国从邮政大国向邮政强国迈进，全面建成与小康社会相适应的现代邮政业。

1月4日

［纲　文］　**《人民日报》发表题为《领导干部要当好“三严三实”表率》的评论员文章。**

1月4—5日

［纲　文］　**全国农田水利改革现场会在云南曲靖召开。**

［目　文］　国务院副总理汪洋出席会议并讲话。中央有关部门负责人，水利部相关司局和单位负责人，各省、自治区、直辖市水利（水务）厅（局），新疆生产建设兵团水利局，各计划单列市水利（水务）局负责人参加会议，辽宁、江苏、安徽、山东、甘肃5个省水利部门负责人作交流发言。

汪洋指出，农田水利是农业发展的突出短板。补齐这块短板，必须依靠深化改革，激发市场主体活力，调动农民和社会力量参与农田水利建设积极性。要加快完善农业水价形成机制，通过定额管理、累进加价，协商定价、精准补贴等办法，既不增加农民负担，又促进农业节水，创造有利于农田水利发展的市场环境。要创新投融资体制，发挥财政资金“四两拨千斤”的作用，利用民办公助、先建后补、税收优惠、政府与社会资本合作等方式，吸引社会资金投入农田水利建设。要深化水利产权制度改革，明晰所有权、放活经营权、保障收益权，促进农田水利设施良性运行、有效管护。要尊重群众首创精神，鼓励基层大胆探索，做好试点示范工作，及时推广各地好的经验和做法，增强改革的带动力和影响力。国家水利建设资金和相关支持政策要向改革进展快、成效好的地区倾斜。

1月5日

［纲　文］　**全国政协在北京召开双周协商座谈会，围绕“加快推进品牌建设”建言献策。**

［目　文］　全国政协主席俞正声主持会议。全国政协副主席杜青林、张庆黎、王钦敏出席会议。全国政协委员项宗西、刘平均、李玉光、王志雄、刘凡、朱保成、李奇、石

军、刘公勤、李书福、李嘉音、陈经纬、金建华、何一心、陈星莺，以及企业家代表董明珠、牛铁航在座谈会上发言。全国政协副主席万钢在座谈会上发言。质检总局局长支树平介绍了有关情况。商务部副部长钱克明、工商行政管理总局副局长刘俊臣、知识产权局副局长贺化等与委员交流。

委员们认为，品牌是一个企业乃至国家竞争实力和发展潜力的重要体现。党中央、国务院高度重视品牌建设工作，“十二五”时期，品牌建设首次纳入国家规划，国家有关部门制定出台了《关于加强品牌建设的指导意见》。“十三五”规划建议明确提出要“开展质量品牌提升行动”。在有关部门、行业协会和企业的共同努力下，我国的品牌建设工作取得了阶段性成效。一些委员认为，我国知名品牌的数量与我国经济在世界上的地位不相称，存在着企业创建品牌的主体作用还没有充分发挥、促进品牌成长的市场环境还不够成熟、品牌建设缺少统一的协调推进机制和配套措施等问题，需要进一步做好质量品牌建设工作。

一些委员对加快推进品牌建设提出意见建议。一要坚持市场主导。品牌不是评出来的，从根本上说要通过市场竞争，是市场认可的结果。二要发挥企业的主体作用，通过加强企业管理，提高创新能力、产品质量及员工忠诚度等，推动企业走品牌发展之路。三要有法律保障，加快推进相关法律的修改制定，加强知识产权的法律保护，解决法律体系不健全、部门分割和惩罚力度不够等问题，破除地方保护主义。四要政府支持，从品牌标准、服务体系、诚信体系以及行政执法、财政支持等方面，推进品牌建设。五要社会参与，发挥行业协会作用，加大品牌的对内对外宣传力度，营造良好的发展氛围和环境。

1月5日

［纲　文］　**中宣部在北京召开全国宣传部长会议。**

［目　文］　中共中央政治局常委刘云山出席会议并讲话。中宣部部长刘奇葆主持会议并作工作部署。国务院副总理刘延东出席会议。

刘云山指出，要充分认识协调推进“四个全面”战略布局、决胜全面建成小康社会对宣传思想工作的新要求，牢牢把握“两个巩固”的根本任务，以强烈的责任担当做好工作，为“十三五”时期开好局起好步提供有力思想舆论支持。各级党委要坚持党管宣传、党管媒体，加强宣传思想战线党的建设、领导班子建设和干部队伍建设；认真落实党委意识形态工作责任制，严肃追责问责，推动宣传思想工作强起来。

1月5日

［纲　文］　**《人民日报》报道，中共中央办公厅印发《关于全面落实中央纪委向中央一级党和国家机关派驻纪检机构的方案》的通知。**

［目　文］　中共中央决定，中央纪委共设置47家派驻机构，其中，综合派驻27家、单独派驻20家，实现对139家中央一级党和国家机关派驻纪检机构全覆盖，并对领导体制、职能调整、主要职责、机构设置等作出了明确规定。

中央纪委对中央一级党和国家机关全面派驻纪检机构，是深化纪律检查体制改革的重要成果。全面派驻根植于党的十八大以来派驻工作改革实践土壤，坚持内涵发展、创新组织制度，内部挖潜、盘活存量，采取综合派驻和单独派驻相结合的方式实现全覆盖。综合派驻改变“一对一”的模式，有效整合现有派驻机构的力量，做到精简高效。综合派驻纪检组在一家机关办公、管若干家的事，地位相对超脱，有利于聚焦中心任务，强化监督执纪问责，增强派驻监督相对独立性和权威性，充分发挥“派”的权威和“驻”的优势。实现派驻机构全覆盖，有利于强化党的自我监督，使党内监督不留死角、没有空白，为全面从严治党提供有力支撑。目前，各派驻纪检组主要负责人均已到位。下一步，中央纪委将按照中央部署，抓紧落实后续工作，会同有关部门完成纪检组组建，选好配强派驻机构领导班子和干部队伍。中央纪委要求，各派驻纪检组要边组建边工作，做好调整中的工作衔接，理顺工作关系，建立健全工作机制。各省区市纪委要按照中央要求，统一规划、分步实施，结合实际推进本地区派驻监督全覆盖。

1月5日

［纲　文］　**食品药品监管总局公布《食用农产品市场销售质量安全监督管理办法》。**

［目　文］　《办法》共6章60条，主要有总则、集中交易市场开办者义务、销售者义务、监督管理、法律责任、附则等内容，自2016年3月1日起施行。

1月5日

［纲　文］　**发展改革委、气象局、海洋局印发《海洋气象发展规划（2016—2025年）》。**

［目　文］　《规划》共11章，主要有规划背景、海洋气象发展的总体思路、完善海洋气象综合观测站网、提高海洋气象预报预测水平、构建海洋气象公共服务体系、加强海洋气象通信网络建设、提升海洋气象装备保障能力、建立海洋气象共建共享协作机制、环境影响评价、资金筹措及实施安排、保障措施等内容。

1月5日

［纲　文］　**教育部公布《幼儿园工作规程》。**

［目　文］　《规程》共11章66条，主要有总则，幼儿入园和编班，幼儿园的安全，幼儿园的卫生保健，幼儿园的教育，幼儿园的园舍、设备，幼儿园的教职工，幼儿园的经费，幼儿园、家庭和社区，幼儿园的管理，附则等内容，自2016年3月1日起施行。1996年3月9日由原国家教育委员会令第25号发布的《幼儿园工作规程》同时废止。

1月5日

［纲　文］　**国家民委在北京召开全国民委主任会议。**

［目　文］　全国政协副主席、国家民委主任王正伟出席会议并讲话。会议认为，2015年是党中央、国务院高度重视民族工作，推动我国民族团结进步事业实现重要突破、取得重大进展的一年。全国民委系统紧紧抓住学习贯彻中央民族工作会议精神这条红线，齐心协力、开拓创新、蹄疾步稳抓落实，推动学习贯彻中央民族工作会议精神实现良好

开局。

会议强调，2016年是贯彻落实中央民族工作会议精神的“持续推进年”，要突出重点，抢抓机遇，锲而不舍抓落实，进一步提高民族工作科学化、法治化、精细化水平，进一步推动各项工作取得突破性进展、各项政策文件实现开花结果，加快民族地区全面建成小康社会步伐，为实现“中华民族一家亲，同心共筑中国梦”作出新的更大贡献。

1月5日

［纲 文］ **外交部发言人表示，“慰安妇”档案应成为人类共同的记忆。**

［目 文］ 发言人表示，任何企图通过“打小算盘”淡化甚至否认历史的言行只会让人们更加质疑日方在“慰安妇”等有关历史问题上的真实态度。希望日方真正本着诚实和负责任的态度，切实正确认识和深刻反省历史。强征“慰安妇”是日本军国主义在“二战”期间犯下的严重反人道罪行，相关档案应成为人类共同的记忆，得到全人类的珍视和保护，以充分发挥它们铭记历史、珍惜和平、共创未来、捍卫人类尊严的积极作用。

1月5日

［纲 文］ **《人民日报》发表题为《地方党委工作的基本遵循》的评论员文章。**

1月5日

［纲 文］ **《人民日报》发表题为《践行“三严三实”是一辈子的事》的评论员文章。**

1月5日

［纲 文］ **人民网报道，经中共中央批准，中共中央纪委对第十八届中央候补委员、北京市委原副书记吕锡文严重违纪问题立案审查。**

［目 文］ 吕锡文身为中央候补委员，理想信念丧失，严重违反党的纪律，且党的十八大后仍不收敛、不收手，性质恶劣、情节严重。依据《中国共产党纪律处分条例》等有关规定，经中央纪委常委会议研究并报中共中央政治局会议审议，决定给予吕锡文开除党籍、开除公职处分；收缴其违纪所得；将其涉嫌犯罪问题、线索及所涉款物移送司法机关依法处理。

2017年2月20日，吉林省吉林市中级人民法院公开宣判中共北京市委原副书记吕锡文受贿案，对被告人吕锡文以受贿罪判处有期徒刑13年，并处罚金人民币200万元；对扣押在案的吕锡文受贿所得财物予以没收，上缴国库。

1月5—6日

［纲 文］ **全国城市民族工作会议在北京召开。**

［目 文］ 全国政协主席俞正声在批示中指出，做好城市民族工作，是加强和改进新形势下民族工作和城市工作的重要内容。要全面贯彻中央民族工作会议和中央城市工作会议精神，坚持中国特色解决民族问题的正确道路，依法管理城市民族事务，以保障各民族合法权益为核心，以做好少数民族流动人口服务管理为重点，以推动建立相互嵌入的社会结构和社区环境为抓手，推进城市民族工作制度化、规范化、精细化，让城市更好接纳少数民族群众、让少数民族群众更好融入城市，切实加强各民族交往交流交融。各级党委

和政府要高度重视城市民族工作，加强和改进领导，健全体制机制和工作格局，为推动中华民族一家亲、同心共筑中国梦作出新的贡献。

全国政协副主席、国家民委主任王正伟主持会议。中共中央政治局委员、国务院副总理刘延东出席会议并讲话。有关地方分管负责人和中央有关部门负责人出席会议。刘延东强调，要紧紧围绕“四个全面”战略布局，认真贯彻落实党中央、国务院决策部署，按照俞正声主席批示要求，科学谋划、系统推进城市民族工作，为实现全面建成小康社会和中华民族伟大复兴中国梦作出积极贡献。

1月5—6日

［纲　文］　**全国网络宣传工作会议在北京召开**。

［目　文］　中央网信办负责人、各省区市网信办主任、中央主要新闻网站负责人、中央和国家机关有关部门及有关方面负责人参加会议。会议的主要任务是学习贯彻党的十八大和十八届三中、四中、五中全会精神，深入学习贯彻习近平总书记系列讲话精神，学习贯彻刘云山、刘奇葆同志在全国宣传部长会议上的讲话精神，总结十八大以来的网络宣传工作，分析当前形势，研究部署2016年工作。会议强调，2016年是网信工作的“创新年”，要大力推进网络宣传工作理念、内容、手段、队伍建设等全方位创新，进一步探索和完善中国特色社会主义治网之道，让党的主张成为网络空间最强音，为“十三五”时期开好局起好步提供有力网络舆论支持。

1月5—6日

［纲　文］　**文化部在北京召开2016年全国文化厅局长会议**。

［目　文］　会议主要内容是：贯彻党的十八大和十八届三中、四中、五中全会精神，贯彻中共中央总书记习近平系列重要讲话精神，贯彻中央关于文化建设的重大决策和2016年全国宣传部长会议精神，总结2015年工作，部署2016年任务。文化部部长雒树刚代表文化部党组作工作报告。文化部副部长杨志今主持会议，党组成员项兆伦、董伟、丁伟、单霁翔、刘玉珠、于群等以及部分原部领导出席会议。各省（区、市）文化厅（局）、新疆生产建设兵团文化广播电视局和各计划单列市、省会城市文化局主要负责人等出席会议。

1月5—6日

［纲　文］　**应外交部部长王毅邀请，英国外交大臣哈蒙德对中国进行正式访问**。

［目　文］　5日，王毅同哈蒙德在北京举行会谈。两国共同发表《中国—英国叙利亚问题声明》。王毅表示，2015年10月，习近平主席对英国进行了成功的国事访问，两国关系提升到“面向21世纪全球全面战略伙伴关系”新高度，进入“黄金时代”的历史新阶段。双方应围绕落实习近平主席访英成果这条主线，抓住中英关系定位提升这一契机，推动双方在政治互信、战略对接、务实合作、人文互鉴及国际合作方面取得新发展。哈蒙德表示，此访旨在同中方一道，落实2015年10月习近平主席访英期间两国领导人达成的重要共识，深化双方全面战略伙伴合作。英方赞同加强两国高层对话和各领域沟通，

卡梅伦首相将很高兴来华出席二十国集团杭州峰会。英国重申愿成为对中国最开放的西方贸易投资伙伴，并积极致力于推动欧盟同中国关系深入发展。

6日，国务院总理李克强在北京会见英国外交大臣哈蒙德，双方就共同关心的国际和地区问题交换了意见。李克强指出，当前中国经济正处于转型阶段，一个重要特征就是从过度依赖自然资源转向更多依靠人力资源和创新驱动，鼓励大众创业、万众创新，在继续提升传统制造业的基础上大力发展新兴服务业和新兴业态。这将为中英合作带来巨大机遇。中国将继续扩大开放，在放宽市场准入方面迈出坚定、扎实的步伐，对待中外企业一视同仁，给他们以长期稳定的发展预期。

哈蒙德转交了卡梅伦致李克强的信并表示，英中战略伙伴关系不断深化。英方愿抓住中国经济转型发展带来的机遇，推进两国核电、金融、科技创新、医药等领域合作，打造更为紧密的经济、贸易和投资合作关系。卡梅伦首相期待年内访华。

1月6日

［纲　文］　**国务院在北京召开全国安全生产电视电话会议，习近平作出指示。**

［目　文］　会议传达了中共中央总书记习近平在中共中央政治局常委会会议上发表的讲话。习近平强调，重特大突发事件，不论是自然灾害还是责任事故，其中都不同程度存在主体责任不落实、隐患排查治理不彻底、法规标准不健全、安全监管执法不严格、监管体制机制不完善、安全基础薄弱、应急救援能力不强等问题。

习近平对加强安全生产工作提出五点要求：一是必须坚定不移保障安全发展，狠抓安全生产责任制落实。要强化“党政同责、一岗双责、失职追责”，坚持以人为本、以民为本。二是必须深化改革创新，加强和改进安全监管工作，强化开发区、工业园区、港区等功能区安全监管，举一反三，在标准制定、体制机制上认真考虑如何改革和完善。三是必须强化依法治理，用法治思维和法治手段解决安全生产问题，加快安全生产相关法律法规制定修订，加强安全生产监管执法，强化基层监管力量，着力提高安全生产法治化水平。四是必须坚决遏制重特大事故频发势头，对易发重特大事故的行业领域采取风险分级管控、隐患排查治理双重预防性工作机制，推动安全生产关口前移，加强应急救援工作，最大限度减少人员伤亡和财产损失。五是必须加强基础建设，提升安全保障能力，针对城市建设、危旧房屋、玻璃幕墙、渣土堆场、尾矿库、燃气管线、地下管廊等重点隐患和煤矿、非煤矿山、危化品、烟花爆竹、交通运输等重点行业以及游乐、“跨年夜”等大型群众性活动，坚决做好安全防范，特别是要严防踩踏事故发生。

国务院总理李克强作出批示指出，当前安全生产形势依然严峻，务必高度重视，警钟长鸣。各地区、各部门要坚持人民利益至上，牢固树立安全发展理念，以更大的努力、更有效的举措、更完善的制度，进一步落实企业主体责任、部门监管责任、党委和政府领导责任，扎实做好安全生产各项工作，强化重点行业领域安全治理，加快健全隐患排查治理体系、风险预防控制体系和社会共治体系，依法严惩安全生产领域失职渎职行为，坚决遏制重特大事故频发势头，确保人民群众生命财产安全。

国务院副总理马凯，国务委员郭声琨、王勇出席会议。国务院安委会各成员单位，中央和国家机关有关部门及部分中央企业负责人参加会议。各省、自治区、直辖市以及市、县设分会场。北京、湖北、宁夏省、市、区政府主要负责人在会上作交流发言。

会议指出，有关各方要深入贯彻落实习近平总书记、李克强总理关于安全生产的一系列重要指示批示精神，坚持人民利益至上，牢固树立安全生产红线意识，切实落实企业主体责任、部门监管责任、党委和政府领导责任三个责任体系，狠抓改革创新、依法治理、基础建设、专项整治四项重点工作，努力实现事故总量继续下降、死亡人数继续减少、重特大事故频发势头得到遏制三项任务，促进全国安全生产形势持续稳定向好。针对岁末年初事故易发多发的情况，要强化红线意识和责任担当，对安全生产工作再检查再落实；认真开展安全隐患大排查大整治，强化打非治违；突出城市建设运行安全风险防范，强化重点行业领域安全监管，严防各类事故发生。

1月6日

［纲　文］　**李克强主持召开国务院常务会议**。

［目　文］　会议主要内容是：一、决定根据督查情况完善激励和问责机制，以奖惩分明促勤政有为。会议决定，对2015年推进棚改和重大项目建设、盘活存量资金和闲置土地等经济社会发展工作做得较好的4个省（市），对落实重点政策成效较明显的20个地市、20个县区，对督查发现问题整改有力的6个省级政府部门予以通报表扬，在2016年对上述地区实行“免督查”，并采取以下激励措施：一是国家在资金上对这些地区重点项目建设给予额外支持。二是督查收回的中央预算内投资和专项转移支付沉淀资金，全部用于奖励这些地区发展。三是对这些地区的企业申请发行企业债减少审批环节。四是统筹实际需求，对这些地区相应给予新增建设用地计划指标支持。同时，在2015年已分两批开展督查问责的基础上，近期聚焦公租房闲置、民生项目资金大量结存、安全生产隐患整改不力等方面的不落实、不作为问题，各地依法依纪对包括地厅级在内的900多名干部分别采取开除、撤职、降职、记过等方式予以问责。国务院相关部门也将对问题比较突出的部分省级政府职能部门和地市政府主要负责同志开展约谈。会议要求，要坚持改革创新，紧密结合政府职能转变，建立健全正向激励和整改问责的长效机制，为愿干事、能干事的干部提供更大舞台，督促形成竞相发力、主动破难前行的工作劲头和态势。二、部署新设一批跨境电子商务综合试验区，用新模式为外贸发展提供新支撑。会议决定，将先行试点的中国（杭州）跨境电子商务综合试验区初步探索出的相关政策体系和管理制度，向更大范围推广。按照合理布局、注重特色和可操作性的原则，在东中西部选择一批基础条件较好、进出口和电子商务规模较大的城市，新设跨境电子商务综合试验区，复制推广以下经验做法：一是构建六大体系，包括企业、金融机构、监管部门等信息互联互通的信息共享体系，一站式的在线金融服务体系，全程可验可测可控的智能物流体系，分类监管、部门共享和有序公开的电子商务信用体系，以及为企业经营、政府监管提供服务保障的统计监

测体系和风险防控体系。二是建设线上“单一窗口”和线下“综合园区”两个平台，实现政府部门间信息互换、监管互认、执法互助，汇聚物流、金融等配套设施和服务，为跨境电子商务打造完整产业链和生态圈。以更加便捷高效的新模式释放市场活力，促进企业降成本、增效益，支撑外贸优进优出、升级发展。

1月6日

［纲　文］　**工业和信息化部、发展改革委、科技部、财政部、环境保护部、商务部、海关总署、质检总局公布《电器电子产品有害物质限制使用管理办法》。**

［目　文］　《办法》共4章23条，主要有总则、电器电子产品有害物质限制使用、罚则、附则等内容，自2016年7月1日起施行。2006年2月28日公布的《电子信息产品污染控制管理办法》同时废止。

1月6日

［纲　文］　**最高检发布《人民检察院提起公益诉讼试点工作实施办法》。**

［目　文］　《办法》共4章58条，主要有提起民事公益诉讼、提起行政公益诉讼、其他规定、附则内容，自2016年1月6日起施行。本院之前发布的司法解释和规范性文件，与本办法规定不一致的，适用本办法。

1月6日

［纲　文］　**最高人民法院印发《关于审理抢劫刑事案件适用法律若干问题的指导意见》。**

［目　文］　《意见》由七个部分组成：一、关于审理抢劫刑事案件的基本要求。二、关于抢劫犯罪部分加重处罚情节的认定。三、关于转化型抢劫犯罪的认定。四、具有法定八种加重处罚情节的刑罚适用。五、抢劫共同犯罪的刑罚适用。六、累犯等情节的适用。七、关于抢劫案件附带民事赔偿的处理原则。

1月6日

［纲　文］　**国务院总理李克强在北京会见美国哥伦比亚大学校长、法学教授博林格。**

［目　文］　李克强积极评价中美教育合作，以及哥伦比亚大学同中方在法学等诸多领域开展的学术交流与人才培养，表示中方愿同包括哥伦比亚大学在内的各国高校、学术、研究等机构加强联系与合作，通过“互联网+”等战略集众智、汇众力，为中国经济社会持续发展培养更多高层次、国际化人才，更好实现互利共赢。

博林格表示，哥伦比亚大学重视对华合作，愿同中方积极探讨推进“互联网+教育”等方式的合作，帮助中国培养高层次人才，助力中国经济社会发展。同时愿为增进西方对华了解、共同应对全球性问题作出努力。

1月6日

［纲　文］　**汪洋在北京主持召开食品安全标准工作专题会议。**

［目　文］　国务院副总理、国务院食品安全委员会副主任汪洋强调，完善食品安全

标准，是保障食品安全的基础性制度建设。要认真贯彻落实党中央、国务院决策部署，加快制定最严谨的标准，推动食品安全治理体系和治理能力现代化，确保人民群众吃得安全、吃得放心。食品安全国家标准是具有法律属性的技术性规范，是判断食品是否安全、生产经营行为是否合法的标尺。完善食品安全标准体系，是确保监管部门有效执法、市场主体规范经营、食品产业健康持续发展的重要保障，是实施食品安全战略的重要抓手。当前，加强食品安全标准体系建设，一要补齐短板，坚持问题导向，按照缺什么补什么的原则，把标准体系的网眼织得更密，覆盖所有日常消费的食品品种。二要强化基础，加强食品安全风险监测、评估等基础性研究，建立标准基础数据库，为制修订标准提供科学依据。加强专业人才队伍建设。三要提升水平，与时俱进制修订食品安全标准，逐步实现与国际标准全面接轨。四要严格执行，加大食品安全标准的宣传力度，强化标准制定和执行的有效衔接，严格依据标准做好食品安全监督执法，充分发挥标准的作用和效能。

1月6日

［纲　文］　**原第四机械工业部部长、党组书记钱敏在北京逝世，享年101岁。**

1月6日

［纲　文］　**《人民日报》发表题为《让党内监督不留死角——一论中央纪委派驻监督全覆盖》的评论员文章。**

1月7日

［纲　文］　**中共中央政治局常务委员会召开会议。**

［目　文］　中共中央总书记习近平主持会议。会议听取全国人大常委会、国务院、全国政协、最高人民法院、最高人民检察院党组工作汇报，听取中央书记处工作报告。

会议强调，中国共产党的领导是中国特色社会主义制度的最大优势，是我们战胜各种风险挑战、实现“两个一百年”奋斗目标、实现中华民族伟大复兴中国梦的根本保证。加强党的领导关键是坚持党中央集中统一领导。党中央集中统一领导要实现制度化、规范化。党政军民学，东西南北中，党是领导一切的。要通过深入学习贯彻党章和《中国共产党党组工作条例（试行）》，增强政治意识、大局意识、责任意识，不断加强和改善党的领导，更好发挥党总揽全局、协调各方的领导核心作用，确保党始终成为中国特色社会主义事业的坚强领导核心。

会议认为，过去的一年，全国人大常委会、国务院、全国政协、最高人民法院、最高人民检察院党组自觉坚持党中央集中统一领导，坚持全面从严治党，坚持民主集中制，坚持党组发挥领导核心作用与支持依法依章程履行职责相统一，紧紧围绕“五位一体”总体布局和“四个全面”战略布局，强化责任担当，狠抓党中央重大决策部署和重要指示精神的贯彻落实，扎实开展“三严三实”专题教育，充分发挥了把方向、管大局、保落实的重要作用，为推进党和国家各项事业发展、实现“十二五”圆满收官作出了积极贡献。中央书记处坚决贯彻党中央决策部署，协助党中央推进思想理论建设和作风建设，指导做好群团工作，推动一批重要党内法规制定实施，配合办好纪念中国人民抗日战争暨世界反法西斯战争胜利70周年系列活动等大事要事，各方面工作取得了新进展。

会议强调，2016年是全面建成小康社会决胜阶段的开局之年，也是推进结构性改革的攻坚之年。全国人大常委会、国务院、全国政协、最高人民法院、最高人民检察院党组，要把牢坚定正确的政治方向，严守政治纪律和政治规矩，自觉维护党中央权威，在思想上政治上行动上始终同以习近平同志为总书记的党中央保持高度一致，担当起落实党中央重大决策部署的政治责任。要围绕大局履职尽责，想中央所想、急中央所急，积极适应经济发展新常态，坚持以新的发展理念引领发展，扎实做好党中央部署的各项工作，努力实现全面建成小康社会决胜阶段良好开局。要落实全面从严治党主体责任，带头学习贯彻党章和《中国共产党廉洁自律准则》《中国共产党纪律处分条例》，抓好党组自身建设，指导好机关和系统党的建设，教育管理监督好干部队伍。中央书记处要按照自身职责定位，把握大局、服务大局，进一步在推动全面从严治党上聚焦发力，在推进思想政治建设、作风建设上下功夫，深入调查研究，不断提高议事能力和水平，推动党中央决策部署贯彻落实。

1月7日

［纲　文］　**国务院批复新疆维吾尔自治区人民政府，同意撤销哈密地区设立地级哈密市。**

［目　文］　批复说：一、同意撤销哈密地区和县级哈密市，设立地级哈密市。哈密市人民政府驻新设立的伊州区建国南路19号。二、哈密市设立伊州区，以原县级哈密市的行政区域为伊州区的行政区域。伊州区人民政府驻东河区街道广东路2号。三、哈密市辖原哈密地区的巴里坤哈萨克自治县、伊吾县和新设立的伊州区。

上述行政区划调整涉及的各类机构要按照“精简、统一、效能”的原则设置，涉及的行政区域界线要按规定及时勘定，所需人员编制和经费由新疆维吾尔自治区自行解决。要严格按照国务院“约法三章”的要求，不新建政府性楼堂馆所，不增加财政供养人员，不增加“三公”经费。要严格执行中央关于厉行节约的规定和国家土地管理法规政策，加大区域资源整合力度，优化总体布局，促进区域经济社会协调健康发展。要强化组织领导，明确工作责任，加强行政区划调整的社会稳定风险评估，落实各项工作措施，确保行政区划调整有序稳妥实施。

1月7日

［纲　文］　**国务院批复新疆维吾尔自治区人民政府，同意设立县级昆玉市。**

［目　文］　批复说：一、同意设立县级昆玉市。昆玉市人民政府驻昆玉大道玉枣路1号。二、昆玉市由新疆维吾尔自治区直辖，管理方式按有关文件规定执行。三、昆玉市行政区域界线走向。

昆玉市的各类机构要按照“精简、统一、效能”的原则设置，涉及的行政区域界线要按规定及时勘定，所需人员编制和经费由新疆维吾尔自治区自行解决。要严格按照国务院“约法三章”的要求，不新建政府性楼堂馆所，不增加财政供养人员，不增加“三公”经费。要严格执行中央关于厉行节约的规定和国家土地管理法规政策，加大区域资源整合力度，优化总体布局，促进区域经济社会协调健康发展。要强化组织领导，明确工作责任，加强行政区划调整的社会稳定风险评估，落实各项工作措施，确保行政区划调整有序稳妥实施。

2月26日，新疆维吾尔自治区昆玉市揭牌成立。

1月7日

［纲　文］　**环境保护部发布《环境影响评价技术导则 地下水环境》，自2016年1月7日起实施。**

1月7日

［纲　文］　**证监会公布《上市公司大股东、董监高减持股份的若干规定》，自2016年1月9日起施行。证监会公告〔2015〕18号同时废止。**

1月7日

［纲　文］　**国家林业局印发《关于大力推进森林体验和森林养生发展的通知》。**

［目　文］　《通知》的主要内容有：一、充分认识发展森林体验和森林养生的重要意义。二、加强对外交流，做好国外先进经验的引进、吸收和转化工作。三、加快硬件软件建设，高起点高标准推动森林体验和森林养生发展。四、加强组织领导和扶持力度，推动森林体验和森林养生的规范快速发展。

1月7日

［纲　文］　**国务院在北京召开全国计划生育工作电视电话会议。**

［目　文］　国务院总理李克强批示指出：多年来，广大计生工作者围绕坚持计划生育基本国策，付出了巨大努力，作出了积极贡献。新形势下，国家实施全面两孩政策，改革完善计划生育服务管理，是促进人口均衡发展、顺应群众意愿的重大举措。各地区各有关部门要以人民利益为重，扎实推进相关工作，加强妇幼保健能力建设，完善教育、就业、住房、社会保障等配套政策，并加大对计划生育家庭的扶助力度，依法行政，切实把这件惠民生、利长远的好事办好，实现人口与经济社会协调可持续发展。

国务院副总理刘延东出席会议并讲话。会议要求要深刻认识进一步调整完善生育政策的重大意义，把握和处理实施全面两孩政策中的若干重大问题。要完善配套政策措施，依法实施全面两孩政策，做好相关配套政策的顶层设计，修订好地方条例，改革完善计划生育服务管理，强化妇幼健康服务，维护计划生育家庭的合法权益，加强托幼、教育、社会保障等基本公共服务，促进人口均衡发展。要加强组织领导，加大宣传引导，确保各项任务落实，扎实推进计划生育各项工作，为全面建成小康社会营造良好的人口环境。

刘延东强调，实施全面两孩政策是党中央、国务院着眼中华民族伟大复兴历史使命和人口与经济社会发展全局作出的重大决策。各地区各部门要把思想和行动统一到中央决策部署上来，坚持计划生育基本国策，依法实施好全面两孩政策，改革创新新时期计划生育工作。

1月7日

［纲　文］ **《人民日报》报道，王岐山分别主持召开部分省委书记和中央部委党组书记、省区市纪委书记、中央纪委派驻纪检组组长及专家学者座谈会，就筹备中央纪委六次全会、谋划好2016年纪律检查工作，听取意见建议。**

［目　文］ 中央纪委书记王岐山指出，2015年，以习近平同志为总书记的党中央，协调推进“四个全面”战略布局，以强烈的历史责任感、深沉的使命忧患感，坚定不移推进全面从严治党，把党风廉政建设和反腐败斗争引向深入。党中央旗帜鲜明、立场坚定、意志品质顽强、领导坚强有力；各级党组织和党员领导干部学习贯彻习近平总书记系列重要讲话精神，落实管党治党的政治责任，全党动手、齐抓共管的局面巩固发展；广大干部群众大力支持、积极参与；各级纪检监察机关聚焦中心任务，强化监督执纪问责，推动党风廉政建设和反腐败斗争取得新进展新成效，赢得了党心民心。人民群众对党越来越信任，对走中国特色社会主义道路的信心越来越坚定，厚植了党执政的政治基础。中国共产党最重要的执政基础就是民心，人心向背是最大的政治，必须以踏石留印、抓铁有痕的劲头抓下去，在坚持中深化、在深化中坚持，回应人民群众期盼，不断巩固党的执政之基。要从历史和全局的高度深刻把握坚持党的领导、加强党的建设、全面从严治党、推进党风廉政建设和反腐败斗争之间的关系，明确内涵、厘清责任。办好中国的事情关键在坚持党的领导，坚持党的领导根本在加强党的建设。党的建设有着丰富的内涵，全面从严治党是党的建设的重要组成部分，但不是全部；党风廉政建设和反腐败斗争是全面从严治党的重要组成部分，但也不是全部。党不仅要管要治，还要重在建设。全面从严治党不只是惩治极少数腐败分子，而是要靠全党、管全党、治全党。要紧紧抓住落实主体责任这个“牛鼻子”，盯住领导干部这个“关键少数”，发挥领导核心作用和战斗堡垒作用。从严治党不能空论，要始终把严明政治纪律和政治规矩摆在首位，坚持问题导向、见人见事，增强针对性和实效性。纪委要牢牢守住职责定位，强化监督执纪问责。动员千遍，不如问责一次。管党治党要层层传导压力，用问责倒逼“两个责任”落实。

1月7日

［纲　文］ **汪洋在北京主持召开国务院防震减灾工作联席会议。**

［目　文］ 会议的主要内容是总结回顾2015年防震减灾工作，听取2016年全国地震活动趋势分析意见，安排部署工作任务。

国务院副总理、抗震救灾指挥部指挥长汪洋指出，要认真贯彻落实党中央、国务院决策部署，坚持以防为主、防抗救相结合的方针，完善“分级负责、相互协同”抗震救灾工作机制，统筹推进监测预报、震害防御、应急救援体系建设，扎扎实实做好防震减灾工作。近年来我国地震监测预报工作不断加强，防御基础不断强化，防震减灾综合能力进一步提高。但必须看到，我国仍处于地震活动水平较高、强烈地震多发的时期，防震减灾各项工作决不能掉以轻心。要突出创新驱动，加强防震减灾基础性研究，强化震情监视跟踪。加强对城市建构筑物、重大基础设施和生命线工程的抗震性能检查和鉴定加固工作，加快地震高风险区特别是农村贫困地区的抗震民居建设，不断提升城乡抗震设防水平。要树立防范胜于救灾的意识，变被动救灾为主动减灾，进一步强化防震减灾责任落实，强化应急应对准备，开展防震减灾宣传教育，普及防震减灾知识，提升群众防灾意识和自救互救能力。

1月7日

［纲　文］　**知识产权局在北京召开2016年全国知识产权局局长会议。**

［目　文］　知识产权局副局长贺化主持会议。全国各省、自治区、直辖市、新疆生产建设兵团、各计划单列市、副省级城市知识产权局主要负责人，中央和国家机关有关部门的相关负责人，国家知识产权战略实施工作部际联席会议成员单位有关负责人，部分央企代表应邀参加会议。

知识产权局局长申长雨传达了国务委员王勇对知识产权工作的批示，传达了《国务院关于新形势下加快知识产权强国建设的若干意见》并对学习贯彻落实工作作出了部署。申长雨作了题为《深化改革 创新发展 奋力开创知识产权强国建设新局面》的工作报告。

1月7日

［纲　文］　**外交部部长王毅在北京会见应中国人民外交学会邀请访华的叙利亚反对派组织“反对派和革命力量全国联盟”主席胡杰一行。**

［目　文］　王毅说，安理会通过的2254号决议，明确了推进叙问题政治解决的大方向。中方希望“全国联盟”等叙反对派抓住机遇，支持和配合联合国促和努力，从叙现实出发，不设前提条件地参加有关对话谈判。“全国联盟”作为反对派中的代表性力量，可在促成停火止暴方面采取更积极措施，配合联合国方面的努力。中方将坚持为政治解决叙利亚问题继续发挥建设性作用，也愿继续向叙难民提供人道主义援助。

胡杰表示，“全国联盟”支持安理会2254号决议，致力于政治解决叙问题，准备无条件参加联合国主持下的对话谈判，主张叙利亚政府与反对派采取措施，逐步建立互信，通过对话谈判解决所有问题。胡杰赞赏中方在叙利亚问题上所持公正平衡立场，感谢中方向叙难民提供人道主义援助。

1月7日

［纲　文］　**外交部部长王毅应约同美国国务卿克里和法国外交部部长法比尤斯通电话。**

［目　文］　王毅同克里就中美关系、朝鲜半岛局势及伊朗核问题等交换看法。克里说明了美方对朝鲜再次核试验的立场，希望就当前局势同中方保持沟通协调。

王毅强调，中方坚定致力于半岛无核化目标，坚定致力于维护半岛和平稳定。中方愿与包括美方在内的所有有关各方进行沟通。

王毅同法比尤斯通就中法关系、朝鲜半岛核问题和中东局势等交换了看法。

1月7日

［纲　文］ **《人民日报》发表题为《把创新成果转化为监督实效——二论中央纪委派驻监督全覆盖》的评论员文章。**

1月7—8日

［纲　文］ **全国国土资源工作会议在北京召开。**

［目　文］ 会议由国土资源部副部长库热西·买合苏提主持。国土资源部部长、国家土地总督察姜大明出席会议并讲话。会议的主要任务是：深入学习贯彻党的十八届五中全会、中央经济工作会议、扶贫攻坚工作会议、城市工作会议和农村工作会议精神，总结“十二五”时期国土资源工作，把握全面建成小康社会决胜阶段面临的形势任务，部署2016年国土资源工作。

1月7—9日

［纲　文］ **第13届中国国际网络文化博览会在北京举办。**

［目　文］ 网博会由文化部主办，中国动漫集团和广州产业投资基金联合承办。以“双创时代，网文天下”为主题，本届网博会吸引了包括动漫、游戏、音乐、上网服务、公共文化服务、非遗、文物等多个领域的260余家企业参展，展示了我国网络文化发展的新成就、新风貌。公共文化服务、非遗、文物等相关机构的首次参展，极大拓展了网博会所涉及的文化领域，丰富了网博会的文化承载内涵。同期举行的中国网络文化产业年会以中国网络文化高峰论坛为主论坛，并设“互联网＋动漫”发展论坛、互联网上网服务转型升级论坛、网络游戏与泛娱乐IP融合论坛等多个分论坛。论坛期间发布了2015年网络文化产业行业数据及十大事件，揭晓了2015中国网络文化风云企业与风云人物。

1月8日

［纲　文］ **中共中央、国务院在北京举行国家科学技术奖励大会。**

［目　文］ 习近平、李克强、刘云山、张高丽等党和国家领导人出席大会并为获奖代表颁奖。李克强代表党中央、国务院在大会上讲话。张高丽主持大会。中央和国家机关及军队有关方面负责人，国家科技教育领导小组成员，国家科学技术奖励委员会委员和首都科技界代表等共约3300人出席大会。

习近平等向获得2015年度国家自然科学奖、国家技术发明奖、国家科学技术进步奖和中华人民共和国国际科学技术合作奖的代表颁奖。

国务院总理李克强在讲话中代表党中央、国务院，向全体获奖人员表示热烈祝贺，向全国广大科技工作者致以崇高敬意和诚挚问候，向参与和支持中国科技事业的外国专家表示衷心感谢并强调，创新是引领发展的第一动力。要培育发展新动能，改造提升传统动能，塑造更多依靠创新驱动的引领型发展。要汇聚众智众力，扩大创新供给。创新的深厚伟力在于民众之中。创新是供给侧结构性改革的重要内容，要破除束缚创新的桎梏，促进创新要素流动，打造大中小企业和高校、科研机构“五方协同”的众创平台，形成各类创新主体互促、民间草根与科技精英并肩、线上与线下互动的生动局面。各级政府要以敬民之心行简政之道，满腔热情地为创新提供支持和服务。培育尊重知识、崇尚创造、追求卓越的创新文化，让更多创新者梦想成真。要推进开放合作，打造创新高地。主动融入全球创新网络，吸引更多海外技术、人才和资本到中国创新创业，积极推动我国先进适用技术和产品走出去。要加快建设创新型国家步伐，为全面建成小康社会、实现中华民族伟大复兴的中国梦作出更大贡献。

国务院副总理刘延东在会上宣读了《国务院关于2015年度国家科学技术奖励的决定》。国家自然科学奖一等奖获奖项目“多光子纠缠及干涉度量”第一完成人、中国科学院院士、中国科技大学常务副校长潘建伟代表全体获奖人员发言。

2015年度国家科学技术奖共授奖295项成果和7位外籍科技专家。国家自然科学奖42项，其中一等奖1项，二等奖41项；国家技术发明奖66项，其中一等奖1项、二等奖65项；国家科学技术进步奖187项，其中特等奖3项、一等奖17项、二等奖167项；授予7名外籍科技专家中华人民共和国国际科学技术合作奖。

同日，刘延东在北京会见获得2015年度中华人民共和国国际科技合作奖外国专家。刘延东会见获得国际科学技术合作奖的瑞典生物分离科学家杨克里斯特·杨森、美国有机化学家彼得·史唐、美国医学病毒学专家维尔特·伊恩·利普金、意大利物理学家卡洛·鲁比亚、日本科技管理专家冲村宪树、荷兰口腔公共卫生学专家约翰尼斯·弗兰肯，并向他们颁发奖章。

刘延东强调，科学无国界，中外科学家要拓展合作领域、加强协同攻关，为推动科技事业进步、增进全人类福祉作出新贡献。刘延东表示，中国将坚持创新、协调、绿色、开放、共享的发展理念。深入实施创新驱动发展国家战略，推动大众创业、万众创新，打造发展新引擎，奋力实现全面建成小康社会目标。中国政府将进一步扩大科技开放合作，积极引进海外高层次人才，为各国专家来华创新创业提供更好条件。

从1995年至今，共有101位外国专家和2个国际组织获得中华人民共和国国际科学技术合作奖。

1月8日

［纲　文］　**国务院批复山东省人民政府，同意青岛市城市总体规划。**

［目　文］　批复说：一、原则同意《青岛市城市总体规划（2011—2020年）》（以下简称《总体规划》）。二、重视城乡区域统筹发展。在《总体规划》确定的6143平方公里城市规划区范围内，实行城乡统一规划管理。加强城中村和城乡结合部地区的规划建设管理，城镇基础设施、公共服务设施的建设应当统筹考虑为周边农村提供服务。三、合理控制城市规模。到2020年，中心城区常住人口控制在610万人以内，城市建设用地控制在660平方公里以内。要贯彻城乡规划法关于“先规划、后建设”的原则，禁止在《总体规划》确定的建设用地范围之外设立各类开发区和新城新区。要根据青岛市资源、环境的

实际条件以及《总体规划》确定的城市空间布局，划定城市开发边界，加强边界管控，促进城市紧凑布局。四、做好青岛西海岸新区规划建设。要按照《国务院关于同意设立青岛西海岸新区的批复》要求，统筹海洋经济与陆域经济、经济建设与国防建设、资源开发与生态保护、新型工业化与新型城镇化，以全面深化改革为动力，坚持高起点规划、高标准建设、高水平管理，推进创新驱动和体制机制创新，大力发展海洋经济和海洋新兴产业，加强生态文明建设，深化对外对内开放，努力发展成为海洋科技自主创新领航区、深远海开发战略保障基地、军民融合创新示范区、海洋经济国际合作先导区、陆海统筹发展试验区，为探索全国海洋经济科学发展新路径发挥示范作用。五、完善城市基础设施体系。六、建设资源节约型和环境友好型城市。七、创造优良的人居环境。八、重视历史文化和风貌特色保护。要统筹协调发展与保护的关系，按照整体保护的原则，切实保护好城市传统风貌和格局。九、严格实施《总体规划》。城市建设要实现经济社会协调发展，物质文明和精神文明共同进步。青岛市人民政府要根据本批复精神，认真组织实施《总体规划》，任何单位和个人不得随意改变。你省和住房城乡建设部要加强对《总体规划》实施工作的指导、监督和检查。

1月8日

［纲　文］　**国土资源部公布《关于修改和废止部分规章的决定》。**

［目　文］　《决定》说：一、对6部规章的部分条款予以修改：（一）《地质资料管理条例实施办法》。（二）《矿山地质环境保护规定》。（三）《土地调查条例实施办法》。（四）《古生物化石保护条例实施办法》。（五）《中华人民共和国海洋石油勘探开发环境保护管理条例实施办法》。（六）《中华人民共和国海洋倾废管理条例实施办法》。二、废止《土地估价师资格考试管理办法》。三、本决定自2016年1月8日起施行。

1月8日

［纲　文］　**工商总局发布《关于促进网络服务交易健康发展规范网络服务交易行为的指导意见（暂行）》。**

［目　文］　《意见》由十个部分组成：一、明确网络服务交易监管重点，秉持职责监管网络服务交易行为。二、主动作为、支持发展。三、建立网络服务经营主体数据，完善网络服务交易经营主体经济户口分类。四、以网络服务交易平台为监管重点，有序推进网络服务监管工作。五、建立健全网络服务经营主体信用监管机制，积极推动网络服务经营主体信用信息公开公示。六、规范网络服务交易格式合同，倡导公平正义，维护市场秩序。七、支持和引导企业探索建立网络服务交易规范，推动建立行业规范，完善消费者权益保护机制。八、加大对网络服务交易违法行为查处力度，健全完善案件信息共享和监管协调配合机制。九、构建网络服务交易监管规则规范体系。十、完善网络信息化监管平台功能，建立健全网络服务交易信息化监管数据标准。

1月8日

［纲　文］　**中央统战部在北京召开全国统战部长会议。**

［目　文］　中央统战部部长孙春兰主持会议并作工作报告。全国政协主席俞正声出席会议并讲话。中央统战部副部长、国家民委主任王正伟出席会议。

俞正声指出，服务“十三五”规划制定实施，是统一战线的重要任务，也是新形势下统一战线发挥法宝作用的集中体现。要立足自身优势，整合民主党派、工商联、无党派人士等各方面的资源力量，在促进科学民主决策、投身国家重大发展战略、助推非公有制企业转型升级、参与脱贫攻坚等方面发挥积极作用。要全面推进新的社会阶层人士统战工作，创新工作方式载体，加强联系沟通，团结引导他们做合格的中国特色社会主义事业建设者。党委主要负责同志要认真履行统战工作第一责任人的职责，形成在党委统一领导下，各有关方面既有分工、又有协作的大统战工作格局。

1月8日

［纲　文］　**刘延东在北京出席国务院学位委员会第32次会议。**

［目　文］　国务院副总理、国务院学位委员会主任委员刘延东指出，要按照“四个全面”战略布局和“五个发展”理念，以提高质量为中心，突出结构调整优化和培养模式转变，构建良好学术生态环境，使学位与研究生教育实现更高质量、更有效率发展，为全面建成小康社会培养高素质人才。“十二五”期间，学位与研究生教育以“服务需求、提高质量”为主线，深化综合改革，加快发展方式转变，重点领域改革迈出坚实步伐，质量保障和投入支持体系更加完善，国际影响不断提升，为经济社会发展提供了有力支撑。要聚焦国家重大战略和发展需求，瞄准科技前沿，加强科教协同、产学研结合，动态调整优化学位授权和学科专业布局，提高服务经济社会发展能力。要坚持育人为本、立德树人，深化研究生培养模式改革，加快健全内部质量评估和监督保障体系，提高研究生社会责任感、创新能力和实践能力。要大力推进科研诚信和学术道德教育，健全学术不端惩戒机制，对学术造假行为零容忍严打击。要立足推动研究生教育发展转型，科学制定研究生教育发展“十三五”规划，统筹推进世界一流大学和一流学科建设，努力建设一流的研究生教育体系。

1月8日

［纲　文］　**国务院南水北调办发布：10时，南水北调东线台儿庄泵站开机运行，标志着东线一期工程2015—2016年度供水开始。**

［目　文］　2016年度调水历时5个月，计划抽引长江水水量41.86亿立方米，向山东省供水4.42亿立方米，主要解决沿线的城市、工业用水及湖泊补水。

1月8日

［纲　文］　**外交部部长王毅应约同韩国外交部部长尹炳世通电话。**

［目　文］　王毅同尹炳世就朝鲜半岛局势交换了看法。王毅表示，半岛核问题经历了各种风雨，中方始终坚持的原则是，坚持实现半岛无核化、坚持维护半岛和平稳定、坚持通过对话解决问题。这三者相互关联，缺一不可。王毅重申了中方反对朝鲜核试的既定立场，表示中方愿同韩方保持沟通，应对当前出现的复杂局面，同时还应坚定推动半岛核问题尽快重回谈判轨道。

1 月 8 日

［纲 文］ **《人民日报》发表题为《用好方式好作风推动职能转变——三论中央纪委派驻监督全覆盖》的评论员文章。**

1 月 8—9 日

［纲 文］ **国家粮食局在北京召开全国粮食流通工作会议。**

［目 文］ 发展改革委主任徐绍史出席会议并讲话。国家粮食局局长任正晓作工作报告。各省、自治区、直辖市及新疆生产建设兵团粮食局、黑龙江省农垦总局、中国储备粮管理总公司、中粮集团有限公司、中国中纺集团公司、中国航空集团工业公司、河南工业大学、南京财经大学、武汉轻工大学负责人，全国粮食系统弘扬“四无粮仓”精神先进集体和先进个人代表参加了会议。

会议学习贯彻党的十八届五中全会和中央经济工作会议、中央农村工作会议精神，总结“十二五”及 2015 年粮食流通工作，研究粮食行业“十三五”发展思路，部署 2016 年粮食流通重点工作，表彰全国粮食系统弘扬“四无粮仓”精神先进单位和先进个人。

会议强调，2016 年是“十三五”开局之年，全国粮食系统要认真贯彻落实党的十八大和十八届三中、四中、五中全会精神，深入学习贯彻习近平总书记系列重要讲话精神，按照“四个全面”战略布局的总体部署，牢固树立“五大发展理念”，深入贯彻国家粮食安全战略，全面落实粮食安全省长责任制，改革创新、主动作为、稳中求进，立足行业实际去产能、去库存、降成本、补短板，坚决打好粮食收购“攻坚战”和安全储粮“持久战”，加快实施“粮安工程”，大力发展粮食产业经济，统筹推进粮食流通改革发展各项工作，为促进经济社会持续健康发展作出新贡献。

1 月 9 日

［纲 文］ **中国首架极地固定翼飞机“雪鹰 601”成功飞越位于南极冰盖最高区域的昆仑站，持续飞行 2600 多公里安全返回中山站。**

1 月 9 日

［纲 文］ **《人民日报》发表题为《发挥好“派”的权威和“驻”的优势——四论中央纪委派驻监督全覆盖》的评论员文章。**

1 月 9 日—3 月 13 日

［纲 文］ **第二届中国设计大展及公共艺术专题展在深圳举办。**

［目 文］ 展览由文化部、广东省人民政府、深圳市人民政府共同举办，以“设计·责任”为主题，分设计案例展、设计文献展、公共艺术案例展、公共艺术文献展、论坛活动 5 个板块。

1 月 10 日

［纲 文］ **《习近平谈治国理政》研讨会在印度 2016 新德里世界书展上举行。**

［目　文］　研讨会由国务院新闻办公室、新闻出版广电总局、中国驻印度大使馆和中国外文局共同主办。

《习近平谈治国理政》多语种版由国务院新闻办公室会同中共中央文献研究室、中国外文局编辑，包括中、英、法、西、俄、阿、德、日、葡、韩、越和中文繁体共11种文字、12个版本，于2014年9月由外文出版社正式出版发行。该书收录了习近平在2012年11月至2014年6月间的讲话、谈话、演讲、答问、批示、贺信等79篇，分为18个专题。该书出版后多次参加全球各大国际书展，在国际图书市场、国际主流媒体和海外各界普遍获得热烈反响和高度评价。

1月10日

［纲　文］　**海洋局发布，当地时间1月10日18时14分，中国自主研发的4500米级自主水下机器人——“潜龙二号”，在西南印度洋成功下潜至1600米指定位置。这次海底勘探中，“潜龙二号”首次获得了这个区域的精细海底地貌图。**

1月10日

［纲　文］　**中国长江三峡集团发布，三峡集团卡洛特水电站主体工程正式开工。**

［目　文］　工程位于距离巴基斯坦首都伊斯兰堡55公里的吉拉姆河畔，是“一带一路”首个水电大型投资建设项目，也是“中巴经济走廊”首个水电投资项目。装机容量72万千瓦，是巴基斯坦第五大水电站，项目总投资约16.5亿美元。预计5年建设期完成后，该水电站将为巴基斯坦每年提供31.74亿千瓦时的清洁能源，并为该国提供2000多个直接就业岗位，有力地带动当地电力配套行业的产业升级。电站运营30年后将无偿转让给巴基斯坦政府。

1月11日

［纲　文］　**习近平主持召开中央全面深化改革领导小组第20次会议。**

［目　文］　中共中央政治局常委、中央全面深化改革领导小组副组长李克强、刘云山、张高丽出席会议。中央全面深化改革领导小组成员出席，中央和国家有关部门负责人列席会议。

中共中央总书记、中央全面深化改革领导小组组长习近平指出，全面深化改革头3年是夯基垒台、立柱架梁的3年，2016年要力争把改革的主体框架搭建起来。要牢牢扭住全面深化改革各项目标，落实主体责任，理清责任链条，拧紧责任螺丝，提高履责效能，打通关节、疏通堵点、激活全盘，努力使各项改革都能落地生根。

会议审议通过：一、《关于全面推进政务公开工作的意见》。会议指出，政务公开是建设法治政府的一项重要制度。要以制度安排把政务公开贯穿政务运行全过程，权力运行到哪里，公开和监督就延伸到哪里。二、《关于完善国家工作人员学法用法制度的意见》。会议强调，完善国家工作人员学法用法制度，要适应全面依法治国要求，坚持学法用法相结合，提高国家工作人员法治素养和依法办事能力。三、《关于保护、奖励职务犯罪举报人的若干规定》。会议指出，举报工作是依靠群众查办职务犯罪的重要环节，也是反腐败斗争的重要组成部分。完善国家保护、奖励职务犯罪举报人制度，有利于更好调动和保护人民群众的举报积极性，对在全社会弘扬正气、维护法律尊严具有重要意义。四、《关于开展承担行政职能事业单位改革试点的指导意见》。会议强调，开展承担行政职能事业单位改革试点，要以创新体制机制为核心，推进政事分开，持续推进简政放权、放管结合、优化服务，完善职能配置、优化组织结构、规范政府运行、提高行政效能，激发市场活力和社会创造力。五、《科协系统深化改革实施方案》。会议指出，科协系统深化改革，要把自觉接受党的领导、团结服务科技工作者、依法依章程开展工作有机统一起来，改革联系服务科技工作者的体制机制，改革治理结构和治理方式，创新面向社会提供公共服务产品的机制，把科协组织建设成为党领导下团结联系广大科技工作者的人民团体。六、《关于健全落实社会治安综合治理领导责任制的规定》《关于规范公安机关警务辅助人员管理工作的意见》。会议强调，健全落实社会治安综合治理领导责任制，要落实“属地管理”和“谁主管谁负责”的原则，构建职责明确、奖惩分明、衔接配套、务实管用的领导责任体系。要以理顺管理体制、明确岗位职责为核心，以完善管理制度、落实职业保障为重点，推动警务辅助人员管理实现制度化、规范化、法治化，为维护国家安全和社会稳定提供有效的人力资源保障。

1月11日

［纲　文］　**习近平在八一大楼接见调整组建后的军委机关各部门负责人。**

［目　文］　中央军委副主席范长龙、许其亮，中央军委委员常万全、赵克石、张又侠、吴胜利、马晓天、魏凤和等陪同接见。

在听取军委机关调整组建情况汇报后，中央军委主席习近平指出，军委机关调整组建任务已基本完成，这是我军领导指挥体制改革取得的一个突破性进展，是全面实施改革强军战略的一个标志性成果，是走中国特色强军之路迈出的关键一步。调整组建后的军委机关第一任领导班子成员，要以革命军人应有的忠诚、担当、勇气，做到讲政治、谋打赢、搞服务、作表率，以奋发有为的精神状态投身强国强军伟大实践，努力创造无愧于历史、无愧于时代、无愧于党和人民的业绩。军委机关的领导干部讲政治是第一要求，必须坚守党性原则，坚定政治信念，增强政治意识，站稳政治立场，严守政治纪律，做政治上的明白人。要自觉学习马克思列宁主义、毛泽东思想，学习中国特色社会主义理论体系，学习党的十八大以来党的理论创新成果，掌握马克思主义立场、观点和方法，增强政治敏锐性和政治鉴别力。军委机关要把谋打赢作为最大职责，强化随时准备打仗的思想，集中精力研究军事、研究战争、研究打仗。军委机关在军队领导指挥体制中居于承上启下、协调左右的重要位置，必须有很强的服务意识，要转变职能、转变作风、转变工作方式，自觉为军委服务、为战区服务、为军种服务、为官兵服务。军委机关的领导干部要带头践行“三严三实”，自觉用党规党纪规范自己、约束自己、警示自己，自我要求更严格、更苛刻，做到忠诚、干净、担当，为全军做好样子、立起标杆。要强化法治思维，坚持依法治军、从严治军，下大气力纠治会议多、活动多、文电多、工作组多、检查评比多等“五多”问题，坚决克服形式主义、官僚主义，实现治军方式的“三个根本性转变”。要深刻吸取郭伯雄、徐才厚等人严重违纪违法的深刻教训，旗帜鲜明同各种腐败现象作坚决斗争，带头弘扬我军光荣传统和优良作风，激发干事创业精气神，积极培育风清气正的政治生态，让广大官兵看到军委机关新气象，看到正风反腐正能量。

本次军委机关调整组建，按照军委管总、战区主战、军种主建的总原则，把总部制改为多部门制，由原来的总参谋部、总政治部、总后勤部、总装备部4个总部，改为军委办公厅、军委联合参谋部、军委政治工作部、军委后勤保障部、军委装备发展部、军委训练管理部、军委国防动员部、军委纪律检查委员会、军委政法委员会、军委科学技术委员会、军委战略规划办公室、军委改革和编制办公室、军委国际军事合作办公室、军委审计署、军委机关事务管理总局15个职能部门。

1月11日

［纲　文］　**国务院批复浙江省人民政府，同意杭州市城市总体规划。**

［目　文］　批复说：一、原则同意《杭州市城市总体规划（2001—2020年）（2016年修订）》（以下简称《总体规划》）。二、重视城乡区域统筹发展。在《总体规划》确定的3334平方公里城市规划区范围内，实行城乡统一规划管理，并逐步扩展到新设立的富阳区。加强市区内空间管控，强化对所辖市、县和重点镇的规划引导，推进基本公共服务均等化和城乡一体化。进一步加强与上海、宁波等周边城市的协调合作，切实发挥杭州市对浙江省以及长江三角洲南翼的引领带动作用。三、合理控制城市规模。到2020年，中心城区常住人口控制在400万人以内，城市建设用地控制在430平方公里以内。要贯彻城乡规划法关于“先规划、后建设”的原则，禁止在《总体规划》确定的建设用地范围之外设立各类开发区和新城新区。四、完善城市基础设施体系。要按照绿色循环低碳的理念规划建设城市基础设施。进一步完善公路、水运、铁路、机场等交通基础设施，加强城市内外交通衔接，优化长江三角洲城市群交通网络。五、建设资源节约型和环境友好型城市。六、创造优良的人居环境。七、重视历史文化和风貌特色保护。要统筹协调发展与保护的关系，按照整体保护的原则，切实保护好城市传统风貌和格局。要落实历史文化遗产保护和紫线管理要求，重点保护好清河坊等历史文化街区、临安城遗址等各级文物保护单位及其周围环境。八、严格实施《总体规划》。杭州市人民政府要根据本批复精神，认真组织实施《总体规划》，任何单位和个人不得随意改变。浙江省和住房城乡建设部要加强对《总体规划》实施工作的指导、监督和检查。

1月11日

［纲　文］　**住房城乡建设部发布《关于废止部分部门规章的决定》。**

［目　文］　《决定》说，商务部同意，住房城乡建设部决定废止《外商投资城市规划服务企业管理规定》《〈外商投资城市规划服务企业管理规定〉的补充规定》。现予发布，自2016年1月11日起施行。

1月11日

［纲　文］　**住房城乡建设部发布《关于修改〈城乡规划编制单位资质管理规定〉的决定》。**

［目　文］　《决定》说，《住房城乡建设部关于修改〈城乡规划编制单位资质管理规定〉的决定》已经住房城乡建设部第25次常务会议审议通过，现予发布，自2016年1月11日起施行。

1月11日

［纲　文］　**财政部、档案局印发《会计师事务所审计档案管理办法》。**

［目　文］　《办法》共7章32条，主要有总则，归档、保管与利用，权属与处置，鉴定与销毁，信息化管理，监督管理，附则等内容，自2016年7月1日起施行。

1月11日

［纲　文］　**汪洋在北京主持召开国务院旅游工作部际联席会议第三次全体会议。**

［目　文］　国务院副总理汪洋指出，当前，我国居民消费步入快速转型升级的重要阶段，旅游业正迎来黄金发展期；同时，旅游业也处于矛盾凸显期，旅游产品供给跟不上消费升级的需求，政府管理和服务水平跟不上旅游业快速发展的形势。要落实好国家支持旅游业改革与发展的一系列政策，加快旅游基础设施和公共服务能力建设，大力发展乡村旅游，充分挖掘旅游消费和投资潜力。深入实施旅游精准扶贫。要加强旅游市场综合治理，建立权责明确、执法有力、行为规范、保障有效的综合监管机制，建立旅游综合监管主体责任清单，鼓励地方探索建立“旅游警察”“旅游工商分局”“旅游巡回法庭”等，通过标本兼治营造良好的旅游环境，让广大游客游得省心、游得放心、游得开心。春节是游客出行高峰期和旅游安全事故高发期，要切实落实地方政府属地管理责任、旅游企业主体责任、相关部门监管责任，认真排查和消除各类隐患，严防重特大旅游安全事故发生，确保人民群众过一个安全、祥和、欢乐的新春佳节。

1月11日

［纲　文］　**科技部在北京召开全国科技工作会议。**

［目　文］　全国政协副主席、科技部部长万钢作工作报告。中央和国家机关有关部门科技管理工作负责人，各地方科技厅局主要负责人，国家自主创新示范区和部分高新区、创新基地负责人等200多名代表参加会议。会议总结了2015年的科技工作，明确了2016年的工作思路，研究部署科技改革发展的重点举措。印发了科技部党组2016年一号文件《关于贯彻落实党的十八届五中全会精神　深入实施创新驱动发展战略的意见》。

1月11—12日

［纲　文］　**质检总局在北京召开全国质量监督检验检疫工作会议。**

［目　文］　国家认监委、国家标准委，全国直属和副厅级出入境检验检疫局，各省、自治区、直辖市、新疆生产建设兵团和计划单列市、副省级城市质监局、市场质量监督管理委员会主要负责人，以及质检总局各司局和直属挂靠单位党政主要负责人参加会

议。国家有关部委的代表也受邀参加会议。

会议传达了国务委员王勇关于质检工作的指示精神。质检总局局长支树平在会上作题为《坚定不移推进质检事业改革发展 为全面建成小康社会提供质量安全保障》的报告，总结“十二五”时期和2015年质检工作，部署“十三五”质检事业发展和2016年质检工作。要求全系统增强信心，凝聚力量，坚定不移推进质检事业改革发展，为全面建成小康社会提供质量安全保障。与会代表围绕“十三五”质检事业发展规划目标任务进行了讨论。

1月11—12日

［纲　文］ **水利部在北京召开全国水利厅局长会议**。

［目　文］ 水利部部长陈雷出席会议并讲话。各省、自治区、直辖市水利（水务）厅（局），各计划单列市水利（水务）局，新疆生产建设兵团水利局负责人参加会议。会议主要内容是：传达李克强和汪洋批示精神；全面贯彻落实党的十八大和十八届三中、四中、五中全会精神，按照中央经济工作会议、中央城市工作会议、中央扶贫开发工作会议、中央农村工作会议等部署，总结“十二五”水利工作，科学谋划“十三五”水利工作，部署2016年重点任务；讨论《全国水利发展“十三五”规划（征求意见稿）》。

1月11—12日

［纲　文］ **2016年全国环境保护工作会议在北京召开**。

［目　文］ 会议以中共中央总书记习近平系列讲话精神为指导，传达学习国务院总理李克强、国务院副总理张高丽的批示，全面部署了“十三五”时期和2016年的环境保护工作。环境保护部部长陈吉宁出席会议并讲话，环境保护部副部长潘岳主持会议。

1月12日

［纲　文］ **国务院批复天津市、辽宁省、上海市、江苏省、浙江省、安徽省、山东省、河南省、广东省、重庆市、四川省人民政府和商务部，同意在天津等12个城市设立跨境电子商务综合试验区**。

［目　文］ 批复说：一、同意在天津市、上海市、重庆市、合肥市、郑州市、广州市、成都市、大连市、宁波市、青岛市、深圳市、苏州市等12个城市设立跨境电子商务综合试验区，名称分别为中国（城市名）跨境电子商务综合试验区，具体实施方案由城市所在地省级人民政府分别负责印发。二、跨境电子商务综合试验区（以下简称综合试验区）建设要全面贯彻党的十八大和十八届二中、三中、四中、五中全会精神，认真落实党中央、国务院决策部署，按照“四个全面”战略布局要求，牢固树立并贯彻落实创新、协调、绿色、开放、共享的发展理念，以深化改革、扩大开放为动力，借鉴中国（杭州）跨境电子商务综合试验区建设“六大体系”“两个平台”的经验和做法，因地制宜，突出本地特色和优势，着力在跨境电子商务企业对企业（B2B）方式相关环节的技术标准、业务流程、监管模式和信息化建设等方面先行先试，为推动全国跨境电子商务健康发展创造更多可复制推广的经验，以更加便捷高效的新模式释放市场活力，吸引大中小企业集聚，

促进新业态成长，推动大众创业、万众创新，增加就业，支撑外贸优进优出、升级发展。三、有关部门和省、直辖市人民政府要努力适应新型商业模式发展的要求，坚持深化简政放权、放管结合、优化服务等改革，大力支持综合试验区大胆探索、创新发展，同时控制好试点试验的风险。四、有关省、直辖市人民政府要切实加强对综合试验区建设的组织领导，健全机制、明确分工、落实责任，有力有序有效推进综合试验区建设发展。五、国务院有关部门要按照职能分工，加强指导和服务。要加强部门之间的沟通协作和相关政策衔接，深入调查研究，及时总结经验，指导和帮助地方政府切实解决综合试验区建设发展中遇到的困难和问题，进一步为综合试验区发展营造良好的环境。商务部要加强综合协调、跟踪分析和督促检查，适时对各综合试验区试点成果进行评估，重大问题和情况及时报告国务院。

1 月 12 日

［纲　文］ **食品药品监管总局公布《食品药品投诉举报管理办法》。**

［目　文］ 《办法》共 6 章 40 条，主要有总则、受理、办理程序、信息管理、监督与责任、附则等内容，自 2016 年 3 月 1 日起施行。

1 月 12 日

［纲　文］ **刘延东在北京考察中科院国家空间科学中心。**

［目　文］ 国务院副总理刘延东强调中科院要坚决贯彻党中央、国务院决策部署，牢固树立创新发展理念，加快实施“率先行动”计划，为全面建成小康社会发挥支撑引领作用。中科院要围绕中心、服务大局，强化看齐意识，勇于担当使命，扎实落实中央部署，为建设创新型国家和科技强国作出新贡献。

1 月 12 日

［纲　文］ **河北省第十二届人民代表大会第四次会议选举赵克志为河北省第十二届人民代表大会常务委员会主任。**

1 月 12 日

［纲　文］ **中国社会科学院考古研究所发布“2015 年中国考古新发现”。**

［目　文］ 海南东南部沿海地区新石器时代遗址，江苏兴化、东台市蒋庄良渚文化遗址，陕西宝鸡市周原遗址，江西南昌市西汉海昏侯墓，汉魏洛阳城宫城太极殿遗址和辽宁“丹东一号”清代沉船遗址入选。

1 月 12—14 日

［纲　文］ **中国共产党第十八届中央纪律检查委员会第六次全体会议在北京召开。**

［目　文］ 全会由中央纪律检查委员会常务委员会主持。中共中央总书记习近平出席会议并讲话。李克强、张德江、俞正声、刘云山、王岐山、张高丽等党和国家领导人出席会议。出席本次全会的中央纪委委员 124 人，列席 226 人。全会总结 2015 年纪律检查工作，部署 2016 年任务，审议通过了王岐山同志代表中央纪委常委会所作的《全面从严治党，把纪律挺在前面，忠诚履行党章赋予的神圣职责》工作报告。全会发表了《中国共

产党第十八届中央纪律检查委员会第六次全体会议公报》。

习近平在讲话中指出：一、党风廉政建设和反腐败斗争取得新的重大成效。我们党肩负着带领全国各族人民实现“两个一百年”奋斗目标、实现中华民族伟大复兴的历史使命，同时也面临着“四大考验”“四种危险”。完成历史使命，战胜风险挑战，必须管好党、治好党，确保党始终成为中国特色社会主义事业的坚强领导核心。党的十八大以来，我们党着眼于新的形势任务，把全面从严治党纳入“四个全面”战略布局，把党风廉政建设和反腐败斗争作为全面从严治党的重要内容，正风肃纪，反腐惩恶，着力构建不敢腐、不能腐、不想腐的体制机制。中央纪委贯彻党中央决策部署，遵循党章规定，聚焦中心任务，推动党风廉政建设和反腐败斗争取得新的重大成效。二、坚定不移推进党风廉政建设和反腐败斗争。夺取全面建成小康社会决胜阶段的伟大胜利，关键在党。“打铁还需自身硬”是我们党的庄严承诺，全面从严治党是我们立下的军令状。三年来，我们着力解决管党治党失之于宽、失之于松、失之于软的问题，使不敢腐的震慑作用充分发挥，不能腐、不想腐的效应初步显现，反腐败斗争压倒性态势正在形成。三、坚定不移推进全面从严治党。党要管党、从严治党，是党的建设的一贯要求和根本方针。四、积极探索强化党内监督的有效途径。对我们党来说，外部监督是必要的，但从根本上讲，还在于强化自身监督。我们要总结经验教训，创新管理制度，切实强化党内监督。

习近平强调，对党风廉政建设和反腐败斗争，要加强宣传舆论引导。随着反腐败斗争持续深入，社会上出现了一些值得注意的舆论倾向和氛围。有几种论调还很有些市场，比如，“反腐同群众利益无关”，“反腐让干部不作为”，“反腐影响经济发展”，“反腐是权力斗争”，“反腐应当缓缓手”，等等。对这些模糊认识和错误言论，必须加以辨析、引导，驳斥错误言论，化解消极情绪，消除偏见误解，说清楚我们党反腐败不是看人下菜的“势利店”，不是争权夺利的“纸牌屋”，也不是有头无尾的“烂尾楼”，从而为深入开展党风廉政建设和反腐败斗争营造良好舆论氛围。

1月13日

［纲　文］　**中国政府发布《中国对阿拉伯国家政策文件》。**

［目　文］　《文件》由五个部分组成：一、深化全面合作、共同发展的中阿战略合作关系。二、中国对阿拉伯国家政策。三、全面加强中阿合作。四、中阿合作论坛及其后续行动。五、中国与阿拉伯区域组织关系。

《文件》指出，中国将继续秉承和发扬中阿传统友好，不断充实和深化中阿全方位、多层次、宽领域合作格局，促进全面合作、共同发展的战略合作关系持续健康发展，为维护地区乃至世界的和平、稳定与发展作出积极贡献。

1月13日

［纲　文］　**李克强主持召开国务院党组会议。**

［目　文］　张高丽、刘延东、汪洋、马凯、常万全、杨洁篪、郭声琨、王勇等出席

会议。会议主要内容是：学习贯彻习近平总书记在十八届中央纪委六次全会上的重要讲话精神，部署深入推进政府系统党风廉政建设和反腐败工作。

会议要求，国务院党组要坚持做廉洁自律的表率，落实“一岗双责”，对各部门严格要求，既督工作又带队伍。要完善监督制度，强化履职监督，推动政府公务员树立高尚的职业道德和精神追求，做到廉洁奉公，以反腐倡廉、勤政为民的成效提升政府公信力，为改革发展添动力。

1月13日

［纲　文］　**李克强主持召开国务院常务会议。**

［目　文］　会议主要内容是：一、决定再推出一批简政放权改革措施，让市场活力更大释放。会议决定，一是按照国务院确定的清理中央指定地方实施审批事项的要求，在去年已取消一批审批事项基础上，再取消纳税人申报方式核准、地方企业发行企业债券的部门预审等150多项审批事项，便利企业投资和生产经营、促进就业、方便群众办事。二是再取消10余项束缚创业创新的部门行政许可。三是采取取消或改由审批部门委托开展技术服务并承担费用等方式，再清理规范192项中介服务事项。四是整合饭馆、咖啡馆、酒吧、茶座4类餐饮服务公共场所的卫生许可证和食品经营许可证，由食品药品监管部门一家许可、统一监管，并承担相应行政责任，完善食品安全保障机制。五是在此前已取消4批职业资格许可和认定事项的基础上，再取消汽车营销师、咖啡师、注册人力资源管理师等61个事项。尽快公布国家职业资格目录清单，目录之外不得开展职业资格许可和认定。同时，为强化对改革的法治保障，把审批项目取消和下放、普遍性降费等改革成果及时用法律形式确定和巩固下来，会议决定对66部行政法规相关条款进行一揽子修改，并增加厘清部门监管职责、完善事中事后监管措施的规定。二、确定完善高新技术企业认定办法，使更多创新型企业得到政策支持。会议确定，修订现行的《高新技术企业认定管理办法》，更多向中小企业倾斜。一是适当放宽认定条件。适应研发外包、众包等趋势，对高新技术企业取消具有大专以上学历科技人员占企业当年职工总数30%以上的要求，改为从事研发和相关技术创新活动的科技人员占比不低于10%。在保持大中型企业3%和4%研发费占比要求不变的情况下，将小企业的研发费比例要求由6%降至5%。取消近3年内获得知识产权或取得5年以上独占许可的条件，鼓励企业自主研发或转让技术。二是简化认定流程，缩短公示时间。高新技术企业在资格有效期内跨管理区域整体迁移的，其资格继续有效。采取随机抽查与重点检查双结合等方式，优化对高新技术企业的管理。三是扩充重点支持的高新技术领域。将制造业中的增材制造与应用等新技术和服务业中的检验检测认证等技术，以及文化创意、电子商务与现代物流等领域的相关技术纳入支持范围，同时剔除一批落后技术，使政策优惠发挥对科技创新的牵引作用。

1月13—14日

［纲　文］　**全国妇联十一届四次执委会议在北京召开。**

［目　文］　会议通过了《全国妇联十一届四次执委会议关于〈工作报告〉的决议》

《关于替补全国妇联第十一届执委的决议》。

1月13—15日

［纲　文］　**2016年二十国集团峰会第一次协调人会议在北京举行。**

［目　文］　国务委员杨洁篪出席开幕式并致辞。中方二十国集团事务协调人、外交部副部长李保东主持会议。二十国集团成员、嘉宾国和国际组织协调人等中外代表共400多人与会。

会议围绕“构建创新、活力、联动、包容的世界经济”主题和“创新增长方式”“更高效的全球经济金融治理”“强劲的国际贸易和投资”“包容和联动式发展”4个议题篮子展开讨论，达成一系列共识。各方支持以创新为主线挖掘世界经济增长新动力，探讨制定二十国集团创新增长蓝图，深化在创新、新工业革命、数字经济等领域合作。各方总体支持就发展绿色金融、制定国际追逃追赃高级别原则、加强国际能源治理等深化合作。各方重申加强二十国集团贸易投资机制建设的重要性，支持就促进全球贸易增长开展合作，加强二十国集团对多边投资合作的指导。各方支持二十国集团加强合作，带头落实2030年可持续发展议程。各方同意在能效、粮食安全、就业等领域采取行动，为落实气候变化巴黎协定提供强有力政治支持。

2016年二十国集团领导人峰会于9月4日至5日在杭州举行。此次协调人会议是中方担任二十国集团主席国后举行的首场协调人会议。会议就筹备工作方向、基调、架构达成的共识为杭州峰会取得成果打下了基础。

1月14日

［纲　文］　**国家主席习近平向2016印度“中国旅游年”开幕式致贺词。**

［目　文］　习近平对“中国旅游年”活动开幕表示热烈的祝贺，向友好的印度人民致以诚挚的问候。

习近平指出，中印两国人民友好交往源远流长。千百年来，两国人民交流互鉴，树立了世界跨文化交流的楷模，为人类文明进步发挥了重要作用。中印各领域互补优势明显、合作潜力巨大。两国应该发扬传统友谊，加强互利合作，扩大人文交流，为世界和平与发展作出新贡献。互办旅游年是2014年我访问印度期间与莫迪总理共同确定的。我们高兴地看到，2015“印度旅游年”在中国成功举办。希望双方再接再厉，以在印度举办“中国旅游年”为契机，扩大文化交流和人员往来，为构建中印更加紧密的发展伙伴关系注入更多活力。

同日，“中国旅游年”开幕式在印度新德里举行。

1月14日

［纲　文］　**公安部发布《关于修改部分部门规章的决定》。**

［目　文］　《决定》说，根据国务院有关行政审批制度和注册资本登记制度改革的文件规定，对《因私出入境中介活动管理办法》《保安培训机构管理办法》《公安机关实施保

安服务管理条例办法》《社会消防技术服务管理规定》4件部门规章的部分条款予以修改，自2016年1月14日起施行。

1月14日

［纲　文］ **公安部发布《公安机关执法质量考核评议规定》。**

［目　文］ 《规定》共5章32条，主要有总则、考核评议的内容和标准、考核评议的组织实施、奖惩、附则等内容。自2016年3月1日起施行。2001年10月10日发布施行的《公安机关执法质量考核评议规定》同时废止。

1月14日

［纲　文］ **公安部发布《公安机关人民警察执法过错责任追究规定》。**

［目　文］ 《规定》共5章30条，主要有总则、执法过错责任的认定、对执法过错责任人的处理、执法过错责任追究的程序、附则等内容，自2016年3月1日起施行。1999年6月11日发布的《公安机关人民警察执法过错责任追究规定》同时废止。

1月15日

［纲　文］ **国务院总理李克强在北京会见欧洲复兴开发银行行长查克拉巴蒂。**

［目　文］ 李克强表示，你此次访华，标志着中国正式加入欧洲复兴开发银行，双方合作掀开新的篇章。中方愿同欧洲复兴开发银行加强投融资合作，就推进"一带一路"倡议、国际产能合作等加强对接，积极开展第三方市场合作，为中欧深化互利合作提供支持。中国政府坚定推进金融改革，坚持以改革促增长，发挥市场在金融资源配置中的决定性作用。过去一年，中国利率市场化等改革迈出关键步伐。我们将继续推进金融市场化改革和法治化建设，建立适应现代金融市场发展的金融监管框架，防范系统性金融风险。当前中国经济运行总体平稳，增长速度在世界主要经济体中名列前茅，外汇储备充裕，金融体系稳健。中国无意通过货币竞争性贬值刺激出口，人民币汇率也不存在持续贬值的基础。中国有能力继续保持人民币汇率在合理均衡水平上的基本稳定。

查克拉巴蒂表示，欧洲复兴开发银行相信中国政府对经济政策的把握，愿以中国正式加入为契机，积极推动欧中发展战略对接，深入推进各项合作倡议，加强同中国政府、企业界的沟通，以及在亚洲基础设施投资银行、二十国集团等多边金融机构和平台的合作，构建强有力的伙伴关系。

1月15日

［纲　文］ **张德江在北京主持召开中共十二届全国人大常委会党组会议。**

［目　文］ 会议主要内容是：学习贯彻习近平总书记在十八届中央纪委第六次全会上的重要讲话和全会精神，研究部署2016年全国人大常委会党组进一步推进党风廉政建设和反腐败工作。李建国、王胜俊、王晨、沈跃跃、吉炳轩、张平、向巴平措、艾力更·依明巴海参加会议。

会议要求，要认真履行全国人大及其常委会的职责，落实好中央纪委全会精神，加快推进反腐败国家立法，抓紧做好行政监察法修改工作，为形成全面覆盖国家机关及其公务员的国家监察体系提供法律保障。要加强法律监督，支持督促“一府两院”依法行政、公正司法，促进依法履职、秉公用权、正确用权、廉洁用权。要推进人大代表思想作风建设常态化，注重把好代表的入口关，依法加强人大换届选举全过程监督，确保选举有序进行、风清气正，确保人大代表始终代表人民的利益和意志。

1月15日

［纲　文］　**俞正声在北京主持召开中共政协第十二届全国委员会党组会议。**

［目　文］　会议主要内容是：学习贯彻习近平总书记在中央政治局“三严三实”专题民主生活会和十八届中央纪委六次全会上的重要讲话精神，部署进一步推进政协党风廉政建设和反腐败工作。全国政协副主席杜青林、张庆黎、李海峰、陈元、卢展工、周小川、王家瑞、王正伟、马飚出席会议。

会议强调：一是要认真学习领会、深入思考、贯彻落实。要联系思想和工作实际，学深悟透、融会贯通，内化于心、外化于行，提高政治敏感性和警觉性，通过学习提高自己、约束自己。二是对反腐败形势要统一思想认识，对抓好党风廉政建设和反腐败斗争要有足够的信心，坚持全面从严治党，深化标本兼治，坚定不移把党风廉政建设和反腐败斗争引向深入。三是要落实责任，自觉担当起全面从严治党的主体责任和监督责任，巩固深化“三严三实”专题教育成果，从严要求政协委员和政协机关干部，切实增强纪律意识。四是要持之以恒落实中央八项规定精神，从解决“四风”问题和不严不实问题入手，把纪律建设摆在更加突出的位置，为政协组织和政协委员作出表率。五是要认真筹备组织全国政协十二届四次会议，坚持简约俭朴办会，确保会议风清气正。要提振信心，鼓舞士气，把会议开成团结奋进的大会。

1月15日

［纲　文］　**国务院办公厅函复发展改革委，同意建立服务业发展部际联席会议制度。**

［目　文］　函复说，国务院同意建立由发展改革委牵头的服务业发展部际联席会议制度。联席会议不刻制印章，不正式行文，请按照国务院有关文件精神，认真组织开展工作。

1月15日

［纲　文］　**发展改革委发布《节能监察办法》。**

［目　文］　《办法》共5章27条，主要有总则、节能监察机构职责、节能监察实施、法律责任、附则等内容，自2016年3月1日起施行。

1月15日

［纲　文］　**工商总局、国家网信办、工业和信息化部、住房城乡建设部、交通运输部、新闻出版广电总局公布《公益广告促进和管理暂行办法》，自2016年3月1日起施行。**

1月15日

［纲　文］　**财政部印发《中央国有资本经营预算管理暂行办法》。**

［目　文］　《办法》共7章31条，主要有总则、预算收支范围、预算编制和批复、预算执行、决算、绩效管理与监督检查、附则等内容，自2016年1月15日起施行。

1月15日

［纲　文］　**税务总局发布《耕地占用税管理规程（试行）》。**

［目　文］　《规程》共7章56条，主要内容有总则、涉税信息管理、纳税认定管理、申报征收管理、减免退税管理、税收风险管理、附则等内容，自2016年1月15日施行。《国家税务总局关于印发〈耕地占用税契税减免管理办法〉的通知》中有关耕地占用税减免管理的规定同时废止。

1月15日

［纲　文］　**中央党校举行2015年秋季学期毕业典礼，中央党校校长刘云山出席并为学员颁发毕业证书。**

1月15日

［纲　文］　**中组部在北京召开全国组织部长会议。**

［目　文］　中组部部长赵乐际主持会议并作工作报告。中共中央政治局常委刘云山出席会议并讲话。

刘云山指出，要认真落实党中央部署，紧紧围绕协调推进“四个全面”战略布局，围绕树立和贯彻五大发展理念，突出工作重点，强化责任担当，不断提高组织工作和干部工作水平，为决胜全面建成小康社会开好局起好步提供有力组织保证。各级党组织要切实负起全面从严治党主体责任，党组织书记要履行好第一责任人职责，把严肃党内政治生活、深化作风建设的要求落到实处。要加强对干部日常管理监督，扯袖子、咬耳朵的工作，组织部门要多做，党委书记、组织部长要多做，防患于未然。要坚持基层党组织政治功能和服务功能相统一，把从严治党要求向基层延伸，全面提升基层党建工作水平。

1月15日

［纲　文］　**国务院在北京召开推进“一带一路”建设工作会议。**

［目　文］　国务院副总理张高丽主持会议并讲话。王沪宁、汪洋、杨洁篪等，以及“一带一路”建设工作领导小组成员和有关部门单位负责人参加了会议。会议认真学习贯彻习近平总书记关于“一带一路”建设的重要讲话和指示精神，学习李克强总理指示批示要求，总结2015年“一带一路”建设工作，研究2016年总体工作思路，部署下一步重点工作。

1月15日

［纲　文］　**第29次全国“扫黄打非”工作电视电话会议在北京召开。**

［目　文］　中宣部部长、全国“扫黄打非”工作小组组长刘奇葆出席会议并讲话，

会议表彰了2015年全国“扫黄打非”先进集体和先进个人。新闻出版广电总局、中央政法委、中央网信办、公安部的负责人作了会议发言。

刘奇葆指出，要深入贯彻中央决策部署，以专项行动为抓手，以互联网为主战场，依法整治各类文化市场，着力打击网上非法出版物和有害信息，进一步规范新闻出版秩序，切实维护良好文化生态。

1月15日

［纲　文］　**国家防汛抗旱总指挥部在北京召开全国防汛抗旱工作视频会议。**

［目　文］　国家防总秘书长、水利部副部长刘宁主持会议。会议传达国务院总理李克强、国务院副总理汪洋的指示、批示精神，回顾总结2015年和“十二五”防汛抗旱工作，安排部署“十三五”和2016年防汛抗旱任务。

国家防总副总指挥、水利部部长陈雷出席会议并讲话。国家防总副秘书长矫梅燕介绍2016年防汛抗旱气象形势预测分析情况。军委联合参谋部作战局、武警部队作战勤务指挥中心的负责人讲话。水利部总规划师、国家防办主任张志彤作工作报告。河北、辽宁、安徽、四川、甘肃等5省防汛抗旱指挥部和长江、太湖防总作交流发言。各流域防总、各省（区、市）、各计划单列市防汛抗旱指挥部和有关成员单位的负责人在各地分会场参加会议。

1月15日

［纲　文］　**安全监管总局在北京召开全国安全生产工作会议。**

［目　文］　安全监管总局副局长孙华山主持会议。国务院办公厅、中组部、审计署有关负责人和国务院安委会联络员应邀出席会议。各省级安监局、煤矿安监局，部分产煤省级煤矿安全监管部门、煤炭行业管理部门以及副省级城市安监局相关负责人参加会议。安全监管总局副局长、国家煤矿安监局局长黄玉治就2016年煤矿安全作专题部署，强调要强化安全红线意识，把防范遏制重特大事故作为首要任务，把淘汰退出落后和不具备安全保障能力的煤矿作为治本举措，着力推进依法治安、科技兴安、基础保安，强化责任、狠抓落实，促进煤矿事故总量继续下降、死亡人数继续减少。

1月15日

［纲　文］　**教育部在北京召开2016年全国教育工作会议。**

［目　文］　教育部党组成员出席会议。各省（区、市）、新疆生产建设兵团、计划单列市教育部门和直属高校领导班子成员，直属单位负责人在主会场和分会场参加会议。教育部部长袁贵仁作工作报告。

会议指出，要全面贯彻党的十八大和十八届三中、四中、五中全会精神，以邓小平理论、“三个代表”重要思想、科学发展观为指导，深入贯彻习近平总书记系列重要讲话精神，按照“五位一体”总体布局和“四个全面”战略布局，牢固树立和贯彻落实创新、协调、绿色、开放、共享的发展理念，全面贯彻党的教育方针，紧紧围绕提高教育质量这一战略主题，以立德树人为根本任务，以促进公平为基本要求，以优化结构为主攻方向，以深化改革为根本动力，以加强法治为可靠保障，以党的领导为坚强保证，加快推进教育现代化，为全面建成小康社会发挥关键支撑作用。

1月15日

［纲 文］ **福建省第十二届人民代表大会第四次会议选举于伟国为福建省省长。**

1月15日

［纲 文］ **《人民日报》发表题为《肩负起管党治党的政治责任——一论学习贯彻习近平同志在十八届中央纪委六次全会讲话精神》的评论员文章。**

1月15—16日

［纲 文］ **共青团十七届五中全会在北京召开。**

［目 文］ 全会审议通过了《关于深入学习贯彻党的十八届五中全会精神，团结带领广大团员为实现“十三五”时期奋斗目标作贡献的决定》、关于深入学习贯彻《共青团中央贯彻落实〈中共中央关于加强和改进党的群团工作的意见〉和中央党的群团工作会议精神实施方案》的决议、《共青团2015年工作情况和2016年工作要点》。

1月16日

［纲 文］ **国家主席习近平在北京出席亚洲基础设施投资银行开业仪式并致辞。**

［目 文］ 习近平在致辞中强调，通过各成员国携手努力，亚投行一定能成为专业、高效、廉洁的21世纪新型多边开发银行，成为构建人类命运共同体的新平台，为促进亚洲和世界发展繁荣作出新贡献，为改善全球经济治理增添新力量。

亚投行57个创始成员国代表团团长共同按下标志亚投行正式启动的启动键后，习近平为亚投行标志物“点石成金”揭幕。标志物象征成员国期待亚投行不断创造点石成金的奇迹，推动亚洲乃至世界经济可持续发展。

开业仪式的举行意味着在历经800多天的筹备筹建后，全球迎来了首个中国倡议设立的多边金融机构开张运营。中国财政部部长楼继伟被选举为亚投行首届理事会主席，金立群当选亚投行首任行长。

同日，国务院总理李克强在北京出席亚洲基础设施投资银行理事会成立大会并在致辞中表示，亚投行理事会的成立，标志着这个由中国倡议、57个发展中国家和发达国家共同出资筹建的新型多边开发银行开始正式运作，对全球经济治理体系改革具有积极和建设性意义。

与会外方代表高度赞赏并感谢中国政府为亚投行成立所作的积极努力，表示亚投行将加强同现有多边开发机构的合作，建成一个高效、廉洁、绿色、可持续发展的多边银行。相信在各成员国共同努力下，亚投行将以优异的运营，服务亚洲基础设施建设和经济发展，为地区乃至世界的包容性发展提供动力。

会前，李克强见证了中国外交部、北京市政府分别与亚投行签署《中华人民共和国政府与亚洲基础设施投资银行总部协定》和《北京市人民政府与亚洲基础设施投资银行谅解备忘录》。

1月16日

［纲　文］　**中国和白俄罗斯合作的白俄罗斯一号通信卫星在西昌发射成功，国家主席习近平同白俄罗斯总统卢卡申科总统互致贺电。**

［目　文］　习近平在贺电中说，白俄罗斯一号通信卫星项目是新形势下中白全面战略伙伴关系的重要体现，是中白在航天领域开展合作的重要成果，将有助于白俄罗斯经济发展、民生改善和社会进步。中方愿同白方共同努力，加强各领域创新合作，推动中白全面战略伙伴关系不断向前发展，造福两国和两国人民。

卢卡申科在贺电中说，白俄罗斯一号通信卫星成功发射是多年来白中全面战略合作的标志性事件和重大成果，充分展示了中国在航天科技领域所取得的重大成就，在政治、经济、社会和创新领域对白方意义重大。祝愿中国航天科技和通信领域工作者在造福人类的伟大事业中取得更大突破。

0时57分，中国在西昌卫星发射中心用长征三号乙运载火箭成功发射白俄罗斯通信卫星一号，卫星准确进入预定转移轨道。白俄罗斯通信卫星一号项目合同由中国长城工业集团公司与白俄罗斯共和国单一制生产企业精密电子机械厂于2011年签署。长城公司作为总承包商，会同中国运载火箭技术研究院、中国空间技术研究院、中国卫星发射测控系统部，共同承担卫星设计、建造、总装、测试和发射任务。该卫星是白俄罗斯拥有的第一颗通信卫星，也是中国首次向欧洲地区用户提供整星在轨交付服务的卫星。此次发射任务圆满成功，标志着中国航天迈出了开拓欧洲市场、服务世界航天的重要一步。

1月16日

［纲　文］　**教育部发布《关于办好开放大学的意见》。**

［目　文］　《意见》由三个部分组成：一、总体要求。二、主要任务。三、保障措施。

1月16日

［纲　文］　**中台办、国台办负责人就台湾地区选举结果发表谈话。**

［目　文］　负责人说，我们注意到台湾地区选举结果。近8年来，两岸双方在坚持“九二共识”、反对“台独”的政治基础上，与两岸同胞携手开辟两岸关系和平发展道路，建构两岸交流合作制度框架，增进两岸同胞福祉，保持了台海和平稳定。这一良好局面得来不易，需要倍加珍惜。我们的对台大政方针是一贯的、明确的，不因台湾地区的选举结果而改变。我们将继续坚持“九二共识”，坚决反对任何形式的“台独”分裂活动。在维护国家主权和领土完整的重大原则问题上，我们的意志坚如磐石，态度始终如一。我们愿意与所有认同两岸同属一个中国的政党和团体加强接触交流，与两岸同胞一道，维护两岸共同政治基础，维护两岸关系和平发展和台海和平稳定，共创中华民族伟大复兴的光明未来。

1月16日

［纲　文］　**《人民日报》发表题为《正风反腐顺党心合民意——二论学习贯彻习近平**

同志在十八届中央纪委六次全会讲话精神》的评论员文章。

1 月 17 日

［纲　文］　**国务院办公厅印发《关于全面治理拖欠农民工工资问题的意见》。**

［目　文］　《意见》由七个部分组成：一、总体要求。二、全面规范企业工资支付行为。三、健全工资支付监控和保障制度。四、推进企业工资支付诚信体系建设。五、依法处置拖欠工资案件。六、改进建设领域工程款支付管理和用工方式。七、加强组织领导。

《意见》要求，健全保障农民工工资支付的法律制度，在总结相关行业有效做法和各地经验基础上，加快工资支付保障相关立法，为维护农民工劳动报酬权益提供法治保障。

1 月 17 日

［纲　文］　**证监会公布《公开发行证券的公司信息披露内容与格式准则第 38 号——公司债券年度报告的内容与格式》《关于公开发行公司债券的上市公司年度报告披露的补充规定》，自 2016 年 1 月 17 日起施行。**

1 月 17 日

［纲　文］　**正兵团职离休干部、原陆军指挥学院政委宋双来在北京逝世，享年 90 岁。**

1 月 17 日

［纲　文］　**《人民日报》发表题为《反腐败斗争的决心和目标不会变——三论学习贯彻习近平同志在十八届中央纪委六次全会讲话精神》的评论员文章。**

1 月 18 日

［纲　文］　**习近平在中央党校出席省部级主要领导干部学习贯彻十八届五中全会精神专题研讨班开班式并讲话。**

［目　文］　开班式由中共中央政治局常委李克强主持，中共中央政治局常委张德江、俞正声、刘云山、王岐山、张高丽出席。各省区市和新疆生产建设兵团、中央和国家机关有关部门主要负责人，解放军及武警部队有关负责人参加研讨班。各民主党派中央、全国工商联以及有关方面负责人列席开班式。

中共中央总书记习近平在开班式上发表讲话指出，贯彻落实党的十八届五中全会精神要聚焦发力，首先必须下功夫领会好、领会透。这是党中央把大家集中起来进一步学习研讨的主要考虑。要深入学习领会党的十八届五中全会精神，特别是要深入学习领会创新、协调、绿色、开放、共享的新发展理念，推动“十三五”时期我国经济社会持续健康发展，确保如期实现全面建成小康社会奋斗目标。

18—21 日，省部级主要领导干部学习贯彻十八届五中全会精神专题研讨班在中央党校举办。其间，全体学员围绕学习贯彻党的十八届五中全会精神，学习习近平讲话，联系实际研讨，从历史与现实、理论与实践、国际与国内的结合上，深化了对经济发展新常态、新发展理念、供给侧结构性改革等问题的认识，增强了贯彻落实新发展理念的自觉性和自信心。

21日，刘云山出席研讨班结业式并作总结讲话。赵乐际主持结业式。刘奇葆、杜青林、赵洪祝出席结业式。刘云山强调，要深入学习贯彻习近平总书记在开班式上的重要讲话精神，统一思想认识，深化工作实践，增强贯彻新发展理念的思想自觉和行动自觉，把决胜全面建成小康社会各项任务落到实处。

1月18日

［纲　文］ **中国共产党中央委员会致电老挝人民革命党中央委员会，祝贺老挝人民革命党召开第十次全国代表大会。**

［目　文］ 电文说，此次大会是老挝党和国家政治生活中的重大事件，必将对今后老挝社会主义建设事业产生重大而深远的影响。我们相信，在老挝人民革命党坚强领导下，老挝党和政府一定能牢牢把握前进方向，坚持探索符合本国国情的发展道路，坚持党的领导和社会主义制度，实现国强民富、社会团结和谐、民主公正文明的目标。中国共产党高度重视巩固和发展同老挝人民革命党的友好关系。我们愿同老挝人民革命党一道，在“长期稳定、睦邻友好、彼此信赖、全面合作”方针和“好邻居、好朋友、好同志、好伙伴”精神指引下，加强各领域友好合作，推动中老全面战略合作伙伴关系长期健康稳定发展，为促进亚洲和世界的和平、合作、发展、繁荣作出新贡献。

1月18日

［纲　文］ **中共中央、国务院印发《国家创新驱动发展战略纲要》。**

［目　文］ 《纲要》由六个部分组成：一、战略背景。二、战略要求。三、战略部署。四、战略任务。五、战略保障。六、组织实施。

1月18日

［纲　文］ **国务院批复山东省人民政府，同意淄博市城市总体规划。**

［目　文］ 批复说：一、原则同意《淄博市城市总体规划（2011—2020年）》。二、重视城乡区域统筹发展。在《总体规划》确定的2989平方公里城市规划区范围内，实行城乡统一规划管理。三、合理控制城市规模。到2020年，中心城区常住人口控制在306万人以内，城市建设用地控制在320.78平方公里以内。四、完善城市基础设施体系。要按照绿色循环低碳的理念规划建设城市基础设施。进一步完善公路、铁路等对外交通基础设施，疏解区域过境交通，加强城市内外交通衔接。建立以公共交通为主体，各种交通方式相结合的多层次、多类型的城市综合交通体系，方便不同交通方式的换乘。五、建设资源节约型和环境友好型城市。要按照促进生产空间集约高效、生活空间宜居适度、生态空间山清水秀的总体要求，形成合理的城市空间结构，促进经济建设、城乡建设和环境建设同步发展。六、创造优良的人居环境。要坚持以人为本，统筹安排关系人民群众切身利益的教育、医疗、市政等公共服务设施的规划布局和建设。七、重视历史文化和风貌特色保护。要统筹协调发展与保护的关系，按照整体保护的原则，切实保护好城市传统风貌和

格局。八、严格实施《总体规划》。城市建设要实现经济社会协调发展，物质文明和精神文明共同进步。城市管理要健全民主法制，坚持依法治市，构建和谐社会。淄博市人民政府要根据本批复精神，认真组织实施《总体规划》，任何单位和个人不得随意改变。山东省和住房城乡建设部要加强对《总体规划》实施工作的指导、监督和检查。

1月18日

［纲　文］　**文化部发布《艺术品经营管理办法》。**

［目　文］　《办法》共5章26条，主要有总则、经营规范、艺术品进出口经营活动、法律责任、附则等内容。自2016年3月15日起施行。2004年7月1日公布的《美术品经营管理办法》同时废止。

1月18日

［纲　文］　**中国新型遥感无人机"极鹰2号"在南极长城站成功首飞。**

［目　文］　至此，中国极地遥感无人机已实现在包括北极斯瓦尔巴群岛和东南极中山站在内的三种不同极区环境中的成功飞行。

1月18日

［纲　文］　**《人民日报》发表题为《把握全面从严治党的新内涵新要求——四论学习贯彻习近平同志在十八届中央纪委六次全会讲话精神》的评论员文章。**

1月18—20日

［纲　文］　**汪洋在湖南宣讲中央扶贫开发工作会议精神。**

［目　文］　国务院副总理、国务院扶贫开发领导小组组长汪洋在湘西土家族苗族自治州的花垣县和泸溪县，深入少数民族贫困村寨，看望贫困群众和基层扶贫干部，询问贫困人口生产生活情况，了解易地扶贫搬迁、特色产业扶贫、劳务输出脱贫等工作进展。

汪洋强调，各地区、各有关部门要认真贯彻落实党中央、国务院关于打赢脱贫攻坚战的决策部署，认真学习领会习近平总书记扶贫开发重要战略思想，充分认识脱贫攻坚的重要性和艰巨性，充分发挥政治优势和制度优势，注重激发贫困地区干部群众内生发展动力，不断提高脱贫工作精准度和有效性，确保贫困群众如期实现脱贫。扶贫开发成败系于精准，要切实落实中央关于精准扶贫、精准脱贫基本方略，真正把思想和行动统一到精准上来，瞄准建档立卡贫困人口，将扶贫资源和帮扶措施精准落实到户到人，努力提高扶贫开发成效。脱贫攻坚是一场时间有限、任务艰巨、务求胜利的硬仗。要加强组织领导，脱贫任务重的地区党委和政府要把脱贫攻坚作为"十三五"期间头等大事和第一民生工程来抓，坚持以脱贫攻坚统揽全局。要加强调查研究，创新扶贫方式，因地制宜探索新路径、新模式、新办法，不断将脱贫攻坚推向深入。

1月19—23日

［纲　文］　**国家主席习近平对沙特阿拉伯王国、阿拉伯埃及共和国、伊朗伊斯兰共和国进行国事访问。**

［目　文］　陪同习近平出访的有：中央政策研究室主任王沪宁、中央办公厅主任栗战书、国务委员杨洁篪等。

19—20日，习近平应沙特国王萨勒曼邀请对沙特访问。18日，习近平在沙特《利雅得报》发表题为《做共同发展的好伙伴》的署名文章。

19日，习近平在利雅得同萨勒曼举行会谈，两国元首积极评价中沙关系发展，就双边关系和共同关心的国际和地区问题深入交换意见，达成广泛共识，共同宣布建立中沙全面战略伙伴关系，推动双边关系深入发展，取得更大合作成果。两国元首共同见证了《中华人民共和国政府与沙特阿拉伯王国政府关于共同推进丝绸之路经济带和21世纪海上丝绸之路以及开展产能合作的谅解备忘录》以及能源、通信、环境、文化、航天、科技等领域双边合作文件的签署。萨勒曼向习近平授予阿卜杜勒—阿齐兹勋章，这是沙特最高级别的勋章。双方发表了《中华人民共和国和沙特阿拉伯王国关于建立全面战略伙伴关系的联合声明》。

访问期间，习近平在利雅得分别会见了沙特阿拉伯王储继承人穆罕默德、伊斯兰合作组织秘书长伊亚德、海湾阿拉伯国家合作委员会秘书长扎耶尼。习近平和萨勒曼共同出席中沙延布炼厂投产启动仪式。

20—22日，习近平应埃及总统塞西邀请对埃及访问。19日，习近平在埃及《金字塔报》发表题为《让中阿友谊如尼罗河水奔涌向前》的署名文章。

21日，习近平在开罗库巴宫同塞西举行会谈，两国元首高度评价中埃传统友谊和各领域互利合作成果，规划中埃关系发展，就共同关心的国际和地区问题深入交换意见，达成广泛共识并见证了《中华人民共和国和阿拉伯埃及共和国关于加强两国全面战略伙伴关系的五年实施纲要》《中华人民共和国政府和阿拉伯埃及共和国政府关于共同推进丝绸之路经济带和21世纪海上丝绸之路建设的谅解备忘录》以及电力、基础设施建设、经贸、能源、金融、航空航天、文化、新闻、科技、气候变化等领域多项双边合作文件的签署；共同为中埃苏伊士经贸合作区二期揭牌；共同出席中埃建交60周年庆祝活动暨2016中埃文化年开幕式。

访问期间，习近平在开罗分别会见了埃及总理伊斯梅尔、埃及议长阿里、阿拉伯国家联盟秘书长阿拉比、联合国前秘书长加利等10名获得“中国阿拉伯友好杰出贡献奖”的友好人士；习近平在开罗阿拉伯国家联盟总部发表题为《共同开创中阿关系的美好未来》的演讲。习近平还对卢克索进行了访问。

22—23日，习近平应伊朗总统鲁哈尼邀请对伊朗访问。21日，习近平在伊朗《伊朗报》发表题为《共创中伊关系美好明天》的署名文章。

23日，习近平在德黑兰同鲁哈尼举行会谈。双方回顾中伊友好关系发展历程，就双边各领域合作及共同关心的国际和地区问题深入交换意见，一致同意建立中伊全面战略伙伴关系，推动双边关系迈上新台阶，更好造福两国人民。两国元首一致同意建立中伊全面战略伙伴关系，以此为中伊关系新的起点和纲领，夯实互信，增进合作，更好造福两国人民。双方同意扩大高层交往和各层级交流，在涉及彼此核心利益的问题上继续相互理解、相互支持，加强在联合国、上海合作组织等多边场合的协调配合，推进安全合作，为促进世界和平稳定作出更大贡献；推动智库、高校、青年加强交流，共同办好孔子学院，深化新闻和旅游合作，扩大人员往来，加深两国人民相互了解和友谊。习近平和鲁哈尼共同见证了《中华人民共和国政府和伊朗伊斯兰共和国政府关于共同推进丝绸之路经济带和21世纪海上丝绸之路建设的谅解备忘录》以及能源、产能、金融、投资、通信、文化、司法、科技、新闻、海关、气候变化、人力资源等领域多项双边合作文件的签署。双方发表了《中华人民共和国和伊朗伊斯兰共和国关于建立全面战略伙伴关系的联合声明》。

访问期间，习近平在德黑兰会见了伊朗最高领袖哈梅内伊、伊朗伊斯兰议会议长拉里贾尼。

1月19日

［纲　文］　**卫生计划委公布《决定废止的部门规章目录》。**

［目　文］　《目录》包括《农村助产人员管理条例（试行）》《全国卫生系统荣誉称号暂行规定》等25件部门规章，自2016年1月19日起施行。

1月19日

［纲　文］　**卫生计生委发布《关于修改〈外国医师来华短期行医暂行管理办法〉等8件部门规章的决定》。**

［目　文］　《决定》说，对《外国医师来华短期行医暂行管理办法》《血站管理办法》《单采血浆站管理办法》《放射诊疗管理规定》《医疗美容服务管理办法》《公共场所卫生管理条例实施细则》《消毒管理办法》《人间传染的高致病性病原微生物实验室和实验活动生物安全审批管理办法》等8件部门规章的部分条款予以修改，自2016年1月19日起实施。

1月19日

［纲　文］　**国务院总理李克强应约同希腊总理齐普拉斯通电话。**

［目　文］　李克强表示，希望双方以两国建立全面战略伙伴关系十周年为契机，不断增进政治互信，推动重点领域和大项目合作取得新的成果。中希在比雷埃夫斯港等项目上合作的不断深化，有利于实现互利共赢。希望希腊政府为中方企业在希投资兴业提供更多便利条件和支持保障。

齐普拉斯表示，希腊政府重视同中国的关系与合作，愿同中方密切高层交往，推动比港等两国大项目合作取得新进展，使两国全面战略伙伴关系在新的十年取得更大发展。

1月19日

［纲　文］　**外交部发言人表示，日本应在东海、南海问题上谨言慎行。**

［目　文］　有记者问，日本首相安倍晋三18日在接受《金融时报》采访时表示，日本对中国在南海建设人工岛礁，并试图在东海开发油气资源深感关切，呼吁国际社会对此发出更多声音。中方对此有何反应？

发言人表示，中国在东海的油气开发活动均是在无争议的中国管辖海域进行的，是中国主权权利范围内的事情。中国对南沙群岛及其附近海域拥有无可争辩的主权。中国在南沙群岛有关岛礁上进行建设活动是中方主权范围内的事情，合法、合理、合情。日本在“二战”期间一度侵占中国南海诸岛。战后，中国政府予以收回。日本应该铭记侵略历史，深刻反思所作所为，在东海、南海问题上谨言慎行，多做有助于增进同邻国互信和本地区和平稳定的事，而不是拨弄是非。中国对日本插手南海问题的企图保持高度警惕。

1月19日

［纲　文］　**中国环境报社在北京发布2015年国内国际十大环境新闻。**

［目　文］　国内十大新闻是：一、十八届五中全会提出绿色发展理念。二、生态文明体制改革推出“1+6”方案。三、“十二五”减排目标提前半年实现。四、史上最严的新环保法实施。五、《水污染防治行动计划》发布。六、成功处置天津港危化品爆炸等突发环境事件。七、《京津冀协同发展生态环境保护规划》明确治理目标。八、环评机构限期彻底脱钩。九、强化环保督政提高政府责任意识。十、绿色新政加快推进。

国际十大新闻是：一、《巴黎协定》明确全球升温控制在2℃内目标。二、《2030年可持续发展议程》指明未来15年发展道路。三、“一带一路”推动国际环保交流。四、大众“排放门”丑闻督促全球车企检视自身环境行为。五、美国《清洁电力计划》生效践行减排承诺。六、巴西尾矿坝决堤造成严重生态影响。七、中非合作论坛推动中非绿色发展。八、《保护臭氧层维也纳公约》缔结30周年取得重大进展。九、厄尔尼诺17年后重返催生史上最热年。十、英国进一步削减可再生能源补贴引争议。

1月19日

［纲　文］　**《人民日报》发表题为《把强化党内监督摆在重要位置——五论学习贯彻习近平同志在十八届中央纪委六次全会讲话精神》的评论员文章。**

1月19日

［纲　文］　**《人民日报》报道，经中共中央批准，中共中央纪委对中国民用航空局原党组成员、副局长周来振严重违纪问题立案审查。**

［目　文］　经查，周来振身为党员领导干部，理想信念丧失，严重违反党的纪律，且党的十八大后仍不收敛、不收手，性质恶劣，情节严重。根据《中国共产党纪律处分条例》等有关规定，经中央纪委常委会议审议并报中共中央批准，决定给予周来振开除党籍处分；由监察部报国务院批准，给予其行政开除处分；收缴其违纪所得；将涉嫌犯罪问题、线索及所涉款物移送司法机关依法处理。

2017年4月27日，河南省南阳市中级人民法院公开宣判中国民用航空局原副局长周来振受贿案，对被告人周来振以受贿罪判处有期徒刑15年，并处没收个人财产人民币200万元；扣押在案的赃款赃物，依法上缴国库。

1月19日

［纲　文］　**《人民日报》报道，经中共中央批准，中共中央纪委对上海市委原常委、副市长艾宝俊严重违纪问题立案审查。**

［目　文］　艾宝俊身为党的高级领导干部，理想信念丧失，严重违反党的纪律，且党的十八大后仍不收敛、不收手，性质恶劣、情节严重。依据《中国共产党纪律处分条例》等有关规定，经中央纪委常委会议审议并报中共中央批准，决定给予艾宝俊开除党籍处分；由监察部报国务院批准，给予其行政开除处分；收缴其违纪所得；将其涉嫌犯罪问题、线索及所涉款物移送司法机关依法处理。

2017 年 4 月 28 日，福建省漳州市中级人民法院公开宣判上海市委原常委、副市长艾宝俊受贿、贪污案，对被告人艾宝俊以受贿罪判处有期徒刑 15 年，并处没收个人财产人民币 500 万元；以贪污罪判处有期徒刑 10 年，并处没收个人财产人民币 80 万元，决定执行有期徒刑 17 年，并处没收个人财产人民币 580 万元；对艾宝俊受贿所得赃款及其孳息予以追缴，上缴国库；贪污所得赃款依法返还上海市人民政府和上海宝钢集团公司。

1 月 19—20 日

［纲　文］　**中国侨联九届三次全委会在北京召开。**

［目　文］　国家副主席李源潮出席会议并讲话。会议审议通过了《中国侨联工作报告（审议稿）》的决议、《关于动员广大归侨侨眷和海外侨胞为完成国民经济和社会发展第十三个五年规划目标任务贡献力量的决议》《中国侨联九届三次全委会议委员、常委、秘书长卸免、增补选举及个别委员罢免办法》《中国侨联九届三次全委会议卸免秘书长、常委、委员建议名单》《中国侨联九届三次全委会议罢免委员建议名单》《关于聘请王宏同志担任中国侨联第九届委员会顾问的决定》。

1 月 20 日

［纲　文］　**李克强在北京主持召开国务院专题会，研究抓好 2016 年有关重点工作。**

［目　文］　张高丽、汪洋、马凯、郭声琨等参加会议。发展改革委、工业和信息化部、财政部、住房城乡建设部、人民银行、国资委等部门负责人作了汇报，并提出下一步工作打算。

国务院总理李克强说，当前，世界经济低迷、国际大宗商品价格下跌仍在持续，主要经济体走势继续分化，宏观政策调整带来新的不确定因素，对我国经济发展的影响仍在加深。我们必须对面临的困难挑战和风险有充分估计，增强忧患意识，同时也要看到我国经济发展基本态势仍然向好，新产业、新业态孕育的新动能不断壮大，要坚定信心，迎难而进，牢牢扭住发展第一要务，认真落实新发展理念，着力推进结构性改革特别是供给侧结构性改革，创新调控思路和方式，突出重点，选准抓手，铆足干劲，埋头苦干，逐个破解发展、改革、民生等方面的难题，在推动升级中保持经济平稳发展，确保经济运行在合理区间，实现"十三五"良好开局。一方面，继续加快培育新动能。这是供给侧结构性改革的重要内容。另一方面，坚持用改革的办法，运用好市场倒逼机制，改造提升传统动能。抓住化解过剩产能、消化不合理库存、促进企业降本增效等方面的难点问题，综合施策，率先从钢铁、煤炭行业入手取得突破，增强企业自身活力和投资意愿，努力缩短转型阵痛期，有效化解各类风险隐患。2016年国务院将重点加强对部门的督查，坚持激励和约束并举，既鼓励那些勇于负责、善谋善为、锐意进取的好单位、好干部，又加大对不作为、懒政怠政等行为的问责，形成层层负责促改革、人人担当谋发展的强大合力。

1月20日

［纲　文］　**国务院公布《决定取消的职业资格许可和认定事项目录》。**

［目　文］　《目录》包括：一、《公路水运工程造价人员资格》等43项专业技术人员职业资格许可和认定事项。二、《糖果工艺师》等18项技能人员职业资格许可和认定事项。

1月20日

［纲　文］　**国务院办公厅批复黑龙江省人民政府，同意大庆市城市总体规划。**

［目　文］　批复说，一、国务院原则同意《大庆市城市总体规划（2011—2020年）》（以下简称《总体规划》）。二、重视城乡区域统筹发展。在《总体规划》确定的5107平方公里城市规划区范围内，实行城乡统一规划管理。三、合理控制城市规模。到2020年，中心城区常住人口控制在150万人以内，城市建设用地控制在223平方公里以内。要贯彻城乡规划法关于“先规划后建设”的原则，禁止在《总体规划》确定的建设用地范围之外设立各类开发区和新城新区。四、完善城市基础设施体系。要按照绿色循环低碳的理念规划建设城市基础设施。五、建设资源节约型和环境友好型城市。六、创造优良的人居环境。七、重视历史文化和风貌特色保护。八、严格实施《总体规划》。大庆市人民政府要根据本通知精神，认真组织实施《总体规划》，任何单位和个人不得随意改变。黑龙江省和住房城乡建设部要加强对《总体规划》实施工作的指导、监督和检查。

1月20日

［纲　文］　**财政部印发《行政事业单位资产清查核实管理办法》。**

［目　文］　《办法》共10章63条，主要有总则，管理职责，资产清查的程序、内容，资产盘盈，资产损失，资金挂账，资产核实的程序、管理权限和申报内容，账务处理，监督和管理，附则等内容，自2016年3月1日起施行。《行政事业单位资产清查暂行办法》《行政事业单位资产核实暂行办法》同时废止。

1月20日

［纲　文］　**质检总局公布《进出境粮食检验检疫监督管理办法》。**

［目　文］　《办法》共6章61条，主要有总则、进境检验检疫、出境检验检疫、风险及监督管理、法律责任、附则等内容，自2016年7月1日起施行。质检总局2001年12月发布的《出入境粮食和饲料检验检疫管理办法》同时废止。此前进出境粮食检验检疫监管规定与本办法不一致的，以本办法为准。

1月20日

［纲　文］　**环境保护部发布《国家生态文明建设示范区管理规程（试行）》《国家生**

态文明建设示范县、市指标（试行）》，自2016年1月20日起施行。

1月20日

［纲　文］　**教育部印发《普通学校特殊教育资源教室建设指南》。**

［目　文］　《指南》由八个部分组成：一、总体要求。二、功能作用。三、基本布局。四、场地及环境。五、区域设置。六、配备目录。七、资源教师。八、管理规范。

1月20日

［纲　文］　**中组部划拨党费8020万元用于元旦春节期间走访慰问生活困难党员和老党员。**

［目　文］　经中共中央同意，中央组织部从代中央管理的党费中划拨8020万元给各省（自治区、直辖市）党委组织部和中央有关部门（系统）党委（工委）组织部，并要求各级党委（工委）在组织部从代本级党委（工委）管理党费中配套相应额度，用于2016年元旦春节期间走访慰问生活困难党员和老党员，重点是农村生活困难党员和老党员，城市下岗失业人员党员和老党员，灾区因灾致困、因灾致残的党员和抗灾救灾中因公牺牲党员的家属。

中央组织部要求各级党委（工委）组织部门要精心组织安排，确保专款专用，让生活困难党员和老党员切实感受到党中央的关怀和组织的温暖。

1月20日

［纲　文］　**纪念萧华同志诞辰100周年座谈会在北京举行。**

［目　文］　全国政协主席俞正声出席座谈会并在会前会见了萧华亲属。全国政协副主席兼秘书长张庆黎主持座谈会。

中央军委副主席许其亮在座谈会上缅怀了萧华为党、国家和军队作出的卓越贡献，强调要学习他信念坚定、对党忠诚的高尚品格，不畏艰险、英勇奋战的铁血胆魄，求真务实、勇于创造的开拓精神，坚持原则、顾全大局的崇高风范，开创强国兴军新局面，为实现中华民族伟大复兴的中国梦而努力奋斗。

萧华（1916年1月21日—1985年8月12日），第六届全国政协副主席，中国共产党第八、十一、十二届中央委员会委员，第三届国防委员会委员，中央军委原委员、副秘书长、常委，原总政治部主任，1955年被授予上将军衔。

1月20—30日

［纲　文］　**第13届全国冬季运动会在新疆维吾尔自治区乌鲁木齐举行。**

［目　文］　全国52个代表团1388名运动员参与，产生97枚金牌。本届冬运会只公布比赛成绩榜，不再分别公布各省区市的金牌、奖牌和总分排名。在52个代表团中，获得奖牌和名次的代表团数量大幅度增加，展现了我国冰雪运动发展的新格局。短道速滑、速度滑冰等项目的部分小项成绩已超过或接近世界水平；自由式滑雪空中技巧、单板滑雪U型场地等项目整体动作难度和完成质量处于世界水平；花样滑冰、冰球、冰壶项目在政府引导、依托社会的后备人才培养上成效初步显现。

1月21日

［纲　文］ **国家主席习近平向印尼总统佐科致贺信，祝贺雅加达至万隆高铁项目动工。**

［目　文］ 习近平说，合作建设雅万高铁是双方达成的重要共识，也是中印尼战略对接的重大早期收获。作为印尼和东南亚第一条高速铁路，雅万高铁将有力带动沿线地区打造“雅万高铁经济带”。雅万高铁项目的成功实施，创造了中印尼务实合作的新纪录，将为两国各领域合作特别是基础设施和产能领域的合作树立新的标杆。希望双方再接再厉、密切合作，确保项目顺利实施、按期完工，使之成为中印尼开展互利合作的成功范例。中国和印尼作为亚洲发展中大国，都面临着经济发展、改善民生的繁重任务。中国提出的建设“21世纪海上丝绸之路”倡议同印尼提出的“全球海洋支点”构想高度契合，为双方实现共同发展繁荣提供了重要契机。我相信，双方将在更广泛领域开展更多实质性合作，推动两国全面战略伙伴关系持续深入发展，造福两国和两国人民。

同日，国务委员王勇同印尼总统佐科共同出席雅加达至万隆高铁项目动工仪式。

1月21日

［纲　文］ **中国共产党中央委员会致电越南共产党中央委员会，祝贺越南共产党召开第十二次全国代表大会。**

1月21日

［纲　文］ **国务院总理李克强应约同德国总理默克尔通电话。**

［目　文］ 李克强积极评价过去一年中德关系取得的发展，表示中方愿同德方保持高层交往，加强各领域务实合作，特别是推动“中国制造2025”同德国“工业4.0”对接取得扎实成果，积极开展第三方市场合作，密切在国际事务中的沟通协调。期待年内举行第四轮中德政府磋商，为中德关系与合作不断深化注入新的动力。希望德方在推动欧盟如期履行《中国加入世贸组织议定书》有关承诺、妥善解决中欧贸易争端，以及推进中欧投资协定谈判等方面继续发挥积极影响。

默克尔表示，过去一年，德中关系与各领域合作取得积极进展。德方愿同中方更好对接发展战略，加强包括第三方市场合作在内的各领域务实合作。期待年内赴华与李总理共同主持第四轮德中政府磋商。德方愿为推动欧中关系与合作发展尽到自己的责任。

在谈到叙利亚人道局势时，李克强指出，中方一直高度关注叙人道问题，向叙利亚及地区有关国家提供了力所能及的人道援助。缓解叙人道局势是国际社会的共同责任，需要多管齐下、多措并举、协力应对，实现叙利亚问题政治解决是根本之策。要支持联合国发挥斡旋主渠道作用，推动叙有关各方如期启动和谈，尽快在叙境内实现停火止暴，让叙难民能够早日重返家园。

默克尔表示，国际社会高度重视并赞赏中方为缓解叙利亚人道局势所作的努力，希望中方继续发挥建设性作用。德方愿同中方在解决叙利亚问题方面加强合作。

1月21日

［纲　文］　**国务院办公厅印发《关于推进农业水价综合改革的意见》。**

［目　文］　《意见》由五个部分组成：一、总体要求。二、夯实农业水价改革基础。三、建立健全农业水价形成机制。四、建立精准补贴和节水奖励机制。五、保障措施。

《意见》要求，各有关部门和地方各级人民政府要做好农业水价综合改革的政策解读，加强舆论引导，强化水情教育，引导农民树立节水观念、增强节水意识、提高有偿用水意识和节约用水的自觉性，为推进农业水价综合改革创造良好社会环境。

1月21日

［纲　文］　**全国政协在北京召开双周协商座谈会，就《快递条例》的制定建言献策。**

［目　文］　全国政协主席俞正声主持会议并讲话。全国政协副主席张庆黎、卢展工、陈晓光出席座谈会。全国政协委员马军胜、高宏峰、李国华、甄贞、计时华、孙步新、吴鸿、侯欣一、余渐富、徐冠巨、胡亚东、骆沙鸣、汤维建、李军，以及企业代表在座谈会上发言。交通运输部部长杨传堂介绍有关情况。公安部副部长孟庆丰、国务院法制办副主任袁曙宏、邮政局副局长赵晓光参加会议并与委员交流。

委员们认为，快递业是现代服务业的重要组成部分，直接联系着千家万户，对人们生活方式、商业模式改变很大，今后还具有很大的发展空间。我国现代快递业是在改革开放中诞生，并且随着市场经济的推进而发展起来的，是我国发展最迅速的行业之一。2015年，我国快递业务量突破200亿件，业务收入完成2760亿元，比5年前分别增长7.8倍和3.8倍，5年新增就业岗位100万个以上。但也存在行业政策法规体系不够完善、基础设施滞后、管理方式较为粗放、安全隐患较多等问题。要进一步完善相关立法，完善快递业治理体系。

一些委员建议：一是政府要加大对快递业的支持力度。邮政部门应会同有关部门制定好行业发展规划。加强物流园区和物流枢纽建设，航空、高铁、城市交通都要支持快递业发展。二是要发挥行业协会作用。政府要简政放权，对快递业管理的部分职能可以由协会承担，协会要加强自律，政府主导拟订的法规、规章和标准，应更多地让协会参与。三是强化安全责任落实，保护用户合法权益。要完善货物的延误、损害的投诉机制和赔偿机制，强化个人信息的安全保护。物流企业要强化安全责任，政府部门的安全管理措施要更科学和准确，更有可操作性。四是要规范快递行业发展，尽快制定快递条例和相关法规规章，提高快递业法治化、标准化水平，给快递企业创造公平竞争的空间。委员们还对纠纷解决机制、智能包裹柜的使用、保险制度、末端网点的公开等问题提出了意见建议。

1月21日

［纲　文］　**汪洋在北京主持召开国务院扶贫开发领导小组全体会议。**

［目　文］　会议总结2015年扶贫开发工作，安排部署2016年重点任务。国务院扶贫开发领导小组组长汪洋指出，2015年各地区、各部门坚决贯彻党中央、国务院关于脱

贫攻坚的决策部署，不断健全扶贫机制，着力巩固精准扶贫基础，扎实推进各项重点工作，全面实现年初确定的减贫目标。2016年是打赢脱贫攻坚战的开局之年，要创新工作方式方法，深化精准扶贫，继续采取超常规举措推进各项工作，全面完成任务，确保脱贫攻坚战开好头、起好步。要科学制定总体规划、年度计划，细化实施方案，完善工作机制，下大力气抓好易地扶贫搬迁、贫困地区基础设施建设、劳务输出脱贫、特色产业脱贫、教育扶贫、健康扶贫等重点工作。要尽快建立各项工作的监测、评估、督导制度，定期跟踪，不间断地压实责任、传导压力，确保各项任务按时完成。

1月21日

［纲　文］　**国家副主席李源潮在瑞士达沃斯出席世界经济论坛2016年年会。**

［目　文］　李源潮在中国经济和2016年二十国集团峰会主题专场会上发表特别致辞。李源潮说，世界经济正处于动力转换的重要阶段，中国经济发展进入新常态。2015年中国经济增速在全球主要经济体中继续位居前列，仍是全球增长重要动力。中国有信心有能力保持经济中高速增长的趋势，将贯彻创新、协调、绿色、开放、共享的发展新理念，通过改革创新培育经济发展新动能，实现有质量、有效益、可持续的增长，推动中国经济走得更好更稳更远。把中国发展搞好，本身就是对人类发展的重要贡献。中国将继续高举和平、发展、合作、共赢的旗帜，与世界各国共同应对挑战。2016年9月在中国杭州举行的二十国集团领导人第十一次峰会将以"构建创新、活力、联动、包容的世界经济"为主题，重点从创新增长方式、完善全球经济金融治理、提振国际贸易和投资、促进包容联动式发展等方面共商合议，努力为世界经济发展提供新动能。

同日，瑞士联邦主席施奈德—阿曼会见李源潮，双方就进一步深化两国友好合作关系深入交换意见。

与会期间，李源潮还分别会见了东帝汶总理阿劳若、世界经济论坛主席施瓦布，并接受彭博新闻社专访。

1月21—22日

［纲　文］　**文化部在浙江宁波召开全国文化市场管理工作会议。**

［目　文］　全国各省（区、市）和新疆生产建设兵团、各计划单列市文化市场管理部门和综合执法机构相关负责人以及文化市场有关行业协会代表参加会议。会议总结了2015年文化市场管理工作，根据2016年全国文化厅局长会议精神对文化市场重点工作作出安排。

1月22日

［纲　文］　**中共中央总书记习近平致电祝贺本扬当选老挝人民革命党中央总书记。**

1月22日

［纲　文］　**中央政法工作会议在北京召开，习近平作出指示。**

［目　文］　中共中央总书记习近平近日就政法工作作出指示指出，全国政法机关要

增强忧患意识、责任意识，防控风险、服务发展，破解难题、补齐短板，提高维护国家安全和社会稳定的能力水平，履行好维护社会大局稳定、促进社会公平正义、保障人民安居乐业的职责使命。2015年，政法战线贯彻落实党中央决策部署，一手抓维护当前国家安全和社会稳定工作、一手抓推动政法事业长远发展，各项工作特别是司法体制改革、立体化社会治安防控体系建设取得新成效。2016年是全面建成小康社会决胜阶段的开局之年。全国政法机关要把防控风险、服务发展摆在更加突出位置，为经济社会发展提供有力保障。要下大气力破解难题、补齐短板，提高维护国家安全和社会稳定的能力水平，增强人民群众安全感。要全面深化司法体制改革，提高司法公信力。要加强政法队伍建设，营造风清气正、干事创业的良好生态。各级党委要深入分析社会稳定形势新变化新特点，担负起维护一方稳定的政治责任，加强和改善对政法工作的领导，选好配强政法机关领导班子。要支持政法机关依法履行职责，积极研究解决制约政法工作的体制性机制性问题，为全面做好政法工作创造条件。

中央政法委书记孟建柱在会上传达了习近平指示并就学习贯彻习近平指示作了部署。国务委员郭声琨、最高人民法院院长周强、最高人民检察院检察长曹建明出席会议。

中央政法工作会议提出，全国政法机关要用习近平总书记重要指示统一思想、指导工作，全面贯彻党的十八大和十八届三中、四中、五中全会及中央经济工作会议精神，深入贯彻学习习近平总书记系列重要讲话精神，紧紧围绕“五位一体”总体布局和“四个全面”战略布局，牢固树立和贯彻落实创新、协调、绿色、开放、共享的发展理念，主动适应国际形势新变化和经济发展新常态，切实增强忧患意识、责任意识，把防控风险、服务发展和破解难题、补齐短板摆在更加突出位置，以维护国家安全和社会稳定、创新社会治理、深化司法体制改革、加强思想政治和纪律作风建设为着力点，深入推进平安中国、法治中国和过硬队伍建设，全面提升政法工作能力和水平，为实现“十三五”时期经济社会发展良好开局创造安全稳定的社会环境、公平正义的法治环境、优质高效的服务环境。

1月22日

［纲　文］　**中共中央办公厅、国务院办公厅印发《关于进一步加强和改进离退休干部工作的意见》，并发出通知，要求各地区各部门结合实际认真贯彻执行。**

［目　文］　《意见》指出，离退休干部工作是党的组织工作和人事工作的重要组成部分，承载着党中央关心爱护广大离退休干部的重要任务，具有特殊重要的地位。要按照党中央关于全面做好离退休干部工作的要求，牢牢把握为党和人民的事业增添正能量的价值取向，以充分体现离退休干部特点和优势、更好的服务党和国家工作大局为方向，积极稳妥推进离退休干部工作转型发展，激励广大离退休干部为全面建成小康社会，实现“两个一百年”奋斗目标和中华民族伟大复兴的中国梦贡献智慧和力量。

《意见》强调，各地区各部门要把离退休干部工作摆到重要位置，加强领导，健全制度，完善职责，强化保障。党政主要负责同志要重视离退休干部工作，带头联系、经常走访离退休干部。离退休干部工作领导小组要充分发挥统筹协调、指导监督作用，研究解决工作中的重大问题。

1月22日

［纲　文］　**交通运输部公布《道路运输车辆技术管理规定》。**

［目　文］　《规定》共8章34条，主要有总则、车辆基本技术条件、技术管理的一般要求、车辆维护与修理、车辆检测管理、监督检查、法律责任、附则等内容，自2016年3月1日起施行。原交通部发布的《汽车运输业车辆技术管理规定》《道路运输车辆维护管理规定》同时废止。

1月22日

［纲　文］　**交通运输部公布《船舶检验管理规定》。**

［目　文］　《规定》共8章58条，主要有总则、船舶检验机构和人员、法定检验、入级检验、船舶法定检验技术规范、检验管理、法律责任、附则等内容，自2016年5月1日起施行。

1月22日

［纲　文］　**李克强主持召开国务院第五次全体会议。**

［目　文］　国务院副总理张高丽、刘延东、汪洋、马凯，国务委员常万全等国务院全体会议组成人员出席会议，有关部门、单位负责人列席会议。

会议主要议题是：讨论拟提请十二届全国人大四次会议审议的政府工作报告和“十三五”规划纲要草案，决定将《政府工作报告（征求意见稿）》和《“十三五”规划纲要（草案）（征求意见稿）》发往各省（区、市）和中央国家机关有关部门、单位征求意见。

国务院总理李克强指出，2016年是“十三五”开局之年。当前，国际经济走势不确定性很大，不少国际机构连续调低全球增长预期，国内深层次矛盾仍在凸显，要完成全年目标任务，政府工作十分艰巨繁重。要继续在区间调控基础上加大定向调控、相机调控，推进结构性改革特别是供给侧结构性改革，统筹运用财政货币政策和产业、投资、价格等政策手段，为经济发展营造稳定环境。要密切跟踪分析形势，推动各项工作早启动、早见效，进一步激发市场活力，积极培育新的增长动能。要针对薄弱点加大工作力度，努力在扭转工业效益下滑、保持进出口稳定增长、扩大有效投资、促进国企改革增效等方面出硬招、见实效。要对苗头性问题保持警觉，特别是对各种潜在风险做到有备无患。要注意回应社会关切，稳定市场预期，增进社会共识。办法总比困难多，国务院各部门既要增强忧患意识，更要坚定发展信心，保持良好精神状态，开动脑筋想办法，善于总结不足。要围绕中心、服务大局，精心履职、守土有责，在新的一年拿出更多管用的举措、干出新的实在业绩，向人民报告。

1月22日

［纲　文］　**李克强主持召开国务院常务会议。**

［目　文］　会议主要内容是：一、部署深入推进以人为核心的新型城镇化，更大释放内需潜力。会议确定，一是放宽农业转移人口落户条件，探索进城落户农民对土地承包

权、宅基地使用权和集体收益分配权的依法自愿有偿退出机制。除极少数超大城市外，全面放开高校毕业生、技术工人、留学归国人员等落户限制。国务院已颁布居住证暂行条例，各地要结合本地实际，抓紧制定细则，使有别于以往各类暂住证、含金量更高的居住证制度覆盖全部未落户的城镇常住人口，让他们尽早在居住地享有义务教育、就业、医疗、法律援助等多项基本公共服务。二是加快城镇棚户区和危旧房改造，提高棚改货币化安置比例。三是扩大新型城镇化综合试点范围，积极发展中小城市，开展赋予镇区人口10万以上的特大镇部分县级管理权限试点，以特色城镇发展带动脱贫攻坚和新农村建设。四是完善土地、城镇住房等制度，鼓励地方利用财政资金和社会资本设立城镇化发展基金。财政转移支付、城镇建设用地增加规模与农业转移人口市民化挂钩，中央预算内相关投资向转移人口落户较多的城镇倾斜。二、确定进一步化解钢铁煤炭行业过剩产能的措施，促进企业脱困和产业升级。会议决定，按照市场倒逼、企业主体、地方组织、中央支持的原则，一是以更加严格的安全、环保、质量、能耗等标准，依法依规推动落后产能限期退出，引导企业通过兼并重组、转型转产、搬迁改造等主动退出产能。在近几年淘汰落后钢铁产能9000多万吨的基础上，再压减粗钢产能1亿—1.5亿吨；较大幅度压缩煤炭产能。二是严控新增产能。严格督查落实国家2013年有关停止备案新增产能钢铁项目的决定。原则上停止审批新建煤矿、新增产能的技改和产能核增项目。三是完善支持政策。设立工业企业结构调整专项奖补资金，按规定对地方化解过剩产能中的人员分流安置给予奖补。支持金融机构做好呆账核销和抵债资产处置，完善不良资产批量转让政策。支持保险资金等社会资本参与企业并购重组，发展相关产权交易市场。会议强调，要充分认识化解过剩产能的艰巨性和重要性，关键是多措并举做好职工安置。要引导企业主动想办法、“发内功”，采取灵活工时、培训转岗等发挥内部安置潜力。企业确需与职工解除劳动关系的，应依法支付经济补偿，偿还拖欠的工资、补缴社会保险费，并做好社保关系转移接续等工作。

1月22日

［纲　文］　**李克强在北京主持召开全面推开营改增、加快财税体制改革座谈会。**

［目　文］　会议研究全面推开营改增、加快财税体制改革、进一步显著减轻企业税负，调动各方发展积极性。国务院副总理张高丽出席会议。财政部作了汇报，北京、辽宁、上海、江苏、浙江、安徽、河南、湖南、广西、云南、陕西11个省（区、市）政府主要负责人发言。

李克强强调，全面推开营改增、加快财税体制改革要着眼调动市场主体发展积极性。顶住当前经济下行压力，推动稳增长调结构，要用好财税体制改革这一利器，更大激发市场主体活力。把握好改革的政策取向，通过全面推开营改增等改革举措为企业减负松绑，放水养鱼，为鼓励社会投资和促进大众创业、万众创新营造更宽松环境，推动产业转型、结构优化，在培育发展新动能中涵养宝贵税源，用短期财政收入的“减”换取持续发展势能的“增”，为经济保持中高速增长、迈向中高端水平打下坚实基础。通过完善中央与地方事权和财力相适应的体制机制，形成整体利益和局部利益在发展中相互融合、相互促进的良好格局。增值税分享比例在全面推开营改增后要做合理适度调整，引导各地因地制宜发展优势产业，增强地方财政“造血”功能，营造主动有为、竞相发展、实干兴业的氛围。当前财政收支压力较大，要把应对现实挑战、推动长远发展和实施改革攻坚更加紧密结合起来。各部门、各地方要讲大局、算大账，破除利益藩篱，上下同心推进改革，用改革新成效谱写发展新篇章。

1月22日

［纲　文］　**汪洋在北京主持召开国务院服务贸易发展部际联席会议第一次全体会议。**

［目　文］　国务院副总理汪洋强调，加快发展服务贸易是促进外贸转型升级的重要支撑，是推进供给侧结构性改革的重要抓手，是大众创业、万众创新的重要载体。要认真落实党中央、国务院的决策部署，围绕“扩规模、优结构、增动力、强基础”的主线，夯实服务贸易工作基础，健全服务贸易促进体系，推动服务贸易加快发展。“十二五”期间，我国服务贸易快速发展，贸易额年均增长14.5%，规模跃居世界第二位，软件、技术、文化等新兴服务出口占比突破50%，成为对外贸易新亮点和转型升级的新引擎。但服务贸易国际竞争力还不强，仍是对外贸易的“短板”。要进一步提升服务贸易战略地位，着力扩大服务贸易规模，提升服务出口能力，力争到2020年服务进出口额超过1万亿美元。要认真组织服务贸易创新发展试点，鼓励在管理体制、促进机制、政策体系、监管模式等方面先行先试，形成可复制可推广的经验，打造服务贸易制度创新高地。推动服务业双向开放，积极商签服务贸易合作协定，以开放促改革促发展。精心编制服务贸易发展“十三五”规划，提高规划对服务贸易发展的引领作用。健全法律法规，完善统计体系，加强人才培养，夯实服务贸易持续发展的基础。部际联席会议要加强对服务贸易工作的宏观指导和部门间的协调配合，促进产业政策、贸易政策、投资政策的良性互动，形成政策合力。

1月22日

［纲　文］　**四川省第十二届人民代表大会常务委员会第二十一次会议表决通过关于接受魏宏辞去四川省人民政府省长职务的决定，决定任命尹力为四川省人民政府副省长、代理省长。**

1月22日

［纲　文］　**《人民日报》发表题为《以新理念把握引领新常态——一论学习贯彻习近平同志在省部级专题研讨班上重要讲话》的评论员文章。**

1月22—23日

［纲　文］　**海洋局在北京召开全国海洋工作会议。**

［目　文］　会议传达了中共中央政治局常委、国务院副总理张高丽的批示。国土资源部部长姜大明出席会议并讲话。海洋局局长王宏作海洋工作报告，海洋局副局长陈连增

主持会议。中央国家机关相关部委有关部门负责人，沿海各省（区、市）及计划单列市海洋厅（局）长、纪检组长；海洋局局属各单位党政主要负责人、纪委书记；局机关各部门（含海警司政后）主要负责人出席会议。海洋局机关各部门（含海警司政后）副处级（含）以上干部以及驻京单位领导班子成员列席了会议。

1月23日

［纲　文］　**信访局在北京召开全国信访局长会议。**

1月23日

［纲　文］　**《人民日报》发表题为《从供给侧着力实现新跃升——二论学习贯彻习近平同志在省部级专题研讨班上重要讲话》的评论员文章。**

1月23—24日

［纲　文］　**最高人民法院在北京召开全国高级法院院长会议。**

［目　文］　会议全面总结了2015年人民法院工作取得的新进展，深刻分析了当前人民法院面临的新形势，对当前和今后一个时期的人民法院工作作出全面部署。

最高人民法院院长周强在会上表示，中国司法改革进入攻坚期、深水区，随着改革深入，审判方式、审判管理、工作机制等方面的深层次问题日益暴露。要不断提高司法能力和司法公信力，加快推进审判体系和审判能力现代化，全面深化司法体制改革，推进以司法责任制为核心的四项改革试点、完善法官员额制等基础性改革的配套制度、改革诉讼程序制度和审判机制。2016年是全面建成小康社会决胜阶段的开局之年，是深化司法体制改革的攻坚之年，要牢固树立创新、协调、绿色、开放、共享五大发展理念。法院要主动适应国际形势新变化和经济发展新常态，充分发挥审判职能作用，服务经济发展新常态。要认真总结巡回法庭的经验，继续推进这一改革，并研究适时增设巡回法庭。同时大力推进跨行政区划法院改革，保障法院依法独立公正行使审判权。此外，要加强法院队伍建设，确保廉洁司法，提高司法能力水平。要依法严惩危害国家政治安全、经济安全和社会稳定的刑事犯罪，严厉打击暴力恐怖等严重刑事犯罪，切实增强人民群众安全感。加强保护知识产权，打击窃取、泄露公民个人信息和企业商业秘密违法犯罪，维护良好的经济和社会秩序。

1月23—24日

［纲　文］　**最高人民检察院在北京召开全国检察长会议。**

［目　文］　最高人民检察院检察长曹建明出席会议并讲话。最高检党组副书记、常务副检察长胡泽君主持会议。各省、自治区、直辖市检察院，军事检察院，新疆生产建设兵团检察院检察长出席会议。最高检机关各内设机构、直属事业单位主要负责人，解放军各大单位检察院检察长参加会议。

曹建明在会上首先传达了2016年1月7日习近平总书记在中央政治局常委会会议听取最高人民检察院党组工作汇报后的重要讲话精神，并向全系统提出具体贯彻落实要求。

他强调，各级检察机关要全面贯彻党的十八大和十八届三中、四中、五中全会精神及中央政法工作会议精神，深入贯彻习近平总书记对政法工作的重要指示和孟建柱同志的重要讲话精神，紧紧围绕“五位一体”总体布局和“四个全面”战略布局，切实增强忧患意识、责任意识，主动适应形势新变化和经济发展新常态，全面提升检察工作能力水平，全面深化司法体制改革和检察改革，忠实履行维护社会大局稳定、促进社会公平正义、保障人民安居乐业的职责使命，为“十三五”时期经济社会发展提供有力司法保障。

1月23—24日

［纲　文］　**司法部在北京召开全国司法厅（局）长会议。**

［目　文］　中央办公厅、中央组织部、中央宣传部、中央编办、中央政法委、中央防范和处理邪教办公室、最高人民法院、最高人民检察院、国务院办公厅、发展改革委、公安部、安全部、财政部有关部门负责人及律师代表出席会议。内蒙古、浙江、安徽、山东、河南、湖北、湖南、广东、海南、新疆等省（自治区）司法厅作了大会交流发言。

会议指出，各级司法行政机关要全面贯彻党的十八大和十八届三中、四中、五中全会精神，深入学习贯彻习近平总书记系列重要讲话精神和对政法工作重要指示，认真学习贯彻孟建柱同志在中央政法工作会议上的重要讲话精神，紧紧围绕“五位一体”总体布局和“四个全面”战略布局，牢固树立和贯彻落实创新、协调、绿色、开放、共享的发展理念，主动适应国际形势新变化和经济发展新常态，把防控风险、服务发展和破解难题、补齐短板摆在更加突出位置，以忠诚履行司法行政职责、深化司法行政改革、加强思想政治建设和纪律作风建设为着力点，深入推进平安中国、法治中国和过硬队伍建设，全面提升司法行政工作能力和水平，不断开创司法行政工作新局面，努力为全面建成小康社会提供优质高效的法律服务和保障。

1月24日

［纲　文］　**新闻出版广电总局公布《新闻出版许可证管理办法》。**

［目　文］　《办法》共7章31条，主要有总则，许可证的设立、设计、印刷、制作与发放，许可证的使用、换发与补发，许可证的变更与注销，许可证的电子信息化管理，法律责任，附则等内容，自2016年3月1日起施行。

1月24日

［纲　文］　**《人民日报》发表题为《用新状态贯彻落实新理念——三论学习贯彻习近平同志在省部级专题研讨班上重要讲话》的评论员文章。**

1月25日

［纲　文］　**国家主席习近平主席任免驻外大使。**

［目　文］　习近平根据全国人民代表大会常务委员会的决定任免下列驻外大使：免去汪晓源的中华人民共和国驻哥伦比亚共和国特命全权大使职务；任命李念平为中华人民

共和国驻哥伦比亚共和国特命全权大使。

1月25日

［纲　文］ **李克强在北京主持召开各民主党派全国工商联负责人和无党派人士代表座谈会。**

［目　文］ 会议主要议题是：听取各民主党派中央、全国工商联负责人和无党派人士代表对《政府工作报告（征求意见稿）》和《“十三五”规划纲要（草案）（征求意见稿）》的意见建议。国务院副总理张高丽、刘延东、汪洋、马凯，中央统战部部长孙春兰，国务委员常万全、杨洁篪、郭声琨、王勇，全国政协副主席齐续春、陈晓光、马培华、罗富和、刘晓峰参加座谈会。

民革中央主席万鄂湘就加强法治政府建设、以高科技促进农业现代化等提出了建议。民盟中央主席张宝文就加大教育扶贫、构建服务创新驱动发展战略的金融体制机制等发表了意见。民建中央主席陈昌智强调要强化改革引领，激发市场主体活力。民进中央主席严隽琪就推进以人为本的新型城镇化、进一步释放需求谈了意见。农工党中央主席陈竺就深化医改、加快全科医生培养使用等提出了建议。致公党中央主席万钢就同步实施国际产能和创新合作发表了意见。九三学社中央主席韩启德说，要进一步改善大众创业、万众创新的制度环境。台盟中央主席林文漪就合理有序开发城市地下空间等提了意见。全国工商联主席王钦敏提出要更加重视非公有制发展和扩大民间有效投资。无党派人士代表陈章良就促进“双创”和社会服务业发展等发表了意见。大家认为，去年面对世界经济低迷和国内深层次矛盾凸显的严峻挑战，中共中央、国务院带领全国上下，攻坚克难，埋头苦干，不仅完成了全年主要目标任务，也实现了“十二五”圆满收官，成绩取得极其不易。大家还从落实新的发展理念、推动供给侧结构性改革、培育发展新动能、促进消费升级、加大有效投资、保障和改善民生等方面，就做好2016年政府工作和“十三五”时期发展谈了意见。

国务院总理李克强感谢各民主党派、全国工商联和无党派人士一直以来对政府工作的关心和支持。他说，大家的真知灼见对修改好《报告》和《纲要（草案）》、改进政府工作有很大帮助，国务院将认真研究采纳。2016年国际环境比去年更严峻，对我国经济会带来多方面影响。我国经济本身也处于发展方式转变、产业转型升级的关键和攻坚时期，必须坚持以新理念引领发展，牢牢扭住发展第一要务。各方面要坚定信心，同心克难攻坚，敢于在战胜各种挑战中赢得新机遇、实现新发展。政府将与各民主党派、全国工商联和无党派人士携手合作，真抓实干，汇聚成推动发展的磅礴力量，确保实现全面建成小康社会决胜阶段良好开局。

1月25日

［纲　文］ **李克强在北京主持召开专家学者和企业界人士座谈会。**

［目　文］ 会议主要议题是：听取专家学者和企业界人士对《政府工作报告（征求意见稿）》和《“十三五”规划纲要（草案）（征求意见稿）》的意见建议。国务院副总理

张高丽、刘延东、汪洋、马凯和国务委员王勇等参加座谈会。

人大财经委辜胜阻、发展研究中心刘世锦强调要坚持创新驱动，大力推动大众创业、万众创新，以供给侧结构性改革清除无效供给、改造落后供给、创造新的供给，释放需求潜力。东南大学华生建议要坚持改革开放、注重体制机制建设。摩根大通朱海滨就化解过剩产能、推进新型城镇化建设提出建议。中国建筑工程总公司官庆建议要着力推动中国标准建设，打响“中国建造”品牌。万向集团鲁冠球强调要深入推进简政放权，调动民营企业积极性和发挥社会资本的力量。新浪公司曹国伟提出要把互联网平台和传统产业改造相结合，进一步推动创业创新。与会者讲到，当前观察中国经济要用新视角，从推动经济发展的主导力量、居民收入、节能减排等方面看，现在增长的含金量更高，而且结构转型出现了具有长期意义的转折性变化，很不容易。

国务院总理李克强说，2016 年我国经济发展面临的困难和挑战仍然很大，短期内不会消除，但我们有信心有能力保持经济中高速增长、迈向中高端水平。我国正处于结构调整和转型升级的关键时期、攻坚阶段，伴随着阵痛，也充满希望。我们既要保持经济增速在合理区间，更要关注就业、收入、环境等事关发展质量效益和民生改善的指标。实现中国经济“双中高”目标，关键还要靠改革开放，这依然是推动发展的制胜法宝。当前最重要的是要把经济增长从过度依赖自然资源转向更多依靠人才人力资源，把亿万人民的积极性、创造性释放出来，使他们靠勤劳和智慧创造新的社会财富。中国人并不缺少创新思维，但创新动力不能被阻挡，这就要靠不断深化简政放权、放管结合、优化服务等改革来清障搭台。政府要着力建立公平的市场规则和秩序，推动大众创业、万众创新，培育新的发展动能，催生新产品新业态新模式。实现新旧动能转换接续，要坚决有序有力推动传统产业改造升级。当前要突出抓好钢铁、煤炭行业淘汰落后产能，坚持发挥市场倒逼作用，政府重点是支持做好员工分流安置，推动企业瘦身健体、提质增效。大企业也要开展“双创”，主动“+ 互联网”，通过众创、众包、众扶、众筹等方式，广泛集聚各方资源，实现个性化设计、柔性化制造、网络化营销，以模式创新促进传统产业焕发生机。

1 月 25 日

［纲　文］ **保监会在北京召开 2016 年全国保险监管工作会议。**

［目　文］ 中央和国务院有关部门、部分高校专家学者代表，保监会机关各部门、各保监局负责人，中国保险行业协会、中国保险学会、中国精算师协会、中国保险资产管理协会、中国保险保障基金有限责任公司、中国保险信息技术管理有限责任公司、中国保险报业股份有限公司、中保投资有限责任公司负责人参加。

会议指出，2016 年保险监管工作要全面贯彻党的十八大和十八届三中、四中、五中全会以及中央经济工作会议精神，深入学习习近平总书记系列重要讲话精神，坚持稳中求进总基调，牢固树立和贯彻落实创新、协调、绿色、开放、共享的发展理念，适应经济发展新常态，大力推进供给侧结构性改革，深入贯彻落实保险“新国十条”，坚持抓服务、严监管、防风险、促发展，着力深化保险改革创新，着力加强和改进监管，着力防范化解风险，着力保护保险消费者权益，努力实现“十三五”时期保险业发展的良好开局。2016年是“十三五”规划和全面建成小康社会决胜阶段的开局之年，也是中国经济转型升级的关键之年。当前要深刻领会国内国际新形势对保险监管的新要求，不断增强使命意识、责任意识、机遇意识和忧患意识，应势而动，顺势而为。保险监管要主动适应经济发展新常态，推动行业发展，要更加注重提高发展质量和效益；深化保险改革，要更加注重使市场在资源配置中起决定性作用；加强改善监管，要更加注重防范化解保险风险；服务经济社会全局，要更加注重提升保险供给的针对性有效性。

1 月 25 日

［纲　文］ **公安部交管局发布，截至 2015 年底，中国机动车保有量达 2.79 亿辆，其中汽车 1.72 亿辆；机动车驾驶人 3.27 亿人，其中汽车驾驶人超过 2.8 亿人。**

1 月 25—26 日

［纲　文］ **刘云山看望中国著名科技专家。**

［目　文］ 中共中央政治局常委刘云山代表中共中央总书记习近平和党中央，看望“两弹一星”功勋奖章获得者、中国科学院院士程开甲、任新民、王希季和诺贝尔生理学或医学奖获得者屠呦呦，向他们致以诚挚问候，向广大科技工作者致以新春祝福。

在看望程开甲时，刘云山称赞他为我国国防科技事业作出的卓越贡献，表示“两弹一星”元勋是国家的功臣、民族的骄傲，党和人民永远不会忘记，并就推进科技兴国听取意见建议。程开甲谈到要加大创新力度，掌握全球科技竞争战略主动。刘云山说，建设创新型国家，要发挥好科技创新的支撑作用，形成推进自主创新的强大合力。

在任新民家中，刘云山悉心询问任新民的身体和生活情况，嘱咐有关部门和单位给予精心照顾并表示，我国航天科技事业凝聚着老一辈科学家的心血，科技工作者要向他们学习，树立心系祖国、淡泊名利的高尚品德，把个人价值追求融入实现国家富强之中。

在看望王希季时，刘云山对他孜孜不倦致力于我国空间探索事业表示敬佩。王希季提出要加强国家总体战略和航天战略对接，加强力量统筹和人才培养。刘云山说，科技发展关键在人才，希望老一辈科学家发挥“传帮带”作用，多为优秀青年人才、拔尖创新人才铺路搭桥。

在看望屠呦呦时，刘云山赞扬她开创性地从中草药中分离出青蒿素、为人类健康事业作出的贡献。屠呦呦建议深入发掘中医药宝库的精华，加大对有关科研项目和团队建设支持力度。刘云山指出，科技工作者要增强民族自信心自豪感，发扬“安专迷”精神，勇攀科技高峰，为人类科技发展贡献更多中国智慧。

1 月 25—28 日

［纲　文］ **应外交部部长王毅邀请，阿富汗外交部部长拉巴尼对中国进行正式访问。**

［目　文］ 26 日，国家副主席李源潮在北京会见拉巴尼。李源潮说，中阿建交以来，始终相互理解、相互信任、相互支持。中国坚定支持阿富汗为维护国家独立、主权和

领土完整所作努力，一如既往支持阿富汗和平重建与和解进程。希望双方落实好两国领导人重要共识，推动经贸、人文、安全、互联互通等领域务实合作不断取得新进展。

拉巴尼表示，阿富汗赞赏中国在阿富汗和平重建与和解进程方面发挥的积极作用，愿参与“一带一路”建设，融入区域合作，共享发展机遇。

同日，王毅在北京与拉巴尼举行会谈，就深化双边关系达成以下共识：第一，两国将加强高层交往。中方欢迎阿卜杜拉首席执行官在2016年双方方便时访华。双方将推动两国领导人继续利用多边场合举行双边会晤。第二，中方坚定支持阿富汗重建，将重点帮助阿方建造住房、培训人才、改善民生。中方还将帮助阿方制定基础设施规划，为阿富汗未来发展绘制蓝图。第三，中方支持阿富汗发挥地缘优势，加强同周边国家互联互通，加入到亚洲区域经济合作的大潮中来。中方欢迎阿富汗参与“一带一路”建设，双方同意商签共建“一带一路”政府合作文件。第四，安全是发展的前提和保障。阿富汗处于反恐前沿。双方同意加强在反恐领域的双多边合作，共同维护两国及本地区安全与稳定。第五，两国将增进人文交流。中方将落实好为阿人员提供培训、政府奖学金等承诺。双方将支持两国高校、智库、地方交流。第六，双方同意加强在涉阿国际和地区机制中的合作，支持伊斯坦布尔进程为促进阿和平重建发挥积极作用，探讨扩大中美阿三边合作。阿方希望早日成为上合组织正式成员、加入亚投行，中方表示重视和欢迎。

1月26日

［纲　文］　**习近平在北京主持召开中央财经领导小组第12次会议。**

［目　文］　会议主要内容是：研究供给侧结构性改革方案、长江经济带发展规划、森林生态安全工作。李克强、刘云山、张高丽出席会议。中央财经领导小组成员出席，中央和国家有关部门负责人列席会议。

会议听取了发展改革委、财政部、住房城乡建设部、人民银行、国务院国资委关于去产能、去库存、去杠杆、降成本、补短板的8个工作方案思路的汇报，听取了发展改革委关于长江经济带发展规划纲要的汇报，听取了林业局关于森林生态安全问题的汇报。领导小组成员进行了讨论。

中共中央总书记、中央财经领导小组组长习近平指出，供给侧结构性改革的根本目的是提高社会生产力水平，落实好以人民为中心的发展思想。要在适度扩大总需求的同时，去产能、去库存、去杠杆、降成本、补短板，从生产领域加强优质供给，减少无效供给，扩大有效供给，提高供给结构适应性和灵活性，提高全要素生产率，使供给体系更好地适应需求结构变化。做好工作方案，一是情况要摸清，搞清楚现状是什么，深入调查研究，搞好基础数据测算，善于解剖麻雀，把实际情况摸准摸透，胸中有数，有的放矢。二是目的要明确，搞清楚方向和目的是什么，把握好手段，防止就事论事甚至本末倒置。三是任务要具体，搞清楚到底要干什么，确定的任务要具体化、可操作。四是责任要落实，搞清楚谁来干，做到可督促、可检查、能问责。五是措施要有力，搞清楚怎么办，用什么政策措施来办，政策措施要符合实际、有效有用、有操作性，让地方和相关部门知道怎么干。长江是中华民族的生命河。推动长江经济带发展，理念要先进，坚持生态优先、绿色发展，把生态环境保护摆上优先地位，涉及长江的一切经济活动都要以不破坏生态环境为前提，共抓大保护，不搞大开发。森林关系国家生态安全。要完善天然林保护制度，宜封则封、宜造则造，宜林则林、宜灌则灌、宜草则草，实施森林质量精准提升工程。要着力开展森林城市建设，搞好城市内绿化，使城市适宜绿化的地方都绿起来。搞好城市周边绿化，充分利用不适宜耕作的土地开展绿化造林；搞好城市群绿化，扩大城市之间的生态空间。要着力建设国家公园，保护自然生态系统的原真性和完整性，给子孙后代留下一些自然遗产。要整合设立国家公园，更好地保护珍稀濒危动物。要研究制定国土空间开发保护的总体性法律，更有针对性地制定或修订有关法律法规。

1月26日

［纲　文］　**李克强在北京主持召开座谈会，听取教育、科技、文化、卫生、体育界人士和基层群众代表对《政府工作报告（征求意见稿）》和《“十三五”规划纲要（草案）（征求意见稿）》的意见建议。**

［目　文］　国务院副总理张高丽、刘延东、汪洋、马凯等参加座谈会。天津职业技术师范大学孟庆国就解决中西部特别是困难地区职校教师短缺、提高职业教育水平提出建议。李克强向他询问，目前职业教育哪些专业最受市场欢迎，学生就业情况如何。中国铁路总公司何华武建议完善现代综合交通运输体系，降低全社会物流成本。李克强希望他就未来如何更好发挥铁路在综合交通中的作用深入研究。北京医院曾益新就推动医疗医保医药“三医联动”、加强基层全科医师队伍建设谈了看法。李克强说，推进医改要把医疗保障和医疗保险结合起来。2016年中央财政将继续增加投入，用于大病保险，这将进一步减轻大病患者就医用药负担。作家莫言提出要重视科普教育，提高国民素质。影视演员李幼斌建议提升影视剧创作质量，推动更多中国文化产品走向世界。田径运动员苏炳添希望国家加大体育事业投入，重视青少年体育后备人才培养。

国务院总理李克强说，人们的追求既有物质的又有精神的。我们的发展要实现社会富裕，也要提升文明素质，离不开文化支撑。文化不仅体现在知识素养上，还包括道德力量，这本身也是生产力，而且是全面协调可持续发展的动力。要夯实国家、民族发展的文化基础，增加文化的积淀，提升全民族素质。政府要加大这方面政策支持，推动教科文卫体各项事业更好发展。政府的一切工作归根到底是为了人民，最终要落到便民、利民、惠民上，这是必须牢牢把握的原则，否则政府工作就失去意义。我们要从群众的愿望和遇到的困难出发，努力为群众排忧解难，让人民在改革发展中增强获得感。

1月26日

［纲　文］　**质检总局、商务部、工商总局公布《进出口商品检验鉴定机构管理办法》。**

［目　文］　《办法》共6章35条，主要有总则、中资进出口商品检验鉴定机构的设

立、外商投资进出口商品检验鉴定机构的设立、监督管理、法律责任、附则等内容，自2016年5月1日起施行，质检总局、商务部、工商总局2003年9月4日公布的《进出口商品检验鉴定机构管理办法》同时废止。

1月26日

［纲　文］　**财政部、发展改革委印发《关于重新发布中央管理的卫生计生部门行政事业性收费项目的通知》，自2016年1月26日起执行。**

1月26日

［纲　文］　**全国政协在北京邀请已故知名人士和党外全国政协委员夫人茶话迎春。**

［目　文］　全国政协主席俞正声，中央统战部部长孙春兰，全国政协副主席万钢、李海峰出席茶话会。全国政协副主席兼秘书长张庆黎主持茶话会。

全国政协副主席杜青林在茶话会上回顾2015年党和国家各项事业取得的重大成就，介绍了过去一年人民政协工作取得的丰硕成果并表示，在这辞旧迎新的时刻，回顾峥嵘往事，展望美好前景，我们倍加思念为祖国和人民鞠躬尽瘁、无私奉献的革命先辈，倍加思念与中国共产党风雨同舟、肝胆相照的老一代党外人士，倍加思念同老大姐们相濡以沫、并肩战斗的亲密战友。先辈的历史功绩，党和人民永远铭记！我们将一如既往做好服务工作，为各位老大姐拓展更多知情议政渠道，创造更好安享晚年的条件。也希望老大姐们一如既往关心支持国家建设和政协事业发展，常回家看看，多提宝贵意见，帮助我们把工作做得更好。

出席茶话会的已故知名人士和党外全国政协委员夫人有：王定国（谢觉哉夫人）、徐素芝（陈俊生夫人）、许慧君（朱光亚夫人）、师剑英（马文瑞夫人）、舒允宜（成思危夫人）、陈堃銤（王选夫人）、许克坤（李沛瑶夫人）、谢雪萍（张学思夫人）、孔若仪（方荣欣夫人）、李玲虹（蔡子民夫人）、文洁若（萧乾夫人）、中村京子（米勒夫人）、黄浣碧（爱泼斯坦夫人）、陶君雅（赵子立夫人）、冯莉娟（郑庭笈夫人）、赵甲素（千家驹夫人）、蒋秀娟（黄大能夫人）、冼鼎璋（童傳夫人）、由昆（陈景润夫人）等。

1月26日

［纲　文］　**中国科协2016年全国学会地方科协工作会议在北京举行。**

［目　文］　国家副主席李源潮、中国科协主席韩启德出席会议并讲话。中国科协党组书记、常务副主席、书记处第一书记尚勇主持会议并传达了中央书记处关于科协工作的指示精神。中国科协所属全国学会、协会、研究会理事长或秘书长，各省、自治区、直辖市、副省级城市科协党组书记和驻会专职主席，新疆生产建设兵团科协党组书记，以及中国科协机关、直属单位有关负责人等参加会议。

会议主要议题是：学习贯彻党的十八大和十八届三中、四中、五中全会精神和习近平总书记系列重要讲话精神，深入落实中央党的群团工作会议和党中央、国务院对科协工作的指示精神，交流研讨中国科协事业发展“十三五”规划，落实科协系统深化改革实施方案，谋划未来发展。

1月26日

［纲　文］　**2016年二十国集团工商界活动启动仪式在北京举行。**

［目　文］　国务院副总理汪洋出席仪式并致辞。工商界活动（B20）启动仪式由中国贸促会主办，包括各国工商界、相关国际组织和机构的代表共500多人参加。

汪洋指出，B20是二十国集团（G20）机制的重要配套活动，是各国工商界参与全球经济治理和国际经贸规则制定的重要平台。2016年G20峰会以“构建创新、活力、联动、包容的世界经济”为主题，集中反映了世界经济的关键问题和各方的普遍诉求。希望B20各项活动紧扣这一主题，积极为G20峰会建言献策。一是聚焦G20贸易投资机制建设，促进全球贸易投资合作。二是聚焦基础设施建设合作，探索更多兼顾各方利益的合作模式。三是聚焦宏观经济政策协调和金融监管合作，维护全球金融市场稳定。四是聚焦包容性增长，让世界经济增长红利广泛惠及各国民众。2015年12月习近平主席就2016年G20杭州峰会发表致辞，向全世界传递了中国办好G20杭州峰会的积极信号。我们愿意发扬同舟共济、合作共赢的伙伴精神，把包括B20在内的G20各项活动办得精彩而富有成果。中国将继续奉行互利共赢的开放战略，发展更高层次的开放型经济，积极参与全球经济治理和公共产品供给，愿意为各国企业来华投资创造更加开放、公平、稳定、可预期的营商环境。

1月26—27日

［纲　文］　**应外交部部长王毅邀请，美国国务卿克里访华。**

［目　文］　27日，国家主席习近平在北京会见克里时指出，过去一年，在双方共同努力下，中美关系取得重要进展。我应奥巴马总统邀请对美国进行了成功的国事访问，双方就进一步推动构建中美新型大国关系达成新的共识。总的来看，无论是在经贸、两军、人文、网络安全等领域，还是在气候变化、伊朗核等国际地区和全球性问题上，中美的协调与合作都很有成效。中美两国关系健康稳定发展，符合中美双方利益，也是国际社会的普遍期待，双方应该共同维护。我愿继续同奥巴马总统就共同关心的重大问题保持密切沟通。双方要共同努力，继续推进已经商定的合作议程，就重要国际地区和全球性问题保持沟通协调，推动更多问题得到妥善处理。我多次讲过，中美加强合作，可以做出有利于世界的大事。双方应该落实好两国领导人达成的共识，坚持不冲突不对抗，相互尊重、合作共赢的原则，拓展双边、地区和全球层面各领域合作，推动中美关系得到新的更大发展。

克里表示，美中关系十分重要。双方有效沟通协调，为推动达成气候变化《巴黎协定》和伊朗核问题全面协议等发挥了重要作用。奥巴马总统期待着与主席先生保持密切联系，进一步推进美中双边关系，致力于加强双方在国际事务中的合作。

同日，国务委员杨洁篪、外交部部长王毅在北京与克里会见、会谈。杨洁篪在会见克里时表示，新的一年，中美双方应认真落实两国元首达成的重要共识，保持高层及各级别密切交往，深化双边、地区和全球层面各领域交流合作，以建设性方式妥善处理分歧和敏感问题，推动中美关系沿着正确轨道持续向前发展。

王毅同克里举行会谈，双方就中美关系和朝鲜半岛核问题等国际地区问题交换看法。王毅明确阐述了中方在台湾问题上的原则立场并强调，中方愿同美方一道，认真落实两国元首重要共识，坚持不冲突不对抗、相互尊重、合作共赢原则，不断拓展双边、地区和全球层面协调与合作，建设性管控分歧和敏感问题，推动中美关系在2016年取得新的更大发展。王毅明确阐述了中方在台湾问题上的原则立场。中方支持美方办好3月底4月初华盛顿核安全峰会，欢迎奥巴马总统出席9月在杭州举行的二十国集团领导人峰会，愿同美方共同办好一系列既定的对话磋商机制。王毅还就南海问题表明原则立场。克里强调，美方坚持一个中国政策没有变化，不支持“台湾独立”，支持台海两岸继续保持对话。

1月27日

［纲　文］　**李克强主持召开国务院常务会议。**

［目　文］　会议主要内容是：一、确定金融支持工业增效升级的措施，壮大实体经济基础。会议确定，一是引导金融机构加大对高新技术企业、重大技术装备、工业强基工程等的信贷支持，促进培育发展新动能。制定金融支持制造强国建设指导意见，发展能效贷款、排污权抵押贷款等绿色信贷。二是鼓励通过并购贷款、发行优先股和可转换债券等筹集资金开展兼并重组，推动改造传统动能。支持大企业设立产业创投基金，支持地方开展小微企业融资担保代偿补偿等业务。三是对长期亏损、失去清偿能力或环保、安全生产不达标且整改无望的企业及落后产能，坚决压缩退出相关贷款，支持化解过剩产能。四是拓宽融资渠道，鼓励扩大股权、债券等直接融资，大力发展应收账款融资。支持运作规范、偿债有保障的企业发行公司信用债调整债务结构。五是继续整顿金融服务乱收费，取消不合理收费项目，降低不合理收费标准。支持银行加快不良贷款处置，惩戒恶意逃废债务行为，防范和化解金融风险。二、决定推动《中国制造2025》与“互联网+”融合发展。会议指出，实施《中国制造2025》对促进制造业升级等发挥了积极作用，这也是深化供给侧结构性改革的重要内容。必须坚持市场导向，引导企业适应和引领市场，在“中国制造+互联网”上尽快取得突破，实现中国制造迈向中高端。三、决定清理规范一批政府性基金收费项目，持续为企业减负。会议决定，从2016年2月1日起，一是依法将新菜地开发建设基金和育林基金征收标准降为零，停征价格调节基金，整合归并水库移民扶持基金等7项征收对象相同、计征方式和资金用途相似的政府性基金，取消地方违规设立的政府性基金。二是将教育费附加、地方教育附加、水利建设基金的免征范围由月销售额或营业额不超过3万元的缴纳义务人，扩大到不超过10万元。免征政策长期有效。上述措施预计每年可为企业减负约260亿元。今后一般不再新设政府性基金项目，保留的全部进入目录清单，公开预决算，接受社会监督。四、部署全面加强农村留守儿童关爱保护。会议要求，必须依法强化家庭监护主体责任，落实基层政府、村（居）委会和学校等的安全管理、监督、教育等职责，支持社工、慈善组织等社会力量参与，完善关爱服务体系。建立强制报告、干预、帮扶等机制，打击侵害留守儿童的各种违法行为。加大寄宿制学校等建

设。通过推进农民工市民化、引导扶持返乡创业就业等措施，从源头上减少留守儿童。

1月27日

［纲　文］**中央精神文明建设指导委员会在北京召开第四次全体会议。**

［目　文］中央精神文明建设指导委员会主任刘云山主持会议并讲话。中央精神文明建设指导委员会副主任刘延东、刘奇葆出席会议。会议认为，2015年精神文明建设工作认真贯彻党中央部署，坚持围绕中心、服务大局，树立新风尚、凝聚正能量，各项工作取得新的进展。

刘云山指出，要深刻认识新形势新任务对精神文明建设工作的新要求，高扬理想信念旗帜，弘扬爱国主义精神，强化共同价值追求，为决胜全面建成小康社会开好局起好步提供思想保证、精神力量、道德滋养和文化条件。

1月27日

［纲　文］**中央直属机关党的工作会议在北京召开。**

［目　文］中央直属机关工委常务副书记张建平主持会议并作工作报告。中央书记处书记、中央直属机关工委书记栗战书出席会议并讲话。会议总结了2015年中直机关党建工作，部署安排了2016年工作。

栗战书指出，要强化思想建党，坚持不懈抓好思想理论武装。习近平总书记系列重要讲话是马克思主义中国化的最新成果，是进行具有许多新的历史特点伟大斗争的坚实理论基础和强大思想武器。党的十八大以来，党和国家各项事业之所以取得显著成绩，开创崭新局面，最根本最重要的就在于有以习近平同志为总书记的党中央的坚强领导，有习近平总书记系列重要讲话精神的科学指导。要以即将开展的“学党章党规、学系列讲话，做合格党员”活动为契机，不断将学习贯彻总书记系列重要讲话精神引向深入，真正把学习成果转化为做好党和国家各项工作、推动中直机关各项事业发展的强大动力，体现到为实现“两个一百年”奋斗目标而努力的实际行动中去。各党组织和广大党员要增强核心意识、看齐意识，坚持把对党绝对忠诚作为根本政治要求和最重要的政治纪律，始终在思想上政治上行动上同以习近平同志为总书记的党中央保持高度一致，向党的理论和路线方针政策看齐，向党的十八大和十八届三中、四中、五中全会精神看齐，向党中央改革发展稳定、内政外交国防、治党治国治军各项决策部署看齐。要切实加强党风廉政建设，深入开展反腐败斗争，着力构建不敢腐、不能腐、不想腐的体制机制。

1月27日

［纲　文］**交通运输部公布《关于废止2件交通运输规章的决定》。**

［目　文］《决定》说，废止《中华人民共和国交通部港口收费规则（外贸部分）》《中华人民共和国港口收费规则（内贸部分）》，自2016年3月1日起施行。

1月27日

［纲　文］**测绘地信局印发《关于规范卫星导航定位基准站数据密级划分和管理的通知》。**

［目　文］《通知》的内容有：一、基准站数据的分类。二、基准站数据的密级划分。三、基准站有关管理要求。

1月27日

［纲　文］ **国务院新闻办发表《中国的核应急》白皮书。**

［目　文］ 这是中国涉核领域首部白皮书，以总体国家安全观和中国核安全观等思想为指导，由前言、正文和结束语三部分组成，全文约1.2万字。白皮书正文8个章节分别介绍中国核能发展与核应急基本形势、核应急方针政策、核应急“一案三制”建设、核应急能力建设与保持、核事故应对处置主要措施、核应急演习演练、培训与公众沟通、核应急科技创新和核应急国际合作与交流。

1月27日

［纲　文］ **国家副主席李源潮在北京会见英国议会上院议员鲍威尔。**

［目　文］ 李源潮说，2016年是中英关系“黄金时代”开局之年，两国关系发展面临难得机遇。希望双方努力落实好两国领导人重要共识，加强“一带一路”倡议与英国基础设施升级改造计划等方面的对接，保持核电、金融、高铁等领域的良好合作势头，推动中英面向21世纪全球全面战略伙伴关系迈上新台阶。

鲍威尔表示，英中关系发展势头良好，英方愿与中方共同努力，推动两国关系不断向前发展。

1月27日

［纲　文］ **马凯在北京市检查春运工作。**

［目　文］ 国务院副总理马凯来到北京市交通运行监测调度中心、北京西站、国航运控中心和首都机场，实地察看公路、铁路和民航春运各项工作情况，看望乘车乘机旅客，慰问公安干警、武警官兵和交通运输系统干部职工。他强调，做好春运工作是重要的民心民生工程，要坚持旅客为本、安全第一，为人民群众欢度新春佳节提供可靠的交通运输保障。

1月28日

［纲　文］ **中共中央总书记习近平致电阮富仲，祝贺他再次当选越南共产党中央总书记。**

1月28日

［纲　文］ **国务院食品安全委员会第三次全体会议在北京召开，习近平、李克强对食品安全工作作出指示、批示。**

［目　文］ 中共中央总书记习近平作出指示指出，确保食品安全是民生工程、民心工程，是各级党委、政府义不容辞之责。近年来，各相关部门做了大量工作，取得了积极成效。当前，我国食品安全形势依然严峻，人民群众热切期盼吃得更放心、吃得更健康。2016年是“十三五”开局之年，要牢固树立以人民为中心的发展理念，坚持党政同责、

标本兼治，加强统筹协调，加快完善统一权威的监管体制和制度，落实“四个最严”的要求，切实保障人民群众“舌尖上的安全”。

国务院总理李克强作出批示指出，食品安全问题社会高度关注，群众充满期待。过去一年，各级食安委、食安办及成员单位履职尽责，在加强法治建设、落实监管责任、治理“餐桌污染”等方面做了大量工作，成绩值得肯定。保障食品安全仍面临艰巨任务，要毫不懈怠，持续攻坚。各级政府要坚持人民利益至上，切实发挥食安委统一领导、综合协调作用，以改革精神和法治思维，坚定实施食品安全战略，加快健全从中央到地方直至基层的权威监管体系，落实最严格的全程监管制度，严把从农田到餐桌的每一道防线，对违法违规行为零容忍、出快手、下重拳，切实保障人民群众身体健康和生命安全。

国务院副总理、国务院食品安全委员会主任张高丽在北京主持召开国务院食品安全委员会第三次全体会议并讲话。国务院副总理、国务院食品安全委员会副主任汪洋出席会议并讲话。国务院食品安全委员会成员单位、有关部门负责人参加会议，食品安全委员会专家委员会的专家列席会议。会议学习习近平总书记关于食品安全的讲话和指示批示精神，学习李克强总理批示要求，全面总结 2015 年食品安全工作，研究部署 2016 年重点工作。

张高丽要求，各地区各部门要坚持党政同责、标本兼治，履行好保障食品安全这份神圣的政治责任，做到一级抓一级，层层抓落实。要加强统筹协调，加大督导力度，对未履行责任造成食品安全事故的，坚决严肃问责。近期，各地区各有关部门要全面排查食品安全风险隐患，全力保障节日期间的食品安全。

1 月 28 日

［纲　文］　**国务院总理李克强应约同国际货币基金组织总裁拉加德通电话，就世界和中国经济金融形势等问题深入交换意见。**

［目　文］　李克强表示，当前，处于深度调整中的世界经济形势仍然错综复杂，复苏动力不足，不确定因素增多。推动增长、调整结构、加强合作已成为国际共识。中国经济同世界经济深度融合。在世界经济和贸易增速放缓、国际金融市场波动加剧的背景下，2015 年中国经济保持 6.9% 的中高速增长，实现比较充分的就业，居民收入和储蓄增长均高于经济增速，环境持续得到改善，这些是来之不易的。中国的发展关键要靠改革。面对国际经济下行压力，以及国内的深层次矛盾，我们既坚定信心，又正视困难，将综合施策，运用好中国经济的巨大潜力、韧性和回旋余地。在适度扩大总需求的同时，着力加强结构性改革，尤其是供给侧结构性改革。继续实施积极的财政政策和稳健的货币政策，深入推进创新驱动发展战略，推动大众创业、万众创新，把亿万民众的积极性和创造力调动起来，使新的发展动能不断壮大，传统动能得到改造和提升。我们有能力保持中国经济持续平稳发展。

在谈到人民币汇率问题时，李克强强调，中国政府无意通过货币贬值推动出口，更不会打贸易战。事实上，人民币汇率对一篮子货币保持了基本稳定，也不存在持续贬值的基础。我们将坚持自主性、渐进性、可控性原则，稳步推进人民币汇率形成机制改革，加强同市场沟通，保持人民币汇率在合理均衡水平上的基本稳定。

拉加德表示，相信中国政府通过实施有力的宏观政策、推进结构性改革、保持汇率政策稳定、加强同市场沟通等有效措施，能够保持中国经济稳定增长。国际货币基金组织愿继续同中方加强沟通与合作，共同向市场传递改革的决心和增长的信心。

1月28日

［纲　文］　**税务总局公布《关于3项个人所得税事项取消审批实施后续管理的公告》。**

［目　文］　《公告》包括：一、关于“取消促进科技成果转化暂不征收个人所得税审核”的后续管理。二、关于“取消个人取得股票期权或认购股票等取得折扣或补贴收入个人所得税纳税有困难的审核”的后续管理。三、关于“取消对律师事务所征收方式的核准”的后续管理。四、本公告自2016年1月28日起施行。《国家税务总局关于取消促进科技成果转化暂不征收个人所得税审核权有关问题的通知》第二条第一项和第三条、《国家税务总局关于个人认购股票等有价证券而从雇主取得折扣或补贴收入有关征收个人所得税问题的通知》第二条关于“可在报经当地主管税务机关批准后”的规定和第三条同时废止。

1月28日

［纲　文］　**公安部在北京召开电视电话会议，部署全国公安机关扎实有力推进户籍制度改革，加快提高户籍人口城镇化率。**

［目　文］　会议指出，加快推进户籍制度改革、加快提高户籍人口城镇化率，事关亿万人民群众切身利益。党中央、国务院作出进一步推进户籍制度改革部署以来，党的十八届五中全会、中央经济工作会议、中央城市工作会议对加快推进这项改革，进一步指明了方向、细化了工作要求。各级公安机关要在前期工作的基础上，按照中央部署要求，充分发挥牵头组织作用，加大推进力度，严密工作措施，为确保到2020年1亿左右农业转移人口和其他常住人口在城镇落户的目标如期实现奠定坚实基础。

1月28日

［纲　文］　**中国文物保护基金会换届大会在北京举行。**

［目　文］　文物局局长刘玉珠出席会议。大会选举12位来自文博系统、专家学者、社会组织代表、新闻工作者、企业家等方面的人士组成第五届理事会。

中国文物保护基金会成立于1990年，是由文物局发起成立并主管的全国文物系统唯一的公募基金会，担负着文物保护的重要社会责任，是文物保护队伍中一支不可缺少的力量。基金会成立25年来，在民政部、文物局的指导下，在促进文物保护、汇聚社会资金、提高保护意识等方面作出了重要贡献。

1月28日

［纲　文］　**中央军委举行慰问驻京部队老干部迎新春文艺演出，习近平向全军老同志祝贺新春。**

1月28日

［纲　文］ **江苏省第十二届人民代表大会第四次会议选举石泰峰为江苏省省长。**

1月28日

［纲　文］ **政协湖南省第十一届委员会第四次会议选举李微微为湖南省政协主席。**

1月28日

［纲　文］ **政协陕西省第十一届委员会第四次会议选举韩勇为陕西省政协主席。**

1月28日

［纲　文］ **《人民日报》发表题为《以新理念引领农业农村新发展》的社论。**

1月29日

［纲　文］ **习近平主持召开中共中央政治局会议。**

［目　文］ 会议主要内容是审议《中央政治局常委会听取和研究全国人大常委会、国务院、全国政协、最高人民法院、最高人民检察院党组工作汇报和中央书记处工作报告的综合情况报告》。

会议对全国人大常委会、国务院、全国政协、最高人民法院、最高人民检察院党组和中央书记处2015年的工作给予充分肯定，同意其对2016年的工作安排。会议认为，中国共产党领导是中国特色社会主义制度的最大优势，加强党的领导关键是坚持党中央集中统一领导。只有增强政治意识、大局意识、核心意识、看齐意识，自觉在思想上政治上行动上同以习近平同志为总书记的党中央保持高度一致，才能使我们党更加团结统一、坚强有力，始终成为中国特色社会主义事业的坚强领导核心。

会议强调，2016年是全面建成小康社会决胜阶段的开局之年，也是推进结构性改革的攻坚之年。要按照“四个全面”战略布局，坚持发展这个第一要务，以新发展理念引领发展，紧紧围绕党中央部署的全年各项目标任务凝神聚力、攻坚克难，努力实现“十三五”良好开局。全国人大常委会、国务院、全国政协、最高人民法院、最高人民检察院党组要坚持坚定正确的政治方向，发挥好把方向、管大局、保落实的重要作用，围绕大局履职尽责、突出重点抓好落实，做好党中央部署的各项工作，落实全面从严治党主体责任。中央书记处要按照自身职责定位，把握大局、服务大局，在推动全面从严治党上聚焦发力，在推进思想理论建设、作风建设、党内法规制度建设上下功夫，深入调查研究，不断提高议事能力和水平，推动党中央决策部署贯彻落实。

1月29日

［纲　文］ **习近平主持中共中央政治局第30次集体学习。**

［目　文］ 本次学习的主题是：“十三五”时期我国经济社会发展的战略重点。由中央政治局委员自学并交流工作体会，刘延东、李源潮、汪洋、张春贤、韩正就这个问题作了重点发言。

中共中央总书记习近平指出，发展战略重点，是“十三五”时期我国发展的“衣领子”“牛鼻子”。抓准、抓住、抓好战略重点，是保证“十三五”发展开好头、起好步的关键，是保证全面建成小康社会决胜阶段获得全胜的关键。要准确把握“十三五”时期我国发展的战略重点，做到胸中有数、落实有策、行动有策，以奋发有为的精神状态、攻坚克难的拼搏意志、只争朝夕的紧迫劲头，通过抓好发展战略重点带动发展全局，把“十三五”发展宏伟蓝图一步一步变为现实。抓住重点带动面上工作，推动事物发展不断从不平衡到平衡，是唯物辩证法的要求，也是我们党在革命、建设、改革历史进程中一贯倡导和坚持的。要从五位一体总体布局、“四个全面”战略布局、新发展理念、五大支柱性政策、补短板防风险来把握发展战略重点。中国特色社会主义是全面发展的社会主义。我国发展虽然取得了巨大成效，但我国仍处于并将长期处于社会主义初级阶段的基本国情没有变，人民日益增长的物质文化需要同落后的社会生产之间的矛盾这一社会主要矛盾没有变。“四个全面”战略布局，既有战略目标，也有战略举措，每一个“全面”都具有重大战略意义，是我们党在新形势下治国理政的总方略，是事关党和国家长远发展的总战略。推进“十三五”时期经济社会发展，一定要紧紧扭住全面建成小康社会这个战略目标不动摇，紧紧扭住全面深化改革、全面依法治国、全面从严治党三个战略举措不放松，努力做到“四个全面”相辅相成、相互促进、相得益彰。创新、协调、绿色、开放、共享的发展理念，集中体现了“十三五”乃至更长时期我国的发展思路、发展方向、发展着力点，是管全局、管根本、管长远的导向。要抓住能够带动五大发展理念贯彻落实的重点工作，统筹推动五大发展理念贯彻落实。宏观政策要稳、产业政策要准、微观政策要活、改革政策要实、社会政策要托底的政策组合，是当前推动经济社会发展的五大支柱性政策。贯彻落实这五大政策，都要注意突出重点。经济社会发展中的短板特别是主要短板，是影响如期实现全面建成小康社会目标的主要因素，必须尽快把这些短板补齐。脱贫开发工作是我们的一个突出短板，要举全国之力抓好，确保到2020年农村贫困人口全部脱贫。各地区各部门各单位各方面都要在深入调查研究的基础上明确自己工作方面的短板是什么，以扎实的思路、举措尽快把短板补齐，避免各种各样的短板牵扯我们的工作、影响既定目标的实现。要增强忧患意识、未雨绸缪、抓紧工作，确保我国发展的连续性和稳定性。各级党委和政府要增强责任感和自觉性，提高风险监测防控能力，做到守土有责、主动负责、敢于担当，积极主动防范风险、发现风险、消除风险。

1月29日

［纲　文］　**习近平在人民大会堂同各民主党派中央、全国工商联负责人和无党派人士代表欢聚一堂，共迎新春佳节。**

［目　文］　中共中央政治局常委俞正声、张高丽出席活动。民革中央主席万鄂湘、民盟中央主席张宝文、民建中央主席陈昌智、民进中央主席严隽琪、农工党中央主席陈竺、致公党中央主席万钢、九三学社中央主席韩启德、台盟中央主席林文漪、全国工商联主席王钦敏和无党派人士代表林毅夫等应邀出席。应邀出席的还有全国政协副主席董建华、何厚铧，已退出领导岗位的各民主党派中央、全国工商联原主席、第一副主席和常务

副主席。孙春兰、栗战书、王正伟，各民主党派中央、全国工商联有关负责人，中央有关部门负责人参加活动。

韩启德代表各民主党派中央、全国工商联和无党派人士致辞。

中共中央总书记习近平指出，2015年，中共中央团结带领全国各族人民，协调推进“四个全面”战略布局，主动引领经济发展新常态，成功应对重大风险挑战，经济实力、科技实力、国防实力、国际影响力都迈上了新台阶。2015年，也是统一战线和多党合作成果丰硕的一年。各民主党派中央、全国工商联和无党派人士，围绕“十三五”时期经济社会发展和国家发展战略实施提出意见和建议140份，积极参与精准扶贫、精准脱贫，为推动经济社会发展作出了重要贡献。2016年，“十三五”时期正式开启，决胜全面建成小康社会的历史大幕正式拉开。今后5年，各项工作都要紧紧围绕如期全面建成小康社会来部署、来落实、来推进。我国发展航船要抵达全面小康社会的彼岸，既需要中国共产党为这艘巨轮掌好舵，也需要中国共产党和广大统一战线成员一起划好桨。2016年是全面建成小康社会决胜阶段开局之年。决胜要有决心，开局重在开头。开好局、起好步，取决于齐心协力、团结奋斗。统一战线人才荟萃、智力密集，可以说是一个大智库。希望同志们着眼“十三五”时期发展，把握经济发展新常态这个大逻辑，就经济社会发展的重大问题、全面深化改革的难点问题、推动创新创造的关键问题，为中共中央决策和施政提供有价值的意见和建议。中国共产党领导的多党合作和政治协商制度，是中国共产党、中国人民和各民主党派的伟大政治创造。人心向背、力量对比决定事业成败。我们提出坚持正确处理一致性和多样性关系的方针，就是着眼于形成最大公约数，画出最大的同心圆。发挥统一战线法宝作用，中国共产党要发挥领导作用，各方面成员要共同使劲。希望各民主党派、工商联和无党派人士增强大局意识、责任意识，协助党和政府做好增进共识、加强团结的工作。如期实现全面建成小康社会奋斗目标，是人民的期待，也是我们的责任。我相信，大家齐心协力，我们就一定能在“十三五”时期续写荣光、再谱新篇。

1月29日

［纲　文］ **中组部、人力资源社会保障部、公务员局在北京召开全国公务员管理工作会议。**

［目　文］ 会议指出，2015年，公务员分类管理取得实质性突破，正向激励机制进一步完善，从严管理监督和教育培训进一步加强，基层导向得到有效落实，国家表彰奖励工作步入法治化轨道，事业单位人事制度改革工作不断深化。“十三五”时期，公务员管理工作要牢固树立和贯彻落实五大发展理念，坚持党管干部原则，把握从严从实主基调，以坚定理想信念为根本，以制度改革创新和队伍能力提升为重点，建立更加成熟更加定型的公务员制度体系，健全有效管用的公务员管理机制，大幅度提升公务员队伍整体素质，为夺取全面建成小康社会伟大胜利提供有力组织保证和人才支持。

会议还部署了2016年的工作，公务员管理工作将积极推进分类改革，稳步推行职务与职级并行制度，扎实做好考录和遴选工作，全面开展职业道德建设，深入推进考核和奖励工作，大力加强培训与监督，认真做好国家表彰奖励和事业单位人事管理工作，统筹做好各项基础性工作。

1月29日

［纲　文］　**财政部、税务总局发布《关于扩大有关政府性基金免征范围的通知》**。

［目　文］　《通知》说：一、将免征教育费附加、地方教育附加、水利建设基金的范围，由现行按月纳税的月销售额或营业额不超过3万元（按季度纳税的季度销售额或营业额不超过9万元）的缴纳义务人，扩大到按月纳税的月销售额或营业额不超过10万元（按季度纳税的季度销售额或营业额不超过30万元）的缴纳义务人。二、免征上述政府性基金后，各级财政部门要做好经费保障工作，妥善安排相关部门和单位预算，保障工作正常开展，积极支持相关事业发展。三、本通知自2016年2月1日起执行。

1月29日

［纲　文］　**科技部、财政部、税务总局印发《高新技术企业认定管理办法》**。

［目　文］　《办法》共5章23条，主要有总则、组织与实施、认定条件与程序、监督管理、附则等内容，自2016年1月1日起实施。原《高新技术企业认定管理办法》同时废止。

1月29日

［纲　文］　**财政部印发《关于取消、停征和整合部分政府性基金项目等有关问题的通知》，自2016年2月1日起执行**。

1月29日

［纲　文］　**海关总署发布《关于修订海关总署2015年第7号公告有关内容的公告》**。

［目　文］　《公告》说，根据《财政部关于进一步调整海南离岛旅客免税购物政策的公告》，为进一步促进海南省旅游业发展，海关总署对《海南离岛旅客免税购物监管暂行办法》有关内容进行相应调整。现将调整内容公告如下：一、对非岛内居民旅客取消年度免税购物次数限制，每人每年累计免税购物金额不超过人民币16000元（含16000元）。二、离岛旅客通过网上离岛免税销售窗口进行免税购物的，须凭本人身份证件和登机牌在机场隔离区提货点提货并携运离岛。通过网上销售窗口进行免税购物要严格执行离岛免税政策的相关规定。三、除以上调整外，离岛免税购物监管继续执行《海关总署对海南离岛旅客免税购物监管暂行办法》的有关规定。本公告自2016年2月1日起执行。

1月29日

［纲　文］　**公安部发布修改后的《机动车驾驶证申领和使用规定》，自2016年4月1日起施行**。

1月29日

［纲　文］　**住房城乡建设部公布首批国家生态园林城市名单**。

［目　文］　国家生态园林城市是：徐州、苏州、昆山、寿光、珠海、南宁、宝鸡。

河北沧州等46个城市被命名为新一批国家园林城市，河北高邑县等78个县城为国家园林县城，山西巴公镇等11个镇为国家园林城镇。至此，全国已有约半数的城市被授予国家园林城市称号，约1/10的县城成功创建国家园林县城。

1月29日

［纲　文］　**财政部公布2015年全年一般公共预算、政府性基金预算和国有资本经营预算三本预算的收支账本。**

［目　文］　全国一般公共预算收入152217亿元，增幅进一步放缓至8.4%，同口径增长仅5.8%，比上年回落2.8个百分点，并低于年初预算目标。2015年，中央一般公共预算收入69234亿元，增长7.4%，同口径增长7%；地方本级一般公共预算收入82983亿元，增长9.4%，同口径增长4.8%。全国一般公共预算收入中的税收收入124892亿元，同比增长4.8%；非税收入27325亿元，增长28.9%，同口径增长10.6%。主要税种中，第一大税种营改增仅同比增长0.8%，剔除营改增转移收入影响后下降0.5%；国内消费税、营业税、企业所得税、个人所得税增幅则高于去年，分别增长18.4%、8.6%、10.1%和16.8%。相对于收入的个位数增长，2015年全国一般公共预算支出175768亿元，比上年增长15.8%，同口径增长13.17%。中央和地方支出均超额完成预算，其中医疗卫生与计划生育支出增长17.1%、农林水支出增长16.9%、节能环保和交通运输支出分别增长26.2%和17.7%。2015年全国政府性基金预算收入42330亿元，增速下降21.8%，同口径下降15.9%，全国国有资本经营预算收入2560亿元，同比增长27.5%。

1月29日

［纲　文］　**四川省第十二届人民代表大会第四次会议选举尹力为四川省省长。**

1月29—31日

［纲　文］　**2016年短道速滑世界青年锦标赛在保加利亚索非亚举行。**

［目　文］　中国队在全部10个项目中获得了8金1银4铜，首次登上金牌榜首位，并创造了多项新纪录。

1月30日

［纲　文］　**国务院办公厅印发《强制性标准整合精简工作方案》。**

［目　文］　《方案》由六个部分组成：一、工作目标。二、工作范围。三、工作原则。四、职责分工。五、进度安排。六、保障措施。

《方案》要求，各部门、各地区依据“统一管理、分工负责，平稳推进、兼顾应用，试点引领、点面结合”的工作原则，在国务院标准化协调推进部际联席会议的统一部署下，按照统一的工作程序、技术方法和时间进度，组织开展强制性标准的整合精简工作。全面掌握强制性标准的应用实施情况，充分考虑标准与相关法律法规、产业政策、监管制度的衔接，有效保障相关标准间的协同配套。在新标准制定发布前，确保原标准正常实施和发挥作用，不造成监管真空，不降低安全底线。

1月30日

［纲　文］　**贵州省第十二届人民代表大会第四次会议选举陈敏尔为贵州省人大常委会主任，选举孙志刚为贵州省省长。**

1月30日

［纲　文］　**政协湖北省第十一届委员会第四次会议选举张昌尔为湖北省政协主席。**

1月30日

［纲　文］　**第一次中日韩教育部长会议在韩国首尔召开。**

［目　文］　中国教育部部长袁贵仁、韩国副总理兼教育部部长李俊植、日本文部科学大臣驰浩出席会议。三国教育部长一致认为中日韩教育部长首次会议的召开标志着中日韩教育部长会议机制的正式建立。这一新机制丰富了三国合作内涵，对深化三国教育合作具有里程碑意义，对东北亚乃至亚洲的教育合作具有引领作用。三方同意通过这一重要机制全面加强三国在高等教育、职业教育、基础教育等领域的合作。三国教育部部长共同签署了《中日韩三国教育合作首尔宣言》。

袁贵仁表示，中日韩互为近邻，开展面向未来的教育合作意义重大，中方倡议三国继续实施并扩大"亚洲校园"项目，举办不同类型和层次的中日韩大学校长论坛，并在创新人才培养、开展创新创业教育、"中日韩千校携手"、加强语言教学等方面推动深度合作。中方有关倡议得到日韩的积极回应。

1月30日

［纲　文］　**国防部新闻发言人就美国军舰擅自进入中国西沙领海表示，中国国防部对此表示坚决反对。**

［目　文］　1月30日，美国海军"威尔伯"号导弹驱逐舰违反中国法律，擅自进入我西沙领海。中国守岛部队和海军舰机当即采取应对行动，对美军舰进行识别查证，并迅即予以警告驱离。

发言人就此指出，美方此举是严重违法行为，破坏了有关海域的和平、安全和良好秩序，也不利于地区和平稳定。中国国防部对此表示坚决反对。中方早在1992年即公布《领海及毗连区法》，规定外国军舰进入我国领海，必须经过事先批准。这一规定符合国际法和国际实践，也与世界上很多国家的法律相同。1996年5月15日，中国政府公布了《关于领海基线的声明》，宣布了中国大陆领海的部分基线和西沙群岛的领海基线。美方在对此完全清楚的情况下，派军舰擅自进入中国领海，是有意的挑衅行为。多年以来，美方多次提议采取切实措施，确保各方舰机航行安全。然而在行动中，美方却不顾中方一再反对，派舰机进入中方有关海空域，造成双方海空兵力近距离接触。这种做法在操作上是非常不专业的，对双方官兵安全是不负责任的，在后果上是极为危险的。不论美方采取任何挑衅行动，中国军队都将采取一切必要措施，坚决维护国家的主权和安全。

1月30日—2月1日

［纲　文］　**刘云山代表中共中央总书记习近平和党中央看望文化界知名人士，向他**

们致以诚挚问候，向广大文化工作者致以新春祝福。

［目 文］ 中央书记处书记刘云山来到著名科学社会主义研究专家江流家中，关切询问江流的身体、生活和工作情况，对他 93 岁高龄仍为马克思主义理论研究和建设工程付出心血表示感谢，江流就加强党的思想理论建设、编好哲学社会科学重点教材等提出建议；在著名诗人贺敬之家中，赞扬贺敬之为我国文学事业作出的贡献，对老一辈文艺工作者扎根人民、服务人民的优良作风表示敬意，贺敬之建议进一步落实好党中央部署，坚持先进文化前进方向，多出好的文艺作品；在看望著名京剧表演艺术家谭元寿时，悉心了解京剧艺术传承发展情况，表示要加大支持力度，挖掘和用好名师大家的文化成果，更好传承中华文化根脉；在著名油画家靳尚谊家中，对靳尚谊将中国传统美学观念与欧洲古典油画技巧有机结合的创作实践给予肯定，并就推动文艺繁荣发展进行交流，靳尚谊就推进艺术创新、重视艺术人才基本功培养，推动文化走出去等提出建议；在看望著名歌唱家吴雁泽时，称赞他为民族声乐表演做出的成绩，并就加强音乐创作、传承民族艺术、繁荣中华民族文艺园地等听取意见建议。

刘云山指出，文化小康是全面小康的重要内容，贯彻落实新发展理念、实现“十三五”奋斗目标，需要物质文明与精神文明协调发展，需要强大的价值引领力和精神推动力。文化工作者要深入贯彻习近平总书记系列重要讲话特别是在文艺工作座谈会上的讲话精神，高举理想信念旗帜，弘扬爱国主义精神，积极培育和践行社会主义核心价值观，以高度的文化自信肩负起为民族塑魂铸魂的文化使命。要牢固树立以人民为中心的工作导向，顺应人民群众对文化生活的新期待，聚焦作品质量，聚力繁荣创作，大力推进文化创新，推出更多经得起历史和人民检验的优秀作品。各级党委、政府和有关部门要关心爱护文化工作者，加强文化人才队伍建设，创造有利于文化工作者潜心创作、施展才华的良好环境。

1 月 30 日—2 月 6 日

［纲 文］ **外交部部长王毅访问马拉维、毛里求斯、莫桑比克、纳米比亚并赴英国出席叙利亚人道捐助会议。**

［目 文］ 访问期间，王毅分别会见了马拉维总统穆塔里卡、毛里求斯总统法基姆、毛里求斯总理贾格纳特、莫桑比克总统纽西、纳米比亚总统根哥布。

4 日，王毅出席在伦敦举行的第四次叙利亚人道捐助会议，并在会上阐述对叙利亚人道局势、政治进程的主张，以及中方为缓解叙利亚流离失所者和难民的苦难所采取的举措。

1 月 31 日

［纲 文］ **国务院任免国家工作人员。**

［目 文］ 任命肖亚庆为国务院国有资产监督管理委员会主任，免去其国务院副秘书长职务；免去张毅的国务院国有资产监督管理委员会主任职务。

1月31—2月1日

［纲　文］　**汪洋在河北考察扶贫工作。**

［目　文］　国务院副总理汪洋在衡水市阜城县，到贫困村贫困户，询问群众生产生活情况和脱贫攻坚工作进展情况，看望基层扶贫干部，了解驻村工作队和第一书记工作情况，并召开座谈会听取基层扶贫干部对落实脱贫政策的意见建议。

汪洋肯定基层扶贫干部在扶贫开发中所作的贡献并指出，推进干部驻村帮扶，既是加强一线扶贫力量的需要，也是发扬党的优良传统、培养锻炼干部的需要。贫困村驻村工作队和第一书记要饱含对贫困群众的深厚感情，脚踏实地开展帮扶工作，全心全意为贫困群众服务。要精准施策，吃透中央扶贫大政方针政策举措，找准帮助群众脱贫的办法，把帮扶资金和项目精准用于建档立卡贫困人口脱贫。要管好用好扶贫资金，确保扶贫资金真正用到扶贫上、用到贫困群众身上。要善于发动群众，采取有效方式方法，引导贫困群众自力更生、艰苦奋斗、勤劳致富。地方各级党委和政府要关心爱护基层扶贫干部，出台保障措施，落实相关待遇，确保干部下得去、待得住、干得好。

1月31日

［纲　文］　**最高人民法院、公安部印发《关于建立快速查询信息共享及网络执行查控协作工作机制的意见》。**

［目　文］　《意见》由五部分组成：一、总体规划。二、快速查询信息共享协作工作内容。三、网络执行查控协作工作内容。四、协作机制工作内容。五、工作要求。

2 月

2月1—3日

［纲　文］　**习近平在江西看望干部群众。**

［目　文］　中共中央总书记习近平在吉安、井冈山、南昌等地的乡村、企业、学校、社区、革命根据地纪念场馆调研考察，慰问广大干部群众和驻赣部队，祝全国各族人民健康快乐吉祥，祝改革发展人民生活蒸蒸日上，向全体解放军指战员、武警部队官兵、民兵预备役人员致以新春祝福并就贯彻落实党的十八届五中全会精神和中央经济工作会议、中央扶贫开发工作会议、中央城市工作会议精神进行指导，给广大干部群众送去党中央的新春祝福和关怀。

考察期间，习近平听取了江西省委和省政府工作汇报，对江西经济社会发展取得的成绩和各项工作给予肯定并指出，希望江西主动适应经济发展新常态，向改革开放要动力，向创新创业要活力，向特色优势要竞争力，奋力夺取全面建成小康社会决胜阶段新胜利。发展理念是发展行动的先导。发展理念不是固定不变的，发展环境和条件变了，发展理念就自然要随之而变。如果刻舟求剑、守株待兔，发展理念就会失去引领性，甚至会对发展行动产生不利影响。各级领导干部务必把思想认识统一到创新、协调、绿色、开放、共享的新发展理念上来，自觉把新发展理念作为指挥棒用好。要加大强农惠农富农力度，推进农业现代化，多渠道增加农民收入，提高社会主义新农村建设水平，让农业农村成为可以进一步大有作为的广阔天地。保障和改善民生没有终点，只有连续不断的新起点，要采取针对性更强、覆盖面更大、作用更直接、效果更明显的举措，实实在在帮群众解难题、为群众增福祉、让群众享公平。要从实际出发，集中力量做好普惠性、基础性、兜底性民生建设，不断提高公共服务共建能力和共享水平，织密扎牢托底的民生“保障网”、消除隐患，确保人民群众安居乐业、社会秩序安定有序。井冈山是中国革命的摇篮。井冈山时期留给我们最为宝贵的财富，就是跨越时空的井冈山精神。每一名党员、干部特别是各级领导干部，都要把理想信念作为照亮前路的灯、把准航向的舵，转化为对奋斗目标的执着追求、对本职工作的不懈进取、对高尚情操的笃定坚持、对艰难险阻的勇于担当；都要一切从实际出发，解放思想、开拓进取，善于用改革的思路和办法解决前进中的各种问题；都要保持艰苦奋斗本色，不丢勤俭节约的传统美德，不丢廉洁奉公的高尚操守，逢事想在前面、干在实处，关键时刻坚决顶起自己该顶的那片天；都要认真践行党的宗旨，努力提高宣传群众、组织群众、服务群众的能力和水平。

2月1日

［纲　文］　**中国人民解放军战区成立大会在北京举行，习近平向各战区授予军旗发布训令，宣布建立中国人民解放军东部战区南部战区西部战区北部战区中部战区。**

［目　文］　大会由中央军委副主席许其亮主持。中央军委副主席范长龙宣读了中央军委主席习近平签发的中央军委关于组建战区机关及其领导班子成员的任职命令和决定。中央军委委员常万全、赵克石、张又侠、吴胜利、马晓天、魏凤和等出席大会。军委机关各部门领导、驻京大单位主要领导和各军兵种官兵代表参加大会。

习近平将军旗授予东部战区司令员刘粤军、政治委员郑卫平，南部战区司令员王教成、政治委员魏亮，西部战区司令员赵宗岐、政治委员朱福熙，北部战区司令员宋普选、政治委员褚益民，中部战区司令员韩卫国、政治委员殷方龙。

习近平命令：各战区要牢记使命，坚决贯彻党在新形势下的强军目标，坚决贯彻新形势下军事战略方针，坚决贯彻军委管总、战区主战、军种主建的总原则，建设绝对忠诚、善谋打仗、指挥高效、敢打必胜的联合作战指挥机构；各战区要毫不动摇听党指挥，坚持党对军队的绝对领导，坚持政治建军原则，强化政治意识、大局意识、核心意识、看齐意识，自觉同党中央和中央军委保持高度一致，严守政治纪律和政治规矩，不折不扣执行党中央和中央军委命令指示；各战区要聚精会神钻研打仗，关注国家安全形势，拓宽战略视野，研究现代战争制胜机理，把握军事力量运用的特点和规律，加紧拟制战区战略，完善作战方案计划，抓好联合训练和指挥训练，积极主动谋取未来战争主动权；各战区要高效指挥联合作战，落实军委赋予的指挥权责，按照平战一体、常态运行、专司主营、精干高效的要求，推进指挥能力建设，理顺指挥关系，强化联合指挥、联合行动、联合保障，扎扎实实组织部队完成日常战备和军事行动任务；各战区要随时准备领兵打仗，时刻听从党和人民召唤，牢固树立战斗队思想，发扬一不怕苦、二不怕死的战斗精神，培养英勇顽强的战斗作风，保障国家主权、安全、发展利益，以实际行动谱写人民军队光荣历史新篇章，向党和人民交出优秀答卷。

郑卫平、魏亮、朱福熙、褚益民、殷方龙分别代表各战区表示，坚决听从党中央、中央军委和习主席指挥，时刻牢记习主席训令，聚力备战打赢，不负使命重托，始终做到召之即来、来之能战、战之必胜，圆满完成党和人民赋予的各项任务。

2月1日

［纲　文］　**国务院印发《关于钢铁行业化解过剩产能实现脱困发展的意见》。**

［目　文］　《意见》由四个部分组成：一、总体要求。二、主要任务。三、政策措施。四、组织实施。

《意见》指出，各有关省级人民政府、国务院国资委分别对本地区、有关中央企业化解钢铁过剩产能工作负总责。相关部门和各有关地区要建立化解钢铁过剩产能和脱困升级工作协调机制，统筹推进各项工作。要加强对化解过剩产能工作全过程的监督检查；及时将化解过剩产能任务年度完成情况向社会公示；对未完成任务的地方和企业要予以问责。

要充分发挥行业协会作用，引导和规范企业做好自律工作。要加强宣传引导，做好政策解读，形成良好的舆论环境。

2月1日

［纲　文］　**国务院印发《关于煤炭行业化解过剩产能实现脱困发展的意见》。**

［目　文］　《意见》由四个部分组成：一、总体要求。二、主要任务。三、政策措施。四、组织实施。

《意见》明确，从2016年开始，用3至5年的时间，煤炭行业再退出产能5亿吨左右、减量重组5亿吨左右，较大幅度压缩煤炭产能，适度减少煤矿数量，煤炭行业过剩产能得到有效化解，市场供需基本平衡，产业结构得到优化，转型升级取得实质性进展。

2月1日

［纲　文］　**中共中央办公厅、国务院办公厅印发《关于加大脱贫攻坚力度支持革命老区开发建设的指导意见》。**

［目　文］　《意见》由五个部分组成：一、总体要求。二、工作重点。三、主要任务。四、支持政策。五、组织领导。

《意见》要求，各级党委和政府要认真抓好意见的贯彻落实，明确工作任务和责任分工，加大政策项目实施力度，确保年年有总结部署、有督促检查。中央和国家机关有关部门要按照职责分工，抓紧制定实施方案，细化实化具体政策措施，全面落实意见提出的各项任务。发展改革委要负责牵头协调解决工作中遇到的困难和问题，会同民政部、国务院扶贫办等部门和单位加强对意见执行情况的跟踪检查，重大问题及时向党中央、国务院报告。充分发挥各级老区建设促进会的监测评估作用，适时组织第三方机构对本意见实施情况进行评估。

2月1日

［纲　文］　**发展改革委、农业部、林业局公布《关于加快发展农业循环经济的指导意见》。**

［目　文］　《意见》由三个部分组成：一、总体要求。二、重点领域和主要任务。三、保障措施。

《意见》明确，发展改革委、农业部、林业局将加强协调，综合指导，统筹对重点工程给予支持，加快发展农业循环经济。

2月1日

［纲　文］　**全国优秀农民工和农民工工作先进集体表彰大会在北京召开。**

［目　文］　国务院总理李克强批示指出：农民工是推动国家现代化建设的重要力量，为促进经济社会发展作出了巨大贡献。谨向受表彰的全国优秀农民工和农民工工作先进集体表示热烈祝贺！向广大农民工朋友致以诚挚问候和新春祝福！“十三五”时期，积极推进以人为核心的新型城镇化，落实和完善居住证制度，进一步做好为农民工服务工作，使更多农民工成为有技能的新型产业工人和平等享受权益的新市民，这对于打好扶贫

攻坚战、促进社会公平正义具有重大意义。各地区、各有关部门要深化体制机制改革，着力稳定和扩大农民工就业，切实维护劳动保障权益，有序推进农民工融入城市，让发展成果更多惠及全体农民工。希望广大农民工继续发挥自强不息、爱岗敬业的时代精神，踊跃投身大众创业、万众创新，为全面建成小康社会作出更大贡献。

此次会议，国务院农民工工作领导小组共表彰了981名全国优秀农民工和100个全国农民工工作先进集体。农民工代表在会上发出倡议，号召广大农民工争做新时代的建设者，争做新时代劳动模范，争做新时代优秀人才，争做新时代文明公民，为全面建成小康社会、实现中华民族伟大复兴的中国梦作出新的贡献！

2月1日

［纲　文］　**山西省政协原主席、党组书记李修仁在太原逝世，享年95岁。**

2月1—2日

［纲　文］　**李克强在宁夏考察。**

［目　文］　国务院总理李克强在宁夏回族自治区党委书记李建华、自治区主席刘慧陪同下，在固原、银川等地走进群众家中、水库工地、敬老院、清真大寺、企业考察，代表党中央、国务院向各族人民送上新春祝福。

李克强肯定宁夏近年来经济社会发展的成就。希望宁夏贯彻中央四个全面战略布局，扭住经济建设中心不放，落实新发展理念，在推动改革创新、促进新旧动能转换、加强民族团结、加快脱贫攻坚等方面走在前列。

2月2日

［纲　文］　**国务院印发《关于深入推进新型城镇化建设的若干意见》。**

［目　文］　《意见》由十个部分组成：一、总体要求。二、积极推进农业转移人口市民化。三、全面提升城市功能。四、加快培育中小城市和特色小城镇。五、辐射带动新农村建设。六、完善土地利用机制。七、创新投融资机制。八、完善城镇住房制度。九、加快推进新型城镇化综合试点。十、健全新型城镇化工作推进机制。

2月2日

［纲　文］　**张德江在北京主持召开座谈会，听取部分在京全国人大代表对《全国人大常委会工作报告（征求意见稿）》的意见建议。**

［目　文］　阎建国、周有财、常天庆代表提出，发挥人大在立法工作中的主导作用，加强立法项目论证和起草工作，加快推进民事、医药卫生、国家安全等领域立法。赵凯、张泽群代表就选准监督工作议题、增强调研检查实效、加大跟踪问效力度、切实推动解决问题提出了建议。闫傲霜、张定龙代表建议，进一步加强人大理论研究和新闻宣传工作，讲好人大故事，增强制度自信。陈军、胡浩代表结合参加常委会有关工作和活动谈了自己的感受和体会，希望有更多代表参与常委会立法、监督等工作。杜德印代表提出，2015年全国人大常委会围绕加强县乡人大工作和建设、推进赋予设区的市地方立法权做

了大量工作，希望继续加强对地方人大立法、监督等工作的指导。

全国人大常委会委员长张德江感谢全国人大代表对常委会工作的积极参与和大力支持并说，代表们提出的意见针对性、建设性都很强，我们将认真研究采纳，修改完善常委会工作报告。常委会和各专门委员会、工作委员会要通过多种形式，经常听取代表意见建议，不断提高工作水平。

2月2日

［纲　文］　**2016年对台工作会议在北京举行。**

［目　文］　国务委员杨洁篪主持会议。中共中央政治局常委俞正声出席会议并讲话。中共中央台办、国务院台办主任张志军作工作报告。中央党政军有关部门和各地有关负责人出席会议。

会议要求，各地各部门要认真学习、贯彻落实习近平总书记关于对台工作的重要思想，按照中央决策部署，扎实做好各项工作。加强与台湾所有认同两岸同属一个中国的政党和团体接触交流，同两岸同胞一道，维护两岸共同政治基础。促进两岸经济融合发展，推动两岸产业、金融及中小企业、农渔业合作，增进两岸同胞福祉。支持福建加快经济社会发展和自贸区建设，支持平潭、昆山等扩大对台开放。加强台商权益保护，协助台资企业转型升级。扩大深化两岸文化、教育、旅游、宗教和民间信仰等各领域的交流合作。积极为台湾青年来大陆交流、就学和创业就业创造条件。要大力加强对台工作系统党风廉政建设和反腐败斗争，提升对台工作干部能力，打造高素质对台工作干部队伍。

俞正声指出，过去一年，以习近平同志为总书记的党中央，准确分析和把握台海形势，主动引领两岸关系发展，两岸领导人实现66年来的首次会面，翻开了两岸关系历史性一页，具有重要的历史意义和广泛深远的国际影响。2008年以来，两岸双方在坚持“九二共识”、反对“台独”的政治基础上，建构两岸交流合作制度框架，扩大和深化了各领域的交流合作，增进了两岸同胞福祉。事实证明，两岸关系和平发展是一条正确道路，两岸关系向前发展的大趋势谁也挡不住。我们要毫不动摇地坚持中央对台工作大政方针，坚持一个中国原则，坚决反对和遏制任何形式的“台独”分裂活动，坚决维护国家主权和领土完整，维护两岸关系和平发展和台海和平稳定。

2月2日

［纲　文］　**俞正声在北京主持召开民营企业家座谈会。**

［目　文］　中央统战部部长孙春兰、全国工商联主席王钦敏出席会议。中央统战部、发展改革委、工业和信息化部、全国工商联有关负责人参加座谈会。

座谈会上，企业家们围绕践行发展新理念、结构调整和转型升级、创新驱动、守法诚信、实施“一带一路”战略、实施《中国制造2025》、“互联网+”和质量品牌建设等作了发言。

全国政协主席俞正声在听取大家的意见建议后指出，党中央鼓励支持引导民营经济健康发展是坚定不移的。非公有制经济是社会主义市场经济的重要组成部分，是我国经济社会发展的重要基础，是全面建成小康社会、实现中国梦的重要力量。促进非公有制经济健康发展和非公有制经济人士健康成长是重大经济问题，也是重大政治问题。希望民营企业家全面认识和把握经济发展新常态，坚定信心，增强攻坚克难的勇气，以新状态实现新发展。要积极践行新发展理念，实施创新驱动发展战略，着力推进供给侧结构性改革，培育发展新动能，改造提升传统动能，加快产业迈向中高端，实现企业提质增效升级。要把守法诚信作为安身立命之本，依法经营、依法治企、依法维权，积极履行社会责任，共同构建健康政商关系，做合格的中国特色社会主义事业建设者。各级党委和政府要坚持团结、服务、引导、教育的方针，一手抓教育引导，一手抓鼓励支持，既要关注民营企业家的思想、帮助他们健康成长，又要关注他们的困难、排忧解难，推动形成有利于民营经济发展的政策环境、法治环境、市场环境、社会环境，充分调动企业家的积极性、主动性、创造性，发挥企业家才能，让他们安心、专心、用心转方式调结构谋发展。

2月2日

［纲　文］　**国务委员杨洁篪在北京会见巴基斯坦外交国务部长法塔米。**

［目　文］　杨洁篪表示，2015年习近平主席对巴基斯坦进行了成功的国事访问，中巴关系提升为全天候战略合作伙伴关系。2016年是中巴建交65周年，中方愿以此为契机，与巴方一道落实两国领导人共识，保持高层密切交往，深化各领域务实合作，加强国际地区事务中的协调配合，推动中巴关系不断取得新进展。

法塔米表示，巴方视中方为最值得信赖的朋友和伙伴，感谢中方长期给予的支持和帮助，愿与中方共同建设好中巴经济走廊，深化各领域交流合作，推动两国关系不断发展。

同日，外交部副部长张业遂在外交部与法塔米举行会谈。

2月2日

［纲　文］　**外交部发言人就阿富汗喀布尔发生的自杀式炸弹袭击事件表示震惊和谴责。**

2月3日

［纲　文］　**李克强主持召开国务院常务会议。**

［目　文］　会议主要内容是：一、部署建设双创基地发展众创空间，加快培育新动能。会议指出，一要依托国家自主创新示范区、高新技术产业开发区等，试点建设一批国家级创新平台，推动各地发展各具特色的双创基地，选择电子信息、高端装备制造、现代农业等重点领域，通过龙头企业、中小微企业、科研院所、高校、创客等多方协同，打造产学研用贯通的众创空间，促进制造业增效升级和现代服务业发展。二要加大政策扶持，鼓励将闲置厂房、仓库等改造为双创基地和众创空间，对办公用房、水电、网络等设施给予补助。引导和鼓励天使投资、创投基金等入驻双创基地和众创空间，选择金融机构试点开展投贷联动融资服务。三要落实研发仪器设备加速折旧、研发费用加计扣除等税收优惠，改革完善创新成果收益分配制度，支持科技人员到双创基地和众创

空间创新创业，对其创业项目知识产权申请、成果转化和推广应用给予政策扶持。二、决定实施新一轮农村电网改造升级工程，以补短板、调结构促稳增长、惠民生。会议决定，一是加快西部及贫困地区农网改造升级，以集中连片特困地区、革命老区等为重点，着力解决电压不达标、不通动力电等问题。提高接纳分布式新能源发电的能力。二是结合高标准农田建设和推广农业节水灌溉等，推动平原村机井用电全覆盖。对接农产品加工、农村电商发展、农民消费升级的新需求，加大中心村电网改造力度。三是开展西藏、新疆及四川、云南、甘肃、青海四省藏区农网建设攻坚，集中力量加快孤网县城的联网进程。实施上述工程，预计总投资7000亿元以上。要在继续安排中央预算内投资的基础上，结合电力体制改革拓宽融资渠道，用商业机制吸引社会资本参与农网建设改造。三、部署进一步做好特困人员救助供养，切实保障其基本生活。会议依据《社会救助暂行办法》等规定，进一步明确了救助供养对象、程序、内容和标准等，强调政府要对特困人员给予托底保障，包括提供粮油、服装、被褥等基本生活条件，对其中住房困难的给予住房救助，对生活不能自理的分类给予日常照料，对参加城乡居民基本医保给予资助等。四、通过《全国社会保障基金条例（草案）》。草案规定，全国社保基金由中央财政预算拨款、国有资本划转、基金投资收益等资金构成，用于补充和调剂人口老龄化高峰时期养老保险等社保支出，并明确了基金投资运营和监督、风险管理等制度，强化了审计、公开等监管措施。

2月3日

［纲　文］　**国务院印发《关于第二批取消152项中央指定地方实施行政审批事项的决定》。**

［目　文］　《决定》说，经研究论证，国务院决定第二批取消152项中央指定地方实施的行政审批事项。各地区、各部门要抓紧做好取消事项的后续衔接工作，切实加强事中事后监管，特别是涉及安全生产和维护公共安全的，要进一步细化措施，明确责任主体和工作方法，做好跟踪督导工作。以部门规章、规范性文件等形式设定的面向公民、法人和社会组织的审批事项已清理完毕。今后行政许可只能依据行政许可法的规定设定，不得把已取消的中央指定事项作为行政许可的设定依据。尚未制定法律、行政法规的，地方性法规可以设定行政许可；尚未制定法律、行政法规和地方性法规的，因行政管理的需要，确需立即实施行政许可的，省、自治区、直辖市人民政府规章可以设定临时性的行政许可。

2月3日

［纲　文］　**国务院公布《决定取消的国务院部门行政许可事项目录》。**

［目　文］　《目录》包括价格鉴证师注册核准、甲级价格评估机构资质认定等13项。

2月3日

［纲　文］　**国务院印发《关于整合调整餐饮服务场所的公共场所卫生许可证和食品经营许可证的决定》。**

［目　文］　《决定》由三个部分组成：一、取消餐饮服务场所公共场所卫生许可证。

二、规范和改进食品经营许可证管理。三、加强对餐饮服务场所的事中事后监管。

《决定》强调，地方食品药品监管部门要加强对餐饮服务场所的事中事后监管，改进监管方式，建立信用体系，完善科学的抽查制度、责任追溯制度、黑名单制度和市场退出机制等，确保餐饮服务场所食品安全。食品药品监管部门接到传染病疫情及隐患的报告后，要及时向卫生部门通报。卫生部门要主动监测、收集、分析、调查、核实相关传染病疫情，依据传染病防治法等法律法规指导采取预防和应对措施。

2月3日

［纲　文］ **国务院印发《关于第二批清理规范192项国务院部门行政审批中介服务事项的决定》**。

［目　文］ 《决定》说，经研究论证，国务院决定第二批清理规范192项国务院部门行政审批中介服务事项，不再作为行政审批的受理条件。各有关部门要认真做好清理规范行政审批中介服务事项的落实工作，加快推进配套改革和相关制度建设，切实加强事中事后监管。对于涉及公共安全的行政审批事项，中介服务清理规范后，要进一步强化相关监管措施，确保安全责任落实到位。

2月3日

［纲　文］ **国务院批复吉林省人民政府，同意设立长春新区**。

［目　文］ 批复说：一、同意设立长春新区。长春新区范围包括长春市朝阳区、宽城区、二道区、九台区的部分区域，规划面积约499平方公里。要把建设好长春新区作为推进“一带一路”建设、加快新一轮东北地区等老工业基地振兴的重要举措，为促进吉林省经济发展和东北地区全面振兴发挥重要支撑作用。二、长春新区建设，要全面贯彻党的十八大和十八届二中、三中、四中、五中全会以及中央经济工作会议、中央城市工作会议、中央农村工作会议精神，根据党中央、国务院决策部署，按照“五位一体”总体布局和“四个全面”战略布局，牢固树立和贯彻落实创新、协调、绿色、开放、共享的发展理念，全面深化改革、扩大开放，坚决破除体制机制障碍，推进产业优化升级，形成特色新兴产业集群，加快构建现代产业体系，积极推动产城融合和新型城镇化建设，努力把长春新区建设成为创新经济发展示范区、新一轮东北振兴的重要引擎、图们江区域合作开发的重要平台、体制机制改革先行区。三、吉林省人民政府要切实加强组织领导，明确工作分工，完善工作机制，加大支持力度，积极探索与现行体制协调、联动、高效的新区管理方式，扎实稳妥推进长春新区建设发展。要认真做好长春新区发展总体规划编制工作，规划建设必须符合土地利用总体规划、城市总体规划、镇总体规划、环境保护规划、水资源综合规划等相关专项规划的要求。要推动新区探索实施“多规合一”，着力优化空间布局。涉及的重要政策和重大建设项目要按规定程序报批。四、国务院有关部门要按照职能分工，加强对长春新区建设发展的指导，在有关规划编制、政策实施、项目安排、体制机制创新等方面给予积极支持，帮助解决长春新区建设发展过程中遇到的困难和问题，营造良好的政策环境。

2月3日

［纲　文］　**最高人民法院印发《关于为京津冀协同发展提供司法服务和保障的意见》**。

［目　文］　《意见》由三个部分组成：一、充分认识京津冀协同发展战略的重大意义，准确把握司法服务和保障的基本要求。二、依法履行人民法院审判职能，促进京津冀地区创新、协调、绿色、开放、共享发展。三、建立健全京津冀法院工作联络机制，提升司法服务保障的能力和水平。

2月3日

［纲　文］　**国务院副总理汪洋应约与美国财政部长雅各布·卢通电话**。

［目　文］　双方围绕推动中美投资协定谈判和世贸组织环境产品谈判有关工作交换了意见。

汪洋介绍了中国的经济形势及进行结构性改革的有关情况并强调，中国有能力继续保持人民币汇率在合理均衡水平上的基本稳定。愿与美方加强沟通与合作，共同推动2016年二十国集团杭州峰会取得成功。

雅各布·卢介绍了美国经济走势并表示，中国经济改革正沿着正确方向推进，美方相信中国能够成功实现经济转型，保持经济长期稳定增长，这对美国和世界经济都有利。美方愿与中方加强政策沟通协调，支持中方办好二十国集团杭州峰会。

2月3日

［纲　文］　**外交部发言人就朝鲜将在月内发射卫星表示严重关切，希望朝方保持克制，不要采取可能导致半岛局势进一步紧张升级的行动**。

［目　文］　有记者问说，美国助理国务卿拉塞尔称，朝鲜利用弹道导弹技术进行发射将是严重违反国际义务的行动，进一步有力证明应对朝鲜采取更为严厉的制裁。朝鲜最新声明是对联合国安理会、中国和国际社会的蔑视，是给反对对朝实施更多制裁的国家一记耳光。中方对此有何评论？

发言人说，当前形势下，摆在国际社会面前最紧迫的任务，是如何能够切实推进朝鲜半岛无核化进程、确实维护半岛和平稳定，而不是任何其他。克里国务卿上周访华时也明确公开表示，制裁本身不是目的。中方作为六方会谈主席国，为真正推进朝鲜半岛无核化进程、促成有关各方达成上述共识作出了极为艰辛的努力。恰恰是在六方会谈陷入停顿的这几年中，在有关国家一味主张施压和制裁的呼声中，朝鲜一次次进行了核试验，从这个意义上讲，朝鲜确实打了有关国家一记耳光，这个耳光打在谁的脸上，谁心里清楚。中方希望有关国家通过谈判解决半岛核问题，不希望看到使紧张局势升级的局面出现。但如果有关方面执意这么做，我们也拦不住。不过有一点中方必须严肃强调，作为半岛近邻，我们绝不会允许半岛生乱、生战；我们也绝不会允许任何国家在国际社会推动半岛无核化这个大目标中夹带任何私货。

2月3日

［纲　文］　**原轻工业部部长、党组书记杨波在北京逝世，享年96岁**。

2月4日

［纲 文］ **新华社讯，中共中央办公厅、国务院办公厅印发《关于进一步加强和改进离退休干部工作的意见》。**

［目 文］ 《意见》要求，要更加注重加强教育引导工作，落实全面从严治党要求，引导广大离退休干部和党员始终保持公仆本色；更加注重发挥离退休干部的独特优势，坚持不懈开展以"展示阳光心态、体验美好生活、畅谈发展变化"为主要内容的为党和人民的事业增添正能量活动；更加注重做好服务保障工作，坚持思想上关心、生活上照顾、精神上关怀；更加注重加强对离退休干部的领导，把离退休干部工作摆到重要位置。

2月4日

［纲 文］ **国务院印发《关于加强农村留守儿童关爱保护工作的意见》。**

［目 文］ 《意见》由六个部分组成：一、充分认识做好农村留守儿童关爱保护工作的重要意义。二、总体要求。三、完善农村留守儿童关爱服务体系。四、建立健全农村留守儿童救助保护机制。五、从源头上逐步减少儿童留守现象。六、强化农村留守儿童关爱保护工作保障措施。

《意见》要求，各省（区、市）要结合本地实际，制定具体实施方案。对本意见的执行情况，国务院将适时组织专项督查。

2月4日

［纲 文］ **国务院批复各省、自治区、直辖市人民政府和林业局，同意全国"十三五"期间年森林采伐限额。**

［目 文］ 批复说：一、原则同意林业局审核确定的全国"十三五"期间年森林采伐限额，请认真贯彻执行。二、森林关系国家生态安全，实施采伐限额管理，对保障我国森林资源持续增长和生态环境不断改善发挥了重要作用。各级人民政府和有关部门要牢固树立绿色发展理念，坚持保护优先、自然修复为主，坚持数量和质量并重、质量优先，坚持封山育林、人工造林并举，确保森林资源持续稳定增长。三、"十三五"期间年森林采伐限额是每年采伐森林、消耗林木蓄积的最大限量，各地区、各部门必须严格按照森林法等有关法律法规执行，不得突破。采伐限额要分解落实到限额编制单位，省、市级均不得截留，不同单位间的采伐限额不得挪用，同一单位各分项限额不得串换使用。因重大自然灾害等特殊情况需要采伐林木且在采伐限额内无法解决的，应上报国务院批准。天然林的商业性采伐限额另行确定。四、各级人民政府要健全领导干部森林资源保护发展目标责任制，把森林覆盖率、森林蓄积量、林地保有量和天然林保护情况纳入政府年度目标考核体系；要不断创新森林经营管理机制，积极引导和鼓励森林经营者编制森林经营方案，科学开展森林培育和采伐。对因保护不力致使森林资源受到严重破坏的，要追究有关人员的领导责任。五、林业局要进一步细化年森林采伐限额管理措施，并对各地执行情况组织定期检查，检查结果向国务院报告。各级林业主管部门要加强对本行政区域森林经营的监管、

指导和服务，依法打击乱砍滥伐、毁林开垦、乱占林地等破坏森林资源的行为，确保森林资源持续增长、森林质量不断提高、生态功能进一步增强。

2月4日

［纲　文］　**国务院办公厅印发《关于加强旅游市场综合监管的通知》。**

［目　文］　《通知》由四个部分组成：一、依法落实旅游市场监管责任。二、创新旅游市场综合监管机制。三、全面提高旅游市场综合监管水平。四、提高旅游市场综合监管保障能力。

《通知》要求，各地区、各有关部门要充分认识进一步加强旅游市场综合监管的重要意义，切实强化组织领导，积极抓好工作落实。旅游局要会同有关部门加强对本通知落实情况的监督检查，重大情况及时向国务院报告。

2月4日

［纲　文］　**新闻出版广电总局、工业和信息化部公布《网络出版服务管理规定》。**

［目　文］　《规定》共7章61条，主要有总则、网络出版服务许可、网络出版服务管理、监督管理、保障与奖励、法律责任、附则等内容，自2016年3月10日起施行。原新闻出版总署、信息产业部2002年6月27日颁布的《互联网出版管理暂行规定》同时废止。

2月4日

［纲　文］　**安全监管总局公布《宣布失效的安全生产文件目录》。**

［目　文］　《目录》包括《关于进一步抓紧抓好安全生产工作的通知》《关于加强今冬明春矿山安全工作的通知》等159件安全生产文件。

2月4日

［纲　文］　**俞正声在北京与全国性宗教团体负责人迎春座谈。**

［目　文］　全国政协主席俞正声代表中共中央和习近平总书记向全国宗教界人士和广大信教群众致以新春的祝福。中共中央政治局委员刘延东、孙春兰等出席座谈会。

俞正声在听取各宗教团体负责人发言后说，当前宗教工作的形势是好的，宗教关系是和谐的。过去的一年，各宗教团体大力加强自身建设，团结宗教界人士和广大信教群众，在开展公益慈善、维护和谐稳定、促进经济社会发展等方面，做了很多工作，取得了可喜的成绩。2016年是“十三五”规划的开局之年，做好“十三五”时期各项工作，确保如期全面建成小康社会，需要包括宗教界在内的全国各族人民共同努力。各宗教团体和宗教界人士要认真学习贯彻十八届五中全会精神，按照中央的决策部署，自觉服务大局，团结广大信教群众，在服务人群、改善民生、造福社会方面发挥更大作用，为“十三五”规划顺利实施、全面建成小康社会目标顺利实现作出积极贡献。各级党委和政府要切实加强和改进对宗教工作的领导，全面贯彻党的宗教工作基本方针，尊重和维护宗教界的合法权益，支持宗教团体加强自身建设，努力为宗教界人士和信教群众发挥作用创造条件。春节在即，要特别注意关心宗教团体困难和信教群众生活，确保广大信教群众过一个欢乐、祥和的节日。

2月4日

［纲　文］　**中柬政府间协调委员会第三次会议在北京举行。**

［目　文］　国务委员杨洁篪与柬埔寨副首相兼外交国际合作部大臣贺南洪共同主持会议。双方一致同意要认真落实两国领导人重要共识，按照本次会议确定的规划推进双方各领域合作，推动中柬全面战略合作伙伴关系不断向前发展。双方就下阶段各领域合作达成广泛共识，将继续保持高层交往，进一步加强战略沟通，在涉及彼此核心和重大利益问题上相互支持，在国际和地区问题上加强协调配合；加强经贸合作，扩大人文交流，深化安全合作。双方共同出席了会议纪要签字仪式。

杨洁篪表示，中方将坚定不移支持柬保持稳定和加快发展，坚定不移深化中柬全面战略合作。中方愿同柬方一道，规划好新一年深化各领域合作的具体措施，推动两国全面战略合作向更深层次、更宽领域、更高水平迈进。

贺南洪表示，中国是柬埔寨最好的朋友。柬埔寨将坚定不移地巩固和深化柬中友好，愿通过委员会机制加强规划协调，切实推进双方各领域合作。

同日，全国政协主席俞正声在北京会见南洪时说，中柬友谊源远流长，近年两国关系保持积极发展势头，双方政治上高度互信，经济上合作密切，在重大地区和国际问题上相互支持。副首相此次访华，与杨洁篪国务委员共同主持中柬政府间协调委员会第三次会议，取得积极成果，将推动两国各领域务实合作迈上新台阶。中方高度重视中柬关系，愿同柬方一道，推动中柬全面战略合作伙伴关系不断向前发展。

贺南洪说，中国是柬埔寨信得过、靠得住的朋友，柬方坚定致力于发展对华关系。此次协调委员会会议非常成功，双方达成广泛共识，将有力促进两国全面战略合作伙伴关系发展。

2月4日

［纲　文］　**国务院副总理刘延东在北京会见上海合作组织新任秘书长阿利莫夫。**

［目　文］　刘延东欢迎阿利莫夫履新并表示，人文合作是上合组织发展的三大支柱之一，有力巩固了多边合作的民意基础。中方将积极支持秘书长工作，同各方共同努力，推动上合组织人文等各领域合作迈上新台阶。

阿利莫夫表示，上合组织正处于发展的关键阶段，秘书处愿与各方密切配合，积极落实成员国领导人达成的重要共识，推动上合组织合作不断取得丰硕成果。

2月4日

［纲　文］　**外交部发言人表示，中国与俄罗斯正就2016年高层交往安排保持密切沟通。**

［目　文］　发言人表示，密切的高层交往是中俄全面战略协作伙伴关系高水平的重要体现。两国元首有年度互访的惯例。两国总理每年举行中俄总理定期会晤。目前双方正就2016年的高层交往安排保持密切沟通。新的一年，中俄双方将继续共同努力，全面落

实两国领导人达成的各项重要合作共识，共同庆祝《中俄睦邻友好合作条约》签署15周年，深入开展丝绸之路经济带建设和欧亚经济联盟建设对接合作，办好中俄媒体交流年活动，密切在国际事务中的合作，把两国高水平的政治关系优势转化为更多务实合作和国际合作成果，推动双边关系实现更大发展，促进地区及世界的和平、安全与稳定。

2月4日

［纲　文］ **中央纪委监察部网站发布，经中共中央批准，中共中央纪委对四川省委原副书记、省长魏宏严重违纪问题立案审查。**

［目　文］ 经查，魏宏同志身为党的高级领导干部，在自身存在严重违纪问题的情况下，对党不忠诚、不老实，不珍惜组织多次给予的教育挽救机会，严重违反政治纪律、组织纪律，对抗组织审查，在组织谈话和书面函询时不如实说明问题；严重违反工作纪律，插手司法活动。魏宏同志的违纪行为性质恶劣、情节严重，依据《中国共产党纪律处分条例》等有关规定，经中央纪委常委会议审议并报中共中央批准，决定给予魏宏同志撤销党内职务处分，由监察部报国务院批准给予其行政撤职处分，降为副厅级非领导职务。

2月4日

［纲　文］ **中央纪委监察部网站发布，经中共中央批准，中共中央纪委对湖北省原省委常委、组织部部长贺家铁严重违纪问题立案审查。**

［目　文］ 经查，贺家铁同志身为党的高级领导干部，特别是担任中央巡视组副组长期间，严重违反政治纪律和政治规矩，泄露巡视工作秘密；严重违反中央八项规定精神，违规出入私人会所，用公款支付个人费用。依据《中国共产党纪律处分条例》等有关规定，经中央纪委常委会议审议并报中共中央批准，决定给予贺家铁同志撤销党内职务、行政撤职处分，降为正厅级非领导职务。

2月4日

［纲　文］ **《人民日报》报道，经中共中央批准，中共中央纪委对黑龙江省人大常委会原党组书记、副主任盖如垠，对中国南方航空集团公司原党组副书记、总经理司献民严重违纪问题立案审查。**

［目　文］ 盖如垠身为党的高级领导干部，理想信念丧失，严重违反党的纪律，且党的十八大后仍不收敛、不收手，性质恶劣、情节严重。依据《中国共产党纪律处分条例》等有关规定，经中央纪委常委会议审议并报中共中央批准，决定给予盖如垠开除党籍、开除公职处分；收缴其违纪所得；将其涉嫌犯罪问题及所涉款物移送司法机关依法处理。

2017年4月13日，天津市第一中级人民法院公开宣判盖如垠受贿案，对被告人盖如垠以受贿罪判处有期徒刑14年，并处罚金人民币200万元；对盖如垠受贿所得财物及其孳息予以追缴，上缴国库。

司献民身为党的高级领导干部和中央管理国有重要骨干企业主要负责人，理想信念丧失，严重违反党的纪律，且党的十八大后仍不收敛、不收手，性质恶劣、情节严重。依据《中国共产党纪律处分条例》等有关规定，经中央纪委常委会议审议并报中共中央批准，决定给予司献民开除党籍处分；由监察部报国务院批准，给予其行政开除处分；收缴其违纪所得；将其涉嫌犯罪问题、线索及所涉款物移送司法机关依法处理。

2017年4月28日，广东省深圳市中级人民法院公开宣判司献民受贿案，对被告人司献民以受贿罪判处有期徒刑10年6个月，并处罚金100万元；对受贿所得上缴国库。

2月5日

［纲　文］　**国家主席习近平应约同美国总统奥巴马通电话。**

［目　文］　两国领导人互致新春问候和祝福。习近平指出，过去一年，在双方共同努力下，中美关系取得重要进展。当前形势下，中美两国需要合作、能够合作的事情很多。中方愿同美方一道，继续深化各领域务实合作，加强在国际、地区、全球性问题上的沟通和协调，推动中美关系持续健康稳定发展。当前，半岛形势复杂敏感。中方坚持半岛无核化目标，主张致力于通过对话协商解决问题，维护半岛和平稳定，这符合各方根本利益。中方赞成维护联合国安理会有关决议和国际核不扩散体系，愿同包括美方在内的有关各方就此保持沟通和协调。

奥巴马表示，很高兴在中国农历新年即将来临之际同习近平主席通话，希望美中关系取得新的进展，双方继续携手努力，深化合作，共同促进两国和国际社会和平、安全、繁荣。美方对朝鲜再次进行核试验并宣布将进行发射活动有严重关切，希望国际社会加强协调，推动联合国安理会采取措施，有效应对这一局面。美方愿就此加强同中方合作。

2月5日

［纲　文］　**国家主席习近平同韩国总统朴槿惠通电话。**

［目　文］　两国领导人互致农历新年问候和祝福，同意共同推动中韩双边关系不断提高到新水平。

习近平指出，在双方共同努力下，中韩关系发展取得丰硕成果。两国政治互信和各领域交流合作日益密切，中韩自由贸易协定正式生效并给两国人民带来实实在在的好处，人文交流呈现可喜局面，双方推动各自国家发展战略对接，在重大国际和地区问题上保持密切沟通和协调。我愿继续同总统女士共同指导好中韩关系各领域工作，推动双边关系不断提高到新水平。中方在任何情况下都坚定致力于实现半岛无核化，坚定致力于维护半岛和平稳定，坚持通过对话协商解决问题。这符合包括中韩在内东北亚各国的共同利益。半岛不能有核，也不能生战生乱。我们希望有关各方从维护半岛和平稳定大局出发，冷静应对当前形势，始终坚持对话协商的正确方向。中方愿就半岛问题继续同韩方保持沟通和协调。

朴槿惠表示，韩方高度重视韩中关系，致力于同中方共同努力，推进韩中各领域合作深入发展。两国领导人就共同关心的问题保持经常接触非常重要。韩方对朝鲜不久前进行第四次核试验并宣布将再次进行发射活动表示严重关切。韩方希望国际社会密切协调，希望安理会尽快作出反应，有效应对当前半岛局势。

2月5日

［纲　文］　**习近平等党和国家领导人看望老同志。**

［目　文］　春节前夕，习近平等党和国家领导人分别看望或委托有关方面负责人看望了江泽民、胡锦涛、李鹏、朱镕基、李瑞环、吴邦国、温家宝、贾庆林、宋平、李岚清、曾庆红、吴官正、李长春、罗干、贺国强和田纪云、迟浩田、姜春云、钱其琛、王乐泉、王兆国、回良玉、刘淇、吴仪、曹刚川、曾培炎、王刚、王汉斌、何勇、王丙乾、邹家华、王光英、布赫、铁木尔·达瓦买提、彭珮云、周光召、曹志、李铁映、司马义·艾买提、何鲁丽、丁石孙、许嘉璐、蒋正华、顾秀莲、热地、盛华仁、路甬祥、乌云其木格、华建敏、陈至立、周铁农、司马义·铁力瓦尔地、蒋树声、桑国卫、唐家璇、梁光烈、戴秉国、肖扬、韩杼滨、贾春旺、叶选平、杨汝岱、任建新、宋健、钱正英、孙孚凌、万国权、胡启立、陈锦华、赵南起、毛致用、王忠禹、李贵鲜、张思卿、罗豪才、张克辉、郝建秀、徐匡迪、张怀西、李蒙、廖晖、白立忱、陈奎元、阿不来提·阿不都热西提、李兆焯、黄孟复、张梅颖、张榕明、钱运录、孙家正、李金华、郑万通、邓朴方、厉无畏、陈宗兴、王志珍等老同志，向老同志们致以诚挚的节日问候，衷心祝愿老同志们新春愉快、健康长寿。

老同志们对此表示感谢，充分肯定党的十八大以来在以习近平同志为总书记的党中央领导下党和国家各项事业取得的显著成就，希望全党全国各族人民更加紧密地团结在以习近平同志为总书记的党中央周围，高举中国特色社会主义伟大旗帜，把党的十八大和十八届三中、四中、五中全会精神贯彻好、落实好，协调推进“四个全面”战略布局，牢固树立并切实贯彻创新、协调、绿色、开放、共享的发展理念，万众一心，艰苦奋斗，共同夺取全面建成小康社会决胜阶段的伟大胜利。

2月5日

［纲　文］　**国务院总理李克强在北京同外国专家举行新春座谈会。**

［目　文］　李克强代表中国政府和人民，向外国专家和他们的家属致以新春祝福，向所有支持中国改革开放和现代化建设的国际友人表示诚挚问候。

诺贝尔经济学奖得主、英国伦敦政治经济学院教授皮萨里德斯，德国工业设计专家、合肥学院客座教授霍恩，国家“外专千人计划”加拿大籍专家、吉利汽车研究院副院长林钟城，普利策新闻奖得主、《中国日报》美国籍专家莱登分别就增强中国经济竞争力、“中国制造2025”与应用型人才培养、中国工业转型、讲述中国故事和传播中国声音等议题谈了意见和看法。美国籍环保专家杜丹德、日本籍金融专家德地立人等还就中国经济以及人民币汇率等提问。

李克强表示，在世界经济低迷、国内结构性矛盾凸显等背景下，2015年中国经济总量在10万亿美元基础上实现中高速增长，新业态、新模式快速成长，朝着内需拉动、创新驱动、服务业带动、绿色推动的方向更加均衡协调发展。虽然我们面临一些困难和挑战，但中国新型工业化、信息化、城镇化、农业现代化将带来巨大发展潜力，也将为世界经济增长提供动力。中国正在推进结构性改革，尤其是供给侧结构性改革，实施创新驱动发展战略，推动大众创业、万众创新，加速培育新的发展动能，改造和提升传统动能。我们将继续深入推动简政放权、放管结合、优化服务等改革，激发市场活力和社会创造力，为各类市场主体营造公平的竞争环境。中国对外开放的基本国策不会改变。我们将全面加大人才引进力度，提供更多国际化、便利化服务，依法更好保护知识产权，通过集众智、汇众力，助力中国经济从过度依赖自然资源转向更多依靠人力资源和人才驱动，保持中高速增长、迈向中高端水平。

2月5日

［**纲　文**］　**国务院批复广东省人民政府，同意广州市城市总体规划**。

［**目　文**］　批复说：一、原则同意《广州市城市总体规划（2011—2020年）》（以下简称《总体规划》）。二、重视城乡区域统筹发展。在《总体规划》确定的7434平方公里城市规划区范围内，实行城乡统一规划管理。按照《总体规划》确定的城市功能布局，优化提升中心城区功能，重点建设南沙新区等城市发展新空间。加强城中村和城乡结合部的规划建设管理，统筹安排城乡基础设施、公共服务设施，推进城乡一体化。三、合理控制城市规模。到2020年，市域常住人口控制在1800万人以内，市域建设用地控制在1772平方公里以内，其中城镇建设用地控制在1559平方公里以内。四、建设中国（广东）自由贸易试验区。要按照国务院关于设立中国（广东）自由贸易试验区的要求，当好改革开放排头兵、创新发展先行者，以制度创新为核心，贯彻"一带一路"建设等国家战略，在构建开放型经济新体制、探索粤港澳经济合作新模式、建设法治化营商环境等方面，率先挖掘改革潜力，破解改革难题。五、完善城市基础设施体系。要按照绿色循环低碳的理念规划建设城市基础设施。进一步完善公路、港口、铁路、机场等交通基础设施，加强城市内外交通衔接，推进珠三角和粤港澳地区交通一体化。六、建设资源节约型和环境友好型城市。七、创造优良的人居环境。八、重视历史文化和风貌特色保护。九、严格实施《总体规划》。广州市人民政府要根据本批复精神，认真组织实施《总体规划》，任何单位和个人不得随意改变。广东省和住房城乡建设部要加强对《总体规划》实施工作的指导、监督和检查。

2月5日

［**纲　文**］　**国务院批复福建省人民政府，同意厦门市城市总体规划**。

［**目　文**］　批复说：一、原则同意《厦门市城市总体规划（2011—2020年）》（以下简称《总体规划》）。二、重视城乡区域统筹发展。在全市域1699.39平方公里范围内，实行城乡统一规划管理。三、合理控制城市规模。到2020年，城市常住人口控制在500万人以内，城市建设用地控制在440平方公里以内。要贯彻城乡规划法关于先规划后建设的原则，禁止在《总体规划》确定的建设用地范围之外设立各类开发区和新城新区。四、完善城市基础设施体系。五、建设资源节约型和环境友好型城市。六、创造优良的人居环境。七、重视历史文化和风貌特色保护。八、严格实施《总体规划》。厦门市人民政

府要根据本批复精神，认真组织实施《总体规划》，任何单位和个人不得随意改变。福建省和住房城乡建设部要加强对《总体规划》实施工作的指导、监督和检查。

2月5日

［纲　文］　**刘延东考察科技日报社。**

［目　文］　国务院副总理刘延东祝贺《科技日报》创刊30周年，并通过中国科技网官方微博向广大科技工作者和外国专家致以新春问候和良好祝愿并强调，要深入落实党中央、国务院决策部署，围绕实施创新驱动发展战略，加强科技新闻传播和舆论引导能力，为发挥科技支撑引领作用、服务经济社会发展营造良好氛围。《科技日报》创刊以来，围绕中心、服务大局，记录了我国现代化建设和科技事业进步的光辉成就，反映了一代代科技工作者奋发有为的精神面貌，在全社会特别是科技界产生了积极广泛影响，成为科技舆论引导的主阵地和广大科技工作者的精神家园。

2月5日

［纲　文］　**能源局发布2015年光伏发电相关统计数据。**

［目　文］　截至2015年底，中国光伏发电累计装机容量4318万千瓦，成为全球光伏发电装机容量最大的国家。其中，光伏电站3712万千瓦，分布式606万千瓦，年发电量392亿千瓦时。

2月5日

［纲　文］　**许其亮在驻冀部队调研。**

［目　文］　中央军委副主席许其亮在中部战区陆军、空军部队，代表中央军委主席习近平和军委其他领导，向部队官兵、离退休老同志和职工家属致以新春祝福并强调，要坚决用习主席系列重要讲话精神引领思想和行动，围绕实现党在新形势下的强军目标，深入推进政治建军、改革强军、依法治军，努力锻造具有铁一般信仰、铁一般信念、铁一般纪律、铁一般担当的过硬部队。

2月5日

［纲　文］　**范长龙看望慰问部队官兵。**

［目　文］　中央军委副主席范长龙在陆军、战略支援部队机关，在军委办公厅、军委联合参谋部、军委战略规划办公室、军委机关事务管理总局察看工作，通过视频慰问维和部队和在外执行任务的部队官兵，代表习近平主席和中央军委，向部队官兵、民兵预备役人员、离退休老同志和职工、家属致以新年问候。强调要深入学习贯彻习主席一系列重要决策指示，以党在新形势下的强军目标为引领，深入推进政治建军、改革强军、依法治军，坚决完成党和人民赋予的各项任务。

2月5日

［纲　文］　**外交部部长王毅与俄罗斯外交部部长拉夫罗夫通电话。**

［目　文］　双方高度评价2015年中俄全面战略协作伙伴关系取得的一系列标志性成果。一致认为，进入新的一年，面对复杂多变的国际形势，中俄应保持高层互访势头，

加强战略沟通，深化战略合作，维护共同战略利益。关于朝鲜半岛核问题，双方一致认为，当前形势下，各方不应再采取激化紧张局势的新行动，应通过安理会决议和各方努力，将半岛核问题重新拉回谈判解决的轨道。关于叙利亚问题，双方一致认为，国际社会应认真执行安理会第2254号决议，抓住叙和谈机会之窗，排除干扰，克服困难，保持和谈势头，坚持政治解决方向。

2月6日

［纲　文］　**中共中央、国务院在人民大会堂举行2016年春节团拜会。**

［目　文］　党和国家领导人习近平、李克强、张德江、俞正声、刘云山、王岐山、张高丽等同首都各界人士2000多人欢聚一堂，辞旧迎新，共庆佳节。

2月6日

［纲　文］　**中共中央、国务院印发《关于全面振兴东北地区等老工业基地的若干意见》。**

［目　文］　《意见》由六个部分组成：一、重大意义和总体要求。二、着力完善体制机制。三、着力推进结构调整。四、着力鼓励创新创业。五、着力保障和改善民生。六、切实抓好组织落实。

《意见》指出，全面振兴东北地区等老工业基地是一项伟大而艰巨的任务，事关我国区域发展总体战略的实现，事关我国新型工业化、信息化、城镇化、农业现代化的协调发展，事关我国周边和东北亚地区的安全稳定，意义重大，影响深远。各地区各部门要高举中国特色社会主义伟大旗帜，紧密团结在以习近平同志为总书记的党中央周围，凝神聚力、开拓创新、敢于担当、扎实工作，要像抓“三大战略”一样，持续用力，抓好新一轮东北地区等老工业基地振兴战略的实施，加快实现全面振兴，为全面建成小康社会、不断夺取中国特色社会主义新胜利、实现中华民族伟大复兴的中国梦作出新的更大贡献。

2月6日

［纲　文］　**中共中央、国务院印发《关于进一步加强城市规划建设管理工作的若干意见》。**

［目　文］　《意见》由九个部分组成：一、总体要求。二、强化城市规划工作。三、塑造城市特色风貌。四、提升城市建筑水平。五、推进节能城市建设。六、完善城市公共服务。七、营造城市宜居环境。八、创新城市治理方式。九、切实加强组织领导。

《意见》要求，各地区各部门要认真贯彻落实本意见精神，明确责任分工和时间要求，确保各项政策措施落到实处。各地区各部门贯彻落实情况要及时向党中央、国务院报告。中央将就贯彻落实情况适时组织开展监督检查。

2月6日

［纲　文］　**国务院公布《关于修改部分行政法规的决定》。**

［目　文］　《决定》说，为了依法推进简政放权、放管结合、优化服务改革，国务

院对取消和调整行政审批项目、价格改革和实施普遍性降费措施涉及的行政法规进行了清理。经过清理，对《中华人民共和国计量法实施细则》《公共场所卫生管理条例》《防止拆船污染环境管理条例》《中华人民共和国企业法人登记管理条例》《中华人民共和国国境卫生检疫法实施细则》等66部行政法规的部分条款予以修改。本决定自2016年2月6日起施行。

2月6日

［纲　文］　**国务院办公厅办印发《关于开展仿制药质量和疗效一致性评价的意见》。**

［目　文］　《意见》由六个部分组成：一、明确评价对象和时限。二、确定参比制剂遴选原则。三、合理选用评价方法。四、落实企业主体责任。五、加强对一致性评价工作的管理。六、鼓励企业开展一致性评价工作。

《意见》要求，各地区、各有关部门要高度重视，组织引导药品生产企业积极参与，科学规范开展一致性评价相关工作。食品药品监管总局要会同有关部门加强指导，落实相关配套政策，共同推动一致性评价工作。

2月6日

［纲　文］　**水利部印发《关于做好中央财政补助水利工程维修养护经费安排使用的指导意见》。**

［目　文］　《意见》由四个部分组成：一、充分认识做好中央财政补助维修养护资金安排使用的重要意义。二、认真做好中央财政补助维修养护资金的统筹安排。三、切实加强中央财政补助维修养护资金的使用管理。四、强化中央财政补助维修养护资金安全高效使用的组织保障。

2月7日

［纲　文］　**习近平对台湾南部地区地震受灾同胞表示慰问。**

［目　文］　中共中央总书记习近平指出：6日凌晨，台湾南部地区发生6.7级地震，造成台湾同胞生命财产的重大损失。我们对灾情表示高度关切，对受灾的台湾同胞表示亲切慰问，对不幸遇难的台湾同胞表示沉痛哀悼。两岸同胞是血浓于水的一家人，愿意提供各方面的援助。

同日，中国地震台网正式测定：2月6日3时57分在台湾高雄市（北纬22.94度，东经120.54度）发生6.7级地震，震源深度15千米。

2月7日

［纲　文］　**外交部发言人就韩国、美国决定正式启动商讨美在韩部署“萨德”系统表示，中方对此深表关切，并敦促有关国家慎重处理这一问题。**

［目　文］　发言人说，中方在反导问题上的立场是一贯的、明确的，一国在谋求自身安全时，不能损害别国安全利益。有关国家如采取推进地区反导部署的举动，将刺激半岛局势进一步紧张升级，不利于维护地区和平稳定，也不利于各方妥善应对当前局势。

2月7日，外交部副部长刘振民紧急约见韩国驻华大使金章洙，就韩方宣布韩美启动正式商讨在韩部署“萨德”系统问题提出交涉，表明了中方严正立场。中方也通过外交渠道向美方表明了有关立场。

2月10日

［纲　文］　**国务院印发《关于进一步健全特困人员救助供养制度的意见》。**

［目　文］《意见》由三个部分组成：一、总体要求和基本原则。二、制度内容。三、保障措施。

《意见》指出，民政部、财政部要加强对本意见执行情况的监督检查，重大情况及时向国务院报告。国务院将适时组织专项督查。

2月10日

［纲　文］　**中共中央办公厅、国务院办公厅印发《关于做好新时期教育对外开放工作的若干意见》，并发出通知，要求各地区各部门结合实际认真贯彻执行。**

［目　文］《意见》要求，加强对教育对外开放工作的组织领导。一是加强和改进党对教育对外开放工作的领导。二是健全工作机制。建立健全政府、学校、社会力量权责明确、分工协作、高效有序的教育对外开放运行架构。三是完善保障措施。加大经费投入，在经费使用及管理上，更多向支持人才倾斜，赋予学校更多自主权，按规定统筹安排相关资金用于支持师生赴国外实习、开展教学实验。完善来华留学、中外合作办学等政策制度。四是营造良好氛围。加大教育对外开放政策的宣传解读力度。

2月11日

［纲　文］　**外交部部长王毅在德国慕尼黑出席叙利亚国际支持小组第四次外长会。**

［目　文］　叙利亚国际支持小组各成员在德国慕尼黑进行了近六个多小时的闭门会议之后达成一致意见，各方同意在一周之内促成在叙境内全面停止敌对行动。王毅表示，本次外长会取得的进展来之不易，这也是各方利益微妙平衡的产物，下一步的关键是落实。

12日，王毅在慕尼黑会见美国国务卿克里。王毅表示，前不久习近平主席应约同奥巴马总统通了电话，习主席就下阶段中美关系提出了重要指导意见。希望双方共同努力，认真落实两国元首达成的共识，确保两国关系保持健康稳定发展。朝鲜再次进行核试验并使用弹道导弹技术发射卫星，连续违反联合国有关决议，严重冲击国际核不扩散体系。为此，中美双方都同意加快在安理会的磋商进程，尽快达成一份新的决议，采取有力和有效措施阻遏朝鲜进一步发展核、导计划。同时，中方重申制裁不是目的，我们的共同目标还是要一起想办法把半岛核问题重新拉回对话谈判的正确轨道，这完全符合包括中美在内各方的利益。克里对此表示同意。

王毅还就美国可能在韩国部署“萨德”反导系统表明了中方的反对立场，要求美方务必慎重行事，不要借机损害中国的安全利益，也不要给本地区和平稳定增加新的复杂因素。

2月11日

［纲　文］　**外交部发言人就香港发生暴乱事件表示，中国中央政府相信并坚定支持香港特区政府和警方依法惩治违法犯罪行为，维护香港社会大局的稳定。**

［目　文］　有记者问，2月9日，香港旺角地区发生了暴乱事件，国际媒体对事件起因说法很多，请问外交部对此有何评论？

发言人说，2月9日凌晨，香港旺角地区发生了由个别本土激进分离组织为主策动的暴乱事件。部分暴徒架设路障、焚烧杂物、毁坏警车并向警员扔掷砖头、围殴受伤倒地的警员，致使89名执法警员和数名记者受伤。香港警方专业、克制，依法采取有效措施，迅速平息了事件。香港社会普遍对暴行进行强烈谴责，对警方表示全力支持。香港是法治社会，中国中央政府相信并坚定支持香港特区政府和警方依法维护社会治安，保护香港市民的生命和财产安全，依法惩治违法犯罪行为，维护香港社会大局的稳定。

2月12日

［纲　文］　**外交部发言人就英国发表《香港问题半年报告》表示，香港事务属于中国内政，任何外国无权干涉。**

［目　文］　有记者问，英国政府刚刚发表最新一份《香港问题半年报告》，中方对此有何评论？

发言人说，香港回归以来，“一国两制”实践取得举世公认的成就。中国中央政府切实贯彻“一国两制”、“港人治港”、高度自治的方针，严格按基本法办事，全力支持行政长官和特区政府依法施政，香港继续保持繁荣稳定，香港居民依法享有充分的权利和自由。中国政府贯彻“一国两制”的决心坚定不移，不会变。英国政府通过发表所谓《香港问题半年报告》对香港事务说三道四，指手画脚，报告中的一些内容对中方无理指责。我们对此表示强烈不满和坚决反对。香港是中国的特别行政区，香港事务属于中国内政，任何外国无权干涉，英方对香港的所谓“责任”并不存在。我们要求英方谨言慎行，停止干预香港事务。

2月12日

［纲　文］　**著名艺术家、空政文工团创作员阎肃在北京逝世，享年86岁。**

2月13日

［纲　文］　**新华社讯，中央军委主席习近平、国务院总理李克强签署命令，授予武警山东省总队菏泽市支队成武县中队“基层建设模范中队”荣誉称号。**

［目　文］　武警山东省总队菏泽市支队成武县中队自觉践行强军目标，接力谋发展、扎实打基础，全面建设不断发展进步。在上级组织的军事比武中先后夺得26个第一、创造11项纪录，连续21年保持军事训练成绩总评优秀，出色完成抢险救援等急难险重任

务20余次，连续30多年安全无事故，先后荣立一等功1次、二等功4次、三等功11次，连续20年被树为基层建设标兵中队，被表彰为首届全军践行强军目标标兵单位。为表彰先进，国务院、中央军委决定，授予武警山东省总队菏泽市支队成武县中队“基层建设模范中队”荣誉称号。

国务院、中央军委号召全军和武警部队官兵、公安民警向武警成武县中队学习。学习他们坚决听党话、跟党走，做到绝对忠诚、绝对纯洁、绝对可靠；学习他们把战斗力标准落到实处，持续抓好实战化军事训练，不断提高遂行多样化任务能力；学习他们依法治军、从严治军，保持正规的战备执勤、训练、工作、生活秩序；学习他们牢固树立强基固本思想，坚持不懈抓好经常性基础性工作落实，推动强军目标在基层落地生根。要以他们为榜样，高举中国特色社会主义伟大旗帜，按照“四个全面”战略布局，加快推进国防和军队现代化建设，为实现“两个一百年”的奋斗目标和中华民族伟大复兴的中国梦作出新的更大贡献！

2月14日

［纲　文］　**中共中央文献研究室编辑的《习近平关于科技创新论述摘编》出版发行。**

［目　文］《摘编》共分八个专题：创新是引领发展的第一动力；实施创新驱动发展战略，推进以科技创新为核心的全面创新；科技创新是提高社会生产力和综合国力的战略支撑；坚定不移走中国特色自主创新道路；加快科技体制改革步伐；牢牢把握科技进步大方向；牢牢把握产业革命大趋势；牢牢把握集聚人才大举措。书中收入189段论述，摘自中共中央总书记习近平同志2012年12月7日至2015年12月18日期间的讲话、文章、贺信、批示等50多篇重要文献。

2月14日

［纲　文］　**李克强主持召开国务院常务会议。**

［目　文］　会议主要内容是：一、部署推动医药产业创新升级，更好地服务惠民生稳增长。会议确定，一是瞄准群众急需，加强原研药、首仿药、中药、新型制剂、高端医疗器械等研发创新，加快肿瘤、糖尿病、心脑血管疾病等多发病和罕见病重大药物产业化。支持已获得专利的国产原研药和品牌仿制药开展国际注册认证。二是健全安全性评价和产品溯源体系，强化全过程质量监管，对标国际先进水平，实施药品、医疗器械标准提高行动，尤其要提高基本药物质量。三是结合医疗、医保、医药联动改革，加快临床急需药物和医疗器械产品审评审批。完善财税、价格、政府采购等政策，探索利用产业基金等方式，支持医药产业化和新品推广。四是建设遍及城乡的现代医药流通网络，逐步理顺药品耗材价格。搭建全国药品信息公共服务平台，公开价格、质量等信息，接受群众监督。二、确定进一步促进中医药发展措施，发挥传统医学优势造福人民。会议确定，一要促进中医药和民族医药继承保护与挖掘，抢救濒临失传的珍稀与珍贵古籍文献，强化师承教育，大力培养中医药人才，提高中医药应急救治、防病治病能力。二要促进中西医结合，

探索运用现代技术和产业模式加快中医药发展。三要放宽中医药服务准入，完善覆盖城乡的中医服务网络，保证社会办和政府办中医医疗机构在执业等方面享有同等权利。四要发展中医养生保健服务，促进中医药与健康养老、旅游文化等融合发展，推动“互联网+”中医医疗。五要加大中医药投入和政策扶持。在国家基本药物目录中增加中成药品种数量，更好发挥“保基本”作用。加强中医理念研究推广，扩大中医药国际贸易和传播普及。三、决定开展服务贸易创新发展试点，推进外贸转型增强服务业竞争力。会议决定，用2年时间，在天津、上海、海南、深圳、杭州、武汉、广州、成都、苏州、威海10个省市和哈尔滨、江北、两江、贵安、西咸5个国家级新区开展服务贸易创新发展试点，重点对服务贸易管理体制、发展模式、便利化等8个方面的制度建设进行探索，有序扩大服务业开放准入。一要在试点地区推广技术先进型服务企业税收优惠政策，将享受政策的企业范围由服务外包扩大到高技术、高附加值的其他服务行业，给予减按15%缴纳企业所得税的优惠，并对职工教育经费不超过工资薪金总额8%的部分据实税前扣除。二要设立服务贸易创新发展引导基金，为试点地区中小服务企业提供融资支持。三要鼓励金融机构创新供应链融资等业务，对试点地区经认定的技术先进型服务企业全面实施服务外包保税监管。

2月14日

［纲　文］　**国务院办公厅印发《关于加快众创空间发展服务实体经济转型升级的指导意见》。**

［目　文］　《意见》由四个部分组成：一、总体要求和基本原则。二、重点任务。三、加大政策支持力度。四、组织实施。

2月14日

［纲　文］　**人民银行、发展改革委、工业和信息化部、财政部、商务部、银监会、证监会、保监会印发《关于金融支持工业稳增长调结构增效益的若干意见》。**

［目　文］　《意见》由六个部分组成：一、加强货币信贷政策支持，营造良好的货币金融环境。二、加大资本市场、保险市场对工业企业的支持力度。三、推动工业企业融资机制创新。四、促进工业企业兼并重组。五、支持工业企业加快“走出去”。六、加强风险防范和协调配合。

《意见》要求，请人民银行上海总部、各分行、营业管理部、省会（首府）城市中心支行、副省级城市中心支行会同所在省（区、市）发展改革委、工业和信息化主管部门、财政厅（局）、商务主管部门、银监会、证监会及保监会派出机构将本意见迅速转发至辖区内相关机构，并做好政策贯彻实施工作。

2月15日

［纲　文］　**十二届全国人大常委会第六十一次委员长会议在北京举行。**

［目　文］　全国人大常委会委员长张德江主持会议。会议决定，十二届全国人大常委会第十九次会议2月24日至26日在北京举行。

2月15日

［纲　文］　**外交部发言人表示，欢迎南苏丹和平进程取得进展。**

［目　文］　有记者问，据报道，南苏丹反对派领导人马夏尔13日称，他接受总统基尔任命，将出任南苏丹第一副总统。

发言人说，中方欢迎南苏丹和平进程取得进展，希望南苏丹尽快组建民族团结过渡政府，推进重建进程。中方愿继续同有关地区国家和组织以及国际社会一道，为促进南苏丹和平、稳定、发展发挥建设性作用。

2月15—16日

［纲　文］　**汪洋在苏州市调研外贸工作。**

［目　文］　国务院副总理汪洋和有关部门负责人组成5个调研小组，在17家企业，了解企业进出口情况、经验做法和政策诉求，并主持召开座谈会听取江苏省、苏州市及部分企业的意见建议。

汪洋指出，当前国际经济形势异常严峻复杂，我国进出口下行压力很大，但外贸发展的基本面没有改变。要切实把中央支持外贸发展的各项政策落到实处，紧紧抓住外贸稳增长、调结构两大目标，着力推动外贸供给侧结构性改革，巩固传统发展优势，培育新的发展动能，千方百计实现进出口回稳向好和转型升级。

2月16日

［纲　文］　**中共中央办公厅、国务院办公厅印发《省级党委和政府扶贫开发工作成效考核办法》，自2016年2月9日起施行。2012年1月6日印发的《扶贫开发工作考核办法（试行）》同时废止。**

2月16日

［纲　文］　**国务院办公厅转发发展改革委《关于"十三五"期间实施新一轮农村电网改造升级工程意见》。**

［目　文］　《意见》由四个部分组成：一、总体要求。二、重点任务。三、政策措施。四、组织保障。

《意见》要求，各地区要建立监测评价体系，对农村电网的建设投资、管理服务等进行考核评价，督促企业做好电力普遍服务。国家电网公司、中国南方电网有限责任公司及相关企业要加大农村电网建设改造力度，科学安排计划，加强组织实施和绩效考核，确保建设资金及时到位、工程任务按时完成。

2月16日

［纲　文］　**财政部公布《代理记账管理办法》，自2016年5月1日起施行，财政部2005年1月22日发布的《代理记账管理办法》同时废止。**

2月16日

［纲　文］　**安全监管总局公布修订后的《煤矿企业安全生产许可证实施办法》，自**

2016年4月1日起施行。

2月16日

［纲　文］　**人力资源社会保障部、民政部、卫生计生委公布《工伤保险辅助器具配置管理办法》。**

［目　文］　《办法》共5章31条，主要有总则、确认与配置程序、管理与监督、法律责任、附则等内容，自2016年4月1日起施行。

2月16日

［纲　文］　**正兵团职离休干部、原武汉军区司令部参谋长唐皎在广州逝世，享年94岁。**

2月16日

［纲　文］　**外交部副部长张业遂在首尔与韩国外交部第一次官林圣男举行第七次中韩外交部门高级别战略对话。双方就中韩关系、当前朝鲜半岛形势等共同关心的问题交换意见。**

2月16—18日

［纲　文］　**应外交部部长王毅邀请，澳大利亚外交部部长毕晓普对中国进行正式访问并举行第三轮中澳外交与战略对话。**

［目　文］　17日，王毅与毕晓普举行第三轮中澳外交与战略对话。双方就中澳关系及共同关心的问题深入交换意见。王毅就进一步加强合作提出建议：一是促进发展战略对接，重点推动中方“一带一路”倡议与澳方“北部大开发”计划、中方创新驱动发展战略与澳方“国家创新和科技议程”两大对接。二是以中澳自贸协定生效为契机，继续推进经贸投资合作，同时开辟产能合作和第三方合作等新领域，打造经贸合作“升级版”。三是扩大人文地方交流，希望澳方给予中国公民更多签证和入境便利。四是深化防务和执法领域合作，共同打击腐败和跨国犯罪。五是加强在联合国、二十国集团、亚太经合组织等多边领域协调合作。

毕晓普表示，澳中关系是澳最重要的双边关系之一。澳方欢迎中国和平崛起，乐见中国发挥与其国力相称的重要作用。澳方珍惜同中国的全面战略伙伴关系，视中国为澳关键的合作伙伴。自贸协定生效是两国有里程碑意义的成就，澳方从中获益良多。澳方希望继续成为中方可依赖的伙伴，保持高层交往和对话，深化和拓展在投资贸易、农业、服务业、基础设施、教育、旅游等领域的交流合作，进一步加强在二十国集团、亚投行及其他国际事务中的沟通合作。

双方就南海、朝鲜半岛核等国际和地区问题交换了意见，认为维护地区和平稳定符合双方及国际社会共同利益，双方应进一步加强沟通了解，不断充实全面战略伙伴关系框架下的合作。

18日，国务委员杨洁篪在北京会见毕晓普时表示，希望中澳双方落实好两国领导人达成的重要共识，保持高层及各级别密切交往，拓展经贸、科技、教育等各领域交流合作，夯实民意基础，推动中澳关系不断取得新进展。南海诸岛自古以来就是中国领土，中国有权维护自身领土主权和海洋权益。中方在有关南海岛礁上进行的建设主要是出于民事目的，是为了更好地为国际社会提供公共服务产品。中方在本国领土上部署的有限防卫设施与军事化无关，是行使国际法赋予一个主权国家的自卫权，这是很自然的事，完全正当合法。澳大利亚不是南海当事国，应该恪守在南海主权领土争议上不选边站队的承诺，不参与、不采取任何有损地区和平稳定和中澳关系的事。

毕晓普表示，澳方愿成为中方可靠的经贸合作伙伴，加强双方在旅游、教育、司法、反恐等领域以及在二十国集团等多边框架内的合作。

2月17日

［纲　文］　**李克强主持召开国务院常务会议。**

［目　文］　会议主要内容是：一、听取2015年全国两会建议提案办理工作汇报，汇聚众智提高公共决策水平。会议指出，2015年全国两会以来，国务院部门加强领导，健全制度，牵头办理了8001件建议和4809件提案，分别占总数的97.1%和96.5%；部门出台的许多政策都吸纳了代表委员的意见建议，解决了一批重点难点问题，为促进经济发展、完善社会管理和推动民生改善等发挥了积极作用。但也存在少数部门办理不及时、办理质量不高等问题。会议强调，2016年各部门要继续把全国两会建议提案办理作为年度重点抓紧抓实，提高政府工作实效。一要严格责任，限时办结，做到件件有着落、事事有回应。二要完善调研、走访等沟通协商机制，承办建议提案较多的部门每年至少要召开一次由代表委员参加的座谈会听取意见。三要加强考核问责，对多年反复提交、未及时办结的建议提案，要纳入督办清单，拿出有针对性的改进措施。四要创新工作流程，推进网上办理，提高办理效率。五要依法稳步推进办理结果公开，接受社会监督。二、确定支持科技成果转移转化的政策措施，促进科技与经济深度融合。会议确定，鼓励国家设立的研究开发机构、高等院校通过转让、许可或作价投资等方式，向企业或其他组织转移科技成果，并享受以下政策，以调动创新主体积极性。一是自主决定转移其持有的科技成果，原则上不需审批或备案。鼓励优先向中小微企业转移成果。二是成果转移收入全部留归单位，主要用于奖励科技人员和开展科研、成果转化等工作。三是通过转让或许可取得的净收入及作价投资获得的股份或出资比例，应提取不低于50%用于奖励，对研发和成果转化作出主要贡献人员的奖励份额不低于奖励总额的50%。四是科技人员可以按照规定在完成本职工作的情况下到企业兼职从事科技成果转化活动，或在3年内保留人事关系离岗创业，开展成果转化。离岗创业期间，科技人员承担的国家科技计划和基金项目原则上不得中止。鼓励企业采取股权奖励、股票期权、项目收益分红等方式，激励科技人员实施成果转化。五是将科技成果转化情况纳入研发机构和高校绩效考评，加快向全国推广国家自主创新示范区试点税收优惠政策，探索完善支持单位和个人科技成果转化的财税措施。

2月17日

［纲　文］　**中共中央办公厅、国务院办公厅印发《关于全面推进政务公开工作的意见》。**

［目　文］　《意见》由五个部分组成：一、全面推进政务公开工作的总体要求。二、推进政务阳光透明。三、扩大政务开放参与。四、提升政务公开能力。五、强化保障措施。

《意见》要求，国务院办公厅根据本意见制定相关实施细则。各地区各部门要结合实际，制定具体实施办法，细化任务措施，明确责任分工，认真抓好落实。

2月17日

［纲　文］　**财政部、税务总局、住房城乡建设部印发《关于调整房地产交易环节契税 营业税优惠政策的通知》。**

［目　文］　《通知》说，一、关于契税政策：（一）对个人购买家庭唯一住房（家庭成员范围包括购房人、配偶以及未成年子女，下同），面积为90平方米及以下的，减按1%的税率征收契税；面积为90平方米以上的，减按1.5%的税率征收契税。（二）对个人购买家庭第二套改善性住房，面积为90平方米及以下的，减按1%的税率征收契税；面积为90平方米以上的，减按2%的税率征收契税。家庭第二套改善性住房是指已拥有一套住房的家庭，购买的家庭第二套住房。（三）纳税人申请享受税收优惠的，根据纳税人的申请或授权，由购房所在地的房地产主管部门出具纳税人家庭住房情况书面查询结果，并将查询结果和相关住房信息及时传递给税务机关。暂不具备查询条件而不能提供家庭住房查询结果的，纳税人应向税务机关提交家庭住房实有套数书面诚信保证，诚信保证不实的，属于虚假纳税申报，按照《中华人民共和国税收征收管理法》的有关规定处理，并将不诚信记录纳入个人征信系统。按照便民、高效原则，房地产主管部门应按规定及时出具纳税人家庭住房情况书面查询结果，税务机关应对纳税人提出的税收优惠申请限时办结。（四）具体操作办法由各省、自治区、直辖市的财政、税务、房地产主管部门共同制定。二、关于营业税政策：个人将购买不足2年的住房对外销售的，全额征收营业税；个人将购买2年以上（含2年）的住房对外销售的，免征营业税。办理免税的具体程序、购买房屋的时间、开具发票、非购买形式取得住房行为及其他相关税收管理规定，按照《国务院办公厅转发建设部等部门关于做好稳定住房价格工作意见的通知》《国家税务总局 财政部 建设部关于加强房地产税收管理的通知》和《国家税务总局关于房地产税收政策执行中几个具体问题的通知》的有关规定执行。三、关于实施范围：北京市、上海市、广州市、深圳市暂不实施本通知第一条第二项契税优惠政策及第二条营业税优惠政策，上述城市个人住房转让营业税政策仍按照《财政部国家税务总局关于调整个人住房转让营业税政策的通知》执行。上述城市以外的其他地区适用本通知全部规定。自2016年2月22日起执行。

2月17日

［纲　文］　**发展改革委、中宣部、科技部、财政部、环境保护部、住房城乡建设**

部、商务部、质检总局、旅游局、国管局印发《关于促进绿色消费的指导意见》。

［目　文］《意见》由八个部分组成：一、充分认识绿色消费的重要意义。二、总体要求和主要目标。三、着力培育绿色消费理念。四、积极引导居民践行绿色生活方式和消费模式。五、全面推进公共机构带头绿色消费。六、大力推动企业增加绿色产品和服务供给。七、深入开展全社会反对浪费行动。八、建立健全绿色消费长效机制。

2月17日

［纲　文］**人力资源社会保障部公布《关于宣布失效和废止一批文件的通知》。**

［目　文］《通知》说，为了贯彻落实国务院关于加强法治政府建设，推进简政放权、放管结合、优化服务和稳增长、促改革、调结构、惠民生、防风险的要求，促进大众创业、万众创新，激发市场活力和社会创造力，人力资源社会保障部对2008年4月1日至2015年12月31日的文件进行了全面清理，现决定宣布失效555份文件，废止10份文件。

2月18日

［纲　文］**刘延东在北京考察备战巴西里约热内卢奥运会工作。**

［目　文］国务院副总理刘延东观看了国家举重队、女排队、体操队训练，听取了备战情况汇报并与教练员、运动员代表座谈时指出，本届奥运会面临诸多新情况新挑战，希望大家弘扬中华体育精神和奥林匹克精神，瞄准目标、奋勇拼搏，力争取得更好成绩，为祖国争光，为民族争气，为人生添彩。

2月18日

［纲　文］**中共中央办公厅、国务院办公厅印发《关于加强外国人永久居留服务管理的意见》。**

［目　文］《意见》由七个部分组成：一、重要意义、总体要求和基本原则。二、完善永久居留服务管理体制机制。三、设定灵活务实的永久居留申请条件。四、进一步规范和优化永久居留受理审批程序。五、明确和落实永久居留资格待遇。六、加强日常服务管理。七、提高永久居留服务管理保障水平。

2月18日

［纲　文］**财政部、商务部、海关总署、税务总局、旅游局印发《口岸进境免税店管理暂行办法》，自2016年2月18日起实施。**

2月18日

［纲　文］**外交部部长王毅应约同法国外交部部长艾罗通电话。**

［目　文］王毅祝贺艾罗出任外交部部长并说，中法关系始终保持高水平发展，政治互信不断加深，互利合作持续深化。中方视法国为不可替代的战略合作伙伴，始终将法国放在中国外交格局的优先位置。双方应努力保持中法关系的强劲发展势头，挖掘两国合作潜力，深化发展战略对接，培育新的合作增长点。中方愿在全球治理、气候变化等国际和地区事务中与法方加强战略协调。

艾罗说，法中关系具有高度战略性，在当今世界十分重要。法方愿不断深化法中战略沟通，拓展双方在创新、投资、核能、第三方市场等领域的合作。

2月18日

［纲　文］　**由中远、中海两大航运央企合并而成的中国远洋海运集团有限公司在上海挂牌成立。**

［目　文］　整合后的中国远洋海运集团拥有总资产6100亿元人民币，员工11.8万人，运营规模将实现4个世界第一、6个世界前列。本次重组，是在落实中央深化国有企业改革的整体战略部署和中央提出的“一带一路”“海运强国”等大背景下进行的。改革重组之后，中国远洋海运集团有限公司的船队综合运力、干散货自由船队运力、油轮运力及杂货特种船队运力均名列世界第一。此外，集装箱吞吐量、全球船舶燃料销量均排名世界第二，集装箱租赁规模居世界第三，在全球化竞争方面的实力将大大增强。

2月19日

［纲　文］　**习近平在人民日报社、新华社、中央电视台调研并主持召开党的新闻舆论工作座谈会。**

［目　文］　中共中央总书记习近平在人民日报社肯定《人民日报》创刊68年来为党和人民事业作出的贡献并同采编人员交流，勉励他们不忘初衷、坚定信念，把报纸办得更好，为全国人民提供更多更好的精神食粮；在新华社对他们正加快媒体融合发展，每天用8种文字向世界提供全媒体新闻和信息产品表示肯定并鼓励记者多深入基层、深入群众，及时发现和宣传基层干部先进典型；在中央电视台时指出，中央电视台每天面对数亿观众，一定要紧跟时代、放眼全球，多设计一些融思想性、艺术性于一体的好栏目，多创办一些脍炙人口、寓教于乐的好节目。

同日下午，习近平在人民大会堂主持召开党的新闻舆论工作座谈会。王沪宁、刘延东、刘奇葆、栗战书和中央有关部门负责人出席。中央新闻舆论单位负责人、北京市有关方面负责人、中央新闻单位编辑记者代表约180人参加座谈会。会上，人民日报社社长杨振武、新华社社长蔡名照、中央电视台台长聂辰席和编辑代表范正伟、记者代表李柯勇、主持人代表康辉分别发言。

习近平指出，做好党的新闻舆论工作，事关旗帜和道路，事关贯彻落实党的理论和路线方针政策，事关顺利推进党和国家各项事业，事关全党全国各族人民凝聚力和向心力，事关党和国家前途命运。必须从党的工作全局出发把握党的新闻舆论工作，做到思想上高度重视、工作上精准有力。在新的时代条件下，党的新闻舆论工作的职责和使命是：高举旗帜、引领导向，围绕中心、服务大局，团结人民、鼓舞士气，成风化人、凝心聚力，澄清谬误、明辨是非，联接中外、沟通世界。要承担起这个职责和使命，必须把政治方向摆在第一位，牢牢坚持党性原则，牢牢坚持马克思主义新闻观，牢牢坚持正确舆论导向，牢牢坚持正面宣传为主。党的新闻舆论工作坚持党性原则，最根本的是坚持党对新闻舆论工作的领导。党和政府主办的媒体是党和政府的宣传阵地，必须姓党。新闻舆论工作各个方面、各个环节都要坚持正确舆论导向。各级党报党刊、电台电视台要讲导向，都市类报刊、新媒体也要讲导向；新闻报道要讲导向，副刊、专题节目、广告宣传也要讲导向；时政新闻要讲导向，娱乐类、社会类新闻也要讲导向；国内新闻报道要讲导向，国际新闻报道也要讲导向。团结稳定鼓劲、正面宣传为主，是党的新闻舆论工作必须遵循的基本方针。随着形势发展，党的新闻舆论工作必须创新理念、内容、体裁、形式、方法、手段、业态、体制、机制，增强针对性和实效性。媒体竞争关键是人才竞争，媒体优势核心是人才优势。要加快培养造就一支政治坚定、业务精湛、作风优良、党和人民放心的新闻舆论工作队伍。加强和改善党对新闻舆论工作的领导，是新闻舆论工作顺利健康发展的根本保证。各级党委要自觉承担起政治责任和领导责任。领导干部要增强同媒体打交道的能力，善于运用媒体宣讲政策主张、了解社情民意、发现矛盾问题、引导社会情绪、动员人民群众、推动实际工作。

2 月 19 日

［纲　文］ **外交部发言人就美国总统奥巴马签署新的对朝制裁法案表示，仅仅施压或制裁无法根本解决热点问题。**

［目　文］ 有记者提问，美国总统奥巴马 18 日签署了新的对朝制裁法案，制裁措施包括冻结参与朝鲜核项目、违反人权记录的人员资产。中方对此有何评论？

发言人表示，当前朝鲜半岛形势复杂敏感，有关各方应保持冷静克制，坚持对话协商解决问题的大方向。中方认为，任何一个热点问题都不可能仅仅通过施压或制裁得到根本解决。任何有损第三方正当利益的行为都无助于问题的解决，只会使局势更加复杂。我们敦促有关方面慎重行事，不要人为制造麻烦。

2 月 20 日

［纲　文］ **中国共产党的优秀党员、忠诚的共产主义战士，第六届湖北省政协主席沈因洛在武汉逝世，享年 96 岁。**

2 月 20 日

［纲　文］ **《人民日报》发表题为《担负起新闻舆论工作的职责和使命》的社论。**

2 月 21 日

［纲　文］ **中央宣传文化单位领导干部学习贯彻习近平总书记在党的新闻舆论工作座谈会上重要讲话精神专题会议在北京召开。**

［目　文］ 中宣部部长刘奇葆主持会议。中共中央政治局常委刘云山、中央政治局委员刘延东出席会议并讲话。会议传达了中共中央总书记习近平讲话精神，11 家中央宣传文化单位负责人作了发言。大家一致认为习近平讲话深刻回答了党的新闻事业发展一系列重大问题，丰富和发展了党的新闻舆论工作理论，是指导做好新形势下党的新闻舆论工作

的纲领性文献，对整个宣传思想工作具有重要指导意义，要切实把思想和行动统一到讲话精神上来。

刘云山强调，要把学习贯彻习近平总书记重要讲话精神作为重要政治任务，坚持党性原则，坚持以人民为中心的工作导向，认真履行党的新闻舆论工作的职责使命，为协调推进“四个全面”战略布局、落实五大发展理念、决胜全面建成小康社会提供思想舆论支撑。学习贯彻习近平总书记重要讲话精神，要联系实际抓好落实。各级宣传部门和新闻单位要抓紧制定落实的具体方案。要组织好讲话精神的学习研讨和集中培训，深入开展马克思主义新闻观教育，深化“走转改”活动；要带着问题学习贯彻，弄清差距在哪里，采取切实措施加以解决。各级党委要加强对新闻舆论工作的领导，推动讲话精神落实落地。做好党的新闻舆论和宣传思想工作，关键是强化宣传文化单位领导班子思想政治建设，做到讲政治、强党性、敢担当、勇创新、严律己。要增强政治意识、大局意识、核心意识、看齐意识，在思想上政治上行动上同以习近平同志为总书记的党中央保持高度一致，主动自觉地向党中央看齐，维护党中央权威。要认真践行党管宣传、党管意识形态、党管媒体的根本原则，把正确导向要求体现在工作各个方面。要切实担负起巩固壮大主流思想舆论的责任，落实好抓党建、带队伍的责任。要以改革创新精神破解难题，把握宣传思想工作规律，贯彻好“时度效”的要求，提高工作科学化水平。要按照“三严三实”改进作风，有针对性地排查廉政风险点，树立宣传文化单位良好形象。

2月21日

［纲　文］　**国务院办公厅印发《关于对落实有关政策措施成效较明显地区予以激励支持的通知》。**

［目　文］　《通知》说，根据2015年国务院大督查情况，2016年1月6日国务院常务会议决定，对落实有关政策措施成效较明显的20个市（州）、20个县（市、区）给予表扬，在2016年对这些地区实行“免督查”，并采取相应措施予以激励。经国务院同意，现将国务院有关部门组织实施的激励措施等事项通知如下：一、在2016年专项建设基金安排中对受表扬地区予以支持，由受表扬地区根据国务院确定的专项建设基金支持领域，自主选择申报急需建设的重点项目。二、对2016年督查收回的2015年中央预算内投资沉淀资金，在充分考虑东、中、西部差异的基础上制定资金分配方案，由发展改革委下达到受表扬地区所在省（区、市），再由省级发展改革部门分解下达到受表扬地区的具体项目，并优先用于建设进度快而又缺资金的项目。三、对2016年督查收回的专项转移支付沉淀资金，在充分考虑东、中、西部差异的基础上制定资金分配方案，由财政部下达到受表扬地区所在省（区、市），再由省级财政部门分解下达到受表扬地区，纳入预算管理。四、建立申请发行企业债券“直通车”机制。受表扬地区企业2016年申请发行企业债券，可直接在发展改革委政务服务大厅现场提交申报材料，不需省级发展改革部门转报。五、中央财政对受表扬地区所在省（区、市）提前调度资金，并要求相关省级财政部门加快对受表扬地区调度资金，以提高地方库款保障水平。六、对受

表扬地区给予新增建设用地计划指标奖励，奖励指标在2016年全国土地利用计划中单独列出，纳入计划执行管理。

以上激励措施的实施办法等具体事宜由国务院有关部门另行通知。请加强与有关部门的衔接沟通，协同做好激励措施的实施工作。实施过程中遇到情况和问题，请及时告知国务院有关部门和国务院办公厅。

2月21日

［纲　文］ **《人民日报》发表题为《从全局出发把握新闻舆论工作——一论学习贯彻习近平总书记新闻舆论工作座谈会重要讲话精神》的评论员文章。**

2月22日

［纲　文］ **习近平主持召开中共中央政治局会议，讨论国务院拟提请第十二届全国人民代表大会第四次会议审议的政府工作报告稿和审查的中华人民共和国国民经济和社会发展第十三个五年规划纲要草案稿。**

［目　文］ 会议强调，2015年，在以习近平同志为总书记的党中央坚强领导下，全国各族人民以坚定的信心和非凡的勇气，攻坚克难，锐意进取，经济社会发展稳中有进、稳中有好，完成了全年主要目标任务，改革开放和社会主义现代化建设取得新的重大成就。“十三五”时期，要高举中国特色社会主义伟大旗帜，全面贯彻党的十八大和十八届三中、四中、五中全会精神，以马克思列宁主义、毛泽东思想、邓小平理论、“三个代表”重要思想、科学发展观为指导，深入贯彻习近平总书记系列重要讲话精神，坚持全面建成小康社会、全面深化改革、全面依法治国、全面从严治党的战略布局，坚持发展是第一要务，牢固树立和贯彻落实创新、协调、绿色、开放、共享的发展理念，以提高发展质量和效益为中心，以供给侧结构性改革为主线，扩大有效供给，满足有效需求，加快形成引领经济发展新常态的体制机制和发展方式，保持战略定力，坚持稳中求进，统筹推进经济建设、政治建设、文化建设、社会建设、生态文明建设和党的建设，确保如期全面建成小康社会，为实现第二个百年奋斗目标、实现中华民族伟大复兴的中国梦奠定更加坚实的基础。在“十三五”规划纲要草案提交十二届全国人大四次会议审查和全国政协十二届四次会议讨论的过程中，要充分发扬民主、集思广益，切实把规划纲要制定好，为更好实施规划纲要奠定扎实基础。2016年是全面建成小康社会决胜阶段的开局之年，也是推进结构性改革的攻坚之年。各级党委和政府要按照党中央部署和要求，按照“五位一体”总体布局和“四个全面”战略布局，坚持发展第一要务，坚持改革开放，坚持以新发展理念引领发展，坚持稳中求进工作总基调，适应经济发展新常态，实行宏观政策要稳、产业政策要准、微观政策要活、改革政策要实、社会政策要托底的总体思路，把握好稳增长与调结构的平衡，保持经济运行在合理区间，着力加强供给侧结构性改革，加快培育新的发展动能，改造提升传统比较优势，抓好去产能、去库存、去杠杆、降成本、补短板，加强民生保障，做好重点领域风险防控，努力实现全面

建成小康社会决胜阶段良好开局。

2月22日

［纲　文］　**国务院批复天津市、黑龙江省、上海市、江苏省、浙江省、山东省、湖北省、广东省、海南省、重庆市、四川省、贵州省、陕西省人民政府和商务部，同意开展服务贸易创新发展试点方案。**

［目　文］　批复说，一、原则同意商务部提出的《服务贸易创新发展试点方案》，同意在天津、上海、海南、深圳、杭州、武汉、广州、成都、苏州、威海和哈尔滨新区、江北新区、两江新区、贵安新区、西咸新区等省市（区域）开展服务贸易创新发展试点。试点期为2年，自2016年2月22日起算。二、试点建设要全面贯彻党的十八大和十八届三中、四中、五中全会精神，认真落实党中央、国务院决策部署，按照“四个全面”战略布局要求，牢固树立并贯彻落实创新、协调、绿色、开放、共享的发展理念，充分发挥地方在发展服务贸易中的积极性和创造性，推进服务贸易领域供给侧结构性改革，健全服务贸易促进体系，探索适应服务贸易创新发展的体制机制和政策措施，着力构建法治化、国际化、便利化营商环境，打造服务贸易制度创新高地。三、有关部门和省、直辖市人民政府要适应服务贸易创新发展要求，坚持深化简政放权、放管结合、优化服务等改革，加强对试点工作的指导和政策支持，积极鼓励试点地区大胆探索、创新发展。四、试点地区人民政府（管委会）要加强对试点工作的组织领导，负责试点工作的实施推动、综合协调及措施保障。按照《服务贸易创新发展试点方案》要求，重点在管理体制、促进机制、政策体系和监管模式方面先行先试，形成可复制可推广的经验，定期向商务部报送试点成果，为全国服务贸易创新发展探索路径。要结合本地实际，突出地方特色，制定试点工作实施方案，经省级人民政府批准同意后，报商务部备案。五、国务院有关部门要按照职能分工，加强指导和服务。加强部门之间的沟通协作和政策衔接，深入调查研究，及时总结经验，指导和帮助地方政府切实解决试点中遇到的困难和问题，为试点建设创造良好的环境。商务部要加强统筹协调、跟踪分析和督促检查，适时对试点工作进行评估，重大问题和情况及时报告国务院。

2月22日

［纲　文］　**国务院印发《中医药发展战略规划纲要（2016—2030年）》。**

［目　文］　《纲要》由五个部分组成：一、基本形势。二、指导思想、基本原则和发展目标。三、重点任务。四、保障措施。五、组织实施。

2月22日

［纲　文］　**全国人大与日本国会参议院定期交流机制第六次会议在北京举行。**

［目　文］　全国人大常委会副委员长沈跃跃与日本国会参议员沟手显正共同主持会议。双方与会代表就中日关系、议会交往、经贸关系、环保合作、人文交流以及共同关心的国际和地区问题深入交换了意见。

同日，全国人大常委会委员长张德江在北京会见出席会议的日本参议院代表团。张德江说，立法机关交往是中日关系的重要组成部分。推动中日关系持续改善，很重要的是坚持中日四个政治文件，切实遵守2014年11月双方达成的四点原则共识。虽然中日各领域交流有所恢复，但仍然面临不少复杂问题和挑战。双方应加强政策沟通，妥善处理敏感问题，推进各领域交流合作。重启中国全国人大与日本参议院定期交流机制，就有关问题深入交换意见，相信会进一步增进双方的相互了解和信任，为中日关系改善作出积极贡献。

沟手显正等议员表示，日参议院愿进一步加强与中国全国人大的对话和交流，为改善两国关系进一步作出努力。

2月22日

［纲　文］ **《人民日报》发表题为《把坚持正确政治方向摆在首位——二论学习贯彻习近平总书记新闻舆论工作座谈会重要讲话精神》的评论员文章。**

2月23日

［纲　文］ **习近平主持召开中央全面深化改革领导小组第21次会议。**

［目　文］ 中央全面深化改革领导小组副组长李克强、刘云山、张高丽出席会议。中央全面深化改革领导小组成员出席，中央和国家有关部门以及有关地方负责人列席会议。

会议听取了经济体制和生态文明体制改革专项小组关于生态文明体制改革总体方案推进落实情况汇报、社会体制改革专项小组关于司法体制改革推进落实情况汇报、党的纪律检查体制改革专项小组关于党的纪律检查体制改革推进落实情况汇报，全国人大常委会法工委关于立法主动适应改革需要推进落实情况汇报、科技部关于深化科技体制改革推进落实情况汇报、公安部关于深化公安改革推进落实情况汇报，上海市关于推进落实中央部署改革试点任务情况汇报、湖北省关于建立和实施改革落实督察机制情况汇报、福建省三明市关于深化医药卫生体制改革情况汇报、浙江省开化县关于“多规合一”试点情况汇报。

中央全面深化改革领导小组组长习近平强调，各地区各部门要牢固树立全局意识、责任意识，把抓改革作为一项重大政治责任，坚定改革决心和信心，增强推进改革的思想自觉和行动自觉，既当改革促进派、又当改革实干家，以钉钉子精神抓好改革落实，扭住关键、精准发力，敢于啃硬骨头，盯着抓、反复抓，直到抓出成效。

会议指出，抓改革落实，要遵循改革规律和特点，建立全过程、高效率、可核实的改革落实机制，推动改革举措早落地、见实效。一要抓主体责任，凡是承担改革任务的地方和部门，都要知责明责、守责尽责，各就各位、各负其责。牵头部门对经办的改革举措要全程过问、全程负责、一抓到底。地方党委要统筹好中央和地方两个层面的要求，抓好改革举措落实。二要抓督办协调，把部门协调难度大、政策关联度高的改革举措作为重点，谋划改革举措出台时机和节奏，协调解决改革推进中的矛盾和问题。对敷衍塞责、拖延扯皮、屡推不动的，对重视不够、研究甚少、贯彻乏力的，要进行问责。三要抓督察落实，强化督察职能，健全督察机制，抓紧构建上下贯通、横向联动的督察工作格局。四要抓完善机制，抓紧完善督办协调、督察落实、考评激励、责任追究等工作机制。五要抓改革成效，把是否促进经济社会发展、是否给人民群众带来实实在在的获得感，作为改革成效的评价标准。

会议强调，各地区各部门的主要负责同志，对抓改革、抓落实负有直接责任，要亲自抓谋划、抓部署、抓督察、抓落实。对中央部署的改革任务，要高度重视、亲力亲为，中央有具体要求的，要一竿子插到底，不折不扣落实下去；中央提出原则要求的，要结合实际进行细化实化。对本地区本部门改革任务，既要抓紧推进、敢于突破，又要立足全局、通盘考虑。市县一级要注意配足力量，创新工作方法，把精力集中在打通“最后一公里”上。要总结各地创造的新鲜经验，发挥好先进典型的示范引领作用。要重视调查研究，坚持眼睛向下、脚步向下，了解基层群众所思、所想、所盼，使改革更接地气。

2月23日

［**纲　文**］　**中央巡视工作动员部署会议在北京举行。**

［**目　文**］　会议传达了中共中央总书记习近平关于巡视工作的指示。中央巡视工作领导小组副组长赵乐际、赵洪祝出席会议。中央巡视工作领导小组组长王岐山出席会议并强调，要深入学习贯彻习近平总书记系列重要讲话精神，突出坚持党的领导，聚焦全面从严治党，从厚植党执政的政治基础高度，深化政治巡视，发挥利器作用，坚决维护党中央集中统一领导。

会议指出，习近平系列重要讲话是做好巡视工作的思想武器和行动指南。中央巡视组背负着中央的权威，首先要全面、科学、系统、准确地学习领会讲话精神，密切联系党史、国史，结合世情、国情、党情，追根溯源，把握思想理论脉络。讲话源自我们党光荣辉煌、艰苦卓绝的奋斗史，源自中华民族五千年灿烂的文明史，既有历史的传承、又有文化的源流，重要的是拥有坚定信念和责任担当。要树立马克思主义学风，密切联系思想、工作和生活实际，学深悟透、融会贯通，内化于心、外化于行，真正把武器用起来，承担起中央交给的光荣而神圣的使命。三年来，伴随着深入学习习近平总书记系列重要讲话精神，巡视工作从聚焦党风廉政建设和反腐败斗争、围绕“四个着力”，到聚焦全面从严治党、把纪律挺在前面，再到突出坚持党的领导、加强党的建设，着力发现违反政治纪律和政治规矩、选人用人问题，始终与时俱进、向中央看齐。坚持党的领导有着深刻而丰富的内涵。党的领导是政治领导，体现在党的自身就是理想信念宗旨的坚定性，体现在治国理政就是党的路线方针政策的正确性、科学性、实践性。巡视宣传思想文化部门要用习近平总书记在文艺工作座谈会和党的新闻舆论工作座谈会上的重要讲话精神去衡量；巡视经济管理部门要检查是否落实了宏观政策要稳、产业政策要准、微观政策要活、改革政策要实、社会政策要托底的总体思路；巡视民生部门要检查是否贯彻了中央扶贫开发工作会议精神。巡视组要始终保持清醒政治头脑，不断提高政治境界和思想政治水平，运用辩证唯物主义和历史唯物主义，具体地而不是抽象地、系统地而不是片面地分析问题。信任不能代替监督。巡视干部要对党忠诚，时时处处严格要求自己，严守党的纪律和中央八项规定精神，确保圆满完成中央交给的任务。

经中央批准，2016年中央第一轮巡视将对中宣部、发展改革委、工业和信息化部、国家民委、民政部、司法部、中国农业科学院等32家单位党组织开展专项巡视，同时对辽宁、安徽、山东、湖南等4个省进行“回头看”。

2月23日

［纲　文］　**国务院批复吉林、黑龙江省人民政府和发展改革委、住房城乡建设部，同意哈长城市群发展规划**。

［目　文］　批复说，一、原则同意《哈长城市群发展规划》(以下简称《规划》)，请认真组织实施。二、《规划》实施要全面贯彻党的十八大和十八届三中、四中、五中全会精神，深入贯彻落实党中央、国务院决策部署，按照“五位一体”总体布局和“四个全面”战略布局，牢固树立和贯彻落实创新、协调、绿色、开放、共享发展理念，紧紧抓住实施“一带一路”建设战略和新一轮东北地区等老工业基地振兴战略的机遇，坚持以人为本、科学发展、改革创新、依法治市，转变城市发展方式，完善城市治理体系，提高城市治理能力，着力完善体制机制，着力加强结构性改革，着力推进大众创业、万众创新，着力保障和改善民生，统筹空间、规模、产业三大结构，科学规划城市空间布局，实现基础设施互联互通、产业协调发展、生态环境共建、开放合作共赢、公共服务共享，探索粮食主产区新型城镇化道路，不断提升城市环境质量、人民生活质量、城市竞争力和新型城镇化水平，努力将哈长城市群建设成为具有重要影响力和竞争力、宜居宜业的绿色城市群。三、吉林、黑龙江省人民政府要加强对《规划》实施的组织领导，强化责任分工，明确任务要求，密切协调配合，形成工作合力，制定具体方案和专项规划，把《规划》落到实处。《规划》实施中涉及的重大事项、重大政策和重大项目按规定程序报批。四、国务院有关部门要按照职能分工，密切与吉林省、黑龙江省的沟通协调，在政策实施、项目安排、体制创新等方面给予积极支持，指导和帮助解决《规划》实施中遇到的问题，为哈长城市群发展创造良好政策环境。发展改革委要会同住房城乡建设部等部门加强对《规划》实施情况的跟踪分析和督促检查，会同吉林、黑龙江省人民政府适时组织开展《规划》实施情况评估，重大问题及时向国务院报告。

2月23日

［纲　文］　**质检总局公布《纤维制品质量监督管理办法》**。

［目　文］　《办法》共5章41条，主要有总则、质量义务、质量监督、法律责任、附则等内容，自2016年3月31日起实施。2006年6月14日发布的《絮用纤维制品质量监督管理办法》同时废止。

2月23日

［纲　文］　**国务院深入推进新型城镇化建设电视电话会议在北京召开，习近平、李克强对深入推进新型城镇化建设作出指示、批示**。

［目　文］　中共中央总书记习近平作出指示指出，城镇化是现代化的必由之路。党的十八大以来，党中央就深入推进新型城镇化建设作出了一系列重大决策部署。下一步，关键是要凝心聚力抓落实，蹄疾步稳往前走。2016年是“十三五”开局之年，新型城镇化建设一定要站在新起点、取得新进展。要坚持以创新、协调、绿色、开放、共享的发展理念为引领，以人的城镇化为核心，更加注重提高户籍人口城镇化率，更加注重城乡基本公共服务均等化，更加注重环境宜居和历史文脉传承，更加注重提升人民群众获得感和幸福感。要遵循科学规律，加强顶层设计，统筹推进相关配套改革，鼓励各地因地制宜、突出特色、大胆创新，积极引导社会资本参与，促进中国特色新型城镇化持续健康发展。

国务院总理李克强作出批示指出，城镇化是现代化的必由之路，是我国最大的内需潜力和发展动能所在。各地区、各部门要牢固树立五大发展理念，按照统筹城乡发展的要求，围绕稳增长、调结构、惠民生，紧紧抓住人的城镇化这个核心和提高质量这个关键，用改革的办法和创新的精神，全面推进新型城镇化建设，着力推动农业转移人口市民化，着力增加适应居民需求的公共产品和公共服务供给，着力构建与农业现代化相辅相成、相互促进的体制机制，惠及更多城乡群众，为促进经济中高速增长、迈向中高端水平注入强劲动力。

国务院副总理张高丽出席会议并讲话。中央和国家机关有关部门、中央有关金融机构、部分企业负责人在主会场参加会议。各省、自治区、直辖市和计划单列市、新疆生产建设兵团，各市（地）、县（市）人民政府及有关部门、单位负责人在各地分会场参加会议。发展改革委、公安部、人力资源社会保障部、国土资源部和浙江省、重庆市政府负责人在会上发言。

张高丽指出，各地区各部门要切实把思想认识和行动统一到党中央、国务院决策部署上来，充分认识新型城镇化的重大意义，牢固树立和坚决贯彻五大发展理念，扎实做好推进新型城镇化建设各项工作。各地区、各部门要发扬钉钉子精神，按照“三严三实”要求，加强纵横联动，强化部门间政策协调，鼓励地方主动作为，搞好宣传引导，充分调动各方面积极性，把推进新型城镇化建设各项工作抓实抓好抓出实实在在成效。

2月23日

［纲　文］　**全国老龄工作委员会第18次全体会议在北京举行，习近平、李克强对加强老龄工作作出指示、批示。**

［目　文］　中共中央总书记习近平指示指出，有效应对我国人口老龄化，事关国家发展全局，事关亿万百姓福祉。要立足当前、着眼长远，加强顶层设计，完善生育、就业、养老等重大政策和制度，做到及时应对、科学应对、综合应对。此事要提上重要议事日程，“十三五”期间要抓好部署、落实。

国务院总理李克强批示指出，要围绕科学应对人口老龄化问题，结合“十三五”规划编制实施，抓紧研究提出相关政策建议，并注重可操作性。

国务委员、全国老龄委主任王勇主持会议并强调，要坚决贯彻落实习近平总书记的重要指示精神，各成员单位和有关部门要结合自身职能，抓住重点任务，明确完成时间表、路线图和责任状。要各司其职、协调配合，把工作做细、做实，确保各项工作按质、按量、按时落到实处。要着眼于解决老年群众最关心最直接最现实的利益问题，让老年群众得到看得见、摸得着的实惠，切实增加获得感、幸福感。

2 月 23 日

［纲　文］　**《人民日报》发表题为《不断提高新闻舆论工作的能力和水平——三论学习贯彻习近平总书记新闻舆论工作座谈会重要讲话精神》的评论员文章。**

2 月 23—25 日

［纲　文］　**外交部部长王毅应邀对美国进行正式访问。**

［目　文］　23 日，王毅在华盛顿与美国国务卿克里会谈时阐述了中方在台湾问题、南海问题上的原则立场，同时也表明了中方反对美方有意在韩国部署“萨德”反导系统的严正态度并表示，2016 年是落实习近平主席访美成果的重要一年。双方要按照两国元首的共识，继续拓展双方在更广泛领域合作。中方支持美方 3 月底 4 月初在华盛顿主办第四届核安全峰会，欢迎奥巴马总统 9 月赴华出席二十国集团领导人杭州峰会。亚太是中美两国利益交融最多的地区。我们双方对亚太和平、稳定与发展负有重要共同责任，应加强互信，深化合作，推进中美在亚太事务中开展良性互动。克里表示，美中关系十分重要，美方期待习近平主席出席第四届核安全峰会，支持中方举办二十国集团领导人杭州峰会。美中在伊朗核、气候变化等问题上成功合作在全球产生了积极影响。美方赞同加快美中双边投资协定谈判，愿意加强同中方各领域合作，发展更加富有成效的美中双边关系。美方希进一步深化双方在气候变化等全球性问题上合作，愿同中方在亚太开展良性互动，不希望南海问题成为美中两国间问题。美坚持一个中国政策，反对“台独”。双方还就朝鲜半岛核、伊朗核、叙利亚等国际地区问题交换了看法。

24 日，王毅在华盛顿会见了美国总统奥巴马。王毅还分别会见了美国总统国家安全事务助理赖斯、国会参院外委会主席科克、国会众院外委会主席罗伊斯。

2 月 24 日

［纲　文］　**李克强主持召开国务院常务会议。**

［目　文］　会议主要内容是：一、确定进一步支持新能源汽车产业的措施，以结构优化推动绿色发展。会议指出，一是加快实现动力电池革命性突破。推动大中小企业、高校、科研院所等组建协同攻关、开放共享的动力电池创新平台，在关键材料、电池系统等共性、基础技术研发上集中发力。中央财政采取以奖代补方式，根据动力电池性能、销量等指标对企业给予奖励。二是加快充电基础设施建设。明确地方政府、业主、开发商、物业和电网企业等责权利，推动落实住宅小区和党政机关、企事业单位、机场景区及其他社会停车场等建设充电设施的要求。三是扩大城市公交、出租车、环卫、物流等领域新能源汽车应用比例。中央国家机关、新能源汽车推广应用城市的政府部门及公共机构购买新能

源汽车占当年配备更新车辆总量的比例，要提高到50%以上。四是提升新能源汽车整车品质。完善准入标准，加强质量安全监管，发展“新能源汽车＋物联网”，强化生产企业对新能源汽车的安全监控、动态检查，建立惩罚性赔偿和市场退出等机制。五是完善财政补贴等扶持政策，督促落实不得对新能源汽车限行限购的要求，破除地方保护，打击“骗补”行为。建立合理投资回报机制，鼓励社会资本进入充电设施建设运营、整车租赁、电池回收利用等服务领域。二、部署加强文物保护和合理利用，传承文化根脉凝聚民族精神。会议强调，一要重在保护。编制实施文物保护规划，对存在重大险情的文物及时开展抢救性保护，严防拆真建假、拆旧建新等。推进珍贵文物保护修复工程，抓紧完善文物建筑防火和古遗址、古墓葬等防盗防破坏设施。二要强化管理和执法。健全文物登录制度，建立国家文物资源数据库。调查督办重大文物违法案件和安全事故，严打盗窃、破坏文物等行为。三要合理适度利用。将更多博物馆纳入财政支持的免费开放范围。发挥文物资源在旅游业中的重要作用，推动文博创意等产业发展。对社会力量自愿投入资金保护、修缮市县级不可移动文物的，可依法依规在不改变所有权的前提下，给予一定期限的使用权。四要加大政策支持。保障文物保护经费投入，探索设立文物保护保险产品。鼓励民间文物合法收藏，支持非国有博物馆发展。针对彩塑壁画、纸质文物、纺织品等保护实施一批重点科技示范工程。五要大力培养文博、文物保护修复等人才。

2月24日

［纲　文］　**国务院总理李克强在北京会见世界银行行长金墉。**

［目　文］　李克强表示，在世界经济增长放缓、国际贸易出现下滑、金融市场波动加剧的背景下，中国经济稳中有进、稳中有好，运行处于合理区间，结构调整取得积极进展。我们将坚持积极的财政政策和稳健的货币政策，深入实施创新驱动发展战略，推进大众创业、万众创新。新动能的迅速成长和传统动能的改造提升，会为经济增长和扩大就业提供有力支撑。同时，中国政府应对各种风险和挑战经验丰富，政策储备和工具充足。我们愿通过二十国集团等平台，同国际社会加强宏观政策沟通协调。希望世界银行作为主要国际经济机构，传递积极信息，提振市场信心。这有利于促进世界经济的复苏和增长。中国同世界银行的合作富有成效，双方围绕新型城镇化、医药卫生体制改革等进行了有益探索，也为中国经济社会发展和国际社会提供了参考。下一步，希望双方就如何培育经济增长新动能加强研究，助力中国经济保持中高速增长、迈向中高端水平。

金墉表示，当前全球经济增长低迷，各主要经济体有必要加强宏观政策协调。中国主动转变增长方式，实施结构性改革，保持了经济较快增长。世界银行愿同中方密切政策沟通，向国际社会传递关于中国经济理性、客观的观点，并就二十国集团峰会相关议题以及中方感兴趣的发展议题进行深入探讨。

2月24日

［纲　文］　**中宣部在北京召开学习贯彻习近平总书记在党的新闻舆论工作座谈会上的重要讲话精神电视电话会议。**

［目　文］　中央有关部门和主要新闻单位负责人参加会议，各省区市和新疆生产建设兵团党委宣传部设立分会场。

中宣部部长刘奇葆出席会议并指出，宣传思想战线要把学习宣传贯彻习近平总书记重要讲话精神作为重要政治任务，深刻领会讲话提出的新思想新观点新论断新要求，切实把思想和行动统一到讲话精神上来。习近平总书记的重要讲话，从党和国家事业发展全局和战略高度，深刻阐明了党的新闻舆论工作的历史地位、重大作用、职责使命、目标任务和原则要求，科学回答了事关新闻事业长远发展的一系列带有根本性、战略性、全局性的重大问题，丰富和发展了马克思主义新闻理论，是指导做好新形势下党的新闻舆论工作的纲领性文献。学习贯彻习近平总书记重要讲话精神，关键要体现在行动上、落实到工作中。要抓政治方向，坚定不移向党中央看齐；抓正面宣传，不断提高宣传质量和水平；抓改进创新，推动重点工作实现新突破；抓严格管理，牢牢把握主导权主动权；抓人才培养，建强工作队伍，努力开创党的新闻舆论工作新局面。

2月24日

［纲　文］　**最高人民法院印发《关于为长江经济带发展提供司法服务和保障的意见》。**

［目　文］　《意见》由三个部分组成：一、切实提高思想认识，增强为长江经济带发展国家战略提供司法服务和保障的责任感与使命感。二、充分发挥审判职能作用，为长江经济带发展提供公正高效的司法服务和保障。三、创新司法体制机制，最大限度实现长江经济带区域内司法资源的优化配置。

2月24日

［纲　文］　**发展改革委、能源局、工业和信息化部公布《关于推进“互联网+”智慧能源发展的指导意见》。**

［目　文］　《意见》由三个部分组成：一、总体要求。二、重点任务。三、组织实施。

《意见》强调，各有关部门、企业和新闻媒体要通过多种形式加强对能源互联网政策机制、发展动态、先进技术、示范项目、新兴业态等的宣传，让社会各界全面了解能源互联网，扩大示范带动效应，吸引更多社会资本参与能源互联网的研究建设与创新发展，形成广泛、活跃、持续的能源互联网发展氛围，为能源互联网新技术、新商业模式和新业态孕育兴起提供良好的舆论环境。

2月24日

［纲　文］　**澜沧江—湄公河合作第三次高官会在海南三亚举行。**

［目　文］　外交部副部长刘振民与泰国外交部副次长维塔瓦共同主持澜沧江—湄公河合作第三次高官会。柬埔寨、老挝、缅甸、越南高官与会。会议重点为3月下旬举行的澜湄合作首次领导人会议作准备。湄公河五国高官高度评价澜湄合作取得的重要进展，赞赏中方为该机制建立和发展发挥的关键作用，表示愿支持和配合中方开好首次领导人会

议，推动澜湄合作迈上更高台阶，为促进本地区发展繁荣以及南南合作贡献力量。高官会重点就首次领导人会议成果进行深入讨论，达成了广泛共识。

刘振民表示，经过一年多的共同努力，澜湄合作已迈出实质性步伐并取得重要进展。去年11月，澜湄合作首次外长会在云南景洪成功举行，正式启动澜湄合作进程。2016年是东盟共同体建成元年和中国—东盟建立对话关系25周年，也是澜湄合作开局之年。首次领导人会议对澜湄合作未来发展具有建章立制、开篇定调的重要意义。中方愿同各方共同努力，确保领导人会议取得圆满成功和丰硕成果，为促进湄公河次区域发展、推动东盟共同体建设作出积极贡献。

2月24—26日

［纲　文］　**十二届全国人大常委会第十九次会议在北京举行。**

［目　文］　全国人大常委会委员长张德江主持了开、闭幕会并参加分组审议会。全国人大常委会副委员长李建国、王胜俊、陈昌智、严隽琪、王晨、沈跃跃、吉炳轩、张平、向巴平措、艾力更·依明巴海、万鄂湘、张宝文、陈竺，常委会组成人员出席会议。

会议主要内容是：一、会议表决通过了深海海底区域资源勘探开发法。国家主席习近平签署第42号主席令予以公布。二、会议原则通过了全国人大常委会工作报告稿，并委托张德江委员长代表全国人大常委会向十二届全国人大四次会议作工作报告。委员长会议将根据审议意见对报告稿作必要修改完善后，提交十二届全国人大四次会议审议。三、会议表决通过了十二届全国人大四次会议议程草案，决定提请十二届全国人大四次会议预备会议审议；通过了十二届全国人大四次会议主席团和秘书长名单草案，决定提请十二届全国人大四次会议预备会议审议；通过了十二届全国人大四次会议列席人员名单。四、会议经表决，免去刘水生的全国人大常委会副秘书长职务，免去郎胜、阚珂的全国人大常委会法制工作委员会副主任职务，任命王超英、张勇、许安标为全国人大常委会法制工作委员会副主任，免去姚胜、苏军的全国人大常委会预算工作委员会副主任职务，任命刘伟、朱明春为全国人大常委会预算工作委员会副主任。五、会议表决通过了全国人大常委会关于接受黄润秋辞去全国人大常委会委员职务的请求的决定，关于接受张崇和辞去全国人大内务司法委员会委员职务的请求的决定。六、会议表决通过了全国人大常委会代表资格审查委员会关于个别代表的代表资格的报告。

2月24—26日

［纲　文］　**汪洋在湖北调研易地扶贫搬迁工作。**

［目　文］　国务院副总理汪洋到郧西县丁家湾、唐家坪等扶贫搬迁工程建设现场，深入安置小区和搬迁贫困户家中，详细询问群众生产生活情况和搬迁工作进展，并召开座谈会听取进一步做好易地扶贫搬迁工作的意见和建议。

汪洋指出，易地扶贫搬迁是解决一方水土养不了一方人问题的根本之策，是脱贫攻坚的重点和难点所在。要认真贯彻落实党中央、国务院决策部署，坚持因地制宜，科学规划，创新机制，精准实施，保质保量做好搬迁脱贫工作，确保贫困群众“搬得出、稳得住、能致富”，为打赢脱贫攻坚战奠定坚实基础。易地扶贫搬迁时间紧、任务重、难点多，是一项复杂的系统工程，各地要吃透政策，主动作为，抓紧抓早，扎实推进。要制定完善工作规划，瞄准建档立卡贫困户，明确搬迁对象，科学选择安置方式，妥善解决好贫困群众后续生产生活问题。要尽快建好易地扶贫搬迁工作平台，健全工作机制，落实项目资金来源和信贷资金还款渠道，统筹考虑建房投资、基础设施和公共服务配套以及后续产业支持的需要，管好用好资金。要量力而行，因户施策，合理确定建设标准，坚决防止贫困户因搬迁大量举债，防止因搬迁拖延脱贫进程，做到搬迁一户脱贫一户。要重视搬迁后的帮扶措施，做到“挪穷窝”与“换穷业”并举、安居与乐业并重、搬迁与脱贫同步。各地区要积极探索创新，着力破解工作中遇到的各种难题，确保易地扶贫搬迁有力有序推进。

2月24—26日

［纲　文］　**孙春兰在宁夏调研。**

［目　文］　中共中央政治局委员孙春兰在企业调研并与自治区工商联同志和部分非公有制经济代表人士进行座谈时强调，支持和引导非公有制经济发展，是我国长期不变的战略方针。广大非公有制经济人士要充分认识当前我国经济发展面临的机遇和挑战，增强对经济发展和企业发展的信心，自觉运用五大发展理念，充分利用供给侧结构性改革带来的广阔空间，弘扬企业家精神、发挥企业家才能，守法诚信、安心专心用心地推动企业健康发展；到学校，考察民族团结进步教育开展情况，到宗教活动场所，看望宗教界人士，考察民主党派、非公有制企业对口帮扶情况，并与基层党政干部和统战干部座谈时指出，十八大以来，以习近平同志为总书记的党中央把统一战线摆到人心向背、力量对比的政治高度进行全面谋划，作出一系列重大决策部署。统一战线要把贯彻落实这些决策部署与贯彻落实十八届五中全会和即将召开的全国两会精神有机结合起来，大力支持党外人士围绕贯彻落实“四个全面”战略布局、五大发展理念和实施“十三五”规划纲要重大战略决策献计出力，为改革发展提供强大力量支持。要扎实做好民族工作，积极促进各民族交往交流交融，增强各族群众的中华民族共同体意识。要不断提升依法管理宗教事务的能力和水平，加强宗教界代表人士的培养，坚持伊斯兰教中国化方向，努力探索符合中国实际、具有中国特色的发展道路，积极引导宗教与社会主义社会相适应。

2月25日

［纲　文］　**国务院办公厅印发《全民科学素质行动计划纲要实施方案（2016—2020年）》。**

［目　文］　《方案》由四个部分组成：一、背景和意义。二、指导方针和目标。三、重点任务。四、组织实施和保障条件。

2月25日

［纲　文］　**政协第十二届全国委员会第四十次主席会议在北京召开。**

［目 文］ 全国政协主席俞正声主持会议并讲话。全国政协副主席帕巴拉·格列朗杰、万钢、林文漪、罗富和、李海峰、陈元、卢展工、王家瑞、王正伟、马飚、齐续春、陈晓光、马培华、刘晓峰、王钦敏出席会议。会议传达学习了中共中央总书记习近平有关讲话精神，听取了政协第十二届全国委员会第四次会议筹备工作情况的汇报，原则通过全国政协2016年视察考察调研安排。会议审议通过了撤销褚平政协第十二届全国委员会经济委员会副主任职务和第十二届全国政协委员资格的决定，提请第十四次常委会议追认。

俞正声指出，2016年是全面建成小康社会决胜阶段的开局之年，党和国家工作任务更加艰巨繁重。开好全国政协十二届四次会议具有重要意义。我们一定要认真学习贯彻习近平总书记重要讲话精神，增强政治意识、大局意识、核心意识、看齐意识，坚持正面鼓劲，凝聚正能量，增强我国经济社会发展的信心和力量。一要准确把握形势，鼓舞士气，提振信心，围绕制定和实施好“十三五”规划献计出力。二要深入协商议政，加强民主监督，围绕经济社会发展中的主要问题提出建设性意见建议，确保中央决策部署落到实处。三要积极宣传中共十八大以来以习近平同志为总书记的党中央治国理政的新理念新思想新战略，围绕全面建成小康社会宏伟目标，坚持团结民主两大主题，广泛凝聚共识、凝聚智慧、凝聚力量。四要严格执行中央八项规定精神，做好大会筹备组织工作，确保会议风清气正、务实高效、圆满成功。

2月25日

［纲 文］ **新华社讯，中组部印发《关于学习贯彻习近平总书记重要批示精神加强党委（党组）领导班子建设的通知》。**

［目 文］ 《通知》指出，最近，习近平总书记就学习毛泽东同志《党委会的工作方法》作出重要批示，对各级党委（党组）领导班子成员特别是主要负责同志重温这篇著作提出明确要求。各级党委（党组）要充分认识习近平总书记重要批示的深刻意义，把《党委会的工作方法》纳入“学党章党规、学系列讲话，做合格党员”学习教育重要内容，在学习掌握科学的工作方法和领导艺术、学习掌握其中蕴含的政治纪律和政治规矩上下功夫，真正把握《党委会的工作方法》的基本思想，提高领导能力和水平。

《通知》强调，要结合贯彻落实《中国共产党地方委员会工作条例》《中国共产党党组工作条例（试行）》，全面加强党委（党组）领导班子思想政治建设、作风建设和能力建设，切实提高贯彻执行民主集中制自觉性，更好发挥党总揽全局、协调各方的领导核心作用，为协调推进“四个全面”战略布局、贯彻落实五大发展理念提供坚强政治保证和组织保证。

2月25日

［纲 文］ **最高人民法院印发《人民法院审理人民检察院提起公益诉讼案件试点工作实施办法》。**

［目 文］ 《办法》由四个部分组成：一、民事公益诉讼。二、行政公益诉讼。三、其他规定。四、附则，自2016年3月1日起施行。

2月25日

［纲 文］ **质检总局公布《客运索道安全监督管理规定》。**

［目 文］《规定》共7章39条，主要有总则，制造，安装、改造、修理，使用，监督管理，法律责任，附则等内容，自2016年4月1日起实施。

2月25日

［纲 文］ **安全监管总局公布修订后的《煤矿安全规程》，自2016年10月1日起施行。**

2月25日

［纲 文］ **住房城乡建设部发布《城市公园配套服务项目经营管理暂行办法》，自2016年2月25日起施行。**

2月25日

［纲 文］ **国务院打击治理电信网络新型违法犯罪工作部际联席会议第二次会议暨专项行动推进电视电话会议在北京召开。**

［目 文］ 中央政法委秘书长、国务院副秘书长汪永清主持会议。公安部、中宣部、工业和信息化部、人民银行、银监会、最高法、最高检等有关成员单位负责人分别发言。部际联席会议23个成员单位分管负责人和联络员参加会议。会议通报了开展专项行动的情况，分析了打击治理电信网络新型违法犯罪面临的形势，提出了补齐短板、加强和改进打击治理工作的措施。部际联席会议决定，将打击治理电信网络新型违法犯罪专项行动延长至2016年底，努力实现电信诈骗案件、群众损失明显下降，破案数、抓获违法犯罪嫌疑人数明显上升的目标。

国务委员、公安部部长郭声琨在会上强调，要深入贯彻习近平总书记、李克强总理等中央领导重要指示批示精神，以更大的决心和力度推进打击治理电信网络新型违法犯罪工作，坚决维护人民群众财产安全和合法权益。要坚持主动进攻、保持严打态势，创新侦查打击方式，建立科学组织指挥、快速接警止付、集中研判侦查、高效打击处理的工作新机制，坚决把电信诈骗犯罪分子的嚣张气焰打下去。要深化重点地区整治，限期改变面貌。要建立健全责任明确、快速响应、密切配合、齐抓共管的防范治理机制，尽快建立涉案账户紧急止付和快速冻结等制度，及时发现、通报和阻断关停网络改号诈骗电话，依法打击“伪基站”“黑广播”，最大限度挤压违法犯罪空间、避免和挽回群众财产损失。要加大防范宣传力度，切实提高广大群众的防范意识。

2月25日

［纲 文］ **《人民日报》发表题为《狠抓落实 当好改革实干家》的评论员文章。**

2月26日

［纲 文］ **习近平签署中华人民共和国主席令第42号。**

［目 文］ 主席令说，《中华人民共和国深海海底区域资源勘探开发法》已由中华人民共和国第十二届全国人民代表大会常务委员会第十九次会议于2016年2月26日通过，

现予公布，自2016年5月1日起施行。

2月26日

［纲　文］ **全国人大常委会首次宪法宣誓仪式在北京举行。**

［目　文］ 全国人大常委会委员长张德江主持宪法宣誓仪式并监誓。全国人大常委会副委员长兼秘书长王晨和全国人大机关有关负责人、全国人大机关干部等约50人参加。

按照2016年1月1日开始施行的《全国人民代表大会常务委员会关于实行宪法宣誓制度的决定》，在十二届全国人大常委会第十九次会议上被任命的全国人大有关专门委员会副主任委员、常委会工作委员会副主任等6名国家工作人员依法进行宪法宣誓。

2月26日

［纲　文］ **国务院印发《实施〈中华人民共和国促进科技成果转化法〉若干规定》。**

［目　文］ 《规定》由三个部分组成：一、促进研究开发机构、高等院校技术转移。二、激励科技人员创新创业。三、营造科技成果转移转化良好环境。

《规定》指出，各地方、各部门要切实加强对科技成果转化工作的组织领导，及时研究新情况、新问题，加强政策协同配合，优化政策环境，开展监测评估，及时总结推广经验做法，加大宣传力度，提升科技成果转化的质量和效率，推动我国经济转型升级、提质增效。《国务院办公厅转发科技部等部门关于促进科技成果转化若干规定的通知》同时废止。此前有关规定与本规定不一致的，按本规定执行。

2月26日

［纲　文］ **发展改革委、科技部、财政部、海关总署、税务总局公布《国家企业技术中心认定管理办法》。**

［目　文］ 《办法》共6章31条，主要有总则、国家企业技术中心认定、运行评价、鼓励政策、监督管理、附则等内容。自2016年4月1日起施行。《鼓励和支持大型企业和企业集团建立技术中心暂行办法》和《国家认定企业技术中心管理办法》同时废止。

2月26日

［纲　文］ **财政部、科技部、国资委印发《国有科技型企业股权和分红激励暂行办法》。**

［目　文］ 《办法》共6章46条，主要有总则、实施条件、股权激励、分红激励、激励方案的管理、附则等内容，自2016年3月1日起施行。企业依据《财政部 科技部关于印发〈中关村国家自主创新示范区企业股权和分红激励实施办法〉的通知》《财政部 科技部关于〈中关村国家自主创新示范区企业股权和分红激励实施办法〉的补充通知》制定并正在实施的激励方案，可继续执行，实施期满，新的激励方案统一按本办法执行。

2月26日

［纲　文］ **食品药品监管总局公布《保健食品注册与备案管理办法》。**

［目　文］ 《办法》共8章75条，主要有总则，注册，注册证书管理，备案，标签、

说明书，监督管理，法律责任，附则等内容，自2016年7月1日起施行。2005年4月30日公布的《保健食品注册管理办法（试行）》同时废止。

2月26日

［纲　文］　**贯彻落实古田全军政治工作会议精神工作推进会在北京召开。**

［目　文］　中央军委副主席范长龙、许其亮出席会议并讲话。中央军委委员常万全、赵克石、张又侠、吴胜利、马晓天、魏凤和等出席会议。全军各大单位、军委机关各部门和武警部队主要领导，全军贯彻落实古田全军政工会精神领导小组成员单位领导出席会议。五个单位介绍了贯彻落实古田全军政工会精神的经验做法。

范长龙指出，习主席亲自提议在古田召开全军政工会并发表重要讲话，把新形势下政治建军的理论和实践推进到一个新阶段，充分体现了军队最高统帅对新形势下政治建军的战略设计。贯彻新形势下政治建军要求，就是要坚持党对军队的绝对领导，增强政治意识、大局意识、核心意识、看齐意识，坚决听从党中央、中央军委和习主席指挥。要深入开展党史军史和优良传统教育，把我军性质、宗旨和本色保持好。要保持高压态势，强化党委的主体责任和纪委的监督责任，发挥纪检、巡视、审计等职能部门作用，把从严执纪压力向基层传导，纯正军队政治生态，努力实现部队作风根本好转。

许其亮指出，习主席始终把政治建军摆在首位，无论谋划军队建设改革，还是指导军事斗争实践，第一位的都是强调政治建设。我们要从看齐追随的高度把政治建军牢牢抓在手上，坚定不移沿着习主席开辟的新形势下政治建军道路走下去。要把贯彻古田全军政工会精神作为长期战略任务，锲而不舍年复一年紧抓不放。要把习主席系列重要讲话精神作为旗帜在强军征程中始终高举，以强烈的政治担当、历史担当抓好学习宣传贯彻，在改造学习中推动学习落地，坚决维护和贯彻军委主席负责制，坚定自觉地向党看齐。要围绕改革、强军、打赢发挥政治工作生命线作用。坚持思想先行，强固组织优势，扭住人这个核心要素，坚定不移深化整顿，站在政治高度全面彻底肃清郭伯雄、徐才厚案件流毒影响，塑造绿水青山的政治生态。

2月26日

［纲　文］　**纪念方毅同志诞辰100周年座谈会在北京举行。**

［目　文］　全国政协主席俞正声出席座谈会，并在会前会见了方毅亲属。全国政协副主席兼秘书长张庆黎主持座谈会。全国政协副主席、科技部部长万钢等出席座谈会并发言。

国务院副总理刘延东在座谈会上缅怀了方毅的光辉一生和卓越贡献并强调，要学习他坚守信仰、矢志不渝的崇高追求，严谨务实、勇于开拓的工作作风，崇尚知识、尊重人才的优秀品质，清正廉洁、克勤克俭的高风亮节，为实现中华民族伟大复兴的中国梦作出更大贡献。

方毅（1916年2月26日—1997年10月17日），中国共产党第八届、九届中央委员会候补委员，第十届、十一届、十二届中央委员，第十一届中央政治局委员、书记处书记，第十二届中央政治局委员，国务院原副总理，第七届全国政协副主席。

2月26日

［纲 文］ **中共中央决定宁吉喆兼任国家统计局局长、党组书记。**

2月26日

［纲 文］ **外交部发言人表示，安理会涉朝新决议不应影响朝鲜正常民生。**

［目 文］ 有记者问，安理会涉朝制裁决议不影响朝鲜民生这一点对中方有多重要？中方如何确保有关制裁措施有针对性，不损害朝鲜普通民众利益？

发言人说，近期，联合国安理会正就涉朝新决议进行讨论。中方认为，有关决议应着眼于遏制朝鲜的核、导开发计划，相关制裁应具有明确导向，不影响朝鲜正常民生。中方在这方面的立场是明确的。制裁本身并不是目的，当前最紧迫的是将朝鲜半岛核问题重新拉回对话谈判轨道。中方已经提出实现半岛无核化与半岛停和机制转换并行推进的思路。这一思路有利于实现半岛无核化，有利于解决各方的合理关切，也有利于实现朝鲜半岛的长治久安。中方愿与各方就这一倡议进行深入沟通。

有记者问，中方是否会一直支持对朝制裁？是否担心有关制裁措施将导致朝鲜社会动荡？

发言人说，中方支持联合国安理会对朝鲜核试和射星作出必要反应，一贯恪守联合国安理会相关决议。同时，也呼吁各方齐心协力、加强合作，推动早日重启六方会谈，将半岛无核化问题重新拉回对话谈判轨道，这符合有关各方共同利益。对于“中方此前并未严格执行安理会对朝制裁措施”的论调，这种观点站不住脚。作为联合国安理会常任理事国，中方一贯切实履行安理会决议，承担应尽的国际义务。中方认为这次的决议将有效阻遏朝核、导计划进一步推进，但谈判依然是从根本上解决朝鲜半岛核问题的办法。

2月26—27日

［纲 文］ **2016年首次二十国集团财长和央行行长会议在上海举行，国务院总理李克强向会议发表视频讲话。**

［目 文］ 本次会议是中国担任2016年二十国集团主席国后主办的首次二十国集团财长和央行行长会议。财政部部长楼继伟和人民银行行长周小川共同主持了会议。会议主要讨论了当前全球经济形势、增长框架、投资和基础设施、国际金融架构、金融部门改革、国际税收合作、反恐融资、绿色金融及气候资金等议题，并发表了联合公报。

李克强在视频讲话中表示，年内在杭州举办的二十国集团领导人峰会将围绕“创新、活力、联动、包容的世界经济”主题，凝聚共识，推进合作，采取行动。二十国集团成员一是要加强宏观经济政策协调，在制定本国宏观经济政策时，既要考虑促进自身增长，也要考虑外溢性影响，共同维护和促进国际金融市场稳定。二是要推进结构性改革，支持创新，放松管制，鼓励竞争，扩大开放，激发经济增长的活力。三是要完善全球经济金融治理，继续推动国际金融机构改革，完善国际货币体系，深化国际税收合作，构建更加公平、公正、开放的国际经济体系。去年中国经济增长在主要经济体中位居前列，特别是结构调整取得积极进展。城镇新增就业人口超过1300万，这其中包括数百万应届高校毕业生。中国经济增长速度放缓，但就业稳定，而且有所增加。这表明中国在培育新动能、发展新经济方面已经取得明显成效。面对复杂的国际国内形势，我们将坚定信心，正视困难，综合施策，进一步发挥好中国经济潜力巨大、韧性很强、回旋余地广阔的优势，在适度扩大总需求的同时，着力加强结构性改革，尤其是供给侧结构性改革，持续推进简政放权、放管结合、优化服务等改革，实施创新驱动发展战略，深入推动大众创业、万众创新，把亿万民众的积极性和创造力调动起来，激发市场活力和社会创造力，不断壮大新的发展动能，改造和提升传统动能。我们将坚持推进金融市场化改革和法治化建设，积极培育公开透明、长期稳定健康发展的资本市场。实行以市场供求为基础，参考一篮子货币，有管理的浮动汇率机制。人民币汇率不存在持续贬值的基础，将在合理均衡的水平上保持基本稳定。

28日，国务院副总理汪洋在北京会见来华出席二十国集团财长和央行行长会议的土耳其副总理希姆谢克。汪洋表示，中方愿同土方一道，共同落实好两国元首达成的重要共识，用好两国副总理级政府间合作委员会机制，加强中土互信，推动基础设施、经贸、金融、安全、人文等领域务实合作取得更多成果。希姆谢克表示，土方高度重视同中国发展关系，愿与中方在共建“一带一路”框架内深化各领域合作，实现共同发展。

2月27日

［纲　文］　**中共中央办公厅、国务院办公厅印发《健全落实社会治安综合治理领导责任制规定》，并发出通知，要求各地区各部门遵照执行。**

［目　文］　《规定》共6章33条，主要内容有总则、责任内容、督促检查、表彰奖励、责任督导和追究、附则，自2016年2月27日起施行。

2月28日

［纲　文］　**税务总局公布《关于更新税务行政许可事项目录的公告》。**

［目　文］　《公告》说，根据《国务院关于第二批取消152项中央指定地方实施行政审批事项的决定》，印花税票代售许可已经取消。现将《国家税务总局关于公布税务行政许可事项目录的公告》所附的税务行政许可事项目录更新并予以公布。

2月28日

［纲　文］　**税务总局公布《关于税务行政许可若干问题的公告》。**

［目　文］　《公告》说，为规范税务行政许可行为，保护税务行政相对人合法权益，推进简政放权、放管结合、优化服务，根据《中华人民共和国行政许可法》《中华人民共和国税收征收管理法》及其实施细则等法律法规规定，以及国务院深化行政审批制度改革要求，现将税务行政许可若干问题公告如下：一、税务行政许可事项。二、税务行政许可实施机关。三、税务行政许可实施程序。四、监督检查。本公告自2016年4月1日起施

行。《国家税务总局关于实施税务行政许可若干问题的通知》同时废止。

2月28日

［纲　文］　**新华社讯，刘延东在四川调研。**

［目　文］　中共中央政治局委员、国务院副总理刘延东到大凉山腹地昭觉县彝族村寨，考察乡村小学和幼教点，看望留守儿童家庭，考察了民办职业技术学校，召开教育扶贫座谈会听取意见建议；还考察了社区、乡等基层医卫机构和县、州医院。

刘延东强调，要认真贯彻党中央、国务院关于打赢脱贫攻坚战的决策部署，落实精准扶贫、精准脱贫基本方略，加大教育扶贫、健康扶贫力度，提高贫困地区群众文化水平和身体素质，促进经济发展和民生改善。扶贫要扶智，教育扶贫作为脱贫"五个一批"工程之一，肩负重要使命。要把发展普惠性学前教育、全面改善薄弱学校办学条件、推进标准化建设、加强乡村教师队伍建设作为教育扶贫基础性工作，着力扩大教育公共服务供给，让贫困家庭子女都能接受公平有质量的教育。要加强贫困地区医疗和公共卫生服务能力建设，加大地方病、慢性病的防控及艾滋病干预力度，强化乡村医生培养，实施远程医疗推动优质资源下沉，保障贫困人口得到基本医疗卫生服务，为扶贫攻坚提供健康保障。要求进一步聚焦改革重点，以推进健康中国建设为主线，实施医疗、医保、医药"三医"联动改革，推动分级诊疗制度建设，尽快在建立现代医院管理制度、理顺药品价格、改革医保支付方式等重点领域和关键环节取得实质性突破，为基本建立覆盖城乡的基本医疗卫生制度奠定坚实基础。

2月28—29日

［纲　文］　**政协十二届全国委员会常务委员会第十四次会议在北京召开。**

［目　文］　会议主要内容是：一、通过政协第十二届全国委员会第四次会议议程（草案）和日程、将提交全国政协十二届四次会议审议的政协全国委员会常务委员会工作报告和全国政协十二届三次会议以来提案工作情况的报告、政协全国委员会委员履职工作规则（试行）、政协十二届全国委员会第四次会议秘书长、副秘书长名单。二、会议决定，增补叶小文、李家祥为政协第十二届全国委员会委员；增补杨松为民族和宗教委员会副主任，马中平为外事委员会副主任，叶小文、李家祥为文史和学习委员会副主任；接受孙志刚、陈求发同志因工作调整辞去政协第十二届全国委员会委员。三、会议追认政协第十二届全国委员会第三十八次、四十次主席会议分别作出的撤销刘子静政协第十二届全国委员会委员资格、撤销褚平政协第十二届全国委员会经济委员会副主任职务和委员资格的决定。

全国政协主席俞正声在主持闭幕会时指出，全国政协十二届四次会议即将开幕，这次会议是在全面建成小康社会进入决胜阶段新形势下召开的，对于统一思想、鼓舞士气、凝聚力量，非常重要。中央对开好大会高度重视，习近平总书记作出重要指示。我们要认真学习领会，抓好贯彻落实。一要把思想认识统一到中央对当前形势的分析判断上来，把智慧和力量汇聚到中央的决策部署上来，把会议开成团结鼓劲、统一思想、凝聚共识的大会。二要紧紧围绕中央重大决策部署的贯彻落实正向发力，围绕重大改革举措的落实、重要政策贯彻执行情况和“十三五”时期重要约束性指标等建言献策，开展民主监督，发扬民主，畅所欲言，促进相关工作改进和加强，推动中央决策贯彻落实。三要把握好社会主义初级阶段基本国情，避免过高过急的要求，从国情出发，从实际出发，为“十三五”时期发展献计出力。四要切实保持良好会风文风，会议文件要精炼务实，大会发言、小组讨论要言之有据、言之有理，提案要更加注重质量，宣传报道要坚持团结稳定鼓劲、正面宣传为主的方针，确保会议风清气正、务实高效、圆满成功。

2月28日—3月2日

［纲　文］　**应外交部部长王毅邀请，新加坡共和国外交部部长维文对中国进行正式访问。**

［目　文］　29日，国家副主席李源潮在北京会见维文时说，中新是友好邻邦，两国创造性地走出了一条互学互鉴、互利共赢的合作之路。习近平主席去年对新加坡进行国事访问，两国确立了与时俱进的全方位合作伙伴关系，为下一阶段双边关系发展指明了方向。中国愿同新加坡一道，增进政治互信，提升务实合作，扩大人文交流，推动两国关系不断发展。维文表示，新中合作成果丰硕。新方高度重视对华关系，愿为全面推进双边合作作出不懈努力。

同日，王毅同维文在北京举行会谈时表示，中新关系一直体现前瞻性和引领性，具有丰富战略意涵。2016年是双方落实中新与时俱进的全方位合作伙伴关系开局之年，中新关系发展面临重要机遇。双方要共同建设好第三个中新政府间重大项目，即以重庆为中心的互联互通和物流合作；推动年内完成中新自贸区升级版谈判；共建“21世纪海上丝绸之路”。中国与东盟国家是命运共同体。中方愿将双方的自贸区升级成果尽快落地，探讨推进国际产能合作，办好建立对话关系25周年系列活动。维文表示，新加坡对中国经济和新中关系发展充满信心。新方愿积极参与“一带一路”建设，推进新中自贸区升级版谈判，推动中国—东盟关系持续发展。

3月1日，国务委员杨洁篪在北京会见维文时强调，中方愿与新方共同努力，不断提升政治互信，扎实推进重点合作，推动中新与时俱进的全方位合作伙伴关系取得新成果。中方愿与新方一道，共同促进中国—东盟关系发展。维文表示，新方高度重视新中关系，愿同中方深化务实合作，加强在地区和国际事务中的协调配合，推动双边合作和东盟与中国关系取得更大进展。

2月28日—3月6日

［纲　文］　**2016年世界乒乓球团体锦标赛在马来西亚吉隆坡举行。**

［目　文］　中国男乒实现了男子团体赛八连冠。中国女乒实现了自2012年以来的世乒赛团体赛三连冠。这也是中国男女乒乓球队历史上双双第20次手捧世乒赛团体冠军杯。

2月29日

［纲　文］　**中共中央总书记习近平在北京会见越共中央总书记阮富仲特使、中央对**

外部部长黄平君。

［目　文］　黄平君转达了阮富仲致习近平的口信。阮富仲在口信中表示，越中两国是有悠久友好传统的近邻，都是共产党领导的社会主义国家，有很多相同的根本利益。发展良好稳定、全面互利合作的友好关系既是历史责任，也是客观需要，符合两国人民的根本和长远利益。两党关系一直对双边关系发展发挥着重要引领作用。我们希望同中方同志们一道，落实好双方高层领导人的共识，加强高层交往，推动并提高经济及其他各领域合作效果，加强两党两国各部门和地方、民间交流合作，维护海上和平稳定，推动越中全面战略合作伙伴关系长期健康稳定发展，为本地区和世界的和平稳定与繁荣作出贡献。黄平君通报了越共十二大情况，表示越方将同中方一道努力，认真落实两党总书记重要共识，推动越中关系不断向前发展。

习近平感谢阮富仲的口信并说，中越两党总书记互派特使，就党内和国内重要情况相互通报和致贺，是两党重要传统。此次越共十二大召开后，我们两党延续并发展了这一友好传统，对增进两党两国政治互信具有重要意义。中越两党两国是命运共同体，发展中越关系是我们的历史责任，符合两国和两国人民根本利益。中方愿同越方一道，继续秉持"十六字"方针和"四好"精神，保持高层互访传统，增进政治互信，加强党建交流，推进务实合作，妥善处理有关分歧，推动中越全面战略合作伙伴关系长期健康稳定发展。

2月29日

［纲　文］　**国家主席习近平在北京接受10国新任驻华大使递交国书并会见上海合作组织新任秘书长阿利莫夫**。

［目　文］　习近平欢迎各国使节来华履新，请他们转达对各有关国家领导人和人民的诚挚问候和良好祝愿并积极评价中国同各国的良好关系及中国人民同各国人民的深厚友谊，指出中国高度重视发展同各国的关系，愿巩固传统友谊，推进互利合作，深化人文交流，加强在多边组织中的合作。中国政府将为各国使节履职提供便利和支持，希望各位使节在任职期间，为推动中国同有关国家的关系和各领域合作作出积极贡献。

各国使节转达了各自国家领导人对习近平的亲切问候和对中国人民的美好祝愿，积极评价中国的快速发展和在国际事务中发挥的重要作用。使节们表示，各国高度重视发展同中国关系。他们对出使中国深感荣幸，愿竭尽所能，致力于推动各自国家同中国的友好合作，加深各国人民同中国人民的相互了解，实现互利共赢。

10国大使是：马耳他驻华大使卓嘉鹰、荷兰驻华大使凯罗、印度驻华大使顾凯杰、东帝汶驻华大使贲迪拓、巴哈马驻华大使戈麦斯、捷克驻华大使科别茨基、澳大利亚驻华大使安思捷、拉脱维亚驻华大使塞尔嘉、摩尔多瓦驻华大使乔科伊、老挝驻华大使万迪。

同日，习近平在人民大会堂会见上海合作组织新任秘书长阿利莫夫，希望他为推动上海合作组织各领域合作作出新贡献。

2月29日

［纲　文］　**国务院总理李克强在北京会见美国总统特别代表、财政部长雅各布·卢**。

［目　文］　李克强表示，一个良好的中美关系对两国都十分重要。中方重视发展同美国关系以及经贸等领域合作。习近平主席不久将同奥巴马总统再次会晤，推动中美关系取得新的发展。去年中国首次成为美国最大贸易伙伴。中方愿同美方一道努力，密切沟通与磋商，照顾彼此关切，积极推动达成一项互利共赢、高水平的双边投资协定。中国正处在经济转型和新旧动能转换的过程中，实施积极的财政政策还有较大空间，会更加有力。我们将大力推进结构性改革，尤其是供给侧结构性改革，更好激发市场活力和社会创造力，让新动能不断成长，传统动能得到改造和提升。通过简政放权、“双创”等改革，进一步放宽市场准入，营造公平竞争的市场环境。我们将实行以市场供求为基础，参考一篮子货币，有管理的浮动汇率机制，保持人民币汇率在合理均衡水平上的基本稳定。李克强积极评价年内首次二十国集团财长和央行行长会议。他表示，包括中美在内的主要经济体应加强宏观政策协调，释放稳定信号，提振市场信心，共同推动世界经济实现强劲、可持续、平衡增长。

雅各布·卢表示，中国政府就人民币汇率、结构性改革等方面政策释放积极信息，有助于国际社会提振信心。美方愿同中方加强沟通，开好新一轮美中战略经济对话，推动双边投资协定谈判等进程早日取得实质性进展。

28日，国务院副总理汪洋在北京会见雅各布·卢时表示，过去一年中美关系取得重要进展。双方应进一步落实好两国元首达成的一系列重要共识和成果，做好两国元首2016年内重要会晤经济议程的准备工作。中方愿与美方共同努力，办好第八轮中美经济对话，推进中美投资协定谈判和世贸组织环境产品协定谈判，增进互信，管控分歧，促进中美经济关系持续健康发展。刚刚闭幕的二十国集团财长和央行行长会议取得重要成果，中美应共同解读好会议公报精神，推动各方落实好公报作出的各项承诺，促进全球经济强劲、可持续、平衡增长。

雅各布·卢表示，美方愿与中方就双边和全球经济事务保持沟通和协调，积极支持中方办好二十国集团杭州峰会，共同开好第八轮美中经济对话，推动美中经济关系不断取得新成果。

2月29日

［纲　文］　**发展改革委、商务部、工业和信息化部、交通运输部、农业部、财政部、人民银行、证监会、邮政局、供销合作总社公布《关于加强物流短板建设促进有效投资和居民消费的若干意见》。**

［目　文］　《意见》由三个部分组成：一、总体要求。二、重点任务。三、政策保障。

《意见》要求，各地有关部门要进一步提高对加强物流短板建设促进有效投资和居民消费工作重要性的认识，结合本地区实际抓紧制定加强物流短板建设的具体实施方案，明确工作分工，落实工作责任，将其作为“稳增长、调结构、促改革、惠民生”的一项重要工作抓紧抓好。国务院各有关部门将按照职责分工，密切配合，加强督促指导，确保各项政策措施有效贯彻落实。

2月29日

［纲　文］　**发展改革委、质检总局发布修订后的《能源效率标识管理办法》。**

［目　文］　《办法》共5章31条，主要有总则、能效标识的实施、监督管理、罚则、附则等内容，自2016年6月1日起施行。2004年8月13日国家发展改革委、质检总局发布的《能源效率标识管理办法》同时废止。

2月29日

［纲　文］　**2016“中美旅游年”在北京开幕，国家主席习近平发来贺词。**

［目　文］　习近平在贺词中指出，共同举办2016“中美旅游年”是我去年9月对美国进行国事访问期间双方达成的一项重要成果。值此2016“中美旅游年”开幕之际，我谨代表中国政府和人民，并以我个人的名义，对旅游年的开幕表示热烈的祝贺，对远道而来的美国朋友表示热烈的欢迎。中美建交37年来，两国关系取得历史性发展。近年来，双方共同努力推进中美新型大国关系建设，两国在诸多重要领域、重大国际和地区问题上开展了富有成效的协调与合作，不仅造福两国和两国人民，而且有力促进了世界和平、稳定、繁荣。中美都有灿烂的文化、优美的风光，两国人民都有加深了解、增进友谊的强烈愿望。希望双方以举办旅游年为契机，扩大人员往来，加强文化交流，为中美关系发展培育更为厚实的民意和社会基础。欢迎更多美国朋友来中国旅游。祝2016“中美旅游年”圆满成功。

开幕式上中国国家旅游局局长李金早宣读了习近平的贺词并致辞。美国商务部副部长布鲁斯·安德鲁斯致辞，美国驻华大使博卡斯致辞并介绍了奥巴马祝贺视频内容。中国商务部国际贸易谈判副代表张向晨、旅游局副局长李世宏，美国商务部旅游旅行办公室执行主任柯凯丽、旅游推广局总裁汤炳坤等出席开幕式。中美嘉宾共同启动旅游年开幕式。

奥巴马在祝贺视频中说，每天，我们都欢迎对方来到我们两个伟大的国家，美国人到中国以及中国人到美国。2016年是中美旅游年，我们鼓励更多我们的人民相互访问并体验我们所提供的一切。希望更多美国人了解中国人的精神、紫禁城和长城的威严，兵马俑战士的历史、黄山之美以及像上海这样的城市的活力。希望更多的中国人了解是什么塑造了美国人。这样的地方，例如独立厅、硅谷、州首府和华盛顿等。请准备好——更多的美国人要到中国来，我们期待着欢迎更多的中国人到美国来。我相信，我们越真正了解对方，就越能一起努力。让我们两国和世界各地的人民，生活在和平、繁荣和友谊中。

11月20日，2016“中美旅游年”闭幕式在华盛顿举行。旅游局局长李金早主持闭幕式。来自中美两国各界1000多名嘉宾出席闭幕式。习近平发来书面贺信。国务院副总理汪洋在闭幕式上宣读贺信并致辞表示，举办2016“中美旅游年”、促进两国人民友好交往，是习近平主席和奥巴马总统的倡议。2016年双方举办了丰富多彩的旅游推广和民间交往活动，带动旅游合作再获丰收，让两国民众“游”在其中、乐在其中，不仅为两国经济发展注入了强劲动力，还增进了两国人民相互了解。两国元首的期望已经变成了现实。

美国商务部部长普利兹克出席闭幕式，并宣读了美国总统奥巴马的贺信。奥巴马祝贺2016“美中旅游年”取得成功。“美中旅游年”的举办，使两国人民能够体验新文化、探索新地方，增进了相互了解，深化了两国人文交流与合作。美国政府鼓励和支持两国进一步拓展在旅游领域的交往与合作。

2月29日

［纲　文］ **纪念“三八”国际妇女节暨全国三八红旗手（集体）表彰大会在北京举行。**

［目　文］ 全国妇联副主席宋秀岩主持会议。中共中央政治局委员刘延东、李源潮接见代表。全国人大常委会副委员长、民进中央主席严隽琪出席大会，全国人大常委会副委员长、全国妇联主席沈跃跃讲话。大会表彰了10名全国三八红旗手标兵、300名全国三八红旗手和200个全国三八红旗集体。全国三八红旗手标兵余金红、全国三八红旗手杨晖、全国三八红旗集体代表黄晓艳作大会发言。

沈跃跃向全国各族各界妇女致以节日问候，向受表彰的先进个人和先进集体表示热烈祝贺并表示，广大妇女学习先进、争当先进，坚定理想信念，坚定不移跟党走中国特色社会主义道路；彰显智慧力量，积极为实现“十三五”良好开局作贡献；大力培树良好家风，在社会生活和家庭生活中发挥独特作用；抓住机遇，齐心协力打赢脱贫攻坚战。各级妇联组织要认真学习贯彻习近平总书记系列重要讲话精神，自觉坚持党的领导，努力增强政治意识、大局意识、核心意识、看齐意识，不断保持和增强政治性先进性群众性，团结引领亿万妇女为全面建成小康社会、实现中华民族伟大复兴的中国梦作出新贡献。

2月29日

［纲　文］ **中国环境国际传播网站正式启动。**

［目　文］ 中国环境国际传播网是由中国环境与发展国际合作委员会秘书处、中国环境报社、环境保护部对外合作中心共同创建的一个全英文网站，目的是加强中国环境保护工作的对外宣传。

2月29日

［纲　文］ **《人民日报》发表题为《推动全面从严治党向基层延伸的重大举措——论扎实开展“两学一做”学习教育》的评论员文章。**

3 月

3月1日

［纲　文］　**统计局公布《关于部分部门规章和规范性文件失效的决定》。**

［目　文］　《决定》说，统计局对2015年12月31日前制发的部门规章和规范性文件进行了全面清理。经过清理，现决定《统计从业资格认定办法》《关于印发〈统计员岗位专业知识培训试行办法〉的通知》《国家统计局关于实施〈统计从业资格认定办法〉有关问题的批复》《国家统计局办公室关于统计从业资格考试等有关问题的通知》《国家统计局统计科学研究所研究基地管理办法（试行）》失效。本决定自2016年3月1日起施行。

3月1日

［纲　文］　**食品药品监管总局、卫生计生委公布《医疗器械临床试验质量管理规范》。**

［目　文］　《规范》共11章96条，主要有总则、临床试验前准备、受试者权益保障、临床试验方案、伦理委员会职责、申办者职责、临床试验机构和研究者职责、记录与报告、试验用医疗器械管理、基本文件管理、附则等内容，自2016年6月1日起施行。2004年1月17日发布的《医疗器械临床试验规定》（国家食品药品监督管理局令第5号）同时废止。

3月1日

［纲　文］　**住房城乡建设部、发展改革委、人力资源社会保障部发布修改后的《房地产经纪管理办法》，自2016年4月1日起施行。**

3月1日

［纲　文］　**旅游局公布《2015年国家旅游局规范性文件清理结果》。**

［目　文］　《结果》包括：一、对《国家旅游局、外交部、公安部、海关总署关于发布施行〈中俄边境旅游暂行管理实施细则〉的通知》等55件规范性文件继续保留。二、对《关于内地居民赴香港澳门旅游有关问题的通知》等7件规范性文件保留并拟修改。三、废止《关于实施〈重大旅游安全事故报告制度试行办法〉和〈重大旅游安全事故处理程序试行办法〉的通知》等13件规范性文件。

3月1日

［纲　文］　**国务院就业工作部际联席会议全体会议在北京召开。**

［目　文］　国务院副总理马凯出席会议时指出，2015年就业任务顺利完成，“十二五”

就业工作圆满收官。五年来，就业规模持续扩大，结构更加优化，质量进一步提升，累计新增就业超过6400万人，城镇登记失业率保持在4.1%左右的较低水平。就业形势保持总体稳定，提振了信心，支持了改革，增加了收入，成为经济社会发展的一大亮点。就业是最大的民生。当前和今后一个时期，就业总量矛盾依然存在，结构性矛盾更加凸显，青年就业任务十分艰巨，特别是结构调整任务异常繁重，就业工作面临比以往更大的压力。各地区、各部门要认真贯彻落实党中央、国务院决策部署，牢固树立新发展理念，加强组织领导，完善政策措施，做好就业服务，努力实现"十三五"就业良好开局。要坚持实施就业优先战略，稳定经济增长，调整经济结构，形成经济发展和扩大就业的联动效应。要大力推动大众创业、万众创新，发挥创新创业促就业的倍增效应，落实鼓励农民工等人员返乡创业三年行动计划。要做好化解产能过剩中职工安置工作，加大对重点地区、重点行业的指导和支持，稳妥、有序、多渠道安置分流职工。要深入实施大学生就业促进和创业引领计划，扎实做好高校毕业生等重点群体就业。要继续推进职业培训行动和职业技能提升计划，大力提升劳动者就业能力。

3月1日

［纲　文］ **中共中央党校举行2016年春季学期开学典礼。**

［目　文］ 中央党校校长刘云山出席典礼并讲话。赵乐际、赵洪祝出席，中央有关部门负责人，中央党校校委成员、全体学员和教职工参加开学典礼。中国浦东、井冈山、延安干部学院通过视频会议系统同步举行开学典礼。

3月1日

［纲　文］ **孙春兰在北京会见班禅额尔德尼·确吉杰布。**

［目　文］ 中央统战部部长孙春兰说，2015年6月10日，习近平总书记亲切接受了班禅拜见，对班禅的成长进步提出了殷切希望。希望班禅牢记习近平总书记的嘱托，继承历代班禅爱国爱教传统，自觉为维护祖国统一和民族团结作贡献；继续刻苦钻研佛教经典，提高宗教学识，在引领藏传佛教与社会主义社会相适应中发挥积极作用；继续保持谦虚谨慎的作风，不断提高品德修养，展现良好形象。

班禅向孙春兰敬献了哈达，表示一定牢记党中央、国务院的深切关怀，牢记习近平总书记的谆谆教导，刻苦学习，积极工作，为促进藏传佛教与社会主义社会相适应，为西藏的繁荣发展、和谐稳定作出自己的努力。

3月1日

［纲　文］ **国务院南水北调办发布，10时，南水北调东线一期工程首次向胶东半岛最东端的山东威海市供水，标志着南水北调东线一期工程规划供水目标全部实现。**

3月1—25日

［纲　文］ **"佛光菜根谭——星云书法展"在中国国家博物馆举办。**

［目　文］ 展览展出佛光山星云大师作品300件，分为星云大师生平、佛光菜根谭、人生二十最、古德诗句、六祖大师无相颂等部分。据星云大师自述，10年前因自己

视力下降，想到凭心意写字，便有了“一笔字”，“希望大家在展览中看字读心”。

同日，国家文物局在国家博物馆举办“星云大师捐赠北齐佛首造像回归仪式”，佛光山星云大师，文化部部长雒树刚，中共中央台办、国务院台办主任张志军，国家文物局局长刘玉珠等出席。

星云大师多年来致力于推动佛教教育、文化、慈善、弘法事业，陆续在世界范围内创建200余所寺院、16所佛教学院，创办了24所美术馆、26所图书馆、12所书局、4所大学、50余所中华学校，为弘扬中华文化、促进两岸关系和平发展作出了重要贡献。

3月2日

［纲　文］　**司法部发布修订后的《司法鉴定程序通则》。**

［目　文］　《通则》共6章50条，主要有总则、司法鉴定的委托与受理、司法鉴定的实施、司法鉴定意见书的出具、司法鉴定人出庭作证、附则等内容。自2016年5月1日起施行。司法部2007年8月7日发布的《司法鉴定程序通则》同时废止。

3月2日

［纲　文］　**赵乐际在北京主持召开新当选中国科学院、中国工程院院士研修班座谈会。**

［目　文］　中共中央政治局委员、中组部部长赵乐际指出，要深入学习贯彻习近平总书记系列重要讲话精神，紧紧围绕“四个全面”战略布局，牢固树立和自觉践行创新、协调、绿色、开放、共享的发展理念，推进人才发展体制改革和政策创新，充分尊重院士、专家、人才的创新创造，在全社会大兴识才、爱才、敬才、用才之风。科技是国家强盛之基，人才引领和支撑科技。加快实施创新驱动发展战略，在竞争中抢占先机、赢得主动，必须充分发挥科学技术第一生产力的作用，开发好人才这个第一资源。要引导广大院士专家人才围绕战略前沿领域创新突破、优化创新组织体系、提升创新基础能力、打造区域创新高地等，勇于担当、追求卓越，在攻坚克难中突破关键技术、在自主创新中引领科技潮流。要推动人才结构战略性调整，促进人才优化配置，完善人才评价激励机制和服务保障体系，更好地激发创新活力、推动创新成果高效转化。广大院士专家人才要继续发扬潜心研究的“安专迷”精神，发扬勇攀高峰的拼搏精神，发扬行为世范的标杆精神，把科技成果应用在实现国家现代化的伟大事业中，为实现中华民族伟大复兴的中国梦贡献智慧和力量。

3月2日

［纲　文］　**许其亮出席中央军委纪委扩大会议。**

［目　文］　中央军委纪委书记杜金才主持会议并作工作报告。中央军委副主席许其亮出席会议时强调，全军要深刻领会党中央、习主席战略意图，立足新体制新起点，强化历史担当，忠实履职尽责，坚定不移把军队正风反腐推向前进，开创军队党风廉政建设和反腐败斗争新局面。党的十八大以来的实践充分证明，党风廉政建设和反腐败斗争是新的

伟大斗争的重要组成。在领导这场斗争中，习主席以远见卓识、战略定力和铁肩担当，始终给我们以方向引领，给我们以信心力量。全军必须从强化政治意识、大局意识、核心意识、看齐意识，从对党忠诚、听党指挥的高度，深刻领会意图，紧紧跟上步伐，坚决打赢正风反腐这场生死战、攻坚战、持久战。军队纪检监察工作要紧紧围绕实现强军目标，立足强军兴军新实践，充分发挥纪律支持和政治保证作用。要围绕贯彻政治建军方略，确保党对军队绝对领导，确保军委主席负责制贯彻落实，严明政治纪律政治规矩，彻底肃清郭伯雄、徐才厚案件流毒影响。要围绕改革强军严格纪律约束，实施有效监督。要围绕备战打仗提升监察效能，督导战斗力标准落下去。要围绕依法治军管住管好权力，推动治军方式的“三个根本性转变”。

3月2日

［纲　文］ **外交部部长王毅与俄罗斯外交部部长拉夫罗夫通电话。**

［目　文］ 王毅表示，作为全面战略协作伙伴，中俄在重大国际和地区问题上保持着密切合作。这段时间，中俄就安理会通过对朝新决议进行了有效沟通，就阻止朝鲜进一步发展核导计划、避免半岛生战生乱、维护中俄正当权益形成重要共识，体现了中俄战略协作的高水平。解决半岛核问题的最终出路还是要回到对话谈判的轨道上来。为此，中方提出了半岛无核化和停和机制转换双轨并进思路，愿与俄方就此加强合作。

拉夫罗夫表示，俄方高度评价俄中就安理会新涉朝决议进行的密切协调，愿与中方继续保持沟通，维护核不扩散体系权威，保持半岛和平稳定。

3月2—9日

［纲　文］ **中央组织部、国务院扶贫办、国家行政学院在北京举办省部级干部打赢脱贫攻坚战专题研讨班。**

［目　文］ 来自各省（区、市）政府、新疆生产建设兵团分管负责人，国务院扶贫开发领导小组成员单位负责人，共73人参加了学习。本期研讨班是深入学习习近平总书记扶贫开发战略思想，全面落实中央脱贫攻坚重大决策部署，确保打好年度脱贫攻坚战役，取得“十三五”开局之年“开门红”的活动。

学习期间，国务院扶贫开发领导小组组长汪洋作了报告。汪洋指出，要深入学习贯彻习近平总书记关于新时期扶贫开发重要战略思想，把思想和行动统一到党中央、国务院关于脱贫攻坚的决策部署上来，进一步增强政治责任感和历史使命感，砥砺信心和勇气，狠抓工作落实，坚决打赢脱贫攻坚战。精准扶贫、精准脱贫是新时期脱贫攻坚的基本方略。要切实转变观念，将扶贫的思路和举措转到精准帮扶上，瞄准建档立卡贫困人口，重点解决好不愁吃、不愁穿和义务教育、基本医疗、住房安全有保障问题。要精准施策，逐村逐户想办法、找路子，把扶贫资源和帮扶措施精准落到贫困村、贫困户，变“大水漫灌”为“精准滴灌”，提高扶贫成效。打赢脱贫攻坚战，必须充分发挥政治优势和制度优势，强化组织领导，做好考核监督，层层压实责任。要增加财政扶贫资金投入，支持贫困县整合涉农资金，加大金融支持力度，动员社会各方面资源参与扶贫。要注重调动贫困地区和贫困人口的积极性和主动性，激发内生动力，加快脱贫步伐。

3月3日

［纲 文］ **国务院印发《关于深化泛珠三角区域合作的指导意见》。**

［目 文］ 《意见》由十个部分组成：一、总体要求。二、促进区域经济合作发展。三、大力推进统一市场建设。四、推进重大基础设施一体化建设。五、促进区域创新驱动发展。六、加强社会事业领域合作。七、共同培育对外开放新优势。八、协同推进生态文明建设。九、深化内地九省区与港澳合作。十、创新和完善合作机制。

《意见》强调，深化泛珠三角区域合作，对于拓展区域发展空间，促进区域协同发展，进一步提升泛珠三角区域在全国改革发展大局中的地位和作用，具有重要意义。各有关方面要统一思想、密切合作，勇于创新、扎实工作，共同推动泛珠三角区域合作向更高层次、更深领域、更广范围发展。

3月3日

［纲 文］ **人民银行、民政部、银监会、证监会、保监会印发《关于金融支持养老服务业加快发展的指导意见》。**

［目 文］ 《意见》由八个部分组成：一、充分认识做好养老领域金融服务的重要意义。二、总体要求。三、大力完善促进居民养老和养老服务业发展的多层次金融组织体系。四、积极创新适合养老服务业特点的信贷产品和服务。五、支持拓宽有利于养老服务业发展的多元化融资渠道。六、推动完善养老保险体系建设，优化保险资金使用。七、着力提高居民养老领域的金融服务能力和水平。八、加强组织实施与配套保障。

3月3日

［纲 文］ **保监会发布《关于取消一批行政审批中介服务事项的通知》。**

［目 文］ 《通知》说：一、中国保监会及各保监局不再将取消的15项行政审批中介服务事项作为行政审批的受理条件；取消的行政审批中介服务事项，其后续措施按照国发〔2016〕11号文件有关决定执行。二、请各保监局收到本通知后，及时转发至辖区内各保险公司分支机构、保险中介机构及其分支机构、国外保险机构驻华代表机构、保险行业协会，按照要求做好行政审批有关工作。

3月3日

［纲 文］ **外交部发言人表示，南海地区形势总体稳定，航行自由和贸易畅通没有受到任何不利影响。**

［目 文］ 印尼副总统卡拉日前接受媒体采访时表示，中国作为工业大国希望维持海上贸易通道和平与稳定，他认为中国无意控制南海地区，解决南海争议的最佳途径是各方携手合作，共同开发。

就此，发言人表示，在中国和东盟国家的共同努力下，南海地区形势总体稳定，航行自由和贸易畅通没有受到任何不利影响。中国在南海问题上的政策是一贯、明确的，坚持维护南海和平稳定及各国依国际法所享有的航行和飞越自由，坚持通过谈判协商和平解决争议，坚持通过规则机制管控争议，坚持通过合作与开发实现互利共赢。

3月3日

［纲　文］**《人民日报》发表题为《为决胜全面小康汇聚力量——热烈祝贺全国政协十二届四次会议开幕》的社论。**

3月3—14日

［纲　文］**中国人民政治协商会议第十二届全国委员会第四次会议在北京召开。**

［目　文］习近平、李克强、张德江、刘云山、王岐山、张高丽等党和国家领导人出席开幕会、闭幕会。全国政协副主席杜青林主持开幕会，全国政协主席俞正声主持闭幕会。

会议主要内容是：一、会议听取并讨论李克强总理所作的政府工作报告，讨论《中华人民共和国国民经济和社会发展第十三个五年规划纲要（草案）》及其他报告，听取并讨论最高人民法院工作报告、最高人民检察院工作报告，讨论《中华人民共和国慈善法（草案）》，对上述报告和文件表示赞同，并提出意见和建议。二、会议审议批准全国政协主席俞正声代表政协第十二届全国委员会常务委员会所作的工作报告。三、审议批准全国政协副主席陈晓光代表政协第十二届全国委员会常务委员会所作的提案工作情况报告。

会议期间，习近平、李克强、张德江、刘云山、王岐山、张高丽等党和国家领导人出席会议并参加分组讨论，与委员们共商国是。4日，习近平看望民建、工商联委员并参加联组会，听取委员们意见和建议后发表了《毫不动摇坚持我国基本经济制度推动各种所有制经济健康发展》的主题讲话。

会议强调，习近平总书记在民建、工商联界委员联组会上的重要讲话，对于坚持和完善我国基本经济制度、推动各种所有制经济健康发展，具有重大现实意义和深远历史意义。要深入学习贯彻习近平总书记重要讲话精神，毫不动摇巩固和发展公有制经济，毫不动摇鼓励、支持、引导非公有制经济发展。认真贯彻落实促进非公有制经济健康发展的政策措施，进一步激发非公有制经济活力和创造力。积极构建“亲”“清”新型政商关系，引导广大非公有制经济人士加强自我学习、自我教育、自我提升，做合格的中国特色社会主义事业建设者。“十三五”规划描绘了我国未来五年发展蓝图。人民政协要毫不动摇坚持中国共产党的领导，高举爱国主义、社会主义旗帜，增强政治意识、大局意识、核心意识、看齐意识，聚焦全面建成小康社会目标，把坚持和发展中国特色社会主义作为巩固共同思想政治基础的主轴，把围绕“十三五”规划实施建言献策作为工作主线，充分发挥爱国统一战线组织作用，充分发挥社会主义协商民主重要渠道和专门协商机构作用，在道路、方向、目标上形成统一意志和步调，为全面建成小康社会、实现第一个百年奋斗目标广泛凝聚共识、凝聚智慧、凝聚力量。2016年是全面建成小康社会决胜阶段的开局之年，也是推进结构性改革的攻坚之年。要认识、适应、引领经济发展新常态，坚持改革开放，坚持稳中求进工作总基调，坚持稳增长、调结构、惠民生、防风险，坚持宏观政策要稳、产业政策要准、微观政策要活、改革政策要实、社会政策要托底，保持经济运行在合理区间。

俞正声在闭幕会上强调，团结成就伟业，奋斗实现理想。让我们更加紧密地团结在以习近平同志为总书记的中共中央周围，高举中国特色社会主义伟大旗帜，同心协力，顽强拼搏，不断推进人民政协事业发展，为全面建成小康社会、实现中华民族伟大复兴的中国梦而努力奋斗！

14日，全国政协十二届四次会议闭幕后，俞正声会见来自《人民日报》、新华社、《光明日报》、《经济日报》、《中国日报》、中央人民广播电台、中央电视台、中国国际广播电台等中央主要新闻媒体的负责人和记者代表，对大会的新闻报道工作表示充分肯定并表示，本次大会宣传报道工作卓有成效，凝聚了共识，传播了正能量。中央新闻单位按照中央宣传方针，坚持正确政治方向，坚持团结稳定鼓劲、正面宣传为主的方针，紧紧围绕会议议题，充分报道政协委员围绕“十三五”时期经济社会发展积极建言献策的履职实践，讲好中国故事，讲好政协故事，讲好协商民主故事，振奋了精神，鼓舞了士气，为大会的顺利成功召开营造了良好的舆论氛围。

3月4日

［纲　文］　**十二届全国人大四次会议在北京举行预备会议。**

［目　文］　全国人大常委会委员长张德江主持会议。会议选举产生了十二届全国人大四次会议主席团和秘书长，表决通过了十二届全国人大四次会议议程。十二届全国人大现有代表2943人。截至3月3日，已经向大会秘书处报到的代表2911人。当日的预备会议，出席2751人，缺席192人，出席人数符合法定人数。

张德江在主持会议时宣布：十二届全国人大四次会议于3月5日召开，大会的各项准备工作已经全部就绪。

3月4日

［纲　文］　**十二届全国人大四次会议主席团在北京举行第一次会议。**

［目　文］　全国人大常委会委员长张德江主持会议。主席团会议应到170人，出席162人，缺席8人，出席人数符合法定人数。根据全国人大议事规则的规定，会议首先推选了十二届全国人大四次会议主席团常务主席。主席团常务主席由十二届全国人大常委会委员长、副委员长、秘书长担任。主席团常务主席召集并主持主席团会议。会议表决通过了十二届全国人大四次会议日程。根据会议日程，这次大会定于3月5日上午开幕，3月16日上午闭幕，会期11天半。根据全国人大议事规则的规定，主席团第一次会议推选主席团成员若干人分别担任每次大会全体会议的执行主席。经过表决，会议推选了大会全体会议执行主席。会议经过表决，决定王晨、信春鹰、乔晓阳、李盛霖、傅莹、陈世炬、孟扬为大会副秘书长，傅莹兼任大会发言人。会议经表决，决定了十二届全国人大四次会议表决议案办法。会议决定，代表提出议案的截止时间为3月11日12时。

3月4日

［纲　文］　**国务院印发《关于进一步加强文物工作的指导意见》。**

［目　文］《意见》由七个部分组成：一、重要意义。二、总体要求。三、明确责任。四、重在保护。五、拓展利用。六、严格执法。七、完善保障。

《意见》要求，各地、各有关部门和单位要根据本指导意见要求，结合工作实际，认真抓好贯彻落实。

3月4日

［纲　文］**国务院办公厅印发《关于促进医药产业健康发展的指导意见》。**

［目　文］《意见》由三个部分组成：一、总体要求。二、主要任务。三、加强政策保障和组织实施。

《意见》要求，各地区、各有关部门要充分认识促进医药产业健康发展的重要意义，加强组织领导，健全工作机制，形成工作合力。各地区要结合实际制定具体实施方案，精心组织实施，确保各项任务落到实处。各有关部门要按照职责分工抓紧制定配套政策，营造良好环境。国家发展改革委要加强统筹协调，明确各项政策措施落实的具体时间表，会同有关部门加强政策指导和督促检查，推动医药产业持续健康发展。

3月4日

［纲　文］**国务院办公厅批复山东省人民政府，同意临沂市城市总体规划。**

［目　文］批复说：一、国务院原则同意《临沂市城市总体规划（2011—2020年）》（以下简称《总体规划》）。二、重视城乡区域统筹发展。在《总体规划》确定的2106.89平方公里城市规划区范围内，实行城乡统一规划管理。三、合理控制城市规模。到2020年，中心城区常住人口控制在260万人以内，城市建设用地控制在287平方公里以内。要贯彻落实城乡规划法关于先规划后建设的原则，禁止在《总体规划》确定的建设用地范围之外设立各类开发区和城市新区。四、完善城市基础设施体系。五、建设资源节约型和环境友好型城市。六、创造优良的人居环境。七、重视历史文化和风貌特色保护。八、严格实施《总体规划》。临沂市人民政府要根据本通知精神，认真组织实施《总体规划》，任何单位和个人不得随意改变。

3月4日

［纲　文］**交通运输部公布《外国航空运输企业航线经营许可规定》。**

［目　文］《规定》共9章37条，主要有总则、经营许可申请程序、经营许可的审查和批准、经营许可的延长和变更、经营许可的管理、航班计划申请和批准、运输业务量统计资料、法律责任、附则等内容，自2016年4月4日起施行。1996年3月2日发布的《外国航空公司经营许可的申请程序（暂行）》同时废止。

3月4日

［纲　文］**交通运输部公布《公共航空旅客运输飞行中安全保卫规则》。**

［目　文］《规则》共8章36条，主要有总则，飞行中安全保卫职责，勤务一般规定，扰乱行为以及非法干扰行为等严重危害飞行安全行为的处置程序，训练，航空安全员值勤期、休息期和飞行时间要求，法律责任，附则等内容，自2016年4月4日起施行。

1997 年 12 月 31 日颁布的《航空安全员管理规定》及与本规则不一致的其他规定，自 2016 年 4 月 4 日起废止。

3 月 4 日

［纲　文］　**交通运输部公布《大型飞机公共航空运输承运人运行合格审定规则》，自 2016 年 4 月 4 日起施行。**

3 月 4 日

［纲　文］　**交通运输部公布《民用航空气象探测设施及探测环境管理办法》。**

［目　文］　《办法》共 6 章 53 条，主要有总则、民用航空气象探测设施建设、民用航空气象探测环境的选择、民用航空气象探测环境的保护、法律责任、附则等内容，自 2016 年 4 月 4 日起施行。

3 月 4 日

［纲　文］　**交通运输部公布《民用航空安全信息管理规定》。**

［目　文］　《规定》共 8 章 45 条，主要有总则、人员和设备管理、民用航空安全信息收集、自愿报告的民用航空安全信息处理、举报的民用航空安全信息处理、民用航空安全信息分析与应用、法律责任、附则等内容，自 2016 年 4 月 4 日起施行。

3 月 4 日

［纲　文］　**食品药品监管总局公布《食品生产经营日常监督检查管理办法》。**

［目　文］　《办法》共 5 章 36 条，主要有总则、监督检查事项、监督检查要求、法律责任、附则等内容，自 2016 年 5 月 1 日起施行。

3 月 5 日

［纲　文］　**《人民日报》发表题为《厚植制度优势 决胜全面小康——热烈祝贺十二届全国人大四次会议开幕》的社论。**

3 月 5 日

［纲　文］　**《人民日报》发表题为《鼓励支持引导非公经济发展从来没有动摇》的评论员文章。**

3 月 5—16 日

［纲　文］　**中华人民共和国第十二届全国人民代表大会第四次会议在北京召开。**

［目　文］　习近平、李克强、俞正声、刘云山、王岐山、张高丽等党和国家领导人出席开幕会、闭幕会。全国人大常委会委员长张德江主持开幕会、闭幕会。

会议主要内容是：一、会议经表决，通过了关于政府工作报告的决议。决议指出，会议高度评价“十二五”时期我国经济社会发展取得的重大成就，充分肯定国务院过去一年的工作，同意报告提出的“十三五”时期主要目标任务、重大举措和 2016 年工作部署，决定批准这个报告。二、会议表决通过了关于国民经济和社会发展第十三个五年规划纲要的决议。决议指出，会议同意全国人大财政经济委员会的审查结果报告，决定批准这个规划纲要。会议认为，“十三五”规划纲要全面贯彻了《中共中央关于制定国民经济和社会发展第十三个五年规划的建议》的精神，提出的“十三五”时期经济社会发展的主要目标、重点任务和重大举措，符合我国国情和实际，体现了全国各族人民的共同意愿，反映了时代发展的客观要求，经过努力是完全可以实现的。三、会议表决通过了关于2015年国民经济和社会发展计划执行情况与2016年国民经济和社会发展计划的决议，决定批准关于2015年国民经济和社会发展计划执行情况与2016年国民经济和社会发展计划草案的报告，批准2016年国民经济和社会发展计划；表决通过了关于2015年中央和地方预算执行情况与2016年中央和地方预算的决议，决定批准关于2015年中央和地方预算执行情况与2016年中央和地方预算草案的报告，批准2016年中央预算。四、会议经表决，通过了《中华人民共和国慈善法》，将自2016年9月1日起施行。五、会议表决通过了关于全国人大常委会工作报告的决议。决议指出，会议充分肯定全国人大常委会过去一年的工作，同意报告提出的今后一年的主要任务和工作安排，决定批准这个报告。六、会议经表决，通过了关于最高人民法院工作报告的决议、关于最高人民检察院工作报告的决议，决定批准这两个报告。七、会议还表决通过了关于确认全国人大常委会接受黄润秋辞去第十二届全国人大常委会委员职务的请求的决定。

会议期间，习近平、李克强、张德江、俞正声、刘云山、王岐山、张高丽等党和国家领导人出席会议并参加有关代表团分组讨论，与人大代表们一起审议和讨论。

张德江在闭幕会上说，十二届全国人大四次会议在全体代表的共同努力下，圆满完成了各项预定任务。会议充分发扬民主，严格依法办事，保持良好会风，开得很成功，是一次民主、团结、求实、奋进的大会。会议期间，代表们肩负全国各族人民的重托，认真履行宪法和法律赋予的职责，讲大局、议大事，重实际、求实效，集思广益，凝聚共识，使会议各项成果充分体现了党的主张和人民意志的统一。让我们更加紧密地团结在以习近平同志为总书记的党中央周围，高举中国特色社会主义伟大旗帜，同心同德，开拓进取，为夺取全面建成小康社会决胜阶段的伟大胜利而努力奋斗。

15日，张德江看望参加十二届全国人大四次会议新闻报道工作的中央主要媒体负责人、编辑记者和工作人员，代表大会主席团向所有参加人大会议报道的新闻工作者表示亲切慰问和衷心感谢。

16日，十二届全国人大四次会议在人民大会堂举行记者会，国务院总理李克强应大会发言人邀请会见中外记者，并回答记者提问。此次记者会历时约2小时10分钟，近1200名中外记者参加采访。

3月7日

［纲　文］　**国务院总理李克强向加拿大大熊猫幼仔命名仪式致贺信。**

［目　文］　李克强在贺信中表示，2013年，大熊猫“大毛”“二顺”承载着中国人民的友好情谊抵达加拿大，受到加拿大人民热烈欢迎和由衷喜爱。“二顺”在中加建交45

周年纪念日诞下双胞胎幼仔，是令人喜悦的巧合，也是预示中加合作前景的好兆头。当前中加关系面临新的发展机遇。中方愿同加方密切高层交往，深化全方位合作，推动中加关系发展不断结出新的硕果，更好惠及两国人民。

加拿大总理特鲁多出席仪式。特鲁多在致辞中感谢李克强总理专门发来贺信并表示，大熊猫幼仔出生适逢加中建交45周年，这是两国人民友谊与合作的象征。加拿大政府高度重视发展对华关系。加方愿同中方一道努力，加强两国高级别交往，深化经贸、人文等广泛领域合作，推动加中关系不断取得新进展。

3月7日

［纲　文］　**纪念“三八”国际妇女节中外妇女招待会在北京举行。**

［目　文］　全国妇联副主席、书记处第一书记宋秀岩主持招待会。刘延东、孙春兰、李源潮、严隽琪、杨洁篪、李海峰和彭珮云、何鲁丽、顾秀莲、陈至立出席招待会。中央国家机关有关部门的女领导，两院女院士，港澳地区人大女代表、政协女委员，在京女将军等中国各界妇女代表以及外国驻华女大使、使节夫人、女外交官，联合国系统驻华机构代表，在华工作的外国女专家及专家夫人等1000多人出席招待会。

全国人大常委会副委员长、全国妇联主席沈跃跃在招待会上向各国姐妹致以节日祝贺并指出，2015年，以习近平同志为总书记的党中央总揽全局，协调推进“四个全面”战略布局，广大人民群众有了更多获得感。中国与联合国妇女署合作举办的全球妇女峰会成为世界妇女运动史上新的里程碑。全国妇联坚持服务大局、服务妇女，广大妇女积极投身改革发展实践，妇女发展环境进一步优化。她强调，在决胜全面建成小康社会开局之年，我们要紧密团结在以习近平同志为总书记的党中央周围，贯彻五大发展理念，团结带领妇女听党话、跟党走，为实现“十三五”良好开局和中国梦贡献巾帼力量。中国愿与各国姐妹携手努力，共建共享美好世界。

3月7日

［纲　文］　**交通运输部公布修改后的《公路水运工程安全生产监督管理办法》，自2016年3月7日起施行。**

3月7日

［纲　文］　**食品药品监管总局公布《特殊医学用途配方食品注册管理办法》。**

［目　文］　《办法》共7章52条，主要有总则、注册、临床试验、标签和说明书、监督检查、法律责任、附则等内容，自2016年7月1日起施行。

3月7日

［纲　文］　**外交部发言人就韩美联合军演表示，中方在朝鲜半岛保持稳定方面拥有重大关切，中方坚决反对任何在半岛挑事惹事之举。**

［目　文］　发言人说，韩国和美国7日起举行联合军演，据称此次军演规模空前，将一直持续到4月底。我们注意到，朝鲜针对韩美军演反应强烈。中方对上述动向表示严重关切。朝鲜半岛与中国山水相连，中方在半岛保持稳定方面拥有重大关切。中方坚决反

对任何在半岛挑事惹事之举，决不允许家门口生战生乱，强烈希望有关各方务必保持克制，不要相互刺激和加剧紧张。中国外交部部长助理孔铉佑同俄罗斯副外长莫尔古洛夫4日在莫斯科举行第二次中俄东北亚安全磋商，双方就朝鲜半岛等东北亚安全形势及共同关心的问题交换了意见。中俄双方对美韩推动在韩国部署“萨德”反导系统均表示严重关切，一致认为美韩此举将加剧地区紧张，破坏地区战略平衡，直接损害中俄战略安全，中俄双方对此坚决反对。

3 月 7 日

［纲　文］　**《人民日报》发表题为《“九二共识”的核心意涵不能回避》的评论员文章。**

3 月 8 日

［纲　文］　**国务院批复工业和信息化部、国防科工局，同意设立“中国航天日”。**

［目　文］　批复说，同意自 2016 年起，将每年 4 月 24 日设立为“中国航天日”。具体工作由工业和信息化部、国防科工局商有关部门组织实施。

3 月 8 日

［纲　文］　**《人民日报》发表题为《全面小康呼唤妇女智慧和力量》的评论员文章。**

3 月 9 日

［纲　文］　**财政部印发《政府非税收入管理办法》。**

［目　文］　《办法》共 6 章 41 条，主要有总则、设立和征收管理、票据管理、资金管理、监督管理、附则等内容，自 2016 年 3 月 9 日起施行。

3 月 9 日

［纲　文］　**政协安徽省第五届委员会主席、原国家教育委员会党组副书记、副主任杨海波在北京逝世，享年 93 岁。**

3 月 10 日

［纲　文］　**国务院印发《全国社会保障基金条例》。**

［目　文］　《条例》共 5 章 30 条，主要有总则、全国社会保障基金的管理运营、全国社会保障基金的监督、法律责任、附则等内容，自 2016 年 5 月 1 日起施行。

3 月 10 日

［纲　文］　**国务院办公厅印发修订后的《国家自然灾害救助应急预案》。**

［目　文］　《预案》由八个部分组成：一、总则。二、组织指挥体系。三、灾害预警响应。四、信息报告和发布。五、国家应急响应。六、灾后救助与恢复重建。七、保障措施。八、附则，自 2016 年 3 月 10 日起实施。

3 月 10 日

［纲　文］　**外交部发言人敦促日本在南海问题上谨言慎行。**

［目　文］　就菲律宾方面9日宣布将从日本租赁5架教练机在南海巡航，“以保护菲领土主权”。发言人表示，如果菲律宾有关行动是挑衅中国的主权、安全利益，中方将坚决反对。借此机会我想重申，日本不是南海有关争议的当事方，我们对其行动保持高度警惕。我们敦促日方谨言慎行，不要做使局势复杂化、有损地区和平稳定的事。

3月10日

［纲　文］　**亚洲合作对话第14次外长会在泰国曼谷举行。**

［目　文］　来自34个成员国的外长或外长代表应邀出席，中国外交部副部长刘振民代表王毅外长出席，泰国总理巴育主持了开幕式并致辞。本次会议重点讨论了亚洲合作对话机制建设、重点领域合作和愿景规划等议题，通过了主席声明并决定将成果文件《亚洲合作对话：前行之路》提交亚洲合作对话第二届领导人会议审议。

刘振民在会上表示，亚洲合作对话是目前唯一面向全亚洲的政府间对话与合作机制，旨在促进泛亚交流与合作。亚洲合作对话成立14年来不断发展壮大，为增进亚洲各国间了解、合作与友谊发挥了积极作用。中方高度重视并积极参与亚洲合作对话合作与对话进程，支持全面加强亚洲合作对话机制能力建设，进一步推动亚洲合作对话务实合作，更好地服务于亚洲地区发展和一体化进程。尼泊尔在本次会议上成为亚洲合作对话第34个成员国，中方对此表示欢迎。

3月10—11日

［纲　文］　**外交部部长王毅应邀访问俄罗斯。**

［目　文］　11日，俄罗斯总统普京在莫斯科会见王毅时高度评价俄中关系的高水平发展并表示，两国在政治、经济、人文以及国际事务中密切合作，全面战略协作伙伴关系不断深化。两国务实合作有着良好基础和广阔前景，双方应加快重大项目合作，加强在能源、机电产品等领域合作。俄方重视两国举办“媒体交流年”活动，愿与中方加强在国际事务中的沟通协调，共同维护国际关系的基本准则。

王毅表示，2016年是《中俄睦邻友好合作条约》签署15周年，中方愿以此为契机，进一步全方位深化和发展中俄全面战略协作伙伴关系。俄是中国开展对外合作的优先方向，两国经贸规模和质量逆势提升，反映出双边务实合作的巨大潜力和空间。中方对俄发展前景充满信心，愿进一步提高务实合作水平。中俄都是维护世界和平稳定和公平正义的重要力量，应继续加强战略协作。

同日，王毅在莫斯科与俄罗斯外长拉夫罗夫会谈，双方就当前朝鲜半岛局势深入交换意见，达成了广泛共识。中俄都坚持半岛无核化目标，不承认朝鲜的拥核地位；都支持重启六方会谈，愿为此作出新的努力。

3月11日

［纲　文］　**财政部、税务总局发出《关于部分国家储备商品有关税收政策的通知》，本通知执行时间为2016年1月1日至2018年12月31日。**

3月11日

［纲　文］ **环境保护部公布《核与辐射建设项目环境影响评价机构监督检查实施办法》。**

［目　文］ 《办法》共6章28条，主要有总则、监督检查组织、监督检查实施、环评机构的权利和义务、监督检查结果应用、附则等内容，自2016年3月11日起实施。

3月11日

［纲　文］ **住房城乡建设部印发《海绵城市专项规划编制暂行规定》。**

［目　文］ 《规定》共4章20条，主要有总则、海绵城市专项规划编制的组织、海绵城市专项规划编制内容、附则等内容，自2016年3月11日起施行。

《规定》要求，结合实际，抓紧编制海绵城市专项规划，于2016年10月底前完成设市城市海绵城市专项规划草案，按程序报批。执行中遇到的问题及建议，请及时告住房城乡建设部城乡规划司和城市建设司。

3月11日

［纲　文］ **文化部办公厅印发《群星奖评奖办法》。**

［目　文］ 《办法》共8章24条，主要有总则、评奖对象和奖项设置、参评条件与评奖标准、评奖机构、评奖程序、奖励与推广、评奖纪律、附则等内容。

3月11日

［纲　文］ **全国绿化委员会办公室发布《2015年中国国土绿化状况公报》。**

［目　文］ 《公报》说，2015年全国共完成造林632.45万公顷，完成森林抚育任务831.4万公顷，完成沙化土地治理面积191.9万公顷。

3月11日

［纲　文］ **外交部发言人就十四世达赖参加“诺贝尔奖得主谈人权”活动表示，中方坚决反对达赖以任何身份和名义到任何国家窜访，坚决反对任何国家官方人士同其进行任何形式的接触。**

［目　文］ 有记者问，3月11日，十四世达赖应美国邀请参加美国和加拿大驻日内瓦代表团在日内瓦联合主办的“诺贝尔奖得主谈人权”活动。联合国人权事务副高级专员吉尔摩出席并主持有关活动。中方对此有何评论？

发言人表示，我们对美方不顾中方坚决反对，执意邀请十四世达赖参加有关活动，联合国有关方面违反联大有关决议，执意安排人权副高专出席并主持有关活动表示强烈不满，已经向有关方面提出严正交涉。十四世达赖不是单纯的宗教人士，而是长期从事反华分裂活动的政治流亡者。他是旧西藏最大的农奴主，根本没有资格谈论人权问题。中方坚决反对达赖以任何身份和名义到任何国家窜访，坚决反对任何国家官方人士同其进行任何形式的接触。中方敦促有关国家恪守在涉藏问题上的承诺，停止利用涉藏问题干涉中国内政，以实际行动维护双边关系健康发展。同时，我们也敦促联合国有关方面遵守《联合国宪章》的宗旨和原则，尊重和支持会员国维护主权和领土完整的努力。

3月13日

［纲　文］　**国务院办公厅印发《关于调整国家森林防火指挥部组成人员的通知》。**

3月13日

［纲　文］　**原煤炭工业部部长、党组书记，原中国统配煤矿总公司总经理，中华全国总工会原副主席、书记处第一书记于洪恩在北京逝世，享年89岁。**

3月14日

［纲　文］　**国务院办公厅印发《关于促进二手车便利交易的若干意见》。**

［目　文］　《意见》由八个部分组成：一、营造二手车自由流通的市场环境。二、进一步完善二手车交易登记管理。三、加快完善二手车流通信息平台。四、加强二手车市场主体信用体系建设。五、优化二手车交易税收政策。六、加大金融服务支持力度。七、积极推动二手车流通模式创新。八、完善二手车流通制度体系建设。

《意见》要求，各地区、各有关部门要充分认识便利二手车交易、促进二手车流通的重要意义，加强组织领导，健全工作机制，强化部门协同和上下联动，确保各项政策措施落到实处。各地区要根据本意见，结合地方实际研究制定具体实施方案，细化政策措施。商务部等有关部门要抓紧研究制定配套政策和具体措施，加强部门协作配合，共同开展好相关工作。

3月14日

［纲　文］　**食品药品监管总局、卫生计生委印发《关于整合调整餐饮服务场所的公共场所卫生许可证和食品经营许可证有关事项的通知》。**

［目　文］　《通知》由四个部分组成：一、统一认识，认真落实好取消餐饮服务场所卫生许可证相关工作。二、依法依规做好食品经营许可工作。三、密切配合，加强餐饮服务场所事中事后监管。四、加强组织领导，确保整合调整工作落实到位。

《通知》强调，省级食品药品监管部门、卫生计生部门要及时了解整合调整工作的落实情况，组织开展督查指导，确保工作落实落地。对整合调整工作中遇到的重大问题要及时报告。在全面完成整合调整工作后，将整合调整工作落实情况分别报送食品药品监管总局、卫生计生委。食品药品监管总局、卫生计生委将适时组织督查。

3月14日

［纲　文］　**文化部在北京召开文化体制改革工作领导小组会议。**

［目　文］　文化部部长、部文化体制改革工作领导小组组长雒树刚出席会议并讲话。文化部副部长杨志今主持会议。文化部文化体制改革工作领导小组成员及办公室成员参加会议。会议学习贯彻中共中央总书记习近平系列讲话精神和中央全面深化改革领导小组、中央文化体制改革和发展工作领导小组有关会议精神，会议原则通过了《2016年文化系统体制改革工作要点》。

3月14日

［纲　文］ **环境保护部公布《放射性物品运输安全监督管理办法》。**

［目　文］ 《办法》共5章40条。主要有总则、放射性物品运输容器设计活动的监督管理、放射性物品运输容器制造活动的监督管理、放射性物品运输活动的监督管理、附则等内容，自2016年5月1日起施行。

3月14日

［纲　文］ **外交部部长王毅应约与日本外相岸田文雄通电话，与韩国外长尹炳世通电话。**

［目　文］ 王毅与岸田文雄通就如何改善中日关系交换意见、讨论了当前朝鲜半岛核问题，同意安理会第2270号决议应得到全面、完整落实，并在落实决议过程中，探讨恢复通过谈判解决半岛核问题的途径。王毅强调，希望日方切实为两国关系改善作出建设性努力。

王毅与尹炳世就继续推进中韩关系健康稳定发展达成共识，就当前半岛局势最新进展交换意见。中方主张各方全面、完整落实安理会第2270号决议，同时探索恢复对话谈判的途径。

3月14日

［纲　文］ **外交部部长王毅在北京会见阿塞拜疆外长马梅季亚罗夫。**

［目　文］ 王毅对来华同上海合作组织秘书长签署给予阿塞拜疆对话伙伴地位备忘录的马梅季亚罗夫表示热烈欢迎，相信阿塞拜疆将同该组织成员国和观察员国一道弘扬“上海精神”，推动组织发展壮大。双方高度评价阿利耶夫总统2015年访华期间取得的重要成果，一致表示要积极落实两国元首达成的重要共识，发挥各自优势，共同推进丝绸之路经济带建设。双方还就加强在国际和地区组织框架内的合作交换了意见。

3月15日

［纲　文］ **国家主席习近平致电吴廷觉，祝贺他当选缅甸联邦共和国总统。**

3月15日

［纲　文］ **财政部印发《政府非税收入管理办法》。**

［目　文］ 《办法》共6章41条，主要有总则、设立和征收管理、票据管理、资金管理、监督管理、附则等内容，自2016年3月15日起施行。

3月15日

［纲　文］ **人民银行、银监会、保监会、财政部、国土资源部、住房城乡建设部发布《农民住房财产权抵押贷款试点暂行办法》，自2016年3月15日起施行。**

3月15日

［纲　文］ **人民银行、银监会、保监会、财政部、农业部发布《农村承包土地的经营权抵押贷款试点暂行办法》，自2016年3月15日起施行。**

3月15日

［纲　文］ **国家副主席李源潮在北京会见波兰前总统科莫罗夫斯基。**

［目　文］ 李源潮说，中国“十三五”规划将贯彻落实创新、协调、绿色、开放、共享的新发展理念，不仅为中国经济发展提供新的动力，也为世界经济释放新的巨大需求。中国愿同波兰一道，对接发展战略，增强政治互信，扩大经贸投资，开展产能合作，密切人员往来，进一步充实两国战略伙伴关系。

科莫罗夫斯基表示，波方愿积极参与“一带一路”建设和亚投行工作，推动波中、欧中关系深入发展。

3月15日

［纲　文］ **外交部发言人表示，中方将对湄公河下游实施应急补水。**

［目　文］ 有记者问，越南日前向中国提出请求，希望云南景洪水电站开闸放水以缓解湄公河三角洲平原旱情。中方对此有何回应？

发言人表示，中国将自3月15日至4月10日通过云南景洪水电站对湄公河下游实施应急补水。中国同中南半岛湄公河沿岸国家是友好邻邦，澜沧江—湄公河沿岸各国人民同饮一江水，在遇到困难的时候，朋友之间相互帮助、施以援手也是应有之义。2015年底以来，受强厄尔尼诺现象影响，澜沧江—湄公河流域各国均遭受不同程度旱灾。近期，旱情进一步发展，对沿岸各国民众生产生活带来很大影响。为帮助流域国家应对旱情，中国政府克服自身困难，尽最大可能作出努力，决定对下游实施应急补水，此举将惠及柬埔寨、老挝、缅甸、泰国、越南等国，希望能够对缓解下游旱情有所帮助。中方正在与柬埔寨、老挝、缅甸、泰国、越南等湄公河流域的国家一道，积极打造澜沧江—湄公河合作机制，水资源合作将是这一机制重要合作内容之一。中方愿在澜湄机制下与有关国家就水资源管理、灾害应对等加强沟通协调，开展务实合作，希望此举有助于更好地惠及澜沧江—湄公河沿岸各国人民。

3月15日

［纲　文］ **《人民日报》发表题为《民主激荡智慧　团结汇聚力量——热烈祝贺全国政协十二届四次会议胜利闭幕》的社论。**

3月16日

［纲　文］ **习近平签署中华人民共和国主席令第43号。**

［目　文］ 主席令说，《中华人民共和国慈善法》已由中华人民共和国第十二届全国人民代表大会第四次会议于2016年3月16日通过，现予公布，自2016年9月1日起施行。

3月16日

［纲　文］ **国务院办公厅印发《关于完善国家级经济技术开发区考核制度促进创新驱动发展的指导意见》。**

［目　文］《意见》由八个部分组成：一、总体要求。二、目标任务。三、完善考核评价体系。四、夯实产业基础。五、激发创新活力。六、发挥区域带动作用。七、强化绿色集约发展。八、推进体制机制创新。

《意见》强调，各地区、各部门要充分认识国家级经济技术开发区分类考核、转型升级、创新发展的重要意义，加强组织领导，健全工作机制，主动作为，尽快制订具体实施方案和配套政策措施。各省级商务主管部门和各国家级经开区要按照统一部署，认真贯彻落实考核评价各项工作要求，确保考核结果真实客观，取得实效。

3月16日

［纲　文］**人民银行、发展改革委、财政部、银监会、证监会、保监会、扶贫办发布《关于金融助推脱贫攻坚的实施意见》。**

［目　文］《意见》由六个部分组成：一、准确把握金融助推脱贫攻坚工作的总体要求。二、精准对接脱贫攻坚多元化融资需求。三、大力推进贫困地区普惠金融发展。四、充分发挥各类金融机构助推脱贫攻坚主体作用。五、完善精准扶贫金融支持保障措施。六、持续完善脱贫攻坚金融服务工作机制。

3月16日

［纲　文］**住房城乡建设部、公安部发布《关于废止〈城市出租汽车管理办法〉的决定》，自2016年3月16日起施行。**

3月16日

［纲　文］**中国致公党第十四届中央委员会第五次全体会议在北京召开。**

［目　文］会议由致公党中央常务副主席蒋作君主持。全国政协副主席、致公党中央主席万钢出席会议并讲话。致公党中央副主席王珣章、程津培、杨邦杰、严以新、黄格胜、曹小红、李卓彬、闫小培及中央委员参加了会议。会议增选曹鸿鸣为致公党中央副主席。

万钢指出，2016年是我国全面建成小康社会决胜阶段的开局之年，也是“十三五”规划的起步之年。认真学习、深刻领会、切实贯彻两会精神，是致公党当前乃至今后一个时期的重要任务。各级组织和广大党员要围绕中心、突出重点、发挥特色，积极履行参政党职能。继续坚持把推进大众创业、万众创新，深化医药卫生体制改革，发展更高层次开放型经济，发挥“侨”“海”作用等作为参政议政重点工作领域，积极拓展脱贫攻坚工作的形式与内容，进一步探索社会服务工作新思路、新举措，鼓励港澳台同胞、海外侨胞、留学人员服务贫困地区经济社会发展。

3月16日

［纲　文］**国务院副总理张高丽在北京会见美国能源部部长莫尼兹。**

［目　文］双方就两国能源、气候变化、核安全等领域合作深入交换了意见。

张高丽表示，当前中美关系总体保持稳定发展。双方应继续认真落实两国元首达成的共识，加强沟通协调，拓展各领域交流合作，建设性地管控分歧，确保中美关系沿着构建新型大国关系的正确轨道向前发展。中美在能源、气候变化等领域的合作取得了丰硕成果，形成了全方位、多层次的能源合作框架。希望双方加强民用核能、电网建设、清洁能源、低碳城市等领域的务实合作，推动中美能源合作水平不断迈上新台阶，为全球能源可持续发展和应对气候变化作出贡献。

莫尼兹表示，过去几年美中在气候变化、能源、核安全等领域的合作取得巨大进展，这对两国和全世界都产生重要影响。美方期待同中方继续努力推进有关合作，推动两国关系更好向前发展。

3 月 16 日

［纲　文］　**新华社讯，汪洋在北京主持召开扶贫专题会议，研究易地扶贫搬迁工作。**

［目　文］　国务院副总理、国务院扶贫开发领导小组组长汪洋指出，易地扶贫搬迁是生存条件恶劣地区贫困群众脱贫的根本措施，是新一轮脱贫攻坚的标志性工程，要按照党中央、国务院决策部署，紧盯脱贫目标，从实际出发，积极稳妥推进，切实做到搬迁一户、脱贫一户。

汪洋肯定中央扶贫开发工作会议以来易地扶贫搬迁工作取得的积极进展并强调，易地扶贫搬迁是一项复杂的系统工程，必须吃透政策、统筹谋划、有序推进。要按照“理顺机制、明晰目标、守住底线、确保脱贫”的要求切实做好下一步工作。理顺机制，就是要抓紧建立和完善省级投融资主体，并与市县项目实施主体做好衔接，形成顺畅的资金筹措、项目运作、贷款偿还、风险防控、监督检查等运行机制。明晰目标，就是要紧紧围绕搬迁群众脱贫这个目标来推进各项工作，搬迁是手段，脱贫是目的，决不能为搬迁而搬迁。守住底线，就是要严格按规定落实住房建设面积和标准，避免因面积过大、标准过高增加贫困户负担，决不能让贫困户因搬迁而增加负债。确保脱贫，就是对搬迁贫困户不能一搬了之，要加强后续政策扶持，确保如期脱贫。

3 月 16 日

［纲　文］　**外交部发言人就一艘中国渔船在阿根廷海域被阿海警击沉答记者问。**

［目　文］　有记者问，据报道，3 月 14 日，一艘中国渔船在阿根廷海域作业时，被阿海岸警卫队击沉。请证实并介绍有关情况。

发言人说，据悉，北京时间 3 月 14 日上午 9 时许，中国渔船“鲁烟远渔 010 号”在阿根廷渔场作业时，被阿海警船追赶数小时，后阿方开枪射击，导致船体进水并逐渐沉没。船上 4 名中国船员被阿海警船救起，其他 28 名船员被附近中国渔船救起，未发生人员伤亡。国务院领导对此高度重视并作出重要批示，外交部和中国驻阿根廷大使馆已紧急向阿方提出交涉，对事件发生表示严重关切，要求阿方立即彻查并向中方通报详情，切实保障中国船员安全和合法权益，采取有效措施杜绝类似事件再次发生。

3 月 16—29 日

［纲　文］　**“赤子之心——司徒乔、司徒杰艺术展”在中国美术馆举办。**

［目　文］　艺术展由中国美术馆主办。展览分为司徒乔绘画艺术展和司徒杰雕塑艺术展两部分，展现了两位先生的民族情怀和赤诚如斯的为人、为艺风采。司徒乔绘画艺术展通过200余件作品和文献，以回眸经典、明丽之象、猎画新疆、勘灾五省、旅途即景、故土深情6个部分呈现司徒乔笔下20世纪上半叶苦难的中国社会现实和以救亡图存为己任的时代诉求下艺术家的担当和作为；司徒杰雕塑艺术展以近百件司徒杰雕塑作品（其中包括部分珍贵的石膏、泥原件），以碑立史魂、塑以传意、像自心生3个部分，见证司徒杰先生秉持“结合中西，以民族为本”的现代民族雕塑发展理念所作出的个性化探索和实践。

司徒乔（1902—1958）是我国著名画家，曾任中央美术学院教授，鲁迅先生曾在《看司徒乔君的画》中对他的画作给予了高度评价。司徒杰（1920—2005）是我国著名的雕塑家、雕塑教育家，曾任教于中央美术学院雕塑系，主持现代民族传统雕塑工作室。

3月17日

［纲　文］　**国务院办公厅印发《国务院2016年立法工作计划》。**

［目　文］　《计划》由四个部分组成：一、全面深化改革急需的项目。二、力争年内完成的项目。三、预备项目。四、研究项目。

3月17日

［纲　文］　**商务部、发展改革委、交通运输部、海关总署、邮政局、标准委印发《全国电子商务物流发展专项规划（2016—2020年）》。**

［目　文］　《规划》由五个部分组成：一、现状与形势。二、指导思想、规划原则与发展目标。三、主要任务。四、重大工程。五、组织实施和保障措施。

3月17日

［纲　文］　**交通运输部公布《中国民用航空应急管理规定》。**

［目　文］　《规定》共8章51条，主要有总则、管理体制与组织机构、预防与应急准备、预测与预警、应急处置、善后处理、法律责任、附则等内容，自2016年4月17日起施行。

3月17日

［纲　文］　**交通运输部公布《民用航空情报工作规则》。**

［目　文］　《规则》共11章121条，主要有总则、一般规定、民用航空情报服务机构与职责、航空情报人员资质与培训、航空情报原始资料的提供和收集、航空情报服务产品、航行通告、飞行前和飞行后航空情报服务、航空情报自动化系统管理、法律责任、附则等内容，自2016年4月17日起施行。1988年5月16日民航局发布的《民用航空航行情报工作规则》（CCAR-175TM）同时废止。

3月17日

［纲　文］　**交通运输部公布《民用航空情报员执照管理规则》。**

［目　文］《规则》共6章57条，主要有总则，执照申请与颁发，申请人应当具备的知识、技能和经历，执照管理，法律责任，附则等内容。本规则自2016年4月17日起施行。

3月17日

［纲　文］ **交通运输部公布《民用航空电信人员执照管理规则》。**

［目　文］《规则》共6章57条，主要有总则，执照申请与颁发程序，申请人应当具备的知识、技能和经历，执照管理，法律责任，附则等内容，自2016年4月17日起施行。

3月17日

［纲　文］ **交通运输部公布《民用航空空中交通管制员执照管理规则》。**

［目　文］《规则》共6章66条，主要有总则，执照申请与颁发，申请人应当具备的知识、技能和经历，执照管理，法律责任，附则等内容，自2016年4月17日起施行。

3月17日

［纲　文］ **交通运输部公布《民用航空气象人员执照管理规则》。**

［目　文］《规则》共6章52条，主要有总则，执照申请与颁发，申请人应当具备的知识、技能和经历，执照管理，法律责任，附则等内容，自2016年4月17日起施行。

3月17日

［纲　文］ **交通运输部公布《民用航空飞行签派员执照管理规则》《民用航空人员体检合格证管理规则》，自2016年4月17日起施行。**

3月17日

［纲　文］ **交通运输部公布《民用航空空中交通管理运行单位安全管理规则》。**

［目　文］《规则》共9章50条，主要有总则，机构和人员，民航空管安全管理，民航空管不安全事件的报告、调查和处理，安全教育和培训，安全信息和文档的管理，监督检查，法律责任，附则等内容，自2016年4月17日起施行。

3月17日

［纲　文］ **交通运输部公布《航空发动机适航规定》《运输类飞机适航标准》《运输类飞机的持续适航和安全改进规定》，自2016年4月17日起施行。**

3月17日

［纲　文］ **工商总局公布《流通领域商品质量监督管理办法》。**

［目　文］《办法》共5章39条，主要有总则、经营者的商品质量义务、商品质量的监督检查、法律责任、附则等内容，自2016年5月1日起施行。

3月17日

［纲　文］ **全国打击侵权假冒工作电视电话会议在北京召开。**

［目　文］ 会议通报了2015年全国打击侵权假冒工作开展情况，部署2016年打击

侵权假冒重点工作。

国务院副总理汪洋出席会议时强调，打击侵权假冒是实现创新驱动发展的重要保障，是推进供给侧结构性改革的重要抓手，是保持经济持续健康发展的重要支撑。要以发展新理念为指导，更加注重打建结合，更加注重依法治理，更加注重能力建设，更加注重社会共治，更加注重统筹协调，绵绵用力，久久为功，积小胜为大胜。各地区、各部门能够认真贯彻落实党中央、国务院的决策部署，本届政府成立以来，组织开展150多次专项整治，累计查办侵权假冒违法犯罪案件108万件，起诉5.9万件，判决7.8万人，有效遏制了侵权假冒蔓延势头，维护了消费者和生产者的合法权益。政府机关软件正版化如期完成，中央企业和大中型金融机构也基本实现软件正版化，兑现了中国政府的庄严承诺。汪洋对2016年打击侵权假冒工作作出六项部署。一是加强互联网领域侵权假冒治理，集中查处食品药品、家用电器、建筑材料、汽车配件、儿童用品等侵权假冒行为。二是强化农村和城乡结合部市场监管，尽快开展农资打假等行动。三是深入开展“清风行动”，重点查处销往非洲、拉美等新兴市场的侵权假冒行为，维护“中国制造”的国际形象。四是巩固软件正版化成果，全面推进企业软件正版化。五是落实行政处罚案件信息公开。六是加强宣传教育，营造尊重创造、崇法守信的社会氛围。

3月17日

［纲　文］　**国务院副总理刘延东在北京会见联合国副秘书长、联合国人口基金执行主任巴巴通德·奥索蒂梅欣。**

［目　文］　刘延东积极评价联合国人口基金与中国政府开展的长期务实合作，感谢基金在中国人口发展以及南南合作中提供的有力支持并表示，中方愿意加强双方合作，积极实施联合国2030年可持续发展议程中关于卫生、人口等相关目标，并继续推动在妇幼卫生、青少年健康和健康老龄化等人口领域的南南合作。

巴巴通德表示，联合国人口基金愿继续加强与中方在人口和计划生育领域的合作，并支持中国实现可持续发展目标和加强南南合作。

3月17日

［纲　文］　**外交部部长王毅与冈比亚外交部部长盖伊在北京举行会谈并签署《中华人民共和国和冈比亚伊斯兰共和国关于恢复外交关系的联合公报》。**

［目　文］　王毅表示，今天中国和冈比亚恢复外交关系，两国迎来历史性时刻，双边关系从此翻开崭新一页。这反映了两国人民的共同愿望，符合两国和两国人民的根本利益。一个中国原则是中国同任何国家建立和发展外交关系的政治前提和基础。中方愿与冈方夯实这一基础，维护两国关系健康稳定发展。中方将秉持习近平主席提出的“真实亲诚”对非政策理念和正确义利观，与冈方增进互信，拓展合作，加强交流。

盖伊表示，冈中复交是双边关系的里程碑。冈比亚政府和人民将坚定奉行一个中国政策，支持中国的和平统一事业，支持海峡两岸关系和平发展。愿意在相互尊重主权基础上做中国的好朋友、好伙伴。

同日，国家副主席李源潮在北京会见盖伊时说，时隔21年，中国和冈比亚恢复外交关系，符合两国人民的根本利益和共同愿望，符合历史潮流和中非关系大势。相信冈方会坚定奉行一个中国政策，确保中冈关系健康快速发展。2016年是落实中非合作论坛约翰内斯堡峰会成果的开局之年，希望双方抓住机遇，全面开展各领域友好互利合作，造福两国人民。

盖伊表示，冈比亚高度重视发展对华关系，将坚定奉行一个中国原则，全面发展冈中友好关系。

3月17日

［纲　文］　**外交部发言人表示，日本在南海问题上没资格说三道四。**

［目　文］　发言人在记者会上回答有关提问时表示，日本在南海问题上没资格说三道四。中国始终坚持通过谈判协商解决与邻国间的领土争议和海洋管辖权争议。在领土主权和海洋权益问题上，中国不接受单方面诉诸第三方的争端解决办法。最近日本在这个问题上比较“活跃”，无视南海问题的基本事实，混淆视听，在国际社会大肆抹黑中国。日方这么做是徒劳的，只会使中国人民更加认清日方一些人现在的心态。我们希望有关国家能够明辨是非、谨言慎行，不要被别有用心的国家因为其一己之利所利用。

3月17日

［纲　文］　**《人民日报》发表题为《以民主凝聚人心力量 以法治护航改革发展——热烈祝贺十二届全国人大四次会议胜利闭幕》的社论。**

3月18日

［纲　文］　**习近平在北京主持召开会议，专题听取北京冬奥会、冬残奥会筹办工作情况汇报。**

［目　文］　国务院副总理、第24届冬奥会工作领导小组组长张高丽出席会议。刘延东、栗战书和有关方面负责人出席会议。北京市委书记郭金龙汇报了北京冬奥会、冬残奥会筹备工作总体计划和进展情况。体育总局局长刘鹏汇报了冰雪运动普及和发展、提高冰雪运动竞技水平有关情况。河北省委书记赵克志汇报了河北承担的北京冬奥会、冬残奥会相关工作筹备进展情况。中国残联主席张海迪汇报了发展残疾人冰雪运动、促进残疾人体育事业发展方面的情况。

中共中央总书记习近平指出，场馆和基础设施建设是筹办工作的重中之重，周期长、任务重、要求高，要加快工作进度，充分考虑赛事需求和赛后利用，充分利用现有场馆设施，注重利用先进科技手段，注重实用、保护生态，坚持节约原则，不搞铺张奢华，不搞重复建设。要充分利用我国丰富的文化艺术资源，以体育为主题，以文化为内容，策划组织形式多样、生动活泼的文化宣传活动，广泛吸引社会各界积极参与。要广泛开展对外人文交流，讲好中国故事，传播好中国声音。要主动同国际体育组织合作，听取场馆建设、赛事组织、人才培养等方面的建议，积累办赛经验。要把筹办冬奥会、冬残奥会作为推动京津冀协同发展的重要抓手，下大气力推动体制创新、机制创新、管理创新和政策创新，推动交通、环境、产业等领域协同发展先行先试，重点突破，以点带面，为全面实施京津冀协同发展战略起到引领作用。要发挥北京冬奥会、冬残奥会筹办对城市发展的促进作用，落实首都城市战略定位，进一步发挥北京对京津冀区域发展的辐射带动作用。筹办北京冬奥会、冬残奥会，是一项系统工程，要加强组织领导和统筹协调，集各方之智，聚各界之力，形成做好筹办工作强大合力。领导小组要加强对筹办工作重大问题、重要事项的研究，统筹协调各部门各方面共同做好筹办工作。各有关部门要主动承担任务，把重点任务纳入国家"十三五"规划，给予大力支持，确保落实完成。北京市、河北省要主动担负起主办城市的责任，确保按时优质完成各项任务。北京冬奥组委要做好组织协调，抓好督促落实。要深化改革，推进体制机制创新，完善领导小组成员单位、北京市、河北省、北京冬奥组委的合作机制，加强责任衔接和工作对接，确保各方工作同向、进展协调。要广泛吸引社会资金和社会力量参与筹办工作。要建立各项规章制度，严格预算管理，控制办奥成本，强化过程监督，让北京冬奥会、冬残奥会像冰雪一样纯洁干净。

3月18日

［纲　文］　**李克强主持召开国务院常务会议。**

［目　文］　会议主要内容是：一、部署落实《政府工作报告》责任分工，确保实现全年发展主要目标任务。会议要求，一要坚持贯彻新发展理念，对接"十三五"规划纲要，围绕保持经济运行在合理区间和促进提质增效，全面深化改革，培育新动能、发展新经济和改造提升传统动能，保障和改善民生，加强生态环境保护等要求，推动重大政策、重大改革、重大措施尽早落地，财政拨付资金尽早到位，重大项目尽早开工，国有企业扭亏增盈尽早见效。二要密切跟踪分析国际国内经济形势，及时发现苗头性、倾向性问题，用好财政、货币政策等工具，加强预调微调，做好政策储备，有效防范各类风险，妥善应对各种复杂局面。三要倒排工作时间表，逐一明确各项任务责任人，加强自查、重点抽查和督查督办，对积极作为的要强化激励，严查消极怠工等行为，确保完成全年经济社会发展主要目标任务。二、确定2016年经济体制改革重点工作，为促发展惠民生防风险提供保障。会议听取了关于2016年经济体制改革重点任务的汇报，按照中央深化经济体制改革的总体部署和工作要点，确定了政府职能转变、财税金融、国有企业、农业农村、对外开放、社会事业等10大领域50项重点改革任务。会议强调，一是紧扣促发展，深入推进简政放权、放管结合、优化服务和重点行业等改革，健全有利于去产能、去库存、去杠杆、降成本、补短板的体制机制，围绕深入实施创新驱动发展战略，进一步推动大众创业、万众创新，加快突破束缚生产力发展的重点、难点、堵点，增添持续发展动能。二是聚焦惠民生，在教育、医药卫生、养老、新型城镇化等领域改革上迈出更大步伐，加快就业、社保、扶贫等制度创新，完善基本公共服务投入、收入分配等机制，促进城乡居民增收。三是围绕防风险，健全监管体制机制，及时发现并努力消除食品安全、环境保护、金融等重

点领域风险隐患，坚决守住风险防范底线。三、部署全面推开营改增试点，进一步减轻企业税负。从 2016 年 5 月 1 日起，一是将营改增试点范围扩大到建筑业、房地产业、金融业和生活服务业，实现货物和服务行业全覆盖，打通税收抵扣链条，支持现代服务业发展和制造业升级。二是在之前已将企业购进机器设备所含增值税纳入抵扣范围的基础上，允许将新增不动产纳入抵扣范围，增加进项抵扣，加大企业减负力度，促进扩大有效投资。同时，新增试点行业的原有营业税优惠政策原则上延续，对特定行业采取过渡性措施，对服务出口实行零税率或免税政策，确保所有行业税负只减不增。预计 2016 年营改增将减轻企业税负 5000 多亿元。

3 月 18 日

［纲　文］　**国务院办公厅函复浙江省人民政府、体育总局，同意成立 2022 年第 19 届亚运会组委会**。

［目　文］　函复说，经国务院领导同志批准，现函复如下：一、同意成立 2022 年第 19 届亚运会组委会（以下简称组委会）及其组成。组委会主席由体育总局局长刘鹏、浙江省人民政府省长李强担任。二、组委会内设机构由组委会根据工作需要自行确定。

3 月 18 日

［纲　文］　**全国绿化委员会在北京召开全体会议**。

［目　文］　国务院副总理、全国绿化委员会主任汪洋出席会议并讲话。林业局局长、全国绿化委员会副主任张建龙汇报了“十二五”和 2015 年国土绿化工作、“十三五”工作思路和 2016 年重点工作安排。全国绿化委员会委员在会上发言。

汪洋强调，要认真贯彻落实党中央、国务院关于加快推进生态文明建设的决策部署，坚持以创新、协调、绿色、开放、共享的新发展理念为引领，加快造林绿化，提升森林质量，发展绿色产业，筑牢国家生态安全屏障，为促进经济社会持续健康发展提供有力支撑。“十二五”期间，我国国土绿化工作取得巨大成绩，2015 年全国森林覆盖率比 2010 年提高 1.3 个百分点，森林蓄积量增长 10.3%，绿色产业发展加速，兴林惠民实现新突破，为建设生态文明和美丽中国作出重要贡献。在全面建成小康社会决胜阶段，要把适应和引领经济发展新常态的大逻辑与国土绿化的具体实践紧密结合起来，坚持保护和建设两手抓，坚持数量和质量并重、质量优先，提高国土绿化成效。深入推进全民义务植树，加强重点林业工程建设，开展森林城市建设，多途径拓展绿化空间、增加绿色资源。完善天然林保护制度，实施森林质量精准提升工程，着力建设国家公园，加强生态修复。深化国有林区、国有林场和集体林权制度改革，完善体制机制，推进国土绿化再上新台阶。

3 月 18 日

［纲　文］　**中国国家原子能机构与美国能源部共同建设的核安保示范中心在北京建成**。

［目　文］　此中心是目前亚太地区乃至全球规模最大、设备最全、设施最先进的核

安保交流与培训中心，促进中国与美国、国际原子能机构以及其他国家和国际组织在核安保领域的国际交流合作。2010年首届核安全峰会期间，中美两国元首达成共识，决定在华共同建设核安保示范中心。中方提供场址设施并负责该中心的管理和运行，美方提供核材料分析、核安保设备测试、响应力量训练及演练等方面的专业设备。它的建成在中美核安保领域具有里程碑意义。

同日，核安保示范中心展示活动在北京举行。国务院副总理马凯与美国能源部部长莫尼兹共同出席开幕式并致辞。

3月18日

［纲　文］ **外交部发言人表示，中方敦促朝方遵守安理会相关决议。**

［目　文］ 据报道，朝鲜18日早从平安南道向朝鲜半岛东部海域发射了1枚弹道导弹，飞行距离约为800公里。韩国军方判断可能是“芦洞”导弹。

发言人表示，中方敦促朝方遵守安理会相关决议，停止采取可能导致半岛局势紧张升级的行动。对于朝鲜发射弹道导弹问题，安理会决议有明确规定。同时希望有关各方慎重行事，共同维护本地区和平稳定。

3月18日

［纲　文］ **山东警方破获案值5.7亿元非法疫苗案，疫苗未经严格冷链存储运输销往全国24个省市。**

［目　文］ 此次涉及疫苗买卖线索的共有安徽、北京、福建、甘肃、广东、广西、贵州、河北、河南、黑龙江、湖北、吉林、江苏、江西、重庆、浙江、四川、陕西、山西、山东、湖南、辽宁、内蒙古、新疆等24个省（市、区）近80个县市。

4月5日，国务院山东济南非法经营疫苗系列案件工作督查组在北京召开会议，专题听取部门联合调查组工作进展情况汇报。

4月13日，国务院总理李克强主持召开国务院常务会议，听取山东济南非法经营疫苗系列案件调查处理情况汇报，决定先行对一批责任人实施问责；通过《国务院关于修改〈疫苗流通和预防接种管理条例〉的决定》，强化制度监管。

3月18—27日

［纲　文］ **全国人大常委会委员长张德江出席各国议会联盟第134届大会并对赞比亚、卢旺达、肯尼亚进行正式友好访问。**

［目　文］ 18—22日，张德江在赞比亚访问期间，在卢萨卡分别会见了赞比亚总统伦古和赞比亚首任总统卡翁达，与马蒂比尼举行会谈；与赞比亚副总统维纳共同考察了中赞经贸合作区卢萨卡园区，参观了赞比亚大学孔子学院，出席孔子学院新楼交接和赠书仪式。

19—21日，各国议会联盟第134届大会在赞比亚首都卢萨卡举行，来自130多个国家的670多名代表与会，包括87位议长、副议长。张德江在会上所作题为《共商合作，共促民主，共谋发展》的讲话中指出，发展社会主义民主政治是中国的坚定追求。多年来，中国始终坚持从国情和实际出发，坚持人民主体地位，坚持改革开放，借鉴国外政治文明有益成果，找到了一条适合中国国情的政治发展道路，形成了一套独具特色的政治制度体系。中国特色社会主义民主政治的发展，为民主实践多样化提供了生动的、成功的例证。

22—23日，张德江在卢旺达访问期间，在基加利会见卢旺达总统卡加梅，与参议长马库扎、众议长穆卡巴利萨分别举行会谈。张德江与卢旺达总理穆雷凯齐共同出席援卢政府综合办公楼项目奠基仪式。双方一致表示，愿不断丰富和拓展合作内容，努力将两国政治互信的优势转化为实实在在的合作成果，造福两国人民。张德江还前往基加利大屠杀纪念馆凭吊大屠杀遇难者。

23—26日，张德江在肯尼亚访问期间，在内罗毕会见肯尼亚总统肯雅塔，与国民议会议长穆图里、参议长埃苏罗分别举行会谈。张德江与穆图里共同签署中国全国人大与肯尼亚议会建立交流机制的谅解备忘录。张德江考察了中央电视台非洲分台并接见中央媒体驻非洲机构负责人，考察了中肯职业教育合作示范中心。在蒙巴萨，张德江主持了中资企业经贸座谈会，希望中资企业秉持正确义利观，抓住中非合作深入发展的重要机遇，全面提升务实合作水平，促进共同发展，造福两国人民。他还考察了蒙内铁路项目蒙巴萨西站、蒙巴萨港和蒙巴萨自贸区。

3月19日

［纲　文］　**中共中央政治局常委刘云山在北京会见脸谱公司创始人兼首席执行官扎克伯格。**

［目　文］　刘云山说，互联网是人类共同的新家园，构建网络空间命运共同体是国际社会的共同责任。习近平主席关于全球互联网发展治理的“四项原则”“五点主张”，受到广泛赞同。中国互联网经过20多年发展，走出了一条具有中国特色的发展治理之路。脸谱拥有先进技术和管理方式，希望与中国互联网企业加强交流、分享经验，增进相互了解，推动互联网发展成果更好地惠及各国人民。

扎克伯格赞赏中国互联网发展取得的成就并说，中国是互联网大国，在全球互联网领域有重要影响，我们愿更好地了解中国、介绍中国，与中国同行一道，通过互联网创造更加美好的世界。

3月19—21日

［纲　文］　**中国发展高层论坛2016年年会在北京举行。**

［目　文］　本届中国发展高层论坛由国务院发展研究中心主办，主题是“新五年规划时期的中国”。来自国内外的专家学者、企业家、政府官员和国际机构代表与会。国务院副总理张高丽出席论坛开幕式并发表题为《深入贯彻新理念新思想新战略 确保如期全面建成小康社会》的致辞。

21日，国务院总理李克强在北京会见与会的境外代表并座谈。来自世界500强企业的负责人、国际知名学术和研究机构的专家学者、主要国际组织和媒体的代表等120余人参加。福特汽车公司总裁菲尔兹，经济合作与发展组织秘书长古里亚，耶鲁大学校长苏必德，株式会社日立制作所首席执行官中西宏明，纽约大学教授、诺贝尔经济学奖得主斯宾塞，美国知名电视节目主持人查理·罗斯等分别就中国改革开放、创新创业、制造业发展、投资和营商环境、中外教育合作等提问。

李克强表示，中国改革开放30多年取得了举世瞩目的经济社会发展成就，积累了丰富的发展经验。中国经济未来要保持中高速增长，迈上中高端水平，要继续坚持改革开放。我们将按照创新、协调、绿色、开放、共享的新发展理念，引领经济发展新常态。着力推进包括简政放权、减税减负在内的供给侧结构性改革，更好激发市场活力、增强企业竞争力、调动社会创造力。同时要在转变发展方式和稳增长、促改革、调结构、惠民生、防风险中保持平衡，尤其注重稳定就业和居民增收。中国的改革和开放是相互促进、相辅相成的。我们会继续扩大开放，欢迎外资来华投资兴业。只要是在中国注册的企业，无论是内资还是外资、独资还是合资，都将一视同仁对待，提供公平竞争的环境。我们鼓励更多中国留学生赴海外深造，拓宽视野，学习国外先进技术和管理经验，也欢迎更多外国留学生来华学习。通过交流互鉴，尊重文明的多样性，汲取人类创造的文明成果。中国正在深入实施创新驱动发展战略，大力推动大众创业、万众创新。通过发展新经济，培育新动能、改造提升传统动能，形成中国经济的“双引擎”。我们不仅要进行技术创新，跟上互联网、物联网、大数据时代的创新步伐，让千千万万人共享智慧，激发思想火花，还要进行制度创新，通过简政放权、放管结合、优化服务等改革，创新政府监管方式，把政府不该管的权力放给市场，让政府把更多精力放在事中事后监管，营造公平竞争的市场环境上。

与会外方代表表示，通过参加本届论坛，对中国经济的发展前景，以及中国致力于深化改革、推动经济转型升级的坚定决心有了更加深刻的认识。相信中国经济中高速增长将对世界经济增长产生重要影响，愿不断深化对华合作，在各自领域为中国发展提供支持与协助。

3月20日

［纲　文］　**中国选手董斌在美国波特兰举行的国际田联室内田径世锦赛男子三级跳远决赛中以17.33米的成绩夺得冠军。**

［目　文］　董斌收获了中国田径历史上在世界大赛中的首枚男子三级跳远金牌，成为自隋新梅和刘翔之后第三位在室内田径世锦赛中夺得金牌的中国选手。

3月20日

［纲　文］　**原沈阳军区副司令员吴玉谦在沈阳逝世，享年73岁。**

3月20—21日

［纲　文］　**全国春季农业生产暨森林草原防火工作会议在江苏省泰州市召开。**

［目　文］　国务院总理李克强批示指出：毫不放松抓好农业农村工作特别是当前的春季农业生产，对于经济社会发展全局至关重要。各地区、各部门要牢固树立新的发展理念，按照党中央、国务院决策部署，通过深化改革，着力转变农业发展方式，加强现代农业建设，引导农民以市场为导向优化种养结构，加快发展多种形式农业适度规模经营，积极推进一二三产业融合发展，不断提高农业的综合效益和竞争力，多渠道增加农民收入。要抓住农时，扎实开展春耕备耕，强化政策扶持，统筹做好森林草原防火、脱贫攻坚、农田水利建设和防汛抗旱等各项工作，确保实现"十三五"农业农村发展良好开局。

国务院副总理汪洋出席会议时强调，要认真贯彻李克强总理重要批示精神，周密部署，精心组织，扎实抓好春季农业生产各项工作，不断开创农业农村发展新局面。当前我国农业主要矛盾已由总量不足转变为结构性矛盾，农产品阶段性供过于求和供给不足并存，要大力推进农业供给侧结构性改革。完善农产品价格形成机制，加强农业技术指导服务，引导农民根据市场需求调整生产结构。增加紧缺农产品生产，大力发展畜牧业、粮食精深加工，促进粮经饲统筹、种养加一体，全面提高农业综合效益和竞争力。加强高标准农田等农业基础建设，提高粮食生产能力。推进农村一二三产业融合发展，多渠道增加农民收入。按照市场定价、价补分离的原则，积极稳妥推进玉米收储制度改革，适当调减非优势产区玉米面积，保障农民合理收益。要认真抓好春耕备耕，做好农资供应和质量监管，推进病虫害统防统治和绿色防控。完善农田水利设施，强化气象服务，做好防汛抗旱准备。加快林业建设。全面落实森林草原防火责任，强化防控措施，坚决避免发生重大森林草原火灾和重大人员伤亡。当前脱贫攻坚任务繁重，要横下一条心，加大力度，加快速度，加紧进度，有序推进易地扶贫搬迁、产业扶贫等各项脱贫举措，确保完成脱贫任务。

3月20—24日

［纲　文］　**应国家主席习近平邀请，德国总统高克对中国进行国事访问。**

［目　文］　访问期间，习近平在北京与高克举行了会谈，两国元首同意继续巩固和加强中德全方位战略伙伴关系，在应对国际挑战中更加紧密合作，并共同出席了中德青少年交流年开幕式。国务院总理李克强、中央党校校长刘云山分别会见了高克。高克在中央党校同专家和学员座谈。还在上海、西安访问。

习近平与高克会谈时指出，当前中德交流合作紧密程度超过历史任何时期。巩固和加强中德全方位战略伙伴关系，最重要的就是要从战略高度和长远角度出发，牢牢把握两国关系发展大方向。双方要坚持相互尊重、平等相待，照顾和尊重彼此核心利益和重大关切，努力扩大共同点、缩小分歧面，深化政治互信。要密切高层交往，用好现有的磋商对话机制。双方要在文化、教育、媒体、青年、体育等广泛领域架设更多交流桥梁，办好中德青少年交流年活动。"一带一路"建设将连通亚太经济圈和欧洲经济圈，有利于挖掘亚欧大陆市场的巨大潜力，中德双方可以在"一带一路"框架下深化务实合作。

高克表示，德中虽然社会制度不同，但能够在相互尊重、相互信任基础上推进双方关系不断向前发展。当前，双方在经贸、科技、环保、教育、文化等各领域交流密切、合作成果丰硕；在重大国际地区问题上立场相近，德方赞赏中方在国际事务中的建设性作用，赞赏中方“一带一路”倡议的开放性和积极作用，愿继续同中方开展伙伴式合作。

李克强在会见高克时表示，德国是中国在欧洲的重要合作伙伴。中德经济合作日益紧密，已形成你中有我、我中有你的格局。我们愿同德方深化贸易、投资等领域合作，推进“中国制造2025”和德国“工业4.0”战略对接，把德国的先进技术同中国性价比高、具有一定竞争力的装备相结合，携手开展第三方市场合作。

高克表示，德方敬佩中国经济社会治理与发展成就，关注并支持中国的发展，欢迎中方扩大对德投资。德方愿与中方积极落实双方共识，深化各层级交往，增进相互了解与信任，加强高科技、创新等领域合作，扩大教育、体育等人文交流，携手推动德中关系的新发展。

3月20—27日

［纲　文］　**应国务院总理李克强邀请，尼泊尔总理奥利对中国进行正式访问。**

［目　文］　访问期间，国家主席习近平、全国政协主席俞正声分别在北京分别会见了奥利。李克强在北京与奥利举行会谈，两国总理共同见证了交通、跨境贸易、能源、金融等领域多个双边合作文件的签署。两国发表了《中华人民共和国和尼泊尔联合声明》。奥利出席了博鳌亚洲论坛2016年年会，访问了西安、成都。

习近平在会见奥利时指出，希望双方推动将中国的“一带一路”倡议和“十三五”规划同尼泊尔国家重建和发展规划对接，加快构建中尼自由贸易区，推进灾后重建和产能合作。双方要加强在旅游、教育、文化、青年、媒体等各领域各层面交流合作，让中尼友好的大树根深叶茂。中方希望尼方能从中国和印度两国发展中受益，尼泊尔稳定和发展也符合中印共同利益。尼泊尔可以成为中印之间的桥梁和纽带。我们愿进一步探讨开展中国、尼泊尔、印度三方合作。

奥利表示，尼泊尔坚定奉行一个中国政策，不允许任何势力在尼泊尔从事损害中国利益的活动。尼泊尔致力于在相互尊重基础上继续推进尼中关系深入发展，高度评价并愿积极参与“一带一路”建设，期待着加强双方在贸易、金融、互联互通、基础设施、旅游等领域合作，密切在国际事务中的沟通协调。

李克强与奥利会谈时表示，中方愿同尼方加强关键领域务实合作。推进互联互通，促进跨境基础设施、过境运输和跨境经济合作区建设；以尼泊尔地震灾后重建为契机开展产能合作，在建材、水利水电开发、有机农业等领域加强合作；在石油产品贸易、油气勘探和炼化、可再生能源等领域拓展合作；促进双向贸易多元化和可持续发展，启动双边自贸协定联合可行性研究，争取早日启动谈判；中方鼓励符合条件的中资银行赴尼设立分支机构，希望尼方提供便利和支持；扩大地方、旅游等人文交流；加强执法交流合作，共同打击非法越境和跨境犯罪，维护边境地区和平稳定，促进发展繁荣。

奥利表示，尼方希望从中国的和平发展进程受益，愿保持高层交往，积极参与“一带一路”倡议，加强基础设施、能源、农业、金融、跨境贸易、旅游、教育等各领域合作，推动业已良好的尼中关系持续发展。

3月21日

［纲　文］　**国务院总理李克强在北京会见国际货币基金组织总裁拉加德。**

［目　文］　李克强祝贺拉加德连任国际货币基金组织总裁并表示，当前世界经济不确定、不稳定因素增多，需要各主要经济体加强宏观政策协调，维护和促进全球经济金融体系稳定。中国政府重视做好同市场的沟通，重视国际货币基金组织等主要国际经济金融机构的作用和建议，愿进一步加强对话与合作，释放更多有助于提振市场信心、有利于稳定与增长的信号。中国不赞成世界上发生“货币战”，这对世界经济的复苏有弊无利。我们也不会通过主动使人民币贬值来刺激出口，这样不利于中国经济转型升级。中国将继续推进金融市场化改革和法治化建设，坚持自主性、渐进性、可控性原则，稳步推进人民币汇率形成机制改革。根据中国经济基本面和金融稳定的需要，使人民币汇率在合理区间双向浮动，在合理均衡水平上保持基本稳定。中国很多大型商业银行都是国有股份为主。我们政府的负债率，特别是中央财政负债率比较低，居民储蓄率比较高，中央财政可以通过市场化方式支持银行资本充足率保持在较高水平，央行也有很多工具防范金融风险。中国有能力守住不发生区域性、系统性金融风险的底线。

拉加德祝贺中国两会成功举行，表示中方的“十三五”规划受到国际社会高度关注，将有助于中国经济继续为世界经济发展发挥引领作用。中方近期就人民币汇率等问题加强对外政策沟通卓有成效，有力增强了国际市场的信心。国际货币基金组织赞赏中方坚持深化改革，愿同中方加强沟通与配合，继续向市场发出积极信号。

3月21日

［纲　文］　**国务院在北京召开全国棚户区改造工作电视电话会议。**

［目　文］　会议主要内容是：认真学习贯彻习近平总书记关于城镇棚户区和危房改造的重要讲话精神，落实李克强总理《政府工作报告》要求，对加快推进棚户区改造工作作出部署。中央和国家机关有关部门、有关金融机构、企业负责人在主会场参加会议。各省、自治区、直辖市和计划单列市、新疆生产建设兵团，各市、县人民政府及有关部门、单位负责人在各地分会场参加会议。

国务院副总理张高丽出席会议时指出，2016年棚户区住房改造600万套，任务重、难度大，要不断开拓工作思路，创新工作方法，扎实做好工作。一要早安排、早开工、早见效，确保2016年棚改进度不低于2015年。要尽早安排落实好工程项目，尽快实现开工，在改善住房困难群众居住条件、拉动经济增长、改变城市面貌方面早日发挥作用。二要进一步提高棚改货币化安置比例，商品住房库存量大的地方，货币化安置比例应更高一些，一线城市和部分二线城市可以因地制宜。各地要抓紧明确棚改货币化安置的具体目标、政策及措施。三要落实棚改信贷支持政策，对2015年底以前开工的棚改续建项目，可以按照已签订的合同继续发放贷款，对2016年及以后年度新开工棚改项目，要全面实施政府购买服务。要加大对城中村和林区、垦区棚户区改造信贷资金投放。四要完善机制，堵塞漏洞，严格资金监管，进一步简化程序，加快项目进度，提高资金使用效率，务必把钱用在刀刃上。五要确保棚改工程质量安全，加快完善配套基础设施，改善周边环境和服务条件，让群众住得安心、放心、舒心。同时，要提前谋划2017年棚户区改造，积极做好前期工作。各地区和各有关部门单位要主动作为、勇于担当，全力以赴抓好棚户区改造工作落实。地方政府要负起组织领导责任，各有关部门单位要形成工作合力，健全年度棚改工作奖惩机制，切实把棚户区改造这一重大民生工程建成民心工程，让棚户区居民得实惠，把好事办实办好，向人民群众交上一份合格的答卷。

3月21日

［纲　文］　**国务院批复知识产权局，同意建立国务院知识产权战略实施工作部际联席会议制度**。

［目　文］　批复说：同意建立由国务院领导同志牵头负责的国务院知识产权战略实施工作部际联席会议制度。联席会议不刻制印章，不正式行文，请按照国务院有关文件精神认真组织开展工作。自2016年3月21日起，《国务院关于同意建立国家知识产权战略实施工作部际联席会议制度的批复》停止执行。

3月21日

［纲　文］　**国务院办公厅印发《关于调整中国人民银行货币政策委员会组成人员的通知》**。

3月22日

［纲　文］　**习近平主持召开中央全面深化改革领导小组第22次会议**。

［目　文］　中央全面深化改革领导小组副组长刘云山、张高丽出席会议。中央全面深化改革领导小组成员出席，中央和国家有关部门负责人列席会议。

会议审议通过了：一、《关于推行法律顾问制度和公职律师公司律师制度的意见》。会议强调，在党政机关、人民团体、国有企事业单位普遍建立法律顾问制度和公职律师、公司律师制度，是落实全面依法治国的重要举措。二、《关于健全生态保护补偿机制的意见》。会议指出，健全生态保护补偿机制，目的是保护好绿水青山，让受益者付费、保护者得到合理补偿，促进保护者和受益者良性互动，调动全社会保护生态环境的积极性。三、《关于建立贫困退出机制的意见》。会议强调，要按照精准扶贫、精准脱贫的要求，建立贫困户脱贫认定机制，制定严格规范透明的贫困县退出标准程序核查办法。四、《关于加强儿童医疗卫生服务改革与发展的意见》。会议指出，加强儿童医疗卫生服务改革与发展，要紧紧围绕加强儿科医务人员培养和队伍建设、完善儿童医疗卫生服务体系、推进儿童医疗卫生服务领域改革、防治结合提高服务质量等关键问题，系统设计改革路径，切实缓解儿童医疗服务资源短缺问题。五、《关于深化投融资体制改革的意见》。会议强调，要改善企业投资管理，注重事前政策引导、事后监管约束和过程服务，创新服务方式，简化服务流程，提高综合服务能力。要完善政府投资体制，发挥好政府投资的引导作用和放大效应，完善政府和社会资本合作模式。六、《关于建立法官检察官逐级遴选制度的意见》《关于从律师和法学专家中公开选拔立法工作者、法官、检察官的意见》。会议指出，建立法官检察官逐级遴选制度以及从律师和法学专家中公开选拔立法工作者、法官、检察官，是加强法治专门队伍正规化、专业化、职业化建设的重要举措。要坚持稳妥有序推进，注重制度衔接，确保队伍稳定。七、《关于加强和规范改革试点工作的意见》。会议强调，要准确把握改革试点方向，把制度创新作为核心任务，发挥试点对全局改革的示范、突破、带动作用。

中共中央总书记、中央全面深化改革领导小组组长习近平强调，夺取全面建成小康社会决胜阶段的胜利，很关键的一条是通过全面深化改革推动落实新发展理念。要围绕形成有利于落实新发展理念的体制机制，加大改革力度，直面经济发展新常态下面临的矛盾和挑战，对准瓶颈和短板，精准对焦、协同发力，努力在增强创新能力、推动发展平衡、改善生态环境、提高开放水平、促进共享发展上取得新突破。

3 月 22 日

［纲 文］ **国家主席习近平、国务院总理李克强就比利时首都布鲁塞尔系列恐怖袭击事件分别向比利时国王菲利普、首相米歇尔致慰问电。**

［目 文］ 习近平对袭击行径予以强烈谴责，向不幸遇难者表示深切的哀悼，向伤者和遇难者家属表示诚挚的慰问，并表示，恐怖主义是人类社会的公敌，是国际社会共同面临的威胁。中方愿同比利时加强安全和反恐合作，共同推动国际社会齐心协力、标本兼治，反对一切形式的恐怖主义，维护中比两国和世界和平稳定。

李克强强烈谴责恐怖分子的残忍行径，向遇难者表示深切哀悼，向遇难者家属和受伤人员表示诚挚慰问，并表示，中方坚定支持比方打击恐怖主义和维护国家安全的努力，愿同比方和国际社会加强合作，共同应对恐怖主义威胁和挑战。

同日，外交部发言人说，中方对当天发生在比利时首都布鲁塞尔的系列恐怖袭击事件表示强烈谴责，向遇难者致以深切哀悼，向遇难者家属和受伤人员表示诚挚慰问。中国外交部和中国驻比利时使馆正密切跟踪事件进展，加紧核实有无中国公民伤亡。中方坚决反对一切形式的恐怖主义。此时此刻，中国人民同比利时人民和欧洲人民站在一起。中方愿同比方和国际社会加强合作，共同应对恐怖主义威胁和挑战，维护世界和平与安全。

3 月 22 日

［纲 文］ **中组部、中宣部、司法部、人力资源社会保障部印发《关于完善国家工作人员学法用法制度的意见》。**

［目 文］ 《意见》由四个部分组成：一、完善国家工作人员学法用法制度的重要

性。二、国家工作人员学法用法的指导思想和主要内容。三、进一步健全完善国家工作人员学法用法制度。四、切实加强组织领导。

《意见》要求，各地各部门要按照本意见的精神，研究制定符合本地本部门实际的国家工作人员学法用法制度，认真组织实施。

3月22日

［纲　文］　**发展改革委、能源局、财政部、住房城乡建设部、环境保护部印发《热电联产管理办法》**。

［目　文］　《办法》共7章47条，主要有总则、规划建设、机组选型、网源协调、环境保护、政策措施、监督管理等内容。

3月22日

［纲　文］　**国家防汛抗旱总指挥部在北京举行全体会议**。

［目　文］　国务院副总理、国家防汛抗旱总指挥部总指挥汪洋出席会议时强调，2016年我国气象年景总体偏差，要深入贯彻党中央、国务院的决策部署，强化措施，落实责任，严肃纪律，有力有序有效做好防汛抗旱各项工作，坚持把保障人民生命安全放在首位，确保大江大河、大型和重点水库防洪安全，努力满足生产生活生态用水需求，为促进经济社会持续健康发展、实现“十三五”良好开局提供有力保障。受超强厄尔尼诺影响，2016年我国入汛偏早，南方部分地区已出现罕见强降雨，后期天气形势复杂，各类灾害威胁大、影响重。各地区、各有关部门要筑牢思想认识第一道“堤坝”，高度关注可能出现的极端天气事件，切实加强组织领导，严格落实行政首长负责制，把防汛抗旱各项工作做实做细。要提早准备，开展病险工程除险加固、水毁工程修复和应急度汛工程建设，补充储备防汛抢险物资，修订完善防灾救灾各项预案。密切监视天气和汛情旱情发展变化，加强预报预警，强化汛期值守，发挥水利工程作用，科学调度洪水，最大限度减轻灾害损失。

3月22日

［纲　文］　**国务院副总理张高丽在北京会见俄罗斯天然气工业公司总裁米勒**。

［目　文］　张高丽说，在两国元首的战略引领下，中俄务实合作特别是能源合作不断取得新进展。能源合作具有战略性、长期性，双方要运营好已经建成的中俄原油管道、增供油等大项目，建设好中俄东线天然气管道、亚马尔液化气项目，加快商谈西线天然气管道等项目，还要积极探讨新的合作项目。在合作模式方面，双方要创新合作思路，按照利益共享、风险共担原则，拓展上下游一体化、油气装备制造、加工技术服务、工程建设、油品销售服务等新领域合作，保持中俄能源合作持续稳定发展势头。

米勒表示，俄方高度重视对华能源合作，正在按计划顺利推进东线天然气管道建设，愿与中方一道，积极商谈西线天然气管道项目，提升双方能源各领域战略合作水平。

3月22日

［纲　文］　**《人民日报》发表题为《以改革激发人才创新创业活力》的评论员文章**。

3月22—25日

［纲　文］　**李克强在海南考察。**

［目　文］　国务院总理李克强在三亚市民游客中心，了解旅游业发展情况，并登录微信体验运用大数据为游客提供咨询等服务；在三亚旅游调度指挥中心，对当地采取综合执法、主动到一线明察暗访给予肯定，并通过视频向景区执法人员表示慰问。解决部门规划打架、开展“多规合一”是国务院部署的重要改革试点工作，海南是全国首个在全省范围内试点的省份。李克强了解进展情况，得知这一举措不仅使规划更科学，解决了区划定位重叠和部门壁垒问题，促进了土地等资源节约利用和产业集聚，还保护了生态环境。他说，“多规合一”有利于政府各部门职能厘清和归并，这就是简政放权。只要符合规划的事，企业就可以甩开膀子去干。政府可以把更多精力放在事中事后监管和优化服务上，提高行政效率和资源配置效率，降低交易成本，促进公平公正，推动经济发展。

3月22—25日

［纲　文］　**博鳌亚洲论坛2016年年会在海南博鳌举行。**

［目　文］　本届年会以“亚洲新未来：新活力与新愿景”为主题，设置了88场讨论，包括1场开幕大会、51场分论坛、15场圆桌会议、5场主题餐会、10场对话创业者和6场电视辩论。年会聚焦互联网金融、共享经济、供给侧结构性改革、人工智能、众筹等五大热门话题，来自各界的嘉宾围绕这些话题展开讨论。94位国际组织负责人和部长级官员，1122位中外企业家代表，以及世界500强企业的200多位高管参会。国务院总理李克强出席本届年会开幕式并发表题为《共绘充满活力的亚洲新愿景》的主旨演讲。

24日，李克强在博鳌分别会见了与会的台湾两岸共同市场基金会荣誉董事长萧万长、博鳌亚洲论坛理事长福田康夫和理事会部分成员；同与会的中外工商、金融、智库、媒体界人士举行对话会。

3月23日

［纲　文］　**习近平视察国防大学。**

［目　文］　中共中央总书记、中央军委主席习近平视察国防大学并接见国防大学第六次党代表大会全体代表和师以上领导干部，代表党中央和中央军委向会议召开表示热烈祝贺并强调，实现强军目标，建设世界一流军队，我军院校建设必须有一个大的加强。要紧紧围绕实现党在新形势下的强军目标，贯彻新形势下军事战略方针，解放思想、实事求是、与时俱进，积极推进院校改革创新，不断提高办学育人水平，为实现中国梦强军梦提供有力的人才和智力支持。要坚持正确政治方向。国防大学是学习、研究、宣传党的理论的重要阵地，是培养建军治军领导骨干的基地，政治上必须坚持高标准、严要求。要增强看齐意识，毫不动摇坚持党对军队的绝对领导，毫不动摇从思想上政治上行动上同党中央保持高度一致，毫不动摇维护党中央权威，毫不动摇听从党中央和中央军委指挥。要深入贯彻古田全军政治工作会议精神，坚持从思想上政治上建校治校，做到一切教学、科研、

办学活动都贯彻政治建军要求。要坚持把培养联合作战指挥人才突出出来。培养联合作战指挥人才是国防大学的核心职能，必须坚持面向战场、面向部队、面向未来，深入研究把握联合作战指挥人才培养规律，更新教学理念，优化教学内容，改进教学模式，完善教学保障。要坚持抓好理论研究和决策咨询。坚持为人才培养和战斗力建设服务，坚持教学和科研相结合，在战争和作战理论创新上求突破，为形成具有时代性、引领性、独特性的军事理论体系贡献力量。要密切跟踪世界新军事革命发展趋势，深入研究信息化战争制胜机理，研究高新技术发展运用及其对战争的影响，研究军事斗争准备重大现实问题，构建具有我军特色、符合现代战争规律的先进作战理论体系。要坚持在推进和落实改革上下功夫。深入开展深化国防和军队改革重大问题研究，积极宣传党中央和中央军委改革部署。要通过深化院校改革，健全新型军事人才培养体系，更好集聚、保留、使用优秀人才，增强院校发展活力，提高人才培养质量和效益。要坚持扭住党委班子和干部队伍建设。坚持党要管党、从严治党，严肃党内政治生活，把党委班子搞得很坚强，增强党委班子的原则性、战斗性。要认真研究把握学校党组织建设特点和规律，扎实开展“两学一做”学习教育，增强各级党组织的创造力、凝聚力。要坚持教人先正己，坚持严字当头，加大从严治教、从严治学、从严治研、从严治考力度，严格对干部的教育管理监督，高标准抓好干部队伍建设。

3月23日

［纲　文］　**全国党建研究会第六次会员代表大会在北京召开，习近平对大会召开作出指示。**

［目　文］　中共中央总书记习近平向大会召开表示热烈祝贺，向全国广大党建研究工作者致以诚挚问候，希望全国党建研究会坚持正确政治方向，发挥党建高端智库作用，发扬成绩，发挥优势，围绕协调推进“五位一体”总体布局和“四个全面”战略布局，深入研究党建理论和实际问题，深入总结全面从严治党实践经验，为构建中国化的马克思主义党建理论体系，为加强和改善党的领导、确保党始终成为中国特色社会主义事业的坚强领导核心作出新的更大的贡献。

中共中央政治局常委刘云山在会见与会代表时说，习近平总书记的重要指示充分体现了对党建研究工作的高度重视，深刻阐明了党建研究会的职责定位，阐明了党建研究工作的根本遵循和主要任务，具有很强的政治性、指导性和针对性，我们要深入学习领会、认真贯彻落实。做好新形势下的党建研究工作，重要的是把握政治方向、体现高端特色、坚持问题导向。要围绕推进党的建设新的伟大工程，凝练主攻方向，注重研究质量，推出更多高水平的研究成果，在构建中国化的马克思主义党建理论体系上取得新进展。要坚持理论联系实际，带着问题研究，对准问题思考，深入研究党的建设的重大理论和实际问题，深入总结党的十八大以来党的建设的新鲜经验，为加强新形势下党的建设提供有力理论支撑。

会议表彰了研究会2015年度课题调研优秀成果和第十三届全国优秀党建读物评选获

奖作品，选举产生第六届理事会及其领导机构。中共中央政治局委员、中央组织部部长赵乐际传达了习近平的指示并在代表大会上指出，习近平总书记党建思想是马克思主义党建学说的创新发展，是新的历史条件下坚持党的领导、加强党的建设、全面从严治党的根本遵循。要深入学习领会习近平总书记党建思想的丰富内涵、立场观点方法、实践意义，贯彻落实到党的建设和党建研究的各方面。要加强党建研究人才培养和集聚，下功夫研究解决党的建设理论和实践问题，为全面从严治党提供有力支撑。

3月23日

［纲　文］　**财政部、税务总局印发《关于全面推开营业税改征增值税试点的通知》。**

［目　文］　《通知》说，经国务院批准，自2016年5月1日起，在全国范围内全面推开营业税改征增值税（以下称营改增）试点，建筑业、房地产业、金融业、生活服务业等全部营业税纳税人，纳入试点范围，由缴纳营业税改为缴纳增值税。现将《营业税改征增值税试点实施办法》《营业税改征增值税试点有关事项的规定》《营业税改征增值税试点过渡政策的规定》和《跨境应税行为适用增值税零税率和免税政策的规定》印发你们，请遵照执行。

3月23日

［纲　文］　**澜沧江—湄公河合作首次领导人会议在海南三亚召开。**

［目　文］　国务院总理李克强主持会议。会议的主题是“同饮一江水，命运紧相连”。泰国总理巴育、柬埔寨首相洪森、老挝总理通邢、缅甸副总统赛茂康和越南副总理范平明出席会议。会议发表了《澜沧江—湄公河合作首次领导人会议三亚宣言》《澜沧江—湄公河国家产能合作联合声明》。

李克强在会议的讲话中表示，中国同湄公河五国山水相连，传统友谊世代相传，是天然的合作伙伴和紧密的友好邻邦。中国同湄公河五国都建立了全面战略合作伙伴关系，利益紧密交融，合作基础扎实。创建澜湄合作机制可谓水到渠成，有利于激发各国的内在发展潜力，也将为亚洲发展注入新的活力。湄公河五国是东盟的重要成员，中国坚定支持东盟一体化和共同体建设。澜湄合作机制是对中国—东盟合作框架的有益补充，有利于助力构建中国—东盟全方位合作升级版。澜湄合作也是南南合作的新实践，以实际行动展现我们携手落实联合国2030年可持续发展议程的坚定决心。加强澜湄合作，让澜湄各国好上加好、亲上加亲，是地区国家和各国人民的共同心愿。我们就是要握指成拳，齐心协力谋求合作，集中精力推动发展，携手打造团结互助、平等协商、互利互惠、合作共赢的澜湄国家命运共同体。

与会外国领导人赞赏中方为推动澜湄合作所作的贡献并表示，举办首次领导人会议具有里程碑意义，体现了各国共同期待。澜湄合作建立在睦邻友好、相互信任、平等尊重、互利共赢、共享发展基础之上，符合各国发展目标，顺应东盟一体化进程，是现有区域合作机制有益补充，将成为南南合作新范例。愿抓住机遇，落实共识，完善机制，深化在互联互通、产能合作、跨境经济区建设、农业减贫、防灾抗灾、医疗卫生、环境和水资源、人文交流、执法安全等领域合作，应对共同挑战，促进本地区和平与发展，造福各国人民。他们还一致感谢中方近期对澜湄下游应急补水，认为这是中国睦邻友好政策的具体体现。

会议期间，李克强分别会见了巴育、洪森、通邢、赛茂康、范平明并同五国领导人参观澜沧江—湄公河国家合作展。

3月23日

［纲　文］ **第24届冬奥会工作领导小组第二次全体会议在北京召开**。

［目　文］ 会议认真传达学习贯彻习近平总书记3月18日听取筹办工作情况汇报时的讲话精神，总结领导小组第一次全体会议以来各项工作落实情况，进一步明确筹办工作总体思路和重点任务，研究部署下一步工作。第24届冬奥会工作领导小组组长张高丽，第24届冬奥会工作领导小组副组长刘延东、郭金龙出席会议并讲话。第24届冬奥会工作领导小组成员和中央有关部门负责人参加会议。

张高丽肯定了冬奥会筹办所做的工作和取得的进展并强调，办好北京冬奥会、冬残奥会对推动我国改革开放和现代化建设、全面建成小康社会、满足人民日益增长的物质文化需要、提升我国综合国力和国际影响力，都具有重大意义。要按照习近平总书记的重要讲话要求，认真落实创新、协调、绿色、开放、共享的发展理念，坚持绿色办奥、共享办奥、开放办奥、廉洁办奥，高标准、高质量完成各项筹办任务，向党中央和祖国人民、向国际社会交上一份满意答卷。冬奥会和冬残奥会筹办工作总体计划已经确定，各方面任务已经明确，关键是要抓早抓实抓好，各项工作要到位。要抓紧推进场馆建设，努力打造精品工程；要加快推进相关基础设施建设，保证赛事运行需求；要统筹节约用好资金，决不搞铺张浪费奢华；要大力推动冰雪运动发展和普及，尽快补上冬季运动这个短板；要进一步加强国际交流合作，提高北京冬奥会国际影响力；要传播中华文明，唱响冬奥会筹办的主旋律；要把筹办冬奥会作为重要抓手，着力推动京津冀协同发展。加强组织领导和统筹协调，坚持“三严三实”，抓铁有痕、踏石留印，按时优质高效完成各项任务。领导小组各成员单位和中央有关部门要协同合作，大力推动相关工作，冬奥组委要主动发挥组织协调作用，地方政府要切实履行主办城市责任，形成做好筹办工作的强大合力。

3月23日

［纲　文］ **外交部发言人就日本将实施新安保法表示，希望日方切实汲取历史教训，重视亚洲邻国安全关切**。

［目　文］ 据报道，日本政府内阁会议22日决定自3月29日起正式实施新安保法。届时，被历届日本政府禁止的行使集体自卫权将成为可能，日本自卫队可在全球范围内展开行动，任务内容也将扩大。2015年7月和9月，日本执政联盟控制的国会众、参两院不顾在野党和日本民众强烈反对，强行表决通过了新安保法。同年9月30日，日本政府正式公布新安保法，法案将在公布后6个月内实施。

发言人说，由于历史原因，日本在军事安全领域的政策动向一直受到亚洲邻国和国际社会高度关注。希望日方坚持和平发展道路，在军事安全领域慎重行事，多做有助于促进本地区和平稳定的事。

3月23—24日

［纲 文］ **汪洋在北京调研外贸工作。**

［目 文］ 国务院副总理汪洋考察了北京三家网络信息企业，了解企业经营和进出口情况，并主持召开座谈会听取北京市政府和部分企业的意见和建议。

汪洋指出，当前我国进出口下行压力很大，但外贸综合竞争优势依然存在，传统发展动能还有提升空间，新的发展动能正在加快形成，创新逐渐成为驱动外贸发展的主要动力。要保持定力，坚定信心，认真落实2016年《政府工作报告》的部署，千方百计稳增长，聚精会神调结构，努力实现进出口回稳向好和转型升级。调结构、促转型既是当前外贸稳增长的动力所在，也是外贸长远发展的根本出路。要坚持稳中求进，将稳增长寓于调结构之中，着力推动外贸供给侧结构性改革，加快培育外贸发展新优势。一要大力扶持品牌产品出口，支持企业走优质优价之路，提高出口产品质量、档次及附加值。二要加快培育新兴外贸支柱产业，强化产业、贸易、国际产能合作等政策衔接，实现新旧发展动能接续转换。三要大力支持商业模式创新，推进跨境电子商务综合试验区建设，加强"海外仓"的规划布局，支持外贸综合服务平台健康发展。四要大力发展服务贸易，建立健全与国际规则相衔接的管理体制、促进政策、统计体系、服务体系。五要大力营造法治化、国际化、便利化营商环境，加大招商引资力度，简化审批手续，提高政策和法规的透明度，切实维护外商投资企业的合法权益。

3月24日

［纲 文］ **新华社讯，中央军委办公厅印发《关于开展改革强军主题教育活动和"学党章党规、学系列讲话，做合格党员"学习教育的意见》。**

［目 文］ 《意见》强调，要把学习贯彻习主席系列重要讲话精神特别是国防和军队建设重要论述作为首要任务和核心内容，聚焦实现强军目标，紧贴强军兴军实践，着力强化政治意识、大局意识、核心意识、看齐意识，增强向党看齐、维护权威的政治自觉，毫不动摇坚持党对军队绝对领导的根本原则和制度，认真贯彻落实军委主席负责制，坚决听从党中央、中央军委和习主席指挥；着力凝聚意志力量、助推改革强军，加紧转变职能、转变作风、转变工作方式，加紧学习新知识、研究新情况、解决新问题；以奋发有为的精神状态拥护支持投身改革；着力树牢打仗思想、激发打赢动力，不断提高新形势新体制下履行使命任务能力；着力纯正风气、树起革命军人和合格党员好样子，打造具有铁一般信仰、铁一般信念、铁一般纪律、铁一般担当的过硬部队。改革强军主题教育活动要着眼适应新体制、履行新职能、担当新使命，把集中教育与经常性教育结合起来，把思想引领与实践引导结合起来，为改革强军提供坚强思想保证和强大精神动力。各级要把两项重大教育作为重要政治任务，党委承担主体责任，书记、副书记履行第一责任，加强分类指导，

严格落实各项制度，确保时间、人员、内容和效果落实。两项重大教育坚持有分有合，学习习主席系列重要讲话精神、相同相近的集中学习讨论等内容捆在一起抓，各具特色的内容和步骤分别利用思想政治教育和党日时间进行。深入研究新形势新体制下开展教育的特点规律，加强各项教育统筹和归口管理，大力推进教育理念、内容、手段、机制等全方位创新，积极运用信息网络手段，紧贴官兵现实问题和活思想，使教育走心入脑、取得实效。

3月24日

［纲　文］　**全国政协在北京召开双周协商座谈会，就“大力加强科普教育”建言献策。**

［目　文］　全国政协主席俞正声主持会议并讲话。全国政协副主席张庆黎、卢展工出席座谈会。全国政协委员张玉台、邵鸿、张桃林、黄力、严俊、郑静晨、刘迎龙、王涛、齐让、陈放、董小平、王元青、孙运锋、徐世杰，以及褚君浩、嵇晓华、恰汗·合孜尔等专家学者在座谈会上发言。全国政协副主席韩启德、万钢在座谈会上发言。中国科协常务副主席尚勇介绍了有关情况。共青团中央书记处第一书记秦宜智、教育部副部长杜占元、科技部副部长侯建国等与委员交流。

委员们认为，一个民族的科学素质关系到科技创新、社会和谐、社会共识、科学决策和人民健康水平。领导干部培训要增加科学知识的课程，鼓励科学家参与科普工作。要增加对科普工作的财政投入，有条件的科研单位要开放实验室，学校增加科普知识的教学内容，专业博物馆加强科普功能，传媒界要增加具备科技知识的人才。要改进科普教育的方法。注重运用网络技术开展科普教育，重视科普教育的知识性和趣味性。科普教育的重点要放在青少年和农村，要发挥市场力量和社会组织的作用。委员们还就科普工作列入科技人员考评体系、天文学等列入中小学通识教育、农村科技馆建设、提高科普出版物质量等提出建议。俞正声认真听取委员发言并与大家交流。

3月25日

［纲　文］　**习近平主持中共中央政治局会议。**

［目　文］　会议审议通过了：一、《关于经济建设和国防建设融合发展的意见》。会议指出，推进军民深度融合发展，要全面贯彻落实党的十八大和十八届三中、四中、五中全会精神，以邓小平理论、“三个代表”重要思想、科学发展观为指导，深入贯彻习近平总书记系列重要讲话精神，按照“四个全面”的战略布局，坚持创新、协调、绿色、开放、共享的发展理念，坚持发展和安全兼顾、富国和强军统一，深化改革，统筹谋划，协同推进，健全体制机制，完善政策法规，创新发展模式，提升融合水平，加强基础、产业、科技、教育、社会服务等重点领域统筹，促进经济建设和国防建设协调发展、平衡发展、兼容发展。推进军民融合发展是一项利国利军利民的大战略，军地双方要站在党和国家事业发展全局的高度来认识思考问题，切实把思想和行动统一到党中央决策部署上来，

把军民融合的理念和要求贯穿经济建设和国防建设全过程，加快形成全要素、多领域、高效益的军民深度融合发展格局。要坚持用改革的办法、创新的思路，突破制约融合的体制性障碍、结构性矛盾、政策性问题，加快理论、科技、管理、实践等方面创新。要加紧推进国家和地方军民融合领导机构建设，编制好经济建设和国防建设融合发展“十三五”规划，构建军民融合法治保障体系，充分发挥中国特色社会主义制度优势，统筹推进各项工作，确保责任到位、措施到位、落实到位。二、《长江经济带发展规划纲要》。长江经济带发展的战略定位必须坚持生态优先、绿色发展，共抓大保护，不搞大开发。要按照全国主体功能区规划要求，建立生态环境硬约束机制，列出负面清单，设定禁止开发的岸线、河段、区域、产业，强化日常监测和问责。要抓紧研究制定和修订相关法律，把全面依法治国的要求覆盖到长江流域。要有明确的激励机制，激发沿江各省市保护生态环境的内在动力。要贯彻落实供给侧结构性改革决策部署，在改革创新和发展新动能上做“加法”，在淘汰落后过剩产能上做“减法”，走出一条绿色低碳循环发展的道路。要在保护生态的条件下推进发展，增强发展的统筹度和整体性、协调性、可持续性，提高要素配置效率。要充分发挥长江黄金水道作用，促进产业分工协作和有序转移，充分发挥市场作用。要加强领导、统筹规划、整体推进，把长江经济带建成环境更优美、交通更顺畅、经济更协调、市场更统一、机制更科学的黄金经济带。

3月25日

［纲　文］　国家主席习近平、中共中央政治局常委王岐山在北京分别会见俄罗斯总统办公厅主任伊万诺夫。

［目　文］　习近平在会见伊万诺夫时指出，中俄互为最重要的战略合作伙伴，发展中俄全面战略协作伙伴关系是两国共同战略选择，也是各自外交优先方向。希望双方以2016年共同庆祝《中俄睦邻友好合作条约》签署15周年为契机，大力弘扬和传承中俄友好合作，更好造福两国人民。双方要保持密切的高层交往。要围绕中俄发展战略对接，深入推进双方重点领域务实合作。中俄战略协作是维护世界及地区和平稳定的关键因素。双方要加强在国际和地区事务中的沟通协调，共同推动重大热点问题政治解决进程。我和普京总统都支持中共中央办公厅和俄罗斯联邦总统办公厅以及双方相关部门开展交流合作，相互学习借鉴治国理政经验。这是两国高度互信的重要体现。

伊万诺夫表示，俄中密切的高层交往对两国全面战略协作伙伴关系发展发挥着重要引领作用。当前，我们两国各领域合作迅速发展，在国际事务中紧密沟通协调。俄罗斯联邦总统办公厅愿同中共中央办公厅共同努力，落实好两国元首达成的共识，为俄中关系发展作出贡献。

王岐山在会见伊万诺夫时指出，当前中俄关系持续健康稳定发展，两国全面战略协作伙伴关系不断深化和提升。解决好执政党的作风和党员领导干部的腐败问题关乎人心向背。以习近平同志为总书记的党中央以强烈的忧患意识和使命担当，从深入推进党风廉政建设和反腐败斗争入手，坚决遏制腐败蔓延势头，由浅入深、坚持深化，推进全面从严治党，取得了人民群众满意的成效。我们清醒的认识到，全面从严治党永远在路上，要全面深化改革，加强制度建设，铲除腐败滋生的温床和土壤。只要把党管好治好建设好，中国特色社会主义事业就会顺利发展。

伊万诺夫表示，俄方重视同中国的反腐败交流合作，愿为深化俄中全面战略协作伙伴关系作出贡献。

3月25日

［纲　文］　**国务院批转发展改革委《关于2016年深化经济体制改革重点工作的意见》。**

［目　文］　《意见》由11个部分组成：一、总体要求。二、大力推进国有企业改革，着力增强市场微观主体活力。三、完善创新驱动发展体制机制，加快新动能成长和传统动能提升。四、持续推进政府职能转变，改革完善“三去一降一补”的体制机制。五、加快财税体制改革，为结构性改革营造适宜的财税环境。六、深化金融体制改革，提高金融服务实体经济效率。七、推进新型城镇化和农业农村等体制创新，促进城乡区域协调发展。八、加快构建对外开放新体制，推进高水平双向开放。九、加快生态文明体制改革，推动形成绿色生产和消费方式。十、深化社会事业相关改革，守住民生底线和社会稳定底线。十一、加强改革试点和改革督查评估。

《意见》要求，各地区、各部门要增强推进改革的思想自觉和行动自觉，加强组织领导，明确责任主体，提高方案质量，狠抓贯彻落实。牵头部门要切实负起主体责任，抓紧抓实改革方案制定、评估、督查、落实等工作；配合部门要加强协作，形成合力。发展改革委要加强对年度重点改革工作的综合协调、督促推进和检查评估，及时将改革进展情况和重大问题报告国务院。

3月25日

［纲　文］　**国务院印发《关于落实〈政府工作报告〉重点工作部门分工的意见》。**

［目　文］　《意见》由九个部分组成：一、稳定和完善宏观经济政策，保持经济运行在合理区间。二、加强供给侧结构性改革，增强持续增长动力。三、深挖国内需求潜力，开拓发展更大空间。四、加快发展现代农业，促进农民持续增收。五、推进新一轮高水平对外开放，着力实现合作共赢。六、加大环境治理力度，推动绿色发展取得新突破。七、切实保障改善民生，加强社会建设。八、加强政府自身建设，提高施政能力和服务水平。九、做好民族、宗教、侨务、国防、港澳台、外交工作。

《意见》指出，2016年是全面建成小康社会决胜阶段的开局之年，也是推进结构性改革的攻坚之年，按照分工抓好《政府工作报告》确定的重点工作，具有十分重要的意义。各部门、各单位要以邓小平理论、“三个代表”重要思想、科学发展观为指导，深入贯彻习近平总书记系列重要讲话精神，按照“五位一体”总体布局和“四个全面”战略布局，根据《政府工作报告》部署和国务院常务会议要求，切实增强责任感和紧迫感，勤勉尽责抓好落实，不折不扣达成目标，确保兑现政府对人民的承诺。一是加强组织领导。各部门、各单位要充分发挥积极性、主动性，按照分工要求，强化责任，细化举措，抓紧制定落实重点工作的实施方案，逐项倒排工作时间表，明确时间节点和具体责任人，并于4月15日前报国务院。二是加强协作配合。各部门、各单位要立足全局，密切配合，加强协作，切实提高工作效率。涉及多部门参与的工作，牵头部门要发挥主导作用，协办部门要积极配合，形成工作合力。三是加强督促检查。对各项任务的落实，要有部署、有督促、有检查，做到日常跟踪督办、年中重点抽查、年底总结考核，确保完成全年经济社会发展的主要目标任务。对积极作为的要强化激励表扬，对消极怠工的要严查问责。国务院办公厅对落实情况要加强跟踪督促，适时汇总报告，对工作任务推进缓慢的，及时启动专项督查，推动各项工作落实。

3月25日

［纲　文］　**国务院办公厅函复民政部，同意建立农村留守儿童关爱保护工作部际联席会议制度。**

［目　文］　函复说，国务院同意建立由民政部牵头的农村留守儿童关爱保护工作部际联席会议制度。联席会议不刻制印章，不正式行文，请按照国务院有关文件精神认真组织开展工作。

3月25日

［纲　文］　**全国国有企业提质增效工作电视电话会议在北京召开。**

［目　文］　国务院总理李克强对会议作出批示指出：近年来，广大国有企业认真贯彻党中央、国务院决策部署，积极攻坚克难，努力稳增长、保就业，为实现经济平稳运行提供了重要支撑。2016年我国发展面临的挑战更为严峻，国有企业在国民经济和社会发展中发挥着重要作用，要在困难面前勇于担当，主动作为，牢固树立新发展理念，切实增强责任感和紧迫感，围绕提质增效升级，积极投身新经济发展，在推动新动能培育和传统动能改造提升方面走在前列，下决心瘦身健体，苦练内功，努力向技术创新要效益，向深化改革要效益，向结构调整要效益，向管理改善要效益，实现品质和品牌新的跃升。各地区、各部门要高度重视国有企业改革发展，完善体制机制，营造良好环境，使国有企业真正成为有活力、有较强竞争力和抗风险能力的市场主体，在推动经济社会持续健康发展中作出更大贡献。

会议传达了李克强对国有企业提质增效工作的批示，国资委、发展改革委以及江苏省、广东省负责人作了交流发言。会议认真落实政府工作报告确定的任务，对2016年国有企业提质增效工作进行全面部署，全力以赴打好提质增效攻坚战，努力实现经济效益稳定增长。会议要求，要统一思想，提高认识，进一步增强做好国有企业提质增效工作的责任感、紧迫感；主动作为，真抓实干，扎实抓好国有企业提质增效工作重点工作任务的落实；加强领导，形成合力，确保提质增效工作落实。

国务委员王勇出席会议时强调，要认真学习贯彻李克强总理重要批示精神，充分认识做好国有企业提质增效工作的重要意义，切实增强大局意识、责任意识、担当意识，坚定信心，迎难而上，坚决打好打赢国有企业提质增效攻坚战，全力保持国有经济持续稳定增长。

3月25日

［纲　文］　**国务院实施新一轮农网改造升级工程电视电话会议在北京召开。**

［目　文］　国务院总理李克强对会议作出批示指出：实施新一轮农网改造升级工程，是缩小城乡公共服务差距、惠及亿万农民的重要民生工程，是推进农业现代化、拉动农村消费升级的重要基础，是扩大有效投资、促进经济平稳增长的重要举措，一举多得。各级政府要高度重视，切实加强领导和统筹协调，科学规划，积极创新投融资机制，精心组织好工程实施。电网企业要继续发扬拼搏实干精神，加大资金投入，加强施工管理，全力按时保质完成农网改造升级工程，为促进农业农村发展、全面建成小康社会作出新贡献。

国务院副总理张高丽出席会议并讲话。中央和国家机关有关部门、中央有关金融机构、部分企业负责人在主会场参加会议。各省、自治区、直辖市和计划单列市、新疆生产建设兵团，各市（地）、县（市）人民政府及有关部门、单位负责人在各地分会场参加会议。

张高丽表示，党中央、国务院高度重视农村电网改造升级。习近平总书记强调，要补齐基础设施短板，提高投资有效性和精准性，加快“最后一公里”水电气路等建设，加大对农田水利、农机作业配套设施等建设支持力度。李克强总理专门作出部署和批示，要求切实加强领导和统筹协调，科学规划，加大资金投入，加强施工管理，全力按时保质完成农网改造升级工程。实施新一轮农村电网改造升级，是加强供给侧结构性改革、补齐农村基础设施短板的迫切需要，是加快推进城乡基本公共服务均等化的重要内容，是打赢脱贫攻坚战的重要基础，是扩大有效投资、促进经济稳定增长的重要举措。各地区和有关部门单位要切实把思想认识和行动统一到党中央、国务院决策部署上来，扎实做好实施新一轮农村电网改造升级各项工作。推进新一轮农村电网改造升级，要突出重点，周密部署，狠抓落实。要加强规划引领，重点编制和实施好县级农村电网改造升级规划，加快落实各项建设条件。要加快推进今明两年的重点工作，确保到2017年底完成小城镇（中心村）电网改造升级，实现平原地区机井通电全覆盖。要落实各项优先支持政策，全力开展西藏、新疆和四川、云南、甘肃、青海四省藏区农村电网建设攻坚，加快贫困地区农村电网改造升级，提高供电服务水平，发挥好对脱贫攻坚的助力作用。要深化电力体制改革，逐步取消代管体制，在县级电网企业建立现代企业制度。要坚持企业为主、政府支持，确保资金到位，落实投资安排，拓宽融资渠道，探索引入社会资本参与农村电网建设改造，保障农村电网改造升级工程顺利推进。

3月25日

［纲　文］　**中国网络空间安全协会在北京成立。**

［目　文］　协会是由国内从事网络空间安全相关产业、教育、科研、应用的机构、企业及个人共同自愿结成的全国性、行业性、非营利性社会组织，是中国首个网络安全领域的全国性社会团体。协会发起会员共计257个，其中单位会员190多个，囊括了国内主

要互联网企业和网络安全企业、权威科研机构。

3月25日

［纲　文］ **国家副主席李源潮在北京会见法国宪法委员会主席法比尤斯。**

［目　文］ 李源潮说，建交50多年来，中法关系在中国同西方国家关系中扮演着独特而重要的角色。近年来两国关系高水平发展，希望双方巩固战略互信，对接发展战略，推进经贸、科技、人文、司法、“一带一路”建设、全球治理等交流合作，推动紧密持久的中法全面战略伙伴关系不断发展。

法比尤斯表示，法方感谢中方为气候变化巴黎大会成功举办给予的大力支持，愿积极推进两国全方位互利合作。

3月25—31日

［纲　文］ **国务院副总理刘延东对埃及、以色列、巴勒斯坦进行正式访问。**

［目　文］ 刘延东在埃及访问期间，在开罗分别会见埃及总统塞西、总理伊斯梅尔。刘延东和伊斯梅尔共同见证签署两国有关高等教育、科技合作等协议并为“中埃可再生能源国家联合实验室”揭牌。

刘延东在以色列访问期间，在耶路撒冷分别会见以色列总统里夫林、总理内塔尼亚胡。双方宣布同意正式启动中以自贸区谈判。刘延东和内塔尼亚胡共同主持中以创新合作联委会第二次会议并共同出席中以常州创新园等项目的发布仪式，见证签署有关便利签证、科研、农业、高等教育、文化等13项合作协议。

刘延东对巴勒斯坦访问期间，在拉姆安拉分别会见巴勒斯坦总统阿巴斯、总理哈姆达拉并拜谒了阿拉法特墓。

3月26日

［纲　文］ **中共中央总书记习近平电贺洪秀柱当选中国国民党主席。**

［目　文］ 习近平致电洪秀柱，祝贺她当选中国国民党主席，希望国共两党以民族大义和同胞福祉为念，继续坚持“九二共识”、反对“台独”，巩固互信基础，加强交流互动，共同维护两岸关系和平发展、台海和平稳定，同心为实现中华民族伟大复兴而努力奋斗。

同日，洪秀柱复电习近平表示感谢，指出两岸同胞同属中华民族，期盼两党继续秉持“九二共识”，进一步强化互信，深化合作，共同为两岸同胞创造更多利基与福祉。

3月26日

［纲　文］ **《人民日报》报道，中共中央决定：谢伏瞻同志任河南省委书记；郭庚茂同志不再担任河南省委书记、常委、委员职务。**

3月26日

［纲　文］ **范长龙、许其亮、郭金龙等参加首都义务植树劳动。**

［目　文］ 中央军委副主席范长龙、许其亮，中央军委委员赵克石、张又侠、吴胜

利、马晓天、魏凤和等军委领导到北京市朝阳区孙河乡沙子营村植树点参加义务植树劳动。北京市委书记郭金龙一同参加植树劳动。这是中央军委领导连续第34年集体参加首都义务植树劳动。

3月27日

［纲　文］ **国务院批复商务部，同意建立国务院贸易便利化工作部际联席会议制度。**

［目　文］ 批复说：同意建立由国务院领导同志牵头负责的国务院贸易便利化工作部际联席会议制度。联席会议不刻制印章，不正式行文，请按照国务院有关文件精神认真组织开展工作。

3月27日

［纲　文］ **新华社讯，中共中央办公厅印发《科协系统深化改革实施方案》并发出通知，要求各地区各部门结合实际认真贯彻执行。**

［目　文］《方案》由五个部分组成：一、总体要求。二、改革联系服务科技工作者的体制机制。三、全面改革学会治理结构和治理方式。四、创新面向社会提供公共服务产品的机制。五、加强对科技工作者的政治引领。

3月27日

［纲　文］ **新华社讯，中央军委印发《关于军队和武警部队全面停止有偿服务活动的通知》。**

［目　文］《通知》指出，中央军委计划用3年左右时间，分步骤停止军队和武警部队一切有偿服务活动。对于承担国家赋予的社会保障任务，纳入军民融合发展体系。自2016年3月27日起，所有单位一律不得新上项目、新签合同开展对外有偿服务活动，凡已到期的对外有偿服务合同不得再续签，能够协商解除军地合同协议的项目立即停止。

《通知》还提出了全面停止有偿服务活动的主要原则和配套措施，对改革经费收支管理办法、研究建立相关岗位津贴制度、各类遗留问题处理办法等进行明确。

3月27日

［纲　文］ **国务院总理李克强致电祝贺马西莫夫连任哈萨克斯坦政府总理。**

3月28—30日

［纲　文］ **国家主席习近平应邀对捷克进行国事访问。**

［目　文］ 陪同习近平出访的有：中央政策研究室主任王沪宁、中央办公厅主任栗战书、国务委员杨洁篪等。26日，习近平在捷克《权利报》发表题为《奏响中捷关系的时代强音》的署名文章。

访问期间，习近平在布拉格同捷克总统举行会晤、会谈，双方就中捷关系、中欧关系、中国—中东欧国家合作及共同关心的国际和地区问题深入交换意见。两国元首一致同意，将中捷关系提升为战略伙伴关系，推动中捷关系再上新台阶并共同签署了《中华人民共和国和捷克共和国关于建立战略伙伴关系的联合声明》，见证了电子商务、投资、科技、旅游、文化、航空等领域双边合作文件的签署。习近平同泽曼共同出席中捷经贸合作圆桌会，习近平发表题为《传承友谊，继往开来，开启中捷经贸合作新时代》的讲话。习近平在泽曼陪同下参观斯特拉霍夫图书馆。习近平在布拉格分别会见了捷克参议院主席什捷赫、众议院主席哈马切克和总理索博特卡、布拉格市长科尔娜乔娃，并接受科尔娜乔娃代表该市赠予的城市钥匙。

习近平在与泽曼会谈时指出，捷克是最早承认并同中华人民共和国建交的国家之一，两国和两国人民友谊源远流长。当前，中捷关系已经进入春华夏实的时候，发展势头积极向好，双方高层交往密切，经贸等各领域合作蓬勃发展。中方愿同捷方一道，珍惜中捷关系来之不易的良好局面，巩固中捷传统友谊，增进双方政治互信，推动两国务实合作取得更多新成果，使中捷友好事业薪火相传。

泽曼表示，捷中两国人民传统友好，近年来两国贸易投资发展迅速。中国已成为欧盟重要经贸合作伙伴。捷方愿深化同中方政治互信和互利合作，继续为推动中国同中东欧国家合作发挥积极作用，并致力于成为中方进入欧盟的大门和交通、物流、金融枢纽。

3月28日

［纲　文］　**国家主席习近平、国务院总理李克强就巴基斯坦发生重大恐怖袭击事件分别向巴基斯坦总统侯赛因、总理谢里夫致慰问电。**

3月28日

［纲　文］　**国务院召开第四次廉政工作会议。**

［目　文］　国务院总理李克强出席会议并讲话。国务院副总理张高丽、汪洋、马凯，国务委员郭声琨、王勇出席会议。中共中央政治局常委、中央纪委书记王岐山，中央书记处书记赵洪祝应邀出席会议。监察部、水利部和安徽省政府主要负责人在会上发言。

李克强指出，地方各级政府和国务院各部门要认真贯彻习近平总书记在十八届中央纪委六次全会上的重要讲话精神，落实中央纪委六次全会部署，持续深化改革、严格依法行政、注重源头反腐，不断把政府系统党风廉政建设和反腐败工作推向深入，为实现全面建成小康社会决胜阶段良好开局提供保障。过去一年，各级政府坚持标本兼治，加强正风肃纪，有力促进了反腐倡廉工作。特别是持续推进简政放权，严格管权管钱，以权力“瘦身”为廉政“强身”、为发展增力。但一些地方、部门、国有企事业单位和金融机构反腐倡廉制度不健全，少数干部不作为、不会为、乱作为，重点领域及群众身边的腐败问题不容忽视。面对2016年我国发展困难和挑战增多的形势，要做好打硬仗的充分准备，坚持一手抓改革发展，确保经济运行在合理区间，一手抓反腐倡廉，坚决惩处重点领域腐败和整肃庸政懒政怠政，以新的成效促进经济平稳发展和社会和谐稳定。一是继续转变政府职能，依法管好权用好权。要深化“放管服”改革，提高放权“含金量”、增强监管有效性、突出服务主动性。再砍掉一批部门或指定地方实施的行政审批事项。更大限度减少政府核准的企业投资项目，放权给市场。除涉及安全和环保外，投资项目强制性评估评审一律取消。再取消三分之一以上企业工商登记前置审批，扎实推进“证照分离”试点。全面推开“双随机、一公开”监管，强化线上线下一体化监管。二是完善激励和问责机制，确保重大决策部署落实。强化工作责任机制。已确定的重大政策、改革举措、工程项目，要做到事事有人抓、有人负责。强化督查问责机制。三是强化制度监管，聚焦重点推动反腐倡廉。要管好用好政府的“钱袋子”，重点做好减财政专项、降资金库存、控“三公”经费，政府带头过紧日子。严查侵占挪用贪污专项资金行为，把钱更多用到保民生、补短板、增后劲的“刀刃”上。要全程监控土地使用权和矿业权出让、工程项目招投标、政府采购等，年内力争建成电子交易系统，使公共资源交易更加规范透明。反腐倡廉必须坚持全面从严治党，各级领导要坚持“一岗双责”，做到业务工作和廉政建设两手抓、两促进。国务院相关部门要高度重视和配合做好中央巡视工作，按要求抓好自查自纠，对发现的问题严肃认真整改。

3月28日

［纲　文］　**汪洋在北京主持召开国务院扶贫开发领导小组第十次全体会议。**

［目　文］　会议审议2016年度减贫计划，研究部署产业扶贫、贫困退出机制等工作。

国务院副总理、国务院扶贫开发领导小组组长汪洋强调，要认真学习贯彻习近平总书记关于扶贫开发系列重要讲话精神，落实《政府工作报告》中2016年完成1000万以上农村贫困人口脱贫任务的要求，横下一条心，加大力度，加快进度，确保打好年度战役，保质保量完成脱贫任务，向人民交出满意的答卷。当前扶贫开发工作头绪多、任务重，要进一步深化认识，把脱贫攻坚摆到更加重要的位置，确保兑现脱贫承诺。进一步强化责任，把各级各部门的扶贫职责细化到具体任务、落实到人，对工作落实不力、未按时完成任务的进行问责。进一步加强督查，及时发现和解决扶贫工作中苗头性倾向性问题，严肃查处挤占挪用扶贫资金等违纪违法行为并坚决曝光，形成震慑。进一步强化精准落实，扎实做好建档立卡“回头看”，提高产业扶贫、定点扶贫、东西部扶贫协作的精准度，促进各项帮扶措施精准落到建档立卡贫困人口头上。抓好贫困退出机制的落实，各地区要尽快制定贫困退出工作方案和实施办法，国务院扶贫开发领导小组将对贫困退出开展严格评估验收，确保脱贫质量。

3月28日

［纲　文］　**交通运输部公布《外国航空运输企业在中国境内指定的销售代理直接进入和使用外国计算机订座系统许可管理暂行规定》。**

［目　文］　《规定》共7章44条，主要有总则、许可证的申请与颁布、许可证的管理、行为规范、监督检查、法律责任、附则等内容，自2016年4月28日起实施。1995年颁布的《外国航空运输企业在中国境内指定的销售代理直接进入和使用外国计算机订座系统许可管理暂行规定》自2016年4月28日起废止。

3月28日

［纲　文］　**交通运输部公布《中国民用航空气象工作规则》。**

［目　文］　《规则》共13章228条，主要有总则、气象服务机构、气象人员资质与培训、气象观测与探测、航空天气预报、重要气象情报、飞行气象情报交换、气象服务、气象设施设备、气象资料管理、质量管理、法律责任、附则等内容，自2016年4月28日起施行。2005年6月27日中国民用航空总局发布的《中国民用航空气象工作规则》同时废止。

3月28日

［纲　文］　**交通运输部公布《民用航空导航设备开放与运行管理规定》。**

［目　文］　《规定》共6章40条，主要有总则、导航设备的开放、导航设备的关闭、导航设备的运行和监督、法律责任、附则等内容，自2016年4月28日起施行。2006年10月20日中国民用航空总局公布的《民用航空空中交通管理设备开放与运行管理规则》（CCAR-85）同时废止。

3月28日

［纲　文］　**交通运输部公布《民用航空通信导航监视设备飞行校验管理规则》。**

［目　文］　《规则》共8章63条，主要有总则、飞行校验的基本要求、飞行校验的实施机构、飞行校验的实施、飞行校验结果管理、监督检查、法律责任、附则等内容，自2016年4月28日起施行。

3月28日

［纲　文］　**交通运输部公布《中国民用航空监察员管理规定》。**

［目　文］　《规定》共8章49条，主要有总则、监察员的职责和权限、监察员的分类与分级、培训管理、监察员证的申请和颁发、监察员证的管理、法律责任、附则等内容，自2016年4月28日起施行。《中国民用航空监察员规定》（CCAR-18R2）同时废止。

3月28日

［纲　文］　**交通运输部公布《民用航空财经信息管理办法》。**

［目　文］　《办法》共6章29条，主要有总则，财经信息的构成，财经信息的编报、保管和使用，重组改制企业财经信息的编报和保管，法律责任，附则等内容，自2016年4月28日起施行。2005年4月5日施行的《民用航空财经信息采集办法》同时废止。

3月28日

［纲　文］　**交通运输部公布《民用航空器驾驶员合格审定规则》，自2016年4月28日起实施。**

3月28日

［纲　文］　**交通运输部公布《民用航空通信导航监视工作规则》。**

［目　文］　《规则》共10章164条，主要有总则、机构与人员、设施与设备、通信导航监视服务、运行管理、飞行校验与验证、资料管理、监督检查、法律责任、附则等

内容，自2016年4月28日起实施。1990年5月26日发布，1990年11月1日起施行的《中国民用航空通信导航雷达工作规则》（CCAR-115TM）同时废止。

3月28日

［纲　文］　**交通部运输公布《民用航空标准化管理规定》。**

［目　文］　《规定》共6章31条，主要有总则、组织机构和职责、标准的制定、标准的实施与监督、法律责任、附则等内容，自2016年4月28日起施行。1998年7月20日发布的《中国民用航空标准化管理规定》（CCAR-375SE-R1）同时废止。

3月28日

［纲　文］　**卫生计生委、工商总局、食品药品监管总局公布《禁止非医学需要的胎儿性别鉴定和选择性别人工终止妊娠的规定》，自2016年5月1日起施行。**

3月28日

［纲　文］　**外交部发言人表示，中方希望中印尼、中泰铁路项目顺利实施。**

［目　文］　有记者问，由中印尼企业联合体承建的印尼雅加达至万隆高铁项目5公里先导段近日实现全面开工，项目推进取得重要进展。此外，泰方表示，泰将修建从曼谷至呵叻府段高铁，项目将购买中方列车并使用中方铁路技术和信号系统。中方如何看待与两国开展铁路合作的前景？

发言人说，合作建设中印尼雅万高铁项目和中泰铁路项目，是中国同有关国家本着互惠互利、合作共赢的原则达成的重要共识，双方有关部门一直就落实好上述项目保持着密切沟通。希望双方继续密切配合，确保有关项目顺利实施，早日发挥其经济和社会效益，促进沿线国家经济发展、人员交流和地区互联互通，造福本地区人民。

3月28日

［纲　文］　**纪念人民文学出版社成立65周年茶话会在北京举行。**

3月28—30日

［纲　文］　**俞正声在吉林调研。**

［目　文］　全国政协主席俞正声在吉林延边朝鲜族自治州、长春市，深入企业车间、基层社区、民族村镇、学校医院调研，并召开座谈会同各族干部群众共谋“十三五”发展良策；召开民营企业家座谈会，听取关于发展非公有制经济的意见建议；在延吉市北山街道丹山社区，与社区干部和前来办事的群众亲切交谈，了解加强基层党建、开展便民服务等情况。

俞正声指出，要认真学习贯彻全国两会精神，牢固树立和贯彻落实创新、协调、绿色、开放、共享的发展理念，毫不动摇坚持我国基本经济制度，坚定不移促进民族团结进步，努力实现“十三五”时期经济社会发展良好开局。要深入学习贯彻习近平总书记参加全国政协十二届四次会议民建、工商联界委员联组会时的重要讲话精神，毫不动摇巩固和发展公有制经济，毫不动摇鼓励、支持和引导非公有制经济发展，认真贯彻落实促进非公有制经济健康发展的政策措施，着力解决非公有制经济发展中遇到的实际问题，充分调动非公有制企业的主观能动性和创新创造精神，促进各类企业各展其长、共同发展。要引导广大非公有制经济人士加强自我学习、自我教育、自我提升，十分珍视和维护好自身社会形象，积极践行社会主义核心价值观，做爱国敬业、守法经营、创业创新、回报社会的典范。要深入领会和践行“亲”“清”二字，构建新型政商关系，营造良好发展环境，促进非公有制经济更好更快发展。民族团结是我国各族人民的生命线，做好民族工作最关键的是搞好民族团结。延边的民族工作一直做得很好，连续五次被评为“全国民族团结进步模范集体”。要全面深入持久开展民族团结进步创建活动，坚持重在平时、重在交心、重在行动、重在基层，促进各民族相亲相敬相爱。要持续改善民生，大力推进基本公共服务均等化，着力解决好教育、医疗、养老、扶贫等关系群众切身利益的问题，让各族群众有更多获得感和幸福感。

3月29日

［纲　文］　**第二届中国质量奖颁奖大会在北京召开。**

［目　文］　国务院总理李克强对大会作出批示指出：谨向中国质量奖获奖组织和个人表示热烈祝贺！质量发展是强国之基、立业之本和转型之要。各地区、各部门要大力实施质量强国战略，坚持改革创新，加强政策引导，把提升质量作为推动供给结构、需求结构升级的重要抓手，为加快发展新经济、培育壮大新动能、改造提升传统动能提供有力支撑；同时，要强化监督管理，健全质量标准，严厉打击各类质量违法行为，维护群众健康安全和合法权益。各行各业要向获奖组织和个人学习，弘扬工匠精神，勇攀质量高峰，打造更多消费者满意的知名品牌，让追求卓越、崇尚质量成为全社会、全民族的价值导向和时代精神，为促进经济“双中高”、全面建成小康社会作出更大贡献！

大会由质检总局局长支树平主持。国务委员王勇出席大会并讲话。经中国质量奖评选表彰委员会审定，质检总局核报国务院同意，授予华为投资控股有限公司、中国航天科工防御技术研究院等9家组织以及首都航天机械公司高级技师高凤林第二届中国质量奖。本届中国质量奖由质检总局会同发展改革委、工业和信息化部、农业部、科技部等国务院有关部门和相关科研院所、社会团体等共同组成评选表彰委员会，组织开展评选工作。

王勇指出，要认真贯彻李克强总理重要批示精神，深刻认识做好新时期质量工作的重大意义，切实增强责任感、使命感和紧迫感，以获奖者为榜样，狠抓质量，争先创优，大力提升质量总体水平，积极服务经济社会发展，努力开创质量工作新局面，为建设质量强国贡献力量。做好“十三五”时期质量工作，责任重大，任务艰巨。要深入贯彻党中央、国务院的决策部署，紧紧围绕国家重大战略和群众关切，着力改善质量供给，深入开展制造业、服务业质量提升行动，大力实施名牌发展战略，努力扩大有效和中高端供给，加快实现“三个转变”。全面加强质量创新，深化体制机制改革，发挥企业主体作用，激发全社会质量创新活力，助力经济发展新旧动能接续转换。始终严格质量监管，健全法规制度，创新监管手段，推动质量共治，严守质量安全底线。大力弘扬质量文化，倡导精益求精的工匠精神，营造“人人重视质量、人人创造质量、人人享受质量”的浓厚氛围。

3月29日

［纲　文］　**张高丽与省部级领导干部提高城市规划建设管理能力研讨班学员进行座谈。**

［目　文］　研讨班由中组部、住房城乡建设部和国家行政学院联合举办，有关部门负责人和全体学员参加座谈。

国务院副总理张高丽表示，习近平总书记在中央城市工作会议上的重要讲话，系统分析了城市发展面临的形势，深刻阐明了做好城市工作的指导思想、总体思路、重点任务。李克强总理对做好城市工作作出了具体部署，提出了明确要求。我们要认真贯彻党中央、国务院决策部署，坚持创新、协调、绿色、开放、共享的发展理念，坚持以人民为中心的发展思想，坚持人民城市为人民，尊重城市发展规律，用科学态度、先进理念、专业知识规划建设管理城市，努力开创我国城市发展的新局面。要科学制定和严格执行城市规划，创新规划理念，改进规划方法，加强空间开发管制，防止“摊大饼”式扩张，充分发挥规划的调控、引领和刚性约束作用，积极开展“多规合一”试点。要认真贯彻“适用、经济、绿色、美观”的建筑方针，精心策划设计中轴线、天际线和城市建设风格色彩，切实加强城市设计和建筑管理，划定保护范围和建设控制带，更好地延续历史文脉，塑造各具特色的城市风貌。要把加强城市基础设施建设与当前扩大有效投资、稳定经济增长有机结合起来，扎实推进城市地下综合管廊和海绵城市建设，加快城镇棚户区和危房改造，全面增强城市综合承载能力。要把创造优良人居环境作为中心目标，牢固树立“绿水青山就是金山银山”的意识，大力开展生态建设，加强污染防治和环境保护，把好山好水好风光融入城市，努力把城市建设成为人与自然和谐相处的美好家园。要推进城市管理体制改革，创新城市治理方式，落实好户籍制度改革方案和居住证制度，大力建设智慧城市，提高市民文明素质，提升城市治理现代化水平。科学制定规划后要立法，严禁随便改变。切实把安全工作落实到城市工作和城市发展各个环节各个领域，提高城市应急管理能力，形成全天候、系统性、现代化的城市安全保障体系。各地区各部门要按照“三严三实”要求，求真务实，真抓实干，切实加强组织领导，搞好协同配合，强化监督检查，把城市规划建设管理工作抓实抓好抓出成效。

3月29日

［纲　文］　**汪洋在北京主持召开金融扶贫工作座谈会。**

［目　文］　国务院副总理、国务院扶贫开发领导小组组长汪洋强调，金融扶贫是脱贫攻坚的重大举措，要深入贯彻落实党中央、国务院的决策部署，紧紧围绕精准扶贫、精准脱贫基本方略，加快农村金融改革创新步伐，加大对扶贫开发金融支持力度，为打赢脱贫攻坚战提供坚实支撑。要继续创新工作机制，优化金融资源配置，鼓励和引导商业性、政策性、开发性、合作性等各类金融机构实施特惠金融政策，进一步加大对脱贫攻坚的金融支持。运用多种政策工具，拓宽资金来源，增加对贫困地区产业发展、基础设施建设、

易地扶贫搬迁等的金融资金供给，扩大扶贫小额信贷规模。引导中央企业、民营企业分别设立市场化运作的贫困地区产业投资基金和扶贫公益基金。金融扶贫要瞄准建档立卡贫困人口，精准对接脱贫攻坚实际需要，加快产品和服务创新，不断提高金融扶贫精准度和有效性。要充分发挥政治优势和制度优势，利用财税政策的杠杆作用和风险化解功能，利用农村基层组织体系，完善金融服务，降低经营成本，做好金融扶贫风险管理。

3月29日

［纲　文］　**新华社讯，中央军委印发《关于加强和改进新形势下军队党的群团工作的意见》。**

［目　文］　《意见》强调，军队党的群团工作要全面贯彻党的十八大和十八届三中、四中、五中全会精神，以邓小平理论、“三个代表”重要思想、科学发展观为指导，深入学习贯彻习主席系列重要讲话精神，着眼实现党在新形势下的强军目标，紧贴政治建军、改革强军、依法治军实践，以健全组织为基础，以完善制度为关键，以改进作风为保证，以改革创新为动力，不断提升青年和共青团工作、妇女工作、残疾人工作和基层民主等工作水平，汇聚起实现中国梦强军梦的磅礴力量。军队党的群团工作必须坚持党的领导，坚决贯彻党的意志和主张，实施坚强有力的政治领导和思想引领；必须紧贴中心任务，牢牢把握为实现强军目标而奋斗的时代主题，动员广大官兵踊跃投身强军实践，为能打仗打胜仗贡献智慧和力量；必须注重服务官兵，把工作重心放在基层，紧紧依靠和发动群众，努力扩大群团组织的有效覆盖面，增强群团工作的吸引力和凝聚力；必须勇于开拓创新，适应形势任务发展变化，创新群团工作思路、工作方式和自身建设，增强群团工作的时代感和实效性；必须依法依规运行，把群团工作和群团组织建设纳入法规制度轨道，形成依法管理、依法指导、依法履职的良好局面。军队党的群团组织要充分发挥职能作用，教育官兵坚定不移地听党的话跟党走、激励官兵为能打仗打胜仗贡献智慧力量，引导官兵自觉践行优良传统作风，积极做好维护官兵合法权益和服务解难工作。要建强工作队伍、完善制度机制、严格依法管理、深化作风建设、推动工作创新，确保群团工作领导坚强有力、工作队伍过硬、制度机制完善、作用发挥明显。各级党委要加强对群团工作的组织领导，切实落实领导责任，坚持党建带群建，创造良好条件，努力开创军队党的群团工作新局面。

3月29日

［纲　文］　**发展改革委发布《关于废止教材价格和部分服务收费政策文件有关问题的通知》。**

［目　文］　《通知》说，一、废止《国家物价局、财政部关于发布司法系统行政事业性收费项目和标准的通知》等9个文件。二、各地价格主管部门应会同有关部门对依据本通知废止文件制定的价格和收费政策进行清理，及时废止本地区不符合国家规定的有关文件。三、价格主管部门应加强对教材价格和有关服务收费的监管，对实行政府定价管理的教材价格和服务收费，应严格遵守相关的定价程序，科学核算成本，合理制定教材价格和服务收费标准；对实行市场调节价管理的教材价格和服务收费，应加强事中事后监管，规

范收费行为，依法查处各类违规收费行为，切实保护服务对象的合法权益。四、本通知自2016年5月1日起执行，其中，《国家发展计划委员会、财政部、新闻出版总署关于中小学教材印张中准价等有关事项的通知》中关于出版发行少数民族文字教材亏损补贴政策，自2017年1月1日起废止。各省、自治区、直辖市人民政府价格主管部门会同同级相关部门于2016年5月1日前制定出台本地区的教材价格及公证服务、司法鉴定服务收费标准的，文件执行之日同时在本省范围内停止执行附件《废止教材价格和部分服务收费政策文件目录》中有关文件。

3月29日

［纲　文］　**中共中央政治局常委刘云山在北京会见蒙古国人民党主席、国家大呼拉尔副主席米·恩赫包勒德率领的蒙古人民党代表团。**

［目　文］　刘云山说，中蒙关系近年来保持良好发展势头，两国政治互信、经贸合作和人文交流不断深化。不久前闭幕的中国全国两会以新发展理念为引领，对未来五年中国经济社会发展作出规划和部署。中国始终坚持开放、合作、共赢的发展，为世界各国发展带来良好机遇。中国共产党愿与蒙人民党一道，以两党建党95周年为契机，加强高层交往，深化治党经验交流，促进各领域务实合作，推动中蒙关系不断向前发展。

恩赫包勒德说，中国共产党与蒙人民党始终保持良好关系，中共执政理念对蒙人民党有重要启示。中国的“十三五”规划为蒙中合作带来了机遇，希望双方加强党际交流，深化蒙中各领域合作。

3月29日

［纲　文］　**纪念陈丕显同志诞辰100周年座谈会在北京召开。**

［目　文］　全国人大常委会委员长张德江出席座谈会并在会前会见了陈丕显亲属。国家副主席李源潮出席座谈会，全国人大常委会副委员长兼秘书长王晨主持座谈会。

中央政法委书记孟建柱在座谈会上回顾了陈丕显追求真理、不懈奋斗的光辉生涯，并强调要继承老一辈无产阶级革命家的光荣传统，开拓进取、扎实工作，为全面建成小康社会、实现“两个一百年”奋斗目标、实现中华民族伟大复兴的中国梦而不懈奋斗。

陈丕显（1916年3月20日—1995年8月23日），曾任中国共产党第十二届中央委员会书记处书记，中央政法委员会书记，第六届全国人大常委会副委员长，原中共中央顾问委员会常务委员。

3月29日

［纲　文］　**国家体育总局原党组书记、副局长，中共北京市委原副书记李志坚在北京逝世，享年76岁。**

3月30日

［纲　文］　**国家主席习近平任免驻外大使。**

［目　文］　习近平根据全国人民代表大会常务委员会的决定任免下列驻外大使：

一、免去许镜湖（女）的中华人民共和国驻瑞士联邦特命全权大使职务；任命耿文兵为中华人民共和国驻瑞士联邦特命全权大使。二、免去杨民的中华人民共和国驻马达加斯加共和国特命全权大使职务；任命杨小茸（女）为中华人民共和国驻马达加斯加共和国特命全权大使。三、免去谢波华的中华人民共和国驻瓦努阿图共和国特命全权大使职务；任命刘全为中华人民共和国驻瓦努阿图共和国特命全权大使。四、免去王勇的中华人民共和国驻伊拉克共和国特命全权大使职务；任命陈伟庆为中华人民共和国驻伊拉克共和国特命全权大使。五、免去张清洋的中华人民共和国驻马拉维共和国特命全权大使职务；任命王世廷为中华人民共和国驻马拉维共和国特命全权大使。六、免去赵军的中华人民共和国驻挪威王国特命全权大使职务；任命王民为中华人民共和国驻挪威王国特命全权大使。

3月30日

［纲　文］　**李克强主持召开国务院常务会议。**

［目　文］　会议主要内容是：一、决定新设一批国家自主创新示范区，部署推进上海加快建设科技创新中心。会议确定，在现有11个国家自主创新示范区基础上，再新设河南郑洛新、山东半岛、辽宁沈大3个国家自主创新示范区，促进涌现更多创新活跃、特色突出的升级发展新“尖兵”。同时会议决定，采取新模式，用3年时间在上海系统推进全面创新改革试验，建设综合性国家科学中心，探索在鼓励创业创新的普惠税制、投贷联动等金融服务模式创新、股权托管交易市场、新型产业技术研发组织、简化外资创投管理等方面开展先行先试，实施一批攻克关键共性技术、解决“卡脖子”瓶颈的重大战略项目，持续释放改革红利。会议要求，一要着力在创新体制机制上迈出大步子，尤其要落实和完善股权激励、收益分配等政策，让创新主体自主决定科研经费使用、成果转移转化等，更大调动科技人员积极性。二要着力打破创新资源配置的条块分割，赋予部属高校和科研院所更大自主权，鼓励与地方协同创新。三要着力以创新带动创业就业，搭建“双创”平台，完善创新服务，推动创新成果加快转化为现实生产力。四要着力完善事中事后监管，用有效的“管”促进更多的“放”，深化商事制度、“多规合一”等改革，最大限度减少政府对企业创业创新活动的干预，探索建立符合创新规律的政府管理制度。二、通过《成渝城市群发展规划》，引领西部新型城镇化和农业现代化。会议通过《成渝城市群发展规划》。主要任务：一是实施生态共建环境共治，严格保护长江上游重要生态屏障，强化水资源安全保障，建设绿色城市。二是壮大装备制造、生物医药、农林产品加工等优势产业集群，发展商贸物流、旅游、文化创意等现代服务业，有序承接产业转移。三是进一步扩大开放，推动中外产业和创新合作平台建设，依托长江黄金水道和铁路、公路网络，畅通对内对外开放通道。加快交通、能源、水利、信息等基础设施互联互通。四是建立成本共担利益共享协同发展机制，推动资本、技术等市场一体化，因地因城施策促进劳动力等生产要素自由流动和农业转移人口市民化，鼓励农民就地创业就业。五是统筹城乡发展，以工促农，以城带乡，推动基本公共服务均等化，加快脱贫攻坚和民生改善。努力打造产业优化、生活优质、环境优美的“新成渝”。三、原则通过《中华人民共和国国防交通法（草案）》。

会议原则通过《中华人民共和国国防交通法（草案）》，决定草案经修改后，由国务院、中央军委提请全国人大常委会审议。

3月30日

［纲　文］　**国土资源部印发《关于支持钢铁煤炭行业化解过剩产能实现脱困发展的意见》**。

［目　文］　《意见》说，一、严格控制新增产能用地用矿。二、支持盘活土地资产。三、实施矿产资源支持政策。本文件有效期为5年。

3月30日

［纲　文］　**内蒙古自治区十二届人大常委会第二十一次会议决定，接受巴特尔辞去自治区主席职务的请求，任命布小林为自治区副主席、代理主席**。

3月30日

［纲　文］　**财政部公布2016年中央一般公共预算支出**。

［目　文］　中央一般公共预算收入70570亿元，比2015年执行数同口径增长2.2%；中央一般公共预算支出85885亿元，同比增长6.3%。收支总量相抵，中央财政赤字14000亿元，比2015年增加2800亿元，同比增长25%。在中央一般公共预算支出中，中央本级预算支出27355亿元，比2015年执行数增加1800.34亿元，增长7%。如加上使用以前年度结转资金659亿元，预算数为28014亿元。其中一般公共服务支出1201.38亿元，增长13.7%；外交支出519.71亿元，增长8.6%；国防支出9543.54亿元，增长7.6%；公共安全支出1668.15亿元，增长5.3%；科学技术支出2706.43亿元，增长9.1%；债务付息支出3299.29亿元，增长15.1%。中央对地方税收返还和转移支付58030亿元，增长5.1%，其中中央对地方税收返还5088.57亿元，与2015年执行数基本持平。中央对地方一般性转移支付32017.82亿元，增长12.2%；专项转移支付20923.61亿元，减少3.2%。国有资本经营收入预算数为4665亿元，比2015年执行数减少494.44亿元，下降9.6%。主要根据部分金融机构和中央企业上缴利润预计情况测算。

3月30日

［纲　文］　**文化部文化市场司在北京召开网络音乐内容管理工作会议**。

［目　文］　会议主要内容是：指导、督促网络音乐企业贯彻落实网络音乐内容管理政策，部署网络音乐企业开展内容自审信息报备工作。会议要求，网络音乐经营单位必须高度重视内容自审工作，要按照《网络文化经营单位内容自审管理办法》的规定，建立和完善网络音乐自审工作制度，明确内容审核工作职责、标准、流程及责任追究办法，真正把内容自审的主体责任落到实处，经内容审核通过后的网络音乐产品可上线经营。

3月30日

［纲　文］　**外交部发言人表示，中方敦促日方切实汲取历史教训**。

［目　文］　有记者提问，日本新安保法正式实施后，日本成为可以行使集体自卫权的国家，日本首相安倍还宣称将推动修宪。外界不少人认为这是为了应对中国。中方对此

有何评论？这将对中日关系产生怎样的影响？

发言人表示，日本实施新安保法是战后日本军事安全政策的重大调整，引发外界对日本是否要改变和平发展道路的质疑，日本国内对新安保法也有强烈反对意见。由于历史和现实原因，近年来日本国家走向问题备受关注。作为日本近邻和“二战”受害国，我们敦促日方切实汲取历史教训，认真倾听日本国内和国际社会正义呼声，重视亚洲邻国安全关切，在军事安全领域慎重行事，坚持和平发展道路。日本某些势力一直试图通过制造所谓“中国威胁”推进国内政治议程，中方对此坚决反对，要求日方不得损害中国主权和安全利益，不做损害地区和平稳定的事。

3月30日

［纲　文］　**中国成功发射第22颗北斗导航卫星。**

［目　文］　4时11分，在西昌卫星发射中心用长征三号甲运载火箭，成功发射了第22颗北斗导航卫星。该星属倾斜地球同步轨道卫星，卫星入轨并完成在轨测试后，与其他在轨卫星共同为地面提供服务，进一步增强系统星座稳健性，强化系统服务能力，为系统服务从区域向全球拓展奠定坚实基础。此次发射的北斗导航卫星和配套运载火箭由中国航天科技集团公司所属的中国空间技术研究院和中国运载火箭技术研究院分别研制，这是长征系列运载火箭的第225次飞行。

3月30日

［纲　文］　**中央纪委监察部网站发布，经中共中央批准，中共中央纪委对海南省人大常委会原副主任张力夫严重违纪问题立案审查。**

［目　文］　经查，张力夫身为党的高级领导干部，党的观念淡漠，纪律意识淡薄，严重违反中央八项规定精神，接受公款宴请；严重违反组织纪律，在组织函询时不如实说明问题；严重违反廉洁纪律，收受礼品、礼金，默许亲属利用其本人职权谋取私利；严重违反工作纪律，履行全面从严治党主体责任不力，违规干预有关单位纪律审查工作。依据《中国共产党纪律处分条例》有关规定，经中央纪委常委会议审议并报中共中央批准，决定给予张力夫开除党籍处分，按照副科级确定退休待遇。

3月30日—4月2日

［纲　文］　**刘云山在四川、云南调研。**

［目　文］　中央书记处书记刘云山在雅安市芦山县和昭通市鲁甸县，到乡村、企业、社区、学校和卫生院，了解地震灾后重建和群众生产生活情况。群众赞誉党和政府的巨大关怀和惠民实事，纷纷表示真心感恩共产党、感恩社会主义，让我们住上好房子、过上好日子；在凉山州昭觉县和临沧市临翔区，深入彝族、拉祜族、傣族等少数民族村寨，走进贫困家庭、慰问困难群众，倾听基层党组织负责人、扶贫干部对扶贫开发的工作建议。刘云山说，我们党的所有工作都是为了老百姓，群众越是有困难，党组织和党员干部越要当好群众的主心骨。要把地震灾后重建和脱贫攻坚结合起来，把责任扛在肩上，冲在前面、当好先锋，更好发挥带动引领作用。打赢脱贫攻坚战是全面建成小康社会的重中之

重，也是党的干部必须履行的政治责任。要带着对群众深厚感情搞扶贫，以求真务实作风抓扶贫，把群众脱贫当自家事、把贫困户当自家人，实打实做好工作，把精准扶贫、精准脱贫的要求落到实处。

刘云山在西昌、临沧分别召开座谈会。大家就贫困地区班子配备、干部选派、基层党建工作等交流经验。刘云山说，脱贫攻坚关键是有一支素质过硬的干部队伍。要树立鲜明的用人导向，用好干部工作指挥棒，推动干部力量向贫困地区倾斜，注重在扶贫实践中考察识别干部，选优配强党政一把手，选派优秀干部到贫困地区工作。要保持贫困地区领导班子特别是主要负责人稳定，保持各级扶贫工作队伍稳定，确保脱贫攻坚接续推进、如期完成。要完善领导班子和领导干部考核评价体系，提高减贫、民生、生态方面指标权重，考准考实干部脱贫工作业绩，对在脱贫工作第一线作出突出贡献的干部要重用。要坚持抓党建促扶贫，加强基层党组织带头人队伍建设，加大选派驻村工作队和第一书记力度，扎实开展“两学一做”学习教育，使基层党组织成为脱贫攻坚的战斗堡垒。要关心贫困地区基层干部，帮助解决工作和生活中的实际困难，帮助提升扶贫帮困的能力，调动好他们带领群众奔小康的积极性创造性。

3月30日—4月1日

［纲　文］　**汪洋在甘肃调研精准扶贫建档立卡工作。**

［目　文］　国务院副总理、国务院扶贫开发领导小组组长汪洋在临夏州康乐县、定西市临洮县，深入贫困村、贫困户，详细了解建档立卡和帮扶工作进展，现场核查扶贫对象信息，询问贫困户退出程序和标准，并考察产业扶贫、贫困户危房改造等工作并召开座谈会听取完善建档立卡、深化精准扶贫的意见建议。

汪洋指出，在全国范围内逐村逐户开展贫困调查和精准识别，全面摸清农村贫困底数，有利于扶贫工作“少花冤枉钱、少做无用功”。要进一步强化精准，定期核查建档立卡信息，用“两不愁、三保障”标准衡量农户贫困程度，新增贫困人口和返贫人口要及时纳入，不符合条件的要及时剔除，做好部门间数据筛查比对，不断完善精准扶贫台账，做到不错不漏、能进能出、动态管理。要进一步搞好帮扶，用好建档立卡数据，使各项扶贫措施与贫困人口精准对接，切实提高帮扶的针对性和有效性。要严格贫困退出标准和程序，做到逐户销号、脱贫到人，新脱贫户在一定时期内可继续享受扶贫相关政策。要建立健全扶贫工作奖惩机制，脱贫实绩突出的要给予鼓励，工作不力、搞虚假脱贫的要严肃追责。当前脱贫攻坚势头劲、开局好，要乘势而上，全面做好扶贫开发各项工作。要加大政策激励力度，营造良好氛围，在扶贫一线考察识别干部，鼓励有理想、肯奉献、作风正的干部到脱贫攻坚战场建功立业。

3月31日—4月1日

［纲　文］　**国家主席习近平出席在美国华盛顿举行的第四届核安全峰会。**

［目　文］　陪同习近平与会的有：中央政策研究室主任王沪宁、中央办公厅主任栗

战书、国务委员杨洁篪等。

4 月 1 日，第四届核安全峰会在美国首都华盛顿举行。本次峰会以“加强国际核安全体系”为主题，共有 52 个国家的领导人或代表，以及国际组织负责人与会。与会领导人在发言中介绍了各自国家政策主张和措施，赞赏核安全峰会进程为维护和加强全球核材料和核设施安全所作的积极贡献，并愿在后峰会时代进一步加强相关国际合作，促进国际和平与安全。峰会发表了政治性公报和支持国际原子能机构、联合国、国际刑警组织、打击核恐怖主义全球倡议、防扩散全球伙伴计划核安全工作的 5 份“行动计划”。

习近平出席峰会并在题为《加强国际核安全体系，推进全球核安全治理》的发言中指出，我在海牙举行的第三届核安全峰会上主张构建公平、合作、共赢的国际核安全体系。为此，我们要强化政治投入，凝聚国际共识，构建以合作共赢为核心的新型国际关系，把握标本兼治方向，推进全球安全治理。要强化国家责任，部署实施核安全战略，构筑严密持久防线。要强化国际合作，打造核安全命运共同体，推进协调并进势头。要强化核安全文化，营造共建共享氛围。海牙峰会以来，中国在核安全领域取得了新进展。中国奉行精益求精的理念，努力探索加强核安全的有效途径，已经将核安全纳入国家总体安全体系，写入国家安全法，明确了对核安全的战略定位。中国坚持言出必行的原则，忠实履行国际义务和政治承诺。中国心怀合作共赢的愿景，积极推动国际交流合作。中国将继续加强本国核安全，积极推进国际合作，分享技术和经验，贡献资源和平台。中国将构建核安全能力建设网络，推广减少高浓缩铀合作模式，实施加强放射源安全行动计划，启动应对核恐怖危机技术支持倡议，推广国家核电安全监管体系。只要我们精诚合作，持续加强核安全，核能造福人类的前景必将更加光明。

峰会期间，习近平会见了美国总统奥巴马，就中美关系发展及共同关心的国际和地区问题深入交换意见。双方同意继续深化各领域合作，加强在国际事务中的沟通协调，巩固扩大中美共同利益，推动两国关系继续沿着健康稳定的轨道向前发展。双方发表《中美元首气候变化联合声明》《中美核安全合作联合声明》。此外，习近平还先后会见了丹麦首相拉斯穆森、阿根廷总统马克里、韩国总统朴槿惠，就双边关系及共同关心的重大国际和地区问题深入交换意见。中韩两国元首同意对外发布《2016 年中韩人文交流共同委员会交流合作项目名录》，并积极推动落实。习近平应邀出席伊朗核问题六国机制领导人会议时强调，中国始终是伊朗核问题解决进程的积极参与者、推动者、贡献者。我们愿同各方一道，为推进全面协议后续执行不懈努力，为促进全球安全治理作出新的贡献。

3 月 31 日

［纲　文］　国务院总理李克强在北京会见由美国智库阿斯彭学会组织、18 名美国国会参众议员组成的访华团并同他们对话座谈。

［目　文］　美国国会参院少数党督导、伊利诺伊州民主党联邦参议员德宾，伊利诺伊州共和党联邦众议员罗斯卡姆，特拉华州民主党联邦参议员卡珀，内布拉斯加州共和党联邦众议员弗滕伯利，加利福尼亚州民主党联邦众议员洛夫格伦等，分别就中美关系和中

国外交政策、中国经济社会发展、改革开放和营商环境等谈了看法。

李克强表示，中美关系的重要性日益突出。习近平主席将在华盛顿出席核安全峰会期间同奥巴马总统举行会晤。中美分别作为最大的发展中国家和最大的发达国家，彼此之间的共同利益远远大于分歧。双方要坚持相互尊重、平等相待、互利共赢，努力扩大共同利益，妥善管控矛盾分歧，推动中美关系长期健康稳定发展，这也将为地区和世界的和平稳定作出贡献。中国正在深入推进创新驱动发展战略，调整经济结构，促进转型升级。我们将继续深化改革、扩大开放，营造公平竞争的市场环境，更好保护知识产权，欢迎包括美国在内的各国企业来华投资兴业。中方愿同美方积极推进中美双边投资协定谈判，争取早日达成一个高水平、双向平衡的协定，为中美经贸往来创造更为良好的发展环境。中国的发展需要和平的国际环境和稳定的周边环境。我们将始终致力于睦邻友好，愿同地区国家携手努力，展现智慧、扩大共识，共同维护地区和平稳定、共同发展大局。

在座议员表示，美中关系是世界上最重要的双边关系，两国共同利益远大于分歧。美方钦佩中国发展取得的巨大成就，认为中国的发展对美国是机遇，愿为美中加强对话交流、扩大共同利益、深化互利合作发挥积极作用。

3月31日

［纲　文］　**政协第十二届全国委员会第四十三次主席会议在北京召开。**

［目　文］　全国政协主席俞正声主持会议。全国政协副主席杜青林、韩启德、罗富和、张庆黎、李海峰、陈元、卢展工、王家瑞、王正伟、马飚、齐续春、陈晓光、刘晓峰、王钦敏出席会议。会议研究并同意全国政协十二届四次会议重点提案建议题目和督办方式，研究了政协第十二届全国委员会第四次会议关于政协工作的意见建议及改进工作的初步意见，审议了有关人事事项。

会议强调，要深入贯彻习近平总书记系列重要讲话精神，认真落实全国政协十二届四次会议精神，按照中共全国政协党组2016年工作要点、政协全国委员会2016年协商计划和双周协商座谈会的有关安排，围绕确定的视察考察调研和重点提案，认真研究落实委员对改进政协工作的意见和建议，努力做好全年各项工作。要紧扣“十三五”时期经济社会发展的重大问题、全面深化改革的难点问题、推动创新创造的关键问题，深度调研集中议政，有效监督，更好服务党和政府科学决策、民主决策。要认真总结各级政协开展民主监督的做法，研究制定改进人民政协民主监督的办法。

3月31日

［纲　文］　**国务院办公厅批复山东省人民政府，同意东营市城市总体规划。**

［目　文］　批复说，一、国务院原则同意《东营市城市总体规划（2011—2020年）》（以下简称《总体规划》）。二、重视城乡区域统筹发展。在《总体规划》确定的6442平方公里城市规划区范围内，实行城乡统一规划管理。根据市域内不同地区的条件，重点发展县城和基础条件好、发展潜力大的重点镇，优化村镇布局，加强对村镇建设的指导，促进农业产业化和农村现代化。加强城中村和城乡结合部的规划建设管理，统筹安排

城乡基础设施、公共服务设施，逐步推进城乡基本公共服务均等化。三、合理控制城市规模。到 2020 年，中心城区常住人口控制在 100 万人以内，城市建设用地控制在 119.87 平方公里以内。要贯彻落实城乡规划法关于先规划后建设的原则，禁止在《总体规划》确定的建设用地范围之外设立各类开发区和城市新区。四、完善城市基础设施体系。要按照绿色循环低碳的理念规划建设城市基础设施。进一步完善公路、铁路、水运、机场等交通基础设施，加强城市内外交通衔接。建立以公共交通为主体，各种交通方式相结合的多层次、多类型的城市综合交通体系，方便不同交通方式的换乘。做好停车场规划布局，推动城市停车场建设。坚持先地下、后地上的原则，统筹规划建设城市供水水源和给排水、垃圾处理等基础设施，积极有序地开展地下综合管廊建设，促进油田与城市设施共建共享。五、建设资源节约型和环境友好型城市。要按照促进生产空间集约高效、生活空间宜居适度、生态空间山清水秀的总体要求，形成合理的城市空间结构，促进经济建设、城乡建设和环境建设同步发展。六、创造优良的人居环境。要坚持以人为本，统筹安排关系人民群众切身利益的教育、医疗、市政等公共服务设施的规划布局和建设。七、重视历史文化和风貌特色保护。要统筹协调发展与保护的关系，按照整体保护的原则，切实保护好城市传统风貌和格局。八、严格实施《总体规划》。城市建设要实现经济社会协调发展，物质文明和精神文明共同进步。城市管理要健全民主法制，坚持依法治市，构建和谐社会。东营市人民政府要根据本通知精神，认真组织实施《总体规划》，任何单位和个人不得随意改变。山东省和住房城乡建设部要加强对《总体规划》实施工作的指导、监督和检查。

3 月 31 日

［纲　文］　**能源局印发《关于在能源领域积极推广政府和社会资本合作模式的通知》。**

［目　文］　《通知》由七个部分组成：一、重要意义。二、总体要求。三、适用范围。四、丰富项目储备。五、规范有序推进项目。六、政策保障措施。七、示范推广和总结提高。

3 月 31 日

［纲　文］　**质检总局公布《出入境检疫处理单位和人员管理办法》。**

［目　文］　《办法》共 7 章 51 条，主要有总则、检疫处理单位申请条件、检疫处理单位、检疫处理人员、监督管理、法律责任、附则等内容，自 2016 年 7 月 1 日起施行。原国家检验检疫局于 1998 年 12 月 24 日发布的《熏蒸消毒监督管理办法（试行）》同时废止。

3 月 31 日

［纲　文］　**税务总局公布《纳税人转让不动产增值税征收管理暂行办法》《不动产进项税额分期抵扣暂行办法》《纳税人提供不动产经营租赁服务增值税征收管理暂行办法》《纳税人跨县（市、区）提供建筑服务增值税征收管理暂行办法》，自 2016 年 5 月 1 日起施行。**

3月31日

［纲　文］ **税务总局公布《房地产开发企业销售自行开发的房地产项目增值税征收管理暂行办法》。**

［目　文］ 《办法》共4章28条，主要有适用范围、一般纳税人征收管理、小规模纳税人征收管理、其他事项等内容，自2016年5月1日起实施。

3月31日

［纲　文］ **证监会公布《关于废止部分证券期货规章的决定（第十四批）》。**

［目　文］ 《决定》说，根据《规章制定程序条例》规定，按照国务院办公厅《关于做好行政法规部门规章和文件清理工作有关事项的通知》要求，在废止前13批规章和规范性文件（以下统称规章）的基础上，证监会对自成立以来至2015年12月31日期间公布的证券期货类规章进行了再次清理。其中，2015年1月1日至2015年12月31日期间，应予废止的规章6件，已经明令废止的规章21件。现将这两部分共27件规章的目录予以公布。

3月31日

［纲　文］ **外交部发言人就中美元首会晤是否谈及有关经济增长、汇率等经济议题回答记者提问。**

［目　文］ 发言人说，中方已经全面介绍了中美元首会晤相关情况。关于这些问题，中方的立场是一贯的。中国将继续实施积极的财政政策，坚定推进供给侧结构性改革，更好开发国内需求特别是消费需求，保持经济运行在合理区间。各方都不应采取竞争性贬值来刺激出口，人民币不存在持续贬值的基础。

3月31日—4月1日

［纲　文］ **张高丽在湖南调研。**

［目　文］ 国务院副总理张高丽考察了株洲市南岳岭、上月塘棚户区改造项目；在清水塘老工业基地了解高污染高耗能企业关闭退出情况；到中车株洲电力机车有限公司和株洲电力机车研究所，调研湖南省帮助企业转型升级情况；在中南大学察看师生创新创业成果展示和医学大数据协同创新中心。张高丽主持召开经济形势座谈会，湖南省和有关地（市）人民政府负责人及有关省直部门负责人、部分企业负责人参加会议。

张高丽表示，2016年是全面建成小康社会决胜阶段的开局之年，也是推进结构性改革的攻坚之年。当前，我国经济运行总体平稳、稳中有进、稳中有好，但经济下行压力较大，风险挑战较多。要深入学习贯彻习近平总书记系列重要讲话精神，按照中央经济工作会议和《政府工作报告》的部署，坚持以创新、协调、绿色、开放、共享的发展理念引领发展，实行宏观政策要稳、产业政策要准、微观政策要活、改革政策要实、社会政策要托底的总体思路，在适度扩大总需求的同时，着力加强供给侧结构性改革，促进经济平稳健康发展和社会和谐稳定，确保实现“十三五”良好开局。要着力实施创新驱动发展战略，推进大众创业、万众创新，推动发展新经济、培育新动能。希望湖南充分发挥处于东部沿海地区和中西部地区过渡带、长江开放经济带和沿海开放经济带结合部的区位优势，在全面融入国家发展战略中推动发展再上新台阶；大力推动创新发展和产业转型升级，加快从制造大省转向制造强省；统筹城乡区域协调发展，在加强薄弱环节中增强发展后劲；深入推进“两型社会”建设，推动绿色低碳发展；着力补齐民生短板，促进社会和谐稳定；坚决打好脱贫攻坚战，尽快改变贫困地区面貌，建设富饶美丽幸福新湖南。

3月31日—4月1日

［纲　文］　**马凯在安徽调研。**

［目　文］　国务院副总理马凯在合肥机械、电子、汽车、轻工等企业调研，并召开座谈会了解重点行业运行情况，听取意见建议。

马凯指出，工业是国民经济的主导力量，持续健康发展事关全局，要牢固树立新发展理念，以改革创新为动力，深入实施《中国制造2025》，着力加强供给侧结构性改革，巩固提升传统优势，培育壮大新动能，坚决遏制下行势头，加快提质增效升级，为实现“十三五”经济社会发展良好开局作出积极贡献。各地区、各部门要充分认识工业工作的复杂性、艰巨性、紧迫性，认真落实中央经济工作会议和《政府工作报告》要求，以更加奋发的精神状态，更加有效的政策举措，更加扎实的工作作风，坚持“加减乘除”并举，做好深化供给侧结构性改革、促进工业转型升级、提质增效这篇大文章。

31日，马凯在合肥主持召开部分地区铁路建设工作会议。马凯强调，2015年底全国铁路营业里程达到12.1万公里，其中高铁运营里程超过1.9万公里、占世界高铁总里程的60%以上。“十三五”是加快铁路建设的重要时期，要继续保持较大投资规模，加快完善高速铁路网，大力发展城际铁路、市域（郊）铁路，尽快建成高效快捷的货运铁路网。2016年是“十三五”开局之年，必须精心组织、狠抓落实，确保完成铁路投资8000亿元以上。

3月31日—4月1日

［纲　文］　**纪念袁世海先生诞辰100周年专场系列演出在北京梅兰芳大剧院举行。**

［目　文］　系列演出由文化部、中国文联、全国政协京昆室主办。袁世海先生长子袁少海和国家京剧院优秀青年演员刘垒共同再现了现代京剧《红灯记》中“赴宴斗鸠山”一折。袁世海先生弟子杨赤率两名弟子、国家京剧院青年演员刘魁魁、胡滨与北京京剧院一级演员赵葆秀、国家京剧院一级演员袁慧琴、北京京剧院一级演员翟墨共同出演了《李逵探母》。20世纪60年代，袁世海先生在现代戏京剧《红灯记》中成功塑造了鸠山这一艺术形象。

4月1日，纪念袁世海先生诞辰100周年座谈会在北京举行。中共中央政治局委员、中宣部部长刘奇葆出席座谈会并讲话。全国政协副主席卢展工出席座谈会。

刘奇葆指出，回顾袁世海先生不平凡的人生历程，有很多艺术遗产值得珍视，有很多精神财富值得传承。今天纪念袁世海先生，要学习他“以身许党、一心一意跟党走”的坚定信念，始终与国家共命运、与人民同呼吸。要学习他痴戏如命、千锤百炼的艺术品格，秉持一丝不苟、精益求精的态度，创演更多思想精深、艺术精湛、制作精良的优秀作品。要学习他“揉碎化用”、推陈出新的创新精神，在尊重传统、保持底色、遵循艺术规律的基础上，不断探索创造，赋予传统戏曲新的艺术魅力。要学习他甘为人梯、“功在传承”

的人格风范，注重师承、代代相传，培养造就一支德艺双馨、结构合理、门类齐全的戏曲人才队伍，确保戏曲事业薪火相传、兴旺发达。

袁世海（1916—2002），原名袁瑞麟，幼年起痴迷京剧，11岁进富连成社科班，成名后又拜前辈艺术大家郝寿臣为师深造。袁世海嗓音宽厚宏亮、富于激情，表演细腻豪放，以情传神，撼人心魄。他在以郝派为主的传统花脸的基础上大量创排了由架子花脸主演的大型剧目，继承并发展了“架子花脸铜锤唱”的表演艺术风格，丰富和升华了京剧花脸表演技艺，形成了独具特色的表演风格。

4 月

4 月 1 日

［纲　文］　**李克强考察税务总局、财政部并主持召开座谈会**。

［目　文］　国务院总理李克强在税务总局、财政部询问扩围行业改革前后税负变化、企业还有哪些疑虑，并说，营改增是 2016 年确保积极财政政策更加有效、着力推进结构性改革尤其是供给侧结构性改革的重头戏，这步棋下好了，实体经济就会更好“活”起来。这次新增试点行业的营业税约占原营业税总收入的 80%，全面实施营改增涉及政府与企业、中央与地方等各方面利益调整，这不仅需要壮士断腕的勇气，而且要充分估计可能遇到的困难，认真总结前期试点经验，统筹做好改革方案设计，充分调动中央和地方两个积极性，确保改革后所有行业税负只减不增，这是经全国人民代表大会批准的《政府工作报告》对社会的承诺，只能落实，不能走样。

李克强主持召开座谈会，财政部、税务总局负责人作了汇报，住房城乡建设部、交通运输部、人民银行、国资委、银监会等部门负责人发了言。

李克强说，全面实施营改增是结构性改革和财税体制改革牵一发而动全身的重大举措，具有一举多得的政策效应。一是可以大幅度减轻企业税负。面对世界经济复苏乏力和国内经济下行压力，积极财政政策要更大发力，2016 年扩大财政赤字主要就体现在全面实施营改增给企业减税上，将比改革前减轻企业税负 5000 多亿元，是近年来最大规模的一次减税。二是能够发挥对经济转型升级的强大“助推器”作用。三是有利于营造公平竞争的市场环境。通过统一税制，实现增值税全覆盖，贯通服务业内部和二、三产业之间抵扣链条，从制度上消除了重复征税，对完善我国财税体制有长远意义。现在距全面实施营改增仅有一个月时间，财税系统处在一线，是政策实施的“最后一公里”，要全力奋进，用工匠精神把准备和实施工作做得更细更精更实。要加强部门间协调配合，形成合力，在推进改革的同时，做好政策解读，及时回应社会关切，稳定市场预期。要加强调查研究，跟踪分析试点运行情况，对遇到的典型问题做深入剖析，及时提出应对之策，为保证行业税负只减不增可实施过渡性措施。要进一步完善制度，加强引导，防止出现搞地方保护、市场分割等情况，依法严厉打击偷逃骗税等行为。

4 月 1 日

［纲　文］　**海关总署发布《关于废止有关文件的公告》**。

［目　文］　《公告》说，根据《国务院关税税则委员会关于调整进境物品进口税有关

问题的通知》，海关总署决定自2016年4月8日起废止海关总署2011年第6号公告。

4月1日

［纲　文］　**陕西省第十二届人民代表大会常务委员会第二十六次会议决定，接受赵正永辞去陕西省第十二届人民代表大会常务委员会主任职务的请求，接受娄勤俭辞去陕西省省长职务的请求，任命胡和平为陕西省人民政府副省长、代省长。**

4月1日

［纲　文］　**甘肃省十二届人大常委会第二十二次会议决定，接受刘伟平因调离辞去甘肃省省长职务的请求，任命林铎为甘肃省人民政府副省长、代省长。**

4月2日

［纲　文］　**国务院办公厅印发《2016年政务公开工作要点》。**

［目　文］　《要点》由六个部分组成：一、围绕深化改革推进公开。二、围绕促进经济发展推进公开。三、围绕民生改善推进公开。四、围绕助力政府建设推进公开。五、围绕扩大政务参与加强解读回应。六、围绕增强公开实效加强能力建设。

《要点》要求，各地区各部门要高度重视，主要负责人年内至少听取一次政务公开工作汇报，研究部署推进工作；要确定一位负责人分管政务公开工作，列入工作分工，并对外公布。政务公开工作尚未纳入政府绩效考核体系的，年内应予纳入，所占分值权重不应低于4%。各地区各部门要结合实际，制定具体实施方案或工作措施，并在本要点公布后30个工作日内在本地区本部门政府网站公开。有牵头任务的部门还要加强对本系统的工作指导。国务院办公厅将对各地区、各部门落实情况进行督查，组织开展第三方评估，并公布评估结果。

4月2日

［纲　文］　**交通运输部印发《交通运输部货运枢纽（物流园区）投资补助项目管理办法（暂行）》。**

［目　文］　《办法》共6章21条，主要有总则、投资补助范围、审核程序和资金安排、实施管理、公众监督和法律责任、附则等内容，自2016年5月1日起施行，有效期到2021年5月1日为止。

4月2日

［纲　文］　**中国气象局公布《气象专用技术装备使用许可管理办法》。**

［目　文］　《办法》共6章27条，主要有总则、申请与受理、审查与许可、监督管理、罚则、附则等内容，自2016年6月1日起施行。2006年11月22日中国气象局公布的《气象专用技术装备使用许可管理办法》同时废止。

4月4日

［纲　文］　**中共中央办公厅、国务院办公厅印发《关于进一步深化文化市场综合执法改革的意见》。**

［目　文］《意见》由四个部分组成：一、重要意义。二、总体要求。三、重点任务。四、组织领导。

4月4日

［纲　文］**国务院办公厅印发《贯彻实施质量发展纲要2016年行动计划》。**

［目　文］《计划》由五个部分组成：一、增强质量和品牌提升的动力。二、优化质量和品牌提升的环境。三、培育质量和品牌竞争新优势。四、夯实质量和品牌提升的基础。五、实施质量和品牌提升工程。

《计划》要求，地方各级人民政府要加强对质量、品牌工作的组织领导和统筹协调，结合本地实际，参照以上工作安排和部门分工，制定本地区的具体工作方案，细化任务，明确时限和要求，逐级落实责任，确保完成各项任务。

4月4日

［纲　文］**国务院任命刘伟平为中国科学院副院长（正部长级），任命王京清为中国社会科学院副院长（正部长级）。**

4月4日

［纲　文］**中国儿童文学作家曹文轩在意大利博洛尼亚国际童书展上荣获2016年国际安徒生奖，这是中国作家首次获得这一殊荣。**

4月4日

［纲　文］**吴冠中巨幅油画《周庄》以2.36亿港元成交。**

［目　文］油画《周庄》于保利香港春拍以2.36亿港元（约合1.97亿元人民币）成交，创造了吴冠中个人作品的最高拍卖纪录，同时也刷新了中国油画拍卖的最高纪录。

《周庄》长约3米、宽约1.5米，是目前出现于市场上尺幅最大的吴冠中油彩作品。1997年创作这幅作品时，吴冠中已经78岁高龄，《周庄》可谓他的压卷之作，也代表了他创作生涯的高峰。

吴冠中（1919—2010），江苏宜兴人，当代著名画家、油画家、美术教育家。油画代表作有《长江三峡》《北国风光》《小鸟天堂》《黄山松》《鲁迅的故乡》等。个人文集有《吴冠中谈艺集》《吴冠中散文选》《美丑缘》等10余种。

4月5日

［纲　文］**国家主席习近平在北京会见英国约克公爵安德鲁王子。**

［目　文］习近平指出，我们赞赏英国王室长期以来为增进两国人民相互了解和友谊作出的贡献。2016年是中英关系“黄金时代”的开局之年。我们愿同英方共同努力，进一步增进两国各层级友好交往，丰富两国各领域合作内涵。中英双方应进一步密切高层往来，共同办好双方机制性对话，不断深化务实合作，更好造福两国人民。中英都是文明古国和文化大国，双方应进一步加强人文领域交流互鉴与合作。我期待英国王室继续在增进中英两国人民相互了解和友谊方面发挥积极作用，为中英关系持续健康发展打下更加坚实的民意基础。

安德鲁表示，习近平主席2016年10月对英国的国事访问十分成功，给英国王室和英国人民留下深刻印象。英方愿同中方保持密切交往，不断推进人文交流，以增进两国人民相互了解，加强双方务实合作，使英中“黄金时代”熠熠生辉。

4月5日

［纲　文］　**习近平、李克强、张德江、俞正声、刘云山、王岐山、张高丽等党和国家领导人参加首都义务植树活动。**

［目　文］　习近平等在位于北京市大兴区西红门镇的植树点参加义务植树活动。在京中共中央政治局委员、中央书记处书记、国务委员等参加活动。

习近平指出，中华民族伟大复兴要靠全体中华儿女共同奋斗。“十三五”时期既是全面建成小康社会的决胜阶段，也是生态文明建设的重要时期。发展林业是全面建成小康社会的重要内容，是生态文明建设的重要举措。各级领导干部要带头参加义务植树，身体力行在全社会宣传新发展理念，发扬前人栽树、后人乘凉精神，多种树、种好树、管好树，让大地山川绿起来，让人民群众生活环境美起来。

4月5日

［纲　文］　**国务院批复科技部、河南省人民政府，同意郑洛新国家高新区建设国家自主创新示范区。**

［目　文］　批复说：一、同意郑州、洛阳、新乡3个国家高新技术产业开发区（统称郑洛新国家高新区）建设国家自主创新示范区，区域范围为国务院有关部门公布的开发区审核公告确定的四至范围。要按照党中央、国务院决策部署，全面实施创新驱动发展战略，充分发挥郑洛新地区的区位和交通枢纽优势，积极开展创新政策先行先试，激发各类创新主体活力，着力培育良好的创新创业环境，深入推进大众创业、万众创新，全面提升区域创新体系整体效能，打造具有国际竞争力的中原创新创业中心，努力把郑洛新国家高新区建设成为开放创新先导区、技术转移集聚区、转型升级引领区、创新创业生态区。二、同意郑洛新国家高新区享受国家自主创新示范区相关政策，同时结合自身特点，积极开展科技体制改革和机制创新，在科研项目和经费管理、股权激励、科技金融结合、知识产权运用与保护、人才培养与引进、科技成果转化、科技评价等方面进行探索示范。三、同意将郑洛新国家高新区建设国家自主创新示范区工作纳入国家自主创新示范区部际协调小组统筹指导，落实相关政策措施，研究解决发展中的重大问题。国务院有关部门要结合各自职能，在重大项目安排、政策先行先试、体制机制创新等方面给予积极支持。四、河南省人民政府要加强组织领导，建立协同推进机制，搭建创新合作的联动平台，认真组织编制实施方案，细化任务分工，集成推进郑洛新国家高新区建设国家自主创新示范区各项工作。

4月5日

［纲　文］　**国务院批复科技部、山东省人民政府，同意山东半岛国家高新区建设国家自主创新示范区。**

［目　文］　批复说，一、同意济南、青岛、淄博、潍坊、烟台、威海等6个国家高新技术产业开发区（统称山东半岛国家高新区）建设国家自主创新示范区，区域范围为国务院有关部门公布的开发区审核公告确定的四至范围。要按照党中央、国务院决策部署，全面实施创新驱动发展战略，充分发挥山东半岛地区的创新资源集聚优势，积极开展创新政策先行先试，激发各类创新主体活力，着力培育良好的创新创业环境，深入推进大众创业、万众创新，全面提升区域创新体系整体效能，打造具有全球影响力的海洋科技创新中心，努力把山东半岛国家高新区建设成为转型升级引领区、创新创业生态区、体制机制创新试验区、开放创新先导区。二、同意山东半岛国家高新区享受国家自主创新示范区相关政策，同时结合自身特点和创新需求，积极开展科技体制改革和机制创新，在股权激励、海洋科技创新平台建设、新型研发机构发展、军民深度融合、校企地协同创新、科研项目和经费管理、创新创业服务体系建设、科技成果转移转化等方面进行探索示范。三、同意将山东半岛国家高新区建设国家自主创新示范区工作纳入国家自主创新示范区部际协调小组统筹指导，落实相关政策措施，研究解决发展中的重大问题。国务院有关部门要结合各自职能，在重大项目安排、政策先行先试、体制机制创新等方面给予积极支持。四、山东省人民政府要加强组织领导，建立协同推进机制，搭建创新合作的联动平台，认真组织编制实施方案，细化任务分工，集成推进山东半岛国家高新区建设国家自主创新示范区各项工作。

4月5日

［纲　文］　**国务院批复科技部、辽宁省人民政府，同意沈大国家高新区建设国家自主创新示范区。**

［目　文］　批复说：一、同意沈阳、大连2个国家高新技术产业开发区（统称沈大国家高新区）建设国家自主创新示范区，区域范围为国务院有关部门公布的开发区审核公告确定的四至范围。要按照党中央、国务院决策部署，全面实施创新驱动发展战略，充分发挥沈大地区的区位和创新资源集聚优势，积极开展创新政策先行先试，激发各类创新主体活力，着力培育良好的创新创业环境，深入推进大众创业、万众创新，全面提升区域创新体系整体效能，打造东北亚科技创新创业中心，努力把沈大国家高新区建设成为东北老工业基地高端装备研发制造集聚区、转型升级引领区、创新创业生态区、开放创新先导区。二、同意沈大国家高新区享受国家自主创新示范区相关政策，同时结合自身特点，积极开展科技体制改革和机制创新，在股权激励、科研项目和经费管理、科技金融结合、人才培养与引进、产学研用结合、创新创业服务体系建设、东北亚合作创新、知识产权保护与运用等方面进行探索示范。三、同意将沈大国家高新区建设国家自主创新示范区工作纳入国家自主创新示范区部际协调小组统筹指导，落实相关政策措施，研究解决发展中的重大问题。国务院有关部门要结合各自职能，在重大项目安排、政策先行先试、体制机制创新等方面给予积极支持。四、辽宁省人民政府要加强组织领导，建立协同推进机制，搭建创新合作的联动平台，认真组织编制实施方案，细化任务分工，集成推进沈大国家高新区

建设国家自主创新示范区各项工作。

4月5日

［纲 文］ **国务院印发《关于香港特别行政区政府曾国卫、陈国基职务任免的通知》。**

［目 文］ 《通知》说，依照《中华人民共和国香港特别行政区基本法》的有关规定，根据香港特别行政区行政长官梁振英的提名和建议，国务院2016年4月5日决定：任命曾国卫为入境事务处处长；免去陈国基的入境事务处处长职务。

4月5日

［纲 文］ **中宣部组织编写的《习近平总书记系列重要讲话读本（2016年版）》出版发行。**

［目 文］ 《读本》围绕实现中华民族伟大复兴的中国梦、坚持和发展中国特色社会主义，围绕协调推进全面建成小康社会、全面深化改革、全面依法治国、全面从严治党"四个全面"战略布局，围绕牢固树立创新、协调、绿色、开放、共享的发展理念，统筹推进经济、政治、文化、社会、生态文明五位一体建设，围绕加强国防和军队建设，推动构建以合作共赢为核心的新型国际关系，学习掌握科学的思想方法和工作方法等十六个专题，全面准确深入阐释了以习近平同志为总书记的党中央治国理政新理念新思想新战略。

中宣部、中组部发出的通知说，党的十八大以来，习近平总书记以非凡的理论勇气、高超的政治智慧、坚韧不拔的历史担当精神，把握时代大趋势，回答实践新要求，顺应人民新期待，围绕治国理政新的实践发表系列重要讲话，深刻回答了新形势下党和国家事业发展的一系列重大理论和现实问题，提出了富有创见的一系列新理念新思想新战略，进一步丰富和发展了党的科学理论。讲话涉及改革发展稳定、内政外交国防、治党治国治军各个方面，涵盖经济建设、政治建设、文化建设、社会建设、生态文明建设和党的建设各个领域，是中国特色社会主义理论体系最新成果，是马克思主义中国化最新成果，是指导具有许多新的历史特点的伟大斗争的鲜活的马克思主义，为我们在新的历史起点上实现"两个一百年"奋斗目标、实现中华民族伟大复兴的中国梦提供了基本遵循和强大思想武器。各级党组织要在组织全体党员认真学习习近平总书记系列重要讲话原文原著的同时，组织好《读本》的学习。

4月5日

［纲 文］ **国务院办公厅印发《关于加快推进广播电视村村通向户户通升级工作的通知》。**

［目 文］ 《通知》的主要内容有：一、总体要求。二、主要任务。三、政策保障。四、组织领导。

《通知》要求，要按照分级负责原则加大资金投入，完善规划建设和运行管理等方面的支持政策。地方各级人民政府是本地区推进广播电视村村通向户户通升级工作的责任主体，要强化政府责任和协调配合，形成政府统一领导、部门密切配合的工作推进机制。各级新闻出版广电、发展改革、财政等部门要加强资金管理和督促检查，切实保障广播电视户户通工作各项目标任务顺利完成。《国务院办公厅关于进一步做好新时期广播电视村村通工作的通知》同时废止。此前有关规定与本通知不一致的，按本通知执行。

4月5日

［纲　文］ **发展改革委办公厅复函甘肃省发展改革委、内蒙古经信委、吉林省能源局，同意甘肃省、内蒙古自治区、吉林省开展可再生能源就近消纳试点方案。**

［目　文］ 复函说，一、同意甘肃省、内蒙古自治区、吉林省开展可再生能源就近消纳试点。二、准确把握可再生能源就近消纳试点的外延和内涵。三、注意结合当前和长远。四、积极推进市场化进程。五、加强组织领导。六、强化过程控制。试点地区在试点方案执行过程中，及时发现问题并灵活应对。对于涉及方面广、协调难度大的任务事项，及时报告，必要时发展改革委商有关部门予以协调解决。

4月5日

［纲　文］ **财政部、水利部印发《江河湖库水系综合整治资金使用管理暂行办法》，自2016年4月8日起施行。**

4月5日

［纲　文］ **NBA官方在休斯敦正式宣布，姚明、奥尼尔和艾弗森等10人正式入选2016年奈史密斯篮球名人堂。姚明成为首位入选NBA名人堂的亚洲人。**

4月5—6日

［纲　文］ **外交部部长王毅应邀对缅甸进行正式访问。**

［目　文］ 5日，王毅在内比都与缅甸外交部部长昂山素季会谈时表示，缅甸正站在新的历史起点上，我们希望并相信缅新政府将团结缅国内各党派，带领缅人民开辟国家发展进步的新时代。

昂山素季表示，我2015年访华时亲身感受到两国人民的深厚友谊及对双方关系的重视。缅新政府愿意与中方共同努力，加强高层往来，密切经济合作，使缅中关系在现有良好基础上取得新的更大发展。

6日，王毅在内比都会见缅甸总统吴廷觉。王毅表示，缅甸政权实现顺利平稳过渡，我受中国领导人委托第一时间访缅，体现中方对缅新政府的重视和支持。中方希望并相信，民盟能够同缅各党各派精诚合作，携手开辟缅甸新的未来。吴廷觉表示，缅新政府愿与中方共同努力，进一步促进缅中友好，深化各领域合作，加强在国际和地区事务中的沟通合作。

4月5—7日

［纲　文］ **应中国政府邀请，泰王国玛哈扎克里·诗琳通公主殿下访华。**

［目　文］ 5日，国家副主席李源潮在北京会见诗琳通时说，2015年中泰以庆祝建交40周年为契机，双边关系实现新发展。诗琳通公主和泰国王室长期以来为促进中泰友好发挥了不可替代的重要作用。希望中泰双方共同努力，深化铁路、经贸、人文等领域交流合作，推动中泰全面战略合作伙伴关系不断发展。诗琳通积极评价泰中关系，表示将继

续支持两国开展各领域交流合作，不断增进泰中友好。

6日，全国人大常委会委员长张德江在北京会见诗琳通时表示，中泰两国是好邻居、好兄弟、好伙伴，各领域交流与合作密切。公主殿下是中国人民的好朋友，长期推动两国文化、教育、科技、农业等领域务实合作，为增进中泰传统友谊发挥了重要作用。中方高度重视发展对泰关系，相信在泰国王室和两国领导人的关心支持下，通过双方共同努力，两国全面战略合作伙伴关系将不断取得丰硕成果，中泰友好将不断发扬光大。诗琳通表示，很高兴看到泰中关系日益紧密，两国人民间的友好感情不断加深，愿继续推动双方在教育、文化、铁路等领域更好地开展合作，为泰中友好和两国关系的发展作出更多贡献。

4月5日—5月5日

［纲　文］ **第34届中国洛阳牡丹文化节在河南洛阳举办**。

［目　文］ 文化节由文化部和河南省人民政府主办，以“国色天香，世界绽放”为主题，以“政府引导、市场运作，文化惠民、产业融合，创新提升、协调发展”为指导思想，以赏花活动为主线，以招商引资为重点，共安排了11项主体活动、27项专项活动，涵盖了文化交流、赏花旅游、经贸会展、体育休闲等多个领域。

4月6日

［纲　文］ **中组部在北京召开“两学一做”学习教育工作座谈会，习近平对开展“两学一做”学习教育作出指示**。

［目　文］ 会前，中共中央总书记习近平对在全党开展“两学一做”学习教育作出指示，强调“两学一做”学习教育是加强党的思想政治建设的一项重大部署，是协调推进“四个全面”战略布局特别是推动全面从严治党向基层延伸的有力抓手，基础在学，关键在做，各级党组织要履行抓好“两学一做”学习教育的主体责任，坚持区分层次，突出问题导向，确保取得实际成效。加强党的建设，首要任务是加强思想政治建设，关键是教育管理好党员、干部。党的十八大以来，我们党先后开展了党的群众路线教育实践活动、“三严三实”专题教育，对于解决党员干部特别是县处级以上领导干部存在的突出问题、推进全面从严治党起到了重要作用。思想政治建设不可能毕其功于一役。部署“两学一做”学习教育，就是要推动党内教育从“关键少数”向广大党员拓展，从集中性教育向经常性教育延伸，坚定广大党员的马克思主义立场，保证全党始终在思想上政治上行动上同党中央保持高度一致，使我们党始终成为有理想、有信念的马克思主义政党。基层是党的执政之基、力量之源。只有基层党组织坚强有力，党员发挥应有作用，党的根基才能牢固，党才能有战斗力。开展“两学一做”学习教育，要把全面从严治党落实到每个支部、每名党员。“两学一做”学习教育，基础在学，关键在做。要突出问题导向，学要带着问题学，做要针对问题改，把合格的标尺立起来，把做人做事的底线划出来，把党员的先锋形象树起来，用行动体现信仰信念的力量。要整顿不合格基层党组织，坚持和落实行之有效的制度。要针对新情况新问题严肃党内政治生活，以改革创新精神补齐制度短板，真正使党的

组织生活、党员教育管理严起来、实起来。组织开展“两学一做”学习教育，是各级党组织及其负责人的主体责任，要抓紧抓实抓好。各级党组织书记要管好干部、带好班子，也要管好党员、带好队伍，掌握抓党员队伍建设的方法要求。要坚持区分层次，及时指导，一把钥匙开一把锁，防止走过场和形式主义。县处级以上党员领导干部要在学习教育中作出表率，紧密联系领导工作实际，学得更多一些、更深一些，要求更严一些、更高一些，努力提高思想政治素养和理论水平。

中共中央政治局常委刘云山出席会议并讲话。中组部部长赵乐际主持会议并传达了习近平的指示。会议学习贯彻习近平指示精神，对开展“两学一做”学习教育作出部署。中宣部部长刘奇葆、中央纪委副书记赵洪祝出席会议。江苏省、江西省、贵州省和教育部、中国兵器工业集团公司、清华大学党委（党组）负责人在会上交流发言。

刘云山强调，习近平总书记重要指示深刻阐明了“两学一做”学习教育的重要意义、基本要求和主要任务，为开展学习教育指明了方向，要认真学习、很好贯彻。开展学习教育，要把党章党规与习近平总书记系列重要讲话贯通起来学习、统一起来领会，注意区分层次、区分对象，增强针对性和实效性。党员领导干部要学得更多更深一些，深刻领会系列讲话的丰富内涵和核心要义，深刻领会党中央治国理政新理念新思想新战略。

4月6日

［纲　文］　**李克强主持召开国务院常务会议。**

［目　文］　会议主要内容是：一、会议通过了《装备制造业标准化和质量提升规划》，要求对接《中国制造2025》，瞄准国际先进水平，实施工业基础和智能制造、绿色制造标准化和质量提升工程，加快关键技术标准研制，推动在机器人、先进轨道交通装备、农业机械、高性能医疗器械等重点领域标准化实现新突破，并适应创新进展和市场需求及时更新标准，力争到2020年使重点领域国际标准转化率从目前的70%以上提高到90%以上。要弘扬工匠精神，追求精益求精，生产更多有创意、品质优、受群众欢迎的产品，坚决淘汰不达标产品，提振消费者对“中国制造”的信心，支撑制造业提质增效、提升国际竞争力。二、部署推进“互联网+流通”行动，促进降成本扩内需增就业。会议指出，实施“互联网+流通”行动，是推动流通革命，促进大众创业、万众创新，发展新经济的重要举措，有利于降本增效，拉动消费和就业。为此，一要突破信息基础设施和冷链运输滞后等“硬瓶颈”，打造智慧物流体系，发展物联网。尤其要加大农村宽带建设投入，带动工业品下乡、农产品进城，为农产品销售提供便利，既促进农民增收，又丰富城市供应，使市场价格合理稳定。二要破除营商环境“软制约”。建设商务公共服务云平台，开展允许无车企业从事货运和商户选择执行商业平均电价或峰谷分时电价的试点。三要促进线上线下融合发展，加快分享经济成长。推动传统商业网络化、智能化、信息化改造，支持企业依托互联网优化资源配置、开拓市场，引导降低实体店铺租金。三、确定2016年深化医药卫生体制改革重点，让医改红利更多惠及人民群众。会议确定了2016年深化医改重点：一是将城市公立医院综合改革试点城市，由100个扩大到200个。二是在全国

70%左右的地市开展分级诊疗试点，开展公立医院在职或退休主治以上医师到基层医疗机构执业或开设工作室试点。年底前使城市家庭医生签约服务覆盖率扩大到15%以上。力争全部三级医院、80%以上二级医院开展临床路径管理工作。三是健全补偿机制，新增试点城市公立医院取消药品加成，严控不合理检查检验费用。四是全面推进公立医院药品集中采购，建立药品出厂价格信息可追溯机制，推行从生产到流通和从流通到医疗机构各开一次发票的“两票制”，使中间环节加价透明化。患者可自主选择在医院或零售药店购药。五是完善基层医疗机构绩效工资制度，鼓励试点城市制订公立医院绩效工资总量核定办法，建立与岗位职责和业绩相联系的分配激励机制，凸显医务人员技术劳务价值。六是推进基本医保全国联网和异地就医结算。提高基本医保和基本公共卫生服务经费人均补助标准。新增规范化培训住院医师7万名，其中儿科医师5000名。

4月6日

［纲　文］ **中共中央办公厅、国务院办公厅印发《关于深化律师制度改革的意见》。**

［目　文］《意见》共6部分29条，从深化律师制度改革的总体要求到完善律师执业保障机制、健全律师执业管理制度、加强律师队伍建设、充分发挥律师在全面依法治国中的重要作用、加强组织领导等方面，全面提出了深化律师制度改革的指导思想、基本原则、发展目标和任务措施。

《意见》强调，深化律师制度改革，必须坚持党的领导，坚持正确的政治方向，坚持执业为民，坚持依法执业，坚持从中国实际出发。保障律师诉讼权利，制定保障律师执业权利的措施，健全完善侦查、起诉、审判各环节重视律师辩护代理意见的工作机制，落实听取律师意见制度，完善律师收集证据制度；关于健全律师执业管理制度，健全律师执业行为规范，完善进一步规范律师执业行为的规章和行业规范。各级党委和政府要高度重视深化律师制度改革，将律师制度改革工作列入重要议事日程，作出专门部署，并抓好落实。二要落实责任，各有关部门要按照本意见要求，抓好各项工作的贯彻落实。三要加强宣传，积极引导对律师制度和律师队伍进行正面宣传，为推进律师制度改革营造良好的舆论氛围。

4月6日

［纲　文］ **国务院办公厅印发《2016年〈政府工作报告〉量化指标任务分工》。**

4月6日

［纲　文］ **国土资源部公布《关于委托山西省国土资源厅在山西省行政区域内实施部分煤层气勘查开采审批登记的决定》。**

［目　文］《决定》说，国土资源部决定委托山西省国土资源厅在山西省行政区域内实施部分煤层气勘查开采审批登记：一、煤层气勘查审批登记以及已设煤层气探矿权的延续、变更、转让、保留和注销审批登记；二、储量规模中型以下煤层气开采审批登记以及已设储量规模中型以下煤层气采矿权的延续、变更、转让和注销审批登记；三、煤层气试采审批。国土资源部对山西省国土资源厅实施上述行政许可的行为负责监督，并对该行为

的后果承担法律责任。山西省国土资源厅应当严格依照《中华人民共和国矿产资源法》等有关法律、法规和国家有关规定，在委托事项范围内，以国土资源部的名义实施上述行政许可；不得再委托其他组织或者个人实施上述行政许可。山西省国土资源厅应当自作出准予煤层气勘查开采审批登记决定之日起10个工作日内将有关审批登记档案报送国土资源部。山西省国土资源厅应当加强对山西省行政区域内煤层气勘查开采行为的监督检查，协调煤层气与煤炭资源勘查开采时序，加强综合勘查开采管理，促进煤层气与煤炭合理开发利用，保护探矿权人、采矿权人的合法权益。本决定自2016年4月6日公布之日起施行，有效期2年。

4月6日

［纲　文］　**中国首颗微重力科学实验卫星——实践十号返回式科学实验卫星发射升空。**

［目　文］　1时38分，酒泉卫星发射中心用长征二号丁运载火箭将实践十号返回式科学实验卫星发射升空。卫星进入预定轨道，发射任务取得圆满成功。

实践十号卫星是空间科学先导专项首批科学实验卫星中唯一的返回式卫星，主要科学目标是利用太空中微重力等特殊环境，开展涉及微重力流体物理、微重力燃烧、空间材料科学、空间辐射效应、重力生物效应、空间生物技术六大领域的19项科学实验，主要研究、揭示微重力条件和空间辐射条件下物质运动及生命活动的规律。其中，8项流体物理和燃烧实验将在留轨舱内进行，另外11项科学实验将在回收舱进行。卫星总设计寿命15天，将利用中国成熟的返回式卫星技术按预定程序返回地球。

4月6—8日

［纲　文］　**第20届太平洋地区核能大会在北京召开。**

［目　文］　国务院总理李克强向大会致贺信表示，核科学技术是人类20世纪最伟大的科技成就之一。以核电为主要标志的和平利用核能，在保障能源供应、促进经济发展、应对气候变化、造福国计民生等方面发挥了不可替代的作用。中国政府高度重视核能发展，坚持安全高效发展核电。近年来设计开发了“华龙一号”等三代核电技术，建成了一批核电站，建立了较完整的核科技工业体系。中国愿在平等互利、合作共赢的基础上，同世界各国开展和平利用核能合作。希望与会代表围绕“核能助力太平洋地区和世界发展”的会议主题，深入探讨，相互借鉴，进一步加强核能的安全发展、产业合作、科技交流和人才培养，共同为人类和平利用核能事业作出新贡献。

本次会议由中国核学会、太平洋核理事会等机构联合主办。大会举办“世界核电技术新进展”和“核燃料循环与核安全”两个主题的报告，围绕“核聚变的发展”“先进核能系统的新发展”“铀资源、铀供应与新型元件开发”“核电站的建造与装备制造”“辐射加工产业和技术的新发展”“核电站运行安全与寿命管理”“乏燃料的处理与废物管理”“公众接受与核能知识管理”等8个专题论坛和11个技术专题等进行交流和讨论。来自全球40余个国家的800余位专家、学者参会，提交论文400余篇。

4月6—9日

［纲　文］　**应国务院总理李克强邀请，斯里兰卡民主社会主义共和国总理维克勒马辛哈对中国进行正式访问。**

［目　文］　访问期间，国家主席习近平、全国人大常委会委员长张德江在北京分别会见了维克勒马辛哈。李克强与维克勒马辛哈在北京举行会谈，两国总理共同见证了中斯经济技术合作、司法、交通、金融、医疗卫生等领域多份双边合作文件的签署。双方发表了《中华人民共和国和斯里兰卡民主社会主义共和国联合声明》。

习近平在会见维克勒马辛哈时说，我们愿同斯方一道，巩固传统友谊，深化互利合作，推动两国真诚互助、世代友好的战略合作伙伴关系不断迈上新台阶。中斯可以将双方发展战略更加紧密地对接起来，在发展中不断提升两国关系。中斯是“一带一路”建设重要合作伙伴，双方要以此为契机加强统筹规划，深化在贸易、基础设施、工业园区、加工制造业、产能、科技、海洋等领域务实合作。中方将积极探讨帮助斯里兰卡建设医疗卫生等项目，赞同双方加强在旅游、教育、文化等领域合作，让中斯友好惠及更多普通民众，夯实中斯友好的社会基础。

维克勒马辛哈表示，斯中两国政治、经济、文化联系源远流长，发展真诚互助、世代友好的战略合作伙伴关系符合两国根本利益，也是斯各党派共识。愿积极参与中方提出的“一带一路”倡议，进一步加强在港口、机场等基础设施建设、贸易投资、交通、科技等领域合作，促进文化交流与人员往来，造福两国人民。斯方愿加强同中方在南盟等框架内的合作。

李克强在与维克勒马辛哈会谈时表示，我们欢迎科伦坡港口城项目复工，愿同斯方共同努力稳步推进项目建设。希望双方加快汉班托塔港二期运营合作谈判，使科伦坡港口城和汉班托塔港比翼齐飞，助力斯里兰卡发挥区位优势，成为国际物流通道的重要中转站。推进中斯自贸协定谈判，争取年内取得成果。中国政府鼓励有实力的中国企业赴斯投资，参与临港工业园区、经济特区、加工制造业等合作，希望得到斯方政策支持。进一步加强金融、科技、人文等领域交流与合作。同地区国家一道营造和平稳定环境，促进共同发展繁荣。

维克勒马辛哈表示，斯方正面临新的经济社会发展任务，愿学习借鉴中国发展经验，将自身发展战略与中方“一带一路”倡议相对接，共建“21世纪海上丝绸之路”。推进斯工业化、产业化发展。在港口、机场、工业园区等领域同中方加强合作，力争年内同中方商签双边自贸协定，扩大人文交流，共同努力推动斯中战略合作伙伴关系取得新发展。

张德江在会见维克勒马辛哈时说，中国全国人大愿与斯议会继续保持友好交往，加强治国理政、立法等方面经验交流，优化务实合作的法律环境，夯实传统友好的民意基础。

维克勒马辛哈说，斯中交往历史悠久，传统友谊深厚。斯里兰卡政府致力于在新时期全面加强与中国的互利合作，深化人民友好。斯方愿积极推动两国立法机关的交流。

4月6—12日

［纲　文］　**“曾经·永远——孙滋溪艺术展”在中国美术馆举办。**

［目　文］　艺术展由中国美术馆、中央美术学院、中国美术家协会共同主办。展览涵盖了艺术家各个时期的绘画作品340余件，分为三部分："重要创作"部分包括《当代英雄》《天安门前》《母亲》等16件，构成了孙滋溪艺术思想的宏观框架；"素色铅华"部分主要展示了插画、素描和速写作品百余件；"心源溢彩"部分展出色彩写生作品百余件。

孙滋溪（1929年3月—2016年5月30日），中央美术学院教授，中国当代著名艺术家。

4月7日

［纲　文］　**全国政协在北京召开双周协商座谈会，就"建设工程质量问题与对策"建言献策。**

［目　文］　全国政协主席俞正声主持座谈会。全国政协副主席杜青林、张庆黎、马培华出席座谈会。住房城乡建设部部长陈政高介绍了有关情况。质检总局副局长陈钢、国务院法制办副主任夏勇、公安部消防局局长于建华等与委员交流。全国政协委员李成玉、杨天怡、易军、岳崇、段祺华、宋原生、孙贵宝、闫克庆、冯川建、杨志明、成平、丁金宏、郝际平、谢正观，以及专家学者肖绪文、姚燕、郑实等在座谈会上发言。

委员们认为，党中央、国务院高度重视建设工程质量问题，中央城镇化工作会议和中央城市工作会议对提高工程质量提出明确要求。近年来，我国实施工程质量监督制度，颁布实施了建筑法、《建设工程质量管理条例》、《建设工程勘察设计管理条例》等法律法规，全国工程质量监督机构已覆盖省、市、县三级，初步形成了"企业负责、政府监管、社会监督"的质量保证体系，建设工程质量总体受控，工程质量水平不断提升，人民群众居住条件逐步得到改善。但也存在着法律法规不完善、主体责任落实不到位、监管机制不健全、市场秩序不规范等亟须解决的问题。

一些委员建议，一要加强政府监管，明确界定政府责任和权力，以及政府监管的内容，更好地发挥政府的作用。二要进一步明确建设各方的责任，首先是建设单位的责任。建设单位要把质量放在第一位，总承包单位向建设单位负责，同时要落实终身责任。三要改革劳务公司体制，规范劳务公司管理。劳务公司要有相对稳定的工人队伍，加强工人培训，提高素质。四要建立信用体系，加强对诚信的考核和违法违规行为的惩处。五要加强信息化建设，实施工地的信息化管理，在有条件的城市建立建筑工地信息化管理系统。六要研究招投标法的修改问题，解决招投标法实施中的有关问题。七要落实责任主体，确保防火安全。八要解决售后质量问题的追溯和法律救助受损方的问题，在居民住宅方面，要维护居民合法权益。要根据实际情况修改完善相关法律法规。委员们还对发挥施工总承包企业工程质量的主体责任、危楼改造、门窗质量、电梯安全等提出建议。

4月7日

［纲　文］　**人力资源社会保障部、发展改革委、工业和信息化部、财政部、民政部、国资委、全国总工会印发《关于在化解钢铁煤炭行业过剩产能实现脱困发展过程中做**

好职工安置工作的意见》。

［目　文］《意见》由六个部分组成：一、总体要求。二、多渠道分流安置职工。三、妥善处理劳动关系。四、加强社会保障衔接。五、政策适用范围和实施期限。六、加强组织实施。

《意见》要求，各地要按照本意见精神，结合当地实际，抓紧制定本地区化解过剩产能过程中做好职工安置工作的具体办法，加强监督检查。有关工作进展情况要及时报送人力资源社会保障部。

4月7日

［纲　文］**气象局公布《新建扩建改建建设工程避免危害气象探测环境行政许可管理办法》《气象台站迁建行政许可管理办法》，自2016年9月1日起施行**。

4月7日

［纲　文］**气象局公布《雷电防护装置检测资质管理办法》**。

［目　文］《办法》共7章40条，主要有总则、资质申请条件、资质申请与受理、资质审查与评审、监督管理、罚则、附则等内容，自2016年10月1日起施行。

4月7日

［纲　文］**交通运输部公布《通用航空经营许可管理规定》**。

［目　文］《规定》共6章46条，主要有总则、经营许可条件和程序、经营许可证的管理、监督检查、法律责任、附则等内容，自2016年6月1日起施行。民航总局2007年2月14日发布的《通用航空经营许可管理规定》同时废止。

4月7日

［纲　文］**交通运输部公布《民用航空器维修人员执照管理规则》，自2016年5月8日起施行**。

4月7日

［纲　文］**教育部发布《中国高等教育质量报告》**。

［目　文］《报告》由《中国高等教育质量报告》《中国工程教育质量报告》《全国新建本科院校教学质量监测报告》和《新型大学新成就——百所新建院校合格评估绩效报告》组成。

4月7日

［纲　文］**河南省第十二届人民代表大会第六次会议选举谢伏瞻为河南省人大常委会主任，选举陈润儿为河南省省长**。

4月7日

［纲　文］**外交部发言人就加拿大政府官员表示加拿大有可能加入亚洲基础设施投资银行表示，中方乐见亚投行发展壮大**。

［目　文］加拿大国际贸易部部长方慧兰近日表示，哈珀政府拒绝加入亚投行，导致加拿大未能成为亚投行创始成员国，这是“错失机会”。现在加拿大有可能加入亚投行。

发言人对此表示，亚投行是一个开放、包容的多边开发机构，将按照《亚洲基础设施投资银行协定》接纳新成员。《亚洲基础设施投资银行协定》规定，符合成员资格的国家（或地区）经理事会同意后，可成为亚投行成员。作为设立亚投行的倡议者，中方乐见亚投行发展壮大，为全球经济复苏、促进区域基础设施建设和互联互通、实现共同发展发挥更大作用，使更多国家从中受益。

4月7日

［纲　文］《人民日报》发表题为《基础在学 关键在做——一论扎实开展“两学一做”学习教育》的评论员文章。

4月7—9日

［纲　文］　应国家主席习近平邀请，瑞士联邦主席施奈德—阿曼对中国进行国事访问。

［目　文］　访问期间，习近平在北京与施奈德—阿曼举行了会谈，两国元首一致决定建立中瑞创新战略伙伴关系，为两国关系未来发展指明方向并共同见证了职业安全与健康、低碳城市建设、科技创新等领域合作文件的签署。国务院总理李克强、全国人大常委会委员长张德江在北京分别会见了施奈德—阿曼。中瑞双方发表了《中华人民共和国和瑞士联邦关于建立创新战略伙伴关系的联合声明》。

习近平在与施奈德—阿曼会谈时指出，双方应建立和加强战略磋商等各类对话机制，增进相互理解和信任，统筹规划重点合作领域，将两国关系新定位落到实处。开拓创新是中瑞关系最突出的特点。双方应该在巩固扩大自由贸易和金融合作基础上，把中国实施创新驱动战略同瑞士的创新优势相结合，支持两国搭建创新合作平台，开展企业、高校、科研机构间创新合作，深化在可再生能源、现代生态农业、节能环保、医药等领域互利合作。共建“一带一路”为中瑞合作开辟了更广阔空间，中方也愿同瑞方加强在亚洲基础设施投资银行框架内合作。双方应该搭建更多人文交流平台，继续扩大在教育、文化遗产保护、冬季运动、旅游等方面合作。中方愿同瑞方加强在国际事务中的政策协调和协作，共同致力于和平解决国际和地区冲突，并为全球经济金融治理贡献智慧。

施奈德—阿曼表示，瑞方对两国自贸协定实施情况感到满意，对瑞中合作进入创新战略伙伴关系新时代感到高兴，希望进一步加强同中方在科技、创新、环保、金融、文化、教育、体育等领域交流合作。瑞方愿积极参与“一带一路”和亚洲基础设施投资银行建设。

李克强在会见施奈德—阿曼时表示，创新是中国经济转型升级的必由之路。我们正在深入实施创新驱动发展战略，推动大众创业、万众创新，把经济增长从过度依赖自然资源转向更多依靠人力资源。瑞士既是创新的国度，又富于工匠精神。双方开展创新合作前景广阔。希望双方为两国企业、高校、科研机构等搭建创新合作机制平台。同时，加强“中国制造2025”和瑞士“工业4.0”对接，助力双方在数字化和“工业4.0”浪潮中走在前沿，超越传统的贸易和投资关系，实现更高层次的互利双赢。

施奈德—阿曼表示，瑞方愿同中方继续扩大金融、旅游、体育等合作，重点围绕创新、高科技、高端制造等领域，积极探讨搭建相应平台，拓展新的合作。

张德江在会见施奈德—阿曼时说，中国全国人大重视与瑞士联邦议会的友好关系，愿进一步加强往来，深入交流，增进相互了解，促进彼此互信。双方可在知识产权保护、创新创业、职业教育等领域的立法工作中加强互鉴，充实合作内容，为两国企业和地方扩大合作提供便利，营造更好的法律环境。

施奈德—阿曼表示，近年瑞中合作取得积极成果，瑞方为此感到自豪，愿支持联邦议会加强对华合作。

4月8日

［纲　文］　**国务院办公厅函复浙江省人民政府，同意《关于冠名宁波中国港口博物馆的请示》。**

［目　文］　函复说，你省《关于冠名宁波中国港口博物馆的请示》收悉。经国务院领导同志同意，宁波港口博物馆馆名可定为“宁波中国港口博物馆”。

4月8日

［纲　文］　**民政部、卫生计生委印发《关于做好医养结合服务机构许可工作的通知》。**

［目　文］　《通知》由四个部分组成：一、做好医养结合服务机构许可政策宣讲工作。二、做好医养结合服务机构筹建指导工作。三、支持医疗机构设立养老机构。四、支持养老机构设立医疗机构。

《通知》指出，各地民政、卫生计生部门要高度重视做好医养结合服务机构许可工作，加强沟通、密切配合，打造“无障碍”审批环境。对于违反相关规定，任意提高许可标准、人为设置准入条件、互相推诿扯皮或不作为的，要按照有关规定予以问责。

4月8日

［纲　文］　**国务院国有企业改革领导小组第18次会议在北京召开。**

［目　文］　国务院副总理、国务院国有企业改革领导小组组长马凯主持会议并讲话，国务委员、国务院国有企业改革领导小组副组长王勇出席会议并讲话。

会议指出，党的十八届三中全会以来，国有企业改革取得重要进展。改革组织领导全面加强，形成强有力的工作推进格局。改革顶层设计基本形成，确立了指导意见为引领、若干文件为配套的“1+N”政策体系。改革重大举措陆续启动，一些领域迈出实质性步伐。改革督导制度初步建立，良好舆论氛围逐步形成。改革实际成效已经显现，对稳增长、调结构、增效益、防风险、惠民生发挥了积极作用。2016年是国有企业改革落实年，要认真贯彻党中央、国务院决策部署，全面推进，重点突破，把国有企业改革不断推向深入。要聚焦重点难点，加快推进十项改革试点；要围绕提质增效，积极破除影响供给侧结构性改革的体制机制障碍。要着眼激发活力动力，着力提高广大企业家和职工的积极性创造力；要进一步改进国有资产监管，加强国有企业党的建设；要营造支持改革、鼓励创新、允许试错、宽容失败的机制和环境。

4月8日

［纲　文］　**第二轮中德外交与安全战略对话在北京举行。**

［目　文］　外交部部长王毅与德国外长施泰因迈尔出席。双方同意，作为今明两年二十国集团主席国，加强相互支持配合，推动二十国集团为发掘世界经济增长新动力作出贡献，共同构建创新、活力、联动、包容的世界经济；探讨在阿富汗矿业人才培训及灾害预防与救灾减灾等领域开展三方合作，体现对阿和平重建与发展的支持。双方就共同关心的国际地区问题交换意见。王毅阐述了中方在南海问题上的原则立场。

同日，国务院总理李克强、国务委员杨洁篪在北京分别会见了施泰因迈尔。

李克强在会见施泰因迈尔时表示，中德第四轮政府磋商将于年内在华举行，希望双方着力推进“中国制造2025”同德国“工业4.0”对接，推动高铁等领域第三方市场合作取得突破，拉动中德两国经济增长，为地区和世界的稳定、发展与繁荣贡献力量。从目前情况看，2016年一季度中国经济指标出现较多向好变化，总体形势好于预期。同时，受世界经济低迷和市场波动等影响，上述向好趋势的基础并不牢固。我们正视困难和挑战，将继续发挥中国经济巨大的韧性、潜力和回旋余地，持续推进改革开放，有信心有能力保持中国经济中高速增长，迈向中高端水平。

施泰因迈尔表示，当前世界经济形势依然复杂严峻，欧洲发展也面临诸多难题。各国应加强沟通，扩大合作，携手应对各种挑战。德方愿同中方加强在高铁、基础设施建设等广泛领域的第三方市场合作，共同促进稳定与增长。

4月8日

［纲　文］　**全国政协主席俞正声在北京会见“感恩侨爱——四川雅安芦山地震灾后重建巡礼”全体代表。**

［目　文］　俞正声代表党中央、国务院，向广大海外侨胞和港澳同胞，致以亲切的问候和良好的祝愿，并说，广大海外侨胞、港澳同胞是中国建设和发展的一支重要力量。在中国革命、建设、改革的各个历史时期，广大海外侨胞、港澳同胞为中华民族的独立和解放，为中国的繁荣和发展，作出了不可磨灭的重要贡献。特别是改革开放以来，广大海外侨胞、港澳同胞心系祖国，敢为人先，积极返乡投资兴业，捐助公益事业，为中国改革开放和现代化建设发挥了不可替代的作用。2013年4月20日，四川雅安芦山发生7.0级地震，造成重大人员伤亡和财产损失。广大海外侨胞、港澳同胞积极发扬中华民族“一方有难、八方支援”的传统美德，第一时间向灾区人民伸出援助之手，有力地支持了抗震救灾及灾后重建工作，为灾区人民渡过难关、重建家园作出了重要贡献。当前中国经济进入新常态，中国发展面临的困难更多，挑战更为严峻。同时也要看到，经过多年快速发展，我国物质基础雄厚，经济韧性强，潜力足，回旋余地大，改革开放不断汇入新动力，创新宏观调控积累了丰富的经验，我们对中国经济长期向好充满信心。我们将按照全面建成小康社会、全面深化改革、全面依法治国、全面从严治党的战略布局，齐心协力为实现“两

个一百年”奋斗目标、实现中华民族伟大复兴而奋斗。

“感恩侨爱——四川雅安芦山地震灾后重建巡礼”由国务院侨办主办，邀请为芦山地震抗震救灾和灾后重建并为国内公益事业作出突出贡献的海外侨胞、港澳同胞代表参加，全体代表赴川实地考察灾后重建项目，见证灾后重建成就。

4月8日

［纲　文］ **刘奇葆在北京同讲好中国故事专家学者、文化交流使者研讨班学员座谈。**

［目　文］ 中宣部部长刘奇葆座谈时强调，讲故事是国际传播的最佳方式，要深入学习贯彻习近平总书记关于讲好中国故事的重要指示精神，生动精彩地讲述中国故事，润物无声地展示中国形象，让世界更好地读懂中国。讲好中国故事，关键在于找准世界需求，把我们想讲的和国际社会想听的结合起来。要把握国际社会的研究兴趣点，让世界了解中国从哪里来、向哪里去，回答好中国道路为什么走得通。要把握中国与世界的利益交汇点，大大方方讲中国对世界的好，让世界知道中国人民已经为世界作了什么贡献、还要作出什么贡献。要把握国际舆论议题聚焦点，积极回应国际社会的关注关切，自信地讲成绩，从容地讲不足。要把握中国人民与各国人民的情感共鸣点，展示灿烂多姿的中华文化，使之成为增进友谊的桥梁。社科界的专家学者和经济界、科技界、文艺界、体育界的名人名家，具有丰富的对外交往交流经验，是讲好中国故事的重要力量。要创造良好条件，提供各种平台，鼓励和推动他们在国际舞台发声亮相，积极参与国际对话交流，更好地把一个真实、丰富、立体的中国展示给世界。

4月8日

［纲　文］ **全国学校安全工作电视电话会议在北京召开。**

［目　文］ 教育部副部长刘利民主持会议。福建省教育厅、江苏省公安厅、湖南省衡阳市教育局、重庆大学代表作交流发言。中央有关部门司局负责人，各省、市、县教育部门、公安机关等有关负责人，教育部直属高校负责人，各级各类学校负责人代表近14万人分别在主会场和分会场参加会议。教育部部长袁贵仁、公安部副部长黄明出席会议并讲话。

会议强调，要牢固树立和贯彻落实安全发展理念，扎实做好学校安全工作，加快健全学校安全体系，为孩子们的健康成长编织全方位、立体化安全网。

4月8日

［纲　文］ **《人民日报》发表题为《领导带头 以上率下——二论扎实开展“两学一做”学习教育》的评论员文章。**

4月9日

［纲　文］ **测绘地信局印发《卫星导航定位基准站建设备案办法（试行）》，自2016年4月9日起施行。**

4月9日

［纲 文］ **中国共产党的亲密朋友，中国民主同盟的优秀领导人，中国民主同盟第七届、八届中央委员会副主席，第九届中央委员会名誉副主席吴修平在北京逝世，享年89岁。**

4月9日

［纲 文］ **《人民日报》发表题为《带着问题学 针对问题改——三论扎实开展“两学一做”学习教育》的评论员文章。**

4月10日

［纲 文］ **《人民日报》报道，中组部印发《关于做好全国优秀共产党员、优秀党务工作者、先进基层党组织推荐工作的通知》。**

［目 文］ 《通知》强调，这次表彰的对象是理想信念坚定，对党绝对忠诚，带头执行党的路线方针政策，在推动发展、深化改革、服务群众、维护稳定等方面作出显著成绩，得到党员群众公认的先进模范。要通过表彰，弘扬正气、树立标杆，激励各级党组织和广大党员在协调推进“四个全面”战略布局、贯彻落实五大发展理念、努力实现第一个百年奋斗目标中积极进取、建功立业，作出更大贡献。这次表彰推荐对象要向生产、工作一线党员倾斜，向基层党务干部倾斜，向企业、农村、机关、学校、科研院所、街道社区、社会组织、人民解放军连队等基层单位倾斜。在推荐工作中，各地区各部门（系统）要采取自下而上、上下结合的方式，组织所属党组织和党员进行推荐。对推荐对象要进行认真考察，多方面听取党员、干部、群众的意见以及纪检机关和有关执法部门的意见，要在本地区本部门（系统）一定范围内进行公示。要结合开展“两学一做”学习教育，注意发现、总结和推荐具有鲜明时代特征、事迹特别突出的重大先进典型，深入挖掘和宣传他们的先进事迹，充分发挥先进典型的激励作用。

4月10—20日

［纲 文］ **全国政协主席俞正声应邀对加蓬、科特迪瓦、加纳进行正式友好访问。**

［目 文］ 11—13日，俞正声在加蓬访问期间，分别会见加蓬总统邦戈、总理翁多和国民议会议长奥努维耶，并同参议院议长米勒布举行会谈；看望了中国援加蓬医疗队和军医组，鼓励他们更好服务当地民众，促进中非友好；参观了中加示范小学，希望加强两国教育合作，为加未来发展培育更多人才；考察了恩考克经济特区和中资企业华嘉木业公司。

13—16日，俞正声在科特迪瓦访问期间，会见科特迪瓦总统瓦塔拉，并同国民议会议长索罗会谈，索罗向俞正声授予“科特迪瓦国家司令官荣誉勋位”。俞正声还考察了多个中资企业承建项目，与当地华侨华人代表座谈。

16—19日，俞正声在加纳访问期间，会见加纳总统马哈马，并同议长阿伽霍举行会谈。俞正声还出席中加重大合作项目投产仪式，与中资企业代表座谈；出席加纳大学中文系与孔子学院教学成果展示活动，期望加纳青少年传承中加友好，与中国朋友加强交流，相互学习，共同打造中非合作的美好未来。

4月10—14日

［纲　文］ **应全国人大常委会委员长张德江邀请，以色列议长埃德尔斯坦率团访华。**

［目　文］ 访华期间，国务院总理李克强在北京会见了埃德尔斯坦。张德江在北京与埃德尔斯坦举行了会谈。

李克强在会见埃德尔斯坦时表示，中方愿以明年两国建交25周年为契机，同以方密切各层级政治交往，扩大各领域务实合作，积极推进双边自贸区谈判。积极拓展创新领域合作，形成机制性合作平台，为中以创新合作提供更多便利。中以两国立法机构加强交流，有助于增进人民之间的相互了解，夯实中以关系的民意基础。希望以色列议会一如既往支持中以关系发展，同中方一道，为推进中以务实合作、密切人文交流、便利人员往来创造更好的环境，以更多合作成果不断造福两国人民。

埃德尔斯坦表示，以中友谊基础深厚，以方钦佩中方取得的发展成就，赞赏中方主动引领经济结构性改革、为增长注入新动力，愿加强同中国政府、立法机构、企业界、学术界和民间的广泛交流，在推动增长、鼓励创新等领域结成伙伴，使以中关系不断结出互利共赢的成果。

张德江与埃德尔斯坦会谈时说，中国全国人大与以色列议会在各自国家政治生活中发挥着重要作用。一是厚植友好情谊。明年是中以建交25周年，双方应以此为契机，举办各种形式的庆祝活动，推动两国关系继续向前发展。二是加强经验交流。中国正在贯彻落实创新、协调、绿色、开放、共享的发展理念。三是服务务实合作。中以在经贸、科教、农业等领域签署了一系列合作协议，建立了不少合作机制。"一带一路"和亚投行等新的平台，为中以合作提供了新的机遇。

埃德尔斯坦说，以议会愿加强与中国全国人大的友好交往，积极推动两国各领域合作取得更大成果。

4月11日

［纲　文］ **李克强主持召开国务院专题座谈会。**

［目　文］ 会议主要内容是：研究全面实施营改增相关问题，听取部分省份意见，部署下一步工作。张高丽等出席座谈会。财政部作了汇报，天津、河北、山西、内蒙古、吉林、黑龙江、福建、江西、山东、湖北、广东、海南、重庆、四川、贵州、西藏、甘肃、青海、宁夏、新疆等20个省（区、市）政府负责人先后发言、提出建议。

李克强说，全面实施营改增是推动结构性改革尤其是供给侧结构性改革的重要内容，是近年来最大的减税举措，能够大大减轻企业负担；而且这项改革契合建设创新型国家和优化经济结构的要求，可以促进企业加大研发投入、拉长产业链带动需求扩大、创造现代服务业和小微企业发展的良好环境、增加就业岗位；还可以通过规范和统一税制，解决重复征税的多年痼疾，具有一举多得、牵一发而动全身的显著作用，既可以为当前经济运行提供有力支撑，还能为未来发展增添持续动能。当前经济运行中的积极变化增多，但基础并不稳固。各地要抓住全面实施营改增、大规模结构性减税带来的政策机遇，聚焦经济转型升级，充分调动广大企业积极性，扩大设备更新、技术改造等有效投资，在创新中破难题、找出路，因地制宜发展优势产业，壮大新经济、培育新动能、改造提升传统动能，实现做大经济总量和提高质量效益并进。在对企业"放水养鱼"的基础上培植和拓展税源，增强地方财政"造血"功能。同时，在推进改革中也要避免不合理的行政干预，不能限制企业跨区域经营、要求必须购买本地产品等，防止形成地方保护和市场分割，以各种不当手段争夺税源，破坏全国统一大市场建设。更要防止为了短期和局部利益，搞违规政策洼地，再度新上落后和过剩产能项目，从而弱化结构性改革效应。全面实施营改增是中央和地方共同的责任，要从长远和大局出发，兼顾各方利益，调动各方积极性，合理解决中央和地方增值税收入分成比例等问题，齐心协力，克服困难，实现改革顺利落地。针对改革时间紧、任务重，各地政府主要负责人要亲自抓，财政和税务等部门要紧密配合，认真细致做好各项准备工作，进一步完善具体操作事宜，积极解决改革推进中遇到的问题，确保各行业税负只减不增，保障财税平稳运行和各级政府更好履职。同时，要加强宣传解释，及时回应社会关切，为改革营造良好氛围。

4月11日

［纲　文］　**李克强在北京主持召开部分省（市）政府主要负责人经济形势座谈会。**

［目　文］　会议分析研究当前经济运行情况，并对做好下一步经济工作提出要求。张高丽、刘延东、汪洋、马凯、王勇等参加会议。河北省省长张庆伟、辽宁省省长陈求发、江苏省省长石泰峰、山东省省长郭树清、湖南省省长杜家毫、广东省省长朱小丹、重庆市市长黄奇帆、青海省省长郝鹏汇报了本地经济走势，提出了相关建议。大家认为，2016年以来，各地认真贯彻落实党中央、国务院决策部署，经济开局总体平稳，运行保持在合理区间，投资、消费、企业效益等重要经济指标和一些先行指标出现积极向好变化，超出预期，市场信心增强，特别是新动能成长对抵消传统动能减弱、保持就业稳定发挥了重要作用，前期采取的一系列政策措施效应不断显现，同时稳增长促改革调结构还需加码发力。

李克强说，当前经济运行稳中向好因素增多，但下行压力仍然较大，国际环境中新的不稳定不确定因素还在增加，国内实体经济发展面临多重困难，一些领域风险不容忽视，必须直面挑战、顶住压力、夯实基础，发挥好中央和地方两个积极性，为巩固经济稳中向好势头不断蓄能增势。要扩大积极因素，保持经济运行在合理区间，必须持续推进结构性改革尤其是供给侧结构性改革。要继续简政，现在各地区各部门简政放权空间依然较大，既要把2016年已确定的削减下放审批事项尽快落实到位，又要针对企业、群众期盼自我加压，加快清除那些束缚办事创业手脚的绳索。要推进减税，坚决打赢全面实施营改增试点改革攻坚战，切实做到所有行业税负只减不增，特别是使小微企业获得实惠。要实施降费，支持各地从实际出发，在国家统一框架下，阶段性降低“五险一金”。加大清理各种不合理收费力度，减轻企业负担。要激励创新，推动大众创业、万众创新蓬勃发展，搭建更多开放平台，提供更优服务，助力新经济成长，壮大新动能力量。目前虽然一些行业市场需求有所好转，但调结构的劲不能松，必须加快改造提升传统动能，淘汰落后产能，消化钢铁、煤炭等过剩产能，安排好在这个过程中一些职工转岗和保障基本生活工作。各地区各部门要切实担起保民生的责任，以更有效的举措，坚决稳住就业这个经济运行的“底盘”，尤其要做好高校、中职毕业生和复转军人等就业工作。稳定农业生产，落实“菜篮子”市长负责制，保障困难群众基本生活，确保职工养老金按时足额发放。

4月11日

［纲　文］　**国务院办公厅函复四川省人民政府，四川攀枝花三线建设博物馆馆名定为“攀枝花中国三线建设博物馆”。**

［目　文］　函复说，你省《关于将四川攀枝花三线建设博物馆冠名为中国三线建设博物馆的请示》收悉。经国务院领导同志同意，四川攀枝花三线建设博物馆馆名可定为“攀枝花中国三线建设博物馆”。

4月11日

［纲　文］　**交通运输部公布修改后的《中华人民共和国海员外派管理规定》《道路旅客运输及客运站管理规定》《道路危险货物运输管理规定》，自2016年4月11日起实施。**

4月11日

［纲　文］　**教育部、财政部、人力资源社会保障部、安全监管总局、保监会印发《职业学校学生实习管理规定》。**

［目　文］　《规定》共6章39条，主要有总则、实习组织、实习管理、实习考核、安全职责、附则等内容，自2016年4月11日起施行，《中等职业学校学生实习管理办法》同时废止。

4月11日

［纲　文］　**外交部发言人就七国集团外长会发表海洋问题声明表示，中方对七国集团有关做法表示强烈不满。**

［目　文］　有记者问，4月11日，在日本广岛举行的七国集团外长会发表海洋问题声明，提及东海和南海有关问题。请问中方对此有何评论？

发言人表示，中方在东海和南海问题上的立场是一贯的、明确的。中方在中国南沙群岛部分岛礁上的建设活动完全是主权范围内的事，东海和南海的航行与飞越自由也不存在任何问题。中方坚决维护本国领土主权和海洋权益，同时始终致力于同直接有关的当事国在尊重历史事实的基础上，根据国际法，通过谈判协商解决有关争议，维护有关海域的和平稳定。中方不会接受和参与任何非法强加的仲裁案。在当前世界经济复苏乏力的背景下，七国集团本应聚焦全球经济治理与合作，而不是炒作涉海问题，挑起地区矛盾。中方对七国集团有关做法表示强烈不满。我们敦促七国集团各成员国恪守在有关领土争议问题上不持立场的承诺，充分尊重本地区国家的努力，停止一切不负责任的言行，真正为地区和平稳定发挥建设性作用。

有记者问，英国反对党和工会组织近日指责英国政府在钢铁产业方面未能妥善应对中国挑战，敦促英国对进口钢铁征收反倾销税。英国外交大臣哈蒙德访华期间是否就此问题向中方表达关切？

发言人表示，钢铁产能过剩是世界总需求下降造成的全球性问题。中国外交部部长王毅与英国外交大臣哈蒙德会谈时，双方就如何有效、妥善应对这一问题交换了意见。哈蒙德外交大臣充分肯定中方为化解过剩钢铁产能所作的巨大努力，强调愿通过双边及国际合作妥善解决有关问题。中方在会谈中也积极评价英方长期奉行的开放和自由贸易政策，同时也表明中方愿同包括英国在内的国际社会一道，通过国际合作妥善解决这一问题。

4月11—15日

［纲 文］ **应国家主席习近平邀请，尼日利亚总统布哈里对中国进行国事访问。**

［目 文］ 习近平在北京同布哈里举行了会谈。两国元首决定，共同推动中尼战略伙伴关系迈上新台阶，给两国人民带来更多福祉，并共同见证了基础设施、产能、投资、航空、科技、金融等领域合作文件的签署。国务院总理李克强、全国人大常委会委员长张德江在北京分别会见了布哈里。

习近平同布哈里会谈时指出，两国发展战略契合，经济互补性强，合作潜力大，应促进互利共赢，谋求共同发展。双方要保持高层交往良好势头，密切各领域友好往来，在涉及彼此核心利益和重大关切问题上相互理解和支持，不断增进战略互信。中方愿同尼方深化在农渔业、炼油、矿产开发、机电、轻工、纺织、加工制造等领域互利合作，实现合作共赢、共同发展。发展同非洲国家友好合作关系始终是中国外交政策的基石。中非合作论坛约翰内斯堡峰会取得巨大成功，中非双方共同绘就了合作共赢、共同发展的新蓝图。中方将秉持真实亲诚对非政策理念和正确义利观，全面落实约翰内斯堡峰会成果，把实现自身发展同助力非洲发展紧密结合起来，实现合作共赢、共同发展。

布哈里表示，很高兴尼中建交45年来，两国关系取得长足发展，各领域合作不断深化。尼方感谢中方长期以来在基础设施建设等方面给予的大力帮助。中国经济社会发展巨大成就令世人敬佩，去年中非合作论坛约翰内斯堡峰会为新形势下中国同非洲国家合作注入了新的动力，也为尼中合作带来更大潜力。

李克强在会见布哈里时表示，中方愿同尼方以铁路、公路、水电站等基础设施建设为龙头，大力开展产能合作，助力尼工业化进程，实现互利共赢。加强自贸区建设合作和产业对接，扩大农业技术转让和农业投资，开展航空、矿业、金融等领域合作。中方鼓励有实力的企业赴尼投资，希望尼方提供良好保障和支持。

布哈里表示，感谢中方长期以来将尼视作合作伙伴，支持帮助尼的发展。尼政府愿在两国良好关系基础上，同中方推进沿海铁路以及公路、水电站等重要基础设施建设合作，加强农业、矿业、制造业合作，助推尼经济多元化，将尼中关系与合作提升到新的水平。

张德江在会见布哈里时表示，中国全国人大愿秉持“真实亲诚”理念和正确义利观，与尼日利亚议会保持友好往来，共同推动落实中非合作论坛约翰内斯堡峰会成果和两国领导人达成的重要共识，加强在反腐、司法协助等方面的立法经验交流，完善经贸合作相关法律，推动两国立法机关合作不断迈上新台阶。

布哈里表示，尼方将积极参与中国支持非洲国家发展的“十大合作计划”，愿不断加强两国立法机关的交流与合作。

4月11—16日

［纲　文］　**全国第五届中小学生艺术展演在青岛举行**。

［目　文］　艺术展由教育部和青岛市人民政府共同主办。来自全国31个省（区、市）及新疆生产建设兵团和香港、澳门特别行政区共计7000余名师生参加本届展演活动。展演期间，青岛举办开幕式、闭幕式、9场艺术表演类节目演出（声乐2场、器乐2场、舞蹈3场、校园剧和朗诵2场）、40个学生艺术实践工作坊展示、298幅学生艺术作品展览和中小学艺术教育科研论文报告会。

4月12日

［纲　文］　**国务院批复重庆市、四川省人民政府和发展改革委、住房城乡建设部，同意成渝城市群发展规划**。

［目　文］　批复说：一、原则同意《成渝城市群发展规划》（以下简称《规划》），请认真组织实施。二、《规划》实施要全面贯彻党的十八大和十八届三中、四中、五中全会以及中央城镇化工作会议、中央城市工作会议精神，按照“五位一体”总体布局和“四个全面”战略布局，牢固树立和贯彻落实创新、协调、绿色、开放、共享的新发展理念，着力加强供给侧结构性改革，加快培育新的发展动能，以建设具有国际竞争力的国家级城市群为目标，全面融入“一带一路”和长江经济带建设，打造新的经济增长极；以强化核心城市辐射带动作用和培育发展中小城市为着力点，加快推进新型城镇化，优化城镇体系，促进大中小城市和小城镇协调发展；以强化创新驱动、保护生态环境和夯实产业基础为重点，增强人口经济集聚能力；以建设全国统筹城乡综合配套改革试验区为抓手，推进城乡发展一体化，辐射带动农业现代化和新农村建设；以一体化体制机制建设和双向开放平台建设为切入点，推动形成城市间资源优势互补、功能分工合理、基础设施互联互通、生态环境共建共享的格局，充分发挥对长江经济带的战略支撑作用，拓展发展新空间。三、重庆市、四川省人民政府要切实加强对《规划》实施的组织领导，进一步健全协作机制，明确责任分工，制定实施方案，落实各项任务措施，形成工作合力。《规划》实施中涉及的重大事项、重大政策和重大项目按规定程序报批。四、国务院有关部门要切实履行职能，研究制定支持成渝城市群发展的具体政策，在有关规划编制、体制创新、项目安排等方面给予积极支持。发展改革委、住房城乡建设部要加强对《规划》实施情况的跟踪分析和督促检查，适时组织开展《规划》实施情况评估，重大问题及时向国务院报告。

4月12日

［纲　文］　**国务院印发《上海系统推进全面创新改革试验加快建设具有全球影响力科技创新中心方案》。**

［目　文］　《方案》由四个部分组成：一、指导思想。二、总体目标。三、主要任务。四、改革措施。

《方案》强调，上海市要进一步加强政策研究，加快制订新一批改革举措，根据“成熟一项，实施一项”的原则，分批争取国家授权实施。要切实加强组织实施，建立部门协同推进工作机制，落实工作责任，按照方案明确的目标和任务，推动各项改革举措和政策措施加快实施。

4月12日

［纲　文］　**国务院办公厅印发《互联网金融风险专项整治工作实施方案》。**

［目　文］　《方案》由六个部分组成：一、工作目标和原则。二、重点整治问题和工作要求。三、综合运用各类整治措施，提高整治效果。四、加强组织协调，落实主体责任。五、稳步推进各项整治工作。六、做好组织保障，建设长效机制。

4月12日

［纲　文］　**国务院办公厅印发《关于支持贫困县开展统筹整合使用财政涉农资金试点的意见》。**

［目　文］　《意见》由五个部分组成：一、总体要求。二、试点范围。三、资金范围。四、工作措施。五、组织保障。

《意见》要求，要努力为改革试点工作提供组织保障。在各级扶贫领导小组的统一领导下，建立完善的沟通协调机制。加强脱贫攻坚规划与部门规划有效衔接，部门专项规划与脱贫攻坚规划不一致的，原则上以脱贫攻坚规划为准。全面推行公开公示制度，实行严格的监督评价。

4月12日

［纲　文］　**人力资源社会保障部公布《决定废止的规章目录》。**

［目　文］　《目录》包括《女职工禁忌劳动范围的规定》等15件规章，自2016年4月16日起施行。

4月12日

［纲　文］　**农业部印发《关于进一步加强转基因作物监管工作的通知》。**

［目　文］　《通知》由三个部分组成：一、明确监管重点。二、加大查处力度。三、强化监管保障。

《通知》要求，各级农业行政主管部门要增强大局意识、责任意识、担当意识，切实将转基因作物监管措施落到实处，促进监管工作制度化、规范化、常态化。

4月12日

［纲　文］　**全国文物工作会议在北京召开，习近平对文物工作作出指示。**

［目　文］　中共中央总书记习近平批示指出，文物承载灿烂文明，传承历史文化，维系民族精神，是老祖宗留给我们的宝贵遗产，是加强社会主义精神文明建设的深厚滋养。保护文物功在当代、利在千秋。近年来，我国文物事业取得很大发展，文物保护、管理和利用水平不断提高。但也要清醒看到，我国是世界文物大国，又处在城镇化快速发展的历史进程中，文物保护工作依然任重道远。各级党委和政府要增强对历史文物的敬畏之心，树立保护文物也是政绩的科学理念，统筹好文物保护与经济社会发展，全面贯彻“保护为主、抢救第一、合理利用、加强管理”的工作方针，切实加大文物保护力度，推进文物合理适度利用，使文物保护成果更多惠及人民群众。各级文物部门要不辱使命，守土尽责，提高素质能力和依法管理水平，广泛动员社会力量参与，努力走出一条符合国情的文物保护利用之路，为实现“两个一百年”奋斗目标、实现中华民族伟大复兴的中国梦作出更大贡献。

国务院总理李克强作出批示指出，加强文物保护，是要让优秀传统文化融入当代社会，厚植道德沃土，用文明的力量助推发展进步。各地区、各有关部门要本着无愧历史、无愧未来的责任心，依法履行管理和监督职责，进一步加强新形势下的文物保护工作。要坚持统筹规划、保护为主、保用结合，在严格保护文物的基础上，有效挖掘文物蕴含的历史、文化和科学等价值，充分发挥文物的公共文化服务和社会教育功能。要积极动员各方力量，努力形成全社会参与文物保护的新格局，让宝贵遗产世代传承、焕发新的光彩，为繁荣文化事业、促进经济发展和社会进步作出新的贡献。

国务院副总理刘延东在会上传达了习近平指示精神和李克强的批示并讲话。文物局、发展改革委、财政部和北京、山西、浙江、陕西省市有关负责人作大会发言。各省区市和计划单列市、新疆生产建设兵团有关负责人，中央和国家机关、在京文博单位有关负责人，部分在京文物界专家参加会议。会议深入学习领会习近平总书记指示，紧紧围绕“四个全面”战略布局，贯彻落实《国务院关于进一步加强文物工作的指导意见》，明确新时期文物工作的指导思想、目标任务、政策措施，在新的历史起点上推动文物工作再上新台阶。

刘延东说，文物工作在培育社会主义核心价值观、实现中华民族伟大复兴的中国梦、彰显文明大国形象中的作用不可替代。要深刻把握新形势新要求，明确责任、重在保护、拓展利用、严格执法、完善保障，推动新时期文物工作迈上新台阶，为经济发展、文化繁荣和民生改善作出新的更大贡献。

4月12日

［纲　文］　**张德江在北京主持召开全国人大常委会食品安全法执法检查组第一次全体会议。**

［目　文］　国务院副总理汪洋出席会议并讲话。全国人大常委会副委员长兼秘书长王晨对执法检查工作作了部署。会议正式启动2016年度全国人大常委会执法检查。全国人大常委会副委员长沈跃跃、艾力更·依明巴海、陈竺出席会议。国务院有关部门汇报了食品安全法贯彻实施情况。此次执法检查由全国人大常委会委员长张德江任组长。执法检

查组将组成5个小组，分赴湖北、福建、广东、重庆、天津等10个省（市）进行检查，同时委托其他21个省（区、市）人大常委会对本行政区域内食品安全法的实施情况进行检查。

全国人大常委会委员长张德江说，习近平总书记多次就保障食品安全作出重要指示，对做好食品安全工作提出了明确要求。当前我国食品安全形势依然严峻，保障食品安全任重道远。十二届全国人大常委会紧紧围绕改革食品安全监管体制、建立最严格的食品安全监管制度、构建食品安全社会共治格局，全面修订食品安全法，充实完善食品安全工作的理念、制度、机制、方式等各方面法律制度，着力增强法律的可操作性和可执行性。各级政府、有关部门和全体食品生产经营者要增强法治意识和责任意识，把食品安全法贯彻好实施好，以良法保证善治，促进发展。执法检查是人大监督的法定形式和重要途径，也是人大推动法律贯彻实施、推进法治国家建设的主要抓手。全国人大常委会、国务院及有关部门、各省级人大常委会要密切配合，共同做好食品安全法执法检查，推动法律全面有效实施、各项规定落到实处，让人民群众吃得安全、吃得安心、吃得健康。

4月12日

［纲　文］　**国务院副总理汪洋在北京会见日本前众议长河野洋平率领的日本国际贸易促进协会访华团和法国前总理拉法兰率领的法国企业家代表团。**

［目　文］　汪洋在会见河野洋平一行时说，经贸合作是中日关系向前发展的重要基础和引擎，双方应抓住机遇，着力提升互利合作水平，希望日方慎重妥善处理重大敏感问题，以更积极的心态推动对华经贸合作，为两国关系持续改善作出更大努力。

汪洋在会见拉法兰一行时表示，法国是中国的重要战略合作伙伴，希望法国企业家着眼长远，在已有基础上进一步开展对华合作，共同开拓第三方市场，为中法经贸关系健康深入发展作出新的贡献。

4月12日

［纲　文］　**外交部发言人表示，中方决定自4月11日起继续为澜沧江—湄公河下游国家实施应急调水，直至枯水期结束。**

［目　文］　发言人表示，应澜沧江—湄公河下游国家请求，中方克服自身受灾的困难，经过上游科学调剂后通过境内的景洪水电站自3月15日至4月10日为下游实施应急调水，对下游国家缓解旱情发挥了积极作用，得到有关国家和国际社会的高度评价。考虑到下游国家仍有抗旱需求，中方决定自4月11日起继续对下游实施应急调水，直至枯水期结束，具体水量将根据上游来水情况和流域各国实际需求作适当调整。这是中方充分考虑和照顾下游国家利益作出的特殊安排。中方前后两阶段调水行动也充分说明，必要的水利设施是有利于流域国家减轻洪涝和旱灾影响的。中方愿继续就应对极端气候、共同保护和利用跨界水资源与澜湄流域各国加强合作。

4月12日

［纲　文］　**“走向世界的中国儿童文学”座谈会在北京召开。**

［目　文］　中宣部部长刘奇葆出席座谈会时说，文学界要深入贯彻习近平总书记文艺工作座谈会重要讲话精神，牢固树立以人民为中心的创作导向，坚守文学价值，彰显中国精神，推动文学创作由“高原”向“高峰”迈进，推动中国文学更好地走向世界。

刘奇葆向曹文轩获得国际安徒生奖表示祝贺并指出，好作品是质量成就的，只有真正富含文学价值的作品才能立得住、传得开。作家要永远秉持一颗对文学的赤子之心，始终坚守文学信念，不改初心、孜孜以求。要生动活泼地传播向上向善的价值观，帮助人们更好地发现生活之美、自然之美、心灵之美。要坚持从深厚的民族精神和民间土壤中提炼美，在传承弘扬中华美学精神中不断提升文学品格。要积极投身“深入生活、扎根人民”主题实践活动，体验生活、积累素材、提升境界，写出更多有筋骨、有道德、有温度的作品。

4月12日

［纲　文］　**“2016书香中国暨北京阅读季”启动仪式在北京房山举行。**

［目　文］　启动仪式由新闻出版广电总局、北京市政府主办。中宣部、财政部、教育部、文化部、新闻出版广电总局、中华全国总工会、共青团中央、全国妇联等部门相关司局负责人参加启动仪式。至4月23日“世界读书日”前后,“书香江苏”“书香荆楚”“书香岭南”“书香八闽”“书香辽沈”“书香八桂”“海南书香节”等一系列全民阅读活动陆续启动。

新闻出版广电总局副局长吴尚之表示，“2016书香中国”系列活动要进一步推动全民阅读深入基层、深入群众，着力提升国民素质和社会文明程度，共同建设书香社会，用阅读打牢国家文化根基，用阅读造就民族心灵高地，用阅读提升人民精神气质，用阅读汇聚同心共筑中国梦的正能量。

4月12—13日

［纲　文］　**文物局在北京召开贯彻落实全国文物工作会议精神座谈会。**

［目　文］　文化部部长雒树刚出席会议并讲话。文物局局长刘玉珠主持会议，并作总结讲话。各省、自治区、直辖市、新疆生产建设兵团、计划单列市文物局局长，部分在京文博单位负责人，文物局机关各司室、各直属单位主要负责人，部分文博行业专家、代表参加会议。

会议学习了中共中央总书记习近平、国务院总理李克强关于文物工作的指示批示和全国文物工作会议精神，座谈学习体会，交流实践经验心得，聚力贯彻落实。

4月13日

［纲　文］　**李克强主持召开国务院常务会议。**

［目　文］　会议主要内容是：一、听取山东济南非法经营疫苗系列案件调查处理情况汇报，决定先行对一批责任人实施问责。会议决定，依法依纪对食品药品监管总局、卫生计生委和山东等17个省（区、市）相关责任人予以问责，有关方面先行对357名公职

人员等予以撤职、降级等处分。下一步还要坚决依法严惩违法犯罪和失职渎职行为，并根据案件查处情况，提出进一步问责处理意见。二、通过《国务院关于修改〈疫苗流通和预防接种管理条例〉的决定》，明确一要严格疫苗流通管理，将自愿接种的第二类疫苗比照国家免疫规划用的第一类疫苗，全部纳入省级公共资源交易平台集中采购，不再允许药品批发企业经营疫苗，坚决制止通过借用资质和票据进行非法经营的“挂靠走票”等行为。二要建立疫苗从生产到使用的全程追溯制度，强化储存、运输冷链要求，增设疾控机构、接种单位在接收环节索要温度监测记录的义务。三要加大处罚及问责力度，对非法购销、未按规定储运疫苗等违法行为提高罚款金额，增设对责任人员的禁业处罚，并严格属地监管职责，增加地方政府及监管部门主要负责人引咎辞职的规定。三、决定阶段性降低企业社保缴费费率和住房公积金缴存比例，为市场主体减负、增加职工现金收入。从2016年5月1日起两年内，一是对企业职工基本养老保险单位缴费比例超过20%的省份，将缴费比例降至20%；单位缴费比例为20%且2015年底基金累计结余可支付月数超过9个月的省份，可以阶段性降低至19%。二是将失业保险总费率由现行的2%阶段性降至1%—1.5%，其中个人费率不超过0.5%。上述两项措施的具体方案由各省（区、市）确定。三是规范住房公积金缴存比例，对高于12%的一律予以规范调整，同时由各省（区、市）结合实际，阶段性适当降低住房公积金缴存比例；生产经营困难企业除可降低缴存比例外，还可依法申请缓缴公积金，待效益好转后再提高缴存比例或恢复缴存并补缴缓缴的公积金。初步测算，采取以上措施每年可减轻企业负担1000多亿元。

4月13日

［纲　文］　**发展改革委公布《中华人民共和国国家发展和改革委员会令（第37号）》。**

［目　文］　《会令》说，现决定废止《价格评估机构资质认定管理办法》《价格鉴证师注册管理办法（2008年修订）》等2件规章和《国家发展改革委办公厅关于注册价格鉴证师签字制度有关问题的通知》《国家发展改革委办公厅关于印发〈价格评估人员执业资格认定实施办法〉和〈价格评估机构资质认定实施办法〉的通知》等8件规范性文件。

4月13日

［纲　文］　**交通运输部公布修改后的《定期国际航空运输管理规定》《民用航空国内航线经营许可规定》《公共航空运输企业经营许可规定》，自2016年5月14日起施行。**

4月13日

［纲　文］　**交通运输部公布《民用机场专用设备管理规定》《民用航空行政检查工作规则》《民用航空企业及机场联合重组改制管理规定》《民用航空危险品运输管理规定》，自2016年5月14日起施行。**

4月13日

［纲　文］　**外交部发言人就俄罗斯外长拉夫罗夫近日关于南海问题的表态表示，中方对俄方上述表态予以积极评价。**

［目　文］　俄罗斯外长拉夫罗夫12日在同中国、日本、蒙古国记者举行俄外长亚

洲行吹风会上说，所有南海问题当事国都应继续寻求双方均可接受的政治外交解决途径。非直接当事国必须停止任何干预手段和使问题国际化的企图。对南海问题的炒作和使其国际化的企图毫无用处。

发言人说，中方对俄方上述表态予以积极评价。任何真正关心南海和平稳定的国际人士和组织，都应该支持中国和直接当事国，根据国际法原则，按照双边协议和《南海各方行为宣言》的规定，通过谈判协商解决相互之间可能存在的争议。任何域外国家或组织炒作南海问题，渲染或制造紧张，挑拨地区国家关系，都不是建设性做法，也将使南海问题偏离正常轨道。

4月14日

［纲　文］　**习近平在首个全民国家安全教育日之际作出指示。**

［目　文］　中共中央总书记习近平强调，国泰民安是人民群众最基本、最普遍的愿望。实现中华民族伟大复兴的中国梦，保证人民安居乐业，国家安全是头等大事。要以设立全民国家安全教育日为契机，以总体国家安全观为指导，全面实施国家安全法，深入开展国家安全宣传教育，切实增强全民国家安全意识。要坚持国家安全一切为了人民、一切依靠人民，动员全党全社会共同努力，汇聚起维护国家安全的强大力量，夯实国家安全的社会基础，防范化解各类安全风险，不断提高人民群众的安全感、幸福感。

4月14日

［纲　文］　**国务院办公厅批转发展改革委、财政部、教育部、公安部、民政部、人力资源社会保障部、住房城乡建设部、卫生计生委、法制办、国家标准委《推进“互联网+政务服务”开展信息惠民试点实施方案》。**

［目　文］　《方案》由五个部分组成：一、形势和要求。二、总体思路。三、主要任务。四、实施步骤。五、保障措施。

4月14日

［纲　文］　**环境保护部印发《关于积极发挥环境保护作用促进供给侧结构性改革的指导意见》。**

［目　文］　《意见》由四个部分组成：一、强化环境硬约束，推动去除落后和过剩产能。二、严格环境准入，促进提高新增产能质量。三、落实环境治理任务，推动环保产业发展。四、推进创新驱动，完善支持政策。

《意见》强调，对于环境违法违规案件查处较少且环境质量一段时期得不到有效改善的地市，我部将适时进行函询，要求相关地市政府说明情况。对于环境保护工作不够有力且环境质量一段时期不升反降的地市，我部将公开约谈当地政府主要负责人，责成加大环境保护力度，推进整改工作。

4月14日

［纲　文］　**民政部公布，截至2015年底，在各级民政部门登记的社会组织共有**

661861 个，其中民办非企业单位 329122 个，比上年增长约 12.6%，另外还有 4762 个基金会和 327977 个社会团体。

4 月 14 日

［纲　文］　**新华社讯，许其亮在驻江苏、福建部队调研。**

［目　文］　中央军委副主席许其亮在调研时强调，要坚定不移沿着习近平主席开辟的新形势下政治建军之路向前走，积极适应新体制、新职能、新使命，以新的理念和思路推动政治工作创新发展，为实现党在新形势下的强军目标提供坚强政治保证。习主席亲自领导召开古田全军政工会，确立了政治工作的时代主题，立起了新形势下政治建军方略。我们必须以历史的担当抓好会议精神贯彻落实这项长期战略任务，沿着习主席指明的方向笃定前行、不断探索，谱写强军时代政治工作新篇章。要深入抓好习主席系列重要讲话精神的学习宣传贯彻，着力在强根固本、掌握体系、领会要义、看齐运用上深进去落下去，把理论学习与党性锤炼、与研究破解矛盾问题统一起来。要坚决维护和贯彻军委主席负责制，把政治纪律政治规矩立起来严起来，坚决听从党中央、中央军委和习主席指挥。要扎实开展改革强军主题教育活动和“两学一做”学习教育，打牢部队听党指挥、看齐追随的思想政治根基。要从政治上深入彻底肃清郭伯雄、徐才厚流毒影响，不断把正风肃纪和反腐败斗争引向深入。能打胜仗是军队的核心价值所在，也是检验政治工作的重要标尺。政治工作要走出自我设计、自我循环、自我检验，走进信息化战争，在提高部队战斗力、服务保证打赢上发挥更大作用。政治工作是领方向、管思想的，越是在军队现代化转型重塑的关口，越要挺在前面，在坚定改革信心、稳定官兵思想、培养联合作战人才、打造强军文化等方面拿出真招实策。政治工作是在人的精神领域搞建设，要贴近官兵、走近官兵，一块苦、一块乐，有温度、有实感。政治工作的生命活力，在于扎根传统的沃土、吸取时代的营养。既要在调整改革中保护、传承各部队优良传统，让好传统在新体制的新枝干上发新芽；又要紧扣政治工作时代主题，从思维理念、内容形式、方法手段等方面创新突破，增强时代性感召力，永葆生命线生机活力。

4 月 14—17 日

［纲　文］　**国务委员杨洁篪在巴黎出席中法战略对话，并访问卢森堡、丹麦。**

［目　文］　14 日，杨洁篪与法国总统外事顾问奥迪贝尔举行中法战略对话。双方就中法关系及共同关心的国际、地区问题交换意见，达成广泛共识。双方一致认为，此次战略对话坦诚、深入、富有成果，强调战略对话机制建立 15 年来，为两国关系发挥了“稳定器”“协调器”和“推动器”的重要作用。双方应继续保持战略沟通和协调，尊重彼此核心利益和重大关切，妥善处理敏感问题，不断增强两国政治互信，推动两国全面战略伙伴关系深入发展。会议期间，杨洁篪会见了法国总统奥朗德。

杨洁篪在卢森堡访问期间，分别会见了卢森堡大公亨利、首相贝特尔、议长巴尔托洛梅奥，与卢外交大臣阿塞尔博恩会谈。

杨洁篪在丹麦访问期间，在哥本哈根分别会见了丹麦女王玛格丽特二世、首相拉斯穆森，与丹麦外交大臣延森会谈。

4月14—15日

［纲　文］　**应国务院总理李克强邀请，澳大利亚总理特恩布尔对中国进行正式访问并举行中澳总理年度会晤。**

［目　文］　国家主席习近平在北京会见了特恩布尔。李克强与特恩布尔举行第四轮中澳总理年度会晤并共同见证了中澳科技创新、旅游、产业园区、矿产等领域多份双边合作文件的签署。国务院副总理汪洋和科恩布尔出席第五届中澳工商界首席执行官圆桌会。

习近平在会见科恩布尔时强调，中澳全面战略伙伴关系具有强劲活力，符合两国和两国人民根本利益，也有利于亚太地区的和平、稳定、繁荣。双方要把握两国关系发展正确方向，尊重彼此核心利益和重大关切，确保中澳关系持续健康稳定发展。希望双方做好中方“一带一路”倡议同澳方“北部大开发”计划、中国创新驱动发展战略同澳方“国家创新与科学议程”的对接，实施好中澳自由贸易协定，探讨开展更多务实合作项目，推进司法执法、防务等领域交流合作。中方重视澳大利亚在国际和地区事务中的作用，愿同澳方加强在二十国集团、亚太经合组织、东亚峰会等机制和亚洲基础设施投资银行框架内合作，为促进地区互联互通作出贡献。

特恩布尔表示，习近平主席2014年对澳大利亚的历史性访问极大推动了澳中全面战略伙伴关系发展，至今为澳大利亚人民津津乐道。澳大利亚对中国经济前景和对世界经济的积极影响充满信心，希望能够进一步密切对华关系，加快两国发展战略对接，深化双方经贸、创新等各领域合作。澳大利亚愿加强同中方在国际地区事务中沟通协调。我期待着来华出席二十国集团杭州峰会。

李克强与科恩布尔会晤时表示，中澳同处亚太地区，互为重要合作伙伴，两国成功签署并实施了中澳自贸协定，为中澳合作注入新的强劲动力。中方对中澳关系前景充满信心，愿同澳方遵循相互尊重、平等互利原则，落实好各项共识，增进战略互信，对接发展战略，拓展合作领域，妥善处理分歧，推动中澳全面战略伙伴关系持续平稳发展，向世界发出积极信号。中方愿同澳方进一步发挥互补优势，在基础设施建设和装备制造领域开展产能合作，更好实现互利共赢。

特恩布尔表示，澳方视中国为重要贸易伙伴，看好中国经济发展的巨大潜力，愿积极适应并利用中国经济结构调整所带来的重要合作机遇，与中方加强创新合作引领，特别是加强电子商务、农牧业、技术等领域合作，提升两国务实合作水平，共同促进地区和世界的和平稳定与经济增长。

4月15日

［纲　文］　**李克强在清华大学和北京大学就教育改革发展和实施创新驱动发展战略进行考察。**

［目　文］　国务院总理李克强在清华大学听取学校开展的第四代先进核能技术、新

能源汽车、下一代互联网、凝聚态物理、类脑计算机等重大项目研发和应用情况介绍后说，创新既要靠自己的力量，也要积极借鉴国际先进理念和经验，加强院校、科研机构之间的协同创新，避免在同一水平上并行研究，以更有效地利用人才和资源，形成合力，这样创新的速度会更快、成果也会更多；在生命科学学院蛋白质设施实验技术中心，向负责的院士详细询问他们的研究方向、方法原理和与国际先进水平的比较，得知团队成员很年轻，引进了大量海内外人才，在大脑机理研究等方面取得多项世界级成果时说，你们的研究事关人类健康，希望通过更加灵活的人才激励机制，进一步汇聚高端人才，在关键核心技术攻关上争做全球领跑者，为我国十三亿人乃至全人类的健康作出贡献；在建筑学院与老师和同学们交流时表示，我国正处在新型城镇化和新农村建设加快推进过程中，急需大量专业人才，你们要更好地把才能发挥出来，投身国家建设，为人民造福。

李克强在北京大学听取了学校负责人汇报北大发展情况。李克强在国家发展研究院，仔细翻阅桌上展示的最新研究成果后说，当前，经济社会发展面临不少多难选择，宏观调控、升级发展等都需要在理论与实践上不断提高和创新。李克强听到研究院运用大数据编制推出了新经济指数时说，你们做了一件开创性的工作。我们要积极发展新经济、培育新动能，因为传统发展动能在减弱，只靠传统动能难以实现经济中高速增长。新经济发展能够带动大量就业，也会为传统动能改造提升创造条件。李克强在数学科学学院详细了解基础数学研究进展和后续人才情况，听到这几年报考数学专业的学生明显增加，欣慰地说，数学是自然科学皇冠上的明珠。我国与世界发达国家在科学技术上存在差距，很大程度上是基础研究特别是基础数学存在“短板”。希望把基础数学研究放在重要位置，有一批人能够静下心来甘于坐“冷板凳”，把板凳坐热。要建立对基础研究长效支持机制，让教学和科研人员拥有合理稳定的收入保障和受人尊敬的社会地位。

4月15日

［纲 文］ **李克强在北京召开高等教育改革创新座谈会。**

［目 文］ 刘延东主持座谈会。53所在京的部属、市属、民办高校和有关部门负责人参加会议。北京大学、清华大学、北京科技大学负责人和中国人民大学、北京第二外国语学院教师代表就教育改革、创新人才培养、建设一流大学和一流学科等发言。

李克强说，教育是国家发展的基础，关系民族的未来，高水平教育是国家综合竞争力的重要体现。世界经济强国，无一不是教育强国。中华文明几千年生生不息，根本在于重视教育。改革开放以来，我们始终坚持教育优先发展，举办了世界最大规模的高等教育，成为推动经济发展和社会进步的重要力量。面对当前国际政治经济形势变化和新一轮科技革命的兴起，教育要全面贯彻党的教育方针，培养中国特色社会主义事业建设者和接班人，在促进经济保持中高速增长、迈向中高端水平，跨越中等收入陷阱，实现全面建成小康社会的征程中担负更大责任、发挥支撑作用。当今世界各国的竞争，实际上是创新的竞争。党的十八大以来，以习近平同志为总书记的党中央坚持实施创新驱动发展战略，就是要把蕴藏在亿万民众中的创造力发挥出来。高等教育要着力围绕服务国家创新发展，促进大众创业、万众创新，培育更多创新型人才。注重培养学生创新特别是原始创新意识，开展启发式、讨论式、探究式教学，激发他们丰富的想象力，打牢知识根基，拓宽学术视野，推动科技创新。注重增强学生实践能力，培育工匠精神，践行知行合一，多为学生提供动手机会，提高解决实际问题的能力，助力提升中国产品的质量。要加快建设一批高水平大学。国家确定了推进世界一流大学和一流学科建设的重大举措，鼓励公办民办各类学校办出特色、分类发展。当前要抓紧出台促进一流学科建设的具体措施，在政策和资金上给予精准支持。通过一流学科率先突破，示范和带动提升我国高等教育综合实力和国际竞争力，促进壮大新经济、培育新动能，推动文化繁荣和社会进步。健全教师评价制度，对教学、科研人员包括兼任行政职务的专家教授，实行符合智力劳动特点和规律的政策，不能简单套用针对行政人员的规定和经费管理办法，充分体现尊重知识、尊重人才的要求，给教学和科研人员更多经费使用权，更多创新成果使用、处置和收益权，更好调动广大知识分子的积极性和创造性。要积极提携后进，为青年教师施展才华提供舞台，帮助他们解决实际困难，形成青蓝相继、人才辈出的局面，推动教育强国建设。

4月15日

［纲　文］　**十二届全国人大常委会第六十七次委员长会议在北京举行。**

［目　文］　全国人大常委会委员长张德江主持会议。全国人大常委会副委员长王胜俊、陈昌智、严隽琪、沈跃跃、吉炳轩、张平、向巴平措、艾力更·依明巴海、万鄂湘、张宝文、陈竺出席会议。会议决定，十二届全国人大常委会第二十次会议将于4月25日至28日在北京举行。全国人大常委会副委员长兼秘书长王晨就常委会第二十次会议议程草案、日程安排意见等作了汇报；全国人大常委会有关副秘书长，全国人大法律委员会、内务司法委员会、教育科学文化卫生委员会、外事委员会、环境与资源保护委员会和全国人大常委会代表资格审查委员会负责人分别就常委会第二十次会议有关议程作了汇报。

4月15日

［纲　文］　**国务院办公厅印发《关于深入实施“互联网+流通”行动计划的意见》。**

［目　文］　《意见》由12个部分组成：一、加快推动流通转型升级。二、积极推进流通创新发展。三、加强智慧流通基础设施建设。四、鼓励拓展智能消费新领域。五、大力发展绿色流通和消费。六、深入推进农村电子商务。七、积极促进电子商务进社区。八、加快完善流通保障制度。九、发挥财政资金引导带动作用。十、增强流通领域公共服务支撑能力。十一、健全流通法规标准体系。十二、营造诚信经营公平竞争环境。

《意见》要求，各地区、各部门要加强组织领导和贯彻实施，既要切实发挥好市场在资源配置中的决定性作用，也要发挥好政府的引导调控作用；既要立足当前，也要惠及长远。各地区要结合本地实际制定具体实施方案，明确工作分工，落实工作责任。商务部要会同有关部门建立工作联系机制，加强统筹协调、业务指导和督促检查，重大问题和情况及时报告国务院。

4月15日

［纲　文］ **质检总局发布《关于取消建立社会公正计量行（站）审批事项的公告》。**

［目　文］ 《公告》说，根据《国务院关于第二批取消152项中央指定地方实施行政审批事项的决定》，现就取消原由省级质量技术监督部门负责的“建立社会公正计量行（站）审批”事项的落实工作公告如下：自《国务院关于第二批取消152项中央指定地方实施行政审批事项的决定》发布之日起，省级质量技术监督部门不再受理建立社会公正计量行（站）审批的申请，对已受理但尚未办结的申请停止办理。质检总局正在组织修订社会公正计量行（站）监管的规章，以指导各级质量技术监督部门强化事中事后监管，规范公正计量行为，并引导社会公正计量行（站）自律管理，为社会提供公正的计量服务。

4月15日

［纲　文］ **军队“学党章党规、学系列讲话，做合格党员”学习教育工作座谈会在北京召开。**

［目　文］ 中央军委副主席许其亮出席座谈会并讲话。会议深入学习贯彻党中央、习主席决策指示，围绕扎实开展军队学习教育进行座谈研究。中部战区、陆军、军委联合参谋部、军委训练管理部、军委国防动员部、国防大学和北京军区善后办等7个单位领导作了交流发言。

许其亮指出，习主席对抓好“两学一做”学习教育高度重视，作出一系列重要指示，为军队开展学习教育指明了方向，提供了根本遵循。我们要深刻理解领悟，充分认清开展学习教育，是全党全军统一思想、统一步调的战略之举，是全面从严治党向基层延伸、落实到每个支部每名党员的有力抓手，是整齐队伍、纯洁组织的再接力再发力，是增强组织力、托举强国梦强军梦的内在要求。开展“两学一做”学习教育，要坚持思想领先，核心是把学习贯彻习主席系列重要讲话精神作为首要任务，把强化绝对忠诚、听党指挥的政治品格作为根本要求。注重体系学习、强根固本，增强政治意识、大局意识、核心意识、看齐意识，把贯彻和维护军委主席负责制作为最紧要的政治和最大规矩，坚决听从党中央、中央军委和习主席指挥，强化党性洗礼，树起先锋形象，扭住解决问题，深入彻底肃清郭伯雄、徐才厚流毒影响，引导党员干部始终走正道、永远跟党走，不断纯净政治生态。教育要紧扣深化改革这个主线来推进，把“两学一做”学习教育与改革强军主题教育统筹结合起来，把专题学习讨论与“新体制、新职能、新使命”大讨论贯通起来，着眼抓基层打基础保稳定这个重心来落实，推动全面从严治党在基层落地生根。

4月15日

［纲　文］ **文化部印发《中华人民共和国文化部2015年文化发展统计公报》。**

［目　文］ 《公报》显示，2015年全国文化事业费682.97亿元，增长17.1%，占国家财政总支出比重为0.39%，比重比上年提高0.01个百分点；全国人均文化事业费49.68元，增长16.5%。截至2015年末，全国艺术表演团体全年演出210.78万场，比上年增长21.2%，其中赴农村演出139.08万场，增长21.9%；国内观众9.58亿人次，增长5.3%，

其中农村观众5.85亿人次，比上年增长4.6%。截至2015年末，全国公共图书馆共3139个，图书总藏量83844万册，人均图书藏量0.61册；文物机构8676个，拥有文物藏品4139.19万件。截至2015年末，国务院共公布了1372个国家级非物质文化遗产代表性项目，文化部共认定了1986名国家级非物质文化遗产项目代表性传承人；共有25个海外文化中心投入运营。

4月15日

［纲　文］ **《人民日报》发表题为《凝聚起维护国家安全的全民力量——写在首个全民国家安全教育日》的社论。**

4月15—16日

［纲　文］ **汪洋在河南调研农业农村工作。**

［目　文］ 国务院副总理汪洋考察洛阳市孟津县草莓种植合作社、农业观光休闲采摘一体化企业和伊川县“互联网+农业”大学生返乡创业项目时指出，大中专毕业生、农村外出务工经商人员等，文化水平较高，不少经受了市场的熏陶和工业化生产训练，要积极引导他们返乡发展现代农业，将先进科学技术和生产方式、现代经营理念和产业发展模式引入农业，推进农业结构优化调整，提高农业质量效益和竞争力。要大力发展农业产业化经营，增加市场紧缺、附加值高的农产品生产，延长产业链条，促进产加销紧密衔接，推动农业与旅游、教育、文化、健康养老等产业深度融合，打造繁荣农村、富裕农民的新兴支柱产业。要积极探索以订单农业、土地入股、股份合作等多种形式，建立和完善农民分享加工、销售环节增值收益的机制，国家相关支持政策要与之挂钩，多渠道增加农民收入。

汪洋在嵩县伊龙易地扶贫搬迁社区，详细了解搬迁群众生产生活情况时强调，易地扶贫搬迁是贫困人口摆脱贫困的重大措施。要紧紧围绕脱贫目标，科学规划，精心组织，稳步推进。要严格控制搬迁住房建设面积和标准，防止贫困户因搬迁而增加负债。坚持住房搬迁与后续产业发展统筹考虑，确保搬得出、稳得住、能就业，做到搬迁一户脱贫一户。

4月15—17日

［纲　文］ **李源潮在四川调研群团工作。**

［目　文］ 国家副主席李源潮在成都妇女儿童中心，充分肯定妇联开展妇女灵活居家就业；在四川省群团组织社会服务中心和黉门街社区群团之家，希望群团组织把协同开展社会服务做得更好；在芦山地震灾区，鼓励群团组织带领群众搞好产业重建、学校重建、乡村重建。

李源潮还同团中央负责人一起调研中学共青团工作。在成都市七中初中学校、石室中学和雅安芦山县二中，详细询问同学们团员的先进性平时表现在哪里，勉励少先队员积极努力，实现入团梦想；团员学生从严要求，做先进模范。李源潮与中学（中职）校长、党委书记、团委书记和团员代表座谈时说，要深刻领会习近平总书记要求，充分认识增强中学共青团先进性的必要性和紧迫性。以立德树人为核心，加强人生观、价值观、世界观教育，提高中学共青团工作的先进性。全面提高团员质量，严格标准、加强教育，强化先进性活动，宣传团员先进典型，把团员先进性显出来，增强中学共青团组织的先进性。

4月16日

［纲　文］　**农业部公布《中华人民共和国农业植物品种保护名录（第十批）》，自2016年5月16日起施行。**

4月16日

［纲　文］　**税务总局公布修订后的《重大税收违法案件信息公布办法（试行）》，自2016年6月1日起施行。**

4月16日

［纲　文］　**第七个世界马戏日在广东省珠海市长隆横琴岛剧院启动。**

［目　文］　这是世界马戏日自2010年设立以来，首次在中国举行启动仪式和落地活动。全球40多个国家同时举办活动庆祝这一节日。本次世界马戏日以“马戏就在身边”为主题。

世界马戏日是在欧洲马戏协会倡导的基础上，在摩纳哥蒙特卡洛马戏节名誉主席、摩纳哥公国史蒂芬妮公主支持下设立的，时间为每年四月的第三个星期六。

4月16日

［纲　文］　**中共湖北省委原书记、湖北省人大常委会原主任关广富在武汉逝世，享年85岁。**

4月16—17日

［纲　文］　**赵乐际在甘肃舟曲调研抓党建促脱贫攻坚工作。**

［目　文］　中组部部长赵乐际在舟曲老县城，向追思园纪念碑敬献花篮，悼念“8·8”特大山洪泥石流遇难同胞；在大川镇土桥村和城关镇沙川村，了解脱贫攻坚工作和农村基层党组织建设情况，走进农户家中询问群众生产生活情况，慰问贫困户和老党员并表示，建设坚强的党支部，有了思想好、作风正、能力强的带头人，就能把党的路线方针政策落到实处，就能把党员集合起来、把群众组织起来、把脱贫攻坚的各项任务落到实处。

赵乐际在与基层干部和群众座谈时，询问舟曲脱贫攻坚进展情况，听取意见建议并指出，党中央明确到2020年农村贫困人口实现脱贫、贫困县全部摘帽、解决区域性整体贫困，这是各级党委、政府的重大政治任务。县委、县政府作为一线指挥部，要切实履行主体责任，保持抓住机遇、奋发有为的精神状态，保持实事求是、真抓实干的工作作风，结合实际创造性地开展工作，把党中央关于打赢脱贫攻坚战的决策部署，转化为实实在在的规划、方案、项目、行动，带领群众过上幸福美好生活。教育是阻断贫困代际传递的治本之策，要切实解决贫困家庭子女上学问题，下大功夫抓好职业教育培训，因地制宜开展技术培训和劳务输出技能培训。扶贫要从项目、资金、人才上扶，也要从志气、智力、精神上扶，要见物更要见人，促进人的全面发展，促进精准脱贫、稳定致富。

4月16—23日

［纲　文］　**第六届北京国际电影节举办。**

［目　文］　本届电影节以“共享资源、共赢未来”为活动主旨，定位于国际性、专业性、创新性和高端化、市场化，为促进中国电影事业、产业发展，增进中外电影交流、交易、合作搭建平台，充分体现文化惠民特色，努力打造具有“国际水平、中国特色、北京风格”的世界文化交流品牌。电影节期间，举办中外电影合作论坛、中国电影投融资高峰论坛以及一系列研讨活动。

4月17日

［纲　文］　**新华社讯，习近平发唁电，对梁思礼同志逝世深表哀悼，向梁思礼同志的亲属表示慰问。**

［目　文］　中共中央总书记习近平在唁电中说，中华人民共和国成立之初，梁思礼同志毅然归国，为发展我国航天事业鞠躬尽瘁，并作出了重要贡献，他的爱国情怀、奉献精神和严谨作风令人敬仰。

梁思礼是中国航天事业的奠基人之一，著名导弹和火箭控制系统专家，中国科学院院士，国际宇航科学院院士，中国航天科技集团公司科技委顾问。2016年4月14日，梁思礼在北京逝世，享年91岁。

18日，梁思礼同志的追悼会在北京八宝山殡仪馆举行。党和国家领导人习近平、李克强、张德江、俞正声、刘云山、王岐山、张高丽等献花圈。

4月17日

［纲　文］　**发展改革委印发《关于发展煤电联营的指导意见》。**

［目　文］　《意见》由五个部分组成：一、充分认识发展煤电联营的重要意义。二、发展原则和重点方向。三、实施要求。四、政策支持。五、组织实施。

4月17日

［纲　文］　**人民银行、银监会、证监会、保监会发布《关于支持钢铁煤炭行业化解过剩产能实现脱困发展的意见》。**

［目　文］　《意见》由七个部分组成：一、坚持区别对待、有扶有控原则，积极做好“去产能”信贷服务。二、加强直接融资市场建设，支持钢铁、煤炭企业去杠杆、降成本。三、支持企业债务重组和兼并重组，推动钢铁、煤炭行业结构调整优化。四、进一步提高就业创业金融服务水平，支持钢铁、煤炭行业去产能分流人员就业创业。五、大力支持钢铁、煤炭扩大出口，推动钢铁、煤炭企业加快“走出去”。六、支持银行加快不良资产处置，依法处置企业信用违约事件。七、加强沟通协调配合，有效防范钢铁、煤炭行业金融风险。

《意见》强调，请人民银行上海总部、各分行、营业管理部、省会（首府）城市中心支行、副省级城市中心支行会同所在省（区、市）银监会、证监会及保监会派出机构，将本意见迅速转发至辖区内相关机构，并做好政策贯彻实施工作。

4月17日

［纲　文］　**住房城乡建设部、卫生计生委发布修改后的《生活饮用水卫生监督管理办法》，自2016年6月1日起施行。**

4月17—20日

［纲　文］　**张德江在湖北检查食品安全法实施情况。**

［目　文］　全国人大常委会委员长张德江率全国人大常委会执法检查组到襄阳、武汉执法检查。在蔬菜生产基地、育种研发机构，同种植农户、技术人员交谈指出，食品安全要关口前移，从源头抓起，严格控制农药、兽药、饲料、化肥等农业投入品使用，强化科技对保障安全的支撑作用，切实做好食用农产品的源头防控；在农贸市场、食品生产经营企业、餐饮经营单位，了解食品安全责任制和全程监管制度落实情况时强调，安全是食品企业的生命线，广大生产经营者要增强食品安全责任心，依法做事、诚信立足，认真履行食品安全法定义务，提供放心食品；在湖北省食品药品监督检验研究院、宜城市综合检验检测中心，询问食品添加剂、农药残留、微生物等食品检验情况时指出，要提高食品检验能力，整合检验资源，规范检验活动，公正、客观开展检验，增强检验的时效性、准确性。

张德江在襄阳召开基层贯彻落实食品安全法座谈会、在武汉主持湖北省贯彻实施食品安全法工作情况汇报会时指出，新修订的食品安全法，创新食品安全治理理念，确立了预防为主、风险管理、全程控制、社会共治的基本原则，严格了食品安全监管制度，为做好食品安全工作构筑了坚实的法律基础。要依法履行监管职责，完善统一权威的食品安全监管体制，健全工作机制，密切部门协同，因地制宜推进基层监管队伍和监管能力建设，着力抓住突出问题和薄弱环节加大监管治理力度。要加强食品安全制度建设，进一步健全配套法规、规章和标准体系，强化食品安全工作保障，构建严密高效、社会共治的食品安全治理体系。

4月17—22日

［纲　文］　**应国务院总理李克强邀请，新西兰总理约翰·基对中国进行正式访问。**

［目　文］　访问期间，国家主席习近平、国务院总理李克强在北京分别与约翰·基会谈。两国总理共同见证了中新农业、科研、质检、金融、教育等领域多个双边合作文件的签署。约翰·基还访问了西安、上海。

习近平在会见约翰·基时指出，中方愿同新方一道，遵循相互尊重、平等互利的原则，推动两国全面战略伙伴关系得到更大发展。双方要从两国人民的根本利益出发，不断增进政治互信，发挥好高层交往对双边关系的引领作用，加强政府部门、立法机构及党际交流。双方要扎实推进经贸合作，实现互利共赢。中方愿同新方加强在贸易、投资、科研、食品安全等全产业链合作，构建长期稳定的农业合作伙伴关系。中国企业愿积极参与新西兰基础设施建设。双方可以加强发展战略对接，共同培育生物医药、节能环保、创意产业等新的合作增长点。中方愿同新方在教育、旅游等领域开展更多合作，推动人文交流迈上新台阶。双方要加强司法执法合作和两军交往。中方愿同新方加强在多边机制和亚洲基础设施投资银行框架内的合作。

约翰·基表示，新中关系发展迅速，双方高层交往密切，经贸合作和人文交流成果丰硕。当前，新中关系面临更大发展机遇。新方愿同中方共同努力，加快新中自贸协定升级谈判进程，深化双方在农业、旅游、教育、执法等领域互利合作。新西兰是第一个加入亚洲基础设施投资银行的西方国家，愿在区域经济一体化进程中同中方保持合作。新方希望同中方密切在国际地区事务中的沟通协调。

李克强同约翰·基举行会谈时表示，当前世界经济复苏乏力，促进增长成为各国面临的首要任务，需要各方加强宏观政策协调，共同维护和平稳定的地区和国际环境。中方愿同新方继续发挥好自贸协定的提振效应，为早日启动自贸升级谈判创造条件；拓展农牧业投资、科研、管理、食品安全等全产业链合作，构建长期稳定的合作伙伴关系；中方支持本国企业发挥优势，积极参与新西兰基础设施建设项目，也欢迎新西兰企业扩大各领域对华投资；密切教育、旅游等人文领域交流合作，深化司法执法对话合作，加强在国际事务中的沟通协调，共同促进区域经济一体化进程，为地区和世界经济持续增长贡献力量。

约翰·基表示，很高兴第六次访华，每次访华都目睹了中国的发展成就。新中关系取得长足进展，保持强劲势头，贸易、投资、旅游、教育等各领域合作不断扩大。新方高度重视发展对华关系，尊重中方核心利益，支持中方在国际事务中发挥作用。新方愿本着互利共赢的精神，同中方进一步加强农牧业等合作，积极推进双边自贸协定升级谈判，为两国全面战略伙伴关系发展注入新动力。

4月18日

［纲　文］　**习近平主持召开中央全面深化改革领导小组第23次会议**。

［目　文］　中共中央政治局常委、中央全面深化改革领导小组副组长李克强、刘云山、张高丽出席会议。中央全面深化改革领导小组成员出席，中央和国家有关部门以及有关地方负责人列席会议。

中共中央总书记、中央全面深化改革领导小组组长习近平强调，改革既要往有利于增添发展新动力方向前进，也要往有利于维护社会公平正义方向前进，注重从体制机制创新上推进供给侧结构性改革，着力解决制约经济社会发展的体制机制问题；把以人民为中心的发展思想体现在经济社会发展各个环节，做到老百姓关心什么、期盼什么，改革就要抓住什么、推进什么，通过改革给人民群众带来更多获得感。

会议审议通过了北京市、广东省、重庆市、新疆维吾尔自治区《关于进一步规范领导干部配偶、子女及其配偶经商办企业行为的规定（试行）》《关于建立公平竞争审查制度的意见》《专业技术类公务员管理规定（试行）》《行政执法类公务员管理规定（试行）》

《关于推进家庭医生签约服务的指导意见》《关于建立完善守信联合激励和失信联合惩戒制度加快推进社会诚信建设的指导意见》《关于加强民办学校党的建设工作的意见（试行）》《民办学校分类登记实施细则》《营利性民办学校监督管理实施细则》《保护司法人员依法履行法定职责的规定》《宁夏回族自治区空间规划（多规合一）试点方案》《党的十八届五中全会有关改革举措实施规划（2016—2020年）》。

4月18日

［纲　文］ **国家主席习近平就日本熊本县发生强烈地震向日本天皇明仁致电表示慰问**。

4月18日

［纲　文］ **国家主席习近平就厄瓜多尔发生强烈地震向厄瓜多尔总统科雷亚致电表示慰问**。

4月18日

［纲　文］ **中国共产党中央委员会致电古巴共产党第七次全国代表大会，热烈祝贺大会召开**。

4月18日

［纲　文］ **财政部、国土资源部印发《农村集体经营性建设用地土地增值收益调节金征收使用管理暂行办法》**。

［目　文］ 《办法》共5章24条，主要有总则、征收缴库、使用管理、法律责任、附则等内容。本办法执行期限为2015年1月1日至2017年12月31日。

4月18日

［纲　文］ **科技部、中宣部发布《中国公民科学素质基准》**。

［目　文］ 《基准》共有26条基准、132个基准点，基本涵盖公民需要具有的科学精神、掌握或了解的知识、具备的能力，每条基准下列出了相应的基准点，对基准进行了解释和说明。

4月18日

［纲　文］ **外交部部长王毅率团出席在莫斯科举行的第14次中俄印外长会晤**。

［目　文］ 外交部部长王毅、俄罗斯外长拉夫罗夫、印度外长斯瓦拉吉与会。三国外长就共同关心的国际和地区问题深入交换意见，一致同意加强政治层面磋商，探索防务安全合作，拓展经济金融合作，开展互联互通建设，扩大人文交流。支持推进乌克兰、叙利亚问题的政治解决进程；共同努力为中东和平发挥积极和建设性作用；进一步加强双多边反恐务实合作，共同维护国际和地区安全稳定；坚持朝鲜半岛无核化目标，维护半岛和平稳定，谋求对话协商解决问题；支持推进“阿人主导、阿人所有”的阿富汗和解进程；增强三国在联合国、二十国集团、上海合作组织、金砖国家、亚信等国际和地区组织内的合作，维护世界和平与共同发展。会后三国发表了联合公报。

王毅表示，中俄印在国际和地区事务中有重要影响，始终是国际和平的稳定锚和地区发展的助推器。中俄印用一个声音说话，世界都会倾听。新形势下，中俄印合作只能加强，不应削弱。中方愿与俄、印共同努力，推动三方合作进一步走实、走深、走远。中俄印三国要不断推动世界和平与发展和国际关系民主化事业。要加强宏观经济协调，共同防范外部不确定因素带来的负面外溢效应。倡导世界各国都走和平发展道路，推动热点问题的政治解决进程，共同打击一切形式的恐怖主义。通过二十国集团和金砖国家合作机制，为新兴经济体和发展中国家争取更多国际制度性权力。

会议期间，王毅与拉夫罗夫会谈时表示，中方愿与俄方精心筹备普京总统2016年对中国的访问，推动两国战略协作伙伴关系保持高水平运行。中俄要加快丝绸之路经济带建设与欧亚经济联盟建设对接合作，使其早日取得成果。中方在南海维护正当合法权益，有权依法自主选择争端解决方式，不接受、不参与菲律宾单方面提起的南海仲裁案恰恰是为了维护法律的尊严和权威。中俄都应对滥用强制仲裁机制的做法保持警惕。

拉夫罗夫说，在当前复杂多变的国际形势下，俄中共同应对各种挑战，维护了世界和平。俄方愿推动欧亚经济联盟建设和丝绸之路经济带建设对接。俄方反对南海问题国际化，支持有关当事国通过直接谈判协商解决争议。

20日，外交部发言人在记者会上表示，中俄印外长会发表联合公报指出"所有相关争议应由当事国通过谈判和协议解决"，体现了三国维护海洋秩序以及地区和平稳定的共同意愿。会后发表联合公报，指出："中国、俄罗斯、印度承诺维护基于国际法原则的海洋法律秩序，该秩序显著体现在《联合国海洋法公约》中。所有相关争议应由当事国通过谈判和协议解决。外长们呼吁全面遵守《联合国海洋法公约》《南海各方行为宣言》及落实《南海各方行为宣言》后续行动指针。"上述内容与中方处理有关海上问题的一贯立场相符，也体现了中、俄、印三国作为有重要影响力的大国维护海洋秩序以及地区和平稳定的共同意愿。

4月18日

［纲　文］ **外交部发言人就日本发布新版《外交蓝皮书》批评中国进行岛礁建设问题表示，停止发表不负责任的言论。**

［目　文］ 据报道，日本政府15日发表了2016年度《外交蓝皮书》，批评中国进行岛礁建设并用于军事目的，并指责中国船只多次进入钓鱼岛附近海域。

发言人表示，中国对钓鱼岛及其附属岛屿、南沙群岛及其附近海域拥有无可争辩的主权。中方坚决维护国家领土主权和海洋权益，同时致力于同直接有关的当事国通过谈判协商解决有关争议。我们也注意到，蓝皮书也指出，稳定的中日关系对亚太地区的和平与稳定不可或缺。如果日方真的希望稳定中日关系，维护地区和平，就应言行一致，包括停止炒作涉海问题，停止发表不负责任的言论，防止给中日关系和地区形势带来新的干扰。

4月18日

［纲　文］ **公安部原部长、党委书记陶驷驹在北京逝世，享年81岁。**

4月18日

［纲　文］ **《人民日报》发表题为《全民普法，经济社会发展的有力保障》的评论员文章。**

4月18日

［纲　文］ **《人民日报》报道，经中共中央批准，中共中央纪委对广东省政府原党组成员、副省长刘志庚严重违纪问题立案审查。**

［目　文］ 刘志庚身为党的高级领导干部，理想信念丧失，严重违反党的纪律，性质恶劣、情节严重。依据《中国共产党纪律处分条例》等有关规定，经中央纪委常委会议审议并报中共中央批准，决定给予刘志庚开除党籍处分；由监察部报国务院批准，给予其行政开除处分；将其涉嫌犯罪问题、线索及所涉款物移送司法机关依法处理。

2017年5月31日，南宁铁路运输中级法院公开宣判刘志庚受贿一案，对被告人刘志庚以受贿罪判处无期徒刑，剥夺政治权利终身，并处没收个人全部财产；受贿所得财物予以追缴，上缴国库。

4月18—22日

［纲　文］ **全军高级干部深化国防和军队改革专题研讨班座谈会在国防大学举办。**

［目　文］ 中央军委机关各部门、全军各大单位和武警部队的主要领导参加。会议主要议题是：深入学习习近平的改革强军战略思想和“五个更加注重”战略指导，共谋强军兴军发展大计。

21日，中央军委副主席范长龙参加研讨班座谈时强调，各级领导干部特别是高级干部，要深入学习贯彻习主席改革强军战略思想，牢牢把握军队建设、改革和军事斗争准备的正确方向，当好改革的促进派和实干家，带头适应新体制，带头转变职能、转变作风、转变工作方式，积极主动研究解决改革中出现的矛盾问题，推动改革强军举措落地见效，在新起点上开创强军兴军新局面。

4月18—22日

［纲　文］ **省部级干部自贸区战略与多双边自贸协定专题研讨班在北京举办。**

［目　文］ 研谈班由中央组织部、商务部、国家行政学院共同举办。各省（自治区、直辖市）、新疆生产建设兵团分管负责人，中央和国家机关有关部委负责人共52人参加了学习。研讨班安排了专题讲授、论坛式教学、分组研讨等教学环节，分别邀请商务部部长高虎城、副部长王受文，工业和信息化部副部长冯飞，农业部副部长屈冬玉，以及商务部和国务院发展研究中心有关司局负责人作专题讲授；广西壮族自治区和华为公司相关部门负责人在学员论坛上介绍了运用自贸区协定促进经济发展的做法和经验，全国政协常委、上海WTO事务咨询中心总裁王新奎作为论坛嘉宾进行了点评。每位学员都结合自身工作实际，围绕如何实施自贸区战略、提高对外开放水平撰写了政策建议。

22日，国务院副总理汪洋出席研讨班座谈会并强调，要认真贯彻落实党中央、国务院关于加快实施自由贸易区战略、逐步构筑面向全球高标准自由贸易区网络的重大决策部署，深刻把握经济全球化的新趋势和国内改革发展新要求，实施更加主动的自由贸易区战略，开创高水平对外开放新局面。当前我国对外开放面临新形势新任务。必须深刻认识加快自由贸易区建设的重大意义，增强政治自信和制度自信，坚定不移地扩大开放，以开放的主动赢得发展的主动、改革的主动、国际竞争的主动。同时要牢固树立风险意识和底线思维，在扩大开放中维护好国家安全。实施自由贸易区战略是一项长期而艰巨的任务，需要付出艰苦不懈的努力。

4月18日—5月8日

［纲 文］ **第五届中国青年美术作品展览在太原美术馆举办。**

［目 文］ 展览由中国文学艺术界联合会、中华全国青年联合会、中国美术家协会主办，太原市文化局承办，太原美术馆执行承办。本届展览共展出全国青年美术家的300件作品，包括中国画、油画、版画、雕塑、水彩·粉画、漆画、插画·连环画、综合材料等8个类别。

4月19日

［纲 文］ **习近平在北京主持召开网络安全和信息化工作座谈会。**

［目 文］ 中央网络安全和信息化领导小组副组长李克强、刘云山出席座谈会。马凯、王沪宁、刘奇葆、范长龙、孟建柱、栗战书、杨洁篪、周小川，以及中央网络安全和信息化领导小组成员、中央和国家机关有关部门负责人、部分省市党委宣传部部长、各省区市网信办主任、部分中央新闻单位和中央新闻网站负责人、有关专家学者、部分网信企业负责人等参加座谈会。中国工程院院士、中国电子科技集团公司总工程师吴曼青等就实现信息化发展新跨越、加快构建信息领域核心技术体系、互联网企业的国家责任、实现网信军民融合深度发展、发挥新媒体在凝聚共识中的作用、突破信息产业发展和网络安全保障基础理论和核心技术、加强网络信息安全技术能力建设顶层设计等谈了意见和建议。

中共中央总书记、中央网络安全和信息化领导小组组长习近平指出，按照创新、协调、绿色、开放、共享的发展理念推动我国经济社会发展，是当前和今后一个时期我国发展的总要求和大趋势，我国网信事业发展要适应这个大趋势，在践行新发展理念上先行一步，推进网络强国建设，推动我国网信事业发展，让互联网更好造福国家和人民。网信事业要发展，必须贯彻以人民为中心的发展思想。要适应人民期待和需求，加快信息化服务普及，降低应用成本，为老百姓提供用得上、用得起、用得好的信息服务，让亿万人民在共享互联网发展成果上有更多获得感。要建设网络良好生态，发挥网络引导舆论、反映民意的作用。实现“两个一百年”奋斗目标，需要全社会方方面面同心干，需要全国各族人民心往一处想、劲往一处使。网络空间是亿万民众共同的精神家园。网络空间天朗气清、生态良好，符合人民利益。网络空间乌烟瘴气、生态恶化，不符合人民利益。网络安全和信息化是相辅相成的。安全是发展的前提，发展是安全的保障，安全和发展要同步推进。要树立正确的网络安全观，加快构建关键信息基础设施安全保障体系，全天候全方位感知网络安全态势，增强网络安全防御能力和威慑能力。网络安全为人民，网络安全靠人民，维护网络安全是全社会共同责任，需要政府、企业、社会组织、广大网民共同参与，共筑网络安全防线。要加快网络立法进程，完善依法监管措施，化解网络风险。2016年是“十三五”开局之年，网络安全和信息化工作是“十三五”时期的重头戏。希望同志们积极投身网络强国建设，更好发挥网信领域企业家、专家学者、技术人员作用，支持他们为实现全面建成小康社会、实现中华民族伟大复兴的中国梦作出更大的贡献！

4月19日

［纲　文］　**国家主席习近平在北京会见美国前财长保尔森。**

［目　文］　习近平赞赏保尔森及其创立的保尔森基金会为推动中美交流合作发挥的积极作用并指出，当前，中美关系总体发展良好。两国在双边、地区和全球层面合作的成果，展示了中美构建新型大国关系的强劲活力。2016年3月，我同奥巴马总统在华盛顿会晤，就进一步推进中美关系达成重要共识。下阶段，双方应该共同努力，加强沟通，聚焦合作，管控分歧，推动中美关系持续健康稳定发展。我们制订的“十三五”规划，将坚持创新、协调、绿色、开放、共享的发展理念，努力提高发展质量和效益，特别是着力抓好供给侧结构性改革，形成平衡发展结构。中国改革不会停顿、开放不会止步。我们愿同美方一道，努力扩大两国经济金融领域互利合作，推动全球和区域经济发展与合作。

保尔森表示，美中关系十分重要。双方在经贸、环境、气候变化等广泛领域合作成果对推进双边关系发挥着积极作用。在当前全球经济面临不确定性的形势下，中国坚持全面深化改革、坚定推进结构性调整令全球钦佩。中国进一步改革开放，将为美中经贸合作提供更大空间和助力。希望双方共同努力，加快双边投资协定谈判进程、推动美中关系不断向前发展。

4月19日

［纲　文］　**国务院总理李克强在北京分别会见加拿大前总理克雷蒂安和印度国防部长帕里卡尔。**

［目　文］　李克强在会见克雷蒂安时表示，克雷蒂安先生担任加拿大总理期间，中加关系的发展堪称“黄金十年”。中方高度重视发展同加拿大的关系，我们赞赏特鲁多总理就任以来致力于积极发展对华关系，愿继续本着相互尊重、平等相待、互利共赢的原则，同加方加强高层互访，提升贸易投资合作水平，重点对接基础设施建设和创新领域发展战略，积极拓展核电等领域第三方市场合作，密切各层级、各领域友好交流，使中加战略伙伴关系更好造福两国人民。

克雷蒂安愉快地回忆起他多次访华的经历，表示加中关系发展良好，经济互补性强，是天然合作伙伴。双方在核能、基础设施建设等领域合作大有潜力可挖。相信加中关系将开启新的“黄金时期”，加方愿同中方继续为此作出不懈努力。

李克强在会见帕里卡尔时表示，中国高度重视发展同印度的关系，愿同印方保持密切交往，增进战略互信，扩大共同利益，妥善管控分歧，推动中印关系健康稳定发展。当前世界经济复苏乏力，地区热点和冲突不断，中印加强合作、共同发展，会成为亚洲发展的巨大引擎，也将推动世界经济发展，并向世界发出和平发展的积极信号。希望两国防务部门和军队加强交往、对话与沟通，共同维护好中印边境地区的和平与安宁，为两国关系发展创造良好条件和氛围。

帕里卡尔表示，希望双方携手努力，妥善处理有关问题，继续保持各领域密切合作的势头。两国防务关系的进一步发展，有助于促进双方经贸等领域合作。期待印中两个伟大的国家加强合作、促进友好，取得更多成果。

4月19日

［纲　文］ **国务院批复黑龙江省人民政府、发展改革委，同意设立黑龙江绥芬河—东宁重点开发开放试验区。**

［目　文］ 批复说：一、同意设立黑龙江绥芬河—东宁重点开发开放试验区（以下简称试验区），建设实施方案由发展改革委负责印发。试验区位于黑龙江省东南部，毗邻俄罗斯远东地区，是我国对俄开放的重要窗口、参与东北亚合作的重要前沿。建设试验区是加快沿边开发开放步伐、完善我国全方位对外开放格局的重要举措，有利于深化中俄全面战略协作伙伴关系，扩大我国同东北亚周边国家的经贸往来与务实合作，促进东北老工业基地振兴，实现边疆繁荣稳定发展。二、试验区建设要全面贯彻党的十八大和十八届三中、四中、五中全会精神，牢固树立和贯彻落实创新、协调、绿色、开放、共享的新发展理念，按照党中央、国务院决策部署，紧紧抓住推进“一带一路”建设的重大机遇，充分发挥对东北亚开放合作的综合优势，解放思想、先行先试，深化改革、扩大开放，加快培育新的发展动能，着力推进基础设施互联互通，深化投资贸易合作，发展特色优势产业，加快新型城镇化建设，保障和改善民生，加强生态建设和环境保护，优化发展环境，努力将试验区建设成为中俄战略合作及东北亚开放合作的重要平台、联通我国与俄罗斯远东地区的综合性交通枢纽、沿边地区重要的经济增长点、睦邻安邻富邻的示范区，形成沿边开发开放可复制可推广的经验。三、黑龙江省人民政府要切实加强对试验区建设的组织领导，健全机制、明确分工、落实责任，充分发挥市场配置资源的决定性作用，更好发挥政府作用，有效引导社会资源，合理配置公共资源，有力有序有效推进试验区建设发展。要认真做好试验区建设总体规划和有关专项规划研究编制工作，积极探索“多规合一”，优化空间布局，保护生态环境，集约节约利用资源。规划建设必须符合土地利用总体规划、城市总体规划、镇总体规划、环境保护规划、水资源综合规划等相关专项规划的要求。试验区建设涉及的重要政策和重大建设项目要按规定程序报批。四、国务院有关部门要按照职能分工，加大对试验区建设的支持力度，在有关规划编制、政策制定、资金投入、项目安排等方面给予积极指导和倾斜。部门之间要加强沟通协调，深入调查研究，及时总结经验，指导和帮助地方切实解决试验区建设过程中遇到的问题，为试验区发展营造良好的政策环境。发展改革委要加强综合协调，对试验区建设情况进行跟踪分析和监督检查，适时开展阶段性总结评估，重大问题和情况及时报告国务院。

4月19日

［纲　文］ **国务院印发《关于在上海市浦东新区暂时调整有关行政法规和国务院文件规定的行政审批等事项的决定》。**

［目　文］ 《决定》说，根据《国务院关于上海市开展“证照分离”改革试点总体方案的批复》，国务院决定，自2016年4月19日至2018年12月21日，在上海市浦东新区暂时调整《中华人民共和国药品管理法实施条例》《放射性药品管理办法》《化妆品卫生监督条例》《国务院对确需保留的行政审批项目设定行政许可的决定》《国务院关于第三批取消和调整行政审批项目的决定》《国务院关于加强出入境中介活动管理的通知》《国务院关于第六批取消和调整行政审批项目的决定》《国务院关于取消和调整一批行政审批项目等事项的决定》《国务院关于对加工贸易进口料件试行银行保证金台账制度的批复》《国务院关于取消和下放50项行政审批项目等事项的决定》《国务院办公厅转发国家经贸委等部门关于进一步完善加工贸易银行保证金台账制度意见的通知》等11部行政法规和国务院文件规定的行政审批等事项。国务院有关部门、上海市人民政府要根据上述调整，及时对本部门、本市制定的规章和规范性文件作相应调整，建立与试点工作相适应的管理制度。国务院将根据“证照分离”改革试点工作的实施情况，适时对本决定的内容进行调整。

4月19日

［纲　文］ **国务院批复浙江省人民政府，同意设立舟山江海联运服务中心。**

［目　文］ 批复说：一、原则同意设立舟山江海联运服务中心。舟山江海联运服务中心范围包括舟山群岛新区全域和宁波市北仑、镇海、江东、江北等区域，陆域面积约2500平方公里，海域面积约2.1万平方公里。舟山江海联运服务中心区位优势独特，深水港口资源丰富，江海联运服务优势明显，大宗商品中转储备交易基础良好。设立舟山江海联运服务中心，是贯彻落实党中央、国务院有关决策部署的重要举措，有利于加强资源整合，促进江海联运发展，提高长江黄金水道运输效率，增强国家战略物资安全保障能力，对于实施长江经济带发展战略，加强与21世纪海上丝绸之路的衔接互动，推动海洋强国建设具有重要意义。二、舟山江海联运服务中心建设要紧密围绕国家战略，以宁波—舟山港为依托，以改革创新为动力，加快发展江海联运，完善铁路内河等集疏运体系，增强现代航运物流服务功能，提升大宗商品储备加工交易能力，打造国际一流的江海联运综合枢纽港、航运服务基地和国家大宗商品储运加工交易基地，创建我国港口一体化改革发展示范区。三、浙江省人民政府要切实加强对舟山江海联运服务中心建设的组织领导，明确任务分工，落实工作责任，建立健全投资建设、运营管理机制，在确保生态环境安全的基础上统筹推进舟山江海联运服务中心建设。舟山市、宁波市要积极发挥主体作用，认真组织实施。舟山江海联运服务中心建设涉及的重要政策和重大建设项目要按规定程序报批。四、国务院有关部门要按照职能分工，密切配合，加强对舟山江海联运服务中心建设的指导，在规划编制、政策实施、项目布局、体制创新等方面给予积极支持，营造良好政策

环境。

4 月 19 日

［纲　文］　**国务院办公厅印发《2016 年全国打击侵犯知识产权和制售假冒伪劣商品工作要点》。**

［目　文］　《要点》由七个部分组成：一、加强重点领域治理。二、强化行业日常监管。三、加强法规制度建设。四、加强部门协同与司法保护。五、推动打防结合打建结合。六、开展多样化宣传教育。七、做好多双边协作与交流。

4 月 19 日

［纲　文］　**最高法印发《最高人民法院关于宪法宣誓的组织办法》。**

［目　文］　《办法》共 9 条，自 2016 年 4 月 19 日起施行，《中华人民共和国法官宣誓规定（试行）》同时废止。

4 月 19 日

［纲　文］　**林业局公布《林木种子生产经营许可证管理办法》。**

［目　文］　《办法》共 5 章 27 条，主要有总则、申请、审核和核发、监督管理、附则等内容，自 2016 年 6 月 1 日起施行。林业局于 2002 年 12 月 2 日发布、2011 年 1 月 25 日第一次修改、2015 年 4 月 30 日第二次修改的《林木种子生产、经营许可证管理办法》同时废止。

4 月 19 日

［纲　文］　**证监会、财政部、人民银行公布修订后的《证券投资者保护基金管理办法》，自 2016 年 6 月 1 日起施行。**

4 月 19 日

［纲　文］　**交通运输部公布修改后的《机动车维修管理规定》《港口经营管理规定》《港口工程竣工验收办法》，自 2016 年 4 月 19 日起施行。**

4 月 19 日

［纲　文］　**水利部印发《水权交易管理暂行办法》。**

［目　文］　《办法》共 6 章 32 条，主要有总则、区域水权交易、取水权交易、灌溉用水户水权交易、监督检查、附则等内容，自 2016 年 4 月 19 日起施行。

4 月 19 日

［纲　文］　**中共中央政治局常委刘云山在北京会见坦桑尼亚革命党主席、前总统基奎特率领的坦革命党代表团。**

［目　文］　刘云山说，中坦友谊由两国老一辈领导人共同缔造、历久弥坚。2013 年习近平主席访坦时与坦方领导人达成重要共识，将中坦关系提升为互利共赢的全面合作伙伴关系，双边关系达到新的高度。中方秉持“真实亲诚”对非工作方针，愿与坦方一道深化务实合作、实现共同发展。建设好国家，重要的是建设好党，走符合本国国情的发展道路。中共愿与坦革命党深化交往合作，加强治国理政经验交流，推动中坦关系持续健康深入发展。

基奎特转达马古富力总统对习近平主席和中国共产党、中国政府和人民的问候和敬意并表示，双方历任领导人共同关心和培育的坦中友谊给坦人民带来福祉。坦新政府坚定奉行对华友好政策，坦革命党珍视与中共的友好关系，愿与中方一道推动两国两党关系提升到新水平。

4月19日

［纲　文］　**汪洋在北京主持召开国家防汛抗旱总指挥部专题会议。**

［目　文］　国务院副总理、国家防汛抗旱总指挥部总指挥汪洋指出，2016年我国防汛抗旱形势异常严峻，要认真贯彻落实习近平总书记重要指示精神和李克强总理批示要求，把确保人民群众生命安全放在首位，立足防大汛、抗大旱、救大灾，强化责任落实，全面排除隐患，细化应对措施，全力做好防汛抗旱工作，为促进经济平稳健康发展、保持社会和谐稳定提供有力保障。受厄尔尼诺事件影响，2016年我国入汛早，汛情急，后期发生严重洪涝干旱灾害可能性较大。要进一步增强责任感和紧迫感，认真落实防汛抗旱行政首长负责制，加强督促检查，完善应对预案，确保防汛抗旱工程、队伍、物资等措施落实到位。要抓紧防洪设施建设，强化病险工程除险加固、水毁工程修复和抗旱应急工程建设，尤其要加快长江中下游崩岸险情应急抢护。密切监视天气和汛情、旱情变化，及时发布预测预警信息，强化汛期值守、巡坝查险、避险转移。加强山洪、滑坡、泥石流、台风等灾害防御，推进群防群测体系建设，避免人员伤亡，确保安全度汛。

4月19日

［纲　文］　**知识产权局公布，2015年中国发明专利全年共受理专利申请279.9万件，其中发明专利申请量达到110.2万件，同比增长18.7%，连续5年位居世界首位。**

4月19日

［纲　文］　**知识产权局、工商总局、版权局在国新办召开新闻发布会上公布，截至2015年底，中国商标累计申请1840.27万件，累计注册1225.39万件，有效注册1034.39万件。**

4月19日

［纲　文］　**中央纪委监察部网站发布：经中共中央批准，中共中央纪委对贵州省政协党组成员、副主席孔令中严重违纪问题立案审查。**

［目　文］　经查，孔令中同志身为党的高级领导干部，纪律意识淡薄，严重违反政治纪律，对抗组织审查；严重违反中央八项规定精神，接受私营企业主安排的旅游、健身、宴请等活动；严重违反廉洁纪律，利用职务上的便利谋取私利，利用职务上的影响为亲属经营活动谋取利益；严重违反工作纪律。依据《中国共产党纪律处分条例》等有关规定，经中央纪委常委会议审议并报中共中央批准，决定给予孔令中同志留党察看一年、行政撤职处分，降为正厅级非领导职务。

4月19—20日

［纲　文］　**环境保护部在北京召开第五次全国核与辐射安全监管工作会议。**

［目　文］　会议学习贯彻党中央、国务院关于加强核与辐射安全监管的决策部署，分析核与辐射安全形势，总结“十二五”工作，部署“十三五”任务。环境保护部部长陈吉宁出席会议并强调，要认真贯彻党中央、国务院关于加强核与辐射安全监管的决策部署，强化监管体系与能力建设，筑牢监管防线，确保国家核与辐射安全。

4月19—21日

［纲　文］　**第五届中德环境论坛在南京举行**。

［目　文］　举办此届论坛是2014年10月两国总理在柏林举行第三轮中德政府磋商期间发表《中德合作行动纲要》所确定的活动。本届论坛主题为“应对实施挑战——迈向包容性可持续增长”。中国与德国政府部门、学术团体和企业代表围绕资源效率、绿色采购、可持续消费与生产、绿色金融、水气土污染防治、生物多样性保护等领域展开深入研讨。

4月20日

［纲　文］　**习近平视察军委联合作战指挥中心**。

［目　文］　中央军委副主席范长龙、许其亮，中央军委委员常万全、赵克石、张又侠、吴胜利、马晓天、魏凤和等参加活动。

中央军委主席、军委联指总指挥习近平指出，要以党在新形势下的强军目标为引领，贯彻新形势下军事战略方针，聚焦研究打仗、指挥作战这个核心职能，进一步解放思想、转变观念、开拓创新、攻坚克难，努力建设绝对忠诚、善谋打仗、指挥高效、敢打必胜的联合作战指挥机构，构建平战一体、常态运行、专司主营、精干高效的战略战役指挥体系，为实现中国梦强军梦提供坚强支撑。健全军委联指中心是深化国防和军队改革的重要内容，是强化军委战略指挥功能的重要举措。当前，作战指挥战略性、联合性、时效性、专业性、精确性要求越来越高。要坚持底线思维，强化危机意识，担起历史重任，适应国家安全战略需求，紧跟世界新军事革命潮流，抓住和用好国防和军队改革这个历史性机遇，努力构建适应打赢信息化战争、能有效履行使命任务的联合作战指挥体系。要解放思想、实事求是，一切以提高作战指挥能力为根本目的，一切以能打仗、打胜仗为根本标准，扭住制约联合作战指挥的矛盾和问题寻求突破。要适应联合作战指挥体制改革，抓紧理顺有关重大关系，健全完善联合作战指挥运行机制。要采取超常措施，多管齐下培养联合作战指挥人才，尽快有一个大的突破。要强化军事需求牵引，加紧开发利用先进军事技术手段，提高指挥手段的先进性、有效性和自主可控水平。要深入研究信息化战争制胜机理，研究现代作战指挥规律，构建具有我军特色、符合现代战争规律的先进作战理论体系。要适应改革要求，加紧形成科学配套的联合作战法规体系。军委联指中心要把握好职能定位，进一步完善编组、优化程序、明确责任，优化完善运行模式。要加强指挥理论学习、指挥技能培训、指挥处置演练，不断提高实际指挥能力。要抓好战备值班工作，深入研判可能发生的安全风险，有效应对各类突发情况。要以军委联指中心运行实践促进战区联指中心工作，尽快形成联合作战指挥能力。

4月20日

［纲　文］ **中共中央总书记习近平致电祝贺劳尔·卡斯特罗再次当选古巴共产党中央第一书记。**

4月20日

［纲　文］ **李克强主持召开国务院常务会议。**

［目　文］ 会议主要内容是：一、部署开展交通基础设施扶贫，增强贫困地区脱贫致富能力。以革命老区、民族地区、边疆地区和贫困地区为重点，加强交通基础设施建设。到2020年，在贫困地区建成广覆盖、深通达、提品质的交通网络。一是实施百万公里农村公路建设工程，实现乡镇和建制村通硬化路、通客车，改造公路危桥，改善贫困地区发展旅游等产业交通条件。二是实施高速公路、铁路、机场等百项骨干通道工程，实现二级及以上高等级公路基本覆盖所有县城，铁路和高速公路基本覆盖市（地、州）行政中心。推进沿边公路空白路段建设。加大财税、用地等政策支持，建养并重，健全投资和管理长效机制。实施“双百”工程，可拉动有效投资，扩大就业，放大交通扶贫效应，造福亿万群众。二、决定建设一批大众创业、万众创新示范基地，推动双创迈向更高层次和水平。按照《政府工作报告》部署，遵循市场规律，建设一批高水平、有特色的双创示范基地，构筑完备的创业创新服务链，促进科技与经济融合发展。首批选择部分省市的一个区域，同时选择若干高校和科研院所、已有成效的生产企业、网络平台企业等建设双创示范基地，重点围绕简政放权、营造公平竞争环境、成果收益分配和科研经费使用制度、人才流动、协同创新和开放共享、发展分享经济等开展试点，并进行动态调整，探索形成可复制、可推广的经验，激发全社会创业创新活力，以发展新经济，催生更多新技术、新产业、新业态。三、确定促进进出口回稳向好的政策措施，推进外贸转型升级。一要鼓励金融机构对有订单、有效益的外贸企业贷款，扩大出口信保保单融资，增加短期出口信保规模，提高部分机电产品出口退税率。二要完善加工贸易政策，取消加工贸易业务审批，健全事中事后监管机制。实施支持中西部承接加工贸易转移的政策。鼓励中西部到东部招商引资，对东部地区加工贸易转移腾退用地经批准可转作商业、旅游、养老之用。三要扩大跨境电子商务、市场采购贸易方式和外贸综合服务企业试点，支持企业建设境外营销和服务体系。培育外贸自主品牌。四要实行积极的进口政策，重点支持先进设备和技术进口。更好发挥利用外资和对外投资对贸易的促进作用。五要在符合条件的海关特殊监管区域探索货物状态分类监管试点，在税负公平、风险可控前提下，赋予具备条件的企业增值税一般纳税人资格。进一步降低出口平均查验率，年内将国际贸易“单一窗口”建设推广到有条件的中西部地区。打击侵权假冒等违法行为。

4月20日

［纲　文］ **财政部、发展改革委印发《关于扩大18项行政事业性收费免征范围的通知》。**

［目　文］ 《通知》说，为落实《国务院关于落实〈政府工作报告〉重点工作部门分

工的意见》，现将扩大18项行政事业性收费免征范围有关政策通知如下：

一、将现行对小微企业免征的18项行政事业性收费的免征范围扩大到所有企业和个人。具体收费项目见下文。二、扩大上述行政事业性收费免征范围后，各级财政部门要做好经费保障工作，妥善安排相关部门和单位预算，保障工作正常开展，积极支持相关事业发展。三、有关部门和单位要到财政部门办理财政票据缴销手续。有关收费的清欠收入，应当按照财政部门规定渠道，全额上缴国库。四、各地区、各有关部门和单位要严格执行本通知规定，不得以任何理由拖延或者拒绝执行。各级财政、价格部门要加强对落实本通知情况的监督检查，对不按规定免征相关收费项目的，按有关规定给予处罚，并追究责任人的行政责任。五、本通知自2016年5月1日起执行。

扩大免征范围的18项行政事业性收费有：1.国内植物检疫费；2.新兽药审批费；3.《进口兽药许可证》审批费；4.《兽药典》《兽药规范》和兽药专业标准收载品种生产审批费；5.已生产兽药品种注册登记费；6.拖拉机号牌（含号牌架、固定封装置）费；7.拖拉机行驶证费；8.拖拉机登记证费；9.拖拉机驾驶证费；10.拖拉机安全技术检验费；11.渔业船舶登记（含变更登记）费；12.社会公用计量标准证书费；13.标准物质定级证书费；14.国内计量器具新产品型式批准证书费；15.修理计量器具许可证考核费；16.计量考评员证书费；17.计量授权考核费；18.林权勘测费。

4月20日

［纲　文］　**交通运输部公布《民用运输机场突发事件应急救援管理规则》。**

［目　文］　《规则》共9章72条，主要有总则、突发事件分类和应急救援响应等级、应急救援组织机构及其职责、突发事件应急救援预案、应急救援的设施设备及人员、应急救援的处置和基本要求、应急救援的日常管理和演练、法律责任、附则等内容，自2016年5月21日起施行。2000年4月3日发布的《民用运输机场应急救援规则》同时废止。

4月20日

［纲　文］　**交通运输部、公安部、安全监管总局公布修改后的《道路运输车辆动态监督管理办法》，自2016年4月20日起施行。**

4月20日

［纲　文］　**中印边界问题特别代表第19次会晤在北京举行。**

［目　文］　中方特别代表、国务委员杨洁篪同印方特别代表、印度国家安全顾问多瓦尔就边界问题、双边关系和有关国际地区问题进行了广泛、深入、坦诚的沟通。双方认为，中印边界谈判保持积极势头，边界争议得到有效管控，边境地区总体和平稳定。双方将从两国关系长远发展的大局出发，本着相互尊重和理解的积极态度，在已有谈判成果基础上，坚持政治解决方向，坚持通过和平谈判解决边界问题，相向而行，继续推进框架谈判进程，争取达成公平合理和双方都能接受的解决方案。同时，妥善管控处理争议，加强边境事务磋商，维护好边境地区和平安宁，为两国关系发展创造有利条件。

21日，国务院总理李克强在北京会见多瓦尔时表示，中印边界问题特别代表会晤启动以来，为双方增进互信、扩大共识发挥了建设性作用。我们要继续从中印关系大局出发，探讨通过外交途径、以和平方式妥善解决边界问题。在找到公平合理、双方都能接受的解决方案前，一定要管控好分歧，共同致力于维护边境地区的和平与安宁。这也可以为两国深入推进经贸合作提供稳定的预期。当前世界经济复苏乏力，地缘政治动荡更加突出。中印作为两个最大的新兴经济体，经济保持中高速增长，对世界是鼓舞，对亚洲是带动。希望双方珍惜和维护好两国关系良好发展势头，充分发挥经济互补优势，开展多领域务实合作，密切在国际和地区事务中的沟通协调，向世界发出中印携手维护和平稳定、促进发展进步的积极信号。

多瓦尔表示，印中关系取得了积极进展，两国既面临发展经济的艰巨挑战，也拥有开展合作的巨大机遇。印方愿同中方加强高层交往，深化经济、安全等各领域合作，妥善处理边界问题，推动两国关系取得更大发展。

4月20日

［纲　文］　**国务院总理李克强就日本熊本县强烈地震向日本首相安倍晋三致慰问电。**

4月20日

［纲　文］　**外交部发言人就英国外交国务大臣斯瓦尔发表关于南海问题的言论表示，有关言论罔顾事实，中方对此强烈不满。**

［目　文］　据报道，4月18日，英国外交国务大臣斯瓦尔在华盛顿战略与国际研究中心发表讲话称，南海紧张是由中国的强硬行动所造成，海牙仲裁庭就南海仲裁案的裁决对中菲双方均有约束力，英国将与美国一道支持仲裁判决。

发言人表示，斯瓦尔先生的有关言论罔顾事实，充满歧视和偏袒，严重违背英方在有关问题上不持立场的承诺，我们对此强烈不满。所谓“南海紧张”完全是美、菲出于各自政治目联手上演的一出“双簧”。每年通过南海地区的10多万艘各国船只平安依旧，唯一不同的是美国的军机军舰在南海出动得更频密更高调了。就在前天，美驻菲律宾大使还表示将向菲提供侦察飞艇和价值4200万美元的军事设备。事实证明，如果南海紧张，美国才是最大的推手。指责南海紧张是由中国的强硬行动造成的，这完全是颠倒黑白，混淆是非。至于南海仲裁案，中方已多次指出，菲律宾单方面提起南海仲裁案的实质和目的是企图全面否定中国对南沙群岛的领土主权，显然有幕后指使和政治操作。对于这样一场走了调、变了味的所谓仲裁，就像王毅部长在两会记者会上所说，中方当然恕不奉陪。南海仲裁案严重损害了《联合国海洋法公约》的严肃性和权威性，是对国际法的滥用。中方不接受、不参与所谓仲裁恰恰是在维护国际法，维护公约的严肃性。

4月20—24日

［纲　文］　**中央纪委在北京举办派驻纪检组组长副组长培训班。**

［目　文］　中央纪委书记王岐山出席开班式并讲话。中央纪委各派驻机构共150余名负责人参加培训。中央纪委有关领导同志分别围绕加强党的领导，牢固树立“四个意识”；尊崇党章，聚焦监督执纪问责，建设忠诚干净担当队伍；全面加强派驻机构建设，

探索党长期执政条件下强化党内监督有效途径等专题为培训班授课。

王岐山指出，全面从严治党是实现“两个一百年”奋斗目标和中华民族伟大复兴的根本保证。要把贯彻落实习近平总书记在中央纪委六次全会上的重要讲话同学习领会系列重要讲话精神结合起来，密切联系各部门实际，从点点滴滴抓起，坚决维护党章，全面落实全会部署，在“严”和“实”中体现“深”和“细”，不断增强党的凝聚力和战斗力。

4 月 20—21 日

［纲　文］　**中印边界问题特别代表第 19 次会晤在北京举行。**

［目　文］　中方特别代表、国务委员杨洁篪同印方特别代表、印度国家安全顾问多瓦尔就边界问题、双边关系和有关国际地区问题进行广泛、深入、坦诚的沟通。双方认为，中印边界谈判保持积极势头，边界争议得到有效管控，边境地区总体和平稳定。双方将从两国关系长远发展的大局出发，本着相互尊重和理解的积极态度，在已有谈判成果基础上，坚持政治解决方向，坚持通过和平谈判解决边界问题，相向而行，继续推进框架谈判进程，争取达成公平合理和双方都能接受的解决方案。同时，妥善管控处理争议，加强边境事务磋商，维护好边境地区和平安宁，为两国关系发展创造有利条件。

21 日，国务院总理李克强在北京会见多瓦尔时表示，中印边界问题特别代表会晤启动以来，为双方增进互信、扩大共识发挥了建设性作用。我们要继续从中印关系大局出发，探讨通过外交途径、以和平方式妥善解决边界问题。在找到公平合理、双方都能接受的解决方案前，一定要管控好分歧，共同致力于维护边境地区的和平与安宁。这也可以为两国深入推进经贸合作提供稳定的预期。当前世界经济复苏乏力，地缘政治动荡更加突出。中印作为两个最大的新兴经济体，经济保持中高速增长，对世界是鼓舞，对亚洲是带动。希望双方珍惜和维护好两国关系良好发展势头，充分发挥经济互补优势，开展多领域务实合作，密切在国际和地区事务中的沟通协调，向世界发出中印携手维护和平稳定、促进发展进步的积极信号。

多瓦尔表示，印中关系取得了积极进展，两国既面临发展经济的艰巨挑战，也拥有开展合作的巨大机遇。印方愿同中方加强高层交往，深化经济、安全等各领域合作，妥善处理边界问题，推动两国关系取得更大发展。

4 月 20—24 日

［纲　文］　**外交部部长王毅应邀对文莱、柬埔寨和老挝进行访问。**

［目　文］　21 日，文莱苏丹哈桑纳尔在斯里巴加湾市王宫会见王毅。22 日，柬埔寨首相洪森在金边首相府会见王毅。

23 日，王毅与老挝外长沙伦塞在万象举行会谈，双方就南海问题达成共识，一致认为，南沙部分岛礁存在的争议不是中国和东盟之间的问题，不应影响中国—东盟关系发展。主权国家根据国际法享有的自主选择争端解决方式的权利应该得到尊重，老方理解中方依据《联合国海洋法公约》第 298 条作出的排除性声明。各方均应支持直接当事国根据《南海各方行为宣言》第四条规定，通过友好磋商和谈判，和平解决领土和海洋争议问题，维护南海和平与稳定。同日，老挝人民革命党中央总书记、国家主席本扬在万象会见王毅时说，中国共产党和中国政府大力支持帮助老挝国家发展，促进了老挝经济社会发展，老挝党和政府衷心感谢。王毅说，中方愿与老方制定共建“一带一路”规划，帮助老挝完善基础设施，加快建设中老铁路，实现互联互通。开展产能合作，帮助老挝实现工业化，加强自主发展能力。

4月21日

［纲　文］　**新华社讯，习近平就信访工作作出指示。**

［目　文］　中共中央总书记习近平指出，当前群众通过信访渠道反映出来的信访突出问题，既有新动向，也有老难题，但都事关群众切身利益，事关社会和谐稳定。各地各部门要高度重视，强化责任担当，综合运用法律、政策、经济、行政等手段和教育、调解、疏导等办法，把群众合理合法的利益诉求解决好。各地各部门要加强风险研判，加强源头治理，努力将矛盾纠纷化解在基层、化解在萌芽状态，避免小问题拖成大问题，避免一般性问题演变成信访突出问题。

国务院总理李克强作出批示，要求有关部门有针对性地完善解决思路和措施，认真处理信访反映的突出问题，同时注意完善体制机制，努力化解矛盾，维护群众合法权益。

4月21日

［纲　文］　**国务院办公厅印发《深化医药卫生体制改革2016年重点工作任务》。**

［目　文］　《任务》由10个部分组成：一、全面深化公立医院改革。二、加快推进分级诊疗制度建设。三、巩固完善全民医保体系。四、健全药品供应保障机制。五、建立健全综合监管体系。六、加强卫生人才队伍建设。七、稳固完善基本公共卫生服务均等化制度。八、推进卫生信息化建设。九、加快发展健康服务业。十、加强组织实施。

4月21日

［纲　文］　**国务院办公厅印发《关于强化学校体育促进学生身心健康全面发展的意见》。**

［目　文］　《意见》由六个部分组成：一、总体要求。二、深化教学改革，强化体育课和课外锻炼。三、注重教体结合，完善训练和竞赛体系。四、增强基础能力，提升学校体育保障水平。五、加强评价监测，促进学校体育健康发展。六、组织实施。

4月21日

［纲　文］　**国务院办公厅印发《促进科技成果转移转化行动方案》。**

［目　文］　《方案》由三个部分组成：一、总体思路。二、重点任务。三、组织与实施。

4月21日

［纲　文］　**最高人民法院印发《关于开展家事审判方式和工作机制改革试点工作的意见》。**

［目　文］　《意见》由九个部分组成：一、改革目标。二、基本原则。三、工作理

念。四、工作机制。五、试点案件范围。六、试点模式。七、试点法院。八、试点期间。九、试点指导。自2016年6月1日起开展家事审判方式和工作机制改革试点工作。试点期间为两年。

4月21日

［纲　文］ **交通运输部公布《民用航空空中交通管制培训管理规则》。**

［目　文］ 《规则》共7章70条，主要有总则、培训的组织与实施、基础培训、岗位培训、监督检查、法律责任、附则等内容，自2016年5月22日起施行。1998年8月1日公布的《中国民用航空空中交通管制岗位培训管理规则》同时废止。

4月21日

［纲　文］ **交通运输部公布《民用机场建设管理规定》。**

［目　文］ 《规定》共11章120条，主要有总则、运输机场选址、运输机场总体规划、运输机场工程初步设计、运输机场工程施工图设计、运输机场建设实施、运输机场工程验收、运输机场工程建设信息、空管工程建设管理、法律责任、附则等内容，自2016年5月22日起施行。2004年颁布的《民用机场建设管理规定》同时废止。

4月21日

［纲　文］ **交通运输部公布《民用航空运输机场航空安全保卫规则》。**

［目　文］ 《规则》共8章160条，主要有总则、一般规定、航空安保方案、运行航空安保措施、安保应急处置、监督管理、法律责任、附则等内容，自2016年5月22日起施行。

4月21日

［纲　文］ **交通运输部公布《公共航空运输企业航空安全保卫规则》。**

［目　文］ 《规则》共8章145条，主要有总则、一般规定、航空安保方案、运行安保措施、安保应急处置、监督管理、法律责任、附则等内容，自2016年5月22日起施行。

4月21日

［纲　文］ **交通运输部发布《关于修改〈民用航空器领航员、飞行机械员、飞行通信员合格审定规则〉和废止〈民用航空运输凭证印制管理规定〉的决定》，自2016年5月22日起施行。**

4月21日

［纲　文］ **交通运输部公布修改后的《机动车驾驶员培训管理规定》《道路运输从业人员管理规定》，自2016年4月21日起实施。**

4月21日

［纲　文］ **全国政协在北京召开双周协商座谈会，围绕“推进安宁疗护工作”建言献策。**

［目　文］ 全国政协主席俞正声主持座谈会。全国政协副主席杜青林、张庆黎、刘

晓峰出席座谈会。全国政协副主席韩启德在座谈会上发言。卫生计生委副主任王培安介绍了有关情况。民政部副部长高晓兵、人力资源社会保障部副部长游钧等与委员互动交流。全国政协委员何维、黄洁夫、蔡威、吴明、范利、刘玉村、花亚伟、任国胜、王正荣、赵吉光、方来英、胡定旭、李秀华、刘敬民、赵平，以及专家学者罗峪平、韩琤琤在座谈会上发言。

委员们认为，安宁疗护主要是为患有不可治愈的疾病患者在临终前提供减轻痛苦的医疗护理服务。安宁疗护关乎患者的生命质量，关乎医学的价值取向和社会的文明进步，是一个重要的民生问题。目前，安宁疗护工作还存在着社会认知度低、安宁疗护服务供给不足、专业队伍尚未建立、安宁疗护的政策支持不够等问题，需要进一步推进这项工作。

一些委员建议，推进安宁疗护工作，一是要明确安宁疗护的内涵和功能定位，统一安宁疗护可以改善病人生活质量、减少家庭压力、改进医院医疗服务意义的认识。二是安宁疗护是一种自愿接受的服务，需要加强宣传，逐步为社会舆论和公众所认同和理解。三是要在分级诊疗基础上做好场所建设，以基层社区医院为重点，建立大医院、社区医院和家庭医生的分工负责和联系协作机制。四是要改进筹资方式，主要解决社保对安宁疗护作为特殊病种的支付方式。五是要加强对安宁疗护医生和护士的培养和培训，同时也要在社会进行安宁疗护基本知识的普及。六是要建立科学合理的安宁疗护的规范、标准、路径和流程。七是要建立跨部门的协调机制，明确牵头单位，注意发挥专业协会的作用，从城市开始在实践中逐步推开。另外，有的委员还就商业保险引入安宁疗护、安宁疗护的政府采购等问题提出意见建议。

4月21日

［纲　文］　**商务部在北京召开全国外贸工作电视电话会议。**

［目　文］　国务院副总理汪洋出席会议并讲话。商务部部长高虎城介绍了当前全国外贸形势及下一步重点工作。财政部、海关总署、质检总局分别宣讲外贸稳增长调结构的政策措施。广东、江苏、重庆等地方介绍了促进外贸回稳的做法。

汪洋指出，2016年以来我国进出口形势更加严峻复杂，外贸下行压力进一步加大，但外贸发展的基本面和长期向好的趋势没有改变。要认真贯彻落实《政府工作报告》部署和国务院第130次常务会议精神，紧紧扭住进出口回稳向好的工作目标，坚定信心，迎难而上，强化工作责任，狠抓政策落实，坚决打赢外贸回稳向好攻坚战。回稳向好是稳增长与调结构的统一，要把稳增长寓于调结构之中，注重通过推进供给侧结构性改革培育外贸发展新动能。综合运用财政、土地、金融等政策，支持加工贸易向中西部地区梯度转移。支持企业培育品牌和营销网络，鼓励跨境电子商务等新业态发展，促进外贸提质增效。大力优化外贸发展环境，加快推进全国通关一体化和国际贸易“单一窗口”建设。更加注重发挥双向投资对贸易的促进作用，加大招商引资力度，推进装备制造“走出去”和国际产能合作。

4月21日

［纲　文］　**国家公共文化服务体系建设协调组第四次全体会议在北京召开。**

［目　文］　会议总结协调组 2015 年工作，并安排部署了下一阶段重点工作任务。协调组召集人、文化部部长雒树刚出席会议并讲话，文化部副部长杨志今主持会议。协调组成员单位的负责人介绍了本部门 2015 年以来的主要工作，并对《协调组 2016 年工作要点》进行了审议。

4 月 21 日

［纲　文］　**长三角区域大气污染防治协作机制办公室第六次会议在浙江省杭州市召开。**

［目　文］　协作小组副组长、环境保护部部长陈吉宁，浙江省省长李强出席会议，协作小组办公室主任、环境保护部副部长赵英民主持会议。会议听取了上海市、江苏省、浙江省、安徽省、江西省政府分管领导以及协作小组办公室关于杭州二十国集团峰会环境空气质量保障工作进展情况的介绍，并对下一步工作进行动员部署。

4 月 21 日

［纲　文］　**国务院副总理刘延东在北京会见美国杜克大学校长布罗德海德一行。**

［目　文］　刘延东肯定了杜克大学与中方在教育、科研等领域的合作，鼓励杜克大学积极参与中美人文交流，推动双方合作上一个新台阶并指出，人文交流是构建中美新型大国关系的重要支柱。中美人文交流高层磋商机制成立 6 年来，双方在教育、科技、文化、体育、卫生、妇女和青年 7 个领域取得近 400 项合作成果，对促进人民的相互了解和友谊发挥了重要作用。

4 月 21 日

［纲　文］　**外交部发言人就日本首相安倍晋三向靖国神社供奉祭品表示，中方敦促日方切实正视和深刻反省侵略历史。**

［目　文］　发言人表示，靖国神社供奉着对侵略战争负有直接责任的“二战”甲级战犯。中方在靖国神社问题上的立场是一贯和明确的，我们敦促日方切实正视和深刻反省侵略历史，同军国主义划清界限，以实际行动取信于亚洲邻国和国际社会。

4 月 21 日

［纲　文］　**《人民日报》发表题为《网络发展要让人民有更多获得感——一论学习习近平在网络安全和信息化工作座谈会重要讲话》的评论员文章。**

4 月 21 日

［纲　文］　**《人民日报》报道，经中共中央批准，中共中央纪委对中央台湾工作办公室原副主任、国务院台湾事务办公室原副主任龚清概严重违纪问题立案审查。**

［目　文］　龚清概身为党的高级领导干部，理想信念丧失，严重违反党的纪律，且党的十八大后仍不收敛、不收手，性质恶劣、情节严重。依据《中国共产党纪律处分条例》等有关规定，经中央纪委常委会议审议并报中共中央批准，决定给予龚清概开除党籍处分；由监察部报国务院批准，给予其开除公职处分；收缴其违纪所得；将其涉嫌犯罪问题及所涉款物移送司法机关依法处理。

2017 年 4 月 20 日，河南省安阳市中级人民法院公开宣判龚清概受贿案，对被告人龚清概以受贿罪判处有期徒刑15年，并处没收个人财产人民币500万元；对龚清概受贿所得财物及其孳息予以追缴，上缴国库。

4月21—22日

［纲 文］ **中国—阿拉伯国家政党对话会在宁夏银川举办。**

［目 文］ 对话会由中共中央对外联络部主办，主题为“中阿共建命运共同体—政党使命”。与会中外代表围绕“道路选择与政治引领”“和平稳定与国际反恐”“‘一带一路’与政党作用”三个议题进行深入研讨。来自16个阿拉伯国家30个政党及智库媒体的约70名代表及部分中方专家学者与会。中联部部长宋涛发表了题为《发挥政党引领作用 共建中阿命运共同体》的主旨讲话。

25日，国家副主席李源潮在北京会见与会的埃及前总理沙拉夫等外方代表。

4月22日

［纲 文］ **习近平致信祝贺清华大学建校105周年。**

［目 文］ 中共中央总书记习近平的贺信写道：值此清华大学建校105周年之际，我向全体师生员工和广大校友，致以热烈的祝贺和诚挚的问候！清华大学是我国高等教育的一面旗帜。105年来，清华大学秉承自强不息、厚德载物的校训，开创了中西融汇、古今贯通、文理渗透的办学风格，形成了爱国奉献、追求卓越的精神和又红又专、全面发展的培养特色，培养了大批学术大师、兴业英才、治国人才，为国家、为民族作出了重要贡献。办好高等教育，事关国家发展、事关民族未来。我国高等教育要紧紧围绕实现“两个一百年”奋斗目标、实现中华民族伟大复兴的中国梦，源源不断培养大批德才兼备的优秀人才。站在新的起点上，清华大学要坚持正确方向、坚持立德树人、坚持服务国家、坚持改革创新，面向世界、勇于进取，树立自信、保持特色，广育祖国和人民需要的各类人才，深度参与创新驱动发展战略实施，努力在创建世界一流大学方面走在前列，为国家发展、人民幸福、人类文明进步作出新的更大的贡献。衷心祝愿清华大学的明天更加美好！

4月22日

［纲 文］ **国务院印发《盐业体制改革方案》。**

［目 文］ 《方案》由五个部分组成：一、总体要求。二、强化食盐专业化监管，完善食盐专营制度。三、推进盐业管理综合改革，完善食盐储备制度。四、加强食盐管理制度建设，保障食盐供应安全。五、强化组织领导，落实改革任务。

《方案》明确，从2017年1月1日开始，放开所有盐产品价格，取消食盐准运证，允许现有食盐定点生产企业进入流通销售领域，食盐批发企业可开展跨区域经营。从2018年1月1日开始，现有食盐定点生产企业和批发企业可依照新的规定申请许可，根据许可范围从事相应的经营活动。

4月22日

［纲 文］ **国务院批复安徽省人民政府，同意合肥市城市总体规划。**

［目　文］ 批复说：一、原则同意《合肥市城市总体规划（2011—2020 年）》（以下简称《总体规划》）。二、重视城乡区域统筹发展。在《总体规划》确定的 11433 平方公里城市规划区范围内，实行城乡统一规划管理。根据市域内不同地区的条件，重点发展县城和基础条件好、发展潜力大的重点镇，优化村镇布局，在保持乡村风貌特色的基础上逐步改善村民生产生活条件。三、合理控制城市规模。到 2020 年，中心城区常住人口控制在 360 万人以内，城市建设用地控制在 360 平方公里以内。要贯彻落实城乡规划法关于先规划后建设的原则，禁止在《总体规划》确定的建设用地范围之外设立各类开发区和城市新区。四、完善城市基础设施体系。五、建设资源节约型和环境友好型城市。六、创造优良的人居环境。七、重视历史文化和风貌特色保护。八、严格实施《总体规划》。合肥市人民政府要根据本批复精神，认真组织实施《总体规划》，任何单位和个人不得随意改变。安徽省和住房城乡建设部要加强对《总体规划》实施工作的指导、监督和检查。

4 月 22 日

［纲　文］ **国务院批复浙江省人民政府，同意将温州市列为国家历史文化名城。**

［目　文］ 批复说：一、同意将温州市列为国家历史文化名城。二、浙江省及温州市人民政府要根据本批复精神，按照《历史文化名城名镇名村保护条例》的要求，正确处理城市建设与保护历史文化遗产的关系，深入研究发掘历史文化遗产的内涵与价值，明确保护的原则和重点。编制好历史文化名城保护规划，并将其纳入城市总体规划，划定历史文化街区、文物保护单位、历史建筑的保护范围及建设控制地带，制定严格的保护措施。在历史文化名城保护规划的指导下，编制好重要保护地段的详细规划。在规划和建设中，要重视保护城市格局，注重城区环境整治和历史建筑修缮，不得进行任何与名城环境和风貌不相协调的建设活动。三、浙江省和住房城乡建设部、文物局要加强对温州市国家历史文化名城规划、保护工作的指导、监督和检查。

4 月 22 日

［纲　文］ **财政部、档案局印发《国家重点档案专项资金管理办法》。**

［目　文］《办法》共 7 章 27 条，主要有总则、支出范围、分配方法、资金申报与预算下达、资金支付与使用、预算监管与绩效管理、附则等内容，自 2016 年 5 月 1 日起施行。原《国家重点档案抢救和保护补助费管理办法》同时废止。

4 月 22 日

［纲　文］ **农业部、发展改革委、中央网信办、科技部、商务部、质检总局、食品药品监管总局、林业局印发《“互联网 +”现代农业三年行动实施方案》。**

［目　文］《方案》由四个部分组成：一、总体要求。二、主要任务。三、重大工程。四、保障措施。

4 月 22 日

［纲　文］ **公安部决定废止《公安机关对被管制、剥夺政治权利、缓刑、假释、保外就医罪犯的监督管理规定》。**

4月22日

［纲　文］　**国家主席习近平特使、国务院副总理张高丽出席在纽约联合国总部举行的《巴黎协定》高级别签署仪式并代表中国签署《巴黎协定》。**

［目　文］　张高丽在签署仪式开幕式上发表题为《推进落实〈巴黎协定〉共建人类美好家园》的讲话中说，《巴黎协定》旨在加强《联合国气候变化框架公约》的实施，提出了2020年后全球应对气候变化、实现绿色低碳发展的蓝图和愿景，是人类气候治理史上的里程碑。今天，我们共同签署这一协定，就是要进一步展示应对气候变化的决心，将蓝图化为行动，将愿景变为现实。中国是负责任的发展中大国，中国人民崇尚言必信、行必果。我们将贯彻创新、协调、绿色、开放、共享的发展理念，认真落实《巴黎协定》，为应对全球气候变化坚持不懈努力。

会议期间，张高丽分别会见了联合国秘书长潘基文、法国总统奥朗德、美国国务卿克里、联合国城市与气候变化问题特使布隆伯格。

4月22日

［纲　文］　**外交部发言人就美国常务副国务卿布林肯发表关于南海问题的言论表示，美国应谨言慎行，为直接当事方通过协商谈判和平解决有关争议营造良好氛围。**

［目　文］　据报道，美国国务院常务副国务卿布林肯21日在越南称，中国在南海大规模填海造地、加快建设军事前哨等行为加剧了地区紧张。他还质疑中国的意图，称美将继续在国际法允许的任何地方开展航行和飞越自由行动。

发言人重申，我们注意到有关报道。实际上这也并非美方官员第一次就南海问题发表类似言论。中国在南沙群岛有关岛礁上部署必要、适度的国土防御设施，是中国主权范围内的事情，是行使根据国际法享有的自保权和自卫权，无可非议；中方一贯尊重和支持各国依国际法在南海享有的航行和飞越自由，但坚决反对有关国家打着“航行和飞越自由”的旗号威胁和损害沿海国的主权和安全。

4月22日

［纲　文］　**《人民日报》发表题为《领导干部要学会通过网络走群众路线——二论学习习近平在网络安全和信息化工作座谈会重要讲话》的评论员文章。**

4月22—23日

［纲　文］　**全国宗教工作会议在北京召开，习近平出席并讲话。**

［目　文］　李克强主持会议。张德江、刘云山、王岐山出席会议。俞正声作总结讲话。教育部、公安部、河北省、江苏省、广东省、宁夏回族自治区负责人作会议发言。在京中共中央政治局委员、中央书记处书记，国务委员，最高人民法院院长，最高人民检察院检察长出席会议。各省、自治区、直辖市和新疆生产建设兵团及副省级城市党委政府负责人，中央和国家机关有关部门、军队有关单位负责人参加会议。

中共中央总书记习近平强调，新形势下，我们要坚持和发展中国特色社会主义宗教理论，全面贯彻党的宗教工作基本方针，分析我国宗教工作形势，研究我国宗教工作面临的新情况新问题，全面提高宗教工作水平，更好组织和凝聚广大信教群众同全国人民一道，为实现“两个一百年”奋斗目标、实现中华民族伟大复兴的中国梦而奋斗。宗教问题始终是我们党治国理政必须处理好的重大问题，宗教工作在党和国家工作全局中具有特殊重要性，关系中国特色社会主义事业发展，关系党同人民群众的血肉联系，关系社会和谐、民族团结，关系国家安全和祖国统一。我国宗教工作形势总体是好的，党的宗教工作基本方针得到贯彻，党同宗教界的爱国统一战线不断巩固，宗教工作法治化明显加强，宗教活动总体平稳有序。实践证明，我们党关于宗教问题的理论和方针政策是正确的。做好宗教工作，必须坚持党的宗教工作基本方针，要全面贯彻党的宗教信仰自由政策，依法管理宗教事务，坚持独立自主自办原则，积极引导宗教与社会主义社会相适应。宗教团体是党和政府团结、联系宗教界人士和广大信教群众的桥梁和纽带，要为他们开展工作提供必要的支持和帮助，尊重和发挥他们在宗教内部事务中的作用，努力建设政治上可信、作风上民主、工作上高效的高素质领导班子。在爱国主义、社会主义旗帜下，同宗教界结成统一战线，是我们党处理宗教问题的鲜明特色和政治优势。要坚持政治上团结合作、信仰上相互尊重，多接触、多谈心、多帮助，以理服人，以情感人，通过解决实际困难吸引人、团结人。

俞正声指出，习近平总书记的重要讲话，从党和国家事业发展全局的战略高度，科学分析了宗教工作面临的形势和任务，明确提出了中国特色社会主义宗教理论，深刻阐述了宗教工作的一系列重大理论和实践问题，标志着我们党对宗教问题和宗教工作的认识达到了新的高度，是指导我们做好新形势下宗教工作的纲领性文献。

4月22—25日

［纲　文］　**刘云山在陕西就基层党建工作和“两学一做”学习教育进行调研。**

［目　文］　中央书记处书记刘云山在西安、商洛、安康，深入农村、乡镇、企业、高校调研，了解群众生产生活和基层党建工作情况。大家反映，党中央抓党建给基层带来了新变化，党群关系密切了，干部作风更好了。刘云山说，基层党组织联系群众最紧密、服务群众最直接，要牢固树立抓基层打基础的鲜明导向，选优配强基层党组织班子和带头人队伍，强化主体责任，履行引领群众、服务群众的基本职责，更好发挥战斗堡垒作用和先锋模范作用；在长安大学、西安交通大学调研高校党建和思想政治工作，并同西部地区部分高校负责人和师生代表座谈。

刘云山在镇安县云盖寺镇、产业园区，听取基层党员干部对“两学一做”学习教育的意见建议，并说，“两学一做”学习教育是推动全面从严治党向基层延伸的重要举措，也为加强基层党建工作提供了重要契机。要认真贯彻“基础在学、关键在做”的要求，领会好党章党规的基本遵循，掌握好习近平总书记系列重要讲话的基本精神，明确做合格党员的努力方向。要坚持全覆盖、常态化、重创新、求实效，面向全体党员，加强分类指导，用好“三会一课”等日常教育形式，用好互联网新载体。要强化问题导向，注重联系实际，学要学到位、做要具体化，切实解决好党员身上和实际工作中的一个个具体问题，让群众看到新气象新面貌；在石泉县明星村、汉阴县三同村和非公企业党群服务中心，看望慰问老党员和扶贫搬迁群众，了解扶贫开发和党员活动情况并强调，加强基层党建、开展“两学一做”学习教育，要同做好经济社会发展各项工作紧密结合起来，要坚持抓党建、促扶贫，发挥党组织在精准扶贫、精准脱贫中的政治优势、组织优势，要把优秀干部充实到扶贫一线，做好选派驻村工作队和“第一书记”工作，做好党员结对帮扶工作，保持脱贫攻坚期内贫困县党政正职稳定，为打赢脱贫攻坚战提供有力组织保证。

4月22—24日

［纲　文］　**2016年文化部对外和对港澳台文化工作会议在北京召开。**

［目　文］　文化部部长雒树刚，文化部副部长董伟、丁伟，文物局局长刘玉珠出席会议，并为2015年度驻外文化机构先进集体、2015年度优秀调研文章颁发荣誉证书。驻75个国家和地区的88位驻外文化处（组）负责人、24个海外中国文化中心负责人（含兼任中心主任的参赞）以及驻欧盟使团、驻非盟使团、日中友好会馆代表等共102位驻外代表，全国31个省（区、市），5个计划单列市和新疆生产建设兵团的72位代表，香港中联办、澳门中联办代表，文物局、中国文联、中国作协和文化部相关司局、直属单位以及中央主要媒体代表参加会议。会议旨在全面贯彻党的十八大和十八届三中、四中、五中全会精神，深入贯彻学习中共中央总书记习近平系列讲话精神，紧紧围绕新发展理念，按照“十三五”规划纲要战略部署，研究如何在新阶段进一步推动全国对外和对港澳台文化工作提质增效，创新升级。

4月23日

［纲　文］　**国务院公布修改后的《疫苗流通和预防接种管理条例》，自2016年4月23日起实施。**

4月23日

［纲　文］　**国家图书馆在北京发布第11届文津图书奖名单。**

［目　文］　本届文津图书奖收到各方推荐书目1500余种，全国有68家图书馆担任联合评审单位。经过推荐、初评、终评等程序，共评选出获奖图书10种（含特别推荐图书1种），推荐图书57种。10种获奖图书包括：《老子绎读》《“523”任务与青蒿素研发访谈录》《逝年如水：周有光百年口述》《失书记·得书记》《征程：从鱼到人的生命之旅》《草木缘情：中国古典文学中的植物世界》《癌症·真相：医生也在读》《星际穿越》《爸爸的画》《这就是二十四节气》。

4月23日是第21个“世界读书日”，中国国家图书馆原馆长、文津图书奖的发起人任继愈的《老子绎续》获特别推荐。

4月23日

［纲　文］　**《人民日报》发表题为《让网络空间天朗气清——三论学习习近平在网络安全和信息化工作座谈会重要讲话》的评论员文章。**

4月23—26日

［纲　文］　**刘奇葆在河南调研。**

［目　文］　中宣部部长刘奇葆在郑州、安阳、许昌、南阳等地，深入农村、企业、社区和宣传文化单位，考察新闻宣传、文艺出版、基层公共文化服务、文物保护利用等工作，与基层干部群众座谈交流。

刘奇葆指出，要把学习宣传贯彻习近平总书记系列重要讲话精神作为重大政治任务，按照中央"两学一做"学习教育的安排部署抓好全体党员的学习，持续深入地开展面向基层的宣传宣讲。要切实做好党中央治国理政新理念新思想新战略重大主题宣传，更好地用党的理论创新成果武装全党、教育人民。要深入学习贯彻习近平总书记党的新闻舆论工作座谈会、网络安全和信息化工作座谈会重要讲话精神，坚持党管媒体原则，坚持正确政治方向，创新宣传手段，进一步做强主流舆论。要把经济宣传摆在更加突出的位置，准确宣传阐释经济发展新常态、新发展理念和供给侧结构性改革，有效引导经济社会热点，唱响中国经济光明论，为实现决胜全面小康良好开局提供有力舆论支持。要深入推进媒体融合发展，建好融媒体中心这个"中央厨房"，实现新闻信息一次采集、多种生成、多元传播，形成与之适应的运行和管理体制机制。

4月23—27日

［纲　文］　**应外交部部长王毅邀请，波兰外交部部长瓦什奇科夫斯基对中国进行正式访问。**

［目　文］　26日，国家副主席李源潮在北京会见瓦什奇科夫斯基时说，中波传统友好，当前两国关系全面快速发展。中国高度重视对波关系，愿与波兰保持高层交往，深化政治互信，对接发展战略，发挥政府间合作委员会等双边机制作用，推进金融、农业、中小企业、人文、"一带一路"建设等方面交流合作，推动中波战略伙伴关系不断迈上新台阶。瓦什奇科夫斯基说，波方愿与中方开展政治、经贸、科技、教育等各领域合作，成为中国进入欧洲的门户。

同日，王毅在北京与瓦什奇科夫斯基举行会谈。王毅向瓦什奇科夫斯基介绍了南海问题的历史事实以及中方立场，瓦什奇科夫斯基表示，波方支持中方通过对话协商和平解决有关南沙岛礁争议的政策。双方还就欧洲局势等国际和地区问题交换了意见。

4月24—27日

［纲　文］　**习近平在安徽调研。**

［目　文］　中共中央总书记习近平在安徽省委书记王学军、省长李锦斌陪同下，在六安、滁州、合肥等地的农村、企业、高校、科研文化单位，就贯彻党的十八届五中全会精神、落实"十三五"规划纲要进行调研考察。

25日，习近平在凤阳县小岗村主持召开农村改革座谈会。滁州市委书记李明、凤阳县委书记米德成、小岗村党委第一书记吴小林、大包干带头人代表严俊昌、种粮大户代表程夕兵先后发言。他们结合小岗村改革开放以来发生的显著变化，畅谈当前党的农村政策亮点和深化农村改革前景，对党和政府进一步支持农业、发展农村、富裕农民提出意见和建议。

习近平指出，小岗村是农村改革的主要发源地。在小岗村大包干等农业生产责任制基础上形成的以家庭承包经营为基础、统分结合的双层经营体制，是我们党农村政策的重要基石。在小岗村召开这个座谈会，具有特殊意义。中国要强农业必须强，中国要美农村必须美，中国要富农民必须富。要坚持把解决好“三农”问题作为全党工作重中之重，加大推进新形势下农村改革力度，加强城乡统筹，全面落实强农惠农富农政策，促进农业基础稳固、农村和谐稳定、农民安居乐业。各级党委要加强对“三农”工作的领导，各级领导干部要多到农村走一走、多到农民家里看一看，了解农民诉求和期盼，化解农村社会矛盾，真心实意帮助农民解决生产生活中的实际问题，做广大农民贴心人。要把农村基层党组织建设成为落实党的政策、带领农民致富、密切联系群众、维护农村稳定的坚强领导核心。

26日，习近平在合肥主持召开知识分子、劳动模范、青年代表座谈会。来自全国各地的70多名知识分子、劳动模范、青年代表出席，他们结合自己的学习和工作，围绕科技创新、劳动创造、青春奉献等主题，谈认识、谈感受、提建议。

习近平强调，全面建成小康社会，进而实现中华民族伟大复兴的中国梦，必须依靠知识，必须依靠劳动，必须依靠广大青年。广大知识分子、广大劳动群众、广大青年要紧跟时代、肩负使命、锐意进取，把自身的前途命运同国家和民族的前途命运紧紧联系在一起，努力为共同理想和目标而团结奋斗。我国是工人阶级领导的、以工农联盟为基础的人民民主专政的社会主义国家。知识分子是工人阶级的一部分，劳动人民是国家的主人，青年是国家的未来和民族的希望。把全面建成小康社会的美好蓝图变为现实，广大知识分子要充分发挥自身优势，勇于担当、敢于创新，服务社会、报效人民，不断提供重要的人才支撑、智力支撑、创新支撑；广大劳动群众要以劳动模范为榜样，爱岗敬业、勤奋工作，锐意进取、勇于创造，不断谱写新时代的劳动者之歌；广大青年要充分展现自己的抱负和激情，胸怀理想、锤炼品格，脚踏实地、艰苦奋斗，不断书写奉献青春的时代篇章。

4月24日

［**纲　文**］　**习近平、李克强就首个“中国航天日”作出指示、批示。**

［**目　文**］　中共中央总书记习近平指示，向60年来为航天事业发展作出贡献的同志们表示崇高敬意，广大航天科技工作者要牢牢抓住战略机遇，坚持创新驱动发展，勇攀科技高峰，谱写中国航天事业新篇章，为服务国家发展大局和增进人类福祉作出更大贡献。探索浩瀚宇宙，发展航天事业，建设航天强国，是我们不懈追求的航天梦。经过几代航天人的接续奋斗，我国航天事业创造了以“两弹一星”、载人航天、月球探测为代表的辉煌成就，走出了一条自力更生、自主创新的发展道路，积淀了深厚博大的航天精神。设立“中国航天日”，就是要铭记历史、传承精神，激发全民尤其是青少年崇尚科学、探索

未知、敢于创新的热情，为实现中华民族伟大复兴的中国梦凝聚强大力量。

国务院总理李克强向航天战线的全体同志致以崇高敬意并指出，中华人民共和国成立以来，广大航天人胸怀爱国之情、肩扛报国之责，艰苦创业，顽强拼搏，一次次刷新中国高度，取得一系列辉煌成就，为国家发展作出了重大贡献，也彰显了自主创新的中国力量。广大航天科技工作者肩负加快建设航天强国的光荣使命，希望秉承优良传统，坚持创新驱动，深入实施航天重大工程，推动空间技术、空间应用和空间科学全面发展，大力营造尊重科学、追求卓越的浓厚氛围，培养造就更多创新人才，带动大众创业、万众创新，激发全社会创造活力，汇聚发展新动能，为促进经济社会发展、提升国家综合实力作出新贡献，让航天梦助力中国梦早日实现。

同日，首个“中国航天日”以“中国梦 航天梦”为主题，在全国各地开展系列活动。国务院副总理马凯出席在北京举行的主题活动，宣读习近平重要指示和李克强批示并致辞，希望广大青少年树立报国之志，传承航天精神，为实现中国梦、航天梦贡献力量。

1970年4月24日，中国第一颗人造地球卫星“东方红一号”发射成功，拉开了中国人探索宇宙奥秘、和平利用太空、造福人类的序幕。

4月24日

［纲　文］　**《人民日报》发表题为《全面提高新形势下宗教工作水平》的评论员文章。**

4月24—26日

［纲　文］　**李克强在四川考察。**

［目　文］　国务院总理李克强在四川省委书记王东明、省长尹力陪同下，在雅安、成都考察。李克强对三年前芦山发生强烈地震灾区的恢复重建工作表示肯定并强调，你们不仅是恢复重建，更是发展再建，趟出了安居和乐业融合、产业发展与新型城镇化和新农村建设融合、一二三产业融合的绿色发展之路，也是有效推动脱贫致富之路。要贯彻创新、协调、绿色、开放、共享的发展理念，百倍用心、千倍努力，建设更美好家园；在雅安市政务服务中心，与工作人员和办事群众交谈，了解简政放权进展、“五险一金”政策调整和企业对全面实施营改增感受等时强调，要继续打好改革攻坚战，使更多改革红利惠及企业和群众；在东方电气公司，得知企业在重大装备多个领域取得关键突破时说，国有大企业要深化改革开放，学习借鉴全球先进理念和技术，改造提升传统动能，打造中国装备的世界品牌；在四川大学望江校区，积极评价学校在高分子材料等领域取得诸多创新成果，在就业指导中心，他同招聘企业和毕业生们互动交流，了解2016年就业市场情况，叮嘱学校不仅要努力建设世界一流学科，更要在做好毕业生就业中尽更大责任。

4月24—25日

［纲　文］　**全国台湾同胞投资企业联谊会第四届会员代表大会在北京举行。**

［目　文］　台企联会员约230人出席大会。经协商和民主选举，大会产生了第四届理监事会。王屏生当选为会长，张文潭当选为监事长。

25日，全国政协主席俞正声在人民大会堂会见参加大会的代表时说，广大台商和台企联为大陆经济社会发展和两岸关系和平发展作出了积极贡献。大陆高度重视并将积极创造条件支持台企台商在大陆发展。大陆对台大政方针是明确的、一贯的，不会因台湾政局变化而改变。我们将坚持“九二共识”政治基础，努力维护两岸关系和平发展的现状，继续深化各领域交流合作，推动两岸经济社会融合发展。希望广大台商继续发扬敢为人先、勇于担当的精神，为推动两岸关系发展，深化两岸经济交流合作，增进两岸同胞福祉作出更大贡献。

4月25日

［纲　文］　**中央纪委监察部在北京召开部分中央企业、中央金融机构纪委（纪检组）负责人调研座谈会。**

［目　文］　监察部副部长王令浚主持座谈会。中央纪委副书记、监察部部长黄树贤出席座谈会并讲话。驻国资委纪检组，部分中央企业、中央金融机构纪委（纪检组）和中央纪委有关部门负责人参加会议。

会议强调，要深入贯彻习近平总书记系列重要讲话精神，落实中央纪委六次全会部署，在坚持中深化、在深化中坚持，守住底线，严防反弹，推动中央八项规定精神落地生根。中央企业和中央金融机构根据中央纪委统一部署，对“四风”问题整治情况“回头看”措施有力、进展顺利，但巩固深化的任务依然繁重。要继续深化认识，强化措施，压实责任，着力整改，推动中央企业和中央金融机构纠正“四风”工作不断取得新成效。要坚决贯彻党中央的部署要求，把锲而不舍落实中央八项规定精神、纠正“四风”作为重要政治任务，保持冷静清醒，持续巩固深化。“五一”、端午即将来临，各级纪检监察机关要早研究早部署早警示，认真抓好节日期间纠正“四风”工作。要发扬严细深实作风，突出享乐奢靡，不断增强发现问题的能力，对苗头性、倾向性问题切实加以整治。要紧盯“四风”问题新动向新表现，深入调研分析，制定相应对策，严查隐形变异的“四风”问题。对不收手不知止、规避组织监督，出入私人会所，组织隐秘聚会的行为，一律从严查处。对在执纪审查中发现的“四风”问题线索，要深挖细查、决不放过。要进一步拓宽监督渠道，加大问责力度，持续通报曝光，不断释放执纪必严、违纪必纠的强烈信号。

4月25日

［纲　文］　**安全监管总局、中宣部、教育部、文化部、新闻出版广电总局、全国总工会、共青团中央、全国妇联印发《关于加强全社会安全生产宣传教育工作的意见》。**

［目　文］　《意见》由六个部分组成：一、充分认识加强全社会安全生产宣传教育工作的重要意义。二、认真做好安全生产宣传教育重点工作。三、着力构建全媒体、分众化的安全生产宣传教育工作格局。五、广泛开展形式多样、富有实效的安全生产宣传教育活动。六、全面加强支撑保障能力建设。

4月25日

［纲　文］　**新闻出版广电总局发布《专网及定向传播视听节目服务管理规定》。**

［目　文］《规定》共5章32条，主要有总则、专网及定向传播视听节目服务单位的设立、专网及定向传播视听节目服务规范、法律责任、附则等内容，自2016年6月1日起施行。2004年7月6日国家广播电影电视总局发布的《互联网等信息网络传播视听节目管理办法》同时废止。

4月25日

［纲　文］**林业局公布《国家林业局决定废止的规范性文件目录》**。

［目　文］《目录》包括《关于贯彻执行〈陆生野生动物资源保护管理费收费办法〉有关问题的通知》等41个规范性文件。

4月25日

［纲　文］**文化部发布2015年文化发展统计公报**。

［目　文］公报显示，2015年全国文化事业费682.97亿元，增长17.1%，占国家财政总支出比重为0.39%，比重比上年提高0.01个百分点；全国人均文化事业费49.68元，增长16.5%。全年全国艺术表演团体共演出210.78万场，其中赴农村演出139.08万场，增长21.9%，赴农村演出场次占总演出场次的66.0%；国内观众9.58亿人次，其中农村观众5.85亿人次，比上年增长4.6%；总收入257.65亿元，比上年增长13.8%。2015年，文化部组织直属艺术单位186批、近4400人次文艺工作者深入基层，开展创作采风、结对帮扶、慰问演出等活动。在公共文化服务方面，2015年末全国平均每万人公共图书馆建筑面积95.8平方米，比上年末增加5.8平方米；全国人均图书藏量0.61册，增加0.03册；全年全国人均购书费1.43元，比上年增加0.19元。

4月25日

［纲　文］**外交部发言人表示，中方愿与各方继续保持密切沟通与合作应对气候变化**。

［目　文］发言人表示，应对气候变化是国际社会共同的事业，中方愿与各方继续保持密切沟通与合作，共同推动《巴黎协定》有效实施，促进国际应对气候变化事业向前发展。在国际社会共同努力下，联合国气候变化巴黎大会成功通过了《巴黎协定》。《巴黎协定》重申《联合国气候变化框架公约》确立的共同但有区别的责任原则，平衡反映了各方关切，是一份全面、均衡、有力度的协定。协定为2020年后全球合作应对气候变化明确了方向和目标，具有历史性意义。

4月25日

［纲　文］**中国首次向法国输出核聚变关键部件**。

［目　文］中科院等离子体物理研究所为法国聚变实验装置WEST建造的首套离子回旋天线竣工并交付法方。这是中国首次向法国出口核聚变工程技术，同时也是中国首次向国际输出达到核标准级（国际业界最高标准）的核聚变关键部件。

4月25日

［纲　文］**全国政协委员、著名京剧表演艺术家梅葆玖在北京逝世，享年82岁**。

4月25—26日

［纲　文］　**全国政法队伍建设工作会议在北京召开，习近平就政法队伍建设作出指示。**

［目　文］　中共中央总书记习近平指示指出，做好党的政法工作，必须加强队伍建设。党的十八大以来，政法战线坚决贯彻全面从严治党要求，一手抓突出问题整改、一手抓长效机制建设，政法队伍政治素质、业务能力、纪律作风等方面发生可喜变化。新形势下，政法队伍肩负的任务更重，人民群众要求更高。要坚持把思想政治建设摆在第一位，按照政治过硬、业务过硬、责任过硬、纪律过硬、作风过硬的要求，锐意改革创新，加强正规化、专业化、职业化建设，努力建设一支信念坚定、执法为民、敢于担当、清正廉洁的政法队伍。要把能力建设作为一项重要任务，全面提高政法干警职业素养和专业水平。要坚持从严治警不动摇，努力营造风清气正、干事创业的良好生态。各级党委要加强和改进对政法工作的领导，选好配强政法机关领导班子，及时研究解决政法队伍建设重大问题。要真情关心和爱护政法干警，建立健全职业保障制度，不断增强政法队伍创造力、凝聚力、战斗力。

中央政法委书记孟建柱在全国政法队伍建设工作会议会上传达了习近平指示并就学习贯彻习近平指示作了部署。公安部部长郭声琨、最高人民法院院长周强、最高人民检察院检察长曹建明出席会议。

会议提出，全国政法机关要认真学习贯彻习近平总书记指示精神，紧紧围绕维护社会大局稳定、促进社会公平正义、保障人民安居乐业的总任务，牢牢把握政治过硬、业务过硬、责任过硬、纪律过硬、作风过硬的总要求，坚持中国特色社会主义政法队伍正规化、专业化、职业化方向，以深化司法体制改革为动力，以现代科技手段应用为支撑，以制度建设为保证，着力破解制约政法队伍建设的体制性、机制性、保障性难题，深入推进思想政治、业务能力、纪律作风建设，不断提高政法队伍思想政治素质和履职能力水平，为履行好党和人民赋予的职责使命提供有力保障。

4月25—28日

［纲　文］　**十二届全国人大常委会第二十次会议在北京举行。**

［目　文］　全国人大常委会委员长张德江主持开幕会、闭幕会。全国人大常委会副委员长李建国、王胜俊、陈昌智、严隽琪、王晨、沈跃跃、吉炳轩、张平、向巴平措、艾力更·依明巴海、万鄂湘、张宝文、陈竺，以及全国人大常委会组成人员出席会议。

会议主要内容是：一、会议表决通过了境外非政府组织境内活动管理法。二、决定免去王正伟的国家民族事务委员会主任职务、任命巴特尔为国家民族事务委员会主任，国家主席习近平分别签署第44、45号主席令并予以公布。三、会议还表决通过了全国人大常委会关于批准《关于汞的水俣公约》的决定、关于开展第七个五年法治宣传教育的决议。四、会议表决通过了全国人大常委会代表资格审查委员会关于个别代表的代表资格的报告。

4月25—26日

［纲　文］ **汪洋在深圳调研。**

［目　文］ 国务院副总理汪洋在华为技术公司、深圳大疆创新科技公司、深圳传音控股公司等，了解企业外贸经营情况、经验做法和意见建议时指出，我国外贸传统发展动能还有发挥作用的空间，新的发展动能加速孕育，创新驱动发展的氛围和制度条件初步形成，外贸综合竞争优势依然存在，长期向好的发展趋势没有改变。要在巩固传统外贸竞争优势的基础上，坚定不移走创新驱动发展之路，更加注重通过供给侧结构性改革培育外贸发展新动能。地方政府要把外贸工作放到当前经济工作的突出位置，紧咬回稳向好目标不动摇，形成抓外贸促发展的强大合力。

汪洋主持召开扶贫劳务输出对接试点工作座谈会时指出，劳务输出是贫困农户短期内增收脱贫最直接见效的办法，也是输出地、输入地政府落实扶贫责任的重要体现。要认真贯彻中央扶贫开发工作会议精神，坚持精准扶贫、精准脱贫，坚持政府推动、市场主导，建立和完善输出地与输入地劳务对接机制，确保有外出务工意愿的贫困劳动力实现精准输出、有效接收、稳定就业，为打赢脱贫攻坚战奠定坚实基础。试点工作重在试出经验。要做好试点全程记录，及时总结提炼可复制、可推广的经验，加快在全国范围内实施，充分发挥试点工作的示范带动作用，不断增强劳务输出脱贫的针对性和有效性。

4月25日—5月24日

［纲　文］ **文化部、新闻出版广电总局和北京市人民政府举办第16届“相约北京”联欢活动。**

［目　文］ “相约北京”始终秉承“人民艺术节”的办节宗旨，坚持国际性、经典性、创新性、公益性理念，既为国外经典剧目提供在中国展示的舞台，同时也在着力打造中国优秀舞台表演艺术走向世界的平台。来自加拿大、英国、西班牙、波兰、南非等25个国家的400余名国外艺术家和近400位中国艺术家献上100余场剧场和户外演出，以及2个主题展览。

4月26日

［纲　文］ **财政部公布《基本建设财务规则》。**

［目　文］ 《规则》共12章63条，主要有总则、建设资金筹集与使用管理、预算管理、建设成本管理、基建收入管理、工程价款结算管理、竣工财务决算管理、资产交付管理、结余资金管理、绩效评价、监督管理、附则等内容，自2016年9月1日起施行。2002年9月27日财政部发布的《基本建设财务管理规定》及其解释同时废止。

4月26日

［纲　文］ **国土资源部印发《不动产权证书和登记证明监制办法》。**

4月26日

［纲　文］ **交通运输部、商务部、发展改革委公布《〈外商投资民用航空业规定〉**

的补充规定（四）》《〈外商投资民用航空业规定〉的补充规定（五）》，自2016年5月27日起实施。

4月26日

［纲　文］　**纪念荣毅仁同志诞辰100周年座谈会在北京举行。**

［目　文］　国家副主席李源潮主持座谈会。全国人大常委会委员长张德江出席座谈会并讲话。中央统战部部长孙春兰、全国政协副主席杜青林、民建中央主席陈昌智、全国工商联主席王钦敏出席座谈会。中央统战部常务副部长张裔炯、全国人大常委会副秘书长信春鹰、全国工商联副主席谢经荣、江苏省委书记罗志军等先后发言。中央和国家机关有关方面负责人，荣毅仁亲属和生前友好等出席座谈会。会前，张德江会见了荣毅仁亲属。

张德江在讲话中全面回顾了荣毅仁的生平业绩和卓越贡献，并说，荣毅仁是伟大的爱国主义、共产主义战士，为国家强盛、民族振兴、人民幸福作出了重要贡献；是中国现代民族工商业者的杰出代表，工商联的杰出领导人，赢得了全国工商界的尊重和信赖；是改革开放的先锋人物，中国国际信托投资公司的创始人，为社会主义现代化建设作出了卓越贡献；是杰出的社会活动家，卓越的国家领导人，为建立中国特色社会主义法律体系、坚持和完善人民代表大会制度，为坚持和完善中国共产党领导的多党合作和政治协商制度、巩固和发展爱国统一战线，为振兴中华、祖国统一作出了杰出贡献。我们纪念荣毅仁，就是要学习他热爱祖国，对党和人民无限忠诚，对共产主义和中国特色社会主义充满信心；学习他坚持原则、实事求是，富有开拓进取、敢于担当的革命精神和无私奉献、恪尽职守的敬业精神；学习他胸怀坦荡、光明磊落的崇高品格和严以律己、平易近人的优良作风。荣毅仁的人生经历和杰出成就，生动印证了统一战线是中国共产党夺取革命建设改革事业胜利的重要法宝，生动印证了改革开放是党和人民事业大踏步赶上时代的重要法宝，生动印证了我国社会主义基本经济制度的巨大优越性和强大生命力。我们已经进入全面建成小康社会决胜阶段。我们要在以习近平同志为总书记的党中央坚强领导下，按照“五位一体”总体布局和“四个全面”战略布局，牢固树立和贯彻落实创新、协调、绿色、开放、共享的发展理念，为实现“两个一百年”奋斗目标、实现中华民族伟大复兴的中国梦而努力奋斗。

荣毅仁（1916年5月1日—2005年10月26日），曾任国家副主席，第六、七届全国人大常委会副委员长，第五届全国政协副主席，全国工商联主席，中国国际信托投资公司董事长。

4月26日

［纲　文］　**刘延东在宁夏调研。**

［目　文］　国务院副总理刘延东在同心、中宁等偏远贫困地区农村中小学，考察营养改善计划实施情况，并召开中西部省份座谈会，研究贫困地区学生营养改善工作；考察乡镇卫生院、村卫生室和自治区人民医院；考察了文化文物单位，并到清真寺看望宗教界人士。

刘延东说，营养改善计划五年前从宁夏开始试点，目前已覆盖全国1/3的县和1/2的义务教育学校，仅中央财政就累计安排1200多亿元，共惠及3300多万学生，成为促进教育公平、提升学生营养健康水平的民生基础工程。改善学生营养是阻断贫困代际传递、使贫困地区儿童共享全面小康的重要举措，“十三五”时期要继续加大投入，落实地方政府主体责任，构建长效机制，明年实现国家扶贫开发重点县全覆盖。要提高规范化精细化管理水平，加大监督评估和信息公开，严守食品和资金“两个安全”底线，精准落实营养膳食补助，确保学生“舌尖上的安全”。要加大对地方试点奖补力度，探索建立补助标准动态调整机制。要积极推进学生营养立法，加强营养知识和传统美德教育，引导学生养成健康节约的饮食习惯。刘延东还考察了宁夏大学及职教园区，要求合理布局学科专业，深化教育改革，培养更多适应经济社会发展需要的各类人才。

4月26日

［纲　文］ **中国、印度尼西亚副总理级对话机制第五次会议在北京举行。**

［目　文］ 国务委员杨洁篪和印尼政治、法律和安全事务统筹部长卢胡特共同主持会议。双方同意，继续保持高层交往，加强战略沟通，不断提升政治互信；积极对接两国发展战略，持续推进铁路、电力、矿业、航天、农业、渔业等领域务实合作；深化在防务、反恐、禁毒、执法、网络等领域安全合作；加强海上合作，建设相互尊重、互利互惠的海洋伙伴关系。积极推进东亚合作，推动中国—东盟关系持续稳定发展；在国际组织和多边机制中加强协调合作，为维护地区及全球和平、稳定与发展多作贡献。杨洁篪和卢胡特共同见证了有关双边合作文件的签署。

27日，国务院总理李克强在北京会见卢胡特。李克强积极评价当前中国同印尼关系的良好发展势头并表示，两国关系健康稳定发展，不仅对双方人民福祉、对中国—东盟关系具有重要影响，而且向本地区发出了和平稳定的信号，对亚洲经济增长也是积极的推动。中方愿同印尼加强各层级交往，增进政治互信，推进政治安全领域合作，深化重点领域务实合作，更好实现互利共赢。

卢胡特表示，印尼视中国为最重要的合作伙伴。愿同中方密切友好交往，加强沟通协调，深化安全以及渔业等领域交流合作。欢迎中方扩大对印尼投资。

4月26日

［纲　文］ **外交部发言人表示，日方应停止对中国指手画脚。**

［目　文］ 有记者提问，日本外相岸田文雄25日就中日关系发表演讲，其中对今后改善发展中日关系作出了很多积极表态，但同时也提及中国军力发展、海洋活动等问题。中方对此有何评论？

发言人表示，我们注意到岸田外相在演讲中释放了不少积极信息。希望日方能够言行一致，为推动两国关系改善发展作出切实努力。但同时我们也遗憾地看到，日方仍在一些问题上对中方说三道四。中国坚持走和平发展道路，奉行防御性国防政策，战略意图是透明的。中国在东海和南海开展的活动完全正当合法，无可非议。尤其在南海问题上，作为域外国家，日方应当摆正自己的位置和心态，停止对中国指手画脚，更不要总是跟在某些国家后面做不利于维护地区稳定的事情。

4月26日

［纲　文］**《人民日报》发表题为《以企业家精神书写时代华章》的评论员文章。**

4月27日

［纲　文］**李克强主持召开国务院常务会议。**

［目　文］会议主要内容是：一、部署加快中西部教育发展补“短板”，夯实发展基础、促进社会公平。会议确定了加快中西部教育发展的措施。一是促进县域内义务教育均衡发展。合理布局教学点，按标准配置教学设施和教师。二是大力发展职业教育。完善中职学校生均经费标准，逐步分类推进中职教育免除学杂费，提高职业院校办学能力，推广现代学徒制，推行校企联合，强化实习实训，增强实践和就业创业能力，为承接东部地区产业转移创造条件。三是加快普及高中阶段教育。新建和改扩建一批普通高中，提升乡村高中办学条件，加快实现宽带接入，率先对贫困家庭学生实施普通高中免除学杂费，到2020年使中西部地区高中阶段教育毛入学率达到90%。四是支持建设一批高水平大学和学科，扩大中西部学生接受优质高等教育的机会。在没有教育部直属高校的14个省份各重点支持建设一所高校。五是办好农村学前教育，支持普惠性托儿所和幼儿园尤其是民办托幼机构发展。六是加大对少数民族和民族地区政策倾斜力度，加强民族地区“双语”教育，增强学生发展能力。二、确定推动文化文物单位文化创意产品开发的措施，提升社会文明水平和国家软实力。一要选择一批不同类型的国有博物馆、美术馆、图书馆开展试点示范，允许在确保公益目标、保护好国家文物、做强主业前提下，依托馆藏资源，采取合作、授权、独立开发等方式开发文化创意产品。二要大力培养创意研发、营销推广等人才，完善引导扶持机制，畅通国有和民营、事业单位和企业之间人才流动渠道。三要推动优秀文化资源与创意设计、旅游等跨界融合，与新型城镇化紧密结合，更多融入公共空间，丰富城乡文化内涵。加强品牌建设、知识产权保护和交易。推进文化资源数字化进程。四要强化政策支持，将文化创意产品开发纳入文化产业投融资服务体系支持范围。国有文化文物单位要积极探索合理的收益分配机制，吸引社会力量参与文化创意产品研发、生产和经营。三、会议通过《农田水利条例（草案）》。《草案》坚持科学统筹、建管并重、节约用水、加大扶持等原则，对农田水利规划建设、运行维护和农田灌溉、排水等作了具体规定，鼓励社会力量参与建设和经营，并对不依法履行监管职责等行为设定了严格的法律责任，用制度确保农田水利建得好、用得上、增效益。

4月27日

［纲　文］**全国医改工作电视电话会议在北京召开。**

［目　文］卫生计生委主任、国务院医改领导小组副组长李斌通报了2015年医改工作进展情况，认为有5个方面显著特点，一是公立医院综合改革取得新进展。二是全民医保体系进一步完善。三是药品供应保障体系不断健全。四是分级诊疗体系建设取得新突

破。五是相关领域改革统筹推进。福建省就推进综合医改试点省工作、上海市就推行家庭医生签约制度、北京市就加强儿科服务体系建设、青海省就建立分级诊疗制度、甘肃省就建立基层医疗卫生机构运行新机制、江苏省镇江市就创新公立医院管理新机制、安徽省天长市人民医院就公立医院改革分别介绍了经验。

国务院副总理、国务院医改领导小组组长刘延东出席会议时指出，要认真贯彻习近平总书记系列重要讲话精神、李克强总理重要指示精神，以增进人民群众健康福祉为出发点，加强制度体系建设，推动医改各项政策落地见效，让医改红利更多惠及广大群众。"十二五"医改取得新成效，人均预期寿命提高1.51岁，基本医疗服务和人民健康水平显著提升。当前医改进入深水区，要以新发展理念为指针，攻坚克难，加快推进各项重点改革取得新突破。要以分级诊疗制度建设为抓手，优化卫生资源配置，推进家庭医生签约服务，为群众提供便捷连续的医疗服务。要以建立现代医院管理制度为目标，加大公立医院改革力度。以医保支付方式改革为重点，推进医保异地结算和大病保险全覆盖，织好困难群体看病就医的基本保障网。要坚持医疗、医保、医药三医联动，加快理顺药品和医疗服务价格，建立符合行业特点的薪酬制度，调动医务人员积极性。要发展健康服务业，推进社会办医和医师多点执业。加快补齐儿科服务和慢病防治短板，把全面两孩政策好事办好。加强组织实施、考核督查和宣传引导，发挥试点带动作用，确保改革任务落到实处。

4月27日

［纲　文］　**国务院办公厅印发《2016年食品安全重点工作安排》。**

［目　文］　《安排》由11个部分组成：一、加快完善食品安全法规制度。二、健全食品安全标准体系。三、加大食用农产品源头治理力度。四、强化风险防控措施。五、突出重点问题综合整治。六、严格落实生产经营主体责任。七、保持严惩重处违法犯罪高压态势。八、加强食品安全监管能力建设。九、落实食品安全责任制。十、推动食品安全社会共治。十一、完善统一权威的监管体制。

《安排》指出，要加快完善统一权威的食品安全监管体制，增强食品安全监管工作的专业性和系统性。实施以现场检查为主的监管方式，推动监管执法力量下沉，确保基层监管有职责、有岗位、有人员、有手段，严把"从农田到餐桌"的每一道防线。强化食品安全责任制，进一步加大食品安全督查考评力度，将食用农产品质量和食品安全工作全面纳入地方政府绩效考核、社会管理综合治理考核范围，考核结果作为综合考核评价领导班子和相关领导干部的重要依据。

4月27日

［纲　文］　**工业和信息化部公布《工业节能管理办法》。**

［目　文］　《办法》共7章42条，主要有总则、节能管理、节能监察、工业企业节能、重点用能工业企业节能、法律责任、附则等内容，自2016年6月30日起施行。

4月27日

［纲　文］　**人民银行、银监会公布修订后的《国内信用证结算办法》，自2016年10**

月 8 日起施行。

4 月 27 日

［纲　文］ **陕西省第十二届人民代表大会第五次会议举行第二次全体大会，娄勤俭当选陕西省人大常委会主任，胡和平当选陕西省人民政府省长。**

4 月 27 日

［纲　文］ **中国科学院国家空间科学中心在海南省儋州市的中科院海南探空部成功发射“鲲鹏—1B”863 计划空间环境垂直探测试验探空火箭。**

［目　文］ 本次发射飞行顶点高度 316 公里，主要任务是探测研究低纬度地区电离层中高层大气的空间环境，对于提高未来火箭探空、超高速飞行器和太空旅游等领域的技术能力具有重要意义。

4 月 27 日

［纲　文］ **第十八次中日韩环境部长会议在日本静冈举行。**

［目　文］ 中国环境保护部部长陈吉宁、日本环境省大臣丸川珠代、韩国环境部部长尹成奎分别率团与会，就三国最新环境政策、全球及区域热点环境问题、联合行动计划实施进展等进行交流。会议审议了《中日韩环境合作联合行动计划（2015—2019）》的执行情况进展，听取了企业和青年代表的成果报告，通过并签署了《第十八次中日韩环境部长会议联合公报》。作为落实第六次中日韩三国领导人会议精神的具体行动，三国环保部门会前签署了《中日韩环境污染防治技术合作网络谅解备忘录》。

4 月 27 日

［纲　文］ **《人民日报》发表题为《打赢全面振兴东北这场硬仗》的评论员文章。**

4 月 27 日—5 月 2 日

［纲　文］ **第 12 届中国国际动漫节在杭州举行。**

［目　文］ 动漫节由新闻出版广电总局、浙江省人民政府主办，杭州市人民政府、浙江新闻出版广播电影电视局和浙江广播电视集团承办，是唯一国家级的动漫专业节展。本届动漫节以“更国际、更动漫”为主题。文化部首次推出“弘扬社会主义核心价值观动漫扶持计划”专题展览，集中展示了一批国产优秀原创动漫作品；新闻出版广电总局首次举办了年度国产动画精品发布仪式；最高法首次召开了“涉动漫游戏知识产权司法保护研究”课题研讨会。2531 家中外企业机构、5300 余名客商展商和专业人士与会；138.15 万人次参加了动漫节各项活动；实际成交及达成签约交易、意向合作项目 948 项，涉及金额 129.37 亿元，动漫节综合消费涉及金额 22.26 亿元，总计 151.63 亿元。

4 月 28 日

［纲　文］ **习近平签署中华人民共和国主席令第 44 至 45 号。**

［目　文］ 主席令第 44 号说，《中华人民共和国境外非政府组织境内活动管理法》已由中华人民共和国第十二届全国人民代表大会常务委员会第二十次会议于 2016 年 4 月

28日通过，现予公布，自2017年1月1日起施行。

主席令第45号说，根据中华人民共和国第十二届全国人民代表大会常务委员会第二十次会议于2016年4月28日的决定：免去王正伟（回族）的国家民族事务委员会主任职务；任命巴特尔（蒙古族）为国家民族事务委员会主任。

4月28日

［纲　文］　**国家主席习近平在北京出席亚洲相互协作与信任措施会议第五次外长会议开幕式并发表讲话。**

［目　文］　习近平在开幕式上发表题为《凝聚共识 促进对话 共创亚洲和平与繁荣的美好未来》的讲话，强调要坚持和践行共同、综合、合作、可持续的亚洲安全观，凝聚共识，促进对话，加强协作，推动构建具有亚洲特色的安全治理模式，共创亚洲和平与繁荣的美好未来。

27—28日，亚洲相互协作与信任措施会议第五次外长会议在北京举行。外交部部长王毅主持会议并发表主旨讲话。亚信成员国、观察员国和有关国际组织等40余个代表团出席本次会议。与会各国代表高度评价习近平主席在会议开幕式讲话中提出构建具有亚洲特色的安全治理模式，肯定中国"一带一路"倡议对于地区发展和稳定的意义，赞赏中方为推动亚信发展发挥的积极作用。各国代表认为，亚洲面临大量传统和非传统安全威胁和挑战，恐怖主义趋于突出，叙利亚、乌克兰、朝鲜半岛核等热点问题亟待解决。近年来，亚信为促进各国对话，增进互信，维护地区和平稳定发挥了重要作用。各国应进一步利用好亚信平台，践行亚洲安全观，增进对话合作，共同应对各类安全挑战，标本兼治，维护地区和世界的和平安全，促进共同发展。

会议期间，国务院副总理汪洋会见了土耳其外长恰武什奥卢一行。国务委员杨洁篪会见哈萨克斯坦外长伊德里索夫。王毅会见了吉尔吉斯斯坦外长阿卜杜勒达耶夫、白俄罗斯外长马克伊、巴基斯坦总理外事顾问阿齐兹、孟加拉国外交国务部长阿拉姆、泰国外长敦·巴穆威奈、巴勒斯坦外长马勒基、韩国外长尹炳世、土耳其外长恰武什奥卢、乌克兰外长克利姆金、哈萨克斯坦外长伊德里索夫。

4月28日

［纲　文］　**中共中央办公厅、国务院办公厅印发《关于建立贫困退出机制的意见》。**

［目　文］　《意见》由四个部分组成：一、指导思想。二、基本原则。三、退出标准和程序。四、工作要求。

4月28日

［纲　文］　**国务院办公厅印发《关于健全生态保护补偿机制的意见》。**

［目　文］　《意见》由四个部分组成：一、总体要求。二、分领域重点任务。三、推进体制机制创新。四、加强组织实施。

《意见》要求，各地区各有关部门要强化组织领导，建立协调机制，研究解决生态保护补偿机制建设中的重大问题。加强督促落实，对生态保护补偿工作落实不力的，适时启动追责机制。加强舆论宣传，引导全社会树立生态产品有价、保护生态人人有责的意识，营造珍惜环境、保护生态的良好氛围。

4月28日

［纲　文］　**财政部、公安部、工商总局、民政部、体育总局印发《关于做好查处擅自利用互联网销售彩票工作有关问题的通知》。**

［目　文］　《通知》说，2015年以来，财政部、公安部、工商总局等八部门联合开展清理整顿擅自利用互联网销售彩票工作取得阶段性成效，彩票市场环境明显改善。但个别地区有令不行、有禁不止，擅自利用互联网销售或变相销售彩票现象仍时有发生。为巩固清理整顿工作成果，促进彩票事业持续健康发展，现作如下通知：一、利用互联网销售彩票必须通过彩票发行机构建立的互联网销售彩票管理系统进行统一管理，实时监控。二、严禁彩票发行销售机构及其代销者擅自利用互联网销售彩票。三、严厉查处网络公司等单位和个人擅自利用互联网销售彩票行为。

4月28日

［纲　文］　**质检总局公布《国境口岸卫生许可管理办法》。**

［目　文］　《办法》共6章51条，主要有总则、许可要求、许可程序、监督管理、法律责任、附则等内容，自2016年7月1日起施行。生产经营者在本办法施行前已经取得《国境口岸食品生产经营单位卫生许可证》《国境口岸服务行业卫生许可证》的，该许可证在有效期内继续有效。此前相关规定与本办法不一致的，以本办法为准。

4月28日

［纲　文］　**文化部、财政部印发《关于开展引导城乡居民扩大文化消费试点工作的通知》。**

4月28日

［纲　文］　**全国国家级经济技术开发区电视电话会议在北京召开。**

［目　文］　会议主要内容是部署国家级经济技术开发区考核评价工作，促进国家级经济技术开发区加快转型升级、实现创新驱动发展，为稳增长、调结构、惠民生发挥生力军作用。国务院副总理汪洋出席会议并发表讲话，商务部、发改委、国土资源部、住房城乡建设部等部委负责同志作发言。

汪洋指出，经济技术开发区面临的国内外形势和肩负的历史使命正在发生深刻变化，要以完善考核制度为契机，牢固树立“创新、协调、绿色、开放、共享”的发展理念，坚持以对外开放为引领，以科技创新为动力，以体制创新为保障，继续发挥改革试验田和开放排头兵作用，为稳增长、调结构、惠民生再立新功。加强经济技术开发区考核的主要目的是通过考核引导开发区适应新形势、培育新动力、实现新发展。国家级经济技术开发区要深刻认识完善考核制度的重要意义，牢牢把握考核的方向和重点，在夯实产业基础、提升创新驱动发展能力、增强辐射带动作用、强化绿色集约发展、优化营商环境上下更大工夫，把开发区打造成为带动地区经济发展和实施区域发展战略的重要载体，成为构建开放型经济新体制和培育吸引外资新优势的排头兵，成为科技创新驱动和绿色集约发展的示范区。考核既是对标先进的“卡尺”，也是鞭策落后的“戒尺”。国家级经济技术开发区不能只进不出、只升不降。对发展好的开发区要给予支持和激励，对发展水平滞后的开发区要予以警告和通报，对连续两次考核处于最后五名的要予以降级。各地区、各有关部门要以高度负责的精神和实事求是的态度，做好组织、协调、实施、审核、把关等工作，确保考核的科学性、公平性、真实性和严肃性。

4月28日

［纲　文］　**中央党校举行2016年春季学期第一批进修班毕业典礼。**

［目　文］　中央党校校长刘云山出席毕业典礼并为学员颁发毕业证书。中央组织部部长赵乐际、中央纪律检查委员会副书记赵洪祝、中央有关部门负责人、中央党校负责人出席毕业典礼。本期毕业学员共554人。

4月28—29日

［纲　文］　**应外交部部长王毅邀请，俄罗斯外交部部长拉夫罗夫来华出席亚洲相互协作与信任措施会议第五次外长会议，并对中国进行正式访问。**

［目　文］　28日，国家主席习近平在北京会见拉夫罗夫时指出，中方高度重视普京总统2017年访华，我期待着届时同普京总统就加强中俄全面战略协作伙伴关系深入交换意见。双方要以《中俄睦邻友好合作条约》签署15周年和中俄战略协作伙伴关系建立20周年为契机，弘扬中俄世代友好理念，巩固两国关系的政治和社会民意基础。当前形势下，中俄双方要加强对发展中俄关系的顶层设计和战略引领，增进两国战略和政治互信，推动双方务实合作特别是大项目合作。双方在重大国际和地区问题上可以进一步加强沟通协调，共同推动有关问题政治解决进程，为维护世界及地区和平稳定贡献中俄智慧和中俄方案。双方要在亚信框架内加强合作，推动各方践行亚洲安全观，为亚洲地区持久和平、安全、发展作出应有贡献。双方要密切在上海合作组织框架内的合作，同其他成员国一道努力，推动上合组织合作持续健康稳定向前发展，提升上合组织在国际事务中的影响。

拉夫罗夫表示，普京总统期待着对中国的访问。在庆祝《俄中睦邻友好合作条约》签署15周年之际，俄方愿同中方一道深化俄中全面战略协作伙伴关系，进一步密切俄中高层交往，深化经济、人文等各领域合作，推进有关大项目实施，密切两国在国际地区事务和联合国、上合组织等多边机构中的协调合作。

29日，王毅在北京与拉夫罗夫举行会谈。王毅介绍了中方在南海问题上的原则立场，指出南海域外国家应为维护南海和平稳定发挥建设性作用，而不是把局势搅乱。拉夫罗夫表示，俄方支持有关直接当事国通过协商谈判和平解决南沙领土主权和海洋权益争议，反对南海问题国际化。

4月29日

［纲　文］　**中共中央政治局召开会议，分析研究当前经济形势和经济工作。**

［目　文］　中共中央总书记习近平主持会议。会议认为，2016年以来，在错综复杂的国际国内环境下，各地区各部门按照党中央部署，主动适应经济发展新常态，坚持稳中求进工作总基调，在适度扩大总需求的同时，着力推进供给侧结构性改革，实现了经济发展、结构优化、民生改善的较好开局。一季度，国内生产总值增速、城镇新增就业、城乡居民收入增长等主要经济指标符合预期目标，经济运行保持在合理区间，农业生产保持良好势头，工业企业效益改善，服务业比重继续提高，结构调整向纵深推进，各项社会事业发展取得新成效。一些市场化程度较高、重视创新的地区增长质量和效益增强。尤其重要的是，各地区各部门对供给侧结构性改革的认识不断提高，主动开展工作，成效逐步显现，取得的成绩来之不易。在充分肯定成绩的同时，也要看到，经济下行压力仍然较大，一些实体企业生产经营仍然困难，市场风险点增多。对存在的突出矛盾和问题，必须高度重视，冷静分析，有针对性采取措施，做好打攻坚战、持久战的准备，扎实做好工作。要按照中央经济工作会议决策部署，贯彻党的十八届五中全会精神，落实创新、协调、绿色、开放、共享的发展理念，坚持宏观政策要稳、产业政策要准、微观政策要活、改革政策要实、社会政策要托底的总体思路。要坚持适度扩大总需求，实行积极的财政政策和稳健的货币政策，坚定不移以推进供给侧结构性改革为主线，加快培育新的发展动能，改造提升传统比较优势，全面落实“去产能、去库存、去杠杆、降成本、补短板”五大重点任务。宏观经济政策要增强针对性。要保持股市健康发展，充分发挥市场机制调节作用，加强基础制度建设，加强市场监管，保护投资者权益。要保持人民币汇率基本稳定，逐步形成以市场供求为基础、双向浮动、有弹性的汇率运行机制。要按照加快提高户籍人口城镇化率和深化住房制度改革的要求，有序消化房地产库存，注重解决区域性、结构性问题，实行差别化的调控政策。要保持就业基本稳定，在调整经济结构的过程中妥善处理员工就业问题，既帮助他们解决生活困难，又帮助他们提高再就业能力。要关注物价变化，保障有效供给，积极稳妥推进价格改革。要坚持基本经济制度，深化国有企业改革，促进非公有制经济健康发展，扩大对外开放，吸引外国资本来华投资，稳定发展预期，增强市场信心。

4月29日

［纲　文］　**习近平主持中共中央政治局第31次集体学习。**

［目　文］　本次学习的主题是：历史上的丝绸之路和海上丝绸之路。中国社会科学院边疆研究所李国强研究员就这个问题进行讲解，并谈了意见和建议。

中共中央总书记习近平指出，“一带一路”倡议提出来后，一石激起千层浪，外界反响很大，各方都在响应。各方之所以反映强烈，主要是因为这个倡议顺应了时代要求和各国加快发展的愿望，具有深厚历史渊源和人文基础。从我们自己的情况来看，这个倡议符合我国经济发展内生性要求，也有助于带动我国边疆民族地区发展。推进“一带一路”建设，要处理好我国利益和沿线国家利益的关系，政府、市场、社会的关系，经贸合作和人文交流的关系，对外开放和维护国家安全的关系，务实推进和舆论引导的关系，国家总体目标和地方具体目标的关系。我国是“一带一路”的倡导者和推动者，但建设“一带一路”不是我们一家的事。“一带一路”建设不应仅仅着眼于我国自身发展，而是要以我国发展为契机，让更多国家搭上我国发展快车，帮助他们实现发展目标。我们要在发展自身利益的同时，更多考虑和照顾其他国家利益。要坚持正确义利观，以义为先、义利并举，不急功近利，不搞短期行为。要统筹我国同沿线国家的共同利益和具有差异性的利益关切，寻找更多利益交汇点，调动沿线国家积极性。我国企业走出去既要重视投资利益，更要赢得好名声、好口碑，遵守驻在国法律，承担更多社会责任。人文交流合作也是“一带一路”建设的重要内容。真正要建成“一带一路”，必须在沿线国家民众中形成一个相互欣赏、相互理解、相互尊重的人文格局。“一带一路”建设既要确立国家总体目标，也要发挥地方积极性。地方的规划和目标要符合国家总体目标，服从大局和全局。要把主要精力放在提高对外开放水平、增强参与国际竞争能力、倒逼转变经济发展方式和调整经济结构上来。要立足本地实际，找准位置，发挥优势，取得扎扎实实的成果，努力拓展改革发展新空间。

4月29日

［纲　文］　**国务院印发《关于做好全面推开营改增试点工作的通知》。**

［目　文］　《通知》说，一、高度重视全面推开营改增试点工作，切实加强组织领导。全面推开营改增试点是当前推动结构性改革尤其是供给侧结构性改革的重要内容，是实施积极财政政策的重大减税措施，政策性强、涉及面广，时间紧、任务重。二、密切跟踪试点运行情况，做好政策解读和舆论引导。三、严肃财经纪律，强化责任追究。地方各级政府都要讲政治、顾大局，算政治账、经济账、长远账，严格遵守有关法律法规和财经纪律，绝不允许为了短期利益和局部利益，搞回溯性清税，甚至弄虚作假收过头税。要确保试点工作平稳、有序进行，确保各项减税措施落到实处、见到实效，确保各行业税负只减不增，使广大企业充分享受到全面推开营改增试点的改革红利。重大事项要及时向国务院报告。

4月29日

［纲　文］　**国务院印发《全面推开营改增试点后调整中央与地方增值税收入划分过渡方案》。**

［目　文］　《方案》由三个部分组成：一、基本原则。二、主要内容。三、实施时间和过渡期限，自2016年5月1日起执行。过渡期暂定2—3年，届时根据中央与地方事权和支出责任划分、地方税体系建设等改革进展情况，研究是否适当调整。

4月29日

［纲　文］　**最高人民法院印发《关于落实“用两到三年时间基本解决执行难问题”的工作纲要》。**

［目　文］　《纲要》的主要内容有：一、基本解决执行难的总体目标与评价体系。二、基本解决执行难应坚持的原则。三、基本解决执行难的主要任务。四、基本解决执行难的组织保障。

4月29日

［纲　文］ **发展改革委、交通运输部、扶贫办印发《关于进一步发挥交通扶贫脱贫攻坚基础支撑作用的实施意见》。**

［目　文］ 《意见》由七个部分组成：一、深刻认识交通扶贫重大意义。二、总体要求。三、完善精准扶贫乡村交通基础网络。四、建设外通内联区域交通骨干通道。五、提升贫困地区运输服务水平。六、强化政策支持保障。七、切实加强组织实施。

4月29日

［纲　文］ **新闻出版广电总局公布《关于废止部分规章和规范性文件的决定》。**

［目　文］ 《决定》说，一、废止《电影片进出境洗印、后期制作审批管理办法》。二、废止《关于规范新闻出版业跨地区经营的若干意见》等25个规范性文件。本决定自2016年4月29日起实施。

4月29日

［纲　文］ **版权局公布《关于废止部分规章和规范性文件的决定》。**

［目　文］ 《决定》说，一、废止《报刊转载、摘编法定许可付酬标准暂行规定》。二、废止《对〈关于以少数民族文字翻译使用外国作品中有关著作权问题的报告〉的答复》等7个规范性文件。本决定自2016年4月29日起实施。

4月29日

［纲　文］ **工商总局公布《关于废止和修改部分工商行政管理规章的决定》。**

［目　文］ 《决定》说，一、对《广告管理条例施行细则》等10部规章予以废止。二、对《中华人民共和国企业法人登记管理条例施行细则》等4部规章的部分条款予以修改。本决定自2016年4月29日起施行。

4月29日

［纲　文］ **中华全国总工会在北京召开庆祝五一国际劳动节暨全国五一劳动奖表彰大会。**

［目　文］ 2016年共有192个先进集体荣获全国五一劳动奖状，898名先进个人荣获全国五一劳动奖章，896个先进集体荣获全国工人先锋号。

中华全国总工会主席李建国出席大会并指出，各级工会要深入学习习近平总书记系列重要讲话，坚持不懈地用讲话精神武装干部、教育职工。实现“十三五”规划目标任务，工人阶级责无旁贷。要提振精气神，汇聚决胜全面建成小康社会的强大力量；展现新作为，努力为“十三五”规划建功立业；勇做改革者，积极支持和参与供给侧结构性改革；适应新常态，努力做知识型技术型创新型高素质劳动者。

4月29日

［纲　文］ **中共中央政治局常委刘云山在北京会见日本自民党前干事长山崎拓率领的日本超党派政治家代表团。**

［目　文］ 刘云山说，当前中日关系逐步回稳，但势头仍较脆弱。中国共产党和中

国政府始终从战略高度和长远角度看待和处理中日关系，愿本着“以史为鉴、面向未来”的精神，在中日四个政治文件基础上推进两国关系向前发展。中国的发展是机遇而不是威胁，希望日方正确看待中国发展，坚持走和平发展道路，就两国关系多发出积极信息，共同为本地区和世界的和平稳定与发展发挥建设性作用。

山崎拓说，日中关系对双方而言都是最重要的双边关系之一，代表团成员来自日本朝野主要政党，愿继续为增进日中互信、推动日中战略互惠关系发展作出贡献。

4月29日

［纲　文］ **首届中日韩公共外交论坛暨2016年中日韩合作国际论坛在北京举行。**

［目　文］ 论坛由中国公共外交协会和中日韩三国合作秘书处主办，中国公共外交协会会长李肇星主持。外交部副部长张业遂出席论坛开幕式并致辞。300余位中国、日本、韩国各界知名人士就“加强对话、深化交流，推进中日韩合作迈上新台阶”的主题进行了研讨。

28日，国务委员杨洁篪在北京会见与会的韩国前总理高建和日本自民党总务会长、前经济产业大臣二阶俊博。

4月29日

［纲　文］ **外交部发言人就日本自行将冲之鸟礁认定为“岛屿”并据此主张专属经济区和大陆架表示，不予承认。**

［目　文］ 发言人说，日本自行将冲之鸟礁认定为“岛屿”，并据此主张专属经济区和大陆架，违反《联合国海洋法公约》。中国对日本非法主张不予承认。

有记者问，美国国务卿克里、白宫国安会发言人普莱斯28日就中国全国人大日前审议通过的境外非政府组织境内活动管理法表达关切。中方对此有何评论？

发言人表示，中国全国人大常委会审议通过境外非政府组织境内活动管理法，是中国全面推进依法治国、建设法治国家的客观要求，也是引导和规范境外非政府组织在中国境内的活动、保障其合法权益的一项重要举措。中方在立法过程中充分征求了国内外各方面意见建议，并对相关条款作出了修改。各国国情不同，对境外非政府组织管理和服务的实际做法不同。相关立法必须符合中国国情和管理实际，才能真正发挥实效。希望有关国家尊重中国立法主权，积极、客观看待中国相关立法。

4月29日

［纲　文］ **中国作家协会副主席、陕西省作家协会名誉主席、茅盾文学奖获得者、当代著名作家陈忠实在西安逝世，享年74岁。**

4月29日

［纲　文］ **《人民日报》发表题为《以改革深耕希望的田野》的评论员文章。**

4月29日—5月1日

［纲　文］ **应外交部部长王毅邀请，日本外相岸田文雄对中国进行正式访问。**

［目　文］ 30日，国务院总理李克强在北京会见岸田文雄时表示，中方愿本着“以史为鉴、面向未来”的精神同日方共同努力，增进政治互信，推动两国关系重回正常发展

轨道。事关中日邦交正常化政治基础的原则问题不能动摇。希望日方坚持走和平发展道路，把中国和平发展是机遇的表态落实到行动，真正奉行积极的对华政策，坚定维护双方历经艰辛达成的四个政治文件，妥善处理对两国关系具有根本影响的敏感因素，为中日双边对话合作机制的逐步恢复和中日韩领导人会晤的举行创造有利氛围，为改善国民感情、促进民间相互理解多做实事。

岸田文雄表示，日方愿本着日中四个政治文件的精神，坚持“互为合作伙伴，互不构成威胁”的共识，同中方相互尊重，增进互信，管控分歧，努力把两国老一辈领导人开创的日中关系推向前进，构建面向未来的日中关系。日方由衷赞赏中方推进经济结构性改革的举措，愿加强对华各领域合作，为日中关系发展不断积累积极因素。

同日，国务委员杨洁篪在北京中南海会见了岸田文雄。王毅与岸田文雄举行了会谈。

5 月

5月1日

［纲　文］ **《求是》杂志2016年第9期发表习近平2015年12月11日《在全国党校工作会议上的讲话》。**

［目　文］　习近平指出，党校事业是党的事业的重要组成部分，党校是我们党教育培训党员领导干部的主渠道。新形势下，党校工作只能加强，不能削弱。党校姓党，是党校工作的根本原则，也是做好党校工作的根本遵循。党校姓党，就是要坚持一切教学活动、一切科研活动、一切办学活动都坚持党性原则、遵循党的政治路线，坚持以党的旗帜为旗帜、以党的意志为意志、以党的使命为使命，严守党的政治纪律和政治规矩，坚持在党爱党、在党言党、在党忧党、在党为党，归根到底一句话，就是要在思想上政治上行动上自觉同党中央保持高度一致。党校姓党，决定了党校工作的重心必须是抓党的理论教育和党性教育。领导干部到党校学习，主要任务是学习党的理论、接受党性教育。党校姓党，决定了党校科研要紧紧围绕党的中心工作展开，在党的思想理论研究方面有所作为，为坚持和巩固党对意识形态工作的领导、巩固马克思主义在意识形态领域的指导地位作出积极贡献。

5月1日

［纲　文］　**中共中央、国务院、中央军委印发《关于经济建设和国防建设融合发展的意见》。**

［目　文］《意见》由八个部分组成：一、加强基础领域统筹，增强对经济建设和国防建设的整体支撑能力。二、加强产业领域统筹，建设中国特色先进国防科技工业体系。三、加强科技领域统筹，着力提高军民协同创新能力。四、加强教育资源统筹，完善军民融合的人才培养使用体系。五、加强社会服务统筹，提高军队保障社会化水平。六、强化应急和公共安全统筹，提高军地协同应对能力。七、统筹海洋开发和海上维权，推进实施海洋强国战略。八、维护国家海外利益。

《意见》指出，军地双方要切实把思想和行动统一到党中央决策部署上来，牢固树立“一盘棋”思想，强化“四个意识”、强化改革创新、强化战略规划、强化法治保障，自觉站在党和国家事业发展全局的高度思考问题、推动工作，把军民融合的理念和要求贯穿经济建设和国防建设全过程，按照职责分工抓好经济建设和国防建设融合发展工作，一件一件督导推进，确保责任到位、措施到位、落实到位。国家有关部门和地方政府要注重在经济建设中贯彻国防需求，自觉把经济布局调整同国防布局完善有机结合起来。军队要遵循国防经济规律和信息化条件下战斗力建设规律，自觉把国防和军队建设融入经济社会发展体系。

5月1日

［纲　文］　**国务院办公厅印发《关于深入推行科技特派员制度的若干意见》。**

［目　文］　《意见》由四个部分组成：一、总体要求。二、重点任务。三、政策措施。四、组织实施。

《意见》指出，要深入实施创新驱动发展战略，壮大科技特派员队伍，完善科技特派员制度，引导各类科技创新创业人才和单位整合科技、信息、资金、管理等现代生产要素，深入农村基层一线开展科技创业和服务，培育新型农业经营和服务主体，健全农业社会化科技服务体系，促进农村一、二、三产业深度融合。

5月1日

［纲　文］　**《人民日报》发表题为《唱响新时代劳动者之歌——写在“五一”国际劳动节》的社论。**

5月2日

［纲　文］　**国务院办公厅印发《关于公布辽宁楼子山等18处新建国家级自然保护区名单的通知》。**

［目　文］　《通知》说，各省、自治区、直辖市人民政府，国务院各部委、各直属机构：辽宁楼子山等18处新建国家级自然保护区已经国务院审定，现将名单予以公布。新建国家级自然保护区的面积、范围和功能分区等由环境保护部另行公布。有关地区要按照批准的面积和范围组织勘界，落实自然保护区土地权属，并在规定的时限内标明区界，予以公告。自然保护区是推进生态文明、建设美丽中国的重要载体。强化自然保护区建设和管理，是贯彻落实创新、协调、绿色、开放、共享新发展理念的具体行动，是保护生物多样性、筑牢生态安全屏障、确保各类自然生态系统安全稳定、改善生态环境质量的有效举措。有关地区和部门要严格执行自然保护区条例等有关规定，认真贯彻《国务院办公厅关于做好自然保护区管理有关工作的通知》（国办发〔2010〕63号）要求，严格落实生态环境保护责任，加强组织领导和协调配合，加大对涉及自然保护区各类环境违法违规行为的监管执法力度，妥善处理好自然保护区管理与当地经济建设及居民生产生活的关系，确保各项管理措施得到落实，不断提高国家级自然保护区建设和管理水平。

5月3日

［纲　文］　**国家主席习近平任免驻外大使。**

［目　文］　习近平根据全国人民代表大会常务委员会的决定任免下列驻外大使：

一、免去陈旭的中华人民共和国驻荷兰王国特命全权大使职务；任命吴恳为中华人民共和国驻荷兰王国特命全权大使。二、免去成竞业的中华人民共和国常驻联合国维也纳办事处和其他国际组织代表、特命全权大使职务；任命史忠俊为中华人民共和国常驻联合国维也纳办事处和其他国际组织代表、特命全权大使。三、免去马朝旭的中华人民共和国驻澳大利亚联邦特命全权大使职务；任命成竞业为中华人民共和国驻澳大利亚联邦特命全权大使。四、免去杨子刚的中华人民共和国驻苏里南共和国特命全权大使职务；任命张晋雄为中华人民共和国驻苏里南共和国特命全权大使。五、免去王民的中华人民共和国常驻联合国副代表、特命全权大使职务；任命吴海涛为中华人民共和国常驻联合国副代表、特命全权大使。六、免去吴海龙的中华人民共和国常驻联合国日内瓦办事处和瑞士其他国际组织代表、特命全权大使职务；任命马朝旭为中华人民共和国常驻联合国日内瓦办事处和瑞士其他国际组织代表、特命全权大使。

5月3日

［纲　文］ **发展改革委印发《关于打造现代综合客运枢纽 提高旅客出行质量效率的实施意见》。**

［目　文］《意见》由八个部分组成：一、总体要求。二、优化枢纽站场布局。三、强化一体衔接要求。四、健全设计建设标准。五、提升运营服务水平。六、推进综合联动开发。七、加强规划引导作用。八、改革创新发展机制。

5月3日

［纲　文］ **共青团中央组织部发布：截至2015年底，全国共有共青团员8746.1万名；共有基层团组织387.3万个，其中，基层团委28.9万个，基层团工委2.3万个，团总支21.5万个，团支部334.6万个。**

5月3—4日

［纲　文］ **军委纪委派驻纪检组干部集中培训在北京举办。**

［目　文］ 军委纪委以“知使命、明职责、勇担当”为主题，深入学习贯彻习近平系列重要讲话精神特别是关于党风廉政建设和反腐败斗争重要论述，学习《党章》和党纪党规，邀请中央纪委领导作“加强派驻机构建设、做好派驻监督工作”专题辅导授课，围绕派驻纪检组的职责使命、如何履职尽责、怎样开局起步进行研讨交流，还组织了纪检监察、案件审理、巡视等有关业务解析。向军委机关部门和战区分别派驻纪检组，是习近平主席和中央军委在这轮国防和军队改革中做出的重要决策，是重塑我军纪检监察体系的创新之举。

中央军委副主席许其亮在会见培训人员时强调，要牢记习主席的期望重托，从贯彻全面从严治党，深入推进政治建军、改革强军、依法治军的高度，深刻领会习主席决策调整组建新的军委纪委、向军委机关部门和战区派驻纪检组的战略意图，强化责任担当，扎实走开具有我军特色的派驻监督路子，不断开创军队党风廉政建设和反腐败斗争新局面。要认清肩负的使命职责，真正立起“派”的权威、发挥“驻”的优势，为在新起点上建设世界一流军队提供有力的作风纪律保证。要立起自身建设的高标准，从一开始就要把队伍建好、把形象立好、把局面开好，做到政治上坚定纯洁，能力上强而又强，作风上既严又实，当好军委纪委的“代表队”。

5 月 3—5 日

［纲　文］ **应中共中央总书记、国家主席习近平邀请，老挝人民革命党中央总书记、国家主席本扬对中国进行正式友好访问。**

［目　文］ 访问期间，习近平在北京同本扬举行会谈并见证了双边有关合作文件的签署。双方相互通报了当前国内形势。习近平积极评价老挝人民革命党在探索符合本国国情的社会主义建设道路上取得的显著成就。本扬对中国人民在以习近平同志为总书记的中共中央领导下，推动中国特色社会主义建设不断取得巨大成就表示钦佩，相信中国必将顺利实现中华民族伟大复兴的中国梦，并为本地区和世界和平发展作出贡献。国务院总理李克强、全国人大常委会委员长张德江、中央书记处书记刘云山在北京分别会见本扬。刘云山和本扬出席了中老建交 55 周年纪念活动。双方发表了《中老联合声明》。本扬还访问了云南省。

习近平指出，中方高度重视发展同老挝的关系，愿同老挝人民革命党新一届中央领导集体一道，秉承长期稳定、睦邻友好、彼此信赖、全面合作方针和好邻居、好朋友、好同志、好伙伴精神，承前启后、继往开来，推动中老全面战略合作伙伴关系长期稳定健康发展，携手打造牢不可破的中老命运共同体。为拓展中老全面战略合作的广度和深度，双方要密切高层交往，保持政治互信高水平；要深化党际交流，促进互学互鉴，加强治党治国经验交流；要对接发展战略，推动务实合作，做好“一带一路”倡议同老挝“变陆锁国为陆联国”战略、中国“十三五”规划和老挝“八五”规划的有效对接；要加强人文交流，发展民心相通工程；要加强安全合作，维护稳定局面；要加强协调配合，深化国际事务合作。

本扬表示完全赞同习近平对进一步发展老中两党两国关系的建议并表示，2016 年对老中合作关系而言是具有重要意义的一年，共同庆祝建交 55 周年。老挝党和国家新一届领导集体将全面继承和发展同中国党、政府和人民的传统友谊和长期稳定的全面战略合作伙伴关系，与中方一道，努力推动老中友好关系不断开花结果。

李克强在会见本扬时表示，我期待年内赴万象出席东亚合作领导人系列会议和中国—东盟建立对话关系 25 周年纪念峰会。中方愿同老挝和东盟各国一道，共同维护和促进中国—东盟关系与东亚合作良好氛围，向世界发出和平稳定的信号，更好造福两国和地区各国人民。

本扬表示，老挝新一届党政领导集体高度重视老中关系发展，赞赏中国为老挝提供的宝贵支持。双边经济技术、贸易投资等合作蓬勃开展，为老方经济社会发展作出重要贡献。老方愿同中方扩大各领域交流，落实好老中铁路等大项目合作，积极参与澜沧江—湄公河合作。

5 月 4 日

［纲　文］ **国家主席习近平向中国—中东欧国家最高法院院长会议致贺信。**

［目 文］ 习近平在贺信中代表中国政府和人民向会议的召开表示热烈祝贺，向出席会议的各国最高法院贵宾表示诚挚欢迎并说，这次会议以“全球信息化时代的司法”为主题，围绕司法改革、司法公开等问题展开研讨，对加强国际司法交流合作，促进中国—中东欧国家合作（“16+1 合作”）向更深层次拓展具有重要意义。“一带一路”建设把中国和中东欧国家更加紧密地联系在一起，贸易和人员往来更加密切，司法合作需求不断增加。希望中国和中东欧国家以这次会议为契机，在“16+1 合作”框架内，深化司法交流合作，加强沟通互鉴，携手应对挑战，更加有效地打击犯罪、化解纠纷，共同营造规范有序的法治环境，为推进“一带一路”建设、实现中国与中东欧国家共同发展提供有力司法服务和保障。

4—5 日，中国—中东欧国家最高法院院长会议在江苏苏州举行。与会的各国最高法院院长和大法官围绕“全球信息化时代的司法”主题展开研讨。中华人民共和国首席大法官、最高人民法院院长周强出席会议并致辞。会议通过的《苏州共识》强调，中国和中东欧国家最高法院将继续致力于不断拓展和深化彼此在司法领域的合作与交流。与会各国将协力开展最高法院和最高法院法官之间的交流，加强彼此在推进司法改革、完善司法制度等方面的经验交流和成果分享，并在最高法院典型案例互换及案例研究领域开展合作。

5 月 4 日

［纲 文］ **李克强主持召开国务院常务会议。**

［目 文］ 会议主要内容是：一、决定对促进民间投资政策落实情况开展专项督查，着力扩大民间投资。会议决定，在各地、各有关部门对政策落实开展自查基础上，国务院派出督查组，围绕国务院 2014 年出台的关于创新重点领域投融资机制鼓励社会投资的相关文件落实情况，选择部分地区进行督查，同时开展第三方评估。整改存在问题，克服不作为现象，完善鼓励民间投资政策，尊重和维护企业市场主体地位，弘扬企业家精神，激发民间投资潜力和创新活力。二、部署推动制造业与互联网深度融合，加快“中国制造”转型升级。一要支持制造企业建设基于互联网的“双创”平台，鼓励地方依托国家新型工业化产业示范基地和国家级经济技术开发区等建设“双创”示范基地。深化工业云、大数据等应用，汇聚众智，促进协同研发和技术扩散。二要发展个性化定制、服务型制造等新模式，开展智能生产系统解决方案试点示范。三要推动中小企业制造资源与互联网平台对接，打造制造、营销、物流等一体化新生态。四要放宽新产品、新业态市场准入，加大财税、金融、用地等政策扶持，鼓励电信企业对“双创”基地宽带接入进一步提速降费，支持金融机构利用“双创”平台提供一站式系统化金融服务。三、确定培育和发展住房租赁市场的措施，推进新型城镇化满足群众住房需求。会议确定，一是发展住房租赁企业，支持利用已建成住房或新建住房开展租赁业务。鼓励个人依法出租自有住房。允许将商业用房等按规定改建为租赁住房。二是推进公租房货币化，政府对保障对象通过市场租房给予补贴。在城镇稳定就业的外来务工人员、新就业大学生和青年医生、教师等专业技术人员，凡符合条件的应纳入公租房保障范围。三是完善税收优惠政策，鼓励金

融机构加大支持，增加租赁住房用地供应。四是强化监管，推行统一的租房合同示范文本，规范中介服务，稳定租赁关系，保护承租人合法权益。四、部署促进通用航空业发展，以改革创新扩大有效内需。一要加快在偏远地区和地面交通不便、自然灾害多发地区和人口密集、地面交通拥堵严重的城市建设通用机场，在农产品主产区、重点国有林区等发展通用航空，满足抢险救灾、应急救援、医疗救护、工农林业发展等需要。合理确定通用机场标准，鼓励企业和个人参与建设。二要加快通用飞机、导航通信等核心装备研发应用，培育具有国际竞争力的通用航空企业。扩大通用航空在资源勘查、环境监测、运输服务等领域的应用。三要稳步扩大低空空域开放，简化通用航空飞行任务审批备案。

5月4日

［纲　文］　**国务院总理李克强向第七届萨拉热窝经贸论坛致贺信。**

［目　文］　李克强在贺信中表示，在中国和中东欧国家的共同努力下，“16+1合作”近四年来不断发展壮大，形成了全方位、宽领域、多层次的格局，已步入成熟期和早期收获期。“16+1合作”为助力17国发展进程、造福各国人民发挥了重要作用，丰富了中欧全面战略伙伴关系内涵。进一步丰富充实“16+1合作”内涵，打造双向多元的16+1产能合作格局，是17国领导人的重要共识，也是“16+1合作”的重点优先方向。产能合作可以有效拉动经济、改善民生，是实现优势互补、合作共赢、共同发展的新途径。我相信，本次16+1经贸论坛的举办，将为助推地区国际产能合作发挥重要作用，为促进“16+1合作”提质增效作出新贡献。

同日，第七届萨拉热窝经贸论坛在波斯尼亚和黑塞哥维那首都萨拉热窝开幕，主题为“16＋1合作”，来自30多个国家的政府官员和企业代表出席。国家发展改革委副主任宁吉喆率领130多人的中国经贸代表团出席。

5月4日

［纲　文］　**财政部、税务总局、发展改革委、工业和信息化部印发《关于软件和集成电路产业企业所得税优惠政策有关问题的通知》，自2015年1月1日起执行。**

5月4日

［纲　文］　**发展改革委、民航局印发《关于开展“十三五”民航机场改扩建和迁建项目前期工作有关事项的通知》。**

［目　文］　《通知》由四个部分组成：一、加强现有机场保护。二、合理把握建设时机。三、优先选择改扩建方案。四、慎重选择迁建方案。

《通知》指出，请各地发展改革委、民航各地区管理局按照上述要求开展机场改扩建和迁建项目前期工作，促进民航业持续健康发展。

5月4日

［纲　文］　**新闻广电局发布《关于修改部分规章的决定》。**

［目　文］　《决定》说，按照国务院行政审批制度改革的要求，国家新闻出版广电总

局对涉及行政审批制度改革的规章和规范性文件进行了清理。根据《规章制定程序条例》的相关规定，决定修改以下5个规章：一、《中外合作摄制电影片管理规定》。二、《广播影视节（展）及节目交流活动管理规定》。三、《广播电影电视行业统计管理办法》。四、《广播电视安全播出管理规定》。五、《电视剧内容管理规定》。本决定自2016年5月4日起施行。

5月4日

［纲　文］ **农业部公布《关于加快推进渔业转方式调结构的指导意见》。**

［目　文］ 《意见》由八个部分组成：一、总体要求。二、优化养殖空间布局。三、转变养殖业发展方式。四、促进捕捞业转型升级。五、推进产业链延伸拓展。六、确保渔业安全。七、强化渔业资源和生态环境保护。八、提升支撑保障能力。

5月4日

［纲　文］ **外交部发言人表示，奉劝日本不要再在南海问题上刷"存在感"。**

［目　文］ 有记者问，据报道，日本首相安倍晋三、外相岸田文雄近日在访问欧洲和东南亚时，对中国在南海"军事化"表示关切。中方对此有何回应？

发言人表示，在南海问题上，日本是域外国家，但近期日本在南海问题上近乎偏执地刷"存在感"。不过，这又刷出了什么呢？无非是刷出了日本在"二战"期间非法侵占中国南海岛礁的不良记录，刷出了日方当前在南海问题上的不良居心。奉劝日方不要再刷下去。

另有记者问，5月3日是日本"宪法纪念日"。当天，东京大批民众举行集会反对安倍政府企图修宪之举。中方对此有何评论？

发言人说，由于历史原因，日本发展走向一直受到亚洲邻国高度关注。希望日方切实吸取历史教训，顺应时代潮流，倾听爱好和平的民意呼声，坚持走和平发展道路，为本地区的和平稳定发挥建设性作用。

5月4—6日

［纲　文］ **应全国人大常委会委员长张德江邀请，俄罗斯国家杜马主席纳雷什金率团访华并出席中俄议会合作委员会第二次会议。**

［目　文］ 国家主席习近平在北京会见纳雷什金时说，中俄全面战略协作伙伴关系的高水平发展符合两国人民共同愿望，顺应两国发展振兴需要，合乎世界和平、发展、合作、共赢的历史潮流。我同普京总统达成共识，下一阶段发展中俄关系的中心任务，是把两国高水平的政治关系优势转化为更多务实合作和国际合作成果，更好地造福两国和两国人民。2016年是《中俄睦邻友好合作条约》签署15周年。希望双方以此为契机，大力弘扬条约确立的世代友好理念，为两国关系长期健康稳定发展奠定更加坚实的社会和民意基础。纳雷什金说，俄方将发展对华关系视为对外交往的优先方向。当前，俄中关系处于历史最高水平，不仅成为国家关系发展的典范，也是维护世界和平稳定的重要因素。俄罗斯立法机关愿深化与中国全国人大的合作，办好交流机制的活动，为推动俄中关系发展作出新的贡献。

张德江在北京与纳雷什金举行会谈，共同主持中俄议会合作委员会第二次会议。双方高度评价了2015年中俄议会合作委员会首次会议取得的成绩并表示，应充分发挥这一交流机制作用，拓展合作领域，提升合作水平，为中俄关系发展作出更大贡献。

张德江说，两国立法机关下一步的合作，一要按照“四个相互坚定支持”原则，加大政治支持力度，一如既往支持对方国家人民自主选择的发展道路。二要根据“一带一路”和欧亚经济联盟对接合作需要，加强立法和监督合作，支持两国政府加强地区、产业发展政策和规划的协调，推动解决合作中遇到的问题，为扩大合作提供更好的法律和政策条件。三要发挥与人民联系密切、反映民意的桥梁作用，用好合作委员会等机制平台，结合今明两年举办的“中俄媒体交流年”活动，促进人文交流合作，增进两国人民友谊。四要密切在金砖国家议会论坛、议联、亚太议会论坛等多边议会框架内的合作，共同发声发力，维护中俄共同利益和国际和平稳定。纳雷什金说，俄中友好合作符合两国和两国人民的根本利益。俄中立法机关的交流与合作非常深入、富有成果。要落实好合作委员会第二次会议达成的共识，加强两国战略对接、人文交流、教育合作。

5月4—5日

［纲　文］　**外交部部长王毅应邀对意大利进行正式访问并出席中意政府委员会第七次联席会议。**

［目　文］　5日，中意政府委员会第七次联席会议在罗马举行，王毅与意大利外长真蒂洛尼共同出席会议并发表讲话。双方签署了《中意政府委员会第七次联席会议共同文件》。王毅与真蒂洛尼还出席了中意企业家联合会第三次会议。

同日，王毅在罗马会见了意大利总理伦齐时表示，中方赞赏意方积极支持和参与“一带一路”建设，愿与意方携手弘扬丝路精神，实现两国和欧亚大陆的共同发展繁荣。中方欢迎伦齐总理9月赴华出席二十国集团杭州峰会，愿同意方加强沟通，确保峰会成功，为促进世界经济恢复增长、加强全球经济治理作出积极贡献。

伦齐表示，意方愿同中方加强在重大国际问题上的沟通协调。2016年中国主办二十国集团峰会对重振世界经济具有重要影响，我期待届时赴华与会，愿与中方密切合作，推动峰会取得积极成果。

5月4—10日

［纲　文］　**国务委员杨洁篪应邀访问塞内加尔、乍得、马来西亚并出席在印度尼西亚举行的中印尼高层经济对话第二次会议。**

［目　文］　6日，杨洁篪在达喀尔同塞内加尔总理迪奥纳举行会谈。塞多位内阁部长参加会谈。

7日，乍得总统代比在恩贾梅纳会见国务委员杨洁篪。杨洁篪还与乍得总理帕达克举行会谈，双方一致认为，两国互利合作富有成效，将进一步加强交通、电力、矿业、水利、农牧业等领域务实合作。

9日，印尼总统佐科在雅加达会见国务委员杨洁篪。杨洁篪转达了国家主席习近平给佐科的口信。习近平表示，我重视发展中印尼关系，高兴地看到自2015年11月我们会晤以来，雅万高铁实现动工，产能、金融等领域合作取得新的实质进展。两国副总理级对话机制第五次会议成效显著，双方就政治安全领域合作达成一系列重要共识。相信此次两国高层经济对话第二次会议也将取得圆满成功。这充分说明两国作为发展中大国和全面战略伙伴，彼此利益高度融合，战略对接大有可为。中方将继续坚定支持印尼发展经济、建设国家的努力。

同日，杨洁篪和印尼经济统筹部部长达尔明在雅加达共同主持中印尼高层经济对话第二次会议。双方积极评价第一次会议召开一年多来两国务实合作取得的进展，介绍了各自的经济政策和发展战略，就双边贸易、投资、金融、基础设施、产业园区建设、能源、农渔业等领域合作深入交换意见，达成广泛共识。一致认为两国都处于发展的关键时期，发展战略契合，合作机遇广阔，应充分发挥高层经济对话机制的作用，共同采取有效措施，应对全球经济挑战，推动双边务实合作，不断丰富中印尼全面战略伙伴关系内涵。

杨洁篪表示，中国和印尼是好邻居、好朋友、好伙伴，两国关系发展势头良好，经济合作互补性强，潜力巨大。中方愿同印尼方落实好两国领导人达成的重要共识，对接发展战略，加强互利合作，实现共同发展。达尔明表示，印尼视中国为重要合作伙伴，愿进一步拓展合作机遇，加强各领域务实合作，为中国企业赴印尼投资兴业提供便利，推动两国经济关系取得更大发展。会后，双方签署了会议纪要等合作文件。

10日，杨洁篪在吉隆坡分别会见了马来西亚总理纳吉布、马来西亚外交部部长阿尼法和国防部部长希沙姆丁。

5月5日

［纲　文］　**国家主席习近平在北京会见美中贸易全国委员会副主席、美国华特迪士尼公司董事长兼首席执行官艾格。**

［目　文］　习近平说，当前，中美关系总体保持良好发展势头。我2016年3月出席华盛顿核安全峰会期间，同奥巴马总统就进一步推进中美新型大国关系建设达成重要共识。中美两国利益深度交融，应该合作而且可以合作的领域十分广阔。中美合作可以办成一些大事。双方应该从大处着眼，维护和拓展共同利益，深化务实合作。我们赞赏美中贸易全国委员会和华特迪士尼公司等企业长期以来为促进中美关系所作积极努力。中国人民正在为实现“两个一百年”的目标而奋斗。我们努力推进经济结构性改革，不断提高开放型经济水平。中国将为外国企业、机构、人员对华交流合作提供便利。中美经贸合作是两国关系的重要组成部分。中美经济互补性强，两国经贸合作具有巨大潜力和广阔前景。我们赞成通过谈判早日达成中美双边投资协定。

艾格表示，在当今世界，美中两国密切合作特别是加强经贸合作十分重要。我们支持美中尽早谈判达成双边投资协定，以利两国企业在相互尊重和互利的基础上拓展合作。迪士尼公司高度重视促进美中人文交流。即将开园的上海迪士尼乐园将努力确保为广大中国游客提供安全、优质、愉悦的服务。

5月5日

［纲　文］　**国务院印发《关于促进外贸回稳向好的若干意见》。**

［目　文］　《意见》由14个部分组成：一、充分发挥出口信用保险作用。二、大力支持外贸企业融资。三、进一步提高贸易便利化水平。四、调整完善出口退税政策。五、减免规范部分涉企收费。六、进一步完善加工贸易政策。七、支持边境贸易发展。八、实行积极的进口政策。九、加大对外贸新业态的支持力度。十、加快国际营销服务体系建设。十一、加快培育外贸自主品牌。十二、发挥双向投资对贸易的促进作用。十三、加强外贸知识产权保护。十四、加强组织实施。

5月5日

［纲　文］　**国务院办公厅印发《关于促进建材工业稳增长调结构增效益的指导意见》。**

［目　文］　《意见》由五个部分组成：一、总体要求。二、压减过剩产能。三、加快转型升级。四、促进降本增效。五、完善支持政策。

《意见》要求，各地区、各有关部门要进一步提高认识，以高度的责任感、使命感和改革创新精神，合力推进建材工业稳增长、调结构、转型升级、降本增效工作。省级人民政府要结合本地实际制定具体方案，切实抓好组织落实。工业和信息化部、国家发展改革委要会同财政部、人力资源社会保障部、环境保护部、住房城乡建设部、质检总局等部门加强对地方的督促指导，有关部门要根据职责分工抓紧完善配套政策，统筹推进各项工作。

5月5日

［纲　文］　**财政部、税务总局印发《关于促进残疾人就业增值税优惠政策的通知》，自2016年5月1日起执行。**

5月5日

［纲　文］　**新闻出版广电总局公布《新闻出版统计管理办法》。**

［目　文］　《办法》共6章41条，主要有总则、统计调查管理、统计资料的管理和公布、统计机构和统计人员、监督检查和法律责任、附则等内容，自2016年7月1日起施行。原新闻出版总署、国家统计局于2005年2月7日颁布的《新闻出版统计管理办法》同时废止。

5月5日

［纲　文］　**体育总局发布《体育发展"十三五"规划》。**

［目　文］　《规划》由11个部分组成：一、"十二五"时期我国体育发展情况和"十三五"时期面临的形势。二、"十三五"时期体育发展的指导思想、基本原则、发展目标和发展理念。三、深化重点领域改革创新，增强体育发展活力。四、落实全民健身国家战略，加快推动群众体育发展。五、落实奥运争光计划，提高竞技体育综合实力。六、以筹办2022年北京冬奥会为契机，推动冬季运动发展。七、扩大体育产品和服务供给，促

进体育消费。八、实施科教兴体，加快人才队伍建设。九、加强体育文化建设，提高体育宣传和对外交往工作水平。十、推进依法治体，提升体育法治化水平。十一、加强组织领导，确保规划落实。

5月5日

［纲　文］ **国家副主席李源潮在北京会见以高村正彦为团长的日本日中友好议员联盟代表团。**

［目　文］ 李源潮说，中日关系过去几年走了一段弯路，教训深刻。一年多来两国关系总体改善，但势头仍较为脆弱。中方愿在中日四个政治文件基础上，本着“以史为鉴、面向未来”精神，推动两国关系稳定健康发展。希望日方同中方相向而行，妥善处理有关敏感问题，为改善两国关系作出切实努力。

高村正彦说，希望强化两国各领域交流，改善双方国民感情，推动日中友好合作。

5月5日

［纲　文］ **《人民日报》发表题为《不承认“九二共识”就是破坏两岸关系共同政治基础》的评论员文章。**

5月6日

［纲　文］ **学习贯彻《关于深化人才发展体制机制改革的意见》座谈会在北京召开，习近平就深化人才发展体制机制改革作出指示。**

［目　文］ 中共中央总书记习近平指示强调，办好中国的事情，关键在党，关键在人，关键在人才。综合国力竞争说到底是人才竞争。要加大改革落实工作力度，把《关于深化人才发展体制机制改革的意见》落到实处，加快构建具有全球竞争力的人才制度体系，聚天下英才而用之。要着力破除体制机制障碍，向用人主体放权，为人才松绑，让人才创新创造活力充分迸发，使各方面人才各得其所、尽展其长。要树立强烈的人才意识，做好团结、引领、服务工作，真诚关心人才、爱护人才、成就人才，激励广大人才为实现“两个一百年”奋斗目标、实现中华民族伟大复兴的中国梦贡献聪明才智。

座谈会上，中央组织部部长赵乐际传达了习近平的指示并讲话。中央书记处书记刘云山出席并讲话。江苏、河南、四川省和深圳市党委组织部、科技部、中科院、中国商飞公司、浙江大学、北京生命科学研究所负责人作交流发言。

5月6日

［纲　文］ **中国共产党中央委员会致电朝鲜劳动党第七次代表大会，祝贺大会召开。**

［目　文］ 电文说，朝鲜劳动党第七次代表大会是朝鲜党和人民政治生活中的一件大事，将对朝鲜劳动党和朝鲜社会主义事业发展产生重大的影响。祝愿在朝鲜劳动党领导下，朝鲜人民在社会主义建设事业中不断取得新的成就。中朝友谊由双方老一辈领导人亲自缔造和精心培育，有着光荣的历史传统，是双方共同的宝贵财富。中国党和政府高度重

视中朝关系，愿同朝方共同努力，把中朝关系维护好、巩固好、发展好，造福两国和两国人民，为维护地区乃至世界和平、稳定、发展作出积极贡献。祝朝鲜劳动党第七次代表大会取得圆满成功，中朝友谊代代相传。

5月6日

［纲　文］　**李克强考察人力资源社会保障部并主持召开就业工作座谈会。**

［目　文］　国务院总理李克强在就业促进司了解就业市场情况和最新就业信息。得知当前就业形势总体稳定，主要就业指标保持在合理区间时说，就业直接关系经济社会发展大局，及时掌握完整准确的就业数据至关重要。稳增长很大程度上就是保就业，就业稳定收入就会增长，民生就会逐步改善。要紧紧盯住就业形势新变化，加强对苗头性问题的分析研判，为宏观调控提供科学依据；与有关司局工作人员就当前农民工就业遇到的主要问题、相关政策落实情况时说，农民工是庞大而特殊的就业群体，就业状况受经济形势变化影响最直接。要千方百计拓宽农民工就业渠道，这不仅能增加他们的收入，也有利于推动新型城镇化和农业现代化协调发展。

李克强在就业工作座谈会上，听取人力资源社会保障部、教育部负责人的汇报后说，近3年在经济增速放缓形势下，就业不降反增，每年新增城镇就业1300多万人，成为经济社会发展的一大亮点，人力资源社会保障、教育等系统广大干部职工作出了重要贡献，相关促进就业的社会中介组织也发挥了积极作用。2016年高校毕业生有765万人，创历史新高，加上中职毕业生，人数达1200多万，还有其他一些重点保障对象，要把促进他们就业放在突出位置。要落实和完善大学生就业促进计划和创业引领计划，通过持续推进简政放权、放管结合、优化服务改革，创造良好的就业创业环境，大力实施创新驱动发展战略，推动大众创业、万众创新，更多发挥社会力量作用，发展就业容量大的服务业、民营经济和小微企业，运用“互联网＋就业”新模式，在更广阔领域实现就业供需对接。要积极促进农民工就业，加强就业指导、职业介绍、权益保护等服务。要落实好复转军人就业相关政策，确保他们得到妥善安置。促进就业创业还要织密织牢社会保障安全网，兜住底线。要确保养老金按时足额发放，发挥好失业保险、大病保险的“稳定器”作用，解除居民干事创业的后顾之忧。在2016年加大淘汰落后产能过程中，要努力使富余员工通过企业内部挖潜、开展“双创”、政府专项资金扶持等措施，实现转岗就业，对一时难以就业的，要通过职业培训、托底保障等方式，增强他们的信心，保证基本生活。要帮助经济困难地区解决就业问题，防止出现较大范围失业风险。更多关注就业特殊困难群体，确保有就业能力的零就业家庭至少有一人就业。

5月6日

［纲　文］　**人力资源社会保障部印发《关于加强和改进人力资源社会保障领域公共服务的意见》。**

［目　文］　《意见》由九个部分组成：一、总体要求和基本原则。二、全面梳理和公开公共服务事项目录。三、大力简化证明材料和手续。四、规范和简化公共服务流程。

五、探索创新公共服务方式。六、推进信息共享和业务协同。七、加强公共服务平台建设。八、加强公共服务制度建设和作风建设。九、加强组织领导。

5月6日

［纲　文］　**税务总局公布《营业税改征增值税跨境应税行为增值税免税管理办法（试行）》，自2016年5月1日起施行。**

5月6日

［纲　文］　**刘奇葆在北京出席深入贯彻中央党的群团工作会议精神专题会议。**

［目　文］　中宣部部长刘奇葆出席会议时指出，中国文联、中国作协和中国记协是党联系文艺界、新闻界的重要群团组织，要深入学习贯彻习近平总书记系列重要讲话精神，学习贯彻中央党的群团工作会议精神，着力加强党的领导、改进工作作风、改革体制机制，增强政治性、先进性、群众性，把广大文艺工作者和新闻工作者更加紧密地团结凝聚在党的周围，带领群众跟党走。

5月6日

［纲　文］　**深圳北理莫斯科大学（筹）奠基仪式在深圳举行。**

［目　文］　国务院副总理刘延东与俄罗斯国家杜马主席纳雷什金共同出席奠基仪式。

深圳北理莫斯科大学由深圳市政府和莫斯科大学、北京理工大学合作举办，具有独立法人资格。中俄两国对学校办学方式进行精心设计，选取莫斯科大学和北京理工大学的优势学科专业，特别考虑与深圳经济社会、科技创新和产业结构的需求相适应，师资将由莫斯科大学和北京理工大学选派，并在全球招聘高水平的教师。校园建设总投资达19.6亿元，其中一期工程预计将于2016年9月前交付使用，二期工程于2018年交付使用。

5月6日

［纲　文］　**中国首条具有完全自主知识产权的中低速磁悬浮商业运营示范线——长沙磁浮快线开通试运营。**

［目　文］　长沙磁浮快线全长18.55公里，于2014年5月开工建设，为目前世界上规划线路最长的中低速磁浮线路，由中国中车株洲电力机车公司与国防科技大学等高校研发制造，设计最高时速100公里，每列车最大载客量363人。

5月6日

［纲　文］　**《人民日报》发表题为《学习贯彻党章是第一位要求——一论深入开展"两学一做"学习教育》的评论员文章。**

5月7—9日

［纲　文］　**张德江率食品安全法执法检查组在内蒙古自治区开展执法检查。**

［目　文］　全国人大常委会委员长张德江在肉羊养殖企业、农牧合作社、蔬菜大棚和配送中心，深入了解食用农产品质量安全控制情况时指出，要积极发挥农业龙头企业和

农民专业合作社的作用，加强对食用农产品生产、加工环节的监督管理，加强对饲料和饲料添加剂的质量安全控制和农药、兽药等投入品的监督，把好食品安全“源头关”；在面粉、肉制品加工企业和食品销售市场，查看食品加工、销售环节的安全管理工作时强调，食品生产经营企业要增强法律意识、责任意识、道德意识，认真落实原料控制、进货查验、成品检验、销售记录等法定义务，建立健全食品安全追溯体系；在巴彦淖尔市农科院、内蒙古自治区食品检验检测中心，询问食品抽检、送检、报告、跟踪和机构建设等情况时指出，要加强检验、检测、检疫等工作，健全工作流程，规范工作程序，优化资源配置和运用，提高食品安全工作科学化水平；到饲草种植、奶牛养殖、乳制品生产等企业开展检查时强调，要结合奶业发展实际，走优质安全发展道路，坚持质量第一、安全至上，强化食品安全全过程控制，努力实现保障群众饮食安全和促进食品产业发展“双赢”。

检查期间，张德江听取了内蒙古自治区贯彻实施食品安全法工作情况汇报，在巴彦淖尔主持召开座谈会时指出，新修订的食品安全法为建设食品安全治理体系提供了法律依据和法律保障。要广泛宣传食品安全法，增强全社会食品安全意识和法治意识，推动法律正确有效实施，督促各有关方面全面加强和改进食品安全工作，确保人民群众吃得安全、吃得放心、吃得健康。

5月8日

［纲　文］　**国务院办公厅印发《关于建设大众创业万众创新示范基地的实施意见》。**

［目　文］　《意见》由五个部分组成：一、总体思路。二、示范布局。三、改革举措。四、建设任务。五、步骤安排。

《意见》要求，“双创”示范基地所在地人民政府、各相关部门要高度重视，完善组织体系，出台有针对性的政策措施，保证政策真正落地生根，进一步释放全社会创新活力。建立地方政府、部门政策协调联动机制，为高校、科研院所、各类企业提供政策支持、科技支撑、人才引进、公共服务等保障条件，形成强大政策合力。

5月8日

［纲　文］　**2016年职业教育活动周启动仪式暨全国职业院校技能大赛开幕式在天津举行。**

［目　文］　国务院副总理刘延东出席开幕式时指出，要全面贯彻党中央、国务院关于加快发展现代职业教育的决策部署，更加注重技术技能人才培养，大力弘扬工匠精神，办好中国特色、世界水平的现代职业教育，为全面建成小康社会提供充足的技术技能人才支撑。

本届大赛于5月8日至6月8日在天津主赛区和15个分赛区举行，近500万名职业院校学生报名参赛。以“弘扬工匠精神打造技能强国”为主题，大赛由教育部联合天津市人民政府、发展改革委、工业和信息化部、人力资源社会保障部等37家单位共同举办。

5月8日

［纲　文］　**福建三明市泰宁县开善乡发生山体滑坡。**

［目　文］　山体滑坡造成池潭水电厂一座办公楼被冲垮、一座项目工地住宿工棚被埋压。7人受伤，41人失踪。

中共中央总书记习近平立即作出指示，要求福建省和相关部门迅速组织力量开展抢险救援，全力搜救被困、失踪人员，尽最大努力减少人员伤亡，并妥善做好伤员救治、伤亡人员亲属安抚等善后工作。加强监测预报，注意科学施救，防止发生次生灾害。国务院有关部门要指导地方和企业加强各类灾害和安全生产隐患排查，强化责任落实，确保人民群众生命财产安全。

国务院总理李克强批示指出，要求全力组织搜救被埋人员和救治伤员，国土资源部要立即牵头成立国务院工作组，赶赴现场指导地方做好救援工作。国家防总相关部门要指导和帮助各地进一步做好各类灾害隐患排查，安全监管总局要督促加强安全生产责任和措施，切实保障群众安全。

根据习近平指示和李克强要求，国务院工作组赶赴现场指导救援工作，福建省委省政府主要负责人在现场指挥抢险救援工作。

5月9日

［纲　文］　**中共中央总书记习近平致电金正恩，祝贺他在朝鲜劳动党第七次代表大会上被推举为朝鲜劳动党委员长。**

5月9日

［纲　文］　**国务院召开全国推进简政放权、放管结合、优化服务改革电视电话会议。**

［目　文］　国务院总理李克强出席会议并讲话。国务院副总理张高丽主持会议。国务院副总理刘延东、汪洋、马凯，国务委员常万全、郭声琨、王勇等出席会议。中央编办、发展改革委、工商总局和上海市、宁夏回族自治区政府主要负责人在会上发言。

李克强说，深化简政放权、放管结合、优化服务改革是推动经济社会持续健康发展的战略举措。推进行政管理体制改革是全面深化改革的重要内容。党的十八大以来，以习近平同志为总书记的党中央高度重视有关工作，提出明确要求。本届政府紧紧扭住转变政府职能这个“牛鼻子”，简政放权、放管结合、优化服务三管齐下，中央和地方上下联动，取得明显成效。国务院部门取消下放行政审批事项1/3以上，提前超额完成承诺的目标任务。工商登记前置审批精简85%。资质资格认定事项压减44%。多数省份行政审批事项减少50%—70%。同时创新和完善事中事后监管，针对群众期盼优化公共服务。这些既为企业“松了绑”、为群众“解了绊”、为市场“腾了位”，也为廉政“强了身”，极大激发了市场活力。要推动简政放权向纵深发展。下决心继续减少审批，相同相近、关联事项要一并取消或下放，并确保基层接得住管得好。深入推进商事制度改革和“证照分离”改革试点，继续削减前置审批和不必要证照。大幅减少和规范涉企收费及审批评估事项。要推进政府监管体制改革。实施公正监管，全面推开和细化“双随机、一公开”模式，建立企业信用联合激励与惩戒机制。

5月9日

［纲　文］　**国务院办公厅发布通知，要求对促进民间投资政策落实情况开展专项督查。**

［目　文］　通知说，在各省（区、市）、各有关部门开展自查的基础上，国务院将派出9个督查组赴18个省（区、市）开展实地督查，组织开展第三方评估和专题调研。专项督查重点围绕以下九个方面展开：一是党中央、国务院关于促进民间投资有关政策的贯彻落实。二是放宽民间投资市场准入。三是加强和改善政府管理服务。四是营造公平竞争的投资环境。五是发挥政府投资的引导带动作用。六是大力促进创业创新中民间投资发展。七是加大对民间投资的金融支持。八是大力推进政府和社会资本合作（PPP）模式。九是落实地方政府和部门责任，促进民间投资持续稳定增长。

5月9日

［纲　文］　**最高人民法院印发《关于进一步做好新形势下援藏援疆工作的意见》。**

［目　文］　《意见》由三个部分组成：一、充分认识做好两援工作的重要意义，切实把握两援工作的总体要求。二、充分发挥职能作用，切实维护西藏、新疆经济社会发展和长治久安。三、加强组织领导，确保两援工作取得实效。

5月9日

［纲　文］　**体育总局公布《关于废止和修改部分规章和政策性文件的决定》。**

［目　文］　《决定》说，一、废止《全国体育运动单项竞赛制度（试行）》等2件规章。二、废止《仲裁委员会条例》等19件政策文件。三、修改《经营高危险性体育项目许可管理办法》。四、本决定自2016年5月9日起实施。

5月9日

［纲　文］　**汪洋在北京主持召开中央农村工作领导小组第十次会议。**

［目　文］　会议主要内容是：学习贯彻习近平总书记在安徽小岗村农村改革座谈会上的重要讲话精神，研究部署当前农业农村改革发展重点工作。

国务院副总理、中央农村工作领导小组组长汪洋指出，各地区各部门要深入学习贯彻习近平总书记重要讲话精神，深刻领会讲话内涵要义，用讲话精神武装头脑、指导实践、推动工作，完善体制机制，加大支持力度，不断巩固和发展农业农村好形势。当前，要着力推进农业供给侧结构性改革，完善现代农业经营体系、农村集体产权制度、农产品价格形成机制和收储制度，打好脱贫攻坚开局战，搞好农村人居环境综合整治，加快社会主义新农村建设等，全面做好农业农村各项工作。

5月9日

［纲　文］　**外交部发言人表示，中国不会纵容个别国家在南海问题上“以小讹大”。**

［目　文］　有记者问，有评论认为，中国国大力强，菲律宾与中国实力相差悬殊，

菲方根本无法通过双边谈判与中方解决领土和海洋划界争议，因此才提起仲裁。中方对此有何评论？

发言人说，这种说法纯粹是罔顾事实、颠倒黑白，并且让人想起所谓的“大国原罪论”，显然是个别别有用心者企图抹黑中国的一种说辞，其背后是国强必霸和以己度人的逻辑作祟。中国坚持走和平发展道路，坚持防御性的国防政策，坚持“与邻为善、以邻为伴”的周边外交政策，长期以来一直坚持通过对话、协商、谈判，以和平方式解决有关争议。这一政策是由中国人民血液中流淌着的爱好和平基因所决定的。正是得益于这一政策，中华人民共和国成立以来，中国已经与14个陆地邻国中的12个在尊重历史事实和国际法基本准则的基础上，通过双边磋商与谈判，划定和勘定了共同边界，划定和勘定的边界线长度达两万多公里，占中国整个陆地边界的90%以上。此外，中国和越南通过谈判协商划定了两国在北部湾的海洋边界。作为地区大国，中国深知维护地区和平稳定的重要意义和自身责任担当。长期以来，中方从大局出发，始终以建设性的态度、负责任地处理南海问题，谈判协商的大门始终是敞开的。反观菲律宾，则置中菲共识于不顾，缺乏与中方谈判协商解决问题的诚意，反而在南海假扮“受害者”的形象，不断挑衅，挑起事端，激化矛盾，恶化地区和平稳定。中国不会“以大欺小”，但也不会纵容和允许个别国家通过邪门歪道“以小讹大”。

就美国前国防部部长哈格尔日前称，若菲律宾与中国任何一方不遵守南海仲裁庭仲裁结果，将会是“危险的开端”问题。发言人表示，中方不接受、不参与菲律宾单方面提交的南海仲裁案的立场是明确的、一贯的。菲律宾就中菲南海有关争议单方面提起仲裁，本身就违反了包括《联合国海洋法公约》在内的国际法。美国某些人口口声声以海洋法治的维护者自居，但却在《联合国海洋法公约》达成34年后仍拒不批准公约；口口声声要求别国接受第三方争端解决方式，自己却避而远之，甚至拒不接受国际法院这一联合国最主要的司法机构作出的判决和命令；口口声声要求其他国家遵守国际法，却对自己和所谓的盟友大开违法之门，长期以来对菲律宾非法侵占中国南沙群岛部分岛礁的行为视而不见。美方这种对于国际法“合则用，不合则弃”的投机做法，严重侵蚀国际法的权威性、严肃性和有效性，这才是真正危险的，值得国际社会高度警惕。

5月9日

［纲　文］ **《人民日报》发表题为《全面学 系统学 深入学——二论深入开展“两学一做”学习教育》的评论员文章。**

5月9—10日

［纲　文］ **李源潮在重庆调研群团改革试点工作。**

［目　文］ 国家副主席李源潮在南桥寺社区和双湖路社区党群服务站，了解社区网格化、信息化的工作机制，称赞群团组织在基层有了落脚的平台，群众有需求能找得到、帮得上；在出版单位，同编辑人员探讨交流，叮嘱他们办好刊物和青少年课外科技活动，既传播科学知识，又帮助青少年培育科学素养和人文素养；在科技技术企业公司，询问员工参加团

组织活动情况，希望加强园区和企业共青团组织建设，增强团组织在新领域的存在感。

李源潮召开群团改革调研座谈会，认真听取党政部门、青妇科侨组织负责人和干部群众代表的意见并指出，群团改革要增强政治意识、大局意识、核心意识、看齐意识，牢牢把握保持和增强政治性、先进性、群众性的正确方向。要提升群团组织的凝聚力、战斗力、影响力，组织动员群众围绕“十三五”目标任务创业创新创优。

5月9—10日

［纲　文］　**文化部在西安召开2016年全国艺术创作工作会议。**

［目　文］　文化部部长雒树刚出席会议并讲话，文化部副部长董伟主持会议。中宣部文艺局、文化部有关司局、文物局、文化部直属艺术单位和中央有关部委直属艺术院团负责人，各省区市、新疆生产建设兵团文化厅局负责人，各计划单列市、省会城市文化局负责人参加会议。

会议总结了2015年艺术创作工作。会议强调，2016年是“十三五”的开局之年，开好局、起好步至关重要。要继续深入学习贯彻习近平总书记在文艺工作座谈会上的重要讲话精神，努力攀登艺术“高峰”。编制好“十三五”艺术创作规划，凝神聚力抓精品创作；要解决艺术创作随意性的问题，党委政府引导创作必须有组织、有计划；要组织策划好艺术创作工程项目和保障措施，充实内容，有项目、有抓手；要聚焦创作，特别是聚焦重大主题的创作，力争5年推出50部左右的优秀舞台艺术作品。

5月10日

［纲　文］　**全国政协在北京召开“深化医药卫生体制改革”专题协商会。**

［目　文］　全国政协主席俞正声主持会议。国务院副总理刘延东出席会议并讲话。27位委员和地方代表、专家学者在会上发言，对深化医药卫生体制改革提出意见建议。卫计委主任李斌介绍有关情况。发展改革委、财政部、人力资源社会保障部、卫计委、食药监总局等部门负责人与委员互动交流。中共中央、国务院有关部门和单位的负责人到会听取意见建议。委员们认为，党的十八大以来，在以习近平同志为总书记的党中央坚强领导下，医药卫生体制改革全面推进，取得了重大阶段性成效。但医改与人民群众的期盼相比还有不小差距，“看病难”“看病贵”的问题还没有从根本上解决。一些委员建议，一是多措并举推动解决“以药养医”问题，做好医疗机构管理模式、医务人员薪酬制度等方面的改革。二是推进医保支付方式改革，探索适合中国国情和各地实际的付费方式，推动形成“病种付费＋临床路径＋质量监控＋医生收入分配激励”的改革模式。三是强化基层医疗服务，推动建立分级诊疗、家庭医生签约制度，形成医院有动力、医生愿下去、患者得实惠的良性机制。四是加强医药卫生信息化建设，推动实现不同医疗机构之间资源和信息共享。五是加强对医改的领导，减少改革成本，形成改革合力。同时，也要鼓励地方大胆探索实践。

刘延东说，当前医药卫生体制改革进入深水区攻坚期，全国政协开展专题协商，对于聚智汇力推进医改、破解这一世界性难题具有重要意义。深化医改要以新发展理念为指导，以人民健康为中心，坚持保基本、强基层、建机制，实施“三医”联动，聚焦制度建设，加快推进分级诊疗、公立医院、医保支付方式、药品流通领域等改革，把医药卫生事业发展的短板补齐、底线兜好，着力构建服务健康中国和全面小康社会的制度体系。要按照“放管服”改革的新要求，强化全行业监管，筑牢群众看病就医的安全防线。要大力推进健康扶贫、推动异地就医结算、加强儿童医疗服务、推行便民惠民措施，切实提升全民健康水平，不断增强群众的获得感。

5月10日

［纲　文］　**全国支持贫困县开展统筹整合使用财政涉农资金试点电视电话会议在北京召开。**

［目　文］　国务院副秘书长江泽林主持会议。国务院副总理、国务院扶贫开发领导小组组长汪洋，财政部部长楼继伟、国务院扶贫办主任刘永富、发展改革委副主任连维良、审计署副审计长袁野出席会议并发言。湖北省和甘肃省介绍本省的经验做法。

汪洋指出，中央、省（区、市）、市（地）级要将财政安排用于农业生产发展和农村基础设施建设等方面的资金，纳入整合范围，允许试点贫困县统筹使用，集中用于脱贫攻坚各项工作。要继续增强贫困县的财政保障能力，加大对贫困县倾斜支持力度，各部门要着力做好资金监管和政策服务。试点贫困县要科学编制脱贫攻坚规划，确定重点扶贫项目和建设任务，完善资金整合使用具体方案和决策程序，创新资金使用机制，履行好资金管理监督首要责任，全面提高脱贫成效。

5月10日

［纲　文］　**外交部发言人就美国军舰进入中国南沙群岛有关岛礁邻近海域表示，中方坚决反对美方这一行为，也会继续采取必要措施维护中国的主权和安全。**

［目　文］　有记者问，美国今天派出了海军军舰在中国永暑礁附近实施了“航行自由”行动，中方对此有何评论？

发言人说，美国“劳伦斯”号驱逐舰10日未经中国政府许可，非法进入中国南沙群岛有关岛礁邻近海域。中方有关部门依法对美方舰艇采取了监视、跟踪和警告措施。美方军舰有关行为威胁了中国主权和安全利益，危及岛礁人员及设施安全，损害地区和平稳定。中方坚决反对美方这一行为，也会继续采取必要措施维护中国的主权和安全。中国对南沙群岛及其附近海域拥有无可争辩的主权。长期以来，中国和南海沿岸有关国家通过合作共同努力，维护了这一地区的航行和飞越自由。实际上，各国行使航行和飞越自由、各国船舶在南海地区的行驶从来没有遇到过障碍和问题。美方在1979年《联合国海洋法公约》签订前抢着推出所谓“航行自由”计划，是凭借军事力量，挑战、挑衅新的海洋秩序，从一开始就遭到了世界上很多国家的坚决反对。美方至今不加入《公约》，实际上也是把自己的利益凌驾于国际法之上。美方打着“航行和飞越自由”的旗号，在南海炫耀武力，派遣军用舰机抵近甚至进入中国南沙群岛有关岛礁邻近海空域进行挑衅，这才是南海和平稳定的最大威胁，才是对南海航行和飞越自由的最大威胁。

同日，国防部新闻发言人就美国军舰进入中国南沙群岛有关岛礁邻近海域发表谈话说，中国军队当即采取应对行动，海军航空兵2架歼－11战斗机、1架运－8警戒机紧急升空，赴相关海域巡逻警戒，“广州”号导弹驱逐舰、“绵阳”号导弹护卫舰和“临汾”号护卫舰迅即对美军舰进行识别查证，并予以警告驱离。美军舰机未经允许非法进入中国南沙岛礁邻近海域是严重的挑衅行为，中方此前已多次指出其危害性，并予以严正警告。但美方一意孤行，再次派军舰挑衅。美军舰机的挑衅活动，暴露了美方妄图搞乱地区局势，从中渔利的用心，再次证明了中方在南沙有关岛礁进行防御设施的建设完全合理，很有必要。需要指出的是，美军舰机进入南沙岛礁邻近海域改变不了中国对南沙群岛及其附近海域拥有主权的事实，美军的挑衅行动是徒劳无益的。中方将根据需要加大海空巡逻力度，加强各项防卫能力建设，坚定捍卫国家主权和安全，坚决维护南海和平稳定。

5月11日

［纲　文］　**习近平《在省部级主要领导干部学习贯彻党的十八届五中全会精神专题研讨班上的讲话》单行本，已由人民出版社出版。**

5月11日

［纲　文］　**李克强主持召开国务院常务会议。**

［目　文］　会议主要内容是：一、部署促进消费品工业增品种提品质创品牌，更好满足群众消费升级需求。会议确定，一是完善市场准入，取消不必要的审批及目录和不合理收费，严格安全、环保、能耗等条件，支持企业在创意设计、提高科技含量和性能等方面下大功夫，促进大众消费品创新和有效供给。二是培育和弘扬精益求精的工匠精神，引导企业树立质量为先、信誉至上的经营理念，立足大众消费品生产推进“品质革命”，推动“中国制造”加快走向“精品制造”，赢得大市场。三是营造公平竞争营商环境，推进国内消费品与国际标准对标，引导企业加强从原料采购到生产销售的全流程质量管理，推行产品认证和第三方质量检验检测，严格实施缺陷产品召回制度。推动中华老字号传承升级，支持企业培育新品牌。四是强化监管，全面推开“双随机、一公开”监管方式，建立企业黑名单、惩罚性巨额赔偿等制度，完善知识产权保护措施，严打假冒伪劣，防止劣币驱逐良币。以质量持续提升，不断增强大众对国产消费品的品质信任度和品牌认可度。二、决定进一步精简投资项目报建审批，以改革营造更加便利的投资环境。会议决定，将投资项目开工前的报建审批事项由65项减至42项，其中规划许可、市政设施建设等24项审批整合为8项，并保留涉及环保等方面的法定审批事项。对保留的审批事项，各地要全部纳入政务服务大厅或在线平台，简化流程、缩短时限，便利企业办事。三、通过《长江三角洲城市群发展规划》，培育更高水平的经济增长极。会议指出，一要打造改革新高地。复制推广自由贸易试验区、自主创新示范区等的成熟改革经验，在政府职能转变、体制机制创新等方面先行先试，推进金融、土地、产权交易等要素市场一体化建设，开展教育、医疗、社保等公共服务和社会事业合作。二要争当开放新尖兵。三要带头发展新经

济。实施创新驱动发展战略，营造大众创业、万众创新良好生态，健全协同创新机制，强化装备制造、信息技术、生物制药、汽车、新材料等高端制造业关键领域创新，发展金融、研发、物流等现代服务业，培育壮大新动能，改造提升传统产业。四要以生态保护提供发展新支撑。五要创造联动发展新模式。发挥上海中心城市作用，推进南京、杭州、合肥、苏锡常、宁波等都市圈同城化发展。构建以铁路、高速公路和长江黄金水道为主通道的综合交通体系，促进信息、能源、水利等基础设施互联互通。到2030年，全面建成具有全球影响力的世界级城市群。

5月11日

［纲　文］　**国务院办公厅印发《关于加快中西部教育发展的指导意见》。**

［目　文］　《意见》由三个部分组成：一、总体要求。二、重点任务。三、组织实施。

《意见》指出，各有关部门及承担对口支援任务的地区和单位，要分别将落实本指导意见列入本地区经济社会发展规划和本部门（单位）工作计划，制定配套政策、措施和实施方案，做好与国家“十三五”规划的衔接，做好与教育改革发展其他工作的衔接，确保政策连续性，把各项任务落到实处。

5月11日

［纲　文］　**国务院办公厅转发文化部、发展改革委、财政部、文物局《关于推动文化文物单位文化创意产品开发的若干意见》。**

［目　文］　《意见》由三个部分组成：一、总体要求。二、主要任务。三、支持政策和保障措施。

5月11日

［纲　文］　**财政部公布《关于修改〈会计从业资格管理办法〉的决定》，自2016年7月1日起施行。**

5月11日

［纲　文］　**财政部印发《关于采取有效措施进一步加强地方财政库款管理工作的通知》。**

［目　文］　《通知》说，根据《预算法》《国务院办公厅关于进一步做好盘活财政存量资金工作的通知》《国务院关于编制2016年中央预算和地方预算的通知》《财政部关于2016年地方财政库款管理有关工作的通知》等有关规定，为切实加强地方财政库款管理，现就有关工作要求和措施通知如下：一、进一步提高认识，切实加强库款管理工作。二、关于进一步加强库款管理的有关要求。三、关于进一步加强库款管理的措施。

5月11日

［纲　文］　**证监会公布《公开发行证券的公司信息披露内容与格式准则第39号——公司债券半年度报告的内容与格式》《关于公开发行公司债券的上市公司半年度报告披露的补充规定》，自2016年5月11日起施行。**

5 月 11 日

［纲　文］　**全军安全工作大检查任务部署会在北京召开。**

［目　文］　军委训练管理部部长郑和主持会议。中央军委副主席范长龙出席会议并讲话。各军兵种、军委机关有关部门、武警部队领导和部分安全专家参加会议。

会议明确，这次安全工作大检查以中央军委主席习近平关于加强安全工作一系列重要指示为指导，在军委直接领导下，由军委训练管理部牵头协调，军委机关有关部门共同组织，从 2016 年 5 月开始，持续到 9 月底，重点检查纠治安全工作职责落实、安全教育训练、安全建设、安全分析预测、安全风险评估、安全检查监督和应急处置、责任追究等方面存在的问题。各级要充分认清安全工作面临的形势，牢固树立安全发展理念，深入推进依法治军从严治军，突出防范重特大事故案件，杜绝和消除重大安全隐患。

5 月 11 日

［纲　文］　**刘延东在北京与南丁格尔奖获得者和护理工作者座谈。**

［目　文］　国务院副总理刘延东强调，护理是集人文关怀和专业技术为一体的职业，要落实党中央、国务院关于医疗卫生事业改革发展的决策部署，弘扬南丁格尔精神，坚持以病人为中心，不断提高护理服务水平，增进群众健康福祉。

5 月 11 日

［纲　文］　**外交部发言人表示，没有哪个国家会像美国一样主张违反国际法的军舰横行自由。**

［目　文］　有记者问，美国国务院官员拉塞尔 10 日称，航行自由行动对小国很重要。如果世界最强大的海军都无法在国际法允许的海域航行，小国军舰将会怎样？如美军舰都无法行使国际法赋予的权利，渔船和货轮又怎能避免被大国阻拦？中方对此有何评论？

发言人说，美国官员开始重视国际法了，这很好。我们希望美方尽快批准并加入《联合国海洋法公约》，这样会使美方以后在谈到这个公约时听起来更有说服力。美国官员现在也开始重视小国的关切了，这也很好。美方官员说“航行自由对小国很重要”，但似乎又忘了区分商业航行自由和军舰的横行自由了。小国同大国一样，当然都希望能维护商业航行自由，而这个自由在南海地区到目前为止从没问题。但没有哪个国家会像美方一样主张违反国际法的军舰的横行自由。《联合国海洋法公约》规定，外国船舶可以无害通过他国领海，但未明确赋予军舰这一权利。美国拒不批准《联合国海洋法公约》，却抢在公约签订前推出了所谓的“航行自由计划”，从一开始就遭到了许多国家的反对。希望美方官员在谈小国感受时，能尊重这一基本事实。

5 月 11 日

［纲　文］　**世界旅游组织发布，2015 年中国国际旅游收入 1140 亿美元，取代西班牙排名世界第二，美国以 1780 亿美元仍排名世界第一。在旅游花费和出境人次方面，中国均位居世界第一。**

5月11日

［纲　文］　**纪念戴爱莲先生诞辰100周年专场晚会在北京天桥剧场举行。**

［目　文］　晚会由文化部、中国文联主办，文化部艺术司、中国舞蹈家协会、中央芭蕾舞团承办，北京舞蹈学院协办。国务院副总理刘延东等出席并观看演出。

12日，文化部、中国文联在北京人民大会堂举办纪念戴爱莲先生诞辰100周年座谈会。

戴爱莲（1916—2006）是中国共产党优秀党员、中国当代舞蹈艺术先驱者和奠基人之一、著名舞蹈艺术家、舞蹈教育家、中国舞蹈家协会名誉主席。被誉为“中国舞蹈之母”。

5月11日

［纲　文］　**《人民日报》发表题为《学要学到位 做要具体化——三论深入开展“两学一做”学习教育》的评论员文章。**

5月11—12日

［纲　文］　**应国家主席习近平邀请，摩洛哥国王穆罕默德六世对中国进行国事访问。**

［目　文］　访问期间，习近平在北京同穆罕默德六世举行会谈，两国元首决定建立以相互尊重、平等互利原则为基础的中摩战略伙伴关系，开启双边关系新篇章并共同签署了《中华人民共和国与摩洛哥王国关于建立两国战略伙伴关系的联合声明》，见证了司法、经贸、能矿、金融、文化、旅游、食品安全等领域双边合作文件的签署。国务院总理李克强、全国人大常委会委员长张德江在北京分别会见穆罕默德六世。

习近平同穆罕默德六世会谈时指出，中国一贯重视发展同摩洛哥的关系，坚定支持摩方维护国家稳定、实现经济社会发展的努力，感谢摩方坚持一个中国政策，在涉及中国核心利益的重大问题上坚定支持中国。中方愿意积极参与摩方工业振兴计划，鼓励有实力的中国企业参与摩洛哥大型基础设施项目建设，深化双方在磷酸盐、渔业、医疗卫生、信息通信等传统领域以及电子、装备制造、航空航天、清洁能源利用等新兴领域务实合作，继续加强金融和投资领域合作。非洲和阿拉伯国家是中国在发展道路上的好朋友、好伙伴。中方欢迎摩方继续积极参与中非和中阿合作，这也将为中摩关系发展提供更加广阔的空间。

穆罕默德六世表示，建交58年来，两国各领域互利合作取得积极成果。摩方感谢中方长期以来给予的大力支持。摩方愿同中方共同努力，深化在经贸、基础设施建设等广泛领域合作，加强在发展、气候变化等国际事务中的沟通和协调。摩方愿成为中国在非洲大陆和阿拉伯世界的重要合作伙伴。

李克强在会见穆罕默德六世时表示，中国在基础设施建设等方面积累了丰富经验，在建材、装备制造等领域拥有许多性价比好的优势产能。中方愿同摩方对接发展战略，支持中国企业参与摩基础设施建设和工业化进程，开展工业园区、高铁、可再生能源等领域的产能合作，转让适用技术，培训技术和管理人员，提升摩洛哥自主发展能力。希望双方在开展全方位合作的基础上，面向整个非洲市场，抓住几个具有示范性意义的合作大项目做大做强，相信能够结出丰硕果实，促进共同发展繁荣。

穆罕默德六世表示，摩方愿同中方加强基础设施建设、高铁、绿色产业等领域务实合作，扩大人文交流，推动两国全方位合作稳步前进，并为促进非中关系发展作出积极努力。

张德江在会见穆罕默德六世时说，中国全国人大愿进一步扩大同摩洛哥参众两院的友好交往，加强双方立法合作和治国理政经验交流，为两国政治交往、经贸合作、人文交流提供良好的法律保障。

穆罕默德六世表示，摩洛哥采取“向东看”战略，高度重视发展对华关系，愿同中方加强政治交往及各领域务实合作，不断巩固和发展两国战略伙伴关系。

5月11—13日

［纲　文］　**汪洋在黑龙江调研。**

［目　文］　国务院副总理汪洋在甘南县了解玉米生产以及玉米改蔬菜、改马铃薯、改饲料、改大豆进展情况，与农民一起算农业生产经济账，研究结构调整的措施；在齐齐哈尔市，与合作社等规模经营主体和乳品、粮食深加工企业，探讨促进适度规模经营方式创新、农牧结合、产加销一体化发展的途径，研究让农民更多分享农业产业链增值收益的办法。

汪洋指出，推进农业结构调整，一要坚持市场导向，让市场形成价格，以价格引导生产，推动农业转型升级。二要坚持尊重农民意愿，努力营造好调结构大环境，把更多的精力放到农民种什么就帮助农民销售什么上来，不搞强迫命令、不刮风，不代替农民决策。三要坚持促进农民增收，鼓励发展高附加值、高品质农产品，发展农产品加工流通业，推动一二三产业融合发展。四要守住粮食安全底线，不断改善农业生产条件，强化科技支撑，提高粮食和农业综合生产能力。适当调减玉米种植面积是当前推进农业结构性改革的重中之重。要认真落实已出台的玉米收储制度改革方案，相关地区要抓紧制定好具体补贴办法，切实做到不让种粮农民在经济上吃亏，不让种粮大县在财政上吃亏。要加快库存玉米消化，抓紧做好秋粮收购的各项准备，鼓励多元市场主体入市收购，妥善安排主产区秋粮收购资金、收购仓容。

5月11—13日

［纲　文］　**第十届税收征管论坛大会在北京举行。**

［目　文］　大会由中国承办。国务院副总理张高丽、税务总局局长王军，税收征管论坛主席、英国皇家税务海关总署署长楚普，经济合作与发展组织（OECD）副秘书长玉木林太郎，出席大会开幕式并致辞。此次税收征管论坛大会有来自38个税收征管论坛成员经济体、6个受邀的非成员经济体以及7个国际组织参加，会议重点探讨税基侵蚀和利润转移项目成果实施、国际税收征管合作和情报交换、税收征管能力建设、税收征管论坛

未来工作展望等一系列重大议题。

税收征管论坛是经济合作与发展组织于 2002 年 7 月发起的高级别税收论坛，是经济合作与发展组织财政事务委员会下设机构，共有 46 个成员，包括所有二十国集团成员、经济合作与发展组织成员及部分非经济合作与发展组织成员。

5 月 12 日

［纲　文］ **国家主席习近平向中国—阿拉伯国家合作论坛第七届部长级会议致贺信。**

［目　文］ 习近平在贺信中说，2014 年，我在中阿合作论坛第六届部长级会议上提出中阿共建“一带一路”倡议，得到阿拉伯国家积极响应。2016 年 1 月，我访问阿盟总部，深切感受到阿方参与“一带一路”建设的热情。本届部长级会议将深入探讨“共建‘一带一路’、深化中阿战略合作”这一重要议题，全面规划未来两年中阿集体合作的重点领域和合作项目，对促进互利合作、深化人文交流、加强论坛机制建设具有重要意义。中方愿同阿拉伯国家携手努力，根据“共商、共建、共享”原则，稳步推进“一带一路”建设，共同开创中阿战略合作关系更加美好的未来。

同日，中国—阿拉伯国家合作论坛第七届部长级会议在卡塔尔多哈召开。外交部部长王毅和阿盟各成员国的外长共同出席中阿合作论坛第七届部长级会议。会议通过并签署《多哈宣言》和《2016 年至 2018 年行动执行计划》两个成果文件。《多哈宣言》强调，阿拉伯国家支持中国同相关国家根据双边协议和地区有关共识，通过友好磋商和谈判，和平解决领土和海洋争议问题；强调应尊重主权国家及《联合国海洋法公约》缔约国享有的自主选择争端解决方式的权利。

5 月 12 日

［纲　文］ **《习近平谈治国理政》发行会在希腊首都雅典的艾弗索达克斯书店举办。**

［目　文］ 国家新闻出版广电总局副局长吴尚之、中国驻希腊大使邹肖力、中国外文局副局长陆彩荣、希腊文化部部长巴尔塔斯、希腊国务部副部长泰伦斯、希腊出版商与书商联合会主席康斯坦塔保罗保思以及来自希腊出版界、媒体界的代表出席此次活动。

5 月 12 日

［纲　文］ **经国务院和中央军委批准，中国国防金融研究会在北京成立。**

［目　文］ 来自国防大学、民政部、国家开发银行等单位会员的法定代表和个人会员共 130 余人出席成立仪式。该研究会是以军民融合方式组建的学术性高端智库，旨在进行理论研究、政策分析、方案设计和学术交流，为国家和军队提供决策咨询服务。研究会成立后，将开展国防金融理论、前沿问题研究；围绕国防金融领域的重大问题举办论坛和研讨活动，为交流信息、分享成果提供渠道和平台；以金融手段扶持有广阔应用前景和重大价值的技术创新，促进高新技术向国防和军队建设运用转化，发挥技术孵化与成果应用的桥梁纽带作用，在全社会汲取和整合国防建设资源，从资本层面推动军民融合深度发展。

5月12日

［纲 文］ **新华社讯，中央军委颁发《军队建设发展“十三五”规划纲要》。**

［目 文］《纲要》指出，“十三五”时期，要坚决贯彻党的十八大和十八届三中、四中、五中全会精神，深入贯彻习主席系列重要讲话精神特别是国防和军队建设重要论述，按照“四个全面”战略布局，以党在新形势下的强军目标为引领，深入推进政治建军、改革强军、依法治军，更加注重聚焦实战，更加注重创新驱动，更加注重体系建设，更加注重集约高效，更加注重军民融合，努力实现更高质量、更高效益、更可持续的发展，为实现中华民族伟大复兴的中国梦提供坚强力量保证。到2020年，军队要如期实现国防和军队现代化建设“三步走”发展战略第二步目标，基本完成国防和军队改革目标任务，基本实现机械化，信息化建设取得重大进展，构建能够打赢信息化战争、有效履行使命任务的中国特色现代军事力量体系，使中国特色社会主义军事制度更加成熟、更加定型，为实现强军目标、建设世界一流军队打下更为扎实的前进基础。未来5年，军队主要领域发展指标要取得较大突破，关键作战能力要实现大幅跃升，整体发展布局得到明显优化。要按照新体制新职能新使命，统筹推进思想政治建设、力量结构调整优化、武器装备发展、现代后勤建设、战场建设、信息基础设施、军事训练和部队管理、国防动员、国际军事合作、军事理论法规和国防科技创新、改革配套建设、军民融合发展等方面建设和工作。按照军队发展总体布局和体系建设要求，集中实施一批战略性、基础性、枢纽性、引领性的重大工程项目。“十三五”军队建设资源投向投量要向这些任务项目聚焦，优先满足军事斗争准备急需，充分保障改革任务顺利实施，稳步提升军人生活待遇水平，统筹兼顾各项事业发展需要，为军队建设发展提供可靠支撑。要按照军委管总、战区主战、军种主建的新格局，进一步协调推进发展和改革，强化军队建设战略管理，确保规划纲要及其配套专项规划计划部署的各项任务得到有效落实。要加强党委领导，凝聚推动规划计划落实整体合力。

5月12日

［纲 文］ **中共中央办公厅印发《关于加强欧美同学会（留学人员联谊会）建设的意见》。**

［目 文］《意见》由四个部分组成：一、总体要求。二、主要任务。三、重要作用。四、保障措施。

《意见》指出，各级党委要高度重视欧美同学会（留学人员联谊会）组织建设，结合留学人员工作实际，解决组织建设中存在的突出问题。在资源配置、人才培养、政治安排等方面给予倾斜，为欧美同学会（留学人员联谊会）开展工作创造有利条件。

5月12日

［纲 文］ **国土资源部公布修订后的《土地利用年度计划管理办法》，自2016年5月12日起施行。**

5月12日

［纲 文］ **国土资源部公布《关于〈国土资源行政处罚办法〉第七条的解释》。**

［目　文］《解释》说，根据《规章制定程序条例》第三十三条的规定，对《国土资源行政处罚办法》第七条中“全国范围内重大、复杂”的国土资源违法案件作如下解释：一、全国范围内重大、复杂的国土资源违法案件是指：（一）国务院要求国土资源部管辖的国土资源违法案件；（二）跨省级行政区域的国土资源违法案件；（三）国土资源部认为应当由其管辖的其他国土资源违法案件。二、本解释自2016年5月12日起施行。

5月12日

［纲　文］**国务院总理李克强同法国总理瓦尔斯通电话。**

［目　文］李克强指出，2015年我们成功实现互访，中法战略互信得到巩固，务实合作继续走在中国同欧盟国家的前列，尤其是在核能、航空、金融等领域的合作又取得新进展。我们愿同法方继续从战略高度和长远角度出发，进一步落实好双方达成的各项共识，推动中法关系与合作再上新台阶。中法共同倡导开展第三方市场合作，是两国基于互信基础和互补优势作出的一项战略决策。目前双方已就共同基金、合作机制和首批项目等取得积极进展。我们愿同法方一道努力，推动相关合作顺利开局，共同开发核电等多领域第三方市场，不断拓展合作领域和规模，推动实现互利多赢。2016年以来，中国经济平稳运行，处在合理区间，而且经济结构方面出现了不少积极变化。在世界经济复苏乏力、中国经济转型升级面临多重困难和挑战的背景下，我们将继续坚持改革开放，经过努力，有信心实现全年经济社会发展主要目标。中国经济长期向好的基本面没有改变，这也将有利于中法第三方市场等领域合作的推进。

瓦尔斯积极评价法中关系过去一年的良好发展并表示，中国政府推动中国经济持续向好，法方感到非常鼓舞。当前法国经济形势有所改善，基本面日益稳固，这有助于加强对华合作。法中开展第三方市场合作，是两国政府共同开创的崭新合作模式。法方愿与中方一道落实好业已达成的共识，充分发挥互补优势，推动合作早日取得务实成果。

5月12日

［纲　文］**中国工程院发布《2015年度中国制造强国发展指数报告》。**

［目　文］为系统性跟踪中国制造强国建设进程，中国工程院战略咨询中心会同机械科学研究总院等单位，基于“制造强国战略研究”重大咨询项目构建的制造强国指标体系，对我国2012—2014年强国进程作了进一步评价分析，形成了《2015年度中国制造强国发展指数报告》。

《报告》指出，中国制造强国进程正在稳步推进，步入了发展新常态，但转型还刚开始，任务还很艰巨，质量效益仍是瓶颈。中国在制造强国之路上继续迈进，但提高的步伐有所减缓。从中国制造强国分项指数构成看，规模发展指数占综合指数的比重最大，仍是当前支撑我国制造强国进程的主要因素；质量效益、结构优化和持续发展三项指数占比基本都在15%左右，相较美、德、日等制造强国仍有巨大提升空间。

5月12日

［纲　文］**中宣部在深圳召开以新发展理念引领文化改革发展座谈会。**

［目　文］　中共中央政治局委员、中宣部部长刘奇葆出席会议并讲话，指出文化领域要深入贯彻习近平总书记系列重要讲话精神，牢固树立和贯彻创新、协调、绿色、开放、共享的新发展理念，以新理念带动实践新飞跃、赢得发展新优势，推动“十三五”时期文化改革发展谱新篇、开新局。要推进文化领域供给侧结构性改革，着力增加优质文化产品和服务供给，推动文化产业结构优化升级，培育新型文化业态，增强供给结构对需求变化的适应性和灵活性，提高文化改革发展的质量和效益。要把握和处理好政府与市场、国有与民营、对内与对外等重要关系，推动各项改革相互促进、良性互动、协同配合，增强文化领域改革的整体性和协调性。

5月12日

［纲　文］　**商标行政执法与司法保护联动高层论坛在北京举办。**

［目　文］　论坛由中华商标协会主办。国家工商总局副局长刘俊臣出席论坛并作题为《多措并举积极构建商标行政执法与司法保护联动长效机制》的发言。来自工商总局相关司局、国务院“双打办”[①]、最高人民法院、最高人民检察院、公安部、海关总署、地方工商和市场监管部门、知识产权研究机构、企业和商标代理机构等250多人出席论坛。

5月12日

［纲　文］　**外交部发言人表示，日本依据冲之鸟礁主张外大陆架的做法是“知法违法”，与此同时却一本正经标榜国际海洋法治，这恰恰暴露其虚伪性。**

［目　文］　发言人表示，冲之鸟礁是西太平洋上远离日本本土的孤立岩礁。日方以岩礁主张专属经济区和大陆架，明显违反《联合国海洋法公约》有关规定。2012年4月，大陆架界限委员会对日本外大陆架划界案作出建议，拒绝认可日本依据冲之鸟礁主张外大陆架。日方一方面“知法违法”，另一方面却试图利用七国集团峰会拉帮结派，还能一本正经标榜国际海洋法治，确实令人匪夷所思。这只能暴露个别国家高喊国际海洋法治口号是不严肃和虚伪的。如果有关组织还为这种不严肃背书，就更荒唐了。

5月13日

［纲　文］　**第七次全国人民防空会议在北京召开，习近平会见会议代表。**

［目　文］　中共中央军委主席习近平代表党中央、国务院和中央军委，向出席第七次全国人民防空会议的代表和人防战线的全体同志致以诚挚的问候，向受到表彰的人民防空先进城市、先进集体、先进工作者表示热烈的祝贺并强调，人民防空是国之大事，是国家战略，是长期战略。改革开放以来，人防事业取得新的成就，为维护国家安全、服务经济社会发展作出了贡献。新形势下，希望人防战线的同志们强化政治意识、大局意识、国防意识、责任意识，贯彻总体国家安全观，为建设强大巩固的现代人民防空体系作出新贡献。要坚持人民防空为人民，铸就坚不可摧的护民之盾。要提升履行使命任务能力，提高

---

① 即全国打击侵犯知识产权和制售假冒伪劣商品领导小组办公室。

防空袭斗争能力，有效履行战时防空、平时服务、应急支援职能使命。要转变人防建设发展方式，树立和落实新发展理念，深化改革，推进军民融合，努力实现更好质量、更高效益、更可持续的发展。要发挥军政共同领导优势，各级党委和政府以及军事机关要加强组织领导。

国务院总理李克强出席会议并讲话。范长龙、许其亮、常万全，各省、自治区、直辖市，中央和国家机关有关部门，军队有关部门和单位负责人等出席会议。65个全国人民防空先进城市、35个全国人民防空先进集体、45个全国人民防空先进工作者受到表彰。

李克强指出，要按照“五位一体”总体布局和“四个全面”战略布局，牢固树立和贯彻落实新发展理念，加快转变人民防空发展方式，深入实施军民融合发展战略，坚持人防建设与经济社会发展相协调，不断提高战备效益、社会效益和经济效益。一要从国家发展和安全高度深刻认识人民防空工作的重要性，构筑好人民防空的“地下长城”，为经济社会发展和人民生命财产安全提供有力保障。二要在新型城镇化中统筹推进人民防空建设。三要增强重要经济目标防护功能。建立分级分类防护机制，对已建目标有计划有步骤实施防护改造，对新建目标同步落实防护措施。四要开发利用人民防空资源。既要发挥人防的公共服务功能，从实际出发，把人防工程用作停车场等公共服务设施和搭建“双创”平台，发展新业态；又要发挥人防应急救援支撑功能，纳入城市应急救援保障体系，增强公共应急能力。五要积极推进人防市场化改革。创新投融资机制，引导社会力量参与人防设施建设、经营和管理。六要建立协同工作机制。各级政府要把人民防空建设发展摆上重要位置，加大政策支持。

5月13日

［纲　文］　**国务院印发《关于深化制造业与互联网融合发展的指导意见》。**

［目　文］《意见》由三个部分组成：一、总体要求。二、主要任务。三、保障措施。

《意见》要求，各地区、各部门要高度重视深化制造业与互联网融合发展工作，统一思想，提高认识，加大工作力度，切实抓好本意见实施。国家制造强国建设领导小组要统筹研究完善制造业与互联网融合发展推进机制，加强对重大问题、重大政策和重大工程的综合协调，部署开展督导检查，推动各项任务落实。各有关部门要按照职责分工，加强协同配合，做好指导协调，抓紧出台配套政策，完善相关规章制度，强化跟踪督查，及时帮助有关方面解决遇到的困难和问题。国家制造强国建设战略咨询委员会要充分发挥作用，组织开展基础性、前瞻性、战略性研究，为重大决策及相关工程实施提供咨询。各地区要结合实际建立健全工作机制，制定具体实施方案，加强考核评估，确保融合发展各项任务落到实处。

5月13日

［纲　文］　**国务院批复北京市人民政府、国务院审改办，同意北京市开展公共服务类建设项目投资审批改革试点的请示。**

［目　文］　批复说：一、同意在北京城市副中心开展公共服务类建设项目投资审批改革试点，中央国家机关在京重点建设项目参照执行。试点期为 3 年，自 2016 年 5 月 13 日起算。请认真组织实施《北京市开展公共服务类建设项目投资审批改革试点方案》(以下简称《试点方案》)。二、试点工作要全面贯彻党的十八大和十八届二中、三中、四中、五中全会精神，认真落实党中央、国务院决策部署，紧紧围绕简政放权、放管结合、优化服务，坚持改革创新、大胆探索，坚持依法行政、稳妥推进。三、北京市人民政府要加强组织领导，明确责任主体，细化改革措施，通过先行先试，提高投资项目审批服务效率和监管水平，加快北京城市副中心建设，促进非首都功能疏解。对《试点方案》实施中的具体问题以及改革的新措施，要及时与国务院审改办沟通协商，重大问题和情况及时报告国务院。四、国务院有关部门要按照职能分工，加强指导和服务，积极支持北京市开展改革试点。国务院审改办要加强统筹协调、跟踪分析和督促检查，协调推进改革试点措施落实到位，适时对试点工作进行评估，总结可复制可推广的改革经验。

5 月 13 日

［纲　文］　**国务院办公厅印发《关于促进通用航空业发展的指导意见》。**

［目　文］　《意见》由七个部分组成：一、总体要求。二、培育通用航空市场。三、加快通用机场建设。四、促进产业转型升级。五、扩大低空空域开放。六、强化全程安全监管。七、保障措施。

5 月 13 日

［纲　文］　**银监会、国土资源部《关于印发〈农村集体经营性建设用地使用权抵押贷款管理暂行办法〉的通知》。**

［目　文］　《通知》说，各银监局，各省、自治区、直辖市国土资源主管部门，各政策性银行、大型银行、股份制银行、邮储银行、外资银行、金融资产管理公司，其他会管金融机构：为规范推进农村集体经营性建设用地使用权抵押贷款工作，根据《中共中央办公厅国务院办公厅印发〈关于农村土地征收、集体经营性建设用地入市、宅基地制度改革试点工作的意见〉的通知》和《全国人民代表大会常务委员会关于授权国务院在北京市大兴区等三十三个试点县（市、区）行政区域暂时调整实施有关法律规定的决定》精神，银监会联合国土资源部制定了《农村集体经营性建设用地使用权抵押贷款管理暂行办法》，现印发给相关单位，请结合实际认真贯彻落实。

5 月 13 日

［纲　文］　**卫计委、发展改革委、教育部、财政部、人社部、中医药局印发《关于加强儿童医疗卫生服务改革与发展的意见》。**

［目　文］　《意见》由六个部分组成：一、总体要求和主要目标。二、加强儿科医务人员培养和队伍建设。三、完善儿童医疗卫生服务体系。四、推进儿童医疗卫生服务领域改革。五、防治结合提高服务质量。六、组织实施。

5月13日

［纲　文］ **贯彻落实全面治理拖欠农民工工资问题的意见电视电话会议在北京召开。**

［目　文］ 中组部副部长、人力资源社会保障部部长尹蔚民主持会议。会议强调，各地区、各部门要认真贯彻落实好党中央、国务院决策部署和《国务院办公厅关于全面治理拖欠农民工工资问题的意见》，标本兼治、综合治理，坚决打好治欠保支攻坚战。要落实农民工工资支付主体责任，依法督促企业全面实行农民工实名制管理，按月足额支付工资；要完善工资支付保障机制措施，推行工资保证金、专用账户管理、银行代发等制度；要全面排查化解欠薪风险隐患，加大对欠薪违法行为的处置力度，提高企业违法成本；要开展工程建设等重点领域专项整治，解决好“去产能”过程中的欠薪问题。

国务院副总理马凯出席会议时指出，经过多年努力，保障农民工工资支付工作取得明显成效，但当前造成欠薪顽疾的深层次矛盾尚未消除，经济下行压力及部分行业产能严重过剩等加大了解决拖欠农民工工资问题的难度，拖欠农民工工资问题在部分地区、行业出现反弹势头，必须引起高度重视。

5月13日

［纲　文］ **国家副主席李源潮在北京会见泰国王孙女帕查拉吉迪雅帕公主。**

5月13日

［纲　文］ **“‘一带一路’沿线国家文化遗产保护交流合作论坛”在西安大唐西市博物馆举行。**

［目　文］ 论坛由文物局和陕西省人民政府主办。以“文明互鉴增友谊、交流合作促发展”为主题，来自联合国教科文组织、国际古迹遗址理事会等国际组织，中亚、西亚、东亚和欧美等11个国家的文化遗产保护管理部门代表，以及考古界、博物馆界专家展开交流研讨。

同日，“‘一带一路’沿线国家博物馆友好联盟”成立。该联盟由陕西历史博物馆和西安大唐西市博物馆发起，汇聚哈萨克斯坦、乌兹别克斯坦等“一带一路”沿线30余家博物馆。

5月13日

［纲　文］ **外交部发言人表示，中阿合作论坛第七届部长级会议通过《多哈宣言》，支持中国在南海问题上立场。**

［目　文］ 发言人说，中阿合作论坛第七届部长级会议12日通过了由22个阿拉伯国家和中国共同签署的《多哈宣言》，宣言强调支持中国在南海问题上的立场。近日，委内瑞拉、毛里塔尼亚两国也分别发表声明，呼吁由直接当事国通过谈判协商方式解决南海问题，加蓬外长恩贡代亲笔致函中国外交部部长王毅，明确表示支持中国在南海问题上的原则立场。公道自在人心。中国的立场正得到越来越多国家的理解和支持。《多哈宣言》和上述国家的有关表态，符合各国通过谈判协商解决争议的普遍国际实践，彰显国际法治

的真意，体现了国际社会对有关问题的公正客观意见。中方对有关国家和地区组织发出正义的声音表示高度赞赏。

有记者问，美国会美中经济和安全审查委员会发布报告称，中方持续研制和部署可威胁美地区利益的新型武器，反映了中方阻止美介入中国领土争端的战略意图。上述战略意图在南海地区体现得最为明显。中方对此有何评论？能否进一步澄清中方在南海的战略意图？

发言表示，中国的战略意图是一以贯之的、也是透明的，就是我们始终要为中国的自身发展营造一个和平、稳定、安全、开放的外部环境，特别是这样的一个周边环境。中国改革开放发展 30 多年到今天取得的成功就是有赖于此，中国今后的发展仍会有赖于此。中国不像有的国家，不远万里来到南海地区不断地渲染和制造紧张，而是真心地希望维护本地区的和平、稳定、安全和繁荣，因为这符合我们自身的利益。不知道这个报告提到的所谓新型武器的依据是什么，但是中国一贯奉行的是防御性的国防政策。所以有关方面如果不是抱着准备挑衅的心理，就不用疑神疑鬼。在中国的发展过程中，在中美关系发展的过程中，发表报告的这个委员会几乎从来没有发表过什么建设性的看法和意见。不过尽管有各种杂音，中国还是在继续发展，中美关系仍然在不断地向前发展。这是令人欣慰的。

就美国国务院发布《香港政策法报告》，发言人强调，香港是中国的特别行政区，香港事务属于中国内政，任何外国都无权干涉。

5 月 14 日

［纲　文］　国防部发言人就美国国防部发表 2016 年度《中国军事与安全发展态势报告》继续渲染“中国军事威胁”等表示，中方对此表示强烈不满和坚决反对。

［目　文］　发言人指出，美国国防部发表 2016 年度《中国军事与安全发展态势报告》，继续渲染“中国军事威胁”“中国军力不透明”等陈词滥调，在中国军队改革、海外军事行动、武器装备建设、国防费、太空、网络、台湾等问题上妄加评论，对中国国防政策、东海和南海合法行动肆意歪曲。中方对此表示强烈不满和坚决反对。中国坚定奉行防御性国防政策。中国军队深化改革，加强武器装备建设，是为了维护国家主权、安全、领土完整，保障国家和平发展。美方总是怀疑中方的战略意图，给中国正常的武器装备发展贴上“反介入”和“区域拒止”等标签。试问美方如果不是抱着冷战思维不放，有什么理由担心呢？中方在涉海问题上的立场是一贯的、明确的。我们在南沙进行的岛礁建设，除满足必要的国土防卫需求外，更多的是为民事需求服务，以更好地履行国际责任和义务。美方对中方正当合法的行动横加指责，自己却加强前沿军事部署，频繁派军用舰机到南海炫耀武力。美方口头说的是航行自由，心里想的是行使霸权；嘴上说要保持和平与克制，做的却是推进军事化，这充分暴露了其两面性。近年来，中国军队越来越多地执行远洋护航、国际维和、灾难救援等海外军事任务，有效履行了国际义务，为国际社会提供了更多公共安全产品。美方对中国军队海外军事行动高度关注，进行无端猜测和质疑。中方的战

略意图公开透明、行为光明磊落，中国不谋求地区霸权、不经营势力范围，中国军队始终是维护世界和平的坚定力量。美方年复一年地发表所谓“中国军事与安全发展态势报告”，严重损害双方互信，与中美两国两军关系的发展势头背道而驰。我们要求美方停止不利于中美关系和两军互信的言行，以实际行动推动两国两军关系健康稳定发展。我们将对报告内容做进一步评估，视情做出后续反应。

5月14—21日

［纲　文］**科技部、中宣部、中国科协举办2016年全国年科技活动周。**

［目　文］科技活动周以“创新引领　共享发展”为主题，开展2700余项重点科普活动，包括“科技列车赤峰行”“科研机构、大学向社会开放活动”“全国科普讲解大赛”“全国科普微视频大赛”等重大示范活动。

5月15日

［纲　文］**中法高级别人文交流机制第二次会议在北京举行。**

［目　文］国务院副总理刘延东与法国外长法比尤斯共同主持会议。双方签署《联合宣言》并见证有关合作协议的签署。刘延东指出，习近平主席与奥朗德总统提出将中国梦和法国梦交织起来，携手构筑中法梦。中法梦是和平之梦、发展之梦、共赢之梦、互信之梦。两国都致力于维护世界和平，深化和拓展双边及同第三方务实合作，促进不同文明多元包容、和谐共生。双方应以开启中法关系下一个50年为主题，挖掘合作潜力，培育一批长效合作项目，打造双方人文务实合作新亮点，将青年和妇女领域纳入机制范畴，进一步扩大机制涵盖面和影响力，携手打造多层次、宽领域、广覆盖、可持续的人文交流格局，共同推动中法人文交流长期健康深入发展，服务两国关系大局，造福两国人民，携手维护世界和平与发展。

法比尤斯表示，法中人文交流各领域合作取得重要进展。法方愿同中方齐心协力，密切合作，推动两国人文交流取得更大发展。

5月15日

［纲　文］**全国妇联在北京举行2016全国“最美家庭”揭晓暨全国五好文明家庭表彰会。**

［目　文］全国人大常委会副委员长、全国妇联主席沈跃跃主持会议。国家副主席李源潮出席会议并讲话。会上表彰了979户全国五好文明家庭和98户全国五好文明家庭标兵，揭晓了961户全国“最美家庭”。

5月15日

［纲　文］**赵乐际在银川主持召开集中连片贫困地区抓党建促脱贫攻坚工作座谈会。**

［目　文］中组部部长赵乐际强调，要深入学习贯彻习近平总书记关于脱贫攻坚的重要指示精神，结合组织部门职能，选优配强领导班子、建强基层党组织、夯实基层基

础，充分发挥党的政治优势、组织优势、密切联系群众的优势，使党中央的决策部署转化为各级领导班子、各级党组织、广大党员干部奋发有为的行动，更好地团结带领人民群众打赢脱贫攻坚战。抓党建促脱贫攻坚，是组织工作的职责所在、责任所系。要抓住市县乡换届契机，坚持好干部标准，在脱贫攻坚第一线考察识别干部，把脱贫攻坚实绩作为重要依据，选优配强贫困地区领导班子和领导干部，保持贫困县党政正职相对稳定。要抓好贫困村党组织带头人队伍建设，全面培训贫困村干部，组织党员结对帮扶，支持党员创办领办致富、带富项目，充分发挥基层党组织战斗堡垒作用和党员先锋模范作用。要精准选派第一书记，确保选得准、下得去、融得进、干得好。要扎实推进“两学一做”学习教育，引导广大党员干部扶真贫、真扶贫，在协调推进“四个全面”战略布局、贯彻落实五大发展理念、决胜全面小康中立足岗位、敢于担当、建功立业。

5月15日

［纲　文］　**中国首趟从少数民族自治县始发的动车组列车D2975次正式开行，从广西三江南站开往广州南站。**

5月15日

［纲　文］　**中国在酒泉卫星发射中心用长征二号丁运载火箭将遥感卫星三十号发射升空。**

［目　文］　遥感卫星三十号将主要用于科学试验、国土资源普查、农作物估产及防灾减灾等领域。这次发射的卫星和运载火箭，分别由东方红卫星有限公司和上海航天技术研究院负责研制。这是长征系列运载火箭的第227次飞行。

5月15—18日

［纲　文］　**应国务院总理李克强邀请，阿富汗伊斯兰共和国首席执行官阿卜杜拉对中国进行正式访问。**

［目　文］　访问期间，国家主席习近平、国家副主席李源潮在北京分别会见了阿卜杜拉。国务院总理李克强在北京同阿卜杜拉举行会谈并共同见证了中阿经济技术、互联互通、经贸等领域多个双边合作文件的签署。双方发表了《中华人民共和国和阿富汗伊斯兰共和国联合声明》。

习近平在会见阿卜杜拉时指出，我们愿同阿方一道努力，推动中阿战略合作伙伴关系向前发展。中方将继续坚定支持阿富汗民族团结政府施政，尊重阿富汗人民自主选择的政治制度和发展道路。中方将坚定支持阿富汗和平重建和发展。双方要密切配合，推动中国在阿富汗重大投资项目早日取得实质进展。中方愿继续支持阿富汗人力资源开发，鼓励两国青年、智库、媒体等加强交流，扩大地方政府往来。中方支持阿富汗融入区域合作，愿帮助阿富汗推进同周边国家互联互通，将中国的“一带一路”倡议同阿富汗国家转型和发展战略对接，加强双方全面合作，促进两国共同发展。中方坚定支持阿富汗打击恐怖主义，将继续为阿富汗加强安全能力建设提供支持。中方坚定支持阿富汗和平与和解进程，支持“阿人主导，阿人所有”的包容性和解进程，这是阿富汗实现长治久安的根本出路。

阿卜杜拉表示，阿方感谢中方在阿最困难时期给予的帮助，感谢中方对阿民族团结政府的支持。阿方坚定支持中方在台湾等核心关切问题上的立场，愿同中方保持高层交往，加紧落实双方达成的共识，在国家重建过程中加强同中方在经济、基础设施、人力资源、安全等领域合作。

李克强在同阿卜杜拉会谈时表示，我们愿帮助阿制定国家基础设施建设规划，确定双方合作优先领域，落实好业已达成的投资合作项目，支持中资企业通过灵活多样方式同阿方开展产能合作，加强信息领域互联互通，根据阿方现实需求，开展农业、教育、地方等多领域合作，并为阿经济社会发展培训各类人才。当前阿富汗正处于关键转型期。中方支持阿富汗民族团结政府领导阿富汗人民继续推进“阿人主导、阿人所有”的包容性和解进程，支持阿深入参与区域合作。

阿卜杜拉表示，支持中方在涉及本国核心和重大利益问题上的立场，感谢中方对阿民族和解和经济重建的支持帮助，欢迎中方企业扩大对阿投资合作，愿进一步深化两国在基础设施建设、住房保障、矿产资源开发、信息通信、农业、教育和防务安全等领域合作，推动地区互联互通建设。

李源潮在会见阿卜杜拉时说，中方坚定支持阿民族团结政府为实现国家和平、稳定、发展和顺利转型所作努力，愿同阿方一道，落实好两国领导人重要共识，深化互利合作，扩大人文交流，加强反恐安全合作，推动中阿战略合作伙伴关系不断向前发展。

阿卜杜拉表示，阿方感谢中方给予的一贯支持，愿继续推进两国各领域友好合作。

5月15—21日

［纲　文］　**第11届中美工程技术研讨会在中国举办。**

［目　文］　研讨会由国家外国专家局、北京市人民政府、山西省人民政府、辽宁省人民政府、安徽省人民政府、工业和信息化部、住房和城乡建设部和中国工程院联合美洲中国工程师学会、美国机械工程师学会、加拿大土木工程学会共同主办。会议宗旨是搭建中美工程技术领域高层次交流平台，结合美方专业技术优势与中方企业实际需求，围绕提高中国企业的技术创新能力和综合管理能力，开展专业交流、咨询服务与项目合作。

研讨会设立了绿色城市、煤化工产业转型升级、智能机器人制造、新能源汽车、“中国制造2025”（包括服务型制造和绿色制造）和海绵城市建设六大专题组，71位美方专家和约120位中方专家分别在北京、山西、辽宁、安徽、广东和山东进行考察和研讨。

21日，第11届中美工程技术研讨会外方专家座谈会在北京召开。国务院副总理马凯听取了各专家组通过考察、研讨形成的建议。马凯高度肯定了专家提出的建议并说，希望中美工程技术研讨会围绕科技创新、制造业转型升级、绿色发展、人才引进与培养等开展全方位、深层次、常态化的交流合作，为促进中国经济社会发展提供更多智力支持。

5月15—21日

［纲　文］　**2016年道达尔·汤姆斯杯暨尤伯杯赛在江苏昆山举行，中国羽毛球女队成功卫冕尤伯杯，实现三连冠，这也是中国第14次夺得尤伯杯冠军。丹麦队首次夺冠成**

为第一个赢得汤姆斯杯冠军的欧洲国家。

5月16日

［纲　文］　**习近平主持召开中央财经领导小组第13次会议。**

［目　文］　中央财经领导小组副组长李克强、中央财经领导小组成员出席会议，中央和国家有关部门以及有关地方负责同志列席会议。会议听取了发展改革委、国资委、住建部推进供给侧结构性改革有关工作方案的汇报，听取了江苏、重庆、河北以及深圳推进供给侧结构性改革情况的汇报，听取了发展改革委、财政部、人力资源社会保障部关于扩大中等收入群体工作的汇报。领导小组成员进行了讨论。

中央财经领导小组组长习近平指出，党中央作出推进供给侧结构性改革决策后，各地区各部门认识不断提高、主动开展工作，有关部门出台了一些政策措施，许多地区研究制定了综合性方案和专项方案，成效逐步显现，为推动经济社会发展作出了贡献。同时，有些政策措施需要进一步研究制定，有的地方还没有有力行动起来，有的工作抓得还不精准。供给侧结构性改革关系全局、关系长远，一定要切实抓好。要深刻理解时代背景，当前我国经济发展中有周期性、总量性问题，但结构性问题最突出，矛盾的主要方面在供给侧。要准确把握基本要求，供给侧结构性改革的根本目的是提高供给质量满足需要，使供给能力更好满足人民日益增长的物质文化需要；主攻方向是减少无效供给，扩大有效供给，提高供给结构对需求结构的适应性，当前重点是推进"三去一降一补"五大任务；本质属性是深化改革，推进国有企业改革，加快政府职能转变，深化价格、财税、金融、社保等领域基础性改革。要发挥好市场和政府作用，一方面遵循市场规律，善于用市场机制解决问题，另一方面政府要勇于承担责任，各部门各级地方政府都要勇于担当，干好自己该干的事。要突破重点难点，坚持重点论，集中攻关，以点带面。要把工作做细做实，有针对性制定政策、解疑释惑；具体工作要从实际出发，盯住看，有人管，马上干。要平衡好各方面关系，把握好节奏和力度，注意减少风险隐患。扩大中等收入群体，关系全面建成小康社会目标的实现，是转方式调结构的必然要求，是维护社会和谐稳定、国家长治久安的必然要求。扩大中等收入群体，必须坚持有质量有效益的发展，保持宏观经济稳定，为人民群众生活改善打下更为雄厚的基础；必须弘扬勤劳致富精神，激励人们通过劳动创造美好生活；必须完善收入分配制度，坚持按劳分配为主体、多种分配方式并存的制度，把按劳分配和按生产要素分配结合起来，处理好政府、企业、居民三者分配关系；必须强化人力资本，加大人力资本投入力度，着力把教育质量搞上去，建设现代职业教育体系；必须发挥好企业家作用，帮助企业解决困难、化解困惑，保障各种要素投入获得回报；必须加强产权保护，健全现代产权制度，加强对国有资产所有权、经营权、企业法人财产权保护，加强对非公有制经济产权保护，加强知识产权保护，增强人民群众财产安全感。

5月16日

［纲　文］　**国务院总理李克强在北京会见巴基斯坦陆军参谋长拉希勒。**

［目　文］　李克强表示，中巴拥有长期的政治互信，牢固的兄弟情谊，两军交往十分密切，为两国合作，特别是经济方面的合作提供了有力保障。希望双方以庆祝中巴建交65周年为契机，加强高层互访、深化各领域交流合作，形成经济合作与安全合作双轮驱动，在国际地区问题上保持密切沟通配合，维护地区和平与安宁，促进共同发展繁荣。中巴经济走廊不仅是两国务实合作的旗舰项目，也有利于地区的发展与繁荣。中方赞赏巴政府和军方对走廊建设顺利推进的大力支持。相信双方共同努力，一定能充分发挥两国传统友好、地缘毗邻、经济互补的优势，共享机遇，共迎挑战，共谋发展，更好造福两国人民。

拉希勒表示，巴中两军友好合作关系充分体现出两国间的深厚友谊。巴军方珍视巴中友好关系，希望巴中经济走廊早日建成，愿全力维护两国合作的安全环境，为两国经济走廊建设提供安全保障。

5月16日

［纲　文］　**发展改革委、能源局、财政部、环保部、住房城乡建设部、工业和信息化部、交通部、民航局印发《关于推进电能替代的指导意见》。**

［目　文］　《意见》由四个部分组成：一、充分认识推进电能替代的重要意义。二、总体要求。三、重点任务。四、保障措施。

《意见》强调，创新商业模式，优化产业结构。探索建立商业化赢利模式，鼓励以合同能源管理、设备租赁、以租代建等方式开展电能替代。引导社会资本投向安全、高效、智能化的电能替代产品和服务。结合市场需求，鼓励企业提供多样化的综合能源解决方案，促进服务型制造发展。

5月16日

［纲　文］　**财政部、科技部印发《中央引导地方科技发展专项资金管理办法》。**

［目　文］　《办法》共6章23条，主要有总则、支持范围与方式、分配方法、下达与备案、监督与绩效、附则等内容，自2016年5月16日起实施。《中央补助地方科技基础条件专项资金管理办法》同时废止。

5月16日

［纲　文］　**发展改革委、环保部发布《清洁生产审核办法》。**

［目　文］　《办法》共6章40条，主要有总则、清洁生产审核范围、清洁生产审核的实施、清洁生产审核的组织和管理、奖励和处罚、附则等内容，自2016年7月1日起施行。原《清洁生产审核暂行办法》同时废止。

5月16日

［纲　文］　**全国人大常委会委员长张德江会见匈牙利国会常务副主席玛特劳伊。**

［目　文］　张德江说，中国和匈牙利有着深厚的传统友谊。近年来，两国关系迅速发展，政治互信不断加强，各领域交流合作富有成果。2015年两国签署了共同推进“一带一路”建设的合作文件，进一步为两国关系发展释放出巨大潜力。双方应围绕大项目、

人文交流、“16+1”和中欧等方面的合作，进一步加大力度，抓好落实。中国全国人大重视发展与匈牙利国会的友好关系，愿与匈方共同努力，继续保持积极的交往势头，为推动两国合作、造福两国人民、促进中匈关系发展作出积极贡献。

玛特劳伊说，匈中发展战略高度契合，匈国会愿助力两国各领域务实合作深入发展。

5月16日

［纲　文］　**国家副主席李源潮在北京会见新西兰国家党主席古德费洛率领的代表团。**

5月16日

［纲　文］　**外交部部长王毅应约同美国国务卿克里通电话。**

［目　文］　王毅表示，中美即将举行新一轮中美战略与经济对话、中美人文交流高层磋商，并就筹备20国集团领导人杭州峰会密切沟通协调。希望双方继续聚焦合作，妥处分歧，保持中美关系健康稳定发展势头。希望美方坚持一个中国政策，恪守中美三个联合公报，妥善处理台湾问题。

克里表示，美方高度重视发展对华关系。美国在台湾问题上的立场没有改变，也不会改变，不支持“台独”。

双方同意继续保持沟通，妥善处理海上问题。

5月16日

［纲　文］　**中共中央党校举行春季学期第二批入学学员开学典礼。**

［目　文］　赵乐际、赵洪祝、中央有关部门负责人，中央党校校委会成员、新入学学员、全体在校学员和教职工参加开学典礼。中国浦东、井冈山、延安干部学院通过视频会议系统同步参加开学典礼。中央党校校长刘云山出席典礼并讲话，强调领导干部要按照党中央关于“两学一做”学习教育部署，带头深入学习贯彻习近平总书记系列重要讲话，发挥好示范带动作用，发挥好领学促学作用，更好用党的理论创新成果武装头脑、指导实践。

5月16日

［纲　文］　**外交部发言人表示，中方对杜特尔特赢得总统选举表示祝贺。**

［目　文］　有记者问，据报道，菲律宾2016年总统选举非正式计票结果显示现任达沃市市长杜特尔特大幅领先，当选已成定局。中方是否会向杜表示祝贺？对于两国关系未来发展有何期待？

发言人说，中方注意到菲顺利举行了全国大选，对杜特尔特先生赢得总统选举表示祝贺。中菲关系健康稳定发展符合两国的根本利益，也是两国人民的共同期望。中方重视发展对菲关系，愿同菲新一届政府通过友好对话妥善处理有关分歧，推动中菲关系重回健康发展的轨道。希望菲新一届政府秉持同样的意愿和态度与中方为此作出共同努力。

5月16日

［纲　文］　**《人民日报》发表题为《最美家庭弘扬时代新风》的评论员文章。**

5 月 16—21 日

［纲　文］　**应国家主席习近平邀请，莫桑比克共和国总统纽西对中国进行国事访问。**

［目　文］　访问期间，习近平在北京同纽西举行了会谈，两国元首决定将中莫关系提升为全面战略合作伙伴关系，开创两国友好互利合作新局面并共同见证了经济技术、产能、能源等领域双边合作文件的签署。双方发表了《中华人民共和国和莫桑比克共和国关于建立全面战略合作伙伴关系的联合声明》。国务院总理李克强在北京会见了纽西。纽西还对江苏、山东进行了访问。

习近平同纽西会谈时强调，双方要继续坚持从战略高度和长远角度来谋划和推进双边关系，继续在涉及彼此核心利益和重大关切问题上相互理解和支持，牢牢把握住中莫友好合作的政治方向。双方要保持高层交往良好势头，密切政府部门、执政党、立法机构、军队、地方友好往来，对双边各领域合作加强规划和指导。中方愿支持莫方加强国防和维稳能力建设，把安全合作提升到新水平。中方愿与莫方加强产能合作，帮助莫方把丰富的自然和人力资源优势转化为经济发展的实力。愿在 21 世纪海上丝绸之路合作倡议框架内，同莫方加强海洋经济、海洋渔业、港口开发等领域合作。中方支持中国企业投资莫天然气开发、加工制造业、农业并参与莫基础设施建设，扩大人力资源开发合作，帮助莫打造民族工业体系。中方愿与莫方加强文化、教育、旅游、媒体、智库、青年、妇女等领域交流合作，增进两国人民相互了解和友谊。中方愿同莫方就气候变化、2030 年可持续发展议程、非洲和平与安全等重大国际和地区问题加强沟通和协作，密切在国际组织和机制中的相互支持和配合，为维护发展中国家正当权益作出新贡献。中国和非洲是休戚与共的命运共同体和互利共赢的利益共同体。中方将秉持真实亲诚对非政策理念和正确义利观，全面落实中非合作论坛约翰内斯堡峰会成果，把实现自身发展同助力非洲发展紧密结合起来，实现合作共赢、共同发展。

纽西表示，习主席在中非合作论坛约翰内斯堡峰会上提出的中非合作倡议为非洲发展和非洲国家同中国合作注入了强大动力。莫桑比克愿加强同中国在经贸、制造业、农渔业、食品加工、能源、科技、基础设施等领域互利合作，欢迎中国企业加大对莫投资。

李克强在会见纽西表示，中方支持莫桑比克为维护国家安全、促进民族和解所作努力，愿为莫桑比克经济发展和民生改善提供力所能及的帮助。中莫务实合作基础良好，互补性强。中方支持本国企业按照市场原则，参与莫桑比克基础设施建设、能源资源等领域合作，愿同莫方积极开展国际产能合作，更好实现互利共赢。

纽西表示，莫方感谢中方长期以来为莫民族独立和经济社会发展提供的支持和帮助，愿在双边及非中合作论坛等框架内，加强产能、能矿、农业、旅游等领域务实合作。

5 月 16—17 日

［纲　文］　**中国发明协会第七次全国会员代表大会在北京召开。**

［目　文］　国务院总理李克强对大会作出批示指出：发明创新点亮人类文明之光。

中华民族五千年的历史，是一部发明创新的历史，诸多伟大发明深远影响了世界进程。中国发明协会多年来积极推动群众发明创造，为促进科技进步、弘扬创新精神做了大量工作。目前我国正在实施创新驱动发展战略，推动大众创业、万众创新，将极大地激发广大人民群众中蕴藏的无穷创造力，促进新技术、新产业、新业态加快成长，新经济的壮大将成为推动经济社会持续健康发展的强大动能。希望协会继续发挥桥梁和纽带作用，厚植创业创新沃土，发掘和支持发明创造人才，聚众智、汇众力，为加快创新型国家建设作出新贡献。

大会同期举办第九届“发明创业奖·人物奖”颁奖典礼和第十届“中国发明家论坛”。98位发明人获得第九届“发明创业奖·人物奖”，其中黄尔南等15位荣获“发明创业奖·人物奖”特等奖，被授予“当代发明家”荣誉称号、湖南省等8家单位被授予“伯乐奖”荣誉奖称号。

5月16—17日

［纲　文］　**应外交部部长王毅邀请，法国外长艾罗对中国进行正式访问。**

［目　文］　16日，国务院总理李克强在北京会见艾罗时表示，中法拥有高度政治互信，各领域务实合作广泛深入，人文等交往日益密切。中国政府高度重视发展同法国的关系，愿同法方在核能等领域开展深度合作，扩大相互投资，积极开拓第三方市场合作，在国际和地区事务中加强沟通协调，让中法互利合作不仅促进各自国家经济发展，也为世界经济复苏和增长提供助力。2016年以来，中国经济运行总体平稳，结构调整和转型升级出现好的势头，金融运行稳定，债务处于可控水平。虽然世界经济复苏乏力，中国发展也要应对多重困难和挑战，但我们通过全面深化改革、积极扩大开放，有能力保持经济运行在合理区间和长期向好的基本面，防范住系统性金融风险，保持金融稳定。

艾罗表示，法方看好中国经济发展前景，对法中关系与合作前景充满信心，愿同中方密切高层交往，持续推进核能、电力以及人文等领域交流与合作，加强多边沟通协调，推动法中关系不断取得新发展。

同日，王毅在北京与艾罗举行会谈时表示，中方愿同法方一道，积极落实两国领导人达成的各项共识，进一步提升战略互信，深化各领域务实合作，进一步加强协调配合，在应对气候变化、完善全球经济治理等问题上发挥引领作用。

艾罗表示，法中两国拥有传统友谊和高度互信，一直以来保持着密切政治对话、经贸合作和人文交流。法中加强各领域协调合作，符合两国和国际社会共同利益。奥朗德总统期待着出席二十国集团杭州峰会，法方愿同中方共同努力，确保峰会圆满成功。

5月17日

［纲　文］　**习近平在北京主持召开哲学社会科学工作座谈会。**

［目　文］　刘云山、王沪宁、刘延东、刘奇葆、许其亮、栗战书出席座谈会。中央和国家机关有关部门、中央军委政治工作部负责人，各省区市和新疆生产建设兵团党委宣

传部部长，马克思主义理论研究和建设工程咨询委员，有关专家学者和学生代表等参加座谈会。中国社科院研究员汝信、北京大学国家发展研究院教授林毅夫、中国社科院马克思主义研究院研究员钟君、敦煌研究院研究员樊锦诗、复旦大学中国研究院教授张维为、北京师范大学文学院教授康震、中国政法大学教授马怀德、武汉大学马克思主义学院教授沈壮海、国防大学战略研究所教授金一南、中国人民大学重阳金融研究院研究员王文先后发言。他们分别介绍了哲学、经济学、科学社会主义、历史学、政治学、文学、法学、马克思主义理论、军事学等学科和领域的研究进展，并就如何推动哲学社会科学工作创新发展提出了意见和建议。

习近平强调，一个没有发达的自然科学的国家不可能走在世界前列，一个没有繁荣的哲学社会科学的国家也不可能走在世界前列。坚持和发展中国特色社会主义，哲学社会科学具有不可替代的重要地位，哲学社会科学工作者具有不可替代的重要作用。坚持和发展中国特色社会主义，必须高度重视哲学社会科学，结合中国特色社会主义伟大实践，加快构建中国特色哲学社会科学。观察当代中国哲学社会科学，需要有一个宽广的视角，需要放到世界和我国发展大历史中去看。新形势下，我国哲学社会科学地位更加重要、任务更加繁重。历史表明，社会大变革的时代，一定是哲学社会科学大发展的时代。坚持以马克思主义为指导，是当代中国哲学社会科学区别于其他哲学社会科学的根本标志，必须旗帜鲜明加以坚持。首先要解决真懂真信的问题，核心要解决好为什么人的问题，最终要落实到怎么用上来。我国哲学社会科学要有所作为，就必须坚持以人民为中心的研究导向。构建中国特色哲学社会科学，一是要体现继承性、民族性。二是要体现原创性、时代性。三是要体现系统性、专业性。构建中国特色哲学社会科学是一个系统工程，是一项极其繁重的任务，要加强顶层设计，统筹各方面力量协同推进。加强和改善党对哲学社会科学工作的领导，是繁荣发展我国哲学社会科学事业的根本保证。哲学社会科学领域是知识分子密集的地方，要把这支队伍关心好、培养好、使用好，让广大哲学社会科学工作者成为先进思想的倡导者、学术研究的开拓者、社会风尚的引领者、党执政的坚定支持者。要提倡理论创新和知识创新，鼓励大胆探索，开展平等、健康、活泼和充分说理的学术争鸣，活跃学术空气。要大力弘扬优良学风，推动形成崇尚精品、严谨治学、注重诚信、讲求责任的优良学风，营造风清气正、互学互鉴、积极向上的学术生态。广大哲学社会科学工作者要立志做大学问、做真学问，严肃对待学术研究的社会效果，以深厚的学识修养赢得尊重，以高尚的人格魅力引领风气，在为祖国、为人民立德立言中成就自我、实现价值。

5月17日

［纲　文］　**国家主席习近平接受12国新任驻华大使递交国书。**

［目　文］　习近平欢迎各国使节来华履新，请他们转达对各有关国家领导人和人民的诚挚问候和良好祝愿并指出，中国高度重视发展同各国的关系，愿进一步巩固传统友谊，加强政治互信，深化互利合作，增进人文交流，实现共同繁荣。中国政府将为各国使节履职提供便利和支持，希望各位使节为推动中国同有关国家关系和各领域合作作出积极贡献。

各国使节转达了各自国家领导人对习近平的亲切问候和对中国人民的美好祝愿，积极评价中国的快速发展和在国际事务中发挥的重要作用并表示，各国高度重视发展同中国关系，将对华关系视为各国外交的优先方向。他们对出使中国深感荣幸，愿竭尽所能，致力于推动各自国家同中国的友好合作，加深各国人民同中国人民的相互了解，实现互利共赢。

12国新任驻华大使是：阿富汗驻华大使莫萨扎伊、格林纳达驻华大使安托万、亚美尼亚驻华大使马纳萨良、沙特阿拉伯驻华大使图尔基、阿根廷驻华大使盖铁戈、阿尔及利亚驻华大使布哈利法、塔吉克斯坦驻华大使达夫拉特佐达、瓦努阿图驻华大使赖岳洋、巴勒斯坦驻华大使马赫达维、赤道几内亚驻华大使埃夸、塞拉利昂驻华大使科罗马、日本驻华大使横井裕。

5月17日

［纲　文］　**国务院公布《农田水利条例》。**

［目　文］　《条例》共8章45条，主要有总则、规划、工程建设、工程运行维护、灌溉排水管理、保障与扶持、法律责任、附则等内容，自2016年7月1日起施行。

5月17日

［纲　文］　**国务院办公厅印发《关于加快培育和发展住房租赁市场的若干意见》。**

［目　文］　《意见》由七个部分组成：一、总体要求。二、培育市场供应主体。三、鼓励住房租赁消费。四、完善公共租赁住房。五、支持租赁住房建设。六、加大政策支持力度。七、加强住房租赁监管。

《意见》要求，各地区、各有关部门要充分认识加快培育和发展住房租赁市场的重要意义，加强组织领导，健全工作机制，做好宣传引导，营造良好环境。各地区要根据本意见，研究制定具体实施办法，落实工作责任，确保各项工作有序推进。住房城乡建设部要会同有关部门对本意见落实情况进行督促检查。

5月17日

［纲　文］　**审计署发布《关于印发“十三五”国家审计工作发展规划的通知》**

［目　文］　《通知》说，各省、自治区、直辖市和计划单列市、新疆生产建设兵团审计厅（局），署机关各单位、各特派员办事处、各派出审计局：为全面贯彻落实党的十八大和十八届三中、四中、五中全会精神，深入贯彻习近平总书记系列重要讲话精神，根据《国民经济和社会发展第十三个五年规划纲要》，审计署结合全国审计工作实际，制定了《“十三五”国家审计工作发展规划》，现予印发。请各地区、各单位组织全体审计人员认真学习，进一步统一思想、提高认识，适应新常态、践行新理念，明确今后五年审计工作发展的目标和措施。根据规划提出的目标、任务和要求，从本地区、本单位实际出发，研究制订具体贯彻落实措施，狠抓落实，务求实效，推动审计事业又好又快发展，更好地发挥审计在党和国家监督体系中的重要作用，为协调推进“四个全面”战略布局、实现中华民族伟大复兴的中国梦作出更大贡献！

《“十三五”国家审计工作发展规划》主要由20部分组成：一、审计工作的指导思想。二、审计工作的目标要求。三、审计工作的基本原则。四、审计工作的主要任务。五、政策落实跟踪审计。六、财政审计。七、金融审计。八、企业审计。九、民生审计。十、资源环境审计。十一、经济责任审计。十二、涉外审计。十三、加强和改进审计管理。十四、加强审计队伍建设。十五、落实全面从严治党和党风廉政建设主体责任。十六、推进审计法治化建设。十七、加快审计信息化建设。十八、加强和改进审计理论研究。十九、加强审计国际合作与交流。二十、切实抓好规划实施。

5月17日

［纲　文］　**能源局公布《电力规划管理办法》。**

［目　文］《办法》共9章50条，主要有总则、组织与职责、研究与准备、编制与衔接、审定与发布、实施与调整、评估与监督、保障措施、附则等内容，自2016年5月17日起实施。

5月17日

［纲　文］　**国务院副总理汪洋在北京分别会见美国苹果公司首席执行官库克、美国彼得森国际经济研究所所长亚当·波森和中俄机电商会俄方主席韦克谢尔贝格一行。**

5月17—19日

［纲　文］　**张德江视察香港特别行政区。**

［目　文］　全国人大常委会委员长张德江在港期间，在特区政府总部，听取香港特别行政区政府的工作汇报，视察了特区政府发展局。张德江说，本届香港特区政府组建以来，认真贯彻“一国两制”、“港人治港”、高度自治的方针，认真贯彻基本法，从香港实际出发，在不断克服困难中稳步前进，努力开创工作新局面。特区政府提出了“适度有为”的施政理念，发展经济、改善民生，在土地、房屋、养老、扶贫等方面推出一系列政策举措，取得了初步成效。中央对行政长官和特区政府的工作是满意的。希望你们再接再厉，把各项工作做得更好，为香港的繁荣、稳定、发展，为香港市民的福祉，作出新的更大贡献；在香港科学园，了解了香港创新科技的进展情况及有关政策，参观了科技创新成果展，鼓励香港在保持原有优势的同时培育新的经济增长点，使创新科技成为香港发展的新引擎、新动力；到圣公会将军澳安老服务中心、安达邨资助房屋项目，听取安老服务及公共房屋建设情况介绍，看望安老服务中心的长者并赠送礼物，衷心希望香港同胞生活得更美好；会见了香港行政、立法、司法机构代表，会见了香港各界人士；出席由香港特别行政区政府举办的“一带一路”高峰论坛并发表题为《发挥香港独特优势 共创“一带一路”美好未来》的主旨演讲。

张德江在香港社会各界欢迎晚宴上发表讲话强调，香港回归祖国很快就19年了，在中央政府和祖国内地的大力支持下，特区政府和社会各界砥砺奋斗、顽强拼搏，经受了种种考验，为“一国两制”成功实践作出了巨大贡献。“一国两制”和基本法得到了包括700多万香港同胞在内的全国人民的普遍拥护，得到了国际社会的广泛赞誉。这一切都来之不易，很值得自豪，更值得珍惜。希望香港社会各界对“一国两制”在港实践勿忘初心、保持耐心、坚定信心。中央将坚定不移地贯彻“一国两制”、“港人治港”、高度自治的方针，坚定不移地支持行政长官和特区政府依法施政，坚定不移地支持香港与内地开展互利共赢的交流合作。

5月17—18日

［纲　文］　**第五届中欧政党高层论坛在北京举行。**

［目　文］　论坛由对外联络部主办，主题为“同改革、共发展：中欧合作新未来”。对外联络部部长宋涛，欧洲社会党主席、保加利亚前总理斯塔尼舍夫，捷克副议长、捷摩共主席菲利普，保加利亚国民议会副议长、社会党副主席斯托伊洛夫，意大利前总理、欧洲进步研究基金会主席达莱马，罗马尼亚前总理蓬塔，法国共和党全国委员会主席夏岱尔等出席开幕式。宋涛发表了题为《加强交流借鉴，推动中欧关系发展》的主旨讲话。会议期间，中央书记处书记刘云山在北京会见了与会的欧方代表。

5月17—18日

［纲　文］　**第三届中新社会治理高层论坛在新加坡举行。**

［目　文］　中共中央政治局委员、中央政法委书记、中央综治委主任孟建柱，新加坡副总理兼国家安全统筹部部长张志贤出席开幕式并发表主旨讲话。中新双方与会代表围绕“城市化背景下的社会风险防控”“信息化背景下怎样运用大数据和云计算治理社会”“司法公正与效率的统一”三个专题，介绍了各自做法和体会。来自中新两国的代表和专家学者100多人参加论坛。

会议期间，孟建柱会见张志贤时说，中新两国在加强经济合作的同时，社会治理领域合作交流逐步扩大，中方愿同新方深化务实合作，进一步提升两国在多样化条件下社会治理、执法司法等领域交流合作水平，推动中新关系不断取得更大发展。

5月18日

［纲　文］　**党和国家功勋荣誉表彰工作委员会第一次全体会议在北京召开，习近平对党和国家功勋荣誉表彰工作作出指示。**

［目　文］　中共中央总书记习近平指示强调，要充分发挥党和国家功勋荣誉表彰的精神引领、典型示范作用，推动全社会形成见贤思齐、崇尚英雄、争做先锋的良好氛围。建立健全党和国家功勋荣誉表彰制度，是完善和发展中国特色社会主义制度、推进国家治理体系和治理能力现代化的必然要求，是培育和弘扬社会主义核心价值观、增强中国特色社会主义事业凝聚力和感召力的重要手段。要加强统筹规划，从党和国家工作大局出发，牢牢把握正确方向，加强科学谋划，确保功勋荣誉表彰制度有效管用、稳定持久；要突出功绩导向，坚持以德为先，以功绩为重要衡量标准，严格掌握标准，做到宁缺毋滥，经得起实践、人民、历史检验；要坚持依法依规，严格按照规定的标准和程序开展工作，完善配套法规，维护功勋荣誉表彰的公正性和权威性；要抓好功勋荣誉表彰制度的宣传解读，

阐释重大意义，为实现“两个一百年”奋斗目标、实现中华民族伟大复兴的中国梦汇聚强大精神力量。

同日，党和国家功勋荣誉表彰工作委员会主任刘云山主持召开党和国家功勋荣誉表彰工作委员会第一次全体会议。党和国家功勋荣誉表彰工作委员会副主任栗战书传达了习近平的指示精神。会议审议通过了《党和国家功勋荣誉表彰工作委员会工作规则》《党和国家功勋荣誉表彰工作委员会办公室工作细则》《党和国家功勋荣誉表彰工作委员会重点任务分工方案》。党和国家功勋荣誉表彰工作委员会副主任王晨、杨洁篪、张庆黎等出席会议。

刘云山说，做好党和国家功勋荣誉表彰工作，要认真贯彻习近平总书记重要指示精神，贯彻党中央决策部署，充分准确体现党中央意图，确保工作的正确方向。要紧紧围绕“五位一体”总体布局和“四个全面”战略布局，牢牢把握工作的目标任务和原则要求，着力形成统一、规范、权威的中国特色功勋荣誉表彰制度体系。要坚持讲规矩、重程序，严格按制度办事、按规则办事，严格评选的质量和标准，做到公开透明、客观公正，确保功勋荣誉表彰工作的权威性和公信力。要抓紧制定出台配套政策法规，明确功勋荣誉表彰的类别设置、评选条件、奖励颁授等方面的工作规范和程序，做到有法可依、有章可循。要坚持群众路线，广泛听取意见，加强咨询论证，使制定的各项制度机制科学合理、务实管用。各有关部门和单位要加强对功勋荣誉表彰工作的组织领导，切实履行自身职责、落实责任分工，扎实细致做好工作；加强有关舆论宣传和政策解读，为功勋荣誉表彰工作营造良好舆论氛围。

5月18日

［**纲　文**］　**李克强主持召开国务院常务会议**。

［**目　文**］　会议主要内容是：一、确定持续推进商事制度改革的措施，营造有利创业创新的市场环境。会议指出，简政放权是供给侧结构性改革的重要内容，有利于实施创新驱动发展战略，推进大众创业、万众创新，推动增加就业和经济发展。下一步，一要继续削减工商登记前置审批事项，探索实施各类经营许可证负面清单管理，加快推进“证照分离”试点。二要支持去产能过程中分流人员自主创业，为他们从事经营或注册企业提供“绿色通道”便捷服务，并按规定给予税费减免、担保贷款等政策扶持，促进提高创业成功率。三要扩大“三证合一”覆盖面，推进整合个体工商户营业执照和税务登记证，实现只需填写“一张表”、向“一个窗口”提交“一套材料”，即可办理工商及税务登记。四要营造公平经商环境，完善市场退出机制。二、部署推动中央企业“瘦身健体”提质增效，以促改革调结构增强企业竞争力。针对目前央企存在的主业不强、冗员多、效率低，尤其是管理和法人层级多、子企业数量庞大等突出问题，会议确定，一是着力推进结构调整，引导督促央企围绕和突出做优主业，着力提高核心竞争力。开展困难和亏损企业专项治理，抓紧淘汰钢铁、煤炭等行业央企落后产能，加快重组整合和市场出清。今明两年压减央企10%左右钢铁和煤炭现有产能。有序转让退出非主业资产，控制连续亏损、从事非

主营业务等企业的员工总量，严格定岗定编定员，精简管理部门和人员，加快构建更加符合市场经济要求的劳动用工和收入分配机制。二是以创新促健体，发展新经济。结合“互联网+”行动和大数据发展战略，不断提高产业先进水平和产品竞争力。鼓励央企建设国家“双创”示范基地和专业化众创空间，加强共性关键技术攻关，落实“中国制造2025”战略，加大技术改造和设备更新力度，扎实开展“增品种、提品质、创品牌”专项工作，在提升国家创新能力中走在前列。三是压缩管理层级，力争在3年内使多数央企管理层级由目前的5—9层减至3—4层以下、法人单位减少20%左右。转变国有资产监管职能，创新监管方式，严防国资流失。四是推进降本增效。强化成本管控，减少应收账款，缩减库存规模和亏损面，降低债务水平，今明两年力争实现降本增效1000亿元以上。推动央企提质增效、焕发新生机。

5月18日

［纲　文］　**中国计划生育协会第八次全国会员代表大会暨先进表彰会在北京召开，习近平作出指示。**

［目　文］　中共中央总书记习近平向大会的召开表示热烈祝贺，向受到表彰的先进集体和个人表示崇高敬意，向广大计生协会员、志愿者、工作者表示衷心问候并指出，人口问题始终是我国面临的全局性、长期性、战略性问题。在未来相当长时期内，我国人口众多的基本国情不会根本改变，人口对经济社会发展的压力不会根本改变，人口与资源环境的紧张关系不会根本改变，计划生育基本国策必须长期坚持。多年来，中国计生协进行了卓有成效的工作，为我国计划生育事业作出了积极贡献。希望中国计生协认真履行肩负的职责，引导广大人民群众正确认识当前我国生育政策调整完善的重大意义，切实做好宣传教育、生殖健康咨询服务、优生优育指导、计划生育家庭帮扶、权益维护和流动人口服务等各项工作。希望各级党委和政府发挥好计生协组织作用，推动计划生育基本国策贯彻落实，促进人口长期均衡发展与家庭和谐幸福，为实现全面建成小康社会奋斗目标、实现中华民族伟大复兴的中国梦作出新的更大的贡献。

国务院总理李克强作出批示指出，坚持计划生育基本国策，促进人口长期均衡发展，关系国家发展和民族未来，关系亿万家庭幸福。30多年来，中国计生协认真贯彻党中央、国务院部署，紧紧围绕大局，发挥独特优势，为做好计划生育工作、服务经济社会发展作出了积极贡献。在此，热烈祝贺中国计生协第八次全国会员代表大会召开！向全国广大计生工作者、志愿者表示崇高敬意和诚挚问候！当前，我国正处于人口大国向人力资源强国转变的关键时期，发挥人力资源的潜力与优势是促进我国经济长期保持中高速增长、迈向中高端水平的最大支撑。实施全面两孩政策、改革完善计划生育服务管理，对计生工作提出了新要求。希望计生协在各级政府的支持下，继续发挥桥梁纽带作用，更好参与计生宣传教育、优生优育指导、计生家庭帮扶、流动人口服务等工作，为促进人口与经济社会资源环境协调和可持续发展、增进人民福祉发挥更大作用，作出新的贡献。

中国计划生育协会会长王刚主持中国计划生育协会第八次全国会员代表大会暨先进表

彰会。国务院副总理刘延东在会上传达了习近平的指示精神和李克强的批示并讲话。全国人大常委会副委员长张宝文、全国政协副主席罗富和出席会议。卫生计生委、全国妇联有关负责人分别致祝词，国际计生联代表宣读了该组织会长瑟伯尼和总干事梅莱斯的贺词。全国计生协系统1576个先进单位和1518名先进个人受到表彰。

5月18日

［纲　文］ **经中央军委批准《习主席国防和军队建设重要论述读本（2016年版）》印发全军**。

［目　文］《读本》围绕国防和军队建设的历史方位、党在新形势下的强军目标、新形势下军事战略方针、正确把握军队建设发展战略指导、贯彻新的历史条件下政治建军方略、坚定自觉地抓备战谋打赢、全面实施改革强军战略、深入推进依法治军、全面加强军队党的建设、实施军民融合发展战略、军事辩证法等11个专题，全面准确地阐述了习主席国防和军队建设重要论述的重大意义、科学内涵、精神实质和实践要求，是部队官兵和院校学员学习贯彻习主席国防和军队建设重要论述的重要辅助材料。

军委政治工作部发出通知，要求全军和武警部队认真组织好《读本》的学习，把学习《读本》纳入党委中心组学习、领导干部理论轮训、部队政治教育和院校政治理论课教学，作为改革强军主题教育活动和"学党章党规、学系列讲话，做合格党员"学习教育的重要读物，引导广大官兵不断深化对习主席国防和军队建设重要论述的理解领会和把握，切实用以统一思想和行动，不断增强贯彻落实党中央、中央军委和习主席决策指示的自觉性坚定性。

5月18日

［纲　文］ **人民银行发布《决定废止的政策性文件目录》**。

［目　文］《目录》包括《中国人民银行关于企业和个人信用信息基础数据库建设有关问题的通知》等20件政策性文件。

5月18日

［纲　文］ **国务院总理李克强在北京会见沙特王国控股公司董事长瓦利德亲王**。

［目　文］ 李克强表示，中国作为发展中大国，要实现现代化还有很长的路要走，必须坚持改革开放，以开放带动改革。我们欢迎外国企业来华投资，带来资金、技术和先进的管理理念，将继续致力于打造最有吸引力的投资目的地。只要是在中国注册的企业，无论内资还是外资，我们都将一视同仁对待，提供公平的竞争环境。同时，中国人口众多，消费能力日益增强，消费和服务业对经济增长起到重要的拉动作用。我们在加快发展新型服务业的同时，也在改造和提升传统产业尤其是制造业，这些都在不断创造新的市场机遇。相信外商在华投资能够拥有稳定的市场预期和应有的回报。

瓦利德表示，沙中关系富于战略性，这为两国企业开展合作提供了坚实基础。沙特企业愿同有实力的中国企业进一步加强合作关系，拓展各领域投资合作。

5月18日

［纲　文］ **外交部发言人就美国众议院通过有关涉台决议案表示坚决反对**。

［目　文］　据报道，美国联邦众议院当地时间16日下午通过有关“共同决议案”，称美制定的“与台湾关系法”和对台“六项保证”是美台关系的重要基石。

发言人表示，中方坚决反对美国众议院日前通过的有关涉台决议案，敦促美方采取有效措施消除其消极影响。台湾事务纯属中国内政。美国单方面制定的所谓“与台湾关系法”和有关对台“保证”严重违反一个中国政策和中美三个联合公报原则，干涉中国内政，中国政府一贯坚决反对。我们敦促美方恪守一个中国政策、中美三个联合公报原则和反对“台独”的承诺，立即撤销上述议案并采取有效措施消除有关议案造成的消极影响。

5月18日

［纲　文］　**2016年“5·18国际博物馆日”中国主场活动开幕式在内蒙古博物院举行。**

［目　文］　活动由文物局、内蒙古自治区人民政府主办，中国博物馆协会、内蒙古自治区文化厅、内蒙古自治区文物局、呼和浩特市人民政府承办，主题为“博物馆与文化景观”。现场有非遗演示、精彩展览、专题讲座、科普教育等活动。

国际博物馆日定于每年的5月18日，是由国际博物馆协会（ICOM）发起并创立的。2016年是第40个博物馆日。

5月18日

［纲　文］　**《人民日报》发表题为《立时代潮头 发思想先声——一论学习习近平在哲学社会科学工作座谈会重要讲话》的评论员文章。**

5月18—21日

［纲　文］　**首届世界旅游发展大会在北京召开。**

［目　文］　大会由中国政府和联合国世界旅游组织共同主办，旅游局承办。主题为“旅游促进和平与发展”，主要议题有三个：旅游促进发展、旅游促进扶贫、旅游促进和平。大会举办了推介晚会、开幕式、主旨演讲、高峰论坛、二十国集团旅游部长会议等主要活动。来自143个国家的旅游部长、部分国家政要、联合国等国际和地区性组织负责人，以及国外旅游界专家学者出席大会。会议通过《旅游促进发展北京宣言》。国务院总理李克强出席大会开幕式并作主题为《让旅游成为世界和平发展之舟》的致辞，国务院副总理汪洋出席二十国集团旅游部长会议开幕式并致辞。

5月18—20日

［纲　文］　**应外交部部长王毅邀请，阿根廷共和国外交与宗教事务部部长马尔科拉对中国进行正式访问。**

［目　文］　19日，王毅在北京与马尔科拉举行会谈。双方表示将密切合作确保2016年二十国集团杭州峰会取得丰硕成果，同意进一步加强在联合国、世贸组织等国际组织和多边机制内的协调配合，继续大力推动中拉论坛建设和中拉关系整体发展。

20日，国务委员杨洁篪在北京会见马尔科拉时表示，阿根廷新一届政府成立以来，中阿关系总体保持稳定发展态势。2016年4月初华盛顿核安全峰会期间，习近平主席同马克里总统成功举行首次会晤。希望双方积极落实两国领导人共识，加强高层交往，扩大各领域交流合作，在重大国际和地区问题上保持密切沟通协调，续写中阿全面战略伙伴关系新篇章。马尔科拉表示，阿根廷新政府将继续坚定致力于发展阿中全面战略伙伴关系，坚定奉行一个中国政策，落实好双方重大合作项目，支持中方主办二十国集团领导人杭州峰会。

5月19日

［纲　文］　**全国政协在北京召开双周协商座谈会，就“加强城市规划工作”建言献策**。

［目　文］　全国政协主席俞正声主持会议。全国政协副主席杜青林、张庆黎、卢展工、王家瑞出席座谈会。全国政协委员赖明、阳安江、于迅、吴超、王志良、许进、单霁翔、任海泉、陈红天、夏先鹏、高玉葆、游庆仲、黄艳、蔡玲，以及专家学者李晓江、石楠、赵燕菁等在座谈会上发言。住房城乡建设部部长陈政高介绍有关情况。发展和改革委员会副主任连维良、国土资源部副部长王世元、环境保护部副部长李干杰参加会议并与委员互动交流。

委员们认为，中央高度重视城市规划建设管理工作，习近平总书记在中央城市工作会议上发表重要讲话，明确了做好城市工作的指导思想、总体思路、重点任务。党中央、国务院出台了《关于进一步加强城市规划建设管理工作的若干意见》。近年来，我国城市规划建设管理工作成就显著，城市规划法律法规和实施机制基本形成，在促进经济社会发展、优化城乡布局、完善城市功能、增进民生福祉等方面发挥了重要作用。但也存在着城市规划前瞻性、严肃性、强制性、公开性不够，有法不依现象依然存在、城市病凸显等亟待解决的问题。

一些委员建议，加强城市规划工作，一是要依法办事。严格执行城乡规划法、土地管理法等相关法律，特别要突出规划的强制性和公开性，紧紧依靠群众执行好规划。二是要多规合一。明确这项工作的内容，统一标准、程序，建立权威的协调机构。核心问题是多规协调、两规合一，加强城市总体规划和土地利用总体规划的衔接。三是要科学设定规划审批程序。规划审批适当分级，调整适当分权，努力缩短审批周期。四是规划制定要突出公开性，注重长远利益和公共利益。五是要加强管理，改革完善城市规划管理体制。委员们还就提高地下设施的规划标准、减少城市内涝、注意历史文化遗产保护、推进小城镇建设、加强城市交通拥堵的政策引导、重视军民融合发展等问题提出意见建议。

5月19日

［纲　文］　**国务院印发《清理规范投资项目报建审批事项实施方案》**。

［目　文］　《方案》由三个部分组成：一、清理规范的范围和原则。二、清理规范的内容。三、工作要求。

5月19日

［纲　文］　**人民银行公布废止《关于进行外汇（转）贷款登记的通知》和《外币代**

兑机构管理暂行办法》。

5月19日

［纲　文］　**人民银行公布修改后的《经营、装帧流通人民币管理办法》和《中国人民银行假币收缴、鉴定管理办法》。**

5月19日

［纲　文］　**宣传文化系统学习贯彻习近平总书记在哲学社会科学工作座谈会上重要讲话精神专题会议在北京召开。**

［目　文］　中宣部部长刘奇葆主持会议，中央书记处书记刘云山出席并讲话。国务院副总理刘延东出席会议。会议传达学习了习近平总书记重要讲话精神，8位同志作了会议发言。大家一致认为，习近平总书记讲话深刻回答了事关我国哲学社会科学长远发展的一系列根本性问题，是指导哲学社会科学工作的纲领性文献，对做好整个宣传思想文化工作具有重要指导意义，要用讲话精神统一思想和行动，认清肩负责任，珍惜难得机遇，为繁荣发展哲学社会科学贡献力量。

刘云山出席会议并讲话，强调要认真学习贯彻习近平总书记重要讲话精神，立足中国特色社会主义伟大实践，坚定文化自信、强化问题导向、增强创新意识，切实担负起加快构建中国特色哲学社会科学的历史使命。各级党委要高度重视哲学社会科学工作，加强政治领导和工作指导，经常研究有关问题，为构建中国特色哲学社会科学提供良好条件；党政主要负责人要落实好一手抓繁荣发展、一手抓引导管理的责任。各级宣传文化部门和社科研究单位要强化责任担当，深入开展习近平总书记重要讲话精神的学习培训，抓紧制定贯彻落实方案。要加强人才队伍建设，大力弘扬优良学风，营造良好学术生态，充分调动哲学社会科学工作者的积极性主动性创造性。

5月19日

［纲　文］　**外交部发言人表示，中方对莫桑比克、布隆迪和斯洛文尼亚政府在南海问题上支持中方立场、维护国际公平正义表示高度赞赏。**

5月19日

［纲　文］　**《人民日报》发表题为《坚持马克思主义的指导地位——二论学习习近平在哲学社会科学工作座谈会重要讲话》的评论员文章。**

5月19—24日

［纲　文］　**国家主席习近平特使、中央政法委书记孟建柱访问比利时、亚美尼亚、阿塞拜疆并出席在俄罗斯车臣举行的第七届安全事务高级代表国际会议。**

［目　文］　19日，孟建柱在布鲁塞尔会见比利时首相米歇尔时表示，中方高度重视中比关系，愿同比方共同努力，将两国全方位友好合作伙伴关系提升至新的水平。恐怖主义对世界各国构成严重威胁。我一抵达布鲁塞尔即前往2016年3月遭受恐怖袭击的地铁站，向遇难者敬献鲜花表示哀悼，并向遇难者家属表示慰问。中国政府坚定支持比方反对恐怖主义的正义立场，愿同比方加强执法安全合作，携手应对恐怖主义威胁。

米歇尔表示，比中发展道路不同，但在维护国家安全和公民生命财产安全、促进和平与实现包容发展等方面有着共同利益和目标。比方愿同中方推进反恐和执法安全合作。

孟建柱在比利时期间，与比副首相兼内政大臣让邦、司法大臣赫恩斯及欧盟外交和安全政策高级代表莫盖里尼分别举行了会谈会见。

21日，亚美尼亚总统萨尔基相在埃里温会见孟建柱。孟建柱在亚期间与亚安全执法部门负责人举行会见会谈，并见证签署相关合作协议。

22日，孟建柱在巴库会见阿塞拜疆总统阿利耶夫；在阿期间会见了阿安全部门负责人并见证签署有关合作协议。

24日，孟建柱在俄罗斯车臣出席第七届安全事务高级代表国际会议。来自70余个国家和国际组织的代表就深化国际安全合作、有效应对恐怖主义等问题进行探讨。

孟建柱在会议发言中指出，恐怖主义已成为全球性非传统安全主要威胁，本土化、分散化、网络化特点突出。面对新挑战，各国休戚与共、安危一体，需要深入推进双多边合作，有效防范打击恐怖主义。深化国际反恐合作四点建议：一是求同存异，增进共识。各国应相互理解支持，利用联合国等平台加强对话磋商，形成防范打击恐怖主义一致立场。二是付诸行动，务求实效。各国应建立健全快速高效的情报传递、信息共享机制，加强线索核查等合作。三是加强网络社会治理，打击网络恐怖主义。严防恐怖分子利用网络传播暴恐思想、策划实施恐怖活动。四是完善反恐法律法规，为防范和打击恐怖主义提供制度保障。

与会期间，孟建柱还出席了金砖国家代表团团长非正式会晤，并与10多个国家的代表举行双边会谈会见，就加强、深化反恐和安全执法合作达成广泛共识。

5月20日

［纲　文］　**习近平主持召开中央全面深化改革领导小组第24次会议。**

［目　文］　中央全面深化改革领导小组副组长李克强、刘云山、张高丽、中央全面深化改革领导小组成员出席，中央和国家有关部门负责人列席会议。

中央全面深化改革领导小组组长习近平指出，供给侧结构性改革本质是一场改革，要用改革的办法推进结构调整，为提高供给质量激发内生动力、营造外部环境。各地区各部门要把依靠全面深化改革推进供给侧结构性改革摆上重要位置，坚定改革信心，突出问题导向，加强分类指导，注重精准施策，提高改革效应，放大制度优势。

会议审议通过了：一、《关于统筹推进城乡义务教育一体化改革发展的若干意见》。统筹推进县域内城乡义务教育一体化发展，对缩小城乡教育差距、促进教育公平具有重要意义。二、《关于深化公安执法规范化建设的意见》。深化公安执法规范化建设，要着眼于完善公安执法权力运行机制，构建完备的执法制度体系、规范的执法办案体系、系统的执法管理体系、实战的执法培训体系、有力的执法保障体系，实现执法队伍专业化、执法行为标准化、执法管理系统化、执法流程信息化，保障执法质量和执法公信力不断提高。

三、《关于支持和发展志愿服务组织的意见》。支持和发展志愿服务组织，要坚持以培育和践行社会主义核心价值观、满足人民群众日益增长的社会服务需求为出发点，以能力建设为基础，以建立健全政策制度、完善体制机制、增强法律保障为重点，积极扶持发展志愿服务组织，形成布局合理、管理规范、服务完善、充满活力的志愿服务组织体系。四、《探索实行耕地轮作休耕制度试点方案》。在部分地区探索实行耕地轮作休耕制度试点，既有利于耕地休养生息和农业可持续发展，又有利于平衡粮食供求矛盾、稳定农民收入。五、《关于发展涉外法律服务业的意见》。发展涉外法律服务业，要适应构建对外开放型经济新体制要求，围绕服务我国外交工作大局和国家重大发展战略，健全完善扶持保障政策、进一步建设涉外法律服务机构、发展壮大涉外法律服务队伍、健全涉外法律服务方式、提高涉外法律服务质量、稳步推进法律服务业开放，更好维护我国公民、法人在海外及外国公民、法人在我国的正当权益。六、《各地区以改革举措落实供给侧结构性改革情况》。推进供给侧结构性改革，是对全面深化改革决心的重要检验。要认识到改革有阵痛、但不改革就是长痛的道理。

会议强调，要加快国有企业、财税金融、价格体制、农业农村、对外开放、社会保障、生态文明等领域基础性改革，关键性改革举措要抓紧推出。"三去一降一补"要制定专案、逐项抓好落实。现阶段推出的短期调控手段，也要注意同改革目标一致起来，推动形成完善的体制机制。要抓紧抓好改革督察工作，既要督方案落实，也要督责任落实。

5月20日

［纲 文］ **国家主席习近平就埃及航空公司MS804航班失事分别向埃及总统塞西和法国总统奥朗德致慰问电。**

5月20日

［纲 文］ **交通运输部公布《航班正常管理规定》。**

［目 文］ 《规定》共8章75条，主要有总则、航班正常保障、延误处置、旅客投诉管理、信息报告、监督管理、法律责任、附则等内容，自2017年1月1日起施行。

5月20日

［纲 文］ **住房城乡建设部发布《关于进一步推进工程总承包发展的若干意见》。**

［目 文］ 《意见》由四个部分组成：一、大力推进工程总承包。二、完善工程总承包管理制度。三、提升企业工程总承包能力和水平。四、加强推进工程总承包发展的组织和实施。

5月20日

［纲 文］ **中共中央台办、国务院台办负责人就当前两岸关系发表谈话。**

［目 文］ 负责人表示，当前，台海局势趋于复杂严峻。两岸同胞高度关注两岸关系发展前景。2008年以来，两岸双方在坚持"九二共识"、反对"台独"的共同政治基础上，开辟了两岸关系和平发展道路。台海局势摆脱紧张动荡，呈现安定祥和。维护这一良好局面是两岸同胞、海外侨胞和国际社会的共同期盼。维护两岸关系和平发展的关

键在于坚持“九二共识”政治基础。“九二共识”明确界定了两岸关系的根本性质，表明大陆与台湾同属一个中国、两岸不是国与国关系。“九二共识”经过两岸双方明确授权认可，得到两岸领导人共同确认，是两岸关系和平发展的基石。我们注意到，台湾当局新领导人在今天的讲话中，提到1992年两岸两会会谈和达成了若干共同认知，表示要依据现行规定和有关条例处理两岸关系事务，在既有政治基础上持续推动两岸关系和平稳定发展。但是，在两岸同胞最关切的两岸关系性质这一根本问题上采取模糊态度，没有明确承认“九二共识”和认同其核心意涵，没有提出确保两岸关系和平稳定发展的具体办法。这是一份没有完成的答卷。不同的道路选择决定不同的前景。是维护体现一个中国原则的共同政治基础，还是推行“两国论”、“一边一国”的“台独”分裂主张；是继续走两岸关系和平发展之路，还是重蹈挑起台海紧张动荡的覆辙；是增进两岸同胞感情与福祉，还是割裂同胞间的精神纽带、损害同胞根本利益，在这些重大问题上，台湾当局更须以实际行动作出明确回答，并接受历史和人民的检验。我们的对台大政方针是明确的、一贯的。我们将继续坚持“九二共识”政治基础，坚决反对“台独”，坚定维护一个中国原则，同台湾同胞和台湾所有认同两岸同属一中的党派和团体一道，努力维护台海和平稳定，维护和推进两岸关系和平发展，争取祖国和平统一的前景。“台独”是台海和平与两岸关系和平发展的最大祸害。搞“台独”，台海不可能有和平稳定。两岸人民的共同意志不可违。今天，我们捍卫国家主权和领土完整决心未变，能力更强，将坚决遏制任何形式的“台独”分裂行径和图谋。国台办与台湾陆委会的联系沟通机制和海协会与台湾海基会的协商谈判机制，均建立在“九二共识”政治基础之上。只有确认体现一个中国原则的政治基础，两岸制度化交往才能得以延续。台湾同胞是我们的骨肉天亲，没有任何力量能把我们分开。我们将进一步扩大两岸同胞交流往来，推进各领域交流合作，深化两岸经济社会融合发展，增进同胞福祉和亲情，共同构建两岸命运共同体，携手实现中华民族伟大复兴。

5月20日

［纲　文］　**全国普通高等学校毕业生就业创业工作电视电话会议在北京召开。**

［目　文］　国务院总理李克强对会议作出批示指出：高校毕业生是国家的宝贵财富。近年来，各地区、各部门、各高校主动作为，千方百计促就业扶创业，高校毕业生就业一直保持较高水平，成绩来之不易。2016年经济下行压力仍然较大，高校毕业生人数再创历史新高，各级政府一定要把促进毕业生就业创业作为当前十分重要而紧迫的任务，措施想得更实，工作抓得更紧。要进一步实施大学生就业创业促进计划，加强就业市场供需衔接和精准帮扶，多方拓宽就业渠道；进一步深入推进简政放权和商事制度改革，为广大毕业生投身创业创新清障减负，以创业带动就业；进一步加快发展新经济，不断催生新技术、新产业、新业态、新模式，创造更多适合高素质年轻群体的就业岗位。各方面同心协力，确保2016年高校毕业生就业水平不降低，为完成全年经济社会发展目标任务作出新贡献。

会议学习了李克强的批示，对进一步做好新形势下就业创业工作和2016年高校毕业生就业创业工作进行再动员再部署。国务院副总理刘延东、马凯出席会议并讲话。

会议强调，要以经济发展促就业，加快实施《中国制造 2025》、“互联网 +”行动，改造提升传统动能，促进新产业、新业态、新商业模式加快成长，创造更多高质量就业岗位。要以政策支持促就业，落实并完善积极的就业政策，改善就业环境，畅通就业渠道，引导更多毕业生到城乡基层、中小微企业就业。要以创新创业促就业，放宽市场准入，加大扶持力度，鼓励高校毕业生自主创业，发挥创业带动就业的倍增效应。要主动适应就业创业新格局，深化高校教育教学改革，推动人才培养与产业发展有效对接，为经济社会发展提供坚实的人才支撑。要优化高等教育布局结构，建立完善学科专业、类型、层次和区域布局动态调整机制，从根本上化解结构性就业矛盾。要大力发展现代职业教育，引导部分地方普通本科高校向应用型转变，培养一大批高素质技术技能人才。

5 月 20 日

［纲　文］　**京津冀及周边地区大气污染防治协作小组第六次会议暨水污染防治协作小组第一次会议在北京召开**。

［目　文］　国务院副总理张高丽、七省区市和有关部门单位负责人出席会议。北京市委书记郭金龙主持会议。

张高丽强调，做好京津冀及周边地区大气污染防治工作，要做到“五个突出抓好”。一是突出抓好战略重点，对北京、天津和河北唐山、保定、廊坊、沧州等城市，要多措并举、合力攻坚。二是突出抓好散煤治理，在农村大力推行“以电代煤”“以气代煤”，全面完成 10 蒸吨以下燃煤小锅炉淘汰任务。三是突出抓好重点行业综合整治，实施工业污染源全面达标排放计划，强化“高架源”监管，限期完成“散乱污”企业的清退工作。四是突出抓好机动车船监管，将重型柴油车和高排放车辆作为治理重点，推动黄标车、老旧车淘汰。五是突出抓好重污染天气应对，加快完成应急预案修订工作，统一预警分级响应标准。京津冀及周边地区是我国水资源环境与发展矛盾最突出的地区之一。要着力改善水质，重点抓好两头，一方面全力保障饮用水水源安全，确保“好水”不能变差；另一方面推进黑臭水体、不达标水体专项整治，确保“差水”得到改善。要着力节约用水，统筹调配资源，加强控制性供水工程的水量联合调度，严守水资源开发利用控制红线，加大地下水超采治理。各地区各部门要按照“三严三实”要求，抓好责任落实，加强统筹协调，加大政策支持，建立科学监控体系，强化环境执法监管，加快补齐生态环境短板，为建设美丽中国作出新的贡献。

5 月 20 日

［纲　文］　**中央政治局常委张德江、俞正声在北京分别会见波黑议会民族院轮值主席塔迪奇**。

［目　文］　张德江在会见塔迪奇时表示，中国和波黑传统友谊深厚，近年来双方政治互信不断加强，互利合作日益深化。中国全国人大高度重视与波黑议会的交流与合作，双方应进一步加强友好往来，加强立法、监督、治国理政等方面经验交流互鉴，为两国务实合作和民间友好交往提供良好的法律保障。

塔迪奇表示，波黑方恪守一个中国政策，愿与中方加强立法机关等各方面合作，推动两国关系继续向前发展。

俞正声在会见塔迪奇时表示，此次访问是两国建交21年来波黑议会领导人首次访问中国，对巩固两国政治互信，深化务实合作，开拓中国全国政协与波黑议会交往新局面具有重要意义。当前，两国都处于各自重要发展阶段，中方愿与波黑方共同努力，保持高层交往，共建“一带一路”，稳步推进能源、基建等领域大项目建设，推动“16+1合作”提质增效，更好造福两国人民。中国全国政协愿同波黑议会民族院加强交流合作，积极推动双方人员往来，为促进两国发展作出贡献。

塔迪奇表示，波黑和中国一直是好朋友、好伙伴。波黑方支持中方在南海仲裁案问题上的立场，愿积极参与“一带一路”建设，加强与中方在各领域交流。

5月20日

［纲　文］　**国家主席习近平特使、工业和信息化部部长苗圩在马拉博出席赤道几内亚总统奥比昂就职仪式。**

5月20日

［纲　文］　**外交部发言人就菲律宾声称仲裁是穷尽了双边手段之后的无奈之举表示，中菲南海争议只有通过双边谈判协商才能寻求真正解决。**

［目　文］　有记者问，菲律宾声称其提起仲裁是在穷尽了双边手段之后的无奈之举，但有评论认为中菲根本未就菲律宾诉求事项进行过任何谈判。中方对此有何评论？

发言人表示，中国政府一贯坚持通过谈判协商和平解决与菲律宾在南海的有关争议，这是中菲达成并多次确认的共识，也是《南海各方行为宣言》的明确规定。中方已于2006年根据《联合国海洋法公约》第298条的规定，将涉及划定海洋边界、历史性海湾或所有权、军事和执法活动等争端排除在公约规定的争端解决程序之外。菲律宾政府2013年1月单方面提起仲裁前，并未就有关事项与中方进行任何磋商或谈判，更谈不上用尽了双边谈判解决争议的手段。菲律宾单方面提起仲裁，既不符合公约规定的提起仲裁的条件，也不可能起到解决争议的作用，更不可能达到解决争议的目的。

有记者问，据悉，尼日尔发表新闻公报支持中国在南海问题上的立场，你能否证实？

发言人说，尼日尔外交部19日就南海问题发表新闻公报，表示尼政府呼吁国际司法或仲裁机构尊重各国自己选择的争端解决方式以及根据《联合国海洋法公约》第298条做出的排除性声明；强调公约缔约国有权自由选择争端解决方式，直接当事国有权根据国际法，通过谈判协商解决有关争议；尼政府呼吁有关国家根据《南海各方行为宣言》的规定，通过友好磋商和谈判，和平解决领土和海洋管辖权争议问题，增加互信，加强合作，维护南海和平稳定。尼日尔政府有关表态，符合南海问题的有关基本事实，符合中国和有关国家达成的通过谈判协商解决争议的双边和地区共识，符合各国通过谈判解决争议的普遍国际实践，是国际社会在有关问题上发出的客观公允之声。

5月20日

［纲　文］　**《人民日报》发表题为《加快构建中国特色哲学社会科学——三论学习习**

近平在哲学社会科学工作座谈会重要讲话》的评论员文章。

5 月 21 日

［纲　文］　**国家主席习近平、国务院总理李克强就中巴建交 65 周年同巴基斯坦总统侯赛因、巴基斯坦总理谢里夫互致贺电。**

［目　文］　习近平在贺电中说，中国和巴基斯坦是全天候战略合作伙伴。建交 65 年来，中巴关系经受住了国际风云变幻和各自国内情况变化的考验，不断向前发展。近年来，中巴关系保持强劲发展势头，两国全方位务实合作和人文交流取得积极进展。中国视巴基斯坦为推进“一带一路”建设的重要伙伴，中巴经济走廊的建设将为打造中巴命运共同体奠定坚实基础。我高度重视中巴关系，愿同你一道努力，开创中巴关系更加美好的未来。

侯赛因在贺电中说，65 年来，中国一直都是巴基斯坦的“铁哥们”、坚定的朋友和值得信赖的伙伴。两国伙伴关系建立在相互尊重、相互信任和共同价值观的基础上，源远流长、不断发展。值此巴中建交 65 周年之际，我们回顾过去，展望未来，深信两国友谊历久弥新，前景广阔。作为两个拥有古老文明的现代国家的领导人，我们有责任让两国友好世代相传。

李克强在贺电中说，巴基斯坦是中国的好邻居、好朋友、好伙伴、好兄弟。建交 65 年来，中巴两国始终恪守和平共处五项原则，政治上相互信任，经济上互利合作，在涉及彼此核心利益问题上相互理解和支持。中方始终从战略高度和长远角度看待和发展中巴关系，愿同巴方共同努力，加快中巴经济走廊建设，推动中巴全天候战略合作伙伴关系不断向前发展。

谢里夫在贺电中说，巴中是“铁哥们”，两国牢固的双边关系建立在相互尊重以及在双边、地区及国际问题上拥有相似看法的基础上。我高兴地看到，两国正在热烈庆祝建交 65 周年。我们齐心协力推进中巴经济走廊建设，致力于巩固传统友谊并开拓新的合作领域。希望两国继续积极推进人文交流，让两国友谊永葆青春。

同日，谢里夫也向习近平发来贺电。

5 月 21 日

［纲　文］　**国务院总理李克强就埃及航空公司 MS804 航班失事分别向埃及总理伊斯梅尔和法国总理瓦尔斯致慰问电。**

5 月 21 日

［纲　文］　**《人民日报》发表题为《两岸关系和平发展的政治基础必须维护》的评论员文章。**

5 月 21—23 日

［纲　文］　**刘云山在广东就基层党建工作和“两学一做”学习教育进行调研。**

［目　文］　中央书记处书记刘云山到广州、韶关、清远，深入农村、社区、企业和

学校，了解基层党建、便民服务和扶贫开发情况，看望老党员和困难群众，仔细询问“两学一做”学习教育情况，听取党员干部的意见建议。刘云山说，全面从严治党是为了更好保持党的先进性纯洁性，更好为民造福、为民谋利。每名党员都要强化党的意识和宗旨观念，牢记第一身份是共产党员、第一职责是服务群众，以实际行动彰显先锋本色。每个基层党组织都要落实好全面从严治党责任，抓班子带队伍、促发展惠民生，健全直接联系服务群众制度，特别是贫困地区要着力做好精准扶贫、精准脱贫的工作，发挥好党组织战斗堡垒作用。“两学一做”基础在学，要把自己摆进去，联系实际认真学习党章党规确立的遵循和规范，深入领会习近平总书记系列重要讲话的基本要求。要对准问题去、带着问题改，把学习教育同加强基层党组织建设结合起来，同加强党员日常教育管理结合起来，同解决群众关心的实际问题结合起来，具体化、接地气、见实效，防止搞没有实质内容、花里胡哨的东西，防止形式主义、走过场。

刘云山到中山大学、华南师范大学，就加强改进高校思想政治工作和党的建设进行调研，并同部分高校负责人和师生代表座谈交流。

5月21—24日

［纲　文］　**外交部部长王毅访问哈萨克斯坦、吉尔吉斯斯坦、乌兹别克斯坦并出席在乌兹别克斯坦举行的上海合作组织成员国外长理事会会议。**

［目　文］　王毅在哈萨克斯坦访问期间，在阿拉木图与哈萨克斯坦外长伊德里索夫举行会谈；在吉尔吉斯斯坦访问期间，在比什凯克会见吉尔吉斯斯坦总统阿坦巴耶夫，与吉尔吉斯斯坦外长阿布德尔达耶夫举行会谈；在乌兹别克斯坦访问期间，在塔什干会见乌兹别克斯坦总统卡里莫夫，与乌兹别克斯坦外长卡米洛夫举行会谈。

24日，王毅出席在乌兹别克斯坦塔什干举行的上海合作组织外长会议。与会的其他成员国外长表示，各国支持上合组织在对接“一带一路”倡议与欧亚经济联盟方面发挥独特的纽带作用，促进欧亚地区共同发展繁荣。王毅表示，2016年是上合组织成立15周年，本组织各领域合作成果丰硕，睦邻友好和互利共赢深入人心，促进地区繁荣与稳定的作用更加突出。各成员国要认真筹备好塔什干峰会，唱响“上海精神”这一组织发展的主旋律。坚定信心，加大对组织的爱护和投入；与时俱进，用发展眼光和创新思维解决遇到的问题；突出落实，大力做好政治共识向实际成果的转化；以更加有力举措和更加高效协作，推动组织做大做强，走稳走实，为成员国实现振兴提供更多助力，更好造福地区和各国人民。

会议期间，王毅与俄罗斯外长拉夫罗夫举行会谈时表示，中方愿与俄方密切配合，确保普京总统访华取得重要成果，推动中俄全面战略协作伙伴关系在高水平运行。中俄要加快对接丝绸之路经济带建设和欧亚经济联盟建设，争取早期收获。中俄在国际和地区问题上保持紧密的战略协调配合，已成为维护国际战略稳定不可或缺的重要因素。中俄要共同捍卫联合国中心地位和国际关系基本准则，推动国际和地区问题的政治解决进程。

拉夫罗夫表示，俄方愿与中方筹备好普京总统访华，深入对接欧亚经济联盟和“一带一路”倡议。俄方反对南海问题国际化，支持当事国根据业已达成的双边和多边协议，通过对话谈判解决争议。

5月21—23日

［纲　文］　**首届中国考古学大会在郑州召开**。

［目　文］　大会由中国考古学会主办，郑州中华之源与嵩山文明研究会、河南省文物考古学会承办，是中国考古学诞生以来第一次国际化、开放式的大会，也是中国考古学会1979年成立以来考古学领域规模最大、覆盖面最广的一次学术大会。本届大会主题是“走向世界、走向未来的中国考古学”。来自国内外的近400名专家学者参加会议并进行学术讨论。中国社会科学院院长王伟光，文物局局长刘玉珠出席会议并讲话。

5月22日

［纲　文］　**国务院批复上海市、江苏省、浙江省、安徽省人民政府和发展改革委、住房城乡建设部，同意长江三角洲城市群发展规划**。

［目　文］　批复说：一、原则同意《长江三角洲城市群发展规划》（以下简称《规划》），请认真组织实施。二、《规划》实施要全面贯彻党的十八大和十八届三中、四中、五中全会以及中央城镇化工作会议、中央城市工作会议精神，按照“五位一体”总体布局和“四个全面”战略布局，牢固树立和贯彻落实创新、协调、绿色、开放、共享的新发展理念，着力加强供给侧结构性改革，加快培育新的发展动能，以上海建设全球城市为引领，以共建全球科技创新集群为支撑，以共守生态安全为前提，以健全包容共享的体制机制为保障，构建网络化、开放型、一体化发展格局，持续在制度创新、科技进步、产业升级、城乡统筹、全方位开放、绿色发展等方面走在全国前列，联手打造具有全球影响力的世界级城市群，加快形成国际竞争新优势，更好的服务于“一带一路”建设和长江经济带发展战略，充分发挥对全国经济社会发展的重要支撑和引领作用。三、上海市、江苏省、浙江省、安徽省人民政府要切实加强对《规划》实施的组织领导，深化简政放权、放管结合、优化服务改革，进一步健全协作机制，明确责任分工，制定实施方案，落实各项任务措施，着力打造改革新高地、争当开放新尖兵、带头发展新经济、构筑生态环境新支撑、创造联动发展新模式。《规划》实施中涉及的重大事项、重大政策和重大项目按规定程序报批。四、推动长江经济带发展领导小组要统筹协调长江三角洲城市群发展工作。国务院有关部门要切实履行职能，研究制定支持长江三角洲城市群发展的具体政策，在有关规划编制、体制创新、项目安排等方面给予积极支持。发展改革委、住房城乡建设部要加强对《规划》实施情况的跟踪分析和督促检查，适时组织开展《规划》实施情况评估，重大问题及时向国务院报告。

5月22日

［纲　文］　**国际生物多样性日暨中国自然保护区发展60周年大会在北京召开**。

［目　文］　大会由环境保护部、国土资源部、水利部、农业部、林业局、中国科学

院、海洋局联合召开。全国政协副主席韩启德、环境保护部部长陈吉宁出席会议并讲话。环境保护部副部长李干杰主持大会。国务院有关部门和地方代表约600人参加会议。环境保护部、中国科学院联合发布了《中国生物物种名录（2016版）》。大会通报表扬了工作成绩突出的全国自然保护区集体和个人代表。

5月22—24日

［纲　文］　**俞正声在河南调研。**

［目　文］　全国政协主席俞正声在南阳市镇平县石佛寺镇天下玉源市场，详细了解涉疆服务管理情况；在郑州市第七中学，看望师生员工，仔细询问少数民族内高班办学规模、经费投入和师资力量；在部分大中专院校负责人座谈会、高校毕业生代表座谈会、预科班学生代表座谈会上，听取关于内地新疆籍学生教育培养工作的意见建议并指出，做好民族工作关系民族团结、社会稳定和国家统一。要坚持中国特色解决民族问题的正确道路，加强各民族交往交流交融，强化“三个离不开”“五个认同”思想，让各民族在中华民族大家庭中手足相亲、守望相助。要扎实做好少数民族流动人口服务管理工作，依法保障其合法权益，让少数民族群众更好融入内地。要认真总结内地少数民族学生教育培养工作经验，不断提高办学质量和水平，加强对他们的就业指导服务，使他们把个人前途同中华民族整体利益紧密结合在一起，成长为促进各民族共同团结奋斗、共同繁荣发展的重要力量；在郑州北大清真寺、惠济区天主堂，与宗教教职人员和信教群众亲切交谈，仔细询问宗教活动开展、宗教团体建设等情况。与宗教界代表人士和党政干部就贯彻落实全国宗教工作会议精神进行深入交流并强调，宗教工作在党和国家工作全局中具有特殊重要性，要全面贯彻党的宗教工作基本方针，坚持和发展中国特色社会主义宗教理论，坚持保护合法、制止非法、遏制极端，抵御渗透、打击犯罪的基本原则，结合实际深入研究和妥善处理宗教领域面临的突出问题，加强和改进党对新形势下宗教工作的领导。要支持宗教团体加强自身建设和人才培养，更好地发挥宗教团体的桥梁纽带作用，最大限度把广大宗教界人士和信教群众团结在党和政府周围。

5月22—29日

［纲　文］　**国务委员王勇应邀访问阿曼、约旦、阿尔及利亚。**

［目　文］　22—23日，王勇在阿曼访问期间，在马斯喀特分别会见阿内阁事务副首相法赫德、运输和通信大臣福泰斯、外交部秘书长巴德尔，就深化中阿传统友谊、推动两国“一带一路”建设合作达成新共识。王勇还出席了杜库姆经济特区中国产业园项目签约和揭牌仪式。

23—26日，王勇在约旦访问期间，在安曼会见约旦国王阿卜杜拉二世、首相兼国防大臣恩苏尔。王勇还出席了中约两国经济合作协定签字仪式并考察阿拉伯钾肥公司和中资企业承建的萨马瑞电厂扩建二期项目。

26—29日，王勇在阿尔及利亚访问期间，在阿尔及尔分别会见阿尔及利亚总理塞拉勒、阿财政部部长本哈利法、工矿部部长布沙瓦里布、交通部部长塔莱、贸易部部长巴赫提。召开中资企业座谈会。

5月23—25日

［纲　文］　**习近平在黑龙江考察并慰问驻黑龙江部队。**

［目　文］　中共中央总书记习近平在伊春，听取开发区规划建设情况介绍，了解林区全面停伐后产业接续发展情况，询问相关企业生产经营、林场职工就业等情况后指出，过去林场为国家建设提供木材是为国家作贡献，现在林区全面停伐、保护和建设生态环境同样是为国家作贡献；在上甘岭林业局溪水国家森林公园，沿栈道察看原始红松林等珍贵乔木，听取林区生态文明建设情况介绍，叮嘱林场工作人员一定要把森林资源保护好；在友好林业局万亩蓝莓产业园，听取产业园规划建设和生产经营情况介绍，对企业因地制宜发展蓝莓产业、通过精深加工增加产品附加值、吸纳林场职工就业的做法表示肯定；在抚远市的玖成水稻种植合作社，察看机械插秧，了解合作社智能催芽和箱式快速育秧等技术流程，向农民和技术人员询问水稻种植模式和科学田间管理经验并指出，农民专业合作社是带动农户增加收入、发展现代农业的有效组织形式，要总结推广先进经验，把合作社进一步办好；在黑瞎子岛，登上东极宝塔塔基平台时指出，黑瞎子岛重在生态保护，在保护基础上建设一些基本的基础设施和发展旅游，希望黑龙江响应国家"一带一路"战略，参与"中蒙俄经济走廊"建设，积极扩大对外开放；在同江市八岔赫哲族乡八岔村，到村活动中心，听取村里建设和工作介绍，重点了解2013年8月该村遭受特大洪灾后重建情况；参观了赫哲族民俗展，观看了属于国家级非物质文化遗产的赫哲族伊玛堪说唱教学；考察了中国船舶重工集团公司第七〇三研究所、哈尔滨安天科技股份有限公司、哈尔滨科技创新创业大厦；听取了黑龙江省委和省政府工作汇报，对黑龙江经济社会发展取得的成绩给予肯定。

习近平强调，黑龙江省转方式调结构任务艰巨，要着力优化产业结构，改造升级"老字号"，深度开发"原字号"，培育壮大"新字号"，毫不动摇坚持公有制经济主体地位、国有经济主导作用，同时毫不动摇鼓励、支持、引导非公有制经济发展。黑龙江是农业大省和粮食主产区，要统筹抓好现代农业产业体系、生产体系、经营体系建设，因地制宜推进多种形式规模经营，用规模经营提升农业竞争力、增加农民收入。面对复杂的国内外经济形势，要把保障和改善民生紧紧抓在手上，切实托住这个底。财政等公共资金配置使用要向民生领域倾斜，民生支出要保住、切不可随意挤压。要突出重点，针对群众最关切的就业、教育、医疗、住房、养老、脱贫等问题发力。出台政策措施要深入调查研究，摸清底数，广泛听取意见，兼顾各方利益。政策实施后要跟踪反馈，发现问题及时调整完善。要加大政策公开力度，让群众知晓政策、理解政策、配合执行好政策。要深入改进作风，在学习上下一番真功夫、实功夫、苦功夫，通过解放思想增强机遇意识、人才意识、效率意识、拼搏意识、创新意识，凡是作出的承诺、立下的军令状都说一件、干一件、成一件，营造良好政治生态、保持清正廉洁政治本色。

考察调研期间，习近平看望慰问驻黑龙江省部队，代表党中央和中央军委向广大官兵致以诚挚的问候并强调，基层是部队建设和战斗力的基础，实现党在新形势下的强军目标，需要广大基层官兵共同努力，要适应新的形势和任务要求，推动基层建设全面进步、全面过硬。

5月23日

［纲　文］　**国务院印发《2016年推进简政放权放管结合优化服务改革工作要点》。**

［目　文］　《要点》由三个部分组成：一、持续简政放权，进一步激发市场活力和社会创造力。二、加强监管创新，促进社会公平正义。三、优化政府服务，提高办事效率。

《要点》指出，各地区各部门要把深化简政放权、放管结合、优化服务改革放在突出位置，主要领导要亲自抓，鼓励地方积极探索创新，一项一项抓好改革任务的落实。要加强对已出台措施和改革任务落实情况的督查。对改革涉及的法律法规立改废问题，责任部门要主动与法制部门加强衔接、同步推进。要做好改革经验总结推广和宣传引导工作，及时回应社会关切，营造良好改革氛围。要充分发挥各级政府推进职能转变协调机构的作用，加强统筹协调和指导督促。改革中的重要情况要及时向国务院报告。

5月23日

［纲　文］　**商务部发布《对外援助标识使用管理办法（试行）》。**

［目　文］　《办法》共7章27条，主要有总则、援外标识的使用范围、援外标识的制作和安装、援外标识的管理、援外标识使用人的义务、法律责任、附则等内容，自2016年6月22日起施行。《对外援助标识使用管理办法（试行）》同时废止。

5月23日

［纲　文］　**张德江在中央党校就人民代表大会制度作了专题报告。**

［目　文］　中央党校校委成员和部分原校委成员、全体学员及教职工代表共约2200人参加报告会。

全国人大常委会委员长张德江说，中国共产党自成立之日起，就以实现中国人民当家作主和中华民族伟大复兴为己任，把马克思列宁主义同中国实际相结合，对国家政权的组织和活动等根本性问题进行实践探索和理论思考，最终确立人民代表大会制度作为我国的根本政治制度。这是历史的选择、人民的选择，必须倍加珍惜、始终坚持、不断发展。人民代表大会制度的特色和优势。一是中国共产党的领导。中国共产党领导是中国特色社会主义制度的最大优势，人民代表大会制度是党实施对国家和社会领导的重要制度载体，坚持党的领导是实行人民代表大会制度的内在要求和题中应有之义。二是人民当家作主。人民代表大会制度是中国人民当家作主的最高实现形式，保证人民依法实行民主选举、民主决策、民主管理、民主监督，享有宪法和法律规定的广泛的民主、自由和权利。三是实行依法治国。人民代表大会制度坚持维护宪法法律权威，使民主制度化、法律化，实现国家各项工作法治化，为依法治国提供有效可靠的国家制度依托。四是实行民主集中制。人民代表大会制度以民主集中制为原则，确立了国家政权机关的组织形式、活动方式和相互关系，保证各国家机关既独立负责又协调一致地开展工作。五是根据国情和实际规范中央和地方的关系。人民代表大会制度确立了我国在国家结构上实行单一制，遵循在中央统一领导下、充分发挥地方主动性积极性的原则。六是集中力量进行社会主义现代化建设。人民代表大会制度有效组织国家经济社会事业，在推动国家发展、人民幸福、民族复兴的历程中展现出巨大的政治优势和组织功效。在以习近平同志为总书记的党中央坚强领导下，十二届全国人大及其常委会牢牢把握正确政治方向，依法行使职权，积极开展工作，着力提高立法质量，完善以宪法为核心的中国特色社会主义法律体系，着力增强监督实效，加强对法律实施情况和“一府两院”工作的监督，密切同人大代表和人民群众的联系，充分发挥代表作用，加强同地方人大的工作联系，积极推动人民代表大会制度和人大工作发展完善。人民代表大会制度是中国特色社会主义制度的重要组成部分，也是支撑中国国家治理体系和治理能力的根本政治制度。要更加紧密地团结在以习近平同志为总书记的党中央周围，坚定人民代表大会制度自信，紧紧围绕协调推进“四个全面”战略布局，认真履行人大法定职责，毫不动摇坚持、与时俱进完善人民代表大会制度，为党和国家兴旺发达、长治久安提供更加完善的制度保障。

5月23日

［纲　文］　**全国产业扶贫电视电话会议在北京召开。**

［目　文］　会议的主要内容是：分析当前产业扶贫的重要性和必要性，安排部署今后一个时期产业扶贫工作。

国务院扶贫开发领导小组组长汪洋出席会议时指出，产业是发展的根基，也是脱贫的主要依托。要认真贯彻落实党中央、国务院决策部署，坚持精准扶贫、精准脱贫基本方略，紧紧围绕贫困人口脱贫目标，培育和发展特色优势产业，在“十三五”期间，要通过产业扶贫，实现三千万以上农村贫困人口脱贫。推进产业扶贫，要坚持市场导向，遵循市场和产业发展规律，因地制宜合理确定产业发展方向、重点和规模，提高产业发展的持续性和有效性。要将产业发展与建档立卡贫困人口的脱贫衔接起来，通过股份制、股份合作制、土地托管、订单帮扶等多种形式，建立贫困户与产业发展主体间利益联结机制，让贫困人口分享产业发展收益。各级政府要进一步明确责任，加大对产业扶贫的资金投入，完善金融等相关扶持政策，大力推进产业扶贫。要积极引导各方面力量参与产业扶贫，加强指导服务，以“放管服”营造有利于产业发展的市场环境，但不能代替市场主体决策。要重视扶贫产业经营风险，通过完善流通体系、建立风险共担经营机制、扩大农业保险覆盖等，多渠道分散扶贫产业风险。

5月23日

［纲　文］　**外交部发言人表示，中方愿与印方加快边界问题解决框架谈判。**

［目　文］　有记者问，据报道，印度总统慕克吉在近日接受中国媒体采访时表示，印度希望同中方寻求一个“公正、合理的”，“双方皆可接受的”方式来处理印中边界问题，从而深化印中关系，中方对此有何评论？

发言人说，中印两国均致力于谈判解决领土争议，共同寻求公平合理以及双方都能接受的边界问题解决方案。过去30多年来，双方积极推进边界谈判，妥善管控争议，维护边境地区的和平与安宁，为中印关系的健康稳定发展创造了有利条件。目前双方已经建立起了包括边界问题特别代表会晤在内的一系列涉边工作机制，达成了解决边界问题的政治指导原则和“三步走”路线图。中方愿继续与印方共同努力，加快边界问题解决框架谈判，争取早日解决这一历史遗留问题，推动中印关系取得更大的发展。

5月23—24日

［纲　文］　**李克强在湖北考察。**

［目　文］　国务院总理李克强在十堰东风重卡车间察看装配检测生产线和“双创工作室”，了解企业深化改革、调整结构、技术创新等情况时说，要增强紧迫感，坚定不移深化国企改革，激发市场活力，让企业真正成为市场主体。着力推进“瘦身健体”，坚持有进有退、有所为有所不为，下决心解决产业分布过广、管理层级过多等结构性问题，提高资源配置效率。着力增强自主创新能力，进一步做优主业，下力气退出一批不具发展优势的非主营业务，提高全要素生产率和核心竞争力。看望参加二汽初建的离退休老同志，叮嘱要保障好他们的生活。对十堰市近几年在二汽总部搬迁后通过努力实现多元发展予以肯定。在武汉钢铁集团公司，了解企业生产经营情况，在与公司管理层和工人代表商议企业化解过剩产能和脱困发展对策时说，化解过剩产能是供给侧结构性改革的重要任务，要坚决减去低效无效落后产能。5月国务院有关部门已经与各地签订了新一轮化解过剩钢铁、煤炭产能责任书，要切实落实到位。特别是各级党委和政府要帮助企业做好富余人员安置工作，力争做到转岗不下岗、转业不失业，确有困难的由社保兜底。在武汉东湖自主创新示范区，了解光谷建设、新经济培育、支持创新政策落实等。得知武汉市高新技术产业、现代服务业等新动能占经济总量的比重已经超过60%后说，培育新动能和改造提升传统动能可以融合发展，能够增加大量就业岗位，也为化解钢铁、煤炭过剩产能创造条件。要在简化审批、营造环境、贴心服务上多出实招，形成对人才、资本、技术等创新要素的磁吸效应，促进新经济加快成长。在十堰市民服务中心，询问“放管服”改革落实情况时强调，要真正做到一个窗口办事、一站式办结，坚决杜绝群众和企业到窗口办理后还需再到部门“跑腿”。同时不断探索有效监管经验，为企业创造公平竞争环境。在十堰农村商业银行，了解营改增后金融企业税负变化时说，营改增改革的出发点是为企业减负、让利于民、规范税制，要确保包括金融业在内的各行业税负整体只减不增。在武汉CBD地下综合管廊施工现场，了解工程建设进展时说，地下基础设施是开发和用好地下资源的重要载体，也是巨大内需潜力所在。要围绕提高新型城镇化质量，像地上工程一样，严格标准，精心建设地下设施等“里子”工程。

李克强充分肯定湖北近年来经济社会发展取得的成绩。希望湖北发挥自身优势，在创新发展和动能转换上走在前列，挺起长江经济带的脊梁，打造内陆地区新一轮改革开放新高地，在全国发展大局中更好发挥战略支撑作用。

5 月 23—25 日

［纲　文］　**张高丽在江西、海南调研。**

［目　文］　国务院副总理张高丽在江西期间，考察赣江生态环境整治示范工程、隆祥苑小区、程家变电站、曲江煤炭公司，了解江西推进“三去一降一补”工作情况，主持召开供给侧结构性改革座谈会。希望江西抓住机遇、发挥优势，坚持弘扬井冈山精神，深入实施创新驱动发展战略，加快推动产业结构优化升级；坚持做好“三农”工作，推动农业发展、农民增收、农村繁荣；大力推动绿色发展，巩固提升生态优势；积极参与“一带一路”建设，加快构建内陆双向开放新高地；坚持保障和改善民生，把共享发展理念落到实处；着力推动老区加快发展，全力打好脱贫攻坚战。

张高丽在海南期间，在三亚河生态环境整治工程、凤凰岛国际港口综合大厅和二期工程建设现场，了解海南生态修复和环境保护工作、推进省域“多规合一”改革和“一带一路”建设等情况，主持召开保护生态绿色发展座谈会。希望海南以推进供给侧结构性改革为主线，全面提升国际旅游岛建设水平；强力推动“多规合一”，高起点、高标准、高水平做好规划建设管理工作；着力打造海上丝绸之路的重要节点，推动开放型经济迈上新水平；大力发展海洋经济，加快海洋强省建设步伐；坚持实施“生态立省”战略，谱写美丽中国海南篇章。

张高丽指出，要深入学习贯彻习近平总书记系列重要讲话精神，落实李克强总理重要指示要求，按照中央经济工作会议和《政府工作报告》的部署，坚持以创新、协调、绿色、开放、共享的发展理念引领发展，实行宏观政策要稳、产业政策要准、微观政策要活、改革政策要实、社会政策要托底的总体思路，坚持以推进供给侧结构性改革为主线，全面落实“去产能、去库存、去杠杆、降成本、补短板”五大重点任务，努力实现“十三五”时期经济社会发展的良好开局。

5 月 23—25 日

［纲　文］　**汪洋在四川调研少数民族地区脱贫攻坚工作。**

［目　文］　国务院扶贫开发领导小组组长汪洋在昭觉县、布拖县，实地考察彝族新寨扶贫安置点建设、教育扶贫、金融扶贫等工作，步行数小时深入边远的极度贫困村，了解贫困群众生产生活和扶贫工作情况，并召开座谈会听取民族地区脱贫攻坚的意见建议并指出，2016 年是工农红军长征胜利 80 周年，当年红军长征途经凉山彝区时与彝族兄弟歃血为盟，使中央红军主力顺利和平通过，彝族人民为中国革命作出了重要贡献。在全面建设小康社会的今天，我们要兑现当年帮助彝族人民建设美好生活的承诺，坚决打赢大小凉山彝区脱贫攻坚战。民族地区脱贫攻坚是一项长期的、艰巨的任务，要统筹兼顾短期目标和长远发展，扎实推进。短期要瞄准建档立卡贫困户，着力解决突出矛盾，精准施策，深入推进易地扶贫搬迁和危房改造，加快改善生产生活条件，确保 2020 年前实现贫困人口“两不愁、三保障”。与此同时，要着眼长远，破解贫困地区基础设施薄弱、产业贫弱、生态脆弱、社会文化积弱等难题，分阶段、有步骤解决制约民

族地区脱贫的顽症痼疾。

5月24日

［纲　文］ **李源潮在陕西调研基层群团改革工作。**

［日　文］ 国家副主席李源潮到西安市雁塔区红专南路社区，详细了解社区共青团、妇联、科协组织开展社区服务的情况，勉励他们与所联系群众保持日常联系，用好网络手段及时了解群众需求，帮助群众解决困难。

在群团改革调研座谈会上，陕西省委和青妇科侨组织负责人介绍了省里群团工作改革创新的情况，基层干部群众代表谈了意见建议。李源潮说，推进群团工作改革创新是党中央作出的重要决策部署，改革的目标任务已经明确，关键要让改革措施在基层落地，在解决突出问题、直接联系服务群众上见到实效，增强群众的获得感。各级党委要认真落实加强党对群团工作的领导制度，特别要落实到乡镇街道，发挥好基层党组织的领导核心作用。

5月24日

［纲　文］ **甘肃省第十二届人民代表大会第五次会议选举林铎为甘肃省省长。**

5月24日

［纲　文］ **中央军委副主席许其亮在北京会见马来西亚海军司令卡马鲁扎曼。**

［日　文］ 许其亮说，中方高度重视发展中马两军关系特别是两国海军关系，愿与马方共同努力加强两军各领域交流，不断深化两国全面战略合作伙伴关系内涵。个别国家不遗余力渲染南海紧张局势，意图搅乱南海，中方对此坚决反对。中方愿与马方在本地区防务安全领域开展积极合作，共同维护地区和平稳定，维护中国—东盟友好合作关系大局。

卡马鲁扎曼说，马方愿与中方共同努力，加强双边互信，深化各领域务实合作，推动两国两军关系迈上新台阶。

5月24日

［纲　文］ **财政部教科文司发布，中央财政下达2016年城乡义务教育补助经费1345亿元，比2015年增长3%。**

5月24日

［纲　文］ **第六次中欧环境政策部长对话会在比利时布鲁塞尔欧盟总部举行。**

［日　文］ 环境保护部部长陈吉宁与欧盟委员会环境、海洋事务与渔业委员韦拉出席对话会，双方就环保政策、污染防治、循环经济、生物多样性保护、国合会合作、全球环境问题、双边环境合作进展及未来重点合作领域展开讨论。双方签署第六次中欧环境政策部长对话会纪要。

5月24日

［纲　文］ **外交部发言人就美国总统奥巴马在越南演讲时关于南海问题的言论回应称，域外国家应该尊重地区国家维护本地区和平稳定的努力，而不应破坏地区规则和秩**

序，扰乱地区和平稳定。

［目　文］　有记者问，美国总统奥巴马24日在越南演讲时提到南海争议问题，表示美国虽然不是主权声索方，但仍然会和伙伴国共同维护航行自由、地区秩序，无论国家大小都应该确保其主权不受侵害，大国不应威胁恐吓小国。你对奥巴马总统的表态有何评论？

发言人说，首先，美方每一次提航行自由问题时，应该首先搞清楚一个概念，他所说的航行自由到底是各国依据国际法所享有的真正的航行自由，还是美国军舰军机所专享的“横行自由”。如果是前者，我们当然举双手欢迎，而且坚决支持；如果是后者，我认为国际社会都不会答应。第二，中国与东盟国家就谈判协商解决争议，共同维护南海地区和平稳定达成了一系列双边协议和地区共识，构成了南海地区规则和秩序的重要根基。域外国家应该尊重地区国家维护本地区和平稳定的努力，尊重地区国家根据国际法确立的地区规则和秩序，而不应该以任何形式、任何借口威胁南海沿岸国主权和安全，破坏地区规则和秩序，扰乱地区和平稳定。第三，我注意到美方，还有个别国家，最近老是把国家大小挂在嘴边。我们认为，国家大小不应该是判断一个国家有没有理的唯一或最主要依据。中华人民共和国成立以来，中国已经与14个陆地邻国当中的12个依据历史事实和国际法基本准则，通过双边磋商和谈判，划定和勘定了共同边界。就面积而言，这12个国家中有5个国家小于现在与我们在南海问题上争议比较突出的菲律宾；就人口而言，有10个国家小于菲律宾。这说明国家大小并不是问题的关键，关键在于当事方有没有诚意和决心通过共同努力，通过谈判和协商，解决彼此之间存在的争议。

5月24—27日

［纲　文］　**应国家主席习近平邀请，印度共和国总统慕克吉对中国进行国事访问。**

［目　文］　访问期间，习近平在北京同慕克吉举行会谈，两国元首同意共同努力，发扬中印文明互鉴传统，加强两国全面合作，将中印战略合作伙伴关系推向新高度，促进双方共同发展，为地区和世界和平与繁荣作出更大贡献。国务院总理李克强、全国人大常委会委员长张德江在北京分别会见慕克吉。国家副主席李源潮北京会见慕克吉并共同出席由中国人民对外友好协会和印度驻华大使馆举办的欢迎招待会。

习近平同慕克吉会谈时强调，两国领导人应该保持战略沟通，完善中印关系顶层设计。双方要用好各类双边对话机制，增进相互理解和信任。双方要释放务实合作潜力，推动铁路、产业园区、智慧城市等合作实现早期收获，探讨在新能源、节能环保、信息技术、人力资源等领域实现优势互补，加强产能、投资、旅游、服务贸易等领域合作。双方要妥善处理有关分歧。中方赞赏印方坚持一个中国立场。中印应积极看待并支持彼此参与地区和国际事务，加强协调配合，共同成为本地区乃至世界和平的维护者、区域融合的倡导者。中方愿同印方探讨将“向东行动”倡议同“一带一路”倡议对接。双方要推动孟中印缅经济走廊建设尽快取得实质性进展，共同将亚洲基础设施投资银行打造成一个专业、高效的基础设施融资平台，推动早日完成区域全面经济伙伴关系协定谈判。慕克吉表示，习近平主席2014年对印度的国事访问取得圆满成功，开启了印中更加紧密的发展伙伴关系。当前，两国关系已超越双边范畴，印中合作可以促进两国和世界的和平、繁荣与发展。印方愿进一步深化两国关系，扩大同中方贸易、投资等领域合作，加强人文交流，密切在国际事务中的沟通协调。印方感谢中方对印度和巴基斯坦加入上海合作组织的支持。

李克强在会见慕克吉时指出，我们愿同印方深挖互利合作潜力，推动“中国制造2025”“互联网+”同“印度制造”“数字印度”等战略对接，着力开展产能、铁路等合作，推进孟中印缅经济走廊等大项目建设，寻找务实合作新的增长点，促进两国贸易平衡发展。中印携手合作，共同发展，将惠及世界超过三分之一人口，也将有力助推世界经济复苏和增长。慕克吉表示，印中互为重要邻国，发展双边关系意义重大。两国应进一步挖掘经贸、投资、制造业、信息技术、智能城市等领域合作潜力，着力加强人文交流，扩大共识，减少分歧，构建更加紧密的发展伙伴关系。

张德江在会见慕克吉时说，中国全国人大愿进一步发展与印度议会的友好关系，用好中印议员友好论坛、议会友好小组等交流机制，加强经验交流，提供可靠的合作法律保障，更好地促进中印友好，推动中印关系发展。慕克吉说，印度支持印度议会与中国全国人大深化交流合作，推进印中睦邻友好。

5月24—26日

［纲　文］　**二十国集团妇女会议在西安召开。**

［目　文］　会议由全国妇联主办。主题是“平等参与，创新发展”，设四个分议题，即全球经济治理中的性别视角、妇女就业创业及社会保障、数字经济中的女性力量、联动创新的女性网络。国家副主席李源潮、全国妇联主席沈跃跃出席会议开幕式并致辞。二十国集团16个成员、7个嘉宾国、4个相关国际组织的近200名政界、学术界和工商界代表参会。形成并通过了《二十国集团妇女会议公报》，公报将作为本届会议的成果文件提交到9月在杭州举行的二十国集团领导人峰会，以推动二十国集团更加重视妇女参与经济、共享发展成果。

5月24—26日

［纲　文］　**中共中央政治局委员刘奇葆率中共代表团应邀访问新西兰、澳大利亚。**

［目　文］　在新西兰访问期间，刘奇葆在惠灵顿会见了新西兰总理、国家党领袖约翰·基。出席了《魅力新西兰》开播暨《魅力中国》开拍、2016新西兰中国电影周开幕式，“美丽中国”图片暨中国主题图书巡回展开幕式等活动。

在澳大利亚访问期间，刘奇葆会见了澳大利亚总督科斯格罗夫；与澳大利亚汉学家座谈，深入了解澳汉学发展情况，听取汉学家意见建议，希望他们与中国学者和研究机构加强交流，为深化两国人民友谊、推动国际汉学研究发展作出新贡献；出席了中澳媒体合作项目签约仪式。

5月24—30日

［纲　文］　**国务委员兼国防部部长常万全应邀赴老挝、孟加拉国进行正式友好访**

问，并出席在老挝举行的第六次中国—东盟国防部长非正式会晤。

［目　文］　25日，第六次中国—东盟国防部长非正式会晤在老挝万象举行。常万全与东盟10国防务领导人在坦诚、友好的气氛中，就加强防务合作、地区局势等问题深入交换意见，达成重要共识。关于南海问题，多数国家对此态度客观，表示应由当事国通过和平谈判的方式解决争端，愿加强沟通协调对话，共同维护南海和平稳定。常万全对有关国家提出的南海仲裁案及航行自由等问题作出回应，表明了中方严正立场。在主旨发言中提出三点建议：一是在南海海域举行中国—东盟海上联合演练。2017年第二季度，中国与东盟国家军队在中国湛江及其外海举行海上意外相遇规则、海上搜救和救灾联合演练。二是加强中国—东盟防务部门反恐合作。双方继续开展在情报信息共享、反恐联合演练等领域合作，不断提高应对恐怖主义的能力。三是推动中国南部战区与东南亚国家军队的交流合作。中国南部战区与东盟国家陆海相连，愿加强与各国在边防、海防、反恐、海上安全等领域务实合作。

会晤期间，常万全分别会见了泰国、缅甸、印度尼西亚国防部部长。

26日，老挝人民革命党总书记、国家主席本扬在万象会见常万全。常万全就南海问题阐述了中方的立场和主张。本扬表示，有关争议通过和平协商解决有利于地区和平稳定。老方坚定支持中方维护国家核心利益的主张。

常万全在访问孟加拉国期间，在达卡分别会见孟加拉国总统哈米德、总理哈西娜时说，中方愿与包括孟方在内的有关国家一道，积极推进"一带一路"和孟中印缅经济走廊建设，为各国人民带来实实在在的发展利益，促进地区和平与稳定。中国军队愿与孟军一道，认真落实两国领导人达成的重要共识，加强友好合作，为两国关系发展提供坚强支撑和保障。常万全还就南海问题阐述了中方立场和主张。

哈米德表示，孟方坚定支持中方在南海问题上的立场，认为有关争议应由当事方直接协商解决。哈西娜表示，孟方认为有关争议应通过当事方双边谈判解决，第三方不应指手画脚。

访孟期间，常万全还分别会见了孟陆军参谋长贝拉尔、海军参谋长尼扎姆丁及空军参谋长艾斯拉尔。

5月25日

［纲　文］　**国务院医改办、卫生计生委、发展改革委、民政部、财政部、人力资源社会保障部、中医药局印发《关于推进家庭医生签约服务的指导意见》。**

［目　文］　《意见》由八个部分组成：一、总体要求。二、明确签约服务主体。三、优化签约服务内涵。四、健全签约服务收付费机制。五、建立签约服务激励机制。六、加强签约服务绩效考核。七、强化签约服务技术支撑。八、组织实施。

5月25日

［纲　文］　**最高人民法院、中国证券监督管理委员会印发《关于在全国部分地区开**

展证券期货纠纷多元化解机制试点工作的通知》。

［目　文］《通知》的主要内容有：一、工作目标。二、工作原则。三、试点工作主要内容。四、工作要求。

5月25日

［纲　文］**人力资源社会保障部发布《关于“先照后证”改革后加强人力资源市场事中事后监管的意见》**。

［目　文］《意见》由五个部分组成：一、依法规范实施人力资源市场行政许可。二、创新事中事后监管方式。三、强化日常监督检查。四、加强市场监管基础建设。五、积极推进社会协同共治。

5月25日

［纲　文］**邮政局、民政部发布《赈灾包裹寄递服务和安全管理规定》，自2016年5月25日起施行**。

5月25日

［纲　文］**教育系统在北京召开学习贯彻习近平总书记在哲学社会科学工作座谈会上重要讲话精神座谈会**。

［目　文］国务院副总理刘延东出席会议并讲话，强调要深入学习贯彻习近平总书记重要讲话精神，积极完善学科体系、教材体系、学术体系、话语体系和人才培养体系，提高高校哲学社会科学学术水准和影响力，为加快构建中国特色哲学社会科学、培养社会主义合格建设者接班人提供支撑。高校作为我国哲学社会科学的一支主力军和重要阵地，要深刻领会习近平总书记重要讲话的丰富内涵，把握核心要义，切实增强做好哲学社会科学工作的思想自觉和行动自觉。要高举旗帜、引领方向，坚持和巩固马克思主义在高校哲学社会科学领域的指导地位。要实施以育人育才为中心的哲学社会科学整体发展战略，加强教材建设，构筑学生、学术、学科一体的综合发展体系。要深化科研管理体制改革，发挥高校人才、智力和学科优势，提升学术原创能力，激发创新创造活力，建设中国特色新型高校智库。要以人为本，从人抓起，积极实施人才工程，构建种类齐全、梯队衔接的高校哲学社会科学人才体系。要加强组织领导、做好统筹规划、营造良好学术生态，形成统筹推进高校哲学社会科学发展新格局。

5月25日

［纲　文］**国务院副总理刘延东在北京会见法国参议员、里昂市长科隆**。

5月25日

［纲　文］**国务委员杨洁篪同欧盟外交和安全政策高级代表莫盖里尼通电话**。

［目　文］杨洁篪表示，希望双方充分利用领导人会晤等机制，推动中欧关系进一步发展。二十国集团是国际经济合作主要论坛，在全球经济治理中发挥着不可替代的作用。在当前世界经济形势下，举办成功和富有成果的二十国集团杭州峰会，是各方共同期待，符合各方共同利益。目前杭州峰会筹备工作已取得重要进展。中方愿与欧方加强沟通

协调，确保峰会在推动二十国集团制定创新增长蓝图等方面取得积极成果。

莫盖里尼表示，欧方愿与中方密切合作，推动2016年欧中领导人会晤取得积极成果，确保二十国集团杭州峰会取得成功。

5月25日

［纲　文］　**外交部发言人表示，上海合作组织支持中国在南海问题上的立场，体现了国际社会的客观公正意见。**

［目　文］　有记者问，上合组织成员国外交部长理事会会议24日发表新闻公报，支持中国在南海问题上的立场。中方对此有何评论？

发言人说，上合组织是重要地区组织，自成立以来，为维护和保障地区的和平、安全与稳定，建立民主、公正、合理的国际政治经济新秩序作出了重要贡献。当前，菲律宾南海仲裁案已成为影响南海和平稳定、损害地区海洋秩序的突出因素。该案无视南海问题的基本事实，以“法治”之名行破坏法治之实，是任何负责任的国家和组织都不能接受的。我们认为，上合组织的有关立场合乎时宜，体现了国际社会对有关问题的客观公正意见，符合中国和有关国家已达成的处理南海问题的双边和地区共识，符合各国通过谈判协商解决争议的普遍国际实践，展现了真正的国际法治精神。

有记者问，据个别媒体称，在南海问题上支持中国的都是小国穷国。而菲律宾依靠的是日本、美国等大国以及受尊敬的欧盟、七国集团等组织。中方对此有何回应？

发言人说，这篇报道充满了一些西方媒体一贯的傲慢、偏见和势利。中方认为，国家无论大小贫富一律平等，都应受到尊敬。这篇文章却以国家大小贫富来评判是非曲直，实在荒谬无知。是非自有曲直，公道自在人心。我之前讲过，任何不抱私利、了解南海问题历史经纬的国家都会理解和支持中方在南海问题上的正义立场，事实上，越来越多的国家和组织或在公开场合或通过双边渠道表示理解和支持中国与有关国家根据双边协议和地区共识通过谈判协商解决南海有关争议及维护南海和平稳定的努力。就在昨天，上合组织外长会议新闻公报中明确表明了这一立场。上合组织秘书长也专门发表了声明。

有记者问，据报道，针对有中国媒体称美国拉拢地区国家遏制中国可能使南海局势复杂化、引爆地区冲突火药桶，美国国务卿克里24日称，中国在东海和南海的举动才可能引爆火药桶，希望中方谨慎采取单方面填海造地和岛礁军事化行为。中方对此有何回应？

发言人指出，美国于2010年开始实行“亚太再平衡”战略，菲律宾2012年挑起黄岩岛事件、2013年1月单方面提起南海仲裁案，而中国岛礁建设是2013年底才开始的。而且，不同于其他国家在非法侵占的中国岛礁上建设，中国是最后一个而且是在自己的岛礁上进行建设的。中国所采取的行动完全是自己主权范围内的事情，理直气壮，完全是为了维护自己的主权和正当合法权益不受损害。美方不断加强在南海军力部署，派先进舰机对中国持续进行高频度抵近军事侦察，并且一再诱压盟国或伙伴在南海搞针对性极强的“联合军演”和“联合巡航”，这才是军事化，这才是火药桶。美国在世界各地已经制造了不少麻烦。

5月25日

［纲　文］　**著名作家、翻译家、中国社会科学院荣誉学部委员、外国文学研究所研究员杨绛在北京逝世，享年105岁。**

5月25—29日

［纲　文］　**中国大数据产业峰会暨中国电子商务创新发展峰会在贵阳召开。**

［目　文］　峰会由发展改革委、工业和信息化部、商务部、中央网信办、贵州省人民政府主办，以“大数据开启智能时代”为主题。国务院总理李克强出席开幕式并致辞。国内外大数据领域众多知名企业展示了大数据产业发展成果，共同探讨大数据领域未来趋势，2万余名海内外嘉宾与会。李克强在致辞中说，当今世界，信息化浪潮席卷全球，大数据、云计算、物联网等蓬勃发展，使互联网时代迈上一个新台阶。今天的中国要把握住世界科技革命的历史机遇，按照创新、协调、绿色、开放、共享的发展理念，加快创新型国家建设，着力推进结构性改革尤其是供给侧结构性改革，推动信息化与实体经济深度融合发展，不断提升全要素生产率，努力保持经济中高速增长、迈向中高端水平。

24日，李克强在贵阳同出席峰会的国内外业界人士举行对话会。来自业界的中外知名企业家、大数据领域专家学者以及高校、研究机构、传媒界等代表100余人出席。与会者围绕“以大数据引领创新驱动，推动实体经济转型升级”的主题，分别就大数据产业创新合作与可持续发展、先进智能制造、人才和技能培养、分享经济等作了发言。

李克强表示，当前中国经济正处于转型升级的关键阶段。大数据、云计算等前沿技术和分享经济的蓬勃发展，有利于发展新经济、培育新动能。我们将推动大数据、“互联网+”等同制造业相融合，改造和提升传统产业，促进中国经济转型升级，保持中高速增长，迈向中高端水平。中国经济的新旧动能转换，需要更多发挥人力资源优势，大力提倡工匠精神，培养大量既熟悉新经济又掌握传统产业技能的人才，创造更多适应市场和消费者需求的产品。推动大众创业、万众创新，为不断涌现的成长型企业创造平等竞争的环境。对于新生事物要给予充分的发展空间，同时做好监管和规范工作，使其在公平竞争中不断发展完善。中国正在推进新一轮更高水平的对外开放。我们注重保护知识产权，尊重和保护商业秘密，加强网络安全，致力于为在国内注册的内外资企业营造一视同仁的营商环境。中国东西部发展还很不平衡，中西部地区蕴含巨大的发展潜力和投资机遇。欢迎外国企业继续在华拓展业务，特别是到中西部地区投资兴业，共创共享发展机遇，更好实现互利共赢。

5月26日

［纲　文］　**国家主席习近平和法国总统奥朗德分别向首届中法文化论坛致贺信。**

［目　文］　习近平在贺信中说，中法两国都是拥有悠久文明历史和深厚文化底蕴的国家。中法虽然远隔万里，但两国独具特色和丰富多彩的文化使两国人民相互吸引，对彼此文化精华由衷欣赏。中法文化相互交流、相互促进，不仅为推动两国人民友好往来注入

强劲动力，也为促进东西方文化交流互鉴和世界文明多样性发挥了重要作用。首届中法文化论坛以“‘一带一路’：文明的对话与融合”为主题，传承丝路精神，有利于深化中法文化交流。希望中法文化论坛能够成为促进中法两国人民心灵相通、借鉴对方文化优长的一个重要平台，共同谱写中法文化交流合作新篇章。

奥朗德在贺信中表示，法中关系在各个领域不断巩固与丰富，文化在两国关系中始终占据特殊地位，应鼓励双方加强文化交流，增进相互理解，扩大共同利益。此次论坛体现了中方对法国文化及两国交流的重视，法方全力支持举办此次论坛。

25—27 日，首届中法文化论坛在北京举行，论坛由欧美同学会主办。中法文化艺术领域人士出席，通过了《中法文化论坛北京宣言》。

5 月 26 日

［纲　文］　**国家主席习近平、国务院总理李克强就斯里兰卡洪灾和山体滑坡分别向斯里兰卡总统西里塞纳、总理维克勒马辛哈致慰问电。**

5 月 26 日

［纲　文］　**俞正声主持召开全国政协第四十四次主席会议。**

［目　文］　全国政协副主席杜青林、韩启德、万钢、林文漪、罗富和、何厚铧、李海峰、陈元、卢展工、周小川、王家瑞、王正伟、马飚、齐续春、马培华、刘晓峰、王钦敏出席会议。

会议审议通过了政协第十二届全国委员会常务委员会第十六次会议议程（草案）和日程，听取了《中共中央办公厅关于加强人民政协协商民主建设的实施意见》贯彻落实情况的汇报，审议了有关人事事项。

5 月 26 日

［纲　文］　**国务院办公厅印发《关于开展消费品工业“三品”专项行动营造良好市场环境的若干意见》。**

［目　文］　《意见》由三个部分组成：一、总体要求。二、主要任务。三、保障措施。《意见》强调，促进消费品工业升级，发挥消费对经济发展和产业转型的关键作用，是推进结构性改革尤其是供给侧结构性改革、扩大内需的重要举措。各地区、各有关部门要结合实际制定具体方案，着力完善政策，充分发挥市场机制作用，围绕消费者多样化需求，推动消费品工业增品种、提品质、创品牌，营造良好市场环境。工业和信息化部要会同有关部门对本意见的落实情况进行跟踪分析和监督检查，认真总结和推广经验，重大事项及时向国务院报告。

5 月 26 日

［纲　文］　**国务院办公厅印发《药品上市许可持有人制度试点方案》。**

［目　文］　《方案》由九个部分组成：一、试点内容。二、试点药品范围。三、申请人和持有人条件。四、受托生产企业条件。五、申请人和持有人的义务与责任。六、受托生产企业的义务与责任。七、持有人的申请。八、监督管理。九、其他。本方案自 2016

年5月26日起，实施至2018年11月4日。

《方案》明确在北京、天津、河北、上海、江苏、浙江、福建、山东、广东、四川等10个省（市）开展药品上市许可持有人制度试点。

5月26日

［纲　文］　**最高人民法院印发《关于充分发挥审判职能作用为推进生态文明建设与绿色发展提供司法服务和保障的意见》。**

［目　文］　《意见》的主要内容有：一、准确把握人民法院服务、保障生态文明建设与绿色发展的基本理念和总体要求。二、依法审理涉环境污染防治和生态保护案件，切实维护人民群众的环境权益。三、依法审理涉自然资源开发利用案件，保障自然资源和生态环境安全。四、积极探索气候变化司法应对举措，推动构建国家气候变化应对治理体系。五、依法审理各类生态环境损害赔偿诉讼案件，有效维护环境公共利益和国家所有者权益。六、构建协同审判机制，充分发挥环境资源审判整体合力。七、强化组织保障措施，不断提升人民法院司法公信力。

5月26日

［纲　文］　**财政部、安全监管总局发布《安全生产预防及应急专项资金管理办法》，自2016年5月26日起施行。**

5月26日

［纲　文］　**保监会、国务院扶贫办印发《关于做好保险业助推脱贫攻坚工作的意见》。**

［目　文］　《意见》由五个部分组成：一、总体要求。二、精准对接脱贫攻坚多元化的保险需求。三、充分发挥保险机构助推脱贫攻坚主体作用。四、完善精准扶贫保险支持保障措施。五、完善脱贫攻坚保险服务工作机制。

5月26日

［纲　文］　**工业和信息化部公布《关于废止10件规章的决定》。**

［目　文］　《决定》废止《使用国际海事卫星系统陆地移动业务管理暂行规定》等10件规章，自2016年5月26日起施行。

5月26日

［纲　文］　**工业和信息化部公布《电信用户申诉处理办法》。**

［目　文］　《办法》共6章28条，主要有总则、受理、办理、调解、调查、附则等内容，自2016年7月30日起施行。原信息产业部2001年1月11日公布的《电信用户申诉处理暂行办法》（原信息产业部令第7号）同时废止。

5月26日

［纲　文］　**工业和信息化部公布《烟草专卖品准运证管理办法》。**

［目　文］　《办法》共6章38条，主要有总则、烟草专卖品准运证的签发、烟草专卖品准运证申请条件和办理程序、监督管理、罚则、附则等内容，自2016年7月20日起

施行。原国家经济贸易委员会2002年6月4日公布的《烟草专卖品准运证管理办法》同时废止。

5月26日

［纲　文］　**工业和信息化部公布《烟草专卖许可证管理办法》。**

［目　文］　《办法》共7章66条，主要有总则、申请与受理、审批与发放、烟草专卖许可证的使用、监督管理、法律责任、附则等内容，自2016年7月20日起施行。

5月26日

［纲　文］　**住房城乡建设部、能源局发布《关于推进电力管线纳入城市地下综合管廊的意见》。**

［目　文］　《意见》由六个部分组成：一、充分认识电力管线入廊的重要意义。二、统筹管廊电网规划及年度建设计划。三、明确工程标准。四、加强入廊管理。五、实行有偿使用。六、落实保障措施。

5月26日

［纲　文］　**范长龙在吉林敦化哈尔巴岭，视察日本遗弃在华化学武器挖掘销毁作业现场。**

［目　文］　中央军委副主席范长龙了解设施情况和作业流程，检查安全管理工作，慰问正在实施作业的中方人员并强调，要敦促日方加大投入、加快销毁作业进度，早日还中国人民一片净土。日本军国主义侵略者在侵华战争期间公然违反国际法，大规模使用化学武器，战败后将大量化学武器遗弃在我国境内，至今仍严重威胁和危害着我国人民生命财产和生态环境安全。几十年来，为清除日遗化武毒害，我各有关部门和专业队伍做了大量艰苦细致的工作。下一步要按照《禁止化学武器公约》和中日两国政府签署的备忘录明确的义务，督促日方加快挖掘回收和销毁进程。范长龙强调，要高度重视安全管理，加强组织领导，科学论证技术方案，严格遵守操作规程，完善应急预案，确保处理日遗化武工作安全顺利进行。

中国18个省区市90多个地点发现日遗化武。其中哈尔巴岭是已发现的最大埋藏点，约埋有日遗化武33万枚，该处销毁工作计划于2022年完成。

5月26日

［纲　文］　**全国政协主席俞正声在北京会见泰国立法议会主席蓬贝。**

［目　文］　俞正声表示，中泰关系密切，两国各领域合作不断取得新进展。中方愿同泰方共同努力，积极推进两国重大发展战略和重大建设项目的对接，在“一带一路”建设和泰国交通运输基础设施发展战略上加强合作。深化人文交流，加强在地方和国际事务中的协调与配合，加强相互理解和支持，推动中泰友好互利合作迈上新台阶。俞正声向蓬贝介绍了中方在南海问题上的立场，并表示中方一贯重视泰方在东盟内的重要影响。

蓬贝表示，泰国立法议会支持泰中友好，泰方愿积极参与“一带一路”建设，希望维护地区和平稳定，支持中方通过协商解决分歧。

27日，全国人大常委会委员长张德江在北京会见蓬贝时说，中泰两国是亲密友好邻邦和可信赖的合作伙伴。双方应牢牢把握中泰友好大局不动摇，积极促进两国各领域合作，在涉及对方关切的重大问题上继续相互理解和支持，推动中泰友好与互利合作取得新的更大发展。中国全国人大愿与泰国立法议会继续开展形式多样的交流，密切在国际和地区议会组织中的沟通与协调，共同推动中泰全面战略合作伙伴关系更上一层楼。

蓬贝说，两国立法机关关系密切，有力推动了两国之间以及两国民众间的友好关系。泰国立法议会愿继续加强与中国全国人大的交流与合作，为促进两国各领域合作，推动中国与东盟关系发展发挥积极作用。

5月26日

［纲　文］ **外交部发言人表示，中方赞赏瓦努阿图、莱索托和巴勒斯坦政府在南海问题上秉持公义立场。**

［目　文］ 发言人说，瓦努阿图政府25日发布总理府声明，表示瓦努阿图完全理解和支持中国在南海问题上的主张。莱索托王国也发表关于南海局势声明，呼吁由直接当事方根据双边协议和《南海各方行为宣言》通过友好协商谈判和平解决南海有关领土和海洋权益争议。主权国家和公约缔约国自行选择争端解决方式的权利必须得到尊重和遵守。巴勒斯坦总统府秘书长塔伊布接受采访时称，中方在南海问题上的相关言行充分证明，中国作为负责任大国，决不会侵犯他国利益。有关中国试图谋求地区霸权的指责纯属无稽之谈。

就英国首相卡梅伦25日称，中方应该遵守海牙仲裁庭裁决结果。发言人表示，关于南海仲裁案的问题，中方近期已经多次表明了有关立场。从一开始这个仲裁庭就不应该成立。中菲南海争议的核心和实质是领土及海洋划界问题，这不适用于《联合国海洋法公约》有关强制争端解决程序。对于这样一个非法、无效的仲裁庭所作出来的任何结果，中方当然不会接受或者承认，中方的这一立场是非常明确的。

就欧洲理事会主席图斯克26日称七国集团应就南海争议发表明确声明。

发言人指出，的确有那么几个国家对于利用七国集团来做一些事情比较兴奋和执着。南海问题与七国集团及其成员没有任何关系。中方坚决反对个别国家出于一己私利炒作南海问题。七国集团应该集中精力，处理好自己集团内部的事情，而不是对其他国家和不该管的事情指手画脚，变成个别国家体现存在感的秀场。

5月26日

［纲　文］ **环境保护部部长陈吉宁率团在内罗毕出席第二届联合国环境大会高级别会议。**

［目　文］ 陈吉宁率领由外交部、环境保护部和常驻环境署代表处人员组成的中国政府代表团参会并就中国落实2030年可持续发展议程环境目标相关情况作主题发言。来自173个国家、20多个国际组织和非政府组织的近2000名代表出席会议。

同日，由中国环境保护部、联合国环境规划署共同举办的《可持续发展多重途径》和

《绿水青山就是金山银山：中国生态文明战略与行动》报告发布会在内罗毕联合国环境规划署总部召开，陈吉宁、联合国环境规划署执行主任施泰纳出席发布会并分别致辞。

5月26日—6月3日

［纲　文］　**全国人大常委会副委员长、中国国际交流协会副会长吉炳轩应邀访问阿尔巴尼亚、拉脱维亚、加拿大。**

5月26日—6月2日

［纲　文］　**2016中国国际摄影艺术节暨中国第16届国际摄影艺术展览在郑州举办。**

［目　文］　艺术展由中国摄影家协会、郑州市人民政府主办，以“从东方出发”为主题。共从88个国家和地区征集了11万余幅作品，经国内外专家评选，共展出4719幅作品。本次活动既囊括了国际知名摄影师艾万特罗·德伊塞腊、让·克里斯蒂安·布卡尔等人的精品，也有中国摄影名家朱宪民、李刚及新华社青年摄影记者的作品。活动还特别设置了“外国人眼中的中国”“文明郑州”“聚焦儿童”“烽火岁月 红色少年”等主题展，通过风格突出、题材多样的摄影作品，讲好中国故事的同时，也着眼于儿童成长等全人类共同的话题。

5月27日

［纲　文］　**中共中央政治局召开会议。**

［目　文］　中共中央总书记习近平主持会议。会议的主要内容是研究部署规划建设北京城市副中心和进一步推动京津冀协同发展有关工作。

会议强调，在党中央、国务院领导下，北京、天津、河北三省市和有关部门密切配合，专家咨询委员会充分发挥作用，贯彻落实《京津冀协同发展规划纲要》，务实推进重点工作，交通、生态、产业3个重点领域率先突破取得重要进展，北京非首都功能疏解工作有力有序有效开展，京津冀良性互动取得成效，协同发展实现了良好开局。建设北京城市副中心，不仅是调整北京空间格局、治理大城市病、拓展发展新空间的需要，也是推动京津冀协同发展、探索人口经济密集地区优化开发模式的需要。要遵循城市发展规律，牢固树立并贯彻落实创新、协调、绿色、开放、共享的发展理念，坚持世界眼光、国际标准、中国特色、高点定位，以创造历史、追求艺术的精神进行北京城市副中心的规划设计建设，构建蓝绿交织、清新明亮、水城共融、多组团集约紧凑发展的生态城市布局，着力打造国际一流和谐宜居之都示范区、新型城镇化示范区、京津冀区域协同发展示范区。要坚持以人民为中心的发展思想，坚持人民城市为人民，从广大市民需要出发。要广泛应用世界先进节能环保技术、标准、材料、工艺，建成绿色城市、森林城市、海绵城市、智慧城市。要坚持统筹规划生产、生活、生态空间布局，使工作、居住、休闲、交通、教育、医疗等有机衔接、便利快捷。要充分体现中华元素、文化基因，也要借鉴其他文化特色。要坚持先规划后建设的原则，把握好城市定位，把每一寸土地都规划得清清楚楚后再开工建设。要划定好大的空间格局，注重开发强度管控，实现城市开发边界和生态红线“两线合一”。要提升城市形态，有更多开敞空间，体现绿色低碳智能、宜居宜业特点。要创新体制机制和政策，制定配套政策。规划建设北京城市副中心，疏解北京非首都功能、推动京津冀协同发展是历史性工程，必须一件一件事去做，一茬接一茬地干，发扬工匠精神，精心推进，不留历史遗憾。

5月27日

［纲　文］　**习近平主持中共中央政治局第32次集体学习。**

［目　文］　本次学习的主题是我国人口老龄化的形势和对策。徐绍史、尹蔚民、李斌分别就我国人口老龄化形势、加强和改进老龄工作、促进老龄事业发展谈了意见和建议。中央政治局委员听取了他们的发言，并就有关问题进行了讨论。

中共中央总书记习近平在主持学习时强调，人口老龄化是世界性问题，对人类社会产生的影响是深刻持久的。我国是世界上人口老龄化程度比较高的国家之一，老年人口数量最多，老龄化速度最快，应对人口老龄化任务最重。满足数量庞大的老年群众多方面需求、妥善解决人口老龄化带来的社会问题，事关国家发展全局，事关百姓福祉，需要我们下大气力来应对。要着力增强全社会积极应对人口老龄化的思想观念。要积极看待老龄社会，积极看待老年人和老年生活，老年是人的生命的重要阶段，是仍然可以有作为、有进步、有快乐的重要人生阶段。要着力完善老龄政策制度。要加强老龄科学研究，借鉴国际有益经验，搞好顶层设计，不断完善老年人家庭赡养和扶养、社会救助、社会福利、社会优待、宜居环境、社会参与等政策，增强政策制度的针对性、协调性、系统性。要着力发展养老服务业和老龄产业。我国老年群体数量庞大，老年人用品和服务需求巨大，老龄服务事业和产业发展空间十分广阔。要积极发展养老服务业，推进养老服务业制度、标准、设施、人才队伍建设，构建居家为基础、社区为依托、机构为补充、医养相结合的养老服务体系，更好满足老年人养老服务需求。要着力发挥老年人积极作用。要发挥老年人优良品行在家庭教育中的潜移默化作用和对社会成员的言传身教作用，发挥老年人在化解社会矛盾、维护社会稳定中的经验优势和威望优势，发挥老年人对年轻人的传帮带作用。要着力健全老龄工作体制机制。要适应时代要求创新思路，推动老龄工作向主动应对转变，向统筹协调转变，向加强人们全生命周期养老准备转变，向同时注重老年人物质文化需求、全面提升老年人生活质量转变。要完善党委统一领导、政府依法行政、部门密切配合、群团组织积极参与、上下左右协同联动的老龄工作机制，形成老龄工作大格局。要保证城乡社区老龄工作有人抓、老年人事情有人管、老年人困难有人帮。要健全社会参与机制，发挥有关社会组织作用，发展为老志愿服务和慈善事业。

5月27日

［纲　文］　**工商总局、税务总局发布《关于清理长期停业未经营企业工作有关问题的通知》。**

［目　文］　《通知》由两个部分组成，一、清理工作的对象和方式。二、清理工作的要求。

《通知》强调，各地要深刻认识做好清理工作的重要意义，制定具体方案，精心组织，周密实施。要注重加强业务培训工作，确保清理工作公平规范开展。要建立有效的宣传工作机制，通过多种方式加大对社会公众的宣传力度，争取社会各界更多的理解和支持，引导企业承担责任，强化社会监督。

5月27日

［纲　文］　**税务总局发布《促进残疾人就业增值税优惠政策管理办法》，自2016年5月1日起施行。**

5月27日

［纲　文］　**国土资源部发布《已废止或者失效的规范性文件目录》。**

［目　文］　《目录》包括《关于印发〈城镇地籍调查成果检查验收表办法（试行）〉的通知》《关于印发〈日常地籍管理办法（农村部分）（试行）〉的通知》等315件文件。

5月27日

［纲　文］　**粮食局公布《废止的政策性文件目录》。**

［目　文］　《目录》包括《国家粮食局关于切实做好受灾群众口粮供应工作的通知》《国家粮食局关于推广四川省做好退耕还林粮食供应工作经验的通知》等13件政策性文件。

5月27日

［纲　文］　**2016"创响中国"巡回接力首站活动暨2016中国创新创业成果交易会启动仪式在广州举办。**

［目　文］　活动由国家发展改革委、中国科协、中国工程院、九三学社中央、广东省人民政府、广州市人民政府主办，广州市人民政府承办。国家发展改革委副主任林念修出席启动仪式并致辞。中国工程院院长周济，中国科协党组书记、常务副主席、书记处第一书记尚勇，广东省委副书记、省长朱小丹，九三学社中央副主席赖明等出席活动启动仪式。

"创响中国"巡回接力首站活动与创交会活动，是落实国家创新驱动发展战略，通过全国双创示范基地持续开展"创响中国"巡回接力活动，集中展示各地近年来双创活动的主要成果，持续营造浓厚双创氛围，打造双创热点，传播双创理念，释放全民创业创新潜能，激发全社会双创活力。重庆、沈阳、长沙、郑州、北京、杭州、合肥、成都、武汉等17个区域性"全国双创示范基地"巡回开展。巡回活动要求参与活动的全国双创示范基地开展"五个一"系列活动，即一次政策宣讲、一次创业培训、一次创业沙龙、一次创意设计和一系列自选活动。鼓励承办单位在确保实际效果的前提下，以更加灵活、开放的形式开展相关活动。

5月28日

［纲　文］　**国务院印发《土壤污染防治行动计划》。**

［目　文］　《计划》由十个部分组成：一、开展土壤污染调查，掌握土壤环境质量状况。二、推进土壤污染防治立法，建立健全法规标准体系。三、实施农用地分类管理，

保障农业生产环境安全。四、实施建设用地准入管理，防范人居环境风险。五、强化未污染土壤保护，严控新增土壤污染。六、加强污染源监管，做好土壤污染预防工作。七、开展污染治理与修复，改善区域土壤环境质量。八、加大科技研发力度，推动环境保护产业发展。九、发挥政府主导作用，构建土壤环境治理体系。十、加强目标考核，严格责任追究。

《计划》强调，我国正处于全面建成小康社会决胜阶段，提高环境质量是人民群众的热切期盼，土壤污染防治任务艰巨。各地区、各有关部门要认清形势，坚定信心，狠抓落实，切实加强污染治理和生态保护，如期实现全国土壤污染防治目标，确保生态环境质量得到改善、各类自然生态系统安全稳定，为建设美丽中国、实现“两个一百年”奋斗目标和中华民族伟大复兴的中国梦作出贡献。

5月28日

［纲　文］　**中央政法委员会原委员、秘书长，中央社会治安综合治理委员会原委员、办公室主任束怀德在北京逝世，享年84岁。**

5月29日

［纲　文］　**《习近平关于深化国防和军队改革重要论述摘编》印发部队，中央军委政治工作部通知要求全军和武警部队认真组织学习。**

［目　文］　《摘编》摘自习近平2012年11月至2015年11月期间的讲话、批示等文献。

中央军委政治工作部下发通知指出，认真学好用好《摘编》，对于深入学习贯彻习主席系列重要讲话精神特别是国防和军队建设重要论述，进一步凝聚拥护支持改革的意志力量，为改革强军提供坚强思想保证和强大精神动力，具有十分重要的意义。各级要以高度的政治自觉和强烈的政治责任感，把学习贯彻习主席国防和军队建设重要论述作为一项重要政治任务，不断激发学习贯彻的热情动力，引导广大官兵在系统学习、领悟要义、看齐运用上下功夫，真正做到坚定信心、凝聚意志，统一思想、统一行动，自觉拥护改革、支持改革、投身改革。要把《摘编》作为党委中心组学习、部队思想政治教育和院校政治理论课教学的基本教材，有计划地组织学习。要针对官兵认知特点，用官兵听得进的话语、喜闻乐见的形式，把理论讲生动讲明白，在潜移默化中入心入脑。要围绕官兵关注的热点问题搞好阐释解读、答疑解惑，帮助官兵深化理解。军队新闻媒体要加大宣传力度，不断浓厚学习氛围。

5月29日

［纲　文］　**税务总局发布《全文失效废止的税收规范性文件目录》。**

［目　文］　《目录》包括《国家税务局关于贯彻国务院国发〔1989〕10号文件有关税收问题的通知》《国家税务局对〈关于高校征免房产税、土地使用税的请示〉的批复》等120件文件。

5月29日

［纲　文］　**税务总局发布《部分条款废止的税收规范性文件目录》。**

［目　文］　《目录》包括《国家税务局关于印发〈关于土地使用税若干具体问题的补充规定〉的通知》（废止第十条）、《国家税务总局关于印发〈消费税征收范围注释〉的通知》（废止《消费税征收范围注释》第二条第六款、第九条）等10件文件。

5月29日

［纲　文］　**税务总局公布《全文废止的税务部门规章目录》。**

［目　文］　《目录》包括：《资源税若干问题的规定》《出口货物退（免）税管理办法》《个人所得税代扣代缴暂行办法》《个人所得税自行纳税申报暂行办法》。

5月29日

［纲　文］　**税务总局公布《部分条款废止的税务部门规章目录》。**

［目　文］　《目录》包括《征收个人所得税若干问题的规定》（废止第十二条所附税率表一、税率表二，第十三条，第十五条）等6件部门规章。

5月29日—6月2日

［纲　文］　**应国家主席习近平邀请，多哥共和国总统福雷对中国进行国事访问。**

［目　文］　访问期间，习近平在北京同福雷举行会谈，两国元首同意以推动落实中非合作论坛约翰内斯堡峰会成果为契机，促进双边关系再上新台阶，给两国人民带来更多实惠并见证了外交、经济技术、基础设施建设等领域双边合作文件的签署。国务院总理李克强、全国人大常委会委员长张德江在北京分别会见了福雷。

习近平在会谈时强调，中多双方要加强政治互信，保持高层交往势头，密切政府、政党、立法机构、地方等友好往来。双方应发挥政治、经贸等磋商协调机制作用，加强政策沟通和对双边合作的规划指导，推动各领域合作深入发展。中方愿鼓励中国企业和金融机构以多种形式支持多哥基础设施项目建设，支持多方建立自主可持续发展的工业体系。中方愿以中国援建的农业技术示范中心为依托，同多方开展粮食种植、农渔生产、产品加工等领域互利合作，帮助多方提高农业附加值，增加农民收入。中方愿同多方加强打击几内亚湾海盗和跨国有组织犯罪等安全领域合作，帮助多方增强国防和维稳能力建设。中国和非洲历来是休戚与共的命运共同体。发展同非洲国家的团结合作，始终是中国外交政策的基石。

福雷表示，欢迎更多中国企业加大对多哥投资，参与多哥经济和社会建设，多方将为此提供良好的政策和法律环境。多哥高度评价中国在国际事务中发挥的重要作用，赞赏中方“一带一路”倡议，愿同中方共同努力积极落实中非合作论坛约翰内斯堡峰会成果。

李克强在会见福雷时表示，中方愿同多方发挥各自优势，积极推进交通基础设施建设、港口建设运营、矿产等领域务实合作，大力推进非洲高速铁路网、高速公路网、区域航空网以及工业化“三网一化”建设，实现互利共赢，共同发展。

福雷表示，中方提出的“三网一化”等重大合作举措正在得到落实，并已取得实实在在的成果。多方愿抓住两国以及非中友好合作的历史机遇，发挥自身区位优势，改善营商环境，加强多中基础设施建设、港口物流、矿产资源、减贫等领域合作，推动非中共同发展。

张德江在会见福雷时说，中国全国人大愿进一步发展同多哥国民议会友好关系，发挥议员友好小组的作用，加强在发展经验等领域交流，为推进各领域合作提供良好的法律保障。

福雷说，多哥愿借鉴中国发展经验，加强同中方合作，推动落实中非合作论坛约翰内斯堡峰会成果。

5月30日

［纲　文］　**全国科技创新大会、中国科学院第十八次院士大会和中国工程院第十三次院士大会、中国科学技术协会第九次全国代表大会在北京召开。**

［目　文］　习近平出席会议并讲话。李克强主持大会。张德江、俞正声、刘云山、王岐山，在京中共中央政治局委员、中央书记处书记，全国人大常委会有关领导同志，国务委员，最高人民法院院长，最高人民检察院检察长，全国政协有关领导同志出席会议。中央和国家机关各部门、各人民团体、中央军委机关各部门、武警部队主要负责人和大会代表，约4000人参加会议。

习近平在题为《为建设世界科技强国而奋斗》的讲话中指出，科技兴则民族兴，科技强则国家强。实现"两个一百年"奋斗目标，实现中华民族伟大复兴的中国梦，必须坚持走中国特色自主创新道路，面向世界科技前沿、面向经济主战场、面向国家重大需求，加快各领域科技创新，掌握全球科技竞争先机。这是我们提出建设世界科技强国的出发点。到2020年时使我国进入创新型国家行列，到2030年时使我国进入创新型国家前列，到中华人民共和国成立100年时使我国成为世界科技强国。

习近平强调，中国科学院、中国工程院是我国科技大师荟萃之地，要发挥好国家高端科技智库功能，组织广大院士围绕事关科技创新发展全局和长远问题，为国家科技决策提供准确、前瞻、及时的建议。中国科协各级组织要坚持为科技工作者服务、为创新驱动发展服务、为提高全民科学素质服务、为党和政府科学决策服务的职责定位，团结引领广大科技工作者积极进军科技创新，组织开展创新争先行动，促进科技繁荣发展，促进科学普及和推广。两院院士和广大科技工作者要发扬我国科技界追求真理、服务国家、造福人民的优良传统，勇担重任，勇攀高峰，当好建设世界科技强国的排头兵。让我们扬起13亿多中国人民对美好生活憧憬的风帆，发动科技创新的强大引擎，让中国这艘航船，向着世界科技强国不断前进，向着中华民族伟大复兴不断前进，向着人类更加美好的未来不断前进。

同日下午，全国科技创新大会、中国科学院第十八次院士大会和中国工程院第十三次院士大会、中国科学技术协会第九次全国代表大会第二次全体会议在北京举行。中央书记处书记刘云山主持会议。李克强发表讲话。李克强说，今天上午，习近平总书记发表了重要讲话，强调要把科技创新放在更重要的位置，提出了建设创新型国家和世界科技强国等方面的明确要求，要认真贯彻落实。创新事关国家前途命运。当前，世界新一轮科技革命和产业变革正孕育兴起和交互影响，创新既是我国实现“双中高”的重要支撑，也是推进供给侧结构性改革的重要内容和培育国际竞争新优势的重要依托。要落实和完善支持创新的政策措施，充分发挥科技创新在全面创新中的引领作用。

31日，中国科学技术协会第九次全国代表大会第三次全体会议举行。中央书记处书记刘云山到会祝贺，代表党中央作了题为《科技工作者要争做创新发展的时代先锋》的祝词。中国工程院院长周济和共青团中央书记处第一书记秦宜智，分别代表科技界和人民团体致贺词。科技工作者代表、中国科学院院士施一公宣读了《关于在科技工作者中开展“创新争先行动”的倡议》。中国科协主席、大会主席团主席韩启德主持会议，代表第八届全国委员会作工作报告，总结回顾过去五年科协工作，对今后五年科协工作提出建议。

同日，全国科技创新大会、两院院士大会第三次全体会议，国务院副总理刘延东出席会议并讲话，强调要加强党对科技工作的领导，明确责任，真抓实干，形成合力，把政策转化为行动，营造良好创新氛围，为建设世界科技强国而努力奋斗。全国政协副主席、科技部部长万钢主持会议，10位代表作大会发言。

6月2日，中国科协第九次全国代表大会闭幕。国家副主席李源潮出席闭幕会议并讲话。全国人大常委会副委员长严隽琪，全国政协副主席韩启德、万钢、林文漪出席闭幕会议，万钢当选中国科协第九届全委会主席。

5月30日

［纲　文］　**国家主席习近平、国务院总理李克强分别同埃及总统塞西、埃及总理伊斯梅尔互致贺电庆祝中埃建交60周年**

［目　文］　习近平在贺电中表示，60年前，中埃两个伟大国家正式建立外交关系。60年来，在中埃双方共同努力下，两国在政治、经贸、人文等诸多领域开展了广泛交流合作，取得了丰硕成果。中埃关系已成为中国同阿拉伯国家、中国同非洲国家及南南关系的典范。展望未来，我们对中埃关系美好前景充满信心。我愿同你携手努力，深化两国全面战略伙伴关系，更好造福两国和两国人民。

塞西在贺电中表示，两国在政治、经济、文化等各领域密切合作，在共同关心的地区和国际问题上保持高水平协调，我们将埃中关系视为埃对外友好关系中最重要、最突出的组成部分。埃中合作关系提升至全面战略伙伴关系水平充分表明，两国领导人和人民决心不断提高合作水平，增进人民福祉，进一步实现两国人民对稳定和发展的期待。

李克强在贺电中说，建交60年来，中埃双方始终相互支持、相互尊重、相互信任，传统友谊历久弥坚。中埃关系已成为中国同阿拉伯国家、中国同非洲国家及南南关系的典范。近年来，中埃关系保持快速发展势头，两国建立了全面战略伙伴关系，各领域合作的广度和深度不断拓展。中方愿同埃方共同努力，不断增进两国传统友谊，深化各领域互利合作，造福于两国和两国人民。

伊斯梅尔在贺电中表示，埃中两国各领域合作历史悠久。我真诚希望两国深厚的友好关系能得到进一步加强，两国政府能够继续密切合作，造福埃中两国人民。祝中国繁荣富强，人民幸福安康。

5月30日

［纲　文］ **习近平给大陈岛老垦荒队员的后代、浙江省台州市椒江区12名小学生的回信。**

［目　文］ 中共中央总书记习近平在信中写道，张婧怡等小朋友：你们好！看了你们的来信，我想起了10年前的大陈岛之行，也想起了当时同你们爷爷奶奶交谈的情景。60年前，你们的爷爷奶奶远离家乡，登上大陈岛垦荒创业，用青春和汗水培育了艰苦创业、奋发图强、无私奉献、开拓创新的垦荒精神。正如你们所说，他们是最可敬的人。请代我向你们的爷爷奶奶、乡亲们问好。你们在信中表示，你们是老垦荒队员的后代，决心牢记爷爷奶奶当年的奋斗精神，好好学习，砥砺品格，长大后报效祖国和人民，我感到很欣慰。希望你们向爷爷奶奶学习，热爱党、热爱祖国、热爱人民，努力成长为有知识、有品德、有作为的新一代建设者，准备着为实现中华民族伟大复兴的中国梦贡献力量。“六一”国际儿童节即将来临，我祝你们节日快乐，祝全国小朋友节日快乐。

大陈岛位于浙江中部台州湾东南海域。1956年，浙江省467名青年志愿者奔赴大陈岛参与垦荒建设。2006年8月29日，时任浙江省委书记的习近平到大陈岛视察，看望岛上的老垦荒队员。2010年4月27日，时任中共中央政治局常委、国家副主席的习近平给大陈岛老垦荒队员回信。近日，台州市椒江区12名小学生以“大陈岛垦荒队员后代”的名义给习近平写信，表达了传承大陈岛垦荒精神，做爱学习、爱劳动、爱祖国好少年的决心。

5月30日

［纲　文］ **国家主席习近平致电祝贺杜特尔特当选菲律宾共和国总统。**

5月30日

［纲　文］ **国务院印发《关于建立完善守信联合激励和失信联合惩戒制度加快推进社会诚信建设的指导意见》。**

［目　文］《意见》由五个部分组成：一、总体要求。二、健全褒扬和激励诚信行为机制。三、健全约束和惩戒失信行为机制。四、构建守信联合激励和失信联合惩戒协同机制。五、加强法规制度和诚信文化建设。

《意见》要求，要进一步完善相关法律法规，建立健全标准规范，加强诚信教育和诚信文化建设，加强组织实施和督促检查。各地区、各有关部门要研究制定具体实施方案，切实加强组织领导，落实工作机构、人员编制、项目经费等必要保障，确保各项联合激励和联合惩戒措施落实到位。鼓励有关地区和部门先行先试，通过签署合作备忘录或出台规范性文件等多种方式，建立长效机制，不断丰富信用激励内容，强化信用约束措施。

5月30日

［纲　文］　**农业部公布《决定废止的规章和规范性文件》。**

［目　文］　废止的文件包括《黄渤海、东海、南海区渔业资源增殖保护费征收使用暂行办法》等14件，自2016年6月1日起施行。

5月30日

［纲　文］　**农业部公布《决定修改的规章和规范性文件》。**

［目　文］　决定修改的规章和文件包括《草原征占用审核审批管理办法》等14件，自2016年6月1日起施行。

5月30日

［纲　文］　**农业部印发《关于宣布失效一批文件的决定》。**

［目　文］　《决定》宣布《关于做好促进农民增收五项工作的意见》《关于印发〈农业部关于做好农村富余劳动力转移就业服务工作的意见〉的通知》等258件文件失效，自2016年5月30日起停止执行。

5月30日

［纲　文］　**交通运输部公布《关于废止20件交通运输规章的决定》。**

［目　文］　《决定》废止《汽车旅客运输规则》《港口治安管理规定》等20件文件，自2016年5月30日起施行。

5月30日

［纲　文］　**四川乐山市的成贵铁路五通岷江特大桥钢桁梁成功合龙。**

［目　文］　该桥采用的下弦变桁高结构在中国首次采用，成功填补了中国在大跨度下弦变桁高钢桁梁施工领域的技术空白。

5月30日

［纲　文］　**全国人大常委会委员长张德江在北京会见美国联邦参议员戴恩斯率领的美国国会议员代表团。**

［目　文］　张德江说，近年来，习近平主席和奥巴马总统多次会晤，各层次领域交往与合作持续推进，中美关系总体保持稳定发展势头。一个良好发展的中美关系符合两国和两国人民的根本利益。2016年下半年，中国全国人大与美国参议院将举行新一轮的交流机制会议。两国立法机关保持交往交流，有利于增加相互理解、避免误解误判、防止合作大局受到大的干扰。双方应继续努力，为两国相互投资、经贸合作、人员往来提供法律保障，为构建中美新型大国关系增加正能量。

戴恩斯和代表团其他成员就关心的问题谈了看法，表示愿为推动美中各领域务实合作多做工作。

5月30日—6月7日

［纲　文］　**国务院副总理张高丽出席在俄罗斯举行的中俄能源合作委员会第13次**

会议、第二届中俄中小企业实业论坛并访问阿塞拜疆、格鲁吉亚和亚美尼亚。

［目　文］　30日，张高丽在索契与俄罗斯副总理德沃尔科维奇共同主持中俄能源合作委员会第13次会议。张高丽表示，双方要继续深化能源等各领域务实合作，为两国发展振兴进程提供重要保障。要坚定合作信心，进一步拓展合作领域，创新合作模式，合力构建中俄能源战略合作关系，不断推动能源合作取得更多实际成果，造福两国和两国人民。德沃尔科维奇表示，俄方愿与中方一道继续努力，推动能源等领域合作不断取得新成果。会议期间，双方就天然气、石油、电力、煤炭、核能、技术装备、可再生能源等领域合作深入交换意见并达成广泛共识。会后，张高丽与德沃尔科维奇签署了会议纪要。

同日，张高丽同德沃尔科维奇共同出席第二届中俄中小企业实业论坛开幕式并致辞。

张高丽在阿塞拜疆访问期间，在巴库会见阿塞拜疆总统阿利耶夫，同阿塞拜疆总理拉西扎德举行会谈并共同见证了双方有关合作文件的签署；在格鲁吉亚访问期间在第比利斯会见格鲁吉亚总统马尔格韦拉什维利，同格鲁吉亚总理克维里卡什维利举行会谈并共同见证了双方有关合作文件的签署。在亚美尼亚访问期间，在埃里温会见亚美尼亚总统萨尔基相，同亚美尼亚总理亚伯拉罕扬举行会谈并共同见证了双方有关合作文件的签署。

5月31日

［纲　文］　**新华社讯，李克强对中国科协在科技工作者中开展“创新争先行动”作出批示。**

［目　文］　国务院总理李克强的批示指出：创新是引领发展的第一动力。我国有8100万科技工作者，这是实施创新发展的中坚和脊梁。开展“创新争先行动”，就是要弘扬科技工作者立志报国、勇攀高峰的传统，进一步激发创新创造热情，担负起投身创新、推动创新、引领创新的历史使命。广大科技工作者要瞄准国际科技前沿，紧扣国家战略需求，抢抓发展新经济的机遇，敢为人先立潮头，攻坚克难补短板，积极投入蓬勃兴起的大众创业、万众创新，促进科技成果转化应用和全要素生产率的提高，汇聚经济社会发展的强大动能。希望中国科协进一步发挥开放型、枢纽型、平台型群团组织的优势，凝聚各方合力，厚植创新沃土，为科技人员放手创新创造提供更好的服务，为实施好创新驱动发展战略、建设创新型国家作出新贡献。

5月31日

［纲　文］　**国务院总理李克强在北京会见来华出席亚洲新闻联盟年会的各国媒体负责人并同他们座谈。**

［目　文］　来自十余个亚洲国家和地区的新闻媒体人士出席座谈。泰国、印尼、韩国、老挝、巴基斯坦、新加坡、印度等国媒体代表分别就中国周边政策、地区形势、中国同东盟及有关国家关系等提问。

李克强表示，亚洲作为当今世界最具发展活力与潜力的地区之一，在世界政治经济格局中的地位和作用不断提升。亚洲新闻机构践行“亚洲人报道亚洲”的理念，联合自强，为亚洲国家之间、亚洲和世界的友好合作架起了新的桥梁。希望亚洲媒体共同努力，为本地区乃至世界的和平、发展与合作营造良好的舆论环境。中国奉行独立自主的和平外交政策，秉持亲诚惠容的周边外交理念，坚定不移走和平发展道路。2016年适逢中国东盟建立对话关系25周年，中国始终支持东盟一体化进程和共同体建设。我们愿同东盟和亚洲各国增进政治互信，对接发展战略，扩大互利合作，密切人文交流，释放维护地区和平稳定、促进共同发展的信号，共建更为紧密的亚洲利益和命运共同体，更好造福本地区各国人民。

5月31日

［纲　文］　**张德江在北京主持召开全国人大常委会食品安全法执法检查组第二次全体会议。**

［目　文］　全国人大常委会副委员长王晨、沈跃跃、艾力更·依明巴海、陈竺，国务院副总理汪洋出席会议。

会议听取全国人大常委会食品安全法执法检查组4月至5月对湖北、内蒙古等10个省（区、市）检查，委托其他21个省（区、市）进行自查的检查报告。全国人大教科文卫委员会在综合各组执法检查报告和有关地方人大自查报告基础上，起草了执法检查报告稿。

全国人大常委会委员长张德江指出，此次执法检查工作注意发现问题、研究问题、提出改进意见，全面细致地了解掌握法律实施的真实情况。在各有关方面的密切配合、共同努力下，执法检查工作进展顺利，取得了阶段性成果。全国人大常委会开展执法检查，目的在于宣传普及法律，树立法律的权威；督促“一府两院”依法行政、公正司法；推动法律的贯彻落实，促进法律制度完善。要认真总结经验，不断提高人大执法检查工作水平和实效。

5月31日

［纲　文］　**全国政协在北京召开“推动大众创业、万众创新”专题协商会。**

［目　文］　全国政协主席俞正声主持会议并讲话。国务院副总理马凯出席会议并讲话。29位委员和地方政协同志在会上发言，围绕推动大众创业、万众创新提出意见建议。发展改革委副主任胡祖才、科技部副部长阴和俊介绍有关情况。财政部、教育部、人力资源社会保障部、工商总局、证监会等部门负责人与委员互动交流。中共中央、国务院有关部门和单位的负责人到会听取意见建议。

委员们认为，创新是民族进步之魂，创业是就业富民之源。党中央、国务院对此高度重视。5月30日，全国科技创新大会、两院院士大会、中国科协第九次全国代表大会在京召开，习近平总书记发表重要讲话强调，要把科技创新摆在更加重要的位置，建设世界科技强国，我们要认真学习贯彻，进一步把“双创”工作做实做好。应该看到，我国“双创”工作取得显著成绩的同时，也存在不少亟待解决的问题：体制机制障碍依然存在、法律政策体系不够完备、市场环境不规范、创业创新要素供给不足等。一些委员建议，一是正确引导“双创”，正确发挥政府作用，政府的任务是创造环境，不同地区、不同人群要分类采取不同政策和做法。二是进一步完善政策，消除制度性障碍。三是加强知识产权保护，加大反侵权力度，加快注册速度，解决多头管理问题。四是完善人才发展机制，大学教育要培育创造性人才和创业胆识，更多支持有一定工作经验的大学毕业生创新创业。要总结企业激励员工创新的经验，制定鼓励和支持科研和教学人员创新创业相应的政策措施。

5月31日

［纲　文］ **国务院印发《关于在内地对香港、澳门服务提供者暂时调整有关行政审批和准入特别管理措施的决定》。**

［目　文］ 《决定》说，为保障内地与香港、澳门分别签署的《〈内地与香港关于建立更紧密经贸关系的安排〉服务贸易协议》和《〈内地与澳门关于建立更紧密经贸关系的安排〉服务贸易协议》（以下统称《协议》）的实施，现作出如下决定：一、对香港、澳门服务提供者在内地投资《协议》开放的服务贸易领域，其公司设立及变更的合同、章程审批改为备案管理，暂时停止参照执行有关外商投资企业设立及变更的合同、章程审批规定。但是，《协议》中保留的限制性措施及电信、文化领域公司、金融机构的设立和变更，以及公司以外其他形式的商业存在的设立和变更除外。二、在内地对香港、澳门进一步扩大开放服务业，暂时调整下列规定的行政审批以及资质要求、股比限制、经营范围限制等准入特别管理措施。三、国务院有关部门和各省、自治区、直辖市人民政府要根据行政法规、国务院文件和经国务院批准的部门规章部分规定的调整情况，及时对本部门和本省、自治区、直辖市制定的规章和规范性文件作相应调整，建立与《协议》要求相适应的管理制度。四、国务院将根据内地对香港、澳门的开放情况，适时对本决定的内容进行调整。本决定自2016年6月1日起施行。2015年3月3日国务院发布的《国务院关于在广东省对香港、澳门服务提供者暂时调整有关行政审批和准入特别管理措施的决定》同时废止。

5月31日

［纲　文］ **新闻出版广电总局、商务部公布《出版物市场管理规定》。**

［目　文］ 《规定》共5章45条，主要有总则、申请从事出版物发行业务、出版物发行活动管理、法律责任、附则等内容，自2016年6月1日起施行，原新闻出版总署、商务部2011年3月25日发布的《出版物市场管理规定》同时废止。本规定施行前与本规定不一致的其他规定不再执行。

5月31日

［纲　文］ **工商总局公布《政策性文件清理结果目录》。**

［目　文］ 《目录》主要内容是：一、继续有效的政策性文件有《国家工商行政管理总局关于拍卖人接受竞买人委托参与竞买问题的答复》《国家工商行政管理总局关于证券经纪人工商登记注册有关问题的通知》等273件文件。二、废止失效的政策性文件有《国家工商行政管理总局关于进一步贯彻落实〈经纪人管理办法〉的意见》等238件文件。

5月31日

［纲　文］ **民政部公布《废止的政策性文件目录》。**

［目　文］ 《目录》包括《民政部关于转发〈民政部、财政部关于进一步明确社会团体会费政策的通知〉的函》《民政部关于进一步深入开展民办非企业单位自律与诚信建设活动的通知》等107件文件。

5月31日

［纲　文］ **人力资源社会保障部发布《关于第三批宣布失效和废止文件的通知》。**

［目　文］ 《通知》说，根据国务院文件清理工作的统一部署，我部对改革开放以来至1998年期间制发的文件进行了清理。一、对《关于职工被判处拘役、有期徒刑宣告缓刑后，其供养直系亲属可否继续享受劳动保险待遇问题给上海市劳动局的复函》等52件文件宣布失效。二、对《国家劳动总局、中华全国总工会关于整顿与加强劳动保险工作的通知》等70件文件宣布废止。

5月31日

［纲　文］ **能源局公布《决定废止的政策性文件目录》《拟修改的政策性文件目录》。**

［目　文］ 两个目录共包括《关于进一步加强电力监管统计工作的通知》等60件文件。

5月31日

［纲　文］ **能源局公布《拟修改的政策性文件目录》。**

［目　文］ 《目录》包括《关于印发区域电力市场建设指导意见的通知》等42件文件。

5月31日

［纲　文］ **水利部印发《宣布废止的文件目录》。**

［目　文］ 《目录》包括《关于规定报汛电报传递报类等问题的通知》等254件文件，自2016年5月31起一律停止执行，不再作为行政管理的依据。

5月31日

［纲　文］ **水利部印发《宣布失效的文件目录》。**

［目　文］ 《目录》包括《颁发〈水利电力科学技术发展计划管理办法（试行）〉的通知》等201件文件，自2016年5月31起一律停止执行，不再作为行政管理的依据。

5月31日

［纲　文］ **国家副主席李源潮、国务委员杨洁篪在北京分别会见文莱公主玛斯娜。**

5月31日

［纲　文］ **中国国际友好联络会第五届会员代表大会暨理事会第一次会议在北京召开。**

［目　文］ 大会审议通过第四届理事会工作报告，选举产生新一届理事会，全国政

协副主席陈元当选联络会会长。

同日，国务委员、中央外办主任杨洁篪在北京会见与会全体代表并讲话。

5月31日

［纲　文］　**中国儿童艺术剧院举行建院60周年庆祝大会。**

［目　文］　文化部部长雒树刚及中国儿艺老中青三代艺术家、部分学校师生等与会。雒树刚等为1956年参加剧院工作的老同志颁发了纪念证书和纪念章。

5月31日

［纲　文］　**《人民日报》发表题为《迎接科技创新的又一个春天》的社论。**

6 月

6月1日

［纲　文］ **中共中央总书记、国家主席习近平在北京会见朝鲜中央政治局委员、中央副委员长、国际部部长李洙墉率领的朝鲜劳动党代表团。**

［目　文］ 习近平说，欢迎朝鲜劳动党代表团来华通报七大情况。这体现了中朝两党就重大问题进行战略沟通的传统，表明金正恩委员长、朝鲜劳动党中央对两党两国关系的重视。祝愿朝鲜人民在发展经济、改善民生、建设朝鲜社会主义事业中取得更大成就。习近平强调中方高度重视中朝友好合作关系，愿同朝方共同努力，维护好、巩固好、发展好中朝关系。习近平表示，中方在半岛问题上的立场是一贯的、明确的。希望有关各方保持冷静克制，加强沟通对话，维护地区和平稳定。

李洙墉转达了金正恩委员长致习近平的口信，并通报了朝鲜劳动党七大的情况。金正恩在口信中表示朝方希望与中方共同努力，加强和发展朝中传统友好关系，维护朝鲜半岛及东北亚地区和平稳定。

6月1日

［纲　文］ **国家主席习近平向第七届清洁能源部长级会议和“创新使命”部长级会议致贺信。**

［目　文］ 习近平在贺信中说，本届会议是联合国气候变化巴黎大会以来在清洁能源领域举行的重要高层论坛，体现了国际社会对清洁能源开发和应用的共同关注。面向未来，中国将贯彻创新、协调、绿色、开放、共享的发展理念，实施一系列政策措施，大力发展清洁能源，优化产业结构，构建低碳能源体系，发展绿色建筑和低碳交通，建立国家碳排放交易市场，等等，不断推进绿色低碳发展，促进人与自然相和谐。2017年，中国将主办第八届清洁能源部长级会议，我真诚欢迎大家到中国来，交流发展和推广清洁能源的认识和经验，共同推动全球可持续发展。

1—2日，第七届清洁能源部长级会议和“创新使命”部长级会议在美国旧金山市举行。中国科技部副部长阴和俊在会上宣读了习近平的贺信。会议旨在推动全球向清洁能源过渡。23个国家及相关国际组织的代表与会，为扩大全球清洁能源应用、减少二氧化碳排放作出新承诺。这是2016年联合国气候变化巴黎大会之后，就落实巴黎大会提出的清洁能源目标举行的首次全球性高层会议，也是围绕巴黎大会期间启动的“创新使命”倡议举行的首次部长级会议。

6月1日

［纲　文］　**李克强主持召开国务院常务会议。**

［目　文］　会议主要内容是：一、加强困境儿童保障工作，对他们的成长给予更多关爱帮助。会议决定，一要将困境儿童分类纳入孤儿保障、特困人员救助供养、最低生活保障、临时救助等范围，确保其基本生活。对父母没有监护能力且无其他监护人的儿童，由儿童福利机构抚养。二要对重病、重残儿童，居民基本医保和大病保险给予倾斜，医疗救助对符合条件的适当提高报销比例与封顶线。对低保家庭儿童、重残儿童参加基本医保个人缴费给予补贴，对纳入特困人员救助供养的儿童参保给予全额资助。三要建立随班就读保障体系，为家庭困难的残疾儿童提供包括高中阶段在内的12年免费教育，确保困境儿童不失学。四要构建县、乡、村三级网络，强化家庭责任，完善政府向社会组织购买服务等机制，为困境儿童提供关爱照料、心理疏导、监护干预指导等服务，依法维护他们的合法权益，使他们安全无虞、生活无忧。二、确定完善中央财政科研项目资金管理的措施，更大激发科研人员创新创造活力。会议决定，一是简化中央财政科研项目预算编制，将直接费用中多数科目预算调剂权下放给项目承担单位。项目年度剩余资金可结转下年使用，最终结余资金可按规定留归项目承担单位使用。二是大幅提高人员费比例。增加间接费用比重，用于人员激励的绩效支出占直接费用扣除设备购置费的比例，最高可从原来的5%提高到20%。对劳务费不设比例限制，参与项目的研究生、博士后及聘用的研究人员、科研辅助人员等均可按规定标准开支劳务费。三是差旅会议管理不简单比照机关和公务员。中央高校、科研院所可根据工作需要，合理研究制定差旅费管理办法，确定业务性会议规模和开支标准等。四是简化科研仪器设备采购管理，中央高校、科研院所对集中采购目录内的项目可自行采购和选择评审专家。对进口仪器设备实行备案制。五是合理扩大中央高校、科研院所基建项目自主权，简化用地、环评等手续，对利用自有资金、不申请政府投资的项目由审批改为备案。同时，要落实和研究完善股权激励政策，建立科研财务助理等制度，精简各类检查评审。高校和科研院所要强化自我约束意识，完善内控机制，确保接得住、管得好，营造更好科研环境。三、决定再取消一批职业资格许可和认定事项，持续降低就业创业门槛。会议决定，再取消招标师、物业管理师、市场管理员、插花员等47项职业资格。至此，各部门设置的职业资格总量比本届政府成立之初已减少50%以上。下一步要在继续取消职业资格的同时，公布实施国家职业资格目录清单，清单外一律不得许可和认定职业资格，清单内除准入类职业资格外一律不得与就业创业挂钩。

6月1日

［纲　文］　**国务院印发《关于在市场体系建设中建立公平竞争审查制度的意见》。**

［目　文］　《意见》由五个部分组成：一、充分认识建立公平竞争审查制度的重要性和紧迫性；二、明确建立公平竞争审查制度的总体要求和基本原则；三、科学建立公平竞争审查制度；四、推动公平竞争审查制度有序实施；五、健全公平竞争审查保障措施。

《意见》要求，自2016年7月起，国务院各部门、各省级人民政府及所属部门出台政策措施要进行公平竞争审查。2017年起，各省级人民政府要在本行政区域逐步推开，指导市县级人民政府及所属部门开展审查。对现行政策措施，要对照公平竞争审查标准，区分不同情况，稳妥把握节奏，有序清理和废除现存妨碍全国统一市场和公平竞争的各种规定和做法。对建立公平竞争审查制度后出台的政策措施，要定期评估实施效果及对市场竞争的影响，并根据评估结果进行完善。

6月1日

［纲　文］ **中央军委印发《关于深化国防和军队改革期间加强军事法规制度建设的意见》。**

［目　文］ 《意见》强调，深化国防和军队改革期间加强军事法规制度建设，必须深入贯彻习主席系列重要讲话精神，以党在新形势下的强军目标为引领，坚决贯彻军委改革决策部署，坚持立法同改革相衔接，坚持突出重点急用先立，坚持统筹规划协调推进，完善立法机制，规范立法权限，加强顶层设计，加快构建实在管用、系统配套的中国特色军事法规制度体系，为改革顺利推进、为强军兴军提供有力保障。

《意见》明确，一、要采取有力措施推动急需急用的法规制度尽快出台；要全面清理现有军事法规制度，对不适应新的领导指挥体制和政策制度的，及时进行修改；对已被新法规取代和实际已经失效的，及时予以废止；对需要进一步明确执行要求的，及时作出解释。二、按照军委管总、战区主战、军种主建的总原则，调整规范立法权限，中央军委制定军事法规，战区、军兵种、武警部队在职权范围内制定军事规章，军委机关部门和各级机关按照规定制定军事规范性文件；着眼构建科学统一的军事法规制度体系，规范军事法规体系的层级划分和分类规则。必须严格遵循规定的立法权限和统一的法规体系建设要求，维护军事法规制度的严肃性和权威性，维护军事法规体系的统一性、科学性、规范性。

6月1日

［纲　文］ **交通运输部公布《集邮市场管理办法》。**

［目　文］ 《办法》共6章34条，主要有总则、经营主体、经营行为、监督管理、法律责任、附则等内容，自2016年8月1日起施行。

6月1日

［纲　文］ **交通运输部发布《决定废止的文件目录》。**

［目　文］ 《目录》包括《交通部关于增加公证性检验项目规定的通知》《交通部关于部属企业固定资产更新改造资金管理办法的通知》等539件政策性文件。

6月1日

［纲　文］ **国家民委发布《废止的政策性文件目录》。**

［目　文］ 《目录》包括《关于宣传报导和文艺创作要正确对待少数民族习俗问题的通知》《关于印发〈关于民族学院干部轮训转向正规培训的意见〉的通知》等42件政策性文件。

6月1日

［纲　文］　**全国人大常委会委员长张德江在北京会见阿曼协商会议主席马阿瓦利。**

［目　文］　张德江说，中国与阿曼传统友谊源远流长。建交38年来，两国关系发展顺利，各领域合作成果丰硕。习近平主席提出的“一带一路”倡议，为中阿合作搭建了新的平台。阿曼是阿拉伯及中东地区重要国家，在共建“一带一路”中，拥有独特地缘优势。下阶段，双方要把握机遇，不断增进政治互信，加强发展战略对接，扩大人文合作，推动两国关系取得更大发展。张德江说，中国全国人大愿同阿方共同努力，建立更加紧密的合作关系，加强经验交流，推动务实合作，厚植中阿传统友谊，为两国关系发展作出积极贡献。

马阿瓦利说，阿中关系发展势头良好，阿曼协商会议愿进一步密切与中方的交流合作，为两国各领域交往合作和阿中关系的发展发挥作用。

3日，全国政协主席俞正声会见马阿瓦利时表示，双方要加强传统友谊，增进政治互信；在“一带一路”建设框架内加强发展战略对接，拓展经贸、人文、反恐等各领域合作；共同推进中国同海合会自贸区建设。中国全国政协愿同阿曼协商会议进一步加强沟通交流，为促进中阿关系发展作出贡献。

马阿瓦利说，阿曼同中国的友好交往源远流长，愿与中方继续相互支持，扩大互利合作，巩固和发展两国友好关系。

6月1日

［纲　文］　**刘延东视察中国儿童艺术剧院。**

［目　文］　国务院副总理、国务院妇女儿童工作委员会主任刘延东观看了中国儿童艺术剧院主题展览，听取了情况汇报，与老中青艺术家代表进行亲切交流。她指出，60年来，中国儿童艺术剧院坚持“二为”方向和“双百”方针，坚定“一切为了孩子”的信念，创作了一系列优秀儿童剧，涌现出大批德艺双馨的儿童剧艺术家，在培育社会主义核心价值观、引领少年儿童健康快乐成长、传承中华优秀文化、促进中外文化交流等方面发挥了重要作用。

刘延东强调，少年儿童是祖国的未来。广大少儿文艺工作者要落实习近平总书记在文艺工作座谈会上的重要讲话精神，创作更多艺术精湛、制作精良、少年儿童喜爱的精品力作，面向学校开展艺术普及，促进孩子们德智体美全面发展，发挥老一辈艺术家传帮带作用，培养更多优秀人才，使儿童文艺事业青蓝相继、后继有人。希望各部门、各有关方面重视培育未来的工作，关心爱护少年儿童，团结带领亿万少年儿童为实现中国梦而接力奋斗。

6月1日

［纲　文］　**共青团中央、全国少先队工作委员会在中国少年儿童新闻出版总社举办少儿文艺作品创作推广座谈会。**

［目　文］　国家副主席李源潮出席会议并讲话。少儿文艺创作者、少年儿童代表和出版单位、有关部门负责人等与会。

国家副主席李源潮说，少儿文艺做的是培养未来的工作，实现中国梦需要少儿文艺繁荣兴盛。少儿文艺是引领孩子们快乐生活、健康成长的精神伙伴，要创作更多思想性、知识性、趣味性相统一的文艺作品，传播理想，引导情趣，开阔眼界，激发想象，启迪心灵，丰富少年儿童的精神世界。全社会都来关心支持少儿文艺事业，举起照亮孩子们前进道路的心灵火炬，要深入学习习近平总书记重要讲话精神，切实担负起少儿文艺为中国特色社会主义事业培养接班人的时代责任，让孩子们快乐生活、健康成长。

会前，李源潮参加了“红领巾阅读乐行”活动，勉励孩子们爱读书、多读书、读好书。听孩子们朗读中华经典时强调，希望孩子们不仅要读懂经典，还要用行动去体验；在考察《中国少年报》《中国儿童报》编辑部时说，要把握孩子的思想情趣和心理认知，用优秀文艺作品传递真善美。

6月1日

［纲　文］　**中国驻马里维和部队营区遭遇恐怖分子汽车炸弹袭击，申亮亮同志不幸遇难，7名同志负伤。**

［目　文］　在西非马里，一辆载有500多公斤炸药的汽车，驶入申亮亮所在维和部队的营区。负责营区2号岗哨警戒执勤任务的申亮亮立即发出预警信号，引导后方部队隐蔽。在汽车侧翻时，他没有选择撤离现场，在生命中的最后37秒，因为他的及时处置，换回了部队其他人员的平安。

正在加拿大进行正式访问的王毅在渥太华说，我对中国驻马里维和人员遭遇恐怖袭击深感震惊。谨对遇难者表示沉痛哀悼，对受伤人员表示诚挚慰问。这一牺牲不仅是中国人民的损失，也是世界和平事业的损失。中方将采取一切必要措施，坚决维护中国维和人员的安全。王毅指出，我们最强烈谴责针对联合国维和行动的卑劣行径。中方要求相关方面立即对事件进行全面调查，将凶手绳之以法。王毅强调，中国是安理会常任理事国，是非洲的好朋友。中国对维护非洲和世界和平与安全的坚定承诺不会改变，我们帮助非洲国家实现和平与安全的努力不会减弱。我们将继续参与联合国维和行动，进一步支持联合国在国际事务中发挥核心作用。

9日，中国赴马里维和部队遇袭伤亡人员回国迎接仪式在长春举行。陆军、吉林省、河南省和外交部有关部门等军地领导，烈士亲属，官兵代表等500余人参加仪式。中央军委联合参谋部副参谋长乙晓光、中央军委政治工作部副主任吴昌德前往迎接，向烈士表示沉痛哀悼，向伤亡官兵亲属表示亲切慰问，称赞申亮亮和维和官兵的英雄事迹，充分展现了在强军目标引领下成长起来的“四有”新一代革命军人的精神风貌，充分展现了我军和平之师、威武之师、文明之师的良好形象，充分展现了中国人民热爱和平、维护和平的坚定决心。

6月1日

［纲　文］　**2016中国俄罗斯电影节在北京、西安举办。**

［目　文］　电影节由新闻出版广电总局和俄罗斯文化部联合举办。本次中国俄罗斯电影节是在中、俄两国领导人达成的加强两国电影交流与合作的共识下，按照双方建立的

互办电影节的机制，为配合中、俄两国互办媒体年活动而举办。期间，放映《冠军：更快、更高、更强》《幽灵》《挪威人》《翻译》《来去无踪》《绿色轿车》《发现》7部影片。

6月1日

［纲　文］ **《人民日报》发表题为《为美丽中国筑牢大地之基》的评论员文章。**

6月1日

［纲　文］ **《人民日报》发表题为《吹响建设世界科技强国的号角——迎接科技创新的又一个春天之一》的评论员文章。**

6月1—7日

［纲　文］ **国家“十二五”科技创新成就展在北京举办。**

［目　文］ 成就展由科技部、发展改革委、财政部、军委装备发展部主办，中组部、教育部、工业和信息化部、环保部、住房城乡建设部、农业部、卫计委、中科院、工程院、自然科学基金会、能源局、国防科工局、中国科协、北京市人民政府参加。以“创新驱动发展，科技引领未来”为主题，对“十二五”期间我国科技创新取得的重要进展进行了全面的梳理。

展览现场共分为10个展区，分别是总况、重大专项、基础研究、战略高技术、农业科技、民生科技、区域创新、大众创业万众创新、创新人才和融入全球创新网络。一大批高精尖科学技术通过实物展出、虚拟现实、裸眼3D等方式全面展示。展览的“重头戏”是“十二五”期间我国基础和战略高技术研究获重大突破。量子通信和量子反常霍尔效应、外尔费米子研究、中微子振荡、CiPS干细胞、高温铁基超导等重大创新成果都在本次展览上亮相。载人航天和探月工程成就举世瞩目，天河二号超级计算机蝉联“六连冠”，国产首架大飞机C919成功总装下线，北斗导航系统广泛应用，蛟龙号载人深潜器创造7062米世界同类潜水器最大下潜深度纪录，自主知识产权的“华龙一号”首堆示范工程开工建设，快中子实验堆成功并网发电，这些在展览中都有体现。

3日，中共中央总书记习近平参观时指出，在全党全国特别是广大科技工作者共同努力下，我国科技事业取得了长足发展，科技进步和创新取得了重大突破，为改革开放和社会主义现代化建设提供了有力科技支撑。新形势下，全国广大科技工作者要响应党中央号召，坚定信心，坚韧不拔，坚持不懈，把科技创新摆在更加重要的位置，实施好创新驱动发展战略，继续在加快推进创新型国家建设、世界科技强国建设的历史进程中建功立业，努力为实现“两个一百年”奋斗目标、实现中华民族伟大复兴的中国梦作出新的更大的贡献。

展览期间，中共中央政治局常委李克强、张德江、俞正声、刘云山、王岐山，和在京中共中央政治局委员、中央书记处书记，全国人大常委会有关领导同志，国务委员，全国政协有关领导同志以及中央军委委员等参观了展览。

6月1—16日

［纲　文］ **“锦绣丝路——中国精品刺绣艺术展”在法国巴黎中国文化中心举行。**

［目　文］ 艺术展由巴黎中国文化中心、中国文化部中外文化交流中心与名瑞集团

中国刺绣研究中心共同主办。旨在融合“一带一路”和“刺绣丝线”传统文化元素，以中国刺绣作品为文化载体，通过解读优秀传统文化元素，展现中国文化魅力和民族创新精神，促进中法两国文化、艺术、服装产业等方面的交流合作。

6月1日、6日

［纲　文］　**王岐山在北京、辽宁主持召开座谈会，就制定中国共产党问责条例征求意见。**

［目　文］　部分中央部委负责人，辽宁省委、省纪委和省人大常委会、省政府、省政协、省高级人民法院、省人民检察院党组负责人参加座谈。

中央纪委书记王岐山指出，对党忠诚最终要体现到担当上。问责条例是全面从严治党重要的制度笼子，制定条例的过程就是统一思想认识、释放失责必问强烈信号的过程，各级党委党组、纪委纪检组和党的工作部门要从自身做起，以问责倒逼责任落实，推动管党治党从宽松软走向严紧硬。实现“两个百年”奋斗目标和中华民族伟大复兴，是党肩负的历史使命、对人民的庄严承诺，责任重如泰山。习近平总书记始终强调，党的领导是中国特色社会主义最本质的特征，权力就是责任、责任就要担当，把对党的领导干部的要求凝练为忠诚干净担当。坚持党的领导，统筹推进“五位一体”总体布局和协调推进“四个全面”战略布局，各级党组织和党的领导干部都是有责任的！实践证明，哪个地区、部门有一个敢于担当、勇于负责的党组织，党的领导、党的建设、管党治党就会坚强有力，就能联系本地区本部门实际，真正把党的路线方针政策落到实处。有权必有责、有责要担当、失责必追究。要把权力与责任、义务与担当对应起来，充分发挥党的领导核心作用，厚植党执政的政治基础。

王岐山强调，言行一致最终要体现于行，实现历史使命、体现党的宗旨均必须有担当的作为。党的领导弱化、党的建设缺失、全面从严治党不力，党的观念淡薄、组织涣散、纪律松弛，根本原因在于有的党组织和领导干部管党治党不严、责任担当缺失，搞好人主义、一团和气。制定问责条例要坚持问题导向，抓住主要矛盾，尊崇党章、聚焦政治责任，围绕坚持党的领导、加强党的建设、全面从严治党开展问责。要抓住“关键少数”，直指压力传导不下去这个突出问题，让从严治党严起来实起来。制度创新要有理想但不能理想化，不能贪大求全，否则就突出不了重点，把要解决的重要问题淹没在大量文字之中。要抓住现阶段的主要问题，增强针对性和实效性，只要方向正确，迈出一步就是胜利。动员千遍不如问责一次，执行制度关键在人。党的领导是具体的不是抽象的，“领”就是率先垂范、引领示范，“导”就是要发现问题、及时纠正。问责条例能否起作用，关键在于各级党组织和党的领导干部敢不敢较真、有没有战斗性。全面从严治党永远在路上、只有进行时。要把自己摆进去，紧密联系思想和工作实际，以眼里不揉沙子的认真劲儿，踏石留印、抓铁有痕，唤醒责任意识，激发担当精神。

6月2日

［纲　文］　**中共中央办公厅印发《从律师和法学专家中公开选拔立法工作者、法**

官、检察官办法》，自2016年6月2日起施行。

6月2日

［纲　文］　**中共中央办公厅、国务院办公厅印发《关于改革社会组织管理制度促进社会组织健康有序发展的意见》。**

［目　文］　《意见》由十个部分组成：一、重要性和紧迫性。二、指导思想、基本原则和总体目标。三、大力培育发展社区社会组织。四、完善扶持社会组织发展政策措施。五、依法做好社会组织登记审查。六、严格管理和监督。七、规范社会组织涉外活动。八、加强社会组织自身建设。九、加强党对社会组织工作的领导。十、抓好组织实施。

6月2日

［纲　文］　**中共中央办公厅印发《共青团中央改革方案》。**

［目　文］　《方案》明确了共青团中央改革的指导思想、基本原则、主要目标。《方案》从四大方面、十二个领域提出了改革措施。第一，改进团中央领导机构人员构成、机构设置和运行机制。第二，改革团中央机关干部选拔、使用和管理。第三，改革创新团的工作、活动和基层组织建设。第四，加大党委和政府对共青团工作的支持保障力度。

《方案》要求，以团中央改革为牵引，加强统筹指导，带动地方各级、各领域共青团在党委领导下，结合工作实际谋划改革、推进改革，形成以上率下、全团抓改革的工作局面。

6月2日

［纲　文］　**工业和信息化部发布《工业和信息化部废止的政策性文件目录》。**

［目　文］　《目录》包括《颁发〈第四机械工业部企业整顿产品质量检查验收标准〉的通知》《颁发〈企业工艺技术工作管理办法（草案）〉的通知》等287件。

6月2日

［纲　文］　**旅游局发布《国家旅游局废止的部分政策性文件目录》。**

［目　文］　《目录》包括《关于改进接待外国自费旅行团（者）礼遇规格的通知》《关于印发〈委托代办工作实行办法〉和〈零星自费旅行者委托代办收费标准〉的通知》等92件。

6月2日

［纲　文］　**全国政协在北京召开双周协商座谈会，围绕“促进退役士兵就业创业”建言献策。**

［目　文］　全国政协主席俞正声主持会议。全国政协副主席张庆黎、卢展工、陈晓光出席座谈会。14名全国政协委员以及专家学者发言。民政部负责人介绍了有关情况。中央编办、财政部、人力资源社会保障部、国资委、中央军委政治工作部负责人等与委员交流。

委员们认为，退役士兵是国家建设发展的重要力量，做好退役士兵安置工作事关国防和军队建设，事关改革发展稳定大局，意义重大。中央高度重视退役士兵就业创业工作，出台了一系列政策措施。各地党委政府认真贯彻中央决策部署，退役士兵安置改革有序推进，取得显著成效。在市场经济条件下，退役士兵就业创业还面临着一些困难和问题，需要高度重视，认真研究解决。

一些委员建议，促进退役士兵就业创业，一是要健全法制，加强领导。二要统筹兼顾，完善政策。既要统一基本政策，也要考虑地区差异。要加大财政支持力度；加大培训力度，鼓励退役士兵参加中职高职的系统培训，增强培训实效性；开发重点群体的就业岗位；进一步加大创业支持力度；加大军队在保卫国防、维护国家统一中作出突出贡献的宣传，增强国防意识，弘扬拥军优属的优良传统，营造全社会关心支持退役士兵就业创业的舆论氛围。

6月2日

［纲　文］ **《人民日报》发表题为《科技创新服务经济社会发展主战场——迎接科技创新的又一个春天之二》的评论员文章。**

6月2—3日

［纲　文］ **第八届世界华侨华人社团联谊大会在北京召开。**

［目　文］ 由国务院侨务办公室、中国海外交流协会主办。以“中国梦侨胞梦——团结合作造福侨社”为主题，并举行专题演讲、和谐侨社论坛、华社之光巡礼、侨宝启动仪式、侨梦苑纪实等活动。来自136个国家和地区的华侨华人社团及华人社区服务机构负责人650余人与会。国务院侨办主任裘援平作主题报告。全国人大华侨委员会、外交部、国务院侨办、全国政协港澳台侨委员会、致公党中央、中国侨联等中央涉侨单位有关领导出席活动。国务院台办主任张志军、海峡两岸关系协会会长陈德铭分别围绕当前两岸关系形势、“一带一路”建设作专题报告。

会议期间，国务院总理李克强在接见与会侨领时提出，希望海外侨胞做中外友好合作的“金丝带”，做中国创新发展的“参与者”，做祖国和平统一的“连心桥”。

6月2—4日

［纲　文］ **应国家主席习近平的邀请，柬埔寨王国西哈莫尼国王对中国进行国事访问。**

［目　文］ 访问期间，习近平在北京同西哈莫尼举行会谈。双方一致同意，巩固睦邻友好，深化互利合作，推动中柬全面战略合作伙伴关系不断向前发展，给两国人民带来更多福祉。国务院总理李克强、全国人大常委会委员长张德江在北京分别会见了西哈莫尼。

习近平同西哈莫尼会谈时强调，中柬应当保持密切交往，加强战略沟通。希望两国领导人继续像走亲戚一样常来常往。两国政府、政党、议会、地方省市要加强交往，推动中柬关系实现全方位、多领域、深层次发展。双方要深化务实合作，实现互利共赢。要加紧对接各自发展战略，加紧商签共建“一带一路”政府间合作文件，落实好产能和投资合作谅解备忘录，争取实现早期收获。要加快推进农业水利、基础设施建设、信息通信等领域合作，帮助柬埔寨加快发展，让柬埔寨民众从两国合作中得到更多实惠。双方要在现有基础上，用好两国执法安全等部门合作机制，共同维护两国各自稳定。双方要扩大人文交流，活跃民间交往，要加强在教育文化、旅游卫生等方面合作，加强两国青年一代友好交往，增进两国人民友好感情，夯实中柬关系社会基础。双方要密切多边配合，加强相互支持。中方愿同柬方在东亚合作、澜沧江—湄公河合作等多边场合加强沟通和协调，维护两国和广大发展中国家共同利益。

西哈莫尼表示，柬方高度评价并将继续推进由西哈努克太皇同中国几代领导人培育起来的柬中传统友谊和团结，感谢中方长期以来给予的支持和帮助。我赞同习主席关于深化柬中关系的主张，柬方愿同中方深化各领域务实合作。

李克强在会见西哈莫尼时指出，中方支持东盟一体化进程和东盟共同体建设。促进中柬友好与推进中国同东盟关系相辅相成，相互促进。我们重视柬埔寨在东盟事务中发挥的积极作用，期待柬方为加强中国同东盟关系、促进地区和平发展作出新贡献。西哈莫尼表示，中国是柬埔寨最伟大的朋友。柬方愿不断巩固历经时间考验的柬中友谊，加强对华各领域交流合作，推动柬中关系和东盟同中国关系结出更加丰硕的成果。

张德江在会见西哈莫尼时说，中国全国人大愿继续同柬埔寨国会保持密切交往，加强各层次各领域的交流合作，加强两国务实合作的法律保障，加强在多边议会机制中的协调配合，为推进中柬友好事业发挥立法机关独特积极作用。西哈莫尼说，柬中友好源远流长，柬埔寨王室将继续积极推动两国关系深入发展。

6月3日

［纲　文］　**农业部在西安召开二十国集团农业部长会议，习近平致电祝贺。**

［目　文］　国家主席习近平欢迎各位代表来到中国西安，共商全球农业发展合作大计。

来自二十国集团的20个成员、6个嘉宾国和6个国际组织等32个代表团共260余人出席会议。会议通过《G20农业部长会议公报》并将提交峰会审议。中国代表团团长、农业部部长韩长赋主持会议并在开幕式上致辞。

6月3日

［纲　文］　**国家安全生产监督管理总局公布《生产安全事故应急预案管理办法》。**

［目　文］　《办法》共7章48条，主要有总则，应急预案的编制，应急预案的评审、公布和备案，应急预案的实施，监督管理，法律责任，附则等内容。自2016年7月1日起施行。

6月3日

［纲　文］　**全国人大常委会环境保护法执法检查组第一次全体会议在北京举行。**

［目　文］　全国人大常委会副委员长陈昌智、沈跃跃、张平出席会议。环境保护部、发展改革委等9部门负责人汇报了本系统贯彻实施环保法有关情况。沈跃跃指出，要

充分认识贯彻实施环境保护法的重要意义，以这次执法检查为契机，大力宣传新环境保护法，全面检查法律基本制度和重要规定的落实情况，努力解决大气、水和土壤污染等环境领域突出问题。要以高度负责的精神和求真务实的态度做好执法检查工作，切实增强执法检查工作实效，进一步推进环境保护法的全面贯彻实施。

会议确定，执法检查组分成5个小组，自6月开始分赴河北、山西、黑龙江、河南、广西、贵州、云南、宁夏8个省、自治区开展检查工作。全国人大常委会还委托其他23个省区市人大常委会分别对本行政区域内环保法的贯彻实施情况进行检查。

6月3日

［纲　文］　**贾樟柯当选国际作家和作曲家协会联合会副主席。**

［目　文］　国际作家和作曲家协会联合会在法国巴黎举行会员大会暨成立90周年庆典，中国导演、编剧贾樟柯在会上当选联合会副主席，成为首位担任这一职务的中国创作者。

总部设在巴黎的国际作家和作曲家协会联合会成立于1926年，是非政府、非营利的国际专业性组织，也是全球创作者协会的联合体，致力于保护全球创作者的权益。其成员为来自120个国家和地区的230个创作者协会，代表超过300万文学及艺术创作者和出版者，涵盖了音乐、电影、戏剧、视听、文学、摄影和视觉艺术等门类，在非洲、南美、亚太和欧洲设有分部，目前亚太区总部设在中国北京。

6月3日

［纲　文］　**《人民日报》发表题为《弘扬创新精神 深化改革创新——迎接科技创新的又一个春天之三》的评论员文章。**

6月4日

［纲　文］　**外交部发言人就美国国防部部长卡特和日本防卫大臣中谷元在香格里拉对话会期间涉及南海问题表示，中方对此坚决反对。**

［目　文］　就美国国防部部长卡特和日本防卫大臣中谷元在香格里拉对话会发表讲话，涉及南海问题，对中方进行无理指责。中方对此有何评论？

发言人强调，第一，中国对南沙群岛及其附近水域拥有无可争辩的主权，拥有充分的历史和法理依据。对于他国非法侵占中国领土所造成的所谓现状，中方从来没有也不会去承认。域外国家应恪守承诺，不在领土主权问题上说三道四。第二，中方有关岛礁建设是在自己领土上进行的，没有违反任何国际法。倒是个别国家近年将大量先进武器和装备部署在亚太地区，究竟意欲何为，如此的行为才应该真正引起地区国家的警觉。第三，菲律宾单方面提起南海仲裁案不是为了解决争议，而是企图否定中国在南海的领土主权和海洋权益。该案严重损害了《联合国海洋法公约》的严肃性和完整性，是对国际法的滥用，违反国际法。对此，中方早已表明不接受、不参与仲裁的立场。第四，要说基于规则的秩序，中国与东盟国家2002年就签署了《南海各方行为宣言》。《宣言》就是地区规则，各方理应遵守。

就6月3日，泰国总理巴育在香格里拉对话开幕式的主旨演讲中表示，海上问题不应成为“零和游戏”，地区国家应超越海上边界争议，通过互利、共赢方式寻求加强合作。印尼国防部部长里亚米扎尔德在会议期间表示，应综合考虑《联合国宪章》《联合国海洋法公约》《南海各方行为宣言》和历史背景，循序渐进地解决南海有关争议。请问中方对此有何评论？

发言人说，我们注意到了有关表态。中方一向认为，对于南海领土主权和海洋划界问题，各方应在尊重历史事实的基础上，根据国际法，由直接当事方和平谈判解决。中国赞成并倡导东盟国家提出的妥善处理南海问题的“双轨”思路，即有关争议应由直接当事国通过谈判协商解决，南海和平稳定由中国和东盟国家共同维护。中方一贯倡导共同、综合、合作、可持续的地区安全观，走出共建、共享、共赢的地区安全之路。对地区国家来说，当前海上非传统安全问题的挑战更为迫切。各方应加强海上务实合作，共同应对好海上非传统安全威胁，维护地区海洋和平与稳定。

6月5日

［纲　文］ **《习近平关于全面建成小康社会论述摘编》出版。**

［目　文］ 《论述摘编》由中共中央文献研究室编辑、中央文献出版社出版，由七个专题组成：一、全面建成小康社会是实现中华民族伟大复兴中国梦的关键一步；二、主动把握和积极引领经济发展新常态，坚持用新发展理念引领和推动经济发展；三、坚持从国情出发设计和发展国家政治制度，使各方面制度更加成熟更加定型；四、推进社会主义文化强国建设，显著提高国民素质和社会文明程度；五、保障和改善民生，维护国家安全和社会稳定；六、建设美丽中国，为人民创造良好生产生活环境；七、提高党领导发展的能力和水平，确保全面建成小康社会各项任务落到实处。

《论述摘编》摘自习近平2012年11月15日至2016年3月10日期间的讲话、谈话、演讲、贺信、指示等130多篇重要文献。

6月5日

［纲　文］ **国务院办公厅印发《关于营造良好市场环境促进有色金属工业调结构促转型增效益的指导意见》。**

［目　文］ 《意见》由三个部分组成：一、总体要求。二、重点任务。三、政策保障。

《意见》要求，各省级人民政府要按照本意见要求，结合本地实际，抓紧制定具体方案，明确目标任务以及时间表、路线图，切实抓好各项政策措施的落实，确保取得实效。国务院有关部门要结合自身职责，尽快出台相关政策措施，积极指导地方推动工作，确保政策落实到位。国家发展改革委、工业和信息化部要加强统筹协调，会同有关部门开展督促检查和跟踪分析，重大问题及时报告国务院。

6月5日

［纲　文］　**中国生态文明奖表彰暨生态文明建设座谈会在北京召开。**

［目　文］　全国人大常委会副委员长沈跃跃、十一届全国政协副主席陈宗兴、环境保护部部长陈吉宁出席会议，环境保护部副部长黄润秋主持会议并宣读表彰决定。全国人大环资委、全国政协人资环委、中华全国总工会、共青团中央、全国妇联、中央文明办，国务院有关部门和地方代表等参加会议。会议表彰了首届中国生态文明奖的19个先进集体和33名先进个人。

6月5日

［纲　文］　**外交部发言人就香格里拉对话会涉南海航行和飞越自由问题时说，南海航行和飞越自由问题是个伪命题。**

［目　文］　有记者问：此次香格里拉对话会上，一些人士谈及南海问题时提到对南海航行和飞越自由问题的担忧。请问中方对此有何评论？

发言人说，各国在南海地区的正常航行和飞越活动一直保持畅通无阻，从没有听说过哪个国家遇到过问题。中方一贯尊重和支持各国依据国际法在南海享有的航行和飞越自由，并与其他南海沿岸国一道为此付出了巨大努力，国际社会对此有目共睹。个别国家炒作南海航行和飞越自由问题，恐怕是“醉翁之意不在酒”。中国作为南海最大沿岸国，维护南海航行和飞越自由，既是国际法的要求，也符合自身根本利益。中国将继续坚定不移地维护南海航行和飞越自由，确保南海航道畅通。

6月5—7日

［纲　文］　**孙春兰在山西调研。**

［目　文］　中央统战部部长孙春兰在太原考察了民营企业；到太原清真古寺、桥头街基督教堂、五台山佛教寺庙等宗教活动场所看望宗教界人士；并分别听取民营企业家和宗教界人士意见建议。

孙春兰指出，要正确认识我国经济发展大势，稳定发展预期。针对民营企业提出的市场准入、产权保护特别是投融资等方面的问题，指出要继续改善民营企业发展的法治环境、政策环境和社会环境，使民营企业家坚定信心办企业、搞实体经济。各级统战部和工商联要切实加强对民营企业的服务，推动建立政企沟通协商机制和公共服务平台，为企业提供项目、信息、技术、咨询等服务。要宣传民营企业家致力创新创造、勇担社会责任的事迹，营造尊重支持民营企业和民营企业家的良好氛围。山西是全国宗教工作重点省份之一，五大宗教齐全，信教人数众多。要坚持宗教中国化方向，以社会主义核心价值观为引领，正确阐释教义教规，引导信教群众爱国爱教、正信正行。对不同宗教领域存在的突出问题，要有针对性地分析解决、力求取得实效。要用法律调节涉及宗教的各种社会关系，引导宗教界人士和信教群众牢固树立国家意识、公民意识、法律意识。宗教团体自身建设和人才培养，对宗教健康发展至关重要，要充分发挥宗教团体、宗教院校、宗教活动场所等在人才培养方面的重要作用，培养一批高素质、符合时代要求的宗教界代表人士。

6月6日

［纲　文］　**国家主席习近平任免驻外大使。**

［目　文］　习近平根据全国人民代表大会常务委员会的决定任免下列驻外大使：一、免去李成文的中华人民共和国驻沙特阿拉伯王国特命全权大使职务；任命李华新为中华人民共和国驻沙特阿拉伯王国特命全权大使。二、免去胡定贤的中华人民共和国驻莱索托王国特命全权大使职务；任命孙祥华为中华人民共和国驻莱索托王国特命全权大使。三、免去任共平的中华人民共和国驻安提瓜和巴布达特命全权大使职务；任命王宪民为中华人民共和国驻安提瓜和巴布达特命全权大使。四、任命吴杰为中华人民共和国驻乍得共和国特命全权大使。五、免去苑桂森的中华人民共和国驻巴哈马国特命全权大使职务；任命黄亲国为中华人民共和国驻巴哈马国特命全权大使。六、免去张喜云的中华人民共和国驻乌克兰特命全权大使职务；任命杜伟为中华人民共和国驻乌克兰特命全权大使。七、免去魏敬华的中华人民共和国驻保加利亚共和国特命全权大使职务；任命张海舟为中华人民共和国驻保加利亚共和国特命全权大使。

6月6日

［纲　文］　**国务院批复江西省人民政府，同意设立江西赣江新区。**

［目　文］　批复说：一、同意设立江西赣江新区。江西赣江新区范围包括南昌市青山湖区、新建区和共青城市、永修县的部分区域，规划面积465平方公里。江西赣江新区区位优势明显、交通条件优越、产业特色鲜明、创新能力较强、生态环境良好。二、江西赣江新区建设，要全面贯彻落实党的十八大和十八届三中、四中、五中全会精神，根据党中央、国务院决策部署，按照“五位一体”总体布局和“四个全面”战略布局，牢固树立并贯彻落实创新、协调、绿色、开放、共享的新发展理念，以深化改革、扩大开放为动力，以科技创新、转型升级为引领，着力推动紧凑集约高效绿色发展，构建现代产业体系，推进生态文明建设，保障和改善民生，努力把江西赣江新区建设成为中部地区崛起和推动长江经济带发展的重要支点。三、江西省人民政府要切实加强组织领导，完善工作机制，明确工作分工，创新发展方式，加大支持力度，积极探索与现行体制协调、联动、高效的新区管理方式，落实各项重点任务，扎实稳妥推进江西赣江新区建设发展。要认真做好江西赣江新区发展总体规划的编制工作，规划建设必须符合土地利用总体规划、城市总体规划、镇总体规划、环境保护规划、水资源综合规划等相关专项规划的要求。涉及的重要政策和重大建设项目要按规定程序报批。四、国务院有关部门要按照职能分工，加强对江西赣江新区建设发展的指导，在规划编制、政策实施、项目布局、体制创新、对外开放等方面给予积极支持，帮助解决江西赣江新区发展过程中遇到的困难和问题，营造良好的政策环境。

6月6日

［纲　文］　**人民银行、银监会发布《银行卡清算机构管理办法》。**

［目　文］《办法》共5章38条，主要有总则、申请与许可、变更与终止、法律责任、附则等内容，自2016年6月6日起施行。

6月6日

［纲　文］**农业部颁布《国家农产品加工技术研发中心管理办法》。**

［目　文］《办法》共5章24条。主要内容有总则、职责、申报与认定、运行与管理、附则等内容。本办法根据《国家农产品加工技术研发中心及专业分中心管理暂行办法》文件进行修订，自2016年6月6日起实施，原办法同时废止。

6月6日

［纲　文］**食品药品监管总局公布《婴幼儿配方乳粉产品配方注册管理办法》。**

［目　文］《办法》共6章49条，主要内容有总则、申请与注册、标签与说明书、监督管理、法律责任、附则等内容，自2016年10月1日起施行。

6月6日

［纲　文］**首届联合国教科文组织女童和妇女教育奖颁奖仪式在北京举行。**

［目　文］国家主席习近平夫人、联合国教科文组织促进女童和妇女教育特使彭丽媛出席颁奖仪式并致辞。联合国教科文组织总干事博科娃出席仪式。国际女童和妇女教育研修班学员、有关国家驻华使节和国际组织驻华代表以及北京院校学生代表等300多人参加仪式。颁奖仪式上播放了中国女童和妇女教育成就短片，两位获奖机构代表分别发言。

联合国教科文组织女童和妇女教育奖由中国政府提议并资助，是联合国教科文组织在这一领域设立的首个奖项。促进教育公平、让每个人享有平等的受教育机会是中国的基本教育政策。中国将同国际社会一道，为实现《2030年可持续发展议程》和《教育2030行动框架》提出的目标持续努力。

6月6日

［纲　文］**国务院副总理刘延东在北京会见美国总统科技助理霍尔德伦。**

［目　文］刘延东高度评价中美科技合作在双边关系中的积极作用，指出在科技合作联委会和创新对话等政府间机制下，双方合作势头良好，能源环境、农业科技等合作取得新进展。希望继续发挥科技在人文交流中的独特优势，为构建中美新型大国关系贡献力量。

霍尔德伦表示美方愿与中方深化科技创新合作，携手应对共同挑战。

6月6日

［纲　文］**外交部发言人表示，中方赞赏有关国家和人士在南海问题上的表态。**

［目　文］有记者问，近来又有坦桑尼亚、乌干达、厄立特里亚、科摩罗等国以及非盟委员会副主席等表示支持中国在南海问题上的立场。国际社会有越来越多的声音对菲律宾单方面提起南海仲裁的行为表示不理解，认为菲律宾应通过和中国谈判协商来解决有关争议。中方对此有何评论？

发言人说：正如你所说，越来越多的国家表示理解和支持中方在南海问题上的正义立场，支持中国与有关国家根据双边协议和地区共识通过谈判协商解决南海有关争议，维护南海和平稳定。坦桑尼亚、乌干达、厄立特里亚、科摩罗以及非盟委员会副主席的表态客观公正，符合南海问题的实际，代表了国际社会公平正义的声音。中方对此高度赞赏。同时，中方敦促有关国家切实遵守双边协议和地区共识，回归谈判协商解决南海问题的正确途径。

6月6—7日

［纲　文］　**第八轮中美战略与经济对话和第七轮中美人文交流高层磋商在北京举行，国家主席习近平出席联合开幕式并讲话。**

［目　文］　习近平在题为《为构建中美新型大国关系而不懈努力》的讲话中，强调作为世界上最大的发展中国家、最大的发达国家和前两大经济体，中美两国应该从两国人民和各国人民根本利益出发，勇于担当，朝着构建中美新型大国关系的方向奋力前行。

美国总统奥巴马向第八轮中美战略与经济对话和第七轮中美人文交流高层磋商发来书面致辞。

国家主席习近平的特别代表、国务院副总理刘延东与美国总统奥巴马的特别代表、美国国务卿克里共同主持第七轮中美人文交流高层磋商全体会议。双方发表了《第七轮中美人文交流高层磋商成果清单》。

国家主席习近平特别代表、国务院副总理汪洋与美国总统奥巴马的特别代表、美国财政部部长雅各布·卢共同主持了第八轮中美战略与经济对话框架下的经济对话。来自两国政府的高级官员出席了本轮对话。双方发表了《第八轮中美战略与经济对话框架下经济对话联合成果情况说明》。

国家主席习近平的特别代表、国务委员杨洁篪与美国总统奥巴马的特别代表国务卿约翰·克里共同主持了战略对话，两国政府有关部门负责人参加。双方发表了《第八轮中美战略与经济对话框架下战略对话具体成果清单》。

7日，习近平、李克强分别会见了克里、雅各布·卢。习近平指出，在双方共同努力下，中美第八轮战略与经济对话和第七轮人文交流高层磋商取得积极成果。希望双方认真抓好落实，确保早出成效，让两国人民早日受益。李克强表示，中美建交几十年来，双边关系历经风雨向前发展，各领域交流合作与利益交融不断深化，两国间的共同利益远大于分歧。

6月6—10日

［纲　文］　**第22届上海电视节举办。**

6月6—10日

［纲　文］　**应外交部部长王毅邀请，乌拉圭东岸共和国外交部部长尼恩对中国进行正式访问。**

［目　文］　7日，王毅在北京同尼恩举行会谈时强调，虽然当前部分拉美国家发展遇到一些暂时困难，但中方对拉美发展前景充满信心。中拉关系超越意识形态因素，对华

友好是拉美各国朝野和社会各界一致共识。拉美地区局势变化不会影响中拉深化合作的良好势头。我们对中拉关系的前景持乐观态度。尼恩表示，乌政府始终把发展对华关系作为外交优先方向。乌方将一如既往地坚持一个中国原则，愿同中方加强高层交往，期待中方积极参与乌经济社会建设，不断扩大双方在农业和基础设施等领域合作。

8日，国务委员杨洁篪在北京会见尼恩时表示，中方高度重视发展同乌拉圭关系，愿同乌方密切高层交往，巩固政治互信，扩大贸易、投资、人文等各领域交流合作，加强在国际和地区事务中的协调配合，推动双边关系全面深入发展。中方愿与包括乌拉圭在内的拉美各国一道努力，推动中拉关系持续发展。尼恩表示，发展对华关系是乌战略选择。乌方将与中方共同努力，加强协调配合，实现共同发展，并推动拉中整体合作和拉中关系进一步发展。

6月6—8日

［纲　文］　**第二届联合国教科文组织创意城市北京峰会在北京举行。**

［目　文］　国务院副总理刘延东与教科文组织总干事伊琳娜·博科娃共同启动峰会。峰会以“创意与可持续发展”为主题，探讨创意在促进供给侧改革、构建高精尖经济发展结构中的重要作用，分享中国在经济新常态推动文化创意产业的经验和成果，交流尊重民族差异，包容文化多样性，促进经济、社会、环境创造性转化和创新性发展的经验，为中国乃至世界各国城市建设提供借鉴，为全面推动落实联合国《2030年可持续发展议程》贡献力量。来自美、英、德、俄、印度、巴西、埃及和澳大利亚等五大洲31个国家的55个城市的120位嘉宾，国际组织、企业、院校、媒体等400余人参加峰会。相关活动和论坛参与人数累计达1500人次。

6月7日

［纲　文］　**全国军队转业干部安置工作会议在北京举行。**

［目　文］　会议传达了中共中央总书记习近平关于深化国防和军队改革期间军队转业干部安置工作的讲话，对学习贯彻讲话精神，做好军队转业干部安置工作作出部署。中央书记处书记刘云山出席会议并讲话。国务院副总理马凯对军转安置工作进行动员部署。中央军委副主席许其亮和国务院军转安置工作小组成员，各省、自治区、直辖市有关负责人，军队各大单位、武警部队和各省军区相关负责人等出席会议。

6月7日

［纲　文］　**教育部印发《教育信息化“十三五”规划》。**

［目　文］　《规划》由五个部分组成：一、发展现状与形势分析。二、指导思想与工作原则。三、发展目标。四、主要任务。五、保障措施。

6月7日

［纲　文］　**“全球首席执行官委员会”第四届圆桌峰会在北京举行。**

［目　文］　峰会由中国人民对外友好协会主办，来自15家世界500强企业的董事

长和首席执行官，就“‘十三五’：跨国公司的机遇与挑战”主题，就“创新驱动”“绿色发展”和“一带一路”等议题谈了看法和建议。

同日，国务院总理李克强在北京会见与会企业负责人，并同他们座谈交流。李克强强调，中国作为最大的发展中国家，仍处在工业化、城镇化进程中，拥有巨大的发展空间和市场潜力，仍然是外国投资者的热土。中国政府将采取更多举措吸引外国投资者来华投资兴业，为在华的国内外企业营造一视同仁、公平、透明的市场环境。中国对外开放的大门会越开越大。我们愿同各国企业和投资者共享发展机遇，实现互利共赢。

与会企业家表示，跨国公司钦佩中国政府坚持推进改革开放的决心，认为中国经济发展机遇大于挑战，中国是具有吸引力的投资热土。跨国公司愿积极参与中国创业创新、绿色发展，共同提升产业合作水平，实现企业自身和中国经济共同发展。

6月7日

［纲　文］ **中华全国律师协会就菲律宾共和国单方面提起的南海仲裁案发表声明。**

［目　文］ 声明说：一、坚定支持中国政府在南海问题上有关立场。坚定支持2014年12月7日《中华人民共和国政府关于菲律宾共和国所提南海仲裁案管辖权问题的立场文件》所阐明的有关主张。任何国家、机构和个人都无权否定中国在南海的领土主权和海洋权益。二、菲律宾无视中菲南海争议的实质是领土争议并构成海洋划界不可分割的组成部分，否定中菲双方已经选择通过双边谈判解决有关争议的共识，否定中国于2006年依据《联合国海洋法公约》作出的排除性声明，违反《南海各方行为宣言》的有关规定，滥用《公约》规定的仲裁程序，侵犯中方自行选择争端解决方式的权利，单方面提起南海仲裁案，是非法的。三、应菲律宾单方面请求建立的仲裁庭，在不具管辖权的情况下，随意扩权越权，在认定事实、适用法律等方面存在严重问题。仲裁庭的有关行为完全背离了《公约》的原则和宗旨，损害了《公约》的完整性和权威性，背离了国际司法正义，有违和平解决国际争端的国际法治精神与目标，没有任何公正性。四、中国不接受、不参与、不承认菲律宾单方面提起的仲裁案，是捍卫国家主权和海洋权益、维护国际法治、维护《公约》权威性和完整性的正当之举。

6月7日

［纲　文］ **“合作创新·推进绿色发展”国际研讨会暨中日友好环境保护中心成立20年主题活动在北京举行。**

［目　文］ 研讨会由中日友好环境保护中心和日本国际协力机构共同主办。环境保护部部长陈吉宁、日本环境大臣丸川珠代出席开幕式并致辞。外交部、发展改革委员会、商务部、科技部、环境保护部以及科研院所、事业单位、企业界100余名代表和来自日本外务省、环境省、国立环境研究所（NIES）等近80位日本政府官员、学者、企业人士参加研讨会。研讨会以“合作创新·推进绿色发展”为主题，围绕环境治理体系改革与创新、供给侧结构性改革与绿色供应链管理创新、环境大数据建设与环境监管创新、环境监测与环境治理和环境风险管理5个话题展开。

6月7日

［纲　文］　**原国家教育委员会主任、党组书记朱开轩，在北京逝世，享年84岁。**

6月7—9日

［纲　文］　**应外交部部长王毅邀请，肯尼亚共和国外交与国际贸易部部长阿明娜对中国进行正式访问。**

［目　文］　8日，国家副主席李源潮在北京会见阿明娜时说，希望双方以落实中非合作论坛约翰内斯堡峰会成果为契机，以开展两国产业对接和产能合作为抓手，加强对双边合作的规划指导，实现双方重大合作项目早日落地，推动中肯平等互信、互利共赢的全面合作伙伴关系不断发展。阿明娜表示，肯中友好互利合作堪称南南合作典范。肯方坚定奉行一个中国原则，愿同中方加强合作。

同日，王毅在北京与阿明娜举行会谈并共同主持中肯双边指导委员会首次会议。王毅说，中方已将肯尼亚列为中非产能合作先行先试示范国家，愿同肯方一道努力，落实中非合作论坛约翰内斯堡峰会成果和两国领导人重要共识，全面推动中肯关系再上新台阶。

6月7—9日

［纲　文］　**太湖世界文化论坛第四届年会在澳门举行。**

［目　文］　年会由澳门特别行政区政府、文化部、中央人民政府驻澳门特别行政区联络办公室、中国文学艺术界联合会、国务院参事室、国际哲学与人文科学理事会作为支持单位。主题为“合力建设人类命运共同体的新文明”。本届年会是贯彻落实国家主席习近平“人类命运共同体”指示精神和“一带一路”建设的举措。来自40多个国家和地区的专家学者、企业家和国际组织代表近千人参加了本届年会。与会者从国际政治、生态保护、“一带一路”、澳门经验、传统医学、青年、女性、文化科技融合等不同方面，就人类命运共同体的思想内涵、时代依据、理念核心、文化建设展开了广泛而深入的研讨。年会发表了《合力建设人类命运共同体的主席声明》。

6月8日

［纲　文］　**李克强主持召开国务院常务会议。**

［目　文］　会议主要内容是：一、部署实施健康扶贫工程，提升农村贫困人口医疗保障和健康水平。会议提出，一要减轻农村贫困人口医疗负担。二要对患大病和慢性病的农村贫困人口进行分类救治。三要实行农村贫困人口在县域内定点医疗机构住院先诊疗后付费，实现各类医保、救助“一站式”即时结算。四要确保每个连片特困地区县和国家扶贫开发工作重点县至少有1所县级公立医院、每个乡镇有1所标准化乡镇卫生院、每个行政村有1个卫生室。五要深化贫困地区公立医院改革。二、确定发展和规范健康医疗大数据应用的措施，通过互联网+医疗更好满足群众需求。会议确定，一是按照安全为先、保护隐私的原则，优先整合利用现有资源，建设互联互通的国家、省、市、县四级人口健康信息平台，实现部门、区域、行业间数据开放融合、共建共享。二是集成医学大数据资

源，构建临床决策、疾病诊断、药物研发等支持系统，拓展公共卫生监测评估、传染病疫情预警等应用。重点推进网上预约分诊、检查检验结果共享互认、医保联网异地结算等便民惠民应用，发展远程医疗和智能化健康医疗设备。三是制定完善法律法规和标准，建立健康档案等基础数据库，规范居民健康信息服务管理，严格健康医疗大数据应用准入，建设实名认证等控制系统，保护个人隐私和信息安全。三、决定建设福厦泉与合芜蚌两个国家自主创新示范区，引领带动体制创新和科技创新。会议指出，中关村、武汉东湖、上海张江等国家自主创新示范区设立以来，有效发挥了改革创新“试验田”作用，对区域发展产生了重要的引领示范和辐射带动效应。按照“成熟一个批准一个”的原则，会议决定，在福厦泉和合芜蚌国家高新区分别建设国家自主创新示范区，结合国家重大发展战略和区域布局，深化简政放权、放管结合、优化服务，打造科技体制改革和创新政策先行区、高端人才与“双创”结合的重要平台、新产业新业态集聚带，在升级发展上探索更多鲜活经验。

6月8日

［纲　文］ **国务院公布《决定取消的职业资格许可和认定事项目录》。**

［目　文］《目录》包括公路水运工程造价人员资格等43项专业技术人员职业资格许可和认定事项，糖果工艺师等18项技能人员职业资格许可和认定事项。

6月8日

［纲　文］ **质检总局公布《质检总局现行有效规范性文件目录》。**

［目　文］《目录》包括《出入境检验检疫系统受理司法调查规定》等843件文件。

6月8日

［纲　文］ **质检总局公布《质检总局废止规范性文件目录》。**

［目　文］《目录》包括《关于输阿根廷苹果和梨有关要求的公告》等58件文件，自2016年6月8日起实施。

6月8日

［纲　文］ **质检总局公布《国家认监委、标准委和中国纤维检验局报送质检总局备案的有效规范性文件目录》。**

［目　文］《目录》包括《强制性产品认证标志管理办法》等137件文件。

6月8日

［纲　文］ **外交部发表《中华人民共和国外交部关于坚持通过双边谈判解决中国和菲律宾在南海有关争议的声明》。**

［目　文］《声明》说，中国和菲律宾是隔海相望的近邻，两国人民传统友谊深厚。中菲建交40多年来，两国关系总体健康稳定发展，各领域合作富有成效，为两国和两国人民带来了实实在在的利益。菲律宾2013年1月22日单方面就中菲有关南海问题提起仲裁以前，中菲在南海虽有争议，但南海形势总体稳定。在中国的推动下，中菲双方围绕建立对话机制、开展务实合作、推进共同开发等进行友好协商并取得积极成果。菲律宾提起

仲裁以来，单方面关闭了与中国通过谈判解决南海有关争议的大门，并违背双方达成的关于管控分歧的共识，采取一系列侵权和挑衅行动，导致中菲关系和南海局势的急剧恶化。中国坚决反对菲律宾的单方面行动，坚持不接受、不参与仲裁的严正立场，将坚持通过双边谈判解决中菲在南海的有关争议。

《声明》强调，一、通过双边谈判解决在南海的有关争议是中菲共识和承诺；二、中菲之间从未就菲律宾提起仲裁的事项进行过谈判；三、菲律宾单方面提起仲裁违背中菲通过谈判解决争议的共识，不符合《联合国海洋法公约》规定；四、中国将继续坚持通过谈判解决与菲律宾在南海的有关争议。

6月8日

［纲　文］　**国务委员兼国防部部长常万全出席在哈萨克斯坦阿斯塔纳举行的上海合作组织成员国第13次国防部长会议**。

［目　文］　常万全率团出席会议并讲话。上合组织成员国哈萨克斯坦、俄罗斯、塔吉克斯坦国防部长，吉尔吉斯斯坦国防事务委员会主席、乌兹别克斯坦军队总长，上合组织秘书处、地区反恐机构领导参加会议。会议由哈国防部部长塔斯马加姆别托夫主持。各国防务部门和军队领导人总结了2015年国防部长会议以来合作取得的成果，强调在当前国际恐怖主义威胁不断上升的情况下，上合组织各成员国防务部门和军队应进一步加强合作，共同维护地区安全与稳定。会议签署了《上海合作组织成员国国防部长联合公报》等文件。

常万全强调，在南海问题上，中国一贯致力于同有关当事国在尊重历史事实和国际法的基础上，通过直接谈判和友好协商解决争端，反对国际化和外部势力干涉。无论仲裁案最终结果如何，中方都不会接受和承认。

6月10日

［纲　文］　**国务院办公厅印发《关于发挥品牌引领作用推动供需结构升级的意见》**。

［目　文］　《意见》由五个部分组成：一、重要意义。二、基本思路。三、主要任务。四、重大工程。五、保障措施。

《意见》强调，各部门要统一思想、提高认识，深刻理解经济新常态下发挥品牌引领作用、推动供给结构和需求结构升级的重要意义，切实落实工作任务，扎实推进重大工程，力争尽早取得实效。国务院有关部门要结合本部门职责，制定出台具体的政策措施。各省级人民政府要结合本地区实际，制定出台具体的实施方案。

6月10日

［纲　文］　**国务院办公厅转发发展改革委《营造良好市场环境推动交通物流融合发展实施方案》**。

［目　文］　《方案》由五个部分组成：一、总体要求。二、打通衔接一体的全链条交通物流体系。三、构建资源共享的交通物流平台。四、创建协同联动的交通物流新模式。

五、营造交通物流融合发展的良好市场环境。

6月10日

［纲　文］　**第六轮中欧高级别战略对话在布鲁塞尔欧盟总部举行。**

［目　文］　国务委员杨洁篪与欧盟外交与安全政策高级代表莫盖里尼共同主持对话。双方一致认为，中欧同为世界政治经济格局中的重要力量，拥有许多共同利益，都致力于走和平之路、走改革发展之路，都主张世界文明多样化发展。双方始终坚持从战略高度和长远角度看待彼此关系，建设好四大伙伴关系，为构建以合作共赢为核心的新型国际关系贡献实践经验。应落实好2015年第十七次中国欧盟领导人会晤期间双方就加强中欧发展战略对接达成的共识，深化中欧在经贸投资、基础设施互联互通、数字化、法律事务和人员往来便利化等领域的合作，加快中欧投资协定谈判进程；为双方深化政治安全、科技创新、蓝色经济、海洋科研、文化旅游等方面的合作注入更多动力。双方将加强协调，认真筹备，确保7月在北京举行的第十八次中欧领导人会晤取得成功。

双方同意，将与有关各方共同努力，推动二十国集团杭州峰会取得积极成果，共同构建创新、活力、联动、包容的世界经济，落实好气候变化《巴黎协定》和2030年可持续发展议程，促进世界经济实现强劲、可持续、平衡增长。双方就伊朗核、叙利亚、伊拉克、朝鲜半岛核等国际和地区问题深入交换看法，表示将致力于推动政治解决热点问题，积极应对恐怖主义、难民问题等挑战，促进世界和地区的和平、稳定与发展。

9日，杨洁篪在布鲁塞尔会见欧盟委员会主席容克。

6月11日

［纲　文］　**国务院办公厅转发国资委、财政部《关于国有企业职工家属区“三供一业”分离移交工作指导意见》。**

［目　文］　《意见》由四个部分组成：一、总体要求。二、主要任务。三、保障措施。四、组织领导。

《意见》指出，国有企业职工家属区供水、供电、供热（供气）及物业管理（统称“三供一业”）分离移交是剥离国有企业办社会职能的重要内容，有利于国有企业减轻负担、集中精力发展主营业务，也有利于整合资源改造提升基础设施，进一步改善职工居住环境。

《意见》强调，从事“三供一业”专业化运营的国有企业要树立大局意识、主动承担社会责任，积极参与分离移交工作。移交企业和接收单位要认真组织实施，严格按照有关规定，规范使用分离移交资金，对擅自挪用、违规使用的，要按照《财政违法行为处罚处分条例》的有关规定严肃处理。

6月11日

［纲　文］　**2016年中国文化遗产日主场城市活动在承德举行。**

［目　文］　活动由文物局、河北省人民政府主办。主题是“让文化遗产融入现代生

活”。活动包括：承德避暑山庄及周围寺庙文化遗产保护工程重点项目——普陀宗乘之庙修缮工程竣工仪式，该工程历时3年，完成了55项单体建筑保护维修，解决了一系列技术难题，集中展示了“十二五”期间避暑山庄及周围寺庙文化遗产保护成果。“丹青记忆守望家园”——第三届中国文化遗产美术展、古建筑保护摄影展在承德避暑山庄开展，分别展出了54幅书画作品和55幅组照片，从一个侧面展示了近年来我国文物保护取得的成绩。2015年度全国文化遗产十佳和优秀图书名单也于当日揭晓。《柬埔寨吴哥古迹茶胶寺考古报告》等10部图书获2015年度全国文化遗产十佳图书，《北平研究院北平庙宇调查资料汇编（内一区卷）》等12部图书获2015年度全国文化遗产优秀图书。

6月11日

［纲　文］ **锦绣邻邦——中泰手工艺交流论坛在苏州丝绸博物馆举行。**

［目　文］ 论坛由文化部非物质文化遗产司、江苏省文化厅共同主办。以传统工艺中的丝绸为切入点，中泰国从业者围绕传统工艺的技艺研究、传承方式、创新措施、推广渠道等方面开展对话，交流所面临的共性问题，探讨解决路径，分享经验，共享传统工艺保护成果，在有合作空间的领域开展后续合作交流。

6月11—19日

［纲　文］ **第19届上海国际电影节举办。**

［目　文］ 中国影片《德兰》夺得最佳影片奖，意大利影片《德州见》摘得本届金爵奖评委会大奖。

6月12日

［纲　文］ **李保国同志先进事迹报告会在人民大会堂举行，习近平对李保国先进事迹作出批示。**

［目　文］ 中共中央总书记习近平批示指出：李保国同志35年如一日，坚持全心全意为人民服务的宗旨，长期奋战在扶贫攻坚和科技创新第一线，把毕生精力投入到山区生态建设和科技富民事业之中，用自己的模范行动彰显了共产党员的优秀品格，事迹感人至深。李保国同志堪称新时期共产党人的楷模，知识分子的优秀代表，太行山上的新愚公。广大党员、干部和教育、科技工作者要学习李保国同志心系群众、扎实苦干、奋发作为、无私奉献的高尚精神，自觉为人民服务、为人民造福，努力做出无愧于时代的业绩。

报告会由中组部、中宣部、教育部、中共河北省委联合主办。各主办单位负责人、中央和国家机关干部代表、北京市基层党员干部代表、首都高校师生代表等参加。报告会上宣读传达了习近平批示，报告团成员讲述了李保国同志的先进事迹和崇高精神。会前，中央书记处书记刘云山会见报告团成员，向李保国亲属表示慰问，并颁发中组部追授李保国同志的“全国优秀共产党员”证书。

李保国生前是河北农业大学教授、博士生导师。他把太行山区生态治理和群众脱贫奔小康作为毕生追求，每年深入基层200多天，让140万亩荒山披绿，带领10万农民脱贫致富。常年高强度工作让李保国积劳成疾，2016 年 4 月 10 日凌晨，58 岁的他突发心脏病，经抢救无效去世。李保国去世后被追授“全国优秀共产党员”“时代楷模”“全国优秀教师”等荣誉称号。

6 月 12 日

［纲　文］ **安全监管总局、煤矿安监局印发《关于减少井下作业人数提升煤矿安全保障能力的指导意见》。**

［目　文］ 《意见》由六个部分组成：一、优化生产组织。二、优化运输系统。三、优化井下劳动组织。四、大力推进机械化、自动化、信息化、智能化。五、大力推进巷道支护和修复技术创新。六、强化劳动定员管理。

《意见》强调，地方各级煤炭行业管理部门应加强对辖区内煤矿减少井下作业人数工作的督促指导，引导煤矿企业积极采取多种措施进一步减少井下作业人数。各级煤矿安全监管监察部门要加大对单班入井人数在 1000 人以上煤矿的执法频次和力度，督促煤矿企业不断减少井下作业人数。

6 月 12 日

［纲　文］ **国务院副总理张高丽在北京会见国际奥委会主席托马斯·巴赫。**

［目　文］ 张高丽感谢巴赫主席和国际奥委会对北京携手张家口成功申办 2022 年冬奥会给予的有力支持并说，巴赫主席来访并出席北京奥林匹克塔命名暨奥运五环标志落成仪式，必将更好地推进奥林匹克运动在中国的发展。中国政府高度重视 2022 年北京冬奥会筹办工作，习近平主席多次作出指示。我们正在按照国际奥委会要求，扎实有效推进各项筹办工作。我们将坚持“绿色办奥、共享办奥、开放办奥、廉洁办奥”，把北京冬奥会办成一届精彩、非凡、卓越的奥运盛会。

巴赫表示，中国政府一直积极推进奥林匹克运动的发展。北京冬奥组委聚焦可持续发展和奥运遗产利用，充分体现了《奥林匹克 2020 议程》的精神内涵。相信北京 2022 年冬奥会将会取得巨大成功。

6 月 12 日

［纲　文］ **外交部发言人就核供应国集团扩员表示，集团成员协商一致作出决定。**

［目　文］ 记者问：据报道，据外交人士透露，中国和新西兰、爱尔兰、土耳其、南非、奥地利等国家反对印度加入核供应国集团。反对声音认为，印加入核供应国集团将削弱防扩散努力，并可能激怒巴基斯坦。中方有何评论？

发言人说，6 月 9 日，核供应国集团主席阿根廷大使召集了个非正式会议。会上并没有审议任何有关印度或其他“非《不扩散核武器条约》（NPT）缔约国”加入核供应国集团的议题。主席在会上公开申明，会议没有议程，仅仅旨在听取各方对核供应国集团外联等工作的初步看法，为其向 6 月下旬的首尔年度全会提交报告做准备。中方注意到有些非 NPT 缔约国希望加入核供应国集团。对于“非 NPT 缔约国”这一类国家的加入问题怎么办，中方一直主张集团先就此充分讨论，以寻求共识并协商一致作出决定。NPT 是整个国际防扩散体系的政治和法律基础。中方这一立场适用于所有“非NPT缔约国”，并不针对哪个特定的非NPT缔约国。事实上，不仅是中国，集团内有许多国家也持同样的立场。近一时期以来，集团内部对“非NPT缔约国”这一类国家加入问题进行了一些讨论，但确实存有较大的分歧。下步，中方支持集团继续就此开展进一步讨论，以期早日就此形成共识。中方将继续建设性参与有关讨论。

6月12日

［纲　文］　**中国在西昌卫星发射中心用长征三号丙运载火箭，成功发射了第23颗北斗导航卫星。**

［目　文］　该卫星属地球静止轨道卫星，卫星入轨并完成在轨测试后，与其他在轨卫星共同提供服务，将进一步增强系统稳健性，强化系统服务能力，为系统服务从区域向全球拓展奠定坚实基础。此次发射的北斗导航卫星和配套运载火箭由中国航天科技集团公司所属的中国空间技术研究院和中国运载火箭技术研究院分别研制，这是长征系列运载火箭的第229次飞行。

6月12日

［纲　文］　**原总参谋部装甲兵部部长于庭兰（正兵团职）在北京逝世，享年95岁。**

6月12日

［纲　文］　**中共广东省原顾问委员会主任寇庆延在广州逝世，享年105岁。**

6月12日

［纲　文］　**中国拳击选手邹市明在美国纽约麦迪逊花园广场轻取匈牙利小将约瑟夫·奥伊陶伊，卫冕世界拳击组织国际蝇量级拳王金腰带。**

6月12—14日

［纲　文］　**应国务院总理李克强的邀请，德意志联邦共和国总理默克尔对中国进行正式访问。**

［目　文］　访问期间，国家主席习近平、全国人大常委会委员长张德江在北京分别会见了默克尔。李克强与默克尔在北京共同主持了第四轮中德政府磋商并举行了会见、会谈。两国总理听取了双方外交、经济、工业、财金、教育、科技、交通、环保、住建、农业、商务、司法、社保、医疗等26个部门负责人的汇报，双方对中德合作取得的进展感到满意，并就深化各领域合作达成一系列新的共识。共同见证了中德经贸、能源、第三方市场合作、创新、智能制造、教育、科技、农业、卫生等10多个领域20多份合作文件的签署，双方发表第四轮中德政府磋商联合声明；共同出席了中德经济顾问委员会座谈会和第八届中德经济技术合作论坛并致辞。默克尔还到辽宁进行了访问。

习近平在会见默克尔时祝贺第四轮中德政府磋商成功举行并取得丰硕成果并指出，双方要把好方向，拉紧互信纽带。要把握合作主流，相向而行，照顾彼此核心利益和关切，确保中德关系不偏离健康发展轨道。双方要登高望远，拓宽合作视野。要加强外交和安全领域战略沟通，创新和丰富在国际事务中的合作模式，鼓励和支持两国企业开展三方合作。两国政府已为“中国制造2025”同德国“工业4.0”对接搭建了平台，要引导和鼓励两国企业实现项目落地。希望德国及欧盟客观看待竞合关系，妥善解决中欧贸易纠纷，如期履行《中国加入世界贸易组织议定书》第十五条义务，促进中欧经贸关系健康发展。双方要顺势而为，夯实民意基础。

默克尔表示，我赞同习主席对进一步发展两国关系的看法，双方应该努力增进互信，加紧落实德国“工业4.0”同“中国制造2025”对接合作，继续深化在经贸、金融、创新、开拓第三方市场、防灾减灾能力建设、签证便利化等领域合作。德方重视履行中国加入世贸组织议定书第十五条义务。

李克强同默克尔举行会谈时表示，中欧贸易创造了大量就业，对双方经济都至关重要。希望欧方着眼中欧合作大局和长远发展，切实履行《中国加入世贸组织议定书》第十五条所承诺的义务，如期终止在反倾销调查中对中国使用“替代国”做法，为中欧贸易投资进一步自由化、便利化，实现更好水平互利共赢创造条件，也希望德方为此作出积极努力。

默克尔表示，德方愿保持两国高层交往，加快“德国工业4.0”与中国产业升级进行对接，加强在金融、汽车制造、信息技术、航空等领域合作，相信德中开展第三方合作将取得积极成果，对中国企业赴德投资持开放态度，希望两国进一步促进双向投资。德方将在如期履行《中国加入世贸组织议定书》第十五条义务问题上作出积极努力。德方愿大力推动人员往来特别是青年人之间的交流。

6月12—17日

［纲　文］ **第八届海峡论坛在福建举行**。

［**目　文**］ 本届海峡论坛以“扩大民间交流、促进融合发展”为主题。主会场设在厦门，论坛突出青年和基层交流，安排了论坛大会、青年交流、基层交流、经贸交流四大板块，有19项活动在福建各地开展。论坛聚焦青年群体就业创业议题，设计了两岸青年创业创新大赛、新媒体文创论坛、“益启跑”等活动，广泛邀请台湾青年参与。在基层交流方面，围绕着两岸共同关注的民生议题，安排了职工论坛、妇女论坛、特色庙会等活动。全国政协主席俞正声出席论坛开幕式并致辞。

6月12—17日

［纲　文］ **第四届中国—南亚博览会暨第24届中国昆明进出口商品交易会在昆明举行**。

［**目　文**］ 本届博览会以“亲诚惠容、合作共赢”为主题，来自89个国家和地区的约5000家参展企业参会，展位数8000个，其中超过一半为境外企业。外经贸成交和签约（含意向协议）1580.63亿元，共约80万人次入场参观了商品展。除展览展示、经贸洽谈及签约外，还举办了第11届中国—南亚商务论坛，第四届中国—南亚智库论坛，第八届GMS经济走廊活动周和中国—南亚东南亚艺术周等系列活动。

国务院副总理汪洋出席开幕式并发表主旨演讲。汪洋指出，2015年中国与南亚国家经济增速同为6.9%，是全球经济版图中最耀眼的地区。本届博览会以“亲诚惠容、合作共赢”为主题，与中国周边外交理念高度契合。中方愿与南亚国家深化海关、质检、电子商务、跨境运输等领域合作，加快自贸区建设，增加自南亚国家的进口。中方支持国内企业到南亚国家开展产能合作，促进当地工业化进程。中方愿加快中巴经济走廊、孟中印缅经济走廊建设，促进互联互通，打造经贸合作高地。双方应扩大旅游合作，简化出入境手续，鼓励旅游资源相互推介和联合推广。中方鼓励云南等沿边省（区）同南亚等相邻国家加强经贸交流和人员往来，夯实国家之间合作的根基。

12日，汪洋分别会见了与会的马尔代夫总统特使、议长马斯赫，尼泊尔副总统普恩，越南副总理郑庭勇，柬埔寨副首相贺南洪，老挝副总理宋赛。

6月13日

［纲　文］　**国家主席习近平、国务院总理李克强就佛罗里达州枪击事件分别向美国总统奥巴马致慰问电。**

6月13日

［纲　文］　**《习近平国防和军队建设重要论述选编（三）》出版。**

［目　文］　《选编（三）》与2014年、2015年编印的《习近平关于国防和军队建设重要论述选编》《习近平国防和军队建设重要论述选编（二）》相衔接，收录习近平2015年1月至2016年2月期间的文稿29篇，其中讲话25篇、训词1篇、训令1篇、批示1篇、信件1篇，集中体现了习近平2015年以来关于国防和军队建设的重大战略思想和决策部署。

本书由军委政治工作部组织编印，由解放军出版社出版，印发全军团以上领导干部。

6月13日

［纲　文］　**十二届全国人大常委会第七十次委员长会议在北京举行。**

［目　文］　全国人大常委会委员长张德江主持会议。全国人大常委会副委员长李建国、王胜俊、陈昌智、严隽琪、沈跃跃、吉炳轩、张平、向巴平措、艾力更·依明巴海、万鄂湘、张宝文、陈竺出席会议。

会议决定，十二届全国人大常委会第二十一次会议6月27日至7月2日在北京举行。

人大常委会副委员长兼秘书长王晨就常委会第二十一次会议议程草案、日程安排意见等作了汇报；全国人大常委会有关副秘书长，全国人大法律委员会、内务司法委员会、财政经济委员会、教育科学文化卫生委员会、外事委员会、环境与资源保护委员会和常委会法制工作委员会、预算工作委员会、代表资格审查委员会负责人分别就常委会第二十一次会议有关议题作了汇报。

6月13日

［纲　文］　**国务院印发《关于加强困境儿童保障工作的意见》。**

［目　文］　《意见》由四个部分组成：一、总体要求。二、加强困境儿童分类保障。三、建立健全困境儿童保障工作体系。四、加强工作保障。

《意见》要求，各地区、各部门要根据实际情况和职责分工制定具体实施办法。民政部、国务院妇儿工委办公室要加强对本意见执行情况的监督检查，重大情况及时向国务院报告。国务院将适时组织专项督查。

6月13日

［纲　文］　**教育部印发《关于中央部门所属高校深化教育教学改革的指导意见》**。

［目　文］　《意见》由三个部分组成：一、总体要求。二、主要任务。三、组织实施。

6月13日

［纲　文］　**汪洋在云南调研**。

［目　文］　国务院副总理、国务院扶贫开发领导小组组长汪洋在怒江傈僳族自治州，了解群众生产生活和扶贫工作情况，与基层干部和驻村工作队共商脱贫大计。汪洋强调，人口较少民族是中华民族大家庭重要组成部分，全面建成小康社会决不让一个民族掉队。要认真贯彻落实中央扶贫开发工作会议精神，把人口较少民族脱贫摆在更加突出的位置，采取更加特殊的帮扶举措，长短结合、标本兼治，确保少数民族贫困群众如期实现“两不愁、三保障”目标，为长远可持续发展奠定基础，坚决打赢人口较少民族脱贫攻坚战。基层扶贫干部特别是在边远民族地区的扶贫干部，为群众脱贫付出巨大努力，作出重要贡献。地方各级政府要关心支持他们的工作，解决好他们的现实困难。贫困地区基层组织要结合扶贫工作实践，深入开展“两学一做”，为打赢脱贫攻坚战提供强大动力。

6月13日

［纲　文］　**《人民日报》发表题为《以“愚公精神”践行无悔誓言》的评论员文章**。

6月13—27日

［纲　文］　**国务院食品安全委员会办公室等17部委举办“2016年全国食品安全宣传周”**。

［目　文］　宣传周以“尚德守法，共治共享食品安全”为主题。主要活动有：一、宣传周主场活动。二、第八届中国食品安全论坛。三、食品安全网络知识竞赛。四、第四届中国国际食品安全与创新技术展览会。五、全国青少年儿童食品安全守护行动。六、食品安全超市行。七、食品安全系列电视片。八、“数说·食品安全”。九、食品安全媒体训练营。十、食品安全创意科普视频工作坊。十一、“新食局”公开课。十二、部委主题日。

14日，国务院副总理、国务院食品安全委员会副主任汪洋在北京出席主场活动并强调，食品安全关乎人民群众生命健康。要坚持创新、协调、绿色、开放、共享发展，坚持德法并举、社会共治，全面落实“四个最严”的要求，确保“产”得安全、“管”得到位，切实防范食品安全风险，让人民群众共享食品安全发展成果。

6月13—14日

［纲　文］　**2016年“中美经济对话”在北京举行**。

［目　文］　北京大学国家发展研究院（中国经济研究中心）与美国美中关系全国委员会联合举办。来自中美两国政界、商界和学术界的代表针对中美两国经济形势及前景、

两国经济金融改革前景及政治影响，以及中国的银行业不良贷款、市场经济地位等问题进行了坦诚而深入的探讨。

15日，国务院副总理汪洋在北京会见与会的美方代表团。双方就当前全球及中国经济形势深入交换了意见。汪洋鼓励中美两国智库加强交流，就两国经济关系及其对全球经济格局的影响等中长期问题开展深入研究，为双方政府提供高水平的政策建议，推动中美新型大国关系发展。

6月13—15日

［纲　文］　**中国民间文艺家协会第九次全国代表大会在北京召开。**

［目　文］　来自全国各地的260余名民间文艺工作者参加会议。与会代表审议并通过了第八届理事会和主席团所作的《工作报告》，修订了《中国民间文艺家协会章程》，并选举产生中国民协第九届理事会和主席团。中宣部部长刘奇葆出席开幕式并讲话，强调要深入学习贯彻习近平总书记系列重要讲话精神特别是在文艺工作座谈会上的讲话精神，大力发展面向百姓大众、彰显民族特色、弘扬中国精神的民间文艺，让民间文艺之花绽放出更加绚烂的光彩。

6月13—16日

［纲　文］　**应外交部部长王毅邀请，塞拉利昂共和国外交与国际合作部部长卡马拉对中国进行正式访问。**

［目　文］　15日，国家副主席李源潮在北京会见卡马拉时说，中塞建交45年来，两国始终真诚友好、平等相待、团结互助。希望双方努力落实两国领导人重要共识，结合中非合作论坛约翰内斯堡峰会提出的“十大合作计划”，发挥两国经济互补优势，有序推进各领域务实合作，实现互利共赢、共同发展。卡马拉表示，中塞有着兄弟般的传统友谊，塞方衷心感谢中方在塞国家建设中给予的宝贵支持，期待两国合作取得更大进展。

15日，王毅在北京同卡马拉举行会谈时表示，建交45年来，中塞关系经受住了国际风云变幻的考验，正处于历史最好时期。中方愿以落实中非合作论坛约翰内斯堡峰会成果为契机，积极参与塞疫后经济社会重建进程，全面深化两国各领域合作。卡马拉表示，塞拉利昂感谢中方长期以来为塞经济社会发展以及在应对埃博拉重大疫情时提供的无私支持和帮助，重申塞方将在台湾问题上继续坚定奉行一个中国的政策，并在南海问题上理解和支持中方的立场。

6月14日

［纲　文］　**环境保护部、发展改革委、公安部公布《国家危险废物名录》，自2016年8月1日起施行。**

6月14日

［纲　文］　**民政部印发《关于加强和改进社会组织薪酬管理的指导意见》。**

［目　文］　《意见》由七个部分组成：一、总体要求和基本原则。二、合理确定薪酬

标准。三、及时足额兑现薪酬。四、着力规范薪酬管理。五、逐步建立薪酬水平正常增长机制。六、不断完善社保公积金缴存机制。七、切实加强薪酬管理工作的组织领导。

《意见》要求，各级民政部门要结合实际，重点指导本级社会组织做好薪酬管理和服务工作。

6月14日

［纲　文］ **中国—东盟国家外长特别会议在云南玉溪举行。**

［目　文］ 外交部部长王毅和中国—东盟关系协调国新加坡外长维文共同主持会议。双方重申，中国和东盟国家要共同维护南海和平稳定。要全面、有效、完整落实《南海各方行为宣言》，开展海上务实合作，积极推进“南海行为准则”磋商，争取在协商一致的基础上早日达成“准则”。

王毅表示，2016年是中国—东盟建立对话关系25周年。中国—东盟关系已远远超越双边范畴，为地区和平稳定和发展繁荣作出了重要贡献，具有地区乃至全球意义。双方要办好25周年纪念峰会，总结双方关系发展成就，指导未来发展方向，致力于共建中国—东盟命运共同体；双方要深化政治安全合作，巩固双方战略互信；双方要对接发展战略，支持东盟共同体建设；双方要以教育、旅游等领域为重点方向，着力加强社会人文交流，构筑双方关系新支柱。双方要妥善处理分歧，共同维护地区和平稳定。在加强合作、共同应对安全挑战的同时，坚持通过友好协商处理复杂敏感问题。

东盟各国外长表示，东盟—中国建立对话关系25年以来，双方关系在东盟与所有伙伴国关系中最具实质性、互利性和积极意义。东盟和中国都有光明的发展前景，双方相互依存日益紧密，加强东盟—中国关系符合双方共同利益。东盟愿与中国以共同纪念双方建立对话关系25周年为里程碑，不断增进互信，加强在贸易、投资、互联互通、基础设施、农业等领域务实合作，促进文化、教育、旅游等方面人文交流，共同应对传统和非传统安全挑战，加强在国际和地区事务中的合作，使东盟—中国关系取得更大发展，造福人民，为地区和平、稳定、繁荣作出新贡献。

6月15日

［纲　文］ **李克强主持召开国务院常务会议。**

［目　文］ 会议主要内容是：一、决定宣布失效一批与现行法律法规不一致、不利于办事创业、不适应经济社会发展需要的政策性文件。在前期已宣布失效489件国务院文件的基础上，经严格审核，再宣布失效并停止执行506件国务院文件，具体包括：一是不符合现行法律法规或没有法律法规依据的；二是不适应经济发展需要，严重束缚企业生产经营和管理活动的；三是设立的审批事项已取消或下放，或不同文件对同一事项重复要求、规定不一致的。会议要求，要做好政策衔接，完善事中事后监管，防止出现“空档”。各地区、各部门也要根据上述精神，抓紧清理和废止不符合现行法律法规或没有法律法规依据，不利于稳增长、促改革、调结构、惠民生的政策文件。二、部署清理规范工程建设

领域保证金，降低企业成本、营造公平竞争环境。会议决定优化防雷工程许可，解决部门职责交叉、重复许可、中介服务收费高等问题。将气象部门承担的房屋建筑和市政基础设施工程防雷许可，纳入建筑工程施工图审查和竣工验收备案，由住房城乡建设部门监管。规范防雷单位资质许可，强化防雷安全监管。实施这项改革，可使每年20多万个工程项目避免重复许可，约缩短办理时间40天，减轻企业负担。一是清理建筑业企业在工程建设中需缴纳的各类保证金。除保留依法依规设立的农民工工资、投标、履约、工程质量4项保证金外，其他保证金一律取消。已收取的要于2016年底前退还。二是未经国务院批准，各地区、各部门不得在工程建设领域新设保证金项目。推进保证金信息公开，建立举报查处机制。三是转变保证金缴纳方式。对保留的保证金，建筑业企业可以银行保函方式缴纳。收取单位要严格按规定按时返还。四要规范保证金管理。对工程质量保证金的预留比例上限不得高于工程价款结算总额的5%；在工程项目竣工前已缴纳履约保证金的，建设单位不得同时预留工程质量保证金。对农民工工资保证金实行差异化缴存办法，一定时期内未发生工资拖欠的企业可予减免，对拖欠工资的企业要提高缴存比例。采取上述措施初步估算将盘活建筑业企业近万亿元资金。

6月15日

［纲　文］　**国务院印发《全民健身计划（2016—2020年）》**。

［目　文］　《计划》由四个部分组成：一、总体要求。二、主要任务。三、保障措施。四、组织实施。

6月15日

［纲　文］　**国务院副总理刘延东在北京会见美国前国务卿奥尔布赖特**。

［目　文］　刘延东表示，近年来，中美关系保持稳定发展势头，两国高层交往密切，各领域合作发展迅速。希与美方深化合作，提升人文交流水平，为中美新型大国关系发展厚植社会民意基础。

奥尔布赖特表示，美中关系是21世纪最重要的双边关系，两国合作潜力巨大，美中关系将在两国共同努力下不断向前发展。

6月15日

［纲　文］　**外交部发言人就美方安排美国总统奥巴马与达赖喇嘛“私人会见”表示坚决反对**。

［目　文］　有记者问：据媒体报道，美方将安排奥巴马总统于6月15日与达赖喇嘛举行“私人会见”，中方对此有何评论？

发言人回答说，就这个问题，中国外交部已向美国驻华使馆提出严正交涉，对美方有关安排表示坚决反对。中方强调，西藏事务是中国内政，任何外国无权干涉。第十四世达赖喇嘛不是一个单纯的宗教人士，而是长期打着宗教幌子从事反华分裂活动的政治流亡者。美方如果安排上述会见，将会向“藏独”分裂势力发出错误信号，损害中美互信与合作。中方敦促美方信守“承认西藏是中国一部分、不支持西藏独立”的承诺，停止对“藏独”势力的任何支持。任何想拿涉藏问题做文章、破坏中国稳定的图谋都是不会得逞的。

6月15—18日

［纲　文］　**孙春兰在福建调研**。

［目　文］　中央统战部部长孙春兰考察了高新技术企业、福州软件园、福州规划馆，到厦门科技中学新疆班、福州竹林境社区了解基层民族宗教工作情况，到南普陀寺、天主教闽东教区、大觉寺、福建神学院看望宗教界代表人士，并召开三场座谈会，分别听取福建省各民主党派负责人、基层宗教工作干部、闽商代表等的意见建议。

孙春兰指出，各级统战部和工商联要牢牢把握“两个健康”工作主题，推动解决政策落实中的突出问题，培育市场化公共服务平台，建立工商联、商会组织和龙头企业牵头的技术联盟、产业联盟等，开展产学研合作和产业链合作，提升企业抱团发展能力和协调发展活力。

6月16日

［纲　文］　**国务院批复科技部、福建省人民政府，同意福厦泉国家高新区建设国家自主创新示范区**。

［目　文］　批复说：一、同意福州、厦门、泉州3个国家高新技术产业开发区（统称福厦泉国家高新区）建设国家自主创新示范区，区域范围为国务院有关部门公布的开发区审核公告确定的四至范围。二、同意福厦泉国家高新区享受国家自主创新示范区相关政策，同时结合自身特点，不断深化简政放权、放管结合、优化服务改革，积极开展科技体制改革和机制创新，强化差异化发展的路径探索，突出特色，加强资源优化整合，在海峡两岸协同创新、科技成果转移转化、科技创新重大平台建设、科技金融结合、知识产权运用与保护、人才团队引进、创新创业服务体系建设等方面先行先试，努力创造出可复制、可推广的经验。三、同意将福厦泉国家高新区建设国家自主创新示范区工作纳入国家自主创新示范区部际协调小组统筹指导，落实相关政策措施，研究解决发展中的重大问题。国务院有关部门要结合各自职能，在重大项目安排、政策先行先试、体制机制创新等方面给予积极支持。四、福建省人民政府要加强组织领导，建立协同推进机制，搭建创新合作的联动平台，认真组织编制实施方案，细化任务分工，集成推进福厦泉国家高新区建设国家自主创新示范区各项工作。

6月16日

［纲　文］　**国务院批复科技部、安徽省人民政府，同意合芜蚌国家高新区建设国家自主创新示范区**。

［目　文］　批复说：一、同意合肥、芜湖、蚌埠3个国家高新技术产业开发区（统称合芜蚌国家高新区）建设国家自主创新示范区，区域范围为国务院有关部门公布的开发区审核公告确定的四至范围。二、同意合芜蚌国家高新区享受国家自主创新示范区相关政策，同时结合自身特点，不断深化简政放权、放管结合、优化服务改革，积极开展科技体

制改革和机制创新，强化差异化发展的路径探索，突出特色，加强资源优化整合，在科技创新重大平台建设、推动大众创业万众创新、激发企业创新活力、战略性新兴产业集聚发展、科技成果转化、科技金融结合、知识产权运用与保护等方面积极探索，努力创造出可复制、可推广的经验。三、同意将合芜蚌国家高新区建设国家自主创新示范区工作纳入国家自主创新示范区部际协调小组统筹指导，落实相关政策措施，研究解决发展中的重大问题。国务院有关部门要结合各自职能，在重大项目安排、政策先行先试、体制机制创新等方面给予积极支持。四、安徽省人民政府要加强组织领导，建立协同推进机制，搭建创新合作的联动平台，认真组织编制实施方案，细化任务分工，集成推进合芜蚌国家高新区建设国家自主创新示范区各项工作。

6月16日

［纲 文］ **新华社讯，中共中央办公厅、国务院办公厅印发《关于推行法律顾问制度和公职律师公司律师制度的意见》，并发出通知，要求各地区各部门结合实际认真贯彻执行。**

［目 文］ 《意见》由五个部分组成：一、指导思想、基本原则和目标任务。二、建立健全党政机关法律顾问、公职律师制度。三、建立健全国有企业法律顾问、公司律师制度。四、完善管理体制。五、加强组织领导。

6月16日

［纲 文］ **证监会公布《证券公司风险控制指标管理办法》，自2016年10月1日起施行。**

6月16日

［纲 文］ **上海迪士尼乐园举行开园仪式。**

［目 文］ 国务院副总理汪洋在开园仪式上宣读了国家主席习近平贺信并致辞说，2015年习近平主席访美时，中美两国确定2016年为“中美旅游年”。上海迪士尼乐园开园是“中美旅游年”框架下的重要活动，也是中美务实合作的一项成果。相信上海迪士尼乐园能够传播快乐、友善、分享的理念，为游客提供安全、便利、优质、舒适的服务，努力打造成世界一流的主题公园和中美合作共赢的示范项目。

6月16—17日

［纲 文］ **张高丽在辽宁调研。**

［目 文］ 国务院副总理张高丽在辽宁就加快转变政府职能、全面推开营改增实施，推进国有企业改革、促进装备制造等优势产业提质增效，推进结构调整、培育新产业新业态，支持民营经济发展、鼓励创业创新等情况进行调研；在沈阳主持召开辽宁、吉林、黑龙江、内蒙古四省区负责人参加的全面振兴东北地区等老工业基地座谈会。

张高丽指出，东北地区要大力实施创新驱动发展战略，着力调整经济结构，加快构建现代产业发展新格局。要加快转变政府职能，深入推进简政放权、放管结合、优化服务，创造良好营商环境。要不断深化国有企业改革，增强企业内在活力、市场竞争力，使其成为老工业基地振兴的重要支撑力量。要建立“亲”“清”新型政商关系，积极支持民营经济发展。要引进人才、培养人才、留住人才、用好人才，为新一轮振兴提供智力支撑。要统筹抓好现代农业产业体系、生产体系、经营体系建设，进一步提升国家商品粮生产核心区地位。要抓住国家实施“一带一路”建设战略和推动京津冀协同发展等重大机遇，统筹推进对内对外开放，培育开放型经济新优势。要加强生态环境保护，打造北方生态屏障和山青水绿的宜居家园。要坚持把保障和改善民生作为出发点和落脚点，加大民生建设资金投入，使发展成果更多更公平惠及全体人民。

6月16—18日

［纲　文］　**刘奇葆在山西调研。**

［目　文］　中宣部部长刘奇葆在太原、长治、晋中、临汾等地的企业、村镇和宣传文化单位，考察哲学社会科学发展、新闻宣传、基层文化建设、精神文明建设等工作，与基层干部群众座谈交流。刘奇葆强调，要认真学习贯彻习近平总书记哲学社会科学工作座谈会重要讲话精神，旗帜鲜明地坚持马克思主义在哲学社会科学领域的指导地位，树立正确的政治方向、价值取向和学术导向，努力推动哲学社会科学繁荣发展。

6月16—17日

［纲　文］　**第三次中国—中东欧国家地方领导人会议在唐山举办。**

［目　文］　会议由河北省人民政府、中国—中东欧国家合作秘书处以及中国—中东欧国家省州长联合会联合举办。会议主题为“中国—中东欧国家地方合作，新机遇、新领域、新空间”。国务院总理李克强向会议发来贺信。国务院副总理马凯出席并讲话。捷克总理索博特卡、黑山副总理伊万诺维奇以及来自中国15个省区市和中东欧国家50多个省州市的高级别代表团出席会议。会议了通过《中国—中东欧国家省州长联合会章程》和《唐山共识》。

马凯在会议期间分别会见捷克总理索博特卡和黑山副总理伊万诺维奇。

17日，国务院总理李克强在北京会见来华出席第三次中国—中东欧国家地方领导人会议和第二届中国—中东欧国家卫生部长论坛的捷克总理索博特卡时指出，中国加入世界贸易组织15年来，全面履行入世承诺，付出了巨大努力。欧盟等经济体也应履行《中国加入世贸组织议定书》第十五条承诺的义务，如期停止在反倾销问题上对华采取“替代国”做法。中欧间的贸易争端应通过磋商和谈判妥善解决，不应把履约同其他具体问题挂钩处理。希望捷克作为欧盟成员多做工作，促进中欧贸易投资往来自由化、便利化，共同反对贸易保护主义，更多造福双方人民。希望捷方作为中国在欧盟和中东欧地区的重要合作伙伴，同中方一道巩固和加强中欧关系与“16+1合作”的良好发展势头，推动年内举行的中国—欧盟领导人会晤和中国—中东欧国家领导人会晤取得更多互利互惠的务实成果。

索博特卡表示，捷方愿进一步加强两国航空、金融等领域合作，全力支持“16+1合作”，进一步推动欧中关系发展，打造中东欧国家和中国之间的金融合作中心和交通枢纽，希望能够主办中东欧国家—中国领导人会晤。捷方理解欧盟履行《中国加入世贸组织议定书》第十五条义务的重要性，赞同这一问题早日得到解决。

6月17—24日

［纲　文］　**国家主席习近平对塞尔维亚、波兰、乌兹别克斯坦进行国事访问并出席在乌兹别克斯坦塔什干举行的上海合作组织成员国元首理事会第16次会议。**

［目　文］　陪同习近平出访的有：习近平夫人彭丽媛、中央政策研究室主任王沪宁、中央办公厅主任栗战书、国务委员杨洁篪等。

17—19日，习近平应塞尔维亚共和国总统尼科利奇邀请对塞尔维亚进行国事访问。16日，习近平在塞尔维亚《政治报》和新南斯拉夫通讯社发表题为《永远的朋友 真诚的伙伴》的署名文章。

访问期间，习近平在贝尔格莱德同尼科利奇举行会谈，双方就双边关系及其他共同关心的问题深入交换意见，达成广泛共识。两国元首一致决定，将中塞关系提升为全面战略伙伴关系，推动两国关系再上新台阶。双方同意共同推进“一带一路”建设，加强塞尔维亚国家发展战略同“一带一路”建设和中国—中东欧国家合作对接，把共建“一带一路”落实到具体项目上。两国元首共同签署了《中华人民共和国和塞尔维亚共和国关于建立全面战略伙伴关系的联合声明》，见证了产能、金融、基础设施建设、贸易、能源、通信、科技、地方、文化、旅游等领域双边合作文件的签署并共同出席中国文化中心奠基仪式。尼科利奇向习近平授予塞尔维亚最高级别勋章“共和国一级荣誉勋章”，感谢习近平为中塞关系发展作出的杰出贡献。

习近平在贝尔格莱德分别会见了塞尔维亚共和国国民议会议长玛娅·戈伊科维奇、塞尔维亚共和国总理亚历山大·武契奇；前往中国驻南联盟被炸使馆旧址，凭吊在使馆被炸事件中英勇牺牲的邵云环、许杏虎和朱颖3位烈士；参观卡莱梅格丹公园和河钢集团塞尔维亚斯梅代雷沃钢厂。

19—21日，习近平应波兰共和国总统杜达邀请对波兰进行国事访问。17日，习近平在波兰《共和国报》发表题为《推动中波友谊航船全速前进》的署名文章。

访问期间，习近平在华沙同杜达举行会谈，两国元首达成多项重要共识，一致决定建立中波全面战略伙伴关系，深化各领域务实合作，让两国民众真正分享双边关系提升带来的实惠。双方同意加强各自发展战略对接，打造互利共赢的利益共同体。推进“一带一路”建设，尽早启动具有示范意义的重大项目，争取早期收获。推动中波互联互通和产能合作，扩大双方合作领域和成果。鼓励两国企业加大相互投资，拓展农业、金融、通信、环保、高技术、航天、新能源等领域合作。两国元首共同签署了《中华人民共和国和波兰共和国关于建立全面战略伙伴关系的联合声明》，并见证了《中华人民共和国和波兰共和国关于共同编制中波合作规划纲要的谅解备忘录》以及信息互联互通、基础设施建设、产能、教育、文化、税务、质检、海关、航天等领域双边合作文件的签署；共同出席丝路国际论坛暨中波地方与经贸合作论坛开幕式，习近平发表题为《携手同心 共创未来》的致辞；共同出席统一品牌中欧班列首达欧洲（波兰）仪式；共同参观波兰特色农产品展架。习近平在华沙分别会见了波兰总理希德沃和波兰参议长卡切夫斯基和众议长库赫钦斯基。

21—23日，习近平应乌兹别克斯坦共和国总统卡里莫夫邀请对乌兹别克斯坦进行国事访问。21日，习近平在乌兹别克斯坦《人民言论报》和“扎洪”通讯社网站发表题为《谱写中乌友好新华章》的署名文章。

访问期间，习近平在塔什干同卡里莫夫举行会谈。两国元首一致决定将中乌关系提升为全面战略伙伴关系，巩固世代友好，深化互利合作。双方同意将共建“一带一路”作为两国务实合作的主线，坚持共商、共建、共享原则，加强发展战略对接，充分挖掘经贸合作潜力，积极推动产能合作，将吉扎克工业园打造成产能合作的重要平台，扩大基础设施建设领域合作，深入推进能源合作，打造中乌农业合作新亮点，加大对两国重点合作项目的金融支持。两国元首签署了《中华人民共和国和乌兹别克斯坦共和国联合声明》，见证了外交、经贸、知识产权、融资等领域多项双边合作文件的签署。并共同出席“安格连—帕普”铁路隧道通车视频连线活动。习近平在乌兹别克斯坦最高会议立法院发表题为《携手共创丝绸之路新辉煌》的演讲。

24日，上海合作组织成员国元首理事会第16次会议在塔什干举行。习近平同哈萨克斯坦总统纳扎尔巴耶夫、吉尔吉斯斯坦总统阿坦巴耶夫、俄罗斯总统普京、塔吉克斯坦总统拉赫蒙、乌兹别克斯坦总统卡里莫夫出席会议，发表了题为《弘扬上海精神 巩固团结互信 全面深化上海合作组织合作》的讲话。

成员国元首签署《上海合作组织成立十五周年塔什干宣言》以及关于批准《〈上海合作组织至2025年发展战略〉2016—2020年落实行动计划》、批准签署《关于印度共和国加入上海合作组织义务的备忘录》、批准签署《关于巴基斯坦伊斯兰共和国加入上海合作组织义务的备忘录》、批准《上海合作组织秘书长关于上海合作组织过去一年工作报告》、批准《上海合作组织地区反恐怖机构理事会关于地区反恐机构2015年工作报告》等决议，见证了《关于印度共和国加入上海合作组织义务的备忘录》和《关于巴基斯坦伊斯兰共和国加入上海合作组织义务的备忘录》等文件的签署。会议发表了《上海合作组织成员国元首理事会会议新闻公报》。

与会期间，习近平主持了中俄蒙元首第三次会晤，三国元首见证了《建设中蒙俄经济走廊规划纲要》和《中华人民共和国海关总署、蒙古国海关与税务总局和俄罗斯联邦海关署关于特定商品海关监管结果互认的协定》等合作文件的签署；分别会见了俄罗斯总统普京、巴基斯坦总统侯赛因、土库曼斯坦总统别尔德穆哈梅多夫、塔吉克斯坦总统拉赫蒙、蒙古国总统额勒贝格道尔吉、印度总理莫迪、哈萨克斯坦总统纳扎尔巴耶夫、吉尔吉斯斯坦总统阿坦巴耶夫、阿富汗总统加尼、白俄罗斯总统卢卡申科。

6月17日

［纲　文］　**人民银行、财政部、国务院扶贫办在北京召开全国金融精准扶贫工作电视电话会议。**

［目　文］　会议主要内容是：贯彻落实中共中央总书记习近平、国务院总理李克强

关于金融精准扶贫讲话和指示精神，总结交流金融精准扶贫政策的新进展、新成效，推广金融精准扶贫先进经验，安排部署新时期金融精准扶贫工作。国务院副总理、国务院扶贫开发领导小组组长汪洋出席会议并讲话。

汪洋强调，新时期金融扶贫要坚持精准扶贫精准脱贫基本方略，紧紧围绕建档立卡贫困人口脱贫开展工作，确保贫困人口受益。要广辟资金来源，用好扶贫再贷款、专项金融债等多种政策工具，向金融机构提供长期、低成本资金。发挥财政资金“四两拨千斤”导向作用，通过融资担保、贷款贴息等，撬动更多金融资源支持扶贫。要创新金融扶贫产品，落实免抵押免担保的扶贫小额信贷，扩大保险覆盖减少因病因灾返贫。创新金融帮扶方式，加强对带动贫困人口脱贫的龙头企业、合作社等的金融支持。鼓励金融机构延伸服务网络，下沉服务重心，充分利用农村基层组织、驻村扶贫工作队等资源，降低金融服务成本，提高贫困人口金融服务可及性和质量，防范金融风险。做好金融和扶贫信息对接共享，强化考核监督，确保金融扶贫取得实效。

6月17日

［纲　文］　**世界防治荒漠化日纪念活动暨“一带一路”共同行动高级别对话在北京举行。**

［目　文］　对话由林业局与联合国防治荒漠化公约秘书处联合主办。林业局局长张建龙主持会议并致辞。国务院副总理汪洋出席开幕式并发表主旨演讲。联合国防治荒漠化公约秘书处执行秘书莫妮卡·巴布等出席开幕式。联合国秘书长潘基文以视频方式表达了对开幕式以及整个纪念活动的良好祝愿。联合国荒漠化公约组织、“一带一路”沿线国家代表，中国相关部办委、省（自治区）、科研院所等领导，以及新闻媒体记者共300多人参加。张建龙、芬兰前总统塔里娅·哈洛宁、莫妮卡·巴布共同启动《“一带一路”防治荒漠化共同行动倡议》。

6月17日

［纲　文］　**工商总局印发《关于发挥职能作用进一步做好高校毕业生就业创业工作的通知》。**

［目　文］　《通知》强调，严厉打击扰乱高校毕业生就业创业秩序的行为，严惩诱骗高校学生参与传销的组织者和骨干分子，严厉查处和打击“黑中介”及各种侵害高校毕业生合法权益的行为，为高校毕业生就业创业营造良好市场环境。

《通知》要求各级工商（市场监管）部门结合高校毕业生创业的特点和自身意愿，支持高校毕业生通过“互联网+”创业，支持高校毕业生创办简便灵活、易转型的个体工商户、小微企业等小规模经济实体。指导自主创业的高校毕业生运用商标、广告、合同等手段，实施品牌经营和规范化运作，提高市场竞争能力。引导高校毕业生创办的市场主体做好年报和信息公示工作，注重自身信用积累。

6月17日

［纲　文］　**国防部部长常万全在北京会见日本陆上自卫队前参谋长火箱芳文率领的**

日本“中国政经恳谈会”第39次访华代表团。

［目　文］　常万全表示，2014年底以来，两国领导人在国际多边场合多次会晤，中日关系面临进一步改善发展的机遇。但是，中日关系脆弱复杂的基本面没有改变，要推动中日关系重回正常发展轨道仍任重道远。希望“中国政经恳谈会”发挥自身影响力，多做有益于中日关系的事，为两国关系的改善和发展注入正能量。由于历史原因，日本军事安全动向一直受到亚洲邻国和国际社会的高度关注。特别是新安保法案的实施，遭到周边国家和国际社会的质疑。日本还在各种国际场合对东海、南海等事关中国核心利益的问题指手画脚，渲染“中国军事威胁”，这不仅损害中日关系，也影响地区和平与稳定。我们敦促日方切实汲取历史教训，以实际行动消除周边国家和国际社会的疑虑，为中日关系改善营造有利氛围。

火箱芳文说，日中关系改善不仅对两国而且对本地区和平稳定都很重要，双方应坚持加强交流、增强互信，通过对话协商克服分歧。“中国政经恳谈会”愿为两国关系改善发展发挥积极作用。

6月17日

［纲　文］　外交部发言人就“9·11”后美国政府使用刑讯手段审讯细节首次曝光表示，希望美国反躬自省，切实消除严重侵犯人权现象。

6月17—21日

［纲　文］　孟建柱在内蒙古调研。

［目　文］　中央政法委书记孟建柱在额济纳旗古日乃公安边防派出所，与派出所官兵座谈，勉励他们扎根基层，奉献边关，为各族群众服务。要与民族同胞建立深厚的感情，把党和政府的温暖送到千家万户；在阿尔山口岸，察看口岸联检大厅和公安边防执勤岗；在额济纳旗额肯查干嘎查，看望巴图吉日格勒一家，祝愿牧民的生活越来越美好；在额济纳旗推日木音陶来嘎查，走进综治服务站，向人民调解员、警务室民警了解矛盾纠纷化解、治安管理服务等情况，希望他们把人民放在心中最高位置，为各族群众排忧解难，守护平安。

孟建柱与政法单位负责人座谈，就推进司法改革试点等工作听取意见建议时指出，内蒙古是边疆少数民族地区，地域辽阔，各地人口和经济社会发展情况不同，不同地区在案件数量和类型、司法人员结构、员额制比例、司法人员招录、法检机关内设机构等方面也有不同的情况和特点。在推进改革的过程中，要坚持一切从实际出发，立足边疆民族地区经济社会发展和司法工作实际，研究制定有针对性的改革政策和具体操作方案，努力走符合中央精神、具有本地特点的改革路子。

6月18日

［纲　文］　财政部、税务总局印发《关于进一步明确全面推开营改增试点有关再保险、不动产租赁和非学历教育等政策的通知》，自2016年5月1日起执行。

6月18日

［纲　文］ **汪洋在安徽考察防汛抗洪工作。**

［目　文］ 国家防汛抗旱总指挥部总指挥汪洋听取了长江防汛抗旱总指挥部和安徽省防汛抗旱指挥部的工作汇报，在铜陵长江干堤详细了解长江崩岸应急整治和防洪工作进展情况。汪洋强调，要认真贯彻落实习近平总书记关于做好2016年防汛工作的重要指示精神，按照李克强总理批示要求，把确保人民群众生命安全放在首位，加强领导，落实责任，强化防汛各项措施，最大限度减轻洪涝灾害损失。

6月18日

［纲　文］ **外交部部长王毅应约同美国国务卿克里通电话。**

［目　文］ 王毅重申了中方在涉藏问题上的原则立场，要求美方停止干涉中国内政，以实际行动维护中美关系大局并表示，在中美双方共同努力下，新一轮中美战略与经济对话和人文交流高层磋商取得成功，发出了中美继续致力于构建新型大国关系的明确信号，为下阶段中美关系的健康稳定发展创造了良好条件。

克里表示，美方在涉藏问题上的政策没有变化，也不会变。美方坚持西藏是中国不可分割的一部分，美方不支持“西藏独立”。美方愿与中方一道，推动美中关系取得新的发展。

6月18日

［纲　文］ **“向阳红01”海洋综合科考船交付暨入列授牌仪式在青岛举行。**

［目　文］ “向阳红01”综合科考船正式交付海洋局第一海洋研究所使用，并入列国家海洋调查船队。该船由中船集团第708研究所设计，中船重工武昌船舶重工集团有限公司建造。

“向阳红01”是一艘无限航区科考船，采用电力推进，具备动力定位能力。船长99.8米，宽17.8米，吃水5.6米，满载排水量4980吨，船舶定员80人。具备12级抗风能力，续航力1.5万海里。集多学科、多功能、多技术手段为一体，能够满足深海大洋多学科交叉研究需求，是海洋科学基础研究和高新技术研发的海上移动实验室和试验平台。是中国目前最先进的新一代全球级现代化海洋综合科考船。

6月18日

［纲　文］ **第五届世界闽商大会在福州举行。**

［目　文］ 本届大会由中共福建省委、福建省人民政府、中华海外联谊会和中华全国工商业联合会共同主办，主题为“再上新台阶、建设新福建”。来自65个国家、港澳台地区和全国各地1800多名闽商精英齐聚一堂，共话闽商精神，畅谈新福建建设。中央统战部部长孙春兰出席开幕式并致辞。

6月19日

［纲　文］ **国务院公布新修订的《中华人民共和国海关稽查条例》，自2016年10**

月1日起施行。

6月19日

［纲　文］　**国务院办公厅印发《关于调整国家能源委员会组成人员的通知》。**

［目　文］　《通知》说，根据机构调整及人员变动情况和工作需要，国务院决定对国家能源委员会组成部门和人员进行调整。主任：李克强。副主任：张高丽。委员：肖捷、刘鹤、王毅、徐绍史、万钢、苗圩、耿惠昌、楼继伟、姜大明、陈吉宁、杨传堂、陈雷、高虎城、潘功胜、肖亚庆、王军、尚福林、王冠中等。国家能源委员会办公室主任由发展改革委主任兼任，副主任由能源局局长兼任，办公室具体工作由国家能源局承担。

6月19日

［纲　文］　**郭声琨在天津调研。**

［目　文］　国务委员、公安部部长郭声琨在基层派出所、看守所和交警执勤岗，亲切看望了辛勤工作在基层一线的民警；主持召开座谈会，听取天津市公安局工作汇报和基层一线民警的意见建议。

郭声琨指出，要大力加强公安队伍建设，不断提升队伍正规化、专业化、职业化水平。要坚持政治建警、素质强警、从严治警、从优待警，紧密结合开展“两学一做”学习教育，坚定理想信念，增强“四个意识”，深入推进纪律作风和能力素质建设，努力建设一支政治过硬、业务过硬、责任过硬、纪律过硬、作风过硬的公安队伍。

6月19日

［纲　文］　**外交部发言人就印尼海军舰船袭扰枪击中国渔船渔民表示，中方对此种滥用武力的行为强烈抗议和谴责。**

［目　文］　有记者问：据报道，18日印尼海军发言人称，印尼海军舰船当日在纳土纳群岛海域扣押一艘非法捕鱼的中国籍渔船和7名中国渔民，其间还进行过警告性射击。请中方对此予以确认。

发言人说，中国渔船17日在南海中国西南传统渔场正常作业时，遭多艘印尼海军舰船袭扰和枪击，造成中国渔船受损，一名船员中弹受伤，另外一艘渔船和船上7名人员被印尼方抓扣。接到消息后，中方紧急派遣在附近执法的海警舰船赶赴事发海域保护渔船渔民，营救伤员，并通过外交渠道向印尼方提出强烈抗议和严正交涉。18日晨，我受伤船员已紧急送至海南省当地医院救治，目前伤情得到控制。事发海域为中国渔民的传统渔场和中印尼双方海洋权益主张重叠海域。印尼军舰滥用武力，袭扰枪击中国渔船，侵害中国渔民的生命财产安全，严重违反包括《联合国海洋法公约》在内的国际法，违反《南海各方行为宣言》。中方对此种滥用武力的行为强烈抗议和谴责。中方敦促印尼方不再采取使争议复杂化、扩大化和影响和平与稳定的行动，并以建设性的方式处理海上渔业问题。

6月19—20日

［纲　文］　**刘云山在上海调研。**

［目　文］　中央书记处书记刘云山在上海交通大学、复旦大学，考察学校教学、科研

情况，就马克思主义理论教学、大学生思想政治教育等与师生交流，并召开部分高校思想政治工作和党的建设座谈会。刘云山指出，高校思想政治工作关系培养什么人的根本问题，要牢牢把握社会主义办学方向，加强和改善党的领导，按照又红又专、德才兼备、全面发展的要求，努力培养合格建设者和可靠接班人。要用好马克思主义的真理力量，用好中国特色社会主义的实践力量，用好五千年历史传承的文化力量，引导师生坚定对中国道路、理论和制度的信念，保持对中华文化和中国价值的自信。要贴近师生的思想特点和实际需求，创新工作机制和方式方法，积极运用互联网等新的手段载体，使思想教育工作更接地气、更有活力。

刘云山在崇明县仙桥村、瀛东村，了解群众生产生活和思想道德建设、精神文明建设情况。他说，精神文明是社会发展进步的重要标志，要结合农村生产生活实际，坚持敦风化俗、弘扬传统美德、注重家风家教，着力培育文明风尚，提升人们的思想道德素养。要发扬艰苦创业、不懈奋斗的精神，善于用群众身边人身边事引导和激励群众，增强推动改革发展、创造美好生活的精神力量。

6月19—20日

［纲　文］　**中俄总理定期会晤委员会双方主席会晤在黄山举行。**

［目　文］　国务院副总理、中俄总理定期会晤委员会中方主席汪洋与俄罗斯副总理、俄方主席罗戈津出席会晤。

汪洋说，当前中俄全面战略协作伙伴关系稳步发展，各领域务实合作取得一批重要成果。普京总统即将访华，习近平主席将同普京总统就两国关系发展和各领域合作作出新的规划。李克强总理和梅德韦杰夫总理下半年将举行中俄总理定期会晤。双方要加快推进经贸、核能、航空航天、农业、跨境通道、卫星导航等重点领域合作，开展联合研制远程宽体客机、重型直升机等大项目合作，巩固两国关系的物质基础和纽带。

罗戈津说，俄方始终视中方为可靠的战略合作伙伴，愿加快与中方在大项目等领域的合作，把两国务实合作提高到新水平。

6月19—20日

［纲　文］　**第二届中国—中东欧国家卫生部长论坛在苏州举行。**

［目　文］　论坛由卫生计生委主办，主题是“深化卫生务实合作，促进健康可持续发展”。卫生计生委、江苏省和苏州市人民政府、各省市卫生计生委负责人、主要医疗和学术机构代表，来自中东欧国家的卫生部长等高级官员、驻华使节、医疗和学术机构，以及世界卫生组织、欧盟驻华代表等出席论坛。会上宣布成立中国—中东欧国家卫生合作促进联合会、中国—中东欧国家医院合作联盟、中国—中东欧国家公共卫生合作机制，发表了《第二届中国—中东欧国家卫生部长论坛苏州联合公报》。中国与匈牙利、立陶宛、斯洛文尼亚、捷克等中东欧国家签署了九项卫生领域双边合作协议。国务院副总理刘延东和捷克总理索博特卡等出席开幕式并致辞。

会议期间，刘延东会见了与会的捷克总理索博特卡；集体会见了出席论坛的各国代表团主要负责人。

6月19日—7月1日

［纲　文］　**“庆祝中国共产党成立95周年全国美术作品展”在中国国家博物馆举办。**

［目　文］　作品展由中国文联、中国美协、中国文学艺术基金会等共同举办。共展出作品300余件，涵盖中国画、油画、版画、雕塑、连环画、综合材料等多种艺术形式作品，以时间为序，回顾和展示了95年来中国共产党领导中国人民取得民族独立、人民解放和社会主义胜利，开创建设有中国特色社会主义道路，实现民族振兴、国家富强和人民幸福的历程和建立的不朽历史丰碑。

6月20日

［纲　文］　**李克强考察中国建设银行、中国人民银行并主持召开座谈会。**

［目　文］　国务院总理李克强了解中国建设银行总行支持实体经济、实施营改增和服务大众创业、万众创新等情况时说，金融是国民经济的血脉，在全面实施营改增试点过程中必须确保金融行业税负整体上只减不增。商业银行也要围绕市场需求，不断提高服务实体经济特别是小微企业等的能力；在人民银行货币政策司，相关负责人介绍货币政策工具运用的成效和当前市场流动性等情况，李克强叮嘱他们要密切跟踪国内外经济金融形势变化，综合运用多种政策工具组合，保持流动性合理充裕，正确引导市场预期，为应对各种风险挑战、促进经济持续稳定发展创造好的金融环境。

在座谈会上，李克强与金融机构负责人就当前一些重大问题进行了探讨。人民银行负责人作了汇报。

李克强指出，提高金融资源配置效率、有效防范金融风险，关键在于深化改革。要深入推进金融领域简政放权、放管结合、优化服务，有序发展民营银行、消费金融公司等中小金融机构，丰富金融服务主体。多渠道推动股权融资，探索建立多层次资本市场转板机制，发展服务中小企业的区域性股权市场，促进债券市场健康发展，提高直接融资比重。做好顶层设计，运用市场化、法治化方式，采取综合措施逐步降低非金融类企业杠杆率。加强各类金融市场制度建设，强化金融机构内控合规管理。根据新形势、新要求，改革和完善金融监管体制，有关部门要恪尽职守、守土有责，尤其要加强对跨市场、跨行业、跨机构交叉感染风险的监测、识别和预警，高度关注跨境资本异常流动，推进互联网金融风险专项整治工作，有效遏制非法集资、非法金融活动，做好前瞻性调控和应急性管理，坚决守住不发生系统性区域性金融风险的底线。

6月20日

［纲　文］　**最高人民法院印发《关于防范和制裁虚假诉讼的指导意见》。**

6月20日

［纲　文］　**中共中央政治局常委王岐山在北京会见柬埔寨国务大臣兼反腐败委员会主席翁仁典。**

［目　文］　王岐山指出，中柬关系建立在高度互信、相互支持基础上，两国全面战

略合作伙伴关系保持了良好发展势头。党的领导是中国特色社会主义最本质的特征。执政党的承诺就是人民群众的期盼，承诺高期盼更高。办好中国的事情，关键在于加强党的建设。我们清醒地认识到面临的风险挑战，坚定不移全面从严治党、推进党风廉政建设和反腐败斗争。要力度不减、节奏不变，巩固不敢腐的氛围；引导党员、干部向高标准努力，严守纪律底线，实现标本兼治，巩固党执政的政治基础。

翁仁典表示，柬方重视与中方深化交流合作，不断充实柬中全面战略合作伙伴关系的内涵。

6月20日

［纲　文］　**德国法兰克福国际超算大会公布新一期世界500强排名，中国自主研制的“神威·太湖之光”成为全球运行速度最快的超级计算机。**

［目　文］　全部采用国产处理器构建的“神威·太湖之光”超级计算机，峰值计算速度达每秒12.54亿亿次，持续计算速度每秒9.3亿亿次，性能功耗比为每瓦60.51亿次，三项关键指标均排名世界第一。目前，中国进入世界500强的超级计算机数量已达167台，在计算性能类别上也居于领先位置。

“神威·太湖之光”超级计算机由国家并行计算机工程技术研究中心研制，该套系统所有核心部件全国产化。

6月20日

［纲　文］　**第12届“港澳大学生文化实践活动”在北京天文馆开幕。**

［目　文］　活动由文化部港澳台办、香港中联办青年工作部、澳门中联办文化教育部、香港青年联会和澳门基金会共同主办。来自22所高校的81名港澳大学生来内地，活动拓展到了上海，安排在中国国家图书馆、故宫博物院、中国国家博物馆、中国美术馆等15家北京文博机构，以及上海博物馆、上海电影博物馆等9家上海文博机构进行为期5周的工作实习，其间举办文化讲座、参访研习和交流联谊等丰富多彩的活动。

6月21日

［纲　文］　**国务院办公厅印发《关于成立政府购买服务改革工作领导小组的通知》。**

［目　文］　《通知》说，一、统筹协调政府购买服务改革，组织拟订政府购买服务改革重要政策措施，指导各地区、各部门制定改革方案、明确改革目标任务、推进改革工作，研究解决跨部门、跨领域的改革重点难点问题，督促检查重要改革事项落实情况。二、组长：张高丽。副组长：楼继伟、丁向阳。成员：李晓全、连维良、顾朝曦、戴柏华、张义珍、范一飞、顾炬、马正其、袁曙宏。三、领导小组办公室设在财政部，承担领导小组日常工作。财政部部长助理戴柏华兼任办公室主任，领导小组成员单位有关司局负责人担任办公室成员。领导小组成员因工作变动需要调整的，由所在单位向领导小组办公室提出，按程序报领导小组组长批准。

6月21日

［纲　文］　**国务院办公厅印发《关于促进和规范健康医疗大数据应用发展的指导意见》。**

［目　文］　《意见》由三个部分组成：一、指导思想、基本原则和发展目标。二、重点任务和重大工程。三、加强组织实施。

6月21日

［纲　文］　**中组部、人力资源社会保障部、公务员局印发《关于推进公务员职业道德建设工程的意见》。**

［目　文］　《意见》由四个部分组成：一、总体要求。二、主要内容。三、保障措施。四、组织领导。

《意见》要求，推进公务员职业道德建设工程，要建立公务员职业道德建设组织协调机构，形成密切配合、各司其职的工作格局；要坚持分类推进，紧密结合不同地区、层级、行业特点，提出公务员职业道德建设的具体措施，重点对领导机关和领导干部、基层公务员、窗口单位和服务部门公务员、执法一线公务员提出要求；要加强宣传引导，营造良好的社会氛围。

6月21日

［纲　文］　**农业部公布《耕地质量调查监测与评价办法》。**

［目　文］　《办法》共5章31条，主要有总则、调查、监测、评价、附则等内容，自2016年8月1日起施行。

6月21日

［纲　文］　**第三届中非媒体合作论坛在北京举行。**

［目　文］　论坛由中国国家新闻出版广电总局和非洲广播联盟共同主办。来自44个非洲国家的政府部长和非洲联盟委员会、非洲广播联盟以及中非广播影视媒体机构的代表参加了此次论坛和相关活动。与会双方代表就“中非广播影视政策交流”“媒体合作与能力建设”“广播电视数字化和新媒体发展”等议题进行深入研讨和广泛交流。中非双方共签署了15项合作成果文件。审议通过并发表了《第三届中非媒体合作论坛共同声明》。

22日，中央书记处书记刘云山在北京会见与会的外方代表。刘云山对本届论坛取得的成果表示肯定，对论坛通过的共同声明表示赞赏。

参加会见的非洲联盟轮值主席国、乍得共和国新闻部部长穆斯塔法·阿里及非洲各国代表一致认为，中非媒体交流合作是真正意义的互利共赢，对提升非洲媒体的发展水平、提高发展中国家的传播力影响力具有重要意义。

6月21日—8月20日

［纲　文］　**“民族记忆 精神家园——国家珍贵古籍特展”在北京举办。**

［目　文］　古籍特展由文化部、文物局主办，国家图书馆承办。本次展览以中共中央总书记习近平传承弘扬中华优秀传统文化系列讲话精神为根本主题，突出展示典籍中蕴

含的中华民族的精神追求、精神特质和精神脉络，重点揭示典籍中蕴含的中华文明历经磨难绵延发展的精神密码，突出“从中华传统典籍中汲取历史智慧”的时代要求，着重体现蕴含典籍中的文化基因、历史智慧如何为今天所用、为现实服务。全国近20家单位的100余件珍贵古籍参展，典籍范围广大、版本精良、亮点纷呈，其中包括来自香港中文大学的宋拓《淳化阁帖》与游似藏《兰亭序》，是香港地区首次申报《国家珍贵古籍名录》中的两部代表性珍品；各馆藏敦煌遗书、佛教经典、宋元善本、明清稿抄等，令观众大饱眼福。

6月22日

［纲　文］　**李克强主持召开国务院常务会议。**

［目　文］　会议听取了民间投资政策落实专项督查工作汇报，要求以不断深化改革调动民间投资积极性。

会议指出，近期国务院组织对促进民间投资健康发展政策落实情况开展全国督查，并委托全国工商联、发展研究中心和行政学院作了政策落实情况第三方评估，发展改革委、新华社也作了大范围专题调研。从督查调研情况看，这几年各地认真贯彻落实党中央、国务院决策部署，在促进民间投资方面做了大量工作，特别是通过简政放权、放管结合、优化服务改革，大大激发了民间投资活力，促进大众创业、万众创新，催生了大批新的市场主体，增强了发展新动能。但督查也发现一些突出问题：部分法规政策不配套、不协调、落实不到位；民营企业在市场准入、资源配置和政府服务等方面难以享受与国企同等待遇；融资难融资贵、缴费负担重；一些干部不作为、不会为、乱作为，少数地方政府失信等，这些都严重影响了民间投资健康发展。

会议强调，一要充分认识促进民间投资、发展民营经济的重要意义。二要以深化改革和政策落地见效提振民营企业投资信心。三要继续处理好政府和市场关系，营造一视同仁的公平投资环境。再取消一批行政审批事项，能放给市场的坚决放给市场。四要着力缓解融资难融资贵问题。同时坚决防止以各种方式变相提高贷款利率。推进政府主导的省级再担保机构基本实现全覆盖，探索发展新型融资担保行业。引导金融机构运用大数据等新技术，创新适合民营企业、小微企业的融资模式，特别要推动大型商业银行扩大服务中小企业业务。五要强化责任追究，建立严格的对政府违约和政策不落实的问责机制，提高政府公信力。督促有关地方和部门在规定时间内解决拖欠企业工程款、物资采购款、保证金等问题。尽快清理涉企收费，坚决砍掉不合理的收费和中介服务环节，有规定的收费也要减少，降低企业成本。坚持依法行政，完善事中事后监管，推行“两随机、一公开”，形成公平公正的市场环境。

6月22日

［纲　文］　**中央第十轮巡视工作动员部署会议在北京召开。**

［目　文］　会议传达了中共中央总书记习近平关于巡视工作的指示。中共中央政治局常委、中央巡视工作领导小组组长王岐山出席会议并强调，巡视是党内监督的重要方

式。中央巡视组要把思想统一到中央的要求上来，学好党章党规党纪，用习近平总书记系列重要讲话精神武装头脑，检查党的路线方针政策落实情况，坚决维护党中央的集中统一领导，实现一届任期内巡视监督全覆盖的目标。中央巡视工作领导小组副组长赵乐际、赵洪祝出席会议。

会议指出，中央巡视组要坚定正确的政治方向，把中央精神吃透，深化政治巡视，重点检查党的领导核心作用发挥情况，党的建设、全面从严治党责任落实情况，领导党风廉政建设和反腐败斗争是否有力。巡视应有强烈的针对性，把握共性、突出个性，对照中央关于经济、外事、组织、统战和执法等各领域方针政策，从政治纪律、对党忠诚的高度去审视和检查是否结合实际贯彻落实了中央决策部署。要透过个别看到一般，发现在深化改革、依法执政等方面存在的问题，推动体制机制和制度创新，使管党治党从宽松软走向严紧硬。“回头看”是围绕政治的再巡视。全面从严治党永远在路上，巡视工作要在坚持中深化、在深化中坚持，体现党内监督的韧劲和严肃性。要让被巡视党组织认识到，党中央对形势的判断冷静清醒，全面从严治党旗帜鲜明、态度坚决。巡视组要把政治纪律和政治规矩摆在首位，既要检查上次巡视整改落实情况，也要发现新的问题，对省委贯彻党中央决策部署、落实全面从严治党责任情况作出总体评价。

经中共中央批准，中央第十轮巡视对全国人大机关党组（含全国人大常委会办公厅，法制工作委员会，预算工作委员会，香港、澳门特别行政区基本法委员会，办公厅研究室等单位）等32个单位党组织开展专项巡视，同时对天津、江西、河南、湖北4个省市进行“回头看”。

6月22日

［纲　文］　**财政部印发《管理会计基本指引》。**

［目　文］　《指引》共6章29条，主要内容有总则、应用环境、管理会计活动、工具方法、信息与报告、附则等内容，自2016年6月22日起施行。

6月22日

［纲　文］　**农业部发布《关于促进现代畜禽种业发展的意见》。**

［目　文］　《意见》由四个部分组成：一、我国畜禽种业发展的形势。二、总体要求。三、主要任务。四、保障措施。

6月22日

［纲　文］　**国土资源部印发《全国土地利用总体规划纲要（2006—2020年）调整方案》。**

［目　文］　《方案》由四个部分组成：一、指导思想。二、调整原则。三、调整的主要内容。四、保障措施。

6月22日

［纲　文］　**全民科学素质行动实施工作电视电话会议在北京召开。**

［目　文］　国务院副总理刘延东出席会议并讲话。会议主要内容是：贯彻落实全国

科技创新大会、两院院士大会、中国科协第九次全国代表大会精神，特别是习近平总书记关于科普工作的指示精神，会议回顾总结“十二五”时期全民科学素质行动实施情况，全面部署“十三五”时期全民科学素质行动实施工作重点，提出要进一步形成政府推动、全民参与的生动局面，推动全民科学素质跨越提升，夯实全面建成小康社会和建设世界科技强国的社会基础和群众基础。

6月22日

［纲　文］　**新华社讯，许其亮在驻新疆、内蒙古部队调研。**

［目　文］　中共中央政治局委员、中央军委副主席许其亮指出，要坚决贯彻习近平主席改革强军战略思想，着力稳边防、谋改革，着力强思想强组织强基层，推动强军目标在边防落地生根。

6月22日

［纲　文］　**中央军委副主席范长龙在北京会见塞尔维亚军队总参谋长迪科维奇。**

［目　文］　范长龙说，两军关系保持积极发展势头，高层互访不断，专业交流扩大，人员培训合作取得新发展。中方愿与塞方一道，抓住两国关系发展的新机遇，进一步提升防务和军事领域合作水平，为中塞全面战略伙伴关系作出应有的贡献。

迪科维奇说，希望双方在国际维和、人员培训、军事医疗、联合演习等领域进一步扩大交流合作，推动两军关系迈上新台阶。

6月22日

［纲　文］　**世界气象组织执行理事会第六十八次届会决定授予中国科学院资深院士、中国科学院大气物理研究所曾庆存第六十一届国际气象组织奖。**

［目　文］　曾庆存是世界上享有极高知名度的科学家，在卫星气象遥感理论、数值天气气候预测理论、气象灾害预测和防控调度问题以及地球系统模式方面作出了杰出贡献，同时也为国际学术交流的繁荣作出了重要贡献。据悉，国际气象组织奖是全球气象界的最高荣誉奖项，享有“气象诺贝尔奖”之称。该奖每年颁发一次，用于奖励全球在气象、水文和地球物理科学领域作出过杰出贡献的人士。

6月22—24日

［纲　文］　**全国政协十二届常委会第十六次会议在北京召开。**

［目　文］　本次会议议题是围绕“实施精准扶贫、精准脱贫，提高扶贫实效”建言献策。国务院副总理汪洋应邀出席会议并作报告。常委会组成人员围绕会议议题讨论，提出了意见和建议。会议期间，俞正声主持召开了全国政协第四十六次主席会议，听取了会议专题分组讨论情况和关于人事事项讨论情况的汇报。

会议经过表决，增补丛兵、高波为第十二届全国政协委员；任命高波为人口资源环境委员会驻会副主任，丛兵为教科文卫体委员会驻会副主任；因年龄原因，凌振国不再担任人口资源环境委员会驻会副主任。会议追认全国政协第四十三次、第四十五次主席会议分别作出的关于撤销朱洪达、上官永清、姚中民第十二届全国政协委员资格的决定，接受叶迎春、徐宪平请辞第十二届全国政协委员。俞正声就做好全国政协下半年重点工作作出具体部署。

6月22—24日

［纲　文］ **孙春兰在湖北调研**。

［目　文］ 中央统战部部长孙春兰考察生产企业，了解企业创新创造情况；在武汉大学、百步亭社区、武汉市委统战部驻东湖高新区联络站，调研基层统战工作开展情况；主持召开两场座谈会，分别听取加强基层统战工作和党外知识分子统战工作的意见建议。

孙春兰指出，基层统战部门要在党委统一领导下，继承发扬调查研究优良传统，切实改进工作作风，完善体制机制，加强干部队伍建设，更好地发挥在大统战工作格局中的牵头协调作用，推动形成工作合力。

6月23日

［纲　文］ **习近平《在全国党校工作会议上的讲话》单行本由人民出版社出版**。

6月23日

［纲　文］ **国务院办公厅印发《关于清理规范工程建设领域保证金的通知》**。

［目　文］ 《通知》由七个部分组成：一、全面清理各类保证金。二、转变保证金缴纳方式。三、按时返还保证金。四、严格工程质量保证金管理。五、实行农民工工资保证金差异化缴存办法。六、规范保证金管理制度。七、严禁新设保证金项目。

《通知》指出，各地区、各部门要加强组织领导，制定具体方案，强化监督检查，积极稳妥推进，切实将清理规范工程建设领域保证金工作落实到位。各地区要明确责任分工和时限要求，并于2017年1月底前将落实情况报送住房城乡建设部、财政部。住房城乡建设部、财政部要会同有关部门密切跟踪进展，加强统筹协调，对不按要求清理规范、瞒报保证金收取等情况的，要严肃追究责任，确保清理规范工作取得实效，并及时将落实情况上报国务院。

6月23日

［纲　文］ **财政部、农业部印发《农业支持保护补贴资金管理办法》，自2016年6月23日起实施**。

6月23日

［纲　文］ **海洋局印发《海洋标准化管理办法》**。

［目　文］ 《办法》共7章33条，主要有总则、组织管理、海洋标准的范围和类别、海洋标准的制定、海洋标准的审批发布和复审、海洋标准的实施与监督检查、附则等内容，自2016年6月23日起施行。《海洋标准化管理办法》即行废止。

6月23日

［纲　文］ **科技部公布《科技部关于对部分规章和文件予以废止的决定》**。

［目　文］ 《决定》说，一、《科学技术成果鉴定办法》等2部规章予以废止。二、

对《关于科学事业费管理的暂行规定》等128份政策性文件予以废止。三、本《决定》自2016年6月23日起实施。

6月23日

［纲　文］　**内蒙古自治区第十二届人民代表大会第五次会议选举布小林为内蒙古自治区主席**。

6月23日

［纲　文］　**江苏盐城市阜宁县、射阳县部分地区突发龙卷风冰雹严重灾害，多个乡镇受灾，造成大量民房、厂房、学校教室倒塌，部分道路交通受阻**。

［目　文］　灾害造成98人遇难，医院收治伤员846人。正在乌兹别克斯坦访问并出席上海合作组织峰会的国家主席习近平立即作出指示，要求国务院派工作组前往指导抢险救灾，代表党中央、国务院慰问受灾群众。要求全力组织抢救受伤人员，最大限度减少人员伤亡，并做好遇难人员善后和受灾群众安置工作。要求有关地方和部门强化气象监测预报和地质灾害评估等工作，做好重特大自然灾害防范和处置工作，切实保障人民群众生命财产安全。

国务院总理李克强作出批示，要求全力做好人员搜寻和伤员救治，抓紧核实受灾情况，尽快帮助受灾群众恢复正常生产生活。民政部要牵头成立国务院工作组，立即赶赴现场指导救灾。有关方面要针对主汛期各类自然灾害多发情况，指导和督促地方切实做好极端天气等灾害防范应对工作，最大程度减少因灾损失。

根据习近平指示和李克强要求，民政部等部门已组织工作组赶赴现场指导救灾。江苏省委和省政府主要负责人紧急赶赴现场组织开展救灾工作。盐城市启动自然灾害救助应急Ⅰ级响应机制和抢险救灾预案。

6月23—24日

［纲　文］　**赵乐际在中国浦东干部学院调研**。

［目　文］　中组部部长赵乐际调研开展“两学一做”学习教育和开展党的理论教育、党性教育情况，强调要深入学习党章党规、深入学习习近平总书记系列重要讲话精神，不断学习、不断领悟、不断实践，坚定理想信念、提高党性觉悟，增强政治意识、大局意识、核心意识、看齐意识，像党章要求的那样，“在生产、工作、学习和社会生活中起先锋模范作用”。

6月24日

［纲　文］　**国务院印发《关于优化建设工程防雷许可的决定》**。

［目　文］　《决定》由三个部分组成：一、整合部分建设工程防雷许可。二、清理规范防雷单位资质许可。三、进一步强化建设工程防雷安全监管。

《决定》指出，建设工程防雷许可具体范围划分，由中国气象局、住房城乡建设部会同中央编办、工业和信息化部、环境保护部、交通运输部、水利部、国务院法制办、能源局、铁路局、民航局等部门研究确定并落实责任，及时向社会公布，2016年底前完成相关交接工作。相关部门要按程序修改《气象灾害防御条例》，对涉及的部门规章等进行清理修订。国务院办公厅适时组织督查，督促各部门、各地区在规定时限内落实改革要求。自2016年6月23日起施行，已有规定与本决定不一致的，按照本决定执行。

6月24日

［纲　文］　**国务院批复发展改革委、科技部和北京市、天津市、河北省人民政府，同意京津冀系统推进全面创新改革试验方案**。

［目　文］　批复说：一、原则同意《京津冀系统推进全面创新改革试验方案》(以下简称《方案》)，请认真组织实施。二、要全面贯彻党的十八大和十八届三中、四中、五中全会以及全国科技创新大会精神，按照“五位一体”总体布局和“四个全面”战略布局，牢固树立创新、协调、绿色、开放、共享的新发展理念，落实党中央、国务院决策部署，围绕促进京津冀协同发展，以促进创新资源合理配置、开放共享、高效利用为主线，以深化科技体制改革为动力，充分发挥北京全国科技创新中心的辐射带动作用，依托中关村国家自主创新示范区、北京市服务业扩大开放综合试点、天津国家自主创新示范区、中国（天津）自由贸易试验区和石（家庄）保（定）廊（坊）地区的国家级高新技术产业开发区及国家级经济技术开发区发展基础和政策先行先试经验，进一步促进京津冀三地创新链、产业链、资金链、政策链深度融合，建立健全区域创新体系，推动形成京津冀协同创新共同体，打造中国经济发展新的支撑带。三、北京市、天津市、河北省人民政府要切实加强对《方案》及各自具体方案实施的组织领导，进一步健全协作机制，明确责任分工，落实各项改革举措，形成工作合力。三地具体实施方案由国家发展改革委、科技部另行印发。四、国家发展改革委、科技部要加强统筹，指导并及时协调解决改革试验中出现的新情况、新问题，组织开展试点经验和成效的总结评估，推广有力度、有特色、有影响的重大改革举措。相关部门要按照职能分工，主动作为，加大对改革试验的支持力度，加强与北京市、天津市、河北省的衔接和协调，使相关改革举措真正落实落地。发展改革委、科技部要加强对《方案》实施情况的跟踪分析和督促检查，重大问题及时向国务院报告。

6月24日

［纲　文］　**国资委、财政部发布《企业国有资产交易监督管理办法》**。

［目　文］　《办法》共7章67条，主要有总则、企业产权转让、企业增资、企业资产转让、监督管理、法律责任、附则等内容，自2016年6月24日起施行，现行企业国有资产交易监管相关规定与本办法不一致的，以本办法为准。

6月24日

［纲　文］　**发展改革委等13部门印发《公共资源交易平台管理暂行办法》**。

［目　文］　《办法》共7章48条，主要有准则、平台运行、平台服务、信息资源共享、监督管理、法律责任、附则等内容，自2016年8月1日起施行。

6月24日

［纲　文］**纪念李德生同志诞辰100周年座谈会在北京举行。**

［目　文］中共中央政治局常委刘云山出席座谈会，并在会前会见了李德生亲属。中央军委副主席许其亮在座谈会上回顾了李德生光辉战斗的一生和卓越的历史贡献，强调要学习他对党忠心耿耿、对事业矢志不渝的崇高品格，敢于迎难而上、勇于担当重任的胆略魄力，善于总结经验、积极开拓进取的创新精神，求实务实为民、淡泊个人名利的优秀品质。

李德生（1916年—2011年5月8日）曾任安徽省委第一书记、解放军总政治部主任、北京军区司令员、沈阳军区司令员、国防大学政治委员、中央军委委员、中共中央副主席、中顾委常委，是中共第九届中央政治局候补委员，第十、十一、十二届中央政治局委员，第十届中央政治局常委，1988年被授予上将军衔。

6月24日

［纲　文］**中俄投资合作委员会第三次会议在北京举行。**

［目　文］国务院副总理、中俄投资合作委员会中方主席张高丽与俄罗斯第一副总理、俄方主席舒瓦洛夫出席会议。会议主要任务是为中俄元首即将会晤进行投资合作方面的重要准备。双方全面总结了中俄投资合作委员会第二次会议以来各领域投资合作取得的成果；确定了新一批重大投资合作项目；商定加快推进“一带一路”建设和欧亚经济联盟建设对接，发挥双方在资源、市场、技术、资金、人才等方面的互补优势，坚持更加开放的理念，营造更加规范便利的环境，共同开辟第三方市场，实现两国投资合作不断向纵深推进。

6月24日

［纲　文］**国务院副总理张高丽在北京分别会见俄罗斯天然气工业公司总裁米勒。**

6月24日

［纲　文］**郭声琨在北京调研。**

［目　文］国务委员、国家禁毒委员会主任郭声琨在北京市公安局强制隔离戒毒所调研时指出，要深入学习贯彻习近平总书记关于禁毒工作的重要讲话重要指示精神，坚持全党全社会一起动手，凝聚各方力量综合治理毒品问题，坚定不移、久久为功，坚决打赢禁毒人民战争。

6月24日

［纲　文］**金砖国家最高审计机关领导人第一次会议在北京举行。**

［目　文］国家审计长刘家义、印度主计审计长夏尔马、巴西审计法院院长赛德拉斯、南非审计长马奎图和俄罗斯联邦审计院审计委员玛努洛娃等参加会议。此次会议以“审计如何促进经济社会发展”为主题进行交流并通过成果文件，呼吁各国最高审计机关更好地发挥国家审计在国家治理中的基石和重要保障作用，促进国家治理，推动经济社会可持续发展。会议通过的成果文件决定依据开放、包容、合作、共赢的金砖精神，在“知

识分享、互利共赢”的基础上，建立金砖国家最高审计机关定期交流和会商机制，共同分享知识经验，深化金砖国家最高审计机关的合作。

同日，国务院副总理张高丽在北京会见与会的印度主计审计长夏尔马、巴西审计法院院长赛德拉斯、南非审计长马奎图和俄罗斯联邦审计院审计委员玛努洛娃等代表。

6月24—25日

［纲　文］　**全军实战化军事训练座谈会在北京召开。**

［目　文］　中央军委副主席范长龙、许其亮出席会议并讲话。中央军委委员吴胜利、马晓天、魏凤和出席会议。全军各大单位、军委机关部门和武警部队有关领导等参加会议。

会议学习贯彻中央军委主席习近平系列重要讲话精神特别是国防和军队建设重要论述，集中探讨提高军事训练实战化水平的重大问题，研究制定锲而不舍抓实战化军事训练的硬性措施；系统总结党的十八大以来实战化军事训练的探索实践，与会代表着眼能打胜仗、练兵备战，坚持问题导向，围绕强化党委第一要务、完善军事训练运行机制、加强军事训练制度建设、深化使命任务训练、创新战法训法、改革院校教学等问题，进行了研讨交流。

6月25日

［纲　文］　**国务院印发《关于宣布失效一批国务院文件的决定》。**

［目　文］　《决定》的主要内容是：一、在前期已宣布失效一批国务院文件的基础上，国务院对改革开放以来以国务院和国务院办公厅名义印发的政策性文件进行了全面清理，旨在推动简政放权、放管结合、优化服务改革向纵深发展，营造实施创新驱动发展战略、推动大众创业万众创新的良好环境，促进新经济、新动能成长。二、对不符合现行法律法规或没有法律法规依据，不适应经济发展需要、严重束缚企业生产经营和管理活动，设立的审批事项已取消或下放，或不同文件对同一事项重复要求、规定不一致等的506件国务院文件宣布失效。凡宣布失效的国务院文件，自2016年6月25日起一律停止执行，不再作为行政管理的依据。三、各地区各部门要做好政策衔接，完善事中事后监管，防止出现“空档”。要加大工作力度，继续抓紧清理和废止不符合现行法律法规或没有法律法规依据，不利于稳增长、促改革、调结构、惠民生的政策文件，坚决破除对企业和群众干事创业的各种束缚，进一步激发市场活力和社会创造力，促进经济社会持续健康发展。

6月25日

［纲　文］　**应国家主席习近平的邀请，俄罗斯联邦总统普京对中国进行国事访问。**

［目　文］　习近平在北京同普京举行了会谈，两国元首一致同意，坚持战略协作精神和世代友好理念，加大相互支持，增进政治和战略互信，坚定不移致力于深化中俄全面战略协作伙伴关系。双方就共同关心的国际和地区热点问题深入交换了意见。两国元首共

同听取了双方有关合作委员会工作汇报；共同签署了《中华人民共和国和俄罗斯联邦联合声明》《中华人民共和国主席和俄罗斯联邦总统关于加强全球战略稳定的联合声明》和《中华人民共和国主席和俄罗斯联邦总统关于协作推进信息网络空间发展的联合声明》，见证了经贸、外交、基础设施、技术创新、农业、金融、能源、媒体、网络、体育等领域30多项合作文件的签署；共同出席《中俄睦邻友好合作条约》签署15周年纪念大会。国务院总理李克强、全国人大常委会委员长张德江分别会见了普京。

习近平同普京会谈时强调，中俄都是世界主要经济体和新兴市场国家，双方要通过深化务实合作和利益交融，特别是推进两国发展战略对接和“一带一路”建设同欧亚经济联盟建设对接合作，推进更广泛的区域经济合作，共同应对世界经济发展中遇到的困难和挑战，保持我们两国经济持续良好发展势头。中俄要维护共同周边安全，加强在重大国际和地区热点问题上的协调和配合。中俄作为联合国安理会常任理事国和维护地区及世界安全稳定的建设性力量，要坚定维护联合国宪章宗旨和原则，坚定维护国际关系基本准则，坚定维护全球战略平衡和稳定，坚定维护国际公平正义，坚持通过友好协商和和平谈判政治解决国家间分歧和地区热点问题，继续致力于构建以合作共赢为核心的新型国际关系，维护好世界和平发展。普京表示，当前，俄中全方位关系发展迅速，俄方赞同加强双方在贸易、能源、高技术、安全、人文等领域合作，支持欧亚经济联盟同丝绸之路经济带建设对接合作。俄中两国在处理国际事务中立场相近，双方保持密切沟通协调十分必要。

李克强在会见普京时指出，我们愿同俄方倡导的欧亚经济联盟加强对接合作，早日达成贸易投资等制度性安排；按照利益共享、风险共担原则，着力同俄方在油气、核能、煤炭、电力等能源领域拓展上中下游一体化合作；推进相互投资和大项目合作；开展本币互换、支付系统以及在多边框架内的金融合作。双方还要共同办好中俄媒体交流年等活动，深入推进教育等人文合作，让中俄友好更加深入人心。普京表示，俄方愿同中方就欧亚经济联盟建设和“丝绸之路经济带”建设进行对接合作，并力争早日取得成果；本着互惠互利原则，积极推进产能合作，深化油气、核能、煤炭、电力、航天、航空、交通基础设施等领域合作，开展第三方市场合作，支持两国地方间扩大经贸合作，共同推动俄中经贸合作质与量的双提升。

6月25日

［纲　文］　**中国载人航天工程为发射货运飞船而全新研制的长征七号运载火箭在海南文昌航天发射场首次发射成功。**

［目　文］　长征七号运载火箭为两级结构，捆绑四枚助推器，全长53.1米，起飞质量597吨，近地轨道运载能力13.5吨，采用了液氧煤油发动机等新技术，是绿色、无毒、无污染的新一代中型运载火箭。

同日，中共中央、国务院、中央军委对载人航天工程空间实验室飞行任务总指挥部并参加长征七号运载火箭首次飞行任务的各参研参试单位和全体同志发出贺电。贺电指出，研制长征七号运载火箭、新建文昌航天发射场，是党中央、国务院、中央军委着眼载人航天事业发展作出的重大决策。长征七号运载火箭首次飞行任务的圆满成功，标志着我国载人航天工程空间实验室飞行任务首战告捷，标志着我国进入太空空间的能力大幅提升。这是航天战线坚决贯彻习近平总书记系列重要讲话精神、统筹推进“五位一体”总体布局和协调推进“四个全面”战略布局的伟大成就，是实施创新驱动发展战略和军民融合发展战略、建设创新型国家的重要成果，对于鼓舞全国各族人民和全军广大官兵为实现中国梦和强军梦而不懈奋斗具有重大意义。

26日，15时41分，由长征七号运载火箭搭载升空的多用途飞船缩比返回舱，在东风着陆场西南戈壁区安全着陆。

6月25—26日

［纲　文］　**亚洲基础设施投资银行首届理事会年会在北京举行。**

［目　文］　国务院副总理张高丽出席开幕式并致辞。财政部部长楼继伟作为本届理事会主席主持会议。财政部副部长史耀斌作为中国副理事在会上发言。亚投行各成员国理事或代表，以及意向成员国和国际组织代表出席本次会议。各国理事对亚投行开业以来取得的进展表示充分肯定，包括董事会批准首批贷款总额为5.09亿美元的4个项目。会议决定第二届理事会年会于2017年6月在韩国济州举行。会议选举韩国理事为第二届理事会主席，格鲁吉亚和英国理事为副主席，同时选举产生了新一届董事会。

6月25日—7月3日

［纲　文］　**“中新儿童艺术节”在新加坡中国文化中心举行。**

［目　文］　艺术节由中外文化交流中心、中国儿童艺术剧院和新加坡中国文化中心举办。旨在为孩子们创造一个学习中文及感悟和领略中华优秀传统文化的机会，促进中新两国少儿教育界进一步沟通，有助于增进两国青少年文化教育交流，加深相互了解。

6月26日

［纲　文］　**李克强在天津考察。**

［目　文］　在出席夏季达沃斯论坛期间，国务院总理李克强分别在天津光电集团、卓朗科技、“飞鸽”等企业考察调研。李克强说，国有大企业要在市场的风浪中挺立潮头，就要用好创业创新的“冲浪板”。要加快转变传统发展模式，健全有利于激发“双创”潜力的机制，把技术、人才等方面的优势更好发挥出来，以创业创新推动企业“裂变式”成长，增强发展的内生动力。

李克强在听取天津市推进简政放权、放管结合、优化服务改革等情况汇报后说，民营经济和中小微企业是经济发展的生力军，要继续坚持“两个毫不动摇”，为他们发展创造有利环境，对创新势能大、潜力足的要给予政策倾斜，把政府转变职能作为释放民间投资潜力的关键环节和供给侧结构性改革的重要内容，促进更多中小微企业幼苗成长壮大，增强经济转型升级的支撑力量。

6月26日

［纲　文］ **湖南省郴州市宜凤高速公路宜章段发生一起客车碰撞燃烧起火的特别重大道路交通事故。**

［目　文］ 交通事故造成35人死亡、13人受伤，直接经济损失2290余万元。

2017年1月14日，国务院湖南郴州宜凤高速“6·26”特别重大道路交通事故调查组认定，该交通事故是一起生产安全责任事故。事故调查组对42名责任人员提出了处理意见。其中，公安、检察机关已对21名企业人员和涉嫌职务犯罪人员立案侦查并采取刑事强制措施；对衡阳市人民政府副市长刘正兴等21名地方政府及其有关部门工作人员给予党纪、政纪处分。

6月26日

［纲　文］ **《人民日报》发表题为《向着更高起点迈进——热烈祝贺长征七号首飞成功》的评论员文章。**

6月26—28日

［纲　文］ **第十届夏季达沃斯论坛在天津举行。**

［目　文］ 本届论坛主题为“第四次工业革命——转型的力量”，来自90多个国家的政要、企业家、学者和媒体代表约1700余人与会。围绕反思创新、重塑增长、重设体系议题，通过200余场专题讨论，为中国和世界经济发展献计献策。

27日，国务院总理李克强出席论坛开幕式并发表特别致辞。李克强在致辞中提出三点看法：一、推动世界经济稳定复苏，需要积极实施结构性改革。二、推动世界经济稳定复苏，必须加快经济转型升级。三、推动世界经济稳定复苏，离不开高效有序的全球治理。他说：在经历多年的快速增长后，中国经济发展进入新常态。中国经济发展正处于新旧动能接续转换、经济转型升级的关键时期。我们将坚持发展第一要务，坚持稳中求进工作总基调，落实创新、协调、绿色、开放、共享的发展理念，实行宏观政策要稳、产业政策要准、微观政策要活、改革政策要实、社会政策要托底的总体思路，在适度扩大总需求的同时，坚定不移推进供给侧结构性改革，抓好去产能、去库存、去杠杆、降成本、补短板，推动发展从过度依赖自然资源转向更多依靠人力人才资源和创新驱动，使中国经济保持中高速增长、迈向中高端水平。我们将以创新引领经济转型升级。我们将大力推进科技创新，着力突破重大关键核心技术，推进创新成果转化应用。我们将深入实施《中国制造2025》，推进制造业信息化、智能化改造，围绕满足消费者多样化需求开展个性化定制、柔性化生产，加快生产、管理、营销模式变革，重塑产业链、供应链、价值链，提高中国制造综合竞争力。我们将以全面深化改革推动经济转型升级，更大程度激发市场活力和社会创造力。我们将以开放助推经济转型升级。开放也是改革，而且会倒逼改革。我们将进一步提高开放型经济水平，扩大服务业和一般制造业开放，为外商提供更多投资机会，营造更加公平、透明、可预期的投资环境。面对国际金融市场扑朔迷离的波动，我们将坚持以市场供求为基础、参考一篮子货币进行调节、有管理的浮动汇率制度。中国将坚定不移走和平发展道路，坚持互利共赢的开放战略，愿与各国一道共同推动包容平衡增长、绿色可持续发展。

会议期间，李克强同与会的吉尔吉斯斯坦总理热恩别科夫举行会谈；同与会的 300 多名各国企业家代表举行对话会。

6 月 26 日—7 月 1 日

［纲　文］　**应全国人大常委会委员长张德江的邀请，保加利亚国民议会议长察切娃率团访华**。

［目　文］　27 日，张德江与察切娃在北京会谈时说，中国全国人大和保加利亚议会在各自国家政治生活中发挥着重要作用，双方一直保持着友好往来。希望双方加强交往交流，进一步提升合作水平，更好服务国家关系发展。一是加大相互政治支持，尊重对方自主选择的发展道路，巩固政治互信，理解并照顾对方核心利益与重大关切。二是加强治国理政经验交流，增进了解、相互借鉴，助力各自国家发展经济、改善民生、加强民主法治建设。三是为双方企业投资、人员往来创造良好的法律和政策环境，为两国务实合作提供坚实的法律保障。四是加强专门委员会、友好小组、青年议员之间的往来，促进旅游、文化、教育和地方合作，弘扬中保友好合作、互利共赢理念，创造有利于中保关系深入发展的“软环境”，夯实双方友好的民意和社会基础。

察切娃说，保加利亚高度赞赏中方的和平发展理念，积极响应习近平主席关于推进“一带一路”建设和中国—中东欧国家合作的倡议。保加利亚议会愿加强与中国全国人大的友好往来，支持两国在经贸、农业、基建、科教等各领域的互利合作，为保中关系发展不断注入新的活力。

29 日，全国政协主席俞正声在北京会见察切娃时说，希望双方继续坚持尊重彼此核心利益和重大关切，不断扩大互利共赢的务实合作，持续丰富人文交流的内涵，推动中保关系迈上新台阶。中方愿与保方一道，积极推动“16+1 合作”在更高水平上平稳运行。中国全国政协愿同保加利亚议会进一步加强交流合作，为促进双边务实合作以及两国实现可持续发展提供有益借鉴。

察切娃说，对中国友好是保各党派的共同愿望，愿不断推进保中在各领域的互利合作，积极参与“一带一路”建设。

6 月 27 日

［纲　文］　**习近平主持召开中央全面深化改革领导小组第 25 次会议**。

［目　文］　中共中央政治局常委、中央全面深化改革领导小组副组长刘云山、张高丽出席会议。中央全面深化改革领导小组成员出席会议，中央和国家有关部门以及有关地方负责人列席会议。

中共中央总书记、中央全面深化改革领导小组组长习近平指出，地方是推进改革的重要力量。各级党委要坚决贯彻落实党中央改革部署，牢固树立政治意识、大局意识、核心意识、看齐意识，增强改革定力，聚集改革资源，激发创新活力，抓实目标任务、精准落地、探索创新、跟踪问效、机制保障，更加富有成效地抓好改革工作。

会议审议通过了：《关于完善人大代表联系人民群众制度的实施意见》《关于推进以审判为中心的刑事诉讼制度改革的意见》《关于设立统一规范的国家生态文明试验区的意见》《国家生态文明试验区（福建）实施方案》《关于加快推进失信被执行人信用监督、警示和惩戒机制建设的意见》《关于海南省域“多规合一”改革试点情况的报告》《2015 年各地全面深化改革推进情况和工作建议综合报告》。

会议强调，改革是一场革命，改的是体制机制，动的是既得利益，不真刀真枪干是不行的。地方各级党委要多在攻坚克难、解决问题上下功夫。目标任务要抓实，围绕体制机制创新，自觉运用改革思维和改革办法推进各项工作，区分轻重缓急，优先推进、重点保障党中央明确的重要改革任务、地方破解发展难题迫切需要的改革任务、同群众切身利益紧密相关的改革任务。精准落地要抓实，对症下药，制定实施方案直奔问题去，充分调研论证，突出针对性和可操作性。要准确把握改革内在联系，提高改革系统集成能力。探索创新要抓实，继续鼓励基层创新，形成改革者上、不改革者下的用人导向，及时总结推广地方的创新做法。跟踪问效要抓实，抓好改革督察，开展评估工作，做到基本情况清楚、问题分析清楚、工作方向清楚。机制保障要抓实，完善督办协调、督察落实、考评激励、责任追究等工作机制，重视改革队伍建设，搞好业务培训，加强业务指导，提高推进改革能力和水平。中央和国家有关部门要加强对地方改革创新的支持，对地方改革出现的问题要加强研判，制定专案，有针对性地加以解决。要加大改革宣传力度，在全社会形成良好改革预期，凝聚起推动改革强大气场。

6 月 27 日

［纲　文］　**中共中央总书记习近平在北京会见古巴共产党中央第一书记劳尔·卡斯特罗特使、中央政治局委员、国务委员会副主席巴尔德斯。**

［目　文］　巴尔德斯通报了古共七大召开的情况和取得的主要成果。习近平说，我们对古巴革命胜利 50 多年来取得的成就感到高兴，相信在以劳尔第一书记为首的新一届古共中央带领下，古巴人民将在社会主义革命和建设事业中取得更大的成就。中国和古巴分处东西半球，远隔千山万水。建交 50 多年来，中古关系经受住了国际风云变幻的考验。我们同为共产党领导的社会主义国家，志同道合，感情相融。我同劳尔主席一道，为中古关系规划了新蓝图。希望双方坚定不移深化肝胆相照的友谊，坚定不移开展互利双赢的合作，坚定不移做改革发展的伙伴，积极引领中古关系在高水平上运行。

巴尔德斯说，古方珍视古中传统友谊，以劳尔第一书记为首的新一届领导集体高度重视发展古中两党两国关系，希望加强治党治国经验交流和各领域务实合作，造福两国人民。

同日，国家副主席李源潮在北京会见了巴尔德斯。

6 月 27 日

［纲　文］　**国务院办公厅印发《关于加强和改进行政应诉工作的意见》。**

［目　文］《意见》由十个部分组成：一、高度重视行政应诉工作。二、支持人民法院依法受理和审理行政案件。三、认真做好答辩举证工作。四、依法履行出庭应诉职责。五、配合人民法院做好开庭审理工作。六、积极履行人民法院生效裁判。七、明确行政应诉工作职责分工。八、加强行政应诉能力建设。九、有效预防和化解行政争议。十、强化行政应诉工作监督管理。

《意见》要求，各省、自治区、直辖市人民政府和国务院各部门要根据本意见，结合本地区、本部门实际，制定加强和改进行政应诉工作的具体实施办法。

6月27日

［纲　文］**军委政治工作部在北京召开军队“两学一做”学习教育工作推进会。**

［目　文］中央军委副主席许其亮出席会议并讲话。驻京大单位政治委员，各大单位政治工作部门主要领导，军委机关有关部门领导等出席会议。

许其亮指出，要认真贯彻习近平主席重要指示精神，按照党中央和中央军委部署要求，坚持学做一致、破立并举，聚力解决问题，改进组织指导，推动“两学一做”学习教育往深里走、往实处落。要在学做一致、破立并举中来一次思想大清理、觉悟大提高。要着眼固本培元“育新苗”，立起习主席系列重要讲话的精神旗帜，立起党章党规的基本遵循，立起当代共产党人的合格标尺，立起新时期党组织的新形象好样子。要深化清理整治“除杂草”，坚持问题导向，从扫除郭伯雄、徐才厚流毒带来的潜规陋习和乱象入手，切实把挖病根工作落细抓实。要营造阳光雨露“好环境”，撑起党员干部真学实做、担当干事的“净土蓝天”。要改进组织指导，把学习教育与改革强军主题教育和大讨论捆在一起抓，带动部队思想政治建设不断改进创新。

6月27日

［纲　文］**国务院副总理张高丽在北京会见泰国副总理颂吉。**

［目　文］张高丽表示，中泰两国是亲密友好邻邦和可信赖的合作伙伴，2015年两国以建交40周年为契机，在各领域务实合作中取得丰硕成果。中方愿与泰方继续加强两国发展战略对接，在涉及彼此关切的重大问题上相互理解和支持，不断深化两国铁路、经贸、人文等领域交流与合作，密切在地区和国际事务中的协调与配合，推动两国全面战略合作伙伴关系实现更大发展。

颂吉表示，泰中友谊深厚，泰方高度重视发展对华关系，坚信中国经济发展仍将领军地区经济发展，对世界经济增长持续作出贡献，希望同中方加强铁路、数字经济等领域务实合作，促进两国和地区更大发展。

6月27日

［纲　文］**中越双边合作指导委员会第九次会议在越南河内举行。**

［目　文］国务委员杨洁篪同越南副总理兼外交部部长范平明共同主持会议。双方一致认为，应继续保持两党两国高层密切交往，加强高层战略沟通，就两国关系重大问题及时交换意见；不断加强党际、外交部门、两军交流合作及执法安全合作。双方同意，加

快推进两国发展战略对接，共同推动“一带一路”和“两廊一圈”框架下项目建设，不断扩大和深化经贸、投资、农业、交通运输以及文化、教育、卫生、旅游、青年等领域合作。双方同意进一步加强陆地边界及边境省区交流与合作。用好两国政府间现有机制，坚持通过友好协商和谈判，管控好海上局势，维护南海和平稳定；积极研究和商谈海上共同开发，有效落实双方商定的合作项目，继续探讨合作新领域。

同日，杨洁篪在河内分别会见越共中央总书记阮富仲和越南国家主席陈大光。

6月27日—7月2日

［纲　文］　**十二届全国人大常委会第二十一次会议在北京召开。**

［目　文］　全国人大常委会委员长张德江主持开幕会、闭幕会。全国人大常委会副委员长李建国、王胜俊、陈昌智、严隽琪、王晨、沈跃跃、吉炳轩、张平、向巴平措、艾力更·依明巴海、万鄂湘、张宝文、陈竺，常委会组成人员出席会议。会议表决通过了：一、《中华人民共和国资产评估法》、新修订的《中华人民共和国野生动物保护法》。二、关于修改《中华人民共和国节约能源法》《中华人民共和国水法》《中华人民共和国防洪法》《中华人民共和国职业病防治法》《中华人民共和国航道法》《中华人民共和国环境影响评价法》等六部法律的决定。三、决定免去袁贵仁的教育部部长职务、任命陈宝生为教育部部长。四、全国人大常委会关于批准《〈关于持久性有机污染物的斯德哥尔摩公约〉新增列六溴环十二烷修正案》的决定。五、全国人大常委会关于批准2015年中央决算的决议，批准了2015年中央决算。六、全国人大常委会代表资格审查委员会关于个别代表的代表资格的报告。七、任命强卫为全国人大内务司法委员会副主任委员，任命罗志军为全国人大环境与资源保护委员会副主任委员，任命王儒林为全国人大农业与农村委员会副主任委员。

6月28日

［纲　文］　**习近平主持中共中央政治局会议，审议《中国共产党问责条例》。**

［目　文］　会议指出，权力就是责任，责任就要担当，忠诚干净担当是党对领导干部提出的政治要求。我们党95年奋斗取得的伟大成就，充分展现了共产党人的担当精神。实现“两个一百年”奋斗目标、实现中华民族伟大复兴的中国梦，关键是各级党组织尤其是党员领导干部要担当责任，做到在党忧党，为党尽职、为民尽责。只要各级领导干部心系使命、扛起责任，就没有过不去的坎。要唤醒责任意识，激发担当精神，永葆党的凝聚力和战斗力。《问责条例》是全面从严治党的利器。条例贯彻党章，坚持问题导向，紧紧围绕坚持党的领导、加强党的建设、全面从严治党、维护党的纪律、推进党风廉政建设和反腐败工作开展问责。对于失职失责造成严重后果、人民群众反映强烈、损害党执政的政治基础的都要严肃追究责任，既追究主体责任、监督责任，又追究领导责任。要把责任压给各级党组织，分解到组织、宣传、统战、政法等党的工作部门，释放有责必问、问责必严的强烈信号。

会议强调，《问责条例》是全面从严治党的重要制度，制度的生命在于执行。全面从严治党、推进标本兼治，最根本的就在于各级领导干部要把管党治党的责任担当起来。各级党组织都要把自己摆进去，联系实际、以上率下，敢于较真碰硬、层层传导压力，让失责必问成为常态。要紧紧围绕贯彻党的路线方针政策、协调推进“四个全面”战略布局强化问责，倒逼责任落实，确保党中央的集中统一领导，确保党中央政令畅通，确保党的团结统一。

6月28日

［纲　文］　**习近平主持中共中央政治局第33次集体学习。**

［目　文］　本次学习的主题是：严肃党内政治生活、净化党内政治生态。中组部高选民就这个问题进行讲解，并谈了意见和建议。中共中央政治局各位委员听取了讲解。

中共中央总书记习近平在主持学习时说：开展严肃认真的党内政治生活，是我们党的优良传统。我们党从成立之日起，就高度重视党内政治生活，在长期实践中逐步形成了以实事求是、理论联系实际、密切联系群众、批评和自我批评、民主集中制、严明党的纪律等为主要内容的党内政治生活基本规范。党的十八大以来，党中央把严肃党内政治生活、净化党内政治生态摆在更加突出的位置来抓，坚持全面从严治党，大力整治形式主义、官僚主义、享乐主义和奢靡之风，严肃查处党员、干部违纪违法问题，坚定不移惩治腐败，完善党内法规制度，不断扎紧制度笼子。经过这几年持续用力，党内政治生活出现了许多新气象。在肯定成绩的同时，我们也要清醒认识到，解决党内政治生活、政治生态中出现的问题决非一朝一夕之功，我们要锲而不舍把这项党的建设基础工程抓紧抓实抓好。严肃党内政治生活是一篇大文章，其中最重要的是围绕坚持党的政治路线、思想路线、组织路线、群众路线，坚持和完善民主集中制、严格党的组织生活等重点内容，集中解决好突出问题。要固本培元，把加强思想政治建设摆在首位，引导党员特别是领导干部筑牢信仰之基、补足精神之钙、把稳思想之舵，坚定中国特色社会主义道路自信、理论自信、制度自信、文化自信，增强党的意识、党员意识、宗旨意识，坚守真理、坚守正道、坚守原则、坚守规矩，做到以信念、人格、实干立身。要激浊扬清，坚持激浊和扬清两手抓，让党内正能量充沛，让歪风邪气无所遁形，铲除腐败这个最致命的“污染源”，深入推进作风建设，坚持正确用人导向，真正让那些忠诚、干净、担当的干部得到褒奖和重用，让那些阳奉阴违、阿谀逢迎、弄虚作假、不干实事、会跑会要的干部没市场、受惩戒，倡导清清爽爽的同志关系，规规矩矩的上下级关系。要立规明矩，把纪律规矩立起来、严起来，使各项纪律规矩真正成为“带电的高压线”，防止出现“破窗效应”。要以上率下，从中央政治局常委会、中央政治局、中央委员会做起，从各地区各部门党委（党组）做起，从高级干部做起，对党绝对忠诚，模范遵守党章，严格按党的制度和规矩办事，夙兴夜寐为党和人民工作，任何时候都不搞特权，都不破坏党的制度和规矩。要继承创新，传承和发扬党内政治生活优良传统，同时立足新的实际，不断进行改进和创新，善于以新的经验指导新的实践，更好发挥党内政治生活功能作用，实现干部清正、政府清廉、政治清明，使我们党始终成为中国特色社会主义伟大事业的坚强领导核心。

6月28日

［纲　文］　**最高人民法院印发《关于人民法院进一步深化多元化纠纷解决机制改革的意见》。**

［目　文］《意见》的主要内容有：一、指导思想、主要目标和基本原则。二、加强平台建设。三、健全制度建设。四、完善程序安排。五、加强工作保障。

6月28日

［纲　文］　**交通运输部公布《危险货物水路运输从业人员考核和从业资格管理规定》。**

［目　文］《规定》共5章31条，主要有总则，港口危货储存单位主要安全管理人员考核管理，装卸管理人员、申报员、检查员从业资格管理，法律责任，附则等内容，自2016年10月1日起施行。

6月28日

［纲　文］　**税务总局发布《关于开具〈中国税收居民身份证明〉有关事项的公告》。**

［目　文］《公告》有12项内容，自2016年10月1日起施行。《国家税务总局关于做好〈中国税收居民身份证明〉开具工作的通知》《国家税务总局关于做好〈中国税收居民身份证明〉开具工作的补充通知》《国家税务总局关于印发〈境外注册中资控股居民企业所得税管理办法（试行）〉的公告》第二十八条同时废止。

6月28日

［纲　文］　**教育部、民政部、科技部、财政部、人力资源社会保障部、文化部、体育总局、共青团中央、中国科协发布《关于进一步推进社区教育发展的意见》。**

［目　文］《意见》由三个部分组成：一、总体要求。二、主要任务。三、保障措施。

《意见》强调，充分利用报刊、广播、电视、网络等媒体，加大对社区教育重要意义和发展成绩的宣传，总结推广全国社区教育实验区、示范区以及各地的典型经验。重视社区教育理论研究和学科建设。坚持办好"全民终身学习活动周"，深入宣传全民学习、终身学习的理念，凝聚社会共识，形成发展合力。不断提高社区教育的认知度和参与度，提高社区居民的满意度和获得感。

6月28日

［纲　文］　**中国首次按照国际民航规章自行研制、具有自主知识产权的中短程新型涡扇支线飞机ARJ21投入商业运营。**

6月28日

［纲　文］　**南宁地铁1号线东段开通试运营。**

［目　文］　试运营的线路长11.2千米，设10座车站。南宁轨道交通1号线全长32.1千米，设25座车站，2016年年底前实现全线开通试运营。广西成为中国第一个开通

地铁的少数民族自治区。

6月28—29日

［纲　文］　**文化部在北京召开2016年全国文化产业工作会议。**

［目　文］　文化部部长雒树刚出席会议并讲话。文化部部长助理于群主持会议并部署当前文化产业重点工作。中宣部、全国人大教科文卫委员会、发展改革委、财政部、中国人民银行、文物局等中央有关部门和单位负责人参加会议。会议发布了第一批国家文化消费试点城市名单（第一次）、《关于推动文化文物单位文化创意产品开发的若干意见》任务落实方案，启动了文化文物单位文化创意产品开发试点工作，布置了加快推动数字文化产业发展、关于组织开展第三批政府和社会资本合作示范项目申报筛选、开展“营改增”政策实施效果评估等工作，并就文化金融合作试验区、国家级文化产业集聚区创建等工作征求意见。

6月29日

［纲　文］　**中共中央决定：鹿心社同志任江西省委书记；强卫同志不再担任江西省委书记、常委、委员职务。王国生同志任青海省委委员、常委、书记；骆惠宁同志不再担任青海省委书记、常委、委员职务，另有任用。**

6月29日

［纲　文］　**国务院任免国家工作人员。**

［目　文］　任命徐麟为国家互联网信息办公室主任、国务院新闻办公室副主任（兼）。任命王志民为中央人民政府驻澳门特别行政区联络办公室主任；免去李刚的中央人民政府驻澳门特别行政区联络办公室主任职务。

6月29日

［纲　文］　**李克强主持召开国务院常务会议。**

［目　文］　会议主要内容是：一、部署促进川陕革命老区振兴发展，推动老区加快致富全面奔小康。会议指出，一要坚持发展第一要务，更多依靠深化改革和扩大开放，推进区域协作，在简政放权、放管结合和打破行政分割、建设统一市场、营造公平竞争环境等方面大胆探索，增强革命老区内生发展动力。二要破解老区基础设施瓶颈制约。加快建设一批重点水利工程，强化电、气等能源保障，完善交通运输网络等基础设施，到2020年力争实现老区行政村基本通宽带。三要积极发展特色农林业和新材料、高端装备制造、商贸物流、旅游等产业，升级轻纺服装等传统产业。鼓励和支持农民工返乡创业。四要加快脱贫攻坚，加大易地扶贫搬迁投入和扶贫小额信贷支持，探索实行资产收益扶持制度，将财政资金投入形成的经营性资产折股配置给贫困户。五要加大东部省份和省内发达市县对口帮扶力度，推进新型城镇化和城乡协调发展，提升教育、医疗、文化等基本公共服务水平，强化就业和社会保障。提高在乡退伍红军老战士、在乡西路军红军老战士、红军失散人员和在乡老复员军人等优抚对象抚恤补助标准。完善生态补偿等政策，加强生态保护和建设。六要增强川陕革命老区发展致富能力。逐步增加中央财政转移支付资金

规模，鼓励金融机构加大信贷扶持，在重大项目布局、审批等方面给予倾斜，研究提高老区矿产、油气资源开发收益地方留成比例。二、原则通过《中长期铁路网规划》，以交通大动脉建设支撑经济社会升级发展。要求遵循铁路发展规律，兼顾经济和社会效益，扩大铁路基础设施网络，构建与公路、水路、航空等有机衔接的综合交通运输体系，增加有效供给，提升运输服务保障能力。一是打造以沿海、京沪等“八纵”通道和陆桥、沿江等“八横”通道为主干，城际铁路为补充的高速铁路网，实现相邻大中城市间 1—4 小时交通圈、城市群内 0.5—2 小时交通圈。二是完善普速铁路网，扩大中西部路网覆盖，优化东部网络布局，形成区际快捷大能力通道，加快建设脱贫攻坚和国土开发铁路。打通普速干线通道瓶颈、卡脖子路段，实现铁路交通基本覆盖县级以上行政区。推进与周边互联互通。三是按照“零距离”换乘要求，同站规划建设以铁路客站为中心、衔接其他交通方式的综合交通体，扩大集装箱中心站、末端配送等货物集散服务网络，形成配套便捷、站城融合的现代化交通枢纽。四是培育壮大高铁经济新业态，促进沿线区域交流合作和资源优化配置，加速产业梯度转移，带动制造业和整个经济转型升级。五是深化投融资、价格等改革，提高中央资金对中西部铁路建设投入比重，培育多元投资主体，放宽市场准入，鼓励支持地方政府和广泛吸引包括民间投资、外资等在内的社会资本参与铁路投资建设。

6 月 29 日

［纲　文］　**财政部、国管局、中直管理局印发《中央和国家机关会议费管理办法》。**

［目　文］　《办法》共 7 章 31 条，主要有总则，会议分类和审批，会议费开支范围、标准和报销支付，会议费公示和年度报告制度，管理职责，监督检查和责任追究，附则等内容。自 2016 年 7 月 1 日起施行。《中央国家机关会议费管理办法》《中央国家机关会议费管理补充规定》《国务院机关事务管理局 财政部关于调整中央国家机关会议费开支标准的通知》同时废止。

6 月 29 日

［纲　文］　**农业部发布《关于印发〈农村土地经营权流转交易市场运行规范（试行）〉的通知》。**

［目　文］　《通知》说，按照《中共中央办公厅、国务院办公厅关于引导农村土地经营权有序流转发展农业适度规模经营的意见》和《国务院办公厅关于引导农村产权流转交易市场健康发展的意见》要求，我部制定了《农村土地经营权流转交易市场运行规范（试行）》，现印发供参照执行。各地要加大工作力度，指导农村土地经营权流转交易市场建立健全交易运行规则，督促尚未建立流转交易市场的地方特别是粮食主产区抓紧建立市场并完善规则，推动流转交易公开、公正、规范运行，维护交易双方合法权益，促进土地资源优化配置和农业适度规模经营健康发展。

6 月 29 日

［纲　文］　**信访局发布《关于印发〈信访事项简易办理办法（试行）〉的通知》。**

［目　文］《通知》说，为认真贯彻落实党的十八大和十八届三中、四中、五中全会精神以及中央关于信访工作制度改革的要求，更好地推动及时就地解决信访问题，根据《信访条例》等规定，结合工作实际，信访局研究制定了《信访事项简易办理办法（试行）》。现予印发，请遵照执行。自2016年7月1日起施行。

6月29日

［纲　文］**全军7月1日起换发启用2016式军官证和文职干部证。**

［目　文］经中央军委批准，全军从2016年7月1日起正式换发启用2016式《中国人民解放军军官证》《中国人民解放军文职干部证》《中国人民解放军义务兵证》《中国人民解放军士官证》《中国人民解放军文职人员证》《中国人民解放军职工证》。

6月29日

［纲　文］**庆祝中国共产党成立95周年音乐会《信念永恒》在北京举行。**

［目　文］习近平、李克强、张德江、俞正声、刘云山、王岐山、张高丽等党和国家领导人与首都各界3000多人观看音乐会。

6月29日

［纲　文］**俞正声在中央党校就加强人民政协工作、推进社会主义协商民主建设作专题报告。**

［目　文］中央党校校委成员和部分原校委成员、全体学员及教职工代表共2100多人参加报告会。全国政协主席俞正声系统阐述了中国人民政治协商会议的性质和任务。他强调，一是要坚持中国共产党的领导。中国共产党的领导是包括各民主党派、各人民团体、各民族、各阶层、各界人士在内的全体中国人民的共同选择，是中国特色社会主义最本质的特征，也是人民政协事业发展进步的根本保证。二是要坚持人民政协的性质定位。人民政协是中国人民爱国统一战线的组织，是中国共产党领导的多党合作和政治协商的重要机构，是我国政治生活中发扬社会主义民主的重要形式，体现了中国特色社会主义制度的鲜明特点。三是要坚持大团结大联合。人民政协要坚持在热爱中华人民共和国、拥护中国共产党的领导、拥护社会主义事业、共同致力于中华民族伟大复兴的政治基础上，最大限度调动一切积极因素，团结一切可以团结的人，汇聚起共襄伟业的强大力量。四是要坚持发扬社会主义民主。人民政协要适应推进国家治理体系和治理能力现代化的要求，坚持改革创新精神，推进人民政协理论创新、制度创新、工作创新，丰富民主形式，畅通民主渠道，有效组织各民主党派、各人民团体、各民族、各阶层、各界人士共商国是，推动实现广泛有效的人民民主。

俞正声指出，在以习近平同志为总书记的党中央坚强领导下，第十二届全国政协准确把握人民政协性质定位，在继承中发展，在发展中创新，坚持团结和民主两大主题，围绕中心、服务大局，积极履行政治协商、民主监督、参政议政职能，为推进党和国家事业发展发挥了重要作用。人民政协作为协商民主重要渠道和专门协商机构，要不断提高协商民主制度化、规范化、程序化水平，坚持广泛凝聚实现中华民族伟大复兴的正能量，坚持推进履职能力建设，推进社会主义协商民主广泛多层制度化发展，为在新形势下推进改革开放和社会主义现代化建设事业作出新贡献。

6月29日

［纲　文］　**外交部发言人就菲律宾南海仲裁案仲裁庭声称将于近期公布所谓最终裁决发表谈话。**

［目　文］　就应菲律宾共和国单方面请求建立的南海仲裁案仲裁庭（以下简称“仲裁庭”）于2016年6月29日对外称，将于2016年7月12日公布所谓最终裁决。

发言人说：我想再次强调的是，仲裁庭对本案及有关事项无管辖权，不应进行审理并作出裁决。一、2013年1月22日，菲律宾单方面就中菲在南海的有关争议提起仲裁。中国政府随即声明，中国不接受、不参与菲律宾提起的仲裁。此后，中国政府多次重申这一立场。2014年12月7日，中国外交部受权发布了《中华人民共和国政府关于菲律宾共和国所提南海仲裁案管辖权问题的立场文件》，全面系统阐明了中国政府对该仲裁案管辖权问题的立场，即仲裁庭对菲律宾单方面提起的南海仲裁案没有管辖权，中国政府不接受、不参与菲律宾提起的仲裁拥有充分的国际法依据。2015年10月29日，仲裁庭作出管辖权和可受理性问题裁决。中国政府当即声明有关裁决是无效的，没有拘束力。针对仲裁庭11月24日至30日就该案实体问题进行的庭审，中国政府再次阐明了不接受、不参与的立场。2016年6月8日，中国外交部发布了《中华人民共和国外交部关于坚持通过双边谈判解决中国和菲律宾在南海有关争议的声明》，重申中国坚持不接受、不参与菲律宾仲裁案以及通过双边谈判解决中菲在南海有关争议的立场。二、菲律宾单方面提起南海仲裁案违反国际法。第一，中菲通过一系列双边文件和《南海各方行为宣言》早已就通过双边谈判解决南海有关争议达成协议，《联合国海洋法公约》（以下简称《公约》）规定的仲裁程序不适用中菲南海有关争议。第二，菲律宾提请仲裁事项的实质是南海部分岛礁的领土主权问题，不在《公约》的调整范围内，更不涉及《公约》的解释或适用。第三，菲律宾提请仲裁事项构成中菲两国海域划界问题不可分割的组成部分，而中国已根据《公约》第298条的规定于2006年作出声明，将涉及海域划界等事项的争端排除适用仲裁等强制争端解决程序。第四，菲律宾无视中菲从未就其所提仲裁事项进行任何谈判的事实，偷换概念，虚构争端，未履行《公约》第283条就争端解决方式交换意见的义务。三、仲裁庭建立在菲律宾非法行为和诉求基础上，对有关事项不具有管辖权。仲裁庭不顾中菲已选择通过谈判协商方式解决争端的事实，无视菲律宾所提仲裁事项的实质是领土主权问题的事实，规避中方根据《公约》规定做出的排除性声明，自行扩权和越权，强行对有关事项进行审理，损害缔约国享有的自主选择争端解决方式的权利，破坏《公约》争端解决体系的完整性。四、在领土问题和海域划界争议上，中国不接受任何第三方争端解决方式，不接受任何强加于中国的争端解决方案。中国政府将继续遵循《联合国宪章》确认的国际法和国际关系基本准则，坚持与直接有关当事国在尊重历史事实的基础上，根据国际法，通过谈判协商解决南海有关争议，维护南海和平稳定。

6月29日

［纲　文］ **环境保护部办公厅发布《关于印发〈生态环境损害鉴定评估技术指南 总纲〉和〈生态环境损害鉴定评估技术指南 损害调查〉的通知》。**

［目　文］《通知》说，为规范生态环境损害鉴定评估工作，我部组织制定了《生态环境损害鉴定评估技术指南 总纲》和《生态环境损害鉴定评估技术指南 损害调查》，现予印发，供在开展生态环境损害鉴定评估有关工作中参照执行。

6月29—30日

［纲　文］ **能源局在北京举办二十国集团能源部长会议。**

［目　文］ 本次会议以"构建低碳、智能、共享的能源未来"为主题，是二十国集团杭州峰会的专业部长会议。国务院副总理张高丽出席开幕式并致辞。来自27个国家和有关国际组织官员与会，与会嘉宾围绕国际能源发展的机遇与挑战、能源技术与创新、能源可及性的需求和政策现状等多项议题进行了讨论。本次部长会议共形成了四项成果，包括一个主文件和三个附属文件。主文件是《2016年G20能源部长会议北京公报》。三个附属文件分别是《加强亚太地区能源可及性：关键挑战与G20自愿合作行动计划》《G20可再生能源自愿行动计划》和《G20能效引领计划》。

30日，国务院副总理张高丽、国务委员杨洁篪在北京分别会见沙特能源、工业和矿产大臣法利赫。张高丽在会见法利赫时说，中方愿同沙方一道，保持两国高层交往势头，加强"一带一路"建设同沙特"2030愿景"的战略对接，开好中沙高级别联合委员会首次会议，密切在国际和地区事务中的协调配合，推动中沙关系迈上新台阶。法利赫表示，沙方正在积极落实两国元首达成的重要共识，认真筹备沙中高委会首次会议，通过对接发展战略，深化双方各领域合作，进一步发展沙中关系。

6月30日

［纲　文］ **国家主席习近平致电视贺杜特尔特就任菲律宾第16任总统。**

6月30日

［纲　文］ **国务院办公厅印发《关于加快推进"五证合一、一照一码"登记制度改革的通知》。**

［目　文］《通知》由三个部分组成：一、总体要求。二、主要任务。三、工作措施。

《通知》要求，从2016年10月1日起正式实施"五证合一、一照一码"，在更大范围、更深层次实现信息共享和业务协同，巩固和扩大"三证合一"登记制度改革成果，进一步为企业开办和成长提供便利化服务，降低创业准入的制度性成本，优化营商环境，激发企业活力，推进大众创业、万众创新，促进就业增加和经济社会持续健康发展。推进这项改革要遵循标准统一规范、信息共享互认、流程简化优化、服务便捷高效的指导原则。

《通知》强调，各有关部门和地方各级政府要高度重视，加强组织领导，及时协调解决改革中遇到的问题。要加强督促检查，畅通社会监督渠道，国务院适时组织专项督查。要加强宣传引导，让企业和社会公众充分了解改革政策，形成推动改革落地见效的良好氛围。

6月30日

［纲　文］　**发展改革委公布《国有粮油仓储物流设施保护办法》。**

［目　文］　《办法》共5章25条，主要有总则、保护措施、监督管理、法律责任、附则等内容，自2016年8月1日起施行。

6月30日

［纲　文］　**保监会发布《关于进一步加强保险公司关联交易信息披露工作有关问题的通知》。**

［目　文］　《通知》共14条，重点对关联交易的识别、报告、信息披露和法律责任等方面予以明确和规范，主要内容包括：一是扩大披露范围。明确保险公司需在规定时限内，按照交易类型、交易金额分类，对重大关联交易、资金运用类关联交易及一般关联交易进行逐笔或合并信息披露，逐笔、合并披露的适用范围和条件分别予以明确。二是细化披露内容。明确各类关联交易需披露的具体要素、渠道和方式，保险公司需完整准确披露相关信息。三是提高披露标准。明确重大关联交易与保险公司总资产的比例关系或单笔交易金额标准，对重大关联交易的认定范围进一步扩大。四是强化法律责任。明确保险公司董事会对公司关联交易合规性负最终责任，董事会秘书是关联交易信息披露责任人，并分别对保险公司、信息披露责任人等明确了相应的监管措施。自2016年6月30日起施行。

6月30日

［纲　文］　**税务总局发出《关于发布〈涉税信息查询管理办法〉的公告》。**

［目　文］　《公告》说，为贯彻落实《深化国税、地税征管体制改革方案》关于“推进涉税信息公开，方便纳税人查询缴税信息”的要求，持续推进办税便利化改革，税务总局制定了《涉税信息查询管理办法》，现予以发布，自2016年6月30起施行。

6月30日

［纲　文］　**粮食局印发《粮油储存安全责任暂行规定》。**

［目　文］　《规定》共6章30条，主要有总则、粮油仓储单位的责任、政策执行主体的责任、粮食行政管理部门的责任、责任追究、附则等内容，自2016年7月1日起施行。

6月30日

［纲　文］　**公安部在北京召开全国公安机关网络安全保卫工作会议。**

［目　文］　公安部党委委员、副部长陈智敏主持会议。公安部部长郭声琨出席会议并讲话。各省区市和新疆生产建设兵团公安厅局有关负责人，公安部机关有关局级单位负责人参加会议。

郭声琨要求，要依法严厉打击网络恐怖活动和网络贩枪、欺诈、赌博、贩毒等群众反映强烈的网络违法犯罪活动，努力构建网络社会综合防控体系，不断提升人民群众安全感和满意度。要强化关键信息基础设施和大数据安全防护，加大对侵害公民个人信息和窃取企业商业秘密等违法犯罪行为的打击力度，切实维护公民、企业合法权益，为经济社会发展创造良好的网络环境。要积极构建各方面共同参与、齐抓共管的维护网络安全工作格局，加强网络安全执法国际合作，不断提高网络安全共管共治的能力。

6 月 30 日

［纲　文］　**人民网报道，中共中央决定：骆惠宁同志任山西省委委员、常委、书记；王儒林同志不再担任山西省委书记、常委、委员职务。**

6 月 30 日

［纲　文］　**人民网报道，中共中央决定：李强同志任江苏省委委员、常委、书记；罗志军同志不再担任江苏省委书记、常委、委员职务。**

6 月 30 日

［纲　文］　**中法高级别人文交流机制第三次会议在巴黎举行。**

［目　文］　国务院副总理刘延东和法国外长艾罗共同主持会议。中法双方高度评价过去一年来两国旅游交流合作的务实成果。刘延东和艾罗共同签署“联合声明”并见证签署两国文化、卫生、教育、媒体等领域合作文件。

同日，法国总统奥朗德在会见刘延东时表示，当年我和习近平主席共同决定建立法中高级别人文交流机制，我很高兴看到两年多来机制取得良好积极发展，希望双方继续加强人文领域交流与合作，从文化、教育、体育等各个方面全面推进法中交流，拉近两国人民之间的感情和距离。法国在举办国际重大体育赛事方面富有经验，愿全力支持并参与北京筹办冬奥会工作。我期待 2016 年 9 月赴华出席二十国集团杭州峰会。

刘延东表示，我和艾罗外长共同主持中法高级别人文交流机制第三次会议，双方都对机制良好发展和两国人文交流取得的丰硕成果表示满意，并就今后进一步深化中法人文交流达成广泛共识。我们愿同法方共同努力，从战略高度和长远角度规划和推进两国人文交往，扎实推进十大领域务实合作，为中法关系发展奠定更加坚实的民意和社会基础。

6 月 30 日—7 月 19 日

［纲　文］　**“庆祝中国共产党成立 95 周年美术作品展览”在中国美术馆举办。**

［目　文］　作品展览由文化部主办、中国美术馆承办。展览汇集了我国几代美术家在不同历史时期创作的优秀作品 300 余件，以中国美术馆馆藏作品为主，包括部分其他美术机构的藏品和新创作品，涵盖了中国画、油画、版画、雕塑、年画、连环画、宣传画、漆画等多个类别。这些作品中，既有 1940 年创作的《七七的号角》，也有反映战争年代的作品《太行烽火》；既有描绘中国共产党发展历史上重要时期的《遵义会议》，也有讴歌新中国成立的《千年土地翻了身》；既有呈现改革开放的《潮》，还有谱写中国对外援建的《情满阿非利亚》。这些作品共同表现了 95 年来我国发生的翻天覆地的变化。

7 月

7月1日

［纲　文］　**庆祝中国共产党成立95周年大会在北京举行。**

［目　文］　中共中央总书记习近平出席大会并讲话。国务院总理李克强主持大会。中共中央政治局常委张德江、俞正声、刘云山、王岐山、张高丽出席大会。中共中央、全国人大常委会、国务院、最高人民法院、最高人民检察院、全国政协、中央军委领导同志出席大会。中央党政军群各部门和北京市主要负责人，各民主党派中央、全国工商联负责人和无党派人士代表，老党员、老干部代表，受表彰的全国优秀共产党员、优秀党务工作者和先进基层党组织代表，在华工作的外国专家代表，首都基层党员和各界群众代表，解放军、武警部队官兵代表等约3000人参加大会。

刘云山宣读《中共中央关于表彰全国优秀共产党员、优秀党务工作者和先进基层党组织的决定》。决定指出，中共中央决定对贾立群等100名共产党员、傅企平等100名党务工作者、中国工程物理研究院党委等300个基层党组织予以表彰，分别授予“全国优秀共产党员”“全国优秀党务工作者”和“全国先进基层党组织”称号。

习近平在会上发表讲话强调，我们党已经走过了95年的历程，但我们要永远保持建党时中国共产党人的奋斗精神，永远保持对人民的赤子之心。面向未来，面对挑战，全党同志一定要不忘初心、继续前进，并就不忘初心、继续前进提出八个方面的要求。一是坚持不忘初心、继续前进，就要坚持马克思主义的指导地位，坚持把马克思主义基本原理同当代中国实际和时代特点紧密结合起来，推进理论创新、实践创新，不断把马克思主义中国化推向前进。二是坚持不忘初心、继续前进，就要牢记我们党从成立起就把为共产主义、社会主义而奋斗确定为自己的纲领，坚定共产主义远大理想和中国特色社会主义共同理想，不断把为崇高理想奋斗的伟大实践推向前进。三是坚持不忘初心、继续前进，就要坚持中国特色社会主义道路自信、理论自信、制度自信、文化自信，坚持党的基本路线不动摇，不断把中国特色社会主义伟大事业推向前进。四是坚持不忘初心、继续前进，就要统筹推进“五位一体”总体布局，协调推进“四个全面”战略布局，全力推进全面建成小康社会进程，不断把实现“两个一百年”奋斗目标推向前进。五是坚持不忘初心、继续前进，就要坚定不移高举改革开放旗帜，勇于全面深化改革，进一步解放思想、解放和发展社会生产力、解放和增强社会活力，不断把改革开放推向前进。六是坚持不忘初心、继续前进，就要坚信党的根基在人民、党的力量在人民，坚持一切为了人民、一切依靠人民，充分发挥广大人民群众积极性、主动性、创造性，不断把为人民造福事业推向前进。七是坚持不忘初心、继续前进，就要始终不渝走和平发展道路，始终不渝奉行互利共赢的开放战略，加强同各国的友好往来，同各国人民一道，不断把人类和平与发展的崇高事业推向前进。八是坚持不忘初心、继续前进，就要保持党的先进性和纯洁性，着力提高执政能力和领导水平，着力增强抵御风险和拒腐防变能力，不断把党的建设新的伟大工程推向前进。

李克强在主持大会时说，全党同志要深入学习、认真领会习近平总书记重要讲话精神，不忘初心、继续前进，以先进模范为榜样和鞭策，坚定共产党人应有的理想信念，坚定不移地走中国特色社会主义道路，坚持党的基本路线，牢牢扭住发展第一要务，把对党的赤诚和忠贞融入到建设中国特色社会主义、融入到全心全意为人民服务的伟大事业中去。

同日，中共中央印发《关于表彰全国优秀共产党员、优秀党务工作者和先进基层党组织的决定》。

7月1日

［纲　文］　**国务院印发《关于在自由贸易试验区暂时调整有关行政法规、国务院文件和经国务院批准的部门规章规定的决定》。**

［目　文］　《决定》说，国务院决定，在自由贸易试验区暂时调整《中华人民共和国外资企业法实施细则》等18部行政法规、《国务院关于投资体制改革的决定》等4件国务院文件、《外商投资产业指导目录（2015年修订）》等4件经国务院批准的部门规章的有关规定。国务院有关部门和天津市、上海市、福建省、广东省人民政府要根据上述调整情况，及时对本部门、本省市制定的规章和规范性文件作相应调整，建立与试点要求相适应的管理制度。

7月1日

［纲　文］　**国务院办公厅通知江苏省人民政府，同意南通市城市总体规划。**

［目　文］　通知说，一、国务院原则同意《南通市城市总体规划（2011—2020年）》（以下简称《总体规划》）。二、重视城乡区域统筹发展。在《总体规划》确定的1770平方公里城市规划区范围内，实行城乡统一规划管理。根据市域内不同地区的条件，重点发展县城和基础条件好、发展潜力大的重点镇，优化村镇布局，加强对村镇建设的指导，促进农业产业化和农村现代化。三、合理控制城市规模。到2020年，中心城区常住人口控制在215万人以内，城市建设用地控制在254.3平方公里以内。四、完善城市基础设施体系。要按照绿色循环低碳的理念规划建设城市基础设施。五、建设资源节约型和环境友好型城市。要按照促进生产空间集约高效、生活空间宜居适度、生态空间山清水秀的总体要求，形成合理的城市空间结构，促进经济建设、城乡建设和环境建设同步发展。六、创造优良的人居环境。七、重视历史文化和风貌特色保护。八、严格实施《总体规划》。南通市人民政府要根据本通知精神，认真组织实施《总体规划》，任何单位和个人

不得随意改变。江苏省和住房城乡建设部要加强对《总体规划》实施工作的指导、监督和检查。

7月1日

［纲　文］　**国务院办公厅印发《关于进一步做好民间投资有关工作的通知》。**

［目　文］　《通知》由八个部分组成：一、充分认识促进民间投资健康发展的重要意义。二、认真抓好督查和评估调研发现问题的整改落实。三、继续深化简政放权、放管结合、优化服务改革。四、努力营造一视同仁的公平竞争市场环境。五、着力缓解融资难融资贵问题。六、切实降低企业成本负担。七、强化落实地方政府和部门的主体责任。八、加大政策解读和舆论宣传力度。

《通知》要求，各省（区、市）人民政府、各有关部门要按照本通知精神，进一步做好民间投资有关工作，重要情况及时报告国务院。

7月1日

［纲　文］　**最高人民法院印发《关于加强和规范人民法院国家司法救助工作的意见》。**

［目　文］　《意见》的主要内容有：人民法院在审判、执行工作中，对权利受到侵害无法获得有效赔偿的当事人，符合本意见规定情形的，可以采取一次性辅助救济措施，以解决其生活面临的急迫困难。国家司法救助工作应当遵循公正、公开、及时原则，严格把握救助标准和条件等21条。

7月1日

［纲　文］　**中组部发布《2015年中国共产党党内统计公报》。**

［目　文］　《公报》说，截至2015年12月31日，中国共产党党员总数为8875.8万名，比上年净增96.5万名，增幅为1.1%。中国共产党现有基层组织441.3万个，比上年增加5.4万个，增幅为1.2%。其中基层党委21.3万个，总支部27.6万个，支部392.4万个。

7月1日

［纲　文］　**发展改革委、卫生计生委、人力资源社会保障部、财政部印发《推进医疗服务价格改革意见》。**

［目　文］　《意见》由三个部分组成：一、指导思想、基本原则和主要目标。二、主要任务。三、保障措施。

《意见》指出，医疗服务价格改革涉及面广、影响大、情况复杂，各地区、各有关部门要充分认识改革的重要性、艰巨性和复杂性，加强领导，落实责任，精心组织实施。发展改革委会同有关部门对改革落实情况加强监督检查，改革中出现的重大情况，各地要及时报告。

7月1日

［纲　文］　**文化部印发《关于加强网络表演管理工作的通知》。**

［目　文］《通知》由三个部分组成：一、督促网络表演经营单位和表演者落实责任。二、加强内容管理，依法查处违法违规网络表演活动。三、对网络表演市场全面实施“双随机、一公开”。

《通知》指出，本通知所称的网络表演是指将现场进行的文艺表演、网络游戏等文化产品技法展示或解说等，通过信息网络实时传播或者以音视频形式上载传播，供用户在线浏览、观看、使用或者下载的产品和服务。

7月1日

［纲　文］**财政部社会保障司发布，中央财政拨付山西、安徽、江西、湖北、湖南、贵州、新疆等地风雹洪涝自然灾害生活补助资金5.95亿元。**

［目　文］补助资金具体分配和用途如下：山西省4000万元、安徽省4700万元、江西省10700万元、湖北省6600万元、湖南省9000万元、贵州省11700万元、新疆维吾尔自治区12000万元、新疆生产建设兵团800万元，用于灾区受灾群众紧急转移安置、过渡性生活救助、倒损住房恢复重建和向因灾死亡人员家属发放抚慰金。

7月1—16日

［纲　文］**庆祝中国共产党成立95周年暨青藏铁路通车10周年图片展在北京举行。**

［目　文］图片展由中央统战部、中国西藏文化保护与发展协会与中国铁建股份有限公司共同主办。共展出图片365幅，美术作品76幅。

2日，中共中央政治局委员、中央统战部部长孙春兰观看图片展时指出，建设青藏铁路是党中央、国务院作出的一项重大战略决策，几代中央领导都十分关心。建设者们克服了生态脆弱、高寒缺氧、高原冻土三大难题，创造了人类铁路建设史上的奇迹。青藏铁路建成通车，彰显了中国共产党的英明领导，彰显了社会主义制度的无比优越。青藏铁路通车10年来，沿线各地经济社会发展取得了显著成就，促进了各民族交流交往交融，成为各族群众的致富路、连心路、团结路。

7月1日

［纲　文］**《人民日报》发表题为《永葆党的生机活力社论——热烈庆祝中国共产党成立95周年》的社论。**

7月2日

［纲　文］**习近平签署中华人民共和国主席令（第46至49号）。**

［目　文］主席令第46号说，《中华人民共和国资产评估法》已由中华人民共和国第十二届全国人民代表大会常务委员会第二十一次会议于2016年7月2日通过，现予公布，自2016年12月1日起施行。

主席令第47号说，《中华人民共和国野生动物保护法》已由中华人民共和国第十二届全国人民代表大会常务委员会第二十一次会议于2016年7月2日修订通过，现将修订后的《中华人民共和国野生动物保护法》公布，自2017年1月1日起施行。

主席令第48号说，《全国人民代表大会常务委员会关于修改〈中华人民共和国节约能源法〉等六部法律的决定》已由中华人民共和国第十二届全国人民代表大会常务委员会第二十一次会议于2016年7月2日通过，现予公布。《决定》对《中华人民共和国节约能源法》《中华人民共和国水法》《中华人民共和国防洪法》《中华人民共和国职业病防治法》《中华人民共和国航道法》所做的修改，自2016年7月2日起施行；对《中华人民共和国环境影响评价法》所做的修改，自2016年9月1日起施行。

主席令第49号说，根据中华人民共和国第十二届全国人民代表大会常务委员会第二十一次会议于2016年7月2日的决定：免去袁贵仁的教育部部长职务；任命陈宝生为教育部部长。

7月2日

［纲　文］　**国务院印发《关于统筹推进县域内城乡义务教育一体化改革发展的若干意见》**。

［目　文］　《意见》由五个部分组成：一、指导思想。二、基本原则。三、工作目标。四、主要措施。五、组织保障。

《意见》强调，要加强党的领导，落实政府责任，明确部门职责，加强督导检查，营造良好氛围，确保各项改革措施落实到位，工作目标如期实现。

7月2日

［纲　文］　**中共中央办公厅发出通知，要求认真学习贯彻习近平总书记在庆祝中国共产党成立95周年大会上的重要讲话精神**。

［目　文］　通知指出，习近平总书记“七一”重要讲话，以马克思列宁主义、毛泽东思想、邓小平理论、“三个代表”重要思想、科学发展观为指导，全面回顾了我们党95年来团结带领全国各族人民不懈奋斗走过的光辉历程和作出的伟大历史贡献，深刻阐明了近代以来我国社会发展的规律性认识，深刻阐明了我们党的执政理念和执政方略，深刻阐明了我们党对重大国内外问题的原则立场，以不忘初心、继续前进为主题，明确提出了面向未来、面对挑战，做好改革发展稳定各项工作、加强和改善党的领导、加强自身建设的要求，科学展望了党和人民事业发展的光明前景，是全党在新的历史条件下进行具有许多新的历史特点的伟大斗争的政治宣言，是指引我们党奋力推进中国特色社会主义伟大事业和全面推进党的建设新的伟大工程的纲领性文献。认真学习贯彻习近平总书记“七一”重要讲话精神，对团结动员全党全国各族人民在以习近平同志为总书记的党中央领导下，满怀信心为实现“两个一百年”奋斗目标、实现中华民族伟大复兴的中国梦而奋斗具有重大理论意义和现实意义。要把学习讲话同学习党的理论特别是习近平总书记系列重要讲话精神结合起来，深刻理解精髓要义，尤其要深刻理解不忘初心、继续前进的重大意义，进一步增强政治意识、大局意识、核心意识、看齐意识；同学习中国近代以来的历史，学习党史、中华人民共和国史、改革开放史结合起来，进一步坚定中国特色社会主义道路自信、

理论自信、制度自信、文化自信；同破解改革发展稳定的实践难题结合起来，统筹推进“五位一体”总体布局，协调推进“四个全面”战略布局；同加强和改进党的建设结合起来，确保党始终成为中国特色社会主义事业的坚强领导核心；同各地区各部门的具体实际结合起来，贯穿“两学一做”学习教育全过程，增强学习效果。各级党委（党组）中心组要把讲话作为学习的重要内容，及时组织开展专题研讨，力求学深学透、融会贯通。要把讲话精神融入各级党校、行政学院、干部学院培训教学的相关内容，融入大、中、小学校思想政治教育的相关内容，推动讲话精神进教材、进课堂、进头脑。各级党委讲师团要围绕讲话精神，组织好面向基层党员、干部、群众的宣讲活动。基层党组织要结合各自实际，组织好广大党员、干部的学习。

7月2日

［纲　文］　**人民出版社出版习近平《在庆祝中国共产党成立95周年大会上的讲话》单行本。**

7月2日

［纲　文］　**陈锦华在北京逝世。**

［目　文］　中国共产党的优秀党员，久经考验的忠诚的共产主义战士，我国经济建设战线的杰出领导人，中国人民政治协商会议第九届全国委员会副主席陈锦华在北京逝世，享年87岁。

8日，陈锦华遗体在北京八宝山革命公墓火化。习近平、李克强、张德江、俞正声、刘云山、王岐山、张高丽、胡锦涛等送别。

7月2日

［纲　文］　**《人民日报》发表题为《永葆奋斗精神　永怀赤子之心——一论学习贯彻习近平同志“七一”重要讲话》的评论员文章。**

7月2日

［纲　文］　**《人民日报》发表题为《以优秀共产党人为标杆》的评论员文章。**

7月2—6日

［纲　文］　**应国务院总理李克强邀请，希腊共和国总理齐普拉斯对中国进行正式访问。**

［目　文］　访问期间，国家主席习近平、全国人大常委会委员长张德江在北京分别会见了齐普拉斯。李克强与齐普拉斯在北京举行会谈、共同出席中国国际贸易促进委员会主办的第二届中希海洋合作论坛并见证了双方经贸、科技、旅游等领域多份合作文件的签署。双方发表了《中华人民共和国和希腊共和国关于加强全面战略伙伴关系的联合声明》。

习近平在会见齐普拉斯时强调，中希要密切高层交往，在涉及彼此核心利益和重大关切问题上继续相互理解和支持。双方要推进务实合作。中方愿继续同希方携手合作，将比雷埃夫斯港建设为地中海最大的集装箱转运港、海陆联运的桥头堡，成为“一带一路”合作的重要支点，并带动两国广泛领域务实合作。双方要加强文明互鉴，使人文交流成为沟通两国人民心灵的桥梁和纽带。双方要就重大国际和地区问题保持密切协调配合。中方愿意看到欧洲在国际事务中发挥积极作用，希望看到一个繁荣、稳定的欧盟和英国。齐普拉斯表示，希腊愿在稳定和振兴国家经济过程中，将自身发展战略同中方“一带一路”倡议对接合作，并在能源、运输等领域发挥连接东西的枢纽作用。希方愿同中方共同努力，夯实以比雷埃夫斯港项目为基础的互利合作，这有利于我们两国人民，也将产生积极的区域影响。

李克强与齐普拉斯会谈时指出，我们愿同希腊一道，努力将比雷埃夫斯港打造成地中海一流港口和物流中心，成为中欧陆海快线以及亚欧互联互通的重要门户，使两国人民从双方合作中切实受益。也希望希腊政府继续为相关合作顺利开展予以协助和支持。促进双边贸易持续、均衡增长。用好两国丰厚的人文资源，密切文化、教育、科技、旅游等领域交流。

齐普拉斯表示，希方愿以比港这一“龙头”项目建设为契机，推动双方在造船、金融、科技创新、食品贸易、旅游、文化、教育等领域合作取得新进展，愿发挥在欧中合作中的桥梁作用，积极促进欧中关系的发展。

张德江在会见齐普拉斯时说，中国全国人大愿继续同希腊议会加强各层次友好往来，增进相互了解，积极开展立法和治国理政经验交流，为两国各领域合作创造更好的政策、法治和社会环境。齐普拉斯说，希中友好源远流长，希腊期待同中方深化各领域互利合作。

7月3日

［纲　文］　**国务院批复江苏省人民政府，同意南京市城市总体规划。**

［目　文］　批复说：一、原则同意《南京市城市总体规划（2011—2020年）》（以下简称《总体规划》）。二、重视城乡区域统筹发展。在《总体规划》确定的6582平方公里城市规划区范围内，实行城乡统一规划管理。三、合理控制城市规模。到2020年，中心城区常住人口控制在670万人以内，城市建设用地控制在652平方公里以内。要贯彻落实城乡规划法关于先规划后建设的原则，禁止在《总体规划》确定的建设用地范围之外设立各类开发区和城市新区。四、做好南京江北新区规划建设。要按照《国务院关于同意设立南京江北新区的批复》（国函〔2015〕103号）要求，坚持规划先行、改革先行、法治先行和生态先行，积极参与长江经济带和“一带一路”建设，更加注重自主创新，加快构建现代产业体系，推进新型城镇化建设，完善现代化基础设施，加强生态文明建设，扩大对外开放合作，与上海浦东新区、浙江舟山群岛新区、中国（上海）自由贸易试验区等联动发展，逐步建设成为自主创新先导区、新型城镇化示范区、长三角地区现代产业集聚区、长江经济带对外开放合作重要平台，努力走出一条创新驱动、开放合作、绿色发展的现代化建设道路。五、完善城市基础设施体系。要按照绿色循环低碳的理念规划建设城市

基础设施。六、建设资源节约型和环境友好型城市。要按照促进生产空间集约高效、生活空间宜居适度、生态空间山清水秀的总体要求，形成合理的城市空间结构，促进经济建设、城乡建设和环境建设同步发展。七、创造优良的人居环境。要坚持以人为本，统筹安排关系人民群众切身利益的教育、医疗、市政等公共服务设施的规划布局和建设。八、重视历史文化和风貌特色保护。要统筹协调发展与保护的关系，按照整体保护的原则，切实保护好城市传统风貌和格局。九、严格实施《总体规划》。城市建设要实现经济社会协调发展，物质文明和精神文明共同进步。南京市人民政府要根据本批复精神，认真组织实施《总体规划》，任何单位和个人不得随意改变。江苏省和住房城乡建设部要加强对《总体规划》实施工作的指导、监督和检查。

7月3日

［纲　文］　**国务院任命黄守宏为国务院研究室主任。**

7月3日

［纲　文］　**宁夏回族自治区第十一届人民代表大会常务委员会第二十五次会议决定，接受刘慧辞去宁夏回族自治区主席职务的请求，任命咸辉为宁夏回族自治区代理主席。**

7月3日

［纲　文］　**《人民日报》发表题为《把牢思想之舵　高扬理想之旗——二论学习贯彻习近平同志"七一"重要讲话》评论员文章。**

7月3—4日

［纲　文］　**纪念茅盾诞辰120周年系列活动在浙江桐乡举行。**

［目　文］　3日，由中华文学基金会、桐乡市人民政府发起主办的首届"茅盾文学新人奖"颁奖典礼在这位文学泰斗的故乡桐乡举行，10位青年作家、评论家获奖。纪念活动还包括茅盾生平专题图片展、茅盾研究研讨会。

4日，乌镇茅盾陵园举行了纪念茅盾诞辰120周年祭奠活动，包括茅盾家属、茅盾研究者在内的60余人参与。

茅盾原名沈德鸿，字雁冰（1896年7月4日—1981年3月27日）。早年曾参加革命，是新文化运动的先驱，积极倡导现实主义新文学。创作了《子夜》《蚀》《林家铺子》《春蚕》等经典作品。茅盾1981年离世前留下遗嘱，把25万元稿费捐赠给中国作家协会，后者设立了"茅盾文学奖"以奖励优秀长篇小说，路遥的《平凡的世界》、陈忠实的《白鹿原》等作品都曾获奖。

7月4日

［纲　文］　**中国共产党第六次全国代表大会会址常设展览馆建成仪式在俄罗斯莫斯科举行，习近平就会址常设展览馆建成致贺辞。**

［目　文］　国务院副总理刘延东和与俄罗斯副总理戈洛杰茨分别宣读国家主席习近

平和俄罗斯总统普京的贺辞并共同为展览馆揭幕。

习近平在贺辞中说，88年前，在中国革命最艰难的关头，为了国家和民族前途命运，140多名中共代表，不远万里来到莫斯科郊区五一村，召开了中共六大。这是中共历史上唯一一次在境外召开的全国代表大会，对中国革命发展具有特殊的历史意义。2016年是《中俄睦邻友好合作条约》签署15周年，也是中俄两国建立战略协作伙伴关系20周年。中共六大会址常设展览馆的建成，既是中俄全面战略协作伙伴关系发展的又一重要成果，也是中俄友好合作深化的又一个象征。中国共产党、中国政府、中国人民十分珍视中共六大这个历史事件，也十分珍惜中俄两国人民相互支持的宝贵历史。修复中共六大会址，建成中共六大会址常设展览馆，就是要铭记历史，传承发扬中俄传统友谊，坚持两国人民世代友好。中共六大会址常设展览馆的建成和开放，为中俄两国人民架起了一座增进理解、深化友谊的新桥梁。相信这必将推动两国人民为中俄友好合作谱写新篇章。

普京在贺辞中表示，中共六大会址常设展览馆是为了纪念俄中共同历史中的重要事件。这是俄中专家历时数年共同努力完成的结果。保护历史遗产对巩固俄中两国人民传统友谊、相互尊重与合作具有重要意义，也必将进一步推动包括人文合作在内的俄中全面战略协作伙伴关系蓬勃发展。

同日，中俄人文合作委员会第17次会议在莫斯科举行。刘延东与戈洛杰茨共同主持会议。会议听取了中俄人文合作各领域代表汇报工作并见证签署两国教育、文化、卫生、体育、媒体、青年等领域合作文件和出席2016俄罗斯“中国文化节”开幕式晚会。

同日，俄罗斯总理梅德韦杰夫会见刘延东时表示，近年来，两国人文合作内容丰富，取得很多成果，体现了两国关系的高水平。中共六大会址常设展览馆建成，相当于在俄首都建立了一个“中国文化岛”，是两国人民尊重历史、真诚友好的又一见证。双方应保持高层互访势头，加强在贸易、投资、创新等领域务实合作，持续深化人文交流与合作。

刘延东感谢俄方领导人对中共六大会址常设展览馆项目的高度关注和亲自推动并表示，中共六大会址常设展览馆的建成开放，是中俄睦邻友好合作不断深入发展的又一重要成果，将为两国人民搭起增进理解、深化友谊的新桥梁。中方愿同俄方继续努力，以《中俄睦邻友好合作条约》签署15周年和中俄战略协作伙伴关系建立20周年为契机，推动两国人文合作不断深入发展，促进两国民心相通，为中俄世代友好奠定坚实的社会和民意基础。

7月4日

［纲　文］　**全国国有企业改革座谈会在北京召开，习近平、李克强对国有企业改革作出指示、批示。**

［目　文］　中共中央总书记习近平指示强调，国有企业是壮大国家综合实力、保障人民共同利益的重要力量，必须理直气壮做强做优做大，不断增强活力、影响力、抗风险能力，实现国有资产保值增值。要坚定不移深化国有企业改革，着力创新体制机制，加

快建立现代企业制度，发挥国有企业各类人才积极性、主动性、创造性，激发各类要素活力。要按照创新、协调、绿色、开放、共享的发展理念的要求，推进结构调整、创新发展、布局优化，使国有企业在供给侧结构性改革中发挥带动作用。要加强监管，坚决防止国有资产流失。要坚持党要管党、从严治党，加强和改进党对国有企业的领导，充分发挥党组织的政治核心作用。各级党委和政府要牢记搞好国有企业、发展壮大国有经济的重大责任，加强对国有企业改革的组织领导，尽快在国有企业改革重要领域和关键环节取得新成效。

国务院总理李克强批示指出，长期以来，国有企业为推动经济社会发展、提升综合国力作出了重大贡献。当前，面对新常态、新形势，要认真贯彻党中央、国务院决策部署，牢固树立新发展理念，坚持不懈推动国有企业改革，积极推进建立现代企业制度和完善的法人治理结构，遵循市场规律，瘦身健体提质增效，淘汰过剩落后产能，以推动供给侧结构性改革。紧紧抓住世界新科技革命和产业变革的机遇，落实创新驱动发展战略，积极发展新经济，依托“互联网+”和大众创业、万众创新，弘扬企业家精神和工匠精神，不断创新技术、产品与服务，提高主业的核心竞争力，推动传统产业改造升级。按照突出重点、规范有序、量力而行、防范风险的要求，更加扎实有效地推进“引进来”和“走出去”。各地区、各部门要着力破除体制机制障碍，完善监管制度，积极为国有企业改革营造良好环境。

国务院国有企业改革领导小组组长马凯出席会议并讲话。国务院国有企业改革领导小组副组长王勇宣读了习近平指示和李克强批示并主持会议。中央和国家机关有关部门、部分省市、部分中央企业和地方国有企业代表在座谈会上发言。会议指出，要认真学习领会习近平总书记重要指示精神，全面贯彻落实党中央、国务院对国有企业改革的决策部署，坚持市场取向，突出问题导向，服务发展大局，紧紧围绕增强国有企业活力、优化国有经济布局、提高国有资本效率、防止国有资产流失、加强党对国有企业的领导，进一步解放思想，勇于创新，主动作为，因企施策，持续攻坚，不断把国企国资改革引向深入，为经济社会发展作出新的更大贡献。

7月4日

［纲　文］　**工商总局公布《互联网广告管理暂行办法》，自2016年9月1日起施行。**

7月4日

［纲　文］　**发展改革委、能源局发布《关于推进多能互补集成优化示范工程建设的实施意见》。**

［目　文］　《意见》由六个部分组成：一、建设意义。二、主要任务。三、建设目标。四、建设原则及方式。五、政策措施。六、实施机制。

7月4日

［纲　文］　**国土资源部印发《关于促进国土资源大数据应用发展实施意见》。**

［目　文］《意见》由四个部分组成：一、发展形势。二、指导思想、基本原则和发展目标。三、主要任务。四、保障措施。

7月4日

［纲　文］**浙江省十二届人大常委会第三十次会议决定接受李强辞去浙江省省长职务，任命车俊为浙江省副省长，代理浙江省省长。**

7月4日

［纲　文］**新华社讯，经中央军委批准，中央军委办公厅发出通知，就军队学习贯彻习近平总书记在庆祝中国共产党成立95周年大会上的重要讲话精神作出部署。**

［目　文］通知要求，各级要把学习贯彻习主席“七一”重要讲话作为重大政治任务，及时把思想和行动统一到习主席重要讲话精神上来。要把学习习主席“七一”重要讲话贯穿“两学一做”学习教育和改革强军主题教育活动全过程，组织领导干部和理论工作者深入部队宣讲辅导，军队新闻媒体要加强舆论引导，迅速兴起学习宣传贯彻热潮。各级要全面贯彻落实习主席“七一”重要讲话精神，努力把党的政治优势、组织优势、作风优势转化为强军兴军的强大力量。要在坚定理想信念、铸牢军魂上下功夫，要在推动改革落地、促进转型重塑上下功夫，要在强化管党治党责任、严肃党内政治生活上下功夫，要在深化正风反腐、纯正政治生态上下功夫，要在树牢战斗力标准、聚力备战打仗上下功夫，全面提高能打胜仗和履行使命能力，为实现中国梦强军梦提供有力支撑。

通知强调，要全面理解把握习主席重要讲话的深刻内涵和精神实质，着重引导广大官兵深刻认识我们党紧紧依靠人民为中华民族作出的“三个伟大历史贡献”“三个伟大飞跃”重大意义以及取得的历史性成就，深刻认识“三个历史告诉我们”揭示的历史规律、历史经验和历史启示，深刻认识把党的事业“八个不断推向前进”的战略部署，深刻认识加强党的建设的基本规律和时代要求，深刻认识建设同我国国际地位相称、同国家安全和发展利益相适应的巩固国防和强大军队是我国社会主义现代化建设的战略任务。

7月4日

［纲　文］**环境保护部在拉萨市召开全国环保系统“十三五”对口援藏工作会议。**

［目　文］环境保护部部长陈吉宁，西藏自治区党委副书记、自治区主席洛桑江村出席会议并讲话。环境保护部副部长李干杰主持会议。会议贯彻落实中共中央总书记习近平系列讲话和中央第六次西藏工作座谈会精神，总结全国环保系统“十二五”援藏工作，研究部署“十三五”环保援藏任务。

7月4日

［纲　文］**俞正声在北京会见台湾旺旺中时媒体集团董事长蔡衍明。**

［目　文］全国政协主席俞正声指出，两岸关系和平发展符合两岸同胞的共同利益。维护两岸关系和平发展，必须坚持体现一个中国原则的“九二共识”，明确大陆和台湾同属一个中国，两岸不是国与国关系。坚持这个政治基础，两岸关系就能向着光明的前景迈进。“台独”是没有出路的。任何制造分裂的行为都会受到包括台湾同胞在内的13亿

多中国人民的反对和历史的谴责。长期以来，两岸新闻交流为增进两岸同胞相互了解发挥了重要作用。新形势下，希望旺中媒体集团进一步与大陆媒体加强交流合作，秉持一贯立场，善尽社会责任，为维护两岸关系和平发展的政治基础和宝贵成果营造积极舆论氛围。

7月4日

［纲　文］　**外交部发言人表示，中国在南海的主权和权益不受非法裁决影响。**

［目　文］　据路透社报道，菲律宾南海仲裁案菲方首席律师赖克勒6月29日接受了该社采访。报道指出，中国在南海的主张基于“九段线”，这条线覆盖了数以百计的争议岛礁、丰富的渔场和油气储藏。赖克勒表示，针对北京的裁决“将剥夺中国提出这一主张的任何法律基础”。

发言人说，赖克勒是菲方的代理律师，知道菲方的想法不奇怪，但好像他在所谓裁决出台前已知道裁决怎么写，并且知道裁决是按他的想法在写，这就奇怪了。赖克勒现身说法，只能证明所谓仲裁庭只是某些势力的代言人，再次说明菲律宾阿基诺政府提起的仲裁涉及南沙群岛有关岛礁主权和海洋划界问题，戳破了阿基诺当局编织三年多的谎言。应菲律宾单方面请求建立的仲裁庭对本案没有管辖权，仲裁庭即将作出的裁决，是扩权、滥权的非法产品，不具任何法律效力。中国在南海的领土主权和相关权利是在长期的历史过程中形成的，为历届中国政府坚持，具有充分的历史和法律依据。中国在南海的主权和权益不受非法裁决的影响。

7月4日

［纲　文］　**《人民日报》发表题为《坚持中国道路　推进改革开放——三论学习贯彻习近平同志“七一”重要讲话》的评论员文章。**

7月4—8日

［纲　文］　**应国家主席习近平邀请，刚果共和国总统萨苏对中国进行国事访问。**

［目　文］　访问期间，习近平在北京同萨苏举行会谈，决定将中刚关系提升为全面战略合作伙伴关系，以落实中非合作论坛约翰内斯堡峰会成果为契机，全面深化和拓展两国各领域友好互利合作，更好造福两国人民。两国元首见证了外交、产能、经济技术、农业、文化、基础设施、金融及地方交流等领域双边合作文件的签署。国务院总理李克强、全国人大常委会委员长张德江在北京分别会见了萨苏。

习近平同萨苏会谈时强调，中刚要深化政治互信，始终做风雨同舟的好兄弟。双方要继续坚持从战略高度和长远角度谋划和发展双边关系，加强两国政府、执政党、立法机构、地方政府等各领域交流合作，增强两国政治互信，夯实两国长期友好的政治基础。双方要促进合作共赢，始终做共同发展的好伙伴。中方愿以支持刚果开发黑角经济特区为龙头，加快两国产业对接和产能合作，帮助刚果加快工业化和农业现代化，实现经济多元化和自主可持续发展。中方愿同刚方拓展特区建设、农业、区域航空等领域互利合作。双方要推进人文交流，始终做真诚相待的好朋友。中方愿同刚方加强文化、教育、青年、妇女、媒体、智库、高校、地方交流合作，增进人民相互了解和友谊，不断夯实两国友好的民意和社会基础。双方要加强国际协调和配合，始终做共同利益的维护者。萨苏表示，刚方愿以建立刚中全面战略合作伙伴关系为契机，进一步推动两国以及非洲同中国合作。刚方希望加强双方在经济特区建设、产能、贸易、人文等领域合作，欢迎中国企业加大对刚投资。刚方支持中国在南海问题上立场，将继续密切同中方在国际事务中协调配合。

李克强在会见萨苏时指出，我们愿结合刚方条件和需求，加强两国产业对接和产能合作，加速刚工业化和农业现代化进程；不断创新投融资合作模式，稳步推进基础设施建设，深化农渔业合作；同刚方分享经济特区建设和发展经验，为刚自主可持续发展培养亟须人才，共同努力打造面向地区的物流和制造中心，发挥示范和引领作用。萨苏表示，我此次访华取得积极成果，刚方愿以两国关系提升为全面战略合作伙伴关系为契机，落实此访达成的共识，欢迎中国企业赴刚投资，推动双方在经济、产能、农业、航空、金融、文化、教育等领域的合作取得更大进展。

张德江在会见萨苏时说，中国全国人大愿加强同刚议会各层次友好交往，在立法、治国理政等方面开展交流互鉴，为双方贸易投资、人员往来提供法律保障，共同促进两国全面战略合作伙伴关系的发展。萨苏说，刚中友谊深厚，双方相互信任、相互支持。刚方钦佩中国发展改革伟大成就，愿不断加强同中方友好互利合作。

7月4—5日

［纲　文］　**国管局、发展改革委在北京召开全国公共机构节约能源资源工作会议。**

［目　文］　国务院总理李克强对持续推进公共机构节约能源资源工作作出批示指出：多年来，各地区、各部门持续推进公共机构节约能源资源工作，在降低能源资源消耗和提高利用效率方面取得明显成效，工作值得肯定。“十三五”时期，公共机构尤其是国家机关要牢固树立新发展理念，坚持节约集约循环利用的资源观，充分发挥带头示范作用，继续积极主动作为，创新方式，深挖潜力，着力提高能源资源利用综合效益，促进形成勤俭节约、节能环保、绿色低碳、文明健康的社会风尚，为建设生态文明和美丽中国作出更大贡献。

国务院、发展改革委、财政部、环保部、住房城乡建设部相关负责人，国管局负责人，各省（区、市）机关事务管理部门主要负责人和发展改革部门分管负责人参加会议。会议全面总结了“十二五”期间公共机构节约能源资源工作，部署了“十三五”时期公共机构节约能源资源工作目标、思路和任务，布置了2016年重点工作。

7月4—8日

［纲　文］　**刘奇葆在西藏调研。**

［目　文］　中宣部部长刘奇葆在拉萨、林芝、日喀则等地的农村、社区、寺庙和宣传文化单位，考察基层公共文化服务、文化文物保护、生态环境建设等工作，与基层干部群众座谈交流。

刘奇葆指出，要深入贯彻落实党的治藏方略，贯彻落实习近平总书记“治国必治边、治边先稳藏”的重要战略思想和“加强民族团结、建设美丽西藏”的重要指示精神，深入开展民族团结进步宣传教育，把人心和力量凝聚到建设美丽和谐幸福的社会主义新西藏上来。维护祖国统一、加强民族团结是西藏工作的着眼点和着力点。要大力宣传中央的治藏方略和支持西藏发展的方针政策，开展民族团结进步宣传教育，增进西藏各族群众对伟大祖国、中华民族、中华文化、中国共产党、中国特色社会主义的认同，筑牢反分裂斗争的思想长城。要大力开展感恩教育，感党恩，感国恩，感社会主义的恩，感所有关心支持西藏发展建设的人们的恩情。要创新宣传方式，注重发挥学校的教育作用，发挥民族团结进步先进典型的引领带动作用。

7月4—5日

［纲　文］　**文化部在北京召开2016年全国文化厅局长座谈会。**

［目　文］　文化部部长雒树刚出席会议并讲话，文化部副部长杨志今主持会议。各省（区、市）文化厅（局）和新疆生产建设兵团文化厅（局）长，计划单列市文化局长，审计署文化体育审计局负责人，文化部各司局、各直属单位主要负责人以及国家文物局有关负责人出席会议。会议围绕全面贯彻党的十八大和十八届三中、四中、五中全会精神，深入学习贯彻中共中央总书记习近平系列重要讲话精神，特别是在庆祝中国共产党成立95周年大会上的讲话精神，深入分析当前文化改革发展面临的新形势新任务，总结上半年文化工作，提出下半年工作要求。会议期间，湖南、宁夏、黑龙江、上海、山西、山东等地文化厅（局）长汇报了各自“十三五”时期文化改革与发展思路。

7月5日

［纲　文］　**国家主席习近平任免驻外大使。**

［目　文］　习近平根据全国人民代表大会常务委员会的决定任免下列驻外大使：一、免去徐建国的中华人民共和国驻爱尔兰共和国特命全权大使职务；任命岳晓勇为中华人民共和国驻爱尔兰共和国特命全权大使。二、免去宏九印的中华人民共和国驻阿塞拜疆共和国特命全权大使职务；任命魏敬华为中华人民共和国驻阿塞拜疆共和国特命全权大使。三、免去蔡金彪的中华人民共和国驻马耳他共和国特命全权大使职务；任命姜江为中华人民共和国驻马耳他共和国特命全权大使。

7月5日

［纲　文］　**中共中央、国务院印发《关于深化投融资体制改革的意见》。**

［目　文］　《意见》由六个部分组成：一、总体要求。二、改善企业投资管理，充分激发社会投资动力和活力。三、完善政府投资体制，发挥好政府投资的引导和带动作用。四、创新融资机制，畅通投资项目融资渠道。五、切实转变政府职能，提升综合服务管理水平。六、强化保障措施，确保改革任务落实到位。

7月5日

［纲　文］　**司法部、最高人民检察院发布《人民监督员选任管理办法》，自2016年**

7月5日起实施。

7月5日

［纲　文］　**最高人民检察院印发《关于人民监督员监督工作的规定》**。

［目　文］　《规定》共5章39条，主要有总则、监督工作程序、人民监督员履行职责的保障、人民监督员办事机构的职责、附则等内容，自2016年7月5日起实行。

7月5日

［纲　文］　**工商总局公布修订后的《动产抵押登记办法》，自2016年9月1日起施行**。

7月5日

［纲　文］　**司法部发布《关于废止〈司法部、建设部关于房产登记管理中加强公证的联合通知〉的通知》**。

［目　文］　《通知》说，根据《不动产登记暂行条例》的规定，国务院国土资源主管部门负责指导、监督全国不动产登记工作。《司法部、建设部关于房产登记管理中加强公证的联合通知》已不再适用，经商住房城乡建设部，现决定予以废止，自2016年7月5日起不再执行。

7月5日

［纲　文］　**全国政协主席俞正声在北京会见柬埔寨参议院主席赛冲**。

［目　文］　俞正声介绍了中方在南海问题上的立场，对柬埔寨秉持公正客观立场表示高度赞赏。中国全国政协愿同柬埔寨参议院继续保持密切交往，为深化中柬全面战略合作伙伴关系作出积极努力。

赛冲表示，柬中是好邻居好兄弟好伙伴，愿进一步促进两国互利合作关系，巩固两国人民之间的传统友谊。柬方在南海问题上坚定支持中方立场，积极参与中方倡导的"一带一路"倡议。

6日，全国人大常委会委员长张德江在北京会见赛冲时表示，中国全国人大愿同柬埔寨国会、参议院加强治国理政经验交流，增进人民之间的友好感情，加强在多边议会组织中的协调配合，为巩固和深化中柬关系发挥积极作用。赛冲说，柬方珍视与中方的传统友好关系，高度赞赏中国为世界和地区和平发展作出的贡献。愿加强与中方立法机关的交往，促进两国各领域交流合作。

7月5日

［纲　文］　**外交部发言人表示，许多国家对仲裁庭表现出的扩权滥权表示忧虑**。

［目　文］　有记者问，近来很多国家公开表示支持中方在菲律宾南海仲裁案上的立场。中方对此有何评论？

发言人说，公道自在人心。菲律宾单方面提起南海仲裁案后，许多国家和国际社会很多有识之士都支持中国坚持通过谈判协商和平解决南海有关争议，认为各方应忠实履行《南海各方行为宣言》有关规定，并对仲裁庭表现出的扩权滥权表示忧虑，认为这将对国际法秩序造成严重冲击，对维护南海地区和平稳定毫无助益，将严重影响落实《宣言》框架下的合作和“南海各方行为准则”磋商。

7月5日

［纲　文］ **《人民日报》发表题为《贡献中国智慧 促进和平发展——四论学习贯彻习近平同志“七一”重要讲话》的评论员文章。**

7月5日

［纲　文］ **《人民日报》发表题为《坚定不移依法惩治腐败》的评论员文章。**

7月5—6日

［纲　文］ **2016年二十国集团民间社会会议在青岛举行，习近平向会议致贺信。**

［目　文］ 中共中央总书记习近平在贺信中表示，值此二十国集团民间社会会议召开之际，我谨代表中国政府和人民，并以我个人的名义，表示热烈的祝贺！向出席会议的各国代表和各界人士，表示诚挚的欢迎！民间社会组织是各国民众参与公共事务、推动经济社会发展的重要力量。中国政府支持本国社会组织参与国内经济社会建设，也欢迎境外非政府组织来华开展友好交流合作，并努力创造良好法治环境，为其在华活动提供便利，保障其合法权益。近年来，二十国集团民间社会会议听取社会声音、凝聚社会共识，在推动政府和民间良性互动、助力全球经济治理方面发挥了重要作用。希望与会各方围绕“消除贫困、绿色发展、创新驱动与民间贡献”这一主题，深入研讨、集思广益，共同推动会议取得积极成果。祝本届二十国集团民间社会会议取得成功！

本次会议由中国民间组织国际交流促进会和中国联合国协会共同举办。来自50多个国家和地区的170多个民间组织的210多名中外代表与会。围绕“消除贫困、绿色发展、创新驱动与民间贡献”主题进行了坦诚深入的交流。发表了《2016年二十国集团民间社会会议公报》。

7月5—6日

［纲　文］ **李克强在安徽阜阳、湖南岳阳、湖北武汉考察长江、淮河流域防汛抗洪和抢险救灾工作。**

［目　文］ 国务院总理李克强在岳阳主持召开部分省份防汛工作会议，部署下一阶段防汛抗洪和抢险救灾工作。江苏、浙江、安徽、江西、河南、湖北、湖南、四川省主要负责人和分管负责人，国务院有关部门负责人，长江、黄河、淮河水利委员会和太湖流域管理局负责人，解放军、武警部队有关负责人参加会议。国家防汛抗旱总指挥部汇报说，2016年我国入汛提前较多、降雨强度大，雨情汛情超常，长江中下游干流和洞庭湖、鄱阳湖以及200多条河流水位超警，一批中小水利设施受损，防汛任务艰巨繁重。

李克强指出，要根据当前汛情特点，做好各项应急准备，有力有序有效开展防汛抗洪工作。一是实现“两个确保”，即确保人民群众生命安全、确保重要堤防和重要设施安全。二是重点防御流域性大洪水和次生灾害“两大灾害”。科学调度骨干水利工程，充分发挥控制性水库、闸坝的拦洪排洪、削峰错峰作用，强化各类水利工程联合运用，合理蓄泄洪水。修订完善各项应急预案特别是人员有序疏散方案，发挥群测群防体系作用，防御好山洪、滑坡、泥石流等灾害。三是扎实做好监测预报预警和查险除险“两项基础工作”。密切监视雨情水情汛情发展变化，强化信息共享和联合会商，科学研判汛情发展趋势，力争为防汛抗洪救灾、群众转移避险打出更多提前量，尽最大可能减少人员伤亡。做好流域干堤、水库、涵闸等防洪工程和超警戒江河湖泊堤防巡查排险，做到险情早发现、早处置。

李克强在安徽阜阳王家坝闸，察看上游来水，了解汛情变化，听取淮河水利委员会负责人汇报；在蒙洼蓄洪区的郑台子庄台，向群众了解生产生活和抗洪的食品药品准备情况；白石岭村是湖南岳阳市的城中村，受连续强降雨影响，不少房屋被淹。在询问转移群众的安置情况时说，一定要把受灾群众妥善安置好，同时要加快棚户区改造和地下综合管廊建设，补上短板，抚平城市“疮疤”，提升地上地下应对灾害的能力；在岳阳荆江门电排堤段和洞庭湖大堤建新垸柳叶湖堤段，察看长江、洞庭湖水位和巡堤查险情况；在武汉市向在场参加抢险的解放军、武警官兵、水务工人和其他人员了解情况，询问周围是否还有新的风险点；在长江龙王庙察看堤坝加固、物料准备等情况时说，防汛抗洪，基础在“防”，关键在“抗”，核心在“人”。要加强巡查、除险，做到“百密无一疏”，保护近千万江城人民安全。

7月5—7日

［**纲　文**］　**马凯在陕西调研。**

［**目　文**］　国务院副总理马凯到新能源汽车整车、电池、关键零部件和充电设施等企业调研，并主持召开新能源汽车产业发展座谈会；就增品种、提品质、创品牌，调研了工业企业推进供给侧结构性改革情况。

马凯强调，要下大气力解决突出矛盾问题，破解关键瓶颈制约，推动我国新能源汽车发展再上新台阶。一要加快充电设施建设。着力解决规划布局、小区建桩、电网接入、土地供应、电价政策等问题，推进充电设施互联互通，切实提高桩车比例和充电服务的便利性。二要扎实抓好推广应用。积极实施绿色交通工程，继续扩大公交、出租、环卫、物流及国家机关等领域应用比例，深入清理地方保护政策，加快建立统一开放、有序竞争的全国市场。三要大力加强技术研发。扎实推进国家动力电池创新中心建设，强化技术研发前瞻布局，实施锂电升级工程，加快实现动力电池革命性突破。四要高度重视质量安全。强化企业主体责任，严格政府监管，加强安全技术攻关，健全标准规范体系，加强车辆运行监控，大力提升新能源汽车质量安全水平。五要规范行业发展秩序。优化调整行业准入，严肃查处不正当竞争，调整完善补贴政策，从严处理骗补行为，促进行业有序发展。

7月5—10日

［**纲　文**］　**应国务院总理李克强邀请，巴布亚新几内亚独立国总理奥尼尔对中国进行正式访问。**

［**目　文**］　访问期间，国家主席习近平在北京会见了奥尼尔。李克强在北京同奥尼

尔举行会谈并见证了双方产能、经贸、航空、经济技术等领域多个双边合作文件的签署。双方发表了《中华人民共和国和巴布亚新几内亚独立国联合新闻稿》《巴新总理奥尼尔访华期间中巴新签署的合作文件清单》。

习近平在会见奥尼尔时强调，双方要积极拓展务实合作，更好对接发展战略，深化贸易、能源资源、基础设施建设、农业渔业等领域合作，抓紧落实好商定的项目，实现优势互补、互利共赢。双方要扩大地方合作和人文交流，促成两国更多省结好，并以庆祝建交40周年为契机，办好有关文化交流活动。双方要加强在国际和地区问题上的沟通和协调。中方愿同巴新方加强在联合国、亚太经合组织、东盟地区论坛、太平洋岛国论坛等多边机制中的协调和配合，同时积极拓展气候变化、可持续发展等领域合作，共同维护发展中国家利益。中方支持巴新方举办2018年亚太经合组织领导人非正式会议。奥尼尔表示，巴新方高度重视同中方相互尊重、共同发展的战略伙伴关系，坚定奉行一个中国政策，愿同中方深化经贸、能源、金融、旅游等各领域合作，增进人文交流，密切多边和地区事务中沟通协调，共同维护发展中国家利益。在南海问题上，巴新方尊重中国政府的立场，鼓励由直接当事方通过对话和谈判依据国际法和平解决有关海上争议。

李克强在同奥尼会谈时指出，我们愿同巴新对接发展战略，加强产能合作，扩大农林渔业、能源资源、交通通信、基础设施建设等领域互利合作，进一步扩大双向贸易，加强技术和人才培训等交流。希望两国尽早启动商签双边自贸协定。中国愿同巴新加强在联合国、亚太经合组织、东盟地区论坛和太平洋岛国论坛等多边机制和南南合作框架下的协调配合，维护发展中国家的共同利益。奥尼尔表示，中国是巴新的重要合作伙伴，在亚太地区事务中发挥着重要作用。巴新愿同中方在能源、旅游、航空、金融、教育等各领域，以及亚太经合组织等多边框架内加强合作，成为中国同南太地区国家合作的门户。

7月6日

［纲　文］　**新华社讯，习近平对人民解放军和武警部队支持地方防汛救灾作出指示。**

［目　文］　习近平指出，近期，全国多地汛情严峻，防汛救灾任务艰巨，人民解放军和武警部队已经发挥了重要作用。中央军委要贯彻党中央决策部署，根据新的汛情和救灾需要，指挥人民解放军和武警相关部队迅即奔赴防汛救灾第一线，发扬我军能打硬仗的光荣传统，发挥突击队作用，大力支持地方做好防汛救灾工作，为保障人民生命财产安全、恢复正常生产生活秩序作出贡献。

中央军委就贯彻落实习近平指示，对军队进一步做好支持地方防汛救灾工作作出了部署。人民解放军和武警相关部队正奋战在防汛救灾第一线。有关部队正积极准备，确保党中央和中央军委一声令下，迅即行动。

7月6日

［纲　文］　**俞正声在北京主持召开大力推进供给侧结构性改革座谈会。**

［目　文］　中央统战部部长孙春兰出席会议。发展改革委、科技部、工业和信息化部、财政部、能源局有关负责人与会交流。民革中央主席万鄂湘建议，进一步推进能源领域供给侧改革，将京津冀地区打造成能源结构调整试验区和清洁低碳、安全高效的现代能源示范区。民盟中央主席张宝文提出，要把开发区作为实施国家重大战略的先行区，作为推进新型工业化、信息化、城镇化、农业现代化同步发展的重要支撑平台。民进中央主席严隽琪建议，扎实推进农村扶贫供给侧改革，既要打攻坚战，也要有战略思维、长远考量，切实提升扶贫供给的有效性和脱贫可持续性。台盟中央常务副主席黄志贤建议，合理调整能源要素价格，破解基础设施瓶颈制约，加大对中西部地区的政策支持力度，推动台资参与中西部创新开放发展。全国工商联主席王钦敏提出，实现制造业民营企业提质增效升级，关键是落实政策、优化环境，切实增强企业的政策获得感、投资安全感和办事便捷感。

全国政协主席俞正声指出，推进供给侧结构性改革是统一战线服务“十三五”规划实施的重要内容。希望大家认真学习贯彻习近平总书记在庆祝中国共产党成立95周年大会上的重要讲话精神，进一步发挥政党协商的政治优势，进一步解放思想、拓宽思路、放宽视野，围绕推进供给侧结构性改革的重大问题，深入研究，发现和提出问题提出意见建议。各相关部门要积极支持民主党派履行职能，搭建知情平台，定期通报情况、解读政策、回应问题、及时反馈，建立良好的沟通交流渠道。

7月6日

［纲　文］　**张高丽主持召开会议，对2016年第一批中央环境保护督察工作进行部署。**

［目　文］　经党中央、国务院批准，第一批8个中央环境保护督察组分别负责对内蒙古、黑龙江、江苏、江西、河南、广西、云南、宁夏等地区进行环境保护督察。

国务院副总理张高丽要求，精心组织，实事求是，稳妥把握，严格要求，确保高质量完成第一批中央环境保护督察工作。中央环境保护督察组要严格执行中央八项规定精神，自觉践行“三严三实”要求。要重视舆论引导，加强部门协调，认真履行职责，推动生态优先、绿色发展，造福子孙后代。

7月6日

［纲　文］　**人力资源社会保障部印发《人力资源和社会保障事业发展“十三五”规划纲要》。**

［目　文］　《纲要》共九章，主要有指导思想和主要目标、推动实现比较充分和更高质量就业、建立更加公平更可持续的社会保障制度、建设规模宏大的高素质人才队伍、深化人事制度改革、深化工资收入分配制度改革、构建中国特色和谐劳动关系、提高基本公共服务能力和水平、强化规划实施等部分内容。

7月6日

［纲　文］　**中国运—20飞机授装接装仪式在空军航空兵某部举行。**

［目　文］　空军司令员马晓天宣读授装命令。中央军委副主席许其亮出席仪式并讲话。中央国家机关、军委机关有关部门和西部战区、空军及四川省领导等出席仪式。

许其亮在讲话中勉励大家，深刻领悟党中央、国务院、中央军委决策实施大型运输机工程的决心意图，牢记强国复兴的时代要求，牢记党在新形势下的强军目标，强化使命担当，加快形成能力，不断创新发展，着力锻造新型空中投送劲旅，着力打造过硬的航空设计制造、力量指挥运用、装备管理保障人才队伍，为兴装强军创造新业绩、作出新贡献。

运—20飞机是中国依靠自己力量研制的一种大型、多用途运输机，可在复杂气象条件下执行各种物资和人员的长距离航空运输任务。该机的顺利研制并正式列装部队，实现了我空中战略投送装备自主发展重大突破，标志着我国航空设计制造能力迈上新台阶，标志着空军战略转型建设站上了新起点，对推进我国经济和国防现代化建设，应对抢险救灾、人道主义救援等紧急情况，提高空军战略投送能力和我军有效履行使命任务能力，具有重要意义。

7月6日

［纲　文］　**“国家美术藏品保存修复国际研讨会”在中国美术馆举行。**

［目　文］　研讨会由中国美术馆主办并实施。本次研讨会是“国家美术藏品保护与修复示范项目”的内容，议题包括国家美术藏品保护修复相关政策与管理机制、藏品保存修复的原则与理念、预防性保护与现代科学技术的介入、保存修复实例分享等多个方面。来自美国大都会艺术博物馆、大英博物馆、法国藏品保护研究中心、意大利文化遗产保护修复与推广协会、日本东京国立博物馆、中国艺术研究院等诸多艺术机构的专家、学者在会上发表演讲。

“国家美术藏品保护与修复示范项目”由国家艺术基金资助，分为国际研讨会和专业培训两大内容，后者将开展卷轴书画、中国油画的保存修复实技示范和预防性保护意识的培养、基本应用等。广东美术馆、湖北美术馆等国内30余家美术馆的专业人士参加本次研讨会，并参加为期两个月的美术藏品修复技术培训。

7月6日

［纲　文］　**国务委员杨洁篪应约同英国外交大臣哈蒙德通电话。**

［目　文］　杨洁篪表示，当前形势下，中英双方要携手努力，继续推进双边关系和各领域务实合作。目前，全球经济复苏的不确定因素增多。作为全球重要经济体，中英合作促进本地区和世界经济增长十分关键。中方愿与英方共同努力，确保2016年二十国集团杭州峰会圆满成功，为世界经济发展和全球经济治理注入新动力。

哈蒙德介绍了英国脱欧公投有关情况，表示英方愿继续积极致力于发展对华关系，与中方一道不断深化双方各领域合作，愿与中方密切配合，共同办好二十国集团杭州峰会。

7月6日

［纲　文］　**外交部部长王毅应约同美国国务卿克里通电话。**

［目　文］　王毅指出，所谓的南海仲裁案在程序、法律、证据适用方面牵强附会，

漏洞百出。因此，这一明显扩权和越权的仲裁庭根本就没有管辖权，罔顾法律和事实的裁决自然也就没有约束力。中国依法不参与、不接受这一仲裁正是在维护国际法治和规则，维护《联合国海洋法公约》的严肃性和完整性。仲裁庭的这场闹剧该收场了。希望美方恪守在有关领土争议问题上不持立场的承诺，谨言慎行，不采取任何损害中方主权和安全利益的行动。不管菲律宾南海仲裁案结果如何，中国都将坚定维护自身领土主权和正当海洋权益，坚定维护南海地区和平与稳定。中国将继续遵循《联合国宪章》及其所确认的国际法和国际关系基本准则，包括尊重国家主权和领土完整以及和平解决争端原则，坚持与直接有关当事国，在尊重历史事实的基础上，根据国际法，通过谈判协商和平解决有关争端。

克里表示，理解中方将就仲裁案表明自己的立场。同时期望各方都能保持克制。美中双方在维护南海和平稳定方面具有共同利益，美方支持各方继续通过外交途径和平解决有关争议。

7月6日

［纲　文］　**外交部部长王毅应约同伊朗外长扎里夫通电话。**

［目　文］　王毅表示，伊朗核问题全面协议达成以来，伊朗与六国积极履行承诺，协议执行总体良好。希望各方继续秉持负责任态度，不断增进互信，落实好安理会第2231号决议，包括加快推进阿拉克重水堆改造项目。中方将继续为此发挥建设性作用。

扎里夫表示，伊方高度重视习近平主席访伊成果，愿与中方切实落实两国元首共识。伊方高度评价中方为推进阿拉克重水堆改造所作努力，愿与中方密切合作，推进伊核问题全面协议的执行。

7月6日

［纲　文］　**《人民日报》发表题为《坚守人民立场 从严管党治党——五论学习贯彻习近平同志“七一”重要讲话》的评论员文章。**

7月6—10日

［纲　文］　**应中国政府邀请，联合国秘书长潘基文对中国进行访问。**

［目　文］　访问期间，国家主席习近平、国务院总理李克强、国务委员杨洁篪、外交部部长王毅在北京分别同潘基文会见、会谈，就中国同联合国合作以及当前国际形势和重大热点问题交换意见。潘基文在北京出席纪念联合国《残疾人权利公约》通过10周年大会，走访中国维和直升机分队训练基地、北京市999紧急救援中心等，赴杭州和苏州两地参访。

习近平在会见潘基文时表示，多样性是世界前进的动力和源泉，各国必须走适合本国国情的发展道路。经济全球化既带来机遇和繁荣，也带来挑战和麻烦，需要加强全球治理，致力于打造人类命运共同体。我们要继续弘扬《联合国宪章》宗旨和原则，同时也要与时俱进，倡导共商、共建、共享的全球治理理念，建立反映世界多极化现实、更加强调以规则制度来协调的国际关系。我们要致力于政治解决国际热点问题，倡导对话协商，坚持标本兼治，并发挥联合国主渠道作用。中方推动二十国集团领导人峰会聚焦发展问题，推动共建“一带一路”，就是要助力2030年可持续发展议程。中方倡导设立亚投行，并愿同联合国、世界银行等国际组织加强合作，就是要同世界各国分享中国的发展机遇。

潘基文表示，中国对联合国事业作出了突出贡献，为促进全球可持续发展、应对气候变化发挥了重要的领导作用。习近平主席在出席联合国成立70周年系列峰会期间就维和行动、南南合作提出了重要理念和具体倡议，对相关领域国际合作产生重大影响。我赞赏中方作为六方会谈主席国为解决朝鲜半岛核问题所作努力。联合国愿同中方倡导建立的亚洲基础设施投资银行等加强合作，促进发展中国家基础设施建设。我期待着2016年9月来华出席二十国集团领导人杭州峰会。

李克强在会见潘基文时表示，中国始终致力于维护以联合国为核心的国际体系、捍卫《联合国宪章》的宗旨和原则，积极推动对话谈判和平解决争端，深度参与应对气候变化等全球性挑战的合作，为世界和平与发展贡献力量。中国作为最大的发展中国家，重视将本国发展战略同落实联合国2030年可持续发展议程相结合，推动共同发展。

潘基文对中国南方部分地区发生洪涝灾害表示慰问，表示相信在中国政府的坚强领导下，中国人民一定能够战胜灾害。联合国赞赏中国为全球防灾减灾和可持续发展事业所作的贡献，期待中方为实现2030年可持续发展议程和应对气候变化等全球性挑战继续发挥重要作用。

7月7日

［纲　文］　**李克强主持召开国务院常务会议。**

［目　文］　会议主要内容是：一、部署各地各部门整改审计查出的问题，通过改革完善制度提高公共资金绩效。会议指出，向社会公布的2015年度中央预算执行和其他财政收支审计结果，有力推动了稳增长、调结构、惠民生等各项政策落实和重点领域风险防范，也揭示了公共资金资源使用和管理中存在的突出问题。为此，一要以整改审计查出的问题倒逼改革。二要改革完善财政资金绩效管理，从制度上促进盘活存量资金，推动重大决策部署落实和重大项目加快落地。三要完善监管机制，严格规范国有资产、“三公经费”和扶贫等民生资金管理，密切关注可能增加政府债务的潜在风险点，对以各种方式骗取财政资金、违反财政收支规定等行为严肃问责追责，铲除滋生腐败的土壤。规范金融业务创新、防范金融风险。四要强化对整改工作的督促检查，有关地区和单位要对照审计查出问题，倒排时间表，按时限按要求逐项、逐条整改，整改结果要于10月底前报告国务院，并在向全国人大常委会报告后向社会公开。二、听取政府和社会资本合作模式推广情况汇报，推动更有效激发社会投资活力。针对当前这方面存在的政策衔接配套不足、社会资本参与度不高等问题，会议厘清了有关部门职责，同时要求，一要以推政府和社会资本合作促投融资体制改革，在公共服务和基础设施等领域进一步放宽市场准入，推进简政放权、放管结合、优化服务，对各类社会资本一视同仁。二要积极推进供水、供气、供热等

价格改革，根据政府和社会资本合作不同付费方式、运作模式，完善财税优惠、用地招拍挂、融资支持、资本退出等配套政策，探索项目经营权、收益权资产证券化，建立合理回报机制。三要强化合作双方契约意识，规范履约行为，切实保护合法权益。提高政府履约能力。加强规范和监管，防范地方政府变相举债行为，避免形成过度的政府支出责任。四要加快完善法律法规，加快推进政府和社会资本合作领域立法进程，以更好的法治环境更大激发社会投资活力。

7月7日

［纲　文］　**全国政协在北京召开双周协商座谈会，就“加强农作物秸秆综合利用”建言献策。**

［目　文］　全国政协主席俞正声主持会议。全国政协副主席杜青林、林文漪、张庆黎、马飚出席会议。全国政协委员杨健、王小康、王天戈、武维华、王鹤龄、尚勋武、孙宝启、江利平、连介德、王松、温香彩、潘碧灵、张全国、刘建，以及专家学者陈义龙、李洪法、王林风等发言。发展改革委副主任林念修介绍了有关情况。科技部副部长徐南平、环保部副部长赵英民、农业部副部长张桃林等与会交流。

委员们认为，随着农业连年丰收，农作物秸秆产生量逐年增多，秸秆随意抛弃、焚烧现象严重，带来一系列环境问题。加快推进秸秆综合利用，对于稳定农业生态平衡、缓解资源约束、减轻环境压力都具有十分重要的意义。秸秆是一种重要的资源，不能看作是废物，它既是重要资源，也是重要能源。近年来，我国高度重视秸秆综合利用工作，建立了秸秆综合利用协调机制，研究推进秸秆综合利用的相关政策和重大问题，先后出台了一系列政策，进一步推动秸秆综合利用和禁烧工作。虽然秸秆综合利用工作取得了一定成效，但仍然存在秸秆收贮运难、配套农机不足、作业标准不完善、收贮运体系制约产业发展、利用技术有待进一步提高等问题。

一些委员建议，第一，农作物秸秆综合利用，要坚持政府引导、部门协力，市场运作、多元利用，疏堵结合、以疏为主的原则。发挥企业主体作用。第二，要以省为单位，建立秸秆用于肥料、饲料、燃料、基料、原料的规划、规范和标准。第三，实现秸秆综合利用产业化，需要建立以县为基础的，政府主导、企业运营的贮运加工体系。第四，政府应当在税收、土地、运输等方面给予政策支持，加强对秸秆综合利用工作的督促和指导。

7月7日

［纲　文］　**国家防汛抗旱总指挥部在北京召开全体会议。**

［目　文］　会议主要内容是：学习传达习近平总书记关于防汛救灾工作的指示，贯彻落实李克强总理在岳阳防汛工作会议上的讲话精神，具体部署当前防汛救灾有关工作。

国务院副总理、国家防汛抗旱总指挥部总指挥汪洋在会上强调，防汛救灾事关人民群众生命财产安全，事关经济社会发展大局，要立足防大汛、抢大险、救大灾，强化责任，狠抓落实，从最不利情况出发，向最好结果努力，保障安全度汛，为经济社会持续健康发展提供有力保障。防汛救灾责任重于泰山。各地要加强组织领导，落实好行政首长负责制，加强军地联系，加强军民合作，把各方面力量拧成“一股绳”，坚决打好防汛救灾这场硬仗。

7月7日

［纲　文］ **工商总局印发《广告产业发展“十三五”规划》。**

［目　文］《规划》由五个部分组成：一、规划背景。二、指导思想、基本原则和规划目标。三、重点任务。四、政策措施。五、规划的实施。

7月7日

［纲　文］ **纪念全民族抗战爆发79周年仪式在中国人民抗日战争纪念馆举行。**

［目　文］ 中共中央政治局委员、北京市委书记郭金龙主持纪念仪式。中央有关部门、北京市和中央军委政治工作部负责人，参加过抗日战争的老战士代表、抗战将领亲属代表，以及“时代楷模”代表、机关干部和群众代表、部队代表、学生代表约500人出席仪式，并参观了在中国人民抗日战争纪念馆展出的“民族先锋 中流砥柱——中国共产党抗战英烈事迹展”。

此次展览分为“抗战英烈名录”“东北抗战英烈”“八路军及华北抗战英烈”“新四军及华中抗战英烈”“华南抗战英烈”五部分，共有160幅图片、99件（组）文物。展览通过中国共产党抗战英烈的光辉事迹，充分展示中国共产党人为抗战胜利作出的巨大牺牲和中国共产党在抗日战争中的中流砥柱作用。

7月7日

［纲　文］ **中共中央政治局常委王岐山在北京会见老挝人民革命党中央政治局委员、中央纪委书记、政府副总理本通率领的老挝人民革命党代表团。**

7月7日

［纲　文］ **国务院残疾人工作委员会在北京举行纪念联合国《残疾人权利公约》通过10周年大会。**

［目　文］ 国务委员、国务院残疾人工作委员会主任王勇，国务院残工委副主任、中国残联主席张海迪，联合国秘书长潘基文出席大会并致辞。

王勇指出，中国政府高度重视残疾人事业发展，是联合国《残疾人权利公约》的积极发起者、倡导者和践行者，10年来认真履行公约规定的责任和义务，切实保障残疾人医疗康复、教育、就业、社会保障、文化生活、无障碍等权利，残疾人事业发展取得显著成绩。

潘基文指出，《残疾人权利公约》通过10年来，中国残疾贫困人口大量减少，国家发展规划纳入了健康保健、社会保障等残疾人权益的重要方面，建筑和信息无障碍相关条例出台。这些都为改变社会对残疾人的态度、保证倾听残疾人的声音提供了最坚实基础。

张海迪在会上建议成立世界残疾人组织，以促进世界各国残疾人都能得到平等、融合、幸福生活的机会并指出，10年来，中国遵循《残疾人权利公约》的宗旨和原则，保障残疾人的各项权益，残疾人康复、教育、就业、扶贫、文化体育、无障碍建设等方面取得了很大的进步，8500万残疾人的生活得到显著的改善，社会地位不断提高。中国政府将继续全面履行《残疾人权利公约》，在2020年全面建成小康社会之际，进一步健全残疾人权益保障制度，完善残疾人公共服务体系，大幅增加公共产品和公共服务供给，帮助残疾人共享经济社会发展成果，决不让残疾人“掉队”。

7月7—8日

［纲　文］　**“2016·中国西藏发展论坛”在西藏拉萨举行。**

［目　文］　论坛由国务院新闻办公室和西藏自治区人民政府共同主办，主题为“西藏发展的新阶段——创新、协调、绿色、开放、共享”，论坛设有“创新发展：机遇与选择”“协调发展：传统与现代的接轨”“绿色发展：潜力与优势发挥”“开放发展：一带一路的新愿景”“共享发展：精准扶贫与民生改善”五个分议题。来自美国、英国、俄罗斯、西班牙等30余个国家和地区的130余位专家学者和相关人士参会。会议达成了《2016·拉萨共识》。

7月7—11日

［纲　文］　**第12届中国国际动漫游戏博览会在上海世博展览馆举办。**

［目　文］　博览会由国家文化部与上海市政府联合主办。上海市文化广播影视管理局、中国动漫集团、上海广播电视台、上海文化广播影视集团有限公司共同承办。分主展馆、电竞馆、同人馆三大主题馆以及商务馆。博览会期间举办了5场高峰论坛，分别以动画电影决胜之道、技术+泛娱乐的无限可能、出版物IP成就未来动漫经典、新三板市场对我国动漫投融资的意义、动漫与实体经济共赢模式为主题。

7月8日

［纲　文］　**习近平在北京主持召开经济形势专家座谈会。**

［目　文］　张高丽、王沪宁、栗战书、万钢、周小川和有关部门负责人出席座谈会。国家金融与发展实验室理事长李扬、中国经济体制改革研究会国民经济研究所所长樊纲、国务院发展研究中心副主任王一鸣、辽宁大学经济学院院长谢地、上海社科院院长王战、湖北省发展改革委主任李乐成、深圳市发展研究中心主任吴思康、宝钢集团董事长徐乐江、美的集团董事长方洪波等分别就金融改革与防控金融风险、宏观经济运行与趋势判断、供给侧结构性改革、东北经济振兴与国企改革、国际经济形势、中部地区经济形势、经济发展与科技创新、钢铁行业去过剩产能、供给侧结构性改革与民企发展等摆情况、讲问题、提建议。

国家主席习近平指出，经济基本面和社会大局基本稳定，金融市场运行总体平稳，供给侧结构性改革取得新的进展，但经济走势仍然分化，新旧发展动力的转换需要一个过程，新动力的成长势头正在加快。从趋势看，经济发展长期向好的基本面没有变，经济韧性好、潜力足、回旋余地大的基本特征没有变，经济持续增长的良好支撑基础和条件没有变，经济结构调整优化的前进态势没有变。从经济运行看，我国经济发展新常态的特征更加明显，必须坚定信心、增强定力，坚定不移推进供给侧结构性改革，培育新的经济结构，强化新的发展动力。宏观经济政策要坚持稳中求进工作总基调，适度扩大总需求，继续实施积极的财政政策和稳健的货币政策；以推进供给侧结构性改革为主线，有力、有度、有效落实好“三去一降一补”重点任务；引导好发展预期，用稳定的宏观经济政策稳定社会预期，用重大改革举措落地增强发展信心。坚持和发展中国特色社会主义政治经济学，要以马克思主义政治经济学为指导，总结和提炼我国改革开放和社会主义现代化建设的伟大实践经验，同时借鉴西方经济学的有益成分。在错综复杂的国内外政治经济形势下，要实现更好发展，必须更好分析形势和环境，更好把握战略机遇期内涵和条件变化，更好把握宏观经济大势，更好应对挑战。为此，要加快培养造就国际一流的经济学家、具有国际视野的企业家。各级党委和政府要尊重知识、尊重人才，养成问计于专家学者的习惯，调动专家学者的积极性、主动性、创造性，用好、用活智力资源。对专家学者提出的意见和建议，对的要积极采纳。专家学者要立足国情、深入调研，着力研究重大理论问题和现实问题，注重从客观经济事实出发，揭示经济现象背后的本质及规律，努力多出经得起实践检验的研究成果，为经济社会发展献计献策。

7月8日

［纲　文］　**中共中央办公厅、国务院办公厅印发《专业技术类公务员管理规定（试行）》《行政执法类公务员管理规定（试行）》，自2016年7月8日起施行。**

7月8日

［纲　文］　**国务院办公厅印发《〈国务院关于新形势下加快知识产权强国建设的若干意见〉重点任务分工方案的通知》。**

［目　文］　《通知》说，各有关部门要按照分工方案要求，进一步分解细化涉及本部门的工作，抓紧制定具体措施。涉及多个部门的工作，牵头部门要加强协调，相关部门要密切配合。各省、自治区、直辖市人民政府要加强组织领导，落实责任，结合实际制定实施方案和配套政策。要充分发挥全国打击侵犯知识产权和制售假冒伪劣商品工作领导小组作用，加强知识产权保护，调动各方积极性，形成工作合力。国务院知识产权战略实施工作部际联席会议办公室要加强工作统筹，协调解决重大问题，加强对有关政策措施落实工作的指导、督促、检查，切实推动各项措施落实。

7月8日

［纲　文］　**农业部公布《主要农作物品种审定办法》。**

［目　文］　《办法》共9章58条，主要有总则、品种审定委员会、申请和受理、品种试验、审定与公告、引种备案、撤销审定、监督管理、附则等内容。自2016年8月15日起施行。农业部2013年12月27日公布的《主要农作物品种审定办法》和2001年2月26日公布的《主要农作物范围规定》同时废止。

7月8日

［纲　文］　**农业部公布《农作物种子生产经营许可管理办法》。**

［目　文］《办法》共6章39条，主要有总则，申请条件，受理、审核与核发，许可证管理，监督检查，附则等内容。自2016年8月15日起施行。农业部2001年2月26日发布、2015年4月29日修订的《农作物种子生产经营许可管理办法》和2001年2月26日发布的《农作物商品种子加工包装规定》同时废止。

7月8日

［纲　文］　**农业部公布《农作物种子标签和使用说明管理办法》。**

［目　文］《办法》共6章34条。主要有总则、种子标签、使用说明、制作要求、监督管理、附则等内容，自2017年1月1日起施行。农业部2001年2月26日公布的《农作物种子标签管理办法》同时废止。

7月8日

［纲　文］　**汪洋在江苏考察指导太湖流域防汛工作并主持召开国家防总太湖流域防汛紧急会议进行工作部署。**

［目　文］　国务院副总理、国家防汛抗旱总指挥部总指挥汪洋强调，要认真贯彻落实习近平总书记关于防汛救灾工作的重要指示和李克强总理在岳阳防汛工作会议上的重要讲话精神，加强组织领导，强化责任落实，全力做好防汛抗洪和防台风各项工作，确保太湖大堤安全和群众生命安全，最大程度减轻灾害损失。入汛以来，受连续强降雨影响，太湖流域发生流域性特大洪水，湖区水位已经超过保证水位。随着2016年1号台风“尼伯特”逼近，太湖流域很可能出现风、雨、潮、浪与高水位“五碰头”的局面。鉴于防汛严峻形势，按照国家防汛抗旱应急预案，国家防总启动了太湖防汛Ⅱ级应急响应。相关地区和部门要按照统一部署，以对人民高度负责的态度，认真做好防汛救灾各项工作。要密切监视天气和汛情变化，加强水利工程的精准科学调度，加快洪水下泄，努力降低太湖及周边河网水位，做好迎台风和迎大洪水的准备。加强防洪工程巡查防守，做好重点部位和薄弱环节的安全防范，强化工程防风抗浪措施。加强灾害预警，落实人员转移安置、船只回港避风、次生灾害防御、城市防风防涝等措施，切实避免人员伤亡。福建等地也要认真贯彻国家防总防御“尼伯特”台风的部署，尽最大努力减轻灾害损失。要认真落实防汛行政首长负责制，坚决克服麻痹大意思想和侥幸松懈心理，把防汛抗洪防台风工作做实做细。加强指挥协调，统筹好上下游、省市间、湖区与河网的关系。相关地区要顾全大局、协同作战，各有关部门要各司其职、相互配合，加强军地军民合作，努力形成防汛抗洪防台风的合力。

7月8日

［纲　文］　**“2014—2015绿色中国年度人物”颁授活动在北京举行。**

［目　文］　本届评选主题为“讲好中国环保故事、推进环境质量改善”。10位来自环保NGO、学术理论界、文化艺术界、传媒界、企业界的优秀人物，凭借坚守绿色理想的精神和感人至深的行动获此殊荣。

“绿色中国年度人物”评选由全国人大环境与资源保护委员会、全国政协人口资源环境委员会、环境保护部、文化部、国家新闻出版广电总局、共青团中央、解放军环保绿化委员会等七部委联合主办，联合国环境规划署特别支持，旨在宣传和表彰在环境保护方面作出特殊贡献的绿色英雄，引导公众关注和参与环境保护，推动全社会践行社会主义生态文明观，共建生态文明的美丽中国。

7月8日

［纲　文］　**外交部发言人表示，非洲三十多国明确支持中国南海问题立场。**

［目　文］　发言人说，中非政府、马达加斯加政府、几内亚比绍总理、津巴布韦外交部、安哥拉外交部、利比里亚外长等发表声明，支持中方在南海问题上的立场。已有三十多个非洲国家以不同方式公开表达了对中方立场的支持。这也有力地证明坚持公正客观立场、维护国际法治是国际社会的主流，仲裁案及其所谓“裁决”不得人心，只能是迷梦一场。

7月8—10日

［纲　文］　**生态文明贵阳国际论坛2016年年会在贵州省贵阳市举行。**

［目　文］　年会主题是：“走向生态文明新时代：绿色发展·知行合一”。来自72个国家和地区的1500多名嘉宾，围绕绿色增长与绿色转型、和谐社会与包容发展、道德和全球治理等议题进行交流。年会发布了《2016贵阳共识》。全国政协主席俞正声出席开幕会做主旨演讲。

8日，俞正声在分别会见了与会的巴布亚新几内亚总理奥尼尔、瑞士联邦议会国民院议长马克瓦尔德、肯尼亚副总统鲁托，集体会见了外国前政要。

7月8—10日

［纲　文］　**外交部部长王毅应邀对斯里兰卡进行正式访问。**

［目　文］　8日，斯里兰卡总统西里塞纳在科伦坡会见王毅。王毅向西里塞纳转达了国家主席习近平的问候并说，近年中斯高层交往密切，为两国关系发展不断注入强大动力，双方各领域合作卓有成效。我们愿同斯方一道，落实好两国领导人重要共识，加强高层交往，增进政治互信，发挥斯地缘区位和两国经济互补优势，沿着共建“21世纪海上丝绸之路”的方向，加强各领域务实合作，推进大项目建设，在国际地区问题上加强协调配合，共同推动中斯战略合作伙伴关系不断向前发展。西里塞纳说，斯中传统友谊深厚，两国务实合作卓有成效。斯政府致力于加强对华友好关系，坚持一个中国政策，愿同中方保持高层交往，加强政党交流，通过共建海上丝绸之路推动双方经贸、投资等领域务实合作迈上新台阶。

同日，王毅同斯里兰卡外长萨马拉维拉举行会议。双方一致同意，落实两国领导人共识，加强各领域互利合作，使中斯战略合作伙伴关系保持强劲发展势头。

7月8日—8月25日

［纲　文］　**第六届中国儿童戏剧节在北京举行。**

［目　文］　戏剧节由中国儿童艺术剧院主办。以“点亮童心 塑造未来——共筑中国梦”为主题，涵盖优秀剧目展演、儿童戏剧交流以及戏剧嘉年华活动，汇聚美国、日本、

韩国、西班牙、澳大利亚等8个国家和地区25家儿童戏剧团体的46部优秀剧目，演出215场，并在济南、成都、宁波设立分会场。其中，由中国儿童艺术剧院与美国蒙大拿州米苏拉儿童剧院第二次合作排演的儿童剧“中国故事”之《成语魔方》，是列入2016年第七轮中美人文交流高层磋商联合成果清单的重要项目。

7月9日

［纲　文］　**新华社讯，汪洋在北京主持召开国务院扶贫开发领导小组第11次全体会议。**

［目　文］　会议审议易地扶贫搬迁“十三五”规划、低保制度与扶贫政策衔接指导意见等，总结上半年脱贫攻坚情况，部署下一阶段工作。

国务院副总理、国务院扶贫开发领导小组组长汪洋指出，中央扶贫开发工作会议以来，脱贫攻坚各项工作开局良好，成效明显。要巩固精准扶贫的向好势头，打好年度战役，解决突出问题，强化目标责任，确保脱贫攻坚工作健康推进。今年以来，扶贫开发的责任机制、支持政策、保障措施、监督办法、工作落实等都得到加强，精准扶贫精准脱贫稳步推进，但也暴露出一些倾向性问题，需要在制度和工作层面认真研究解决。要严格落实扶贫考核机制，深入开展督查巡查，防范不准不实问题。严格落实贫困退出机制，做好评估核查，防范数据造假问题。严格扶贫资金使用监管，完善项目资金公告公示制度，防范资金滥用问题。统筹脱贫攻坚与长期发展，做到长短结合，标本兼治，防范急功近利问题。完成全年脱贫目标任务艰巨，要着力推进易地扶贫搬迁、产业扶贫、金融扶贫、扶贫劳务对接、教育扶贫、健康扶贫、低保兜底等重点工作，强化扶贫资金和人才保障，充分调动贫困地区干部群众的积极性，保质保量完成减贫1000万人以上的任务。

7月9—10日

［纲　文］　**2016年二十国集团贸易部长会议在上海举行。**

［目　文］　本次会议主席、中国商务部部长高虎城主持会议。二十国集团成员，西班牙、新加坡、老挝、塞内加尔、哈萨克斯坦、埃及、新西兰、荷兰等嘉宾国，世贸组织、世界银行、国际货币基金组织、经合组织、联合国贸发会议、国际贸易中心等国际组织，以及二十国集团工商界代表共500多人参会。发布了二十国集团历史上首份贸易部长声明。

高虎城在新闻发布会上说，本次会议建立起二十国集团贸易投资合作机制，批准了《G20全球贸易增长战略》；二十国集团贸易部长一致决定推动尽快实施《贸易便利化协定》；会议批准了《G20全球投资指导原则》；会议就加强多边贸易体制达成重要共识，明确反对贸易保护主义，决定将不采取新的保护主义的措施延长至2018年；同意加强区域贸易协定透明度，确保其与多边规则的一致性；承诺2016年底前二十国集团成员全部批准《贸易便利化协定》；同意继续推进多哈回合剩余议题谈判，开启讨论潜在的、符合各方利益的新议题；二十国集团成员中的《环境产品协定》（EGA）谈判参加方还就EGA谈判的进程达成共识，为早日结束谈判奠定了基础，也将为共同应对气候变化作出积极贡献。

会议期间，国务院副总理汪洋集体会见了出席二十国集团贸易部长会议的外方代表。

7月10日

［纲　文］　**国务院批复重庆市、四川省、陕西省人民政府和发展改革委，同意川陕革命老区振兴发展规划**。

［目　文］　批复说：一、原则同意《川陕革命老区振兴发展规划》（以下简称《规划》）。二、《规划》实施要全面贯彻党的十八大和十八届三中、四中、五中全会以及中央经济工作会议、中央城市工作会议、中央扶贫开发工作会议、中央农村工作会议精神，深入贯彻习近平总书记系列重要讲话精神，认真落实党中央、国务院决策部署，按照“五位一体”总体布局和“四个全面”战略布局，牢固树立和贯彻落实创新、协调、绿色、开放、共享的新发展理念，紧紧抓住推进“一带一路”建设与长江经济带发展的重大机遇，推进结构性改革尤其是供给侧结构性改革，坚持发展第一要务，坚持区域开发与精准扶贫相结合，坚持内生发展与对外开放相结合，着力破解基础设施瓶颈制约，协同推进新型工业化、信息化、城镇化、农业现代化和绿色化，提升基本公共服务能力，加强生态文明建设，创新体制机制，坚决打赢脱贫攻坚战，确保川陕革命老区人民与全国人民同步进入全面小康社会。三、重庆市、四川省、陕西省人民政府要加强对《规划》实施的组织领导，制定实施方案，明确责任分工，健全协作机制，强化绩效考核，进一步深化简政放权、放管结合、优化服务改革，确保《规划》各项目标任务和政策措施落到实处。重要政策和重大建设项目要按规定程序报批。四、国务院有关部门要按照职能分工，加强工作指导，在政策制定、资金投入、项目安排和体制创新等方面加大对川陕革命老区的支持力度，帮助解决《规划》实施中的突出困难和问题，为川陕革命老区振兴发展营造良好的政策环境。发展改革委要会同有关部门加强对《规划》实施情况的跟踪分析和督促检查，会同重庆市、四川省、陕西省人民政府适时开展《规划》实施情况评估，重大问题及时向国务院报告。

7月10日

［纲　文］　**新华社讯，中组部、中宣部、中央党史研究室、教育部发出《关于认真组织学习宣传〈中国共产党的九十年〉的通知》**。

［目　文］　《通知》指出，《中国共产党的九十年》记述了中国共产党从1921年成立至2012年十八大召开90多年的历史，准确生动地展现了中国共产党90多年的奋斗历程、光荣传统、宝贵经验和伟大成就，是迄今为止国内公开出版的权威著作中反映党的历史时间跨度最长、内容最为系统完整的一部党史通史基本著作，为广大党员、干部、群众和青少年提供了学习党史的最新权威读本。学习《中国共产党的九十年》，要同深入学习贯彻党章党规、深入学习贯彻习近平总书记系列重要讲话精神特别是习近平总书记在庆祝中国共产党成立95周年大会上的重要讲话精神紧密结合起来，加深对以习近平同志为总书记的党中央治国理政新理念新思想新战略的认识和理解，加深对中国特色社会主义的认

识和理解，进一步增强道路自信、理论自信、制度自信、文化自信。

通知强调，各级组织人事部门要把《中国共产党的九十年》作为党员、干部学习党史的基本教材，纳入党员、干部教育培训和各级党委中心组学习内容。同时，指导各级党校、行政学院、干部学院组织广大学员学好用好《中国共产党的九十年》。各级宣传部门要统筹安排好《中国共产党的九十年》的宣传工作，注意发挥好报刊、广播、电视、网络、手机、微博、微信、微视频、微电影等媒体作用，加大宣传报道力度，为广大党员、干部、群众和青少年的学习提供服务，营造良好的舆论氛围。各级党史部门要发挥自身优势，组织专家学者围绕《中国共产党的九十年》开展专题宣讲活动，为各地各部门深入开展理想信念教育、党的宗旨教育、革命传统教育、历史经验教育、党性修养教育、反腐倡廉教育，主动提供服务。各级教育部门要抓好各级各类学校学习使用《中国共产党的九十年》工作，把该书作为学校思想政治课和思想品德课的重要教材，组织学生瞻仰革命遗址，参观革命博物馆和革命纪念馆，学习革命英烈的事迹，增强学习效果。

7月10日

［纲　文］　**新华社讯，汪洋在上海调研外贸工作。**

［目　文］　国务院副总理汪洋调研了小红书电子商务平台、上海国际时尚中心、上海纺织（集团）有限公司等企业，了解外贸新业态发展和传统外贸企业转型升级情况。

汪洋指出，我国进出口下行压力持续加大，与外部需求不振密切相关，也是外贸结构调整滞后等深层次矛盾长期积累的结果。结构调整越早的地方，发展后劲越足；转型升级越快的企业，抗风险能力越强。当前，外贸传统动能仍有较大的提升空间，新的动能成长势头明显加快，外贸长期向好的趋势没有改变。要保持定力，坚定信心，大力推进结构调整和转型升级，加快形成以技术、质量、服务、品牌为核心的外贸竞争新优势。实现新旧动能接续转换，需要发挥市场的决定性作用，调动广大企业的积极性、主动性和创造性，也离不开各级政府的大力支持和引导。要积极支持跨境电子商务等新型业态发展，创新和完善相关监管政策，培育外贸新的增长点。要鼓励企业培育自主品牌和营销网络，提高出口产品的质量、档次和附加值，走优质优价之路。要继续推动加工贸易转型升级，引导加工贸易向中西部地区转移、向产业链两端延伸。要扩大现代服务业对外开放，大力发展服务贸易，培育一批有竞争力的服务出口产业。要加大政策落实力度，加强督促检查，切实为外贸企业克服困难松绑减负、加油助力。

7月10日

［纲　文］　**中国驻南苏丹维和步兵营一辆装甲车在南苏丹联合国营地执行难民营警戒任务时被一发流弹击中，造成中国维和人员2人牺牲、2人重伤、3人轻伤。**

［目　文］　国防部新闻局表示，中国军队对上述袭击深感震惊并予以强烈谴责，对牺牲人员深感悲痛并深表哀悼，对受伤人员及伤亡人员家属表示诚挚慰问。中国军队立即启动应急机制，我维和分队已经组织对伤员全力抢救，并进一步加强安全防范措施。

11日，外交部发言人表示，中方对中国在南苏丹维和人员遇袭，遭受严重伤亡深感震惊，对袭击事件表示强烈谴责，对牺牲人员表示深切哀悼，对受伤人员和伤亡人员家属表示诚挚慰问。中国驻南苏丹使馆正在全力协调各方力量救治伤员。我们已经要求南苏丹政府彻查此起事件，严惩肇事者。

7 月 10—17 日

［纲　文］ **“情系多彩贵州——两岸文化联谊行”活动在贵州举办**。

［目　文］ 联谊行由中华文化联谊会和贵州省人民政府共同主办。97 位台湾文化、教育、新闻等领域知名人士参访了岜沙苗寨、肇兴侗寨、遵义会议会址、修文阳明洞等地，并通过研讨会、座谈会等形式，共商黔台两地文化交流合作。

7 月 10—17 日

［纲　文］ **联合国教科文组织世界遗产委员会第 40 届会议在土耳其伊斯坦布尔举行，中国广西左江花山岩画文化景观和湖北神农架被列入《世界遗产名录》**。

7 月 11 日

［纲　文］ **李克强在北京主持召开经济形势专家和企业家座谈会**。

［目　文］ 张高丽、刘延东、汪洋、马凯、王勇等出席座谈会。姚洋、高善文、刘洪玉等专家和企业负责人分别围绕结构调整与需求管理、经济运行与风险、房地产市场、智能制造、转型发展、创业创新谈了观点。大家认为，当前我国经济总体平稳，新经济、消费、服务业成为重要动力，经济转型初见成效，但周期性和结构性矛盾交织，需要把握好稳增长和调结构的平衡。

李克强指出，2016 年以来，面对困难增多、挑战严峻的国内外环境，通过实施有效的宏观政策，我国经济运行基本平稳、符合预期、结构向好。二季度经济延续了一季度平稳增长的态势，国内需求起到了顶梁柱作用，物价水平总体稳定，各项改革取得积极进展，新经济等快速发展，带动城镇新增就业超过 700 万人，一些传统企业也通过发展新技术新模式，走上升级发展新路，成绩实属不易。处理好去产能和保障职工合法权益的平衡，创造条件实现富余人员转岗不下岗。大力实施创新驱动发展战略，以大众创业、万众创新为抓手，更大激发市场活力，依托“互联网 +”，促进新技术新业态新模式蓬勃兴起，促进新就业形态发展，促进新动力成长，带动传统产业改造提升，加速新旧动能转换，培育新的经济结构，使新经济在优化供给、支撑增长、吸纳就业、改善民生中发挥越来越重要的作用。积极释放新型城镇化带动扩大有效需求的潜力，加强防洪工程、城市地下综合管廊等基础设施薄弱环节建设，加快补上经济发展和民生领域的短板，惠及人民群众，增强发展后劲。2016 年是“十三五”开局之年，机遇和困难并存，希望各位专家和企业家围绕国家改革发展中的重大问题和突出难点，多谋良策、多创实绩。

7 月 11 日

［纲　文］ **国务院总理李克强向蒙古国新任总理扎尔格勒图勒嘎·额尔登巴特致**

贺电。

7月11日

［纲　文］　**新华社讯，经中共中央批准，中共中央纪委对中国电信集团公司原党组书记、董事长常小兵严重违纪问题立案审查。**

［目　文］　经查，常小兵严重违反政治纪律，干扰中央专项巡视。利用职务便利在干部选拔任用中为他人谋取利益并收受财物，利用职权和职务上的影响为亲属的经营活动谋取利益。涉嫌受贿犯罪。决定给予其开除党籍、公职处分，涉嫌犯罪问题移送司法机关。

2017年5月31日，河北省保定市中级人民法院公开宣判中国电信集团公司原党组书记、董事长常小兵受贿案，对被告人常小兵以受贿罪判处有期徒刑6年，并处罚金人民币50万元；对常小兵受贿所得财物予以没收，上缴国库。

7月11日—9月26日

［纲　文］　**中国开展第七次北极科学考察。**

［目　文］　7月11日，中国第七次北极考察队128名考察队员乘“雪龙”船从上海起航后，经由白令海—楚科奇海—加拿大海盆区域—楚科奇海台区域—北冰洋高纬海域—门捷列夫海岭海域，开展了物理海洋与海洋气象、海冰和冰面气象、海洋地质、海洋地球物理、海洋化学、海洋生物与生态多样性等多项考察，完成北极科考任务后返回上海，历时78天，累计总航程13000多海里，浮冰区总航程2800多海里，最北航行至北纬82° 52′ 59"。9月26日返回上海极地考察国内基地码头。

本次考察是“南北极环境综合考察和评估”专项期间的第三个航次，也是“十三五”期间第一次在北冰洋实施的科学考察工作。此次考察共完成84个海洋综合站位作业，收放5套锚碇潜浮标，布放300枚走航抛弃式温度剖面仪、24枚温盐深剖面仪、17个Argos表层漂流浮标和58个GPS探空气球，完成231公里的地球物理反射地震测线和1500公里海面磁力测线，开展7个浮冰站考察，为北极地区环境气候等综合评价提供了基础资料。实现了我国北极科考历史上的诸多突破。

首次在北冰洋门捷列夫海岭进行考察，完成一条综合考察断面，考察内容涉及物理海洋、海洋气象、海洋地质、海洋化学和海洋生物等多个方面。该调查断面和2016年中俄北冰洋联合调查航次相配合，实施了我国首次在东西伯利亚海、楚科奇海西侧和门捷列夫海岭海域的海洋观测。首次在白令海成功布放深水锚碇潜标，锚系长度3800米。成功完成了5套锚碇长期观测潜、浮标的收放工作，加强了定点锚碇长期观测，包括白令海锚碇浮标投放、白令海锚碇潜标投放、楚科奇海锚碇潜标投放、沉积物捕获器潜标回收、沉积物捕获器潜标投放。首次利用“雪龙”船在北极成功布放我国自主研发的冰基上层海洋剖面浮标。利用直升机围绕长期冰站在加拿大海盆布放了由13个浮标组成的浮标阵列，是我国历次北极考察构建最为规则的浮标阵列，连同冰站布放的浮标，一共布放了40个冰基浮标，冰基浮标布放数量为历次北极考察之最。首次在楚科奇海陆架发现海底结核/结壳，初步推测该区域存在冷泉或者热液过程。这一发现将可能为我国北冰洋海洋地质研究开辟一个新的研究领域。首次使用空气枪震源激发人工地震波在北冰洋进行地球物理考察，极大地增强了多道地震系统的地层探测深度。在加拿大海盆区域，取得了丰富的海面磁力、重力和热流数据，为揭示加拿大海盆形成演化历史提供了资料。

7月12日

［纲　文］　**国家主席习近平在北京会见欧洲理事会主席图斯克和欧盟委员会主席容克。**

［目　文］　习近平在会见来华出席第十八次中国欧盟领导人会晤的图斯克和容克时指出，中国欧盟构建和平、增长、改革、文明四大伙伴关系的共识正在落地生根。双方在重大国际事务上保持着战略对话，共同为改善全球经济治理、促进世界可持续发展作出了积极努力，在加强中欧各自发展战略对接方面达成重要共识并付诸行动。中欧双方要不断深化互利共赢的全面战略伙伴关系。中欧要用大智慧增强战略互信，最根本的是要抓住世界多极化、经济全球化发展的必然趋势，抓住各国人民对和平与发展的共同诉求，坚持走合作共赢之路。中方支持欧盟和欧洲一体化进程的政策不会改变，乐见繁荣和稳定的欧盟和英国，愿同欧方继续携手致力于和平与发展。中欧要用大视野拓展合作。欢迎欧方积极参与"一带一路"建设，双方要加强发展战略对接，加强交流互鉴和互利合作，推动彼此合作迈向更高端。中欧要用大胸怀化解难点问题。双方要坚持相互尊重、平等相待的原则，以建设性方式管控和减少分歧。中欧有必要加强在二十国集团、国际货币基金组织等多边框架内协调和合作，希望欧盟如期履行《中国加入世界贸易组织议定书》第十五条义务。希望中欧双方共同推动二十国集团杭州峰会取得成功，为促进世界经济增长、完善全球经济治理作出更大贡献。南海诸岛自古以来就是中国领土。中国在南海的领土主权和海洋权益在任何情况下不受所谓菲律宾南海仲裁案裁决的影响。中国不接受任何基于该仲裁裁决的主张和行动。中国一贯维护国际法治以及公平和正义，坚持走和平发展道路。中国坚定致力于维护南海和平稳定，致力于同直接有关的当事国在尊重历史事实的基础上，根据国际法，通过谈判协商和平解决有关争议。

图斯克和容克表示，欧盟同中国日益高度相互依存，当前形势下，欧中加强全面战略伙伴关系十分必要。英国公投结果和退欧进程不会影响欧中关系发展。欧方愿继续同中方在广泛领域推进合作，共同应对全球性挑战，为促进世界和平、安全与繁荣发挥积极作用。欧方愿保持中国最大贸易伙伴地位，加强双方在创新、环境、数字经济、绿色增长等领域合作。欧方会履行自身在世界贸易组织框架内承担的义务。欧方期待同中方共同努力，推动二十国集团领导人杭州峰会取得积极成果。

7月12日

［纲　文］　**俞正声在北京会见台湾青年参访团。**

［目　文］　全国政协主席俞正声说，青年人朝气蓬勃，希望寄托在你们身上。他引用毛泽东主席“世界是你们的，也是我们的，但归根结底是你们的”名言和国民党元老于右任《望故乡》“葬我于高山之上兮，望我大陆。大陆不可见兮，只有痛哭”的诗句，鼓励青年人爱国家爱民族。

俞正声指出，两岸同胞同属中华民族，有着共同的历史和文化，唐诗宋词就是中华民族共同的记忆。希望台湾年轻人多到大陆走走看看。台湾年轻人是认同中华民族的，中华民族伟大复兴需要两岸人民共同携手一起努力。

参访团一行99人，其中学生90人，来自台湾59所高校。参访团先后到吉林省和北京市进行参访交流。

7月12日

［纲　文］　**中国和哈萨克斯坦合作委员会双方主席会晤在北京举行**。

［目　文］　国务院副总理张高丽与哈萨克斯坦第一副总理萨金塔耶夫出席会晤。双方梳理了中哈合作委员会第七次会议以来工作进展情况，深入讨论了两国在产能、能源、金融和投资、经贸、农业、互联互通、人文领域的合作。

张高丽说，两国高层交往频繁，战略互信水平不断提升，各领域合作持续深化。要加快推进两国发展战略对接，共同推动丝绸之路经济带建设；扎实推进产能合作，解决好融资和有关问题；加大鼓励和保护相互投资力度，积极推进金融合作和基础设施互联互通；要进一步推动原油、天然气合作，努力取得更大效果；充分发挥现有机制的协调作用，解决好项目、资金和人员签证问题，扩大农业、农产品贸易和人文、旅游等方面合作，增进两国人民的互信和友谊。

萨金塔耶夫表示，哈方高度重视发展对华关系，愿加强哈萨克斯坦“光明之路”新经济政策与“丝绸之路经济带”建设对接，扩大和深化两国各领域合作，开创哈中关系的新局面。

7月12日

［纲　文］　**中俄总理会晤委员会双方主席会晤在俄罗斯叶卡捷琳堡举行**。

［目　文］　国务院副总理、中俄总理定期会晤委员会中方主席汪洋与俄罗斯副总理、委员会俄方主席罗戈津出席会晤。双方就推进核能、民用航空制造、航天、卫星导航、农业等重点领域合作进行了深入探讨。

13日，汪洋在俄罗斯叶卡捷琳堡与罗戈津共同出席第三届中俄博览会活动。

7月12日

［纲　文］　**外交部受权发布《中华人民共和国政府发表关于在南海的领土主权和海洋权益的声明》**。

［目　文］　《声明》说，一、中国南海诸岛包括东沙群岛、西沙群岛、中沙群岛和南沙群岛。中国人民在南海的活动已有两千多年历史。中国最早发现、命名和开发利用南海诸岛及相关海域，最早并持续、和平、有效地对南海诸岛及相关海域行使主权和管辖，确

立了在南海的领土主权和相关权益。第二次世界大战结束后，中国收复日本在侵华战争期间曾非法侵占的中国南海诸岛，并恢复行使主权。中国政府为加强对南海诸岛的管理，于1947年审核修订了南海诸岛地理名称，编写了《南海诸岛地理志略》和绘制了标绘有南海断续线的《南海诸岛位置图》，并于1948年2月正式公布，昭告世界。二、中华人民共和国1949年10月1日成立以来，坚定维护中国在南海的领土主权和海洋权益。1958年《中华人民共和国政府关于领海的声明》、1992年《中华人民共和国领海及毗连区法》、1998年《中华人民共和国专属经济区和大陆架法》以及1996年《中华人民共和国全国人民代表大会常务委员会关于批准〈联合国海洋法公约〉的决定》等系列法律文件，进一步确认了中国在南海的领土主权和海洋权益。三、基于中国人民和中国政府的长期历史实践及历届中国政府的一贯立场，根据中国国内法以及包括《联合国海洋法公约》在内的国际法，中国在南海的领土主权和海洋权益包括：（一）中国对南海诸岛，包括东沙群岛、西沙群岛、中沙群岛和南沙群岛拥有主权；（二）中国南海诸岛拥有内水、领海和毗连区；（三）中国南海诸岛拥有专属经济区和大陆架；（四）中国在南海拥有历史性权利。中国上述立场符合有关国际法和国际实践。四、中国一向坚决反对一些国家对中国南沙群岛部分岛礁的非法侵占及在中国相关管辖海域的侵权行为。中国愿继续与直接有关当事国在尊重历史事实的基础上，根据国际法，通过谈判协商和平解决南海有关争议。中国愿同有关直接当事国尽一切努力作出实际性的临时安排，包括在相关海域进行共同开发，实现互利共赢，共同维护南海和平稳定。五、中国尊重和支持各国依据国际法在南海享有的航行和飞越自由，愿与其他沿岸国和国际社会合作，维护南海国际航运通道的安全和畅通。

7月12日

［纲　文］　**外交部发表《关于应菲律宾共和国请求建立的南海仲裁案仲裁庭所作裁决的声明》。**

［目　文］　《声明》说，关于应菲律宾共和国单方面请求建立的南海仲裁案仲裁庭（以下简称“仲裁庭”）于2016年7月12日作出的裁决，中华人民共和国外交部郑重声明，该裁决是无效的，没有拘束力，中国不接受、不承认。一、2013年1月22日，菲律宾共和国时任政府单方面就中菲在南海的有关争议提起仲裁。同年2月19日，中国政府郑重宣布不接受、不参与菲律宾提起的仲裁，此后多次重申此立场。2014年12月7日，中国政府发表《中华人民共和国政府关于菲律宾共和国所提南海仲裁案管辖权问题的立场文件》，指出菲律宾提起仲裁违背中菲协议，违背《联合国海洋法公约》（以下简称《公约》），违背国际仲裁一般实践，仲裁庭不具有管辖权。2015年10月29日，仲裁庭作出管辖权和可受理性问题的裁决。中国政府当即声明该裁决是无效的，没有拘束力。中国上述立场是明确的、一贯的。二、菲律宾单方面提起仲裁，目的是恶意的，不是为了解决与中国的争议，也不是为了维护南海的和平与稳定，而是为了否定中国在南海的领土主权和海洋权益。菲律宾提起仲裁的行为违反国际法。一是菲律宾提起仲裁事项的实质是南沙群岛部分岛礁的领土主权问题，有关事项也必然涉及中菲海洋划界，与之不可分割。在明知

领土问题不属于《公约》调整范围，海洋划界争议已被中国2006年有关声明排除的情况下，菲律宾将有关争议刻意包装成单纯的《公约》解释或适用问题。二是菲律宾单方面提起仲裁，侵犯中国作为《公约》缔约国享有的自主选择争端解决程序和方式的权利。中国早在2006年即根据《公约》第298条将涉及海洋划界、历史性海湾或所有权、军事和执法活动等方面的争端排除出《公约》强制争端解决程序。三是菲律宾单方面提起仲裁，违反中菲两国达成并多年来一再确认的通过谈判解决南海有关争议的双边协议。四是菲律宾单方面提起仲裁，违反中国与包括菲律宾在内的东盟国家在2002年《南海各方行为宣言》（以下简称《宣言》）中作出的由直接有关当事国通过谈判解决有关争议的承诺。菲律宾单方面提起仲裁，违反了《公约》及其适用争端解决程序的规定，违反了“约定必须遵守”原则，也违反了其他国际法原则和规则。三、仲裁庭无视菲律宾提起仲裁事项的实质是领土主权和海洋划界问题，错误解读中菲对争端解决方式的共同选择，错误解读《宣言》中有关承诺的法律效力，恶意规避中国根据《公约》第298条作出的排除性声明，有选择性地把有关岛礁从南海诸岛的宏观地理背景中剥离出来并主观想象地解释和适用《公约》，在认定事实和适用法律上存在明显错误。仲裁庭的行为及其裁决严重背离国际仲裁一般实践，完全背离《公约》促进和平解决争端的目的及宗旨，严重损害《公约》的完整性和权威性，严重侵犯中国作为主权国家和《公约》缔约国的合法权利，是不公正和不合法的。四、中国在南海的领土主权和海洋权益在任何情况下不受仲裁裁决的影响，中国反对且不接受任何基于该仲裁裁决的主张和行动。五、中国政府重申，在领土问题和海洋划界争议上，中国不接受任何第三方争端解决方式，不接受任何强加于中国的争端解决方案。中国政府将继续遵循《联合国宪章》确认的国际法和国际关系基本准则，包括尊重国家主权和领土完整以及和平解决争端原则，坚持与直接有关当事国在尊重历史事实的基础上，根据国际法，通过谈判协商解决南海有关争议，维护南海和平稳定。

7月12日

［纲　文］　**王毅就所谓南海仲裁庭裁决结果发表谈话。**

［目　文］　外交部部长王毅表示，南海仲裁案从头到尾就是一场披着法律外衣的政治闹剧，其裁决不可能产生任何法律效力。菲律宾前任政府在某些域外势力的策划操纵下，单方面提起所谓仲裁案，其目的显然不是为了妥善解决中国与菲律宾之间的争议，而是意在侵犯中国的领土主权和海洋权益，损害南海地区的和平与稳定。对于这样一个程序和法律适用牵强附会，证据和事实认定漏洞百出的仲裁案，中国人民根本不会接受，国际上一切主持公道的人们也都不会认同。中国不接受、不参与仲裁，恰恰是在依法维护国际法治和地区规则。中国在南海的领土主权和海洋权益拥有坚实的历史和法律根基，不受所谓仲裁庭裁决的影响。任何势力企图以任何方式贬损或否定中方的领土主权和海洋权益都将是徒劳的。中国将继续致力于通过谈判协商和平解决争端，维护好本地区的和平稳定。现在，这场闹剧已经结束，是回到正确轨道的时候了。中方注意到菲律宾新政府最近作出的一系列表态，包括愿意同中国就南海问题恢复协商对话。中方乐见菲律宾新政府以实际

行动展现改善中菲关系的诚意，同中方相向而行，妥善管控分歧，推动中菲关系尽快重回健康发展的轨道。

7月12日

［纲　文］　**外交部发言人表示，中方对美国国务院发言人有关菲律宾南海仲裁案裁决声明表示强烈不满和坚决反对，奉劝美方停止在南海问题上挑事生非。**

［目　文］　有记者问：美国国务院发言人12日发表新闻声明称，菲律宾南海仲裁案仲裁庭公布的所谓裁决对中菲双方都有法律拘束力，希望双方遵守有关义务，并以此为契机恢复和平解决争议的努力。请问中方有何评论？

发言人说，我们对美方有关声明表示强烈不满和坚决反对，并已向美方提出严正交涉。关于菲律宾单方面提起的南海仲裁案及其所谓裁决，中国外交部今天已发表声明全面阐述了中国政府的严正立场。我想再次强调，菲律宾阿基诺三世政府单方面提起仲裁的行为违反国际法，是一场披着法律外衣的政治闹剧。仲裁庭的行为及其裁决严重背离国际仲裁一般实践，有关裁决完全无效，没有法律拘束力。中国在南海的领土主权和海洋权益在任何情况下不受仲裁裁决影响，中国反对且不接受任何基于该裁决的主张和行动。美方发表的所谓声明罔顾事实，为非法无效的仲裁裁决张目，这本身就不符合法治精神，违背国际法和国际关系基本准则，违背美方自己关于在有关领土争议问题上不持立场的公开承诺，给各方妥善管控海上局势、和平解决争议制造严重障碍。美方历来对国际法采取选择性执行的态度，合则用、不合则弃，口口声声要求别人遵守《联合国海洋法公约》，可自己至今也没有批准加入《公约》。美方有什么资格在南海问题上对别人说三道四？我们奉劝美方好好反省自己的言行，停止为有关非法裁决造势，停止在南海问题上挑事生非，停止损害中方主权和安全利益、加剧地区紧张局势的言行。

有记者问，日本外务大臣就仲裁庭公布最终裁决称，根据《联合国海洋法公约》有关规定，裁决为最终结果，对当事国具有法律约束力，当事国有必要接受裁决，并称强烈期待当事国接受裁决。中方对此有何评论？

发言人说，我们注意到了日方的表态。菲律宾阿基诺三世政府单方面提起并执意推进南海仲裁案，目的是否定中国在南海的领土主权和海洋权益，掩盖菲律宾非法侵占中国领土的事实。众所周知，仲裁庭的组成是由国际海洋法法庭前任庭长、日本籍法官柳井俊二一手操办的。而柳井俊二同时担任安倍晋三安保法制恳谈会会长，协助安倍解禁集体自卫权，挑战“二战”后国际秩序的束缚。从此可以看出，仲裁庭从成立之初就已政治化了。该仲裁庭的成立就不具有合法性，其越权审理并做出的所谓裁决是非法的、无效的。中方已多次阐明不接受、不参与仲裁案，不接受、不承认所谓裁决的坚定立场。日本对南海问题的历史经纬应该是了解的。“二战”期间，日本曾一度侵占中国南海诸岛。日本战败后，中国予以收回。确立“二战”后国际秩序的《开罗宣言》和《波茨坦公告》等国际文件对此有明确的规定，日本也一再承诺遵守《波茨坦公告》有关规定。日本应该尊重战后的国际秩序。希望日方能真正从中日关系和地区和平稳定大局出发，反思在南海问题上煽风点火的做法，停止插手和炒作南海问题，不要在错误的道路上越走越远。

有记者问，12日，台湾当局就南海仲裁庭公布仲裁裁决回应称，对南海诸岛及其相关海域享有国际法及海洋法上的权利，裁决对太平岛的判定已经严重损及其对南海诸岛及相关海域的权利。有关裁决不具法律约束力。中方对此有何评论?

发言人说，我们注意到了有关报道。菲律宾南海仲裁案完全是一场非法的政治闹剧，我们在南海的领土主权和海洋权益不受非法裁决的影响，我们维护在南海的领土主权和海洋权益的决心坚定不移。海峡两岸中国人有责任、有义务共同维护好中华民族的祖产。

7月12日

［纲　文］　**国防部新闻发言人表示，中国军队将坚定不移捍卫国家主权、安全和海洋权益**。

［目　文］　有记者问，中国海军近期在南海举行大规模演训活动，外界普遍认为此次演习与菲律宾南海仲裁案结果有关。国防部对此作何评论?

发言人表示，中国海军日前在南海开展的演训活动，是根据年度训练计划做出的例行性安排。演习针对海上可能出现的情况，立足打赢信息化海上局部战争，开展实兵检验性训练，旨在提高海军履行使命任务的能力。关于菲律宾南海仲裁案，中国政府的立场是一贯的、明确的。不论仲裁结果如何，都不会影响中国在南海的主权和权益。不论仲裁结果如何，中国军队将坚定不移捍卫国家主权、安全和海洋权益，坚决维护地区和平稳定，应对各种威胁挑战。

7月12日

［纲　文］　**中国万米级载人深潜器科考母船“张謇”号首次远航**。

［目　文］　“张謇”号从上海临港芦潮港码头启航，奔赴“海上丝绸之路”南线，前往南太平洋岛国巴布亚新几内亚及其附近海域，开展经济、科学与文化交流活动。

9月23日，“张謇”号返回上海临港芦潮港码头。

7月12—13日

［纲　文］　**第18次中国欧盟领导人会晤在北京举行**。

［目　文］　国务院总理李克强与欧洲理事会主席图斯克、欧盟委员会主席容克共同主持会晤。

李克强积极评价第17次中国欧盟领导人会晤一年来中欧务实合作取得的积极进展，表示愿与欧方共同努力，争取早日达成高水平的中欧投资协定并启动自贸可行性研究，提升贸易投资自由化便利化水平；依托中欧互联互通平台建设，拓展基础设施领域合作，加强同中东欧、南欧的合作，促进欧洲平衡发展；积极拓展数字化合作和战略对接，在5G等领域开展合作，促进形成全球统一标准；加强创新和研发、网络安全等合作；探讨在非洲等地区进行三方合作；围绕2017年“中国—欧盟蓝色年”和2018年“中国—欧盟旅游年”等活动，推进海洋领域合作与人员往来便利化。中欧务实合作是互利共赢的。如期终止在反倾销调查中对中国使用“替代国”做法，是欧盟在《中国加入世贸组织议定书》第

15条中承诺的义务，不取决于任何欧盟成员国的国内标准，不应同其他问题挂钩。双方开展合作都要遵守国际规则，信守承诺，对于出现的其他问题，应该通过对话谈判协调政策，妥善解决。

李克强在谈到南海问题时表示，中国政府不接受、不承认菲律宾南海仲裁案的所谓“裁决”，这是维护国际法的举措。作为直接当事国，中方最关心并致力于维护南海地区的和平稳定，将继续根据《南海各方行为宣言》的规定，依据国际法，通过谈判协商和平解决有关争议。希望欧方在这一问题上坚持客观和中立。

图斯克和容克表示，欧中是世界两大重要经济体，建立良好、稳定的合作关系，对实现世界经济稳定增长、应对全球共同挑战具有重要意义。一年来，欧中合作取得积极成果，欧方愿同中方加强对话磋商，深化贸易投资、创新研发、互联互通等领域合作，推动双边投资协定谈判取得进展，在二十国集团等多边框架内密切协调与合作，不断推进欧中全面战略伙伴关系的发展，共同为世界的和平与繁荣作出贡献。欧盟愿为履行在《中国加入世贸组织议定书》第15条中所承诺的义务作出努力。

13日，李克强同图斯克、容克举行会谈。双方积极评价中欧关系发展，强调要着眼大局，通过加强沟通与磋商增进相互了解和理解，坚持以对话方式妥善处理摩擦和分歧，推动中欧全面战略伙伴关系持续健康稳定发展。双方主要就欧洲一体化建设、中欧经贸关系、欧盟履行《中国加入世界贸易组织议定书》第15条义务以及共同关心的国际和地区问题深入交换意见。

李克强和容克共同出席中欧城镇化伙伴关系合作签约仪式，见证了双方12个合作文件的签署；出席中欧工商峰会并发表演讲。

7月12—13日

［纲　文］　**二十国集团劳工就业部长会议在北京召开。**

［目　文］　国务院副总理马凯出席开幕式并致辞。二十国集团（G20）成员和6个嘉宾国的劳工就业部长，国际劳工组织、经合组织等相关国际组织代表近300人与会。本次会议是G20杭州峰会的配套专业部长会，主题为“创新与包容性增长：让就业机会更加充分、就业能力更加适应、就业质量更高”。与会代表围绕全球化、技术进步和人口变化给劳动力市场带来的挑战，进行讨论，提出了促进就业、提升劳动力技能的政策措施。会议通过了《G20劳工就业部长会议宣言》《G20创业行动计划》和《G20关于促进高质量学徒制倡议》等文件。

7月13日

［纲　文］　**国务院总理李克强致电祝贺英国新任首相特雷莎·梅就任。**

7月13日

［纲　文］　**国务院批复广东省人民政府、国家知识产权局，同意在中新广州知识城开展知识产权运用和保护综合改革试验。**

［目　文］　批复说：一、同意在中新广州知识城开展知识产权运用和保护综合改

革试验。二、要按照党中央、国务院决策部署，紧紧围绕加快实施创新驱动发展战略，深入实施知识产权战略，深化知识产权领域改革，破除制约知识产权支撑创新驱动发展的体制机制障碍，严格知识产权保护，盘活知识产权运营市场，提升产业发展层次，充分发挥知识产权激励创新的基本保障作用，激发创新活力，打通创新链条，释放创新效益，促进大众创业、万众创新蓬勃发展，将中新广州知识城打造成为"立足广东、辐射华南、示范全国"的知识产权引领型创新驱动发展之城，为建设知识产权强国探索经验。三、国家知识产权局要会同广东省人民政府及有关部门建立知识产权运用和保护综合改革试验工作机制，协调解决改革试验过程中遇到的重大问题和政策诉求。国务院有关部门要按照职责分工，落实相关工作任务，加强协调指导，在体制创新、政策实施等方面给予支持。四、广东省人民政府要加强对改革试验的组织领导，制定配套措施，落实工作责任，高标准规划建设知识产权服务园，指导中新广州知识城开展系统性、整体性、协同性改革，支持和允许改革试验过程中试错、容错和纠错。要发挥新加坡—广东合作理事会机制优势，及时引进国际知识产权先进经验和做法。五、国家知识产权局要加强对改革试验情况的跟踪了解和督促检查，适时组织开展改革试验情况评估，重大问题及时向国务院报告。

7月13日

［纲　文］　**税务总局发布修订后的《出口退（免）税企业分类管理办法》，自2016年9月1日起施行。**

7月13日

［纲　文］　**环境保护部公布《关于废止部分环保部门规章和规范性文件的决定》。**

［目　文］　《决定》说，一、对《城市放射性废物管理办法》《废物进口环境保护管理暂行规定》等10件规章予以废止。二、对《关于执行建设项目环境影响评价制度有关问题的通知》《关于建设项目环境保护设施竣工验收监测管理有关问题的通知》等121件规范性文件予以废止。自2019年7月13日起施行。

7月13日

［纲　文］　**证监会公布《上市公司股权激励管理办法》。**

［目　文］　《办法》共8章75条，主要有总则、一般规定、限制性股票、股票期权、实施程序、信息披露、附则等内容，自2016年8月13日起施行，原《上市公司股权激励管理办法（试行）》及相关配套制度同时废止。

7月13日

［纲　文］　**食品药品监管总局公布《网络食品安全违法行为查处办法》。**

［目　文］　《办法》共5章48条，主要有总则、网络食品安全义务、网络食品安全违法行为查处管理、法律责任、附则等内容。本办法自2016年10月1日起施行。

7月13日

［纲　文］　**食品药品监管总局发布《药品经营质量管理规范》。**

［目　文］《规范》共4章184条，主要有总则、药品批发的质量管理、药品零售的质量管理、附则等内容。自2016年7月13日起施行，卫生部2013年6月1日施行的《药品经营质量管理规范》同时废止。

7月13日

［纲　文］**气象局公布《废止和宣布失效政策性文件目录》。**

［目　文］《目录》包括《关于进一步加强气象部门政务公开工作的通知》《关于印发〈气象部门深化政务公开加强政务服务工作方案〉的通知》等政策性文件共计43件。自2019年7月13日起生效。

7月13日

［纲　文］**教育部印发《推进共建"一带一路"教育行动》。**

［目　文］《行动》由六个部分组成：一、教育使命。二、合作愿景。三、合作原则。四、合作重点。五、中国教育行动起来。六、共创教育美好明天

《行动》强调，中国教育部倡议沿线各国积极行动起来，加强战略规划对接和政策磋商，探索教育合作交流的机制与模式，增进教育合作交流的广度和深度，追求教育合作交流的质量和效益，互知互信、互帮互助、互学互鉴，携手推动教育发展，促进民心相通，构建"一带一路"教育共同体，共创人类美好生活新篇章。

7月13日

［纲　文］**国务院新闻办发表《中国坚持通过谈判解决中国与菲律宾在南海的有关争议》白皮书。**

［目　文］白皮书说，中国人民在南海的活动已有两千多年历史。中国最早发现、命名和开发利用南海诸岛及相关海域，最早并持续、和平、有效地对南海诸岛及相关海域行使主权和管辖。中国对南海诸岛的主权和在南海的相关权益，是在漫长的历史过程中确立的，得到国际社会广泛承认，具有充分的历史和法理依据。中菲南海有关争议的核心是菲律宾非法侵占中国南沙群岛部分岛礁而产生的领土问题。从历史和国际法看，菲律宾对南沙群岛部分岛礁的领土主张毫无根据。此外，国际海洋法制度的发展导致中菲出现海洋划界争议。中菲两国曾就妥善处理海上争议进行多次磋商，就通过谈判协商解决有关争议达成共识，并在双边文件中多次予以确认。菲律宾时任政府2013年单方面提起的南海仲裁案违反中菲通过双边谈判解决争议的协议，侵犯中国作为《联合国海洋法公约》缔约国自主选择争端解决方式的权利，滥用《公约》争端解决程序。应菲律宾单方面请求建立的南海仲裁案仲裁庭自始无管辖权，所作出的裁决是无效的，没有拘束力。中国在南海的领土主权和海洋权益在任何情况下不受仲裁裁决的影响。中国不接受、不承认该裁决，反对且不接受任何以仲裁裁决为基础的主张和行动。

白皮书强调，中国一贯遵守《联合国宪章》的宗旨和原则，坚定维护和促进国际法治，尊重和践行国际法，在坚定维护中国在南海的领土主权和海洋权益的同时，坚持通过谈判协商解决争议，坚持通过规则机制管控分歧，坚持通过互利合作实现共赢，致力于把南海

建设成和平之海、友谊之海和合作之海。白皮书表示，中国坚持与地区国家共同维护南海和平稳定，坚定维护各国依据国际法在南海享有的航行和飞越自由，积极倡导域外国家尊重地区国家的努力，在维护南海和平稳定问题上发挥建设性作用。

7月13日

［纲　文］ **国务委员兼国防部长常万全在北京会见欧盟外交与安全政策高级代表莫盖里尼。**

［目　文］ 常万全说，中方愿与欧方共同努力，进一步深化包括防务安全在内的各领域合作。中国在南海的领土主权和海洋权益在任何情况下不受所谓菲律宾南海仲裁案裁决的影响，中方不接受任何基于该仲裁案裁决的主张和行动。希望欧方在这一问题上秉持客观公正立场，谨言慎行。

莫盖里尼说，中国是欧盟非常重要的战略伙伴，希望进一步加强欧中防务安全关系，同时也希望南海问题得到和平解决。

7月13日

［纲　文］ **《人民日报》发表题为《中国维护南海领土主权和海洋权益的决心坚定不移》的评论员文章。**

7月13—16日

［纲　文］ **国务院总理李克强应邀对蒙古国进行正式访问并出席第11届亚欧首脑会议。**

［目　文］ 李克强在乌兰巴托分别会见蒙古国总统额勒贝格道尔吉和国家大呼拉尔主席米耶贡布·恩赫包勒德。同蒙古国总理额尔登巴特举行了会谈，两国总理共同见证了贸易、经济技术、基础设施建设、广播电视等领域15个双边合作文件的签署并共同出席中国帮助蒙古国建设的残疾儿童发展中心项目启动仪式。

李克强在会见额勒贝格道尔吉时表示，中方对中蒙全面战略伙伴关系稳步发展的良好势头感到满意，愿同蒙方落实好已达成的各项共识，不断丰富两国关系内涵，推进各领域合作迈上新台阶，更好造福两国人民。

额勒贝格道尔吉表示，发展对华关系是蒙外交政策的首要方针，蒙方推动两国友好合作的政策不会改变，愿与中方落实两国合作共识，通过加快互联互通建设等促进务实合作深入推进。

李克强同额尔登巴特会谈时表示，中方愿做好"丝绸之路经济带"倡议同蒙方"草原之路"发展战略对接，尽早启动双边自贸协定联合可行性研究。在农畜产品深加工、住房和基础设施建设等领域打造合作新亮点，取得新突破。加强金融合作，扩大本币互换规模。

额尔登巴特表示，蒙方欢迎中方企业赴蒙投资，对尽早开展双边自贸协定联合可行性研究持积极态度。感谢中方积极支持蒙方举办亚欧首脑会议。

15日，第11届亚欧首脑会议在乌兰巴托举行，53个成员的领导人和国际组织代表与会。李克强出席并在题为《亚欧伙伴命运与共合作升级再谱新篇》的发言中提出三点建议：一是创新亚欧合作理念。各方应树立命运共同体意识，强化责任共担意识，有效应对地区挑战，开展对话合作，防止本地区产生新的动荡之源，维护世界和平与地区稳定。二是增添亚欧合作动力。要把亚欧合作引到更加务实的方向，特别是加强经贸合作。三是夯实亚欧合作人文基础。

16日，李克强在乌兰巴托出席第11届亚欧首脑会议非正式会议，就国际和地区问题同与会领导人交换意见。李克强表示，南海问题本来就不是多边场合讨论的问题，也不应成为本届会议的议题。但由于个别国家就该问题发表了评论，中方有必要阐明立场，澄清事实。中方自始至终没有参与菲律宾南海仲裁案，也不接受、不承认所谓裁决。这既是行使国际法赋予的权利，也是维护国际法的尊严。中国在南海的领土主权和海洋权益在任何情况下不受仲裁裁决影响。中方坚持与直接有关当事国在尊重历史事实的基础上，根据国际法，通过对话协商解决南海有关争议，维护南海地区和平稳定局面。

与会期间，李克强分别会见了老挝总理通伦、柬埔寨首相洪森、俄罗斯总理梅德韦杰夫、罗马尼亚总理乔洛什、越南总理阮春福、拉脱维亚总统韦约尼斯、德国总理默克尔、缅甸总统吴廷觉、保加利亚总统普列夫内利耶夫、荷兰首相吕特，应约会见了日本首相安倍晋三。

7月14日

［纲　文］　**李克强对举办“世界青年技能日”活动作出批示。**

［目　文］　国务院总理李克强批示指出：青年是国家的宝贵财富，是推动经济社会发展的中坚力量。青年兴则民族兴，青年强则国家竞争力强。青年应成为实施创新驱动发展战略、推动大众创业万众创新的主力军。举办“世界青年技能日”活动，就是要营造尊重劳动、崇尚技能的社会氛围，引导广大青年大力弘扬工匠精神，走上技能成长成才之路。各地区、各部门要多措并举，创造良好环境，培养造就数量充足、结构合理、素质优良、技艺精湛的青年技能人才队伍，促进就业结构优化，推动中国制造实现转型升级、中国经济发展跃上中高端。

15日，人力资源社会保障部在全国组织开展了以“技能成就梦想”为主题的“世界青年技能日”宣传活动。活动启动仪式在北京举行，人力资源社会保障部部长尹蔚民出席并表示，要培育和弘扬精益求精的工匠精神，使工匠精神成为技能人才培养的重要标准，使广大青年成为具有工匠水平的技能人才。要大力发展技工教育，进一步加强职业培训，大力实施企业新型学徒制，切实提高广大青年职业素养、动手能力和实践能力。要引导企业注重发挥青年技能人才的重要作用，提高青年技能人才收入水平，使青年技能人才受到尊重。

活动期间，人力资源社会保障部组织“世界青年技能日”主题征文活动，公布“技能雏鹰”奖学金获奖名单并为获奖代表颁奖，实施企业新型学徒制企校合作和企业师徒签约仪式等活动。

2014年12月18日，第69届联合国大会通过决议，将每年的7月15日确定为“世界青年技能日”。

7月14日

［纲　文］　**证监会公布《证券期货经营机构私募资产管理业务运作管理暂行规定》，自2016年7月18日起施行。**

7月14日

［纲　文］　**文化部印发《文化志愿服务管理办法》。**

［目　文］　《办法》共6章28条，主要有总则、文化志愿者、文化志愿服务组织单位、文化志愿服务、激励和保障、附则等内容，自2016年7月14日起施行。

7月14日

［纲　文］　**全国人大外事委员会就菲律宾共和国单方面请求建立的南海仲裁案仲裁庭作出裁决发表声明。**

［目　文］　声明说：一、《中华人民共和国外交部关于应菲律宾共和国请求建立的南海仲裁案仲裁庭所作裁决的声明》和《中华人民共和国政府关于在南海的领土主权和海洋权益的声明》已表明了中国的立场，有关裁决对中国没有约束力。全国人民代表大会外事委员会坚定支持这一立场。二、中国对南海诸岛，包括东沙群岛、西沙群岛、中沙群岛、南沙群岛拥有主权。中国南海诸岛拥有内水、领海、毗连区、专属经济区和大陆架。中国在南海拥有历史性权利。任何国家、组织和机构都无权否定中国在南海的领土主权和海洋权益。三、菲律宾单方面提起仲裁，违反中菲通过谈判解决有关争议的协议，违反《南海各方行为宣言》，违反《联合国海洋法公约》规定，滥用《公约》规定的仲裁程序，严重侵犯中国作为主权国家和《公约》缔约国享有的自主选择争端解决方式和程序的权利，严重损害《公约》的完整性和权威性。应菲律宾单方面请求建立的南海仲裁案仲裁庭，对有关事项不具有管辖权。其无视南海的历史和基本事实，曲解和滥用《公约》赋予的权力，自行扩权、越权并对案件实体问题进行审理，违反包括《公约》在内的国际法和国际仲裁的一般法理，所作的裁决是无效的。中国不承认仲裁庭的裁决。

7月14日

［纲　文］　**外交部发言人表示，希望澳方恪守在有关主权声索争议问题上不持立场的承诺。**

［目　文］　有记者问，近日，澳大利亚领导人在对媒体谈及菲律宾单方面提起的南海仲裁案时，声称有关裁决对当事方具有约束力，希各方予以遵守，澳将继续行使国际法赋予的航行和飞越自由权利。中方对此有何评论？

发言人表示，菲律宾阿基诺三世政府单方面提起仲裁的行为违反国际法，是一场披着法律外衣的政治闹剧。仲裁庭的行为及其裁决严重背离国际仲裁一般实践，有关裁决完全无效，没有法律约束力。中国在南海的领土主权和海洋权益在任何情况下不受仲裁裁决影响，中国反对且不接受任何基于该裁决的主张和行动。中方将继续坚定维护领土主权和海洋权益，坚定维护南海和平稳定，坚持与直接有关当事国在尊重历史事实的基础上，根据国际法，通过谈判协商和平解决南海有关争议。澳大利亚不是南海问题当事方，希望澳方根据事情本身的是非曲直确定自己的立场，恪守关于在有关主权声索争议问题上不持立场的公开承诺，谨言慎行，不做任何有损地区和平稳定和中澳关系的事。

7月15日

［纲　文］　**国家主席习近平、国务院总理李克强就法国尼斯恐怖袭击事件分别向法国总统奥朗德、法国总理瓦尔斯总理致慰问电。**

7月15日

［纲　文］　**安全监管总局印发《安全生产执法程序规定》。**

［目　文］　《规定》共6章46条，主要有总则、安全生产执法主体和管辖、安全生产行政许可程序、安全生产行政处罚程序、安全生产行政强制程序、附则等内容。

7月15日

［纲　文］　**环境保护部印发《“十三五”环境影响评价改革实施方案》。**

［目　文］　《方案》分八部分：一、总体思路。二、推动战略和规划环评“落地”。三、提高建设项目环评效能。四、不断强化事中事后监管。五、开展重大环境影响预警。六、深化政府信息公开。七、营造公平公开的环评技术服务市场。八、夯实技术支撑。

7月15日

［纲　文］　**全国人大常委会委员长张德江在北京会见巴基斯坦国民议会副议长阿巴西。**

［目　文］　张德江说，2015年4月，习近平主席对巴进行国事访问，双方宣布将两国关系提升为全天候战略合作伙伴关系。中方愿与巴方携手，不断巩固政治互信，扎实推进中巴经济走廊建设，加强反恐安全合作，筑牢中巴友好的民意基础，打造中巴命运共同体。中方感谢巴方在南海问题上给予中方的坚定支持。中国全国人大愿与巴基斯坦国民议会加强治国理政经验交流，为各领域务实合作创造良好的法律和社会环境。

阿巴西说，巴中友好深入人心。加强对华合作是巴方各阶层的共识。巴方将一如既往坚持一个中国政策，在南海等涉及中国核心利益的重大问题上坚定支持中方。

7月15日

［纲　文］　**王勇在天津调研。**

［目　文］　国务委员王勇在行政许可服务中心、基层市场和质量监管所及相关企业进行调研，并主持召开深化商事制度改革、加强事中事后监管工作座谈会。

王勇强调，要进一步放宽市场准入，继续清理取消一批不必要的审批事项和证照，2016年10月1日起在全国实施“五证合一、一照一码”，年底前启动个体工商户“两证合一”。抓好“证照分离”试点，加快全程电子化、企业名称核准、简易注销制度等改革，推进注册登记便利化。全面推行“双随机、一公开”抽查，细化实施方案，完善配套政策，扩大抽查事项，争取 2017 年实现全覆盖。加快“全国一张网”建设，推进政府部门企业信息归集，年底前初步建立跨部门信息交换共享机制，实现信息实时传递和无障碍交换。提高“双创”服务效率，落实小微企业扶持政策，支持去产能转岗人员创业就业，让市场主体生得出、长得好、有作为。

7 月 15 日

［纲　文］　**纪念周巍峙同志诞辰 100 周年座谈会在北京举行。**

［目　文］　座谈会由中国文学艺术界联合会、文化部主办。中宣部部长刘奇葆出席座谈会并讲话。中国文联主席孙家正出席座谈会。

刘奇葆指出，周巍峙同志崇高的思想品格、优秀的艺术作品和丰富的文艺实践，为我们留下了一笔弥足珍贵的精神财富。今天纪念周巍峙同志，要学习他勇当文艺“领头雁”，一心热爱党、一生跟党走，始终坚定理想信念、投身进步事业的精神追求。要学习他甘做人民“小学生”，始终眼睛向下、虚心向群众学习，坚持为人民创作、为人民放歌的赤子情怀。要学习他甘为文坛“孺子牛”，辛勤耕耘、埋头苦干、奉献担当、功成不必在我的高尚品格。要学习他甘当文艺工作者的“打杂工”，为官没有官架子、从艺不摆老资格，虚怀若谷、平易近人、甘为人梯的崇高风范。

周巍峙（1916 年 6 月 13 日—2014 年 9 月 12 日）是中国著名音乐家、编辑家、文艺评论家，是杰出的艺术教育和管理工作者，为中国文艺事业发展作出了突出贡献。他创作或参与组织创作了《中国人民志愿军战歌》、音乐舞蹈史诗《东方红》等经典作品，伴随并影响了几代中国人。他主持编纂的《中国民族民间文艺集成志书》，为中华优秀传统文化的传承保存了珍贵的基因。

7 月 15—16 日

［纲　文］　**中央统战部、国家民委在北京举办贯彻落实中央民族工作会议精神经验交流会。**

［目　文］　会议主要内容是：学习习近平关于民族工作系列讲话精神，交流各地贯彻中央民族工作会议精神的情况。全国政协主席俞正声、国务院副总理刘延东、中央统战部部长孙春兰出席会议。中央和国家机关 30 多个部门，全国各省区市和新疆生产建设兵团、30 个民族自治州的 200 多名人参加会议。有关地方和部门的 8 位负责人作交流发言。

俞正声出席会议时强调，要深入学习贯彻习近平总书记系列重要讲话精神，紧紧围绕“五位一体”总体布局和“四个全面”战略布局，牢固树立和贯彻落实“五大发展理念”，确保民族地区如期全面建成小康社会，不断巩固和发展中华民族大团结，努力谱写“中华民族一家亲，同心共筑中国梦”的新篇章。

7 月 15 日—8 月 7 日

［纲　文］　**2016 国家大剧院国际歌剧电影展在北京等 8 座城市举办。**

［目　文］　电影展由文化部艺术司、国家大剧院联合主办，世界六大知名剧院实力

加盟，《白毛女》《骆驼祥子》等中外13部歌剧电影流光溢彩，北京、济南、大连、上海、杭州、武汉、成都、深圳等8座城市联袂放映。这不仅是中国第一次举办有影响力的国际性歌剧电影展，更是中国歌剧电影作品在全球平台上的一次集中亮相。

7月16日

［纲　文］ **《求是》杂志发表国务院总理李克强2016年5月6日在就业工作座谈会上的讲话。**

［目　文］ 《讲话》分五部分：一、就业直接关系经济社会发展大局，稳增长主要就是为了保就业。虽然现在就业形势总体稳定，但潜在风险不可低估，我们必须把工作做在前面，做好打硬仗的充分准备。二、要在经济转型中积极推动就业转型。三、积极的就业政策一定要落到实处。落实积极的就业政策，首先要依靠市场的力量，同时政府在引导市场创造就业岗位方面要尽可能创造条件，既要突出高校毕业生和农民工两个就业重点，也要重视做好化解产能过剩过程中富余员工分流转岗安置、复转军人、残疾人、特殊困难群体等就业工作。四、要加大人力资源开发和职业培训力度，解决目前我国“人岗不匹配”的结构性矛盾。五、就业是各级政府必须完成的硬任务。

7月16日

［纲　文］ **汪洋在江西考察防汛救灾工作。**

［目　文］ 国务院副总理、国家防汛抗旱总指挥部总指挥汪洋在鄱阳湖九合联圩、长江干堤永安段实地察看汛情险情、堤坝防守情况，慰问参加抗洪抢险的基层干部群众和部队官兵。汪洋指出，当前长江流域防汛抗洪工作仍处关键阶段，预计近期还将有较强降雨过程，防汛抗洪抢险救灾任务十分艰巨。沿江各省市和有关部门要进一步加强雨情水情预报预测，精准开展洪水调度，最大限度发挥水利工程防灾减灾效益。要针对江湖圩堤洪水浸泡时间长、险情增加的情况，落实防汛巡查制度，加大查险排险力度。要加强对薄弱地段、险工险段的重点防守，坚决避免发生溃口性重大险情。

7月16日

［纲　文］ **安徽省人民政府原省长，国务院发展研究中心原副主任、党组成员王郁昭在北京逝世，享年90岁。**

7月16—17日

［纲　文］ **第5届世界和平论坛在清华大学举行。**

［目　文］ 论坛以“共同安全秩序：合作、包容、开放”为主题。国务院副总理刘延东、论坛主席唐家璇出席开幕式并致辞。来自英国、美国、日本、印度、沙特、韩国等20多个国家的43位智库领导人与会并发言。

会议期间，刘延东会见了出席论坛的法国前总理德维尔潘、日本前首相鸠山由纪夫、巴基斯坦前总理阿齐兹、欧盟前共同外交与安全政策高级代表索拉纳、俄罗斯联邦前安全会议秘书科科申等。

7月16日—9月5日

［纲　文］　**纪念汤显祖逝世400周年优秀剧目展演在中国国家大剧院举办。**

［目　文］　展演由文化部主办，全国4个昆剧院团——上海昆剧团、北方昆曲剧院、江苏省苏州昆剧院、江苏省演艺集团昆剧院的7台优秀剧目，在国家大剧院演出11场。上海昆剧团把汤显祖的“临川四梦”首次整体搬上舞台，连续四天演出《邯郸记》《紫钗记》《南柯梦记》《牡丹亭》。这是当代昆曲人在砥砺前行中传承昆曲传统和昆曲文脉的缩影，是国家昆曲艺术抢救、保护和扶持工程实施以来取得的最新成就，也是广大昆曲工作者坚持文化自信，致力于实现中华优秀传统文化创造性转化和创新性发展的重要成果。

9月14日，文化部在北京召开纪念汤显祖逝世400周年座谈会。中宣部部长刘奇葆出席座谈会并讲话。文化部部长雒树刚主持座谈会。中宣部副部长景俊海、文化部副部长董伟、光明日报社总编辑杜飞进、中国文联副主席杨承志、中国作协书记处书记李敬泽、中国艺术研究院院长连辑出席座谈会。刘奇葆强调要礼敬优秀传统文化，增强中华文化自信，传承好先人创造的精神财富，推动中华文化血脉延续，把跨越时空、超越国度、富有永恒魅力、具有当代价值的文化精神弘扬起来。

汤显祖（1550—1616），中国明代戏曲家、文学家。

7月17日

［纲　文］　**国家主席习近平致电祝贺非洲联盟第27届首脑会议召开。**

［目　文］　习近平指出，非洲联盟是非洲联合自强的旗帜，为促进非洲联合自强和一体化进程发挥了重要作用，衷心祝愿非洲联盟团结带领非洲国家在和平与发展事业中不断取得新的更大成绩。2015年12月，中非合作论坛约翰内斯堡峰会取得重要成果，开启了中非合作共赢、共同发展的新时代。中非领导人共商合作大计，共同绘就了中非合作发展新蓝图。中方高度重视中非关系发展，将继续秉持真实亲诚对非政策理念和正确义利观，全面推进落实中非“十大合作计划”，推动中非发展全面战略合作伙伴关系不断迈上新台阶，更好造福中非人民。

同日，非洲联盟第27届首脑会议在卢旺达首都基加利开幕。此次会议为期两天，来自非盟50多个成员国的国家元首、政府首脑或代表共同讨论了非洲一体化和地区安全等问题。

7月17日

［纲　文］　**新华社讯，中共中央印发《中国共产党问责条例》并发出通知，要求各地区各部门认真遵照执行。**

［目　文］　《条例》共13条，自2016年7月8日起施行。《条例》以党章为根本遵循，全面贯彻党的十八大和十八届三中、四中、五中全会精神，深入贯彻习近平总书记系列重要讲话精神，聚焦全面从严治党，突出管党治党政治责任，着力解决一些

党组织和党的领导干部党的领导弱化、党的建设缺失、全面从严治党不力，党的观念淡漠、组织涣散、纪律松弛、不担当、不负责等突出问题，体现了党的十八大以来管党治党理论和实践创新成果，是全面从严治党重要的制度遵循，对于统筹推进“五位一体”总体布局和协调推进“四个全面”战略布局，实现党的历史使命，具有十分重要的意义。

通知指出，党的十八大以来，党中央坚持党要管党、从严治党，深入推进党风廉政建设和反腐败斗争，将全面从严治党纳入“四个全面”战略布局，开创了党的建设新局面。习近平总书记反复强调，有权必有责、有责要担当、失责必追究。党中央紧紧抓住落实主体责任这个“牛鼻子”，把问责作为从严治党利器，先后对一批在党的建设和党的事业中失职失责典型问题严肃问责，强化问责成为管党治党、治国理政的鲜明特色。为规范和强化党的问责工作，党中央决定制定《中国共产党问责条例》。各级党组织和党的领导干部要深刻领会党中央意图，牢固树立政治意识、大局意识、核心意识、看齐意识，自觉同以习近平同志为总书记的党中央保持高度一致，抓好《条例》的学习宣传和贯彻落实，把管党治党的责任担当起来。要密切联系实际，把自己摆进去，以身作则、以上率下，敢于较真碰硬、层层传导压力，让失责必问、问责必严成为常态。要言出纪随，抓住典型问题，勇于铁面问责，发挥震慑警示效应，唤醒责任意识，激发担当精神。

7月17日

［纲　文］　**国务院办公厅印发《关于推动中央企业结构调整与重组的指导意见》。**

［目　文］《意见》由四个部分组成：一、总体要求。二、主要目标。三、重点工作。四、保障措施。

《意见》指出，各有关部门要根据国家战略要求，结合行业体制改革和产业政策，加强组织领导和行业指导，加大相关政策支持力度，完善相关配套措施，确保中央企业结构调整和重组稳步推进。

7月17—19日

［纲　文］　**应外交部部长王毅邀请，哥斯达黎加共和国外交部部长冈萨雷斯对中国进行正式访问。**

［目　文］　18日，国务委员杨洁篪在北京会见哥斯达黎加外长冈萨雷斯。

同日，王毅在北京同冈萨雷斯举行会谈时表示，哥斯达黎加是中国在中美洲的重要合作伙伴。中方愿与哥方一道，进一步增进两国政府部门、立法机构、政党间的交往，拓展双边贸易和投资，加强农业、基础设施、清洁能源等领域合作，扩大人文交流，密切多边协作。2017年将迎来中哥建交10周年。中方愿与哥方共同设计好纪念活动，总结两国关系发展经验，促成更多交流合作成果，为中哥战略伙伴关系注入新活力、增添新内涵。

冈萨雷斯表示，哥方高度重视发展对华关系，将一如既往在台湾、涉藏等问题上坚定奉行一个中国政策，期待同中方保持高层交往，深化务实合作和人文交流，加强在重大国际和地区问题上的协调与配合。哥方关注南海仲裁案，主张具体争议应由当事国通过直接对话协商和平解决，单方面提起决议或仲裁无益于争端的解决。哥方希望南海地区保持和平稳定。

会谈后，两国外长签署了2016至2022年中哥合作共同框架。

7月18—20日

［纲　文］ **习近平在宁夏考察。**

［目　文］ 中共中央总书记习近平在西吉县将台堡，瞻仰红军长征会师纪念碑，参观红军长征会师纪念园、纪念馆；在固原市考察了两个村的脱贫攻坚工作；在原州区彭堡镇姚磨村侧重了解了党员示范带头和能人大户带动、发展冷凉蔬菜种植产业帮助农民脱贫的情况；到银川市金凤区新城清真寺，了解清真寺日常管理和宗教活动开展情况；在银川市永宁县闽宁镇原隆移民村考察。原隆移民村是20年前习近平提议福建和宁夏共同建设的生态移民点。这里已经从当年只有8000人的贫困移民村发展成为拥有6万多人的“江南小镇”。习近平在银川考察宁浙创业园和宁东能源化工基地时指出，东西部扶贫协作是加快西部地区贫困地区脱贫进程、缩小东西部发展差距的重大举措，必须长期坚持并加大力度；要鼓励支持更多企业参与西部地区脱贫攻坚工程。

习近平在宁东能源化工基地，察看煤制油项目变换装置区，了解宁东基地规划建设总体情况，同技术研发团队代表交流时指出，在我国西部建设这样一个能源化工基地，特别是建设一个目前世界上单体规模最大的煤制油项目，具有战略意义。要再接再厉，精益求精，严把技术关、质量关、安全关、环保关，保质保量按期完成建设任务。

习近平听取了宁夏回族自治区党委和政府工作汇报，对宁夏经济社会发展取得的成绩和各项工作给予肯定并强调，到2020年全面建成小康社会，任何一个地区、任何一个民族都不能落下。要认真落实党中央决策部署，贯彻新发展理念，主动融入国家发展战略，进一步解放思想、真抓实干、奋力前进，努力实现经济繁荣、民族团结、环境优美、人民富裕，确保与全国同步建成全面小康社会。宁夏是西北地区重要的生态安全屏障，要大力加强绿色屏障建设。要强化源头保护，下功夫推进水污染防治，保护重点湖泊湿地生态环境。要加强黄河保护，坚决杜绝污染黄河行为，让母亲河永远健康。宁夏信仰伊斯兰教群众比较集中，做好民族工作和宗教工作非常重要。要加强民族团结进步教育，使各民族都牢固树立汉族离不开少数民族、少数民族离不开汉族、各少数民族之间也相互离不开的思想。推动经济社会发展，促进社会和谐，根本靠坚持和改进党的领导，靠党执政的思想基础、组织基础、群众基础牢固扎实。要增强宣传思想教育工作的针对性和实效性，进一步推动党的理论和路线方针政策深入人心。要全面推进县乡村各级各领域党的建设，促进基层治理组织体系更加严密、责任体系更加清晰、服务体系更加高效、保障体系更加有力。要多为群众排忧解难，进一步做好新形势下群众工作。对广大基层干部，既要严格要求，又要热情关心，在交任务、压担子的同时教方法、给条件，在有效约束的同时加强正向激励，让他们更有劲头、更有奔头。

考察期间，习近平在银川接见驻宁夏部队师以上领导干部和团级单位主官，代表党中央和中央军委向驻宁夏部队全体官兵致以诚挚问候。

7月18日

［纲　文］　**李克强在北京主持召开各省（区、市）政府负责人促进社会投资健康发展工作会议。**

［目　文］　张高丽、刘延东、马凯、王勇等出席会议。国务院有关部门主要负责人参加会议。吉林省省长蒋超良、江苏省省长石泰峰、安徽省省长李锦斌、广东省省长朱小丹、广西壮族自治区主席陈武、四川省省长尹力作了汇报。大家认为，近年来，党中央、国务院出台一系列改革措施，有效激发了社会投资特别是民间投资活力，为稳增长、调结构、补短板、惠民生提供了有力支撑。上半年经济运行平稳，结构向好。但由于当前世界经济低迷、国内经济下行压力较大、部分行业产能过剩等，社会投资增速出现明显回落，问题比较突出。大家结合实际提出建议。国务院总理李克强与他们深入交流。

李克强说，我国仍处于工业化、新型城镇化进程中，扩大有效投资具有很强的关联效应、乘数效应、结构效应，并可拉动消费和增加就业，是适度扩大总需求、以供给侧结构性改革为主线推动发展的重要方面。一是持续推进简政放权、放管结合、优化服务等改革，不仅进一步放宽市场准入、简化行政程序，而且摘掉所有制歧视的“有色眼镜”，破除地方保护主义，清除各类制约社会投资的显性或隐性障碍，降低制度性交易成本，营造更优的投资环境。二是落实好营改增等减税清费政策，实施稳健的货币政策要注重创新金融对实体经济特别是中小微企业的服务，进一步规范和清理贷款中间环节收费，引导金融机构合理控制存贷款利差，降低企业融资成本，赋予贴近企业的基层金融机构合理信贷权，积极发展股权融资，有效缓解融资难、融资贵问题，逐步降低实体经济杠杆率。强化法律保障，增强市场契约精神，尽快开展清理偿还政府欠款专项工作，保障企业合法权益。三是创新投资方式，统筹推进价格等改革，推广完善政府与社会资本合作模式，不仅在短缺的基础设施领域要加大力度，而且要吸引社会投资更多进入教育、医疗、养老等社会服务领域，积极的财政政策要起到“四两拨千斤”的作用。“十三五”规划确定的重大项目、重大工程和地方规划明确的重点项目，有条件的都要创新机制，鼓励吸引社会资本投入，并合理保护其合法权益。

7月18日

［纲　文］　**国务院办公厅印发《关于2016年第二次全国政府网站抽查情况的通报》。**

［目　文］　《通报》说，一、总体情况：总体抽查合格率85%，比一季度有所提高。国务院部门（含内设、垂直管理机构）政府网站抽查合格率为98.5%；北京、辽宁、青海等地政府网站抽查合格率达100%，广东、湖北、山东、浙江、四川、湖南等地政府网站抽查合格率超过90%。二、抽查发现的主要问题：（一）个别基层网站仍存在严重问题。抽查发现不合格网站112个。（二）网站关停整改工作需进一步规范。（三）一些地方和部

门忽视政府网站基本信息填报工作。三、有关工作要求：（一）建立完善常态化监管机制。（二）加强各级政府门户网站与中国政府网的协同联动。（三）做好存在严重问题网站的关停整改工作。（四）强化对政府网站的监督考核。

《通报》指出，各地区、各部门要高度重视政府网站管理工作，建立完善常态化监管机制，强化对政府网站的监督考核，做好存在严重问题网站的关停整改工作，注重加强各级政府门户网站与中国政府网的协同联动，切实提高本地区、本部门政府网站的建设管理水平。

7月18日

［纲　文］　**刘云山在北京会见参加第31届奥运会中国体育代表团成员**。

［目　文］　受国家主席习近平委托，中共中央政治局常委刘云山代表党中央、国务院，向代表团全体成员表示亲切慰问和良好祝愿，勉励体育健儿们顽强拼搏、敢于胜利，取得竞技成绩和精神文明双丰收。

7月18日

［纲　文］　**中央军委副主席许其亮在北京会见老挝国防部部长占沙蒙**。

［目　文］　许其亮说，中方在南海的领土主权和海洋权益在任何情况下不受南海仲裁案裁决的影响，中方坚决反对、绝不接受基于该仲裁裁决的主张和行动。中方感谢老方在此问题上秉持公正立场，给予中方有力支持。占沙蒙说，老方将继续坚持对华友好政策，推动老中两国两军关系取得新发展。老方一贯支持中方在南海问题上的立场，希望当事方以和平方式解决。

同日，国防部部长常万全在北京与占沙蒙举行会谈时说，菲律宾南海仲裁案所谓“裁决”是无效的，没有约束力，中国不接受、不承认。感谢老挝在南海问题上秉持公正立场，给予中方有力支持。占沙蒙说，老中是亲密邻邦，希望双方进一步加强各领域交流合作。老方一贯支持中方在国际和地区问题上的立场，希望有关当事方通过谈判和平解决南海争议。

19日，国家副主席李源潮在北京会见占沙蒙时说，中国坚持通过对话协商解决南海问题的立场是一贯的、坚定不移的，感谢老挝在南海问题上给予中国有力支持。希望双方深化友好互利合作，推动两国全面战略合作伙伴关系发展。占沙蒙说，老方高度重视老中合作，一贯理解和支持中方在南海问题上的立场，支持有关当事国通过协商和平解决南海争议。

7月18日

［纲　文］　**海军司令员吴胜利在北京会见美国海军作战部长理查德森**。

［目　文］　吴胜利说，当前中国周边海上安全形势复杂敏感，特别是南海形势愈演愈烈。我们绝不会牺牲南海主权权益，这是中国的核心利益，事关我们党的执政基础、国家的安全稳定、中华民族的根本利益，不要指望我们在领土主权上作出让步；我们绝不会畏惧任何军事挑衅，中国军队是维护国家主权、安全和发展利益的坚强力量，

中国海军已做好充分准备应对任何侵权挑衅；我们绝不会让岛礁建设半途而废，南沙是中国的固有领土，在南沙岛礁进行必要的建设完全合情、合理、合法，不管是什么国家，还是什么人，施加什么压力，中方都会按计划推进并完成岛礁建设；我们绝不会放松警惕而不设防，防御设施的多少完全取决于我们受到威胁的程度，那些企图通过展示军事肌肉迫使我们屈服的做法，结果只能适得其反；我们绝不会放弃和平解决南海问题的努力，尽管当前存在许多消极因素，但我们仍将坚持通过谈判协商和平解决争议，通过规则机制管控危机。维护南海的和平稳定，中美很重要，中美海军很关键，合作是唯一的正确选择。他希望双方一线海空兵力切实贯彻《海上意外相遇规则》《中美海空相遇安全行为准则》，管控一线兵力行为，全力避免战略误判、发生紧迫局面甚至擦枪走火，共同维护南海的和平与稳定。双方应进一步增进战略互信，坚持求同存异，不断挖掘潜力，拓展合作领域，提升层次水平，为发展中美新型大国关系提供新的动力。

理查德森表示愿意与吴胜利携手努力，进一步增进互信、发展友谊，为两国、两军、两国海军关系的不断发展贡献力量。

7月18日

［纲　文］ **《人民日报》发表王岐山题为《用担当的行动诠释对党和人民的忠诚》的文章。**

7月18日

［纲　文］ **《人民日报》发表题为《全面从严治党的利器——一论认真贯彻落实〈中国共产党问责条例〉》的评论员文章。**

7月18—23日

［纲　文］ **“艺海流金——感悟湘风楚韵”内地与港澳文化界交流活动在湖南举办。**

［目　文］ 活动由文化部和湖南省人民政府主办，国务院港澳事务办公室特别支持，文化部港澳台办和湖南省文化厅承办。以“文化遗产与现代生活”为主题，全面展示湖南省深厚的历史文化积淀和得天独厚的自然、人文资源，包括学术论坛、参访文化机构、湖南文化推介、专业对口交流、座谈会、笔会、联谊等活动，行程遍及长沙、娄底、常德、张家界、湘西等地，以期拓展内地与港澳在文化领域的交流与合作，推动内地与港澳文化艺术的共同繁荣与发展。

7月19日

［纲　文］ **国务院总理李克强与东盟轮值主席国老挝总理通伦互致贺电，庆祝中国—东盟建立对话关系25周年。**

［目　文］ 李克强表示，东盟是中国山水相连的友好邻邦。双方建立对话关系25年来，始终坚持相互尊重、理解、信任、支持，中国—东盟关系经受了各种考验，合作取得了累累硕果，不仅给双方广大人民带来了实实在在的利益，也树立了大小国家平等相

待、共谋发展的典范。中方祝贺东盟共同体正式建立，乐见一个热爱和平、经济发展、具有活力的东盟在国际地区事务中发挥更大作用。中方将一如既往支持东盟一体化进程和在区域合作中的中心地位，愿与东盟共同努力，推动中国—东盟关系不断向前发展，为地区的和平、稳定与繁荣作出更大贡献。

通伦表示，东盟与中国建立对话关系以来，双方关系取得了长足发展。东盟—中国合作逐步扩大和深化，覆盖政治安全、经济和社会文化领域。在东盟的对话伙伴中，中国第一个加入《东南亚友好合作条约》，第一个成为东盟的战略伙伴，双方全面战略合作不断得到加强。双方应以2016年9月纪念峰会为契机，规划未来合作方向，更加紧密地团结在一起，以实现造福双方人民的共同目标。东盟期待与中国深化战略伙伴关系，为促进全球的和平、安全、稳定与繁荣以及本地区的可持续发展作出贡献。

7月19日

［纲　文］　**国务院批复科技部、重庆市人民政府，同意重庆高新技术产业开发区建设国家自主创新示范区。**

［目　文］　批复说：一、同意重庆高新技术产业开发区建设国家自主创新示范区，区域范围为国务院有关部门公布的开发区审核公告确定的四至范围。二、同意重庆高新技术产业开发区享受国家自主创新示范区相关政策，同时结合自身特点，不断深化简政放权、放管结合、优化服务改革，积极开展科技体制改革和机制创新，在科技成果转移转化、科研项目和经费管理、军民深度融合、股权激励、科技金融结合、知识产权保护和运用、人才培养与引进、新型创新组织培育等方面探索示范。三、同意将重庆高新技术产业开发区建设国家自主创新示范区工作纳入国家自主创新示范区部际协调小组统筹指导，落实相关政策措施，研究解决发展中的重大问题。国务院有关部门要结合各自职能，在重大项目安排、政策先行先试、体制机制创新等方面给予积极支持。四、重庆市人民政府要加强组织领导，建立协同推进机制，搭建创新合作的联动平台，认真组织编制实施方案，细化任务分工，集成推进重庆高新技术产业开发区建设国家自主创新示范区各项工作。

7月19日

［纲　文］　**全国政协在北京召开"东北三省工业转型升级问题"专题协商会。**

［目　文］　全国政协主席俞正声主持会议。国务院副总理张高丽，全国政协副主席陈元、王钦敏出席会议并讲话。全国政协副主席杜青林、张庆黎、李海峰、王正伟、马飚出席会议。25位政协委员和地方代表、专家学者在会上发言，对东北三省工业转型升级问题提出意见建议。发展改革委副主任何立峰介绍有关情况。科技部、工业和信息化、人力资源社会保障部、国资委、银监会等部门负责人与委员互动交流。中共中央、国务院有关部门和单位的负责人到会听取意见建议。

委员们认为，国企改革是东北工业转型升级的"牛鼻子"，必须把工作的着力点放在国企改革上。委员们建议，国企改革要重点解决好五个问题：一是必须解决好企业出资人的责任问题；二是必须下力气推进法人治理结构改革；三是必须健全社会保障；四是解决企业办社会问题；五是解决厂办大集体问题。有的委员建议，国企改革要领导抓点，亲自动手，具体解决问题，推动政策更加明细化、更加符合实际，推动政府部门敢于担当、狠抓落实。

张高丽指出，推进东北地区等老工业基地全面振兴，必须深入学习贯彻习近平总书记系列重要讲话精神，牢固树立和贯彻落实创新、协调、绿色、开放、共享的发展理念，坚定不移推进供给侧结构性改革，努力走出一条质量更高、效益更好、结构更优、优势充分释放的发展新路。要加快转变政府职能，深化国有企业改革，支持民营经济发展。要大力实施创新驱动发展战略，推动大众创业、万众创新，推进产业优化升级。要加快发展现代化大农业，提升国家商品粮生产核心区地位。要统筹对内对外开放，着力培育开放型经济新优势。要坚持生态优先、绿色发展，打造北方生态屏障和山青水绿的宜居家园。要全面实施重大民生工程，使人民群众生产生活条件不断改善提高。

7月19日

［纲　文］　**旅游局公布废止《旅游景区质量等级评定管理办法》，自2016年7月19日起生效**。

7月19日

［纲　文］　**新华社讯，范长龙在南部战区部队调研**。

［目　文］　中央军委副主席范长龙强调，要认真学习贯彻习近平主席重大战略思想和重要决策指示，坚持党对军队的绝对领导，牢牢把握党在新形势下的强军目标，全面实施政治建军、改革强军、依法治军，加紧推进军事斗争准备，大力加强实战化军事训练，不断提高威慑和实战能力，坚决听从党中央、中央军委和习主席指挥，坚决捍卫国家主权、安全、发展利益。

7月19日

［纲　文］　**中国长江中上游地区和俄罗斯伏尔加河沿岸联邦区地方合作理事会首次会议在俄罗斯乌里扬诺夫斯克举行**。

［目　文］　国务委员杨洁篪同俄罗斯总统驻伏尔加河沿岸联邦区全权代表巴比奇举行会晤并共同签署了《中国长江中上游地区和俄罗斯伏尔加河沿岸联邦区地方合作理事会条例》和会议纪要，见证了两地区多项合作文件的签署。

7月19日

［纲　文］　**《人民日报》发表题为《权力就是责任　有责就要担当——二论认真贯彻落实〈中国共产党问责条例〉》的评论员文章**。

7月19—22日

［纲　文］　**中国科协和中央党校在北京举办“高层次科技领军人才专题研修班”**。

［目　文］　来自高校、科研院所和企业的科技人才，以及全国学会理事长、“千人计划”专家等230多名领军人才参加研修班。学员围绕习近平讲话特别是建设世界科技强国

论述进行学习交流。

在学习期间，国务院副总理刘延东作了《关于学习贯彻习近平总书记建设世界科技强国》的报告，科技部部长万钢作了《加快创新驱动发展、建设世界科技强国》的专题报告，中央党校原副校长李君如作了《不忘初心，继续前进》的报告，发展改革委副主任林念修作了《深入学习领会习近平总书记重要讲话精神，全力推动我国经济实现创新驱动发展》的报告。国家副主席李源潮出席结业式并讲话。

7月20日

［纲　文］　**习近平在银川主持召开东西部扶贫协作座谈会。**

［目　文］　福建省委书记尤权、宁夏回族自治区党委书记李建华介绍闽宁扶贫协作情况，上海市委书记韩正、四川省委书记王东明、新疆维吾尔自治区党委书记张春贤、深圳市委书记马兴瑞先后发言。他们结合实际，就东西部扶贫协作和对口支援介绍了情况，谈了意见和建议。

中共中央总书记习近平指出，西部地区特别是民族地区、边疆地区、革命老区、连片特困地区贫困程度深、扶贫成本高、脱贫难度大，是脱贫攻坚的短板，进一步做好东西部扶贫协作和对口支援工作，必须采取系统的政策和措施。提出四点要求：第一，提高认识，加强领导。西部地区要增强紧迫感和主动性，不以事艰而不为，不以任重而畏缩，倒排工期、落实责任，抓紧施工、强力推进。第二，完善结对，深化帮扶。要着眼于任务的适当平衡，完善省际结对关系。第三，明确重点，精准聚焦。产业合作、劳务协作、人才支援、资金支持都要瞄准建档立卡贫困人口脱贫精准发力。第四，加强考核，确保成效。要用严格的制度来要求和监督，抓紧制定考核评价指标。

习近平强调，一是领导工作要实，做到谋划实、推进实、作风实，求真务实，真抓实干。二是任务责任要实，做到分工实、责任实、追责实，分工明确，责任明确，履责激励，失责追究。三是资金保障要实，做到投入实、资金实、到位实，精打细算，用活用好，用在关键，用出效益。四是督查验收要实，做到制度实、规则实、监督实，加强检查，严格验收，既不拖延，也不虚报。要组织和动员有志于为党和人民建功立业、做一番作为的干部到西部地区来，努力在艰苦条件下、在攻坚克难中使自己成长为可以担当重任、能打硬仗的高素质干部。

座谈会上习近平还就做好防汛抗洪抢险救灾工作发表讲话。习近平指出，当前防汛抗洪抢险救灾形势非常严峻、任务非常繁重，各有关地区、部门和单位要把确保人民群众生命安全放在首位，进一步行动起来，强化措施，落实责任，全力做好防汛抗洪抢险救灾工作。第一，各级党委和政府要敢于担当，加强领导，狠抓落实。第二，科学精准预测预报。要密切监视天气变化，加强雨情水情监测预报预警，加强汛情、灾情分析研判，强化应急值守和会商分析，提前发布预警信息，及时启动应急响应，把握防汛抗洪主动权。第三，突出防御重点。第四，全力保障人员安全。第五，强化军民联防联动机制。

第六，抓紧谋划灾后水利建设。各级领导干部特别是主要领导干部要靠前指挥，各有关地方、部门和单位要各司其职，从防汛责任落实、监测预报预警、避险撤离转移、防洪工程调度、山洪灾害防御、城市防洪排涝、险情巡查抢护、部门协调配合等方面强化防汛抗洪工作。

7月20日

［纲　文］　**习近平致信祝贺中国地质博物馆建馆100周年。**

［目　文］　中共中央总书记习近平信中写道：值此中国地质博物馆建馆100周年之际，谨表示热烈的祝贺，并向全国广大地质工作者致以诚挚的问候！100年来，中国地质博物馆恪守建馆宗旨、不断精进学术，在地球科学研究、地学知识传播等方面取得显著成绩，为发展我国地质事业、提高全民科学素质作出了重要贡献。科技创新、科学普及是实现创新发展的两翼。希望你们以建馆百年为新起点，不忘初心、与时俱进，以提高全民科学素质为己任，以真诚服务青少年为重点，更好发挥地学研究基地、科普殿堂的作用，努力把中国地质博物馆办得更好、更有特色，为建设世界科技强国、实现中华民族伟大复兴的中国梦再立新功。

23日，中国地质博物馆建馆100周年专题展开幕。国土资源部部长姜大明在开幕式上宣读了习近平的贺信。中国地质博物馆创立于1916年7月，是中国最早的公立自然科学博物馆，也是亚洲馆藏最丰富的地学类博物馆。

7月20日

［纲　文］　**李克强主持召开国务院常务会议。**

［目　文］　会议主要内容是：一、通过“十三五”国家科技创新专项规划，以创新型国家建设引领和支撑升级发展。一是增强原始创新能力，加强基础和前沿技术研究，整合优化资源配置，瞄准引领未来发展的战略领域，布局建设一批重大科技设施、国家科研与技术创新基地等。二是构筑先发优势，用好比较优势，聚焦国家战略和民生改善需求，在量子通信、精准医疗等重点领域启动一批新的重大科技项目，强化种业、煤炭清洁高效利用、第五代移动通信、智能机器人等重大产业技术开发，推进颠覆性技术创新，培育新动能，带动传统产业改造升级，使科技进步贡献率达到60%，提高人民群众生活品质。三是依托大众创业、万众创新平台，强化企业在科技创新中的主导作用，打造高效协同的创新生态链。四是加快科技体制机制改革步伐，充分调动科技人员积极性。尽快落实改进科研经费管理使用、科技成果权益分配等政策措施，破除束缚创新和成果转化的制度障碍，提高科研资金使用效益，加强知识产权保护和运用。二、部署推进互联网+物流，降低企业成本便利群众生活。一要构建物流信息互联共享体系，建立标准规范，加快建设综合运输和物流交易公共信息平台，提升仓储配送智能化水平。鼓励发展冷链物流。二要推动物流与“双创”相结合，发展多种形式的高效便捷物流新模式，促进物流与制造、商贸、金融等互动融合。推进互联网+车货匹配、运力优化，实现车辆、网点、用户等精准对接。探索实行“一票到底”的联运服务，推动仓储资源在线开放和实时交易。三要加大用地等

政策支持，结合营改增创新财税扶持，简化物流企业设立和业务审批，鼓励金融机构重点支持小微物流企业发展。创新监管方式，规范市场秩序，强化安全管理，使现代物流更好的服务发展、造福民生。三、通过《国务院及其各部门任命的国家工作人员宪法宣誓组织办法》。对参加宣誓人员范围、宣誓形式、程序等做出明确规定。

7月20日

［纲　文］　**国务院在北京召开全国安全生产电视电话会议，习近平作出批示。**

［目　文］　近日，中共中央总书记习近平在中共中央政治局常委会会议上发表讲话，对加强安全生产和汛期安全防范工作作出指示，强调安全生产是民生大事，一丝一毫不能放松，要以对人民极端负责的精神抓好安全生产工作，站在人民群众的角度想问题，把重大风险隐患当成事故来对待，守土有责，敢于担当，完善体制，严格监管，让人民群众安心放心。

习近平指出，各级党委和政府特别是领导干部要牢固树立安全生产的观念，正确处理安全和发展的关系，坚持发展决不能以牺牲安全为代价这条红线。经济社会发展的每一个项目、每一个环节都要以安全为前提，不能有丝毫疏漏。要严格实行党政领导干部安全生产工作责任制，切实做到失职追责。要把遏制重特大事故作为安全生产整体工作的“牛鼻子”来抓，在煤矿、危化品、道路运输等方面抓紧规划实施一批生命防护工程，积极研发应用一批先进安防技术，切实提高安全发展水平。要加快完善安全生产管理体制，强化安全监管部门综合监管责任，严格落实行业主管部门监管责任、地方党委和政府属地管理责任，加强基层安全监管执法队伍建设，制定权力清单和责任清单，督促落实到位。要发挥各级安委会指导协调、监督检查、巡查考核的作用，形成上下合力，齐抓共管。要改革安全生产应急救援体制，提高组织协调能力和现场救援实效。要完善各类开发区、工业园区、港区、风景区等功能区安全监管体制，严格落实安全管理措施。要完善安全生产许可制度，严把安全准入关。要健全安全生产法律法规和标准体系，统筹做好涉及安全生产的法律法规和标准的制定修订工作。要加强城市运行管理，增强安全风险意识，加强源头治理。要加强城乡安全风险辨识，全面开展城市风险点、危险源的普查，防止认不清、想不到、管不到等问题的发生。目前正值主汛期，一些地区出现了严重洪涝灾害，这是对我们的重大考验。各级党委和政府要坚持守土有责、履职尽责，做好防汛抗洪抢险各项工作，切实保护人民群众生命财产安全。

李克强作出批示指出，2016年以来，在各方面共同努力下，全国安全生产形势总体稳定，但重特大事故多发势头仍未得到有效遏制，造成的重大人员伤亡和损失令人痛心，也暴露出安全生产相关领域的工作仍存在诸多不足与隐患。各地区、各部门尤其是各级领导干部要深刻汲取教训，坚持生命安全至上、人民利益至上，坚持安全发展理念，坚持依法治安、源头防范、系统治理，切实加强安全风险识别管控和隐患排查治理，切实加大安全基础保障能力建设力度，切实落实安全生产责任制、强化工作考核，依法严惩违法违规和失职渎职行为。加快制定完善相关法律法规和标准，进一步深化安全监管体制改革和机制创新。当前，要特别重视做好极端天气和重大灾害预警预报、检查督查和应急处置工作，强化各项安全防范措施，坚决遏制重特大事故发生，切实把保障人民群众生命安全的承诺落到实处。

国务委员王勇主持全国安全生产电视电话会议。国务委员郭声琨在会上传达了习近平指示和李克强批示。国务院副总理马凯出席会议并讲话。公安部、交通运输部、安全监管总局负责人在会上作交流发言。

马凯指出，各地区、各部门要认真贯彻落实习近平总书记重要指示精神，按照国务院要求，扎实做好汛期和下半年安全生产重点工作。要高度警惕汛期灾害性天气带来的威胁，突出矿山、尾矿库、危化品、建筑施工、交通运输、旅游等重点行业领域和易受灾害影响的重点部位，对汛期安全防范工作进行再检查再落实，确保灾害监测预警及时、风险隐患治理管控到位、应急处置和保障有力。

7月20日

［纲　文］　**民政部印发《关于遴选慈善组织互联网公开募捐信息平台的通知》。**

［目　文］　《通知》由四个部分组成：一、遴选原则。二、遴选范围。三、基本条件。四、遴选程序。

7月20日

［纲　文］　**《人民日报》发表题为《制度的生命在于执行——三论认真贯彻落实〈中国共产党问责条例〉》的评论员文章。**

7月20—21日

［纲　文］　**金砖国家新开发银行首届理事会年会在上海举行。**

［目　文］　国务院副总理张高丽出席开幕式并致辞。各成员国理事、代表以及有关国际组织代表出席开幕式。年会聚焦金砖国家新开发银行运行一年以来取得的进展，对新兴市场国家经济发展起到的重要作用，同时也指出了该行面临的挑战。

张高丽在致辞中表示，新开发银行要积极为金砖国家以及其他发展中国家的基础设施建设和可持续发展提供有力支持，成为现有全球和区域多边开发机构的有益补充。一是着力拓展金砖国家合作新空间，促进贸易互通、产业互补、经济互促；二是着力打造全球共同发展新平台，推动全球和区域产业链深度融合；三是着力构建全方位合作伙伴关系新格局，壮大多边开发机构的整体力量；四是着力创新发展融资新模式，撬动更多社会资本投入基础设施领域；五是着力完善全球经济治理新秩序，提高金砖国家和广大发展中国家在全球经济治理体系中的地位和作用。中国政府将继续为新开发银行提供支持和便利，确保各项业务活动顺利开展。

7月20—22日

［纲　文］　**应外交部部长王毅邀请，卢森堡大公国外交和欧洲事务大臣阿塞尔博恩对中国进行正式访问。**

［目　文］　21日，国务委员杨洁篪在北京会见阿塞尔博恩时表示，中卢关系长期健

康稳定，务实合作和人文交流富有成果，发展前景良好。双方应以2017年两国建交45周年为契机，巩固政治互信，全面深化合作，开创中卢关系新局面。中方将一如既往支持欧洲一体化进程，致力于深化中欧关系和务实合作。阿塞尔博恩表示，中国是卢森堡的重要合作伙伴。卢方愿同中方加强高层和各级别交往，不断提升各领域合作水平，支持欧中加强互利共赢合作。

同日，王毅在北京同阿塞尔博恩举行会谈时表示，中方高度重视发展中卢传统友谊，愿同卢方建立长期稳定、充满活力的伙伴关系，推动中卢和中欧合作不断迈上新台阶。

7月21日

［纲　文］　**中共中央办公厅、国务院办公厅印发《保护司法人员依法履行法定职责规定》，自2016年7月21日起施行。**

7月21日

［纲　文］　**质检总局发布《关于宣布失效一批文件的公告》。**

［目　文］　《公告》宣布《质检总局关于加强出入境检疫处理单位管理的通知》（国质检通函〔2014〕338号）、《质检总局关于进一步加强和规范出入境检疫处理工作的若干意见》（国质检通〔2007〕422号）等407件文件失效，自2016年7月21日起停止执行。

7月21日

［纲　文］　**全国政协在北京召开双周协商座谈会，就“推进禁毒工作社会化”建言献策。**

［目　文］　全国政协主席俞正声主持会议。全国政协副主席杜青林、张庆黎、卢展工、陈晓光出席座谈会。全国政协副主席陈元在座谈会上讲了意见。全国政协委员陈冀平、汪鸿雁、施中岩、王康、刘慕仁、戴秀英、郑学炳、李汉柏、杨振江、邵明立、孔玉芳、李钺锋、薄绍晔、艾徐、黄尔梅，以及专家学者李亚隆、谢呼、李文君等在座谈会上发言。国家禁毒委员会副主任刘跃进介绍了有关情况。中央综治委副主任兼办公室主任陈训秋、民政部副部长顾朝曦、司法部副部长刘志强等与委员互动交流。

委员们认为，禁毒工作关系国家安危、民族兴衰、人民福祉。近年来，在党中央、国务院坚强领导下，各地深入开展禁毒人民战争，全面落实综合治理措施，禁毒工作取得了阶段性成效。但也要看到，我们面对的禁毒形势十分严峻，我国禁毒工作还存在一些突出问题和薄弱环节。要深入学习贯彻习近平总书记系列重要讲话和关于禁毒工作的重要指示精神，以高度的政治责任感，切实抓好各项禁毒工作措施的落实，锲而不舍，常抓不懈，坚定不移打赢禁毒人民战争。

一些委员建议，做好禁毒工作，一是要切实加强领导。坚持党委政府统一领导、有关部门齐抓共管、全社会共同参与的方针，落实组织保证，明确责任，建立统一高效的工作机构。二是要完善法律法规和相应措施。针对毒品违法犯罪出现的新情况新问题，及时制定、修订相关法律法规，加强执法监督检查，确保禁毒法律法规贯彻实施。三是要在进一步打击毒品犯罪的同时，推进禁毒工作社会化。要更加重视社会组织的作用，为它们创造良好条件；更加重视社区的作用，推广网格化管理，培育专业化的社工和志愿者队伍；更加重视识毒和知毒的教育，营造禁毒的浓厚氛围；更加重视心理矫正，建设高素质的心理矫治队伍；更加重视发挥互联网平台作用，把线上线下禁毒结合起来；更加重视对吸毒人员的戒治帮教，帮助他们回归社会、回归家庭、回归劳动。

7月21日

［纲　文］　**杨凌农业高新技术产业示范区建设领导小组第八次会议在北京召开。**

［目　文］　科技部部长、杨凌示范区建设领导小组组长万钢主持会议。国务院副总理刘延东，科技部、发展改革委、教育部、财政部、农业部、水利部、商务部、银监会等单位负责人出席并发言。国土资源部、交通运输部、海关总署、税务总局、质检总局、国务院发展研究中心单位负责人出席会议。

刘延东指出，要深入贯彻全国科技创新大会精神，瞄准国家农业科技重大需求，落实习近平总书记扎实推进特色现代农业建设的要求，将杨凌示范区建设成为支撑和引领干旱半干旱地区现代农业发展的重要力量，为推动我国经济持续健康发展作出新贡献。

7月21日

［纲　文］　**《人民日报》发表题为《坚决打赢防汛抗洪抢险救灾这场硬仗》的评论员文章。**

7月21—23日

［纲　文］　**第七届中国少年儿童合唱节在广东省中山市举行。**

［目　文］　合唱节由文化部主办。来自全国各省（区、市）及香港、澳门、台湾地区的33支少年儿童合唱团队1500余人参加。活动突出“文化惠民”宗旨，组织部分优秀少儿合唱团开展欢乐童声进社区展演活动。

7月22日

［纲　文］　**习近平主持召开中央全面深化改革领导小组第26次会议。**

［目　文］　中共中央政治局常委、中央全面深化改革领导小组副组长李克强、刘云山、张高丽出席会议。中央全面深化改革领导小组成员出席，中央和国家有关部门负责人列席会议。

中共中央总书记、中央全面深化改革领导小组组长习近平强调，改革是一场革命，必须有坚忍不拔的毅力，以真抓促落实、以实干求实效。各地区各部门要以更大的决心和气力抓好改革督察工作，既要督任务、督进度、督成效，也要察认识、察责任、察作风，确保党中央确定的改革方向不偏离、党中央明确的改革任务不落空，使改革精准对接发展所需、基层所盼、民心所向。

会议审议通过六个文件：一、《贫困地区水电矿产资源开发资产收益扶贫改革试点方案》。要以增加贫困人口资产性收益为目标，创新贫困地区水电矿产资源开发占用农村集体土地补偿方式，围绕界定入股资产范围、明确入股受益主体、合理设置股权、完善收益分配、加强股权管理和风险防控等重点任务，探索建立集体股权参与项目分红的资产收益扶贫长效机制，走出一条资源开发和脱贫攻坚有机结合的新路子。二、《关于加强文化领域行业组织建设的指导意见》。加强文化领域行业组织建设，要坚持中国特色社会主义文化发展道路，始终把社会效益放在首位，坚持积极引导发展和严格依法管理并重，通过明确职能定位、做好培育发展、完善内部治理、强化规范管理等，健全党委统一领导、政府有效监管、分级负责、协调配合的行业组织管理体制机制。三、《关于认罪认罚从宽制度改革试点方案》。完善刑事诉讼中认罪认罚从宽制度，涉及侦查、审查起诉、审判等各个诉讼环节，要明确法律依据、适用条件，明确撤案和不起诉程序，规范审前和庭审程序，完善法律援助制度。四、《关于建立法官、检察官惩戒制度的意见（试行）》。会议强调，建立法官、检察官惩戒制度，对落实法官、检察官办案责任制，促进法官、检察官依法行使职权，维护社会公平正义具有重要意义。五、《关于省以下环保机构监测监察执法垂直管理制度改革试点工作的指导意见》。会议指出，开展省以下环保机构监测监察执法垂直管理制度改革试点，目的是建立健全条块结合、各司其职、权责明确、保障有力、权威高效的地方环保管理体制，确保环境监测监察执法的独立性、权威性、有效性。六、《关于各地区各部门开展改革督察情况的报告》。会议强调，开展改革督察工作，要明确工作重点、盯住关键环节。

7月22日

［纲　文］ **国务院总理李克强在北京同国际经济金融机构负责人举行“1+6”圆桌对话会。**

［目　文］ 世界银行行长金墉、国际货币基金组织总裁拉加德、世界贸易组织总干事阿泽维多、国际劳工组织总干事赖德、经济合作与发展组织秘书长古里亚、金融稳定理事会主席卡尼与会。会议围绕“全球经济形势和挑战”与“中国经济转型中的增长新动能”两个主题讨论。

李克强表示，尽管当前全球经济面临的不稳定和不确定因素增多，但世界市场有潜力、人类有智慧攻坚克难。各方要坚定信心，把发展经济、改善民生放在优先位置，把实现强劲、可持续、平衡增长作为一致努力的目标。促进世界经济稳定复苏是各方的共同责任。应当倍加珍惜和努力维护和平稳定的国际环境，坚定支持全球化进程和多边贸易体制发挥主渠道作用，反对各种形式的保护主义，审慎使用限制性贸易措施。国际组织应为此发挥更大引领和协调作用。中方愿同各方共同推动二十国集团杭州峰会取得成功，促进世界经济实现强劲、可持续、平衡增长。当前中国经济形有波动，势仍平稳，继续向好。我们适度扩大总需求，以推进供给侧结构性改革为主线，实现增量崛起，存量调整，结构转型。我们将努力攻坚克难，坚持全面深化改革，进一步简化行政程序，更大激发社会创造力和市场活力，通过实施创新驱动发展战略和大众创业、万众创新，壮大新动能，改造和提升传统动能，保持经济平稳运行，促进结构不断优化。

与会国际经济金融机构负责人表示，中国是世界贸易体系中的重要伙伴、全球化和多边主义的积极倡导者，作为2016年二十国集团主席国发挥了重要领导力。国际货币基金组织下调世界经济增长预期的同时，调高中国经济增长预期，是看好中国政府坚持改革开放的决心和实施可持续增长的政策取向及成效。各方愿与中方共同努力，提振世界贸易，推进2030年可持续发展议程，建立开放、有韧性的国际金融和贸易体系，实现发展成果更好为全人类共享。

同日，国务院副总理刘延东在北京会见世界银行行长金墉。

7月22日

［纲　文］　**全国政协主席俞正声在北京会见几内亚经社理事会主席迪亚洛。**

［目　文］　俞正声说，2016年是落实中非合作论坛约翰内斯堡峰会成果的开局之年，中方愿同几方共同抓紧推动峰会成果的落实工作，为两国关系全面发展作出新贡献。

迪亚洛表示，几中友谊源远流长，感谢中方长期以来的帮助，愿同中国全国政协加强治国理政经验交流互鉴，实现共同发展。

7月22日

［纲　文］　**中央纪委监察部网站发布，经中共中央批准，中共中央纪委对广西壮族自治区政协原党组成员、副主席赖德荣严重违纪问题立案审查。**

［目　文］　经查，赖德荣身为党的高级领导干部，理想信念丧失，纪律意识淡薄，严重违反中央八项规定精神，违规接受公款宴请；严重违反组织纪律，利用职务上的便利在干部选拔任用等方面为他人谋取利益；严重违反廉洁纪律，收受礼金；多次到境外赌博。依据《中国共产党纪律处分条例》等有关规定，经中央纪委常委会议审议并报中共中央批准，决定给予赖德荣开除党籍、行政撤职处分，降为科员。

7月23日

［纲　文］　**国务院办公厅印发《关于石化产业调结构促转型增效益的指导意见》。**

［目　文］　《意见》由三个部分组成：一、总体要求。二、重点任务。三、保障措施。

《意见》要求，各地区、各部门要高度重视、统一认识，切实履行职责，进一步明确任务目标，完善政策措施，正确引导舆论，确保各项工作落到实处。各省级人民政府要结合本地实际，切实抓好组织实施。发展改革委、工业和信息化部要会同有关部门加强对地方的督促指导，各有关部门要根据职责分工抓紧完善配套政策，统筹推进各项工作。

7月23日

［纲　文］　**汪洋在北京主持召开国家防汛抗旱总指挥部全体会议。**

［目　文］　会议传达贯彻中共中央总书记习近平关于做好防汛抗洪抢险救灾工作的

讲话精神，研究部署下一阶段防汛抗洪工作。

国务院副总理、国家防汛抗旱总指挥部总指挥汪洋指出，各地区、各有关部门要深入学习习近平总书记的重要讲话，认真贯彻落实党中央、国务院的决策部署，进一步动员和行动起来，把确保人民群众生命安全放在首位，全面强化各项防汛措施，全力加强薄弱环节，筑牢防汛抗洪铜墙铁壁，坚决打赢防汛抗洪抢险救灾攻坚战。7月下旬和8月上旬是全年降水最集中的阶段，也是天气过程最复杂多变的时期，防汛抗洪任务十分艰巨。各地要坚持守土有责、履职尽责，坚决克服麻痹松懈思想和厌战畏难情绪，严肃纪律，严明奖惩，切实落实防汛抗洪责任制。要把防止和减少人身伤亡作为防汛抗洪抢险救灾的首要任务，完善应急预案，安排好危险地区群众避险转移工作。

7月23日

［纲　文］　**贵州省黔东南苗族侗族自治州举行建州60周年庆祝大会。**

［目　文］　全国人大常委会、国务院发贺电表示，60年来，黔东南州经济发展，民族团结，社会稳定，人民生活不断改善，各项事业全面推进，取得了重大成就。希望黔东南州各族人民紧密团结在以习近平同志为总书记的党中央周围，高举中国特色社会主义伟大旗帜，全面贯彻党的十八大和十八届三中、四中、五中全会以及中央民族工作会议精神，以邓小平理论、"三个代表"重要思想、科学发展观为指导，深入学习贯彻习近平总书记系列重要讲话精神，深入贯彻落实党中央、国务院支持贵州经济社会又好又快发展的一系列政策措施，坚持各民族共同团结奋斗、共同繁荣发展，以自治州成立60周年为新的起点，解放思想，改革开放，凝聚力量，攻坚克难，为全面建成小康社会、实现中华民族伟大复兴中国梦，作出新的更大贡献。

黔东南苗族侗族自治州成立于1956年7月23日，全州有苗、侗、汉等33个民族，2014年户籍人口466.2万人，其中苗族人口占42.4%、侗族人口占29.8%，是全国苗族、侗族人口最集中的地区。60年来，黔东南州牢牢守住发展和生态两条底线，经济社会发生巨变。2015年，地区生产总值达到812亿元，是60年前的644倍。财政总收入139亿元，是60年前的931倍。城镇居民人均可支配收入达2.3万元，是60年前的172倍；农村居民人均可支配收入达6863元，是60年前的137倍。人民群众生活向全面小康昂首迈进。侗族大歌被列入世界人类非物质文化遗产名录，施秉县云台山被列入世界自然遗产名录。

7月23日

［纲　文］　**中国航空工业集团公司研制的国产大型灭火/水上救援水陆两栖飞机AG600在珠海实现总装下线。**

［目　文］　工业和信息化部部长苗圩出席活动并宣布飞机下线。来自中国民航局、财政部、发展改革委、交通运输部、军委装备发展部，广东省、珠海市政府和中航工业、中国商飞、中国航发、中国电科以及参研单位、武警森林指挥部等用户单位的代表参加了下线活动。

AG600飞机是国家应急救援体系建设急需的重大工程项目，自2009年国务院批准批复立项以来，由中航工业集团公司通用飞机公司按照“水陆两栖、一机多型、系列发展”的设计原则全面开展研制。飞机总体技术水平和性能达到当前国际同类飞机的先进水平，具备陆地和水上两栖起降能力，可以执行森林灭火、水上救援等多项特种任务。经改装后，还可满足海洋环境监测、资源探测、岛礁补给、海上缉私与安全保障、海上执法与维权等多种任务的需要，尤其是可为“海上丝绸之路”的航行安全提供最快速有效的支援与保障，对增强我国综合国力，保障国家利益都具有重要意义。AG600飞机最大起飞重量53.5吨，最大航程4500公里，最大巡航速度500公里/小时，最大航时12小时，最大抗浪高度超过2米，执行灭火任务时一次可以喷洒12吨水，执行水上救援任务时一次可以救助50名伤员。

7月24日

［纲　文］　**国家主席习近平、国务院总理李克强就阿富汗发生重大恐怖袭击事件分别向阿总统加尼、首席执行官阿卜杜拉致慰问电。**

7月24日

［纲　文］　**部分省区“两学一做”学习教育工作座谈会在兰州召开。**

［目　文］　中央书记处书记刘云山出席会议并讲话。甘肃、山东、河南、陕西、青海、宁夏、新疆等省区党委负责人交流了工作情况，大家认为前一段学习教育坚持学做结合、注重常态化教育、分层分类推进，呈现良好发展态势，同时要重视存在的问题，强化责任担当、深化措施办法、加强工作指导，把学习教育引向深入。

刘云山指出，要认真贯彻习近平总书记重要指示精神，落实全面从严治党要求，筑牢思想根基、聚焦突出问题，确保学习教育取得实实在在成效。深化“两学一做”学习教育，要坚持融入日常、抓在经常，注重发挥党支部主体作用和先进典型引领作用，用好“三会一课”等基本形式，鼓励基层探索行之有效的途径载体，让每一名党员都认真学起来、扎实做起来。要强化问题导向，在增强党性观念、严格党内政治生活、提振干事创业精气神上聚焦用力，以解决问题的成效检验学习教育的成果。对贫困县党政主要负责人要立下军令状，群众不脱贫就不得离开原岗位，直到完成脱贫任务。要把防汛抗洪抢险救灾作为学习教育的实践课堂，激励党员干部冲在一线，发挥好先锋模范作用。

7月24日

［纲　文］　**外交部发言人表示，日本不是南海问题当事国，没有资格对中方说三道四。**

［目　文］　有记者问，日本外相岸田文雄称，他如果在东亚系列外长会期间能同王毅外长会晤，将谈及南海问题。请问中方有何评论？

发言人说，菲律宾南海仲裁案自始非法无效，中方不接受裁决，正是依据国际法和《联合国海洋法公约》维护自身合法权利。中方敦促日本不要炒作介入南海问题，日本不是南海问题的当事国，还有一段不光彩的历史，更没有资格对中方说三道四。

7月24日

［纲　文］　**2016年二十国集团青年会议在上海开幕。**

［目　文］　会议由中华全国青年联合会主办，复旦大学承办。会议主题为“推动青年创新，实现共同愿景”。来自二十国集团成员国、嘉宾国和国际组织的青年代表一百余人参加了会议。此次会议代表均为18至30岁青年，与会者围绕“消除贫困和共同发展”“创新思维和创业实践”“社会公正和权利平等”“绿色生活和可持续发展”以及“伙伴关系和全球经济治理”等议题进行探讨，并最终形成会议公报，提交2016年二十国集团筹委会。

二十国集团青年会议是二十国集团峰会的配套活动之一。中国是2016年二十国集团峰会主席国，二十国集团青年会议作为正式配套活动于7月24日至30日在北京、上海举行，主办方还安排青年代表拜会政府部门和社会机构，与中国创业青年对话，并在两地进行文化参访。

25日，国家副主席李源潮在北京会见二十国集团青年会议代表。

7月25日

［纲　文］　**国家主席习近平、中央军委副主席范长龙在北京分别会见美国总统国家安全事务助理赖斯。**

［目　文］　习近平在会见赖斯时强调，中美要着力增进互信。中国发展的目标，就是让13亿中国人民过上好日子。中国不会走国强必霸的道路，也无意挑战现行国际秩序和规则。中美共同利益远大于分歧，可以合作、需要合作的地方很多。中美双方要积极拓展经贸投资等双边领域、应对气候变化等多边领域及国际地区问题上的合作，使务实合作成为中美关系的压舱石。双方要有效管控分歧，相互尊重彼此的核心利益。二十国集团是全球经济治理的主要平台。当前形势下，中美两国作为世界前两大经济体，应该密切合作，共同推动二十国集团领导人杭州峰会取得积极成果，向世界传递信心，为全球经济增长注入动力。期待9月初在杭州同奥巴马总统再次会晤，为下阶段中美关系发展注入新的动力，也为两国关系未来继续稳定发展明确方向、打下基础。

赖斯转达了奥巴马总统对习近平的问候，表示奥巴马总统期待着9月来华出席二十国集团杭州峰会并同习近平主席再次举行会晤。赖斯表示，习近平主席对美中关系的看法同奥巴马总统十分相近。奥巴马总统始终认为，美中关系是当今世界最重要的双边关系。中国的成功符合美国的利益。美中双方携手合作，可以为国际社会应对气候变化等一系列全球性挑战注入活力。美方赞同通过共同努力增进双方互信，加强务实合作并使之成为美中关系的压舱石，愿同中方密切沟通有效管控分歧。

范长龙在会见赖斯时说，中方在南海问题上的原则立场不会动摇，中国不接受、不承认所谓南海仲裁案裁决，中国人民不会屈服于任何外来压力，中国军队坚决做维护国家领土主权和安全的坚强后盾。美方如果执意在韩部署“萨德”系统，将直接危害中国的战略安全，加剧半岛局势紧张，严重冲击中美战略互信。希望两军以建设性方式管控分歧和敏感问题，为中美关系长期健康稳定发展作出贡献。

赖斯说，希望双方能够有效管控风险，防止误解误判，美方致力于发展稳定合作、富有成果的美中双边关系。

同日，国务委员杨洁篪在北京同赖斯举行会谈时重申了中方在南海、“萨德”问题上有关原则立场，强调中方反对菲律宾南海仲裁案的立场是明确、坚定的。中国将继续坚定维护在南海的领土主权和海洋权益。中方强烈敦促美方认真对待中方关切，不实施在韩部署“萨德”系统。确保二十国集团领导人杭州峰会取得丰硕成果，有利于向世界传递信心、为全球经济增长注入动力。希望中美继续密切合作，推动二十国集团在全球经济治理中有效发挥作用。

赖斯表示，美方希望同中方增进互信，深化合作，建立伙伴关系，共同妥善管控和解决双方分歧。美方愿同中方一道努力，确保两国元首杭州会晤和二十国集团杭州峰会取得成功，推动美中合作关系继续稳定发展。

赖斯于7月24日至27日访华。为美国总统奥巴马9月初在杭州参加二十国集团领导人峰会做准备。这是她以国家安全顾问的身份第四次访华。

7月25日

［纲　文］ **国家主席习近平在北京会见世界卫生组织总干事陈冯富珍。**

［目　文］ 习近平指出，世界卫生组织作为联合国在卫生领域的专门机构，在及时有效应对传染病疫情、协调全球卫生事务方面发挥着越来越重要的作用。中国高度重视世界卫生组织的重要作用，同世界卫生组织有着长期良好合作关系，在防治传染病等广泛领域开展了务实合作。我们积极支持世界卫生组织在全球、区域、国家层面推动落实2030年可持续发展议程卫生相关目标，也愿在“一带一路”框架下开展医疗卫生合作。

陈冯富珍表示，中方为落实联合国2030年可持续发展议程发挥了领导作用。中方提出的“一带一路”思路富有远见，为新形势下全球合作和全球治理提供了新的模式。中国率先落实千年发展目标、实现全民医保覆盖、积极推进医疗改革引人瞩目，将为国际卫生事业提供新的推动力。世界卫生组织愿同中国进一步加强合作，并将继续坚定奉行一个中国政策。

7月25日

［纲　文］ **中共中央就当前经济形势和下半年经济工作召开党外人士座谈会。**

［目　文］ 中共中央总书记习近平主持座谈会并讲话。中共中央政治局常委李克强、俞正声、刘云山、张高丽出席座谈会。马凯、王沪宁、刘延东、孙春兰、汪洋、栗战书、王勇、周小川，中共中央、国务院有关部门负责人出席座谈会。李克强通报了上半年经济工作有关情况，介绍了中共中央关于做好下半年经济工作的考虑。座谈会上，民革中央主席万鄂湘、民盟中央主席张宝文、民建中央主席陈昌智、民进中央主席严隽琪、农

工党中央主席陈竺、致公党中央主席万钢、九三学社中央主席韩启德、台盟中央主席林文漪、全国工商联主席王钦敏、无党派人士代表林毅夫先后发言。他们赞同中共中央、国务院对当前我国经济形势的分析和下半年经济工作的考虑，并就推进供给侧结构性改革、解决脱贫攻坚关键问题、提升企业创新能力、加强农业科技自主创新、稳定民间投资、降低实体经济企业成本、完善地方财税体系、建设养老体系、完善现代农业支持服务体系、推进“一带一路”建设、夯实农村基层基础等提出意见和建议。

习近平说，刚才，大家在发言中充分肯定了上半年经济工作取得的成绩，并就做好下半年经济工作提出了很多有针对性的意见和建议，对我们更好把握整体经济运行状况、制定和实施经济政策很有帮助，我们将认真研究、积极吸纳。上半年经济形势同我们作出的判断是一致的，仍然是总体平稳、走势分化。2016年以来，在错综复杂的国内外形势下，各地区各部门按照中共中央部署，积极适应经济发展新常态，坚持稳中求进工作总基调，经济结构继续优化，新动力成长趋势正在加快。做好下半年经济工作，要通过实施组合政策，引导发展预期，加快结构性改革步伐，努力保持经济平稳发展态势。要继续实施积极的财政政策和稳健的货币政策，加快财税体制改革，落实各项减税降费政策，引导社会资金更多投向实体经济。要坚持推进供给侧结构性改革，全面落实“去产能、去库存、去杠杆、降成本、补短板”五大重点任务，通过有效的市场竞争，提高资源配置效率。要努力创造各类企业平等竞争、健康发展的市场环境。希望大家准确把握中共中央关于当前经济形势的分析和判断，把思想和行动统一到中共中央决策部署上来，坚定信心，增强定力，为推动经济持续健康发展作出更大贡献；希望大家自觉树立和贯彻创新、协调、绿色、开放、共享的发展理念，紧紧抓住推进供给侧结构性改革这条主线，深入调研，就一些重点问题、难点问题、共性问题提出具有较强针对性和可操作性的意见和建议，为中共中央决策提供参考。

7月25日

［纲　文］　**人力资源社会保障部印发《企业劳动保障守法诚信等级评价办法》，自2017年1月1日起施行。**

7月25日

［纲　文］　**农业部公布修改后的《农业转基因生物安全评价管理办法》，自2016年10月1日起施行。**

7月25日

［纲　文］　**国务院副总理张高丽在北京会见巴基斯坦旁遮普省首席部长穆罕默德·夏巴兹·谢里夫率领的巴基斯坦穆斯林联盟（谢里夫派）代表团。**

［目　文］　张高丽表示，中方赞赏巴方在南海问题上给予中方的坚定支持。中国共产党与穆盟（谢）长期保持友好交往，希望继续密切高层往来，加强治国理政经验交流。2016年是中巴建交65周年，中方愿与巴方一道全面推进中巴经济走廊建设，共谋发展，加强合作，互利共赢，不断充实中巴命运共同体内涵，更好造福两国人民。

夏巴兹对近期中国一些地区遭受洪涝灾害表示深切慰问，并代表巴方向灾区捐赠一万吨大米。他说，当前两国两党关系的发展达到历史新高，巴方将采取切实措施，加强与中方的合作，推进中巴经济走廊建设顺利实施。

7月25日

［纲　文］　**汪洋主持召开全国打击侵权假冒工作领导小组第10次全体会议。**

［目　文］　国务院副总理汪洋指出，打击侵权假冒事关广大群众切身利益，事关创新型国家建设，事关中国国际形象。要坚持以新发展理念为指导，坚持问题导向，坚持依法治理、打建结合、技术支撑、统筹协作、社会共治的原则，保持持续高压态势，推动打击侵权假冒工作不断取得新成效。2016年上半年，各地区、各有关部门认真贯彻落实党中央、国务院的决策部署，围绕药品、农资、建筑材料、汽车配件、儿童用品等领域开展专项整治，共查办侵权假冒违法犯罪案件约6.4万件，起诉1万余人，生效判决近8000人，震慑了违法犯罪分子，改善了营商环境。当前我国侵权假冒依然处于高发多发期，侵权假冒手法不断翻新、形式更加隐蔽，执法监管能力有待提高，协作机制需进一步完善。要加快制定实施“十三五”期间打击侵权假冒的指导意见，抓好顶层设计，强化薄弱环节监管。要持续推进互联网领域综合治理，加强对网络交易平台和重点网站的监管，完善举报投诉处置机制，提高对制假售假行为的精准打击能力。要深入开展中国制造海外形象维护“清风”行动，突出专业市场、交易会、跨境电子商务等关键环节，净化进出口贸易环境。要巩固政府机关软件正版化成果，加快推进企业软件正版化，建立常态化随机抽查制度。要加强跨部门、跨区域执法协作，探索建立线索通报、证据移转、案件协查、联合办案等制度，完善线索发现、源头追溯、属地查处机制，对侵权假冒商品生产、流通、销售形成全链条打击。要完善绩效考核制度，切实发挥好激励先进、鞭策落后的作用。

7月25日

［纲　文］　**中国侨联九届六次常委会议在北京召开。**

［目　文］　中共中央政治局委员、国家副主席李源潮出席会议并讲话。中国侨联主席林军主持会议并讲话。中国侨联常委、各省级侨联党组书记、中国侨联机关和直属单位负责人共140余人出席会议。

7月25日

［纲　文］　**《人民日报》发表题为《社会主义是干出来的》的评论员文章。**

7月25日

［纲　文］　**新华社讯，经中共中央批准，中共中央纪委对辽宁省委原常委、政法委原书记苏宏章严重违纪问题立案审查。**

［目　文］　经中央纪委常委会议审议并报中共中央批准，决定给予苏宏章开除党籍、开除公职处分。

2017年5月19日，黑龙江省哈尔滨市中级人民法院公开宣判中共辽宁省委原常委、政法委原书记苏宏章受贿、行贿案，对被告人苏宏章以受贿罪判处有期徒刑12年，并处罚金人民币200万元，以行贿罪判处有期徒刑5年，决定执行有期徒刑14年，并处罚金人民币200万元；对苏宏章受贿所得财物及其孳息予以追缴，上缴国库。

7月25—29日

［纲　文］　**应全国人大常委会委员长张德江邀请，柬埔寨国会主席韩桑林率团访华**。

［目　文］　25日，张德江与韩桑林在北京会谈时说，针对所谓“南海仲裁案”，柬方公开明确支持中方立场，中方对此高度赞赏。中国全国人大重视发展与柬国会的关系，愿进一步加强交流、深化合作，为推进中柬全面战略合作伙伴关系作出更大贡献。一是密切各层次交往，加强立法、治国理政等方面的经验交流，为各自国家发展服务。二是积极推动经贸合作，为深化双边务实合作提供稳定、透明的政策支持和法律保障。三是发挥自身紧密联系人民的优势，促进人文领域的合作交流，加强两国人民特别是年轻一代的友好交往，夯实两国关系民意基础。四是加强在多边场合的协调配合，更好维护两国共同利益。

韩桑林说，柬中传统友谊是两国人民的共同宝贵财富。柬方高度赞赏中方在国际舞台发挥的重要作用，认为“一带一路”建设将有力推动沿线地区的共同繁荣。柬方在南海问题上秉承公正客观立场，将继续给予中方坚定支持。柬埔寨国会愿深化与中国全国人大的交往，支持两国各领域互利合作，为传承柬中友好作出更大贡献。

同日，全国政协主席俞正声在北京会见韩桑林时说，中方愿同柬方一道，继续保持高层交往势头，深化中柬全面战略合作；积极探讨将“一带一路”建设同柬国家发展战略相对接，推进基础设施互联互通合作，提升经济合作水平；密切人文交流，培养更多中柬友好接班人。

韩桑林说，柬方愿积极参与“一带一路”建设，推进柬中全面战略合作，将柬中传统友谊不断发扬光大。

26日，国家副主席李源潮在北京会见韩桑林时说，中国在南海问题上的立场是明确的、一贯的，也是坚定不移的，感谢柬埔寨在此问题上主持公道、仗义执言。希望双方用好中柬政府间协调委员会机制，加快发展战略对接，推动产能、经贸、投资、人文和执法安全等领域合作，造福两国人民。

韩桑林表示，柬中相互依赖、相互支持，愿加强双边互利合作，推动柬中传统友谊不断发扬光大。

7月26日

［纲　文］　**中共中央政治局召开会议**。

［目　文］　中共中央总书记习近平主持会议。会议决定：2016年10月在北京召开中国共产党第十八届中央委员会第六次全体会议，主要议程是，中共中央政治局向中央委员会报告工作，研究全面从严治党重大问题，制定新形势下党内政治生活若干准则，修订《中国共产党党内监督条例（试行）》。会议分析研究当前经济形势，部署下半年经济

工作。

会议认为，办好中国的事情，关键在党，关键在党要管党、从严治党。党要管党必须从党内政治生活管起，从严治党必须从党内政治生活严起。开展严肃认真的党内政治生活，是我们党的优良传统和政治优势。在长期实践中，我们党始终把开展严肃认真的党内政治生活作为党的建设重要任务来抓，形成了以实事求是、理论联系实际、密切联系群众、批评和自我批评、民主集中制、严明党的纪律等为主要内容的党内政治生活基本规范，为巩固党的团结统一、增强党的生机活力积累了丰富经验，为保证党在各个历史时期完成中心任务发挥了重要作用。新形势下，党内政治生活状况总体是好的，同时一个时期以来，党内政治生活中也出现了一些突出问题。党的十八大以来，以习近平同志为总书记的党中央身体力行、率先垂范，坚定推进全面从严治党，加强党的建设，坚持思想建党和制度治党紧密结合，集中整饬党风，严厉惩治腐败，净化党内政治生态，党内政治生活展现新气象，赢得了党心民心，为开创治国理政新局面提供了重要保证。加强党内监督是马克思主义政党的一贯要求，是我们党的优良传统和政治优势。党的执政地位，决定了党内监督在党和国家各种监督形式中是最基本的、第一位的。2016年以来，在错综复杂的国内外形势下，各地区各部门按照党中央部署，积极适应经济发展新常态，着力推进供给侧结构性改革，取得了来之不易的成绩。

会议强调，做好下半年经济工作，要按照中央经济工作会议决策部署，贯彻创新、协调、绿色、开放、共享的发展理念，坚持稳中求进工作总基调和宏观政策要稳、产业政策要准、微观政策要活、改革政策要实、社会政策要托底的总体思路，通过实施适度扩大总需求、坚定不移推进供给侧结构性改革、引导良好发展预期的组合政策，努力保持经济平稳发展走势，实现“十三五”良好开局。做好下半年经济工作十分重要。各地区各部门要真正把思想认识统一到党中央对经济形势的科学判断上来，提高贯彻落实党中央决策部署的自觉性和主动性，真抓实干，敢于担当，发扬钉钉子精神，把各项工作落到实处。

7月26日

［纲　文］　**习近平主持中共中央政治局第34次集体学习。**

［目　文］　本次学习的主题是“深化国防和军队改革”。中央军委深化国防和军队改革领导小组专家咨询组副组长蔡红硕就这个问题进行讲解，并谈了意见和建议。中共中央政治局各位委员听取了他的讲解，并就有关问题进行了讨论。

中共中央总书记习近平指出，党的十八届三中全会后，在党中央领导下，中央军委成立深化国防和军队改革领导小组和相关工作机构，经过深入调研论证，集中全军智慧，形成了深化国防和军队改革总体方案及相关实施方案。我们相继成立陆军领导机构、火箭军、战略支援部队，把军委机关由4个总部改为1厅、6部、3个委员会、5个直属机构共15个职能部门，把七大军区调整划设为东部、南部、西部、北部、中部五大战区，完成海军、空军、火箭军、武警部队机关整编工作。通过这些大力度的改革，人民解放军突破了长期实行的总部体制、大军区体制、大陆军体制，建立了军委管总、战区主战、军种主建的新格局，解决了一些多年来想解决但一直没有很好解决的问题，解决了许多过去认为不可能解决的问题，实现了军队组织架构的一次历史性变革。根据改革总体方案确定的时间表，2020年前要在领导管理体制、联合作战指挥体制改革上取得突破性进展，在优化规模结构、完善政策制度、推动军民融合发展等方面改革上取得重要成果，努力构建能够打赢信息化战争、有效履行使命任务的中国特色现代军事力量体系，完善中国特色社会主义军事制度。深化国防和军队改革势头很好，但后续任务依然艰巨繁重。我们要再接再厉，乘势而上，迎难而上，扎扎实实把深化国防和军队改革推向前进。深化国防和军队改革是全党全国共同的事业，中央和国家机关、地方各级党委和政府以及有关方面要强化国防意识，一如既往关心支持国防和军队建设，积极配合完成跨军地的改革任务，自觉把经济布局调整同国防布局完善有机结合起来。深化国防和军队改革期间，军队转业安置干部比较多，中央和国家机关有关部门、各地方要全面落实党中央决策部署，把军转干部安置好、使用好，确保军转安置工作圆满完成。

7月26日

［纲　文］　**国务院批复山东省人民政府，同意济南市城市总体规划。**

［目　文］　批复说：一、原则同意《济南市城市总体规划（2011—2020年）》（以下简称《总体规划》）。二、重视城乡区域统筹发展。在《总体规划》确定的3257平方公里城市规划区范围内，实行城乡统一规划管理。加强城中村和城乡结合部整治与改造，城镇基础设施、公共服务设施的建设应当统筹考虑为周边农村提供服务。根据市域内不同地区的条件，重点发展县城和基础条件好、发展潜力大的中心镇，优化村镇布局，在保持乡村风貌特色的基础上逐步改善村民生产生活条件。三、合理控制城市规模。到2020年，中心城区常住人口控制在430万人以内，城市建设用地控制在410平方公里以内。四、完善城市基础设施体系。五、建设资源节约型和环境友好型城市。六、创造优良的人居环境。七、重视历史文化和风貌特色保护。八、严格实施《总体规划》。济南市人民政府要根据本批复精神，认真组织实施《总体规划》，任何单位和个人不得随意改变。山东省和住房城乡建设部要加强对《总体规划》实施工作的指导、监督和检查。

7月26日

［纲　文］　**国务院批复江苏省人民政府，同意苏州市城市总体规划。**

［目　文］　批复说：一、原则同意《苏州市城市总体规划（2011—2020年）》（以下简称《总体规划》）。二、重视城乡区域统筹发展。在《总体规划》确定的2597平方公里城市规划区范围内，实行城乡统一规划管理。三、合理控制城市规模。到2020年，中心城区常住人口控制在360万人以内，城市建设用地控制在380平方公里以内。四、完善城市基础设施体系。要按照绿色循环低碳的理念规划建设城市基础设施。五、建设资源节约型和环境友好型城市。六、创造优良的人居环境。七、重视历史文化和风貌特色保护。

八、严格实施《总体规划》。苏州市人民政府要根据本批复精神，认真组织实施《总体规划》，任何单位和个人不得随意改变。江苏省和住房城乡建设部要加强对《总体规划》实施工作的指导、监督和检查。

7月26日

［纲　文］ **国务院办公厅印发《关于深化改革推进出租汽车行业健康发展的指导意见》。**

［目　文］ 《意见》由五个部分组成：一、指导思想和基本原则。二、明确出租汽车行业定位。三、深化巡游车改革。四、规范发展网约车和私人小客车合乘。五、营造良好市场环境。

7月26日

［纲　文］ **最高人民法院印发《关于企业破产案件信息公开的规定（试行）》。**

［目　文］ 为提升破产案件审理的透明度和公信力，根据《中华人民共和国企业破产法》《中华人民共和国民事诉讼法》，结合人民法院工作实际，就破产案件信息公开问题，制定本规定。《规定（试行）》共13条，自2016年8月1日起施行。本规定施行后受理的破产案件以及施行前尚未审结的破产案件应当适用本规定。

7月26日

［纲　文］ **最高人民法院、最高人民检察院、公安部、司法部印发《关于对因犯罪在大陆受审的台湾居民依法适用缓刑实行社区矫正有关问题的意见》，自2017年1月1日起施行。**

7月26日

［纲　文］ **质检总局公布《进境水生动物检验检疫监督管理办法》。**

［目　文］ 《办法》共8章58条，主要有总则、检疫准入、境外检验检疫、进境检验检疫、过境和中转检验检疫、监督管理、法律责任、附则等内容，自2016年9月1日起施行。国家质检总局2003年11月1日实施的《进境水生动物检验检疫管理办法》（国家质检总局令第44号）同时废止。

7月26日

［纲　文］ **2016“一带一路”媒体合作论坛在北京举行，习近平致贺信。**

［目　文］ 国家主席习近平在贺信中说，值此2016“一带一路”媒体合作论坛开幕之际，我谨向论坛的召开致以热烈的祝贺！向来自各国媒体的各位嘉宾表示诚挚的欢迎！丝绸之路是各国人民的共同财富。中国发扬丝绸之路精神，提出“一带一路”倡议，以共商、共建、共享为原则，推动政策沟通、设施联通、贸易畅通、资金融通、民心相通，得到沿线国家广泛认同。中国愿同沿线国家一道，构建“一带一路”互利合作网络、共创新型合作模式、开拓多元合作平台、推进重点领域项目，携手打造“绿色丝绸之路”“健康丝绸之路”“智力丝绸之路”“和平丝绸之路”，造福沿线国家和人民。媒体在信息传播、增进互信、凝聚共识等方面发挥着不可替代的重要作用。“一带一路”媒体合作论坛为各

国媒体对话交流、务实合作提供了一个平台。希望各国媒体用好这个平台，为推动国家关系发展、沟通民心民意、深化理解互信方面积极有为，为“一带一路”建设发挥积极作用。预祝2016“一带一路”媒体合作论坛取得圆满成功!

论坛由人民日报社主办，主题为“命运共同体、合作新格局”。全国人大常委会副委员长兼秘书长王晨在开幕式上宣读了习近平的贺信并致辞。来自101个国家的212家媒体参会。

27日，中共中央政治局常委刘云山在北京会见参加2016“一带一路”媒体合作论坛外方代表时说，习近平主席致论坛的贺信，充分体现了中国政府对“一带一路”建设的高度重视和真诚愿望。“一带一路”倡议提出三年来，在探索中前进、在合作中成长，得到沿线国家广泛认同。“一带一路”建设顺应经济全球化发展趋势，是开放包容、合作共赢之路，是促进世界和平与发展之路，也是文化交流、文明互鉴之路，追求的是百花齐放，不是一枝独秀，中国愿与沿线国家共享发展机遇和成果。

7月26日

［纲　文］　**环境保护部在北京召开2016年全国自然生态保护工作会议**。

［目　文］　会议学习中共中央总书记习近平关于生态文明建设的论述，总结“十二五”全国自然生态保护工作，部署“十三五”重点工作任务，推进2016年重点工作。浙江、海南、四川、云南、吉林五省环保部门和环境保护部卫星环境应用中心负责人，分别就生态文明示范建设、生态保护红线和“多规合一”、自然保护区综合管理、生物多样性保护立法、生态系统保护和国家级自然保护区遥感监测情况及监控监管平台建设等做了工作交流。

7月26日

［纲　文］　**《人民日报》发表题为《有腐必反　违法必惩》的评论员文章**。

7月26日

［纲　文］　**《人民日报》报道，经中共中央批准，中共中央纪委对四川省政府原党组成员、副省长李成云严重违纪问题立案审查**。

［目　文］　李成云身为党的高级领导干部，理想信念丧失，严重违反党的纪律，性质恶劣、情节严重。依据《中国共产党纪律处分条例》等有关规定，经中央纪委常委会议审议并报中共中央批准，决定给予李成云开除党籍、开除公职处分；收缴其违纪所得；将其涉嫌犯罪问题、线索及所涉款物移送司法机关依法处理。

2017年5月31日，贵州省六盘水市中级人民法院公开宣判四川省人民政府原副省长李成云受贿案，对被告人李成云以受贿罪判处有期徒刑10年，并处罚金人民币60万元；对李成云受贿所得财物及其孳息予以追缴，上缴国库。

7月26日

［纲　文］　**《人民日报》报道，经中共中央批准，中共中央纪委对安徽省政府原党组成员、副省长杨振超严重违纪问题立案审查**。

［目　文］　杨振超身为党的高级领导干部，理想信念丧失，严重违反党的纪律，且党的十八大后仍不收敛、不收手，性质恶劣、情节严重。依据《中国共产党纪律处分条例》等有关规定，经中央纪委常委会议审议并报中共中央批准，决定给予杨振超开除党籍处分；由监察部报国务院批准，给予其开除公职处分；收缴其违纪所得；将其涉嫌犯罪问题、线索及所涉款物移送司法机关依法处理。

2017年5月3日，上海市第一中级人民法院公开宣判安徽省人民政府原副省长杨振超受贿、贪污、滥用职权一案，对被告人杨振超以受贿罪判处无期徒刑，剥夺政治权利终身，并处没收个人全部财产；以贪污罪判处有期徒刑4年，并处罚金人民币20万元；以滥用职权罪判处有期徒刑7年，决定执行无期徒刑，剥夺政治权利终身，并处没收个人全部财产；杨振超受贿犯罪违法所得依法予以没收，上缴国库，贪污犯罪违法所得依法返还被害单位。

7月26日—8月1日

［纲　文］　**第13届中国国际合唱节暨国际合唱联盟合唱教育大会在北京举办**。

［目　文］　合唱节由文化部外联局、国际合唱联盟、中国对外文化集团公司、北京市教育委员会、北京市西城区人民政府和中国合唱协会共同主办。来自全球44个国家和地区的238支合唱团参加20个大项204场合唱活动。

7月27日

［纲　文］　**习近平视察陆军机关**。

［目　文］　中央军委主席习近平在陆军机关接见陆军第一次党代会全体代表，并听取了陆军机关营区部署情况汇报和陆军工作汇报。

习近平指出，新形势下，建设强大的现代化新型陆军，关系实现党在新形势下的强军目标、建设世界一流军队，关系党和国家长治久安，关系实现中华民族伟大复兴的中国梦。陆军全体指战员要强化使命担当，增强忧患意识，抓住难得机遇，加快把陆军转型建设搞上去。推进陆军转型建设，要加强科学筹划和指导，对陆军建设管理模式进行重大调整和改进，对陆军力量体系和作战能力进行整体改造和升级。坚持能打仗、打胜仗，以新形势下军事战略方针为基准，贯彻落实军队建设发展“十三五”规划纲要总体部署，科学制订陆军发展战略和规划计划，把陆军转型建设统住管好，加强实战化军事训练，提高陆军战斗力和实战水平，提高陆军对全军体系作战能力建设的贡献率。要强化陆军转型建设的政治保证。毫不动摇坚持党对军队的绝对领导，坚决听从党中央和中央军委指挥。各级党委要加强班子建设，增强创造力、凝聚力、战斗力，充分发挥领导核心作用。结合“两学一做”学习教育，建强基层党组织，做好抓基层打基础工作。扎实推进“红色基因代代传”工程，传承和发扬好我党我军光荣传统和优良作风。深入实施人才强军战略，严格按照军队好干部标准选人用人，培养造就大批适应陆军转型建设要求的新型军事人才。加强党风廉政建设和反腐败斗争，努力实现部队作风根本好转，营造政治上的绿水青山。

7月27日

［纲　文］　**李克强主持召开国务院常务会议。**

［目　文］　会议主要内容是：一、听取关于地方和部门推进重大项目落地审计情况汇报，完善奖惩机制。会议要求，要抓好重大政策落实、重大项目落地，奖惩并举，对主动作为、工作有力的予以通报表扬，依规将沉淀两年以上的资金收回并调整使用到积极干事创业的地方去，对不作为、慢作为的坚决问责。抓紧整改审计发现的问题，坚决纠正简政放权“不愿”、懒政等行为，严查违规收费，减轻企业负担，打破部门利益，整合统筹财政资金，吸引社会资本投入，加快推动重大项目建设，更好发挥政策效应。二、部署建立法治化市场化去产能机制，推动产业升级。会议听取了上半年钢铁、煤炭领域去产能情况汇报，化解过剩产能是深化供给侧结构性改革的一项重点任务。要按照中央经济工作会议部署和政府工作报告要求，坚持地方主责、企业主体，发挥市场机制作用，更有效推动去产能。三、确定有针对性加强小微企业金融服务的措施，缓解融资难融资贵。会议确定，一是狠抓政策落实，确保小微企业贷款增速不低于各项贷款平均增速、贷款户数不低于上年同期户数、申贷获得率不低于上年同期水平。二是合理设定小微企业流动资金贷款期限，不得随意抽贷、压贷、断贷。推广无还本续贷。采取循环贷款、分期偿还本金等方式减轻企业负担。三是坚决清理整顿融资过程中的各种不合理收费，支持金融、融资担保机构优化绩效考评指标，为小微企业和“三农”减费让利。四是鼓励金融机构创新大额存单、可转换票据、集合债券等产品，引导更多社会资金投向小微企业，拓宽直接融资渠道。支持各地建立应急转贷、风险补偿等机制，更好发挥融资担保和保险的增信分险作用。四、听取金融业营改增税负情况汇报，确保只减不增。会议指出，营改增试点全面推开后，各行业实际税负总体下降，但由于多种原因，有些金融企业税负增加。随着改革深入，营改增减税效应将更大显现。要适时完善配套措施，做好政策解读和纳税服务，引导企业用好增值税抵扣机制，确保金融业税负只减不增，稳定市场预期。五、通过《中华人民共和国测绘法（修订草案）》。决定提请全国人大常委会审议。

7月27日

［纲　文］　**国务院印发《关于实施支持农业转移人口市民化若干财政政策的通知》。**

［目　文］　《通知》由四个部分组成：一、总体要求。二、基本原则。三、政策措施。四、组织实施。

《通知》要求，各级政府及其财政部门要高度重视、提高认识、尽快部署、狠抓落实。中央财政要加快调整完善相关政策，加大转移支付支持力度；省级财政部门要结合本地区实际制定支持农业转移人口市民化的政策措施，完善省对下转移支付制度，引导农业转移人口就近城镇化；人口流入地政府尤其是东部发达地区政府要履行为农业转移人口提供基本公共服务的义务，切实保障农业转移人口基本公共服务需求。

7 月 27 日

［纲　文］ **新华社讯，中共中央办公厅、国务院办公厅印发《国家信息化发展战略纲要》。**

［目　文］《纲要》由六个部分组成：一、国家信息化发展的基本形势。二、指导思想、战略目标和基本方针。三、大力增强信息化发展能力。四、着力提升经济社会信息化水平。五、不断优化信息化发展环境。六、体制保障和组织实施。

《纲要》要求，各地区各部门要按照职责分工细化任务，明确时限，逐级落实。建立和完善信息化统计指标体系，加强信息化统计监测和评估工作，组织开展战略实施年度检查与绩效评估。加大信息化工作考核力度，将考核结果作为评价有关领导干部的内容。

7 月 27 日

［纲　文］ **财政部、发展改革委印发《专利收费减缴办法》，自 2016 年 9 月 1 日起施行。**

7 月 27 日

［纲　文］ **交通运输部、工业和信息化部、公安部、商务部、工商总局、质检总局、国家网信办公布《网络预约出租汽车经营服务管理暂行办法》。**

［目　文］《办法》共 7 章 40 条，主要有总则、网约车平台公司、网约车车辆和驾驶员、网约车经营行为、监督检查、法律责任、附则等内容，自 2016 年 11 月 1 日起实施。各地可根据本办法结合本地实际制定具体实施细则。

7 月 27 日

［纲　文］ **环境保护部发布《关于废止〈在用机动车排放污染物检测机构技术规范〉的公告》。**

［目　文］ 为贯彻落实国务院关于清理规范行政审批和减少资质资格认可的有关要求，环境保护部决定废止原国家环境保护总局发布的《关于发布在用机动车排放污染物检测机构技术规范的通知》。

7 月 27 日

［纲　文］ **外交部发言人就日本、美国、澳大利亚发表联合声明涉南海、东海问题表示，中方敦促有关国家务必以正确态度看待和处理南海问题。**

［目　文］ 有记者问，7 月 25 日，在老挝出席东亚合作系列外长会的日美澳三国外长举行战略对话并发表联合声明，提及南海、东海问题并对南海有关争议表示严重关切，请问中方对此有何评论？

发言人说，我们注意到了有关报道。中方已多次表明，不接受、不承认菲律宾南海仲裁案仲裁庭做出的非法、无效裁决。这一裁决超越《联合国海洋法公约》授权，严重违背国际法和仲裁一般实践，代表不了国际法。中方坚决反对任何以这一裁决为基础的主张和行动。一段时间以来，日美澳言必称国际法，而实际上三国对国际法一直采取“合则用、不合则弃”的“双重标准”，根本没有任何资格对别国指手画脚。中国和东盟国家早已制定《南海各方行为宣言》这一地区规则。就在这三个国家发表所谓声明的同一天，中国和东盟十国外长发表了关于全面有效落实《宣言》的联合声明，再次重申由直接有关的主权国家通过谈判协商和平解决有关争议。

7月28日

［纲　文］　**习近平在河北唐山考察。**

［目　文］　中共中央总书记习近平在唐山地震遗址公园向唐山大地震罹难同胞和在抗震救灾中捐躯的英雄敬献花篮，并向纪念墙三鞠躬；在唐山市截瘫疗养院看望正在做康复训练的截瘫伤员；在唐山市规划展览馆参观唐山抗震40周年成就展。考察2016唐山世界园艺博览会园区时要求，善始善终办好这次博览会，向世界展示新唐山建设的成就，也借此提高城市治理和运营水平；考察唐山市祥富里社区，在社区服务中心的政务服务大厅了解社区加强基层党建工作、开展便民服务的情况；在文体活动室和文化大讲堂同正在进行书法绘画、诗歌讲座的居民交流，希望大家利用爱好怡情养性，做到“腹有诗书气自华”；在社区花园居民交流时指出，要健全社区管理和服务体制，整合各种资源，增强社区公共服务能力，社区工作要时时处处贯彻党的宗旨，让党的旗帜在社区群众心目中高高飘扬，让社区广大党员在服务群众中充分发挥作用、展示良好形象。

习近平主持召开座谈会，听取了河北省和唐山市工作汇报后强调，唐山抗震救灾和新唐山建设之所以能够在条件相当艰苦的情况下取得显著成效，很重要的一点就是在大灾大难面前，党的各级组织和广大党员、干部始终同人民群众同呼吸、共命运、心连心，吃苦在前，冲锋在前，成为人民群众的主心骨。党的力量来自人民。只要党把人民凝聚起来，紧紧依靠人民，我们就能经受住前进道路上的各种严峻考验，战胜各种困难和挑战。防灾减灾救灾事关人民生命财产安全，事关社会和谐稳定，是衡量执政党领导力、检验政府执行力、评判国家动员力、体现民族凝聚力的一个重要方面。当前已进入“七下八上”防汛最关键时期，防汛抗洪抢险救灾形势依然严峻。要把防汛抗洪救灾工作作为重大任务，把确保人民群众生命安全放在首位，绷紧防大汛、抗大洪、抢大险、救大灾这根弦，进一步强化措施、落实责任。希望河北广大干部群众认真贯彻创新、协调、绿色、开放、共享的发展理念，继续解放思想、奋发进取，在对接京津、服务京津中加快发展自己，在改革创新、开放合作中加快实现新旧动能转换，在治理污染、修复生态中加快营造良好人居环境，在脱贫攻坚、推进共享中努力提高人民生活水平，扎实营造风清气正的政治生态，加快建设经济强省、美丽河北。

7月28日

［纲　文］　**中共中央总书记、国家主席习近平向首届亚非青年联欢节致贺信。**

［目　文］　习近平预祝首届亚非青年联欢节活动取得圆满成功并指出，亚非大陆地理相连，亚非人民心心相通。亚非两大洲都是人类文明的重要发源地，是全球四分之三人

口的共同家园。亚非国家老一辈领导人共同确立的团结、友谊、合作的万隆精神，为推动亚非合作乃至国际关系朝着正确方向发展发挥了重大作用。亚非国家要联合自强、加强合作，构建宽领域、多层次、全方位亚非合作新格局，更好造福亚非各国人民及其他国家人民。亚非国家拥有世界上最多的青年人口，亚非合作振兴的未来和希望在青年。亚非青年是维护世界和平、促进共同发展的重要力量。希望你们传承和弘扬万隆精神，加强交流互鉴，增进相互了解，推动互利合作，为实现亚非振兴梦想，为促进亚非人民福祉，为人类和平与发展奉献青春！

同日，首届亚非青年联欢节在人民大会堂开幕，国家副主席李源潮出席开幕式并致辞。来自36个亚非国家的600名青年代表参加了开幕式。李源潮指出，希望亚非青年响应习近平主席的倡议，携手做亚非友好合作的生力军，开创亚非友好合作新未来！亚非人民有着相似的历史遭遇，有着共同的目标追求，亚非人民的命运紧密相连、休戚与共，万隆精神的传承要靠广大青年。希望亚非青年增强命运共同体意识，团结合作、奋发有为，努力推动构建以合作共赢为核心的新型国际关系，更好地维护发展中国家正当权益。发展是亚非国家最为紧迫的共同任务，“一带一路”有力助推亚非经济发展，为亚非青年创新创业提供了重要舞台。希望亚非青年携手创新创业，实现互利共赢，促进亚非共同发展。亚非是人类文明的重要发源地，文明互鉴和传统友谊是亚非团结合作的重要基石。希望亚非青年加强交流互鉴，努力传承亚非人民友谊，创造一个属于时代、属于亚非青年的新型合作文化。

首届亚非青年联欢节是国家主席习近平在2015年亚非领导人会议上倡议举办的。

7月28日

［纲　文］　**国务院印发《“十三五”国家科技创新规划》**。

［目　文］　《规划》共8篇27章，主要内容为：一、迈进创新型国家行列；二、构筑国家先发优势；三、增强原始创新能力；四、拓展创新发展空间；五、推动大众创业万众创新；六、全面深化科技体制改革；七、加强科普和创新文化建设；八、强化规划实施保障。

7月28日

［纲　文］　**俞正声主持召开全国政协第四十七次主席会议**。

［目　文］　全国政协副主席杜青林、韩启德、万钢、林文漪、罗富和、何厚铧、李海峰、陈元、卢展工、王家瑞、王正伟、马飚、齐续春、陈晓光、马培华、刘晓峰、王钦敏出席会议。全国政协副主席兼秘书长张庆黎、中共中央统战部常务副部长张裔炯、全国政协副秘书长常荣军等分别就有关议题作了说明和汇报。

会议审议通过了政协第十二届全国委员会常务委员会第十七次会议议程（草案）和日程，听取了全国政协2016年上半年工作情况的汇报，审议了有关人事事项。第十七次常委会议议程（草案）将提请第十七次常委会议审议。政协第十二届全国委员会常务委员会第十七次会议于8月下旬召开，议题是围绕“促进社会主义文艺繁荣发展”议政建言。

7月28日

［纲　文］　**汪洋在北京主持召开国务院扶贫开发领导小组专题会议。**

［目　文］　会议的主要议题是，学习贯彻习近平总书记在银川东西部扶贫协作座谈会上的重要讲话精神，研究部署深入推进脱贫攻坚工作。

国务院副总理、国务院扶贫开发领导小组组长汪洋强调，要进一步深刻领会习近平总书记扶贫开发重要战略思想，强化大局意识和责任担当，聚焦精准，深化帮扶，确保各项扶贫政策举措取得实效。实施东西协作扶贫是缩小东西部差距、促进区域协调发展和民族团结的重要战略决策。要紧紧围绕贫困人口脱贫目标，加大对口帮扶力度，拓展协作领域，整合帮扶资源，着力打造东西部扶贫协作升级版。要完善帮扶结对关系，推进东部经济强县与西部贫困县“携手奔小康”行动。加大产业带动扶贫工作力度，促进东部产业向西部梯度转移，加强人才支援工作，强化扶贫劳务对接，组织重点技工学校开展技能脱贫千校行动。建立以脱贫实效为导向的东西部扶贫协作考核机制，不断提高扶贫协作水平。脱贫攻坚要以真抓促落实、以实干求实效。要坚决纠正脱贫时间层层加码、帮扶不实不准、滥用扶贫资金、内生动力不足等倾向性问题。国务院扶贫开发领导小组要组织开展脱贫攻坚综合督查。要挖掘一批扶贫正面典型，示范带动面上工作，也要曝光一批负面典型，形成震慑。要创新体制机制，扎实推进农村扶贫供给侧结构性改革，提高脱贫攻坚的精准度、实效性和可持续性。

7月28日

［纲　文］　**最高人民法院印发《关于行政诉讼应诉若干问题的通知》。**

［目　文］　《通知》的主要内容有：一、充分认识规范行政诉讼应诉的重大意义。二、依法做好行政案件受理和审理工作。三、依法推进行政机关负责人出庭应诉。四、为行政机关依法履行出庭应诉职责提供必要条件。五、支持行政机关建立健全依法行政考核体系。

7月28日

［纲　文］　**文物局和西藏自治区人民政府在拉萨召开第5次全国文物援藏工作会议。**

［目　文］　西藏自治区人民政府主席洛桑江村、文物局局长刘玉珠分别在会上致辞、讲话。故宫博物院院长单霁翔等出席会议。文物局副局长顾玉才主持会议。江苏省、重庆市、吉林省文物局分别与拉萨市、昌都市、日喀则市文物局签署了对口援助项目协议书。

7月28日

［纲　文］　**国务院副总理张高丽在北京会见苏丹总统助理、发展对华关系委员会副主席贾兹。**

［目　文］　张高丽表示，双方要抓紧落实两国元首达成的重要共识，努力探索符合实际、操作性强的合作新思路，推动务实合作转型升级，促进互利共赢，共同发展。要充分利用好中苏能源合作委员会机制，巩固双方油气领域合作，开拓农业、产能、矿业、可

再生能源等新的合作领域，推动两国战略伙伴关系不断向前发展。

贾兹表示，苏中关系发展良好，苏方愿积极参与“一带一路”建设，进一步深化双方各领域合作。

7月28日

［纲　文］ **国务院副总理刘延东在北京会见世界卫生组织总干事陈冯富珍和联合国副秘书长、联合国艾滋病规划署执行主任西迪贝。**

［目　文］ 刘延东高度评价国际组织与中国在卫生事业和艾滋病防控方面的合作，表示愿与世卫组织、艾滋病规划署加强合作，继续深化医改，推进“健康中国”建设，帮助发展中国家提升医疗卫生水平，为中国和全球卫生健康事业作出新贡献。

陈冯富珍、西迪贝高度赞赏中国卫生改革与发展取得的巨大成就，希望与中国密切协作，共同促进南南卫生合作，帮助发展中国家实现可持续发展议程中的健康目标。

7月28日

［纲　文］ **国家主席习近平特使、环境保护部部长陈吉宁在利马出席秘鲁总统权力交接仪式。**

［目　文］ 出席仪式前，陈吉宁分别会见了候任总统库琴斯基和卸任总统乌马拉，就中秘双边关系和共同关心的议题交换意见。陈吉宁向库琴斯基转达习近平主席的问候并转交习主席亲署函，表示中方愿继续深化中秘全面战略伙伴关系，造福两国人民。库琴斯基请陈吉宁转达对习主席的问候，表示秘新政府将继续高度重视发展对华关系，愿与中方共同努力，不断深化两国各领域务实合作，推动双边关系取得更大发展。

7月28日

［纲　文］ **《人民日报》报道，经中共中央批准，中央纪委对河北省委原常委、政法委原书记张越严重违纪问题立案审查。**

［目　文］ 张越身为党的高级领导干部，理想信念丧失，严重违反党的纪律，且党的十八大后仍不收敛、不收手，性质恶劣、情节严重。依据《中国共产党纪律处分条例》等有关规定，经中央纪委常委会议审议并报中共中央批准，决定给予张越开除党籍、开除公职处分；收缴其违纪所得；将其涉嫌犯罪问题、线索及所涉款物移送司法机关依法处理。

2018年7月12日，江苏省常州市中级人民法院公开宣判中共河北省委原常委、政法委原书记张越受贿案，对被告人张越以受贿罪判处有期徒刑15年，并处罚金人民币500万元；对张越受贿所得财物及其孳息予以追缴，上缴国库。

7月28—30日

［纲　文］ **第26届全国图书交易博览会在内蒙古包头举行。**

［目　文］ 博览会由国家新闻出版广电总局、内蒙古自治区政府主办，内蒙古自治区新闻出版广电局、包头市政府、中国出版协会、中国书刊发行业协会承办。以“阅草原文化 品华夏书香”为主题。共有41个代表团、860家出版发行单位参展，展出图书23.7

万种，举办了精品图书展、读者大会、“十大读书人物”揭晓暨颁奖等活动，集中展示出版业深化改革和创新发展成果，推出一大批重点主题图书和最新精品佳作。

7月29日

［纲　文］　**中央军委晋升上将军衔仪式在北京举行，习近平颁发命令状并向晋衔的军官表示祝贺。**

［目　文］　中央军委副主席许其亮主持仪式。中央军委副主席范长龙宣读了中央军委主席习近平签署的晋升上将军衔命令。中央军委委员常万全、赵克石、张又侠、吴胜利、马晓天、魏凤和等，以及军委机关各部门领导，驻京大单位副大军区职以上领导等参加仪式。晋升上将军衔的是西部战区政治委员朱福熙、军委联合参谋部副参谋长乙晓光。

7月29日

［纲　文］　**全国双拥模范城（县）命名暨双拥模范单位和个人表彰大会在北京举行，习近平会见全国双拥模范代表。**

［目　文］　习近平会见代表时指出，“军民团结如一人，试看天下谁能敌”，永远是颠扑不破的真理。当今世界正在发生深刻复杂的变化，我们党、国家、军队建设事业站在了新的历史起点上，需要全党全军全国各族人民同心同德、团结奋进。我们要充分认清加强军政军民团结的重要意义，发扬光大爱国拥军、爱民奉献优良传统，根据时代变化和工作要求，不断改进创新、与时俱进，全面提高新形势下双拥工作水平，发挥双拥工作联系军地军民的桥梁纽带作用，更好服务党和国家工作大局、国防和军队建设全局。我们正在深化国防和军队改革，这是一场整体性、革命性变革，需要各方面大力支持。我们正在推进军民融合发展工作，需要双拥工作为此打下扎实基础。我们正在统筹推进“五位一体”总体布局、协调推进“四个全面”战略布局，也需要双拥工作给予有力配合和支持。要通过内涵丰富、多彩多姿的双拥工作积极支持党和国家工作大局、国防和军队建设全局。

李克强出席会议并讲话。他指出，要积极协调解决好部队官兵面临的现实困难。一是拓宽“后路”，拿出特殊措施和倾斜政策，全力保障退役军人安置，各级党政机关、国有企事业单位特别是中央企业要适当多接收一些退役军人，支持退役军人参与大众创业、万众创新。二是巩固“后院”，完善抚恤优待政策体系，不断提高抚恤待遇水平，全面落实军队离退休干部政治待遇、生活待遇。做好军属随调随迁、安置就业、创业扶持等工作。三是扶持“后代”，政府、社会和学校要更多关心军人子女教育，落实好现有优待政策，在优质教育资源配置、就近入学、随父母调动转学等方面提供支持，尤其要对边远艰苦地区的军人子女给予特殊照顾。

大会宣读了关于命名416个市（区）县为全国双拥模范城（县），关于表彰64个爱国拥军模范单位和拥政爱民模范单位，关于表彰100位爱国拥军模范和拥政爱民模范的决定。大会向受到命名表彰的全国双拥模范城（县）、双拥模范单位和个人颁奖。有关军地代表作了会议发言。刘奇葆、许其亮、赵乐际、栗战书、张平、王勇、张庆黎等参加会见并出席会议。

7月29日

［纲　文］　**国家主席习近平致信祝贺中非合作论坛约翰内斯堡峰会成果落实协调人会议召开。**

［目　文］　习近平指出，2015年12月，中非合作论坛约翰内斯堡峰会开启了中非合作共赢、共同发展的新时代，在中非关系发展进程中具有里程碑意义。半年多来，中非双方紧密协作，克服全球经济低迷的不利影响，就落实论坛峰会成果达成一系列共识，取得了看得见、摸得着的成果，展现出中非合作发展的勃勃生机。这次协调人会议，既是中非双方推动落实中非领导人共识和论坛峰会成果所采取的一次重要行动，也是助力中非合作发展的一项重大举措。这次会议的召开再次向世人表明，无论国际形势如何变化，中非致力于团结、合作、共赢的决心坚定不移，中国对非洲和平与发展事业的支持坚定不移。当前，全球经济依然低迷，中非双方推动经济发展，既面临机遇，也面临挑战，应该肩并肩、手挽手一起前进。"兄弟同心，其利断金。"这次会议的召开正当其时，希望中非双方通过这次协调人会议，交流思想、对接思路、凝聚共识、促进合作，汇聚智慧和力量，有力促进中非各领域友好合作，让峰会成果更快更好惠及中非24亿人民。中国高度重视发展中非关系，将继续秉持真实亲诚对非政策理念和正确义利观，以扎扎实实的行动落实峰会成果，不断丰富和发展中非全面战略合作伙伴关系。

同日，中非合作论坛约翰内斯堡峰会成果落实协调人会议在北京召开。中非合作论坛53个成员方100多位部级官员、论坛中方后续行动委员会30多个成员单位代表和非洲驻华使节共计300多人出席会议。国务委员杨洁篪、外交部部长王毅、商务部部长高虎城出席会议并讲话。会议发表了《中非合作论坛约翰内斯堡峰会成果落实协调人会议联合声明》。

28日，国家副主席李源潮在北京集体会见出席中非合作论坛约翰内斯堡峰会成果落实协调人会议的非方代表团团长。杨洁篪在北京分别会见与会的乍得外长法基，苏丹总统助理、发展对华关系委员会副主席贾兹，冈比亚外长盖伊。王毅在北京分别会见与会的马里外长迪奥普、马达加斯加外长阿塔拉、科摩罗外长杜萨尔、刚果（金）外长奇班达。

7月29日

［纲　文］　**李克强在国家防汛抗旱总指挥部考察防汛工作并主持召开专题工作会议。**

［目　文］　国务院总理李克强在国家防汛抗旱总指挥部值班室，了解全国水情灾情最新分布，询问长江、淮河、洞庭湖、太湖等重点江河湖泊水位变化、水利工程调度、未来汛情走势、城市防洪等情况。他叮嘱说，2016年入汛早，前几个月同志们连续作战很辛苦，但当前防汛抗洪仍处在重要关口，务必不松懈，持续做好应急值守工作，不放过一丝险情和些微隐患，确保响应及时、指挥有力、应对有方。

会上，国家防总、气象局负责人作了汇报。李克强指出，2016年受超强厄尔尼诺事件影响，我国气候异常，洪涝灾害呈现多年少有的南北并发、多地齐发严峻态势。党中央、国务院对此高度重视，多次进行部署。当前仍处于“七下八上”的关键期，各地区各有关部门要深入贯彻习近平总书记关于做好当前防汛抗洪抢险救灾工作重要讲话精神，通力协作落实好国务院及国家防总的部署和要求。要在巩固前期工作的基础上，坚持防汛抗洪、安置安抚“双管齐下”。一是以“防汛”保安全。要继续做好南北两线、多条江河防汛抗灾的准备，国家防总要强化分类指导，地方要负起主体责任，克服疲劳、持续高温等困难，加强监测预警，抓紧消除安全隐患，确保人民群众生命安全、重大工程和重大设施安全。绝不允许因险情应对不力造成人员伤亡。二是以“安置”促稳定。有关部门要抓紧调拨必要的资金和物资，帮助地方保障受灾安置群众有饭吃、有衣穿、有干净水喝、有病能及时就医、有临时安全住处。要切实加强组织领导，筑牢“责任大堤”。各地区各有关部门要把人员伤亡是否降到最低、重要堤防和水库是否安全度汛、受灾群众是否得到妥善安置作为衡量抗洪抢险工作的最终标准，加强统筹协调，调动各方面力量，持续不懈抓好抗洪避险和安置重建等工作，并实事求是地及时回应社会关切，奋力夺取2016年防汛抗洪抢险救灾的全面胜利。

7月29日

［纲　文］　**发展改革委印发《“互联网+”高效物流实施意见》。**

［目　文］　《意见》主要内容为：一、指导思想。二、基本原则。三、发展目标。四、建构物流信息互联共享体系。五、提升仓储配送智能化水平。六、发展高效便捷物流新模式。七、营造开放共赢的物流发展环境。八、加强组织协调。九、加大资金、土地税收金融政策等支持力度。十、加强人才队伍建设。

7月29日

［纲　文］　**教育部发布《督学管理暂行办法》。**

［目　文］　《办法》共7章31条，主要有总则、聘任、责权、监管、培训、考核、附则等内容，自2016年7月29日起施行。

7月29日

［纲　文］　**文化部在北京召开基层戏曲院团发展座谈会。**

［目　文］　文化部副部长董伟主持会议。中宣部文艺局、文化部财务司、艺术司、公共文化司、非遗司等有关司局负责人，戏曲界专家代表，参加全国基层院团戏曲会演的31家院团负责人与会进行研讨。文化部部长雒树刚出席会议并讲话，他强调，基层戏曲院团是传承发展戏曲艺术的生力军，是维系民族戏曲生态的重要力量，最能让老百姓留住乡音、记住乡愁、回味乡韵，基层院团戏曲会演是探索地方戏曲从农村到城市再反哺农村的良性发展平台。

7月29日

［纲　文］　**“爱在阳光下——2016中非儿童北京夏令营”开营式在北京故宫举行。**

［目　文］　国家主席习近平夫人、世界卫生组织结核病和艾滋病防治亲善大使彭丽

媛出席开营仪式并为夏令营开营。彭丽媛在致辞中表示，受艾滋病影响儿童和世界上所有国家、不同肤色的儿童一样，是世界的未来。关爱他们，让他们健康快乐成长，是全社会的共同责任，需要更多社会力量积极行动起来。南非总统夫人托贝卡、世界卫生组织总干事陈冯富珍、联合国艾滋病规划署执行主任西迪贝出席仪式，中国和非洲国家受艾滋病影响儿童、有关国家驻华使节、国际组织代表等二百多人参加仪式。开营式上播放了艾滋病反歧视公益片和历届夏令营回顾短片，中非儿童表演了精彩的文艺节目、互赠礼物并同到场嘉宾互动。

“爱在阳光下”夏令营是一项由中国性病艾滋病防治协会发起的受艾滋病影响儿童关爱活动，旨在帮助受艾滋病影响儿童开阔视野，感受社会关怀，促进身心全面健康发展。

7月29日

［纲　文］　**“中央乐团—中国交响乐团60周年庆典音乐会”在国家大剧院举行。**

7月30日

［纲　文］　**国务院办公厅印发《关于在政务公开工作中进一步做好政务舆情回应的通知》。**

［目　文］《通知》由五个部分组成：一、进一步明确政务舆情回应责任。二、把握需重点回应的政务舆情标准。三、提高政务舆情回应实效。四、加强督促检查和业务培训。五、建立政务舆情回应激励约束机制。

7月30日

［纲　文］　**中组部在北京召开部分地区和部门“两学一做”学习教育工作座谈会。**

［目　文］　中组部部长赵乐际主持会议。中央政治局常委刘云山出席会议并讲话，天津、浙江、湖北、四川等省市党委和中央直属机关工委、中央国家机关工委、教育部、国资委等单位负责人发言。大家认为，学习教育启动以来，呈现良好态势，取得积极成效，同时要注意防止结合实际不够、措施不深入、传导压力不到位、工作浮于表面等问题，推动学习教育深入开展。

刘云山指出，深化学习教育，要把深入学习习近平总书记“七一”重要讲话同学习党章党规、学习系列讲话贯通起来，弘扬良好学风，坚持不忘初心、继续前进，把讲话精神转化为提升党性修养、推动实际工作的强大动力。学习教育的成效，最终要落实到解决问题上。要联系各地区各部门各单位实际，引导党员干部认真落实全面从严治党要求，带着具体问题学、对着突出问题改，在坚定理念信念、增强宗旨意识、强化纪律观念上取得新进步。要加强对学习教育的组织领导和工作督导，各级党组织要切实担起主体责任，党支部要充分发挥主体作用，把抓在日常、严在经常的要求落到实处。要注重分类指导，区分不同地区、不同领域、不同群体党员特点，因地因人制宜、精准精细施策。无论是学习内容和方式，还是工作要求和措施，都要贴近基层的实际和需求，确保每个党员都受到教育、有所提高。要把行业系统指导和地方党委领导统筹起来，把“条条”与“块块”力量整合起来，形成推进学习教育的整体合力。

7月31日

［纲　文］　**新华社讯，中共中央办公厅、国务院办公厅印发了《关于进一步完善中央财政科研项目资金管理等政策的若干意见》。**

［目　文］　《意见》由七个部分组成：一、总体要求。二、改进中央财政科研项目资金管理。三、完善中央高校、科研院所差旅会议管理。四、完善中央高校、科研院所科研仪器设备采购管理。五、完善中央高校、科研院所基本建设项目管理。六、规范管理，改进服务。七、加强制度建设和工作督查，确保政策措施落地见效。

7月31日

［纲　文］　**全国"三互"大通关建设工作推进会在大连召开。**

［目　文］　国务院副秘书长江泽林主持会议。国务院副总理汪洋出席会议并讲话。辽宁、广东省人民政府作会议交流发言，公安部、交通运输部、质检总局分别汇报有关工作情况。中央编办、发展改革委、商务部、海关总署、税务总局、外汇局等中央部委负责人，北京、天津、内蒙古、辽宁等13个省区市政府分管负责人参加会议。

汪洋指出，推进信息互换、监管互认、执法互助大通关改革是破解制约口岸发展体制机制障碍的重要抓手，是深化"放管服"改革的重要内容，是促进外贸回稳向好的重要举措。要增强大局意识、责任意识和协同意识，持续推进"三互"大通关改革攻坚，确保如期完成各项任务，加快形成具有国际竞争力的大通关管理体制。汪洋对进一步推进"三互"大通关改革作出部署：一是加强顶层设计，统一技术架构和标准，规范基本功能，减少重复建设。二是拓展"一站式作业"，加强口岸监管场所设施和资源整合，探索在基础较好的地方开展综合执法试点。三是大力推进信息互换，健全信息共享合作机制，坚决打破信息孤岛。四是创新通关理念和模式，探索将口岸通关现场非必要的执法作业"前推后移"，加快通关速度。五是建立常态化的口岸安全联合防控机制，提升处置突发事件的应急能力。六是强化口岸各执法部门的职责，发挥地方政府的协调和保障作用，形成"三互"大通关建设合力。

7月31日

［纲　文］　**发展改革委发布废止《办理开采黄金矿产批准书管理规定》《烟草专卖许可证管理办法》，自2016年7月31日起执行。**

7月31日

［纲　文］　**国防部在人民大会堂举行招待会庆祝中国人民解放军建军89周年。**

7月31日

［纲　文］　**国务委员兼国防部部长常万全在北京会见阿富汗国民军总参谋长沙希姆。**

［目　文］　常万全说，感谢阿方在打击"东伊运"恐怖势力方面和涉及中方核心利

益问题上给予宝贵支持。中方愿和阿方人民一道，落实习近平主席和加尼总统重要共识，充分发挥地缘优势，实现两国的共同繁荣。希望两军不断丰富合作形式与内容，为维护两国安全、创造共同发展的良好环境作出更多贡献。

沙希姆说，阿方愿与中方保持两国关系良好发展势头，继续深化合作，建立具体反恐机制，共同打击“东伊运”等恐怖势力，营造安全的发展环境。

8 月

8月1日

［纲　文］ **最高人民法院印发《最高人民法院关于审理发生在我国管辖海域相关案件若干问题的规定（一）》《最高人民法院关于审理发生在我国管辖海域相关案件若干问题的规定（二）》，自2016年8月2日起施行。**

8月1日

［纲　文］ **水利部公布《关于废止和修改部分规章的决定》。**

［目　文］ 《决定》说，一、废止《黄河下游引黄灌溉管理规定》《治理开发农村“四荒”资源管理办法》。二、修改《水利工程建设项目管理规定（试行）》《水利工程建设程序管理暂行规定》《长江河道采砂管理条例实施办法》《水利工程建设项目验收管理规定》。自2016年8月1日起施行。

8月1—7日

［纲　文］ **第九届中国—东盟教育交流周在贵阳举行。**

［目　文］ 国务院总理李克强致贺信。贺信说，中国和东盟国家山水相连、血脉相亲，是好邻居、好伙伴。双方建立对话关系25年来，开展了全方位、多层次的交流合作。包括教育在内的人文交流合作正在成为中国—东盟关系的新支柱，展现出广阔的发展前景。教育是人类传承文明和知识、培养青年一代、创造美好生活的根本途径。2016年“中国—东盟教育交流年”有近300项活动，覆盖全年各个时段，遍及中国和东盟各国主要城市。中方愿同东盟各国一道，相互学习、相互借鉴、相互促进，为双方关系发展提供更多智力支撑和人才支持，共同建设更加紧密的中国—东盟命运共同体。

本届交流周以“教育优先 共圆梦想”为主题，由外交部、教育部、贵州省人民政府主办。国务院副总理刘延东出席开幕式并发表主旨演讲。部分东盟国家政要、驻华大使，东盟各国教育部官员，特邀伙伴国韩国、瑞士、俄罗斯教育部官员等参会。

同期举办“中国—印尼副总理级人文交流机制第二次会议”“第二届中国—东盟教育部长圆桌会议”两个活动，以及“中国—东盟百名校长牵手未来”“中国—东盟青少年交流”“中国—东盟人文交流”“中国—东盟职业教育博览会”等30余项活动。通过了《关于中国—东盟教育合作行动计划支持东盟教育工作计划（2016—2020）开展的联合公报》。

8月2日

［纲　文］　**中共中央办公厅、国务院办公厅印发《关于深化公安执法规范化建设的意见》。**

［目　文］　《意见》明确，深化公安执法规范化建设必须坚持党的领导，确保始终坚持正确的政治方向；坚持执法为民，遵循以人民为中心的执法理念；坚持依法推进，遵循社会主义法治原则；坚持改革创新，全面落实执法权力运行机制改革任务。明确了深化公安执法规范化建设八个方面的主要任务和具体措施。在深化执法信息化建设方面，完善省区市公安机关统一应用的执法办案信息系统，除案件涉及国家秘密的以外，全面实现网上办案；建立健全执法全流程记录机制，全面推行现场执法活动视音频记录制度；打造"阳光警务"，优化执法信息查询服务，建立生效行政处罚、行政复议决定文书网上公开制度等。

《意见》要求，各地区各有关部门要充分认识深化公安执法规范化建设、建设法治公安对全面推进依法治国的重要作用，加强组织领导，抓好贯彻落实。公检法司等政法部门要相互配合、加强沟通，共同研究解决工作衔接中的问题，组织、宣传、人力资源社会保障、财政等部门要支持、帮助公安机关开展工作，为公安机关依法、高效履职提供必要的保障。要主动听取社会各界的意见建议，争取人民群众的理解和支持，为公安执法工作营造良好社会氛围。

8月2日

［纲　文］　**国务院批复广西壮族自治区人民政府、发展改革委，同意设立广西凭祥重点开发开放试验区。**

［目　文］　批复说：一、同意设立广西凭祥重点开发开放试验区（以下简称试验区），试验区建设实施方案由发展改革委印发。二、试验区建设要全面贯彻党的十八大和十八届三中、四中、五中全会精神，深入贯彻落实习近平总书记系列重要讲话精神，牢固树立和贯彻落实创新、协调、绿色、开放、共享的新发展理念，按照党中央、国务院决策部署，紧紧抓住国家推进"一带一路"建设的重大历史机遇，充分发挥与越南相邻及与东盟紧邻的地理优势，解放思想、先行先试，深化改革、扩大开放，着力创新体制机制，加强基础设施互联互通，促进投资贸易转型升级，发展特色优势产业，加快新型城镇化建设，推进生态文明建设，保障和改善民生，努力将试验区建设成为中越全面战略合作的重要平台、中国—东盟自贸区升级版的先行区、西南沿边经济发展的增长极、桂西南新的区域经济中心、睦邻安邻富邻的示范区和沿边开发开放的排头兵。三、广西壮族自治区人民政府要切实加强对试验区建设的组织领导，健全机制、明确分工、落实责任，有序有效推进试验区建设发展。四、国务院有关部门要按照职能分工，加大对试验区建设的支持力度，在有关规划编制、政策制定、资金投入、项目安排等方面给予积极指导和倾斜。

8月2日

［纲　文］　**国务院办公厅印发《关于建立国有企业违规经营投资责任追究制度的**

意见》。

［目 文］《意见》由七个部分组成：一、总体要求。二、责任追究范围。三、资产损失认定。四、经营投资责任认定。五、责任追究处理。六、责任追究工作的组织实施。七、工作要求。

《意见》指出，本意见适用于国有及国有控股企业违规经营投资责任追究工作。金融、文化等国有企业违规经营投资责任追究工作，中央另有规定的依其规定执行。

8月2日

［纲 文］ **国务委员杨洁篪在北京会见老挝外长沙伦赛。**

［目 文］ 杨洁篪表示，2016年是中老建交55周年，两国关系面临新的发展机遇。希望双方加强战略沟通，深化务实合作，推动中老全面战略合作伙伴关系深入发展。中方将继续支持老挝当好东盟轮值主席国，共同推动中国—东盟合作取得更大成果。

沙伦赛表示，老方高度重视对华关系，愿与中方一道，推动老中关系和东盟—中国合作不断向前发展。

3日，外交部部长王毅在北京同沙伦赛会谈时表示，建交55年来，中老两国战略取向一致、相互理解支持，合作基础雄厚、发展空间广阔。中方愿同老方落实好两国领导人的共识，筹备好本扬主席来华出席二十国集团杭州峰会等高层交往，对接好两国发展战略，推动两国关系迈上新台阶。

8月2日

［纲 文］ **航天科技四院民用航天3米固体火箭发动机试车成功。**

［目 文］ 由中国航天科技集团公司四院自主研制的我国直径最大、装药量最大、推力最大的固体火箭发动机——民用航天3米2分段大型固体火箭助推发动机（简称3米发动机）地面热试车取得圆满成功。本次试验的成功，进一步验证了我国大型分段式固体火箭发动机设计方案的正确性及其关键技术的突破程度，标志着我国已经掌握大型分段式固体火箭发动机关键技术，也表明我国新一代运载火箭固体助推技术再次实现跨越，将满足我国深空探测等重大航天任务的发展需求。

8月2—4日

［纲 文］ **第6届北京（国际）藏学研讨会在北京举办。**

［目 文］ 研讨会由中国西藏文化保护发展协会、中国藏学研究中心和西藏社会科学院共同举办。研讨会按"一带一路"与面向南亚开放重要通道建设、社会转型与变迁等19个专题开展小组研讨。研讨会期间，安排参观活佛转世专题展览、民族志纪实专题电影《凡尘净土》观摩会、明清时期北京及蒙古族地区涉藏文献展览、藏学图书展览、藏文化产品展览、"匝嘎利"（微型唐卡）展览等活动。

8月3日

［纲 文］ **国务院印发《"十三五"加快残疾人小康进程规划纲要》。**

［目　文］《纲要》由五个部分组成：一、编制背景。二、总体要求。三、主要任务。四、保障条件。五、纲要实施和监测评估。

《纲要》要求，各级政府残疾人工作委员会及相关部门要对纲要执行情况进行督查、监测和跟踪问效，开展第三方评估，及时发现和解决执行中的问题。

8月3日

［纲　文］ **教育部、科技部印发《关于加强高等学校科技成果转移转化工作的若干意见》。**

［目　文］《意见》由十个部分组成：一、全面认识高校科技成果转移转化工作。二、简政放权鼓励科技成果转移转化。三、建立健全科技成果转移转化工作机制。四、加强科技成果转移转化能力建设。五、健全以增加知识价值为导向的收益分配政策。六、完善有利于科技成果转移转化的人事管理制度。七、支持学生创新创业。八、推进科研设施和仪器设备开放共享。九、建立科技成果转移转化年度报告制度和绩效评价机制。十、切实加强领导，认真组织实施。

本意见自2016年8月3日起施行，执行过程中遇到的问题，请及时向教育部科学技术司、科学技术部创新发展司反馈。此前有关规定与本意见不一致的，按本意见执行。

8月3日

［纲　文］ **《人民日报》发表题为《建设更加充满活力更加坚强有力的共青团》的评论员文章。**

8月4日

［纲　文］ **银监会、公安部关于发布《电信网络新型违法犯罪案件冻结资金返还若干规定》，自2016年8月4日起施行。**

8月4日

［纲　文］ **财政部社会保障司发布消息，截至目前，2016年中央财政预算安排的农村危房改造补助资金266.9亿元已全部下达完毕，用于支持各地完成314万户贫困农户危房改造任务。**

8月5日

［纲　文］ **受习近平委托，刘云山在北戴河看望暑期休假专家，代表党中央、国务院向广大专家人才致以诚挚问候。**

［目　文］ 中央书记处书记刘云山指出，党中央高度重视人才工作，关心人才成长和发展。党的十八大以来，习近平总书记作出一系列重要指示，强调办好中国的事情关键在党、关键在人、关键在人才，为做好新形势下的人才工作指明了方向。随着党和国家人才政策的贯彻落实、人才发展体制机制改革的深入推进，我国人才发展环境会越来越好，各类人才施展才华的舞台会越来越宽广。

邀请专家暑期到北戴河休假，是党和国家重视和关心专家人才的一项制度性安排。自2001年以来，党中央、国务院先后邀请16批900多位专家学者参加休假活动。参加2016年休假活动的56位专家主要是以国家“万人计划”专家为主体的国内各领域优秀人才代表，他们在各自领域都作出了重要贡献。

8月5日

［纲　文］　**国务院批复贵州省人民政府、发展改革委，同意设立贵州内陆开放型经济试验区。**

［目　文］　批复说：一、同意设立贵州内陆开放型经济试验区（以下简称试验区），建设实施方案由发展改革委印发。二、试验区建设要全面贯彻党的十八大和十八届三中、四中、五中全会精神，深入贯彻习近平总书记系列重要讲话精神，落实党中央、国务院决策部署，按照“五位一体”总体布局和“四个全面”战略布局，牢固树立和贯彻落实创新、协调、绿色、开放、共享的发展理念，以体制机制创新为首要任务，坚持开放引领、创新驱动、生态融合、成果共享，积极参与“一带一路”建设、长江经济带发展和国际产能合作，深入推进大众创业、万众创新，加快发展新经济，培育新动能，改造提升传统动能，着力建设内陆投资贸易便利化试验区、现代产业发展试验区、内陆开放式扶贫试验区，营造良好的营商环境，为内陆地区在经济新常态下开放发展、贫困地区如期完成脱贫攻坚任务、生态地区实现生态与经济融合发展探索新路径、积累新经验。三、贵州省人民政府要切实加强对试验区建设的组织领导，创新体制机制，明确工作职责，认真编制并实施好试验区建设规划，有力有序有效推进试验区发展。涉及的重要政策和重大建设项目要按规定程序报批。四、国务院有关部门要按照职能分工，加强对试验区建设发展的指导，在规划编制、政策实施、项目布局、体制创新等方面给予积极支持，帮助解决试验区发展过程中遇到的困难和问题，营造良好的政策环境。

8月5日

［纲　文］　**卫生计生委等14部委联合印发《遏制细菌耐药国家行动计划（2016—2020年）》。**

［目　文］　《计划》由四个部分组成：一、前言。二、工作目标。三、主要措施。四、保障措施。

《计划》要求，从国家层面实施综合治理策略和措施，对抗菌药物的研发、生产、流通、应用、环境保护等各个环节加强监管，加强宣传教育和国际交流合作，应对细菌耐药带来的风险挑战。

8月5日

［纲　文］　**外交部部长王毅应约同美国国务卿克里通电话，就中美关系、朝鲜半岛局势等交换意见。**

［目　文］　王毅表示，习近平主席与奥巴马总统即将在杭州举行的会晤是下阶段中美关系的最重要日程。双方应共同努力，牢牢把握构建新型大国关系的正确方向，聚焦合

作，管控分歧，确保会晤取得积极成果，推动两国关系在美国大选年稳定健康发展。中方愿同包括美方在内有关各方共同努力，办好二十国集团杭州峰会，为世界经济实现强劲、平衡、可持续发展开创新的动力，向国际社会发出二十国集团协调合作的积极信号。

克里表示，两国元首杭州会晤非常重要，美方愿与中方共同努力，确保会晤圆满成功，也愿同中方合作，确保二十国集团杭州峰会取得圆满成功。

8月5—21日

［纲　文］　**第31届夏季奥林匹克运动会在巴西里约热内卢举行。**

［目　文］　中国代表团共有416名运动员参加26个大项、210个小项的比赛。以26金、18银和26铜位列金牌榜的第三位。在场地自行车女子团体竞速赛中，中国选手宫金杰和钟天使取得冠军，实现了中国自行车队奥运金牌零的突破。

本次奥运会共有207个国家和地区参加，并首次有难民运动员参与。奖牌榜上，美国代表团以46金、37银、38铜位居榜首，英国代表团以27金、23银、17铜列次席，俄罗斯代表团19金、18银、19铜排名第四。

22日，中共中央、国务院向第31届奥运会中国体育代表团致贺电。贺电说，在举世瞩目的第31届奥林匹克运动会上，我国体育健儿肩负祖国和人民期望，顽强拼搏，奋勇争先，取得26枚金牌、18枚银牌、26枚铜牌的优异成绩，展现了追求卓越的意志品质和昂扬向上的精神风貌，为祖国人民赢得了荣誉。党中央、国务院向你们表示热烈的祝贺和亲切的慰问！在里约奥运赛场上，我国体育健儿大力弘扬奥林匹克精神和中华体育精神，同世界各国各地区运动员相互学习、相互交流，增进了友谊和了解。你们尊重对手、尊重裁判、尊重观众、尊重规则，表现出精湛的运动技艺和优良的竞赛作风，向世界展现了当代中国的正能量和当代中国人民的精神风貌。你们的优异成绩和奋发表现，激发了全国各族人民和海外华侨华人的爱国热情，振奋了民族精神，凝聚了奋进力量。伟大的事业需要伟大的中国精神，伟大的征程需要伟大的中国力量。希望你们继续发扬我国体育界的光荣传统，再接再厉，总结经验，克服不足，努力争取更加优异的成绩，进一步激发广大人民群众支持和参与体育运动的热情，带动群众体育普及开展，促进全民健身和全民健康深度融合，积极推进健康中国建设，让广大人民群众共享体育运动带来的健康和快乐。全党全国各族人民要学习和弘扬我国体育健儿在奥运赛场上表现出来的团结一心、顽强拼搏精神，努力在各自岗位上不断追求卓越、追求超越，万众一心实现“两个一百年”奋斗目标、实现中华民族伟大复兴的中国梦。

8月6日

［纲　文］　**中国在西昌卫星发射中心用长征三号乙运载火箭成功发射天通一号01星。**

［目　文］　天通一号01星是中国首颗移动通信卫星，也被誉为“中国版的海事卫星”，其成功发射标志着中国进入到了卫星移动通信的手机时代，填补了国内空白，实现

了航天人三十多年来的夙愿，具有里程碑意义。

8月6日

［纲　文］**《人民日报》发表题为《用法治守护国家安全》的评论员文章。**

8月6—20日

［纲　文］**第33届中国·哈尔滨之夏音乐会举办。**

［目　文］音乐会由文化部与哈尔滨市政府主办。本届哈尔滨之夏音乐会共推出六大板块48项主要演出及活动，包括开闭幕2场演出、3项国内外展示评比、青年音乐家活动周、惠民特价图书展、18项中外经典演出活动和逾千场群众文化活动。其中，有着30多年历史的“全国声乐比赛”首次由比赛改为展演，举办5场音乐会，为优秀青年声乐人才提供了尽展才华与风采的平台。

8月8日

［纲　文］**国务院印发《降低实体经济企业成本工作方案》。**

［目　文］《方案》由11个部分组成：一、总体要求。二、合理降低企业税费负担。三、有效降低企业融资成本。四、着力降低制度性交易成本。五、合理降低企业人工成本。六、进一步降低企业用能用地成本。七、较大幅度降低企业物流成本。八、提高企业资金周转效率。九、鼓励引导企业内部挖潜。十、落实降成本工作配套措施。十一、建立健全降成本工作推进机制。

《方案》指出，要加强组织领导和工作协调，加强对落实情况的督促检查，适时评估总结和推广经验，建立和完善降低实体经济企业成本的长效机制。

8月8日

［纲　文］**国务院批复工商总局，同意建立消费者权益保护工作部际联席会议制度。**

［目　文］批复说：国务院同意建立由工商总局牵头的消费者权益保护工作部际联席会议制度。联席会议不刻制印章，不正式行文，请按照国务院有关文件精神认真组织开展工作。

8月8日

［纲　文］**国务院批复福建省人民政府、发展改革委，同意平潭国际旅游岛建设方案。**

［目　文］批复说：一、原则同意《平潭国际旅游岛建设方案》（以下简称《建设方案》），请认真组织实施。二、要全面贯彻党的十八大和十八届三中、四中、五中全会精神，落实党中央、国务院决策部署，按照“五位一体”总体布局和“四个全面”战略布局，牢固树立和贯彻落实创新、协调、绿色、开放、共享的发展理念，主动服务国家重大发展战略，进一步突出特色、发挥优势，积极探索海岛旅游开发新模式，构建以旅游业为支柱的特色产业体系，促进两岸经济文化社会深度融合，形成两岸合作新局面，积极融

入“一带一路”，构建对外开放新体制，深入推进生态文明建设，形成人与自然和谐发展新格局，努力把平潭建设成为经济发展、社会和谐、环境优美、独具特色、两岸同胞向往的国际旅游岛。三、福建省人民政府要切实加强组织领导，完善工作机制，落实工作责任，按照《建设方案》明确的发展定位和重点任务，抓紧推进实施。四、国务院有关部门要按照职能分工，加强对《建设方案》实施的协调和指导，进一步细化相关政策措施并推动贯彻实施，在规划编制、项目安排、政策实施、体制创新等方面给予积极指导和支持，协调解决国际旅游岛建设中遇到的困难和问题。五、发展改革委要加强对《建设方案》实施情况的跟踪了解和督促检查，适时组织开展实施进展情况评估，重大问题及时向国务院报告。

8 月 8 日

［纲　文］ **国务院办公厅批复工商总局，同意政府部门涉企信息统一归集公示工作实施方案**。

［目　文］ 批复说：一、国务院同意《政府部门涉企信息统一归集公示工作实施方案》(以下简称《方案》)。二、各省、自治区、直辖市人民政府要切实加强对《方案》实施工作的组织领导，结合当地实际制定具体工作方案，逐级落实工作目标和任务，并在政策和资金上给予保障，确保在 2016 年底前初步实现各政府部门涉企信息统一归集、记于相对应企业名下并依法予以公示。三、国务院有关部门要根据职能分工，加强对《方案》实施工作的指导、支持和协调，及时研究解决《方案》实施过程中出现的问题，共同落实好《方案》各项任务。工商总局负责制定发布《政府部门涉企信息归集格式规范》，定期汇总发布《政府部门涉企信息归集资源目录》，会同有关部门对落实《方案》情况进行督查，重大情况及时向国务院报告。

8 月 8 日

［纲　文］ **食品药品监管总局、国家认监委发布《食品检验机构资质认定条件》**。

［目　文］《条件》共 8 章 31 条，主要有总则、组织、管理体系、检验能力、人员、环境和设施、设备和标准物质、附则等内容，自 2016 年 8 月 8 日起施行。

8 月 8—12 日

［纲　文］ **第十届中国国际民间艺术节在青海西宁举办**。

［目　文］ 艺术节由中国文联和青海省人民政府共同主办。以“发展民间艺术，促进友谊和平”为主题，共有来自五大洲 13 个国家的艺术团体参加。这是中国国际民间艺术节首次在青藏高原举办。

中国国际民间艺术节是经国务院批准，为促进各国人民之间友谊与世界和平，发展和交流各国民间艺术，丰富和活跃人民群众的文化生活，展示中国艺术创新成果而设立的国际民间文化交流活动。

8 月 8—9 日

［纲　文］ **国务院副总理刘延东应邀访问墨西哥**。

［目　文］　访问期间，刘延东在墨西哥城分别会见墨西哥参议长希尔和墨西哥众议长桑布拉诺，并与桑布拉诺共同出席了“中拉文化交流年·墨西哥之夜”专场晚会；还会见了墨西哥文化部长托瓦尔，就中墨人文交流交换了意见，并共同见证了两国文化部签署关于加强文化艺术合作的共同宣言。

8月9日

［纲　文］　**食品药品监管总局印发《食品生产许可审查通则》。**

［目　文］　《通则》共5章56条，主要有总则、材料审查、现场核查、审查结果与检查整改、附则等内容，自2016年10月1日起施行。

8月9—14日

［纲　文］　**外交部部长王毅应邀对肯尼亚、乌干达、印度进行正式访问。**

［目　文］　10日，王毅在内罗毕会见肯尼亚总统肯雅塔。在与肯尼亚外长阿明娜举行会谈时表示，下一阶段，双方应以全面落实两国领导人重要共识和中非合作论坛约翰内斯堡峰会成果为契机，将两国高度的政治互信和经济互补优势，转化为促进两国合作发展的动力和惠及两国人民的务实成果。阿明娜表示，愿与中方共同努力，加强基础设施建设、产能与产业、经济特区、现代化农业、能源环保、人员及技术培训等领域合作，积极推动东非铁路网建设，扩大人文交流，推动两国关系取得新进展。双方还就共同关心的国际和地区问题包括安理会改革等深入交换意见，确认了双方的共同立场，就维护中肯、中非共同利益达成高度一致。

11日，王毅在坎帕拉会见乌干达总统穆塞韦尼。在与乌干达外长库泰萨举行会谈时表示，中方愿与乌方共同努力，积极推动中非“十大合作计划”早日在乌落地，优先加强工业领域合作，助力乌作为非洲内陆国家率先实现工业化。中方还愿支持乌实施国家粮食安全计划，拓展农业合作，加强农业种植、畜牧养殖、农产品加工等合作。库泰萨表示，乌将建设更多的工业园区，提供更优惠条件吸引中国各类企业来乌投资兴业。乌也愿发挥在非洲中心地区的区域和贸易优势，积极参与中方提出的“一带一路”建设。双方还就安理会改革、南苏丹、布隆迪等国际和地区问题交换了看法，并达成高度共识。双方一致表示将进一步加强战略沟通，密切国际和地区事务协作，共同维护发展中国家的正当利益。中方支持乌为维护东非地区的和平稳定继续作出贡献，也愿为此发挥中国的建设性作用。

13日，王毅在新德里会见印度总理莫迪。在与印度外长斯瓦拉杰举行会谈时强调，中印两国共同利益远大于分歧，合作需求远大于竞争。相信双方能够把握好两国关系发展方向，不让具体分歧影响两国友好大局，不让个别问题阻挡两国合作步伐。斯瓦拉杰表示，印方坚信印中关系十分重要，愿扩大双方共同利益，妥善耐心处理分歧，加强教育、青年等人文交流，不断为两国合作注入新的动力。双方还就两国交往中存在的一些具体问题以及朝鲜半岛、英国脱欧等共同关心的国际和地区问题交换了意见。

8月10日

［纲　文］　**国家主席习近平、国务院总理李克强就巴基斯坦发生重大恐怖袭击事件分别向巴基斯坦总统侯赛因、总理谢里夫致慰问电。**

8月10日

［纲　文］　**中国在太原卫星发射中心用长征四号丙运载火箭成功发射高分三号卫星。**

［目　文］　高分三号卫星是中国首颗分辨率达到一米的C频段多极化合成孔径雷达（SAR）卫星，将显著提升我国对地遥感观测能力，是高分专项工程实现时空协调、全天候、全天时对地观测目标的重要基础。

8月10日

［纲　文］　**《人民日报》报道，经中共中央批准，中共中央纪委对第十八届中央委员，第十二届全国人大教育科学文化卫生委员会原副主任委员、辽宁省委原书记王珉严重违纪问题立案审查。**

［目　文］　王珉身为中央委员，理想信念动摇，纪律意识丧失，严重违反党的纪律，且在党的十八大后仍不收敛、不收手，造成恶劣政治影响，应予严肃处理。依据《中国共产党纪律处分条例》等有关规定，经中央纪委常委会议研究并报中央政治局会议审议，决定给予王珉开除党籍、开除公职处分；收缴其违纪所得；将其涉嫌犯罪问题、线索及所涉款物移送司法机关依法处理。给予王珉开除党籍的处分，待召开中央委员会全体会议时予以追认。

2017年8月4日，河南省洛阳市中级人民法院公开宣判第十二届全国人大教育科学文化卫生委员会原副主任委员王珉受贿、贪污、玩忽职守案，对被告人王珉以受贿罪判处无期徒刑，剥夺政治权利终身，并处没收个人全部财产；以贪污罪判处有期徒刑4年，并处罚金人民币30万元；以玩忽职守罪判处有期徒刑7年，决定执行无期徒刑，剥夺政治权利终身，并处没收个人全部财产。

8月11日

［纲　文］　**国家主席习近平任免驻外大使。**

［目　文］　习近平根据全国人民代表大会常务委员会的决定任免下列驻外大使：一、免去王克俭的中华人民共和国驻阿拉伯叙利亚共和国特命全权大使职务；任命齐前进为中华人民共和国驻阿拉伯叙利亚共和国特命全权大使。二、免去黄星原的中华人民共和国驻特立尼达和多巴哥共和国特命全权大使职务；任命宋昱旻为中华人民共和国驻特立尼达和多巴哥共和国特命全权大使。

8月11日

［纲　文］　**第7届中瑞水管理高层对话会在北京召开。**

［目　文］　水利部部长陈雷，瑞士联邦副主席兼环境、交通、能源、通信部部长洛伊特哈德出席对话会并致辞。本次对话会上，中瑞双方共有10位政府官员和专家围绕水政策、水资源与风险综合管理、地下水管理、大坝安全与风险监测等议题作了交流发言。来自中瑞两国政府、地方水利部门、流域机构、科研院所和企业的近150名代表参加了本次对话会。

中瑞水管理高层对话会是水利部与瑞士联邦环境、交通、能源、通信部之间的重要高层交流机制，旨在交流分享中瑞两国在水利领域的最新政策、技术和先进管理经验。

同日，国家副主席李源潮在北京会见洛伊特哈德。

8月11日

［纲　文］　**中国不丹第24轮边界会谈在北京举行。**

［目　文］　外交部副部长刘振民与不丹王国外交大臣丹曲与会。双方在坦诚友好的气氛中，就边界问题和双边关系交换了意见。

刘振民表示，2015年第23轮边界会谈以来，中不关系保持良好发展势头，双方在旅游、体育、文化等领域交往不断扩大。中方重视同不丹发展睦邻友好关系，愿同不方一道，推动各领域交流合作，为两国人民带来更大福祉。在双方共同努力下，近年来中不边界谈判取得了重要进展，双方顺利完成了对两国边境争议地区的联合勘察工作。中方愿在双方已有共识基础上，继续推进谈判进程，争取早日找到双方都能接受的、全面的边界问题解决方案。丹曲表示，不丹珍视同中国的友好关系。尽管不中尚未建交，但这不会阻碍两国开展互利合作。不方愿不断深化同中方在旅游、宗教、文化、农业等领域交流，进一步提升合作水平。不丹高度重视不中边界问题，愿在双方联合勘察和有关共识基础上，继续通过友好协商，找到双方都能接受的边界问题解决方案。

11日，国家副主席李源潮在北京会见丹曲。

15日，外交部部长王毅在北京会见丹曲时表示，中国一贯尊重不丹独立、主权和领土完整。中不早日建交符合两国共同利益，也有利于维护地区稳定与发展。中方期待与不丹发展长期、稳定、友好的关系，愿与不方通过友好协商，早日解决边界问题。丹曲表示，不丹政府高度重视发展对华关系。近年来，两国各领域交往保持良好势头。不方钦佩中国的发展成就，愿进一步加强不中合作，并在已有共识基础上，推动边界谈判进程。

8月11日

［纲　文］　**中国首列“永磁地铁”在长沙地铁1号线正式投入运营。**

［目　文］　长沙地铁1号线永磁牵引系统列车是由长沙市轨道交通集团联合中车株机和中车时代电气公司，共同开发的全车搭载自主永磁牵引系统的地铁列车。目前，我国的地铁基本上安装的是异步牵引系统。

8月12日

［纲　文］　**中共中央办公厅、国务院办公厅印发《关于设立统一规范的国家生态文**

明试验区的意见》。

［目　文］《意见》由五个部分组成：一、总体要求。二、试验重点。三、试验区设立。四、统一规范各类试点示范。五、组织实施。

《意见》指出，各有关地区和部门要充分认识试验区建设的重大意义，按照本意见要求，统一思想、密切配合，注重实效、扎实工作，切实协调解决有关困难和问题，重大问题要及时向党中央、国务院请示报告。

8月12日

［纲　文］**中共中央办公厅、国务院办公厅印发《国家生态文明试验区（福建）实施方案》**。

［目　文］《方案》由四个部分组成：一、重大意义。二、总体要求。三、重点任务。四、保障措施。

《方案》要求，加大试验区建设宣传力度，加强对生态文明各项制度内涵和改革方向的解读和宣传，普及培育生态文化，提高生态文明意识，倡导绿色发展方式和生活方式，形成崇尚生态文明、合力推进生态文明建设和生态文明体制改革的社会氛围。

8月12日

［纲　文］**国务院办公厅印发《省级政府安全生产工作考核办法》**。

［目　文］《办法》共16条，明确了考核的目的、范围、原则、程序、结果等事项，规定了责任落实、依法治理、体制机制、安全预防、基础建设等考核内容，自2016年8月12日起施行。

8月12—13日

［纲　文］**俞正声在西藏昌都调研**。

［目　文］全国政协主席俞正声在国家电网川藏联网工程500千伏澜沧江变电站，向工作人员了解变电站建设及生产运行情况；在卡若区如意乡达若村，走进村委会、网格化管理办公室和便民服务站，到村民家中，了解新农村建设和扶贫工作情况；在昌都市人民医院看望医务工作者，了解医疗人才组团式援藏工作情况；到强巴林寺看望宗教界人士，了解文物保护以及加强和创新寺庙管理情况。

俞正声指出，做好藏传佛教工作是促进西藏长治久安的一个重点。要深入学习贯彻全国宗教工作会议精神，坚持党的宗教工作基本方针，充分尊重和保障各族群众宗教信仰自由，坚持我国宗教中国化方向，不断提高宗教工作法治化水平。要着力推进寺庙管理长效机制建设，把依法管理、民主管理、社会化管理结合起来，坚决抵制境外势力对藏传佛教的影响，依法保障寺庙的合法权益，保障信教群众正常的宗教生活。要支持宗教团体加强自身建设和人才培养，引导和支持藏传佛教代表人士用社会主义核心价值观引领教规教义阐释，促进藏传佛教与社会主义社会相适应。

8月12—27日

［纲　文］**第九届中国国际青年艺术周在北京天桥艺术中心举行**。

［目　文］ 艺术周由中国对外文化交流协会、中国对外文化集团公司主办，以“传承飞跃·青春丝路”为主题。以北京为主会场，上海、广州、济南等9座城市为分会场。来自中国、美国、俄罗斯等36个国家和地区的187台中外优秀节目与观众见面，艺术形式涵盖音乐会、话剧、舞蹈、歌剧等。

8月14—18日

［纲　文］ **第31届全国青少年科技创新大赛在上海举行**。

［目　文］ 大赛是由中国科协、教育部、科技部、环境保护部、体育总局、自然科学基金会、共青团中央、全国妇联共同主办的一项全国性的青少年科技竞赛活动。大赛评出科技辅导员创新项目一等奖32项、二等奖70项、三等奖91项，10位科技辅导员获得“十佳优秀科技辅导员”称号；青少年创新项目一等奖56项、二等奖133项、三等奖157项。

国家副主席李源潮参观竞赛项目并出席闭幕式时指出，希望广大青少年牢记习近平总书记嘱托，把人生理想融入实现中国梦的时代洪流，努力成长为建设世界科技强国的栋梁之材。

8月15日

［纲　文］ **中共中央办公厅印发《关于防止干部“带病提拔”的意见》**。

［目　文］ 《意见》说，一、落实工作责任。各级党委（党组）对选人用人负主体责任，党委（党组）书记是第一责任人，组织人事部门和纪检监察机关分别承担直接责任和监督责任。二、深化日常了解。坚持经常性、近距离、有原则地广泛接触干部，深入了解干部的日常品行和表现，多渠道、多层次、多侧面识别干部。三、注重分析研判。充分运用日常了解掌握的情况，根据干部一贯表现，突出对政治品质、道德品行、作风表现、履行选人用人职责、廉洁自律等情况的综合分析，发现线索，查找问题。根据问题线索，及时对干部进行谈话或函询，认真调查核实情况。四、加强动议审查。规范动议主体职责权限和程序，按照民主集中制原则，形成合理方案，提出符合好干部标准的人选。五、强化任前把关。考察工作要突出针对性、增强灵活性、提高有效性，针对不同考察对象的具体情况，细化考察内容，改进考察方式，力争考察结果全面、客观、准确。选好配强考察工作人员，明确考察谈话保密与承诺责任，营造讲真话的氛围，提高考察质量。根据考察对象履历、家庭关系、社会背景等情况，抓住重要行为特征，有针对性地找知情人谈话。六、严格责任追究。充分发挥组织监督和群众监督作用，认真落实干部选拔任用工作纪实等各项监督制度，加强对干部选拔任用工作经常性监督检查。

8月15日

［纲　文］ **交通运输部公布《民用航空情报培训管理规则》**。

［目　文］ 《规则》共7章45条，主要有总则、基础培训、岗位培训、培训的组织

与实施、监督检查、法律责任、附则等内容，自2017年1月1日起施行。2002年4月19日起施行的《民用航空航行情报人员岗位培训管理规定》同时废止。

8月15日

［纲　文］　**民政部印发《社会组织登记管理机关受理投诉举报办法（试行）》，自2016年9月1日起施行。**

8月15日

［纲　文］　**质检总局发布《进口化妆品境内收货人备案、进口记录和销售记录管理规定》。**

［目　文］　《规定》共5章22条，主要有总则、进口化妆品境内收货人备案、进口和销售记录、监督管理、附则等内容，自2017年3月1日起施行。

8月15日

［纲　文］　**质检总局公布《出入境交通工具电讯卫生检疫管理办法》。**

［目　文］　《办法》共6章28条，主要有总则、船舶电讯检疫、航空器电讯检疫、列车电讯检疫、日常管理、附则等内容，自2016年9月1日起施行。

8月15日

［纲　文］　**外交部发言人就日本部分内阁成员参拜靖国神社表示，中方对此坚决反对。**

［目　文］　有记者问，8月15日，日本部分内阁成员参拜了靖国神社，中方对此有何评论？

发言人说，日本一些内阁成员参拜供奉有“二战”甲级战犯、美化侵略战争的靖国神社，再次反映出日本政府对待历史问题的错误态度。中方对此坚决反对。中方再次严肃敦促日方切实正视和深刻反省过去那段侵略历史，以负责任态度妥善处理有关问题，以实际行动取信于亚洲邻国和国际社会。

8月15日

［纲　文］　**装机容量3.4兆瓦的大型海洋潮流能发电机组两个涡轮水轮机模块在浙江省舟山市岱山县秀山岛南部海域成功运行发电。**

［目　文］　本次投运发电的大型海洋潮流能发电机组系统群由中国自主研发生产，拥有完全自主知识产权，以总成平台系统为基础，总成平台长70米，宽30米，平均高20米，重达2500吨，可抵抗16级台风和4米巨浪。全部涡轮水轮机模块下水运行稳定后，预计年发电量可达600万千瓦时。

8月15—21日

［纲　文］　**“文化原乡　精神家园”中国—黑山古村落与乡土建筑展在中国园林博物馆举办。**

［目　文］　展览是为庆祝中国与黑山建交10周年，由两国文化部共同主办的。包括中国、黑山两部分，各约60幅展板，概览各自古村落与乡土建筑之美，展现东西方传

承千年的生活智慧与哲学。中国部分包括导言、自然天成、和合有序、异彩纷呈、文化习俗、结语六部分，分别讲述中国传统村落的总体概况，建筑选址与风水术、天人合一的环境观，整体协调性与邻里宗亲的相处之道，广袤大地与各地民情所造就的丰富多彩，古村落中的文化内涵与非遗传承，以及目前古村落的保护现状等。黑山部分包括导言、地域特性、历史传承、建筑特色四个部分，重点介绍黑山南、中、北部不同地理特征的地区建筑特色，还将跨越18—19世纪历史古村落的细节进行比较与分析。通过乡村建筑反映黑山不同的地域特色、建筑材质、风俗习惯、文化特征、宗教信仰与社会结构，凸显一国民众的本质特性，呈现国家认同感的历史发展脉络。

8月16日

［纲　文］　**中共中央在北京召开党外人士座谈会。**

［目　文］　中共中央总书记习近平主持会议。会议就制定新形势下党内政治生活若干准则、修订《中国共产党党内监督条例（试行）》听取各民主党派中央、全国工商联负责人和无党派人士代表的意见和建议。俞正声、刘云山、王岐山、王沪宁、刘奇葆、孙春兰、李建国、孟建柱、赵乐际、栗战书、杜青林、赵洪祝、王勇、周强、曹建明和党外人士罗富和、齐续春、陈晓光、马培华、刘晓峰、蒋作君、邵鸿、黄志贤、谢经荣、甄贞等出席座谈会。

座谈会上，民革中央主席万鄂湘、民盟中央主席张宝文、民建中央主席陈昌智、民进中央主席严隽琪、农工党中央主席陈竺、致公党中央主席万钢、九三学社中央主席韩启德、台盟中央主席林文漪、全国工商联主席王钦敏、无党派人士代表郭雷先后发言。大家一致认为，中共十八大以来，中共中央把全面从严治党纳入“四个全面”战略布局，大力推进党风廉政建设，着力解决党内政治生活中的基础性、关键性、要害性问题，充分彰显了中国共产党政治清醒、历史担当、意志决心。建议中共中央对中共十八大以来已经出台的一系列依规治党、扎紧制度笼子的重大举措进一步制度化、规范化，对在加强党内监督、防腐拒变等方面取得的显著成效及时总结梳理，从保证立党为公、执政为民的高度加强和规范党内政治生活、强化党内监督。

习近平指出，加强和规范中国共产党党内政治生活，是我们党自身建设的重要内容，也是全面从严治党、贯彻“三严三实”的必然要求。加强和规范党内政治生活，是中国共产党坚持党要管党、从严治党的题中应有之义，是中国共产党的一条重要历史经验，是中国共产党解决当前党内政治生活存在突出问题的迫切需要。1980年通过的《关于党内政治生活的若干准则》，对严肃和规范中国共产党党内政治生活、弘扬中国共产党优良传统和作风仍具有重要指导意义。同时，《准则》是在当时历史条件下制定的，现在出现的一些问题当时尚未遇到，当时比较突出的一些问题现在已经不突出了。中共十八大以来，中国共产党对党内政治生活重大问题作出了明确规定，需要系统化、具体化。党内监督既是中国共产党自身建设的重要内容，也是重要保障。全面从严治党，必须从根本上解决主体责任缺失、监督责任缺位、管党治党宽松软的问题。解决这些问题，必须强化中国共产党党内监督。希望各民主党派、全国工商联、无党派人士发挥好民主监督职能，继承和发扬优良作风，做中国共产党的诤友挚友，对中共各级党政机关和党员领导干部遵守准则、贯彻落实条例情况实施民主监督，及时提出意见和建议。

8月16日

［纲　文］　**李克强主持召开国务院常务会议。**

［目　文］　会议主要内容是：一、部署对钢铁煤炭行业化解过剩产能开展专项督查，确保完成既定目标任务。会议确定，按照推进供给侧结构性改革的部署要求，在全国开展一次对钢铁煤炭行业化解过剩产能的专项督查，确保全年目标任务严格按进度要求和时间节点顺利完成。会议强调，督查要以产能实际退出、清理违法违规项目、严控新增产能、职工安置、奖补资金筹措使用等为重点，督促地方加强环保、质量、安全、能耗、国土、矿山等执法和达标检查，鼓励企业兼并重组、转型升级，用法治化、市场化办法加快淘汰落后产能，建立公示制度，严防弄虚作假、死灰复燃。落实奖惩机制，总结推广经验做法，对落实不力、进度慢和违规新增产能等，要通报、约谈直至严肃问责，确保完成全年化解过剩产能硬任务。二、听取促进外贸增长政策落实情况汇报，推动进出口回稳向好。会议指出，一要进一步扩大对外开放，尽快复制推广自贸试验区贸易便利化措施，按照便利通关要求，规范和统一不同关区、口岸业务标准，简化查验手续。二要引导金融机构加大对有订单、有效益企业的信贷支持，帮助企业规避汇率风险，扩大出口信用保险覆盖领域，增加国内急需的关键产品进口。三要进一步清理港口、航运等经营性收费，加快出口退税进度，强化对恶性竞争等的监管。四要改革完善与新业态、新模式相适应的体制机制，扩大跨境电商、市场采购贸易方式、外贸综合服务企业等试点，培育发展新动力。五要发挥双向投资对外贸的促进作用，持续推动在“一带一路”建设、拓展国际产能合作空间等领域取得新突破。依托各类园区提升中西部承接加工贸易能力。三、决定免除普通高中建档立卡家庭经济困难学生学杂费，推进扶贫攻坚。会议决定，从2016年秋季学期起，免除公办普通高中建档立卡家庭经济困难学生，包括非建档立卡家庭经济困难残疾学生的学杂费，对民办学校符合条件的学生，按照当地同类型公办学校标准给予补助。四、确定完善社会救助和保障标准与物价上涨挂钩联动机制，更好保障困难群众基本生活。会议确定，进一步完善现行社会救助和保障标准与物价上涨挂钩联动机制，增强价格临时补贴对物价变动的敏感度，在居民消费价格指数单月同比涨幅达到3.5%或该指数中的食品价格单月同比涨幅达到6%时，即启动对困难家庭的价格补贴。

8月16日

［纲　文］　**国务院印发《关于推进中央与地方财政事权和支出责任划分改革的指导意见》。**

［目　文］　《意见》由五个部分组成：一、推进财政事权和支出责任划分改革的必要

性。二、指导思想、总体要求和划分原则。三、改革的主要内容。四、保障和配套措施。五、职责分工和时间安排。

《意见》强调，各省级人民政府要参照本指导意见的总体要求和基本原则，根据本地实际情况，结合财税体制改革要求和中央与地方财政事权和支出责任划分改革的进程，制定省以下财政事权和支出责任划分改革方案，组织推动本地区省以下财政事权和支出责任划分改革工作。

8月16日

［纲　文］　**发展改革委印发《贯彻落实区域发展战略促进区域协调发展的指导意见》**。

［目　文］　《意见》由六个部分组成：一、总体要求。二、优化经济发展空间格局。三、完善创新区域政策。四、加强区域合作互动。五、健全区域协调发展机制。六、切实加强组织领导。

《意见》要求，各省（区、市）人民政府要按照党中央、国务院决策部署，明确责任分工，完善激励约束机制，积极主动作为，落实各项工作任务，着力解决本地区发展不平衡、不协调问题；要加强与国家有关部门和毗邻地区的沟通衔接，积极探索跨区域利益协调机制，形成区域协调发展合力，实现互利共赢。

8月16日

［纲　文］　**国务院副总理张高丽在北京会见美国苹果公司首席执行官蒂姆·库克**。

［目　文］　张高丽表示，希望包括苹果公司在内的美国企业，充分发挥自身优势，积极开展对华业务，加大对华投资合作，全面拓展在华产业链，为中国经济社会持续健康发展作出积极贡献，也为构建中美新型大国关系贡献力量。

库克表示，苹果公司将加大在华投资，计划2016年底前在中国设立亚太地区第一家独立运营的研发中心，积极参与中国“互联网+”行动和中国智能制造。

8月16日

［纲　文］　**中国·伊朗经贸联委会第16次会议在北京举行**。

［目　文］　商务部部长高虎城与伊朗财经部长塔伊布尼亚共同主持会议。双方就落实两国领导人在经贸领域达成的共识，共建“一带一路”，扩大双边贸易投资，深化能源、基础设施、互联互通、金融等领域合作深入交换了意见。高虎城和塔伊布尼亚共同签署了《中伊经贸联委会第16次会议纪要》。

17日，国务院副总理汪洋在北京会见塔伊布尼亚，双方就深化中伊经贸投资合作等议题交换了意见。汪洋表示，中伊友谊源远流长，两国经济互补性强，合作潜力巨大。在新形势下，双方应进一步加强中伊经贸联委会机制建设，充分发挥各自优势，大力推进各领域务实合作，将双边合作推向新的高度。

8月16日

［纲　文］　**中国在酒泉卫星发射中心用长征二号丁运载火箭成功将世界首颗量子科**

学实验卫星“墨子”号发射升空。

［目　文］　此次发射的量子科学实验卫星（简称“量子卫星”）完全由中国自主研发，突破了卫星平台、有效载荷、地面光学收发站等一系列关键技术，将在轨开展量子密钥分发、广域量子密钥网络、量子纠缠分发、量子隐形传态、星地高速相干激光通信等科学实验。

国务院副总理刘延东在北京航天飞行指挥控制中心通过视频全程观看发射活动，并向量子卫星的全体参研人员致以热烈祝贺和亲切慰问。

8月16—18日

［纲　文］　**李源潮在上海调研。**

［目　文］　国家副主席李源潮在上海自贸试验区，了解各项改革举措，勉励行政服务中心工作人员为群众创业创新提供精准服务；在徐汇区梅陇三村“绿主妇”工作室，与正在制作环保手工艺品的志愿者亲切交流，希望妇联组织带领群众建设和谐家庭、和谐社区；在黄浦区五里桥街道党工委成立群团服务站，叮嘱当地干部在党政支持下整合服务资源，共建共用基层服务阵地。

李源潮主持召开调研座谈会，听取地方党委、青妇科侨负责人和基层群团干部意见。希望认真总结可复制可推广的经验，发挥好示范作用，要把加强党对群团工作的领导落实到基层，形成党建带群建、党群共建的有效机制。群团组织要自觉接受党的领导，坚持走中国特色社会主义群团发展道路，坚定不移带领所联系群众听党的话、跟着党走。要围绕中心、服务大局，打造党政所急、社会所需、群众欢迎的建功立业品牌，组织动员群众为全面建成小康社会积极创业创新创优。

8月17日

［纲　文］　**习近平在北京出席推进“一带一路”建设工作座谈会并发表讲话。**

［目　文］　国务院副总理、推进“一带一路”建设工作领导小组组长张高丽主持会议。王沪宁、汪洋、栗战书、杨洁篪、万钢、周小川等出席座谈会。推进“一带一路”建设工作领导小组成员单位主要负责人，部分省区市党委或政府主要负责人、有关企业负责人和专家学者代表等参加座谈会。发展改革委主任徐绍史、外交部部长王毅、福建省委书记尤权、新疆维吾尔自治区党委书记张春贤、广东省委书记胡春华、陕西省委书记娄勤俭、中国交通建设集团有限公司董事长刘起涛、华立集团董事局主席汪力成、中科院“一带一路”研究中心主任刘卫东先后发言。从不同角度就推进“一带一路”建设工作介绍了情况，谈了意见和建议。

中共中央总书记、国家主席习近平指出，目前，已经有100多个国家和国际组织参与其中，我们同30多个沿线国家签署了共建“一带一路”合作协议、同20多个国家开展国际产能合作，联合国等国际组织也态度积极，以亚投行、丝路基金为代表的金融合作不断深入，一批有影响力的标志性项目逐步落地。“一带一路”建设从无到有、由点及面，进度和成果超出预期。一个国家强盛才能充满信心开放，而开放促进一个国家强盛。习近平就推进“一带一路”建设提出八项要求。一是要切实推进思想统一，坚持各国共商、共建、共享，遵循平等、追求互利，牢牢把握重点方向，聚焦重点地区、重点国家、重点项目，抓住发展这个最大公约数，不仅造福中国人民，更造福沿线各国人民。二是要切实推进规划落实，周密组织，精准发力，进一步研究出台推进“一带一路”建设的具体政策措施，创新运用方式，完善配套服务，重点支持基础设施互联互通、能源资源开发利用、经贸产业合作区建设、产业核心技术研发支撑等战略性优先项目。三是要切实推进统筹协调，坚持陆海统筹，坚持内外统筹，加强政企统筹，鼓励国内企业到沿线国家投资经营，也欢迎沿线国家企业到我国投资兴业，加强“一带一路”建设同京津冀协同发展、长江经济带发展等国家战略的对接，同西部开发、东北振兴、中部崛起、东部率先发展、沿边开发开放的结合，带动形成全方位开放、东中西部联动发展的局面。四是要切实推进关键项目落地，以基础设施互联互通、产能合作、经贸产业合作区为抓手，实施好一批示范性项目，多搞一点早期收获，让有关国家不断有实实在在的获得感。五是要切实推进金融创新，创新国际化的融资模式，深化金融领域合作，打造多层次金融平台，建立服务“一带一路”建设长期、稳定、可持续、风险可控的金融保障体系。六是要切实推进民心相通，弘扬丝路精神，推进文明交流互鉴，重视人文合作。七是要切实推进舆论宣传，积极宣传“一带一路”建设的实实在在成果，加强“一带一路”建设学术研究、理论支撑、话语体系建设。八是要切实推进安全保障，完善安全风险评估、监测预警、应急处置，建立健全工作机制，细化工作方案，确保有关部署和举措落实到每个部门、每个项目执行单位和企业。

8月17日

［纲　文］　**李克强在北京向新聘国务院参事、中央文史研究馆馆员颁发聘书并与全体参事馆员座谈**。

［目　文］　中央统战部部长孙春兰出席座谈。新聘任的国务院参事有何秀荣、石勇、何茂春、柯锦华、徐宪平、忽培元和中央文史研究馆馆员刘彭芝、葛剑雄、张胜友、王明明。袁行霈馆员、林毅夫参事、尹成杰特约研究员等就继承发扬中华优秀传统文化、培育新动能和新经济、发展现代农业和增加农民收入等提出建议。

国务院总理李克强说，新形势下做好参事室和文史馆工作，是更好实现党的统一战线方针政策与加强国家政权建设相融合的重要抓手。广大参事馆员学养深厚、视野开阔，国务院各部门对他们的研究成果和政策建议要认真研究吸纳，更好改进政府工作，提高施政水平。发展是执政兴国的第一要务，也是广大参事馆员履职建言的重点。2016年以来，在以习近平同志为总书记的党中央坚强领导下，我国经济攻坚克难，实现了运行平稳、结构向好、民生改善，成绩来之不易。但目前国际国内挑战增多、新旧矛盾交织、下行压力较大，希望大家以新发展理念为引领，发挥专长和优势，聚焦发展中“两难”甚至“多难”问题，加强对世界经济新格局新趋势、如何把握好稳增长和调结构的平衡、深入推进供给侧结构性改革、加快新动能成长促进结构升级、以持续创新增强综合竞争力等一系列重大课题研究，拿出见解深刻、针对性强、分量足、可操作的研究成果。

8月17日

［纲　文］　**国务院总理李克强在北京会见尼泊尔新任总理特使、副总理兼财政部长马哈拉。**

［目　文］　李克强表示，中尼长期相互尊重、平等相待，政治互信水平高，经贸往来十分密切，发展关系不针对第三方。中方赞赏尼新政府继续重视发展对华关系，愿本着亲诚惠容理念，共同推动中尼关系取得新发展，促进地区和平、稳定与繁荣。中尼都面临发展经济、改善民生的重要任务。我们愿同尼方深化贸易投资、互联互通、基础设施建设等领域互利合作，并向尼方提供力所能及的帮助，特别是为应对自然灾害和灾后重建等提供支持。

马哈拉表示，尼新政府坚持把发展对华关系放在外交政策的优先位置，坚定奉行一个中国政策，愿同中方加强协调配合，落实好两国间业已达成的各项合作共识，更好实现经济社会共同发展。

8月17日

［纲　文］　**张德江在北京主持召开十二届全国人大常委会第七十三次委员长会议。会议决定，十二届全国人大常委会第二十二次会议8月29日至9月3日在北京举行。**

8月17日

［纲　文］　**国务院办公厅印发《食品安全工作评议考核办法》，自2016年8月17日起施行。**

8月17日

［纲　文］　**银监会、工业和信息化部、公安部、国信办公布《网络借贷信息中介机构业务活动管理暂行办法》。**

［目　文］　《办法》共8章47条，主要有总则、备案管理、业务规则与风险管理、出借人与借款人保护、信息披露、监督管理、法律责任、附则等内容，自2016年8月17日起实施。

8月17—21日

［纲　文］　**应国务院总理李克强邀请，缅甸联邦共和国国务资政昂山素季对中国进行正式访问。**

［目　文］　访问期间，国家主席习近平、全国人大常委会委员长张德江在北京分别会见昂山素季。李克强在北京同昂山素季举行了会谈并共同见证了有关双边合作文件的签署。

习近平欢迎昂山素季国务资政访华，高度赞赏昂山素季国务资政追循先辈足迹、致力于推进中缅友好事业并强调，中方愿同缅方一道，弘扬传统，继往开来，推动中缅全面战略合作伙伴关系不断取得新进展，为两国人民带来更多实实在在的利益，使两国人民永做好邻居、好朋友、好兄弟、好伙伴。中方愿同缅方保持高层接触和各层级人员往来，加强沟通，增进互信。双方要对接发展战略。中方赞赏缅方支持“一带一路”倡议，愿同缅方一道推进有关互联互通项目，保障现有大项目安全运营，积极推进能源、金融等重要领域合作，推动两国产业合作取得更大成果。双方要增进友好感情。中缅合作今后要向农业、水利、教育、医疗等更直接惠及民生的领域倾斜，使更多民众获益。中方也愿扩大同缅方在文化、媒体、佛教等人文领域交流，进一步夯实中缅友好的民意基础。中方愿继续为推动缅甸和平进程发挥建设性作用，为维护中缅边境和平稳定共同作出努力。昂山素季表示，缅方愿同中方共同努力，密切两国高层交往，增进两国人民友谊，加强两国各领域互利合作。缅甸愿与中方共同努力维护缅中边境地区稳定，也不会允许出现影响缅甸与邻国友好关系的事情。缅甸民盟和中国共产党都是代表广大人民的执政党，我赞同加强两党交流。

李克强同昂山素季举行会谈时表示，你出任缅国务资政后，把中国作为东盟以外的首个出访国家，表明缅政府和你本人高度重视发展对华关系，中方对此表示赞赏。我们愿同缅方巩固政治互信，加强政府、议会、政党、军队、地方、社会团体等交流与合作，推动中缅关系在新时期取得更大发展，共同促进地区和平、稳定与繁荣。中方愿同缅方加强发展战略对接，更好规划重点领域合作。妥善推进中缅油气管道、密松水电站等大项目合作，提升基础设施建设和互联互通水平；促进经贸、农林业等领域合作；扩大文化、教育、卫生交流，筑牢两国民心相通的桥梁。昂山素季表示，尽管国际形势发生变化，缅方将继续致力于进一步巩固和发展缅中关系，愿同中方保持高层交往势头，增进政治互信，通过加强沟通，推进能源等务实合作，扩大边贸、农业、卫生、教育等领域交流与合作，共同维护边境地区稳定，增进两国人民友谊，实现共同发展。缅方愿以东盟—中国建立对话关系25周年为契机，推动东盟与中国关系持续发展。

张德江会见昂山素季时说，中国全国人大继续秉持习近平主席亲诚惠容的周边外交理念，高度重视发展与缅议会关系，密切友好往来，开展经验交流，加强在地区和国际多边议会机制中的协调配合，为推进双方务实合作和人文交流、丰富中缅关系内涵发挥积极作用，推动中缅关系不断向前发展。昂山素季说，缅方将继续奉行对华友好政策，加强双方立法机关等各领域交流与合作，不断增进两国人民传统友谊和友好感情，推动缅中关系取得新发展。

8月18日

［纲　文］　**第五届全国少数民族文艺会演开幕式文艺晚会在北京举行，习近平、李克强、俞正声、刘云山等党和国家领导人出席并观看。**

［目　文］　文艺会演由国家民委、文化部、新闻出版广电总局和北京市人民政府联合主办，以“中华民族一家亲，同心共筑中国梦”为主题。8月16日—9月14日，来自全国各少数民族的7000多名演职人员在北京展演43台优秀节目。9月14日，全国政协

主席俞正声出席颁奖仪式暨闭幕式文艺晚会，并为获奖集体和个人代表颁奖。

8月18日

［纲　文］　**全国政协在北京召开双周协商座谈会，就“国际科技合作与大科学计划”建言献策**。

［目　文］　全国政协主席俞正声主持座谈会。全国政协副主席杜青林、董建华、张庆黎出席座谈会。全国政协委员程津培、蒋作君、万宝年、顾行发、王梅祥、潘云鹤、杨金生、武向平、徐旭东、饶子和、高杰、潘锋、黄强、潘建伟，以及专家学者罗俊、马一德在会上发言。全国政协副主席万钢在会上发表意见。科技部副部长李萌介绍了有关情况。财政部副部长余蔚平、中国科学院副院长谭铁牛、中国工程院副院长赵宪庚等与委员互动交流。

委员们认为，国务院印发了《“十三五”国家科技创新规划》，对组织实施国际大科学计划和大科学工程作出战略部署。近年来，我国陆续参与了一些国际大科学计划与工程，培养了一批高水平的科研和工程技术队伍，提升了中国科技的国际影响力，提高了国内相关产业的技术水平，但还存在缺乏长远前瞻的规划安排、缺乏统一的协调管理机制、发起和牵头组织经验不足、人才队伍建设亟待加强等问题。

一些委员建议，推进国际科技合作与大科学计划，一是要积极参与，前瞻布局，合理规划。提倡国际合作，坚持量力而行，做到有所为有所不为。二是要有选择地实施我国牵头的重大项目。根据我国的需要和优势，本着互利共赢和前瞻性等原则，在“十三五”期间认真组织实施。三是要加强能力建设，积极聚集人才，包括国际科技组织管理人才、大科学工程管理人才，同时也要积极引进和聚集国外人才。四是要开放思维、完善机制。要有科学自信，坚持开放搞活，进一步调动科技人员的积极性，有关科技管理部门要积极为科技人员创造更好的工作条件。五是要综合协调、保障有力。有关部门要牵头协调，避免重复建设，解决国际大科学工程中遇到的人才保障、运行经费等实际问题。

8月18日

［纲　文］　**国务院安全生产委员会在北京召开专题会议**。

［目　文］　国务院副总理、国务院安委会主任马凯，国务院安委会副主任王勇出席会议并讲话。2016年上半年，安委会首次派出八个巡查组分别对天津、山西、江苏、湖南、广东、广西、贵州、云南省（区、市）政府进行安全生产巡查。会议听取了巡查组汇报并研究部署下半年巡查工作。

会议指出，开展巡查是加强安全生产工作，推动责任落实的一项重要制度安排。各地区、各部门要认真学习贯彻习近平总书记、李克强总理关于加强安全生产重要指示批示精神，增强做好巡查工作的主动性、自觉性，突出问题导向，推动党中央、国务院决策部署落地生根。要坚持问题导向，把握查找问题、落实整改这个关键，突出巡查省级政府这个重点，注重改进方式方法，进一步增强巡查的针对性和实效性。要强化巡查制度建设，建立健全情况反馈、问题整改、情况通报、舆论宣传等制度，不断提高巡查工作制度化、科学化水平。要强化政治意识、大局意识和责任意识，履职尽责，严守纪律，以良好的作风保证巡查的成效。要认真总结工作经验，扎实做好下半年巡查工作。从9月份开始，对山东、辽宁、黑龙江、安徽、河南、四川、陕西、吉林等省安全生产情况开展巡查。

8月18日

［纲　文］**财政部公布《关于公布废止和失效的财政规章和规范性文件目录（第十二批）的决定》。**

［目　文］《决定》由四个部分组成：一、废止《政府采购代理机构资格认定办法》等24件的财政规章。二、失效《科技开发用品免征进口税收暂行规定》等财政规章6件。三、废止《中央补助城市棚户区改造专项资金管理办法》等654件财政规范性文件。四、失效《关于加强中央单位财政票据工本费结算管理的通知》等571件财政规范性文件。

8月18日

［纲　文］**商务部公布《关于废止和修改部分规章和规范性文件的决定》。**

［目　文］《决定》由三个部分组成：一、废止《中华人民共和国进出口企业代码管理办法》等5件规章。二、对《对外贸易经营者备案登记办法》等5件规章和规范性文件的部分条款予以修改。三、对相关规章和规范性文件的条文顺序作相应调整。自2016年8月18日起施行。

8月18日

［纲　文］**汪洋在食品药品监管总局调研。**

［目　文］国务院副总理、国务院食品安全委员会副主任汪洋考察了药品审评中心，了解了药品审评制度改革和药物临床试验数据核查工作情况，听取了食品药品监管工作汇报。汪洋充分肯定食品药品监管工作取得的成绩并指出，近年来食品药品监管总局坚决贯彻落实党中央、国务院决策部署，工作有思路、监管有成效、改革有力度、能力有提高，对一些重大问题不回避、不推诿，做了许多打基础、利长远、见实效的工作，有力促进了食品药品安全水平的提高。当前我国食品药品安全仍存一些风险点，要进一步推进改革创新，全面加强监管，确保食品药品安全。要创新监管制度，深化“放管服”改革，促进企业履行法定责任和义务，引导食品药品产业健康发展。创新监管手段，重视利用信息化技术等提高监管工作效率。创新监管方式，加强部门协作，构建公众参与渠道和平台，支持和引导舆论媒体发挥建设性监督作用，形成食品药品安全社会共治合力。创新监管体制，努力形成统一权威的监管体系，提高监管能力。汪洋强调，要加强食品药品监管系统人才队伍建设，强化干部职工理想信念和责任担当，提升专业能力和业务素质，深入开展“两学一做”学习教育，加强党风廉政建设，全面提高食品药品安全治理能力和保障水平。

8月19日

［纲　文］**国务院批复卫生计生委，同意建立国务院中医药工作部际联席会议制度。**

［目　文］ 批复说，同意建立由国务院领导同志牵头负责的国务院中医药工作部际联席会议制度。联席会议不刻制印章，不正式行文，请按照国务院有关文件精神认真组织开展工作。撤销中医药工作部际联席会议，其职能并入国务院中医药工作部际联席会议。

8月19日

［纲　文］ **交通运输部公布《超限运输车辆行驶公路管理规定》。**

［目　文］ 《规定》共5章55条，主要有总则、大件运输许可管理、违法超限运输管理、法律责任、附则等内容，自2016年9月21日起施行。原交通部发布的《超限运输车辆行驶公路管理规定》同时废止。

8月19日

［纲　文］ **科技部、林业局印发《主要林木育种科技创新规划（2016—2025年）》。**

［目　文］ 《规划》由四个部分组成：一、现状与需求。二、总体思路。三、重点任务。四、种业科技工程。

8月19日

［纲　文］ **林业局公布《中华人民共和国主要林木目录（第二批）》，自2016年9月20日起施行。**

8月19日

［纲　文］ **人力资源社会保障部公布《公务员考试录用违纪违规行为处理办法》，自2016年10月1日起施行。**

8月19日

［纲　文］ **全国政协主席俞正声在北京会见日本众议院运营委员长河村建夫。**

［目　文］ 俞正声表示，中方重视中日关系，一贯主张本着以史为鉴、面向未来的精神，在中日四个政治文件基础上，发展中日睦邻友好合作关系。过去几年，中日关系总体走向改善，但势头仍然脆弱，存在诸多复杂敏感因素，需要双方高度重视和妥善应对。双方应相向而行，牢牢把握中日关系的正确方向，排除干扰，努力推动两国关系实现持续稳定改善。

河村表示，日本政府对日中战略互惠关系的重要性有充分认识，希望通过努力推动日中友好合作向前发展。

8月19日

［纲　文］ **外交部发言人表示，中方对赞比亚大选顺利举行和伦古总统再次当选表示祝贺。**

8月19日

［纲　文］ **《人民日报》发表题为《把学习“七一”讲话精神引向深入——一论深化“两学一做”学习教育》的评论员文章。**

8月19—20日

［纲　文］ **全国卫生与健康大会在北京召开，习近平、李克强、刘延东出席大会并**

讲话。

［目　文］　中共中央政治局常委张德江、俞正声、刘云山、王岐山、张高丽，在京中共中央政治局委员、中央书记处书记，全国人大常委会有关领导同志，国务委员，最高人民法院院长，最高人民检察院检察长，全国政协有关负责人出席会议。上海市、江苏省、浙江省、安徽省、山东省、福建省三明市、重庆市万盛经济技术开发区、青海省互助县人民医院负责人作大会发言。

中共中央总书记习近平指出，没有全民健康，就没有全面小康。要把人民健康放在优先发展的战略地位，以普及健康生活、优化健康服务、完善健康保障、建设健康环境、发展健康产业为重点，加快推进健康中国建设，努力全方位、全周期保障人民健康，为实现“两个一百年”奋斗目标、实现中华民族伟大复兴的中国梦打下坚实健康基础。健康是促进人的全面发展的必然要求，是经济社会发展的基础条件，是民族昌盛和国家富强的重要标志，也是广大人民群众的共同追求。在推进健康中国建设的过程中，我们要坚持中国特色卫生与健康发展道路，把握好一些重大问题。要坚持提高医疗卫生服务质量和水平，让全体人民公平获得。要坚持正确处理政府和市场关系，在基本医疗卫生服务领域政府要有所为，在非基本医疗卫生服务领域市场要有活力。要坚定不移贯彻预防为主方针，坚持防治结合、联防联控、群防群控，努力为人民群众提供全生命周期的卫生与健康服务。当前，医药卫生体制改革已进入深水区，到了啃硬骨头的攻坚期。要加快把党的十八届三中全会确定的医药卫生体制改革任务落到实处。我国广大卫生与健康工作者要弘扬和践行社会主义核心价值观，强化医德医风建设和行业自律，为人民提供最好的卫生与健康服务。要严厉依法打击涉医违法犯罪行为特别是伤害医务人员的暴力犯罪行为，保护医务人员安全。推进健康中国建设，是我们党对人民的郑重承诺。

国务院总理李克强在讲话中指出，习近平总书记的重要讲话从战略和全局高度对建设健康中国等重大任务作了深刻阐述，具有重大指导意义，各地区各部门要认真贯彻落实。推进卫生与健康事业改革发展、建设健康中国，是关系现代化建设全局的重大战略任务。要针对健康影响因素抓好预防保健，为保障人民健康营造良好环境。要着力补短板，把卫生与健康资源更多引向农村和贫困地区，加大对贫困地区大病保险、医疗救助支持力度。

国务院副总理刘延东在总结讲话中指出，各地区各部门各有关方面要认真学习贯彻习近平总书记重要讲话和大会精神，牢牢把握卫生与健康工作方针，树立“大健康”理念，深化改革，强化保障，推动医疗、医保、医药三医联动，健康事业与健康产业有机衔接，全民健身和全民健康深度融合，使健康政策融入全局、健康服务贯穿全程、健康福祉惠及全民。各级党委和政府要加强组织领导，强化责任落实，为建设健康中国作出不懈努力。

8月19日—9月18日

［纲　文］　**“情系寨乡——李惠贞捐赠西南少数民族背扇精品展”在中国美术馆举办。**

［目　文］　精品展由中国美术馆主办，150余件西南少数民族背扇以织、绣、染、镶等工艺制成的精品参展。中国美术馆馆长吴为山在“前言”中说，“小小背扇引领我们

走进一个民族的心灵深处，引领我们感知一个民族文化血脉的跃动。”

这些珍贵的民族艺术品均由香港福慧教育基金会副主席李惠贞女士捐赠。分别来自贵州、湖南、广西、云南的8个少数民族，尤以贵州织金、纳雍、黔西等地的苗族背扇数量最多、最丰富，制作年代跨越清晚期到20世纪80年代，很多宝贵的刺绣珍品如今已不可再生。

8月20日

［纲　文］ **中国儿童文学作家曹文轩荣获2016年国际安徒生奖文学奖，成为首次获得这一殊荣的中国作家。**

［目　文］ 国际儿童读物联盟在新西兰奥克兰市中心皇后码头一座会议中心举行国际安徒生奖颁奖仪式。评委会主席帕齐·亚当娜为曹文轩颁发文学奖金质奖牌和奖状。

8月21日

［纲　文］ **新华社讯，习近平签署命令，给2个单位授予荣誉称号。**

［目　文］ 授予解放军某部“高原戍边模范营”荣誉称号。命令指出，该营积极践行强军目标，大力弘扬我军光荣传统和优良作风，接力传承老西藏精神，坚持忠诚为魂、实干为本、奉献为荣，出色完成封边控边、维稳执勤、抗震救灾等重大任务，像一颗永不生锈的钢钉牢牢扎在祖国西南边关。先后七次受到全国全军表彰，三次荣立三等功，2000年被原成都军区授予荣誉称号，2014年原四总部转发了该营事迹经验。

授予海军372潜艇“践行强军目标模范艇”荣誉称号。命令指出，该艇入列以来，始终牢记新型作战力量部队的特殊使命任务，努力建设过硬的“先锋艇”“主战艇”，创造了多个第一，保持了良好发展态势。党的十八大以来，该艇紧紧围绕强军目标建艇育人，着力培育“特别讲忠诚、特别敢担当、特别有血性、特别能打仗”的“深海铁拳”精神，艇队全面进步全面过硬，实战能力大幅跃升，出色完成了战备远航、雷弹实射等重大任务。2014年在执行紧急战备拉动暨远航任务中，突遇水下“断崖”急速掉深险情，全体官兵奋力排险，成功处置，创造了我国乃至世界潜艇史上的奇迹。同年原四总部转发了该艇事迹经验，2015年被表彰为全军践行强军目标标兵单位，荣立一等功、三等功各一次。

命令要求，全军和武警部队要努力向该艇学习，像他们那样，持续深化党的创新理论武装，扎实抓好铸魂育人工作，切实打牢听党话、跟党走的思想根基；像他们那样，坚持战斗力这个唯一的根本的标准，全部心思向打仗聚焦，各项工作向打仗用劲，不断砥砺“一不怕苦、二不怕死”的血性胆气，努力练就慑敌制胜的过硬本领；像他们那样，大力加强新型军事人才培养，引导官兵在急难险重任务中练技能、长才干，着力培育有灵魂、有本事、有血性、有品德的新一代革命军人；像他们那样，深入推进依法治军、从严治军，坚持按规矩办事、照规程操作，培养官兵遵章守规的良好习惯，不断提高部队建设法治化水平。

中央军委号召，全军部队和广大官兵要以授称单位为榜样，高举中国特色社会主义伟大旗帜，坚持以邓小平理论、“三个代表”重要思想、科学发展观为指导，全面贯彻落实党中央和中央军委决策部署，以深化国防和军队改革为工作主线，从严求实、团结奋进、锐意创新，扎实推进政治建军、改革强军、依法治军，持续加强军队建设和军事斗争准备，为实现强军目标、建设世界一流军队贡献智慧和力量。

8月21日

［纲　文］　**新华社讯，中央军委主席习近平签署通令，给4个单位、15名个人记功。**

［目　文］　通令说，给在完成任务中作出突出贡献的66114部队记一等功，给在战斗力建设中取得突出成绩的91515部队、94669部队、96261部队记二等功。给63620部队一室研究员陈德明记一等功，给海军工程大学舰船工程系舰船性能教研室原教授董文才、61786部队原研究员方平追记一等功。给海军工程大学电子工程学院指挥信息系统工程教研室教授李敬辉，海军工程大学训练部模拟仿真中心教授张晓峰，海军航空工程学院信息融合研究所副所长、教授王国宏，92857部队副部队长、研究员庄亚平，92537部队某室研究员王虹斌，空军工程大学科研部装备发展与运用研究中心教授柏鹏，95899部队某所高级工程师侯建，空军空降兵学院空降作战研究所教授张道炽，96658部队203分队研究员杨光松，96658部队204分队研究员陈晓峰，61486部队21分队研究员孙正明，原沈阳军区总医院心血管内科主任韩雅玲记三等功。

8月21日

［纲　文］　**《人民日报》发表题为《共建共享健康中国》的社论。**

8月22—24日

［纲　文］　**习近平在青海就贯彻落实“十三五”规划、加强生态环境保护、做好经济社会发展工作进行调研考察。**

［目　文］　习近平在位于柴达木盆地的察尔汗盐湖考察，在听取了柴达木循环经济发展情况介绍后指出，盐湖资源是青海的第一大资源，也是全国的战略性资源，务必处理好资源开发利用和生态环境保护的关系。发展循环经济是提高资源利用效率的必由之路，要牢固树立绿色发展理念，积极推动区内相关产业流程、技术、工艺创新，努力做到低消耗、低排放、高效益，让盐湖这一宝贵资源永续造福人民。在格尔木市唐古拉山镇长江源村视察，在村委会听取该村生态移民搬迁、民族团结创建、基层组织建设等情况介绍，随后视察村容村貌，并到藏族村民申格家中察看住房和生活情况，同一家人亲切交谈。到海东市互助土族自治县，考察实施易地扶贫搬迁的班彦村，了解新村建设方案，进入村民新居察看面积、结构、建筑质量，同监理新居建设的村民们交流。在西宁市考察青海省生态环境监测中心时通过视频向当地各族干部群众表示问候，希望大家在国家政策支持下，齐心协力管护好湖泊、草原、河流、野生动物等生态资源，生产生活都越来越好。在国家电投黄河水电太阳能电力有限公司西宁分公司，了解该企业发展光伏全产业链及科技研发、

生产经营等情况，希望国有企业带头提高创新能力，努力形成更多更好的创新成果和产品，在创新发展方面发挥更大引领作用。

习近平听取青海省委和省政府工作汇报后指出，各级党政部门和广大党员干部要有"不破楼兰终不还"的坚定决心和坚强意志，坚持精准扶贫、精准脱贫，切实做到脱真贫、真脱贫。民族团结是各族人民的生命线。要教育引导各族群众在不断增强对伟大祖国、中华民族、中华文化、中国共产党、中国特色社会主义的认同中做到和睦相处、团结共进，共同推动民族地区加快发展。严肃党内政治生活是全面从严治党的根本性基础工作，是全党的重大任务。各级党组织要自觉担当责任，严格按党的政治纪律和政治规矩办事，任何时候任何情况下都不能破坏党的政治纪律和政治规矩，都不能拿党的政治纪律和政治规矩做交易。要坚持从领导机关、领导干部做起，形成以上率下的浓厚氛围。要处理好权利和义务、权力和责任、激励和约束、惩处和保护等方面关系，把严肃党内政治生活最终体现到调动广大党员干部积极性、推动事业发展上。

8月22日

［**纲　文**］　**发展改革委、旅游局印发《全国生态旅游发展规划（2016—2025年）》。**

［**目　文**］　《规划》共六章，主要有发展基础、总体要求、总体布局、重点任务、配套体系、实施保障等内容。

《规划》要求，各地发展改革和旅游部门要加强沟通协调，细化分解各项任务，密切配合，指导协调生态旅游的资源保护、社区参与、设施建设和区域合作。

8月22日

［**纲　文**］　**第十届中国青少年科技创新奖颁奖大会在北京举行。**

［**目　文**］　中国青少年科技创新奖是邓小平亲属遵照他的遗愿，捐献出他生前的全部稿费，委托共青团中央、全国青联、全国学联、全国少工委设立的。国务院副总理刘延东、国家副主席李源潮、邓小平亲属出席颁奖大会。

刘延东指出，要贯彻落实全国科技创新大会精神，为青少年科技创新营造良好环境，支持鼓励他们树立远大志向，放飞科学梦想，投身创新实践，为建设世界科技强国、实现"两个一百年"目标作出积极贡献。我国正处于迈向世界科技强国的伟大历史征程，青少年作为科技创新的有生力量，既面临广阔前景，更肩负光荣使命。她勉励广大青少年抓住机遇，珍惜时光，保持广泛浓厚的探索兴趣，弘扬求真务实的科学精神，厚植创新创造的知识基础，磨炼坚韧不拔的意志品质，从生活中寻找灵感，在实践中增长才干，通过科技创新服务社会造福人民，创造精彩人生。刘延东要求各级政府高度重视青少年科技创新事业，全面实施素质教育，提升科技基础设施服务能力和开放水平，营造良好创新文化氛围，为青少年成长成才保驾护航。

8月22日

［**纲　文**］　**2016中外文学出版翻译国际专家座谈会在北京举行。**

［**目　文**］　座谈会由文化部、新闻出版广电总局与中国作家协会主办，中国文化译

研网协办，中国图书进出口（集团）承办。来自阿根廷、比利时、巴西、保加利亚、白俄罗斯、埃及、法国、德国、匈牙利、印度、印度尼西亚、荷兰、秘鲁、韩国、西班牙、瑞典、土耳其、美国、越南等近30个国家50余位从事、关心中国文学翻译及出版的译者、作家、出版人参加座谈。与会者交流了对中国文学出版的认识和翻译体会。

8月22日

［纲　文］　**外交部发言人表示，国际社会对中国经济表现和未来发展潜力充满信心。**

［目　文］　发言人表示，注意到一段时间以来国际上对中国经济发展的客观评价，这也说明大家对中国经济表现和未来发展潜力充满信心。中国经济具有巨大潜力和广阔前景。当前中国经济运行稳中有进、稳中有好。2016年二季度继续保持一季度稳定增长势头。改革是中国经济发展的根本动力。“十三五”规划确定了创新、协调、绿色、开放、共享的发展理念。随着五大发展理念的落地，中国经济还会开辟出新的广阔前景，迎来较长时期的中高速发展，这将给世界各国带来更大、更多机遇。作为2016年二十国集团主席国，中方希望与各方一道，聚焦世界经济的重大突出问题，推动二十国集团通过创新和改革挖掘增长新动力，促进世界经济强劲、可持续和平衡增长。

8月22日

［纲　文］　**《人民日报》发表题为《壮哉，女排精神！》的评论员文章。**

8月22日

［纲　文］　**《人民日报》发表题为《把解决问题贯穿始终——二论深化“两学一做”学习教育》的评论员文章。**

8月22日

［纲　文］　**《人民日报》发表题为《走中国特色社会组织之路》的评论员文章。**

8月22—24日

［纲　文］　**李克强在江西省赣州、南昌就推动经济社会发展进行考察。**

［目　文］　国务院总理李克强在瑞金叶坪乡黄沙村，察看通过土坯房改造，村民们住上新居；在黄柏乡脐橙基地，对乡亲们运用“互联网+”拓展市场、增加收入给予肯定，表示国家会继续帮助改善农村基础设施，支持特色优势产业发展；在稻田与农民交谈，询问粮食收购价格和种粮收入，强调要深化粮食流通体制改革，使惠农政策真正落到种粮农民身上，保护好他们的权益和种粮积极性；在考察赣州城区最大的棚户区改造工程时，叮嘱要加大力度，早日让老区群众住上设施功能比较完善的新居；到瑞金叶坪革命旧址群，向红军烈士纪念塔敬献花篮。

李克强在赣州孚能公司听到企业与国内制造商合作订制化生产所需设备时，他说，这种新模式带动传统装备制造上水平，会创造巨大的工业制造需求，应加以推广，在着力实施《中国制造2025》中促进新动能成长和传统动能改造提升。在考察南昌晶能公司后说，中国对外开放将不断扩大，希望你们继续勇攀高峰，打造唱响世界的中国品牌。要营造良好的软硬环境，推动创新和创业紧密结合，激活社会创造力，促进新技术新成果转化成现实生产力和市场竞争力。在参观中航长江设计师产业园时说，创意无限，市场无限。2016年大学毕业生人数创历史新高，要多方面加强对小微企业支持，促进大众创业、万众创新，带动更多大学生就业，既使家庭充满希望，也创造社会财富。

李克强在南昌防洪工程欣悦湖段工地，看望酷暑中的施工人员，听取江西防汛抗洪和水利工程修复建设汇报。他说，2016年长江流域遭遇1998年以来最大洪水，鄱阳湖等大江大河大湖持续近一个月超警戒水位。在党中央、国务院坚强领导下，各有关地方、部门和解放军、武警官兵等共同努力，采取科学防洪、蓄泄兼筹、转移避险、妥善安置等措施，防汛抗洪抢险取得决定性胜利，最大程度降低了人员伤亡和灾害损失。李克强指出，水利设施对人民生活、城乡发展至关重要，这方面还存在很多薄弱环节。要抓住灾后重建的有利时机，立足长远，统筹规划，汇聚国家和社会多方力量，加快小型病险水库除险加固、中小河流治理和城市防涝设施建设，力争用几年时间切实补上水利基础设施的突出短板，用更优质的工程更好造福群众。

8月22—23日

［纲　文］　**全国易地扶贫搬迁现场会在贵阳市召开。**

［目　文］　国务院总理李克强批示指出：易地扶贫搬迁是打赢脱贫攻坚战、提升特困地区民生福祉的重点关键。各地区、各部门要充分认识这项工作的艰巨性、复杂性和紧迫性，进一步增强责任感和使命感，认真贯彻中央扶贫开发工作会议精神，按照《中共中央国务院关于打赢脱贫攻坚战的决定》要求，落实新发展理念，在前期已取得积极进展和经验的基础上，针对易地扶贫搬迁工作中存在的薄弱环节和突出问题，尤其要聚焦增强搬迁群众后续发展能力，创新思路机制，持续着力攻坚，切实落实省负总责和部门加大支持，充分调动广大干部群众的主动性和创造性，统筹有效用好宝贵的扶贫资金和资源，确保实现精准扶贫、稳定脱贫。

发展改革委副主任何立峰主持会议。国务院副总理、国务院扶贫开发领导小组组长汪洋出席会议并讲话。会议的主要任务是，贯彻落实中央扶贫开发工作会议和全国易地扶贫搬迁工作电视电话会议精神，总结交流前一阶段工作，现场学习贵州省易地扶贫搬迁经验，研究部署下一步易地扶贫搬迁工作。贵州、湖北、江西、广西、甘肃五省（区）政府负责人作大会交流发言。

汪洋指出，要深刻学习领会习近平总书记扶贫开发重要战略思想，认真落实李克强总理重要批示要求，进一步明确目标，严格标准，理顺机制，扎实做好易地扶贫搬迁工作，坚决打好脱贫攻坚的关键之仗。中央扶贫开发工作会议以来，各地各部门认真贯彻落实党中央、国务院决策部署，把易地扶贫搬迁作为脱贫攻坚的“当头炮”和重中之重，狠抓工作落实，易地扶贫搬迁实现良好开局。要认真总结工作中的经验教训，进一步强化问题意识，坚持问题导向，加强薄弱环节，防止出现颠覆性错误。要自始至终不忘扶贫这个初心，不偏脱贫这个目标，资金和项目安排要聚焦建档立卡贫困人口，各项工作要紧盯促进贫困人口脱贫。严格掌握扶贫搬迁住房建设标准和面积，绝不能让贫困户因建房而举债，加重脱贫负担。要加强后续政策扶持，做好产业帮扶、劳务培训和输出、社会保障兜底等配套工作，确保搬迁户如期脱贫。要进一步落实“中央统筹、省负总责、市县抓落实”工作机制，强化地方责任，尽快明确和完善资金承接和投放、贷款偿还的主体和流程，简化相关审批程序，确保体制和平台顺畅运转，确保项目顺利实施。加强对易地扶贫搬迁工作的考核监督，强化资金监管，坚决查处挤占挪用、贪污截留搬迁资金的行为。要广泛组织贫困群众参与，激发内生发展动力，促进贫困群众自力更生实现脱贫。

8月22—23日

［纲　文］　**中宣部、中央文明办在哈尔滨召开全国农村精神文明建设工作经验交流会。**

［目　文］　各地文明办和部分中央文明委成员单位相关部门负责人，部分县（市、区、旗）文明委负责人出席会议。会议主题是：深入贯彻党的十八大和十八届三中、四中、五中全会精神，贯彻中共中央总书记习近平系列讲话精神，坚持以美丽乡村建设为主题，推进农村精神文明建设工作创新发展。

会议指出，要深入学习贯彻习近平总书记关于“三农”工作的指示精神，以创新、协调、绿色、开放、共享的新发展理念引领农村精神文明建设，做到认识到位、行动自觉、成效实在，增强做好工作的责任感。要坚持以人民为中心的工作导向，着力抓好社会主义核心价值观宣传教育、文明家庭创建、农村移风易俗等工作，努力实现乡风民风美起来、人居环境美起来、文化生活美起来，进一步增强农民群众的获得感。要着眼落实“十三五”规划，加大文明村镇创建力度，多办好事实事，让广大农民群众共享创建成果。要以县域为重点整体推进，动员各方资源，坚持因地制宜，发挥文化育人作用，进一步增强农村精神文明建设的动力和活力。

8月22—28日

［纲　文］　**“2016感知中国——中国西部文化伊朗行·新疆篇”综合文化交流活动在伊朗首都德黑兰举办。**

［目　文］　活动由中国国务院新闻办公室、新疆维吾尔自治区人民政府和中国驻伊朗大使馆主办。全国政协主席俞正声致信祝贺。期间举办文化论坛、歌舞表演、图片展览、器乐和服装展示等多场活动。

俞正声在贺信中说，中国和伊朗都是亚洲古老的国家，具有悠久的历史和灿烂的文明，中伊友好源远流长，早在两千多年前，两国就互派使节，各领域交往不断，结下了深厚友谊。中伊建交45年来，两国高层保持接触，经贸合作不断深化，人文交流成果丰硕，两国友好关系平稳发展。在习近平主席共建“一带一路”的重大倡议下，中伊关系迎来新的历史发展机遇。目前，中伊关系秉承“和平合作、开放包容、互学互鉴、互利共赢”的丝路精神，相互尊重，平等交往，互享和平，共同发展，各领域合作呈良好发展趋势。作为丝绸之路经济带核心区的新疆，是中国向西开放的重要窗口，是连接亚欧大陆重要的交通枢纽、商贸交流和文化科教中心，也是中国最早与伊朗开展交往交流的地区之一。此次活动通过生动展现中国新疆壮丽的自然风光、独特的人文景观、丰富的历史文化，将有助于伊朗各界了解一个经济快速发展、社会和谐稳定、人民安居乐业的新疆，也必将进一步推动两国文化等各领域交流，续写两国人民友谊新篇章。

8月23日

［纲 文］ **教育部、国家语委印发《国家语言文字事业“十三五”发展规划》。**

［目 文］ 《规划》由五个部分组成：一、发展形势。二、指导思想和发展目标。三、主要任务。四、重点工程。五、保障措施。

《规划》指出，本规划由各级政府及其语言文字工作部门牵头、语委成员单位和有关业务主管部门协同实施。各地要把实施《语言文字规划纲要》和本规划作为重要工作内容，各行业主管部门和各级语言文字工作部门要落实责任分工，制订实施方案，确定重点任务时间表、路线图，共同推进落实。国家语委将开展规划实施中期评估，跟踪监测并向社会公布各部门和各地实施规划情况，使其主动接受社会监督。

8月23日

［纲 文］ **保监会印发《中国保险业发展“十三五”规划纲要》。**

［目 文］ 《纲要》共十章，主要有：一、加快发展现代保险服务业的指导思想和主要目标。二、深化改革，增强行业可持续发展动力。三、开拓创新，提高服务经济社会发展能力。四、服务民生，构筑保险民生保障网。五、提效升级，发挥保险资金支持经济建设作用。六、开放发展，提升保险业国际竞争力。七、加强监管，筑牢风险防范底线。八、夯实基础，持续改善保险业发展环境。九、人才为本，建设高素质人才队伍。十、科学统筹，保证《纲要》顺利实施。

8月23日

［纲 文］ **能源局发布《2015年度全国可再生能源电力发展监测评价报告》。**

［目 文］ 《报告》由四个部分组成：一、全国可再生能源电力发展总体情况。二、各省（区、市）可再生能源电力消纳情况。三、各省（区、市）非水电可再生能源电力消纳情况。四、可再生能源发电限制出力情况。

8月23日

［纲 文］ **中国和土库曼斯坦合作委员会第四次会议在天津举行。**

［目 文］ 国务院副总理张高丽与土库曼斯坦副总理卡卡耶夫出席会议。双方总结了中土合作委员会第三次会议以来的工作成果，一致认为两国各领域务实合作不断深化，战略伙伴关系更加稳固。双方强调，中土合作委员会将继续发挥规划、指导和协调作用，继续认真落实好两国元首达成的共识，共同推进“一带一路”建设，重点加强双方能源、经贸、人文、安全合作，为深化中土战略伙伴关系不断作出新的贡献。张高丽和卡卡耶夫共同签署了中土合作委员会第四次会议纪要。

张高丽说，中土是真诚互信的战略伙伴。在习近平主席和别尔德穆哈梅多夫总统的关心和推动下，中土关系始终保持健康稳定的发展势头。两国高层交往密切，政治互信达到新的高度。两国元首每年举行会晤，就发展两国关系、规划各领域合作进行深入交流，为中土战略伙伴关系发展不断注入新动力。卡卡耶夫表示，土库曼斯坦高度重视对华关系，视中国为土外交的优先方向之一，愿同中方进一步扩大油气、贸易、交通、投资、人文等领域的互利合作，努力将两国关系提升至更高水平。

8 月 23 日

［纲　文］　**第十届中华图书特殊贡献奖颁奖仪式在北京举行**。

［目　文］　国务院副总理刘延东代表中国政府向获得第十届中华图书特殊贡献奖的 19 名外国专家颁奖并表示祝贺。刘延东说，各位获奖专家长期致力于撰写、翻译、出版有关中国的图书，对于中国走向世界、世界读懂中国起到了重要作用。中国政府主张和推动不同文明交流互鉴。希望外国专家深入研究中华文明精髓，翻译介绍优秀作品，讲好中国故事，架起理解桥梁，向世界展示一个全面、真实、立体的中国。

中华图书特殊贡献奖是原国家新闻出版总署 2005 年设立的一个政府奖项，旨在表彰在介绍中国、翻译和出版中国图书、促进中外文化交流等方面作出重大贡献的外国翻译家、作家和出版家。

8 月 23 日

［纲　文］　**国务委员杨洁篪在北京会见由日本公明党中央干事兼国际部长远山清彦率领的日本超党派年轻政治家代表团**。

［目　文］　杨洁篪表示，中方一贯主张在中日四个政治文件和四点原则共识基础上，不断深化中日战略互惠关系。希望日方将中日“互为合作伙伴、互不构成威胁”的精神落到实处，妥善处理敏感问题，深化两国务实合作，增进两国民众相互理解，为推动两国关系发展发挥正面作用。

远山清彦表示，日方愿以史为鉴、面向未来，为日中关系改善发展作出努力。

8 月 23 日

［纲　文］　**中国科学院宣布，中国“探索一号”科考船于 2016 年 6 月 22 日至 8 月 12 日在马里亚纳海沟挑战者深渊开展了我国首次综合性万米深渊科考**。

［目　文］　在此次科考中，中国自主研制的“海斗”号无人潜水器成功进行了 1 次 8000 米级、2 次 9000 米级和 2 次万米级下潜应用，最大潜深达 10767 米，创造了中国无人潜水器的最大下潜及作业深度纪录，使我国成为继日、美两国之后第三个拥有研制万米级无人潜水器能力的国家。

8 月 23 日

［纲　文］　**《人民日报》发表题为《扬我中国精神　共享奥运荣光》的社论**。

8 月 23—27 日

［纲　文］　**应外交部部长王毅邀请，阿尔巴尼亚外交部部长布沙蒂对中国进行正式**

访问。

［目　文］　25 日，王毅在北京与布沙蒂举行会谈时表示，中方愿加快与阿国家发展战略对接，扎实推进基础设施建设、能源、工业园区、农业等各领域务实合作，力争两国大项目合作取得新突破。希望阿方为中国企业参与阿建设提供便利。双方应密切人文交流，推进在文化、教育、旅游、地方等领域合作，为两国人员往来提供更多便利，促进两国民心相通。中国和包括阿尔巴尼亚在内的中东欧 16 国合作从无到有，从小到大，成为次区域合作典范。

布沙蒂表示，阿方愿深化与中方在交通、旅游、教育、人文等领域的合作，支持习近平主席提出的“一带一路”倡议，并为中国企业进入阿提供优惠条件和便利。中国是“16+1”重要合作伙伴，为地区一体化进程发挥了重要作用，阿方愿在国际和地区事务中加强同中方的协调与配合。希望双方携手努力，推动阿中友好关系不断取得更多成果。

26 日，国务委员杨洁篪在北京会见布沙蒂时表示，中阿关系长期健康稳定发展，务实合作和人文交流富有成果，发展前景良好。双方应进一步巩固政治互信，在“一带一路”建设、中国—中东欧国家合作、国际产能合作框架内，积极推进基础设施、能源、农业、人文等重点领域合作，丰富中阿关系内涵，努力造福两国人民。

布沙蒂表示，阿方将在“一带一路”和中国—中东欧国家合作等框架下进一步促进双方各领域合作，推动阿中关系不断向前发展。

8 月 24 日

［纲　文］　**李克强主持召开国务院常务会议。**

［目　文］　会议主要内容是：部署促进消费品标准和质量提升，增加“中国制造”有效供给满足消费升级需求。会议确定，要紧密围绕消费需求旺盛、与群众日常生活息息相关的食品、家用电器、消费类电子、装饰装修、服装服饰、化妆品和日用化学品、妇幼老年及残疾人用品、文教体育休闲用品等一般消费品领域，充分发挥市场机制和企业主体作用，建立政府主导制定标准与市场自主制定标准协同发展、协调配套的新型标准体系。一是紧扣消费品质量安全要素，加快制定一批强制性国家标准。提高消费品国内国际标准一致性程度，推动实现内外销产品“同线同标同质”。重点研制一批消费品制造的核心基础零部件（元器件）、关键基础工艺、关键基础材料和产业技术基础领域急需标准。开展科技成果转化技术标准的试点，以科技创新促标准升级。建立企业标准领跑者制度，支持社会团体、企业发展优于国家和行业的标准。二是引导企业增强质量、品牌和营销意识，弘扬企业家精神和工匠精神，实施精细化质量管理，支持企业提高质量在线监测、控制和产品全生命周期质量追溯能力，鼓励大中型企业实施首席质量官制度。强化职业教育和技能培训，建立学校和企业“双元”的技术人才培养机制，推出体现技工价值的薪酬、荣誉等制度。强化品牌建设，提高中国消费品知名度和美誉度。鼓励社会资本设立消费品标准和质量提升专项基金，营造尊重技术、追求品质的良

好社会氛围。三是创新标准和质量监管，实行随机抽查企业、随机抽检产品、随机选择检测机构，加快建设跨部门、跨行业的消费品质量信息公共服务平台。引导企业自我声明公开产品和服务标准，并将标准实施情况纳入质量信用记录，加大社会监督。建立检验认证机构对产品质量承担连带责任制度。四是建立主要消费品质量安全追溯体系，强化消费维权保护，推进缺陷产品召回常态化，建立消费品质量安全惩罚性赔偿、销售者先行赔付、责任保险等制度。破除地方保护，打击进出口、网购中的侵权假冒和包庇、纵容违法违规经营等行为。五是把消费品标准与质量提升和装备制造升级紧密结合，以消费市场向中高端发展引导带动装备制造企业主动提高设备产品的性能、功能和工艺水平，促进“中国制造”全产业链升级。

会议决定，建立消费品生产经营负面清单管理制度，除强制性标准和法律法规明确规定外，取消消费品生产经营其他市场准入限制。推进消费品质量监督结果信息共享，对产品质量国家监督抽查合格的同一企业同一规格型号产品，6个月内任何地方、部门和机构不得重复抽查，实现“一个标准、一次检验、结果互认、全国通行”。鼓励更多企业走优质发展之路。

8月24日

［纲　文］ **国务院副总理张高丽在北京分别会见美国总统顾问迪斯、欧亚经济委员会执委会主席萨尔基相。**

［目　文］ 张高丽在会见迪斯时表示，中美气候变化合作是两国关系中的一大亮点，习近平主席同奥巴马总统三次发表气候变化联合声明，为推动全球应对气候变化进程作出了历史性贡献。中方愿与包括美方在内的各方一道，按照“共同但有区别的责任”原则、公平原则和各自能力原则，推进构建公平合理、合作共赢的全球气候治理体制。2016年是国际社会落实《巴黎协定》的关键一年，希望中美延续对话合作的良好势头，合作推动《巴黎协定》尽早生效实施，强化各方深入参与全球气候治理进程的信心和决心，继续为推动中美新型大国关系建设和气候变化多边进程作出积极贡献。

迪斯表示，美中两国高度重视应对气候变化，开展了密切、卓有成效的合作。美方致力于继续落实两国元首关于气候变化的系列联合声明，深化并扩大双边合作，推动《巴黎协定》全面实施。

张高丽在会见萨尔基相时说，2015年5月，习近平主席在莫斯科同普京总统共同签署并发表《中俄关于丝绸之路经济带建设和欧亚经济联盟建设对接合作的联合声明》，开启了“一带一路”建设与欧亚经济联盟建设对接合作进程。在相关各方共同努力下，对接合作已取得阶段性成果。当前全球经济增长乏力，市场需求疲软，各国普遍面临经济下行压力，需要齐心协力，共渡难关。中方愿与欧亚经济联盟各成员国一道，以“一带一路”建设与欧亚经济联盟建设对接合作为契机，力争对接合作取得更多实际成果，促进各国共同发展振兴。

萨尔基相表示，欧亚经济联盟视中方为优先合作伙伴，愿与中方共同努力，加快联盟建设同“一带一路”建设对接合作进程，推动双方在经贸、投资等领域合作取得更多积极进展。

8月24日

［纲　文］　**商务部在北京召开加快内贸流通创新推动供给侧结构性改革电视电话会议。**

［目　文］　国务院副总理汪洋出席会议并讲话。发展改革委、工业和信息化部、财政部、人力资源社会保障部、国土资源部、住房城乡建设部、交通运输部、农业部、人民银行、国资委、海关总署、税务总局、工商总局、质检总局、食品药品监管总局、统计局、知识产权局、旅游局、法制办、邮政局、全国供销合作总社的负责人约100人出席了主会场的会议。

汪洋强调，我国居民消费层次、结构、方式和理念正在发生深刻变化，对生产环节和流通环节的结构性改革都提出了新的要求。要适应新形势、新任务，加快内贸流通创新发展，着力推进供给侧结构性改革，为扩大消费需求和促进经济增长提供有力支撑。

8月24日

［纲　文］　**第八次中日韩三国外长会在日本东京举行。**

［目　文］　外交部部长王毅同日本外相岸田文雄、韩国外长尹炳世共同出席会议。王毅表示，2015年11月三国领导人会议时隔三年重启，标志着三国合作出现新的重要机遇。中日韩是东亚三大经济体，对促进东亚经济发展、引领东亚区域合作、维护地区和平稳定负有重要责任。三国应本着“正视历史、面向未来”的精神，克服困难，排除干扰，积累共识，聚焦合作，确保三国合作沿着正确方向稳定发展。下一阶段，三方应积累政治互信，开展务实合作，增进人民交往，推进可持续发展，通过“四轮驱动”，促进三国合作深入推进，为东亚合作注入新动力。中国将在杭州举行二十国集团峰会。中日韩同为二十国集团重要成员，中方愿同日、韩加强沟通合作，推动此次峰会成为提振信心、凝聚共识、指引方向的会议，为促进世界经济增长、完善全球经济治理作出应有贡献。

岸田文雄和尹炳世表示，三国合作有利于实现本地区和平稳定和繁荣，意义重大。2015年领导人会议后，三国积极落实会议共识，合作取得积极成果。三方今后应进一步加强合作，为改善双边关系提供助力。应加快三国自贸区谈判进程，推动区域全面经济伙伴关系协定谈判如期完成。挖掘广大民众看得见的项目，利用三国相继举办奥运会之机，分享经验，开展合作。加强反恐、中东等国际事务合作。在年内举行的一系列国际会议中加强沟通协作。努力为年内召开三国领导人会议创造必要条件。日韩两国支持中方办好二十国集团杭州峰会，愿共同推动峰会取得重要成果。

同日，日本首相安倍晋三集体在东京会见与会的王毅、岸田文雄、尹炳世。安倍表示，日中韩三国的经济总量占世界五分之一，肩负着维护地区和平稳定的重要责任，三国保持合作尤为必要。希望三国落实好此次外长会成果，为年内举行领导人会议做出积极准备，进而改善双边关系，促进地区发展。日方愿从长远角度出发，与中方沿着建立战略互惠关系的方向，增进信任，加强对话，管控分歧，为构建面向未来的日中关系而努力。即将召开的二十国集团杭州峰会对世界经济可持续发展意义重大，期待届时赴华出席峰会，日方祝愿峰会成功并愿为此提供尽可能的协助。

王毅表示，中日韩三国在彼此关系存在困难的情况下召开此次外长会，保持了三国合作的基调与势头。中方为此提出了促进政治、经贸、人文、可持续发展的“四轮驱动”合作主张。中方乐见日方作为二十国集团成员为峰会成功发挥积极和建设性作用。2016年还将有一系列中日韩三方共同参与的重要多边会议，希望中日韩三方本着“正视历史、面向未来”精神加强合作，为地区和平发展以及彼此关系的改善做出努力。

8月24日

［纲　文］　**《人民日报》发表题为《把党支部主体作用发挥好——三论深化“两学一做”学习教育》的评论员文章。**

8月24—28日

［纲　文］　**第23届北京国际图书博览会在北京国际展览中心举行。**

［目　文］　博览会由国家新闻出版广电总局、国务院新闻办公室、教育部、文化部、科学技术部、北京市人民政府、中国出版协会、中国作家协会联合主办，中国图书进出口（集团）总公司承办。来自英、法、美、韩、日、印度等国的1305家海外出版机构参展，比2015年增长6.2%。展示了近30万种精品图书，举办了1000多场文化交流活动，参展参观人数逾26万人次。

24日，中共中央政治局常委刘云山来到中国国际展览中心新馆，参观国内出版单位展区和国家出版基金成果展，与出版机构负责人就图书出版发行、国际合作、数字出版等进行交流。刘云山对近年来出版业发展和图书“走出去”取得的成绩给予肯定，希望牢固树立正确出版导向和价值取向，坚持把社会效益放在首位，正确处理经济效益和社会效益的关系，巩固和发展出版业良好态势。

8月25日

［纲　文］　**习近平在北京会见第31届夏季奥林匹克运动会中国体育代表团全体成员。**

［目　文］　中共中央政治局常委李克强、张德江、俞正声、刘云山、王岐山、张高丽，刘延东、刘奇葆、许其亮、栗战书、王晨、杨洁篪、王正伟等，中央和国家机关有关部门、中央军委有关部门和北京市负责人参加会见。

中共中央总书记习近平指出，里约奥运会期间，全国人民时刻牵挂着你们，世界也关注着你们，为你们取得的每一个成绩感到高兴。你们敢于挑战和超越自我，表现出了高昂的斗志、顽强的作风、精湛的技能。你们同各国运动员、国际组织开展了广泛交流，成为中国人民的友好使者。在赛场上，你们遵守规则、尊重对手、尊重裁判、尊重观众，表现出了良好体育道德和文明素养。你们在赛场上的英姿、在赛场外的风范，展现了当代中国人特别是当代中国青年人的风采。这些成绩的取得，是党、国家、人民大力支持的结果，是全国体育战线团结奋斗的结果，也是你们刻苦训练、辛勤付出的结果。

习近平强调，我们讲道路自信、理论自信、制度自信、文化自信。我们不以胜负论英雄，同时英雄就要敢于争先、敢于争第一。在奥运会这样高水平的竞争场合，争第一、拿金牌奖牌很不容易，拿到金牌奖牌的，值得尊敬和表扬。同时，只要勇于战胜自我、超越自我，即使没有拿到金牌奖牌，同样值得尊敬和表扬。所以我要说，这次拿了金牌奖牌的队伍和运动员，都是好样的。这次没拿到金牌奖牌，但在比赛中做了最好的自己的队伍和运动员，也都是好样的。中国女排不畏强手、英勇顽强，打出了风格、打出了水平，时隔12年再夺奥运金牌，充分展现了女排精神，全国人民都很振奋。我国体育健儿在里约奥运会上的表现，展示了强大正能量，展示了"人生能有几回搏"的奋斗精神。实现"两个一百年"奋斗目标、实现中华民族伟大复兴的中国梦，就需要这样的精神。要在全社会广泛宣传我国体育健儿在奥运会赛场上展现的拼搏精神，使之化为全党全国各族人民团结奋斗的强大精神力量。体育是社会发展和人类进步的重要标志，是综合国力和国家软实力的重要体现。"发展体育运动，增强人民体质"是我国体育工作的根本任务。希望同志们继续弘扬奥林匹克精神和中华体育精神，进一步提升我国竞技体育综合实力，把竞技体育搞得更好、更快、更高、更强，提高在重大国际赛事中为国争光能力，有力带动群众体育发展。希望同志们充分认识体育对提高人民健康水平的积极意义，落实全民健身国家战略，普及全民健身运动，促进健康中国建设。

8月25日

［纲　文］　**国务院办公厅印发《国家残疾预防行动计划（2016—2020年）》。**

［目　文］《计划》由四个部分组成：一、总体要求。二、主要行动。三、保障措施。四、督导检查。

《计划》强调，到2020年，残疾预防工作体系和防控网络更加完善，全社会残疾预防意识和能力显著增强，可比口径残疾发生率在同等收入国家中处于较低水平。

8月25日

［纲　文］　**国务院印发《关于修改〈国务院对确需保留的行政审批项目设定行政许可的决定〉的决定》。**

［目　文］《决定》由两个部分组成：一、将第304项的项目名称，由"网上传播视听节目许可证核发"修改为"信息网络传播视听节目许可证核发"，将实施机关由广电总局改为新闻出版广电总局。二、将第334项的项目名称，由"设立报刊记者站审批"修改为"新闻单位设立驻地方机构审批"，将实施机关由省级人民政府出版行政主管部门改为省级人民政府新闻出版广电行政主管部门。自2019年8月25日起施行。

8月25日

［纲　文］　**文化部发布《关于废止部分规范性文件的通知》。**

［目　文］《通知》说，废止《革命纪念馆工作试行条例》《文化部印发〈关于加强老年文化工作的意见〉的通知》等14个规范性文件。

8月25日

［纲　文］**教育部印发《关于深化高校教师考核评价制度改革的指导意见》。**

［目　文］《意见》由七个部分组成：一、把握考评总体要求。二、加强师德考核力度。三、突出教育教学业绩。四、完善科研评价导向。五、重视社会服务考核。六、引领教师专业发展。七、切实加强组织实施。

《意见》指出，各高校要把教师考核评价制度改革工作摆在学校改革发展的重要位置，列入重要议事日程抓实抓好。要结合实际制订本校教师考核评价制度改革实施方案，并报学校教育主管部门备案。

8月25日

［纲　文］**国务院在北京召开加强东西部扶贫协作工作电视电话会议。**

［目　文］国务院副总理、国务院扶贫开发领导小组组长汪洋出席会议并讲话。会议学习习近平总书记讲话精神和李克强总理批示，交流东西部扶贫协作经验和做法，并就下一步工作进行安排部署。

汪洋指出，深入总结历史经验，借鉴推广闽宁协作等先进典型做法，进一步增强责任意识和使命担当，聚焦精准、拓展领域、真抓实干，不断提高东西部扶贫协作水平。东西部扶贫协作开展20年来取得显著成效，对加快西部地区脱贫步伐、促进区域协调发展发挥了重要作用。进一步推进东西部扶贫协作是新时期打赢脱贫攻坚战的重要部署，协作双方要摆上重要议事日程。要优化结对关系，健全协作机制，启动经济强县和贫困县“携手奔小康”行动，广泛动员社会各方面参与，瞄准建档立卡贫困人口脱贫精准发力，真抓实干，不断深化帮扶工作。东部地区要围绕扶贫协作契合点和重点合作事项，选派有事业心、有能力的干部到对口地区开展帮扶，尤其要重视向西部输送和培养专业技术人才和管理人才。要加强产业合作，坚持市场导向，扶持、培育、引进一批企业，既带动西部贫困人口脱贫，又拓展东部产业发展空间。要推进东西部劳务协作，东部地区要针对外来建档立卡贫困务工人员开展“一对一”就业帮扶，中西部地区也要做好省内各市、市内各县劳务对接，确保贫困人口稳定就业、稳定脱贫。要以建档立卡贫困人口脱贫成效为主要内容，加强对东西部扶贫协作工作考核。

8月25日

［纲　文］**第三次中日高级别政治对话在北京举行。**

［目　文］国务委员杨洁篪同日本国家安全保障局长谷内正太郎共同主持对话。杨洁篪表示，当前中日关系改善进程仍不断受到各种问题干扰，特别是最近涉海问题比较突出，这不符合双方利益。希望日方言行一致，切实奉行积极友善的对华政策，在合作共赢上多做“加法”，在矛盾分歧上多做“减法”，为两国关系改善发展积累积极因素，创造有利条件。二十国集团峰会即将在杭州举行，中日作为世界第二、三大经济体，合作确保

二十国集团杭州峰会成功符合包括中日在内的各方共同利益。中方希望日方为二十国集团杭州峰会取得成功发挥建设性作用。谷内正太郎表示，日方希望不断改善发展日中关系。日方重视日中四个政治文件和四点原则共识的重要意义，愿本着战略互惠精神，与中方加强沟通对话，增进互信，妥善处理两国关系面临的问题，加强在金融、环保等领域务实合作，努力推进符合新时代的日中关系。日方支持中方成功主办二十国集团杭州峰会。

同日，国务院总理李克强在北京会见谷内正太郎时说，当前中日关系虽有改善势头，但仍然十分脆弱。双方应始终着眼两国关系的战略大局，坚持中日间四个政治文件，本着“以史为鉴、面向未来”的精神，积累积极因素，减少消极因素，努力推动中日关系重回正常发展轨道。明后两年是中日邦交正常化45周年和《中日和平友好条约》缔结40周年。希望双方抓住机遇，妥善处理两国间的各种新老问题，稳步推进交流合作，维护两国关系稳定和改善势头。战略上执行积极友善的政策，希望日方真正确立对华正确认知，落实把中国发展当作机遇的表态；行动上妥善管控矛盾分歧，尤其是涉海问题，维护周边海域和平稳定。

谷内正太郎首先宣读了日本首相安倍晋三致李克强总理的信。安倍在信中表示，日方愿本着建立日中战略互惠关系的思路，与中方共同构建惠及双方的稳定日中关系。日方预祝二十国集团杭州峰会成功举办，并愿就此同中方加强合作。谷内表示，日方希望加强两国高层交往和机制性沟通，管控东海矛盾分歧，维护海上和平稳定，并愿以明后两年纪念日中建交、缔约为契机，进一步深化双边交往。

8月26日

［纲　文］　**中共中央政治局在北京召开会议，审议“健康中国2030”规划纲要。**

［目　文］　中共中央总书记习近平主持会议。会议认为，健康是促进人的全面发展的必然要求，是经济社会发展的基础条件，是民族昌盛和国家富强的重要标志，也是广大人民群众的共同追求。党的十八届五中全会明确提出推进健康中国建设，从“五位一体”总体布局和“四个全面”战略布局出发，对当前和今后一个时期更好保障人民健康作出了制度性安排。编制和实施“健康中国2030”规划纲要是贯彻落实党的十八届五中全会精神、保障人民健康的重大举措，对全面建成小康社会、加快推进社会主义现代化具有重大意义。同时，这也是我国积极参与全球健康治理、履行我国对联合国“2030可持续发展议程”承诺的重要举措。新中国成立特别是改革开放以来，我国健康领域改革发展成就显著，人民健康水平不断提高。同时，我国也面临着工业化、城镇化、人口老龄化以及疾病谱、生态环境、生活方式不断变化等带来的新挑战，需要统筹解决关系人民健康的重大和长远问题。“健康中国2030”规划纲要是今后15年推进健康中国建设的行动纲领。要坚持以人民为中心的发展思想，牢固树立和贯彻落实创新、协调、绿色、开放、共享的发展理念，坚持正确的卫生与健康工作方针，坚持健康优先、改革创新、科学发展、公平公正的原则，以提高人民健康水平为核心，以体制机制改革创新为动力，从广泛的健康影响因

素入手，以普及健康生活、优化健康服务、完善健康保障、建设健康环境、发展健康产业为重点，把健康融入所有政策，全方位、全周期保障人民健康，大幅提高健康水平，显著改善健康公平。推进健康中国建设，要坚持预防为主，推行健康文明的生活方式，营造绿色安全的健康环境，减少疾病发生。要调整优化健康服务体系，强化早诊断、早治疗、早康复，坚持保基本、强基层、建机制，更好满足人民群众健康需求。要坚持共建共享、全民健康，坚持政府主导，动员全社会参与，突出解决好妇女儿童、老年人、残疾人、流动人口、低收入人群等重点人群的健康问题。要强化组织实施，加大政府投入，深化体制机制改革，加快健康人力资源建设，推动健康科技创新，建设健康信息化服务体系，加强健康法治建设，扩大健康国际交流合作。

会议强调，各级党委和政府要增强责任感和紧迫感，把人民健康放在优先发展的战略地位，抓紧研究制定配套政策，坚持问题导向，抓紧补齐短板，不断为实现“两个一百年”奋斗目标、实现中华民族伟大复兴的中国梦打下坚实健康基础。

8月26日

［纲　文］　**国务院总理李克强、国务委员杨洁篪在北京分别会见第71届联合国大会主席汤姆森。**

［目　文］　李克强在会见汤姆森时表示，当前世界经济复苏乏力，恐怖主义、难民问题和地缘政治风险上升，全球化进程和信心受挫，国际形势不稳定不确定因素有增无减。中方坚定支持联合国作为最具普遍性、代表性和权威性的政府间国际组织，在应对全球性威胁与挑战方面发挥强有力的作用。2016年适逢中国恢复在联合国合法席位45周年。45年来，中国始终致力于维护以联合国为核心的国际体系，捍卫《联合国宪章》宗旨和原则。新形势下，我们将一如既往地维护联合国的权威，支持联合国的工作，同各国一道应对挑战，加强和完善全球治理，推动落实2030年可持续发展议程，更好实现全球共赢共享。

汤姆森表示，中国是世界上有重要影响的国家，在促进国际和平与可持续发展事业中发挥着重要作用。联合国感谢中方长期以来的大力支持，期待同中国的关系与合作迈上新高度。

杨洁篪在会见汤姆森时表示，中方高度重视联合国在国际事务中的权威地位和作用，将继续深化与联合国在各领域的合作，全面落实习近平主席提出的构建以合作共赢为核心的新型国际关系、打造人类命运共同体的主张，积极推动落实联合国成立70周年系列峰会各项务实成果。他表示，二十国集团领导人杭州峰会即将举行，作为二十国集团轮值主席国，中方愿与各方加强协调配合，共同推动杭州峰会取得成功。

汤姆森高度评价中国在联合国应对全球性议题中发挥的重要建设性作用，预祝二十国集团杭州峰会取得圆满成功。

8月26日

［纲　文］　**国务院印发《关于开展第三次大督查的通知》。**

［目　文］《通知》由五个部分组成：一、总体要求。二、督查重点。三、督查方式。四、督查安排。五、督查纪律要求。

《通知》指出，对各地区、各部门健全和落实工作责任制、督查问责机制、激励机制等情况，以及国家重大政策措施贯彻落实跟踪审计发现问题整改情况进行督查。

8月26日

［纲　文］**交通运输部公布修改后的《出租汽车驾驶员从业资格管理规定》，自2016年10月1日起施行**。

8月26日

［纲　文］**交通运输部公布修改后的《出租汽车经营服务管理规定》，自2016年11月1日起施行**。

8月26日

［纲　文］**新华社讯，范长龙在新疆、西藏边防部队调研**。

［目　文］中央军委副主席范长龙代表中央军委主席习近平和中央军委，向坚守在雪域高原卫国戍边的全体官兵致以崇高敬意和诚挚问候并强调，要坚决贯彻习主席重要决策指示精神，着眼实现党在新形势下的强军目标，大力弘扬优良传统，全面加强边防部队建设和改革，不断提高履行使命任务能力，坚决维护西部边境安全稳定。边防部队地位重要，使命光荣，责任重大，要紧紧围绕强军目标建设连队，扎实推进政治建军、改革强军、依法治军，强化练兵备战，坚决完成巡逻执勤和战备训练等各项任务。要持续深化党的创新理论武装，学习好习主席系列重要讲话精神特别是国防和军队建设重要论述，开展好“两学一做”学习教育和改革强军主题教育活动，强化政治意识、大局意识、核心意识、看齐意识，坚决做到人在边关、红心向党。要着眼政治和全局做好边防工作，严格落实边防管控政策规定，积极稳妥处置各类情况，坚决维护领土主权和边防稳定。西部战区边防部队驻守条件艰苦，自然环境恶劣，任务艰巨繁重。要着眼边防巩固和边境地区长治久安，加强边防战备、训练、工作和生活设施建设，改善官兵物质文化生活条件。各级要关心关爱一线官兵，把冷暖放在心上，积极为边防办实事、做好事、解难事，保证官兵能吸上氧、吃上新鲜蔬菜，有病能及时看、家庭生活困难有人帮，确保边防部队政治坚定、思想稳定、全面过硬。

8月26日

［纲　文］**新华社讯，常万全在内蒙古、吉林、宁夏调研国防教育工作**。

［目　文］国防部部长常万全强调，各级各部门要认真学习领会习主席关于加强全民国防教育的一系列重要指示精神，坚决贯彻党中央、国务院、中央军委决策部署，居安思危、增强忧患，摆上位置、加强领导，与时俱进、开拓创新，扎实推动新形势下全民国防教育普及深入，为实现中国梦强军梦提供有力支撑。国防教育是国之大事，旨在强化全民的国家意识、国防意识和国土意识，筑牢中华民族伟大复兴的精神长城。我们的国防是全民的国防，建设巩固国防是每个公民义不容辞的责任和义务。军地各级要结合正在

开展的“两学一做”学习教育，贯彻“严实”要求，进一步加强国防教育工作的组织领导，突出教育重点，创新方式方法，营造浓厚氛围，不断把全民国防教育普及开来、推向深入。

8月26日

［纲　文］**外交部发言人表示，二十国集团杭州峰会将推动制定杭州行动计划。**

［目　文］发言人表示，二十国集团杭州峰会有愿景，更有行动，将推动制定杭州行动计划，为促进世界经济强劲、可持续、平衡和包容增长采取实实在在的行动。二十国集团杭州峰会将继续聚焦“强劲的国际贸易和投资”议题，在坚持反对贸易和投资保护主义这一大前提下，通过有效运用世界贸易组织多边机制和双边的经济沟通机制，增进了解、扩大共识。在全球贸易连续五年低于3%的低迷情况下，中方同各方共同努力，已就维护开放、安全的全球贸易体系，推动实现包容性增长达成共识。

8月26日

［纲　文］**“杨振宁先生、翁帆女士捐赠熊秉明雕塑作品·朱奕龙先生捐赠于右任书法作品”捐赠仪式在中国美术馆举行。**

［目　文］文化部部长雒树刚出席仪式并讲话。中国美术馆馆长吴为山主持捐赠仪式。著名科学家杨振宁夫妇、中国侨联副主席朱奕龙、中国美协主席刘大为、中国书协主席苏士澍与艺术家范曾、盛杨等参加捐赠仪式。杨振宁夫妇向中国美术馆捐赠了熊秉明的《笔架》《骆驼》《马》三件雕塑精品，作品融汇中国写意精神和西方的抽象构成；朱奕龙捐赠了于右任的《行书七言联》《草书轴》《行书信札》三幅书法精品，它们的入藏进一步完善了中国美术馆20世纪中国书法篆刻的收藏序列。

中国美术馆近年来接受的捐赠作品中，不仅有老舍、高二适、吴印咸等国内大家的作品，还包括珂勒惠支、法兰西艺术院众院士等国际大师的作品，这些艺术珍品内容丰富、形式多样、艺术精湛、风格品类独特，不仅完善和丰富了国家美术收藏，同时也为记录研究20世纪以来中国美术发展历程、留存民族艺术瑰宝积累了宝贵实物。

8月26日

［纲　文］**《人民日报》报道，经中共中央批准，中央纪委对国家统计局原党组书记、局长王保安严重违纪问题立案审查。**

［目　文］王保安身为党的高级领导干部，理想信念丧失，严重违反党的纪律，且党的十八大后仍不收敛、不收手，性质恶劣、情节严重。依据《中国共产党纪律处分条例》等有关规定，经中央纪委常委会议审议并报中共中央批准，决定给予王保安开除党籍处分；由监察部报国务院批准，给予其开除公职处分；收缴其违纪所得；将其涉嫌犯罪问题、线索及所涉款物移送司法机关依法处理。

2017年5月31日，河北省张家口市中级人民法院公开宣判国家统计局原党组书记、局长王保安受贿一案，对被告人王保安以受贿罪判处无期徒刑，剥夺政治权利终身，并处没收个人全部财产；对王保安受贿所得财物及其孳息依法予以追缴，上缴国库。

8月27日

［纲　文］　**中央军委给陈德明记一等功庆功大会在北京举行。**

［目　文］　大会宣读了中央军委主席习近平签署的奖励通令，并向陈德明颁发了一等功证章证书。

陈德明入伍26年来，始终以强军报国为己任，坚守大漠戈壁，把为国砺剑铸盾作为人生最大追求，紧盯未来战场，心装打赢使命，参与执行数百发导弹武器飞行试验任务，牵头完成“动能反导靶场试验技术”等10多个重大项目，为加快我军新型作战力量建设、提升我军新质作战能力作出重大贡献。陈德明曾获得国家科技进步二等奖1项，军队科技进步一等奖1项、二等奖9项、三等奖6项，授权国防专利10项。荣立个人一等功1次、二等功1次、三等功2次，被表彰为全军优秀共产党员。

8月27日

［纲　文］　**《人民日报》发表题为《弘扬体育精神 振奋中国力量》的评论员文章。**

8月28日

［纲　文］　**习近平、李克强对中国航空发动机集团公司成立作出指示、批示。**

［目　文］　中共中央总书记习近平作出指示强调，党中央作出组建中国航空发动机集团公司的决策，是从富国强军战略高度出发，对深化国有企业改革、推进航空工业体制改革采取的重大举措。希望你们牢记使命、牢记责任，坚持国家利益至上，坚持军民深度融合发展，坚持实施创新驱动战略，大胆创新，锐意改革，脚踏实地，勇攀高峰，加快实现航空发动机及燃气轮机自主研发和制造生产，为把我国建设成为航空强国而不懈奋斗。

国务院总理李克强作出批示指出，组建中国航空发动机集团公司，是党中央、国务院作出的重大战略决策。航空发动机是国之重器，是装备制造业的尖端，尽快在这一领域实现突破，对于增强我国经济和国防实力、提升综合国力具有重大意义。要牢固树立新发展理念，坚持军民融合发展战略，以建设世界一流航空发动机企业为目标，依靠改革开放，立足自主创新，弘扬工匠精神，集众智推众创，并积极借鉴国外经验，着力攻克核心关键技术。希望同志们牢记使命，不负重托，努力做航空动力的保障者、制造强国的建设者和创新驱动发展的践行者，为保障国防安全、培育壮大新动能、促进经济社会持续健康发展作出积极贡献。

同日，中国航空发动机集团公司成立大会在北京举行。国务委员王勇出席大会并宣读了习近平指示和李克强批示。国务院副总理马凯出席大会并讲话。中央和国家机关有关部门，北京市、中央军委有关部门以及有关企业、高校代表出席成立大会。

马凯指出，要认真学习习近平总书记和李克强总理重要指示批示精神，全面贯彻党中央、国务院和中央军委决策部署，坚决落实重大专项实施方案工作要求，坚持创新发展，走出一条航空发动机自主发展道路；坚持深化改革，打造一个充满活力的崭新现代企业；

坚持军民融合，更好服务国防建设和经济社会发展；坚持人才为本，培养造就一批创新领军人才、科技专门人才和高技能人才，实现航空发动机从测绘仿制到自主创新的战略转变，实现我国由航空大国向航空强国的战略转变。

8月28日

［纲　文］　**湖南、云南、西藏等三省区党委主要负责人职务调整。**

［目　文］　中共中央决定：杜家毫同志任湖南省委书记；徐守盛同志不再担任湖南省委书记、常委、委员职务。陈豪同志任云南省委书记；李纪恒同志不再担任云南省委书记、常委、委员职务，另有任用。吴英杰同志任西藏自治区党委书记；陈全国同志不再担任西藏自治区党委书记、常委、委员职务，另有任用。

8月28日—9月2日

［纲　文］　**应全国人大常委会委员长张德江邀请，纳米比亚国民议会议长卡贾维维率团访华。**

［目　文］　29日，张德江在北京与卡贾维维举行会谈。张德江说，中纳人民曾为了争取纳米比亚民族解放而并肩战斗，结下了深厚友谊。建交26年来，双方始终真诚友好、平等相待，在涉及彼此核心利益和重大关切的问题上相互理解、相互支持。中纳传统友谊是双方共同的宝贵财富，值得倍加珍惜。2015年12月中非合作论坛约翰内斯堡峰会期间，习近平主席同根哥布总统举行了富有成果的会晤，为中纳关系发展指明了方向。中方愿以落实两国元首共识和论坛峰会成果为契机，同纳方一道，把两国传统友好和政治互信的优势转化为更多务实合作成果，加强太阳能和风能、海水淡化和海洋经济、农牧渔业等领域互利合作，推动中纳关系再上新台阶，更好造福两国人民。立法机关交往是国家关系的重要组成部分。希望中国全国人大和纳米比亚国民议会进一步发挥各自优势，加强友好交流与合作，为增进两国人民友谊、促进两国合作发展添砖加瓦。一是始终从战略高度、长远角度看待两国关系发展，继续在涉及彼此核心利益和重大关切问题上坚定相互支持，加强在多边场合的协调配合，不断夯实两国关系发展的政治基础；二是为两国互利合作营造更加有利的法律、政策和服务环境，促进双方合作取得更多成果；三是加强治国理政经验交流，扩大各层级往来，相互学习借鉴，促进共同发展；四是促进民间友好往来，不断增进人民间的理解和友谊，使中纳友好得到更多民众的支持、实现持续发展。

卡贾维维说，纳米比亚人民对中国始终怀着美好的感情，感谢中国对纳方的长期支持帮助。纳方愿充分利用非中合作机制，加强两国务实合作，把纳中关系提升到新的高度。纳米比亚议会愿加强与中国全国人大的交流与合作，积极学习中方在治国理政等方面的先进经验，为纳中传统友谊增添新的内涵。

8月29日

［纲　文］　**习近平视察战略支援部队机关。**

［目　文］　中央军委主席习近平视察了战略支援部队某部作战指挥中心，并听取了

战略支援部队工作汇报。在察看作战值班情况时，习近平看到部队指挥员和值班人员训练有素、精神饱满，勉励大家锤炼过硬指挥素质，提高作战指挥效能。

习近平强调，战略支援部队是维护国家安全的新型作战力量，是我军联合作战体系的重要支撑。战略支援部队要以时不我待的精神，勇敢担负起历史重任。要加快战略支援部队创新发展。战略支援部队建设，最需要的是创新，根本出路在创新。要在把握规律的基础上，勇于创新思路、创新模式、创新发展，贯彻更加注重聚焦实战、更加注重创新驱动、更加注重体系建设、更加注重集约高效、更加注重军民融合的战略指导，高标准高起点推进各项建设，努力走出一条中国特色新型作战力量建设的路子。要扭住备战打仗不放松，以作战需求为牵引，制定战略支援部队发展战略和建设规划计划，加快构建新型训练体系，全面提高威慑和实战能力。要扭住深化改革不放松，确立同新型作战力量建设和联合作战要求相适应的思想观念，建立科学高效的运行机制，优化部队规模结构和编成，提高各项工作科学化、规范化水平。要扭住创新驱动不放松，加快推进军事理论创新，抓住科技创新这个牛鼻子发展先进技术和装备，抓好新型作战力量和高层次科技创新人才培养，健全管理体系，提高部队建设精准度和效费比。要扭住军民融合不放松，善于在社会主义市场经济条件下发挥举国体制优势，统筹各方面力量资源，不断拓展融合深度和广度，构建一体化的国家战略能力。

8月29日

［纲　文］　**国务院办公厅印发《关于调整国务院三峡工程建设委员会组成人员的通知》。**

［目　文］　《通知》说，根据人员变动情况和工作需要，国务院决定对国务院三峡工程建设委员会组成人员作如下调整：一、环境保护部副部长赵英民、住房城乡建设部副部长倪虹、水利部副部长刘宁、人民银行副行长潘功胜、林业局副局长刘东生、中科院副院长张亚平、银监会副主席曹宇、能源局副局长李仰哲、文物局局长刘玉珠、湖北省副省长任振鹤、重庆市副市长刘强、国家电网公司董事长舒印彪、水利部长江水利委员会主任魏山忠任国务院三峡工程建设委员会委员。二、免去王国生的国务院三峡工程建设委员会副主任职务，免去翟青、陈大卫、矫勇、张建龙、施尔畏、周慕冰、刘琦、励小捷、梁惠玲、张鸣、刘振亚、刘雅鸣等人的国务院三峡工程建设委员会委员职务。

8月29日

［纲　文］　**农业部印发《“十三五”全国农业农村信息化发展规划》。**

［目　文］　《规划》由五个部分组成：一、发展形势。二、指导思想、基本原则、发展目标。三、主要任务。四、重点工程。五、保障措施。

8月29日

［纲　文］　**刘延东、王勇在北京为出征里约残奥会中国体育代表团送行。**

［目　文］　国务院副总理刘延东、国务院残工委主任王勇会见出征里约残奥会的中国体育代表团成员，代表党中央、国务院表示亲切慰问和良好祝愿，勉励残疾人运动员自

强不息、顽强拼搏，取得竞赛成绩和精神文明双丰收。

刘延东指出，在党中央、国务院的高度重视和坚强领导下，我国残疾人事业和残疾人体育工作取得举世瞩目成就，连续三届获残奥会金牌和奖牌数双第一，赢得国际社会广泛赞誉。希望中国体育代表团以习近平总书记重要讲话精神为指引，大力弘扬奥林匹克精神、中华体育精神和残疾人体育精神，超越自我，追求卓越，以优异成绩为祖国和人民争得荣誉；要与各国各地区运动员加强交流增进友谊，展示中国运动员和中国人民的精神风貌；要平安参赛，干净参赛，维护国家和中国体育代表团良好形象。她要求各方面切实做好工作，为残奥健儿参赛提供良好服务和保障。

王勇指出，党中央、国务院高度重视残疾人体育事业，希望中国体育代表团不负重托，顽强拼搏，再创辉煌，为祖国争光、为人生添彩。

8月29日

［纲　文］　**汪洋在内蒙古调研草牧业发展工作**。

［目　文］　国务院副总理汪洋考察了位于海拉尔的试验示范基地，对草牧业试验区建设取得的成绩给予肯定并强调，加快草牧业发展，是农牧民增收致富的重要途径，是农业供给侧结构性改革的重要内容，是生态文明建设的重要举措。要认真贯彻落实党中央、国务院的决策部署，坚持生产生态有机结合、生态优先，加强草原生态保护建设，积极发展人工种草，转变草食畜牧业发展方式，以科技创新推进转型升级，实现草牧业持续健康发展。补齐草牧业短板，关键在科技。要加强草、畜良种的研究与开发，加快良种牧草繁育基地、种畜场建设，全面提高草产业和草食畜牧业生产效率和竞争力。着力探索适应不同地区的草牧业发展技术路线，保护和恢复草原生态系统，促进草畜配套、良性循环，提高草原生态产品生产能力，实现生产与生态协调发展。加强公共服务，完善草牧业服务体系，充分发挥规模化经营主体的示范带动作用，加快草牧业科技成果推广应用。

8月29日

［纲　文］　**全国党委秘书长会议在北京召开**。

［目　文］　中央办公厅主任栗战书出席会议并讲话。王晨、张庆黎出席会议。栗战书指出，全国党委办公厅系统要深入学习贯彻习近平总书记“七一”重要讲话精神，深刻理解党的十八大以来党中央提出的一系列新理念新思想新战略，深刻认识党和国家事业发展取得的新变化新成就，切实增强道路自信、理论自信、制度自信、文化自信，始终同以习近平同志为总书记的党中央保持高度一致。要认清形势，把握大局，不断强化政治意识、大局意识、核心意识、看齐意识，自觉维护以习近平同志为总书记的党中央的集中统一领导。要努力提高党委办公厅工作的科学化、规范化水平，高标准、高水平、高质量地做好“三服务”工作，确保中央重大决策部署落地生根。

8月29日

［纲　文］　**新华社讯，新疆、内蒙古、安徽等三省区党委主要负责人职务调整**。

［目　文］　中共中央决定：张春贤同志不再兼任新疆维吾尔自治区党委书记、常

委、委员职务，另有任用；陈全国同志任新疆维吾尔自治区党委委员、常委、书记。李纪恒同志任内蒙古自治区党委委员、常委、书记；王君同志不再担任内蒙古自治区党委书记、常委、委员职务。李锦斌同志任安徽省委书记；王学军同志不再担任安徽省委书记、常委、委员职务。

8月29日

［纲　文］　**国家副主席李源潮、中央军委副主席范长龙在北京分别会见越南国防部部长吴春历。**

［目　文］　李源潮在会见吴春历时说，习近平总书记和阮富仲总书记2015年实现互访，为新时期中越关系发展指明了方向。希望双方牢固树立社会主义命运共同体意识，增进政治互信，深化友好互利合作，妥善处理分歧，推动两国全面战略合作伙伴关系不断发展。吴春历说，当前地区和国际形势复杂演变。越方愿与中方认真落实两国高层共识，进一步加强团结友好和全方位合作。

范长龙在会见吴春历时说，中越两国山水相连，人文相近，友谊深厚。当前，两军关系发展势头良好，合作机制日益健全，务实合作日益增多，各层次交往愈加密切。中方愿同越方进一步加强战略沟通，深化务实合作，妥善看待并处理分歧，促进共同发展，维护共同安全。吴春历说，越方重视与中方的传统友谊，愿继续增进政治互信，加强各领域务实合作，推动两军关系成为越中两党两国关系的重要支柱。

30日，国务委员兼国防部部长常万全在北京与吴春历会谈时说，中方愿与越方一道，全面落实习近平总书记与阮富仲总书记的重要共识，加强两军高层交往、政治工作、教育培训、军事学术、边防交流、青年军官互访、多边安全事务等方面合作。双方要客观看待并妥善处理分歧，为地区和平稳定作出积极努力。吴春历说，愿进一步加强越中两军团结友好合作，努力使两军关系成为两国关系的支柱，造福两国人民。

8月29日

［纲　文］　**中沙高级别联合委员会文化、科技和旅游分委会第一次会议在北京举行。**

［目　文］　文化部副部长丁伟和沙特阿拉伯通讯社社长阿卜杜拉共同主持会议。中沙两国分委会文化、科技、教育、旅游、文物、新闻出版等部委成员单位和沙特驻华使馆代表参加了会议。会议通过了《中沙高级别联合委员会首次会议纪要》。

8月29日

［纲　文］　**《人民日报》发表题为《为国争光，振奋民族自信心——以女排精神激荡中国力量之一》的评论员文章。**

8月29日—9月3日

［纲　文］　**十二届全国人大常委会第二十二次会议在北京召开。**

［目　文］　全国人大常委会委员长张德江主持开幕会、闭幕会。全国人大常委会副委员长李建国、王胜俊、陈昌智、严隽琪、沈跃跃、张平、向巴平措、艾力更·依明巴

海、万鄂湘、张宝文、陈竺，全国人大常委会组成人员出席会议。

会议主要内容是：一、表决通过了国防交通法、全国人大常委会关于修改外资企业法等四部法律的决定，决定免去杨传堂的交通运输部部长职务、任命李小鹏为交通运输部部长，国家主席习近平分别签署第50、51、52号主席令予以公布。二、表决通过了全国人大常委会关于授权最高人民法院、最高人民检察院在部分地区开展刑事案件认罪认罚从宽制度试点工作的决定。三、表决通过了全国人大常委会关于批准《巴黎协定》的决定、关于批准《中华人民共和国加入世界贸易组织关税减让表修正案》的决定。四、表决通过了全国人大常委会代表资格审查委员会关于个别代表的代表资格的报告。五、经表决，任命王君为全国人大民族委员会副主任委员，任命王学军为全国人大教育科学文化卫生委员会副主任委员，任命徐守盛为全国人大农业与农村委员会副主任委员。

8月29—31日

［纲　文］　**政协第十二届全国委员会常务委员会第十七次会议在北京召开。**

［目　文］　国务院副总理刘延东应邀出席开幕会并作报告。会议期间，全国政协助席俞正声主持召开了全国政协第四十八次主席会议，听取了会议专题分组讨论情况和关于人事事项讨论情况的汇报。

会议主要内容是：一、围绕“促进社会主义文艺繁荣发展”议政建言。二、会议经过表决，增补袁贵仁、潘立刚为第十二届全国政协委员；任命潘立刚为第十二届全国政协副秘书长，孙怀山为港澳台侨委员会主任，袁贵仁为外事委员会副主任；孙怀山不再担任第十二届全国政协副秘书长，杨崇汇不再担任港澳台侨委员会主任。三、会议追认全国政协第四十七次主席会议作出的关于撤销夏勇第十二届全国政协委员资格的决定，接受王穗明、李卫东请辞第十二届全国政协委员。

8月29—30日

［纲　文］　**孙春兰在上海就贯彻落实中央关于统一战线重大决策部署情况调研检查。**

［目　文］　中央统战部部长孙春兰主持召开调研检查专题会，听取了上海市委贯彻落实情况汇报，并召开两场座谈会，分别听取加强新的社会阶层人士统战工作和党政干部对统战工作的意见建议；在科技企业、上海自贸试验区行政服务中心等，了解党外人士工作思想状况；到中国基督教“三自”爱国运动委员会和中国基督教协会机关，听取贯彻落实全国宗教工作会议精神情况。

孙春兰说，上海市委对贯彻落实中央关于统一战线重大决策部署认识到位、举措务实，工作富有成效。特别是市委高度重视，主要领导率先垂范，深入开展党外人士工作，发挥了统一战线凝心聚力的法宝作用。希望通过调研检查，深入学习贯彻习近平总书记重要讲话精神，进一步深化思想认识，强化问题导向，形成全党重视、共同来做的大统战格局。在与有关部门同志和专家学者座谈时，孙春兰强调，团结凝聚新的社会阶层人士，是新形势下统战工作新的着力点。要把加强团结引导作为首要任务，把发挥优势作用作为重要目标，注重依托社区、园区、楼宇、网络等开展联系服务工作，增进思想共识和行动自觉，将新的社会阶层人士紧密团结在党的周围。贯彻落实中央重大决策部署是一项长期任务，要通过调研检查，找准查实贯彻落实中的共性问题，选取典型解剖麻雀，创新方法突破瓶颈，努力用贯彻落实中央重大决策部署的新成效开创统战工作新局面。

8月29—31日

［纲　文］　**应国务院副总理张高丽邀请，沙特阿拉伯王国王储继承人兼第二副首相、国防大臣穆罕默德·本·萨勒曼·阿勒沙特访华。**

［目　文］　访华期间，国家主席习近平在北京会见穆罕默德。张高丽和穆罕默德共同主持中沙政府间高级别联合委员会首次会议并签署了《中国政府和沙特政府关于成立中沙高级别联合委员会的协定》，共同见证了双方政治、能源、金融、投资、住房、水资源、质检、科技、人文等领域合作文件的签署。中沙高委会下设政治外交，“一带一路”、重大投资合作项目和能源、贸易和投资、文化、科技和旅游等六个分委会。国务委员兼国防部部长常万全、国务委员杨洁篪在北京分别会见了穆罕默德。穆罕默德王储继承人出席了二十国集团领导人第十一次峰会。

习近平在会见穆罕默德时指出，中国视沙特为共建“一带一路”的重要合作伙伴，愿同沙方共同努力，充实中沙全面战略伙伴关系内涵，更好造福两国人民，促进世界和地区和平。中沙要巩固战略互信，携手应对挑战。中方支持沙特维护自身安全和稳定的努力，将鼓励有关各方共同维护地区和平稳定。双方要加快发展战略对接，深化利益融合。我们要用共建“一带一路”来统领双边务实合作。中方愿同沙方加强基础设施、制造业、金融、投资和能源等领域合作。双方要落实重大战略合作项目，服务各自发展。中方大量优势产能、装备、创新技术正在走向世界，可以成为沙特推进经济多元化战略和制造业发展的合作伙伴。国际社会高度期待二十国集团领导人杭州峰会为提振世界经济和国际经济合作发挥积极作用。中沙两国同为二十国集团重要成员和新兴市场国家。我们要切实发挥二十国集团作为国际经济合作主要论坛的作用，推动杭州峰会为促进世界经济增长、完善全球治理作出更大贡献。

穆罕默德表示，沙特政府和人民高度重视对华关系，视中国为重要战略伙伴。沙方坚定支持中方在台湾、南海等问题上立场，希望通过沙中高级别联合委员会进一步深化沙中政治、经济关系，愿将自身发展战略同“一带一路”倡议对接，加强经贸、物流、金融等领域合作。沙方支持中国举办一届成功的二十国集团领导人杭州峰会。

8月30日

［纲　文］　**习近平主持召开中央全面深化改革领导小组第27次会议。**

［目　文］　中央全面深化改革领导小组副组长李克强、刘云山、张高丽出席会议，中央和国家有关部门负责人列席会议。

中央全面深化改革领导小组组长习近平强调，当前和今后一个时期，是全面深化改革的施工高峰期，是落实改革任务的攻坚期，抓谋划、抓统筹、抓落实的任务依然艰巨繁重。要按照既定的时间表、路线图，更加注重发挥经济体制改革的牵引作用，更加有针对性解决各领域各层面各环节的矛盾和问题，强化基础支撑，注重系统集成，完善工作机制，严格督察落实，不断提高改革精准化、精细化水平，坚定不移把全面深化改革推向前进。

会议审议通过了《关于构建绿色金融体系的指导意见》《关于完善产权保护制度依法保护产权的意见》《关于创新政府配置资源方式的指导意见》《关于实行以增加知识价值为导向分配政策的若干意见》《关于进一步推广深化医药卫生体制改革经验的若干意见》《脱贫攻坚责任制实施办法》《关于完善农村土地所有权承包权经营权分置办法的意见》《重点生态功能区产业准入负面清单编制实施办法》《生态文明建设目标评价考核办法》《关于在部分省份开展生态环境损害赔偿制度改革试点的报告》《关于从事生产经营活动事业单位改革的指导意见》《关于公共文化设施开展学雷锋志愿服务的实施意见》《关于清理规范改革试点情况的报告》《关于全面深化改革重要举措出台和落实情况的评估报告》等十四个文件。

8月30日

［纲　文］　**交通运输部公布《关于废止〈外商投资铁路货物运输业审批与管理暂行办法〉的决定》。**

［目　文］　《决定》说，经商商务部同意，现决定废止《外商投资铁路货物运输业审批与管理暂行办法》，自2016年8月30日起施行。

8月30日

［纲　文］　**民政部、工业和信息化部、新闻出版广电总局、国家互联网信息办公室印发《公开募捐平台服务管理办法》，自2016年9月1日起施行。**

8月30日

［纲　文］　**财政部、教育部印发《关于免除普通高中建档立卡家庭经济困难学生学杂费的意见》。**

［目　文］　《意见》由三个部分组成：一、重大意义。二、主要内容。三、工作要求。《意见》要求，各省要发挥省级统筹作用，结合精准扶贫、精准脱贫的要求，制定切实可行的实施方案，逐市、逐县（区）确定免学杂费标准，明确省以下免学杂费资金分担办法，确保政策落实到位。

8月30日

［纲　文］　**全国妇联十一届五次执委会议在北京召开。**

［目　文］　全国妇联主席沈跃跃主持会议。国家副主席李源潮出席会议并讲话，全国妇联书记处第一书记宋秀岩通报全国妇联改革情况。会议深入学习贯彻中共中央总书记习近平系列讲话特别是关于妇联改革的指示精神，就贯彻落实党中央要求，扎实推进妇联改革作出部署。

8月30日

［纲　文］　山西省人大常委会第二十八次会议决定，接受李小鹏因工作变动辞去山西省省长职务的请求，任命楼阳生为山西省副省长、代理山西省省长。

8月30日

［纲　文］　统计局发布公告，2015年中国文化及相关产业增加值27235亿元，比上年增长11%（未扣除价格因素），比同期国内生产总值名义增速高4.6个百分点；占国内生产总值的比重为3.97%，比上年提高0.16个百分点。

8月30日

［纲　文］　外交部发言人就中国驻吉尔吉斯斯坦使馆遇袭要求吉方立即采取一切必要措施确保中国在吉机构和人员安全。

［目　文］　发言人说，中国驻吉尔吉斯斯坦使馆当地时间30日上午遭到汽车炸弹袭击，造成使馆三名人员轻伤，中方对此深感震惊并严厉谴责这一极端暴力行径。外交部已于第一时间启动应急响应机制，中方已要求吉方立即采取一切必要措施，确保中国在吉机构和人员安全，并迅速彻查事件真相，严惩凶手。

8月30日

［纲　文］　《人民日报》发表题为《顽强拼搏，鼓起奋斗精气神——以女排精神激荡中国力量之二》的评论员文章。

8月30日—9月6日

［纲　文］　应国务院总理李克强邀请，加拿大总理特鲁多对中国进行正式访问并出席二十国集团领导人第十一次峰会。

［目　文］　访问期间，国家主席习近平、全国人大常委会委员长张德江在北京分别会见了特鲁多。李克强与特鲁多在北京举行了会见、会谈。两国总理共同见证了双方文化、环保等领域合作文件的签署并会见了记者。双方发表了《中华人民共和国和加拿大联合新闻稿》。特鲁多还访问了上海、杭州和香港。

习近平在会见特鲁多时强调，两国领导人可以通过各种方式就共同关心的问题保持沟通和协调。双方还应该通过现有双边机制加强各领域对话合作。双方要对接发展战略，拓展务实合作，努力加强能源资源、金融服务、科技创新、现代农业、装备制造、环保节能等领域合作，争取促成一批标志性项目。我们还应该继续加强司法执法领域合作和机制建设。双方要深化人文交流，扩大文化、教育、妇女、青年、体育、地方等领域交流合作，增进两国人民相互了解和友谊。双方要尊重彼此选择的发展道路，尊重彼此核心利益和重大关切，以建设性方式妥善处理分歧。双方要加强多边合作。中方欢迎加方宣布申请加入亚洲基础设施投资银行，愿同加方加强沟通和协调，维护开放包容的多边贸易体系，深化应对气候变化、维和、海洋保护等领域合作。

特鲁多表示，加方致力于深化同中方在经贸、投资、执法等领域合作，决定申请加入亚洲基础设施投资银行，密切加中在多边事务中协调合作。加方赞同二十国集团领导人杭州峰会聚焦创新和包容性增长等议题，加强国际合作应对全球性挑战，将支持中方成功举办杭州峰会。

李克强与特鲁多会见、会谈时指出，中国已成为加拿大第二大贸易伙伴、第二大进口来源地和第二大出口市场，两国关系与合作发展前景广阔。中加务实合作基础良好，空间广阔，潜力巨大。希望加方放宽对华高技术产品出口，这有利于充分发挥中加在科技和制造等领域的互补优势，为国际市场提供科技含量和性价比高的产品，开拓第三方市场合作的广阔机遇，更好实现多方共赢。希望双方进一步加强各领域人文交流，为增进理解、促进合作创造更多有利条件。中加关系的发展不仅有利于两国，也有助于应对全球性挑战、促进世界的和平与发展。中方愿同加方在联合国、二十国集团等多边框架内加强沟通协调，向国际社会发出共同维护和平与稳定的积极信号，为推动世界经济复苏与增长贡献力量。

特鲁多表示，加方愿同中方夯实合作基础，发挥各自优势，加强在国际事务中的沟通协调，打造更为强有力、活跃、多层次的合作伙伴关系。通过深化高科技等领域的贸易与合作，共同开拓国际市场，探讨启动自贸协定商谈，推动加中贸易和国际贸易持续增长。

8月31日

［纲　文］　**国务院、中央军委批复湖南省人民政府，同意新建湖南郴州民用机场。**

［目　文］　批复说：一、机场性质为国内支线机场，场址位于郴州市北湖区华塘镇小阜村和塔水村附近。二、本期工程建设规模为：飞行区等级指标4C，新建一条长2600米的跑道；航站区按满足2025年旅客吞吐量55万人次、货邮吞吐量3000吨的目标设计，新建航站楼6000平方米、站坪机位6个；配套建设通信、导航、气象、供油、消防救援等辅助生产设施。三、项目总投资约18.26亿元。原则上由发展改革委、民航局和湖南省共同筹措解决，具体资金安排在可行性研究阶段确定。四、该机场建成后，由地方经营管理，民航局实行行业管理。其他事宜请商有关方面办理。

8月31日

［纲　文］　**国务院、中央军委批复湖北省人民政府，同意新建湖北荆州民用机场。**

［目　文］　批复说：一、机场性质为国内支线机场，场址位于荆州市沙市区岑河镇附近。二、本期工程建设规模为：飞行区等级指标4C，新建一条长2600米的跑道；航站区按满足2025年旅客吞吐量70万人次、货邮吞吐量2450吨的目标设计，新建航站楼7000平方米、站坪机位5个；配套建设通信、导航、气象、供油、消防救援等辅助生产设施。三、项目总投资约12.98亿元。原则上由发展改革委、民航局和湖北省共同筹措解决，具体资金安排在可行性研究阶段确定。四、该机场建成后，由地方经营管理，民航局实行行业管理。其他事宜请商有关方面办理。

8月31日

［纲　文］　**住房城乡建设部、国土资源部印发《关于进一步完善城市停车场规划建**

设和用地政策的通知》。

［目　文］《通知》由四个部分组成：一、强化城市停车设施专项规划调控。二、加强停车场建设项目的规划管理。三、规范停车设施用地管理。四、加强停车场规划建设和用地监管。

《通知》指出，统筹地上地下空间开发，充分挖潜、高效利用土地资源，加快停车场规划建设，既有利于缓解停车难问题、营造城市宜居环境，又有利于促进土地节约集约利用、促进经济发展方式转变，符合创新、协调、绿色、开放、共享五大发展理念。各级住房城乡建设（规划）、国土资源部门要高度重视、各司其职、加强协调、形成合力，依据本通知的要求开展有关工作，进一步加快城市停车场规划建设，促进停车行业健康发展。

8月31日

［纲　文］　**民政部公布《慈善组织认定办法》《慈善组织公开募捐管理办法》，自2016年9月1日起施行。**

8月31日

［纲　文］　**发展改革委、国家测绘地信局印发《测绘地理信息事业“十三五”规划》。**

［目　文］《规划》由五个部分组成：一、发展现状与面临形势。二、总体要求。三、重点任务。四、能力建设。五、实施保障。

8月31日

［纲　文］　**孟建柱、韩正在上海考察反电信网络诈骗工作。**

［目　文］　中央政法委书记孟建柱、上海市委书记韩正指出，电信网络诈骗犯罪已经成为严重侵害人民群众切身利益的社会公害，要以对党和人民高度负责的态度，主动进攻、重拳出击，坚持综合治理、源头治理，坚决遏制电信网络诈骗犯罪高发势头，切实维护人民群众财产安全和合法权益。

孟建柱强调，防范打击电信网络诈骗犯罪，必须坚持源头治理，最大限度地挤压犯罪空间。坚决整治少数运营商违规出租电信线路、制作传播改号软件等不法行为。加强银行卡安全管理，抓紧建立涉嫌电信网络诈骗账户黑名单制度。严厉打击泄露或非法获取公民个人信息犯罪活动，切断电信网络诈骗犯罪“黑色产业链”。深化重点地区整治，防止形成新的案件高发区和犯罪输出地。加大宣传教育力度，提升广大群众防范能力。完善相关法律法规，及时出台司法解释，为执法办案提供法律保障。

2016年3月底，上海市公安局牵头组建上海市反电信网络诈骗中心平台，公安机关有关警种、商业银行、通信运营商等机构联合入驻，实行防范、打击、治理一体化运作的实战机制，对犯罪行为开展主动拦截和精确打击。2016年以来，该中心平台已冻结涉案资金折合人民币7900余万元，全市电信网络诈骗案件案值同比下降20.6%。

8月31日

［纲　文］　**国务院副总理汪洋在北京会见加拿大加中贸易理事会名誉主席安德烈·**

戴马雷一行。

［目　文］　汪洋对加中贸易理事会长期以来为促进两国经贸投资合作和友好往来发挥的积极作用表示赞赏，希望加中贸易理事会为促进双方企业加强交流合作、推动两国深化经贸合作作出更大贡献。

8月31日

［纲　文］　**外交部部长王毅在北京会见沙特外交大臣朱拜尔。**

［目　文］　王毅表示，中沙高级别联合委员会启动使双边关系站在新起点上，为中沙共建“一带一路”提供了新动力。中方愿同沙方共同加强国际反恐合作。

朱拜尔对中国驻吉尔吉斯斯坦使馆遇袭事件表示强烈谴责，表示沙方坚定同中方站在一起，反对恐怖主义。中国是沙特重要战略伙伴，沙中高级别联合委员会启动标志两国关系的重要进展，沙方愿同中方一道，落实好高委会首次会议成果。

8月31日

［纲　文］　**《人民日报》发表题为《团结奋进，汇聚发展正能量——以女排精神激荡中国力量之三》的评论员文章。**

8月31日—9月2日

［纲　文］　**2016年中国文化馆年会在银川举行。**

［目　文］　年会由文化部指导，中国文化馆协会、银川市人民政府主办，文化部全国公共文化发展中心、宁夏回族自治区文化厅协办，银川市文化新闻出版广电局承办。以“文化馆——创新发展，服务基层”为主题，分为工作会议、主题论坛、博览会三大板块。全国各省区市文化厅（局）和国家公共文化服务体系示范区创建城市的有关负责人，各级文化馆馆长，公共文化领域部分专家学者，以及基层文化工作者、相关企业代表，共计3500多人参会。

9　月

9月1日

［纲　文］　**李克强主持召开国务院常务会议。**

［目　文］　会议主要内容是：一、确定促进创业投资发展的政策措施，释放社会投资潜力助力实体经济。会议确定，一是丰富创投主体和模式，支持行业骨干企业、创业孵化器、产业（技术）创新中心、保险公司等机构投资者参与创业投资，培育合格个人投资者，壮大面向种子期、初创期中小企业的天使投资。按照内外资一视同仁原则，放宽准入、简化管理，鼓励外资扩大创投规模。有序发展投贷联动、投保联动、投债联动等新产品。二是发挥主板、创业板和地方性股权交易场所功能，完善全国中小企业股份转让系统交易机制，规范发展专业化并购基金，支持证券公司柜台市场等开展直接融资业务，畅通创投的上市、股权转让、并购重组等退出渠道。三是支持有需求、有条件的国有企业依法依规、按照市场化方式设立或参股创投企业和母基金，支持具备条件的国有创投企业开展混合所有制改革试点。四是加大政策扶持，对专注长期投资的创投企业在税收优惠、债券发行、政府项目对接等方面加大支持力度。五是优化市场环境，各地区、各部门不得自行出台限制创投企业准入和发展的政策。依法保护投资者合法权益。强化行业自律和信用约束，加强信息披露和风险揭示。建立并完善募集资金托管制度，规范创投企业募资行为，坚持适度、差异和统一功能监管，打击违法违规募集资金，有效防范系统性区域性风险。二、部署建设北京全国科技创新中心，加快推进创新型国家建设。会议认为，按照中共中央国务院发布的《国家创新驱动发展战略纲要》部署，推进北京全国科技创新中心建设，以深化改革和扩大开放进一步突破体制机制障碍，更大激发社会创造活力，有利于提升国家创新能力、促进经济迈向中高端。一要充分发挥北京科教资源丰富的优势，聚焦突破重大前沿基础研究难题，打造原始创新高地。二要以智能制造、生物医药、节能环保等领域为重点，加快突破一批关键共性技术，培育具有国际竞争力的研发创新体系。三要构建京津冀协同创新共同体，引智引技引资并举，汇聚全球创新资源，以创新提升区域发展层级。四要推广中关村国家自主创新示范区改革措施，突破外籍人才永久居留和创新人才聘用、流动、评价激励等体制瓶颈，完善创新创业服务体系，为建设科技强国提供制度保障。三、原则通过《中华人民共和国无线电管理条例（修订草案）》。草案完善了有效开发利用无线电频率的管理制度，减少和规范行政审批，强化事中事后监管，依靠法律手段加大对利用“伪基站”等开展电信诈骗等违法犯罪活动的惩戒力度，同时增强公众防范意

识，切实维护信息安全和人民群众利益。

9月1日

［纲　文］　**人力资源社会保障部公布《重大劳动保障违法行为社会公布办法》，自2017年1月1日起施行**。

9月1日

［纲　文］　**国土资源部发布《关于加快推进科技创新的若干意见》**。

［目　文］　《意见》由九个部分组成：一、指导思想与发展目标。二、深化科技创新管理机制改革。三、增强科技创新自主权。四、完善科技创新激励机制。五、强化科技创新平台建设。六、着力建强科技创新人才队伍。七、加快科技成果转化和资源共享。八、推进科技创新国际合作。九、完善政策保障和统筹协调。

《意见》要求，各省（区、市）国土资源主管部门要高度重视科技创新工作，积极争取设立科技创新工作专项经费，开展科技研发、成果转化、标准研制、科学普及等工作。加强重点实验室、工程技术中心、野外科学研究观测基地等创新平台建设。强化产学研协同创新机制建设，加大科技创新人才引进和培养，提升科技创新水平与成效。

9月1日

［纲　文］　**中共中央党校举行秋季学期开学典礼，中央党校校长刘云山出席典礼并讲话**。

9月1日

［纲　文］　**安徽省十二届人大常委会举行三十二次会议**。

［目　文］　会议表决通过关于接受王学军辞去安徽省人大常委会主任职务请求的决定、李锦斌辞去安徽省人民政府省长职务请求的决定，决定任命李国英为安徽省人民政府副省长，决定安徽省人民政府副省长李国英代理省长。

9月1—7日

［纲　文］　**省部级干部统一战线理论政策与宗教工作专题研讨班在北京举办**。

［目　文］　研讨班由中央组织部、中央统战部、中央党校、国家宗教局共同举办。各省（区、市）和新疆生产建设兵团党委、政府分管宗教工作负责人参加研讨班。就贯彻落实中央统战工作会议和全国宗教工作会议精神，进一步做好新形势下的宗教工作进行交流研讨。全国政协主席俞正声、国务院副总理刘延东、中央统战部部长孙春兰与学员座谈并发表讲话。

俞正声强调，全国宗教工作会议特别是习近平总书记的重要讲话，提出了一系列新思想、新观点、新要求，我们要深入学习领会，准确把握精神实质，既全面系统又突出重点，真正做到入脑入心、融会贯通。要准确把握坚持我国宗教中国化方向，用社会主义核心价值观引领我国宗教发展，深入挖掘教义教规中有利于社会和谐、时代进步、健康文明的内容，充分发挥宗教界的积极性主动性。要准确把握提高宗教工作法治化水平，善于运用法治思维和法治方式处理和解决宗教领域矛盾和问题，提高依法依规开展宗教活动的自觉性和主动性。要准确把握构建积极健康的宗教关系，牢牢把握坚持党的领导、巩固党的执政地位、强化党的执政基础这个根本，努力实现宗教内部、宗教之间、宗教与社会之间的和谐。将全国宗教工作会议精神贯彻落实工作持续引向深入，是当前和今后一个时期宗教工作的重要任务。各级党委要进一步加强和改进对宗教工作的领导，坚持深化学习、狠抓督促检查、严格执行政策，扎实做好各项工作，坚决把中央的决策部署落到实处。

9月1—5日

［纲　文］　**应国家主席习近平邀请，哈萨克斯坦共和国总统纳扎尔巴耶夫对中国进行工作访问，并以嘉宾国元首身份出席二十国集团领导人第11次峰会。**

［目　文］　2日，习近平在杭州同纳扎尔巴耶夫举行会谈。两国元首就二十国集团领导人杭州峰会表示，希望峰会发挥引领作用，为世界经济指明方向，为全球增长挖掘动力，为国际市场提振信心。两国元首见证了有关中哈合作委员会、“丝绸之路经济带”建设与“光明之路”新经济政策对接合作，以及农业、检验检疫等领域合作文件的签署。

习近平指出，双方要以2017年中哈建交25周年为契机，弘扬睦邻友好，深化互利合作，加强战略协调，携手打造真诚互信、团结互助、安危与共、合作共赢的中哈全面战略伙伴关系。中哈双方要全面推进“一带一路”建设，共同落实好《中哈关于“丝绸之路经济带”建设与“光明之路”新经济政策对接合作规划》。要稳步推动产能和投资合作，加强信息沟通和政策协调，推动更多竞争力强、附加值高的项目落地。要积极发展经贸合作，优化贸易结构，落实大型合作项目，拓展融资渠道，促进贸易增长。要深化能源资源合作，扩大人文合作，加大安全合作力度。中方愿同哈方加强沟通，提升中国同欧亚经济联盟成员国的贸易、投资、服务便利化水平，共同推进“一带一路”建设同欧亚经济联盟建设对接合作。中方愿全力配合哈方办好2017年的上海合作组织峰会，同哈方加强在亚洲相互协作与信任措施会议框架内的沟通和协调，积极支持哈方办好2017年阿斯塔纳专项世博会。

纳扎尔巴耶夫表示，哈萨克斯坦同中国保持着传统友好和高度政治互信。哈方珍视两国全面战略伙伴关系，支持“丝绸之路经济带”建设同“光明之路”新经济政策对接。哈方愿深化同中方在贸易、农业、能源、石油加工、环境保护、安全等领域合作，密切在国际地区事务、上海合作组织框架内沟通协调。哈方支持中方举办好二十国集团领导人杭州峰会，以引领国际社会共同应对当前世界经济面临的挑战。

9月2日

［纲　文］　**国务院批复宁夏回族自治区人民政府，同意银川市城市总体规划。**

［目　文］　批复说：一、原则同意《银川市城市总体规划（2011—2020年）》（以下简称《总体规划》）。银川是宁夏回族自治区首府，国家历史文化名城，西北地区重要的中心城市。《总体规划》实施要深入贯彻党的十八大和十八届三中、四中、五中全会及中央城市工作会议精神，认真落实创新、协调、绿色、开放、共享的发展理念，认识、尊

重和顺应城市发展规律，坚持经济、社会、人口、环境和资源相协调的可持续发展战略，提高新型城镇化质量和水平，统筹做好银川市城乡规划、建设和管理的各项工作，逐步把银川市建设成为经济繁荣、社会和谐、民族团结、生态良好、特色鲜明的现代化城市。二、重视城乡区域统筹发展。在《总体规划》确定的2310.5平方公里城市规划区范围内，实行城乡统一规划管理。三、合理控制城市规模。到2020年，中心城区常住人口控制在130万人以内，城市建设用地控制在152.8平方公里以内。四、完善城市基础设施体系。五、建设资源节约型和环境友好型城市。六、创造优良的人居环境。要坚持以人为本，统筹安排关系人民群众切身利益的教育、医疗、市政等公共服务设施的规划布局和建设。将城市保障性住房的建设目标纳入近期建设规划，确保保障性住房用地的分期供给规模、区位布局和相关资金投入。加快棚户区、城中村、城乡危房改造及配套基础设施建设，根据城市的实际需要与可能，稳步推进城市有机更新。七、重视历史文化和风貌特色保护。要统筹协调发展与保护的关系，按照整体保护的原则，切实保护好城市传统风貌和民族特色。八、严格实施《总体规划》。银川市人民政府要根据本批复精神，认真组织实施《总体规划》，任何单位和个人不得随意改变。你区和住房城乡建设部要加强对《总体规划》实施工作的指导、监督和检查。

9月2日

［纲　文］　**交通运输部公布《交通运输法规制定程序规定》《公路工程造价管理暂行办法》，自2016年11月1日起施行。**

［目　文］　交通部于2006年11月24日发布的《交通法规制定程序规定》同时废止。

9月2日

［纲　文］　**交通运输部公布修改后的《中华人民共和国港口设施保安规则》《中华人民共和国水上水下活动通航安全管理规定》《道路运输服务质量投诉管理规定》《放射性物品道路运输管理规定》《长江三峡水利枢纽水上交通管制区域通航安全管理办法》《中华人民共和国海事行政许可条件规定》，自2016年9月2日起实施。**

9月2日

［纲　文］**交通运输部公布《民用机场飞行程序和运行最低标准管理规定》《民用航空安全检查规则》，自2017年1月1日起施行。**

［目　文］　2001年2月26日起施行的《航空器机场运行最低标准的制定与实施规定》和2003年6月16日起施行的《中国民用航空总局关于修订〈航空器机场运行最低标准的制定与实施规定〉的决定》同时废止。1999年6月1日起施行的《中国民用航空安全检查规则》同时废止。

9月2日

［纲　文］　**交通运输部印发《中国船员发展规划（2016–2020年）》。**

［目　文］　《发展规划》由四部分组成：一、规划背景。二、指导思想、基本原则和

发展目标。三、主要任务。四、保障措施。

9月2日

［纲　文］　**俞正声在北京主持召开调研协商座谈会，就深入推进新型城镇化进行座谈交流。**

［目　文］　中央统战部部长孙春兰出席会议。民建中央常务副主席马培华建议，要加大改革创新力度，以国家新型城镇化综合试点为突破口，破解体制机制障碍。农工党中央主席陈竺提出，努力为人民群众提供全方位、全周期的健康服务，缩小优质医疗资源在城乡、区域间的差距，优化医疗资源配置，发挥好新型社区医院等基层机构的职能。致公党中央主席万钢建议，加强顶层设计，超前谋划和部署应对老龄化战略，发掘孝文化及其支撑下的居家养老、社区相助模式。九三学社中央主席韩启德建议，转变传统的社会管理方式，充分认识完善中国特色的社区治理与服务体系的重要性和紧迫性，将社区治理与服务上升为国家战略。无党派人士代表黄艳提出，京津冀协同发展中须坚持分区分类、因地制宜培育和建设小城市。发展改革委、民政部、财政部、人力资源社会保障部、住房城乡建设部、卫生计生委有关负责人与党外人士进行了互动交流。

全国政协主席俞正声指出，我国在协调推进“四个全面”战略布局的关键阶段，把新型城镇化作为供给侧结构性改革的战略举措，既是经济发展的必然要求，也是经济发展的巨大动力。中国特色新型城镇化要走一条以人为本、四化同步、优化布局、生态文明、文化传承的道路，以人的城镇化为核心，以提高质量为关键，以体制机制改革为动力，促进大中小城市和小城镇协调发展，提升城市综合承载能力，实现城乡公共服务均等化，打造经得起历史检验的民生工程。他强调，新型城镇化是我国“十三五”时期改革发展的重要领域，也是全面建成小康社会的战略举措，更是民主党派、无党派人士参政议政的“富矿”。希望各民主党派、无党派人士积极履行政治责任，充分发挥议政建言的政治优势、创新创造的人才优势、社会服务的资源优势、化解矛盾的功能优势，为新型城镇化建设提供更加强有力的支持。希望有关部门按照《关于加强政党协商的实施意见》要求，积极搭建知情平台，定期通报情况、解读政策、回应问题、及时反馈，建立起良好的沟通交流渠道。

9月2日

［纲　文］　**张高丽在北京调研京张铁路等第24届冬奥会相关基础设施建设工作。**

［目　文］　国务院副总理、第24届冬奥会工作领导小组组长张高丽到京张铁路青龙桥站，察看站台和候车室，了解京张铁路总体规划和环境、文物保护利用情况；到京张铁路八达岭长城站施工现场，察看隧道工程进展情况，并主持召开座谈会，听取了京张铁路、延崇公路的规划建设进展情况汇报。

张高丽说，党中央、国务院高度重视冬奥会筹办工作。我们要认真贯彻习近平总书记重要指示精神，把场馆和基础设施建设作为筹办工作的重中之重，按照筹办工作总体计划和任务分工方案，以控制性工程为重点，高质量高水平高效率建设好，确保在测试赛前竣工并具备办赛条件。要切实做好京张铁路及崇礼支线、延崇公路等设施规划和建设工作，形成完备的交通网络，着力提升赛区通行保障能力。建设过程中要高度重视保护文物，尽量避开不可移动文物及历史遗存。要综合考虑赛事和生产生活对水资源的需求，做好相关水利设施建设工作，合理确定建设规模，着力提升赛区水资源保障能力。要统筹考虑赛事需要和赛后利用，建设好比赛场馆和住宿、医疗、安保、水电气热、通讯、市政市容等方面设施，着力提升赛事服务保障能力。要围绕治气、治水、治沙等重点领域，坚持联防联建，着力提升生态环境保障能力。要着力提升工程质量安全保障能力，确保质量安全万无一失。各有关地区和部门要按照“三严三实”要求，认真履行职责，本着对党、对国家、对人民高度负责的精神，切实把冬奥会基础设施建设各项工作抓实抓好，为把北京冬奥会、冬残奥会办成一届精彩、非凡、卓越的奥运盛会作出贡献。

9月2日

［纲　文］　**纪念中国人民抗日战争暨世界反法西斯战争胜利71周年座谈会在北京举行。**

［目　文］　座谈会由中央宣传部、中央统战部、中央党史研究室、中央军委政治工作部联合举办。中宣部部长刘奇葆出席座谈会。参加过抗日战争的老战士老同志代表、抗战烈士遗属代表，中央党政军群有关部门负责人，各民主党派中央、全国工商联负责人和无党派人士代表，为中国人民抗日战争胜利作出贡献的国际友人或其遗属代表及首都各界群众代表等约200人参加座谈会。中央党史研究室、中央统战部、中央军委政治工作部的有关负责人和抗战老战士、青年学生代表先后发言，从不同角度回顾了中国人民抗日战争的峥嵘岁月，阐述了中国人民抗日战争暨世界反法西斯战争胜利的伟大意义，充分表达了中国人民铭记历史、缅怀先烈、珍爱和平、开创未来的决心和信心。

9月2日

［纲　文］　**国务院副总理汪洋在杭州会见美国财政部长雅各布·卢。**

［目　文］　汪洋表示，中美双方经济工作团队为筹备二十国集团领导人杭州峰会和中美元首会晤保持了高效沟通，做了重要的政策准备。中美率先在峰会前完成二十国集团框架下化石燃料补贴同行审议，有助于推进两国经济结构改革，并为全球应对气候变化作出贡献。

雅各布·卢表示，美方愿与中方共同努力，推动二十国集团领导人杭州峰会和美中元首会晤取得成功。双方如期完成同行审议，将鼓励更多二十国集团成员开展这项工作。

9月2日

［纲　文］　**国务委员兼国防部部长常万全在北京会见孟加拉国空军参谋长艾斯拉尔。**

［目　文］　常万全说，中方珍视两国多年来培育的深厚友谊，高度赞赏孟方在台湾、涉疆、涉藏、南海等涉及中方核心利益问题上给予的坚定支持。中方愿继续为孟军提供力所能及的帮助，与孟方一道，加强各领域交流与合作，促进地区共同繁荣与发展。

艾斯拉尔表示，孟方感谢中方多年来给予的大力支持和帮助，愿与中方共同努力，加强合作，推动两国两军关系深入发展。

9月2日

［纲　文］　**全国“深入生活、扎根人民”主题实践活动经验交流会在西安召开。**

［目　文］　交流会由中宣部文艺局主办、陕西省委宣传部承办。会议要求，广大文艺工作者要积极参与“深入生活、扎根人民”主题实践活动，有“走进去”的觉悟、“融进去”的情怀和“沉下来”的恒心，进一步把主题实践活动引向深入，创作出更多人民群众喜爱的优秀作品。中央有关部门和各地要充分发挥组织优势，加强创作规划引导，把主题实践活动与文艺创作紧密结合起来，围绕重要时间节点、重大主题，引导文艺工作者带着任务蹲点采风、带着作品打磨提高，激发创作热情，在各个环节上提供充分保障，确保主题实践活动长期高效开展。

9月2—3日

［纲　文］　**刘云山在黑龙江调研。**

［目　文］　中央书记处书记刘云山在抚远市东安村和农垦建三江二道河农场、创业农场、七星农场，了解群众生产生活情况，看望慰问老党员，听取对加强基层党建工作的意见建议后说，基层党组织是党执政大厦的根基，处在联系服务群众的最前沿，抓基层打基础的工作丝毫不能松懈。要持续推进党组织体系建设和带头人队伍建设，持续抓好党员教育管理基本制度的落实，持续加强和规范党内政治生活，把战斗堡垒作用和先锋模范作用发挥好，把为民服务、为民造福的职责履行好。到佳木斯市九洲社区、建三江国家农业科技园区，询问党建工作开展情况，并同党员干部就组织形式、党员活动方式等进行交流时说，面对经济体制和社会结构的深刻变革，基层党建工作必须与时俱进、改革创新。要坚持有形覆盖和有效覆盖相统一，积极探索非公有制经济组织和社会组织党组织设置形式，探索流动党员教育管理途径方法，善于运用互联网等新的载体手段开展工作，使基层党的工作更具活力、更接地气。在北大荒精准农业农机中心、富锦市象屿金谷农业物产公司、哈尔滨电气集团佳木斯电机股份有限公司，听取企业生产经营和党建情况介绍后说，要把党建工作同推动老工业基地振兴发展结合起来，同落实新发展理念、推进供给侧结构性改革结合起来，同打赢脱贫攻坚战结合起来，更好促进改革发展稳定。要继承弘扬北大荒精神、大庆精神和铁人精神等宝贵财富，引导党员干部提升思想政治素养，提振干事创业精气神，始终保持真抓实干、开拓进取的劲头。

刘云山召开基层党建工作座谈会，与会者就强化领导责任、加强队伍建设、完善工作保障等谈体会、谈建议。刘云山说，党建工作千头万绪，说到底是个责任问题，要扭住落实主体责任这个关键，实现考责问责的制度化规范化，推动党组织书记把责任扛在肩上。要坚持全覆盖、常态化、重创新、求实效，紧密联系实际深化“两学一做”学习教育，用解决一个个具体问题的成效来说话，让群众切实感受到党员干部的新变化、新风貌。

9月2—9日

［纲　文］ **中组部、发展改革委、国家行政学院在北京举办省部级干部推进供给侧结构性改革专题研讨班。**

［目　文］ 来自省（区、市）人民政府和中央国家机关有关部门分管负责人共38位学员参加研讨班。期间，科技部部长万钢讲授了“加快创新驱动发展，建设世界科技强国”、质检总局局长支树平讲授了“提升供给质量，建设质量强国”、发展改革委副主任胡祖才讲授了“当前供给侧结构性改革的重点任务”、全国人大财经委副主任委员吴晓灵讲授了“合理使用财务杠杆，促进经济高效健康发展”、国资委副主任王文斌讲授了“关于国有企业推进供给侧结构性改革问题”等专题。

9日上午，国务院副总理张高丽在中南海与研讨班学员进行了座谈。河北省、上海市、重庆市、贵州省负责人汇报了本地区推进供给侧结构性改革的具体做法、存在的问题以及下一步工作打算和政策建议。

9月3日

［纲　文］ **习近平签署中华人民共和国主席令（第50—52号）。**

［目　文］ 主席令第50号说，《中华人民共和国国防交通法》已由中华人民共和国第十二届全国人民代表大会常务委员会第二十二次会议于2016年9月3日通过，现予公布，自2017年1月1日起施行。

主席令第51号说，《全国人民代表大会常务委员会关于修改〈中华人民共和国外资企业法〉等四部法律的决定》已由中华人民共和国第十二届全国人民代表大会常务委员会第二十二次会议于2016年9月3日通过，现予公布，自2016年10月1日起施行。

主席令第52号说，根据中华人民共和国第十二届全国人民代表大会常务委员会第二十二次会议于2016年9月3日的决定：免去杨传堂的交通运输部部长职务；任命李小鹏为交通运输部部长。

9月3日

［纲　文］ **国家主席习近平在杭州出席2016年二十国集团工商峰会开幕式并发表主旨演讲。**

［目　文］ 习近平在题为《中国发展新起点 全球增长新蓝图》的主旨演讲中强调，中方希望同各方一道，建设创新、开放、联动、包容型世界经济，推动世界经济走上强劲、可持续、平衡、包容增长之路。中国改革开放38年的伟大进程，是探索前行的进程，是真抓实干的进程，是共同富裕的进程，是中国走向世界、世界走向中国的进程。今天的中国，已经站在新的历史起点上。这个新起点，就是中国全面深化改革、增加经济社会发展新动力的新起点，就是中国适应经济发展新常态、转变经济发展方式的新起点，就是中国同世界深度互动、向世界深度开放的新起点。在新的起点上，中国将坚定不移全面深化改革，开拓更好发展前景。坚定不移实施创新驱动发展战略，释放更强增长动力。坚定不

移推动绿色发展，谋求更佳质量效益。坚定不移推进公平共享，增进更多民众福祉。坚定不移扩大对外开放，实现更广互利共赢。中国有信心、有能力保持经济中高速增长，继续在实现自身发展的同时为世界带来更多发展机遇。中国的发展得益于国际社会，也愿为国际社会提供更多公共产品。

习近平呼吁二十国集团成员立即采取行动：第一，共同维护和平稳定的国际环境。各国要树立共同、综合、合作、可持续的新安全观。第二，共同构建合作共赢的全球伙伴关系。求同存异、聚同化异，国家不论大小、强弱、贫富，都应该平等相待，既把自己发展好，也帮助其他国家发展好。第三，共同完善全球经济治理。要与时俱进、因时而变，以平等为基础，更好反映世界经济格局新现实，增加新兴市场国家和发展中国家代表性和发言权，确保各国在国际经济合作中权利平等、机会平等、规则平等。以开放为导向，以合作为动力，以共享为目标。当前形势下，全球经济治理重点要共同构建公正高效的全球金融治理格局，维护世界经济稳定大局；共同构建开放透明的全球贸易和投资治理格局，巩固多边贸易体制，释放全球经贸投资合作潜力；共同构建绿色低碳的全球能源治理格局，推动全球绿色发展合作；共同构建包容联动的全球发展治理格局，以落实联合国2030年可持续发展议程为目标，共同增进全人类福祉。

演讲后，2016年二十国集团工商峰会（B20）主席、中国国际贸易促进委员会会长姜增伟向习近平递交《2016年B20政策建议报告》。南非总统祖马、加拿大总理特鲁多及有关国际组织负责人等出席开幕式。

3—4日，2016年二十国集团工商峰会在杭州举行。本届峰会的主题是：共同构建创新、活力、联动、包容的世界经济。二十国集团工商峰会的六大议题为金融促增长、贸易投资、基础设施、中小企业发展、就业、反腐败。二十国集团通过举办议题工作组会议和峰会活动，汇集国际工商界意见、形成政策建议报告，向二十国集团峰会提交，供二十国集团成员领导人决策参考。全球政、商、学、研各界精英云集，其中工商界代表800多人，来自32个国家和地区，26个国际组织。参会企业中，共有世界500强140余家、中国企业500强100余家。

9月3日

［纲　文］　国家主席习近平同美国总统奥巴马、联合国秘书长潘基文在杭州共同出席气候变化《巴黎协定》批准文书交存仪式。

［目　文］　习近平和奥巴马向潘基文交存中国和美国气候变化《巴黎协定》批准文书。

习近平在致辞中指出，气候变化关乎人民福祉和人类未来。《巴黎协定》为2020年后的全球合作应对气候变化明确了方向，标志着合作共赢、公正合理的全球气候治理体系正在形成。中国为应对气候变化作出了重要贡献。中国倡议二十国集团发表了首份气候变化问题主席声明，率先签署了《巴黎协定》。中国向联合国交存批准文书是中国政府作出的新的庄严承诺。中国是最大的发展中国家，美国是最大的发达国家，两国在气候变化领域开展了卓有成效的对话和合作。两国共同交存参加《巴黎协定》法律文书，展示了共同应对全球性问题的雄心和决心。国际社会应该以落实《巴黎协定》为契机，加倍努力，不断加强和完善全球治理体系，创新应对气候变化路径，推动《巴黎协定》早日生效和全面落实。我们要坚持共同但有区别的责任原则、公平原则、各自能力原则，按照巴黎大会授权，稳步推进后续谈判，有效应对气候变化挑战。发达国家要履行承诺，提供资金技术支持，增强发展中国家应对气候变化能力。中国是负责任的发展中大国，是全球气候治理的积极参与者。中国将落实创新、协调、绿色、开放、共享的发展理念，全面推进节能减排和低碳发展，迈向生态文明新时代。

奥巴马在致辞中表示，气候变化的威胁是人类面临的越来越严重的挑战。应对气候变化问题需要国际社会共同努力。美中两国为推动国际合作、促成《巴黎协定》共同发挥了重要作用。今天，美中作为两个最大经济体和最大排放国，同时批准和接受《巴黎协定》具有历史性意义。美方愿同中方继续密切合作，为建造一个更加安全和繁荣的世界而努力。

潘基文在致辞中表示，中美率先批准《巴黎协定》，将极大推动该协定于2016年内生效。联合国高度赞赏中美两国在应对气候变化挑战方面发挥的领导作用。富有雄心的《巴黎协定》将为全球提供可持续发展新的稳定框架，将为我们共同的家园提供安全保护。

《巴黎协定》于2015年12月12日在气候变化巴黎大会上通过。2016年4月22日，中美同时签署《巴黎协定》。

9月3日

［纲　文］　**国家主席习近平、国务院总理李克强就乌兹别克斯坦总统卡里莫夫病逝分别向乌兹别克斯坦最高会议参议院主席尤尔达舍夫、乌兹别克斯坦总理米尔济约耶夫致唁电。**

［目　文］　习近平在唁电中表示，卡里莫夫总统是乌兹别克斯坦共和国的缔造者，为乌兹别克斯坦赢得民族独立、实现国家发展繁荣作出历史性贡献。卡里莫夫总统长期坚定致力于中乌友好合作事业，为推动两国全面战略伙伴关系发展、增进两国人民传统友谊付出心血和努力。卡里莫夫总统的不幸逝世，不仅是乌兹别克斯坦人民的巨大损失，也使中国人民失去了一位真诚的朋友。中方高度重视中乌全面战略伙伴关系发展，愿同乌方一道努力，巩固睦邻友好，深化互利合作，推动两国关系不断向前发展，更好造福两国和两国人民。

4日，国务院总理李克强前往乌兹别克斯坦共和国驻华使馆，对卡里莫夫总统逝世进行吊唁。李克强向陪同吊唁的乌驻华大使库尔班诺夫表示，卡里莫夫总统是中国人民的老朋友，生前为推动中乌关系发展作出了重要贡献。他的逝世不仅是乌兹别克斯坦人民的巨大损失，也使中国人民失去了一位真诚的朋友。中国政府和人民对他的不幸逝世深感悲痛。中方愿同乌方继续共同努力，维护和推动中乌全面战略伙伴关系向前发展。

同日，国家主席习近平特使、国务院副总理张高丽在乌兹别克斯坦撒马尔罕市出席卡里莫夫总统葬礼。张高丽向卡里莫夫总统遗像敬献花圈，并在悼念活动上致辞。

9 月 3 日

［纲　文］ **《人民日报》发表题为《把根更深地扎在人民群众之中》的评论员文章。**

9 月 4 日

［纲　文］ **金砖国家领导人非正式会晤在杭州举行。**

［目　文］ 国家主席习近平、印度总理莫迪、南非总统祖马、巴西总统特梅尔、俄罗斯总统普京出席会晤。金砖国家机制轮值主席国印度总理莫迪主持会晤。五国领导人就金砖国家深化合作、共同应对当前挑战深入交换意见。与会领导人认为，金砖国家经济增长的前景和动力依旧，将继续作为全球经济增长重要引擎。金砖国家应该在开放、团结、平等、相互理解、包容、互利合作等原则指导下，进一步加强战略伙伴关系，推动在国际法基础上构建平等公正的国际秩序。与会领导人祝贺并支持中国担任 2016 年二十国集团主席国，对杭州峰会取得丰硕成果充满信心，赞赏中国作为主席国重视发展议程，赞同在二十国集团框架下就金砖国家共同关心的全球问题密切协调，加强同其他新兴市场经济体和发展中国家的对话和合作。会后发表了《金砖国家领导人杭州非正式会晤媒体声明》。

习近平在欢迎辞中指出，2016 年以来，金砖国家合作保持良好发展势头，领域进一步拓展，成果进一步显现。金砖国家是新兴市场国家和发展中国家的领头羊，也是二十国集团重要成员。我们要顺应历史潮流，把握国际大势，加强协调和配合，共同把金砖国家和二十国集团这两个重要平台建设好、维护好、发展好，推动新兴市场国家和发展中国家在国际事务中发挥更大作用。就加强金砖合作提出四点建议。第一，共同创新增长方式。要抓住中方推动制定二十国集团创新增长蓝图的契机，加快实施创新驱动发展战略，保持总需求扩大力度，深化结构性改革，改造提升传统比较优势，提升中长期增长潜力。第二，共同完善全球治理。要继续在二十国集团框架内加强沟通和协调，积极推动国际货币基金组织和世界银行治理结构改革，增加新兴市场国家和发展中国家代表性和发言权。第三，共同维护国际公平正义，构建和平稳定的发展环境。要在尊重彼此关切、照顾彼此利益的基础上，继续加强政治安全合作。要捍卫联合国宪章宗旨和原则，维护国际关系基本准则，推动建设合作共赢的新型国际关系，营造和平稳定、公正合理的国际秩序。第四，共同促进国际发展合作，走可持续发展道路。要努力实现国内发展战略同国际发展议程有效对接。结合《二十国集团落实 2030 年可持续发展议程行动计划》，积极构建新型全球发展伙伴关系，推动发达国家履行承诺，为发展中国家实现发展目标提供有力支持。

9 月 4 日

［纲　文］ **国家主席习近平就菲律宾达沃市发生恐怖爆炸事件致电菲律宾总统杜特尔特表示慰问。**

9 月 4 日

［纲　文］ **《人民日报》发表题为《勇做世界经济弄潮儿——一论习近平主席二十国**

集团工商峰会主旨演讲》的评论员文章。

9月4—5日

［纲　文］　**二十国集团领导人杭州峰会举行。**

［目　文］　国家主席习近平主持会议。峰会主题是：构建创新、活力、联动、包容的世界经济。二十国集团成员和嘉宾国领导人、有关国际组织负责人与会。在第一阶段会议上，与会领导人围绕“加强政策协调、创新增长方式”议题深入交换了意见，取得重要共识。与会领导人一致认为，加强宏观经济政策协调至关重要，创新增长方式势在必行，创新增长方式大有可为。在第二、三、四、五阶段会议上，各成员、嘉宾国领导人和国际组织负责人就更高效的全球经济金融治理、强劲的国际贸易和投资、包容和联动式发展等议题深入交换意见，共同讨论气候变化、难民、反恐融资、全球公共卫生等影响世界经济的其他突出问题，达成广泛共识。会议通过了《二十国集团领导人杭州峰会公报》。

习近平在主题为《构建创新、活力、联动、包容的世界经济》的开幕辞中强调，面对当前挑战，二十国集团要与时俱进、知行合一、共建共享、同舟共济，为世界经济繁荣稳定把握好大方向，推动世界经济强劲、可持续、平衡、包容增长。对世界经济当前面临的挑战提出五点主张。第一，我们应该加强宏观政策协调，合力促进全球经济增长、维护金融稳定。第二，我们应该创新发展方式，挖掘增长动能。调整政策思路，做到短期政策和中长期政策并重，需求侧管理和供给侧改革并重。第三，我们应该完善全球经济治理，夯实机制保障。不断完善国际货币金融体系，优化国际金融机构治理结构，完善全球金融安全网，提高世界经济抗风险能力。第四，我们应该建设开放型世界经济，继续推动贸易投资自由化便利化。恪守不采取新的保护主义措施的承诺，加强投资政策协调合作，采取切实行动促进贸易增长。第五，我们应该落实2030年可持续发展议程，促进包容性发展。2016年，我们把发展置于二十国集团议程的突出位置，共同承诺积极落实2030年可持续发展议程，并制定了行动计划。我们还将通过支持非洲和最不发达国家工业化等减少全球发展不平等和不平衡，使各国人民共享世界经济增长成果。

习近平在闭幕辞中指出，通过热烈而富有成果的讨论，在各方共同努力下，二十国集团领导人杭州峰会达成许多重要共识。第一，我们决心为世界经济指明方向，规划路径。第二，我们决心创新增长方式，为世界经济注入新动力。第三，我们决心完善全球经济金融治理，提高世界经济抗风险能力。第四，我们决心重振国际贸易和投资这两大引擎的作用，构建开放型世界经济。第五，我们决心推动包容和联动式发展，让二十国集团合作成果惠及全球。

4日晚，习近平和夫人彭丽媛在杭州西子宾馆举行宴会，欢迎出席二十国集团领导人杭州峰会的外方代表团团长及所有嘉宾。

会议期间，习近平在杭州分别会见了印度尼西亚总统佐科，巴西总统特梅尔，新加坡总理李显龙，美国总统奥巴马，阿根廷总统马克里，南非总统祖马，土耳其总统埃尔多安，意大利总理伦齐，俄罗斯总统普京，埃及总统塞西，墨西哥总统培尼亚，印度总理莫迪，澳大利亚总理特恩布尔，法国总统奥朗德，西班牙首相拉霍伊，德国总理默克尔，英国首相特雷莎·梅，日本首相安倍晋三，韩国总统朴槿惠，非洲联盟轮值主席、乍得总统代比，泰国总理巴育，塞内加尔总统萨勒，老挝国家主席本扬等。

5日，二十国集团领导人第十一次峰会闭幕后，习近平在杭州国际博览中心会见中外记者。介绍了在峰会闭幕式上总结的本次峰会达成的共识和取得的主要成果。

杭州峰会通过的由中方起草、主导的《二十国集团领导人杭州峰会公报》是峰会最重要的纲领性文件。《公报》反映了习主席提出的关于创新、协调、绿色、开放、共享发展的中国理念，体现了习主席推动的解决世界经济增长所面临根本问题的中国方案，融汇了习主席倡导的构建人类命运共同体以及完善全球经济治理的中国主张，并将这些理念、方案、主张上升为国际共识。其中，峰会“构建创新、活力、联动、包容的世界经济”的主题植根于中国自身改革开放发展的伟大实践，顺应并引领着世界经济和国际经济合作的潮流，堪称五大发展理念的国际版。

9月4—6日

［纲　文］　**刘奇葆在宁夏调研。**

［目　文］　中宣部部长刘奇葆在银川、吴忠和固原等地，到农村、企业、社区和宣传文化单位，考察新闻宣传、公共文化服务、传统文化传承、新农村建设等工作，与基层干部群众座谈交流。

刘奇葆指出，要深入学习贯彻习近平总书记系列重要讲话精神，紧紧抓住提高基层公共文化服务标准化、均等化这条主线，大力推进文化扶贫，努力助推民族地区、贫困地区与全国同步全面建成小康社会。推动全党全社会进一步学习好、宣传好、贯彻好习近平总书记系列重要讲话精神，对于推进“十三五”发展、全面建成小康社会具有重大意义。要深入开展“两学一做”学习教育，组织好广大党员干部的学习，抓好党中央治国理政新理念新思想新战略重大主题宣传，推动讲话精神更加深入人心。社会主义核心价值观建设是一项基础工程、战略工程，要持续深入开展宣传教育，广泛发现和树立各类先进典型，用社会主义核心价值观引领精神文明创建活动，推动社会主义核心价值观融入生活、落地生根。要用历史唯物主义观点正确看待民族问题、历史问题和文化问题，扎实开展民族团结进步宣传教育，培育中华民族共同体意识。要积极引导宗教与社会主义社会相适应，始终坚持中国化方向，引导广大信教群众爱国爱教，争做民族团结、社会和谐的维护者和推动者。文化小康是全面建成小康社会的重要内容，要扎实开展文化扶贫工作，抓好贫困地区百县万村综合性文化服务中心建设示范工程，着力提升服务质量和水平，为群众带来实实在在的文化福利。宁夏的文化资源十分丰富，要做好非物质文化遗产的保护传承工作，赋予传统艺术样式新的时代内涵，充分体现社会主义先进文化前进方向，充分体现社会主义核心价值观要求，确保文化发展的正确方向。

9月5日

［纲　文］　**李克强主持召开国务院常务会议。**

［目　文］　会议主要内容是：部署在关键领域和薄弱环节加大补短板工作力度，依靠改革开放推动发展升级和民生改善。

会议指出，要抓住当前原材料等大宗商品价格较低等有利时机，加大积极财政政策实施力度，聚焦脱贫攻坚、灾后重建和中小水利治理加固、重大软硬基础设施建设、新产业新动能培育等重点领域，注重体制机制改革创新，优化政策“配方”打好组合拳。一要加快推进“十三五”规划《纲要》确定的全局性、基础性、战略性重大工程项目，围绕着力补短板、缩小城乡区域差距等，抓紧制定实施方案，合理扩大有效投资，尽快形成实物工作量。推出重大建设项目三年滚动投资计划，形成项目储备机制和滚动实施的良性循环，同时积极化解过剩产能，坚决淘汰落后产能。二要进一步推进改革，更好调动社会资本积极性。持续深化简政放权、放管结合、优化服务，抓紧修订政府核准的投资项目目录以及企业投资项目核准和备案管理条例。除跨地区、跨流域、跨境项目外，企业投资项目核准能放给市场和地方的一律下放。进一步放开基础设施领域投资限制，在教育、医疗、养老等民生领域对民办与公办机构在市场准入、职称评聘、社保定点等方面同等对待。三要创新融资方式，统筹盘活沉淀资金。发挥政府投资引导作用，按照市场化运作和可持续的要求，以易地扶贫搬迁等为重点科学合理使用专项建设基金，加大中央预算内投资对水利薄弱环节、城市防涝设施建设等投入。注重运用政府和社会资本合作模式，再向社会集中推介一批有现金流、有稳定回报预期的项目。推动中央企业增加农村电网、电信基础设施等短板领域投资。鼓励开发性、政策性银行加大信贷支持力度。引导商业银行建立健全适应战略性新兴产业特点的信贷管理和评审制度，对各类市场主体在中长期贷款投放、市场利率等方面一视同仁。支持企业通过债券、股权等方式筹集建设资金。四要制定进一步扩大开放利用外资的措施，加快复制推广自贸试验区试点新经验，出台外商投资负面清单和促进加工贸易向中西部转移的政策。五要建立补短板项目推进奖惩机制。各地区、各部门要制定重大任务实施时间表，加强督查考核，对成效显著的地区在重大政策、重要改革创新试点等方面给予倾斜，调动积极性；对工作不力、进展滞后的要予以督促问责。以真抓实干推动补短板取得更大成效。

9 月 5 日

［纲　文］　**国务院印发《政务信息资源共享管理暂行办法》。**

［目　文］　《办法》共 6 章 26 条，主要有总则、政务信息资源目录、政务信息资源分类与共享要求、共享信息的提供与使用、信息共享工作的监督和保障、附则等内容，自 2016 年 9 月 5 日起施行。

《办法》要求，各部门业务信息系统应尽快与国家数据共享交换平台对接，原则上通过统一的共享平台实施信息共享；凡属于共享平台可以获取的信息，各部门原则上不得要求自然人、法人或其他组织重复提交；共享信息提供部门要确保所提供信息与本部门所掌握信息的一致性；“谁经手，谁使用，谁管理，谁负责”，共享信息使用部门应按照本部门职责合理使用，并加强共享信息使用全过程管理；同时，要建立疑义、错误信息快速校核机制。

9月5日

［纲　文］　**交通运输部印发《全国重点营运车辆联网联控系统考核管理办法》。**

［目　文］　《办法》共5章21条，主要有总则、职责分工、考核内容、考核程序及考核结果应用、附则等内容，自2016年10月1日起施行，有效期5年。原《全国重点营运车辆联网联控系统考核管理办法》同时废止。

9月5日

［纲　文］　**食品药品监管总局印发《食品生产经营风险分级管理办法》。**

［目　文］　《办法》共4章40条，主要有总则、风险分级、程序要求、结果运用等内容，自2016年12月1日起施行。

9月5日

［纲　文］　**工业和信息化部发布《船舶行业规范企业监督管理办法》。**

［目　文］　《办法》共7章25条，主要有总则、职责分工、监督检查、变更、整改、撤销公告、附则等内容，自2016年10月1日起实施。

9月5日

［纲　文］　**湖南省第十二届人大常委会第二十四次会议决定，接受杜家毫辞去湖南省人民政府省长职务的请求，任命许达哲为湖南省人民政府副省长、代省长。**

9月5日

［纲　文］　**国务委员兼国防部部长常万全在北京与芬兰国防部部长尼尼斯特会谈。**

［目　文］　常万全说，中芬两国互为好朋友、好伙伴，是不同国情、不同社会制度国家之间互利合作的典范。两军高层保持密切往来，专业领域交流与合作不断深化与拓展，各层级各领域人员交流不断加强。中方愿与芬方继续保持两军高水平的交流合作，为两国关系深入发展作出积极贡献。

尼尼斯特说，中国是芬兰非常重要的合作伙伴，两军在防务领域合作潜力巨大，愿继续加强人员培训和训练等领域的交流合作。

9月5日

［纲　文］　**国务院港澳办发言人就香港特别行政区第六届立法会选举发表谈话。**

［目　文］　发言人表示，香港特别行政区第六届立法会选举于9月4日依法举行，产生了特别行政区新一届立法会。立法会是依据《中华人民共和国香港特别行政区基本法》设立的香港特别行政区立法机关，希望当选的立法会议员依照基本法和香港有关法律履行职责，致力于贯彻落实“一国两制”方针，维护香港特别行政区的繁荣稳定。我们注意到，在选举期间，个别组织和参选人利用选举平台，公开宣扬“港独”。我们重申，“港独”违反《中华人民共和国宪法》《中华人民共和国香港特别行政区基本法》和香港特别行政区有关法律，危害国家主权和安全，损害香港特别行政区的繁荣稳定，也不符合广大

香港市民的根本利益。我们坚决反对在立法会内外任何形式的“港独”活动，坚决支持香港特别行政区政府依法惩处。

9月5日

［纲　文］ **《人民日报》发表题为《“中国进程”为世界带来更多机遇——二论习近平主席二十国集团工商峰会主旨演讲》的评论员文章。**

9月5—6日

［纲　文］ **俞正声在天津调研。**

［目　文］ 全国政协主席俞正声在律师事务所，了解律师从业、参与社会服务和党建工作等情况并主持召开新的社会阶层人士代表座谈会，听取天津市开展新的社会阶层人士工作情况汇报，研究加强和改进新的社会阶层人士工作。俞正声强调，新的社会阶层人士是统一战线工作的重要着力点。要坚持充分尊重、广泛联系、加强团结、热情帮助、积极引导的方针，着力培养一支与党同心同德的新的社会阶层代表人士队伍，将广大新的社会阶层人士紧紧团结在党和政府周围。要加强教育引导和培养使用，建立完善新的社会阶层人士组织，健全发现培养选拔工作机制，为他们履职尽责积极创造条件。要建立经常性联系渠道，多和新的社会阶层人士接触交流，关注他们的利益诉求，引导他们不断增强对党和政府的向心力。

俞正声在非公有制企业，询问企业生产经营和产品研发等情况时强调，要深入学习贯彻习近平总书记参加全国政协十二届四次会议民建、工商联界委员联组会时的重要讲话精神，推动各项改革优惠政策落实落地，着力推进供给侧结构性改革，大力发展新技术、新产品、新业态、新商业模式，加快产业迈向中高端，实现企业提质增效升级。要引导广大非公有制经济人士积极践行社会主义核心价值观，提升自身综合素质，自觉履行社会责任，共同构建“亲”“清”新型政商关系，做合格的中国特色社会主义事业建设者。

俞正声到崇化中学看望内地新疆高中班学生；在天津清真大寺了解宗教活动开展情况。俞正声强调，要做好内地少数民族学生的教育培养工作，引导他们增强“五个认同”，更好地成长成才。要认真贯彻落实全国宗教工作会议精神，坚持党的宗教工作基本方针，充分发挥宗教界人士和信教群众在促进经济社会发展中的积极作用。

9月5—9日

［纲　文］ **第11届全国优秀舞蹈节目展演在武汉举行。**

9月6日

［纲　文］ **国务院办公厅印发《消费品标准和质量提升规划（2016—2020年）》。**

［目　文］ 《规划》由四个部分组成：一、总体要求。二、主要任务。三、重点领域。四、保障措施。

《规划》要求，各地区、各有关部门要加强对本规划实施工作的组织领导，在消费品工业升级、科技创新、质量监管、市场监管、职业教育、财税金融等方面，加强沟通协调，密切协作配合。各级政府要建立健全质量激励和约束制度，将消费品标准和质量提升工作纳入政府质量工作考核范围，出台相关配套政策措施，确保各项政策措施落实到位。质检总局和国家标准委要会同有关部门加强对本规划实施情况的监督检查，重大事项及时向国务院报告。

9月6日

［纲　文］　**财政部公布《国家农业综合开发资金和项目管理办法》。**

［目　文］　《办法》共5章52条，主要有总则、资金管理、项目管理、监督管理、附则等内容，自2017年1月1日起施行。财政部发布的《国家农业综合开发资金和项目管理办法》和《财政部关于修改〈国家农业综合开发资金和项目管理办法〉的决定》同时废止。

9月6日

［纲　文］　**司法部发布修订后《律师事务所管理办法》。**

［目　文］　《办法》共8章78条，主要内容有总则，律师事务所的设立条件，律师事务所设立许可程序，律师事务所的变更和终止，律师事务所分所的设立、变更和终止，律师事务所执业和管理规则，司法行政机关的监督管理，附则等内容，自2016年11月1日起施行。此前司法部制定的有关律师事务所管理的规章、规范性文件与本办法相抵触的，以本办法为准。

9月6日

［纲　文］　**国务院副总理刘延东在北京会见南非共产党总书记、政府高等教育与培训部长恩齐曼迪率领的南非共产党代表团。**

［目　文］　刘延东说，当前中南关系处于新的历史阶段，双方应积极落实两国元首的重要共识，推动中南全面战略伙伴关系不断发展。中共重视与南非共传统友好关系，两党治国理政经验交流卓有成效，愿共同将两党关系提升到新水平。刘延东还介绍了中共治国理政和党建方面的举措和成就。

恩齐曼迪表示，南非共期待深化两党间各领域合作，希望借鉴中共在加强党建和经济发展等方面的成功经验。

9月6日

［纲　文］　**刘延东在江西调研。**

［目　文］　国务院副总理刘延东来到瑞金，向红军烈士纪念塔敬献花篮、瞻仰叶坪革命旧址群并慰问老区群众，看望来自北京等地参加义诊的医疗专家；在南昌、赣州、瑞金、抚州等地，了解基层医疗机构运行、患者就医负担和文明、健康社区建设等情况，强调要践行卫生与健康工作方针，提升基层服务能力和水平，发挥中医药在治未病中的作用，推动“以疾病治疗为中心”向“以健康促进为中心”转变，切实将“大健康”理念落实到医疗卫生服务之中。要努力将健康融入所有政策，大力开展全民健身，推进健康城市和健康村镇建设。要落实中央深化医改要求，加强试点探索和经验推广，实施“三医”联

动，力争在分级诊疗、现代医院管理、医保支付、药品供应保障、综合监管等方面取得突破。

刘延东考察高校和中等职业学校时强调，人才培养和科技创新是老区实现跨越式发展的必由之路，要利用新技术改造提升传统产业，促进新技术、新产业、新业态和新机制融合发展，加快构筑发展新优势。要进一步整合资源，开放合作，创新机制，加大投入，打造区域创新高地。要优化创新创业生态，加速创新要素流动，促进成果转移转化，让创新创业活力持续迸发。要创新人才培养模式，造就更多高素质技术技能人才，为经济社会发展提供有力人才支撑。

9月6日

［纲　文］　**第十届区域空气质量管理国际研讨会在北京召开。**

［目　文］　研讨会由环境保护部和美国环境保护局联合主办，环境保护部环境保护对外合作中心、清华大学协办。来自德国联邦环保局和英国环境局的专家及有关地方省市环保部门和科研机构及高校的五十多位嘉宾代表参加了会议。环境保护部副部长赵英民出席会议并致辞。

9月6日

［纲　文］　**《人民日报》发表题为《为世界经济把好脉开好方——三论习近平主席二十国集团工商峰会主旨演讲》的评论员文章。**

9月6—9日

［纲　文］　**国务院总理李克强出席第19次中国—东盟领导人会议暨中国—东盟建立对话关系25周年纪念峰会、第19次东盟与中日韩领导人会议和第11届东亚峰会，并对老挝进行正式访问。**

［目　文］　7日，第19次中国—东盟（10+1）领导人会议暨中国与东盟建立对话关系25周年纪念峰会在老挝万象国家会议中心举行。李克强与老挝总理通伦共同主持会议，东盟十国领导人与会。

李克强在发言中表示，中国—东盟关系经受住国际风云变幻的考验，树立了大小国家平等相待、共谋发展的典范。李克强就南海问题表示，在中国和东盟国家共同努力下，目前南海形势正朝着积极方向发展。实践证明，中国与东盟国家遵照国际法原则达成的《南海各方行为宣言》是行之有效的地区规则。

与会东盟国家领导人表示，李克强就东盟中国关系发展发出了积极信息，展现了积极姿态。会议通过了《第十九次中国—东盟领导人会议暨中国—东盟建立对话关系25周年纪念峰会联合声明》《中国—东盟产能合作联合声明》《中国与东盟国家应对海上紧急事态外交高官热线平台指导方针》和《中国与东盟国家关于在南海适用〈海上意外相遇规则〉的联合声明》四个文件。

同日，第19次东盟与中日韩（10+3）领导人会议在万象举行。东盟十国领导人、中国国务院总理李克强及日本首相安倍晋三、韩国总统朴槿惠出席会议。通伦主持会议。

李克强就“10+3”合作提出六点建议：第一，加强金融安全合作；第二，深化贸易投资合作；第三，推动农业和减贫合作；第四，促进互联互通建设；第五，创新产能合作模式；第六，增进社会人文交流。会议期间，李克强会见了新加坡总理李显龙、柬埔寨首相洪森、马来西亚总理纳吉布。

8 日，第 11 届东亚峰会在万象举行。国务院总理李克强、东盟十国领导人、韩国总统朴槿惠、美国总统奥巴马、俄罗斯总理梅德韦杰夫、日本首相安倍晋三、印度总理莫迪、澳大利亚总理特恩布尔、新西兰总理约翰·基和联合国秘书长潘基文出席会议。通伦主持会议。

李克强在发言中阐述了中方在南海问题上的原则立场。第一，中国是《联合国海洋法公约》的缔约国，一贯忠实履行《公约》。第二，过去十多年南海地区保持和平稳定，基础是中国与东盟国家达成的《南海各方行为宣言》。第三，中方与东盟国家正积极推进“南海行为准则”磋商，在争议解决之前管控分歧、化解矛盾、推进合作。

李克强与东盟十国及韩国、日本、印度、澳大利亚、新西兰等国领导人共同出席了《区域全面经济伙伴关系协定》联合声明发布仪式。会议期间，李克强会见了俄罗斯总理梅德韦杰夫、澳大利亚总理特恩布尔；同菲律宾总统杜特尔特进行了交谈。

8—9 日，李克强对老挝进行正式访问。访问期间，李克强会见了老挝人民革命党中央总书记、国家主席本扬，同总理通伦举行会谈，会见了老挝国会主席巴妮。李克强和通伦见证了双边产能合作、经贸投资、经济技术、教育等领域 20 个合作文件的签署。两国发表了《中华人民共和国和老挝人民民主共和国联合公报》。

9 月 6—7 日

［纲　文］　**农业部在苏州召开全国“互联网 +”现代农业工作会议暨新农民创业创新大会。**

［目　文］　会议由农业部部长韩长赋主持，国务院副总理汪洋出席会议并讲话。会议主要议题是：总结交流各地推进“互联网 +”现代农业行动的好做法和好经验，研究部署“十三五”期间“互联网 +”现代农业重点工作。中央网信办、工业和信息化部、商务部等相关部委及部分省市领导，全国各地的农业农村信息化工作者、涉农互联网企业和新农民代表三千多人参加了会议。

汪洋指出，发展“互联网 +”现代农业，是提高农业发展质量和效益、促进农民增收的重大举措，是加强农村社会管理和服务的有效途径。要认真贯彻落实党中央、国务院的决策部署和全国科技创新大会有关精神，把信息化作为农业现代化的一个重要制高点，紧紧围绕农业现代化和农业供给侧结构性改革的目标任务，加快现代信息技术在农业农村领域的推广应用，推进“互联网 +”现代农业健康发展。农村互联网发展，要对接农业生产、农产品流通、农民日常生活和农村社会管理，服务农业农村发展。要适应农业特点，接好农村地气，遵循市场和产业发展规律，探索可持续的商业运行模式。要加快农村互联网基础设施建设，搭建多层次服务平台，完善物流网络体系。要充分发挥企业和农民主体作用，发挥供销社等在农村电子商务发展中的特殊作用。政府要加强规划引导、政策支持、标准规范、市场监管等，努力创造“互联网+”现代农业发展的有利环境。鼓励基层和各类市场主体创新探索，重视总结推广好的经验和做法，将“互联网+”现代农业发展的盆景转化为风景。人才是现代农业发展的关键。要加快培育新型职业农民，加强对农民的信息技术、职业技能培训，提高农民生产技术和经营管理能力，鼓励和引导各类科技人员、大中专毕业生、返乡农民工、退役士兵等到农村创业创新，不断壮大新农民队伍。

9月6—9日

［纲　文］　**中央军委副主席许其亮对缅甸进行正式友好访问**。

［目　文］　访问期间，许其亮在仰光分别与缅甸国务资政昂山素季、第一副总统吴敏瑞、国防军总司令敏昂莱举行会见会谈。

9月7日

［纲　文］　**国家主席习近平任免驻外大使**。

［目　文］　习近平根据全国人民代表大会常务委员会的决定任免下列驻外大使：一、免去姜江的中华人民共和国驻黎巴嫩共和国特命全权大使职务；任命王克俭为中华人民共和国驻黎巴嫩共和国特命全权大使。二、免去刘昕生的中华人民共和国驻塞浦路斯共和国特命全权大使职务；任命黄星原为中华人民共和国驻塞浦路斯共和国特命全权大使。三、任命张吉明为中华人民共和国驻冈比亚伊斯兰共和国特命全权大使。

9月7日

［纲　文］　**财政部、全国哲学社会科学规划领导小组发布《国家社会科学基金项目资金管理办法》**。

［目　文］　《办法》共6章33条，主要有总则、项目资金开支范围、预算的编制与审核、预算执行与决算、管理与监督、附则等内容，自2016年9月7日起实施。2007年4月10日财政部、全国哲学社会科学规划领导小组印发的《国家社会科学基金项目经费管理办法》同时废止。

9月7日

［纲　文］　**质检总局发布《关于废止文件的公告》**。

［目　文］　《公告》说，质检总局于2006年11月3日发布的《关于沪台海上小额贸易有关水果检验检疫问题的批复》已不适应当前工作需要。现决定自2016年9月7日起废止。

9月7日

［纲　文］　**教育部在北京召开全国乡村教师队伍建设工作推进会**。

［目　文］　会上表彰了全国教书育人楷模和从教30年的乡村教师，部署教师队伍建设工作。国务院副总理刘延东出席会议并讲话。国务院、中央编办、财政部、人力资源

社会保障部、发展改革委有关负责人，各省（区、市）教育部门主要负责人出席会议。10名全国教书育人楷模和5个省份的20名优秀乡村教师代表参会。

9月7日

［纲　文］**《人民日报》发表题为《大家好，世界才能更好——四论习近平主席二十国集团工商峰会主旨演讲》的评论员文章。**

9月7—8日

［纲　文］**马凯在广东调研。**

［目　文］国务院副总理马凯在智能装备、高端制造、信息技术等企业，调研制造强国建设进展情况，了解重点行业智能制造推进成效时指出，一年多来，《中国制造2025》实施取得积极进展，制造业发展总体平稳，质量效益有所提升，特别是动能转换、结构调整明显加快，以智能制造为代表的新动能茁壮成长，新技术、新产业、新模式、新业态蓬勃发展，中国制造提质增效升级呈现良好势头。

马凯指出，智能制造是全球新一轮制造变革的核心内容，是中国制造实现由大变强、高端迈进的战略选择。各地区、各部门和广大企业要把智能制造摆在更加突出的位置，坚持需求牵引、问题导向，坚持企业主体、协同创新，坚持远近结合、重点突破，采取有力有效措施推进智能制造深入发展。一要强化创新驱动。紧紧围绕数控机床与机器人、增材制造、智能传感与控制、智能检测与装配、智能物流与仓储等五大领域，加强产学研用协同创新，尽快突破一批核心技术和重大装备。二要夯实发展基础。加快构建智能制造标准体系，开发一批智能制造核心软硬件，提升重点行业解决方案能力，建立高效可靠的工业互联网基础和信息安全系统，培育一批跨学科、跨领域的复合型人才。三要推进智能转型。开展重点领域集成应用，加快传统制造业智能化改造，着力打造一批智能工厂，积极培育推广离散型智能制造、流程型智能制造、网络协同制造、个性化定制等智能制造新模式，推动生产方式向柔性、智能、精细化转变。四要深化融合发展。深入推进制造业与互联网融合发展，加快构建开放式生产组织体系，培育发展一批“双创”平台，支持协同研发、众包设计、云制造等新模式新业态发展，大力推进制造业服务化转型。

9月7—8日

［纲　文］**第二届对非投资论坛在广州举办。**

［目　文］本届论坛由广东省人民政府、国家开发银行和世界银行共同主办，主题是“分享投资促进经验，共创中非合作未来”。国务院副总理马凯出席开幕式并致辞。南非总统祖马、贝宁总统塔隆、世界银行行长金墉以及来自非洲国家、国际和地区组织的高级别代表团、各国企业家和国内有关部门、有关省市代表团共三百多人出席论坛。对非投资论坛是2015年国家主席习近平出席中非合作论坛约翰内斯堡峰会的成果，已列入《中非合作论坛—约翰内斯堡峰会行动计划（2016—2018）》。

9月7—9日

［纲　文］**应全国人大常委会委员长张德江邀请，俄罗斯联邦委员会主席马特维延**

科率团访华。

［目　文］　9日，国家主席习近平、全国人大常委会委员长张德江在北京与马特维延科会见、会谈。马特维延科代表俄罗斯总统普京向张德江授予俄罗斯国家“友谊”勋章。马特维延科还访问了武汉。

习近平在会见马特维延科时首先请马特维延科转达对普京总统的诚挚问候并说，普京总统前几天来华出席二十国集团领导人杭州峰会，我们举行了2016年第三次会晤，就深化中俄全面战略协作伙伴关系达成新的共识。2016年是《中俄睦邻友好合作条约》签署15周年和中俄建立战略协作伙伴关系20周年，两国政治上高度互信，互利合作全面展开，成果丰硕。中俄全面战略协作伙伴关系的高水平发展，为构建以合作共赢为核心的新型国际关系提供了有益经验。希望双方共同努力，把两国的政治关系优势转化为更多务实合作成果，更好造福两国和两国人民。近年来，中国全国人大同俄罗斯联邦会议的交流合作更加密切，为两国关系和各领域合作提供了重要保障。希望双方继续发挥各自优势，深化在治国理政、立法交流、监督保障等领域互学互鉴，不断巩固中俄政治和战略互信，推动各领域务实合作，在两国社会各界弘扬世代友好理念，为中俄全面战略协作伙伴关系发展奠定更加坚实的社会和民意基础。

马特维延科高度评价二十国集团领导人杭州峰会的成功召开。她说，俄方愿与中方一道，落实好两国元首达成的重要共识，推动两国关系发展不断取得新成果。俄罗斯联邦会议期待深化与中国全国人大的友好关系，加强立法等方面交流互鉴，支持各领域务实合作，更好地服务于俄中全面战略协作伙伴关系深入发展。

张德江在与马特维延科举行会谈时说，中国全国人大愿同俄罗斯联邦会议一道，从议会层面落实好两国元首达成的重要共识。一是继续坚定地支持对方维护国家主权、安全、发展利益的努力，深化两国政治互信，增进两国人民友好。二是围绕两国务实合作，特别是“一带一路”建设与欧亚经济联盟建设对接合作展开深入的探讨，共同为两国务实合作提供可靠的法律保障。三是积极推动地方合作，充分发挥立法机关的独特优势，积极推动中国东北—俄远东等地区合作，为两国地方经贸、投资、人文等领域合作搭建平台。四是深化在各国议会联盟等多边议会框架下的合作，加强金砖国家、上合组织、二十国集团等多边机制的议会交流与合作，从议会层面共同发声发力，维护两国共同利益。

马特维延科说，随着俄中关系不断发展，立法机关合作的重要性越来越突出。俄罗斯联邦会议愿继续与中国全国人大保持密切交往，开展内容丰富、形式多样的交流互鉴，加强在多边议会场合的协调配合，为俄中友好的发扬光大作出更大贡献。

9月7—18日

［纲　文］　**第15届夏季残疾人奥林匹克运动会在巴西里约举行**。

［目　文］　来自160个国家和地区的4432名运动员参加比赛。中国体育代表团共有308名运动员，参加17个大项328个小项的比赛，获得107枚金牌、81枚银牌和51枚铜牌，刷新51项世界纪录，创造了自1984年参加残奥会以来的最好成绩，连续四届夺

得金牌和奖牌榜第一。

19日，中共中央国务院向第15届残奥会中国体育代表团致贺电。贺电说，在第15届残奥会上，中国体育代表团残疾人运动员顽强拼搏、勇攀高峰，赢得107枚金牌、81枚银牌、51枚铜牌，打破51项世界纪录，连续4届残奥会位居金牌榜和奖牌榜第一位，奏响了催人奋进的生命凯歌，讲述了中国残疾人自强不息的故事，为祖国和人民争得了荣誉，党中央、国务院向你们表示热烈的祝贺和诚挚的问候！在本届残奥会上，中国体育代表团残疾人体育健儿大力发扬奥林匹克精神和中华体育精神，不畏强手，勇争第一，超越自我，挑战极限，充分展示了我国残疾人自尊、自信、自强、自立的精神风貌，收获了成功，赢得了尊重，增进了友谊，树立了形象，为推动国际残疾人奥林匹克运动发展作出了新贡献。你们的优异表现，向世界传递了蕴含在我国广大残疾人中的正能量，极大激励了全国各族人民和海内外中华儿女，祖国和人民为你们感到骄傲和自豪！希望你们在新的起点上，再接再厉，不断进取，进一步激发广大残疾人参与体育锻炼的热情，带动残疾人健身体育、康复体育、竞技体育的普及开展，为促进我国残疾人体育事业发展、推进健康中国建设继续努力，为我国办好2022年冬奥会和冬残奥会，为实现全面建成小康社会奋斗目标、实现中华民族伟大复兴的中国梦作出新的更大的贡献。祖国和人民期盼着你们凯旋！

21日，中共中央政治局常委刘云山受中共中央总书记习近平委托在北京会见第15届残奥会中国体育代表团全体成员。刘云山说，在里约残奥会上，我国残疾人体育健儿大力发扬奥林匹克精神和中华体育精神，顽强拼搏、奋勇争先，实现了比赛成绩和精神文明双丰收，续写了中国残疾人体育事业新辉煌。我国残疾人体育健儿创造的优异成绩，为祖国争了光，为残奥增了辉，为自己添了彩，充分展示了当今中国的文明进步，展示了我国残疾人事业的发展成就，展示了我国残疾人的时代风采。希望代表团全体成员再接再厉、继续努力，勇于面对新的挑战，为祖国和人民再立新功。要把筹办北京2022年冬奥会、冬残奥会作为良好机遇，推动我国体育事业和残疾人事业实现新的发展。各级党委、政府和社会各界要大力支持残疾人事业，多办好事实事，帮助更多残疾人实现人生梦想，创造幸福美好生活。

9月7—21日

［纲　文］ **第三届丝绸之路国际艺术节在西安举办。**

［目　文］ 艺术节由文化部和陕西省人民政府主办，以“文化自信”重要使命，秉承和平、和谐、合作的价值理念，有来自80多个国家地区以及国内13个省区市的200多场各类演出活动。向广大人民群众呈现包括文艺演出、美术书法摄影展览、文化论坛、惠民巡演等多个版块，以及“国际青年汉学家研修计划（西安班）”“国际现代艺术周”“国际儿童戏剧周”“创意动漫周”“国风·秦韵——长安诗歌周”等多项专题文化活动。

9月8日

［纲　文］ **全国政协在北京召开双周协商座谈会，就“自然保护区建设与管理”建**

言献策。

［目　文］　全国政协主席俞正声主持会议。全国政协副主席杜青林、张庆黎、李海峰、马飚出席座谈会。全国政协委员朱维群、赵雨森、洪捷序、关凯、杜鹰、马志伟、钟晓渝、郭层城、李钺锋、马玉红、赵进东、杨兴平、龙长兴、胡四一、高吉喜，以及专家学者张新安、曹敏在座谈会上发言。环境保护部副部长黄润秋介绍了有关情况。国土资源部副部长汪民、农业部副部长张桃林、林业局局长张建龙等与委员互动交流。

委员们认为，自然保护区是生物多样性保护的核心区域，是推进生态文明、建设美丽中国的重要载体。自1956年建立第一处自然保护区至今，我国自然保护区工作取得很大成绩。党的十八大以来，党中央、国务院把生态文明建设和环境保护摆在更加重要的战略位置。习近平总书记多次作出重要批示，要求进一步加强自然保护区建设与管理。各地各部门认真贯彻落实党中央的决策部署，我国自然保护区工作取得新的重大进展。当前我国仍处于工业化、城镇化快速发展阶段，生态环境保护压力依然很大，自然保护区在建设和管理中还存在一些矛盾和问题。

一些委员建议，一是坚持保护第一、科学规划、分类指导、合理利用的原则，在提高保护区保护能力的同时兼顾资源的合理利用，协调区域社会经济发展与生态资源保护之间的关系。二是重视群众参与支持，关注群众利益，发展替代产业，促进劳动力的转移，加大社会对自然保护区的支持和参与度。三是加强基层基础工作，提高能力，改进方法，增强科技支撑，提高保护区管理科技含量。四是扎实推进国家公园的试点工作，加强顶层设计，落实部门责任，划定生态红线，促进跨省区合作，逐步积累经验，解决部门多头管理的问题。五是加强生态补偿力度，落实财力保障机制，规范涉及自然保护区保护和开发建设活动的补偿措施。六是要严肃执法，特别是对禁止开发区应该严格落实行政责任，逐步统一行政法规，争取尽早立法。

9月8日

［纲　文］　**汪洋在厦门主持召开跨国公司代表座谈会，听取跨国公司对中国经济形势、改革开放进程和外商投资环境的意见和建议。**

［目　文］　57家跨国公司、6家商会（机构）代表出席座谈会时表示，跨国公司看好中国经济转型升级的前景，赞赏中国政府为改善外商投资环境所做的努力，将进一步加大在中国市场投入，积极参与中国经济发展进程，同时希望中国进一步扩大市场准入，完善市场环境，为外资企业在中国发展创造更加有利的条件。

国务院副总理汪洋指出，跨国公司是中国开放型经济的重要参与者和建设者，为中国经济社会发展和人民生活水平提高作出了积极贡献。中国将以落实二十国集团领导人杭州峰会共识和刚刚发布的《全球投资指导原则》为契机，进一步放宽外商投资准入，完善外商投资政策，依法维护外资企业合法权益，推进跨境投资合作迈上新台阶。中国过去三十多年的发展得益于对外开放，未来要实现中华民族伟大复兴，仍然要坚定不移扩大开放。当前中国外向型经济正步入“引进来”与“走出去”并重的发展阶段，对外开放的层次进一步提升，动力更加强劲，蕴藏的机遇更加广阔。中国人力资源丰富，产业配套能力强大，基础设施完善，经济转型带动市场需求升级，综合引资优势明显，仍然是外商投资的热土。外资企业也要积极适应中国经济发展新常态，大力调整投资布局，不断创新经营方式，努力把握新机遇、实现新发展。中国政府高度重视跨国公司提出的意见和建议，将努力为跨国公司营造更加公平、透明、可预期的投资环境。

9月8日

［纲　文］　**第22次全国地方立法研讨会在长春召开。**

［目　文］　会议的主要任务是贯彻落实党的十八大和十八届三中、四中、五中全会精神，以邓小平理论、“三个代表”重要思想、科学发展观为指导，深入学习贯彻习近平总书记系列重要讲话精神，贯彻落实《中共中央关于加强党领导立法工作的意见》，坚持党对立法工作的领导，总结新形势下地方立法工作的经验，进一步落实赋予设区的市地方立法权工作，促进实现良法善治。全国人大常委会副委员长李建国出席会议并讲话。吉林、天津、浙江、湖北、广东、重庆、厦门、青岛8省市人大常委会或法制机构负责人作了交流发言。各省区市人大常委会有关负责人、全国人大常委会法工委各室主要负责人等出席会议。

李建国指出，要切实增强坚持党对立法工作领导的政治自觉，建立健全地方党委领导立法工作的体制机制。要坚持依法立法，坚持人民主体地位，增强地方立法特色，努力提高地方立法质量。要加强对设区的市立法工作的指导和立法工作队伍建设，确保地方立法权能接得住、用得好。要进一步深化对法规备案审查工作重要性的认识，完善备案审查工作机制，加强备案审查能力建设，不断加强和改进备案审查工作。

9月8日

［纲　文］　**国务委员兼国防部部长常万全出席在英国伦敦举行的联合国维和部长级会议并作大会发言。**

［目　文］　常万全表示，联合国维和行动是维护世界和平与安宁的强有力手段。2015年联合国维和峰会上，中国国家主席习近平提出了支持改进和加强联合国维和行动的六项承诺，中方在落实这些承诺方面取得了积极进展。作为一个负责任的大国，中国将一如既往认真履行对联合国维和行动的庄严承诺，积极参加和支持联合国维和行动，努力提升自身维和能力建设水平，广泛开展维和领域国际合作。针对当前的新形势新挑战，常万全提出改进联合国维和行动的具体倡议，特别是加强联合国对维和行动的指导以及各方的协调和能力建设，并表达了中方支持联合国维和部关于推进维和行动快速部署倡议的积极态度。

此次会议是2015年联合国维和峰会的后续会议，旨在回顾维和峰会各方倡议落实进展，并就改进联合国维和行动、提高维和快速部署能力等问题进行探讨交流。来自七十多个国家的国防部部长或其代表以及联合国等国际组织代表参会。

会议期间，常万全会见了英国国防大臣法伦，就落实两国元首共识，发展中英两国两军关系等交换了意见。

9 月 8 日

［纲　文］　**外交部发言人表示，中方高度赞赏俄罗斯总统普京有关南海问题表态。**

［目　文］　有记者问：近日，俄罗斯总统普京在出席二十国集团领导人峰会后举行记者会，就南海问题表示，俄方赞同并支持中方不承认南海仲裁案及其裁决结果的立场，认为任何域外大国介入南海问题只会干扰问题的解决。中方对此有何评论？

发言人说，中方注意到普京总统有关菲律宾南海仲裁案的表态。普京总统直接指出了菲律宾南海仲裁案的问题所在，体现了俄罗斯在有关问题上客观公正的立场，代表国际社会主持正义的声音，中方对此表示高度赞赏。事实上，只要是真正关心南海和平稳定的国家，都支持中国与直接有关当事国根据国际法，按照双边协议和《南海各方行为宣言》的规定，和平解决争议，都应反对域外势力插手南海事务，渲染局势紧张，挑拨地区国家关系。

9 月 8—11 日

［纲　文］　**2016 中国科幻大会在北京举办。**

［目　文］　国家副主席李源潮出席开幕式并致辞。大会由中国科协主办，以“科学创想，智遇未来”为主题。活动有主题报告、高峰对话、2016 中国科幻高峰论坛、第 27 届“银河奖”颁奖典礼、中国科幻史展、美丽科幻嘉年华、国际科幻高峰论坛、第 7 届“全球华语科幻星云奖”颁奖盛典、印象科幻片展映等。国内外科普科幻作家、研究专家、科幻媒体、资深科幻迷等参加活动，围绕科幻创意创作、科幻产业发展趋势等内容进行报告和交流。

9 月 8—11 日

［纲　文］　**第 19 届中国国际投资贸易洽谈会厦门举行。**

［目　文］　本届投洽会由商务部主办，以“聚焦‘一带一路’、推动双向投资”为主题。近 12 万名境内外客商、5000 多家企业与会，完成 3000 多场次项目对接及商务洽谈活动，开展 3 万多个优质项目对接以及 100 多场投资促进主题论坛。

8 日，国务院副总理汪洋在厦门出席 2016 国际投资论坛并发表主旨演讲时强调，要紧密围绕落实“创新、协调、绿色、开放、共享”的发展理念和二十国集团领导人杭州峰会共识，充分发挥投洽会在跨境投资合作中的桥梁、窗口和平台作用，进一步拓展对外开放领域，完善外资企业营商环境，加快构建开放型经济新格局，以实际行动推动全球投资贸易强劲增长。

同日，汪洋还分别会见了出席投洽会的津巴布韦副总统穆波科和拉脱维亚副总理兼经济部部长阿舍拉登斯。

9 月 9 日

［纲　文］　**习近平在北京市八一学校考察。**

［目　文］　中共中央总书记习近平在学校图书馆楼，参观校史展、学校帮扶河北阜平学校成果展、国防教育展，了解学校发展变化、教学改革、结对帮扶等情况，称赞学校充满活力、特色鲜明、成果丰硕；在学校天工苑通用技术中心，走进科普实验室，听取学校与中国航天科技集团航天人才开发交流中心共同开发科普小卫星课程情况介绍，察看模型卫星和工程样星实物，同老师和学生交流；在高中部教师集体办公室，向教师了解他们的工作、学习、生活情况和对教育改革的感受，祝他们教师节快乐；在学校体育场边，观摩了小学生足球训练课和武术课。

习近平同教师学生代表座谈，师生代表谈教育管理、谈教书育人、谈理想追求、谈学习生活。在听取大家发言后习近平指出，教育决定着人类的今天，也决定着人类的未来。基础教育在国民教育体系中处于基础性、先导性地位，必须把握好定位，全面贯彻落实党的教育方针，从多方面采取措施，努力把我国基础教育越办越好。广大教师要做学生锤炼品格的引路人，做学生学习知识的引路人，做学生创新思维的引路人，做学生奉献祖国的引路人。时代越是向前，知识和人才的重要性就愈发突出，教育的地位和作用就愈发凸显。基础教育是立德树人的事业，要旗帜鲜明加强思想政治教育、品德教育，加强社会主义核心价值观教育，引导学生自尊自信自立自强。基础教育是提高民族素质的奠基工程，要遵循青少年成长特点和规律，扎实做好基础的文章。基础教育要树立强烈的人才观，大力推进素质教育，鼓励学校办出特色，鼓励教师教出风格。教育公平是社会公平的重要基础，要不断促进教育发展成果更多更公平惠及全体人民，以教育公平促进社会公平正义。要加强对基础教育的支持力度，办好学前教育，均衡发展九年义务教育，基本普及高中阶段教育。要优化教育资源配置，逐步缩小区域、城乡、校际差距，特别是要加大对革命老区、民族地区、边远地区、贫困地区基础教育的投入力度，保障贫困地区办学经费，健全家庭困难学生资助体系。要推进教育精准脱贫，重点帮助贫困人口子女接受教育，阻断贫困代际传递，让每一个孩子都对自己有信心、对未来有希望。基础教育是全社会的事业，需要学校、家庭、社会密切配合。学校要担负主体责任，对学生负责，对学生家庭负责。家长要尊重学校教育安排，尊敬老师创造发挥，配合学校搞好孩子的学习教育，同时要培育良好家风，给孩子以示范引导。

八一学校位于北京市海淀区，由老一辈革命家聂荣臻元帅亲手创办的荣臻子弟学校发展而来，是一所历史悠久的学校。八一学校是习近平的母校，他小学和初中都在这里学习。

9月9日

［纲　文］　**习近平致信祝贺第39届国际标准化组织大会召开**。

［目　文］　国家主席习近平的贺信写道：值此第39届国际标准化组织大会召开之际，我谨代表中国政府和中国人民，并以我个人的名义，向会议的召开表示热烈的祝贺！向出席会议的国际机构负责人、各国代表和各界人士致以诚挚的欢迎！标准是人类文明进步的成果。从中国古代的“车同轨、书同文”，到现代工业规模化生产，都是标准化的生

动实践。伴随着经济全球化深入发展，标准化在便利经贸往来、支撑产业发展、促进科技进步、规范社会治理中的作用日益凸显。标准已成为世界“通用语言”。世界需要标准协同发展，标准促进世界互联互通。中国将积极实施标准化战略，以标准助力创新发展、协调发展、绿色发展、开放发展、共享发展。我们愿同世界各国一道，深化标准合作，加强交流互鉴，共同完善国际标准体系。标准助推创新发展，标准引领时代进步。国际标准是全球治理体系和经贸合作发展的重要技术基础。国际标准化组织作为最权威的综合性国际标准机构，制定的标准在全球得到广泛应用。希望与会嘉宾集思广益、凝聚共识，共同探索标准化在完善全球治理、促进可持续发展中的积极作用，为创造人类更加美好的未来作出贡献。预祝会议取得圆满成功！

10—14日，第39届国际标准化组织大会在北京举行。大会由国际标准化组织主办，质检总局、国家标准化管理委员会、北京市人民政府承办。来自国际标准化组织的163个国家（地区）成员，欧洲、泛美、亚太等10多个区域标准化组织，以及联合国贸易和发展会议、联合国工业发展组织、国际铁路联盟等14个国际组织的近700名代表参加会议。

14日，国务院总理李克强出席大会并发表致辞。李克强说，标准化水平的高低，反映了一个国家产业核心竞争力乃至综合实力的强弱。习近平主席专门对此次国际会议发来贺信，表明作为世界制造大国，中国高度重视标准化工作。当前，世界经济复苏艰难，中国经济正处在转型升级的关键期。面对困难和挑战，要保持经济平稳运行，既要保持总需求力度，也要加快推进供给侧结构性改革，着力改善供给质量。这就需要把标准化放在更加突出的位置，以标准全面提升推动产业升级，形成新的竞争优势，促进经济中高速增长、迈向中高端水平。

9月9日

［纲　文］　**最高人民法院、最高人民检察院、公安部印发《关于办理刑事案件收集提取和审查判断电子数据若干问题的规定》。**

［目　文］《规定》由5个部分30条组成，主要内容有一般规定、电子数据的收集与提取、电子数据的移送与展示、电子数据的审查与判断、附则。自2016年10月1日起施行，之前发布的规范性文件与本规定不一致的，以本规定为准。

9月9日

［纲　文］　**证监会公布修改后的《关于加强与上市公司重大资产重组相关股票异常交易监管的暂行规定》，自2016年9月9日起实施。**

9月9日

［纲　文］　**证监会公布修改后的《关于规范上市公司重大资产重组若干问题的规定》，自2016年9月9日起实施。**

9月9日

［纲　文］　**首届制造强国建设专家论坛在北京召开。**

［目　文］　论坛由国家制造强国建设战略咨询委员会主办。以“供给侧结构性改革与制造业提质增效升级”为主题。国务院副总理马凯，全国人大常委会原副委员长、战略咨询委员会主任路甬祥出席论坛并致辞。工业和信息化部部长苗圩、中国工程院院长周济以及相关专家学者、企业代表等围绕推进制造强国建设发表了主题演讲。战略咨询委员会全体委员，国家制造强国建设领导小组成员单位代表，部分省区市制造业主管领导，有关高校和科研院所专家学者，有关行业协会和企业代表约200人参加。

马凯指出，深化供给侧结构性改革是党中央国务院作出的重大部署，制造业是供给侧结构性改革主战场。改革开放以来，我国制造业取得长足进步，但总体大而不强，部分行业产能严重过剩，高端供给明显不足，产业整体处于价值链中低端，迫切需要加快供给侧结构性改革，提升供给质量和效率。要以新发展理念为引领，坚决落实供给侧结构性改革要求，深入实施“中国制造2025”，推动制造业发展尽快实现动力转换、方式转变和结构优化。要下大力气调结构，积极化解过剩产能，加快解决“四基”瓶颈，突破重大短板装备，推动消费品工业增品种、提品质、创品牌。下大力气抓创新，大力推进技术、管理、模式、金融等全方位创新，研发、制造、销售、服务等全环节创新，上下游全产业链创新。下大力气促融合，深化制造业与互联网融合发展，积极培育智能制造、协同研发、服务转型等新产业新业态。下大力气育人才，打造一支素质优良、结构合理的人才队伍。下大力气抓改革，深化选人用人、薪酬分配等改革，加快建立现代企业制度，激发企业活力。下大力气创条件，营造知识产权保护有力、市场竞争规范有序的发展环境。

9月9日

［纲　文］　**外交部就朝鲜再次进行核试验发表声明**。

［目　文］　声明说，今天，朝鲜民主主义人民共和国不顾国际社会普遍反对，再次进行核试验，中国政府对此表示坚决反对。实现朝鲜半岛无核化、防止核扩散、维护东北亚和平稳定，是中方的坚定立场。我们强烈敦促朝方信守无核化承诺，遵守安理会相关决议，停止采取任何恶化局势的行动。中方将同国际社会一道，坚定推进半岛无核化目标，坚持通过六方会谈解决有关问题。

同日，在外交部例行记者会上，有记者问，中方对当前半岛形势及朝鲜选择此时进行核试有何看法？中方除对再次核试表示反对，还将采取哪些具体措施？

发言人说，朝方不顾国际社会普遍反对，进行第五次核试验。中国外交部已就此发表声明，表明了中国政府坚决反对的立场。实现朝鲜半岛无核化、防止核扩散、维护东北亚和平稳定，是中方的坚定立场。我们强烈敦促朝方信守无核化承诺，遵守安理会相关决议，停止采取任何恶化局势的行动。2016年初以来，半岛形势出现曲折反复，严重损害地区和平稳定，与国际社会的普遍期待背道而驰。事实一再证明，半岛相关各方的安全关切应该且只能以符合各方利益的方式加以解决，任何仅从自身利益出发采取的单方面行动都是“死胡同”，只会加剧局势紧张，使问题复杂化，最终不仅无助于解决自身安全关切，反而会使相关目标更加难以实现。中方强烈敦促有关各方着眼大局，谨言慎行，避免进一步相互刺激，共同为推动半岛无核化进程、实现半岛和平稳定做出真正的努力。中方将继续坚持通过对话协商，在六方会谈框架下解决半岛有关问题。

9月9日

［纲　文］　**2016年国际保护臭氧层日纪念大会在北京举行。**

［目　文］　大会由环境保护部与联合国环境规划署、联合国开发计划署主办。联合国环境规划署执行主任埃里克·索尔海姆、环境保护部副部长赵英民出席大会并发言。来自国际组织，外交部、发展改革委、科技部、工业和信息化部、财政部、农业部、商务部、海关总署等有关部委，地方环保厅（局）、行业协会、科研机构、中外企业及媒体代表等120多人出席了此次活动。

9月10日

［纲　文］　**习近平向首届清华大学苏世民书院开学典礼致贺信。**

［目　文］　国家主席习近平的贺信写道：值此清华大学苏世民书院开学之际，我向清华大学以及苏世民书院首届新生致以诚挚的祝贺！教育传承过去、造就现在、开创未来，是推动人类文明进步的重要力量。当今时代，世界各国人民的命运更加紧密地联系在一起，各国青年应该通过教育树立世界眼光、增强合作意识，共同开创人类社会美好未来。中美教育交流为促进两国人民相互了解和友谊、推动中美关系发展发挥了积极作用。中美双方应该挖掘潜力、提高水平，使教育领域合作成为中美人文交流的先行者。希望苏世民书院秉持宗旨、锐意创新，努力成为一个培养世界优秀人才的国际平台，为各国青年提供学习机会，使各国青年更好相互了解、开阔眼界、交流互鉴，携手为增进世界各国人民福祉作出积极努力。祝苏世民书院各位同学学有所成、学尽其用。

同日，清华大学苏世民书院开学典礼在北京举行。国务院副总理刘延东出席开学典礼，代表中国政府向首届苏世民书院的学生表示祝贺。教育部部长陈宝生、中国工程院院长周济、国务院副秘书长江小涓、清华大学校长邱勇、校务委员会主任陈旭等陪同参加活动。清华大学副校长杨斌主持了开学典礼。美国总统奥巴马为开学典礼发来贺信。

清华大学苏世民学者项目是由清华大学和苏世民合作设立的一年制硕士学位项目，旨在培养具有国际视野、综合素质和领导能力且了解中国的未来杰出人才。首批入选的110名学者来自31个国家的70所知名高校。

9月10日

［纲　文］　**国务院总理李克强向哈萨克斯坦新任总理萨金塔耶夫致贺电。**

9月10日

［纲　文］　**刘奇葆在长春电影集团调研。**

［目　文］　中共中央政治局委员、中宣部部长刘奇葆了解了长影集团近年来现实题材电影创作的情况，考察了长影交响乐团，并与长影集团干部职工座谈交流。

刘奇葆指出，要以习近平总书记在文艺工作座谈会上的重要讲话精神为指导，继续抓好全国电影工作座谈会精神的落实，坚持以社会主义核心价值观为引领，坚持以人民为中心的创作导向，坚持把创作生产优秀作品作为中心环节，锐意改革创新，努力担当作为，奋力推动电影事业进一步繁荣发展。中国电影已经进入从量变向质变提升的关键时期，进入从电影大国向电影强国迈进的关键时期。要进一步坚定信心、昂扬斗志、高位求进，着力增强创新创作能力，着力提高思想内涵、艺术水准和制作水平，为人民群众奉献更多优秀电影作品。长影集团是新中国电影的摇篮，要在中国电影繁荣发展的大格局中占据重要一席。要突出电影创作生产这个主业，重点抓好现实题材创作，重视农村题材创作，推出一批讴歌党、讴歌祖国、讴歌人民、讴歌英雄的标志性作品。要加强创作能力建设，把剧本创作放在首要位置，增强原创能力，提升价值内涵，生动讲述故事，写出为时代和百姓称道的好剧本。要用好项目、好环境、好机制吸引人才、凝聚人才，重视发挥老艺术家的传帮带作用，加强青年电影人才培养，灵活运用市场机制寻找和使用人才，打造高素质的电影工作团队。要进一步适应市场、面向市场深化体制机制改革，加强阵地和队伍管理，重视作品的价值导向和社会效果，更好地弘扬主旋律、传播正能量，努力走出具有长影特色的发展之路。

9月10日

［纲　文］　**中国铁路总公司公布，郑州至徐州高速铁路开通运营，至此，中国高速铁路运营里程已超过两万公里。**

9月10日

［纲　文］　**中科院电工研究所研究员马衍伟带领科研团队成功研制出世界首根100米量级铁基超导长线。**

［目　文］　这一成果创造了铁基超导材料从实验室走向产业化的里程碑，标志着中国在铁基超导材料技术领域的研发走在世界前沿。铁基超导材料在工业、医学、国防等诸多领域具有广阔的应用前景，如核磁共振成像仪、高场磁体、电缆、电机、储能等，被《科学》杂志认为是最具发展前景的新型高温超导体之一。业内专家表示，这一成果表明我国已率先掌握了具有自主知识产权的铁基超导长线制备技术，为其在强电领域的实用化和产业化奠定了坚实基础。未来该团队还将进一步优化长线的制备工艺，提高超导芯的载流性能，降低超导线的成本。

9月10—11日

［纲　文］　**中组部在长春召开党委中心组学习经验交流座谈会。**

［目　文］　中组部部长赵乐际主持会议。中共中央政治局常委刘云山、中宣部部长刘奇葆出席并讲话。中直机关工委、中央国家机关工委、北京、内蒙古、吉林、上海、浙江、湖北、广东、陕西、青海、战略支援部队某基地有关负责人作大会发言。

刘云山指出，要按照建设学习型、服务型、创新型马克思主义执政党的要求，充分发挥党委中心组学习的示范带动作用，把学习贯彻习近平总书记系列重要讲话精神引向深入。我们党依靠学习走到今天，也必然依靠学习走向未来。面对新的形势和任务，我们要不忘初心、继续前进，重要的是抓好领导干部这个“关键少数”，加强和改进党委中心组学习，推动全党全社会大兴学习之风。要适应事业发展的新要求，把握好学习的主题和重点，强化学习责任，注重学习质量，以学习提升思想作风、能力素养和工作本领。加强党委中心组学习，首要的是把深入学习贯彻习近平总书记系列重要讲话抓紧抓好。要深刻把握讲话的时代背景和重大意义，把握讲话的鲜明主题和思想体系，把握贯穿其中的治国理政新理念新思想新战略，把握讲话体现的马克思主义立场观点方法。

刘奇葆在总结讲话时指出，党委中心组学习要进一步突出学习贯彻习近平总书记系列重要讲话这个重中之重，同贯彻落实中央重大决策部署结合起来，同解决改革发展稳定中的实际问题结合起来，同提高党员干部的思想理论水平结合起来，做到及时学、专题学、系统学。要把党委中心组学习纳入党建工作和意识形态工作责任制，切实加强制度化规范化建设，进一步弘扬马克思主义优良学风，不断提高党委中心组学习的质量和水平。

9月10—15日

［纲　文］ **应国务院总理李克强邀请，越南社会主义共和国政府总理阮春福对中国进行正式访问。**

［目　文］ 访问期间，国家主席习近平、全国人大常委会委员长张德江、全国政协主席俞正声在北京分别会见了阮春福。李克强在北京同阮春福举行会谈，两国总理共同见证了双方经贸、产能、基础设施、教育等领域多份合作文件的签署。双方发表了《中越联合公报》。阮春福出席了在南宁举行的第十三届中国—东盟博览会和中国—东盟商务与投资峰会，并访问了广西壮族自治区和香港特别行政区。

习近平在会见阮春福时强调，中越要共同努力，落实好两党两国高层共识，坚持以高层战略沟通引领双边关系发展方向。双方要坚持本着互利共赢的精神推进各领域合作。要充分发挥中越双边合作指导委员会的统筹协调作用，加紧推进“一带一路”和“两廊一圈”发展战略对接，打造产能合作新平台，加紧推进基础设施重点合作项目和跨境经济合作区建设。双方要坚持为百姓谋福祉，多做实事，为中越关系构筑牢固的民意支撑，夯实双边关系社会基础。双方要坚持通过双边协商妥善处理南海问题。中越共同利益远远大于分歧。双方完全有能力通过友好协商有效管控分歧、推进海上合作。双方要用好政府边界谈判等现有磋商机制，积极推进北部湾湾口外海域共同考察后续工作，推动南海更大范围海域共同开发早日取得实质进展，把海上问题带来的挑战转变为合作机遇。

阮春福表示，越方铭记和感谢中国党和政府在越南民族解放和社会主义建设事业中给予的支持和帮助，始终将越中关系置于对外关系的优先位置，希望同中方不断增进政治互信，推进务实合作，有效管控分歧，推动越中传统友谊和全面战略合作伙伴关系稳定、健康发展。

李克强同阮春福会谈时指出，中越发展优势互补，合作互利双赢。希望双方继续按照海上、陆上、金融合作“三线并举”的总体思路，推进双边和澜沧江—湄公河次区域发展战略对接，加强基础设施建设、产能、贸易投资、金融等各领域务实合作。用好人文交流机制和平台，不断深化两国党际、国防、执法安全等领域对口交流，夯实中越关系发展的基础。南海问题涉及领土主权和海洋权益，牵涉民族感情。中越双方应共同努力，恪守高层共识，维护海上稳定，努力管控分歧，推进海上合作，不断累积共识，共同维护海上和地区和平稳定，为双边关系平稳发展创造条件。

阮春福表示，越方愿同中方增强政治互信，保持高层接触；发挥政府间合作机制作用，深化各领域、各层级交流与务实合作，弘扬友好传统，扩大人文交往；加强在多边事务中的协调配合。本着平等和相互尊重的精神，以和平方式妥善处理海上问题，管控好分歧，保持海上稳定，开展低敏感领域海上合作，不让海上问题影响两国关系发展。

9月10—11日

［纲　文］　**第五次全国文化系统对口支援西藏工作会议在拉萨召开**。

［目　文］　文化部部长雒树刚、西藏自治区党委书记吴英杰、西藏自治区主席洛桑江村、故宫博物院院长单霁翔等出席会议，文化部部长助理于群主持会议。17个援藏省市文化厅局负责人等参加会议。西藏自治区文化厅负责人汇报了近年来西藏文化发展情况。文化部文化产业司、国家图书馆、中央民族乐团、浙江省文化厅、湖北省文化厅负责人作交流发言。国家图书馆、文化部全国公共文化发展中心分别与西藏自治区文化厅，重庆市文化委员会与昌都市签订对口支援项目协议。国家图书馆现场向西藏公共图书馆赠送了图书、数字资源和古籍修复设备。会议还进行了分组讨论，并安排受援双方直接对接支援项目。

9月10—11日

［纲　文］　**第11届中国—东盟文化论坛在南宁举办**。

［目　文］　论坛由文化部和广西壮族自治区人民政府主办，教育部作为支持单位，以“交流与共享—艺术教育合作与发展”为主题展开交流探讨，共商中国—东盟文化合作与发展，在文化领域促进“21世纪海上丝绸之路”建设。期间还举办中国—东盟艺术教育校长圆桌会议并通过会议纪要、第11届“红铜鼓”中国—东盟艺术教育成果展演等配套活动。

9月10—20日

［纲　文］　**“互绘·相知——中外美术作品展”在北京炎黄艺术馆举办**。

［目　文］　作品展由中国美术家协会主办。逾200件中外美术佳作将60余个“一带一路”沿线国家神奇绚丽的自然与人文景观呈现给观众，展示了中外美术家眼中的多彩世界。展览分为五大板块：“中国美术家眼中的世界”以中国画为主，题材集中于“一带一路”；“外国美术家眼中的中国”则以油画为主，题材集中于“中国元素”；“中国中青年美术家海外研修”和“巴黎国际艺术城吕霞光画室研修”呈现对美术人才培养的阶段性成果；虚拟现实画展则邀请观众亲身体验历届北京国际美术双年展部分捐赠作品与数字媒体结合的全新演绎。

9月11日

［纲　文］　**国务院印发《北京加强全国科技创新中心建设总体方案》**。

［目　文］《方案》由四个部分组成：一、总体思路。二、发展目标。三、重点任务。四、保障措施。

《方案》明确，北京全国科技创新中心的定位是全球科技创新引领者、高端经济增长极、创新人才首选地、文化创新先行区和生态建设示范城。发展目标是：到 2017 年，科技创新动力、活力和能力明显增强，全国科技创新中心建设初具规模；到 2020 年，全国科技创新中心的核心功能进一步强化，科技创新能力引领全国；到 2030 年，全国科技创新中心的核心功能更加优化，为我国跻身创新型国家前列提供有力支撑。

9 月 11 日

［纲　文］ **证监会公布《公开募集证券投资基金运作指引第 2 号——基金中基金指引》，自 2016 年 9 月 11 日起施行。**

9 月 11 日

［纲　文］ **外交部部长王毅应约同法国外长艾罗通电话。**

［目　文］ 双方重点就朝鲜半岛问题交换了意见。王毅阐述了中方对朝鲜进行核试验的立场。艾罗表示，法方赞赏中方坚持推进朝鲜半岛无核化目标，为此发挥了负责任的作用。法方愿同中方就此加强沟通协调。

9 月 11—14 日

［纲　文］ **第 13 届中国—东盟博览会和中国—东盟商务与投资峰会在广西南宁举办。**

［目　文］ 本届东博会和商务与投资峰会以“共建 21 世纪海上丝绸之路，共筑更紧密的中国—东盟命运共同体”为主题，由中国和东盟十国、东盟秘书处共同主办。通过多领域、深层次的交流，进一步推动了“21 世纪海上丝绸之路”和中国—东盟命运共同体的建设。会期共举办了 72 场经贸投资促进活动、26 个高层论坛，发布了《中国—东盟信息化合作基础与发展展望报告》、中国—东盟质检部长会议备忘录《2017—2018 年度执行计划》及《中国—东盟环境展望报告》等一系列文件，成功推动了“21 世纪海上丝绸之路”在各领域的落实。参展企业 2669 家，参展参会客商达 6.5 万人。国务院副总理张高丽出席开幕式并发表《深入推进二十一世纪海上丝绸之路建设 共筑更紧密的中国—东盟命运共同体》主旨演讲。越南总理阮春福、柬埔寨首相洪森、缅甸副总统吴敏瑞、老挝副总理宋赛、泰国副总理巴金出席开幕式并分别致辞。

10 日，张高丽在南宁分别会见与会的洪森、阮春福、吴敏瑞、宋赛、巴金。

9 月 12 日

［纲　文］ **中共中央办公厅印发《中国侨联改革方案》。**

［目　文］ 中共中央总书记习近平多次作出批示指示，为中国侨联改革指方向、定方针、提任务。中央政治局常委会会议、中央全面深化改革领导小组会议、中央书记处办公会议分别审议了《方案》。

《方案》明确了中国侨联改革的指导思想、基本原则、主要目标。从4个方面、17个领域提出了中国侨联的改革措施。第一，改革调整中国侨联领导机构、机关设置和运行机制。第二，改革中国侨联组织人事制度，加强干部队伍作风建设。第三，提升侨联服务大局、服务侨界群众的能力和水平。第四，夯实侨联基层基础，增强侨联组织活力。

《方案》要求，要加强党的领导，深入细致做好机关干部思想政治工作，加强侨联改革宣传工作，选准改革突破口，细化路线图和时间表，推动改革取得实质性成效，实现侨联工作创新发展。

9月12日

［纲　文］　**最高人民法院印发《关于进一步推进案件繁简分流优化司法资源配置的若干意见》。**

［目　文］　《意见》由22个部分组成：一、遵循司法规律推进繁简分流。二、推进立案环节案件的甄别分流。三、完善送达程序与送达方式。四、发挥民事案件快速审判程序的优势。五、创新刑事速裁工作机制。六、简化行政案件审理程序。七、探索实行示范诉讼方式。八、推行集中时间审理案件的做法。九、发挥庭前会议功能。十、创新开庭方式。十一、推行庭审记录方式改革。十二、推进民事庭审方式改革。十三、探索认罪认罚案件庭审方式改革。十四、促进当庭宣判。十五、推行裁判文书繁简分流。十六、完善二审案件衔接机制。十七、提升人案配比科学性。十八、推广专业化审判。十九、推进审判辅助事务集中管理。二十、完善多元化纠纷解决机制。二十一、发挥律师在诉讼中的作用。二十二、引导当事人诚信理性诉讼。

9月12日

［纲　文］　**中国伊斯兰教协会在北京举行招待会，庆祝伊斯兰教的传统节日古尔邦节。**

［目　文］　中共中央政治局委员刘延东、孙春兰，全国人大常委会副委员长艾力更·依明巴海，全国政协副主席王正伟等到会祝贺。阿拉伯国家驻华使团团长、阿曼驻华大使阿卜杜拉·萨阿迪及40多位伊斯兰国家驻华使节，在京外国穆斯林代表，中央和北京市有关部门负责人，首都各界穆斯林代表共280余人出席了招待会。

全国政协常委、中国伊斯兰教协会会长希拉伦丁·陈广元大阿訇在招待会上致辞，他代表中国伊斯兰教协会祝愿全国和世界各国穆斯林兄弟姐妹节日快乐，祝愿正在沙特朝觐的各族穆斯林圆满完成朝觐功课，祝愿祖国繁荣昌盛、人民幸福安康，祝愿人类团结和睦、世界和平安宁。

9月12日

［纲　文］　**纪念《国家通用语言文字法》实施15周年暨国务院发布《关于推广普通话的指示》60周年座谈会在北京举行。**

［目　文］　国务院副总理刘延东、全国人大常委会副委员长王晨出席座谈会并讲话，全国政协副主席罗富和出席座谈会。教育部、人力资源和社会保障部、文化部、新闻出版广电总局、中央军委政治部、江苏省、甘肃省等有关负责人在会上做了典型发言。会

议总结了普通话推广60年来和《国家通用语言文字法》实施15年来语言文字事业的成就，重点部署落实《国家语言文字事业“十三五”发展规划》和今后一段时期语言文字工作的重要任务。

刘延东强调，语言文字事业是国家综合实力的支撑力量，在国家发展战略中地位重要。“十三五”期间要在全国基本普及国家通用语言文字，提高农村地区普通话水平，加快民族地区普通话普及率，强化学校语言文字教育。要聚焦区域发展、“一带一路”，提升语言服务能力，发挥语言文字对中华民族认同、中华文化认同的作用。要加快语言文字法制化、规范化、信息化建设，提高国民语言能力，构建和谐健康的语言生活。要传播中华优秀语言文化，促进国际交流合作，展现中华文化魅力，为实现中华民族伟大复兴中国梦作出应有贡献。

9月12日

［纲　文］　**中俄第12轮战略安全磋商在北京举行。**

［目　文］　国务委员杨洁篪同俄罗斯联邦安全会议秘书帕特鲁舍夫共同主持会议。杨洁篪指出，在习近平主席和普京总统的引领下，中俄全面战略协作伙伴关系深入发展，双方协作的深度和广度前所未有。中俄要保持密切沟通，落实好两国元首达成的重要共识，不断加强战略安全领域的沟通、磋商和协作，加大相互支持，进一步深化国际事务中的协调配合，将高水平的中俄关系转化为更多实实在在的合作成果。帕特鲁舍夫表示，俄方愿同中方一道，全面落实两国元首达成的重要共识，继续加强战略沟通协作，促进地区和世界的和平、稳定与繁荣。

双方还就朝鲜半岛局势、金砖国家合作等问题深入磋商交流，达成广泛共识。双方一致认为，朝鲜核试验不利于半岛和平与稳定，当前要努力防止半岛局势轮番升级甚至失控，把朝鲜半岛核问题重新拉回对话协商轨道。中俄坚决反对美国在韩国部署“萨德”反导系统。双方将继续加强沟通协调，共同维护朝鲜半岛和本地区和平稳定。

9月12日

［纲　文］　**外交部部长王毅与俄罗斯外长拉夫罗夫通电话。**

［目　文］　王毅表示，中方欢迎俄美近日再次就叙利亚停火达成协议，希望停火得以落实并为政治解决叙利亚问题创造条件。中方愿与俄方就重大国际和地区问题加强合作。

双方重点就朝鲜进行核试验交换意见。王毅表示，半岛再度显现复杂严峻局面，中方强烈敦促朝方及有关各方冷静克制，都不再采取任何激化紧张局势的新行动，而是应切实遵守和落实安理会决议，努力恢复和重启对话进程，切实管控好当前半岛局势。

拉夫罗夫表示，俄方赞同中方在朝鲜半岛问题上的立场，愿同中方保持密切沟通协调，共同应对形势发生的新变化，维护半岛的和平稳定。

9月12日

［纲　文］　**青藏铁路无缝钢轨换铺工程完成。**

［目　文］　从2010年开始，青藏铁路公司共投资2.98亿元，共完成换轨82021根，合计1111公里。将原有的25米普通钢轨更换成500米长轨，整个换轨过程运用达到世界先进水平的移动式气压焊接技术，再通过探伤、打磨等工艺，消除各钢轨接头之间的缝隙，最终焊接成无缝线路。

9月12日

［纲　文］　**《人民日报》发表题为《织就长江黄金经济带 擎起绿色发展新未来》的评论员文章。**

9月12—16日

［纲　文］　**应国家主席习近平邀请，秘鲁共和国总统库琴斯基对中国进行国事访问。**

［目　文］　13日，习近平在北京同库琴斯基举行会谈。两国元首赞同从战略高度和长远角度看待和发展中秘关系，共同推动两国全面战略伙伴关系迈上新台阶并共同见证了文化、新闻等领域双边合作文件的签署。双方发表了《中华人民共和国和秘鲁共和国关于深化全面战略伙伴关系的联合声明》。

习近平强调，中秘双方要坚持平等相待和相互尊重，全面深化互信。我们要保持高层交往，扩大政府、政党、立法机构和地方交流，夯实两国长期友好的政治基础。双方要坚持互利共赢，提升合作水平。要继续加强贸易、能源、矿业、基础设施等传统领域合作，实施好双边自由贸易协定，积极推进产业和投资合作，扩大产能、现代农业、环保、新能源等新兴领域合作，深挖合作潜力，创新合作模式，不断提升两国务实合作水平。双方要坚持交流互鉴，增进传统友好。中方愿同秘方加强文化、教育、媒体、智库、高校、旅游交流与合作，加强司法执法合作。双方要继续在全球经济治理、气候变化、2030年可持续发展议程等全球重大议题上保持沟通和合作，维护发展中国家共同利益。我们支持秘方2016年举办亚太经合组织领导人非正式会议，愿同秘方一道，推动亚太经合组织为亚太和全球经济增长作出更大贡献。

库琴斯基表示，秘方愿同中方密切经济、人文等各方面联系，扩大两国在地方经济治理、公共项目建设方面交流，加强基础设施建设、投资、卫生、旅游等领域合作，深入推进秘中全面战略伙伴关系。秘方愿加强同中方在国际事务中协调合作，期待在中方支持下，举办一次成功的亚太经合组织领导人非正式会议。

14日，国务院总理李克强、全国人大常委会委员长张德江在北京分别会见库琴斯基。

李克强在会见库琴斯基时表示，中方视秘鲁为拉美地区重要合作伙伴，愿同秘方进一步巩固政治互信、拓展多领域务实合作交流，加强在国际事务中的协调配合，推动年内在秘鲁举行的亚太经合组织领导人非正式会议取得成功。中方愿同秘方充分发挥双边自贸协定以及各项经济合作机制的带动作用，重点推动矿业、能源、基础设施建设等领域产能合作，着力推进“两洋铁路”等重大项目，共同倡导贸易自由化、投资便利化，为中秘、中拉开展经贸合作营造良好外部环境。

库琴斯基表示，秘新政府愿借鉴中国发展经验，继续推进对华合作，欢迎中国企业参与秘铁路、地铁和港口等基础设施建设。“两洋铁路”项目意义重大，希望双方做好可行性研究，积极加以推进。秘方愿同中方在亚太经合组织框架内密切合作，共同反对贸易保护主义，促进贸易自由化。

9月13日

［纲　文］　**中央军委联勤保障部队成立大会在北京举行，习近平向武汉联勤保障基地和各联勤保障中心授予军旗并致训词。**

［目　文］　中央军委副主席许其亮主持大会。中央军委副主席范长龙宣读了习近平签发的中央军委关于组建武汉联勤保障基地及五个联勤保障中心的命令，武汉联勤保障基地领导班子成员、各联勤保障中心主要领导任职的命令。中央军委委员常万全、赵克石、张又侠、吴胜利、马晓天、魏凤和等出席大会。各大单位主要领导、军委机关各部门领导和各军兵种官兵代表参加大会。

中央军委主席习近平将军旗授予武汉联勤保障基地司令员李士生、政治委员殷志红和无锡、桂林、西宁、沈阳、郑州联勤保障中心主任、政治委员。

习近平致训词。他指出，组建联勤保障基地和联勤保障中心，是党中央和中央军委着眼于全面深化国防和军队改革作出的重大决策，是深化军队领导指挥体制改革、构建具有我军特色的现代联勤保障体制的战略举措，对把我军建设成为世界一流军队、打赢现代化局部战争具有重大而深远的意义。联勤保障部队是实施联勤保障和战略战役支援保障的主体力量，是中国特色现代军事力量体系的重要组成部分。要坚决听党指挥，坚持党对军队的绝对领导，坚定理想信念，强化政治意识、大局意识、核心意识、看齐意识，弘扬优良传统，加强作风建设，纯正部队风气，始终坚持部队建设正确政治方向。要聚焦能打胜仗，牢固树立战斗队思想，坚持战斗力标准，深化军事斗争后勤准备，加快融入联合作战体系，积极开展实战化训练，提高一体化联合保障能力，确保随时拉得出、上得去、保得好。要锐意改革创新，大力推进改革，优化制度机制，提高管理科学化水平，培养高素质新型人才，推动军民深度融合发展。要优质高效保障，强化服务意识，改进保障方式，严格政策制度，做好供应保障，服务官兵、服务战斗力、服务部队建设，不断为强军兴军作出新的更大贡献。

殷志红代表联勤保障部队发言，表示要坚决贯彻习主席训词，坚决听从党中央、中央军委和习主席指挥，聚力保障打赢，忠诚履职尽责，带领部队圆满完成党和人民赋予的各项任务。

9月13日

［纲　文］　**新华社讯，十二届全国人大常委会第七十七次委员长会议在北京举行。**

［目　文］　全国人大常委会委员长张德江主持会议。全国人大常委会副委员长李建国、王胜俊、陈昌智、严隽琪、沈跃跃、吉炳轩、张平、向巴平措、艾力更·依明巴海、

万鄂湘、陈竺出席会议。

全国人大组织法、全国人大常委会议事规则等法律规定，全国人大常委会会议一般每两个月举行一次；有特殊需要的时候，可以临时召集会议。为贯彻党中央关于查处辽宁拉票贿选案的决策部署，依法落实全国人大常委会应当做好的相关工作，委员长会议决定9月13日召开十二届全国人大常委会第二十三次会议，审议相关议题。委员长会议上，全国人大常委会副委员长兼秘书长王晨就常委会第二十三次会议议程草案、日程安排等作了汇报；全国人大常委会代表资格审查委员会、全国人大常委会法制工作委员会负责人分别就常委会第二十三次会议有关议题作了汇报。

9月13日

［纲　文］　**十二届全国人大常委会第二十三次会议在北京举行。**

［目　文］　全国人大常委会委员长张德江主持会议。全国人大常委会副委员长李建国、王胜俊、陈昌智、严隽琪、王晨、沈跃跃、吉炳轩、张平、向巴平措、艾力更·依明巴海、万鄂湘、张宝文、陈竺出席会议。国务院副总理马凯，国务委员郭声琨，最高人民法院院长周强，最高人民检察院检察长曹建明，全国人大各专门委员会成员，各省（区、市）人大常委会负责人等列席会议。

会议主要内容是：一、表决通过了全国人大常委会代表资格审查委员会关于辽宁省人大选举产生的部分十二届全国人大代表当选无效的报告，确定45名全国人大代表当选无效。二、表决通过了全国人大常委会关于成立辽宁省十二届人大七次会议筹备组的决定，决定成立筹备组，负责筹备辽宁省十二届人大七次会议的相关事宜。

张德江在闭幕会上说，本次常委会会议是根据法律的有关规定临时召开的会议，内容重要、意义重大。辽宁拉票贿选案是新中国成立以来查处的第一起发生在省级层面、严重违反党纪国法、严重违反政治纪律和政治规矩、严重违反组织纪律和换届纪律、严重破坏人大选举制度的重大案件，是对我国人民代表大会制度的挑战，是对社会主义民主政治的挑战，是对国家法律和党的纪律的挑战，触碰了中国特色社会主义制度底线和中国共产党执政底线。依纪依法彻查和处理辽宁拉票贿选案，充分体现了以习近平同志为总书记的党中央坚定不移推进全面依法治国、全面从严治党的鲜明态度和坚定决心，维护了人民代表大会制度的权威和尊严，维护了社会主义法治的权威和尊严。民主选举人大代表，是人民代表大会制度的基础。从2016年开始，各级人大将陆续迎来新一轮换届选举，要认真反思总结辽宁拉票贿选案、衡阳破坏选举案的深刻教训，绝不允许把权钱交易那一套带到选举中来，绝不允许以任何形式破坏社会主义民主法治。要坚持党对人大工作特别是代表选举工作的领导，依法做好选举组织工作，严明纪律、严格执法，坚决打击、果断查处不正之风和拉票贿选等违法行为，坚持“零容忍”，发现一起、查处一起、问责一起，绝不姑息迁就、绝不法外开恩，确保换届选举风清气正。

9月13日

［纲　文］　**新华社讯，中共中央决定：李鸿忠同志任天津市委委员、常委、书记，**

不再担任湖北省委书记、常委、委员职务；黄兴国不再代理天津市委书记，免去其市委副书记、常委、委员和市长职务，按有关法律规定办理。

9月13日

［纲 文］ **国务院办公厅转发发展改革委《物流业降本增效专项行动方案（2016—2018年）》。**

［目 文］《方案》由三个部分组成：一、总体要求。二、重点行动。三、保障措施。

《方案》要求，要加大对重要物流基础设施建设的投资支持，完善落实支持物流业发展的用地政策，拓宽物流企业投资融资渠道，发挥好行业协会作用。各地区、各有关部门要按照工作分工和完成时限要求，制定具体实施方案。

9月13日

［纲 文］ **发展改革委、科技部、工业和信息化部、国土资源部、国家开发银行印发《关于支持老工业城市和资源型城市产业转型升级的实施意见》。**

［目 文］《意见》由五个部分组成：一、总体思路。二、支持探索各具特色的产业转型升级路径。三、明确产业转型升级的重点任务。四、加大政策支持力度。五、健全工作机制。

9月13日

［纲 文］ **住房城乡建设部发布《关于修改〈勘察设计注册工程师管理规定〉等11个部门规章的决定》。**

［目 文］《决定》对《勘察设计注册工程师管理规定》《注册监理工程师管理规定》《工程造价咨询企业管理办法》《注册造价工程师管理办法》《注册房地产估价师管理办法》《注册建造师管理规定》《工程建设项目招标代理机构资格认定办法》《工程监理企业资质管理规定》《建设工程勘察设计资质管理规定》《城乡规划编制单位资质管理规定》《建筑业企业资质管理规定》进行修改。自2016年10月20日起施行。

9月13日

［纲 文］ **国务院在北京召开推进"一带一路"建设工作会议。**

［目 文］ 国务院副总理张高丽主持会议。王沪宁、汪洋、杨洁篪等，以及推进"一带一路"建设工作领导小组成员和有关部门单位负责人参加了会议。会议主要内容是：认真学习贯彻中共中央总书记习近平在推进"一带一路"建设工作座谈会上的重要讲话精神，审议有关落实文件，部署下一步重点工作。

张高丽表示，党中央、国务院高度重视"一带一路"建设。习近平总书记强调，要聚焦政策沟通、设施联通、贸易畅通、资金融通、民心相通，聚焦构建互利合作网络、新型合作模式、多元合作平台，聚焦携手打造绿色丝绸之路、健康丝绸之路、智力丝绸之路、和平丝绸之路，以钉钉子精神抓下去，让"一带一路"建设造福沿线各国人民。在党中央、国务院正确领导下，各地区各部门积极主动工作，"一带一路"建设进度和成果超出预期。进一步做好“一带一路”建设工作，必须认真学习领会习近平总书记在推进“一带一路”建设工作座谈会上的重要讲话精神，不折不扣抓好贯彻落实。要加强顶层设计、规划引领，适应沿线国家发展要求，进一步研究出台推进“一带一路”建设的政策措施，尽快形成“一带一路”建设规划实施体系和政策保障体系。要加强战略对接，落实好已签署的三十多个共建“一带一路”政府间合作备忘录，建立“一国一策”互利共赢的合作方式。各地区各部门要按照“三严三实”要求，抓铁有痕、踏石留印，做深做细做实组织领导工作、安全保障工作、宣传舆论工作，确保把“一带一路”建设各项部署落实到位，一步一步把“一带一路”建设推向前进。

9月13日

［纲　文］ **文物局在长春召开革命文物工作座谈会。**

［目　文］ 文物局局长刘玉珠、吉林省副省长李晋修出席会议，文物局副局长刘曙光主持会议。中宣部、中央党史研究室、国务院办公厅秘书局、发展改革委、财政部等相关部门负责人和17个省区市文物局负责人参加会议。

会议主题为学习贯彻中共中央总书记习近平关于革命文物工作的指示批示精神，贯彻落实《国务院关于进一步加强文物工作的指导意见》和中办、国办《关于加强革命历史类纪念设施、遗址和全国爱国主义教育示范基地工作的意见》精神，总结工作，交流经验，分析形势，保护革命文物，传承革命精神，全面推进“十三五”时期革命文物工作。

9月13日

［纲　文］ **国家主席习近平特使、全国政协副主席马飚出席在赞比亚首都卢萨卡举行的伦古总统就职仪式。**

9月13日

［纲　文］ **国务委员杨洁篪在北京会见文莱首相府部长兼外交与贸易部第二部长林玉成和首相府能源与工业部长亚斯敏。**

9月13日

［纲　文］ **外交部部长王毅应约同韩国外长尹炳世通电话。**

［目　文］ 王毅表示，中方已就朝鲜核试表明了反对立场。中方赞同联合国安理会对朝核试作出必要反应，同时要求各方冷静克制，避免采取进一步加剧局势紧张的行动。半岛核问题的解决最终还是要回到对话谈判的轨道上来。王毅重申了中方反对美国在韩部署“萨德”系统的立场，敦促韩方尊重中方关切，务必慎重行事。

9月13日

［纲　文］ **《人民日报》发表题为《不断进步的中国人权司法保障》的评论员文章。**

9月13日

［纲　文］ **中央纪委监察部网站发布，经中共中央批准，中央纪委对国家开发银行原党委副书记、监事长姚中民严重违纪问题立案审查。**

［目　文］ 姚中民身为党的高级领导干部，理想信念丧失，严重违反党的纪律，性

质恶劣、情节严重。依据《中国共产党纪律处分条例》等有关规定，经中央纪委常委会议审议并报中共中央批准，决定给予姚中民开除党籍、开除公职处分；收缴其违纪所得；将其涉嫌犯罪问题、线索及所涉款物移送司法机关依法处理。

2017 年 8 月 4 日，河北省保定市中级人民法院公开宣判国家开发银行党委原副书记、监事长姚中民受贿案，对被告人姚中民以受贿罪判处有期徒刑 14 年，并处罚金人民币 350 万元；对姚中民受贿所得财物及其孳息予以追缴，上缴国库。

9 月 14 日

［纲　文］　**国家主席习近平在北京会见来华出席中俄执法安全合作机制会议和中俄战略安全磋商的俄罗斯联邦安全会议秘书帕特鲁舍夫。**

［目　文］　习近平指出，不久前我同普京总统在二十国集团领导人杭州峰会期间举行了 2016 年第三次会晤，就进一步深化两国合作达成重要共识。我们一致同意，中俄要加大在重大问题上相互支持，巩固政治互信。开展好“一带一路”建设同欧亚经济联盟建设对接合作，深化利益交融。密切在国际和地区事务中的协调配合，加强战略协作。无论国际形势和外部环境如何复杂变化，双方都要努力实现两国共同发展振兴的目标，维护好世界和平稳定和国际公平正义。当前形势下，开展好中俄安全领域合作更加迫切，也更为重要。希望双方发挥现有合作机制作用，不断深化各领域各层级安全磋商和交流。

帕特鲁舍夫表示，在普京总统与习近平主席引领下，俄中全面战略协作伙伴关系提升至历史最高水平，双方各领域交往密切，合作成果丰硕。俄中两国在重大国际和地区安全问题上、在联合国等多边机构中密切沟通，成为国际事务中重要稳定因素。俄方重视“一带一路”倡议，愿同中方进一步密切在广泛领域的战略协调和互利合作。

9 月 14 日

［纲　文］　**国家主席习近平在北京接受 11 国新任驻华大使递交国书。**

［目　文］　习近平欢迎各国使节来华履新，表示中国政府将为各国使节履行职务提供便利和支持，希望各位使节为推动中国同各国关系发展作出积极贡献并指出，中国重视同各国关系，愿进一步深化友好互信，加强务实合作，更好造福中国和各国人民。习近平请各国使节转达对有关国家领导人和人民的诚挚问候和良好祝愿。

各国使节转达了各自国家领导人对习近平的亲切问候，并向中国人民送上中秋节日祝福。使节们祝贺中国成功主办二十国集团领导人杭州峰会，表示各自国家高度重视发展对华关系，他们对出使中国倍感荣幸，愿致力于深化各自国家同中国的互利合作，加深各国人民同中国人民的相互了解和友谊，推动各国同中国的关系不断迈上新台阶。

11 国新任驻华大使是：希腊驻华大使罗卡纳斯、圭亚那驻华大使卡伦、白俄罗斯驻华大使鲁德、冈比亚驻华大使巴杰、爱沙尼亚驻华大使高马腾、哥伦比亚驻华大使鲁埃达、莫桑比克驻华大使阿里、蒙古国驻华大使冈呼雅格、瑞典驻华大使林戴安、巴西驻华大使马尚、波黑驻华大使里尔。

9月14日

［纲　文］ **李克强主持召开国务院常务会议。**

［目　文］ 会议主要内容是：一、部署加快推进“互联网+政务服务”，以深化政府自身改革更大程度利企便民。会议指出，一要优化再造服务流程。各地区、各部门要加快政务服务事项电子化和网络化，推动智慧城市建设。凡能实现网上办理的事项，不得要求群众必须到现场办理；能通过网络共享的材料，不得要求群众重复提交；能通过网络核验的信息，不得要求其他单位重复提供。对与企业注册登记、生产经营、资质认定、商标专利等，以及与居民教育医疗、户籍户政、社保等密切相关的服务事项，都要推行网上受理、办理、反馈，做到“应上尽上、全程在线”。二要优化再造服务平台。依托政府门户网站，整合政务信息和服务平台，推进实体政务大厅与网上服务平台融合，推动服务事项跨地区远程办理、跨层级联动办理、跨部门协同办理，做到“单点登录、全网通办”。三要打通数据壁垒，促进各部门、各层级、各业务系统互联互通。国务院各部门要尽快向各省（区、市）网上政务服务平台开放实时数据接口，力争到2017年底前，各省级政府、国务院有关部门建成面向公众、开放共享的一体化网上政务服务平台；2020年底前，建成覆盖全国、一网办理的“互联网+政务服务”体系。四要加强系统和信息安全防护能力，加大对涉及商业秘密、个人隐私等重要数据保护力度。五要加快清理不适应“互联网+政务服务”的各种规定，建立健全电子证照、电子公文、电子签章等标准规范，统一身份认证体系。依托信息技术和制度创新，提高政府感知群众期盼、回应社会关切、服务公众需求的能力。二、决定大力发展装配式建筑，推动产业结构调整升级。会议决定，以京津冀、长三角、珠三角城市群和常住人口超过300万的其他城市为重点，加快提高装配式建筑占新建建筑面积的比例。为此，一要适应市场需求，完善装配式建筑标准规范，推进集成化设计、工业化生产、装配化施工、一体化装修，支持部品部件生产企业完善品种和规格，引导企业研发适用技术、设备和机具，提高装配式建材应用比例，促进建造方式现代化。二要健全与装配式建筑相适应的发包承包、施工许可、工程造价、竣工验收等制度，实现工程设计、部品部件生产、施工及采购统一管理和深度融合。三要加大人才培养力度，将发展装配式建筑列入城市规划建设考核指标，鼓励各地结合实际出台规划审批、基础设施配套、财政税收等支持政策，在供地方案中明确发展装配式建筑的比例要求。

9月14日

［纲　文］ **中共中央办公厅、国务院办公厅印发《关于省以下环保机构监测监察执法垂直管理制度改革试点工作的指导意见》。**

［目　文］ 《意见》由七个部分组成：一、总体要求。二、强化地方党委和政府及其相关部门的环境保护责任。三、调整地方环境保护管理体制。四、规范和加强地方环保机构和队伍建设。五、建立健全高效协调的运行机制。六、落实改革相关政策措施。七、加强组织实施。

《意见》强调，试点省份要按照本指导意见要求和改革实施方案，因地制宜创新方式方法，细化举措，落实政策，先行先试，力争在 2017 年 6 月底前完成试点工作，形成自评估报告。环境保护部、中央编办对试点工作进行总结评估，提出配套政策和工作安排建议，报党中央、国务院批准后全面推开改革工作。未纳入试点的省份要积极做好调查摸底、政策研究等前期工作，组织制定改革实施方案，经环境保护部、中央编办备案同意后组织实施、有序开展，力争在 2018 年 6 月底前完成省以下环境保护管理体制调整工作。在此基础上，各省（自治区、直辖市）要进一步完善配套措施，健全机制，确保“十三五”时期全面完成环保机构监测监察执法垂直管理制度改革任务，到 2020 年全国省以下环保部门按照新制度高效运行。

9 月 14 日

［纲　文］　**国务院批复各省、自治区、直辖市人民政府和国务院各部委、各直属机构，同意新增部分县（市、区、旗）纳入国家重点生态功能区。**

［目　文］　批复说：发展改革委《关于调整国家重点生态功能区范围的请示》收悉。现批复如下：一、原则同意发展改革委会同有关部门提出的新增纳入国家重点生态功能区的县（市、区、旗）名单。二、地方各级人民政府、各有关部门要牢固树立绿色发展理念，加强生态保护和修复，根据国家重点生态功能区定位，合理调控工业化城镇化开发内容和边界，保持并提高生态产品供给能力。三、各有关部门要加大对国家重点生态功能区的财政、投资等政策支持力度，进一步增加相关预算规模，充分调动各地建设重点生态功能区的积极性。四、地方各级人民政府要严格实行重点生态功能区产业准入负面清单制度，新纳入的县（市、区、旗）要尽快制定产业准入负面清单，确保在享受财政转移支付等优惠政策的同时，严格按照主体功能区定位谋划经济社会发展。五、发展改革委要会同有关部门对相关县（市、区、旗）国家重点生态功能区保护和建设情况开展定期监督检查，建立相应激励和惩戒机制；进一步规范国家重点生态功能区范围调整标准和程序，推进国家重点生态功能区范围调整工作制度化和规范化。

9 月 14 日

［纲　文］　**司法部公布修改后的《国家司法考试违纪行为处理办法》，自 2016 年 9 月 14 日起实行。**

9 月 14 日

［纲　文］　**司法部、中央军委政法委员会印发《军人军属法律援助工作实施办法》，自 2016 年 9 月 14 日起施行。**

9 月 14 日

［纲　文］　**天津市第十六届人民代表大会常务委员会第二十八次会议表决通过了关于接受黄兴国辞去天津市市长职务的决定；决定任命王东峰为天津市副市长，表决通过了关于王东峰为天津市代理市长的决定。**

9 月 14 日

［纲　文］　**湖北省第十二届人民代表大会常务委员会第二十四次会议通过决定：王**

晓东任湖北省人民政府代省长。

9月14日

［纲　文］　**《人民日报》发表题为《对拉票贿选坚持“零容忍”》的评论员文章。**

9月15日

［纲　文］　**中国首个真正意义上的太空实验室——“天宫二号”空间实验室在甘肃酒泉卫星发射中心成功发射。**

［目　文］　天宫二号空间实验室是在天宫一号目标飞行器备份产品的基础上改进研制而成，全长10.4米，最大直径3.35米，太阳翼展宽约18.4米，重8.6吨，采用实验舱和资源舱两舱构型，设计在轨寿命不小于2年，主要任务是接受载人飞船和货运飞船访问，开展空间科学实验和相关技术试验，验证空间站建造和运营相关关键技术。

9月15日

［纲　文］　**国务委员杨洁篪在新德里出席金砖国家安全事务高级代表第六次会议。**

［目　文］　会议为2016年10月在印度果阿举行的金砖国家领导人第八次会晤进行了政治准备，围绕网络安全、能源安全、反恐、西亚北非及中东局势等问题交换了意见，并就加强金砖国家合作达成广泛共识。

同日，印度总理莫迪集体会见与会各国安全事务高级代表时表示，金砖国家在国际事务中正发挥日益重要的建设性作用，印度高度重视金砖合作机制，希望果阿会晤能取得务实成果，进一步巩固五国之间的友好关系，提升发展中国家和新兴市场国家的影响力。

杨洁篪说，不久前，金砖国家领导人在二十国集团杭州峰会期间成功举行非正式会晤，就深入推进金砖合作达成重要共识。中方愿在此基础上，与各方共同努力，推动果阿会晤取得圆满成功，为金砖合作注入新的动力。金砖国家坚持团结，深化合作，一定能迎来金砖合作发展的新局面。中方将于2017年担任金砖国家合作主席国，将积极筹备领导人会晤及安代会、外长会等系列会议，与各方一道推动金砖国家合作继续走深走实。杨洁篪还阐述了中方在网络安全、能源安全、反恐、西亚北非及中东地区局势等问题上的立场。

9月15—18日

［纲　文］　**第四届中法青年领导者论坛在郑州举行。**

［目　文］　论坛由中国人民外交学会和法国法中基金会共同主办。与会代表以“继承与创新”为主题，围绕“创新精神”“城市现代化与文化遗产保护”“创新如何应用于遗产保护”三个分议题进行讨论。

19日，国家副主席李源潮在北京会见了与会的法国前总理拉法兰和出席第四届中法青年领导者论坛的双方代表。

9月16日

［纲　文］　**国务院印发《关于促进创业投资持续健康发展的若干意见》。**

［目　文］《意见》由十个部分组成：一、总体要求。二、培育多元创业投资主体。三、多渠道拓宽创业投资资金来源。四、加强政府引导和政策扶持。五、完善创业投资相关法律法规。六、进一步完善创业投资退出机制。七、优化创业投资市场环境。八、推动创业投资行业双向开放。九、完善创业投资行业自律和服务体系。十、加强各方统筹协调。

《意见》要求，各地区、各部门要把促进创业投资持续健康发展作为深入实施创新驱动发展战略、推动大众创业万众创新、促进经济结构调整和产业转型升级的一项重要举措，按照职责分工抓紧制定相关配套措施，加强沟通协调，形成工作合力，确保各项政策及时落实到位，积极发展新经济、培育新动能、改造提升传统动能，推动中国经济保持中高速增长、迈向中高端水平。

9月16日

［纲　文］　**国务院批复云南省人民政府，同意昆明市城市总体规划。**

［目　文］　批复说：一、原则同意《昆明市城市总体规划（2011—2020年）》（以下简称《总体规划》）。二、重视城乡区域统筹发展。在《总体规划》确定的4060平方公里城市规划区范围内，实行城乡统一规划管理。加强城中村和城乡结合部整治与改造，城镇基础设施、公共服务设施的建设应当统筹考虑为周边农村提供服务。三、合理控制城市规模。到2020年，中心城区常住人口控制在430万人以内，城市建设用地控制在430平方公里以内。四、完善城市基础设施体系。五、建设资源节约型和环境友好型城市。六、创造优良的人居环境。七、重视历史文化和风貌特色保护。八、严格实施《总体规划》。昆明市人民政府要根据本批复精神，认真组织实施《总体规划》，任何单位和个人不得随意改变。云南省和住房城乡建设部要加强对《总体规划》实施工作的指导、监督和检查。

9月16日

［纲　文］　**国务院办公厅通知海南省人民政府，同意三亚市城市总体规划。**

［目　文］　通知说：一、国务院原则同意《三亚市城市总体规划（2011—2020年）》（以下简称《总体规划》）。二、重视城乡区域统筹发展。在《总体规划》确定的1919.6平方公里城市规划区范围内，实行城乡统一规划管理。三、合理控制城市规模。到2020年，中心城区常住人口控制在50万人以内，城市建设用地控制在74.7平方公里以内。四、完善城市基础设施体系。要按照绿色循环低碳的理念规划建设城市基础设施。五、建设资源节约型和环境友好型城市。六、创造优良的人居环境。七、重视历史文化和风貌特色保护。八、严格实施《总体规划》。三亚市人民政府要根据本通知精神，认真组织实施《总体规划》，任何单位和个人不得随意改变。海南省和住房城乡建设部要加强对《总体规划》实施工作的指导、监督和检查。

9月16日

［纲　文］　**安徽省政协主席、党组书记王明方逝世，享年65岁。**

9月17日

［纲　文］ **国务院批复住房城乡建设部，同意设立“文化和自然遗产日”。**

［目　文］ 批复说：同意自2017年起，将每年6月第二个星期六的“文化遗产日”调整设立为“文化和自然遗产日”。具体工作由城乡建设部商有关部门组织实施。

9月17日

［纲　文］ **国务院办公厅转发民政部、国务院扶贫办、中央农办、财政部、统计局、中国残联《关于做好农村最低生活保障制度与扶贫开发政策有效衔接的指导意见》。**

［目　文］《意见》由四个部分组成：一、总体要求。二、重点任务。三、工作要求。四、保障措施。

《意见》要求，2016年11月底前，各省（区、市）民政、扶贫部门将实施方案报民政部、国务院扶贫办备案。12月底前，县级民政部门、扶贫部门和残联要指导乡镇人民政府（街道办事处）开展一次农村低保对象和建档立卡贫困人口台账比对。从2016年开始，相关部门每年至少比对一次台账数据。

9月17—23日

［纲　文］ **中国科协举办2016年全国科普日活动。**

［目　文］ 活动主题是“创新放飞梦想 科技引领未来”。全国各地围绕这一主题组织开展9400余场科普活动。

18日，中央政治局常委刘云山，刘奇葆、李源潮、郭金龙、万钢等来到中国科技馆，参加全国科普日北京主场活动。刘云山指出，要深入贯彻习近平总书记在全国科技创新大会上的重要讲话精神，加强科普工作，激发创新热情，推动形成讲科学、爱科学、学科学、用科学的浓厚氛围，为建设世界科技强国提供有力支撑。

9月18日

［纲　文］ **国务院首次举行宪法宣誓仪式。**

［目　文］ 国务院总理李克强监誓。国务院副总理张高丽、汪洋、马凯，国务委员常万全、杨洁篪、郭声琨等，以及国务院有关部门主要负责人等参加仪式。

根据《全国人民代表大会常务委员会关于实行宪法宣誓制度的决定》和《国务院及其各部门任命的国家工作人员宪法宣誓组织办法》，2016年以来国务院任命的38个组成部门、直属特设机构、直属机构、办事机构、直属事业单位的55名负责人依法进行宪法宣誓。

9月18日

［纲　文］ **司法部发布《关于进一步加强公证便民利民工作的意见》。**

［目　文］《意见》由三个部分组成：一、充分认识进一步加强公证便民利民工作的重要性。二、进一步加强公证便民利民工作的指导思想和主要措施。三、切实把公证便民

利民工作落到实处。

9月18日

［纲　文］ **司法部公布修订后的《律师执业管理办法》，自2016年11月1日起施行。**

9月18日

［纲　文］ **俞正声在北京会见台湾县市长参访团。**

［目　文］ 全国政协主席俞正声指出，2016年5月以来，由于台湾新执政当局拒绝承认“九二共识”、不认同两岸同属一中，破坏了两岸关系和平发展的政治基础，致使两岸双方政治互信丧失，两岸关系和平发展成果遭损毁，制度化交往机制停摆，持续八年的两岸关系和平发展良好势头受到严重冲击，两岸同胞尤其是台湾同胞的切身利益受到损害。这是两岸同胞都不愿意看到的局面。面对新形势，我们的对台方针政策不会改变。一是坚持体现一个中国原则的“九二共识”立场不会改变。不管是哪个政党、团体或是个人对“九二共识”作出什么解释，都不能否认其历史事实，不能改变其两岸同属一中的核心意涵。在这一点上，我们的标准和态度始终如一。只要台湾当局回到这一立场上来，两岸制度化交往即可恢复。二是坚决反对任何形式的“台独”，坚决维护国家主权和领土完整的立场不会改变。我们绝不容忍任何人、以任何形式进行“台独”分裂活动。无论是搞“激进台独”，还是改头换面搞渐进、柔性“台独”，结果都只能是失败一途。三是推进两岸各领域交流合作，为两岸同胞谋福祉的决心和诚意不会改变。两岸关系形势越复杂，越需要加强两岸各领域交流。不管台湾哪个县市，只要对两岸关系和县市交流的性质有正确认知，愿意为增进两岸同胞福祉和亲情贡献心力，我们都持积极态度。两岸县市交流要为维护和促进两岸关系和平发展大局服务，努力增进两岸同胞福祉，持续密切两岸同胞感情。要通过两岸县市交流，为两岸基层民众交流往来牵线搭桥，开通渠道，建立机制，不断融洽同胞感情。台湾各县市可以根据自身情况和需求，同大陆各地加强交流合作，充分利用大陆的资源和市场，造福地方民众。希望两岸同胞坚定信心、排除干扰，精心呵护得之不易的两岸关系和平发展成果，携手建设好两岸命运共同体。

来访的台湾县市长表示，希望两岸在“九二共识”基础上继续推进各领域交流，实现互利双赢。

9月18日

［纲　文］ **勿忘“九一八”撞钟鸣警仪式在沈阳举行。**

［目　文］ 国务院副总理刘延东出席仪式并讲话。在辽参加过抗日战争的老战士和老同志代表，抗战烈士亲属代表，中央党政军群有关部门和辽宁省、吉林省、黑龙江省负责人，北部战区有关负责人，各界群众代表等约1000人参加仪式。

刘延东发表讲话指出，伟大的中华民族是爱好和平的民族，也是敢于保卫和平的民族。中国共产党和中国人民从苦难中走过来，深知和平的珍贵、发展的价值，把促进世界和平与发展视为自己的神圣职责。历史不容忘记，未来充满光明。让我们更加紧密地团结在以习近平同志为总书记的党中央周围，弘扬伟大的爱国主义精神，弘扬伟大的抗战精神，满怀信心地为实现“两个一百年”奋斗目标、实现中华民族伟大复兴的中国梦而努力奋斗。

9 月 18 日

［纲　文］　文化部部长雒树刚在北京与约旦文化大臣阿迪利·塔维西签署《中华人民共和国文化部和约旦哈希姆王国文化部关于在约旦设立中国文化中心的谅解备忘录》。

9 月 18—28 日

［纲　文］　国务院总理李克强应邀出席第 71 届联合国大会系列高级别会议，并对加拿大和古巴进行正式访问。

［目　文］　19 日，李克强在纽约联合国总部出席第 71 届联大解决难民和移民大规模流动问题高级别会议发言时强调，中国一贯高度重视并积极参与解决难民和移民问题，作为发展中大国，愿意承担与自身能力相适应的责任。我们将采取一系列人道主义举措并积极探讨同有关国际机构和发展中国家开展难民和移民问题的三方合作。希望国际社会凝聚共识、形成合力，争取早日实现全球难民和移民大规模流动问题的全面持久解决。

同日，李克强在纽约联合国总部主持“可持续发展目标：共同努力改造我们的世界——中国主张”座谈会并发表讲话。联合国秘书长潘基文、第 71 届联大主席汤姆森以及联合国各主要机构和重要国际组织负责人出席座谈会。

20 日，李克强在纽约联合国总部出席难民问题领导人峰会并发表讲话。李克强表示，中国作为最大的发展中国家，一直高度重视并积极参与难民和移民问题全球治理。我们积极倡导政治解决地区热点问题，就推动停火止暴、实现政治和解提出中国主张。联合国秘书长潘基文以及来自五十多个国家和国际组织的领导人和代表与会。

21 日，李克强在纽约联合国总部出席第 71 届联合国大会以“可持续发展目标：共同努力改造我们的世界”为主题的一般性辩论并发表题为《携手建设和平稳定可持续发展的世界》的讲话。

与会期间，李克强分别会见了联合国秘书长潘基文、美国总统奥巴马、法国总统奥朗德、新西兰总理约翰·基、巴基斯坦总理谢里夫等；同美国经济、金融、智库、媒体等各界人士座谈，就中美关系及经贸合作等共同关心的问题交流互动。

21—24 日，李克强对加拿大进行正式访问。在渥太华期间，李克强分别会见了加拿大总督约翰斯顿、加拿大参议长富里和众议长里甘；与加拿大总理特鲁多举行会谈，两国总理见证了双方经贸、第三方市场合作、农业、执法、旅游、海关、航空、质检等领域 14 个合作文件的签署；会见加拿大前总理克雷蒂安。双方发表了《中华人民共和国和加拿大联合声明》。李克强和特鲁多共同出席在蒙特利尔举行的中加经贸合作论坛并致辞，前往“加拿大人”冰球队的主场贝尔中心参观访问。李克强参观了纪念白求恩大夫和中加友好展览。

24—26 日，李克强对古巴进行正式访问。李克强在哈瓦那同劳尔·卡斯特罗举行会谈，双方就共同关心的国际和地区问题交换了意见。两国领导人见证了双边经济技术、财政金融、产能合作、信息通信、环境保护、检验检疫等领域二十多份合作文件的签署；看望古巴革命领袖菲德尔·卡斯特罗，双方就中古关系以及世界和平、地区热点、粮食安全等共同关心的广泛议题深入交换意见。

李克强在哈瓦那大剧院出席中古“手拉手·中拉文化交流年”哈瓦那之夜专场文艺演出活动；在哈瓦那体验中国出口的宇通客车，考察中国装备“走出去”情况。

9月18—21日

［纲　文］　**第19届国际麻风大会在北京召开，国家主席习近平致信祝贺。**

［目　文］　习近平在贺信中写道：值此第19届国际麻风大会开幕之际，我谨代表中国政府和中国人民，并以我个人的名义，对大会的召开表示诚挚的祝贺！向参加会议的麻风学界专家、学者及各位来宾表示热烈的欢迎！向为人类健康作出贡献的国际国内麻风学界所有人士表示崇高的敬意！“创造一个没有麻风的世界”是全球麻风控制的终极目标。这次大会以“未竟事业—终止传播，预防残疾，促进融合”为主题，对促进早日实现这一目标具有积极意义。世界麻风防治事业取得了巨大成就，但依然任重道远，仍需要国际社会团结协作、克难攻关。中国将加大投入力度和保障措施，继续同世界各国一道，积极推动麻风学进步和创新，促进消灭麻风目标早日在中国实现，为全球消灭麻风作出贡献。预祝大会圆满成功！

大会由国际麻风防治协会、世界卫生组织和国际抗麻风组织联合会联合主办，中国麻风防治协会承办。来自国际组织、非政府组织的代表，中国、美国、印度、巴西等近百个国家和地区的知名专家学者和代表1300余人参加会议。

9月19日

［纲　文］　**中共中央文献编辑委员会编辑的《胡锦涛文选》第一、二、三卷由人民出版社出版。**

［目　文］　《胡锦涛文选》收入了胡锦涛在1988年6月至2012年11月这段时间内具有代表性、独创性的重要著作，共有报告、讲话、谈话、文章、信件、批示等242篇，很大一部分是第一次公开发表。

胡锦涛是中国共产党的十六、十七届中央委员会总书记，是科学发展观的主要创立者。

23日，中共中央发出《关于学习〈胡锦涛文选〉的决定》。

9月19日

［纲　文］　**最高人民法院印发《关于建立和管理网络服务提供者名单库的办法》，自2016年9月20日起施行。**

9月19日

［纲　文］　**宁夏回族自治区第十一届人民代表大会第六次会议选举咸辉为宁夏回族**

自治区主席。

9月19日

［纲　文］　**外交部发言人就欧洲议会领导人会见达赖表示，此举损害中方核心利益。**

［目　文］　有记者问：近日有媒体报道，欧洲议会高层会见达赖后，多个议会访华团组被中方叫停，请证实。中方对此有何评论？

发言人说，9月15日欧洲议会议长舒尔茨和外委会主席布罗克不顾中方强烈反对，执意同窜访欧洲议会的第十四世达赖喇嘛会见，违背了欧盟在涉藏问题上的立场和对中方所作承诺。中方坚决反对欧洲议会方面这一错误行径，也不可能对此无动于衷。涉藏问题涉及中国核心利益和民族感情。中国政府坚决反对民族分裂主义，坚决反对达赖集团头目以任何身份和名义到任何国家和组织从事反华和分裂中国的活动，也反对任何国家和组织官方人士同其进行任何形式的接触。当前，中欧关系正进入快速发展的新阶段，双方议会本来也有着良好的交往势头。而此次欧洲议会领导人一意孤行，坚持错误立场，损害了中方核心利益，亦严重损害了双方议会交流的政治基础。希望欧方及有关人士改弦更张，切实采取有效措施消除负面影响。

9月19—28日

［纲　文］　**全国人大常委会委员长张德江应邀对以色列、巴勒斯坦、芬兰、法国进行正式友好访问。**

［目　文］　19—22日，张德江分别对以色列和巴勒斯坦进行访问。在耶路撒冷，张德江分别会见了以色列总统里夫林、总理内塔尼亚胡，与以色列议长埃德尔斯坦举行会谈，并会见工党主席赫尔佐克。张德江参观了大屠杀纪念馆，向“二战”期间的犹太人死难者敬献花圈；在参观魏茨曼科学院时，同以色列科学家就科技创新、技术成果转化等问题进行座谈。

在拉姆安拉，张德江与巴勒斯坦总理哈姆达拉举行会谈；拜谒了阿拉法特墓，缅怀阿拉法特为巴勒斯坦事业和巴中友好事业作出的杰出贡献。

22—24日，张德江对芬兰进行访问。在赫尔辛基，张德江分别会见芬兰总统尼尼斯特、芬兰总理西比莱，与芬兰议长洛赫拉举行会谈。双方就共同关心的国际和地区问题交换了意见。张德江出席了中芬企业论坛并发表讲话；参观了中芬合作雅威科技有限公司，鼓励两国企业加强合作，实现创新发展。

24—27日，张德江对法国进行访问。在巴黎，张德江分别会见法国总统奥朗德和总理瓦尔斯，与巴尔托洛内和拉尔谢分别举行会谈；出席中国驻法国大使馆新馆落成典礼；在里昂出席中法大学扩建工程落成仪式并致辞，强调要传承中法友好精神，续写中法合作新篇章。

9月19—25日

［纲　文］　**中央网信办、教育部、工业和信息化部、公安部、新闻出版广电总局、**

共青团中央举办“2016年国家网络安全宣传周”。

［目　文］　宣传周的主题是“网络安全为人民，网络安全靠人民”。宣传周的开幕式、网络安全博览会、网络安全技术高峰论坛、网络安全电视知识竞赛等活动在武汉市举行。

中共中央政治局常委、中央网络安全和信息化领导小组副组长刘云山在开幕式上发表讲话，并参观网络安全博览会，强调要认真学习贯彻习近平总书记系列重要讲话精神，树立以人民为中心的发展思想，树立正确的网络安全观，坚持网络安全和网络发展同步推进，让互联网更好地造福人民。

9月19—23日

［纲　文］　**工业和信息化部、中组部、国家行政学院在北京举办省部级干部“深化制造业与互联网融合发展”专题研讨班。**

［目　文］　国家制造建设领导小组成员单位负责人，各省（自治区、直辖市）党委或政府、新疆生产建设兵团分管工业的负责人，副省级城市党委或政府分管工业的负责人，各省（自治区、直辖市）、新疆生产建设兵团工业和信息化主管部门的主要负责人八十余人参加学习。

国务院副总理马凯出席研讨班开班式时强调，要大力推动研发、制造、服务三大变革，加快构建开放式、网络化的创新发展新格局，着力发展智能制造、网络化协同、大规模个性化定制等制造新模式，积极培育在线检测、预测性维护、工业大数据等服务新业态。要大力突破技术、装备、安全三大关键，打造国际先进、自主可控的融合技术新体系和网络应用新生态，开发一批既是“中国造”又有“中国芯”的重大装备。要大力强化人才队伍、网络基础、解决方案三大支撑，加快培育一支素质优良、结构合理的人才队伍，推进低时延、高可靠、广覆盖的工业互联网建设，推动解决方案服务专业化、规模化和市场化发展。

9月19—25日

［纲　文］　**全军副战区级以上单位纪委书记培训班在国防大学举办。**

［目　文］　这是新体制下首次组织的大单位和军委机关部门纪委书记培训，主要内容是：深入学习习近平主席系列重要讲话精神特别是关于党风廉政建设和反腐败斗争重要论述，重温深悟党章，学习党内法规，梳理分析军队纪律检查新体制运行中的矛盾问题，研究加强和改进的思路对策。

中央军委副主席许其亮与培训班学员座谈时指出，党的十八大以来，党中央、习主席把全面从严治党纳入“四个全面”战略布局。这轮军队改革着重强化了纪检监察职能和力量，凝结着习主席对纪检监察战线的厚望重托。大家要切实强化政治意识、大局意识、核心意识、看齐意识，不负重托，不辱使命，坚定不移把军队正风反腐向前推进。纪律是党和军队的生命。要把维护政治纪律政治规矩摆在首位，尤其要突出维护和贯彻军委主席负责制。要紧扣改革强军、备战打仗，把严明纪律贯穿各领域全过程。纪委书记要带头深入学习领会习主席重要讲话特别是党风廉政建设重要论述，学好用好党章党规党纪，加强实践锤炼。要严于律己、立身为旗。要注重加强纪委自身建设，做到忠诚、干净、担当。

9月19—23日

［纲　文］　**第三届丝绸之路国际电影节在西安举行。**

［目　文］　电影节由新闻出版广电总局，陕西、福建省人民政府联合主办，新闻出版广电总局电影局、陕西省新闻出版广电局、西安市人民政府承办。以“发展中的电影，多样性的文化”为主题，设置开幕式、影片评选、电影展映、电影论坛、电影市场、文化展演、闭幕式暨颁奖典礼等单元活动。同时，举办丝绸之路市长圆桌会议、第13届全国院线国产影片推介会、东盟电影周、国家新闻出版广电总局四季度看片会、北京放映、电影项目创投路演、看电影·大师嘉年华、精品剧目文化展演等电影和文化主题活动。

9月19—22日

［纲　文］　**“永远的辉煌——第18届中国老年合唱节”在南充举办。**

［目　文］　合唱节由文化部主办，文化部公共文化司、四川省文化厅、南充市政府和中国合唱协会承办。来自全国25个省区市的42支老年合唱团、1800多名老年合唱爱好者齐聚南充，用歌声歌颂祖国、赞美生活，展示老年人健康快乐的良好风貌。

9月19—20日

［纲　文］　**中德博物馆论坛在故宫博物院举办。**

［目　文］　论坛主办方故宫博物院院长单霁翔、德国柏林国家博物馆总馆长艾森豪威尔各率学术团队，围绕主题“回溯传统 面向公众”，就当前博物馆界、博物馆学界关心的理论前沿和实践探索，进行了一对一的学术对话。

9月20日

［纲　文］　**新华社讯，习近平对二十国集团领导人杭州峰会总结表彰工作作出指示。**

［目　文］　中共中央总书记习近平指示强调，二十国集团领导人杭州峰会取得圆满成功，这是在党中央领导下，筹委会和各有关部门、地方统一思想、各司其职、精心组织的结果。谈判协调有力有效，会议安排严谨有序，安全保障严密稳妥，新闻宣传有声有色，文艺演出精彩纷呈，后勤保障全面可靠，使杭州峰会落实了“西湖风光、江南韵味、中国气派、世界大同”的理念，向世界展示了中国精神、中国力量，在二十国集团进程中留下了深刻的中国印记。要做好后续工作，落实会议成果，放大会议效应，更好促进各项有关工作。对为杭州峰会成功作出贡献的人员，要进行表彰。外交、财经、安保、宣传、文艺、交通、质检、卫生、气象、后勤等部门要做好总结和表彰工作。浙江省及杭州市精心组织、全面动员，广大市民识大体、顾大局，真情奉献，自愿服务，为杭州峰会成功作出了重大贡献，值得充分肯定，要把表彰工作做好。我们不仅要表彰先进集体和个

人，而且要在全社会大力弘扬广大干部群众表现出来的主人翁意识、爱国主义精神、无私奉献精神，使之成为培育和践行社会主义核心价值观、推进社会主义精神文明建设的重要内容，为实现“两个一百年”奋斗目标、实现中华民族伟大复兴的中国梦提供强大精神力量。

同日，二十国集团领导人杭州峰会浙江省总结表彰大会在浙江杭州举行。会上宣读了习近平的指示。会议总结了峰会服务保障工作经验，表彰为峰会服务保障工作作出突出贡献的先进集体和个人。浙江省及杭州市有关负责人、受表彰的先进集体代表和个人、各界代表千余人参加表彰大会。

9月20日

［纲　文］　**全面改善贫困地区义务教育薄弱学校基本办学条件工作现场推进会在甘肃兰州召开。**

［目　文］　教育部部长陈宝生主持会议。国务院副总理刘延东出席会议并讲话。国务院办公厅、教育部、财政部、发展改革委及各省（自治区、直辖市）、新疆生产建设兵团相关负责人参加会议。会议主要内容是：总结交流全面改善贫困地区义务教育薄弱学校基本办学条件工作实施两年多来的做法经验，部署下一阶段实施工作。发展改革委、教育部、财政部分别作了工作汇报。甘肃、广西、四川、安徽、山东五省区及甘肃省临洮县分别作了交流发言。

刘延东强调，要深入贯彻党中央、国务院决策部署，精准发力，持续推进，协力攻坚，确保如期实现全面改善基本办学条件目标，让贫困地区学生接受良好教育，为阻断贫困代际传递奠定基础；要充分认识全面改薄工作的重大意义，全力推进这项教育均衡发展的重大民生工程，打赢脱贫攻坚战、促进社会公平；要按照全面建成小康社会总体部署，加大统筹力度，综合施策，确保2019年所有义务教育学校办学条件都能满足基本教学和生活需要；要合理调整农村学校布局，加强教师队伍建设，提高教育教学水平和资源使用效益；要确保建设质量，强化资金管理，打造放心工程和阳光工程。要求各地区各有关部门落实一把手主体责任，突出重点，加强督导，营造良好氛围，为推进城乡义务教育一体化发展、实现教育现代化作出贡献。

9月20日

［纲　文］　**《人民日报》发表题为《坚持用发展着的理论指导发展着的实践——热烈祝贺〈胡锦涛文选〉出版发行》的社论。**

9月20日

［纲　文］　**《人民日报》发表题为《让生命之火激荡在每个人心头——热烈欢迎中国残奥代表团凯旋》的评论员文章。**

9月20—21日

［纲　文］　**首届丝绸之路（敦煌）国际文化博览会在甘肃敦煌举行，习近平致贺信。**

［目　文］　国家主席习近平的贺信说：值此首届丝绸之路（敦煌）国际文化博览会开

幕之际，我谨代表中国政府和中国人民，并以我个人的名义，向文博会的召开致以热烈的祝贺！向出席文博会的各国嘉宾和朋友表示诚挚的欢迎！两千多年前，贯通亚欧的古丝绸之路架起了一座东西方友好往来、文明交流的重要桥梁。敦煌是历史上东西方文化交汇的重要枢纽，不同文化在这里汇聚和交融，塑造了独具魅力的敦煌文化。历史表明，世界各民族文化互鉴共进是人类文明的基本特征，也是人类文明发展的重要动力。这次文博会以推动文化交流、共谋合作发展为主题，为丝绸之路沿线各国合作交流提供了一个重要平台。要坚持多样共存、互鉴共进、合作共享，加强文化交流，倡导文化平等，保护文化遗产，推动文化创新，加强文化合作，让人类创造的丰富多彩的文化造福更多民众，让世界更加美好。

文博会由文化部、新闻出版广电总局、旅游局、中国贸促会、甘肃省人民政府主办。以“推动文化交流、共谋合作发展”为主题。通过论坛、展览、展演、系列活动等方式，打造文化成果共享新平台，完善文化合作发展新机制，推动文明互鉴、合作发展，促进沿线国家民心相通、建立命运共同体。“一带一路”沿线20多个国家一致通过《敦煌宣言》。有86个国家、5个国际和地区组织的1500多位代表参加。国务院副总理刘延东出席开幕式并致辞。

9月20—23日

［纲　文］　**马凯在浙江和江苏调研**。

［目　文］　国务院副总理马凯在碳纤维、石墨烯、特种合金、先进高分子材料等企业和科研机构调研，并召开座谈会听取意见建议。

马凯指出，新材料产业是国民经济的战略性、基础性产业，是建设制造强国的重要支撑。近年来，我国新材料产业创新成果不断涌现，应用水平持续提高，整体实力明显提升，有力支撑了经济社会发展和国防科技工业建设，但与世界先进水平相比仍有较大差距，发展中还存在创新能力薄弱、装备工艺落后、市场培育不足、支撑体系不健全等突出问题。当前和今后时期，是我国制造强国建设的关键时期，要下大力气把新材料产业搞上去，为中国制造实现由大变强提供基础保障。一要聚焦重点。以“中国制造2025”需求为牵引，加大研发攻关力度，突破一批基础性、战略性、前沿性的结构材料、功能材料、高性能纤维材料及复合材料、新型显示材料，形成一批核心技术、重要工艺、关键装备和标准体系。二要协同创新。加强基础研究、应用技术研究和产业化的统筹衔接，着力构建以企业为主体、以高校与科研机构为支撑、军民深度融合、产学研用相互促进的协同创新体系。三要强化应用。研究建立新材料首批次应用保险补偿机制，建设一批新材料生产应用示范平台，开展生产企业与应用单位供需对接，推动下游行业积极使用新材料。四要培育人才。依托重点企业、高等学校、职业院校、公共服务平台，培育一批产业工人、技术骨干与创新团队。完善激励机制，充分激发各类人才创新潜力和活力。五要营造环境。加强统筹规划，推进简政放权，维护市场秩序，强化知识产权保护，加大财税金融扶持，为新材料产业营造良好发展环境。

9月20—22日

［纲　文］　**李源潮在宁夏调研**。

［目　文］　国家副主席李源潮在银川贺兰县，参观大学生村官联盟创业基地时鼓励女大学生村官发挥所学所长、造福村民；在纺织示范园，与团员青年交流，希望大家创优争先，服务国家和宁夏大发展；在开发区青年创业孵化基地，了解青年的创业创意时说，青年人创意无限，创业前景广阔；在宁夏林业研究所，了解科学育种育苗情况，勉励科技工作者不忘初心，出更多科技创新成果；在永宁县原隆村看望移民群众时说，让贫困群众生活步步高、实现同步小康是我们的责任，希望大家越过越好；在固原原州区宋家巷社区，了解社区群团工作开展情况时说，群团干部直接联系服务群众要突出工作对象，加强服务内容；在固原西吉县将台乡，向红军长征将台堡会师纪念碑敬献花篮，参观三军会师纪念馆。

李源潮在银川召开群团改革调研座谈会，听取了自治区党委、青妇科侨组织和基层干部的意见。他说，各级党委要按照中央部署，总体设计、试点探索，积极有序推动改革，重点是改革领导机构，增强代表性；改革机关机构设置，适应时代变化；改革干部制度，符合群众工作特点；加强基层群团力量，建设联系服务群众阵地；改进群团干部作风，建立直接联系服务群众制度；创新群众工作方式，积极建设网上群团。要把党的群团工作纳入党的总体工作格局，把握党的群团工作规律，建立党领导群团工作制度，确保群团改革正确方向，确保改革举措在基层见效。

9月20—22日

［纲　文］　**2016年国际和平日纪念活动在银川举行**。

［目　文］　活动由中国人民争取和平与裁军协会、联合国驻华系统及宁夏回族自治区人民政府联合举办，主题为“人民期盼可持续和平与发展”。国家副主席李源潮出席开幕式并致辞。联合国秘书长潘基文发来贺辞。来自33个国家政要、前政要、非政府组织和智库的七十余名代表及部分中方专家学者与会。

会议期间，李源潮会见了与会的厄瓜多尔国会第一副议长罗萨娜·阿尔瓦拉多、苏里南国民议会议长珍妮弗·西蒙斯、汤加议长图伊瓦卡诺。

9月21日

［纲　文］　**国务院在北京召开全国推行“双随机、一公开”监管工作电视电话会议**。

［目　文］　国务院总理李克强批示指出：全面推行“双随机、一公开”监管，随机抽取检查对象，随机选派执法检查人员，抽查情况及查处结果及时向社会公开，是深化简政放权、放管结合、优化服务改革的重要举措，是完善事中事后监管的关键环节，对于提升监管的公平性、规范性和有效性，减轻企业负担和减少权力寻租，都具有重要意义。必须认真贯彻党中央、国务院决策部署，全面深化改革，大力推动政府职能转变。各地区、各部门要按照依法施政和促进社会公平正义的要求，全力推进“双随机、一公开”监管改革，狠抓政策配套和督促落实，以科学有效地“管”促进更大力度地“放”，着力打造公平竞争的市场环境和法治化便利化营商环境，更好地服务企业和群众创业兴业，为促进经

济社会持续健康发展作出新贡献。

国务院副总理张高丽出席并讲话，国务委员王勇出席会议。国务院各部门、各有关单位负责人在主会场参加会议。各省、自治区、直辖市和计划单列市人民政府、新疆生产建设兵团，及有关部门、单位负责人在各地分会场参加会议。会议要求，推行“双随机、一公开”工作，涉及面广、任务艰巨、时间紧迫，各单位要深化认识，高度重视，明确任务，落实责任，协调配合，形成合力，狠抓落实，确保“双随机、一公开”工作有序开展、稳步实施。

张高丽表示，党中央、国务院高度重视简政放权、放管结合、优化服务改革。习近平总书记强调，深化经济体制改革，核心是处理好政府和市场关系，使市场在资源配置中起决定性作用和更好发挥政府作用，“看不见的手”和“看得见的手”都要用好，关键是加快转变政府职能，该放给市场和社会的权一定要放足、放到位，该政府管的事一定要管好、管到位。李克强总理对全面推行“双随机、一公开”监管工作作出部署和批示，要求全力推进“双随机、一公开”监管改革，狠抓政策配套和督促落实，以科学有效地“管”促进更大力度地“放”，着力打造公平竞争的市场环境和法治化便利化营商环境，更好地服务企业和群众创业兴业，为促进经济社会持续健康发展作出新贡献。随机抽查事项要在年内达到市场监管执法事项的 70% 以上，其他行政执法事项的 50% 以上，2017 年底前要实现全覆盖，这是一项硬任务，必须不折不扣完成。要加快制定并公布随机抽查事项清单，建立健全执法人员名录库和检查对象名录库，紧扣工作实际制定随机抽查细则。

9 月 21 日

［纲　文］　**国务院副总理张高丽在北京会见日本经济团体联合会会长榊原定征、日本日中经济协会会长宗冈正二、日本商工会议所会长三村明夫率领的日本经济界代表团。**

［目　文］　张高丽欢迎日本经济界三团体联合访华并表示，二十国集团杭州峰会期间，两国领导人就改善和发展中日关系达成了重要共识，指明了努力方向。双方应切实遵守中日四个政治文件和四点原则共识，本着以史为鉴、面向未来的精神，牢牢把握中日关系和平、友好、合作的大方向，妥善处理敏感问题，稳步推进交流合作，共同推动中日关系向前发展。日本经济界一直积极倡导和推进中日友好合作，是中日关系改善发展和两国各领域交流合作的维护者和促进者，希望今后继续努力，相向而行，优势互补，合作共赢，为深化两国经贸关系和推动两国关系改善发展作出更大贡献。

与会日本经济界三团体负责人表示，日中是一衣带水的近邻，希望两国保持良好稳定的关系，日本经济界愿与中国企业界加强技术创新、智能制造、医疗保健、节能环保等领域合作，为促进两国经贸合作，推动两国关系改善发展贡献力量。

9 月 21 日

［纲　文］　**外交部部长王毅在纽约出席联合国安理会叙利亚问题高级别会议并发言。**

［目　文］　王毅表示，以叙利亚问题为代表的西亚北非乱局已延宕五年，受害的不

只是地区国家和人民，也对国际和平与安全造成了严重外溢效应。有关各方要坚持政治解决，通过对话谈判，缩小矛盾分歧，兼顾各方利益，寻求持久、可持续的解决方案；坚持标本兼治，改善民生，培育宽容文化，努力和谐共处；坚持多边主义，发挥联合国及其安理会主渠道作用，其他力量要秉持公正客观立场。解决叙利亚问题，要切实执行安理会涉叙利亚问题相关决议，特别是第 2254 号决议，从实现停火、政治谈判、人道救援和合力反恐四条轨道平行推进，让 2016 年成为叙利亚局势向好的“拐点”。中国是中东地区各方的真诚朋友，我们没有任何私利，中东人民的利益就是我们的利益。作为联合国安理会常任理事国，中国将继续履行自己的责任，为实现中东和平与安全发挥应尽的作用。

9 月 21—24 日

［纲　文］　**第 25 届中国金鸡百花电影节暨第 33 届大众电影百花奖在唐山举行。**

［目　文］　乌尔善凭《寻龙诀》获得最佳导演奖；曹保平、焦华静凭剧本《烈日灼心》获得最佳编剧奖。冯绍峰、许晴分别凭借在电影《狼图腾》和《老炮儿》中的表现，荣获最佳男主角和最佳女主角；李易峰、杨颖分别凭借电影《老炮儿》和《寻龙诀》获得最佳男女配角；庄小龙凭《战狼》获得最佳新人奖。最佳影片奖授予影片《烈日灼心》,《战狼》获得优秀影片奖。终身成就电影艺术家授予陶玉玲、葛存壮、梁信、谢芳四位艺术家。

9 月 21 日—24 日

［纲　文］　**第四届中国（绵阳）科技城国际科技博览会举行。**

［目　文］　科博会以“科技创新 · 军民融合 · 开放合作”为主题，由科技部、四川省人民政府共同主办，全国工商联、中国侨联、中央军委装备发展部、中央军委科技委、国防大学、联合国工业发展组织等单位支持，科技部火炬中心和四川省科技厅及省直有关部门、绵阳市人民政府共同承办。

本届科博会主宾国为美国。展览面积 7 万平方米，设军民融合馆、国际及港澳台馆、高新技术产业馆、区域合作与人才馆、智能生活体验等 5 个室内场馆，以及大型装备设备、新能源车产业生态等 2 个室外展区。同期将举办国际军民融合创新发展论坛、“中国制造 2025”高峰论坛、中美省州高科技合作研讨会、科技成果发布与交易、科技人才交流与成果展示、科博会投资推介暨集中签约仪式、主题日活动、采购商大会、中国创新创业大赛军转民大赛等 50 余项系列活动。

9 月 22 日

［纲　文］　**国务院印发《关于积极稳妥降低企业杠杆率的意见》。**

［目　文］　《意见》由三个部分组成：一、总体要求。二、主要途径。三、营造良好的市场与政策环境。

《意见》要求，发展改革委、人民银行、财政部、银监会等相关部门和单位要建立积极稳妥降低企业杠杆率部际联席会议制度，加强综合协调指导，完善配套措施，组织先行先试，统筹推进各项工作。及时了解新情况，研究、解决降杠杆过程中出现的新问题。通过多种方式，加强舆论引导，适时适度做好宣传报道和政策解读工作，回应社会关切，营造良好的舆论环境。及时归集、整理降杠杆相关信息并进行分析研究，适时开展降杠杆政策效果评估，重大问题及时向国务院报告。

9月22日

［纲　文］ **新华社讯，中共中央办公厅、国务院办公厅印发《关于省以下环保机构监测监察执法垂直管理制度改革试点工作的指导意见》，并发出通知，要求各地区各部门结合实际认真贯彻落实。**

［目　文］《意见》由七个部分组成：一、总体要求。二、强化地方党委和政府及其相关部门的环境保护责任。三、调整地方环境保护管理体制。四、规范和加强地方环保机构和队伍建设。五、建立健全高效协调的运行机制。六、落实改革相关政策措施。七、加强组织实施。

《意见》强调，试点省份要按照本指导意见要求和改革实施方案，因地制宜创新方式方法，细化举措，落实政策，先行先试，力争在2017年6月底前完成试点工作，形成自评估报告。环境保护部、中央编办对试点工作进行总结评估，提出配套政策和工作安排建议，报党中央、国务院批准后全面推开改革工作。未纳入试点的省份要积极做好调查摸底、政策研究等前期工作，组织制定改革实施方案，经环境保护部、中央编办备案同意后组织实施、有序开展，力争在2018年6月底前完成省以下环境保护管理体制调整工作。在此基础上，各省（自治区、直辖市）要进一步完善配套措施，健全机制，确保“十三五”时期全面完成环保机构监测监察执法垂直管理制度改革任务，到2020年全国省以下环保部门按照新制度高效运行。

9月22日

［纲　文］ **最高人民法院、最高人民检察院、公安部、司法部发布《关于进一步加强社区矫正工作衔接配合管理的意见》。**

［目　文］《意见》由四个部分组成：一、加强社区矫正适用前的衔接配合管理。二、加强对社区服刑人员交付接收的衔接配合管理。三、加强对社区服刑人员监督管理的衔接配合。四、加强对社区服刑人员收监执行的衔接配合管理。自2016年9月22日起施行。

9月22日

［纲　文］ **发展改革委、环境保护部印发《关于培育环境治理和生态保护市场主体的意见》。**

［目　文］《意见》由九个部分组成：一、总体要求。二、推行市场化环境治理模式。三、构建市场化多元投融资体系。四、实施有效的激励机制。五、建立有效监管和执法体系。六、规范市场秩序。七、强化体制机制改革和创新。八、开展国有资本投资公司试点。九、加强宣传教育，推进国际合作。

《意见》要求，各地区、各部门要按照本意见的要求，进一步深化对培育环境治理和生态保护市场主体重要意义的认识，切实加强组织领导和协调配合，明确任务分工，落实工作责任，扎实开展工作，确保各项任务措施落到实处，务求尽快取得实效。

9 月 22 日

［纲　文］　**财政部、教育部印发《中央高校基本科研业务费管理办法》。**

［目　文］　《办法》共 6 章 25 条，主要有总则、管理权限与职责、预算管理、支出和决算管理、绩效评价与监督检查、附则等内容，自 2016 年 11 月 1 日起施行。《财政部教育部关于中央高校基本科研业务费管理的意见》《财政部教育部关于印发〈中央高校基本科研业务费专项资金管理暂行办法〉的通知》以及《财政部教育部关于加强中央高校基本科研业务费管理工作的通知》同时废止。

9 月 22 日

［纲　文］　**林业局公布《关于修改部分部门规章的决定》。**

［目　文］　《决定》对《森林公园管理办法》《普及型国外引种试种苗圃资格认定管理办法》《松材线虫病疫木加工板材定点加工企业审批管理办法》《引进陆生野生动物外来物种种类及数量审批管理办法》《大熊猫国内借展管理规定》《建设项目使用林地审核审批管理办法》等六件进行修改。本决定自 2016 年 9 月 22 日起施行。

9 月 22 日

［纲　文］　**全国政协在北京召开双周协商座谈会，围绕“加强草原生态系统保护和修复”建言献策。**

［目　文］　全国政协主席俞正声主持会议。全国政协副主席罗富和、张庆黎、王正伟出席座谈会。全国政协委员吴双战、董恒宇、孙菊生、王福耀、李成玉、艾克拜尔·米吉提、孟庆才、胡克勤、白玛、方精云、高友东、韩方明、王召明、丁目迪、蒋平安，以及专家学者南志标、卢欣石等在座谈会上发言。农业部副部长于康震介绍了有关情况。发展改革委副主任胡祖才、财政部副部长胡静林、国土资源部副部长赵龙等与委员互动交流。

委员们认为，草原生态关系到民生、关系到环境、关系到国家可持续发展，在我国经济社会发展大局中具有重要战略地位。习近平总书记强调，要着力推进人与自然和谐共生。生态环境没有替代品，用之不觉，失之难存。进入新世纪以来，国家先后启动实施了一批草原重大生态建设工程，在主要草原牧区全面建立了草原生态保护补助奖励机制，推动了草原生态建设，草原生产方式出现了可喜转变，牧民的收入有了较大增加，草原保护意识进一步增强。但是受自然、地理、历史和人为活动等多因素影响，草原生态保护欠账依然较多，已恢复的草原生态依然脆弱，巩固草原生态建设成果任重道远。

一些委员建议，一是要进一步重视草原的保护，贯彻生态优先原则，加强基层，增强牧民的保护意识。二是要完善草原补奖政策。根据不同牧区的特点，制定科学的补奖标准，健全评估激励机制，调动牧民积极性。三是要积极推进修订《草原法》，尽快制定《基本草原保护条例》，健全和完善草原生态文明制度。四是要发展教育事业，支持牧民特别是他们的子女接受教育后转岗进城，减少依赖草原生存的人数。要培养现代牧民，依靠科学办法，改善草原质量。五是要精准监管，严肃查处破坏草原的行为，要加强有关部门联合执法，建立综合监管机制。六是要加强基础设施建设，包括牧道、暖棚、标准化牧场、围栏等，科学建设人工草地，提高草原承载力。

9月22日

［纲　文］　**外交部发言人表示，中方愿与各方推动《巴黎协定》有效实施。**

［目　文］　发言人表示，中方愿与各方继续保持沟通与合作，推动《巴黎协定》的有效实施，推进协定后续谈判，促进国际应对气候变化事业向前发展。作为负责任的发展中大国，中国积极参与应对气候变化多边进程，为推动达成《巴黎协定》作出了积极贡献。前不久中方向联合国正式交存了参加《巴黎协定》的批准书，作出了新的庄严承诺。中方欢迎更多的国家参加协定，以切实的努力推动协定早日生效。

9月22日

［纲　文］　**《人民日报》发表题为《建设更有活力的妇联组织》的评论员文章。**

9月23日

［纲　文］　**习近平等党和国家领导人在中国人民革命军事博物馆参观"英雄史诗不朽丰碑——纪念中国工农红军长征胜利80周年主题展览"。**

［目　文］　中共中央总书记习近平参观时指出，80年前，中国共产党领导中国工农红军战胜千难万险，胜利完成举世闻名的二万五千里长征。这个伟大壮举将永远铭刻在中国革命和中华民族的史册上。红军长征胜利，充分展现了革命理想的伟大精神力量。现在，时代变了，条件变了，我们共产党人为之奋斗的理想和事业没有变。我们要铭记红军丰功伟绩，弘扬伟大长征精神，深入进行爱国主义教育和革命传统教育，引导广大干部群众坚定中国特色社会主义道路自信、理论自信、制度自信、文化自信，继续在实现"两个一百年"奋斗目标、实现中华民族伟大复兴中国梦的新长征路上万众一心、顽强拼搏、奋勇前进。

中共中央政治局常委俞正声、刘云山、王岐山、张高丽，在京中共中央政治局委员、中央书记处书记，全国人大常委会副委员长，国务委员，最高人民法院院长，最高人民检察院检察长，全国政协副主席以及中央军委委员等参观了展览。

展览有"战略转移踏征程""伟大转折定航向""浴血奋战勇向前""革命理想高于天""胜利会师开新局""不忘初心走好新的长征路"等6个部分，展陈面积2000平方米，展出照片275张、文物252件。时间为9月23日至10月31日。

23日上午，中共中央政治局常委刘云山发表讲话并宣布展览开幕。刘延东、刘奇葆、许其亮、赵乐际、栗战书、郭金龙、沈跃跃、马飚出席开幕式。老红军、老同志代表，中央党政军有关部门和北京市有关负责人，驻京部队官兵和首都各界群众代表等约600人参加开幕式。

9月23日

［纲　文］　**二十国集团反腐败追逃追赃研究中心在北京设立。**

［目　文］　这是落实中共中央总书记习近平关于做好二十国集团领导人杭州峰会后续工作，落实会议成果，更好促进各项有关工作重要指示精神的具体举措。中央书记处书记、中央纪委副书记赵洪祝出席研究中心揭牌仪式。

在9月4—5日二十国集团领导人杭州峰会上，各国领导人积极响应中国倡议，一致同意在华设立二十国集团反腐败追逃追赃研究中心。这是第一个面向二十国集团成员国开展相关研究工作的机构。研究中心设在北京师范大学，通过专题研究、学术研讨和培训等多种形式开展工作，为二十国集团成员国开展反腐败追逃追赃合作创造交流平台，为中国参与国际反腐败合作提供智力支持，推动建立以追逃追赃务实合作为主要内容的国际反腐败新秩序。

9月23日

［纲　文］　**林业局在北京召开林业科技创新大会。**

［目　文］　林业局局长张建龙主持会议并宣读《国家林业局关于表彰全国生态建设突出贡献科技先进集体和先进个人的决定》。国务院副总理汪洋出席会议并讲话。国务院、发展改革委、教育部、科技部、财政部、人力资源社会保障部、全国政协人口资源环境委员会、中国科学院、国家知识产权局、国家自然科学基金委、国家标准委等负责人出席会议。浙江省林业厅、贵州省赫章县、中国林科院作交流发言。

汪洋强调，林业建设是事关经济社会可持续发展的根本性问题，科技创新是提升林业发展水平的重大举措。要认真贯彻落实全国科技创新大会精神，充分发挥科技第一生产力、创新第一驱动力作用，以自主创新、协同创新、制度创新加快林业科技进步，为保障森林生态安全、促进生态文明建设和经济社会健康发展提供有力支撑。新的历史条件下加快林业建设发展，必须深入实施创新驱动发展战略，切实转变林业发展方式。要瞄准国际前沿领域，围绕涉及生态安全、资源安全的重大基础理论，深入开展林业科学基础研究，掌握林业科技竞争的战略主动权。要增加生态建设和林业产业发展的科技供给，以生产实践和市场需求为导向，加快突破林业发展关键领域的核心技术，积极推进林业实用技术研究开发，促进科技成果转化和推广应用。要深化林业科技体制机制改革，促进科技资源共享，加强科研院所、企业和社会科研力量之间的协作，着力构建以企业为主体、市场为导向、产学研相结合的林业技术创新体系。要加强林业科技人才队伍建设，尊重科学规律，改善科研管理，为科技创新营造良好环境。

9月23日

［纲　文］　**国家新闻出版广电总局在北京颁发电视文艺星光奖。**

［目　文］　获得大奖的作品共分电视综艺节目、电视戏曲节目、电视纪录片、电视文艺栏目、少儿电视节目、电视动画节目6类，包括《胜利与和平——纪念中国人民抗日战争暨世界反法西斯战争胜利70周年文艺晚会》《团结协作的亚洲·携手明天——亚洲相

互协作与信任措施会议第四次峰会文艺晚会》《中央电视台2015年春节联欢晚会》《歌从黄河来（第150期）》《中央电视台2014年春节戏曲晚会》《东方主战场》《五大道》《吾守尔大爷的冰》《最强大脑》《养生堂》《开学第一课（2014年）》《欢乐的节日——2015年“六一”晚会》《地道战之“英雄出少年”》《新大头儿子和小头爸爸》等14个作品。

9月23—24日

［纲　文］　**李源潮在陕西调研群团改革工作。**

［目　文］　国家副主席李源潮在新城区青春驿站与创业、棋类、科技、剪纸等青少年辅导教师交流，希望基层团干部注意总结经验，探索可推广的长效服务机制，由点到面形成“星光灿烂”的工作局面；在碑林区环城南路社区向社区服务人员了解群团服务社区群众情况时说，群团服务基层群众要有有形的工作阵地，党政支持、群团联办是个好办法，群团都来开展活动才能更好联系服务群众；在科技企业勉励科协组织发挥自身优势，助力企业技术创新，促进农业提质增效；在留学归国人员创办的制药公司叮嘱侨联组织负责人，及时了解他们工作生活中的困难，帮助排忧解难。

李源潮在西安召开调研座谈会，听取地方党委和青妇科侨组织负责人意见建议。他指出，群团改革是党的群众工作改革，各级党委要对群团改革负起领导责任，努力在党的群众工作中形成众星拱月的局面。要抓住全面加强党的群众工作的机遇，用党建带群建的机制共建基层党群服务站，让群团走到群众面前，融入基层群众之中。群团干部直接联系服务群众，要突出工作对象，加强服务内容，提高联系服务的质量。要创新群团工作方式，积极建设网上群团，通过QQ、微信等网络手段拉紧同群众的经常性联系。党委、政府要帮助解决基层群团缺资源、缺手段特别是基层力量严重薄弱的问题，夯实群团基层基础。群团改革要注重群众工作实效，让所联系群众感受到改革带来的变化，有实实在在的获得感。

9月23日

［纲　文］　**中国共产党的亲密朋友，中国民主建国会的优秀领导人，中国民主建国会中央委员会原常务副主席，监察部原副部长冯梯云在北京逝世，享年91岁。**

9月24日

［纲　文］　**财政部印发《普惠金融发展专项资金管理办法》。**

［目　文］　《办法》共8章50条，主要有总则、县域金融机构涉农贷款增量奖励政策、农村金融机构定向费用补贴政策、创业担保贷款贴息及奖补政策、政府和社会资本合作项目以奖代补政策、资金分配和拨付、预算监管和绩效管理、附则等内容。自2016年9月24日起施行，有效期三年。《财政县域金融机构涉农贷款增量奖励资金管理办法》《农村金融机构定向费用补贴资金管理办法》《小额担保贷款财政贴息资金管理办法》同时废止。

9月24—26日

［纲　文］　**第18届中国科协年会在西安召开。**

［目 文］ 年会由中国科协和陕西省人民政府共同主办，主题是“创新发展·科技引领”。旨在贯彻落实中共中央总书记习近平关于科技创新系列讲话精神，全面落实“十三五”规划部署，以“会、展、赛”为主要形式，搭建科技工作者、社会公众、政府和企业协同创新服务平台，凝聚全国科技工作者智力资源，加速增长动力转换，推动大众创业万众创新，为实施创新驱动发展战略和“一带一路”倡议提供科技支撑。“两院”院士和国内外科技工作者代表共约2400人参加年会有关活动。国家副主席李源潮、科技部部长万钢出席开幕式并致辞。

9月25日

［纲 文］ **习近平致信祝贺中国500米口径球面射电望远镜落成启用。**

［目 文］ 中共中央总书记习近平的贺信说，值此500米口径球面射电望远镜落成启用之际，我向参加研制和建设的广大科技工作者、工程技术人员、建设者，表示热烈的祝贺和诚挚的问候！浩瀚星空，广袤苍穹，自古以来寄托着人类的科学憧憬。天文学是孕育重大原创发现的前沿科学，也是推动科技进步和创新的战略制高点。500米口径球面射电望远镜被誉为“中国天眼”，是具有我国自主知识产权、世界最大单口径、最灵敏的射电望远镜。它的落成启用，对我国在科学前沿实现重大原创突破、加快创新驱动发展具有重要意义。希望你们再接再厉，发扬开拓进取、勇攀高峰的精神，弘扬团结奋进、协同攻关的作风，高水平管理和运行好这一重大科学基础设施，早出成果、多出成果，出好成果、出大成果，努力为建设创新型国家、建设世界科技强国作出新的更大的贡献。

同日，中国500米口径球面射电望远镜落成启用仪式在贵州省黔南布依族苗族自治州平塘县举行。国务院副总理刘延东在启用仪式上宣读了习近平的贺信并致辞表示，要落实科技创新大会精神和创新驱动发展战略，依托我国500米口径球面射电望远镜先进技术条件，瞄准科学前沿，加强国际合作，聚集拔尖人才，打造高端科研平台，努力取得重大原创性成果，为我国天文学跻身世界一流水平和建设世界科技强国作出贡献。

中国500米口径球面射电望远镜主要用于实现巡视宇宙中的中性氢、观测脉冲星等科学目标和空间飞行器测量与通讯等应用目标。

9月25日

［纲 文］ **国务院印发《关于加快推进“互联网+政务服务”工作的指导意见》。**

［目 文］ 《意见》由五个部分组成：一、总体要求。二、优化再造政务服务。三、融合升级平台渠道。四、夯实支撑基础。五、加强组织保障。

《意见》要求，各省（区、市）人民政府、国务院有关部门要根据本意见，抓紧制定工作方案，明确责任单位和进度安排，加强衔接配合，加大财政支持，认真抓好落实。工作方案报国务院办公厅备案。

9月25日

［纲 文］ **新华社北京讯，中共中央办公厅、国务院办公厅印发《关于加快推进失**

信被执行人信用监督、警示和惩戒机制建设的意见》，并发出通知，要求各地区各部门结合实际认真贯彻落实。

［目　文］《意见》由五个部分组成：一、总体要求。二、加强联合惩戒。三、加强信息公开与共享。四、完善相关制度机制。五、加强组织领导。

9月25日

［纲　文］**卫生计生委公布《医疗质量管理办法》。**

［目　文］《办法》共8章48条，主要有总则、组织机构和职责、医疗质量保障、医疗质量持续改进、医疗安全风险防范、监督管理、法律责任、附则等内容，自2016年11月1日起施行。

9月25日

［纲　文］**卫生计生委印发《人体器官移植医师培训与认定管理办法（试行）》。**

［目　文］《办法（试行）》共5章33条，主要有总则、人体器官移植医师培训、人体器官移植医师资格认定、监督管理、附则等内容，自2016年9月25日起施行。

9月25日

［纲　文］**卫生计生委印发《人体器官移植医师培训基地基本要求（试行）》。**

［目　文］《要求（试行）》主要由七个部分组成：一、基本条件。二、具备与开展人体器官移植技术培训工作相适应的场地、设备和设施等条件。三、具备开展人体器官移植技术培训工作相适应的专业技术人员。四、具备较强的人体器官捐献与获取工作能力。五、具备较强的人体器官移植技术临床应用能力。六、具备较好的移植数据报送质量。七、具备较强的科研能力。

9月25日—10月7日

［纲　文］**2016北京国际设计周在中华世纪坛举行。**

［目　文］设计周由文化部与北京市人民政府主办。秉承“设计之都、智慧城市”理念，以“设计2020”为主题，在京津冀设28个分会场，举办主题展览、主宾城市、经典设计奖、北京设计论坛、设计市场等9项主体内容，超过500项创意设计活动。

9月26日

［纲　文］**习近平视察火箭军机关。**

［目　文］中共中央军委主席习近平接见火箭军第一次党代会全体代表时强调，火箭军是我国战略威慑的核心力量，是我国大国地位的战略支撑，是维护国家安全的重要基石。要以党在新形势下的强军目标为引领，贯彻新形势下军事战略方针，坚持政治建军、改革强军、依法治军，牢记历史使命，提升战略能力，努力建设一支强大的现代化火箭军。

习近平听取了火箭军工作汇报后指出，长期以来，面对国际局势风云变幻，面对国家安全重大挑战，火箭军部队在遏制战争威胁、营造我国安全有利战略态势、维护全球战略平衡与稳定方面起到了不可替代的重大作用。当前，全党全国各族人民正在为实现“两个一百年”奋斗目标、实现中华民族伟大复兴的中国梦而奋斗，正在进行具有许多新的历史特点的伟大斗争，需要良好战略安全环境。火箭军要深刻认识和把握历史使命，增强忧患意识，加快发展步伐，扎扎实实把战略能力搞上去。要在提升战略遏制能力上实现新突破，贯彻新形势下军事战略方针和军队建设发展“十三五”规划纲要总体部署，制定火箭军发展战略和建设规划计划，把火箭军力量结构和部队编成搞得更加科学，进一步解放和发展战斗力。要在提高备战实战化水平上实现新突破，锲而不舍、一丝不苟抓好实战化军事训练，深度融入全军联合作战指挥体系，保持常备不懈、随时能战的战备状态。要在加强战略运用上实现新突破，坚持抓建为战、以用促建，全面把握战略力量运用的特点和规律，确保发挥战略作用。要确保火箭军在思想上政治上特别过硬，打造具有铁一般信仰、铁一般信念、铁一般纪律、铁一般担当的过硬部队。要毫不动摇坚持党对军队的绝对领导，抓好党的科学理论武装，严格政治纪律和政治规矩，强化官兵政治意识、大局意识、核心意识、看齐意识，确保部队始终同党中央保持高度一致，坚决听从党中央和中央军委指挥。要深入研究新形势下部队党的建设特点和规律，推进制度创新，改进方式方法，不断增强党建工作的时代感和科学性，增强各级党组织创造力、凝聚力、战斗力。要培育火箭军特有的战斗精神、战斗作风、战斗意志，形成练兵不懈怠、备战不松劲、打仗不怕死的昂扬士气。要在人才培养上下大功夫，加紧完善人才引进、保留、管理、使用制度机制，努力打造一支规模宏大、结构合理、素质优良、后劲持续的人才方阵。要坚持不懈抓好党风廉政建设和反腐败斗争，抓好高中级领导干部教育管理监督，严格按照军队好干部标准选人用人，纯净部队政治生态。各级要做好抓基层打基础工作，满腔热忱解决官兵的实际困难，推动基层建设全面进步、全面过硬。

9月26日

［纲　文］　**民政部、财政部印发《关于调整部分优抚对象等人员抚恤和生活补助标准的通知》。**

［目　文］　《通知》说，从10月1日起，残疾军人、伤残人民警察、伤残国家机关工作人员等伤残人员残疾抚恤金标准，城镇烈士遗属、因公牺牲军人遗属、病故军人遗属“三属”定期抚恤金标准，在乡退伍红军老战士、在乡西路军红军老战士、红军失散人员“三红”生活补助标准，在现行基础上提高10%，农村“三属”定期抚恤金与城镇“三属”实行统一标准；在乡老复员军人生活补助标准在现行基础上每人每年提高1200元，烈士老年子女生活补助标准在现行基础上每人每年提高480元。调整后，一级因战、因公、因病残疾军人抚恤金标准为每人每年66230元、64140元、62040元。烈属、因公牺牲军人遗属、病故军人遗属定期抚恤金标准分别提高到每人每年21030元、18050元和16980元。在乡退伍红军老战士及在乡西路军红军老战士和红军失散人员生活补助标准，分别提高到每人每年45930元、45930元和20720元。

9月26日

［纲　文］　**海关总署公布《〈中华人民共和国海关稽查条例〉实施办法》。**

［目　文］《办法》共5章34条，主要有总则，账簿、单证等资料的管理、海关稽查的实施，主动披露，附则等内容，自2016年11月1日起实施。2000年1月11日公布的《〈中华人民共和国海关稽查条例〉实施办法》同时废止。

9月26日

［纲　文］**许其亮在北京出席全军政法工作会议。**

［目　文］中央军委副主席许其亮出席会议时强调，要深入学习贯彻习主席决策指示，深刻领会重塑政法体系的战略考量，切实增强政治意识、大局意识、核心意识、看齐意识，担起改革开拓、铺路奠基的历史责任，奋力开创新形势新体制下军队政法工作新局面。习主席在治党治国治军实践中对政法工作极为重视，摆在党的工作全局，作为伟大斗争的重要战场来运筹和部署。这轮军队改革把政法独立出来，与纪检、巡视、审计共同构建严密的权力运行制约和监督体系，凝聚着习主席对军队政法战线的期望重托。我们要不断增强工作动力和政治自觉，真正把军队政法系统锻造成服务保证强军兴军的安全之盾、法治之剑。要着眼实现强军目标、建设世界一流军队充分发挥职能作用。始终把维护政治安全、纯洁巩固部队作为核心首要，坚决维护和贯彻军委主席负责制，高举司法反腐利剑，彻底肃清郭伯雄、徐才厚流毒影响。始终把服务备战打仗作为根本指向，把助推部队现代化转型作为重要任务，为改革的顺利推进营造良好环境，在推动依法治军从严治军中走在前列。各级党委要切实加强对政法工作的领导，积极研究解决工作运行中遇到的新情况新问题，要下力夯实长远建设发展的基础，着力锻造信念坚定、执法如山、清正廉洁、敢于担当的政法队伍。

9月26日

［纲　文］**文化部在北京召开加强地方戏人才培养工作会议。**

［目　文］文化部文化科技司、艺术司负责人和部分院校、基层戏曲院团负责人及相关专家参加会议。与会者就戏曲人才培养经验和存在的问题进行了深入交流，并提出解决思路和建议。

9月26日

［纲　文］**中国侨联成立60周年纪念大会在北京举行。**

［目　文］全国政协主席俞正声出席大会并讲话。中央宣传部部长刘奇葆、国家副主席李源潮、全国人大常委会副委员长沈跃跃、国务委员杨洁篪、全国政协副主席李海峰，中央和国家机关有关部门负责人，有关人民团体、民主党派负责人，海外侨胞代表，中国侨联港澳地区顾问、委员、名誉委员，中国侨联顾问、机关和所属社团代表，各省区市侨联负责人和归侨侨眷先进人物代表共两千多人出席大会。

俞正声代表党中央、国务院，向大会的召开表示热烈祝贺，向与会代表和广大归侨侨眷、海外侨胞，向老一代侨联干部和各级侨联工作者表示崇高敬意和亲切问候并表示，广大归侨侨眷和海外侨胞是促进我国现代化建设、实现中华民族伟大复兴的重要力量，长期以来秉承爱国爱乡的优良传统，热情支持中国革命、建设、改革事业，积极推动两岸关系和平发展，为祖国发展、统一和民族复兴作出了重要贡献。党中央、国务院历来高度重视发挥广大归侨侨眷和海外侨胞的独特作用，高度重视做好归侨侨眷和海外侨胞的工作。60年来特别是近些年来，在党中央坚强领导下，中国侨联始终高举爱国主义、社会主义旗帜，坚持围绕中心、服务大局，坚持以人为本、为侨服务，充分发挥以“侨”为“桥”优势，紧密团结归侨侨眷，广泛联系海外侨胞，着力实施“亲情中华”“创业中华”“侨爱心工程”等品牌工作，做了大量卓有成效的工作，为促进党和国家事业发展作出了积极贡献。

9月26—27日

［纲　文］ **“一带一路”国际研讨会在西安召开。**

［目　文］ 研讨会由国务院新闻办公室主办，中国社会科学院、中国国际贸易促进委员会、国家电网公司等单位承办。中宣部部长刘奇葆出席论坛并做主旨演讲。来自35个国家和地区的政要和国际组织负责人，国内有关政府部门、行业组织、企业、科研院校、新闻媒体的负责人，专家学者等300多位代表参会。研讨会发布了《“一带一路”国际研讨会企业合作倡议》。

9月27日

［纲　文］ **中共中央政治局召开会议，讨论拟提请十八届六中全会审议的文件。**

［目　文］ 中共中央总书记习近平主持会议。会议决定，中国共产党第十八届中央委员会第六次全体会议于10月24日至27日在北京召开。中共中央政治局听取了《关于新形势下党内政治生活的若干准则》、《中国共产党党内监督条例》稿在党内外一定范围征求意见的情况报告，决定根据这次会议讨论的意见进行修改后将文件稿提请十八届六中全会审议。

9月27日

［纲　文］ **习近平主持中共中央政治局第35次集体学习。**

［目　文］ 本次学习的主题是：二十国集团领导人峰会和全球治理体系变革。外交学院高飞教授就这个问题进行讲解，并谈了意见和建议。中共中央政治局各位委员听取了讲解，并就有关问题进行了讨论。

中共中央总书记习近平指出，随着国际力量对比消长变化和全球性挑战日益增多，加强全球治理、推动全球治理体系变革是大势所趋。我们要抓住机遇、顺势而为，推动国际秩序朝着更加公正合理的方向发展，更好维护我国和广大发展中国家共同利益，为实现“两个一百年”奋斗目标、实现中华民族伟大复兴的中国梦营造更加有利的外部条件，为促进人类和平与发展的崇高事业作出更大贡献。党的十八大以来，我们抓住机遇、主动作为，坚决维护以联合国宪章宗旨和原则为核心的国际秩序，坚决维护中国人民以巨大民族牺牲换来的第二次世界大战胜利成果，提出“一带一路”倡议，发起成立亚洲基础设施投资银行等新型多边金融机构，促成国际货币基金组织完成份额和治理机制改革，积极参与制定海洋、极地、网络、外空、核安全、反腐败、气候变化等新兴领域治理规则，推动改革全球治理体系中不公正不合理的安排。刚刚结束的二十国集团领导人杭州峰会，是近年来我国主办的级别最高、规模最大、影响最深的国际峰会。我们运用议题和议程设置主动权，打造亮点，突出特色，开出气势，形成声势，引导峰会形成一系列具有开创性、引领性、机制性的成果，实现了为世界经济指明方向、为全球增长提供动力、为国际合作筑牢根基的总体目标。在这次峰会上，我们首次全面阐释我国的全球经济治理观，首次把创新作为核心成果，首次把发展议题置于全球宏观政策协调的突出位置，首次形成全球多边投资规则框架，首次发布气候变化问题主席声明，首次把绿色金融列入二十国集团议程，在二十国集团发展史上留下了深刻的中国印记。全球治理格局取决于国际力量对比，全球治理体系变革源于国际力量对比变化。我们要坚持以经济发展为中心，集中力量办好自己的事情，不断增强我们在国际上说话办事的实力。我们要积极参与全球治理，主动承担国际责任，但也要尽力而为、量力而行。

9月27日

［纲　文］　**国务院办公厅印发《关于大力发展装配式建筑的指导意见》。**

［目　文］　《意见》由三个部分组成：一、总体要求。二、重点任务。三、保障措施。

9月27日

［纲　文］　**旅游局公布废止《导游人员管理实施办法》，自2016年9月27日起生效。**

9月27日

［纲　文］　**旅游局公布《旅游安全管理办法》。**

［目　文］　《办法》共6章45条，主要有总则、经营安全、风险提示、安全管理、罚则、附则等内容，自2016年12月1日起施行。旅游局1990年2月20日发布的《旅游安全管理暂行办法》同时废止。

9月27日

［纲　文］　**第11届全国少数民族文学创作“骏马奖”颁奖典礼在中国现代文学馆举行。**

［目　文］　李传锋的《白虎寨》等5部长篇小说、马金莲的《长河》等5部中短篇小说、冯雪松的《方大曾：消失与重现》等4部报告文学、何永飞的《茶马古道记》等5部诗歌、雍措的《凹村》等5部散文共24部作品和3名译者获奖。

“骏马奖”奖是由中国作家协会、国家民族事务委员会主办的国家级文学奖。本届“参评作品数量超过往届，整体水平较高，反映了我国少数民族文学的繁荣发展。获奖作品既有关注多民族独特文化和历史的书写，更有关注现实生活、当下社会的生动描写，体现出了近年来少数民族文学创作多姿多彩、生动活泼的喜人局面。

9月27日

［纲　文］　**国务委员杨洁篪在北京会见埃及总统安全事务顾问纳佳。**

9月27日

［纲　文］　**外交部发言人就人民币10月1日正式加入国际货币基金组织特别提款**

权货币篮子表示，人民币“入篮”是中国融入全球金融体系的里程碑。

［目　文］　发言人表示，这是特别提款权（SDR）创建以来首次纳入发展中国家货币，体现了国际社会对中国改革开放成就的充分认可，也有助于增强SDR自身的代表性和吸引力，促进国际金融市场稳定。

30日，国际货币基金组织宣布启用包括中国人民币在内的新的特别提款权货币篮子，并宣布决定新定值期内特别提款权价值的新货币量。IMF在其网站上发布新闻称，自2016年10月1日起，人民币将被认定为可自由使用的货币，并作为除美元、欧元、日元和英镑之外的第五种货币加入特别提款权货币篮子。每种货币的权重分别为，美元41.73%、欧元30.93%、人民币10.92%、日元8.33%、英镑8.09%。

国际货币基金组织总裁克里斯蒂娜·拉加德女士表示，特别提款权货币篮子的扩大对于特别提款权、国际货币基金组织、中国和国际货币体系来说都是一个里程碑。

9月27日

［纲　文］　**“一带一路”生态环保大数据服务平台网站在北京启动**。

［目　文］　服务平台旨在借助“互联网+”、大数据、卫星遥感等信息技术，整理中国和沿线国家的生态环境状况以及环境保护政策、法规、标准、技术和产业发展等相关信息，分享生态文明与绿色发展的理念与实践，搭建政策对话与交流平台、决策支持平台、科学研究平台和能力建设平台，为沿线国家开展生态环保合作提供信息支撑，服务绿色“一带一路”建设。由环境保护部指导、环境保护部中国—东盟环境保护合作中心、中国—上海合作组织环境保护合作中心建设。

9月27日—10月3日

［纲　文］　**第13届中国常州国际动漫艺术周举办**。

［目　文］　艺术周由文化部、江苏省人民政府主办，以“文化融合·产业跨界”为主题，围绕展览展演、论坛峰会、项目对接、动漫游戏嘉年华四大板块，开展2016中国数字创意产业峰会、移动终端动漫产业高峰论坛、数字文化创意投融资交流会、亚洲二次元行业发展论坛、“金恐龙”系列品牌赛事等12项活动。近40个国家和地区的500多家动漫游戏、数字创意领域企业、展团、机构参加本届艺术周。

9月28日

［纲　文］　**中共中央在北京举行纪念刘华清同志诞辰100周年座谈会，习近平出席座谈会并讲话**。

［目　文］　中共中央总书记习近平强调，一切伟大的事业都需要在承前启后、继往开来中推进。我们要发扬光荣传统、传承红色基因，不忘初心、继续前进，努力在坚持和发展中国特色社会主义伟大进程中创造无愧于时代、无愧于人民、无愧于先辈的业绩。这是我们对老一辈革命家最好的纪念。

中央军委副主席范长龙主持座谈会。刘云山、许其亮、赵乐际、栗战书、常万全和中央军委委员出席座谈会。中央和国家机关有关部门、军队有关部门和单位、武警部队、湖北省负责人，刘华清亲属、生前友好、原身边工作人员和家乡代表等参加座谈会。

刘华清（1916年10月1日—2011年1月14日），中国共产党第十四届中央政治局常委，原中共中央顾问委员会委员，中央军委原副主席。

9月28日

［纲　文］　**国家主席习近平、国务院总理李克强、全国人大常委会委员长张德江就以色列前领导人佩雷斯逝世分别向以色列总统里夫林、以色列总理内塔尼亚胡、以色列议长埃德尔斯坦致唁电**。

［目　文］　习近平代表中国政府和中国人民，并以个人的名义，对佩雷斯逝世表示诚挚的哀悼，向佩雷斯的亲属及以色列人民致以真诚的慰问并表示，佩雷斯先生是以色列资深政治家，长期致力于政治解决中东问题，是中东和平进程的创始者和推动者，深受以色列人民和国际社会尊重。他生前多次访华，为中以关系发展作出重要贡献。佩雷斯先生的逝世，使中国人民失去了一位老朋友。中方高度重视发展中以关系，愿同以方一起努力，继续推动双边关系稳定发展。

29日，国务院副总理刘延东前往以色列驻华使馆吊唁佩雷斯。

30日，国家主席习近平特使、科技部部长万钢出席在耶路撒冷赫茨尔山国家公墓举行的以色列前领导人佩雷斯国葬仪式。

9月28日

［纲　文］　**全国政协办公厅、中共中央统战部、国务院侨办、国务院港澳办、国务院台办在人民大会堂举行国庆招待会**。

［目　文］　国务委员杨洁篪主持招待会。全国政协主席俞正声出席招待会并致辞。部分在京中共中央政治局委员、书记处书记，全国人大、国务院、全国政协负责人与2800多名港澳台侨各界代表出席招待会。

俞正声说，中国共产党的领导是历史的选择、人民的选择。2016年是中国共产党成立95周年，我们隆重举行了庆祝大会，就是要不忘初心、继续前进，团结动员全体中华儿女，努力实现中华民族伟大复兴的中国梦。抚今追昔，我们不会忘记，长期以来，港澳同胞、台湾同胞和海外侨胞为党和国家建设、祖国和平统一和中华民族伟大复兴作出了重要贡献。香港、澳门回归以来，“一国两制”实践取得举世公认的成功。我们将坚定不移地贯彻“一国两制”、“港人治港”、“澳人治澳”、高度自治的方针，严格依照宪法和基本法办事，一如既往地支持行政长官和特别行政区政府依法施政、履行职责，支持香港、澳门发展经济、改善民生、推进民主、促进和谐。维护和推动两岸关系和平发展，实现祖国统一，是海内外中华儿女的共同愿望。我们将毫不动摇坚持中央对台工作大政方针，坚持“九二共识”政治基础，坚定维护一个中国原则，坚决反对和遏制任何形式的“台独”分裂行径，继续推进两岸各领域交流合作，持续扩大深化两岸民众交流交往，促进两岸经济社会融合发展，增进同胞亲情和福祉，团结两岸同胞不断开辟两岸关系发展的新前景。

9月28日

［纲　文］　**俞正声在北京会见全国少数民族参观团全体成员。**

［目　文］　国务院副总理刘延东、中央统战部部长孙春兰参加会见。

全国政协主席俞正声指出，组织全国少数民族参观团是1950年中央倡导实施的一项重要活动，已成为我国民族工作的一个优良传统。60多年来，一批批少数民族和民族地区同胞到祖国内地参观考察，见证新中国日新月异发展变化，丰植了爱国主义情感，不断深化了对伟大祖国、中华民族、中华文化、中国共产党、中国特色社会主义的认同，取得了很好的效果，要把这个传统坚持好、发展好。2016年是“十三五”时期全面建成小康社会决胜阶段的开局之年，同时也是红军长征胜利80周年。参观团以长征为主题，先后到广东、江西、北京等地进行了参观考察，实地感受了伟大的长征精神。希望大家要珍惜这个难得机会，学习弘扬我们党民族工作的优良传统，进一步学习贯彻好习近平总书记系列重要讲话精神，结合实际、立足本职，不忘初心、继续前进，共同谱写新长征中我国民族团结进步事业的新篇章。要继续当好全面正确贯彻党的民族政策的模范，坚持和拓宽中国特色解决民族问题的正确道路；继续当好推动科学发展的模范，推进民族地区同全国一道同步建成全面小康社会；继续当好维护民族团结的模范，不断促进各民族交往交流交融；继续当好尊法守法的模范，真正用法律保障民族团结，为“中华民族一家亲，同心共筑中国梦”作出新的更大的贡献。

全国少数民族参观团成员来自全国31个省、自治区、直辖市和新疆生产建设兵团，由2014年受国务院表彰的民族团结进步模范个人和近年受省部级表彰的模范个人中的基层干部群众组成。在北京参观前，参观团已赴广东、江西考察。

9月28日

［纲　文］　**王岐山在北京出席学习贯彻习近平总书记关于巡视工作论述暨中央单位巡视工作座谈会。**

［目　文］　中央巡视工作领导小组副组长赵洪祝出席会议。中央巡视工作领导小组组长王岐山强调，中央部委党组（党委）要学习领会、认真贯彻习近平总书记系列重要讲话精神，提高政治站位，强化政治领导，确保党的路线方针政策落实到位，坚持和加强党对各领域、各方面工作的领导。

9月28日

［纲　文］　**人力资源社会保障部、财政部印发《职业年金基金管理暂行办法》。**

［目　文］　《办法》共7章53条，主要有总则、管理职责、基金投资、收益分配及费用、计划管理及信息披露、监督检查、附则等内容，自2016年9月28日起施行。

9月28日

［纲　文］　**最高人民法院在北京召开全国法院执行工作会议。**

［目　文］　中央政法委书记孟建柱出席会议并讲话。最高人民法院院长周强出席会议，最高人民法院常务副院长沈德咏主持会议，最高人民法院副院长江必新作了最高人民

法院关于“用两到三年时间基本解决执行难”的整体布局和下一阶段工作重点等情况介绍。各高级人民法院院长出席会议并现场演示汇报了辖区法院解决执行工作情况。最高人民法院各部门负责人、各高院执行局局长参加会议。

孟建柱强调，要认真贯彻落实习近平总书记系列重要讲话和党的十八届四中全会精神，敢于担当、主动作为、规范作为，加强综合治理，不断改革创新，全力解决执行难，切实维护人民群众合法权益，维护法制尊严，为建设公正高效权威的社会主义司法制度作出新贡献。生效裁判的执行，关系到胜诉当事人合法权益的兑现，关系到经济社会发展的诚信基础。各级法院要加大依法执行力度，对有能力履行法律义务却恶意逃避执行、暴力抗拒执行的，要善于运用媒体和法律手段，以划出底线、震慑违法。要坚持依法执行与善意执行相结合，正确把握和运用好执行政策，严格遵守查封、扣押、冻结的适用条件和法定程序，既充分考虑、有效保障债权人权益，又尽可能保全资产的市场价值，努力实现多方共赢。要加强执行规范化建设，做到全程留痕、全程公开、全程监督，确保执行公正、高效、廉洁。解决执行难，必须在党委统一领导下，发挥社会主义制度优势，形成标本兼治、综合治理格局。有关部门、单位要加快推进失信被执行人信用监督警示和惩戒机制建设，支持建立健全覆盖各地及主要财产形式的执行查控体系，完善执行救助制度和社会保险体系，落实执行联动机制，共同推动解决执行难。

9月28日

［纲　文］　**国务委员杨洁篪在北京会见以会长陈绍雄为团长的香港专业及资深行政人员协会访京团。**

9月28日

［纲　文］　**国际医学科学院组织2016年全体成员大会在北京举行。**

［目　文］　大会由中国工程院和国际医学科学院组织共同主办，主题为“健康促进”，来自世界各国科学院、工程院和医学科学院的三百多名专家学者参加。国务院副总理刘延东出席大会并作主旨报告。

刘延东指出，健康是人类幸福之本，是社会发展之基。医学事业的进步，为人类抵御疾病侵袭提供了有力保障。但同时，随着经济全球化的发展，跨国传播的各种传染病、抗生素耐药、不健康生活方式引发的疾病，也给人类健康和经济增长带来威胁。各国应携手同行，加强医学科学研究，在重大科研、疾病防治、精准医学、培养高端人才等方面密切合作，发挥创新对健康事业发展的支撑引领作用。要推进全球卫生与健康治理体系建设，加强对发展中国家特别是中低收入国家的援助，有效解决重大公共卫生问题，让全人类共享医学科学文明发展成果。中国政府把人民健康放在优先发展的战略地位，以推动健康中国建设为目标，努力为人民提供全方位、全生命周期的卫生与健康服务。中国愿与各国加强健康领域合作，为提升人类健康水平作出新贡献。

9月28日

［纲　文］　**江西省第十二届人民代表大会第六次会议，补选刘奇为江西省人民政府**

省长。

9月28—30日

［纲　文］　**应国家主席习近平邀请，白俄罗斯共和国总统卢卡申科对中国进行国事访问。**

［目　文］　29日，习近平在北京同卢卡申科举行会谈。两国元首决定建立相互信任、合作共赢的中白全面战略伙伴关系，发展双方全天候友谊，携手打造利益共同体和命运共同体。两国元首共同签署了《中华人民共和国和白俄罗斯共和国关于建立相互信任、合作共赢的全面战略伙伴关系的联合声明》，并见证了外交、经贸、投资、教育、科技、金融、农业、旅游、"一带一路"建设等领域双边合作文件的签署。习近平接受了卢卡申科授予的白俄罗斯"和平和友谊"勋章。

习近平强调，中白要加大相互支持力度，筑牢政治互信基石。两国应该保持高层交往势头，在涉及彼此核心利益问题上坚定相互支持。双方要实现各自发展战略对接，拉紧共同利益纽带。要加快共建"一带一路"，并共同推进"一带一路"建设同欧亚经济联盟建设有效对接。要加强经贸投资合作，促进双边贸易平衡发展，深化机电、高新技术、质检和标准化领域合作，争取交通、物流、能源、信息技术、机械制造等领域合作实现早期收获。要加快中白工业园建设，拓展地方合作，实现优势互补和协同发展。双方要加强安全合作，维护共同安全利益。要深化人文交流，促进民心相通。中方支持在白俄罗斯开设更多孔子学院和孔子课堂，鼓励两国青年学生开展交流互访。要进一步便利双方人员往来，希望双方规划好2017年中白建交25周年庆祝活动。双方要加大在国际和地区事务中的协调和配合。

卢卡申科表示，白俄罗斯永远是中国可以信赖的伙伴和朋友。作为全面战略伙伴，双方有着广泛的共同利益和合作领域。建交25年来，我们两国关系保持高水平发展，高层和各级别交往密切，各领域合作成果丰硕。白方积极支持中方"一带一路"倡议，愿将其与自身发展战略对接，并将两国经贸投资合作提高到新的水平，推动白中工业园建设成为"一带一路"建设的示范性项目。白方愿加强两国金融、人文、执法、安全、地方等领域合作。

同日，全国人大常委会委员长张德江、全国政协主席俞正声在北京分别会见卢卡申科。

30日，国务院总理李克强在北京会见卢卡申科时指出，中方愿将丝绸之路经济带倡议与白方建设工业园区的战略相衔接，发挥辐射和带动效应，重点推进中白国际产能和装备制造合作，更好满足白俄罗斯经济社会发展需求，实现互利双赢。双方要加强人文和地方交流，培养中白合作新的增长点。希望白方为中国企业赴白投资提供更多优惠便利。

卢卡申科表示，白俄罗斯高度赞赏中国坚持走改革开放、和平发展的道路，愿借鉴中国发展经验，扩大对华交往，对接发展战略，加强在基础设施建设、工业园区、科技等领域务实合作，并将努力为中国企业在白投资提供最为便利的条件，共同开拓两国关系与合作的崭新未来。

9月29日

［纲　文］　**中共中央在北京举行学习《胡锦涛文选》报告会，习近平出席并发表讲话。**

［目　文］　习近平指出，当前要把学习《胡锦涛文选》摆在党的思想政治建设和党员、干部理论学习培训的重要位置，通过学习加深对党的十八大以来提出的治国理政新理念新思想新战略的理解，继续开拓创新，继续奋发进取，为实现“两个一百年”奋斗目标、实现中华民族伟大复兴的中国梦而不懈奋斗。

中共中央政治局常委李克强主持报告会，中共中央政治局常委张德江、俞正声、王岐山、张高丽出席报告会。中共中央政治局常委刘云山在报告会上宣读《中共中央关于学习〈胡锦涛文选〉的决定》。在京中共中央政治局委员、中央书记处书记、全国人大常委会副委员长、国务委员、最高人民法院院长、最高人民检察院检察长、全国政协副主席以及中央军委委员出席报告会。中央党政军群各部门和北京市主要负责人，各民主党派中央、全国工商联主要负责人和无党派人士代表，在京中央管理的企业、金融机构和部分高校党委（党组）主要负责人，部分理论、宣传工作者代表等参加报告会。

9月29日

［纲　文］　**新华社北京讯，俞正声主持召开政协第十二届全国委员会第四十九次主席会议。**

［目　文］　全国政协副主席韩启德、万钢、罗富和、何厚铧、李海峰、陈元、卢展工、王正伟、马飚、齐续春、陈晓光、马培华、刘晓峰出席会议。会议主要内容是：一、会议审议通过政协第十二届全国委员会常务委员会第十八次会议议程（草案）和日程，决定10月底11月初召开政协第十二届全国委员会常务委员会第十八次会议，主要议题是学习贯彻中共十八届六中全会精神。第十八次常委会议议程（草案）将提请第十八次常委会议审议。二、会议审议通过关于撤销林方略政协第十二届全国委员会委员资格的决定，并提请第十八次常委会议追认。三、全国政协副主席兼秘书长张庆黎、中共中央统战部常务副部长张裔炯分别就有关议题作了说明。

9月29日

［纲　文］　**国务院新闻办发布《国家人权行动计划（2016—2020年）》。**

［目　文］　《计划》由六个部分组成：一、经济、社会和文化权利。二、公民权利和政治权利。三、特定群体权利。四、人权教育和研究。五、人权条约履行和国际交流合作。六、实施和监督。

9月29日

［纲　文］　**国土资源部、发展改革委、公安部、人力资源社会保障部、住房城乡建**

设部印发《关于建立城镇建设用地增加规模同吸纳农业转移人口落户数量挂钩机制的实施意见》。

［目　文］《意见》由三个部分组成：一、总体要求。二、主要措施。三、组织实施。

《意见》指出，国土资源部会同有关部门建立跟踪分析机制，每年开展总结评估，进展情况向国务院报告；对于好的经验和做法，要及时研究推广；对于实施中出现的问题和困难，要加强沟通协调，认真研究解决，不断完善政策，确保人地挂钩政策措施落到实处，取得实效。

9月29日

［纲　文］**国土资源部印发修改后的《实物地质资料管理办法》，自2016年9月29日起施行，有效期八年。**

9月29日

［纲　文］**2016年度中国政府友谊奖颁奖仪式在中南海举行。**

［目　文］国家外国专家局局长张建国宣读了授予50名外国专家中国政府友谊奖的决定。国务院副总理马凯向获奖外国专家颁奖并讲话。马凯强调，中国正在实施“十三五”规划，热忱欢迎外国专家与中国人民一起共谋事业发展，共创美好未来。希望更多外国专家，积极参与中国的创新发展，创造更多创新成果。积极参与中国的协调发展，为促进区域协调、协同、共同发展发挥作用。积极参与中国的绿色发展，为推进美丽中国建设贡献智慧。积极参与中国的开放发展，大力促进中外经贸合作和人文交流。积极参与中国的共享发展，为增进民生福祉作出更大贡献。中国政府将采取更积极、更开放、更有效的人才引进政策，实施外国人来华工作许可制度，切实保护外国专家合法权益，营造良好人才发展环境。

30日，国务院总理李克强在北京会见2016年度中国政府友谊奖获奖外国专家时说，长期以来，外国专家在帮助中国引进先进技术和管理经验、促进中外人文交流等方面发挥了独特作用，作出了重要贡献。我们将加快推进简化“绿卡”办理手续，实施外国人来华专家证和就业证“两证合一”试点，支持外国人才申报和参与国家级科研项目，更加严格有效保护知识产权，维护创造发明人的合法权益。中国与世界各国是命运共同体，在推进全球化进程、尊重文明多样性、促进可持续发展中需要互学互鉴、取长补短。希望外国专家客观公正介绍中国，当好中外友好的形象大使，搭建跨文化交流对话平台，加深中国与世界各国的交往、理解与合作。会见后，获奖外国专家应李克强邀请出席了庆祝中华人民共和国成立67周年招待会。

9月29日

［纲　文］**“致敬百年建筑经典：首届中国20世纪建筑遗产项目发布暨中国20世纪建筑思想学术研讨会”在故宫博物院召开。**

［目　文］研讨会由中国文物学会、中国建筑学会联合主办。来自全国文博界、文

化界、城市建筑界、出版传媒界的专家学者，20世纪建筑遗产入选单位代表，高等院校师生等出席会议。人民大会堂、民族文化宫、人民英雄纪念碑、中国美术馆、中山陵、重庆人民大礼堂、北京火车站、清华大学早期建筑、天津劝业场、上海外滩建筑群、广州市中山纪念堂等98处优秀的20世纪经典建筑入选首届中国20世纪建筑遗产项目。

中国文物学会会长单霁翔在致辞中说，文化遗产是有生命的，这个生命充满了故事，而20世纪遗产更是承载着鲜活的故事，随着时间的流逝，故事成为历史，历史变为文化，长久地留存在人们的心中。如果说改变与创新需要智慧，那对中国20世纪建筑遗产保护事业要有敬畏之心，要有跨界思维，要有文化遗产服务当代社会的新策略。

9月29日—10月9日

［纲　文］ **“欢乐春节 五洲同庆——2016摄影展”在中国美术馆展出**。

［目　文］ 摄影展由文化部对外文化联络局主办，中外文化交流中心承办。围绕“欢乐春节”主题，精选了百余幅亚洲、欧洲、非洲、美洲和大洋洲各国举办庆祝中国春节活动的现场照片，展现了春节这一凝聚中国人情感与文化传统的重要节日在五大洲落地生根的真实情景以及中外文化交流的盛况。

2016年，“欢乐春节”在全球140个国家和地区的400多座城市举办2100多项文化活动，涵盖主题庙会、跨国春晚、元宵灯会、广场巡游、专场演出、综艺展示、文贸会展、文博展览、民俗体验、非遗展示、影视展播、图书展销、焰火表演、专题讲座等多种形式，海外受众超过2.5亿人次。“欢乐春节”活动不仅推动中华文化“走出去”，也带动中国的企业品牌走向世界，在海外创造“中国精品”、讲述“中国故事”、传播“中国精神”。

9月30日

［纲　文］ **国务院在人民大会堂举行国庆招待会，热烈庆祝中华人民共和国成立67周年**。

［目　文］ 习近平、李克强、张德江、俞正声、刘云山、王岐山、张高丽等党和国家领导人与1200多位中外人士共庆共和国华诞。国务院总理李克强发表讲话。国务院副总理张高丽主持招待会。

李克强说，67年来特别是改革开放以来，中国共产党带领全国各族人民百折不挠，砥砺奋进，伟大祖国实现了从积贫积弱到世界第二大经济体的转变，中华民族实现了从饱受欺凌到迈向伟大复兴的转变，人民生活实现了从缺衣少食到推进全面建成小康社会的转变。辉煌历史由每一天奋斗写就。2016年是“十三五”开局之年，面对各种风险挑战，在以习近平同志为总书记的党中央坚强领导下，全国上下贯彻落实新发展理念，同心协力，攻坚克难，在保持总需求适度增长的同时，着力推进供给侧结构性改革，经济社会发展取得来之不易的新成就。我们有效实施宏观调控，坚持改革开放，实现了经济运行总体平稳和经济结构不断优化，市场活力与发展动力协同迸发，国家发展与民生改善同步提升。有效应对多年少有的特大洪涝灾害，最大程度保障了人民群众生命和财产安全。中国成功举办二十国集团领导人杭州峰会，达成了构建“创新、活力、联动、包容”世界经济的广泛共识。我国体育健儿在里约奥运会、残奥会上拼搏争先，激励着中华儿女以更饱满的热情投身现代化建设。国家富强是增进人民福祉的根基。要牢牢扭住经济建设这个中心不动摇，既着力保持经济中高速增长，有效防范各类市场风险；更着力提升国家创新能力、综合竞争力和可持续发展水平，促进经济迈向中高端。要紧扣群众期待，办实事出硬招，让群众在就业创业等方面有更多成就感，不断增加收入；在社会保障等方面有更多获得感，实现老有所养、病有所医、住有所居；在生态环保、食品卫生等方面有更多安全感，提升生活品质。更大力度推进扶贫脱贫，让贫困人口和困难群众尽早过上小康生活。要全面推进依法治国，加强各种所有制经济产权保护，让所有市场主体平等参与竞争，提升基本公共服务的公平可及性，促进改革发展成果更好惠及全体人民。要以更大力度全面深化改革，不断破除束缚发展、不利民生、妨碍公平的制度瓶颈；坚持扩大开放，推进“一带一路”建设，促进国际产能合作。要坚持“干”字为要，主动作为，在破解各种难题中不断开拓新局面。我们将继续坚持“一国两制”、“港人治港”、“澳人治澳”、高度自治的方针，支持香港和澳门在国家现代化进程中发挥独特作用，实现新发展。继续坚持一个中国原则，坚持“九二共识”，坚决反对“台独”，维护和促进两岸关系和平发展。继续奉行独立自主的和平外交政策，坚决维护国家核心利益，与各国携手打造人类命运共同体和利益共同体。时代催人奋进，发展重任在肩。让我们紧密团结在以习近平同志为总书记的党中央周围，高举中国特色社会主义伟大旗帜，统筹推进“五位一体”总体布局，协调推进“四个全面”战略布局，为实现“两个一百年”奋斗目标、实现中华民族伟大复兴的中国梦，书写更加壮丽宏伟的历史新篇章。

9月30日

［纲　文］　**习近平、李克强、张德江、俞正声、刘云山、王岐山、张高丽等党和国家领导人同首都各界3000名代表到北京天安门出席烈士纪念日向人民英雄敬献花篮仪式。**

9月30日

［纲　文］　**国务院总理李克强在北京会见巴西等35国新任驻华使节。**

［目　文］　李克强表示，中国坚持独立自主的和平外交政策，坚持走和平发展道路，并愿同世界各国在相互尊重、平等相待基础上，增进彼此互信、深化务实合作、实现互利共赢。在造福本国人民的同时，强化全球发展伙伴关系，携手应对各种挑战，共同推动世界经济实现强劲、可持续、平衡、包容增长。中国作为世界上最大的发展中国家，同许多国家一样面临发展经济、改善民生的重任。我们将在坚持深化改革、扩大开放中实现自身发展，不断提高开放型经济水平，促进中国经济加快转型升级，在开放合作中同各国携手实现共同发展。中国经济保持中高速增长、迈向中高端水平，将为自身以及世界各国提供更多、更好的发展机遇。希望各国驻华使节发挥优势，做好各自国家

同中国之间友谊与合作的桥梁。中国政府愿为各国驻华使节履职提供便利和协助。

各国驻华使节对中华人民共和国67周年国庆表示热烈祝贺，转达了各国领导人对中国领导人和中国人民的问候。他们表示，中国为维护世界和平、促进共同发展发挥了重要作用。中国发展取得的成就举世瞩目，作为驻华使节深感责任重大，愿为各自国家同中国发展关系、深化合作、增进彼此人民福祉作出不懈努力。

同日，各国驻华使节应李克强邀请出席庆祝中华人民共和国成立67周年招待会。

9月30日

［纲　文］　**国务院办公厅印发《推动1亿非户籍人口在城市落户方案》。**

［目　文］《方案》由四个部分组成：一、总体要求。二、进一步拓宽落户通道。三、制定实施配套政策。四、强化监测检查。

《方案》要求，各地区、各部门要高度重视新型城镇化建设各项相关工作，统一思想，提高认识，加大力度，切实抓好本方案实施，确保一亿非户籍人口在城市落户目标任务如期完成。

9月30日

［纲　文］　**国务院办公厅印发《贫困地区水电矿产资源开发资产收益扶贫改革试点方案》。**

［目　文］《方案》由四个部分组成：一、总体要求。二、试点范围、期限与项目选择。三、试点内容。四、保障措施。

《方案》强调，各级政府要加强试点工作组织协调，做好试点项目申报、方案制定等工作；建立农村集体经济组织及其成员的利益申诉机制，妥善解决利益纠纷，强化风险防控，确保试点工作顺利开展。

9月30日

［纲　文］　**证监会公布《内地与香港股票市场交易互联互通机制若干规定》，自2016年9月30日起施行。《沪港股票市场交易互联互通机制试点若干规定》同时废止。**

9月30日

［纲　文］　**证监会公布《上市公司股东大会规则（2016年修订）》。**

［目　文］《规则》共6章54条，主要内容有总则、股东大会的召集、股东大会的提案与通知、股东大会的召开、监管措施、附则等内容，自2016年9月30日起施行。《上市公司股东大会规则（2014年修订）》同时废止。

9月30日

［纲　文］　**证监会公布《上市公司章程指引（2016年修订）》。**

［目　文］《指引》共12章199条，主要有总则，经营宗旨和范围，股份，股东和股东大会，董事会，经理及其他高级管理人员，监事会，财务会计制度、利润分配和审计，通知和公告，合并、分立、增资、减资、解散和清算，修改章程，附则等内容。本指引自2016年9月30日起施行。《上市公司章程指引（2014年修订）》同时废止。

9 月 30 日

［纲　文］　**卫生计生委、科技部、食品药品监管总局、中医药局、军委后勤保障部卫生局发布《关于全面推进卫生与健康科技创新的指导意见》。**

［目　文］　《意见》由六个部分组成：一、总体思路、基本原则和主要目标。二、加快建设协同高效的卫生与健康科技创新体系。三、加快培育和集聚高水平创新人才队伍。四、积极推动科技成果转移转化和推广应用。五、推动科技创新管理体制机制改革。六、进一步加强对卫生与健康科技创新工作的领导。

10 月

10月1日

［纲 文］ **香港、澳门特别行政区政府举行庆祝中华人民共和国成立67周年酒会。**

10月1日

［纲 文］ **《人民日报》发表题为《新的起点 新的长征——热烈庆祝中华人民共和国成立六十七周年》的社论。**

10月1—6日

［纲 文］ **中共中央政治局常委、中央书记处书记刘云山应邀对蒙古国、希腊、匈牙利进行正式友好访问。**

［目 文］ 1—2日，在蒙古国访问期间，刘云山在乌兰巴托分别会见蒙古国总统额勒贝格道尔吉，蒙古人民党主席、国家大呼拉尔主席恩赫包勒德，政府总理额尔登巴特。刘云山还走访了普通牧民家庭，出席中蒙文化合作暨“电视中国剧场”启动、中蒙人文交流图片展、我援蒙幼儿园启用等仪式，并见证双方签署媒体和民生合作协议。

3—5日，在希腊访问期间，刘云山在雅典分别会见希腊总统帕夫洛普洛斯，左联党主席、政府总理齐普拉斯，希腊议长武齐斯和新民主党主席米佐塔基斯。刘云山还出席了在雅典举办的中欧文明对话会，并发表题为《加强文明交流互鉴 实现中欧合作共赢》的主旨讲话；赴中远海运集团比雷埃夫斯港考察，了解项目建设情况。

5—6日，在匈牙利进行访问期间，刘云山在布达佩斯分别会见匈牙利总统阿戴尔，青民盟主席、政府总理欧尔班和国会主席克韦尔，匈外交与对外经济部部长西亚尔托。刘云山还出席了中国—中东欧政党对话会，发表题为《推进“一带一路”建设与“16+1合作”携手造福中国和中东欧人民》的主旨讲话；考察了罗兰大学孔子学院，并为罗兰大学“一带一路”研究中心揭牌。

10月1—3日

［纲 文］ **赵乐际在湖北红安、麻城和安徽金寨调研。**

［目 文］ 中共中央政治局委员、中央组织部部长赵乐际在黄麻起义和鄂豫皖苏区革命烈士纪念馆、七里坪镇长胜街革命旧址、金寨革命烈士纪念塔，敬献花篮，他说，革命老区和老区人民为中国革命胜利作出了重要贡献，我们要大力弘扬老区精神、传承红色基因，真心向老区人民学习，不忘初心、继续前进，为实现“两个一百年”奋斗目标、实现中华民族伟大复兴的中国梦而不懈奋斗。

赵乐际在麻城彭店村、金寨大畈村和东冲村，走访慰问老党员、贫困户，询问他们收入怎么样、日子过得好不好，看病、出行、孩子上学方便不方便。在与党支部书记、党员、村民交流时指出，党中央决定开展“两学一做”学习教育，就是促使广大党员、干部立足本职、履职尽责、岗位贡献，促使党组织更好地把党员组织起来、把群众组织起来，成为凝聚带领服务群众的主心骨。要坚持不懈抓好“两学一做”学习教育，深入学习党章党规，深入学习习近平总书记系列重要讲话精神，把学与做紧密结合起来；要发挥党支部主体作用，坚持和完善“三会一课”等基本制度，创新主题党日、党员活动日、微博、微信等多种方式；要坚持领导带头、以上率下，紧密联系实际，切实解决问题，认真落实基层党建各项任务。他强调，要把抓党建促脱贫攻坚摆在重要位置，把基层党组织建设好，把群众的主动性积极性发挥好，把农村党支部第一书记、驻村工作队作用发挥好，把实用技术、农村电商等培训抓好，使贫困群众与全国人民一道迈入全面小康社会，让乡亲们的日子越过越好。

10月3日

［纲　文］　**国务院任命聂辰席为国家新闻出版广电总局局长、国家版权局局长；免去蔡赴朝的国家新闻出版广电总局局长、国家版权局局长职务。**

10月3—9日

［纲　文］　**外交部部长王毅应邀对厄瓜多尔共和国、秘鲁共和国、多民族玻利维亚国、哥伦比亚共和国进行正式访问。**

10月5日

［纲　文］　**国务院办公厅印发《老年教育发展规划（2016—2020年）》。**

［目　文］　《规划》由五个部分组成：一、规划背景。二、总体要求。三、主要任务。四、重点推进计划。五、保障措施。

10月5日

［纲　文］　**国家主席习近平特使、发展改革委主任徐绍史出席亚吉铁路建成通车仪式。**

［目　文］　通车仪式在埃塞俄比亚首都亚的斯亚贝巴举行。徐绍史、埃塞俄比亚总理海尔马里亚姆、吉布提总统盖莱、多哥总统福雷等出席通车仪式。

亚吉铁路是非洲大陆第一条跨国电气化铁路和最长距离的电气化铁路，也是中国在非洲建设的第一条集技术标准、设备、融资、施工、监理、运营和管理于一体的全产业链“中国标准”电气化铁路。亚吉铁路建成通车是埃塞俄比亚和吉布提发展史上的一个重要里程碑，也是落实国家主席习近平在2015年中非合作论坛约翰内斯堡峰会提出的中非“十大合作”计划的早期收获，是中非“三网一化”合作和中非产能合作的标志性工程。该铁路建成通车，将有力促进产业园区和重大项目在铁路沿线的布局，打造重要的经济带，为埃吉两国的经济社会发展注入强大动力。亚吉铁路全长约750公里，设计时速120公里，使吉布提至亚的斯亚贝巴的运输时间从公路运输的7天降至10个小时。总合同金额约40亿美元，由中国中铁和中国铁建中土集团分段实施设计采购施工（EPC）总承包。施工期间，亚吉铁路为当地创造就业岗位约4.8万个，同时带动4亿多美元的中国机械设备、通信及“四电设备”、建筑施工材料走进海外市场。

10月6—7日

［纲　文］　**汪洋在吉林调研农业农村工作。**

［目　文］　国务院副总理汪洋在吉林市龙潭区了解农民玉米收成和销售情况，与合作社、种粮大户探讨促进粮食生产和推进结构调整的有效途径，到粮食收储和加工企业了解秋粮收购准备和粮食加工经营状况。

汪洋指出，农业结构调整要坚持市场需求导向，发挥区域比较优势，发展绿色农业、品牌农业，粮食主产区要不断提高粮食质量，大力发展粮食深加工，推动粮经饲统筹、种养加一体，促进一、二、三产业融合发展。要重视发挥合作社、专业大户等新型经营主体和龙头企业的示范带动作用，强化对农民的信息服务和技术指导，尊重农民主体地位，防止行政命令“瞎指挥”。要提高粮食综合生产能力，加强高标准农田建设，改善农业生产条件，强化农业科技支撑，坚守保障国家粮食安全这条基本底线。以“市场定价、价补分离”为核心的玉米收储制度改革，是农业供给侧结构性改革的硬仗。地方各级政府、流通和加工企业、种粮农民对改革有共识，农民有思想准备，企业已入市收购，改革正稳妥起步。改革带来的市场和价格变化，已经推进了农业结构调整，促进了粮食加工业发展。东北粮食主产区要认真落实责任，完善工作举措，积极引导市场预期，搭建粮食产销协作平台，鼓励多元市场主体入市，妥善安排收购资金，维护好收购市场秩序。要尽快兑现政策，保障农民种粮收益。

10月8日

［纲　文］　**国家主席习近平任免驻外大使。**

［目　文］　习近平根据全国人民代表大会常务委员会的决定任免下列驻外大使：一、免去马强的中华人民共和国驻南苏丹共和国特命全权大使职务；任命何向东为中华人民共和国驻南苏丹共和国特命全权大使。二、免去顾小杰的中华人民共和国驻尼日利亚联邦共和国特命全权大使职务；任命周平剑为中华人民共和国驻尼日利亚联邦共和国特命全权大使。三、免去乐玉成的中华人民共和国驻印度共和国特命全权大使职务；任命罗照辉为中华人民共和国驻印度共和国特命全权大使。四、免去布建国（女）的中华人民共和国驻柬埔寨王国特命全权大使职务；任命熊波为中华人民共和国驻柬埔寨王国特命全权大使。五、免去肖清华的中华人民共和国驻土库曼斯坦特命全权大使职务；任命孙炜东为中华人民共和国驻土库曼斯坦特命全权大使。六、免去齐大愚的中华人民共和国驻吉尔吉斯

共和国特命全权大使职务；任命肖清华为中华人民共和国驻吉尔吉斯共和国特命全权大使。七、免去赵彬的中华人民共和国驻奥地利共和国特命全权大使职务；任命李晓驷为中华人民共和国驻奥地利共和国特命全权大使。

10月8日

［纲　文］　**李克强主持召开国务院常务会议**。

［目　文］　会议主要内容是：一、确定进一步精简政府核准的投资项目，以深化改革更大释放市场活力。会议决定，根据这几年的经验，可将国家规划范围内有明确标准的投资项目核准权下放。一是对集装箱专用码头、内河航运航电枢纽、车用发动机、城市快速轨道交通等投资项目，可下放由省级政府根据国家相关规划、准入标准等核准。中国铁路总公司投资的铁路、桥梁、隧道等项目由其自行决策。研究加大医疗、教育、文化、体育等社会领域向民间投资开放力度。二是对钢铁、煤炭、电解铝等产能严重过剩行业，各地不得以任何方式新增产能，原则上不再核准新建传统燃油汽车生产企业。三是按照谁审批谁监管、谁主管谁监管的原则，严格落实监管责任，强化节地节能节水、技术、安全等准入"门槛"，对环境影响大、风险高的项目严格环评审批。用有力的"放"和有效的"管"，使市场在资源配置中起决定性作用和更好发挥政府作用。二、决定简化外资企业等审批管理，营造扩大开放的更好环境。会议确定，今后举办外商投资企业，凡不涉及2015年版《外商投资产业指导目录》中禁止类、限制类和鼓励类中有股权、高管要求的规定等准入特别管理措施的，企业设立及变更一律由审批改为备案，且备案不作为办理工商、外汇登记等手续的前置条件。采取这一改革措施，外商投资企业设立及变更审批将减少95%以上。有关部门要提升效能，有针对性地加强投资促进和服务，同时强化事中事后监管，鼓励诚信守法。下一步还要根据扩大对外开放的要求，继续优化准入特别管理措施。三、通过《全国农业现代化规划》，促进农业升级农村发展农民增收。会议指出，一要推进体制机制创新，稳定完善农村基本经营制度，引导农户依法自愿有序流转土地经营权，发展多种形式的适度规模经营。二要优化农业产业布局，依靠科技创新调整农业生产结构，提高机械化、信息化水平，增强粮食等重要农产品安全保障能力。三要推进农村一二三产业融合，培育新型经营主体和职业农民，发展农产品深加工和电子商务、创意休闲农业等新业态，多渠道促进农民增收。四要实施绿色兴农重大工程，严格化肥、农药、饲料添加剂等使用管理，推动农业废弃物资源化利用无害化处理，综合防治农业面源污染，强化农产品质量安全监管。五要加大支农惠农富农力度，健全财政投入稳定增长机制，拓宽社会资本市场化投入渠道，优化农业补贴政策，创新信贷、保险等支农措施，大力扶持农村贫困地区脱贫攻坚。六要促进农业现代化与新型城镇化相辅相成，强化地方主体责任，因地因城施策，保障居民基本住房需求，努力实现住有所居，促进房地产市场平稳健康发展。

10月8日

［纲　文］　**中共中央办公厅、国务院办公厅印发《信访工作责任制实施办法》**。

［目　文］《办法》共5章19条，主要有总则、责任内容、督查考核、责任追究、附则等内容，自2016年10月8日起施行。此前发布的有关信访工作责任制的规定，凡与本办法不一致的，按照本办法执行。

10月8日

［纲　文］**发展改革委决定废止《食盐价格管理办法》执行**。

10月8日

［纲　文］**商务部公布《外商投资企业设立及变更备案管理暂行办法》**。

［目　文］《办法》共5章37条，主要有总则、备案程序、监督管理、法律责任、附则等内容，自2016年10月8日起施行。《自由贸易试验区外商投资备案管理办法（试行）》同时废止。

10月8日

［纲　文］**刘奇葆到中国作家出版集团旗下部分文学期刊调研**。

［目　文］中宣部部长刘奇葆到《人民文学》《诗刊》《民族文学》了解当前文学期刊发展的基本情况，与文学期刊负责人和编辑交流。

刘奇葆指出，编辑的审美水平和职业道德，代表着文学期刊的水准。要高度重视编辑队伍建设，培养造就一支视野广阔、知识渊博、艺术敏锐、能够稳得住心神、耐得住寂寞的高水平编辑队伍。文学期刊要适应网络时代的发展，借助互联网激发活力和创造力，扩大覆盖面和影响力。要关注网络文学创作群体，主动发现、团结他们，帮助他们成长。要积极运用网络技术，加强与读者、作者的交流互动，打造属于文学期刊自己的网络社群，增强年轻读者对期刊品牌的认知度、黏合度和忠诚度。

10月8—11日

［纲　文］**国家副主席李源潮在泰国曼谷出席亚洲合作对话第二次领导人会议**。

［目　文］10日，亚洲合作对话第二次领导人会议在曼谷举行，34个成员国均派代表团出席会议，泰国总理巴育主持会议并致开幕辞。李源潮出席会议并发表题为“推进亚洲合作对话、共建亚洲命运共同体”的讲话。会议通过了《亚洲合作对话亚洲合作愿景2030》《曼谷宣言》和《关于通过互联互通伙伴关系提振亚洲增长的声明》三个文件，并接受土耳其和尼泊尔为新成员国。

与会期间，李源潮在曼古分别会见了泰国总理巴育、泰国立法议会主席蓬贝。

10月8—12日

［纲　文］**应国务院总理李克强邀请，葡萄牙共和国总理科斯塔对中国进行正式访问，并出席在澳门举行的中国—葡语国家经贸合作论坛第五届部长级会议有关活动**。

［目　文］访问期间，国家主席习近平、全国人大常委会委员长张德江在北京分别会见科斯塔。李克强在北京同科斯塔举行了会谈，两国总理共同见证了中葡第三方市场合作、金融、能源、电信、文化等领域多个双边合作文件的签署并共同会见记者。

习近平在会见科斯塔时强调，中葡应该保持高层及各领域交往势头，巩固战略互信。

两国要继续相互理解和支持对方核心利益和重大关切。双方应该深化投资合作，开拓更广阔市场。中方愿推动更多企业赴葡投资兴业，并将投资由能源拓展至金融保险、医疗卫生、基础设施建设等更多领域。双方应该面向未来，推进海洋等领域合作。中方支持葡萄牙积极参与“一带一路”倡议，鼓励双方加强海洋科研、港口物流建设等“蓝色经济”领域合作。双方应该加强文明对话，推进人文、教育等领域交流合作，传递友好精神。中国愿意同包括葡萄牙在内的世界各国一道，推动不同文明交流借鉴，让世界更加丰富多彩。中国同欧盟关系总体发展良好，中欧在全球经济治理领域合作空间宽广。中方坚定支持欧洲一体化进程。希望葡方发挥更大作用，推动中欧经贸等各领域关系顺利健康发展。

科斯塔表示，我愿意通过此次访华，推动葡中深化全方位合作，推进“一带一路”框架下合作，特别是能源、金融、电力、基础设施、农业、制造业、文化、旅游等领域合作。葡方愿为推动欧中关系发展积极发挥建设性作用。

李克强同科斯塔举行会谈时表示，中葡经济互补优势强、利益契合点多，合作潜力巨大。我们愿将“一带一路”倡议同葡方发展战略积极对接，释放合作潜力，打造中葡乃至中国同葡语国家合作升级版。在进一步提升经贸投资合作水平的同时，着力巩固和拓展面向葡语国家以及更广区域的三方、多方合作，更好实现互利共赢。加强基础设施建设、农产品等领域合作，展示双方致力于推动贸易投资自由化、便利化的决心。在能源互联互通以及新能源、清洁能源等领域打造新的合作亮点和增长点。相信葡方将为包括中国企业在内的投资者创造更好的投资环境，提供更好的法律保障。中方始终从战略高度和长远角度看待欧盟，支持欧洲一体化进程，认为一个团结、繁荣、稳定的欧盟符合各方利益，有利于促进世界经济复苏和国际金融市场稳定，希望葡萄牙作为欧盟重要成员，继续为促进中欧关系发展发挥积极建设性作用。

科斯塔表示，葡方愿同中方保持高层交往，密切人员往来和文化交流，深化在能源、金融、基础设施建设、农产品、旅游等领域的贸易投资合作，共同推动第三方市场合作，将葡中关系提升到新的、更高的水平。葡方欢迎并支持中国企业在“一带一路”框架内，发挥产能和技术互补优势，拓展两国在互联互通、新能源产业等领域更广阔的合作空间。

10月9日

［纲　文］　**习近平主持中共中央政治局第36次集体学习。**

［目　文］　本次学习的主题是实施网络强国战略。清华大学微电子与纳电子学系主任、微电子学研究所所长魏少军教授就这个问题进行讲解，并谈了意见和建议。中共中央政治局各位委员听取了讲解，并就有关问题进行了讨论。

中共中央总书记习近平指出，加快推进网络信息技术自主创新，加快数字经济对经济发展的推动，加快提高网络管理水平，加快增强网络空间安全防御能力，加快用网络信息技术推进社会治理，加快提升我国对网络空间的国际话语权和规则制定权，朝着建设网络强国目标不懈努力。我们要统一思想、提高认识，加强战略规划和统筹，加快推进各项工作。网络信息技术是全球研发投入最集中、创新最活跃、应用最广泛、辐射带动作用最大的技术创新领域，是全球技术创新的竞争高地。我们要顺应这一趋势，大力发展核心技术，加强关键信息基础设施安全保障，完善网络治理体系。要紧紧牵住核心技术自主创新这个“牛鼻子”，抓紧突破网络发展的前沿技术和具有国际竞争力的关键核心技术，加快推进国产自主可控替代计划，构建安全可控的信息技术体系。世界经济加速向以网络信息技术产业为重要内容的经济活动转变。我们要把握这一历史契机，以信息化培育新动能，用新动能推动新发展。要加大投入，加强信息基础设施建设，推动互联网和实体经济深度融合，加快传统产业数字化、智能化，做大做强数字经济，拓展经济发展新空间。互联网新技术新应用不断发展，使互联网的社会动员功能日益增强。要传播正能量，提升传播力和引导力。要严密防范网络犯罪特别是新型网络犯罪，维护人民群众利益和社会和谐稳定。现在，各级领导干部特别是高级干部，如果不懂互联网、不善于运用互联网，就无法有效开展工作。各级领导干部要学网、懂网、用网，积极谋划、推动、引导互联网发展。要正确处理安全和发展、开放和自主、管理和服务的关系，不断提高对互联网规律的把握能力、对网络舆论的引导能力、对信息化发展的驾驭能力、对网络安全的保障能力，把网络强国建设不断推向前进。

10月9日

［纲　文］　**国土资源部、发展改革委印发《关于落实“十三五”单位国内生产总值建设用地使用面积下降目标的指导意见》。**

［目　文］　《意见》由四个部分组成：一、总体要求和主要目标。二、明确下降目标和评估考核。三、落实下降目标重点任务。四、完善下降目标保障措施。

10月9日

［纲　文］　**民政部、发展改革委等11个部委印发《关于支持整合改造闲置社会资源发展养老服务的通知》。**

［目　文］　《通知》由四个部分组成：一、指导思想。二、工作目标。三、主要措施。四、组织保障。

10月9日

［纲　文］　**交通运输部公布《水路旅客运输实名制管理规定》，自2017年1月10日起施行。**

10月9日

［纲　文］　**国务委员杨洁篪在北京会见立陶宛国务委员马丘利斯。**

［目　文］　杨洁篪表示，立陶宛是中国在波罗的海地区和欧盟内的重要合作伙伴。近年来，中立关系总体发展良好。中方愿与立方共同努力，以两国建交25周年为新起点，进一步密切政府、立法等各层级交流，共同推进“一带一路”建设，深化经贸合作，拓展人文交流，推动中立关系、中国—中东欧国家合作及中欧关系不断迈上新台阶。

马丘利斯表示，立方愿进一步深化与中方的各领域交流合作，支持并积极参与“一带一路”建设和中国—中东欧国家合作。

10月10日

［纲　文］　**国务院、中央军委批复湖南省人民政府，同意新建湘西民用机场。**

［目　文］　批复说：一、同意新建湖南湘西民用机场。机场性质为国内支线机场，场址位于湘西土家族苗族自治州花垣县花垣镇老天坪村附近。二、本期工程建设规模为：飞行区等级指标4C，新建一条长2600米的跑道；航站区按满足2025年旅客吞吐量30万人次、货邮吞吐量450吨的目标设计，新建航站楼3000平方米、站坪机位4个；配套建设通信、导航、气象、供油、消防救援等辅助生产设施。三、项目总投资约16.86亿元。原则上由发展改革委、民航局和湖南省共同筹措解决，具体资金安排在可行性研究阶段确定。四、该机场建成后，由地方经营管理，民航局实行行业管理。

10月10日

［纲　文］　**国务院印发《关于激发重点群体活力带动城乡居民增收的实施意见》。**

［目　文］　《意见》由四个部分组成：一、总体要求。二、实施七大群体激励计划。三、实施六大支撑行动。四、强化组织实施。

《意见》要求，各地区、各部门要把落实收入分配政策、增加城乡居民收入作为重要任务；各地区可根据实际情况，研究制定本地区促进居民增收的具体办法，鼓励先行先试。

10月10日

［纲　文］　**张德江在北京主持召开民法总则草案座谈会。**

［目　文］　全国人大常委会副委员长李建国、全国人大常委会副委员长兼秘书长王晨出席座谈会。座谈会上，中央有关部门、单位负责人，部分省（自治区、直辖市）人大常委会负责人，部分全国人大代表、全国政协委员围绕民法总则基本原则，民事主体、民事权利和民事责任等民事基本制度发言。

全国人大常委会委员长张德江指出，以习近平同志为总书记的党中央高度重视民法典编纂工作，党的十八届四中全会明确提出这一重大立法任务，习近平总书记就编纂民法典和制定民法总则作出重要指示，提供了重要指导和基本遵循。要切实增强责任感和使命感，全力以赴、扎实工作，凝聚共识、精益求精，圆满完成编纂民法典和制定民法总则任务，使民法典经得起历史和人民的检验。

张德江强调，编纂民法典、制定民法总则必须坚持党的领导，把握正确政治方向，坚持走中国特色社会主义法治道路，确保民法典体现党的主张、符合宪法精神、反映人民意志。要坚定道路自信、理论自信、制度自信、文化自信，在体现国家性质、突出中国特色上下功夫。要遵循和把握立法规律，以实践需求指引立法方向，在符合中国国情、突出实践特色上下功夫。要坚持以良法促进发展、保证善治，妥善解决实际问题，在紧扣时代脉搏、突出时代特色上下功夫。要贯彻党执政为民的宗旨，坚持人民主体地位，树立以人民为中心的发展理念，积极回应人民期待，通过健全民事法律制度，加强对民事主体合法权益的保护。要深入推进科学立法、民主立法，广泛听取和尊重各方面的意见，加强立法协调和立法协商，凝聚最大共识。要弘扬社会主义核心价值观，汲取中华传统文化精华，让民法典扎根于中国的社会土壤，体现中华民族的“精气神”。要借鉴世界法治文明成果，取长补短、择善而从，不照抄照搬。

10月10日

［纲　文］　**国务院副总理刘延东在北京会见国际奥委会北京2022年冬奥会协调委员会主席茹科夫**。

［目　文］　刘延东欢迎茹科夫来京主持协调委员会第一次会议并感谢其对北京冬奥会的大力支持并表示，中国政府正按照国际奥委会要求，扎实有效推进各项筹办工作，加快推广普及冬季运动。希望在国际奥委会及协调委员会的指导下，共同完成好各项筹办任务，努力为世界奉献一届精彩、非凡、卓越的奥运盛会。

茹科夫高度评价北京冬奥会筹办工作取得的进展，希望双方一起努力，共同做好筹办工作。

10月10日

［纲　文］　**汪洋在河北调研乡村旅游扶贫**。

［目　文］　国务院副总理、国家扶贫开发领导小组组长汪洋到涞水县白涧村、计鹿村、百里峡艺术小镇等地，了解乡村旅游资源开发、农家乐经营情况，了解旅游业带动农民脱贫致富的进展，听取基层干部群众对进一步做好乡村旅游扶贫工作的意见和建议。

汪洋充分肯定河北省乡村旅游扶贫工作取得的成绩并指出，随着城镇化的发展，农村山清水秀的生态环境越来越成为稀缺资源，为旅游业提供了巨大发展空间。发展乡村旅游可以把贫困地区资源优势变成市场优势，是可持续的脱贫举措。要积极创新乡村旅游发展模式，探索农民以土地经营权、宅基地使用权、房屋所有权入股等形式参与旅游产业发展，促进农民脱贫并长期分享旅游发展的成果。要着眼长远，科学规划，加强自然生态环境和乡村特色文化保护，积极引入现代经营理念，稳步有序推进开发，不断提高旅游服务水平和发展质量。

10月10日

［纲　文］　**中宣部在北京召开繁荣文艺创作经验交流会**。

［目　文］　中宣部部长刘奇葆出席会议时指出，要深入学习贯彻习近平总书记重要讲话精神，总结经验、巩固成果，以更大的努力、更有效的举措，推动文艺创作从“高原”走向“高峰”，从一座高峰迈向另一座高峰。文艺工作座谈会召开两年来，我国文艺创作活力迸发，精品力作不断涌现，文化消费更加旺盛，队伍面貌发生可喜变化，文艺气象焕然一新。要进一步繁荣文艺创作，着力提高原创能力，从基础环节扶持原创，多措并举引导原创；着力聚焦现实题材，突出中国梦主题，关注和记录伟大时代，推出更多震撼

人心的优秀作品；着力提高作品质量，不断提升作品的精神高度、文化内涵、艺术价值；着力强化文艺批评，创新批评形式，倡导良好的批评风气，引领文艺创作方向；着力加强人才和团队培养，造就一支高素质文艺人才队伍。强有力的文艺政策是助推精品创作生产的重要保障。要用好用足现有政策，并根据实践发展及时推出和完善有关政策，加强政策落实的统筹协调和指导督促，营造有利于文艺创作繁荣的良好环境。

10月10日

［纲　文］　**全军各大单位和军委机关各部门党委书记专题会议在北京召开。**

［目　文］　中央军委副主席范长龙、许其亮出席会议并讲话。会议主要内容是：研究部署全面彻底肃清郭伯雄、徐才厚流毒影响，深入推进正风反腐、纯净政治生态工作。军委政治工作部、军委纪委领导分别就有关文件作了说明，与会人员进行了分组讨论。中央军委委员常万全、赵克石、张又侠、吴胜利、马晓天、魏凤和等参加会议。

范长龙指出，全面彻底肃清郭伯雄、徐才厚流毒影响，是习主席和中央军委部署的一项重大而严肃的政治任务。要深刻领悟党中央、习主席正风反腐的决心意图，充分认清深化肃清郭伯雄、徐才厚流毒影响的紧迫性艰巨性，进一步警醒起来、重视起来，按照军委明确的工作任务和时间节点，全面彻底抓好思想清理和组织清理工作，为实现强军目标奠定坚实的思想、政治和组织基础。

许其亮指出，严肃查处郭伯雄、徐才厚案件，全面彻底肃清其流毒影响，是党中央、中央军委和习主席作出的英明决策。要坚持用习主席和军委决策指示统一思想统一步调，深刻认清肃清工作的艰巨性复杂性，保持清醒头脑和坚韧定力，坚定不移把肃清流毒、正风反腐进行到底，务求取得决定性胜利。

10月10—11日

［纲　文］　**全国国有企业党的建设工作会议在北京召开，习近平出席会议并讲话。**

［目　文］　中共中央总书记习近平指出，要通过加强和完善党对国有企业的领导、加强和改进国有企业党的建设，使国有企业成为党和国家最可信赖的依靠力量，成为坚决贯彻执行党中央决策部署的重要力量，成为贯彻新发展理念、全面深化改革的重要力量，成为实施“走出去”战略、“一带一路”建设等的重要力量，成为壮大综合国力、促进经济社会发展、保障和改善民生的重要力量，成为我们党赢得具有许多新的历史特点的伟大斗争胜利的重要力量。要坚持有利于国有资产保值增值、有利于提高国有经济竞争力、有利于放大国有资本功能的方针，推动国有企业深化改革、提高经营管理水平，加强国有资产监管，坚定不移把国有企业做强做优做大。

中共中央政治局常委、中央书记处书记刘云山作总结讲话。中共中央政治局常委王岐山、张高丽出席会议。上海市、重庆市、陕西省和中国工商银行、中国航天科技集团公司、中国石油天然气集团公司兰州石化公司、中国交通建设集团有限公司、安阳钢铁集团公司党委（党组）负责人作会议发言。部分中共中央政治局委员、国务委员出席会议。中央党的建设工作领导小组成员，中央和国家机关各部门、各人民团体和中管金融企业、中央企业党委（党组）负责人，各省区市和副省级城市、新疆生产建设兵团党委组织部部长等参加会议。

10月10—12日

［纲　文］　**李克强在澳门视察并出席中国—葡语国家经贸合作论坛第五届部长级会议开幕式**。

［目　文］　国务院总理李克强在听取特区政府工作汇报后表示，希望特区政府坚决贯彻“一国两制”、“澳人治澳”、高度自治的方针和基本法，不断提高施政效能，坚定不移推进经济适度多元可持续发展，主动对接国家发展战略，深化与内地合作，积极打造开放平台，注重对青少年的教育培养。希望澳门把握机遇，用足用好国家政策，促进繁荣发展，进一步保障和改善民生，更好解决住房、公共交通等民生问题，着力增进65万澳门同胞的福祉。在与澳门各界人士代表座谈时李克强表示，中央政府对澳门发展会继续给予支持。根据澳门的新需求，制定了19项惠澳新举措，包括支持澳门发展旅游会展、人民币清算中心、金融租赁、跨境电商、智慧城市建设、中小微企业、互联网+、科技创新、健康医疗和养生保健产业、海洋经济等，这些将推动澳门“一个中心、一个平台”建设，促进澳门经济适度多元可持续发展。之后，李克强赴澳门博物馆、大炮台、普通市民居民家中、镜平学校、港珠澳大桥、官也街考察。

在视察期间，李克强分别会见了全国政协副主席何厚铧，澳门特别行政区行政长官崔世安，澳门特区行政、立法、司法机关负责人和中央驻澳机构、主要中资机构负责人。

11日，李克强出席中国—葡语国家经贸合作论坛第五届部长级会议开幕式并发表主旨演讲。李克强表示，中国—葡语国家经贸合作论坛以语言文化为纽带、以经贸合作为主题、以共同发展为目标，充分发挥澳门的独特优势和平台作用，对推动中国与葡语国家加强联系已经并将继续发挥重要作用。中国与葡语国家各有所长，又都处在国际航运大动脉上，中方“一带一路”合作倡议与许多葡语国家发展规划高度契合。中国愿同葡语国家一道，共筑更加坚实的经贸关系，携手打造不同社会制度、发展阶段、文化背景国家友好合作的典范。开幕式前，李克强同与会葡语国家领导人共同出席“中国与葡语国家商贸合作服务平台综合体”项目启动仪式，并为“平台综合体”项目揭牌。

会议期间，李克强分别会见与会的佛得角总理席尔瓦、几内亚比绍总理巴西罗·贾、莫桑比克总理多罗萨里奥。

10月10—11日

［纲　文］　**全国社会治安综合治理创新工作会议在江西南昌召开，习近平就加强和创新社会治理作出指示**。

［目　文］　中共中央总书记习近平的指示指出，要继续加强和创新社会治理，完善中国特色社会主义社会治理体系，努力建设更高水平的平安中国，进一步增强人民群众安全感。近年来，政法综治战线认真贯彻党中央决策部署，一手抓突出问题整治、一手抓社

会治理创新，平安建设取得新成效。要更加注重联动融合、开放共治，更加注重民主法治、科技创新，提高社会治理社会化、法治化、智能化、专业化水平，提高预测预警预防各类风险能力。要坚持问题导向，把专项治理和系统治理、综合治理、依法治理、源头治理结合起来。要完善社会治安综合治理体制机制，加快建设立体化、信息化社会治安防控体系。各级党委和政府要高度重视社会治理工作，落实社会治安综合治理领导责任制，切实肩负起促一方发展、保一方平安的政治责任。

中央政法委书记孟建柱在会上传达了习近平指示并讲话。国务委员、公安部部长郭声琨，最高人民法院院长周强，最高人民检察院检察长曹建明等出席会议。

会议强调，政法综治战线要认真学习领会习近平总书记重要指示精神，全面贯彻党的十八大和十八届三中、四中、五中全会精神，紧紧围绕“五位一体”总体布局和“四个全面”战略布局，牢牢把握推进国家治理体系和治理能力现代化的总要求，主动适应新形势，切实增强工作前瞻性，坚持立足当前与着眼长远相结合，积极推动理念、制度、机制、方法创新，为全面建成小康社会创造安全稳定的社会环境。

10 月 10—15 日

［纲　文］　**应全国人大常委会委员长张德江邀请，斯里兰卡议长贾亚苏里亚率斯里兰卡议会代表团访华。**

［目　文］　14 日，张德江在北京与卡鲁·贾亚苏里亚举行会谈时说，希望两国立法机关在此良好基础上进一步拓展交流合作，不断丰富中斯关系内涵。一是把推动落实两国元首达成的共识作为首要任务，增进政治互信，在涉及彼此核心利益和重大关切问题上坚定相互支持，夯实中斯关系的政治基础。二是积极支持和推动两国各领域务实合作和人员往来，加快中斯自贸谈判进度，为双边合作提供稳定的法律和政策环境。三是加强治国理政经验交流和相互借鉴，服务各自国内建设需要。四是密切各层次交流，支持社会各界加强往来，扩大中斯友好的影响力和凝聚力，夯实两国关系的社会和民意基础。

贾亚苏里亚说，发展对华互利合作是斯里兰卡各方面的共同愿望。此访代表团成员包括斯多个重要政党的领袖，希望通过访问更好地了解和借鉴中方的治国理政经验。斯议会期待与中国全国人大深化交流合作，为两国关系的提升作出新的贡献。

同日，全国政协主席俞正声在会见贾亚苏里亚时介绍了全国政协的情况，表示愿与斯方一道拓展各层级交往，密切在治国理政、参政议政等方面的经验交流，为各自国家的发展和双边关系发展发挥建设性作用。贾亚苏里亚说，斯方珍视斯中传统友谊，愿与中方加强各领域合作，把两国关系提升到新的高度。

10 月 10—12 日

［纲　文］　**第七届香山论坛在北京举行。**

［目　文］　论坛由中国军事科学学会、中国国际战略学会主办。论坛主题为“加强安全对话合作，构建新型国际关系”，设四个大会议题，主要讨论“合作应对亚太安全新

挑战”“军队在全球治理中的作用”“海上安全合作”“国际恐怖主义威胁及应对”；同时设四个分会议题，分别讨论“大国关系与全球战略格局”“全球治理：全球化与逆全球化对国际安全的影响”“恐怖主义新动向与合作应对新思路”“海上危机管理与地区稳定”。来自64个国家和国际组织的400余名代表出席本届论坛。国务委员兼国防部部长常万全出席论坛开幕式并致辞。

12日，中央军委副主席许其亮在北京会见与会的文莱国防部副部长阿齐兹、白俄罗斯国防部第一副部长兼武装力量总参谋长别洛科涅夫。

13日，中央军委副主席范长龙在北京会见与会的柬埔寨副首相兼国防大臣迪班。

14日，许其亮在北京会见与会的蒙古武装力量总参谋长达瓦少将。

10月11日

［纲　文］　**习近平主持召开中央全面深化改革领导小组第28次会议。**

［目　文］　中央全面深化改革领导小组副组长刘云山、张高丽出席会议。中央和国家机关有关部门负责人列席会议。

中央全面深化改革领导小组组长习近平强调，中央和国家机关有关部门是改革的责任主体，是推进改革的重要力量。各部门要坚决贯彻落实党中央决策部署，坚持以解放思想、解放和发展社会生产力、解放和增强社会活力为基本取向，强化责任担当，以自我革命的精神推进改革，坚决端正思想认识，坚持从改革大局出发，坚定抓好改革落实。

会议审议通过了《关于推进防灾减灾救灾体制机制改革的意见》《关于全面推行河长制的意见》《关于深化统计管理体制改革提高统计数据真实性的意见》《关于进一步把社会主义核心价值观融入法治建设的指导意见》《关于全面放开养老服务市场提升养老服务质量的若干意见》《关于推进安全生产领域改革发展的意见》《关于促进移动互联网健康有序发展的意见》《关于深入推进经济发达镇行政管理体制改革的指导意见》《关于进一步健全相关领域实名登记制度的总体方案》《省级空间规划试点方案》。

会议指出，改革争在朝夕，落实难在方寸。越是任务重、困难大，越要知难而进、迎难而上。中央和国家机关有关部门作为改革政策的制定者、推动者，要坚定改革信心，增强改革定力，以积极主动精神研究和推进改革。只要符合国家利益、民族利益、人民利益，只要有利于落实新发展理念，只要有利于增加人民群众获得感，就坚决地破、坚决地改。对党中央通过的改革方案，不论有多大困难，都要坚定不移抓好落实。要引导大家正确认识和处理权力和利益问题，服从改革大局，善于算大账、总账、长远账，不能只算部门账、地方账、眼前账。要综合考虑各方面利益关系，深入调查研究，广泛听取意见，使提出的改革方案最大限度符合实际、符合改革要求，真正解决问题。要把改革抓在手上，一步一步往前推，一层一层往下落。既要抓具体改革举措推进落实，又要抓牵头改革任务统筹协调；既要抓本部门改革，又要抓对地方改革的指导。要注意评估改革推进效果，及时研究解决改革推进中的矛盾和问题，以钉钉子精神抓好改革落实。

10月11日

［纲　文］ **中共中央办公厅、国务院办公厅印发《脱贫攻坚责任制实施办法》。**

［目　文］ 《办法》共7章29条。主要有总则、中央统筹、省负总责、市县落实、合力攻坚、奖惩、附则等内容，自2016年10月11日起施行。

10月11日

［纲　文］ **最高人民法院、最高人民检察院、公安部、国家安全部、司法部联合发布《关于推进以审判为中心的刑事诉讼制度改革的意见》。**

10月11日

［纲　文］ **财政部印发《关于在公共服务领域深入推进政府和社会资本合作工作的通知》。**

［目　文］ 《通知》主要由11个部分组成：一、大力践行公共服务领域供给侧结构性改革。二、进一步加大政府和社会资本合作模式推广应用力度。三、积极引导各类社会资本参与。四、扎实做好项目前期论证。五、着力规范推进项目实施。六、充分发挥示范项目引领作用。七、因地制宜完善管理制度机制。八、切实有效履行财政管理职能。九、简政放权释放市场主体潜力。十、进一步加大财政扶持力度。十一、充分发挥政府和社会资本合作综合信息平台作用。

《通知》要求，各级财政部门要高度重视，切实发挥好统筹协调作用，主动与有关部门沟通合作，合力做好公共服务领域深化政府和社会资本合作改革工作，更好地汇聚社会力量增加公共服务供给。

10月11日

［纲　文］ **财政部公布《国际金融组织和外国政府贷款赠款管理办法》。**

［目　文］ 《办法》共6章60条，主要有总则、机构职责、贷款管理、赠款管理、法律责任、附则等内容，自2017年1月1日起施行。2006年9月1日发布的《国际金融组织和外国政府贷款赠款管理办法》同时废止。

10月11日

［纲　文］ **证监会公布《证券基金经营机构参与内地与香港股票市场交易互联互通指引》，自2016年10月11日起施行。《公开募集证券投资基金参与沪港通交易指引》同时废止。**

10月11日

［纲　文］ **汪洋在北京主持召开国务院扶贫开发领导小组第12次全体会议。**

［目　文］ 会议研究解决扶贫工作中的形式主义问题，部署2016年脱贫攻坚督查巡查工作。国务院副总理、国务院扶贫开发领导小组组长汪洋强调，要认真学习贯彻习近平总书记关于扶贫开发系列重要讲话精神，严格落实制度，强化监督问责，改

进工作作风，自上到下、自始至终解决好扶贫工作中的形式主义问题，扎扎实实推进脱贫攻坚各项工作。中央扶贫开发工作会议以来，各地各部门认真贯彻党中央、国务院决策部署，加大精准扶贫、精准脱贫力度，脱贫攻坚取得显著成效。但一些地方和部门也存在政策不落地、帮扶走过场、摆花架子、做表面文章等形式主义的问题，给党和政府形象带来损害，给打赢脱贫攻坚战带来不利影响。必须充分认识形式主义的危害性，牢固树立为人民服务的宗旨意识，切断形式主义的思想根源。坚持求真务实的工作作风，紧紧瞄准脱贫目标改进政策安排、工作部署和业绩考核等工作。要从脱贫难点入手，从群众需要出发，沉下心来帮扶，切实提高扶贫成效。要强化监督问责，及时曝光负面典型，让搞形式主义的人付出代价。督查巡查是推进脱贫攻坚的制度利器。国务院扶贫开发领导小组将按照中央部署，对有扶贫任务的地区进行全面督查，对问题突出的进行巡查，以及时发现问题，总结经验，改进扶贫工作。督查巡查要突出重点，创新方法，深入实际，真正起到推动工作落实、解决突出问题的作用。

10月11日

［纲　文］　**中国—欧盟国家教育部长会议在北京召开**。

［目　文］　国务院总理李克强向会议致贺信，贺信中表示，中国和欧盟都是当今世界重要力量。深化中欧合作，符合中欧各自经济社会发展需要，有助于欧盟保持团结、稳定与繁荣，有利于世界和平稳定与经济复苏增长。教育承载着我们共同的未来。中欧教育合作传统悠久、基础深厚、前景广阔，正有力助推人文交流成为中欧关系愈加坚实的“第三支柱”。双方顺应这一潮流，在中欧高级别人文交流对话机制框架下，首次召开教育部长会议，进行面对面、全方位交流，必将促进中国与欧盟各国的教育交流与合作，耕耘中欧关系希望的田野。希望与会代表充分发掘中欧教育交流合作新的亮点和增长点，为更好地服务中欧经济社会发展，构筑更加紧密持久的中欧全面战略伙伴关系作出新的贡献。

国务院副总理刘延东出席会议开幕式并发表主旨演讲。欧盟教育、文化、青年和体育委员瑙夫劳契奇在开幕式上宣读了欧洲理事会主席图斯克和欧盟委员会主席容克的联名贺信并致辞。来自欧洲34个国家的教育部长、高层代表、驻华使节、专家学者，以及中国部分地方教育主管部门负责人、中方大学校长及代表参加了会议。目前中国与欧盟国家签署80多项双边教育合作协议，在欧盟成员国合作设立131所孔子学院，学员62万多名，中欧在华合作办学机构和项目达574个。

10日，刘延东在北京会见了瑙夫劳契奇。

10月11日

［纲　文］　**国务院副总理刘延东在北京会见波兰副总理兼科学和高等教育部长戈文**。

［目　文］　刘延东高度评价中波传统友谊和双边关系发展，表示中波关系正面临良

好发展机遇，两国在中国—中东欧国家合作机制框架下，深入开展各领域合作，取得可喜成果。中方愿同波方密切配合，不断深化全面战略伙伴关系，拓展在教育、文化、体育等人文领域的交流合作，提升合作质量，更多惠及两国民众。

戈文表示，波方将积极与中方继续推进全面战略伙伴关系，深化人文交流，促进波中合作。

10月11日

［纲　文］　**文化部部长雒树刚在北京与欧盟教文委员瑙夫劳契奇签署《中欧关于合作开展青年文化管理人才交流项目的联合声明》。**

10月11—12日

［纲　文］　**文物局在武汉召开全国考古工作会议。**

［目　文］　文物局局长刘玉珠、湖北省副省长郭生练出席会议。文物局副局长宋新潮作工作报告。相关考古机构、高校和省级文物行政部门代表在会上作了专题报告。与会代表就近年来我国考古、大遗址和水下遗产保护等工作进行交流，并讨论文物局拟出台的《大遗址保护“十三五”专项规划》《考古勘探工作规范》《田野考古发掘数字化记录与管理系统建设技术总体规范》《考古工地装备设施规范与要求》等文件。会议期间，为增进公众对考古工作的了解，有关单位在武汉大学、湖北省博物馆、湖北省图书馆举办七场公众考古讲座，介绍浙江良渚、陕西周原和石峁、江西海昏侯墓等考古发现及研究成果。

10月11—15日

［纲　文］　**第13届中国长春电影节举办。**

［目　文］　《大唐玄奘》获得最佳华语故事片奖、最佳摄影奖，黄晓明获最佳男主角奖。此外，尔冬升获最佳导演奖，彭三源获最佳编剧奖，白百何获最佳女主角奖，井柏然获最佳男配角奖，王珞丹获最佳女配角奖，《智取威虎山》获最佳视觉效果奖，黎允文获最佳音乐奖。《百团大战》和《老阿姨》获得了评委会特别奖。

10月11—14日

［纲　文］　**首届中国—中东欧国家非物质文化遗产保护专家级论坛在波兰克拉科夫国际文化中心举办。**

［目　文］　论坛由中华人民共和国文化部、波兰共和国文化与民族遗产部共同主办。以“非物质文化遗产及可持续性发展”为主题。中国和中东欧16国的主管文化事务的政府官员、非政府组织领导、文化学者、传承人与艺术家以及媒体代表等参加了论坛。与会代表介绍了本国非物质文化遗产保护的历史和现状、相关政策和法规、管理机制和保护策略、实施情况以及案例分析，同时对中国—中东欧国家开展非遗保护交流与合作提出了具体建议。

10月12日

［纲　文］　**最高人民法院、最高人民检察院印发《关于建立法官、检察官惩戒制度**

的意见（试行）》。

10月12日

［纲 文］ **卫生计生委公布《涉及人的生物医学研究伦理审查办法》**。

［目 文］ 《办法》共7章50条，主要有总则、伦理委员会、伦理审查、知情同意、监督管理、法律责任、附则等内容，自2016年12月1日起施行。本办法发布前，从事涉及人的生物医学研究的医疗卫生机构已设立伦理委员会的，应当自2016年10月12日起三个月内向本机构的执业登记机关备案，并在医学研究登记备案信息系统登记。

10月12日

［纲 文］ **全国政协主席俞正声在北京会见老挝人民革命党中央政治局委员、建国阵线中央主席赛颂蓬·丰威汉率领的老挝人民革命党代表团**。

［目 文］ 俞正声欢迎赛颂蓬访华并出席"2016中国共产党与世界对话会"，他说，中老建交55年来，各领域合作不断扩大，治国理政经验交流日益深化，双方建立了高度互信的全面战略合作伙伴关系。中方愿同老方一道，落实两党两国领导人达成的重要共识，携手打造中老命运共同体。中国全国政协愿继续深化与老挝建国阵线中央的交流合作，密切双方往来，增进两国人民友谊，推动双边关系迈上新台阶。

赛颂蓬表示，老挝党和国家愿进一步发展老中全面战略合作伙伴关系。老挝建国阵线中央愿同中国全国政协加强合作。

10月12日

［纲 文］ **中国航天事业创建60周年座谈会在北京召开**。

［目 文］ 国资委主任肖亚庆主持会议。国务院副总理马凯出席会议并讲话，国务委员王勇、中组部、中宣部、工业和信息化部、国土资源部、地震局、气象局、国家测绘地理信息局、中央军委装备发展部、中央军委科技委等国家机关和军队有关部门负责人，航天系统原负责人、院士专家，军工集团公司，有关高等院校的负责人参加座谈会。

马凯强调，发展航天事业任重道远。站在新的历史起点，中国航天要深入贯彻习近平总书记"发展航天事业、建设航天强国"重要指示精神，认真落实李克强总理批示要求，按照党中央、国务院、中央军委决策部署，牢固树立创新、协调、绿色、开放、共享的发展理念，服从服务国家发展大局，全面推进改革开放，大力弘扬航天精神，深入实施创新驱动和军民融合发展战略，抓好重大工程，推动空间科学、空间技术和空间应用全面发展，不断创造我国航天事业发展新的辉煌，为促进国防现代化和经济社会发展贡献更大力量。

10月12日

［纲 文］ **国家副主席李源潮在河北调研少先队工作**。

10月12日

［纲 文］ **国家副主席李源潮在北京会见英国议会上院议员鲍威尔**。

［目 文］ 李源潮说，2016年9月习近平主席会见英国首相特雷莎·梅，双方再次

确认开启中英关系“黄金时代”的大方向。希望中英双方落实好领导人共识，对接发展战略，推进经贸、基建、金融、高新技术、清洁能源、地方等方面务实合作，推动中英面向21世纪全球全面战略伙伴关系发展。

鲍威尔表示，加强英中关系符合两国人民利益，英国新一届政府将继续推动与中国的全方位务实合作。

10月12日

［纲　文］　**香港特区第六届立法会举行首次会议，梁君彦当选立法会主席。**

10月12日

［纲　文］　**《人民日报》发表题为《坚持党对国有企业的领导不动摇——一论贯彻习近平总书记国企党建工作会议讲话精神》的评论员文章。**

10月12—13日

［纲　文］　**李克强在广东考察。**

［目　文］　国务院总理李克强在深圳、东莞考察，并出席2016年全国大众创业万众创新活动周。李克强肯定广东经济社会发展取得的成绩，尤其是在转型升级和培育新动能等方面呈现的喜人势头，希望广东在以习近平同志为总书记的党中央领导下，牢牢坚持党的基本路线，坚持发展第一要务，落实新发展理念，继续走在改革开放前列，发挥标杆作用，深入实施创新驱动发展战略，争做“双创”领跑者。

10月12—20日

［纲　文］　**应国家主席习近平邀请，乌拉圭东岸共和国总统巴斯克斯对中国进行国事访问。**

［目　文］　访问期间，习近平在北京同巴斯克斯举行会谈，两国元首决定在相互尊重、平等互利的基础上建立中乌战略伙伴关系，以深化和拓展两国各领域互利友好合作，共同谱写双边关系新篇章并见证了外交、文化、教育、工业、农业、能源、旅游等领域双边合作文件的签署。双方发表《中华人民共和国和乌拉圭东岸共和国关于建立战略伙伴关系的联合声明》。国务院总理李克强、全国人大常委会委员长张德江在北京分别会见巴斯克斯。

习近平同巴斯克斯举行会谈时强调，双方要扩大互利合作，深化利益交融。中方感谢乌方支持“一带一路”倡议，希望双方加强发展战略对接，推动两国经贸合作提质升级。双方要继续落实好两国农业合作五年规划，优化双边贸易结构，拓展服务贸易，促进双边贸易持续增长。中方愿鼓励更多中国企业赴乌投资兴业，参与乌拉圭基础设施建设，扩大双方农业、清洁能源、通信、矿业、制造业和金融等领域互利合作。双方要密切人文交流，促进文化、教育、科技、南极、旅游、地方、足球等领域交流合作，巩固中乌友好。双方要加强战略协作，维护共同利益。中方愿就气候变化、全球经济治理、2030年可持续发展议程、维和、南南合作等问题同乌方加强沟通和协调。中方坚定支持拉美国家为维护地区稳定、团结、发展所作努力。当前中拉关系已进入双边合作和整体合作并行发展的新阶段，中方愿同乌拉圭以及拉美各国一道努力，共同构建“1+3+6”合作新框架，推动中拉关系实现更大发展，打造携手共进的命运共同体。巴斯克斯表示，乌方欢迎中国企业加大对乌基础设施建设投资，愿意与中国商签双边自由贸易协定。中国在国际事务中发挥着重要积极作用，中国的发展推动着世界经济的增长。乌方愿同中方共同推动中拉关系更大发展，并密切在国际和地区事务中协调合作。

李克强在会见巴斯克斯时表示，中方愿同乌方加强发展战略对接，发挥互补优势，扩大贸易投资、基础设施、农牧业、清洁能源等领域合作。在世界经济复苏乏力、保护主义和逆全球化声音抬头的背景下，中乌启动自贸协定谈判联合可行性研究，有利于向国际社会发出维护贸易自由化、推进经济全球化的积极信号，有助于推动中国同拉美以及南方共同市场国家经贸合作再上新台阶，更好实现互利双赢、多赢。巴斯克斯表示，乌方支持自由贸易和区域合作一体化，愿同中方抓紧商签两国自贸协定。欢迎中国企业扩大对乌投资，实现互利共赢。乌方愿积极推动南方共同市场国家与中国关系的发展。

张德江在会见巴斯克斯时说，中国全国人大愿同乌拉圭国会共同落实好两国元首达成的重要共识，加强往来、增进了解，相互学习借鉴治国理政经验，同时积极推动双方贸易和投资便利化，为两国务实合作营造良好的政策和法律环境，为推动两国战略伙伴关系发展作出积极贡献。巴斯克斯说，近年来乌中两国关系不断取得新进展，乌方愿以与中方建立战略伙伴关系为契机，进一步深化双方合作，加强两国立法机关之间的交流。

10月12—13日

［纲　文］　**国务院扶贫开发领导小组在湖北黄冈召开“万企帮万村”精准扶贫行动现场会。**

［目　文］　国务院副总理、国务院扶贫开发领导小组组长汪洋出席会议并讲话。中央统战部副部长、中国光彩事业促进会会长全哲洙主持会议。会议主要内容是：深入贯彻落实中央扶贫开发工作会议精神，深刻学习领会习近平总书记重要指示精神，总结前一段“万企帮万村”精准扶贫行动工作，学习交流经验，研究部署下一阶段工作。各省工商联、扶贫办、光彩事业促进会负责人，部分国家扶贫工作重点县党政领导，部分参与行动的民营企业家参加了会议。

汪洋指出，民营企业开展“万企帮万村”精准扶贫行动是先富帮后富、实现共同富裕的生动实践，要深入贯彻中央扶贫开发工作会议精神，紧紧围绕精准扶贫、精准脱贫，坚持市场导向，创新利益联结机制，确保“万企帮万村”行动落到实处、取得实效。地方各级政府要切实将“万企帮万村”行动与专项扶贫、行业扶贫同部署、同落实，形成脱贫攻坚合力。要落细落实税收优惠政策，引导金融机构加大对民营企业带动贫困人口脱贫的支持力度，解决好融资难融资贵问题，及时总结提炼可复制可推广的经验，不断将“万企帮万村”行动推向深入。

10月12—18日

［纲　文］　**2016年全国大众创业万众创新活动周举办。**

［目　文］　活动周主题是："发展新经济、培育新动能"。深圳主会场、北京会场，以及全国各省（区、市）分会场举办数千项成果展示、会议论坛、文化传播、项目路演、群众竞赛、专业服务等活动。

12日，国务院总理李克强参观深圳主会场主题展示，并与创新创业者座谈。

15日，国家副主席李源潮在北京中关村出席"全国大众创业万众创新活动周·中国青年创新创业金融综合服务平台启动仪式暨中国青年创新创业论坛"。

10月12—15日

［纲　文］　**刘奇葆在江西调研。**

［目　文］　中宣部部长刘奇葆在南昌市和井冈山、瑞金、寻乌、于都等市县，瞻仰革命历史纪念设施、缅怀革命先辈丰功伟绩；深入企业、村户和宣传文化单位，考察革命文化保护、新闻宣传、文化扶贫等情况，与基层干部群众座谈交流。

刘奇葆强调，要深入学习贯彻习近平总书记系列重要讲话精神，传承弘扬红色传统，用革命先辈创造的伟大井冈山精神、长征精神滋养社会主义核心价值观，引导人们重温历史、不忘初心，汲取力量、继续前进，走好新的长征路。贫困不拒绝文化，脱贫离不开文化，文化有助于脱贫。要建好基层综合性文化服务中心，广泛开展群众性文化活动，丰富群众的精神文化生活。要紧紧抓住基层公共文化服务标准化、均等化这条主线，大力推进文化扶贫，助推革命老区与全国同步全面建成小康社会。

10月12日—11月15日

［纲　文］　**第18届中国上海国际艺术节举行。**

［目　文］　艺术节由文化部主办、上海市人民政府承办，以"中外艺术的盛会、人民大众的节日"为宗旨，有来自64个国家和国内30个省市自治区及港澳台地区的13000名艺术工作者参加。

10月12—14日

［纲　文］　**中俄总理定期会晤委员会环境保护合作分委会第11次会议在俄罗斯索契举行。**

［目　文］　分委会中方主席、中国环境保护部部长陈吉宁和俄方主席、俄罗斯自然资源与生态部部长东斯科伊分别率团出席会议。双方分别介绍了两国政府一年来的重大环保举措，共同回顾了中俄环保合作进展，肯定了分委会的重要作用，并探讨了分委会第二个十年的总体合作方向。会议听取并审议了污染防治和环境灾害应急联络、跨界水体水质监测与保护、跨界自然保护区和生物多样性保护工作组的工作报告，对过去一年中俄环保合作成果给予积极评价，审议并批准了三个工作组2016—2017年度的工作计划。会议交流了两国废弃物管理方面的经验做法，同意在该领域加强合作。中方介绍了松花江流域水污染防治的进展情况，以及严控环境风险确保生态安全的诸多举措。俄方介绍了俄联邦政府部门和哈巴罗夫斯克边疆区政府在黑龙江（阿穆尔河）流域开展的环保工作。陈吉宁与东斯科伊签署了会议纪要。

10月13—17日

［纲　文］　**国家主席习近平应邀对柬埔寨、孟加拉国进行国事访问，并出席在印度果阿举行的金砖国家领导人第八次会晤。**

［目　文］　陪同习近平出访的有中央政策研究室主任王沪宁、中央办公厅主任栗战书、国务委员杨洁篪等。

13—14日，在柬埔寨访问期间，习近平在金边会见了柬埔寨国王西哈莫尼；与柬埔寨首相洪森举行会谈，双方高度评价中柬传统友谊，就新形势下深化中柬全面战略合作伙伴关系及共同关心的国际和地区问题深入交换意见，达成广泛共识，一致决定共同维护好和发扬好中柬友谊，推动中柬全面战略合作伙伴关系迈上新台阶。共同见证了外交、共建"一带一路"、产能合作、投资、水利、新闻、海洋等领域多项双边合作文件的签署，并出席金边中国文化中心揭牌仪式。双方发表了《中华人民共和国和柬埔寨王国联合声明》。习近平还看望了柬埔寨太后莫尼列。12日，柬埔寨《柬埔寨之光》报发表了习近平的《做肝胆相照的好邻居、真朋友》署名文章。

14—15日，在孟加拉国访问期间，习近平在达卡会见了孟加拉国总统哈米德；同孟加拉国总理哈西娜举行会谈。双方积极评价中孟传统友谊和两国各领域合作取得的进展，就双边关系及共同关心的国际地区问题深入交换意见，达成广泛共识，一致决定建立中孟战略合作伙伴关系，使两国关系在更高层次上持续向前发展。双方共同见证了共建"一带一路"、产能合作、信息通信、能源电力、外交、海洋、防灾减灾、气候变化等领域多项双边合作文件的签署，并出席中孟重大合作项目揭牌仪式。双方发表了《中华人民共和国和孟加拉人民共和国关于建立战略合作伙伴关系的联合声明》。习近平还在达卡分别会见了会见孟加拉国国民议会议长乔杜里、孟加拉国民族主义党主席卡莉达·齐亚。14日，孟加拉国《每日星报》和《曙光报》发表习近平的《让中孟合作收获金色果实》署名文章。

15日，习近平在印度果阿分别会见了俄罗斯总统普京、南非总统祖马、印度总理莫迪、尼泊尔总理普拉昌达。

16日，金砖国家领导人第八次会晤在印度果阿举行。习近平、莫迪、祖马、特梅尔、普京出席会晤。五国领导人围绕"打造有效、包容、共同的解决方案"主题，就金砖国家合作及其他共同关心的国际和地区问题深入交换看法，达成广泛共识。习近平发表了题为《坚定信心 共谋发展》的讲话，积极评价金砖国家合作十年发展取得的丰硕成果，就金砖国家共同应对国际大环境带来的挑战提出倡议，强调中方愿同各方一道，携手规划金砖国家发展新蓝图，相信金砖国家合作会有力促进世界和平、稳定、繁荣。

五国领导人共同见证《关于建立金砖国家农业研究平台的谅解备忘录》《金砖国家海关合作委员会章程》《金砖国家外交学院合作谅解备忘录》等合作文件的签署，并出席联合记者会。会议发表《金砖国家领导人第八次会晤果阿宣言》。习近平出席金砖国家领导人同金砖国家工商理事会代表对话会和"环孟加拉湾多领域经济技术合作倡议"成员国领导人对话会。

会议期间，习近平分别会见斯里兰卡总统西里塞纳、缅甸国务资政昂山素季。

10 月 13 日

［纲　文］　**国家主席习近平、国务院总理李克强就葡萄牙前总理、联合国前难民事务高级专员古特雷斯当选下届联合国秘书长分别向葡萄牙总统德索萨、葡萄牙总理科斯塔致贺电。**

10 月 13 日

［纲　文］　**国家主席习近平、国务院总理李克强、全国人大常委会委员长张德江就泰国国王普密蓬逝世分别向泰国王后诗丽吉、泰国总理巴育、泰国立法议会主席蓬贝致唁电。**

［目　文］　14 日，国务院副总理张高丽在泰国驻华使馆吊唁普密蓬国王逝世。张高丽表示，普密蓬国王陛下深受泰国人民爱戴，也是中国人民的伟大朋友，为中泰友好事业发展发挥了不可替代的重要作用。我谨代表中国政府和人民对普密蓬国王的逝世表示深切哀悼。中泰是亲密友好邻邦，中方愿同泰方共同努力，不断深化两国全面战略合作伙伴关系。

22 日，国家主席习近平特使、国家副主席李源潮在泰国曼谷大王宫吊唁普密蓬国王逝世。

10 月 13 日

［纲　文］　**全国政协在北京召开双周协商座谈会，围绕“努力推进养老服务”建言献策。**

［目　文］　全国政协主席俞正声主持座谈会。全国政协副主席杜青林、张庆黎、陈晓光出席座谈会。全国政协委员张世平、王永庆、马学平、苏华、孙太利、鲁安怀、钱学明、吴小丽、孙洁、马蔚华、白鹤祥、岳泽慧、计时华，以及专家学者辜胜阻、陈东升、方嘉珂在座谈会上发言。全国政协副主席马培华在座谈会上讲了意见。民政部副部长高晓兵介绍了有关情况。发展改革委副主任王晓涛、财政部副部长胡静林、人力资源社会保障部副部长游钧、卫生计生委副主任王培安等与委员互动交流。

委员们认为，党中央、国务院高度重视养老服务工作，做出一系列重大战略部署，中央全面深化改革领导小组第 28 次会议审议通过了《关于全面放开养老服务市场提升养老服务质量的若干意见》，进一步推进养老服务业的健康发展。近年来，虽然养老服务各项工作取得积极进展，但仍面临未富先老、养老资金积累少、社会保障不完善、城乡区域发展不平衡以及家庭养老功能弱化等问题。要坚持党委领导、政府主导、社会参与、全民行动相结合，进一步推进养老服务业的发展。

一些委员建议：一、开放市场。要明确政府在养老事业中的地位和作用，引导社会各种力量参与到养老事业中，并为他们创造好的环境，政府办的养老机构主要为贫困、失能半失能的老人服务；要发挥慈善机构、非营利组织的作用，支持和鼓励社会组织和一些宗教组织办慈善事业，对企业投资的营利性民营养老机构在土地、医保、税收政策上给予支持；要开放各种服务性组织，改进社区服务，促进公办养老机构、公建民营养老机构推进改革转变方式。二、突出重点。重点做好居家和社区养老服务，给予财政倾斜，包括加强社区服务平台、社区日间照料中心等建设，加强网络服务，发展居家智慧养老服务产业；重点做好失能半失能老人养老服务；重点抓好农村这个薄弱环节，推动建立农村老年人关爱服务体系。三、完善管理。解决好养老服务专业化和规范化、医养绿色通道、老旧小区服务设施改造、跨区域社会服务和医保服务等问题，探索建立长期护理保险、金融公益慈善基金等措施。

10月13日

［纲　文］ **教育部办公厅印发《促进高等学校科技成果转移转化行动计划》。**

［目　文］ 《计划》由三个部分组成：一、总体要求。二、重点任务。三、组织实施。

《计划》指出，教育部和省级教育行政部门将持续跟踪高校科技成果转移转化工作，及时研究、解决高校在科技成果转移转化过程中遇到的实际问题；汇聚可复制、可推广的高校科技成果转移转化成功模式和经验，通过典型示范、经验交流等方式进行宣传、推广，推动高校科技成果转移转化工作迈上新台阶、形成新亮点、作出大贡献。

10月13日

［纲　文］ **中国与澳大利亚第19次防务战略磋商在北京举行。**

［目　文］ 中央军委联合参谋部负责人与澳国防军司令马克·宾斯金、国防部秘书长丹尼斯·理查森举行会谈，双方就两国两军关系、国际和地区安全形势等议题深入交换意见。

12日，中央军委副主席范长龙在北京会见宾斯金和理查森时说，近年来，中澳两军间高层交往频繁，防务战略磋商机制运行顺畅，包括联合军演在内的各领域务实合作不断深化。希望澳方在南海问题上谨言慎行。中方愿与澳方一道，积极推进两军关系健康稳定发展。

宾斯金和理查森表示，两国两军关系保持着良好发展趋势，希望双方进一步加强交流，不断拓宽两军各领域合作。

10月13日

［纲　文］ **《人民日报》发表题为《为国企改革发展提供坚强组织保证——二论贯彻习近平总书记国企党建工作会议讲话精神》的评论员文章。**

10月13日

［纲　文］ **《人民日报》发表题为《讲中国故事融世界风景——祝贺第十八届中国上海国际艺术节开幕》的评论员文章。**

10月13—14日

［纲　文］ **李源潮在河北调研群团改革。**

［目　文］　国家副主席李源潮在藁城区岗上镇杜村，勉励妇联干部带领妇女群众建设幸福家庭，过上更美好的生活；在石家庄铁道大学，参观了风工程研究中心、航天可视化实验室，鼓励留学归国科技人员充分发挥作用，叮嘱侨联组织负责人具体帮助新归侨解决生活、工作中遇到的困难；在河北省环境科学学会，与工作人员深入交流，称赞学会制订水泥、玻璃等六个地方产业环保标准很有意义，希望学会为推动产业结构调整、加强环境保护发挥更大作用；还考察了中信重工、中车唐山机车等企业，他充分肯定新唐山建设的显著成绩，希望唐山人民把新唐山建设得更加美丽。

李源潮在石家庄召开调研座谈会，听取省委和青妇科侨负责人意见建议。他指出，要认真落实习近平总书记要求和中央群团改革决策部署，加强基层群团力量，共建联系服务群众基层阵地，使群众有更多改革获得感。

10 月 13—15 日

［纲　文］　**第二届中国“互联网 +”大学生创新创业大赛总决赛在武汉举行。**

［目　文］　大赛由教育部会同中央网信办、发展改革委、工业和信息化部、人力资源社会保障部、国家知识产权局、中国科学院、中国工程院、共青团中央、湖北省人民政府举办。本次大赛共吸引 2100 多所高校、近 12 万个项目 55 万名大学生直接参与。经过大赛专家委员会评审、组织委员会审定，最终评出大赛冠亚季军 4 名、金奖项目 32 个、银奖项目 115 个、铜奖项目 448 个、单项奖项目 4 个、参赛鼓励奖项目 24 个、优秀组织奖 10 个、先进集体奖 22 个。

14 日，国务院副总理刘延东在武汉接见获奖学生、指导老师和专家评委代表时强调，要围绕全面提高人才培养质量这个核心，坚持以人为本、因材施教，把创新创业教育融入人才培养体系，改革教学内容方法，强化创新创业实践，切实增强大学生的创业意识、创新精神和创造能力，形成创新资源集聚、创新人才辈出、创新活力迸发的生动局面。要把握新科技革命和产业变革的趋势，主动适应新产业、新业态、新技术发展，积极推进学校教育与行业企业协同，吸引社会资源投入，形成需求导向的学科专业结构和强化创业就业能力的人才培养结构。希望同学们勇敢担负起时代赋予的重任，掌握真才实学、练就过硬本领，在大众创业、万众创新的时代潮流中作出自身贡献、书写精彩人生。各地区各有关部门完善机制，精准扶持，引导广大青少年树立正确就业创业观念，为大学生创新创业营造良好环境。

10 月 14 日

［纲　文］　**习近平致信祝贺中央社会主义学院建院 60 周年。**

［目　文］　中共中央总书记习近平的贺信写道：值此中央社会主义学院建院 60 周年之际，我代表中共中央，致以热烈的祝贺！60 年前，在毛泽东、周恩来同志等亲切关怀下，中央社会主义学院正式建立，毛泽东同志亲自为学院命名。60 年来，中央社会主义学院坚持正确办学方向，在培养同中国共产党亲密合作的民主党派和无党派人士等统一

战线代表人士方面发挥了重要作用，为坚持和完善中国共产党领导的多党合作制度、巩固和壮大爱国统一战线作出了重要贡献。中央社会主义学院作为中国共产党领导的统一战线性质的高等政治学院，作为我国干部教育培训体系的重要组成部分，要继承和发扬优良传统，坚持“社院姓社”，突出政治培训，强化政治共识，不断增强中国特色社会主义道路自信、理论自信、制度自信、文化自信，不断巩固团结奋斗的共同思想政治基础，努力把学院建设成为民主党派和无党派人士联合党校、统一战线人才教育培养主阵地，为实现全面建成小康社会奋斗目标、实现中华民族伟大复兴的中国梦作出新的更大的贡献。

同日，中央社会主义学院建院60周年庆祝大会在北京举行，全国政协主席俞正声出席大会并讲话。中央统战部部长孙春兰在会上宣读了习近平的贺信。全国人大常委会副委员长、中央社会主义学院院长严隽琪，全国政协副主席、民革中央常务副主席齐续春分别致辞。各民主党派中央、全国工商联负责人和无党派人士代表，中央和国家机关有关部门负责人，中央社会主义学院学员和教职员工代表、全国社会主义学院院长会议代表等参加了大会。

10月14日

［纲　文］　**国家主席习近平向第十届中国—拉美企业家高峰会致贺信。**

［目　文］　习近平指出，当前中拉关系正处在新的历史时期。以中拉论坛成立为标志，中拉整体合作顺利起航，中拉携手推进平等互利、共同发展的全面合作伙伴关系，共建中拉命运共同体，为双方各领域合作开辟了广阔前景。这次会议以“携手创新、合作共赢”为主题，将增进双方企业交流、产业对接，推动中拉经贸合作优势互补、互利共赢，为中拉关系朝着更高水平发展增添新的助力。我相信，在双方共同努力下，这次会议必将取得中拉合作、共同发展的新成果，为中拉双方人民带来更多福祉。

第十届中国—拉美企业家高峰会14—15日在河北唐山举行，由中国贸促会、河北省人民政府、中国人民银行、美洲开发银行联合主办。国家副主席李源潮出席开幕式并致辞。国内51家地方贸促会及拉美和加勒比地区19个国家和4个国际组织的43家贸促机构和商协会代表与会。

10月14日

［纲　文］　**李克强主持召开国务院常务会议。**

［目　文］　会议主要内容是：一、确定进一步扩大国内消费的政策措施，促进服务业发展和经济转型升级。会议指出，一要消除制约养老、教育、体育等消费的体制机制障碍。清理取消申办养老机构的不合理前置审批，支持将闲置的旧厂房、办公用房和转型后的公办培训中心、疗养院等改造成养老设施。二要加大旅游、文化等领域有效供给。实施乡村旅游后备厢行动。三要出台加快发展健身休闲产业指导意见，因地制宜发展冰雪、山地、水上、汽摩、航空等户外运动和电子竞技等，配套建设营地、码头等设施，发展民族民间健身项目，提升器材装备研发制造能力。四要促进传统消费升级。打破汽车销售品牌授权单一模式，扩大汽车平行进口试点省市范围。五要优化消费环境。通过放宽准入，吸

引社会投资增加消费品和服务供给。六要强化质量安全监管。提高城市快速消费品等民生物资配送和冷链物流能力，加大对城乡农贸市场和物流设施等支持。七要加快推进智慧家庭、养老服务等标准建设。为满足老年人、残疾人、伤病人迫切需求，会议确定了加快康复辅助器具产业发展的措施，明确加大财税、社保等政策支持，将康复辅助器具产业纳入众创众包众扶众筹相关财政支持范围，符合条件的企业可享受研发费用加计扣除、固定资产加速折旧、企业所得税优惠等政策，高端康复辅助器具产品可纳入首台（套）重大技术装备保险补偿试点范围，促进产品提质、产业升级。二、部署持续深化商事制度改革，更大降低创业创新制度性成本。会议认为，在2016年10月起全面实施“五证合一、一照一码”登记制度改革基础上，进一步深化商事制度改革，扫除妨碍创业创新的制度羁绊，可以更大激发社会创造活力，促进扩大就业。一要将更多涉企证照与营业执照整合，开展“多证合一、一照一码”试点，更加便利群众办事创业。二要运用“互联网+”，在全国推进企业登记网上办理，鼓励有条件的地方对企业登记全程电子化先行先试。三要创新事中事后监管，推动企业信息共享交换和互认互用。在各部门单独实施“双随机、一公开”检查的基础上，加快推动跨部门联合检查方式，减少对企业的不合理干扰。

10月14日

［纲 文］ **国务院办公厅批复山东省人民政府，同意枣庄市城市总体规划。**

［目 文］ 批复说：一、国务院原则同意《枣庄市城市总体规划（2011—2020年）》（以下简称《总体规划》）。二、重视城乡区域统筹发展。在《总体规划》确定的3069平方公里城市规划区范围内，实行城乡统一规划管理。三、合理控制城市规模。到2020年，中心城区常住人口控制在120万人以内，城市建设用地控制在138平方公里以内。要贯彻落实城乡规划法关于先规划后建设的原则，禁止在《总体规划》确定的建设用地范围之外设立各类开发区和城市新区。四、完善城市基础设施体系。五、建设资源节约型和环境友好型城市。六、创造优良的人居环境。七、重视历史文化和风貌特色保护。八、严格实施《总体规划》。枣庄市人民政府要根据本通知精神，认真组织实施《总体规划》，任何单位和个人不得随意改变。山东省和住房城乡建设部要加强对《总体规划》实施工作的指导、监督和检查。

10月14日

［纲 文］ **第四届中国创业投资行业峰会在北京召开。**

［目 文］ 峰会由发展改革委主办、中国投资协会承办。大会主题为“创业创新+创投 协同互动发展”。国务院副总理张高丽出席会议并讲话。发展改革委副主任何立峰、财政部副部长刘昆、证监会副主席李超作主题发言。发展改革委副主任连维良主持会议。来自国家部委、各省级创业投资企业备案管理部门和创投业界的四百余名代表出席会议。

10月14日

［纲 文］ **《人民日报》发表题为《把国有企业党建责任扛起来——三论贯彻习近平总书记国企党建工作会议讲话精神》的评论员文章。**

10月14—15日

［纲　文］　**“2016中国共产党与世界对话会”在重庆举行。**

［目　文］　对话会由中共中央对外联络部主办、中共重庆市委承办，围绕“全球经济治理创新：政党的主张和作为”这一主题进行了政党、经济、中非、湄公河国家等多个分论坛讨论，通过了《重庆倡议》。50多个国家的70多个主要政党和政治组织领导人等300余名中外代表出席会议。中央书记处书记刘云山出席开幕式并发表题为《为完善全球经济治理贡献政党智慧和力量》的主旨讲话。

会议期间，刘云山在重庆分别会见与会的瓦努阿图统一运动改良党主席、政府总理萨尔维，蒙古人民党主席、国家大呼拉尔主席恩赫包勒德，吉尔吉斯斯坦社会民主党主要领导人、议长图尔松别科夫，马尔代夫人民议会议长马斯赫，坦桑尼亚革命党总书记基纳纳、南非非洲人国民大会总书记曼塔谢、莫桑比克解放阵线党总书记马沙瓦、安哥拉人民解放运动总书记代表塞巴斯蒂昂、纳米比亚人组党总书记姆本巴、津巴布韦非洲民族联盟—爱国阵线行政书记乔姆波组成的非洲六党总书记代表团。

10月15日

［纲　文］　**第九届中国曲艺牡丹奖在江苏徐州颁奖。**

［目　文］　活动由中国文联、中国曲协和江苏省委宣传部、省文联主办。本届牡丹奖评选是曲艺界严格落实全国性文艺评奖改革各项要求之后的第一次评奖，明确将思想精深、艺术精湛、制作精良，有筋骨、有道德、有温度，坚持把社会效益、社会价值放在首位，既看作品又重人品作为评奖的导向。经过报送、初评、分赛区比赛、终评，最终评出节目奖5个、表演奖6个、新人奖5个、文学奖4个，共包含18个曲种，涉及18个国有院团、文化馆、群艺馆和个人；为褒扬在曲艺方面取得卓越成就、为曲艺事业作出杰出贡献的曲艺家，授予陈涌泉、阮世池“中国文联终身成就曲艺艺术家”荣誉称号。

中国曲艺牡丹奖是经中央批准，由中国文联、中国曲协共同主办的全国性曲艺专业奖项，每两年评选一次。颁奖系列活动自2006年开始以坚持践行“人民的节日、曲艺的盛会”为宗旨。

10月15日

［纲　文］　**《人民日报》发表题为《永远以人民为中心》的评论员文章。**

10月15日—11月4日

［纲　文］　**第120届中国进出口商品交易会在广州举办，习近平致信祝贺开幕，李克强作出批示。**

［目　文］　中共中央总书记习近平在贺信中指出，值此第120届中国进出口商品交易会开幕之际，我谨表示热烈的祝贺！60年来，广交会服务国家改革开放和社会主义现代化建设、坚持服务国内外企业，为我国对外开放和经济社会发展发挥了积极作用。新形势下，广交会要贯彻创新、协调、绿色、开放、共享的发展理念，创新体制机制、商务模

式，提高服务水平，支持广大参会企业互利共赢、共同发展，更好发挥全方位对外开放平台作用，在更高层次上运用两个市场、两种资源，为推动我国开放型经济发展、促进开放型世界经济发展作出新的更大的贡献。

国务院总理李克强在批示中指出，60年来，广交会作为我国对外开放的重要窗口和企业进入国际市场的重要平台，积极利用国际国内两个市场、两种资源，把“引进来”和“走出去”紧密结合，为我国经济开放发展作出了重要贡献。希望牢固树立新发展理念，按照新一轮更高水平对外开放的要求，推动广交会深化改革创新，进一步提高国际化、专业化、市场化、信息化水平，更好地支持企业开拓市场、做强品牌，促进外贸结构优化升级，培育国际竞争新优势，为推动经济社会持续健康发展作出新的贡献。

本届共有2.45万家国内外企业参展，展览总面积为118万平方米，展位总数60250个，境内外参展企业24553家。第一期是10月15—19日，主要展出机电、五金、建材等产品；第二期是10月23—27日，主要展出日用消费品和礼品；第三期是10月31日—11月4日，主要展出纺织服装、箱包、文体、食品、医疗用品以及医药保健品等。出口展区展位总数59252个，按16大类商品设置50个展区，品牌展位占20%，一般性展位占80%；进口展区展位总数998个，共设6个产品专区，共有来自40个国家和地区的615家企业参展，“一带一路”沿线国家的参展企业共361家。

17日，国务院副总理汪洋到会考察，并在广州主持召开全国外贸工作座谈会。汪洋强调，当前世界经济贸易环境更加严峻复杂，广交会也面临前所未有的机遇和挑战，要深入贯彻落实习近平总书记对广交会的重要指示和李克强总理的批示精神，牢固树立发展新理念，居安思危、奋发图强，创新体制机制、商务模式，更好地支持企业开拓市场、做强品牌，为促进外贸回稳向好和结构优化升级作出更大贡献。

10月15—31日

［纲　文］　**第11届中国艺术节在陕西举办。**

［目　文］　艺术节由文化部、陕西省人民政府主办。以“艺术的盛会、人民的节日”为宗旨，坚持“精品、惠民、节俭、可持续”原则，体现国家级艺术水准和民族特色。艺术节以西安市为主会场。在延安举办开幕式，在西安举办闭幕式；在西安、宝鸡、咸阳、渭南、铜川、延安、榆林、商洛、韩城等市举办文华奖评奖活动；在西安举办群星奖评奖活动，全国优秀美术作品展览和书法篆刻、摄影作品展览，全国广场舞展演活动，演艺产品博览交易会；在咸阳举办中国农民画精品展；在陕西省各市举办参演剧目展演活动；在西安等地举办历届群星奖获奖精品展演活动。国务院副总理、第11届中国艺术节组委会主席刘延东出席开幕式并致辞。

10月15—23日

［纲　文］　**“北京国际摄影周2016”在中华世纪坛举办。**

［目　文］　摄影周由文化部与北京市人民政府共同主办，中国艺术摄影学会、中国摄影家协会、新华通讯社图片中心、北京歌华文化发展集团承办。以“影像·在场”为主

题，推出开幕活动、系列展览、摄影讲堂、摄影市场、特约活动等五大板块内容，共百余场展览及活动，在北京五大城区举办分会场活动。

10月16日

［纲　文］ **国务院扶贫开发领导小组在北京召开全国脱贫攻坚奖表彰大会，习近平、李克强对全国脱贫攻坚奖表彰活动作出指示、批示。**

［目　文］ 中共中央总书记习近平指示强调，设立全国脱贫攻坚奖，表彰对扶贫开发作出杰出贡献的组织和个人，树立脱贫攻坚先进典型，对动员全党全社会共同努力、打赢脱贫攻坚战具有重要意义。向全国脱贫攻坚奖首批获奖者和全国扶贫系统先进集体、先进工作者表示热烈的祝贺。他强调，全面建成小康社会，实现第一个百年奋斗目标，一个标志性的指标是农村贫困人口全部脱贫。完成这一任务，需要贫困地区广大干部群众艰苦奋战，需要各级扶贫主体组织推动，需要社会各方面真心帮扶，需要不断改革创新扶贫机制和扶贫方式。要广泛宣传学习先进典型，激励全党全社会进一步行动起来，激励贫困地区广大干部群众进一步行动起来，形成扶贫开发工作强大合力，万众一心，埋头苦干，切实把精准扶贫、精准脱贫落到实处，不断夺取脱贫攻坚战新胜利。

国务院总理李克强批示指出，如期完成脱贫攻坚，是全面建成小康社会的重大任务，需要社会各方面共同努力。多年来，全国涌现出一批批生动感人的扶贫先进典型，在带动和帮助群众脱贫致富方面发挥了重要作用，作出了突出贡献。谨向全国脱贫攻坚奖获得者和扶贫系统先进集体、先进工作者表示热烈祝贺！希望广大工作在脱贫攻坚一线的同志们以他们为榜样，按照党中央、国务院决策部署，贯彻落实新发展理念，把精准扶贫、精准脱贫作为基本方略，凝聚发挥国家、集体和个人力量，以更大的决心、更硬的举措、更扎实的工作，全力以赴打赢脱贫攻坚战，确保困难群众同步进入全面小康社会。

国务院扶贫开发领导小组组长汪洋出席会议并讲话。国务院扶贫开发领导小组成员，国务院扶贫办、各省区市和新疆生产建设兵团扶贫办负责人等出席会议。会议宣读了习近平指示和李克强批示。对全国脱贫攻坚奖、全国扶贫系统先进集体和先进工作者进行了表彰。

汪洋指出，脱贫攻坚是干出来的。要通过表彰先进人物，在全社会宣传学习扶贫脱贫先进模范的事迹，弘扬社会主义核心价值观，弘扬无私奉献、扶危济困、自力更生、开拓创新精神，以动员更多力量参与扶贫并激发贫困群众脱贫内生动力。要进一步健全组织动员机制，搭建社会参与平台，完善政策支撑体系，努力在全社会形成人人愿为、人人可为、人人能为的脱贫攻坚环境氛围。

10月16日

［纲　文］ **第28届中国电视金鹰奖颁奖典礼及第11届金鹰节闭幕式晚会在长沙举行。**

［目　文］ 王雷、胡歌、佟丽娅、赵丽颖获得观众喜爱男女演员奖，李雪健获得最

佳表演艺术奖，金鹰节最具人气男女演员分别为胡歌、刘涛。

10月17日

［纲　文］　**神舟十一号载人飞船发射成功，习近平致电祝贺。**

［目　文］　中共中央总书记习近平的贺电指出，空间实验室飞行任务总指挥部：欣闻神舟十一号载人飞船发射成功，我谨向全体参研参试人员和航天员们表示热烈的祝贺和诚挚的问候！天宫二号和神舟十一号载人飞行任务，将首次实现我国航天员中期在轨驻留，开展一批体现国际科学前沿和高新技术发展方向的空间科学与应用任务，标志着我国载人航天工程取得了新的重大进展。太空探索永无止境，航天攻关任重道远。希望同志们大力弘扬载人航天精神，精心做好后续各项工作，确保实现既定任务目标，不断开创载人航天事业发展新局面，使中国人探索太空的脚步迈得更大更远，为建设航天强国作出新的贡献。

7时30分，神舟十一号飞船从酒泉卫星发射中心发射升空，发射升空后准确进入预定轨道，将航天员景海鹏、陈冬送上太空。国务院总理李克强、中央书记处书记刘云山等在北京观看飞船发射实况。

10月19日3时31分，神舟十一号载人飞船与天宫二号空间实验室成功实现自动交会对接。这是天宫二号自9月15日发射入轨以来，与神舟飞船开展的首次交会对接。

11月9日，习近平在中国载人航天工程指挥中心，同正在天宫二号执行任务的神舟十一号航天员景海鹏、陈冬通话。

11月18日，神舟十一号飞船返回舱在内蒙古中部预定区域成功着陆，中共中央、国务院、中央军委致电祝贺。执行飞行任务的航天员景海鹏、陈冬身体状态良好，天宫二号与神舟十一号载人飞行任务取得成功。国务院副总理张高丽在中国载人航天工程指挥中心观看飞船返回实况并宣读了贺电。在轨飞行期间，2名航天员在天宫二号与神舟十一号组合体内开展了为期30天的驻留，创造了中国航天员太空驻留时间的新纪录，完成了一系列空间科学实验和技术试验。

22日，中国载人航天工程办公室和中国航天科技集团公司在北京举行神舟十一号飞船返回舱开舱仪式，与研制单位和搭载单位代表共同见证搭载物品出舱。其中，既有搭乘神舟十一号飞船飞行33天的物品，也有跟随天宫二号空间实验室飞行66天、由神舟十一号航天员带回的物品。

10月17日

［纲　文］　**国务院印发《全国农业现代化规划（2016—2020年）》。**

［目　文］　《规划》共九章，主要内容有：一、认清形势，准确把握发展新特征。二、更新理念，科学谋划发展新思路。三、创新强农，着力推进农业转型升级。四、协调惠农，着力促进农业均衡发展。五、绿色兴农，着力提升农业可持续发展水平。六、开放助农、着力扩大农业对外合作。七、共享富农，着力增进民生福祉。八、强化支撑，加大

强农惠农富农政策力度。九、落实责任，保障规划顺利实施。

10月17日

［纲　文］　**安全监管总局印发《宣布失效的非煤矿山安全生产相关文件目录》。**

［目　文］　《目录》包括《关于开展全国金属非金属矿山尾矿库基本情况调查的通知》《关于同意长沙矿山研究院开展国家安全生产监督管理局负责备案的金属非金属矿山及相关行业建设项目（工程）安全预评价报告评审工作的批复》等72件文件，自2016年10月17日起一律停止执行，不再作为行政管理的依据。

10月17日

［纲　文］　**公安部在北京召开全国公安机关打击电信网络诈骗犯罪电视电话会议。**

［目　文］　会议指出，各省级公安机关要制定本地省市两级反诈骗中心建设时间表，严格建设标准、明确职能定位，确保如期建成。凡是发生电信网络诈骗案件的，要倒查电信企业、银行、支付机构等企业单位责任落实情况；凡是因行业监管责任不落实，要对行业主管部门问责。

10月17日

［纲　文］　**外交部发言人就斯洛伐克总统基斯卡一意孤行会见达赖表示，中方对此坚决反对并将作出相应反应。**

［目　文］　有记者问：近日，有媒体报道，斯洛伐克总统基斯卡以“个人身份”与在斯活动的达赖共进午餐。中方对此有何评论？

发言人说，斯洛伐克总统基斯卡16日不顾中方强烈反对，执意同窜访斯洛伐克的第十四世达赖会见，违背了斯方承诺坚持的一个中国政策。中方要求斯方认清达赖集团的反华分裂本质，切实尊重中方核心利益和重大关切，严格恪守一个中国政策，采取有效措施消除这一错误行为造成的负面影响，以使中斯关系重新回到健康稳定发展的轨道。

10月17—21日

［纲　文］　**中组部、中央党校、科技部联合举办的省部级干部“学习贯彻全国科技创新大会精神加快实施创新驱动发展战略”专题研讨班在北京举办。**

［目　文］　国务院副总理刘延东在开班式上强调，要深入学习贯彻习近平总书记系列重要讲话精神特别是科技创新思想，按照党中央、国务院决策部署，落实全国科技创新大会各项任务，加快提高自主创新能力，完善国家科技创新体系，积极培育创新发展新动能，为建设世界科技强国、实现中华民族伟大复兴作出应有贡献。

10月18日

［纲　文］　**国家主席习近平、全国人大常委会委员长张德江在北京分别会见参加“2016中国共产党与世界对话会”并访华的蒙古人民党主席、国家大呼拉尔主席恩赫包勒德。**

［目　文］　习近平欢迎恩赫包勒德当选国家大呼拉尔主席后首次访华并指出，中国

党和政府始终从战略高度和长远角度看待和发展同蒙古国关系，愿同蒙方进一步加强沟通、协调、合作，共同推动中蒙全面战略伙伴关系不断向前发展。希望中蒙继续加强高层交往，引领正确方向，中方支持两国各层级各领域密切友好往来。希望两国执政党深化党际交流，加强治党治国经验互鉴，提高执政能力和领导水平，实现各自奋斗目标。希望双方推进务实合作，携手共迎挑战，中方欢迎蒙方搭乘“中国快车”，实现又好又快发展。双方要妥善处理敏感问题，维护两国关系大局，继续在涉及对方核心利益和重大关切问题上相互理解、相互支持。

恩赫包勒德盛赞“2016中国共产党与世界对话会”，认为对话会呼应并深化了二十国集团杭州峰会主题，为各国政党开展对话、分享经验搭建了重要平台，对发挥政党优势、凝聚各方共识、引领全球经济治理创新具有重要意义。蒙方高度评价习近平主席提出的建设“一带一路”倡议和“亲诚惠容”周边外交理念，认为这对深化蒙中传统友好关系、保障地区和平稳定、促进“一带一路”沿线国家和地区发展合作发挥了重要引领作用。

张德江在会见恩赫包勒德时说，中国全国人大愿在现有良好的合作基础上，进一步加强与蒙古国国家大呼拉尔的友好合作，充分发挥友好小组、定期交流机制等平台作用，共同落实好两国领导人达成的重要共识，巩固政治互信，推动务实合作，增进人民友好，推动中蒙关系迈上新台阶。

恩赫包勒德表示愿全面深化两国议会关系，不断提升蒙中关系。

10月18日

［纲　文］　**李克强主持召开国务院振兴东北地区等老工业基地推进会议。**

［目　文］　国务院副总理张高丽、刘延东、汪洋，国务委员王勇等出席会议。内蒙古、辽宁、吉林、黑龙江四省区政府主要负责人和国务院振兴东北等老工业基地领导小组成员等参加会议。会议审议通过《关于深入推进实施新一轮东北振兴战略部署加快推动东北地区经济企稳向好若干重要举措的意见》和《东北振兴“十三五”规划》。

李克强说，党中央、国务院高度重视东北等老工业基地振兴工作，习近平总书记就东北振兴多次作出重要指示。各相关方面必须充分认识，推动东北经济脱困向好，实现新一轮振兴，事关全国经济发展和转型升级大局，事关区域协调发展全局，事关广大群众福祉。要坚决贯彻党中央、国务院部署，始终坚持党的基本路线，坚持发展第一要务，落实新发展理念，紧紧抓住制约东北发展的突出问题，继续依靠改革创新，坚定信心破困前行，再创东北地区新的辉煌。振兴东北要以更有力的举措抓好稳增长和保民生。要稳投资稳消费，围绕补短板、增后劲、惠民生，抓紧推进已纳入“十三五”规划和东北振兴三年滚动实施方案的项目建设，尤其要激发社会投资活力。积极发展服务业，培育养老、旅游、文化等新消费增长点，尽快扭转经济增速下行态势。要通过不断深化改革添动力。东北地区要全面对标国内先进地区，加快转变政府职能，更大力度推进简政放权、放管结合、优化服务改革，开展优化投资营商环境专项行动，推动“法治东北、信用东北”建设，实行企业投资项目管理负面清单制度，试点市场准入负面清单制度，保护各种所有制经济产权。要立足创新驱动和开放合作促发展。抢抓新旧动能转换机遇，着力营造有利于大众创业万众创新的社会氛围，设立新动能培育专项资金，大力发展基于“互联网+”的新产业新业态，在实施“中国制造2025”中重塑东北装备竞争力，发挥人均耕地多、机械化水平高的优势，加快发展现代农业。进一步加强对森林、草原、湿地、黑土区的保护，修复自然生态。各部门要对接东北发展需求，加大支持力度，中央财政要支持东北地区提高运转保障能力。选择东南沿海部分省份与东北地区建立对口合作机制。引导中央企业加大与地方合作力度。东北各省区要强化振兴的主体责任，转变观念、振奋精神、扎实苦干，创造性开展工作，各方共同努力打赢东北振兴攻坚战，开创东北发展新局面。

10月18日

［纲　文］ **张德江主持召开十二届全国人大常委会第七十九次委员长会议。**

［目　文］ 全国人大常委会副委员长李建国、王胜俊、陈昌智、严隽琪、沈跃跃、吉炳轩、张平、向巴平措、艾力更·依明巴海、万鄂湘、张宝文、陈竺出席会议。

会议决定，十二届全国人大常委会第二十四次会议10月31日至11月7日在北京举行。全国人大常委会副委员长兼秘书长王晨就常委会第二十四次会议议程草案、日程安排意见等作了汇报；全国人大常委会有关副秘书长，全国人大有关专门委员会和常委会有关工作委员会、代表资格审查委员会负责人分别就常委会第二十四次会议有关议程作了汇报。

10月18日

［纲　文］ **国务院办公厅批复发展改革委，同意建立积极稳妥降低企业杠杆率工作部际联席会议制度。**

［目　文］ 批复说：国务院同意建立由发展改革委牵头的积极稳妥降低企业杠杆率工作部际联席会议制度。联席会议不刻制印章，不正式行文，请按照有关会议和文件精神认真组织开展工作。

10月18日

［纲　文］ **质检总局公布《关于修改和废止部分规章的决定》。**

［目　文］ 《决定》对《组织机构代码管理办法》《国家质量监督检验检疫总局关于修订〈组织机构代码管理办法〉的决定》予以废止，对《出入境检验检疫报检企业管理办法》等9件部门规章的部分条款予以修改。自2016年10月18日起实施。

10月18日

［纲　文］ **全国政协主席俞正声在北京会见阿尔巴尼亚议长梅塔。**

［目　文］ 俞正声说，中方愿与阿方继续密切高层交往，支持对方的核心利益与重大关切，加强在“一带一路”建设、中国—中东欧国家合作框架下的交流合作，更好造福两国和两国人民。中国全国政协愿同阿尔巴尼亚议会开展多层次、多形式的交流与合作，在经贸、人文等领域互利合作方面多做推动工作，促进中阿友好关系持续稳定发展。

梅塔说，阿中关系发展良好，阿方支持并参与“16+1合作”，愿成为中国在欧洲和巴尔干地区有力的合作伙伴。

20日，全国人大常委会委员长张德江在北京会见梅塔时说，阿尔巴尼亚是中国在中东欧地区值得信赖的好朋友、好伙伴，中方珍视中阿传统友谊。当前中阿关系发展进入快车道，习近平主席提出的“一带一路”倡议以及中国—中东欧国家合作的深入推进，为中阿合作带来新的机遇。希望阿方抓住机遇，加强发展战略对接，积极参与区域经济合作，把中阿良好的政治关系转化为务实合作的扎实成果，更好造福两国人民。中国全国人大愿进一步深化与阿议会友好关系，加强治国理政经验交流，传承中阿友好，不断推动两国关系深入发展。

梅塔说，对华友好是阿各界的共识，阿中友好为两国互利合作打下深厚的基础。阿议会希望与中国全国人大开展深入的交流与合作。

10月18日

［纲　文］　**李源潮在北京会见香港特区政府公务员事务局局长张云正率领的常任秘书长及部门首长研修访问团学员。**

［目　文］　国家副主席李源潮说，回归19年来，在“一国两制”的框架下，香港保持了繁荣稳定。中央坚定支持行政长官带领特区政府依法施政，中央对香港公务员队伍充分信任。希望香港公务员全面准确贯彻落实“一国两制”方针和基本法，增强大局意识、担当意识、团队意识，在行政长官的领导下依法施政、有效施政，在国家发展整体格局中谋划香港的繁荣稳定，共创美好未来。

10月18日

［纲　文］　**《人民日报》发表题为《以减贫实绩推动人权进步》的评论员文章。**

10月18—21日

［纲　文］　**应国家主席习近平邀请，菲律宾共和国总统杜特尔特对中国进行国事访问。**

［目　文］　访问期间，习近平在北京同杜特尔特举行会谈。双方一致同意，从两国根本和共同利益出发，顺应民众期盼，推动中菲关系实现全面改善并取得更大发展，造福两国人民。两国元首共同见证了中菲经贸、投资、产能、农业、新闻、质检、旅游、禁毒、金融、海警、基础设施建设等领域共13个双边合作文件的签署。国务院总理李克强、全国人大常委会委员长张德江在北京会见了杜特尔特。国务院副总理张高丽与杜特尔特共同出席中菲经贸合作论坛，双方发表了《中华人民共和国与菲律宾共和国联合声明》。

习近平同杜特尔特会谈时指出，中方高度重视中菲关系，愿同菲方一道努力，不断增进政治互信、深化互利合作、妥善处理分歧，做感情上相近相通、合作中互帮互助、发展中携手前行的睦邻友好伙伴。为了更好开辟中菲关系未来，我们需要总结过去，汲取经验。双方要坚持睦邻友好合作。中菲有世代友好的基础，而没有任何敌视对抗的理由。只要有利于中菲睦邻友好的事情，都应该不遗余力去做。双方要坚持妥善处理分歧。在两国建交以来的大部分时间里，双方在南海问题上通过双边对话协商妥善管控分歧，这是值得发扬的政治智慧，也是能够延续的成功实践，更是确保中菲关系健康稳定发展的重要共识基础。只要我们坚持友好对话协商，可以就一切问题坦诚交换意见，把分歧管控好，把合作谈起来，一时难以谈拢的可以暂时搁置。双方要坚持携手共同发展，为两国老百姓谋取更多实实在在的利益。习近平就中菲关系未来发展提出四点建议：第一，双方要加强政治互信。中国人民热爱和平，亲仁善邻。第二，双方要开展务实合作。第三，双方要推动民间往来。第四，双方要加强地区和多边事务合作。中菲均为发展中国家，应该共同推动国际关系民主化，推动国际秩序朝着公正合理方向发展。

杜特尔特表示，菲方感谢中方对菲律宾经济社会发展的大力支持，赞成密切两国各层级交往，就国家发展、社会治理深入交流，大力推进经贸、投资、农业、科技、制造业、基础设施、减灾防灾、旅游、航空、媒体、禁毒、反恐、海警、人文等合作，希望亚洲基础设施投资银行在菲律宾经济发展中发挥更大作用。菲方愿推动中国—东盟关系更好发展，密切在国际地区事务中协调合作。今天的会谈是历史性的，全面改善和发展了两国关系，这次访问必将造福菲中两国人民。

李克强在会见杜特尔特时指出，中国一贯主张双边矛盾分歧应由当事双方直接对话协商。南海问题不是也不应成为中菲关系的全部，两国间的共同利益远大于分歧。中菲同为发展中国家，都面临发展经济、改善民生的重任，双方对接发展战略拥有良好基础和条件，深化互利合作潜力巨大。我们愿同菲方开展互联互通、基础设施建设、产能等领域合作，促进贸易投资合作发展。加强农业、金融等领域合作，更好实现互利共赢。

杜特尔特表示，菲方奉行独立自主外交政策，愿同中方发展友好合作关系，期待加强对华交往，深化各领域务实合作，推动两国关系沿着正确的方向发展。

21日，国务委员兼国防部部长常万全在北京会见陪同杜特尔特访华的菲律宾国防部部长洛伦扎纳。

10月18—20日

［纲　文］　国务院副总理马凯出席在布鲁塞尔欧盟总部举行的第六次中欧经贸高层对话并对卢森堡大公国进行正式访问。

［目　文］　18日，马凯与欧盟委员会副主席卡泰宁共同主持第六次中欧经贸高层对话。本次对话以“加强政策协调，促进可持续增长”为主题，中欧双方围绕宏观经济政策协调推动贸易投资增长、“一带一路”与中欧发展战略对接、新工业化支持创新型可持续发展等议题展开讨论。双方在推动互联互通平台建设、“一带一路”倡议与欧洲发展战略对接、中欧地理标志协定谈判、中欧投资协定谈判等方面取得了新进展，在宏观政策协调、数字经济合作、第三方市场合作、知识产权合作等领域达成了重要共识。

马凯表示，中欧经贸高层对话开展以来，始终坚持“战略性、前瞻性、规划性”定位，为深化中欧经贸务实合作发挥了重要作用。本次对话增进了双方互信，推动了务实合作，积极落实了第十八次中欧领导人会晤和二十国集团领导人杭州峰会有关成果共识，同时为下阶段中欧经贸合作规划了路线图。马凯提出四点建议：一是加强宏观政策协调，携手推动中欧经济增长。二是增强贸易与投资合作，履行国际条约义务和承诺。如期全面履行中国入世议定书第十五条，是欧方作为世贸组织成员义不容辞的责任。三是加速中欧发展战略对接，推动全方位多领域经贸合作。四是拥抱新工业革命，促进创新可持续增长。

欧方强调高度重视欧中经贸高层对话平台，表示愿与中方加强宏观经济政策协调，共同推动贸易投资自由化和便利化，继续推进互联互通等平台建设。欧盟承诺履行《中国加入世贸组织议定书》第十五条中所承担的国际义务。

同日，马凯会见了欧盟委员会主席容克。

19—20 日，马凯对卢森堡访问期间，分别会见了卢森堡大公亨利和首相贝特尔。

10 月 19 日

［纲　文］　**习近平在中国人民解放军装甲兵工程学院参观第二届军民融合发展高技术成果展**。

［目　文］　中共中央总书记习近平强调，军民融合是国家战略，关乎国家安全和发展全局，既是兴国之举，又是强军之策。军民融合不断取得阶段性成果，呈现出加快发展良好态势。要继续推动体制机制改革创新，从需求侧、供给侧同步发力，从组织管理、工作运行、政策制度方面系统推进，继续把军民融合发展这篇大文章做实，加快形成军民深度融合发展格局，切实打造军民融合的龙头工程、精品工程，为实现中国梦强军梦作出新的更大的贡献。

第二届军民融合发展高技术成果展由中央军委装备发展部、教育部、工业和信息化部、国防科工局、全国工商联联合举办，以“全面落实军民融合国家战略、全面推进军民深度融合发展”为主题，共分为科技创新区、竞争活力区、基础保障区、信息发布区、大型实装展示区等五个展区，通过高技术产品、高新技术成果等，全面系统展示党的十八大以来军民融合发展的阶段性成果。中共中央政治局常委李克强、张德江、俞正声、刘云山、王岐山、张高丽分别参观展览。

10 月 19 日

［纲　文］　**纪念红军长征胜利 80 周年文艺晚会《永远的长征》在北京举行，习近平、李克强、张德江、俞正声、刘云山、王岐山、张高丽等党和国家领导人出席并观看晚会**。

10 月 19 日

［纲　文］　**国务院在北京召开全国冬春农田水利基本建设电视电话会议**。

［目　文］　国务院总理李克强对会议作出批示指出：开展农田水利建设是提高农业综合生产能力、增加农民收入、促进脱贫致富的重要途径，也是补短板、扩内需、稳增长的有力举措。2016 年夏季我国遭遇多年未有的特大汛情及严重洪涝灾害，长江中下游长时间全线超警，经过全国上下共同努力，科学应对，疏堵结合，大中型水库无一垮坝，大江大河干堤无一决口，有力保障了人民群众生命安全和重要设施安全，防汛抗洪救灾减灾

工作取得了重大胜利，国家防总各部门、各相关地区广大干部群众、人民解放军和武警部队官兵携手并肩抗灾，作出了突出贡献。要认真贯彻党中央、国务院部署，抓住今冬明春农闲时机，针对水利设施薄弱环节，加强规划指导，深化水利改革，创新投入、建设、运营、管护长效机制，发挥财政资金引导作用，积极吸引各类社会资本投入，充分调动基层政府、社会、农民群众等各方参与积极性，大力加强农田水利和重大水利工程建设，着力完善水利基础设施体系，为保障国家防洪和供水安全、推进农业现代化打下坚实基础。

国务院副秘书长江泽林主持会议。国务院副总理汪洋、水利部部长陈雷、发展改革委副主任胡祖才、财政部副部长胡静林出席会议并讲话。中央有关部门负责人出席会议。各省、自治区、直辖市、计划单列市人民政府和新疆生产建设兵团分管负责人及其有关部门负责人，水利部各流域管理机构负责人在分会场参加会议。浙江、湖北、云南三省人民政府负责人在分会场发言。

汪洋指出，加强农田水利基本建设直接关系农业稳定发展和农民持续增收，要认真落实李克强总理重要批示精神，进一步加大投入力度，创新体制机制，广泛动员和凝聚各方面力量，不断提高农田水利建设水平。要突出重点、补齐短板，抓紧修复水毁灾损工程，加快大中型灌排骨干工程建设与配套改造。要特别重视加强农业节水设施建设、发展节水灌溉，认真谋划一批节水重大工程，加快推进农业节水，推动农田水利建设从提高供水能力向更加重视提高节水能力转变。创新水利建设投融资体制，健全水利工程运行管护机制，形成多渠道、多主体、多形式推进农田水利建设和运行管护的新格局。要统筹做好当前农业农村各项工作。认真落实稻谷最低收购价政策和玉米收储制度改革措施，妥善安排收购资金、收购仓容，做好秋粮收购。扎实推进农业供给侧结构性改革，引导支持农民根据市场需求开展冬春农业生产。抓好植树造林、动物疫病防控和森林草原防火等工作。认真对照检查精准扶贫、精准脱贫各项政策落实情况，完善政策措施，确保实现全年脱贫任务。

10月19日

［纲　文］　**国务委员杨洁篪在北京会见美国阿肯色州州长哈钦森。**

［目　文］　杨洁篪说，当前中美关系总体保持稳定发展。2016年9月习近平主席同奥巴马总统在二十国集团领导人杭州峰会期间成功会晤，为下阶段中美关系发展指明了方向。双方应把握正确方向，聚集互利合作，有效管控分歧，确保中美关系稳定发展并平稳过渡到美下一届政府。希望哈钦森州长继续积极致力于推进对华友好合作，为推动中美关系持续健康稳定发展不断作出努力。

哈钦森说，愿积极推动阿肯色州与中国各领域的广泛交流与合作，不断增进两国人民之间的理解与友谊。

10月19日

［纲　文］　**纪念鲁迅诞辰135周年、逝世80周年座谈会暨北京鲁迅博物馆建馆60周年在鲁迅博物馆举行。**

［目　文］　文化部部长雒树刚、文物局局长刘玉珠出席座谈会。文物局副局长关强主持座谈会。全国鲁迅博物馆纪念馆代表、鲁迅亲属代表、专家学者等一同出席座谈会。

雒树刚指出，鲁迅是伟大的文学家、思想家、革命家，是蜚声中外、倍受景仰的一代文化大师，是中国现代文化史上一座巍然耸立的高峰。他以纸笔呼号呐喊，以文字记录时代，以“精神界之战士”的姿态，呼唤善、美、刚健的民族脊梁，点燃民众心中的理性之灯。他不懈追求崇高的理想，始终坚定地站在正义的立场上，是中国共产党最忠诚的同志和亲密的战友。他以勇猛和坚毅正视黑暗面，展开深沉的韧性的战斗，直到生命的最后一息，成为高山仰止的“民族魂”。他的人生道路集中体现了中国先进知识分子为国家和民族勇于担当、勇于奉献的精神。

新中国成立后，鲁迅先生在北京、绍兴、上海等地的旧居得到了有效保护，分别建立了纪念馆和博物馆，并对外开放。60年来，经过不懈努力，北京鲁迅博物馆馆藏文物、图书等藏品达7万余件，其中国家一级文物700余件。

10月19—20日

［纲　文］　**世界古代文明保护论坛在故宫博物院举行。**

［目　文］　论坛由文化部、新华通讯社、文物局支持，故宫博物院、北京故宫文物保护基金会主办，中国考古学会、中国文物学会、新华通讯社国家高端智库协办。来自国际文物保护与修复研究中心、国际博物馆协会、国际古迹遗址理事会，以及中国、埃及、希腊、印度、伊朗、伊拉克、意大利、墨西哥等8个文明古国的近50位考古学家、历史学家和博物馆学者与会，探讨世界文化遗产保护所面临的共同问题，携手寻求人类文明可持续传承的有效途径。会议共同签署了《太和宣言》。

10月20日

［纲　文］　**中共中央总书记习近平在北京会见越共中央政治局委员、中央书记处常务书记丁世兄。**

［目　文］　习近平强调，在双方共同努力下，中越关系保持向好发展势头，各领域交流合作取得积极进展。这一局面来之不易，值得双方共同珍惜。我们始终相信，只要双方坚持从建设命运共同体这个大局出发，继承好、发扬好中越传统友谊，坚持维护大局、妥善管控分歧、互利共赢，双方就一定能把中越各领域务实合作的蛋糕做得越来越大，中越关系就能行稳致远，不断释放生机活力，更好地造福两国人民。中越两党有着相同的任务和使命，不断加强两党高层沟通，有利于深化和扩大两党之间的战略共识。希望两党继续做好治国理政经验交流互鉴，共同加强党的执政能力建设，推动社会主义事业不断向前发展。

丁世兄转达了越共中央总书记阮富仲和越南国家主席陈大光对习近平的亲切问候和美好祝愿并说，巩固和加强越中传统友谊和全面战略合作伙伴关系，是越南党和国家的长期一贯政策和头等战略选择。越方愿同中方一道落实好两党总书记达成的重要共识，发挥好两党关系对双边关系战略方向的指导作用，按照“十六字方针”和“四好精神”，不断加强政治互信，提升各种合作机制的成效，增进各领域务实合作，推进越中关系健康稳定、越来越好地发展。

同日，中央书记处书记刘云山在北京同丁世兄举行会谈时指出，中越是具有战略意义的命运共同体。双方要加强高层交往对双边关系的政治引领，就重大问题及时交换意见，扩大共识、增进互信，推动中越全面战略合作伙伴关系长期健康稳定发展。充分发挥党际交往的作用，加强治党治国经验交流，形成全方位、宽领域、多层次的两党交往格局。积极推进两国发展战略对接，深化各领域务实合作。加强人文交流，增进两国人民特别是青年之间的相互理解和认同，夯实中越友好的民意基础。坚决维护南海地区和平稳定，妥善管控分歧，共同推进海上合作。刘云山还介绍了我国经济社会发展和党的建设情况。

丁世兄说，越中都是共产党执政的社会主义国家，巩固和加强越中传统友好和全面战略合作伙伴关系符合两国和两国人民的利益，也有利于地区的和平稳定与繁荣。两党总书记 2015 年实现互访是两党两国关系的重要里程碑，双方要落实好两党两国领导人达成的重要共识，发挥党际交流合作对两国关系的引领作用，不断加强政治互信，促进各领域务实合作，妥善处理南海问题，维护海上安全，增进两国人民之间的友好感情，共同推动越中关系长期健康稳定发展。

10 月 20 日

［纲　文］　**国务院印发《关于开展第二次全国污染源普查的通知》。**

［目　文］　《通知》由六个部分组成：一、普查目的和意义。二、普查对象和内容。三、普查时间安排。四、普查组织和实施。五、普查经费保障。六、普查工作要求。

《通知》要求，污染源普查对象有义务接受污染源普查领导小组办公室、普查人员依法进行的调查，并如实反映情况，提供有关资料，按照要求填报污染源普查表。任何地方、部门、单位和个人都不得迟报、虚报、瞒报和拒报普查数据，不得伪造、篡改普查资料。各级普查机构及其工作人员，对普查对象的技术和商业秘密，必须履行保密义务。

10 月 20 日

［纲　文］　**文物局发布《文物拍卖管理办法》。**

［目　文］　《办法》共 4 章 21 条，主要有总则、文物拍卖企业及人员、文物拍卖标的、附则等内容，自 2016 年 10 月 20 日起实施。《文物拍卖管理暂行规定》同时废止。

10 月 20 日

［纲　文］　**国务院总理李克强在北京会见美国前财长保尔森。**

［目　文］　李克强积极评价保尔森基金会为推动中美关系发展，促进两国务实合作方面所做工作，希望基金会继续发挥中美友好的纽带作用，为促进中美关系健康稳定发展作出不懈努力并指出，中方高度重视中美双边投资协定谈判，首次将准入前国民待遇加负面清单模式用于同外国商谈双边投资协定。在当前世界经济复苏乏力、贸易增长低迷、保护主义和逆全球化思潮抬头的背景下，中美加强这方面合作，向世界发出了促进贸易投资

自由化、便利化的积极信号。希望双方继续努力，灵活务实推动谈判取得积极成果，早日达成高水平的投资协定，更好实现互利共赢。

保尔森表示，李克强总理9月在纽约出席联合国系列高级别会议期间，同美方各界人士接触交流取得积极成效，有助于推动美中关系发展。保尔森基金会愿同中方加强交往与合作，坚持“知行合一”，为推进美中关系与合作作出新的努力。

10月20日

［纲　文］　**全国政协主席俞正声在北京会见清华大学经济管理学院顾问委员会委员。**

［目　文］　俞正声介绍了中国全国政协和中国经济社会发展情况并表示，中国正坚定不移全面深化改革，实施创新驱动发展战略，推动绿色发展，推进公平共享，扩大对外开放。他充分肯定了顾问委员会成立16年来对清华大学和中国的发展所作的贡献，希望各位委员一如既往地推动清华大学经济管理教育的进步，为中国经济发展以及中国与世界经济的融合提供智力支持。

清华经管学院顾问委员会主席大卫·鲁宾斯坦等委员表示，中国对世界有着巨大的吸引力，顾问委员会集聚了一批世界精英，致力于促进中国与世界各国的相互了解。

10月20日

［纲　文］　**中国和乌兹别克斯坦政府间合作委员会双方主席会晤在北京举行。**

［目　文］　中共中央政治局委员、中央政法委书记、中乌政府间合作委员会中方主席孟建柱同乌兹别克斯坦第一副总理、中乌政府间合作委员会乌方主席阿齐莫夫举行双方主席会晤。孟建柱说，中乌是好朋友、好兄弟。希望双方认真落实两国元首达成的重要共识，以共建“一带一路”为主线加强战略对接，深化经贸、安全、人文等领域交流合作，把中乌友好关系提高到新水平。阿齐莫夫表示，乌方将坚定不移发展对华关系，推动乌中合作向前发展。

同日，国务院副总理张高丽在北京会见阿齐莫夫说，中方高度重视对乌关系，2016年6月习近平主席成功对乌进行国事访问，中乌建立全面战略伙伴关系，商定共建“一带一路”合作新的重大举措。近一时期，习近平主席同米尔济约耶夫代总统互致信函，保持密切接触。双方要认真落实两国元首共识，加强发展战略对接，推动优质产能合作、基础设施建设合作和能源资源合作，进一步改善贸易投资环境，促进两国务实合作不断取得新进展，造福两国人民。阿齐莫夫说，感谢中方始终对乌国家建设事业给予无私帮助。乌方视中国为外交优先方向，支持习近平主席提出的“一带一路”倡议。乌方愿与中方一道，加大相互支持和协作，推动乌中关系深入发展。

10月20日

［纲　文］　**中国科协所属学会有序承接政府转移职能试点工作总结电视电话会在北京召开。**

［目　文］　会议主要内容是，总结中国科协所属学会有序承接政府转移职能试点工

作，安排部署下一阶段工作。国家副主席李源潮等出席会议并讲话。中国科协常务副主席尚勇总结了中国科协所属学会有序承接政府转移职能试点工作情况。发展改革委、科技部、中国电子学会、中华医学会、江苏省科协有关负责人发言。

学会承接政府转移职能首轮试点 2014 年 6 月启动，扩大试点 2015 年 5 月经中央深改组会议审议后实施，共有 69 家全国学会承接了 21 个政府部门转移委托的 87 项职能。

10 月 20 日

［纲　文］ **京津冀及周边地区大气污染防治协作小组第七次会议在北京召开**。

［目　文］ 会议传达中共中央政治局常委、国务院副总理张高丽对京津冀大气污染防治工作的批示，总结 2016 年重点工作进展情况，研究部署今冬明春大气污染防治工作。中共中央政治局委员、北京市委书记郭金龙，环境保护部部长陈吉宁，河北省委副书记、省长张庆伟出席会议。会议听取了京津冀及周边地区大气污染防治工作进展及下一步工作安排的汇报。北京、天津、河北、山西、内蒙古、山东、河南 7 省（区、市）负责人分别汇报了 2016 年重点工作进展情况和今冬明春大气污染防治工作的总体安排。

10 月 20 日

［纲　文］ **中国东北地区和俄罗斯远东地区地方合作理事会第二次会议在北京举行**。

［目　文］ 国务院副总理汪洋与俄罗斯副总理特鲁特涅夫共同主持会议。

汪洋说，当前中俄关系正处于历史最好时期，中国东北地区与俄罗斯远东地区加强合作面临难得机遇。我们举行此次会议的主要任务，既是落实两国元首的相关重要共识，也是为中俄总理第 21 次定期会晤做准备。中方愿与俄方相向而行，加强政策对接，拓展合作领域，促进互联互通，用好融资渠道，改善营商环境，共同推动双方合作取得务实成果。

特鲁特涅夫说，中国是俄远东开发的重要合作伙伴。俄方愿与中方共同努力，将远东开发合作提升至新的更高水平。

同日，汪洋和特鲁特涅夫共同出席了首届国际产能合作论坛暨第八届中国对外投资合作洽谈会开幕式并分别致辞。

10 月 20—21 日

［纲　文］ **国务院教育督导委员会在北京召开深化教育督导改革暨第十届国家督学聘任工作会议**。

［目　文］ 教育部部长、国务院教育督导委员会副主任陈宝生主持会议。国务院教育督导委员会委员、各省（区、市）及新疆生产建设兵团教育行政部门主要负责人，全国各省、自治区、直辖市受聘的国家督学参会。国务院副总理、国务院教育督导委员会主任刘延东出席会议并发表题为《深化督导改革 提高治理能力 为全面推进教育现代化提供有力保障》的讲话。国务院副秘书长江小涓宣读《国务院教育督导委员会关于聘任第十届国家督学的通知》。北京市、大连市、深圳市宝安区有关负责人等作大会交流发言。

第十届国家督学共聘任243名。目前全国督导人员近14万人，已为全国30万所中小学配备了责任督学。

10月20—25日

［纲　文］　**2016世界机器人大会在北京举办。**

［目　文］　大会由北京市人民政府、工业和信息化部、中国科学技术协会主办，以“共创共享共赢，开启智能时代”为主题。来自11个国家及地区的13个行业组织和国际机构、300多名国际机器人领域知名学者、近150家全球知名机器人企业与会。大会分为三部分：机器人主论坛及专业论坛、机器人博览会、机器人大赛。国务院副总理刘延东出席开幕式并致辞。

10月21日

［纲　文］　**纪念红军长征胜利80周年大会在北京举行。**

［目　文］　中共中央总书记习近平出席大会并发表讲话。国务院总理李克强主持大会。中共中央政治局常委张德江、俞正声、刘云山、王岐山、张高丽出席大会。在京中共中央政治局委员、中央书记处书记，全国人大常委会副委员长，国务委员，最高人民法院院长，最高人民检察院检察长，全国政协副主席，以及中央军委委员出席大会。老红军、老同志代表，中央党政军群各部门和北京市主要负责人，各民主党派中央、全国工商联负责人和无党派人士代表，首都各界群众代表，解放军、武警部队官兵代表等约3000人参加大会。

习近平强调，历史是不断向前的，要达到理想的彼岸，就要沿着我们确定的道路不断前进。每一代人有每一代人的长征路，每一代人都要走好自己的长征路。今天，我们这一代人的长征，就是要实现“两个一百年”奋斗目标、实现中华民族伟大复兴的中国梦。长征永远在路上。不论我们的事业发展到哪一步，不论我们取得了多大成就，我们都要大力弘扬伟大长征精神，在新的长征路上继续奋勇前进。

李克强在主持大会时说，习近平总书记的重要讲话回顾了80年前红军长征这一革命壮举、壮丽史诗和巍峨丰碑，总结了长征的伟大意义和深刻精神内涵，提出了弘扬伟大长征精神、走好今天的长征路的六方面要求。要认真学习、深入领会，把伟大长征精神贯穿到各项工作中。长征对中华民族历史进程具有十分深远的影响；弘扬伟大长征精神，将更加有力地推动新时期我们党、国家、军队各项事业发展。让我们紧密团结在以习近平同志为总书记的党中央周围，坚持党的基本路线，贯彻新发展理念，勇于面对、善于战胜各种困难挑战，以更昂扬的斗志、更积极有为的举措，走好新的长征路，为实现“两个一百年”奋斗目标、建成富强民主文明和谐的社会主义现代化国家、实现中华民族伟大复兴的中国梦不懈奋斗。

10月21日

［纲　文］　**国务院办公厅印发《关于调整国务院深化医药卫生体制改革领导小组组**

成人员的通知》。

10月21日

［纲　文］　**发展改革委印发《重点生态功能区产业准入负面清单编制实施办法》。**

［目　文］　《办法》由五个部分组成：一、总体考虑和基本原则。二、编制实施程序。三、编制规范要求。四、技术审核要求。五、加强实施管控。

10月21日

［纲　文］　**人力资源社会保障部发布《关于第四批宣布失效和废止文件的通知》。**

［目　文］　《通知》对《劳动部工资局关于开除留用察看处分期间的工资、工龄计算等问题的复函》等13份文件宣布失效，对《劳动部关于残废军人转入企业工作其原领的残废金仍应继续发给的通报》等77份文件宣布废止。

10月21日

［纲　文］　**国务委员杨洁篪在北京会见欧洲著名战略问题专家、法国国际关系研究院院长德蒙布里亚尔。**

［目　文］　杨洁篪积极评价当前中法、中欧关系，鼓励双方学者、智库和学术机构加强交流，深化合作，为推动中法、中欧关系更好更快发展建言献策。

德蒙布里亚尔赞赏中国的发展成就，表示愿与中国加强合作交流，继续为法中关系发展作出努力。

10月21日

［纲　文］　**丝绸之路国际剧院联盟启动仪式在北京天桥艺术中心举行。**

［目　文］　文化部部长雒树刚出席启动仪式并致辞。文化部副部长丁伟，欧盟欧中"一带一路"文化旅游发展委员会副主席、中国—欧盟文化艺术节理事会理事李察德，法国、比利时、立陶宛、马耳他等国驻华使馆代表，国内外签约剧院及文化机构代表、业内专家学者等近200人出席仪式。

雒树刚指出，丝绸之路国际剧院联盟的成立是"一带一路"倡议框架下人文交流领域的创新亮点，是深化多边文化产业合作机制的有力探索，希望以丝绸之路国际剧院联盟等一批重点项目为切入点，切实推进"一带一路"沿线国家文化交流与务实合作，希望联盟以"民心相通"为目标，遵循国际市场规律，有效提升文化交流与贸易的市场化、多元化、集约化水平。

丝绸之路国际剧院联盟是由中国对外文化集团公司倡议发起的大型多边性国际化演艺产业平台，旨在为各成员所在国家和地区的文化艺术水平提升与区域合作作出积极贡献。首批共有来自中国、美国、英国、法国、俄罗斯等21个国家和地区及2个国际组织的56家成员单位加盟，均为重要文化机构与标志性演艺场所，年演出场次超过3万场，年观众总量超过2400万人次。联盟与遍布全球的28家海外中国文化中心展开全面合作。

10月21日

［纲　文］　**《人民日报》发表题为《走好我们这一代人的长征路——纪念中国工农红**

军长征胜利80周年》的社论。

10月21—22日

［纲　文］　**汪洋在成都出席全国食品安全示范城市创建和农产品质量安全县创建工作现场会。**

［目　文］　国务院副总理、国务院食品安全委员会副主任汪洋到都江堰市、双流区等地调研创建工作，在农产品生产基地、餐饮服务企业和食品安全监测预警数据中心，详细考察农产品标准化生产、网格化监管、食品安全全程追溯和智能监管工作，了解食品安全大数据采集运用情况，与基层监管人员、食品生产商和农民共同探讨提高农产品质量和食品安全保障水平的路径办法。

汪洋指出，食品安全关系国计民生，责任重于泰山。要认真贯彻落实党中央、国务院的决策部署，坚持以人民为中心的发展思想，大力实施食品安全战略，强化监管责任，创新监管方式，落实习近平总书记“四个最严”要求，提高食品安全保障水平，为全面建成小康社会、建设健康中国作出新的贡献。加强农产品质量和食品安全监管，是地方各级政府的重大政治责任。要总结推广创建试点取得的成功经验，强化属地管理责任，加快完善统一权威的监管体制和制度，健全检验检测体系，不断提高监管能力。要重视利用现代信息技术手段创新监管办法，提高监管效能。

10月22日

［纲　文］　**《人民日报》发表题为《再创历史的伟大远征——论贯彻习近平总书记纪念红军长征胜利80周年讲话精神》的评论员文章。**

10月22日—11月10日

［纲　文］　**纪念红军长征胜利80周年美术作品创作展在中国国家博物馆举办。**

［目　文］　展览由中国文学艺术界联合会、中国国家博物馆、中国美术家协会、中国文学艺术基金会共同主办，展出了全国各大美术院校和部队创作团队创作的美术精品，主要为反映血战湘江、遵义会议、四渡赤水、娄山关大捷、飞夺泸定桥、翻越雪山草地等题材的作品。

23日，中共中央政治局委员、中宣部部长刘奇葆前来参观，强调广大文艺工作者要深入学习贯彻习近平总书记在文艺工作座谈会和纪念红军长征胜利80周年大会上的重要讲话精神，大力弘扬伟大长征精神，加强革命历史题材和现实题材创作，推出更多具有强大思想震撼力和艺术感染力的优秀文艺作品。

10月23日

［纲　文］　**国务院印发《关于加快发展康复辅助器具产业的若干意见》。**

［目　文］　《意见》由四个部分组成：一、总体要求。二、主要任务。三、政策支持。四、保障措施。

《意见》强调，民政部、发展改革委要加强对本意见实施情况的督促落实，及时向国务院报告。国务院将适时组织专项督查。

10月23日

［纲　文］　**新华社讯，中共中央办公厅、国务院办公厅印发《关于建立健全国家“十三五”规划纲要实施机制的意见》**。

［目　文］《意见》由七个部分组成：一、总体要求。二、明确实施责任主体。三、抓好重点任务落实。四、健全相互衔接的规划体系。五、营造《纲要》实施的良好氛围。六、强化《纲要》实施监测评估。七、完善监督考核机制。

《意见》要求，各地区各部门要充分认识推进《纲要》全面顺利实施的特殊重要意义，明确实施责任、创新实施机制、狠抓规划落实，广泛调动各方面积极性，不断开创发展新局面，确保“十三五”时期各项目标任务有效完成，坚决夺取全面建成小康社会决胜阶段的伟大胜利。

10月23日

［纲　文］　**国务院办公厅批复河南省人民政府，同意平顶山市城市总体规划**。

［目　文］　批复说：一、国务院原则同意《平顶山市城市总体规划（2011—2020年）》（以下简称《总体规划》）。二、重视城乡区域统筹发展。在《总体规划》确定的1383平方公里城市规划区范围内，实行城乡统一规划管理。三、合理控制城市规模。到2020年，中心城区常住人口控制在110万人以内，城市建设用地控制在106平方公里以内。要贯彻落实城乡规划法关于先规划后建设的原则，禁止在《总体规划》确定的建设用地范围之外设立各类开发区和城市新区。四、完善城市基础设施体系。五、建设资源节约型和环境友好型城市。六、创造优良的人居环境。七、重视历史文化和风貌特色保护。八、严格实施《总体规划》。城市建设要实现经济社会协调发展，物质文明和精神文明共同进步。

10月23日

［纲　文］　**外交部发言人表示，遭索马里海盗劫持的中国船员安全获救**。

［目　文］　有记者问：据了解，遭索马里海盗劫持的“NAHAM3”号渔船中国船员安全获救。请介绍具体情况。

发言人说，2012年3月，阿曼籍台湾渔船“NAHAM3”遭索马里海盗劫持，船上有29名船员，其中10名大陆同胞、2名台湾同胞，还有来自菲律宾、印度尼西亚、越南、柬埔寨的17名船员。其间，包括1名大陆同胞、1名台湾同胞在内的3名船员不幸身亡。经多方努力，北京时间2016年10月22日，幸存的26名船员全部安全获救，并在联合国有关机构协助下于23日抵达肯尼亚。中国政府派工作组赴前方迎接获救中方船员。在做好安置、体检、心理疏导等工作后，获救的中国同胞将在外交部工作组陪护下尽快返回祖国，与亲人团聚。在此，中国政府向所有参与营救的机构和人员致以诚挚的谢意，也对获救船员们表示衷心的祝福。同时对被劫持后不幸身亡的3名船员表示沉重哀悼，对他们的家属致以深切慰问，对海盗无视生命尊严的残忍行径予以强烈谴责。

10月23日

［纲　文］ **《人民日报》发表题为《弘扬伟大长征精神——二论贯彻习近平总书记纪念红军长征胜利80周年讲话精神》的评论员文章。**

10月24日

［纲　文］ **中央军委办公厅发出通知，要求全军和武警部队认真学习贯彻习主席在纪念红军长征胜利80周年大会上的重要讲话。**

10月24日

［纲　文］ **财政部、国务院扶贫办印发《关于进一步做好贫困县涉农资金整合工作有关事项的通知》。**

［目　文］ 《通知》由六个部分组成：一、加快制定资金统筹整合使用方案。二、加快制定资金管理办法。三、加大资金保障力度。四、健全工作协调机制。五、抓好示范带动。六、建立工作进度通报制度。

10月24日

［纲　文］ **外交部发言人就菲律宾遭受台风“海马”袭击表示，将向菲方提供力所能及的帮助。**

［目　文］ 发言人说，习近平主席在与来访的杜特尔特总统会谈时，已向菲律宾政府和人民表示慰问。外交部部长王毅也已致电菲律宾外长亚赛表示慰问。中国红十字会将提供10万美元人道主义援助。中国政府也将向菲方提供力所能及的帮助。相信在菲律宾政府的领导下，灾区人民一定能战胜灾害，早日恢复正常的生产生活。

10月24日

［纲　文］ **《人民日报》发表题为《走好今天的长征路——三论贯彻习近平总书记纪念红军长征胜利80周年讲话精神》的评论员文章。**

10月24—27日

［纲　文］ **中国共产党第十八届中央委员会第六次全体会议在北京举行。**

［目　文］ 全会由中央政治局主持。中央委员197人，候补中央委员151人。中央纪律检查委员会委员和有关方面负责人列席会议。党的十八大代表中部分基层同志和专家学者列席会议。

全会听取和讨论了习近平受中央政治局委托作的工作报告，审议通过了《关于新形势下党内政治生活的若干准则》和《中国共产党党内监督条例》，审议通过了《关于召开党的第十九次全国代表大会的决议》。习近平就《准则（讨论稿）》和《条例（讨论稿）》向全会作了说明。全会按照党章规定，决定递补中央委员会候补委员赵宪庚、咸辉为中央委员会委员。全会审议并通过了中共中央纪律检查委员会关于王珉、吕锡文严重违纪问题的审查报告，审议并通过了中共中央军事委员会关于范长秘、牛志忠严重违纪问题的审查报告，确认中央政治局之前作出的给予王珉、吕锡文、范长秘、牛志忠开除党籍的处分。

全会号召，全党同志紧密团结在以习近平同志为核心的党中央周围，全面深入贯彻本次全会精神，牢固树立政治意识、大局意识、核心意识、看齐意识，坚定不移维护党中央权威和党中央集中统一领导，继续推进全面从严治党，共同营造风清气正的政治生态，确保党团结带领人民不断开创中国特色社会主义事业新局面。

《关于新形势下党内政治生活的若干准则》主要由12个部分组成：一、坚定理想信念。二、坚持党的基本路线。三、坚决维护党中央权威。四、严明党的政治纪律。五、保持党同人民群众的血肉联系。六、坚持民主集中制原则。七、发扬党内民主和保障党员权利。八、坚持正确选人用人导向。九、严格党的组织生活制度。十、开展批评和自我批评。十一、加强对权力运行的制约和监督。十二、保持清正廉洁的政治本色。

《中国共产党党内监督条例》共8章47条。主要有总则、党的中央组织的监督、党委（党组）的监督、党的纪律检查委员会的监督、党的基层组织和党员的监督、党内监督和外部监督相结合、整改和保障、附则等内容。自2016年10月27日起实施。

10月24—27日

［纲　文］　**2016“汉学与当代中国”座谈会在北京举办**。

［目　文］　座谈会由文化部和中国社会科学院共同主办，来自全球26个国家的31位汉学家、中国问题研究专家和智库学者，以及国内的17位著名学者，围绕会议主题“全球视野下的‘一带一路’”展开交流和对话。

10月25日

［纲　文］　**新华社北京讯，中共中央、国务院印发《“健康中国2030”规划纲要》**。

［目　文］　《纲要》共8篇29章，主要有总体战略、普及健康生活、优化健康服务、完善健康保障、建设健康环境、发展健康产业、健全支撑与保障、强化组织实施等内容。

10月25日

［纲　文］　**国务院办公厅印发《关于加快发展健身休闲产业的指导意见》**。

［目　文］　《意见》由八部分组成：一、总体要求。二、完善健身休闲服务体系。三、培育健身休闲市场主体。四、优化健身休闲产业结构和布局。五、加强健身休闲设施建设。六、提升健身休闲器材装备研发制造能力。七、改善健身休闲消费环境。八、加强组织实施。

《意见》要求，各地各有关部门要根据本意见要求，结合实际情况，抓紧制定具体实施意见和配套政策。体育总局、发展改革委、旅游局要会同有关部门对落实本意见的情况进行监督检查和跟踪分析，重大事项及时向国务院报告。

10月25日

［纲　文］　**交通部发布《关于进一步加强农村物流网络节点体系建设的通知》**。

［目　文］　《通知》的主要内容有：一、充分认识农村物流网络节点体系建设的重要

意义。二、工作目标。三、工作重点。

10月25日

［纲 文］ **质检总局公布《出入境邮轮检疫管理办法》。**

［目 文］ 《办法》共9章45条，主要有总则、风险管理、入境检疫查验、出境检疫查验、检疫处理、突发公共卫生事件处置、监督管理、法律责任、附则等内容，自2017年1月1日起施行。

10月25日

［纲 文］ **纪念中华人民共和国恢复在联合国合法席位45周年招待会在北京举行。**

［目 文］ 招待会由外交部主办，外交部部长王毅主持。国务委员杨洁篪出席招待会并讲话。国务院有关部委负责人、各国驻华使节、联合国各驻华机构代表等四百多人出席了招待会。

杨洁篪表示，45年前的今天，联合国大会通过第2758号决议，决定恢复中华人民共和国在联合国合法席位。这一具有划时代意义的重大事件，标志着联合国的普遍性、代表性和权威性显著增强，维护和平与发展的力量不断壮大和中国对外交往进入新阶段。45年来，中国始终是世界和平的建设者，全球发展的贡献者，国际秩序的维护者和联合国事业的支持者。中国将坚持走和平发展、共同发展、合作发展和多边主义道路，愿同联合国及各国携手努力，共同促进人类和平与发展的崇高事业。

10月25日

［纲 文］ **外交部发言人就日本官员日前涉及"慰安妇"问题的言论表示，日方应正视和反省日本军国主义在对外侵略战争中犯下的严重罪行，以实际行动取信于亚洲邻国和国际社会。**

［目 文］ 发言人说，众所周知，强征"慰安妇"是第二次世界大战期间日本军国主义对包括中国在内亚洲受害国人民犯下的严重反人道罪行，至今仍然对受害者及其亲属的身心造成严重伤害。中方严肃敦促日方以对历史负责、对人类良知负责和尊重人权的态度，正视和反省日本军国主义在对外侵略战争中犯下的严重罪行，以实际行动取信于亚洲邻国，取信于国际社会。希望日本政要能到柏林去看看德国修建的欧洲被害犹太人纪念碑，如果能因此在东京也修建"慰安妇"铜像，可能有助于日本卸下历史的包袱，有助于赢得亚洲邻国的谅解。

有记者问：据报道，第十四世达赖喇嘛不久前在欧洲巡回活动期间，个别国家政要与其进行会见。我们也注意到中国外交部发言人就此表明了立场。此后，有关国家政府担心同中国的关系受损，以不同方式来消除负面影响。中方对此有何评论？

发言人说，首先，中方始终坚决反对任何国家官方人士同第十四世达赖喇嘛进行任何形式的接触。我们坚持这一立场的决心不容置疑，毫不动摇。我们也注意到，捷克总统、参议院主席、众议院主席、总理联合发表声明，捷克外交部也发表声明，都强调捷克尊重中国的主权和领土完整，承认西藏是中国的一部分，捷克某些政治人物的个人行为不代表捷克官方政策的改变。同时，据斯洛伐克媒体报道，斯洛伐克总理菲佐也表示，斯洛伐克总统不应将个人置于国家利益之上，总统作出的决定损害了斯中关系。斯洛伐克外长莱恰克近日也正式致函王毅外长，强调斯洛伐克政府坚持一个中国政策，视西藏为中国不可分割的一部分，并代表斯洛伐克政府郑重声明：本届斯洛伐克政府过去不曾、将来也不会与所谓的“西藏流亡政府”或“流亡议会”的任何代表进行官方接触。中方重视上述表态，也希望有关国家言行一致，恪守一个中国政策，切实理解和尊重中方的核心利益和重大关切，慎重妥善处理涉藏问题，确保有关国家与中国的双边关系持续健康稳定发展。

10月26日

［纲　文］　**国务院、中央军委批复安徽省人民政府，同意新建安徽芜湖宣城民用机场。**

［目　文］　批复说：一、同意新建安徽芜湖宣城民用机场。机场性质为国内支线机场，场址位于芜湖市芜湖县湾沚镇小庄村附近。二、本期工程建设规模为：飞行区等级指标4C，新建一条长2800米的跑道；航站区按满足2025年旅客吞吐量120万人次、货邮吞吐量5000吨的目标设计，新建航站楼1.5万平方米、站坪机位8个；配套建设通信、导航、气象、供油、消防救援等辅助生产设施。三、项目总投资约13.36亿元。原则上由发展改革委、民航局和安徽省共同筹措解决，具体资金安排在可行性研究阶段确定。四、该机场建成后，由地方经营管理，民航局实行行业管理。

10月26日

［纲　文］　**最高人民法院、国土资源部印发《关于推进信息共享和网络执行查询机制建设的意见》。**

［目　文］　《意见》由四个部分组成：一、明确目标，全面建设网络执行查询机制。二、突出重点，着力提高规范化水平。三、落实责任，确保信息安全。四、统筹协调，深化拓展部门合作。

10月26日

［纲　文］　**财政部、教育部印发《高等学校哲学社会科学繁荣计划专项资金管理办法》。**

［目　文］　《办法》共6章32条，主要有总则、支出范围、预算管理、决算管理、监督检查与绩效管理、附则等内容，自2016年12月1日起施行。

10月26日

［纲　文］　**林业局公布《中华人民共和国植物新品种保护名录（林业部分）（第六批）》，自2016年11月30日起施行。**

10月26日

［纲　文］　**第一届中国农村电子商务主题会议在浙江丽水召开。**

［目　文］　会议由中国国际电子商务中心、浙江省商务厅、丽水市人民政府共同主

办，大会以“互联网+绿水青山”为主题。会上，知名经济学家、电子商务行业专家与政府官员等共同研讨了农村电子商务发展现状与趋势。

在大会举办期间，主办方发布了首份《中国农村电子商务发展报告》，来自农业部、商务部、中国国际电子商务中心、阿里巴巴集团等的专家学者作了主题演讲，来自黑龙江、四川、江苏、山东、陕西等电子商务进农村示范县工作的主要负责人出席大会并作了经验分享。

10月26日

［纲　文］　**国务委员杨洁篪在北京会见英国约克公爵安德鲁王子。**

［目　文］　杨洁篪表示，2016年9月，习近平主席与梅首相在二十国集团领导人杭州峰会期间成功会晤，双方再次确认中英关系“黄金时代”的大方向。中方愿与英方共同抓住机会，推动两国关系更上一层楼。我们赞赏英国王室长期以来为促进中英关系发展作出的贡献，期待英王室为中英两国进一步增进友谊、扩大合作继续发挥重要作用。

安德鲁王子高度评价英中关系，表示英方致力于不断推进两国各领域交流与合作，英国王室愿为加强两国的了解与合作作出积极贡献。

10月26日—11月4日

［纲　文］　**应国家主席习近平邀请，几内亚共和国总统孔戴对中国进行国事访问。**

［目　文］　访问期间，习近平在北京同孔戴举行会谈，两国元首决定建立中几全面战略合作伙伴关系，以落实中非合作论坛约翰内斯堡峰会成果为契机，全面深化拓展两国各领域友好互利合作，为中几关系开创更加广阔的未来；并共同见证了外交、经济、基础设施、航空、文化、卫生、金融等领域双边合作文件的签署。国务院总理李克强、全国人大常委会委员长张德江在北京分别会见了孔戴。孔戴还在陕西、四川参观访问，并出席在成都举行的第16届中国西部国际博览会开幕式。

习近平在会见孔戴时强调，中几要坚持从战略高度和长远角度谋划和发展双边关系，加强两国政府、执政党、立法机构、地方政府等各领域人员交流合作，巩固两国长期友好的政治基础。中方坚定支持几内亚探索符合自身国情的发展道路。双方要深化经贸互利合作，落实好有关合作项目。中方愿同几方拓展农业合作，帮助几方提高农业生产水平，实现粮食安全。中方愿同几方开展资源开发战略合作，并带动铁路、港口、电力、通信等基础设施建设和产能合作，支持几方将资源优势转化为发展成果，实现自主可持续发展。中方愿同几方加强文化、教育、卫生、旅游等领域交流合作，增进两国人民相互了解和友谊。中方愿同几方全面加强国际协作，就中非可再生能源领域合作、气候变化、2030年可持续发展议程、非洲和平安全等国际和地区问题加强沟通和协调，共同维护发展中国家正当权益。中方将秉持真实亲诚对非政策理念和正确义利观，全面落实中非合作论坛约翰内斯堡峰会成果，把实现自身发展同助力非洲自主可持续发展紧密结合起来，实现合作共赢、共同发展。

孔戴表示，几内亚感谢中国长期以来的支持、包括帮助几内亚政府和人民抗击埃博拉疫情。几方愿同中方在资源、能源、科技、农业、水电、基础设施、港口建设领域扩大合作，加强治国理政交流。几方赞赏中方奉行真实亲诚的对非政策，致力于积极参加习主席在中非合作论坛约翰内斯堡峰会提出的“十大合作计划”框架下中非相关合作，愿成为中国在非洲的战略伙伴。

李克强在会见孔戴指出，中几经济互补优势明显，中方愿同几方用好双边合作机制，创新合作模式，积极开展产能合作，加强基础设施建设等领域合作，分享发展经济、减贫等方面的经验。中方祝贺几内亚走出埃博拉疫情阴影，愿同几方加强在应对重大传染病疫情等医疗卫生领域的合作。

孔戴表示，几方赞赏中方奉行真实亲诚的对非政策，愿借鉴中国发展经验，加强双方在基础设施建设、农业等领域合作，共同推动两国关系再上新台阶，使几中合作成为非中友好合作的典范。

张德江在会见孔戴时说，中国全国人大愿加强同几内亚国民议会各层次友好交往，落实好两国元首达成的重要共识，加强立法、治国理政等方面的交流互鉴，完善双方互利合作的政策和法律环境，推动中几各领域合作顺利开展，推进中几友好关系持续深入发展。

孔戴表示，愿借此访学习中国发展经验，加强双方各领域交流合作，促进两国友好关系向前发展。

10 月 27 日

［纲　文］　**习近平致信祝贺中国医学科学院成立 60 周年，李克强作出批示。**

［目　文］　中共中央总书记习近平的贺信写道：值此中国医学科学院建院 60 周年之际，我代表党中央，表示热烈的祝贺！向我国医疗卫生系统广大科技工作者和干部职工致以诚挚的问候！60 年来，中国医学科学院作为我国医疗卫生领域的国家队、排头兵，开拓进取、攻坚克难，在重大疾病防治、医学科技发展和创新、高层次医学人才培养、医学科技成果转化、医疗卫生战略研究等方面取得了丰硕成果，为我国医疗卫生事业发展、提高人民健康水平作出了重要贡献。希望你们以建院 60 周年为新起点，抓住机遇、迎难而上，努力把中国医学科学院建设成为我国医学科技创新体系的核心基地，继续谱写新的篇章。

国务院总理李克强作出批示指出，中国医学科学院建院 60 年来，充分发挥医教研产防一体化优势，坚持面向国家重大需求和国际科技前沿，开展医学科学研究和重大疾病防治工作，取得了一系列举世瞩目的成果，为保障人民健康、推动经济社会发展作出了重要贡献，无愧为医疗卫生领域的领军力量。希望中国医学科学院不负重托，继往开来，着力推进改革创新，优化学科布局，拓展国际视野，培养吸引更多医教研优秀人才，提升核心竞争力，创造更多世界领先、服务人民的科技成果，为深入推进创新型国家和健康中国建设、全面建成小康社会作出新贡献。

28日，中国医学科学院举行成立60周年纪念大会。国务院副总理刘延东在会上宣读了习近平的贺信和李克强的批示并表示，要按照以习近平同志为核心的党中央的要求，贯彻全国科技创新大会和全国卫生与健康大会精神，以人民健康为中心，以改革创新为动力，以“核心基地”为目标，构建协同高效的医学科技创新体系，培育高水平医学人才，为建设健康中国、增进人民健康福祉作出新贡献。

中国医学科学院成立于1956年，是我国国家级综合性医学科学研究机构和学术中心。近年来，中国医学科学院完成了人感染H7N9和H10N8禽流感、输入性脊髓灰质炎应急防控以及援助非洲抗击埃博拉病毒等重大应急科技支撑任务，在防控重大疾病、保障人民健康、推动经济社会发展等方面发挥了重要作用。

10月27日

［纲　文］　**中共中央办公厅发出《关于认真学习宣传党的十八届六中全会精神的通知》。**

10月27日

［纲　文］　**中共中央办公厅、国务院办公厅印发《关于进一步加强东西部扶贫协作工作的指导意见》。**

［目　文］　《意见》由四个部分组成：一、总体要求。二、结对关系。三、主要任务。四、保障措施。

《意见》指出，东西部扶贫协作考核工作由国务院扶贫开发领导小组组织实施，考核结果向党中央、国务院报告。

10月27日

［纲　文］　**国务院办公厅印发《地方政府性债务风险应急处置预案》。**

［目　文］　《预案》由七个部分组成，主要有总则、组织指挥体系及职责、预警和预防机制、应急响应、后期处置、保障措施、附则等部分内容，自2016年10月27日起实施。

《预案》强调，适时启动责任追究机制，地方政府应依法对相关责任人员进行行政问责，银监部门应当对银行业金融机构相关责任人员依法追责。省级政府应当将地方政府性债务风险处置纳入政绩考核范围。

10月27日

［纲　文］　**国务院印发《“十三五”控制温室气体排放工作方案》。**

［目　文］　《方案》由十个部分组成：一、总体要求。二、低碳引领能源革命。三、打造低碳产业体系。四、推动城镇化低碳发展。五、加快区域低碳发展。六、建设和运行全国碳排放权交易市场。七、加强低碳科技创新。八、强化基础能力支撑。九、广泛开展国际合作。十、强化保障落实。

《方案》要求，各地、各有关部门要加强对控制温室气体排放工作的组织领导，强化目标责任考核，加大资金投入，做好宣传引导，确保方案各项工作任务落实。

10月27日

［纲　文］ **财政部印发《地方预决算公开操作规程》。**

［目　文］ 《规程》由九个部分组成，主要有总则、预决算公开职责、预决算公开时间、政府预决算公开内容、部门预决算公开内容、预决算公开方式、涉密事项管理、保障措施、附则等部分内容。自2016年10月27日起执行。

10月27日

［纲　文］ **中宣部在北京召开学习宣传党的十八届六中全会精神工作会议。**

［目　文］ 中宣部部长刘奇葆出席会议时强调，宣传思想战线要把学习宣传党的十八届六中全会精神作为头等大事，全力以赴做好各项工作，迅速兴起学习贯彻全会精神热潮。这次全会是在全面建成小康社会决胜阶段召开的一次十分重要的会议。要深入学习领会全会精神，深刻把握全面从严治党的重大意义，把握新形势下加强和规范党内政治生活的基本遵循，把握加强党内监督的基本要求，把握领导干部特别是高级干部是严肃党内政治生活、加强党内监督的重点对象，把思想和行动统一到全会精神上来。全会明确习近平总书记的核心地位、正式提出"以习近平同志为核心的党中央"，这是党和国家根本利益所在，是坚持和加强党的领导的根本保证。要进一步增强"四个意识"特别是核心意识、看齐意识，更加紧密团结在以习近平同志为核心的党中央周围，把党中央决策部署贯彻落实好。要牢牢把握正确导向，精心组织新闻宣传，广泛开展集中宣讲，加强理论研究阐释，营造学习贯彻全会精神的浓厚氛围。要切实做好思想理论准备工作和意识形态工作，以优异成绩迎接党的十九大召开。

10月27—30日

［纲　文］ **第11届中国北京国际文化创意产业博览会举办。**

［目　文］ 文博会由文化部、国家新闻出版广电总局和北京市人民政府共同主办，中国国际贸易促进委员会北京市分会承办。以"激发文化活力，引领产业创新"为主题，通过综合活动、展览展示、推介交易、论坛会议、创意活动、分会场六大系列百余场活动，集中展现中国文化产业发展的新面貌、新趋势，汇集优秀传统文化资源，聚焦京津冀协同发展，促进产业跨界融合，激发创新创业活力，力推优质文创项目，提升开放合作水平。联合国贸易和发展会议、世界知识产权组织的代表，以及美国、英国、德国、俄罗斯、瑞士等41个国家和地区的43个代表团组，天津、河北、山西、内蒙古、黑龙江等21个省区市的代表团参展参会。

10月27—31日

［纲　文］ **应外交部部长王毅邀请，苏丹共和国外交部部长甘杜尔对中国进行正式访问。**

［目　文］ 28日，国家副主席李源潮在北京会见甘杜尔时说，中苏建交五十多年来，始终相互支持、携手共进，是经得起风雨考验的好朋友。中国珍视两国传统友谊，愿同苏丹继续在涉及彼此核心利益和重大关切问题上相互支持，深化石油合作，积极开展

产能合作，拓展农业、矿业、可再生能源等新的合作领域，推动中苏战略伙伴关系不断发展。甘杜尔说，苏方感谢中方长期以来给予的无私帮助，愿同中方一道努力，推动两国各领域合作取得更多成果。

同日，王毅在北京与甘杜尔举行会谈时表示，中方愿同苏方保持战略互信，扩大互利合作，继续推进在能源、产能、农业、可再生能源等领域合作和人文交流，为中苏战略伙伴关系发展不断注入新动力。中方赞赏苏方长期以来在涉及中国核心利益和重大关切问题上给予中方的宝贵支持，坚定支持苏方维护国家主权、独立和领土完整的努力。甘杜尔表示，苏方将继续坚定支持中方维护主权和领土完整的努力，坚持一个中国政策，支持中方在南海问题上的立场，愿同中方继续推进务实合作，推动两国关系不断迈上新台阶。

10月28日

［纲　文］　**中共中央政治局召开会议，分析研究当前经济形势和经济工作。**

［目　文］　中共中央总书记习近平主持会议。会议认为，2016年以来，在错综复杂的国内外形势下，各地区各部门按照党中央决策部署，主动适应经济发展新常态，坚持稳中求进工作总基调，在适度扩大总需求的同时，着力推进供给侧结构性改革、促进民生改善，更加注重预期引导，推动经济社会发展取得了来之不易的成绩。前三季度，我国经济运行总体平稳，结构调整取得积极进展，高新技术产业发展迅速，服务业继续较快增长，金融市场平稳运行，改革开放不断深化，绿色发展成效显现，城镇新增就业好于预期，城乡居民收入和经济增长保持协调，社会大局保持稳定。特别是各地区各部门推进供给侧结构性改革的主动性增强，去产能、去库存、降成本、补短板等取得进展，去杠杆新举措开始实施，经济发展新动能加快成长。同时，经济走势继续分化，地区、产业、企业之间增长情况差异较大，经济运行中的矛盾和问题仍然较多。我们要正视矛盾和问题，保持战略定力，按经济规律办事，扎扎实实做好各项工作。要针对当前经济发展新常态特征更加明显的实际，继续坚持适度扩大总需求，以推进供给侧结构性改革为主线，注重预期引导，要深化、细化、具体化政策组合，加大工作落实力度，确保实现2016年经济社会发展预期目标，确保实施“十三五”规划良好开局。

会议指出，要有效实施积极的财政政策，保证财政合理支出，加大对特困地区和困难省份支持力度。要坚持稳健的货币政策，在保持流动性合理充裕的同时，注重抑制资产泡沫和防范经济金融风险。要落实供给侧结构性改革各项任务，抓紧完成年度重点改革任务。要创造良好发展预期，加强产权保护，做好市场沟通工作。要巩固投资有所企稳态势，推动消费平稳增长，促进对外贸易改善。要帮助困难群众解决生产生活中遇到的问题，及时化解社会矛盾，维护社会大局稳定。要做好安全生产工作，强化责任意识，狠抓工作落实，消除安全隐患。

10月28日

［纲　文］　**李克强主持召开国务院党组会议，深入学习贯彻党的十八届六中全会精**

神，部署进一步推进国务院全面从严治党工作。

［目　文］　会议指出，党的十八届六中全会是我们党在推进党的建设新的伟大工程、推进中国特色社会主义伟大事业进程中召开的一次十分重要的会议。全会审议通过的《关于新形势下党内政治生活的若干准则》和《中国共产党党内监督条例》，对全面从严治党提出了新的更高要求。国务院各部门、各单位要把深入学习贯彻六中全会精神作为重要政治任务，统筹推进“五位一体”总体布局和协调推进“四个全面”战略布局，把《准则》和《条例》的规定要求贯穿到各项工作中。要严守党的政治纪律和政治规矩，以党章为根本遵循，坚持党的组织生活各项制度，增强党内政治生活的政治性、时代性、原则性、战斗性。要完善权力运行制约和监督机制，增强拒腐防变和抵御风险能力，培养信念坚定、纪律严明、勤政廉洁的公务员队伍。要坚持民主集中制，发扬民主、善于集中、敢于担责，最大限度汇聚各方面智慧和共识，齐心协力攻坚克难。全会明确习近平总书记的核心地位、正式提出“以习近平同志为核心的党中央”，对维护党中央权威、维护党的团结和集中统一领导，对全党全军全国各族人民更好凝聚力量抓住机遇、战胜挑战，对全党团结一心、不忘初心、继续前进，对保证党和国家兴旺发达、长治久安，具有十分重大而深远的意义。国务院党组及国务院各部门、各单位要牢固树立“四个意识”特别是核心意识、看齐意识，更加自觉地在思想上政治上行动上同以习近平同志为核心的党中央保持高度一致，更加坚定地维护以习近平同志为核心的党中央权威。党的十八大以来，在以习近平同志为核心的党中央坚强领导下，国务院各部门与各地方共同努力，坚持以经济建设为中心，以发展为第一要务，持续深化改革开放，深入实施创新驱动发展战略，着力稳就业、保基本、兜底线、促公平，促进经济平稳运行和民生不断改善。坚持把党的建设摆在突出位置，切实履行“一岗双责”，确保党中央的各项决策部署落到实处。

会议要求，国务院各部门、各单位要更加紧密地团结在以习近平同志为核心的党中央周围，按照全会决策部署和习近平总书记在全会上的重要讲话精神，全面贯彻执行党在社会主义初级阶段的基本路线，聚精会神抓好发展这个党执政兴国的第一要务，贯彻新发展理念，以推进供给侧结构性改革为主线，积极推进结构调整升级，加快推进新旧动能转换，坚持全心全意为人民服务的根本宗旨，脚踏实地为群众办实事、解难事，不断改善民生，确保完成全年主要目标任务，实现“十三五”良好开局，真抓实干，开拓进取，以更加务实高效的举措，促进经济社会发展更有效率、更有质量、更加公平、更可持续。

10月28日

［纲　文］　**中共全国人大常委会党组召开会议，学习贯彻党的十八届六中全会精神。**

［目　文］　中共十二届全国人大常委会党组书记张德江主持会议。会议强调，学习贯彻党的十八届六中全会精神，是当前和今后一个时期全党全国一项重要政治任务。全国人大常委会党组和全国人大各级党组织、全体党员干部，要认真学习、深刻领会全会精

神，切实把思想和行动统一到以习近平同志为核心的党中央关于全面从严治党的重大决策部署上来，不断把党的建设新的伟大工程推向前进。全会通过的《关于新形势下党内政治生活的若干准则》，以党章为根本遵循，坚持继承和创新相结合，突出问题导向，加强顶层设计和系统谋划，对新形势下党内政治生活作出全面系统的规范，对落实全面从严治党战略部署提出了新的更高要求。全会修订的《中国共产党党内监督条例》，适应全面从严治党新实践新要求，总结新鲜经验，加强党内监督的顶层设计，进一步加强和完善了党内监督的体制机制，把制度的“笼子”扎得更加严密。

10月28日

［纲　文］　**中共全国政协党组召开会议学习贯彻党的十八届六中全会精神。**

［目　文］　全国政协党组书记俞正声主持会议。会议指出，党的十八届六中全会是在全面深化改革、全面建成小康社会决胜阶段召开的一次十分重要的会议，具有里程碑意义。全会充分肯定了党的十八届五中全会以来中央政治局的工作，高度评价了全面从严治党取得的成就。全会分析了党的建设面临的形势和任务，系统总结近年来特别是党的十八大以来全面从严治党的理论和实践，就新形势下加强党的建设作出新的重大部署，必将进一步推进党的建设新的伟大工程。全会审议通过的《关于新形势下党内政治生活的若干准则》和《中国共产党党内监督条例》，是全面从严治党、加强和规范新形势下党内政治生活、加强党内监督的战略举措和制度安排，对着力解决全面从严治党中存在的突出问题具有重大作用，彰显全党努力实现自我净化、自我完善、自我革新、自我提高的政治品格，反映党心民心，非常及时、非常重要。

10月28日

［纲　文］　**教育部、财政部印发《关于实施职业院校教师素质提高计划（2017—2020年）的意见》。**

［目　文］　《计划》由四个部分组成：一、目标任务　二、实施原则。三、计划内容。四、保障措施。

10月28日

［纲　文］　**全国人大常委会委员长张德江在北京与新西兰议长卡特举行会谈。**

［目　文］　张德江说，2014年习近平主席对新西兰成功访问，双方一致同意将中新关系提升为全面战略伙伴关系。两国领导人交往更加频繁，经贸、人文等领域合作不断深化。中方愿同新方一道，落实好两国领导人达成的重要共识，加强各领域务实合作，推动中新关系取得更大发展，更好造福两国和两国人民。立法机关交往是中新关系的重要组成部分。中国全国人大重视发展与新西兰议会多层次的友好往来，期待进一步加强交流合作，为推进中新全面战略伙伴关系发挥更大作用。一是继续增进政治互信。中新双方要尊重彼此重大利益和关切，确保两国关系大局不受干扰。中方赞赏新方多次承诺坚持一个中国政策。二是围绕建设法治国家、推动经济社会协调发展等方面加强治国理政经验交流，互学互鉴。中方也愿同新方加强反腐败追逃追赃交流合作，推动建章立制工作，以更有效

打击犯罪。三是积极推进经贸合作，为促进两国经贸往来、企业投资提供稳定可靠的法律保障和政策支持。四是充分发挥自身广泛联系人民的优势，发挥专门委员会、友好小组等平台的作用，促进两国人文领域和政党、青年、地方、媒体等各界开展更多交流，夯实中新友好关系的民意基础。

卡特赞赏中国共产党领导人民在国家发展方面取得巨大成就并表示，新西兰议会坚持一个中国立场，愿进一步加强与中国全国人大的友好交往，继续致力于推动两国各领域互利合作不断深化。

10月28日

［纲　文］ **中央军委副主席范长龙、国防部部长常万全在北京分别与墨西哥国防部部长西恩富戈斯和海军部长索贝隆举行会见、会谈。**

［目　文］ 范长龙在会见西恩富戈斯和索贝隆时表示，近年来中墨两国在国际和地区事务中保持密切沟通与协调，中方愿与墨方共同努力，将两军交流与合作提升到更高水平，不断丰富中墨全面战略伙伴关系内涵。

西恩富戈斯和索贝隆说，中国的发展成就让人钦佩，墨方愿与中方增进了解，加强合作，发展新型两军关系。

常万全与西恩富戈斯和索贝隆会谈时说，近年来中墨两国防务部门和两军之间保持良好交往。中方愿与墨方一道，落实两国元首共识，努力构建与两国全面战略伙伴关系相适应的两军关系。

西恩富戈斯和索贝隆表示，墨方愿学习中方治国治军经验，希望加强两军在作战、后勤、培训、维和等领域的合作。

10月28日

［纲　文］ **中国第四次高票当选为联合国人权理事会成员国。**

［目　文］ 人权理事会是联合国系统中由47个成员国组成的政府间机构，负责在全球范围内加强促进和保护人权的工作。美国纽约当地时间2016年10月28日，联合国人权理事会举行了理事会成员国选举，中国以180票获得连任。

31日，外交部发言人说，中国成功连任人权理事会成员，充分说明了国际社会对中国人权事业发展成就和积极参与国际人权交流与合作的肯定，也为中国深入参与国际人权合作提供了重要的平台。中国将以此为契机，继续秉持平等互信、包容互鉴、合作共赢的精神，全面深入参与全球人权治理，认真履行国际人权义务，积极推进对外人权交流与合作，为国际人权事业作出更大贡献。

10月28日

［纲　文］ **外交部发言人表示，中方坚决反对达赖到中印领土争议地区活动，要求印方恪守在涉藏问题上对中方的政治承诺。**

［目　文］ 据印度媒体报道，印度非法的所谓“阿鲁纳恰尔邦”政府邀请达赖于2017年3月赴中印边界东段地区活动，印度中央政府已批准了这一活动。

发言人说，中方对有关消息表示严重关切。中国政府在中印边界东段地区问题上的立场是明确和一贯的。达赖集团长期从事反华分裂活动，在中印边界问题上也有过非常不光彩的表演。印方非常清楚达赖问题的严重性和中印边界问题的敏感性。在此情况下，印方邀请第十四世达赖到中印领土争议地区活动，只会对中印边境地区的和平稳定和中印关系造成严重损害。中方坚决反对第十四世达赖到中印领土争议地区活动，要求印方恪守在涉藏问题上对中方的政治承诺，遵守双方在边界问题上的重要共识，不要采取使边界问题进一步复杂化的行动，不给第十四世达赖集团反华分裂活动提供舞台，维护中印关系的健康稳定发展。

10月28日

［纲　文］　**中铁磁浮交通投资建设有限公司在武汉成立，这是全国首家专业化、产业化的新型城市交通投资建设公司。**

10月28日

［纲　文］　**《人民日报》发表题为《坚定不移推进全面从严治党》的社论。**

10月29日

［纲　文］　**孙春兰受中共中央委托，向党外人士通报中共十八届六中全会精神。**

［目　文］　陈昌智、严隽琪、张宝文、陈竺、韩启德、林文漪、罗富和、齐续春、陈晓光、马培华、刘晓峰、王钦敏等出席通报会。各民主党派中央、全国工商联负责人和无党派人士代表，中共中央统战部部领导班子成员参加会议。与会同志一致表示，六中全会正式提出“以习近平同志为核心的党中央”，反映了各民主党派、工商联、无党派人士共同心愿。中共十八大以来，习近平总书记带领新一届中央领导集体总揽全局、协调各方、团结奋斗、勇于担当，治党治国治军展现出非凡气概，取得了卓越成就，在新的伟大斗争实践中已经成为中共中央的核心、中国共产党的核心。要坚决维护以习近平同志为核心的中共中央权威，不忘合作初心、继续携手前进，进一步履行好职能，发展好中国共产党领导的多党合作事业。

中央统战部部长孙春兰说，中共十八届六中全会是在全面建成小康社会决胜阶段召开的一次十分重要的会议，对于推进党的建设新的伟大工程、推进中国特色社会主义伟大事业具有里程碑意义。学习贯彻中共十八届六中全会特别是习近平总书记重要讲话精神，是统一战线重大政治任务。要切实把思想和行动统一到全会精神上来，增强“四个意识”特别是核心意识、看齐意识，在思想上政治上行动上同以习近平同志为核心的中共中央保持高度一致。中共十八届六中全会强调，要重视民主党派和无党派人士提出的意见、批评、建议，鼓励党外人士讲真话、进诤言，完善知情、沟通、反馈、落实等机制，体现了以习近平同志为核心的中共中央对多党合作的高度重视。希望各民主党派和无党派人士认真履行民主监督职能，对中共各级党政机关和党员领导干部贯彻落实《关于新形势下党内政治生活的若干准则》和《中国共产党党内监督条例》情况开展民主监督，提出意见建议。加强民主监督理论研究，探索有效途径做法。

10月29日

［纲　文］ **新华社讯，中共中央决定：蒋超良同志任湖北省委委员、常委、书记。**

10月29日

［纲　文］ **最高人民法院印发《关于严格规范终结本次执行程序的规定（试行）》，自2016年12月1日起施行。**

10月29日

［纲　文］ **《人民日报》发表题为《全面从严治党是锻造坚强领导力量的必然要求——论学习贯彻党的十八届六中全会精神》的评论员文章。**

10月29日—11月1日

［纲　文］ **应外交部部长王毅邀请，法国外交和国际发展部部长艾罗对中国进行正式访问。**

［目　文］ 31日，国家主席习近平在北京会见艾罗时指出，9月，我同奥朗德总统在杭州举行了很好的会晤，就发展中法全面战略伙伴关系达成新的重要共识。为推动两国关系得到更大发展，双方要坚持相互尊重、相互支持、互利共赢、开拓创新，使之成为指导两国关系的基本原则。双方要落实好英国欣克利角核电站等重大项目，全面拓展贸易、投资和金融等领域合作，深化利益交融。双方要丰富人文交流，拓展地方合作，推动人员往来，增进相互了解和认知。双方要加强在国际事务中的沟通和协调，携手推动《巴黎协定》和二十国集团领导人杭州峰会成果落实，在推动解决发展问题和热点问题上发挥更大作用。中方始终从战略高度重视欧盟，坚定支持欧洲一体化进程，愿深入推进中欧四大伙伴关系建设。我们期待法方为此发挥更加积极作用。希望法方继续支持和推动“一带一路”倡议同欧洲发展战略对接。

艾罗表示，法方积极支持“一带一路”倡议，愿致力于同中方加强法中经贸、投资关系，落实好欣克利角核电站等大项目，探讨医药卫生、可持续发展、城镇化建设等互利合作，深化教育、影视等领域人文交流。法方愿加强同中方在联合国安理会等多边框架内合作，坚持欧盟应当继续做中国可靠的伙伴。

同日，国务院副总理刘延东在北京会见艾罗时指出，中法高级别人文交流机制第三次会议2016年6月在法国成功举办，在教育、科技、文化、体育等十大领域取得70项合作成果，签署了24项各领域合作协议，成绩斐然。艾罗表示，法方期待2017年在华举办机制第四次会议，愿不断密切两国人民的交往和友谊，推动中法关系再上新台阶。

31日，王毅在北京同艾罗举行会谈，就下一阶段中法关系及务实合作达成广泛共识。双方同意，继续保持高质量高层交往，办好双边机制性对话，弘扬传统友谊，相互尊重和相互支持，照顾彼此核心利益和重大关切，推动两国关系实现更好更快发展。全面深化和拓展经贸务实合作，抓好重大项目重点领域合作。着力深化核能全产业链合作，加强贸易、投资、金融合作，扎实推进第三方市场和地方合作，共同推进“一带一路”建设，发掘更多互利合作空间和潜力。积极开展人文交流，夯实中法关系民意基础。落实好教育、科技、文化、卫生、体育、旅游等各领域合作项目，进一步提高人员往来便利化水平，推动两国人民特别是两国青年之间的交流。保持在国际事务中的沟通协调，在气候变化、全球经济治理等问题上发挥引领示范作用，推动《巴黎协定》和二十国集团杭州峰会成果得到全面有效落实，继续为和平解决国际地区热点问题发挥积极作用。

双方还就叙利亚、巴以、朝鲜半岛局势等共同关心的国际地区热点问题交换了看法。

10月30日

［纲　文］　**中共中央办公厅、国务院办公厅印发《关于完善农村土地所有权承包权经营权分置办法的意见》。**

［目　文］　《意见》由四个部分组成：一、重要意义。二、总体要求。三、逐步形成“三权分置”格局。四、确保“三权分置”有序实施。

《意见》要求，各地区各有关部门要认真贯彻本意见要求，研究制定具体落实措施。加大政策宣传力度，统一思想认识，加强干部培训，提高执行政策能力和水平。坚持问题导向，对实践中出现的新情况新问题要密切关注，及时总结，适时调整完善措施。加强工作指导，建立检查监督机制，督促各项任务稳步开展。农业部、中央农办要切实承担起牵头责任，健全沟通协调机制，及时向党中央、国务院报告工作进展情况。各相关部门要主动支持配合，形成工作合力，更好推动“三权分置”有序实施。

10月30日

［纲　文］　**中央军委办公厅发出通知，要求全军和武警部队认真学习宣传贯彻党的十八届六中全会精神。**

10月30日

［纲　文］　**《人民日报》发表题为《增强“四个意识”维护党中央权威——二论学习贯彻党的十八届六中全会精神》的评论员文章。**

10月30日—11月1日

［纲　文］　**应国务院总理李克强邀请，比利时王国首相米歇尔对中国进行正式访问。**

［目　文］　访问期间，国家主席习近平、全国人大常委会委员长张德江在北京分别会见了米歇尔。李克强在北京同米歇尔举行了会谈并共同见证了中比司法、基础设施、高科技等领域双边合作文件的签署。

习近平在会见米歇尔时强调，中比要立足真诚友好，妥善处理涉及彼此核心利益和重大关切的问题。中方高度赞赏比利时政府坚持一个中国政策。双方要立足开拓创新，两国经贸合作基础深厚、潜力巨大。双方可以结合各自优势，以先进制造业、新能源、生态环保、现代服务业等为重点，积极开展高技术、高附加值的新型合作，加强联合创新和研发。希望比方抓住“一带一路”建设带来的机遇，推进中欧、亚欧物流产业发展和跨境电子商务合作。中方赞赏和欢迎比利时加入亚洲基础设施投资银行的积极意愿，祝愿比利时早日成为亚投行成员，欢迎比方积极参与亚欧海陆联动大通道、泛欧铁路网等建设。双方要立足开放共赢，致力于维护公平、开放的国际贸易体系，中方始终从战略高度重视欧盟，坚定支持欧洲一体化进程，深化同欧盟的战略伙伴关系。希望比方推动欧盟如期充分履行《中国加入世贸组织议定书》第十五条的义务，继续为中欧关系发展发挥积极作用。

米歇尔表示，比方欣见比中经贸、文化交往活跃，愿拓展同中方司法、投资、创新、航空、新能源、数字经济、基础设施及"一带一路"框架下合作。比利时坚信发展积极的对华关系符合欧盟自身利益，致力于推动建立高度互信、互利合作的欧中关系。

李克强同米歇尔会谈时表示，中方愿同比方更好对接发展战略，探索合作新增长点，加强科技创新、先进制造业等合作以及相关领域的人才培养，加强安全合作，推动务实合作迈上新台阶。希望比方放宽对华高技术产品出口，更好实现中比互利双赢。比利时是欧盟重要成员国，也是中国在欧盟内的重要合作伙伴。中方始终支持欧洲一体化进程，希望看到一个团结稳定繁荣的欧盟，愿同欧方在业已达成的共识基础上开展多领域、多形式的合作。希望比方发挥在欧盟内的重要影响，推动欧盟如期履行在《中国加入世贸组织议定书》第十五条中所承诺的义务，终止"替代国"做法，加快推进中欧投资协定谈判和中欧自贸区可行性研究，发出中欧共同反对贸易保护主义的信号，推动双方经贸关系健康稳定发展。

米歇尔表示，比方愿加强两国在政治、经济、文化等各领域交往与合作，为比中关系发展不断注入新的活力。比方坚持自由贸易，致力于扩大双方在农牧业、信息通信、金融保险等领域贸易和投资合作，希望成为中国企业投资欧洲的门户。比方愿以积极务实态度处理欧盟履行世贸组织相关义务问题，推动欧中投资协定谈判，为欧中经贸关系发展创造良好条件。

10月31日

［纲　文］　**李克强主持召开国务院常务会议。**

［目　文］　会议主要内容是：一、听取国务院第三次大督查情况汇报，推动改革发展和民生改善政策措施切实落地见效。会议要求，各地区、各部门要抓住后两个月关键时期，切实整改督查发现的问题。一是强化工作落实责任机制，认真研究督查中各方提出的意见建议，抓住牵一发动全身的重点问题，围绕推进重大建设、吸引民间投资促进医养结合等新兴产业发展和保障房、扶贫、医保等重大民生事项，提出有效解决办法，促进供给结构更好适应需求结构变化，提高发展质量效益。二是各级政府要克服重发文轻落实现象，进一步整治"文山会海"。三是加强政府系统纵向、横向协调，加快各类政务信息系统整合共享，防止相互掣肘影响发展。会议强调，为确保党中央、国务院重大决策部署落实，必须注重发挥各方积极性，坚持赏罚分明，建立健全容错机制，鼓励各地干事创业。对抓落实有力有效的地方和部门要推广其经验，并将对地方的激励措施从2015年的6项

增加到24项，在改革试点、财政投入、项目布局、融资发债等方面进一步加大政策倾斜和支持。对不作为、乱作为的，要依法依规严肃问责。推动各地区、各部门铆足干劲、真抓实干，全面完成全年经济社会发展主要目标任务，实现“十三五”良好开局，为2017年工作奠定坚实基础。二、确定全面推进政务公开相关实施细则，促进政府施政更加透明高效。会议确定，一是将决策、执行、管理、服务、结果“五公开”的要求稳步有序纳入政务活动各环节。在全国选取100个县，围绕土地利用规划、拆迁安置、环境治理、扶贫救灾、就业社保等开展政务公开标准化规范化试点。各部门要就本行业本系统主动公开的内容、主体、时限、方式等编制目录并动态更新。二是强化政策解读。地方和部门主要负责人要带头发布权威信息，同时要发挥专家学者等作用，准确阐释政策，为群众解疑释惑。三是积极回应社会关切，特别是对涉及群众切身利益、影响市场预期和突发公共事件等重点信息，有关地方和部门要及时主动发声。对群众反映的实际困难和重大问题，研究解决或调查处置情况要及时公布。四是加强政府网站等平台建设，注重运用全媒体手段，扩大政务信息覆盖面和影响力。五是拓宽公众参与政策制定、执行和监督的渠道。国务院部门和省级政府要在经济社会发展规划、法规规章、重大建设项目等方面扩大公众参与度。建立健全公众代表、专家、媒体、利益相关方等列席政府有关会议制度。建立政务公开效果评估机制，使政务服务更加透明高效。

10月31日

［纲　文］　**全国安全生产监管监察系统先进集体和先进工作者表彰大会在北京举行，习近平、李克强对全国安全生产工作作出指示、批示。**

［目　文］　中共中央总书记习近平向全国安全监管监察系统广大干部职工致以诚挚的问候，向受到表彰的先进集体和先进工作者表示热烈的祝贺并指出，安全生产事关人民福祉，事关经济社会发展大局。党的十八大以来，安全监管监察部门广大干部职工贯彻安全发展理念，甘于奉献、扎实工作，为预防生产安全事故作出了重要贡献。各级安全监管监察部门要牢固树立发展决不能以牺牲安全为代价的红线意识，以防范和遏制重特大事故为重点，坚持标本兼治、综合治理、系统建设，统筹推进安全生产领域改革发展。各级党委和政府要认真贯彻落实党中央关于加快安全生产领域改革发展的工作部署，坚持党政同责、一岗双责、齐抓共管、失职追责，严格落实安全生产责任制，完善安全监管体制，强化依法治理，不断提高全社会安全生产水平，更好维护广大人民群众生命财产安全。

国务院总理李克强作出批示指出，安全生产是经济社会发展的重要基础和保障。近年来，全国安全生产监管监察系统认真贯彻党中央、国务院决策部署，依法履职尽责，推动安全生产工作不断取得新成绩，涌现出许多深入一线、勇于担当、辛勤奉献的模范典型。在此，向获得表彰的先进集体和个人表示衷心祝贺，并通过你们向全系统广大干部职工表示诚挚问候！当前，我国安全生产形势依然复杂严峻，工作不能有丝毫松懈。望牢固树立新发展理念，坚持人民利益至上，切实增强红线意识，进一步推进安全生产领域改革，深化重点行业领域专项治理，狠抓隐患排查、责任落实、健全制度和完善监管，强化安全科技、应急管理等基础工作，加快建立安全风险防控体系，更加细致扎实地做好安全生产各项工作，为全面建成小康社会作出更大贡献。

国务委员王勇宣读了习近平指示和李克强批示，五位受表彰代表作了发言。中央和国家机关有关部门负责人，各省区市、计划单列市和新疆生产建设兵团安监局以及各省级煤监局负责人等参加会议。国务院副总理马凯出席会议并表示，在党中央、国务院坚强领导下，通过全国安全生产监管监察系统干部职工不懈努力，安全生产形势稳定向好，安全生产事业不断发展，涌现出一批先进典型，展现了新时期安全生产监管监察队伍的精神风貌和时代风采。他要求，安全生产监管监察系统干部职工要紧密团结在以习近平同志为核心的党中央周围，认真贯彻落实习近平总书记和李克强总理重要指示批示精神，充分发挥先进典型的模范作用，努力打造一支高素质的安全监管监察干部队伍，不断推进安全生产事业发展进步，为全面建成小康社会、实现中华民族伟大复兴中国梦作出新的更大贡献。

10月31日

［纲　文］　**国务委员兼国防部部长常万全在北京分别与卡塔尔国防国务大臣阿提亚、马来西亚国防部长希沙姆丁举行会谈、会见。**

［目　文］　常万全与阿提亚会谈时说，卡塔尔是中东海湾地区有独特影响的重要国家，也是中国在这一地区重要的合作伙伴。近年来中卡两军关系发展势头良好，双方互访不断，务实合作逐步深入、富有成效。中方重视与卡塔尔军队的友好关系，愿进一步深化和发展两军各领域友好合作。常万全还介绍了中共十八届六中全会有关情况。

阿提亚说，卡方期待与中方进一步加强各领域合作，促进两军关系不断向前发展。

常万全在会见希沙姆丁时说，两军友好交流与务实合作取得积极成果。中方愿与马方一道继续推动两军关系向前发展，为地区乃至世界的和平稳定作出贡献。常万全还介绍了中共十八届六中全会有关情况。

希沙姆丁说，马方希望双方能加强防务磋商、联演联训、军舰互访等各领域交流，开展国防工业合作，推动两国两军关系迈上新台阶。

10月31日

［纲　文］　**重庆市永川区金山沟煤业有限责任公司发生特别重大瓦斯爆炸事故，造成33人死亡、1人受伤，直接经济损失3682万元。**

［目　文］　经国务院调查组调查认定，该事故为生产安全责任事故。根据事故原因调查和事故责任认定，依据有关法律法规和党纪政纪规定，对事故有关责任人员和责任单位提出处理意见，司法机关已对23人采取刑事强制措施。其中，公安机关对相关企业和中介机构等14名人员分别以涉嫌重大责任事故罪、非法储存爆炸物罪、非法采矿罪、出具证明文件重大失实罪依法采取刑事强制措施，检察机关对9名涉嫌职务犯罪人员分别以涉嫌滥用职权罪、玩忽职守罪立案侦查或采取刑事强制措施。责成重庆市人民政府向国务院作出深刻检查，对金山沟煤矿处1300万元的罚款，依法吊销其相关证照，实施关闭。

10月31日

［纲　文］《人民日报》发表题为《严肃党内政治生活是全面从严治党重要基础——三论学习贯彻党的十八届六中全会精神》的评论员文章。

10月31日—11月7日

［纲　文］十二届全国人大常委会第二十四次会议在北京举行。

［目　文］全国人大常委会委员长张德江主持开幕会、闭幕会。全国人大常委会副委员长李建国、王胜俊、陈昌智、严隽琪、王晨、沈跃跃、吉炳轩、张平、向巴平措、艾力更·依明巴海、万鄂湘、张宝文、陈竺，常委会组成人员出席会议。

会议主要内容是：一、经表决，通过了全国人大常委会关于香港特别行政区基本法第一百零四条的解释，通过了网络安全法、电影产业促进法、关于修改民办教育促进法的决定、关于修改海洋环境保护法的决定、关于修改对外贸易法等12部法律的决定。决定免去耿惠昌的国家安全部部长职务，任命陈文清为国家安全部部长；免去李立国的民政部部长职务，任命黄树贤为民政部部长、免去其监察部部长职务；免去楼继伟的财政部部长职务，任命肖捷为财政部部长。国家主席习近平分别签署第53至58号主席令予以公布。二、表决通过了关于批准《中华人民共和国和塔吉克斯坦共和国引渡条约》的决定、关于批准《中华人民共和国和斯里兰卡民主社会主义共和国关于刑事司法协助的条约》的决定。三、表决通过了关于批准2016年中央预算调整方案的决议，表决通过了全国人大内务司法委员会、财政经济委员会、外事委员会、农业与农村委员会分别提出的关于第十二届全国人大四次会议主席团交付审议的代表提出的议案审议结果的报告。四、表决通过了全国人大常委会代表资格审查委员会关于个别代表的代表资格的报告。五、经表决，任命盛光祖为全国人大财政经济委员会副主任委员，任命姜伟为最高人民法院副院长、审判委员会委员、审判员。

张德江在闭幕会上说，按照宪法和香港基本法的规定，解释香港基本法是全国人大常委会的权力，是职责所在。全国人大常委会依法行使职权，对香港基本法第一百零四条作出解释，充分表明了中央贯彻“一国两制”方针的坚定决心和反对“港独”的坚定立场，充分展现了包括香港同胞在内的13亿中国人民维护国家主权、安全和发展利益的坚定意志，有利于“一国两制”方针和香港基本法在香港特别行政区的正确实施，有利于维护香港特别行政区的法治和香港长期繁荣稳定。解释符合香港基本法的立法原意和所包含的法律原则，与香港基本法具有同等法律效力，各方面必须一体遵守和执行。我们坚信，在中央的大力支持下，在香港特区政府和广大香港居民的共同努力下，“一国两制”方针和香港基本法必将得到切实贯彻实施。党的十八届六中全会已胜利闭幕，全国人大及其常委会要把学习贯彻全会精神作为重大政治任务，深入学习领会、坚决贯彻落实，把思想和行动统一到全会精神上来，更加坚定地维护以习近平同志为核心的党中央的权威，认真行使宪法法律赋予的职权，充分发挥国家权力机关的作用，为实现“两个一百年”奋斗目标和中华民族伟大复兴的中国梦作出积极贡献。

10月31日—11月1日

［纲　文］　**政协第十二届全国委员会常务委员会第十八次会议在北京召开。**

［目　文］　全国政协主席俞正声主持开幕会、闭幕会。全国政协副主席杜青林、韩启德、董建华、万钢、林文漪、罗富和、何厚铧、张庆黎、李海峰、陈元、卢展工、周小川、王家瑞、王正伟、马飚、齐续春、陈晓光、马培华、刘晓峰、王钦敏出席会议。

会议的主要任务是学习贯彻中共十八届六中全会精神。中共中央政治局常委、中央纪律检查委员会书记王岐山应邀出席开幕会并作报告。常委会组成人员学习全会精神，并进行讨论。常委们一致表示，坚决拥护习近平同志为党中央的核心、全党的核心，坚决拥护全会通过的《关于新形势下党内政治生活的若干准则》和《中国共产党党内监督条例》。大家认为，习近平总书记在全会上的重要讲话，为党和国家事业发展进一步指明了方向。全会的召开对于加强党的建设、不断夺取中国特色社会主义事业新胜利具有里程碑意义。一要深入学习领会六中全会精神，切实把思想和行动统一到中共中央决策部署上来。要深刻理解和把握党的建设的新形势，深刻理解和把握加强和规范党内政治生活、加强党内监督是全面从严治党的必然要求，深刻理解和把握贯彻落实《准则》和《条例》的着力点，深刻理解和把握党内监督和党外监督相结合的重要要求，深刻理解和把握全面从严治党要突出抓好领导干部特别是高级干部这个“关键少数”。二要紧密联系政协实际，认真抓好全会精神的贯彻落实。要牢固树立“四个意识”特别是核心意识、看齐意识，坚定不移地维护以习近平同志为核心的党中央的权威和党中央集中统一领导，以严格贯彻执行《准则》和《条例》深化全面从严治党，引导广大政协委员加强政治约束，发挥政协民主监督在推进全面从严治党中的作用。三要围绕迎接党的十九大做好政协各项工作。要抓紧谋划2017年工作，制定好年度协商计划，聚焦经济发展献计出力，广泛凝聚人心，为意识形态领域注入正能量。

会议经过表决，增补刘鹏、耿惠昌、蔡赴朝为第十二届全国政协委员；任命蔡赴朝为全国政协教科文卫体委员会副主任、耿惠昌为港澳台侨委员会副主任、刘鹏为外事委员会副主任。会议追认全国政协第四十九次、第五十次主席会议分别作出的关于撤销林方略、施耀忠第十二届全国政协委员资格的决定，接受陈章良请辞第十二届全国政协常务委员、委员。

10月31日—11月5日

［纲　文］　**应国务院总理李克强邀请，马来西亚总理纳吉布对中国进行正式访问。**

［目　文］　访问期间，国家主席习近平、全国人大常委会委员长张德江在北京分别会见了纳吉布。李克强同纳吉布在北京举行会谈，两国总理共同见证了中马农业、教育、质检、税务、海关、防务等领域多个双边合作文件的签署。双方发表了《中华人民共和国和马来西亚联合新闻声明》。

习近平在会见纳吉布时强调，中马应该保持经常性高层交往，深化政治互信，牢牢把握中马关系发展主流和大方向，继续在彼此关切的重大问题上相互理解和支持。双方要加强发展战略对接，为深化经贸合作打下坚实基础。中方欢迎马方积极参与“一带一路”合作，愿同马方共同推进“21世纪海上丝绸之路”建设，深化在基础设施、能源、科技、农业、金融等领域的合作，稳步推进大项目合作，加强地方层面交流与合作，扩大地区互联互通成果。双方要继续深化反恐、打击跨国犯罪等执法安全领域合作，维护本地区和平安宁。双方应该加强教育、文化、医疗、媒体等领域交流合作，进一步增进两国人民的相互理解和友好感情。

纳吉布表示，当前马中互信加深，基于全面战略伙伴关系的多元化合作蓬勃发展，双边关系达到历史最高水平。马方高兴地看到，中方“一带一路”倡议得到广泛响应，取得积极成果，愿同中方加强“一带一路”框架下经贸投资、交通运输、港口建设等合作，密切人文交流。马方致力于推进中国—东盟关系。

李克强同纳吉布会谈时指出，中方愿将“一带一路”倡议与马方发展战略相对接，以关丹园区、马六甲临海产业园区等为平台，打造产能合作示范项目，促进双方贸易往来。推进高铁、铁路等合作，助力区域互联互通。提升金融合作。深化执法安全和防务合作。扩大人文交流，办好厦门大学马来西亚分校，夯实中马关系的民意基础。2016年是中国—东盟建立对话关系25周年，2017年东盟将迎来成立50周年。中方坚定支持东盟共同体建设，支持东盟在区域合作中的中心地位。愿同马方加强沟通与协作，推动中国和东盟关系深入发展，维护本地区和平与稳定。

纳吉布表示，当前马中关系正处于历史上最好水平，关丹园区、马六甲临海产业园区等项目进展顺利。马方愿与中方继续努力，加强双方在贸易投资、铁路建设、金融、教育、防务等领域合作，把马中关系提升到新的水平。

11 月

11月1日

［纲　文］　**习近平主持召开中央全面深化改革领导小组第29次会议。**

［目　文］　中央全面深化改革领导小组副组长李克强、刘云山、张高丽出席会议。中央和国家机关有关部门负责人列席会议。

中央全面深化改革领导小组组长习近平指出，要全面贯彻党的十八届六中全会精神，牢固树立政治意识、大局意识、核心意识、看齐意识，坚定不移抓好各项重大改革举措，既抓重要领域、重要任务、重要试点，又抓关键主体、关键环节、关键节点，以重点带动全局，把各项改革任务落到实处。

会议审议通过了《建立以绿色生态为导向的农业补贴制度改革方案》《关于进一步加强和改进中华文化走出去工作的指导意见》《关于深化职称制度改革的意见》《关于划定并严守生态保护红线的若干意见》《关于最高人民法院增设巡回法庭的请示》《关于进一步引导和鼓励高校毕业生到基层工作的意见》《关于加强政务诚信建设的指导意见》《关于加强个人诚信体系建设的指导意见》《关于全面加强电子商务领域诚信建设的指导意见》《自然资源统一确权登记办法（试行）》《湿地保护修复制度方案》《海岸线保护与利用管理办法》和《关于在深化国有企业改革中坚持党的领导加强党的建设落实情况报告》。

会议强调，面对改革的复杂形势和繁重任务，要牵住改革"牛鼻子"，既抓重要领域、重要任务、重要试点，又抓关键主体、关键环节、关键节点。关系全局的改革，特别是涉及重大制度创新的改革，要统一行动，任何时候不能放松、不能滞后。具体到各个领域各个方面，要坚持问题导向，哪里矛盾和问题最突出，哪个疙瘩最难解，就重点抓哪项改革。要注意区分改革举措的性质类型，分类施策、精准施策。要明晰解题思路，明确责任主体、明确关键环节、明确时间节点。对打基础、谋长远的制度性改革，要重点搞好制度设计，抓紧细化落实；对切口小、见效快的具体改革，要盯紧抓牢，逐条跟踪，一一落实；对面上提出原则性要求、鼓励引导性的改革举措，要注重社会面引导，形成合理改革预期；对探路性质的改革试点，要大胆探索，及时总结经验，注意发现问题，该完善的要完善，可复制推广的要及时推广。对一些矛盾和问题多、攻坚难度大的改革，各地区各部门主要负责人要亲自挂帅，顾全大局，握指成拳，合力攻坚。

11月1日

［纲　文］　**习近平、俞正声在北京分别会见洪秀柱主席率领的中国国民党大陆访**

问团。

［目　文］　中共中央总书记习近平对洪秀柱率团来访表示欢迎并说，在历史风云变幻中，国共两党有过许多恩怨。同时，在中华民族发展的紧要关头，两党为了民族大义也几度合作，为民族和国家发展发挥了重要作用。2005年，两党冲破历史藩篱，开启新的交往。两党领导人共同发布“两岸和平发展共同愿景”，揭示了两岸关系和平发展新方向。2008年以来，国共两党同两岸同胞一道，开辟了两岸关系和平发展道路，给两岸同胞带来了许多实实在在的利益。公道自在人心。国共两党为两岸关系和平发展作出的贡献已经写在历史上。两岸是割舍不断的命运共同体。坚持体现一个中国原则的“九二共识”政治基础，维护台海和平稳定，维护两岸关系和平发展，是两岸同胞的民意主流。确保国家完整不被分裂，维护中华民族根本利益，是全体中华儿女共同意志。实现民族复兴，再创中华盛世荣景，是不可阻挡的历史潮流。

习近平就两岸关系发展提出六点意见：第一，坚持体现一个中国原则的“九二共识”。“九二共识”的核心是一个中国原则，认同两岸同属一中。台湾政局变化改变不了“九二共识”的历史事实和核心意涵。承认不承认体现一个中国原则的“九二共识”，关系认定两岸是一个国家还是两个国家的根本问题。第二，坚决反对“台独”分裂势力及其活动。确保国家主权和领土完整是国家核心利益，是一条不可逾越的红线。第三，推进两岸经济社会融合发展。两岸开展经济合作具有得天独厚的优势。秉持互利双赢，促进两岸经济社会融合发展，符合两岸同胞共同利益。第四，共同弘扬中华文化。中华传统优秀文化植根在两岸同胞内心深处，是两岸同胞的“根”和“魂”。第五，增进两岸同胞福祉。我们为推动两岸关系所做的一切，就是为了实现两岸同胞对美好生活的向往。两岸关系形势越是复杂严峻，国共两党越是要为民谋利，准确把握两岸社情民意脉动，开好解决两岸同胞尤其是基层民众需求的方子，创新方式，深入基层，带动更多民众参与到两岸交流中来。第六，共同致力于实现中华民族伟大复兴。2016年是孙中山先生诞辰150周年。中山先生是伟大的爱国者，他第一个响亮喊出了“振兴中华”的口号。现在，孙中山先生振兴中华的理想展现出前所未有的光明前景。两岸关系发展、台湾同胞前途系于中华民族伟大复兴。两岸同胞都是民族复兴的参与者、推动者、获益者。我相信，两岸同胞愿望不可违，民族复兴大势不可挡。只要国共两党胸怀民族复兴理想，广泛团结两岸同胞，就一定能维护两岸关系和平发展和台海和平稳定，开创中华民族伟大复兴更加光明的前景。

洪秀柱表示，国共两党应继续在坚持“九二共识”，反对“台独”的基础上，加强沟通机制，推动扩大两岸经贸和民间交流往来，促进两岸青年交流，发扬灿烂的中华文化，支持大陆台商发展，积极探讨推动两岸和平制度化，共同维护两岸关系和平发展，增进同胞福祉，开创中华民族复兴的光明前景。

全国政协主席俞正声首先向洪秀柱一行表示欢迎，并肯定国共两党为推动两岸和平发展所作的贡献。俞正声强调，国共两党要始终维护中华民族整体利益和增进两岸同胞民生福祉，克服困难和干扰，推动深化两岸经济以及各领域交流合作，维护和推进两岸关系和平发展。为此，应坚持以下几点：一是坚持正确政治立场，夯实一个中国的政治基础。两岸同属一中，两岸关系不是国与国关系。"九二共识"体现了两岸关系的根本性质，是两岸关系和平发展的政治基础。台湾当局只有承认"九二共识"，认同其两岸同属一中的意涵，两岸关系和平发展的局面才有可能得以维持。二是坚定反对"台独"势力及其分裂行径。确保国家主权和领土完整，事关中华民族根本利益，是全体中华儿女的共同意志。我们绝不会容忍"台独"。当前，国共两党更应旗帜鲜明地反对"台独"，维护台海和平稳定。三是促进民生改善，增进两岸同胞福祉。新形势下，国共两党要继续努力推动两岸各领域交流合作，深化两岸经济社会融合发展，在不断增进两岸同胞福祉的过程中促进两岸同胞心灵契合。

洪秀柱表示，国共两党应共同肩负起历史的重大责任，深化"九二共识"的政治基础，积极推进两岸各领域互惠合作，为两岸人民创造福祉。

11月1日

［纲　文］　**中央军委主席习近平、中央军委副主席许其亮在北京分别会见缅甸国防军总司令敏昂莱。**

［目　文］　习近平在会见敏昂莱时表示，中缅山水相连，唇齿相依，"胞波"情谊根基深厚，近年来双边合作规模、领域、层次不断提升，合作前景广阔。双方应牢牢把握中缅友好这个正确方向，抓住机遇，赋予中缅关系新的时代内涵，为两国人民带来实实在在的利益。中方尊重缅甸主权和领土完整，高度关注中缅边境安全稳定，希望缅早日实现民族和解，国家各项事业持续向好发展。希望中缅两国世代友好，深化互利合作，造福两国人民。中方愿继续为推进缅和平进程发挥建设性作用。希望两军深化务实合作，为维护两国共同利益和地区和平稳定作出积极贡献。

敏昂莱说，缅方高度重视两国关系，致力于推动两国各领域关系全面发展，愿与中方一道不断深化两军友好合作，共同维护缅中边境地区稳定，为缅中"胞波"友谊长久发展积极贡献力量。

许其亮在会见敏昂莱表示，中方愿与缅方共同努力，全面落实习主席与缅甸领导人达成的重要共识，不断深化两军务实合作，共同维护边境安宁稳定，推动中缅全面战略合作伙伴关系稳步向前发展。

敏昂莱说，缅中有着兄弟般的感情，缅甸重视边境地区发展和稳定，愿与中方不断深化拓展两军交流合作。

11月1日

［纲　文］　**工商总局公布《广告发布登记管理规定》，自2016年12月1日起施行。**

11月1日

［纲　文］　**中央纪委常委会召开会议学习贯彻党的十八届六中全会精神。**

［目　文］　中央纪委书记王岐山主持会议。会议内容为传达学习党的十八届六中全会和习近平总书记重要讲话精神，就贯彻落实全会精神作出部署。会议指出，十八届六中

全会明确习近平同志为党中央的核心、全党的核心，是全党的郑重选择，是坚持和发展中国特色社会主义事业的根本保证。党的十八大以来，以习近平同志为核心的党中央身体力行、率先垂范，开创了党和国家事业发展新局面。拥有坚强有力的领导核心是中国特色社会主义制度的优势所在。我们党正处在实现中华民族伟大复兴的关键历史节点，更加需要核心的引领。明确习近平总书记的核心地位，是广大党员和人民的心愿，对维护党中央的权威和集中统一领导，对实现"两个一百年"奋斗目标，不忘初心、继续前进，具有极其重要的现实意义和深远的历史意义。增强政治意识、大局意识、核心意识、看齐意识，最终要落实在向核心看齐上。学习的过程就是看齐的过程。习近平总书记系列重要讲话始终离不开党章、党的理想信念宗旨，离不开坚持和加强党的领导，离不开马克思主义的辩证唯物主义和历史唯物主义，离不开理论联系实际、实事求是的优良传统。要把学习领会习近平总书记在全会上的重要讲话同深入贯彻系列重要讲话精神结合起来，同"两学一做"学习教育联系起来，同学习党章、党史、国史和中华文明史联系起来，结合世情、国情、党情，深刻把握思想理论脉络和历史文化源流，密切联系思想和工作实际，学思践悟、融会贯通，内化于心、外化于行，在思想和行动上同以习近平同志为核心的党中央保持高度一致。

《关于新形势下党内政治生活的若干准则》和《中国共产党党内监督条例》，是全面从严治党、标本兼治的重大制度成果。习近平总书记在全会上深入分析了党面临的形势和任务，深刻回答了为什么要全面从严治党、怎样全面从严治党的重大问题，强调党风廉政建设和反腐败斗争任务依然艰巨。贯彻落实全会精神是全党重要的政治任务，中央纪委是政治机关，必须旗帜鲜明讲政治，做树立"四个意识"的表率。中央纪委常委会要把自己摆进去、从中央纪委机关做起，带头贯彻执行《准则》《条例》，认真解决管党治党中存在的突出问题，严明政治纪律和政治规矩，提高党内政治生活的原则性和战斗性，推动管党治党从"宽松软"走向"严实硬"。纪检监察机关要加强自身建设、强化自我约束，坚决防止"灯下黑"，回应党内和人民群众期盼。一个行动胜过一打纲领。作为党内监督专责机关，各级纪委要加强对全会精神贯彻落实情况的监督检查，坚决维护党中央的权威。要在全面从严治党中找准职责定位，坚持问题导向，增强责任担当，强化监督执纪问责。

11月1日

［纲　文］　**国务院批复发展改革委，同意东北振兴"十三五"规划。**

［目　文］　批复说，一、原则同意《东北振兴"十三五"规划》(以下简称《规划》)，请认真组织实施。二、《规划》实施要全面贯彻党的十八大和十八届三中、四中、五中、六中全会精神，深入学习贯彻习近平总书记系列重要讲话精神，认真落实党中央、国务院决策部署，紧紧围绕统筹推进"五位一体"总体布局和协调推进"四个全面"战略布局，牢固树立和贯彻落实创新、协调、绿色、开放、共享的发展理念，适应、把握和引领经济发展新常态，以提高发展质量和效益为中心，以供给侧结构性改革为主线，着力完善体制机制，着力推进结构调整，着力鼓励创新创业，着力保障和改善民生，协同推进新

型工业化、信息化、城镇化和农业现代化，因地制宜、分类施策，扬长避短、扬长克短、扬长补短，有效提升老工业基地的发展活力、内生动力和整体竞争力，努力走出一条质量更高、效益更好、结构更优、优势充分释放的振兴发展新路，与全国同步全面建成小康社会。三、辽宁省、吉林省、黑龙江省和内蒙古自治区人民政府要深化对全面振兴东北老工业基地重要性、紧迫性的认识，增强政治意识、大局意识、核心意识、看齐意识，将《规划》确定的重大工程、重大项目、重大政策、重要改革任务与本地区经济社会发展紧密衔接起来，完善推进机制，强化政策保障，分解落实各项工作，确保《规划》提出的目标任务如期完成。四、国务院振兴东北地区等老工业基地领导小组各成员单位、各有关部门和单位要围绕东北振兴重点领域研究制定具体政策，在有关规划编制、体制创新、项目安排等方面给予积极支持，为《规划》顺利实施创造良好的政策环境。五、发展改革委要加强综合协调与服务，会同有关部门对《规划》实施进行跟踪分析和督促检查，注意研究新情况、解决新问题、总结新经验，适时组织开展《规划》实施中期评估，推动《规划》各项目标任务落实。重大问题及时向国务院报告。

11月1日

［纲　文］　**国务院印发《关于深入推进实施新一轮东北振兴战略加快推动东北地区经济企稳向好若干重要举措的意见》。**

［目　文］　《意见》由四个部分组成：一、全面深化改革，激发内在活力。二、推进创新转型，培育发展动力。三、扩大开放合作，转变观念理念。四、切实加强组织协调，充分调动两个积极性。

《意见》指出，加快推动东北地区经济企稳向好，对于促进区域协调发展、维护全国经济社会大局稳定，意义十分重大。各有关方面要切实增强责任意识和忧患意识，充分调动中央和地方两个积极性，拿出更有力措施，打一场攻坚战，闯出一条新形势下老工业基地振兴发展新路，努力使东北地区在改革开放中重振雄风。

11月1日

［纲　文］　**刘奇葆在北京同新任县委宣传部长培训班学员座谈。**

［目　文］　中宣部部长刘奇葆强调，要深入学习贯彻习近平总书记系列重要讲话精神和治国理政新理念新思想新战略，坚持以人民为中心的工作导向，以基层和农村为重点，保护和传承优秀民族民间文化，发展健康向上的乡土文化，积极提供弘扬民族精神和时代精神的优秀文化产品和服务，大力推进文化小康建设，让人民群众享有更优质的精神文化生活。实现文化小康重点和难点在基层在农村。要促进文化产品和服务供需有效对接，挖掘和用好优秀民族民间文化资源，保护和传承非物质文化遗产，筑牢文化小康供给基础。要建好基层综合性文化服务中心，整合利用设施资源，夯实文化小康硬件平台。要精准推进文化扶贫，发挥文化对发展的促进带动作用，补齐文化小康工作短板。要加强基层宣传文化队伍建设，大力培养文化骨干和乡土人才，巩固文化小康人才支撑。学习宣传十八届六中全会精神，是当前宣传思想战线的头等大事。县委宣传部长是宣传思想文化工

作一线指挥员，要带头学习好领会好全会精神，组织好面向基层的宣传宣讲，在城乡基层迅速掀起学习宣传全会精神热潮。

11月1日

［纲　文］　**国防部部长常万全在北京与哈萨克斯坦国防部长扎苏扎科夫举行会谈。**

［目　文］　常万全说，中哈是友好邻邦和全面战略伙伴，目前两国关系达到前所未有的高水平，两军关系不断加强。中方愿与哈方一道，落实两国元首共识，把两军关系推向更高水平。常万全还介绍了中共十八届六中全会有关情况。

扎苏扎科夫表示，哈方希望双方加强反恐、联演联训、国防工业等各领域交流与合作，推动两军关系不断发展。

11月1日

［纲　文］　**国家防汛抗旱总指挥部、水利部发布，三峡水库水位达到175.0米，蓄水量393亿立方米，标志着2016年三峡水库试验性蓄水任务完成。**

11月1日

［纲　文］　**俄罗斯艺术科学院授予吴为山最高金质奖章。**

［目　文］　在俄罗斯艺术科学院主席团全体会议上，俄罗斯艺术科学院将代表艺术最高成就的金质奖章颁发给中国美术馆馆长吴为山，并授予其荣誉院士头衔。这是俄罗斯艺术科学院建院260年来首次将这两项殊荣同时授予一位境外艺术家。授予仪式上，吴为山的“南京大屠杀”组雕创作模型被俄罗斯艺术科学院收藏并永久陈列。

11月1日

［纲　文］　**《人民日报》发表题为《强化党内监督是全面从严治党重要保障——四论学习贯彻党的十八届六中全会精神》的评论员文章。**

11月1—5日

［纲　文］　**国务院副总理汪洋出席中俄总理定期会晤委员会第20次会议，访问土耳其并举行中土副总理级政府间合作委员会机制首次会议。**

［目　文］　2日，中俄总理定期会晤委员会第20次会议在莫斯科举行，中方主席汪洋与俄罗斯副总理、委员会俄方主席罗戈津共同主持。汪洋表示，本次会议就是要认真落实两国元首共识，全面总结委员会一年来的工作进展，锁定成果，为两国总理第21次定期会晤做好准备，也为委员会全年工作画上圆满句号。2016年恰逢中俄总理定期会晤委员会机制建立20周年，具有承上启下的特殊意义。20年来，委员会推动中俄各领域务实合作稳步发展，取得了累累硕果，工作卓有成效，经验值得总结。其中最重要的是，双方增强互信，坦诚相待，互利互惠，开拓创新。罗戈津表示，俄中在主权、领土、安全等涉及双方核心利益的问题上相互支持，俄方愿将俄中全面战略协作伙伴关系提升到更高水平，这是俄外交长期稳定的优先方向。本次会议双方在工业、核能、航空航天、农业、金融、环保、跨境运输等领域达成诸多合作成果，取得积极进展。双方应进一步发挥好委员会机制的作用，推动两国务实合作迈向更高水平。

4日，中土副总理级政府间合作委员会机制首次会议在安卡拉举行，中土副总理级政府间合作委员会中方主席汪洋与土耳其副总理、委员会土方主席希姆谢克共同主持。双方认为，当前国际政治经济格局正在深刻变化，中土共同利益在增加，相互需要也在增加。双方愿意保持高层互访势头，继续在事关彼此核心利益的问题上相互支持，加强在国际事务中的沟通协调，不断筑牢政治互信的根基，维护两国及广大发展中国家的共同利益。中土经贸合作具有广阔前景。要坚持平等、互利、共赢的原则，推进“一带一路”和“中间走廊”倡议对接，加快推进东西高铁、核能等大项目合作，创新贸易方式，扩大双向投资，促进贸易自由化便利化，努力实现双边贸易平衡、稳定增长。中土同为恐怖主义受害者，加强安全反恐合作符合两国根本利益。土方承诺，中方的安全就是土方的安全，不会允许在土发生损害中国安全的事情。中方愿意本着相互尊重、平等合作原则，继续支持土方为维护国家安全稳定所做的努力。双方愿深入开展安全反恐和司法执法合作。双方同意加强在文化、教育、卫生等人文领域的务实合作，落实好“中土文化合作协定2017年至2020年执行计划”，鼓励两国艺术团组、文化官员和专家互访，同意2018年在中国举办“土耳其旅游年”活动，厚植两国民心相知的根基，使中土友好世代传承。汪洋和希姆谢克共同出席了双方有关合作协议签字仪式。

5日，汪洋在伊斯坦布尔会见了土耳其总统埃尔多安。

11月1—3日

［纲　文］　**2016年世界生命科学大会在北京召开。**

［目　文］　国务院总理李克强对大会作出批示指出：生命科学是21世纪重要的综合性学科领域，关系人类的生存、健康和可持续发展。中国政府正在深入实施创新驱动发展战略，落实“健康中国2030”规划纲要，通过科技创新有力推动生命科学领域的研究与相关产业快速发展，对提高人民健康和生活水平、改善环境质量正发挥着日益重要和明显的作用。希望中国科学家、企业家与各国同行一起，围绕本次世界生命科学大会的主题，瞄准生命科学重大需求，进一步加强交流与合作，相互借鉴，以更多科学突破和创新积极应对人类生存发展面临的共同挑战，形成新的生产力，推动世界经济社会可持续发展，共创人类美好的未来。

大会由中国科学技术协会主办，十二届全国政协副主席、中国科学技术协会名誉主席韩启德院士和1975年诺贝尔生理学或医学奖获得者戴维·巴尔的摩教授共同担任大会主席，以“健康、农业、环境”为主题。10位诺贝尔奖获得者、4位世界粮食奖和沃尔夫农业奖获得者、英国皇家学会会长、美国科学院院长等众多生命科学领域专家学者应邀出席，共同探讨生物、健康、农业、环境等领域的最新研究进展及发展趋势。

1日，国务院副总理刘延东会见参会科学家时说，中国政府高度重视包括生命科学在内的科技创新和健康产业发展，希望各国科学家加强交流合作，共享研究成果，推动生命科学及其产业持续快速发展，努力解决全球共同面临的人口、健康、食品、环境等挑战，为增进人类福祉作出积极贡献。

11 月 1—6 日

［纲　文］　**第 11 届中国国际航空航天博览会在珠海国际航展中心举行。**

［目　文］　博览会由广东省人民政府、中国国际贸易促进委员会、中国人民解放军空军、中国航空工业集团公司、中国商用飞机有限责任公司、中国航天科技集团公司和中国航天科工集团公司主办。来自 42 个国家和地区的 700 余家展商参展，世界航空、航天、防务领域前 500 强企业悉数亮相。室内展览面积 8.2 万平方米，同比增长 24.2%；室外展示面积超过 35 万平方米，参展飞机 151 架。

10 月 31 日，国防部在珠海举行招待会，欢迎来华观摩第 11 届中国国际航空航天博览会的外国高级军事代表团。中央军委副主席范长龙、空军司令员马晓天，20 余个国家的防务部门和军队领导人出席招待会。

11 月 4 日，国防部部长常万全在北京会见观摩珠海航展的巴基斯坦空军参谋长索哈尔。

11 月 5 日，在航展会上，中国第一个固定翼无人机集群飞行试验以 67 架飞机的数量打破了之前由美国海军保持的 50 架固定翼无人机集群飞机数量的纪录。

11 月 2 日

［纲　文］　**中宣部在北京召开学习贯彻党的十八届六中全会精神中央宣讲团动员会，习近平对做好宣讲工作作出指示。**

［目　文］　中共中央总书记习近平强调，由党中央组织开展集中宣讲，是推动我们党的理论和路线方针政策深入基层、深入群众、深入人心的重要工作方法，要坚持把这个方法用好。学习宣传贯彻六中全会精神，要突出全面从严治党这个主题，联系实际学深悟透，把握精髓要义，讲究宣讲艺术，回应广大党员、干部、群众关切，把新形势下加强和规范党内政治生活、加强党内监督的必要性和重要性讲清楚，把全会提出的重大理论观点和重大举措讲清楚，把全会对全党特别是领导干部提出的要求讲清楚。一言以蔽之，就是要把怎么看、怎么学、怎么做讲清楚。宣讲要增强针对性和实效性、扩大覆盖面和影响力，着力引导广大党员、干部、群众把思想和行动统一到全会精神和党中央要求上来，以党要管党、从严治党为重点，推动党的建设新的伟大工程不断开创新局面，确保我们党更加有力地团结带领全国各族人民夺取伟大斗争新胜利、开创伟大事业新局面。

中宣部部长刘奇葆主持会议并传达了习近平的指示。中共中央政治局常委刘云山出席会议并讲话。国务院副总理刘延东出席会议。中央宣传思想工作领导小组成员、中央宣讲团成员、中央宣传文化单位主要负责人参加会议。中宣部举办的省区市党委宣传部、讲师团学习贯彻党的十八届六中全会精神研讨班成员列席会议。

刘云山强调，要认真贯彻习近平总书记重要指示精神，精心组织党的十八届六中全会精神宣讲活动，推动兴起学习宣传贯彻全会精神热潮，把干部群众的思想和行动统一到党中央决策部署上来。党的十八届六中全会是着眼协调推进“四个全面”战略布局、专题研究部署全面从严治党的一次重要会议，深入学习宣传贯彻全会精神是全党全国的重大政治任务。要围绕全会通过的准则和条例，围绕习近平总书记重要讲话，全面准确深入宣讲全会精神，把推进全面从严治党的重要性紧迫性讲清楚，把加强和规范党内政治生活、加强党内监督的主要内容和基本精神讲清楚，把领导干部特别是高级干部以上率下的标准和要求讲清楚，引导广大党员坚持严字当头，突出问题导向，发扬自我革命精神，推动全面从严治党向纵深发展。

11月2日

［纲 文］ **中共中央印发《关于新形势下加强政法队伍建设的意见》。**

［目 文］ 《意见》共7个部分26条，明确了新形势下政法队伍建设的指导思想、目标任务，提出了加强和改进政法队伍建设的政策措施。

《意见》要求，一、加强思想政治建设。把坚定的理想信念作为政法队伍的政治灵魂，坚定不移走中国特色社会主义法治道路，确保政法工作沿着坚定正确的政治方向前进。二、加强履职能力建设。建立健全各类执法司法人员岗位素质能力基本标准，建立符合执法司法规律的政法干警绩效考评体系，构建教、学、练、战一体化教育培训机制，建立岗位业务咨询和顾问制度，提高执法司法专业能力。三、加强纪律作风建设。坚持把纪律挺在前面，健全政法干警社会交往行为规范；持续整改作风突出问题，坚决纠正损害群众利益行为；完善权力约束监督机制，推进执法司法全面深度公开；坚决惩治执法司法腐败，营造全面从严治警的浓厚氛围。

11月2日

［纲 文］ **国务院印发《关于做好自由贸易试验区新一批改革试点经验复制推广工作的通知》。**

［目 文］ 《通知》由三个部分组成：一、复制推广的主要内容。二、高度重视推广工作。三、切实做好组织实施。

《通知》要求，各省（区、市）人民政府要将自贸试验区改革试点经验复制推广工作列为本地区重点工作，完善领导机制和复制推广工作机制，积极创造条件、扎实推进，确保改革试点经验落地生根，产生实效。国务院各有关部门要按照规定时限完成复制推广工作，需报国务院批准的事项要按程序报批，需调整有关行政法规、国务院文件和部门规章规定的，要按法定程序办理。国务院自由贸易试验区工作部际联席会议办公室要适时督促检查改革试点经验复制推广工作进展情况及其效果。

11月2日

［纲 文］ **国务院办公厅印发《关于推动实体零售创新转型的意见》。**

［目 文］ 《意见》由六个部分组成：一、总体要求。二、调整商业结构。三、创新发展方式。四、促进跨界融合。五、优化发展环境。六、强化政策支持。

《意见》要求，各地区、各部门要加强组织领导和统筹协调，加快研究制订具体实施方案和配套措施，明确责任主体、时间表和路线图，形成合力。商务部要会同有关部门加强业务指导和督促检查，综合运用第三方评估、社会监督评价等多种方式科学评估实施效果，推动各项任务措施落到实处。

11月2日

［纲　文］ **国务院办公厅印发《关于对“十二五”时期实行最严格水资源管理制度成绩突出的省级人民政府给予表扬的通报》。**

［目　文］ 《通报》说：2015年，全国用水总量6103.2亿立方米，农田灌溉水有效利用系数达到0.536，万元工业增加值用水量比2010年下降36.7%，重要江河湖泊水功能区水质达标率为70.8%，均实现了“十二五”期末控制目标，为经济社会发展提供了重要支撑。

经国务院同意，对“十二五”期间实行最严格水资源管理制度成绩突出的山东、江苏、浙江、重庆、上海5个省（市）人民政府予以通报表扬。希望受到表扬的地区珍惜荣誉，发扬成绩，再接再厉，作出新的更大贡献。

11月2日

［纲　文］ **国务院批复国土资源部、发展改革委、工业和信息化部、财政部、环境保护部、商务部，同意《全国矿产资源规划（2016—2020年）》。**

［目　文］ 批复说：一、原则同意《全国矿产资源规划（2016—2020年）》(以下简称《规划》)，请认真组织实施。二、《规划》实施要全面贯彻党的十八大和十八届三中、四中、五中、六中全会精神，认真落实党中央、国务院决策部署，牢固树立和贯彻落实创新、协调、绿色、开放、共享的发展理念，以保障资源安全为目标，以提升矿业发展质量和效益为中心，强化资源保护和合理利用，正确处理政府与市场、当前与长远、局部与整体、资源与环境、国内市场与国际市场的关系，推进供给侧结构性改革，优化资源开发保护格局，加快矿业绿色转型升级，推动矿业国际务实合作，实现资源开发惠民利民，为全面建成小康社会提供可靠能源资源保障。三、通过《规划》实施，到2020年，基本建立安全、稳定、经济的资源保障体系，基本形成节约高效、环境友好、矿地和谐的绿色矿业发展模式，基本建成统一开放、竞争有序、富有活力的现代矿业市场体系，显著提升矿业发展的质量和效益，塑造资源安全与矿业发展新格局。国内资源保障基础进一步夯实，矿产资源供应保持安全稳定，资源环境保护和合理利用水平显著提高，矿业国际合作开创新局面，矿业创新发展能力全面提升。四、各省（区、市）人民政府要加强组织领导，落实责任分工，完善政策措施，按照《规划》确定的目标和任务，根据本地实际组织编制实施地方各级规划，完善矿产资源规划体系，切实推进本地区矿产资源开发、利用和保护各项工作。国务院有关部门和单位要根据职责分工，加强协调配合，在政策实施、项目安排、资金保障和体制机制创新等方面给予积极支持。国土资源部要牵头做好《规划》的组织实施工作，加强跟踪分析、督促检查和考核评估，认真研究解决《规划》实施中出现的问题，重大进展及时向国务院报告。

11 月 2 日

［纲　文］　**最高人民法院、最高人民检察院印发《关于民事执行活动法律监督若干问题的规定》。**

［目　文］　为促进人民法院依法执行，规范人民检察院民事执行法律监督活动，根据《中华人民共和国民事诉讼法》和其他有关法律规定制定本规定。《规定》共 22 条，自 2017 年 1 月 1 日起施行。

11 月 2 日

［纲　文］　**《习主席关于深化国防和军队改革重要论述读本》，近日由解放军出版社出版。**

11 月 2 日

［纲　文］　**慕尼黑安全政策会议核心小组会在北京举行。**

［目　文］　此次北京会议的核心议题是“中国在全球安全中的角色”以及亚太地区的安全局势。外交部副部长张业遂出席会议开幕式并致辞。来自 70 多个国家约 350 名相关人士参加会议。

3 日，国家副主席李源潮在北京集体会见参加慕尼黑安全政策会议核心小组会的外方代表时说，当前国际形势正在发生复杂深刻变化，面临许多全球性问题。中国愿同各国一道，探求新思维、新理念、新办法，推动构建以合作共赢为核心的新型国际关系，建设人类命运共同体，促进世界持久和平与共同安全。

慕安会主席伊申格尔表示，中国对国际秩序、全球治理、国际和地区安全发挥着积极作用。慕安会愿与中国加强交流合作，为维护全球与地区和平作出贡献。

11 月 2 日

［纲　文］　**《人民日报》发表题为《突出抓好领导干部这个关键——五论学习贯彻党的十八届六中全会精神》的评论员文章。**

11 月 2—9 日

［纲　文］　**国务院总理李克强应邀对吉尔吉斯斯坦、哈萨克斯坦、拉脱维亚和俄罗斯进行正式访问，并出席上海合作组织成员国政府首脑（总理）理事会第 15 次会议等国际会议。**

［目　文］　2—3 日，在吉尔吉斯斯坦访问期间，李克强在比什凯克会见了吉尔吉斯斯坦总统阿塔姆巴耶夫，同吉尔吉斯斯坦代总理热恩别科夫举行会谈。见证了两国签署涉及经贸、产能、交通、农业、知识产权等领域的多项合作协议。双方发表了《中华人民共和国政府和吉尔吉斯共和国政府联合公报》。

李克强在比什凯克出席上海合作组织成员国政府首脑（总理）理事会第 15 次会议并发表讲话。同与会成员国领导人共同签署并发表《上海合作组织成员国政府首脑（总理）理事会第十五次会议联合公报》，批准《2017—2021 年上海合作组织进一步推动项目合作的措施清单》《上海合作组织科技伙伴计划》和《关于成立上海合作组织开发银行和发展基金（专门账户）下一步工作》等涵盖贸易、投资、金融、海关、农业等领域多项合作文件和决议。会议期间，李克强会见塔吉克斯坦总理拉苏尔佐达。

3—4 日，在哈萨克斯坦访问期间，李克强在阿斯塔纳会见哈萨克斯坦总统纳扎尔巴耶夫；同萨金塔耶夫总理举行中哈总理第三次定期会晤。李克强和萨金塔耶夫共同出席为中哈产能合作项目——库斯塔奈市江淮汽车厂揭牌仪式。

4—6 日，在拉脱维亚访问期间，李克强在里加会见了拉脱维亚总统韦约尼斯；同总理库钦斯基斯举行会谈，两国总理共同见证了经贸、交通、文化等领域双边合作文件的签署；会见了拉脱维亚议长穆尔涅采。

5 日，李克强在里加出席第五次中国—中东欧国家领导人会晤并发表讲话。中东欧 16 国领导人出席会晤，欧盟、奥地利、瑞士、希腊、白俄罗斯、欧洲复兴开发银行作为观察员与会。中国同中东欧 16 国共同发表《中国—中东欧国家合作里加纲要》和《里加声明》。各国领导人共同见证了中国与 16 国签署合作协议，涵盖互联互通、产能合作、基础设施建设、人文、人力资源、民航合作等多个领域。李克强还出席了第六届中国—中东欧国家经贸论坛并发表《做长期稳定合作共赢的好伙伴》主旨演讲。

会议期间，李克强分别会见阿尔巴尼亚总理拉马、斯洛文尼亚总理采拉尔、马其顿总理迪米特里埃夫、克罗地亚总理普连科维奇、爱沙尼亚总理罗伊瓦斯、保加利亚总理鲍里索夫、白俄罗斯总理科比亚科夫、波黑部长会议主席兹维兹迪奇、塞尔维亚总理武契奇、匈牙利总理欧尔班、波兰总理希德沃、罗马尼亚总理乔洛什、捷克总理索博特卡、出席中东欧国家汉学研究和汉语教学研讨会的汉学家代表，同立陶宛总理布特克维丘斯和斯洛伐克总理菲佐交谈。

6—8 日，在俄罗斯访问期间，李克强在圣彼得堡同俄罗斯总理梅德韦杰夫共同主持中俄总理第 21 次定期会晤。两国总理听取了中俄人文合作委员会、总理定期会晤委员会、投资合作委员会和能源合作委员会四个双边合作机制的工作汇报，就未来合作规划深入交换意见。发表了《中俄总理第二十一次定期会晤联合公报》。

8 日，李克强在莫斯科会见俄罗斯总统普京时指出，中方愿同俄方深挖合作潜力，拓宽合作领域。巩固双边贸易企稳回升势头，推进石油、天然气、民用核能、航空航天等领域大项目合作，加强金融、基础设施建设合作，推动两国中小企业深化合作，在激发市场活力的同时，也为双方大企业合作提供必要的配套和支持。提升人文交流水平，夯实两国关系的民意基础。

普京表示，俄中两国元首、政府首脑交往密切，双方政府间合作机制运行顺畅。此次两国总理成功举行定期会晤，促进了双方务实合作的发展。当前俄中贸易企稳向好，在机电设备、农产品进出口等领域合作良好，能源领域合作积极发展，航空航天领域合作前景广阔。

11 月 3 日

［纲　文］　**中国最大推力新一代运载火箭长征五号首飞成功，中共中央、国务院、**

中央军委致电祝贺。

［目　文］　20时43分，长征五号运载火箭在文昌航天发射场点火升空，约30分钟后，载荷组合体与火箭成功分离，进入预定轨道，标志着中国运载火箭实现升级换代，运载能力进入国际先进行列。

中共中央、国务院、中央军委的贺电说，探月工程三期暨长征五号运载火箭工程任务指挥部并参加长征五号运载火箭首次飞行任务的各参研参试单位和全体同志：在中国航天事业创建60年之际，长征五号运载火箭首次飞行任务取得圆满成功。中共中央、国务院和中央军委向参加这次任务的全体科技工作者、干部职工、解放军指战员，表示热烈的祝贺和亲切的慰问！长征五号运载火箭是我国运载火箭升级换代的工程，创新难点多、技术跨度大、复杂程度高，代表了我国运载火箭科技创新的最高水平。其首次飞行任务圆满成功，填补了我国大推力无毒无污染液体火箭的空白，使我国火箭运载能力进入国际先进行列。这一重大成就，是我国由航天大国迈向航天强国的重要标志，为我国新一代运载火箭系列化、型谱化发展奠定了坚实技术基础。在以习近平同志为核心的党中央坚强领导下，航天战线锐意进取、顽强拼搏，突破了一大批具有自主知识产权的关键核心技术，以实际行动践行了创新驱动发展战略和军民融合发展战略，对增强国家经济实力、科技实力、国防实力、民族凝聚力具有十分重要的意义。祖国和人民感谢你们！探索浩瀚宇宙、发展航天事业、建设航天强国，是我们不懈追求的航天梦。希望你们紧密团结在以习近平同志为核心的党中央周围，高举中国特色社会主义伟大旗帜，全面贯彻落实党的十八大和十八届三中、四中、五中、六中全会精神，深入学习贯彻习近平总书记系列重要讲话精神，增强道路自信、理论自信、制度自信、文化自信，大力弘扬“两弹一星”和载人航天精神，不忘初心、继续前进，不断创造航天事业新辉煌，为实现“两个一百年”奋斗目标、实现中华民族伟大复兴中国梦作出新的更大贡献！

11月3日

［纲　文］　**中央军委召开军委常务会议，学习贯彻党的十八届六中全会精神。**

［目　文］　中央军委副主席范长龙、许其亮，中央军委委员常万全、赵克石、张又侠、吴胜利、马晓天、魏凤和等出席会议。军委机关有关部门领导列席会议。

会议主要内容是：学习党的十八届六中全会精神特别是习主席重要讲话，重点围绕强化“四个意识”、坚决维护核心、维护和贯彻军委主席负责制，谈思想认识，讲学习体会，研究具体措施，推动全会精神全面深入贯彻落实。

会议强调，各级要把学习宣传贯彻全会精神作为当前和今后一个时期的重要政治任务，以走在前列的标准抓好落实。要把学习贯彻六中全会精神与深入学习习主席系列重要讲话精神贯通起来，重点抓好团以上领导干部特别是军以上高级干部学习，着力引导官兵认清重大意义，融入思想行动，自觉高举旗帜、维护核心。要贯穿到军队党的建设方方面面，以加强规范党内政治生活为重点，着力净化军队政治生态。要与“两学一做”学习教育、贯彻古田全军政治工作会议精神等工作结合起来，确保各项任务圆满完成，确保部队安全稳定，不断把学习贯彻全会精神引向深入，凝聚起强军兴军强大正能量。

11月3日

［纲　文］　**新华社讯，中央组织部印发《关于认真学习贯彻党的十八届六中全会精神深入推进“两学一做”学习教育的通知》。**

［目　文］　《通知》要求，各级党组织把学习贯彻党的十八届六中全会精神作为当前和今后一个时期的重要政治任务，作为“两学一做”学习教育的头等大事，迅速组织学，按照要求做，聚焦问题改，确保全会精神落到基层，推动学习教育取得实效。各级党委（党组）要在“两学一做”学习教育中，迅速组织学习，引导广大党员把思想和行动统一到全会精神上来。各级党委（党组）要以党委（党组）会、中心组学习等形式，分专题集中学习习近平总书记在全会上的重要讲话精神和《关于新形势下党内政治生活的若干准则》《中国共产党党内监督条例》。党支部要以党员大会、党小组会、讲党课和支部主题党日等形式，组织党员集中学习讨论交流。各级党组织要对学习贯彻全会精神、深入推进“两学一做”学习教育进行专题研究部署。党委（党组）主要负责人特别是县（市、区）委书记近期要深入基层单位专门调研，各级领导班子成员要专题听取一次分管领域、分管单位的汇报，下到联系点的基层党支部加强具体指导。各级党委（党组）要加强督促检查，2016年11月底前对下一级单位全部督导一遍，确保中央部署要求落到实处、见到实效。

11月3日

［纲　文］　**教育部、外专局发布《高等学校学科创新引智计划实施与管理办法》。**

［目　文］　《办法》共7章34条，主要有总则，组织机构与职能职责，支持范围与条件，申报、评审及立项、组织管理与验收评估，建设经费与使用管理，附则等内容，自2016年11月3日起施行。《高等学校学科创新引智基地管理办法》同时废止。

11月3日

［纲　文］　**商务部公布《关于废止部分规章的决定》。**

［目　文］　《决定》废止了《关于承包经营中外合资经营企业的规定》《关于台湾海峡两岸间货物运输代理业管理办法》等16件规章，自2016年11月3日起实施。

11月3日

［纲　文］　**中共安徽省第十届委员会第一次全体会议选举李锦斌为省委书记，李国英、信长星为省委副书记。**

11月3日

［纲　文］　**全国政协主席俞正声在北京会见亚美尼亚公众院主席马努基扬。**

［目　文］　俞正声说，中方愿与亚方一道，继续夯实两国关系的政治基础和民意基础，在互利共赢基础上共同推进“一带一路”建设，提升双边务实合作水平。中国全国政协愿加强与亚美尼亚公众院在治国理政、参政议政方面的合作与交流，深化中国经社理事会和亚美尼亚公众院的友好往来，为各自国家及双边关系发展发挥建设性作用。

马努基扬表示，亚美尼亚是古丝绸之路的沿线国，亚方高度评价中方“一带一路”建设倡议，愿深化与中方各领域合作。

11月3—9日

［纲　文］　**第十届中国评剧艺术节在唐山举办。**

［目　文］　艺术节由文化部艺术司、河北省文化厅、唐山市政府主办。秉承“评剧艺术的盛会、人民群众的节日”的办节宗旨，汇聚来自北京、河北、内蒙古、辽宁四省区市16家院团的16台优秀剧目，体现了整理改编传统戏、新编历史剧和现代戏“三并举”的戏曲剧目创作方针，尤其是反映现实生活、体现以爱国主义为核心的民族精神和以改革开放为核心的时代精神的现实题材作品数量大大增加。艺术节期间召开专家评议会，采取“一剧一评”方式对参演剧目进行点评，以权威专业、严肃认真的文艺评论推动评剧创作和演出水平不断迈上新台阶。

11月4日

［纲　文］　**国家主席习近平就气候变化《巴黎协定》正式生效致信联合国秘书长潘基文。**

［目　文］　习近平指出，在各方共同努力下，《巴黎协定》于11月4日正式生效，成为历史上批约生效最快的国际条约之一。中方对此表示衷心的祝贺。自2015年12月《巴黎协定》达成以来，国际社会致力于推动协定尽快生效。中国于2016年4月22日《巴黎协定》开放签署首日签署协定，并于9月3日批准协定。作为主席国，中国推动二十国集团首次发表关于气候变化问题的主席声明，为推动签署《巴黎协定》提供政治支持。《巴黎协定》开启了全球合作应对气候变化新阶段。中国坚持创新、协调、绿色、开放、共享的发展理念，将大力推进绿色低碳循环发展，采取有力行动应对气候变化。中方对下阶段全球气候治理进程充满信心，愿同各方加强沟通合作，为构建合作共赢、公正合理的全球气候治理机制作出贡献。

11月4日

［纲　文］　**中共中央、国务院印发《关于完善产权保护制度依法保护产权的意见》。**

［目　文］　《意见》由11个部分组成：一、总体要求。二、加强各种所有制经济产权保护。三、完善平等保护产权的法律制度。四、妥善处理历史形成的产权案件。五、严格规范涉案财产处置的法律程序。六、审慎把握处理产权和经济纠纷的司法政策。七、完善政府守信践诺机制。八、完善财产征收征用制度。九、加大知识产权保护力度。十、健全增加城乡居民财产性收入的各项制度。十一、营造全社会重视和支持产权保护的良好环境。

《意见》要求，各地区各部门要充分认识完善产权保护制度、依法保护产权的重要性和紧迫性，统一思想，形成共识和合力，狠抓工作落实。各地区要建立党委牵头，人大、政府、司法机关共同参加的产权保护协调工作机制，加强对产权保护工作的组织领导和统筹协调。各有关部门和单位要按照本意见要求，抓紧制定具体实施方案，启动基础性、标志性、关键性工作，加强协调配合，确保各项举措落到实处、见到实效。

11月4日

［纲　文］　**国务院、中央军委批复河南省人民政府，同意新建河南安阳民用机场。**

［目　文］　批复说：一、同意新建河南安阳民用机场。机场性质为国内支线机场，场址位于安阳市汤阴县伏道乡瓦岗村附近。二、本期工程建设规模为：飞行区等级指标4C，新建一条长2600米的跑道；航站区按满足2025年旅客吞吐量55万人次、货邮吞吐量2000吨的目标设计，新建航站楼6000平方米、站坪机位5个；配套建设通信、导航、气象、供油、消防救援等辅助生产设施。三、项目总投资约11.76亿元。原则上由发展改革委、民航局和河南省共同筹措解决，具体资金安排在可行性研究阶段确定。四、该机场建成后，由地方经营管理，民航局实行行业管理。

11月4日

［纲　文］　**中国宋庆龄基金会第七届理事会第一次会议在北京召开。**

［目　文］　大会总结回顾了过去一届理事会的工作，审议并通过了基金会工作报告与基金管理工作报告，推举产生了新一届理事会领导成员。王家瑞当选中国宋庆龄基金会第七届理事会主席。中央统战部部长孙春兰出席开幕式并讲话。全国政协主席俞正声会见全体会议代表。

11月4日

［纲　文］　**中央党校举行2016年秋季学期第一批进修班毕业典礼，中央党校校长刘云山出席毕业典礼并为学员颁发毕业证书。**

11月4日

［纲　文］　**中共河南省第十届委员会第一次全体会议选举谢伏瞻为省委书记，陈润儿、邓凯为省委副书记。**

11月4日

［纲　文］　**二十国集团科技创新部长会议在北京举行。**

［目　文］　二十国集团成员国、6个嘉宾国、有关国际组织官员与会。会议主题是“创新增长方式”。国务院副总理刘延东出席开幕式并致辞。与会部长和嘉宾围绕创新驱动增长的政策和实践、创新创业、科技创新合作的优先领域和模式、科技人力资源与创新人才交流等多项议题进行了讨论。会议发表了《二十国集团科技创新部长会议声明》。

11月4日

［纲　文］　**中印边界问题特别代表非正式会晤在印度海得拉巴举行。**

［目　文］　国务委员杨洁篪同印度国家安全顾问多瓦尔出席会晤，双方就两国关系和共同关心的地区和国际问题友好、坦诚、深入交换意见。双方同意，继续通过中印边界问题特别代表会晤，推进边界问题谈判，共同维护边境地区的和平与安宁。

杨洁篪说，近年来，中印关系呈现快速发展势头，两国领导人接触频繁，为两国关系发展指明了方向。中方愿与印方保持各领域各层级沟通对话，推进互利务实合作，妥善处理敏感问题，加强在地区和国际事务中的协调配合。

多瓦尔说，印度高度重视对华关系，愿同中方保持高层互访和战略沟通，深化经贸人文等领域交流合作，探讨开辟新的合作领域，妥善管控和解决分歧问题，促进两国互利共赢和共同发展。印方支持中方主办2017年的金砖国家领导人会晤。印方愿与中方为促进地区和世界和平、稳定与发展作出共同努力。

11月4日

［纲　文］ **《人民日报》发表题为《以创新步伐迈向航天强国——热烈祝贺长征五号首飞圆满成功》的评论员文章。**

11月4—7日

［纲　文］ **第九届海峡两岸（厦门）文化产业博览交易会在福建厦门举行。**

［目　文］ 文博会由文化部、中共中央台办、新闻出版广电总局主办，福建省政府、厦门市政府、台湾亚太文化创意产业协会承办。以“一脉传承，创意未来”为主题，以“突出两岸、突出产业、突出投资、突出交易”为宗旨，聚焦工艺艺术品、创意设计、数字内容、文创旅游四大板块，打造包括“两岸工艺艺术品交易展”“两岸新势力艺术设计周”“海峡数字内容产业大会”和“台湾文创购物节”的“一展、一周、一会、一节”四大品牌。推出各类论坛、对接会、推介、签约等30项配套活动，遍布厦门各区的30个分会场和107个专项活动同步举行。共有来自国内外1708家文化企业和机构参展。

11月5日

［纲　文］ **习近平致信祝贺新华社建社85周年。**

［目　文］ 中共中央总书记习近平的贺信写道：值此新华社建社85周年之际，我代表党中央，向新华社全体同志致以热烈的祝贺！新华社是我们党创办和领导的新闻舆论机构，是党的新闻舆论工作重镇。85年来，新华社坚持党指引的方向，坚持党性原则，坚持政治家办社，与人民同呼吸、与时代共进步，宣传党的主张，反映群众呼声，为我们党团结带领全国各族人民不断取得革命、建设、改革重大胜利作出了重要贡献。新形势下，新华社要不忘初心、继续前进，坚定不移跟党走，牢牢把握正确政治方向和舆论导向，传承红色基因，弘扬优良传统，锐意改革创新，加快融合发展，扩大对外交流，加快建设国际一流的新型世界性通讯社，更好服务于党和国家工作大局，更好服务于广大人民群众，不负党和人民重托。

同日，新华社建社85周年纪念大会在北京举行。新华社社长蔡名照在会上宣读习近平的贺信。新华社老同志、职工和青年代表先后发言。

1931年11月7日，新华社的前身红色中华通讯社在瑞金成立，1937年1月在延安改名为新华社。1949年新中国成立后，新华社成为国家通讯社。经过85年的发展，新华社现拥有32个国内分社和180个驻外分社，用户遍布全球200多个国家和地区。

11 月 5 日

［纲　文］ **中国—中东欧国家农业部长会议暨国际农业经贸合作论坛在昆明举行，李克强致贺信。**

［目　文］ 国务院总理李克强向论坛致贺信表示，“民之大事在于农”。中国政府始终把发展和加强农业放在突出位置，通过深化农村改革、加快农业结构调整、强化农业基础支撑、改善农村公共设施和服务、实施脱贫攻坚工程等，推进农业现代化发展。我们愿同包括中东欧国家在内的世界各国更好对接发展战略，交流分享经验，进一步提升农业合作水平，切实造福各国人民。当前中国—中东欧国家农业合作日益深化，特别是在科技创新与交流、投资与产能合作、特色农畜产品生产与贸易等方面不断取得新成果。本次会议“创新与绿色发展，农业投资贸易合作新机遇”的主题，回应了国际社会对新时期农业发展的共同关注和期待，有助于中国同中东欧国家发挥互补优势，为促进区域和全球农产品贸易、农业投资及可持续发展注入新动力。

本次会议和论坛由农业部主办，农业部副部长屈冬玉主持。全国政协副主席罗富和、斯洛文尼亚副总理日丹等出席论坛并讲话。农业部部长韩长赋，云南省委书记、省长陈豪在论坛致辞。中东欧 16 个国家的农业部部长（代表）出席了论坛。

11 月 5 日

［纲　文］ **中共山西省第十一届委员会第一次全体会议选举骆惠宁为省委书记，楼阳生、黄晓薇（女）为省委副书记。**

11 月 5 日

［纲　文］ **《人民日报》发表题为《人大释法是权力也是宪制责任》的评论员文章。**

11 月 6 日

［纲　文］ **天津市第十六届人民代表大会第五次会议选举王东峰为天津市市长。**

11 月 6 日

［纲　文］ **35 岁的中国职业拳手邹市明在拉斯维加斯经过 12 局苦战，击败泰国选手帕波姆（原名坤比七），赢得世界拳击组织（WBO）蝇量级世界拳王金腰带。**

11 月 6 日

［纲　文］ **中华全国供销合作总社原党组书记、理事会副主任白清才在山西逝世，享年 85 岁。**

11 月 6—7 日

［纲　文］ **2016 两岸企业家峰会年会在金门、厦门举行。**

［目　文］ 年会由两岸企业家峰会主办。此次年会以“企业创新合作，产业融合发展”为主题。6 日在金门开幕，7 日在厦门举行闭幕会。九百多名两岸企业家以及重要工商团体负责人与会，期间各产业合作推动小组组织召开了专题论坛及分论坛。两岸企业家峰会双方理事长曾培炎、萧万长和副理事长盛华仁、江丙坤出席了开、闭幕式。全国政协

主席俞正声在厦门出席大会并致辞。会议期间，俞正声会见了萧万长等两岸参会代表。

11月7日

［纲　文］ **习近平签署中华人民共和国主席令（第53至58号）。**

［目　文］ 主席令第53号说，《中华人民共和国网络安全法》已由中华人民共和国第十二届全国人民代表大会常务委员会第二十四次会议于2016年11月7日通过，现予公布，自2017年6月1日起施行。

主席令第54号说，《中华人民共和国电影产业促进法》已由中华人民共和国第十二届全国人民代表大会常务委员会第二十四次会议于2016年11月7日通过，现予公布，自2017年3月1日起施行。

主席令第55号说，《全国人民代表大会常务委员会关于修改〈中华人民共和国民办教育促进法〉的决定》已由中华人民共和国第十二届全国人民代表大会常务委员会第二十四次会议于2016年11月7日通过，现予公布，自2017年9月1日起施行。

主席令第56号说，《全国人民代表大会常务委员会关于修改〈中华人民共和国海洋环境保护法〉的决定》已由中华人民共和国第十二届全国人民代表大会常务委员会第二十四次会议于2016年11月7日通过，现予公布，自2016年11月7日起施行。

主席令第57号说，《全国人民代表大会常务委员会关于修改〈中华人民共和国对外贸易法〉等十二部法律的决定》已由中华人民共和国第十二届全国人民代表大会常务委员会第二十四次会议于2016年11月7日通过，现予公布，自2016年11月7日起施行。

主席令第58号说，根据中华人民共和国第十二届全国人民代表大会常务委员会第二十四次会议于2016年11月7日的决定：一、免去耿惠昌的国家安全部部长职务；任命陈文清为国家安全部部长。二、免去黄树贤的监察部部长职务。三、免去李立国的民政部部长职务；任命黄树贤为民政部部长。四、免去楼继伟的财政部部长职务；任命肖捷为财政部部长。

11月7日

［纲　文］ **国家主席习近平任免驻外大使。**

［目　文］ 习近平根据全国人民代表大会常务委员会的决定任免下列驻外大使：一、免去孙继文的中华人民共和国驻加蓬共和国特命全权大使职务；任命胡长春为中华人民共和国驻加蓬共和国特命全权大使。二、免去石虎的中华人民共和国驻尼日尔共和国特命全权大使职务；任命张立军为中华人民共和国驻尼日尔共和国特命全权大使。三、免去赵彦博的中华人民共和国驻塞拉利昂共和国特命全权大使职务；任命吴鹏为中华人民共和国驻塞拉利昂共和国特命全权大使。四、免去吴春太的中华人民共和国驻尼泊尔联邦民主共和国特命全权大使职务；任命于红（女）为中华人民共和国驻尼泊尔联邦民主共和国特命全权大使。五、免去常华的中华人民共和国驻阿拉伯联合酋长国特命全权大使职务；任命倪坚为中华人民共和国驻阿拉伯联合酋长国特命全权大使。六、免去温振顺的中华人民

共和国驻马其顿共和国特命全权大使职务；任命殷立贤（女）为中华人民共和国驻马其顿共和国特命全权大使。七、免去于庆泰的中华人民共和国驻芬兰共和国特命全权大使职务；任命陈立为中华人民共和国驻芬兰共和国特命全权大使。八、免去张拓的中华人民共和国驻古巴共和国特命全权大使职务；任命陈曦为中华人民共和国驻古巴共和国特命全权大使。九、免去李江宁的中华人民共和国驻多米尼克国特命全权大使职务；任命卢坤为中华人民共和国驻多米尼克国特命全权大使。

11月7日

［**纲　文**］　**习近平在北京会见中国记协第九届理事会全体代表和中国新闻奖、长江韬奋奖获奖者代表**。

［**目　文**］　中共中央总书记习近平指出，做好党的新闻舆论工作，营造良好舆论环境，是治国理政、定国安邦的大事。党中央高度重视新闻舆论工作，对做好党的新闻舆论工作提出了明确要求，大家要抓好落实，把中央主要媒体和各级媒体越办越好，为党和人民作出更大贡献，做党和人民信赖的新闻工作者。党的十八大以来，新闻舆论战线认真贯彻党中央的决策部署和工作要求，突出宣传党的十八大和十八届三中、四中、五中、六中全会精神，全面反映推进“五位一体”总体布局和“四个全面”战略布局的进展成效，深入宣传广大干部群众团结奋斗的精神风貌，唱响了主旋律，传播了正能量，有力激发了全党全国各族人民团结奋斗的信心和力量。广大新闻工作者牢记职责、奋发有为，用智慧、汗水乃至生命为党的新闻舆论工作作出了重大贡献。实践证明，我们的新闻工作队伍是一支可靠的、高素质的、能打硬仗的队伍，同志们工作很辛苦、很有成效，党和人民感谢你们。

习近平对广大新闻记者提出四点希望：一是要坚持正确政治方向，同党中央保持高度一致，坚持马克思主义新闻观，坚守党和人民立场，坚持中国特色社会主义，做政治坚定的新闻工作者。二是要坚持正确舆论导向，深入宣传党的理论和路线方针政策，深入宣传全国各族人民为实现“两个一百年”奋斗目标、实现中华民族伟大复兴中国梦进行的奋斗和取得的成就，弘扬主旋律，释放正能量，做引领时代的新闻工作者。三是要坚持正确新闻志向，提高业务水平，勇于改进创新，不断自我提高、自我完善，做业务精湛的新闻工作者。四是要坚持正确工作取向，以人民为中心，心系人民、讴歌人民，发扬职业精神，恪守职业道德，勤奋工作、甘于奉献，做作风优良的新闻工作者。一句话，就是要做党和人民信赖的新闻工作者。中国记协是党领导的人民团体，是党和政府联系新闻界的桥梁和纽带。希望中国记协再接再厉，保持和增强政治性、先进性、群众性，更好把广大新闻工作者凝聚起来，真正成为“记者之家”。

同日，中华全国新闻工作者协会第九届理事会第一次会议暨中国新闻奖、长江韬奋奖颁奖会在北京举行。中央书记处书记刘云山出席会议并代表党中央致辞，他表示，习近平总书记亲切会见与会同志并发表重要讲话，充分肯定广大新闻工作者在服务党和国家事业发展中发挥的重要作用，对做好新闻舆论工作提出明确要求并寄予殷切希望，充分体现了党中央对新闻舆论战线的高度重视和亲切关怀，我们要认真学习领会、很好贯彻落实。

中国记协主席田聪明致开幕词，中国文联党组书记赵实代表人民团体致贺辞。会议为第二十六届中国新闻奖、第十四届长江韬奋奖获奖者代表颁奖。刘奇葆、赵乐际、栗战书、吉炳轩、张庆黎，中央和国家机关有关部门负责人，中华全国新闻工作者协会第九届理事会全体代表和中国新闻奖、长江韬奋奖获奖者代表等出席会议。

来自全国报社、通讯社、电台、电视台和新闻网站的 256 件作品获中国新闻奖，其中特别奖 3 件，一等奖 40 件（含 10 个新闻名专栏），二等奖 85 件，三等奖 128 件；20 名新闻工作者获长江韬奋奖，其中长江系列 10 名，韬奋系列 10 名。

9 日，中华全国新闻工作者协会第九届理事会第一次会议闭幕。会议审议通过了中国记协第八届理事会常务理事会的工作报告，讨论通过了《中华全国新闻工作者协会章程（修订草案）》，选举产生了中国记协理事会常务理事会，选举了主席、副主席，推举了名誉主席，任命了书记处书记。张研农当选新一届中国记协主席，邵华泽、田聪明被推举为名誉主席。

11 月 7 日

［纲　文］　新华社讯，中共中央办公厅印发《关于在北京市、山西省、浙江省开展国家监察体制改革试点方案》。

［目　文］《方案》强调，国家监察体制改革是事关全局的重大政治改革，是国家监察制度的顶层设计。深化国家监察体制改革的目标，是建立党统一领导下的国家反腐败工作机构。实施组织和制度创新，整合反腐败资源力量，扩大监察范围，丰富监察手段，实现对行使公权力的公职人员监察全面覆盖，建立集中统一、权威高效的监察体系，履行反腐败职责，深入推进党风廉洁建设和反腐败斗争，构建不敢腐、不能腐、不想腐的有效机制。党中央决定，在北京市、山西省、浙江省开展国家监察体制改革试点工作。由省（市）人民代表大会产生省（市）监察委员会，作为行使国家监察职能的专责机关。党的纪律检查委员会、监察委员会合署办公，建立健全监察委员会组织架构，明确监察委员会职能职责，建立监察委员会与司法机关的协调衔接机制，强化对监察委员会自身的监督制约。

《方案》要求，要加强对试点工作的统一领导。中央成立深化监察体制改革试点工作领导小组，对试点工作进行指导、协调和服务。试点地区党组织要担负起主体责任，对试点工作负总责，成立深化监察体制改革试点工作小组，由省（市）委书记担任组长。要把思想和行动统一到中央精神上来，牢固树立“四个意识”，强化担当精神，密切联系实际，创造性开展工作，坚决把党中央决策部署落到实处。试点地区纪委要细致谋划、扎实推进，做好试点方案的组织实施和具体落实。试点地区要加强调查研究，审慎稳妥推进改革，整合资源、调整结构，实现内涵发展，使改革取得人民群众满意的实效。

11 月 7 日

［纲　文］　新华社讯，中共中央办公厅、国务院办公厅印发《关于实行以增加知识

价值为导向分配政策的若干意见》。

［目 文］《意见》由七个部分组成：一、总体要求。二、推动形成体现增加知识价值的收入分配机制。三、扩大科研机构、高校收入分配自主权。四、进一步发挥科研项目资金的激励引导作用。五、加强科技成果产权对科研人员的长期激励。六、允许科研人员和教师依法依规适度兼职兼薪。七、加强组织实施。

《意见》强调，本意见适用于国家设立的科研机构、高校和国有独资企业（公司）。其他单位对知识型、技术型、创新型劳动者可参照本意见精神，结合各自实际，制定具体收入分配办法。国防和军队系统的科研机构、高校、企业收入分配政策另行制定。

11月7日

［纲 文］ **财政部、发展改革委、住房城乡建设部印发《市政公共资源有偿使用收入管理办法》**。

［目 文］《办法》共6章35条，主要有总则、有偿使用收入、收缴管理、预算管理、监督管理、附则等内容，自2016年11月7日起施行。

11月7日

［纲 文］ **邮政局、公安部、安全部发布《禁止寄递物品管理规定》，自2016年11月7日起施行**。

11月7日

［纲 文］ **全军学习贯彻党的十八届六中全会精神宣讲团在北京举行首场报告会**。

［目 文］ 中央军委副主席范长龙、许其亮会见报告团成员。中央军委委员常万全、赵克石、张又侠、吴胜利、马晓天、魏凤和参加报告会。

范长龙、许其亮强调要认真学习领会习主席关于做好宣讲工作重要指示精神，站在维护核心、看齐追随的政治高度，以强烈的使命感、责任感，高标准高质量做好宣讲工作。要把握思想精髓、突出重点内容、全面准确阐释，讲深讲透全会的重大主题，讲深讲透确立和维护习主席这个核心的历史必然、政治意蕴和时代价值，讲深讲透习主席在全会上的重要讲话精神，讲深讲透两部党内法规的主要内容和基本精神，特别是对领导干部的标准要求，讲深讲透对做好当前工作特别是迎接党的十九大召开的部署要求，引导广大官兵把思想和行动统一到全会精神上来，更加坚定自觉地维护以习近平同志为核心的党中央的权威，向党中央的决策部署看齐，向习主席看齐，汇聚起实现强军目标、建设世界一流军队的强大正能量。要紧密结合实际，紧贴强军实践、部队任务和官兵思想，讲究宣讲艺术，着力在讲清“怎么看、怎么学、怎么做”上下功夫，推动全会精神进入基层、深入人心，把部队学习宣传贯彻引向深入。

11月7日

［纲 文］ **全国人大常委会委员长张德江在北京会见荷兰议会一院议长布勒克－克诺尔**。

［目 文］ 张德江说，近年来，中荷关系发展势头良好，合作成果丰硕，特别是习

近平主席同威廉－亚历山大国王实现互访，确定了开放务实的中荷全面合作伙伴关系新定位。中荷双方应在现有良好基础上，携手努力，把握方向，谱写两国关系新篇章。中方重视荷在欧盟的重要影响，赞赏荷方积极推动中欧合作。中国全国人大愿进一步发展同荷兰议会友好关系，巩固政治互信，交流治国理政经验，为两国务实合作创造良好的法律环境和民意基础，为中荷关系发展作出更大贡献。

布勒克－克诺尔说，荷中两国在各领域的全方位合作非常重要，希望进一步加强两国立法机关间的交流与合作。

10日，全国政协主席俞正声在北京会见布勒克－克诺尔时表示，中国全国政协同荷兰议会一院为促进双边关系发展、增进两国人民相互了解和友谊发挥了重要作用，愿继续加强交流互鉴，丰富合作形式，推动两国关系和议会友好合作取得新的更大发展。

布勒克－克诺尔表示，荷兰高度重视发展和维护与中国的关系，两国拥有广泛共同利益，荷兰议会一院愿进一步密切同中国全国政协的友好交往。

11月7日

［纲　文］　**外交部发言人表示，香港事务属中国内政，任何外国不应干涉。**

［目　文］　有记者问，11月7日上午，全国人大常委会通过对香港基本法第104条的解释，国外一些舆论对此表达关注。你对此有何评论？

发言人表示，全国人大常委会的有关解释明确了香港基本法第104条公职人员就职宣誓有关规定的含义，澄清有关法律争议，明确树立宣誓的基本规矩，有利于遏制“港独”势力，维护中国国家宪法和香港基本法的权威，捍卫国家的主权、统一和领土完整，维护香港的长期繁荣稳定。有关解释完全符合中国宪法和香港基本法的规定，符合“一国两制”的原则。香港是中国的特别行政区，是中国中央人民政府辖下的一个地方行政区域。香港事务属于中国内政，任何外国不应干涉。

有记者问：近日，美国助理国务卿拉塞尔在华盛顿就美国亚太政策举行媒体吹风会时表示，无迹象表明杜特尔特总统正从仲裁裁决上后退，后退不符合菲律宾最根本利益。中方对此有何评论？

发言人说，如果想准确地把握菲律宾政府的立场，最好还是听菲律宾领导人自己怎么说。我相信大家都已经看到，杜特尔特总统最近已经以一系列言行向国际社会清晰地表明，到底什么最符合菲律宾人民自身根本和长远利益。杜特尔特总统已经一再表示，菲律宾是个独立自主的国家，它的政府的外交政策是独立自主制定的。我希望有关方面还是要尊重菲律宾的独立自主。

11月7日

［纲　文］　**《人民日报》发表刘云山题为《严肃党内政治生活　净化党内政治生态（学习贯彻党的十八届六中全会精神）》的文章。**

11月7—9日

［纲　文］　**张高丽在云南调研。**

［目　文］　国务院副总理张高丽到昭通市鲁甸县实地考察龙头山镇原镇政府地震遗址、甘家寨灾后恢复重建集中安置点看望安置群众；在普洱市到企业和云南咖啡交易中心了解高原绿色产业发展情况；在西双版纳考察澜沧江景洪水电站和勐养镇曼掌村调研江河水资源保护利用、少数民族新农村建设。

张高丽主持召开座谈会，听取地方和企业对绿色发展和经济工作的意见建议。张高丽强调，学习贯彻党的十八届六中全会精神，是当前和今后一个时期全党全国的重要政治任务。全会明确习近平总书记的核心地位、正式提出“以习近平同志为核心的党中央”，反映了全党全军全国各族人民的共同心愿，是推进全面从严治党、提高党的创造力凝聚力战斗力的迫切要求，对维护党中央权威、维护党的团结和集中统一领导，对全党全军全国各族人民更好凝聚力量抓住机遇、战胜挑战，对全党团结一心、不忘初心、继续前进，对保证党和国家兴旺发达、长治久安，具有十分重大而深远的意义。要牢固树立“四个意识”特别是核心意识、看齐意识，更加自觉地在思想上政治上行动上同以习近平同志为核心的党中央保持高度一致，更加坚定地维护以习近平同志为核心的党中央权威。全会审议通过的《关于新形势下党内政治生活的若干准则》和《中国共产党党内监督条例》，对全面从严治党提出了新的更高要求，非常及时、非常重要。

11 月 7—8 日

［纲　文］　**第三届中国—拉美和加勒比智库论坛在北京举行。**

［目　文］　论坛由中国人民外交学会和中国国际问题研究基金会联合举办，主题为“中拉合作新时刻——开拓进取，共创未来”，来自中拉双方主要智库的专家学者、拉美地区组织代表、驻华使节、国内有关部委和企业代表及中外媒体约 200 人出席论坛。

11 月 8 日

［纲　文］　**新华社讯，中共中央办公厅、国务院办公厅转发《国务院深化医药卫生体制改革领导小组关于进一步推广深化医药卫生体制改革经验的若干意见》。**

［目　文］　《意见》由三个部分组成：一、深化医改取得重大进展和明显成效。二、运用典型经验，推动医改向纵深发展。三、加大推广力度，增强深化医改的主动性和创造性。

11 月 8 日

［纲　文］　**证监会、财政部公布修改后的《期货投资者保障基金管理暂行办法》，自 2016 年 1 月 8 日起 30 日后施行。**

11 月 8 日

［纲　文］　**全国政协在北京召开双周协商座谈会，就“重视特殊教育”建言献策。**

［目　文］　全国政协主席俞正声主持座谈会。全国政协副主席杜青林、罗富和、张庆黎、卢展工出席座谈会。全国政协副主席王家瑞在座谈会上讲了意见。教育部副部长李晓红介绍了有关情况。中央机构编制委员会办公室副主任李晓全、人力资源社会保障部副

部长邱小平、中国残疾人联合会理事长鲁勇等与委员互动交流。全国政协委员朱永新、李卫红、王新宪、李和平、马德秀、朱晓进、王康、朱和平、刘焱、姚树坤、吴国华、秦和、孙惠玲、吴明、薄绍晔，以及专家学者尹烨、袁敬华在座谈会上发言。

委员们认为，党中央、国务院高度重视特殊教育，作出了一系列重要部署，我国特殊教育事业取得较大进展，普及水平显著提高，保障能力进一步增强，教育教学质量进一步提高。但总体上看，我国特殊教育整体水平不高，发展不平衡，资源依然不足，支持保障体系不完善，教学质量不高。

关于办好特殊教育，一些委员建议：一是要正确认识，高度重视。国家保障残疾人享有平等接受教育的权利，全社会都要提高认识，形成关心支持特殊教育的良好氛围。二是改进办学条件，包括增加投入，提高人均经费和特教津贴；认真研究随班就读政策，落实支持措施，走融合教育之路；解决好普通学校特殊教育资源教室和资源教师队伍的建设问题。三是合理确定特殊教育学校教职工编制，提高师生比。按照特殊教育特点和规律，教育部门要在有关部门配合下分门别类地制定更细致的标准和要求。四是加强特殊教育的师资培养。扩大特教专业招生规模，提升培养层次，将特教教师全面纳入各级教师培训规划和项目，全面提升特教教师队伍的专业化水平。

11月8日

［纲　文］　**环境保护部在乌鲁木齐市召开全国环保系统“十三五”对口援疆工作会议。**

［目　文］　环境保护部部长陈吉宁、新疆维吾尔自治区主席雪克来提·扎克尔出席会议并讲话，新疆维吾尔自治区副主席马敖·赛依提哈木扎主持会议。会议总结全国环保系统“十二五”援疆工作，部署“十三五”环保援疆任务。

11月8日

［纲　文］　**《人民日报》发表王岐山题为《全面从严治党　承载起党在新时代的使命——学习贯彻党的十八届六中全会精神》的文章。**

11月8日

［纲　文］　**《人民日报》发表题为《文风改进永远在路上》的评论员文章。**

11月8日

［纲　文］　**《人民日报》发表题为《中央依法打击遏制“港独”绝不手软》的评论员文章。**

11月8—11日

［纲　文］　**全国人大常委会委员长张德江率中国党政代表团对越南进行正式友好访问。**

［目　文］　访问期间，张德江在河内分别会见越共中央总书记阮富仲、越南国家主席陈大光、总理阮春福，与阮氏金银举行会谈，会见祖国阵线主席阮善仁。张德江出席了中越人民友好交流活动和第三届中越青年大联欢并致辞，还考察了中越友谊宫项目建设情

况，并访问了岘港市、广南省。

11月8—10日

［纲　文］　**孙春兰在广西调研。**

［目　文］　中央统战部部长孙春兰到隆安县良兴村了解脱贫攻坚情况，走访看望了少数民族贫困户；到南宁师范学校附属小学、西乡塘区万秀村了解民族团结工作情况；考察了桂港现代职业教育发展中心、五象新区总部基地；到百色缅怀百色起义革命先烈。

在民族工作座谈会上，孙春兰强调，要把改善民生和脱贫攻坚纳入民族团结进步创建活动，把统一战线服务脱贫攻坚重心放在边疆地区、左右江等革命老区和人口较少民族聚居区，鼓励非公有制经济人士参加“万企帮万村”等活动，为港澳台海外人士到贫困地区投资兴业牵线搭桥，帮助贫困地区群众就业创业，推动脱贫攻坚目标如期实现。

与自治区民主党派负责人座谈时，孙春兰希望各民主党派弘扬老一辈与中国共产党风雨同舟、荣辱与共优良传统，不忘多党合作初心，继续携手前进，始终同以习近平同志为核心的党中央保持高度一致。要把政治交接贯穿于履行职能作用各方面，贯穿于参政党建设各领域，贯穿于民主党派组织换届全过程，确保政治交接看得见、摸得着、见成效。要坚持知行合一，围绕党和政府关心、人民群众关注、改革发展急需的重大课题，积极献计出力，开展民主监督，切实肩负起中国特色社会主义亲历者、实践者、维护者、捍卫者的责任。

11月8日—12月4日

［纲　文］　**“天下为公大道行——纪念孙中山诞辰150周年大型馆藏文物展”在中国国家博物馆举行。**

［目　文］　展览由中国国家博物馆主办，展出了孙中山的函电手记、重要遗物、珍贵留影等，展现其为民族独立、社会进步、人民幸福奋斗不息的人生历程，缅怀他为中国民主革命事业作出的杰出贡献。展览包括“开创共和”“伟大转变”两大部分和“法书墨迹”“函电手迹”“革命筹款”“重要遗物”“委任书状”“珍贵留影”“永恒怀念”7个专题，共展出326件中国国家博物馆馆藏文物和珍贵历史照片，其中首次展出的文物有72件。

11月8—27日

［纲　文］　**2016中国电影节在俄罗斯莫斯科、顿河畔罗斯托夫两个城市举办。**

［目　文］　国务院副总理、中俄人文合作委员会中方主席刘延东与俄罗斯副总理、中俄人文合作委员会俄方主席戈洛杰茨在莫斯科共同启动本次电影节。

11月9日

［纲　文］　**国家主席习近平致电祝贺特朗普当选美国总统。**

11月9日

［纲　文］　**新华社讯，中共中央印发《关于党的十九大代表选举工作的通知》，对十九大代表选举工作作出全面部署。**

11月9日

［纲　文］ **财政部印发《地方政府一般债务预算管理办法》。**

［目　文］ 《办法》共7章35条，主要有总则、一般债务限额和余额、预算编制和批复、预算执行和决算、非债券形式一般债务纳入预算管理、监督管理、附则等内容。自2016年11月9日起施行。

11月9日

［纲　文］ **财政部印发《地方政府专项债务预算管理办法》。**

［目　文］ 《办法》共7章35条，主要有总则、专项债务限额和余额、预算编制和批复、预算执行和决算、非债券形式专项债务纳入预算管理、监督管理、附则等内容。自2016年11月9日起施行。

11月9日

［纲　文］ **中共中央政治局常委王岐山会见巴基斯坦国家问责局局长乔杜里。**

［目　文］ 王岐山指出，中巴反腐败领域合作是两国全天候战略合作伙伴关系的重要组成部分。十八届中共中央统筹推进“五位一体”总体布局，协调推进“四个全面”战略布局。十八届六中全会既是对十八大以来全面从严治党四年工作的总结，也是新的动员部署，展现了以习近平同志为核心的党中央的战略谋划。全面从严治党赢得党心民心，反腐败国际合作占据道义制高点。必须在坚持中深化、在深化中坚持，坚定信心，正视存在的问题，敢于斗争、坚持斗争、善于斗争。

乔杜里介绍了巴反腐败制度建设和工作情况，对中国反腐败工作采取的措施和成就表示赞赏，愿与中方深化各领域交流合作。

11月9—10日

［纲　文］ **中央军委后勤工作会议在北京举行，习近平出席会议并讲话。**

［目　文］ 中央军委副主席范长龙主持会议。中央军委副主席许其亮，中央军委委员常万全、赵克石、张又侠、吴胜利、马晓天、魏凤和等，军委机关各部门、各大单位，以及联勤保障部队、军委后勤保障部直属单位和有关院校的领导参加会议。

中央军委主席习近平强调，要以党在新形势下的强军目标为引领，坚持政治建军、改革强军、依法治军，聚焦保障打赢，加快转型重塑，发扬后勤光荣传统和优良作风，努力建设强大的现代化后勤，为实现中国梦强军梦提供有力保障。强国强军必须强后勤。随着国际军事竞争格局深刻变化，国家利益和军队使命任务不断拓展，后勤建设越来越成为影响战争胜负的重要因素，越来越成为赢得战略竞争主动的重要力量，在强国强军进程中使命重大，在党、国家、军队事业发展中地位重要。建设世界一流军队，后勤建设必须跟上，必须实现跨越式发展。后勤战线全体同志一定要提高思想认识、强化使命担当。要加强后勤建设战略筹划和指导。要着力建设一切为了打仗的后勤，坚持保障打仗的根本指向，研究后勤保障机理，推进后勤理论创新，制定后勤发展战略和联勤保障方案计划，抓紧解决制约后勤保障力生成提高的重点难点问题。

习近平指出，要抓好党的十八届六中全会精神在全军的学习贯彻，推动后勤工作贯彻落实全面从严治党。要抓根本、铸军魂，坚持把思想政治建设摆在首位，全面彻底肃清郭伯雄、徐才厚流毒影响，教育广大党员、干部严守政治纪律和政治规矩，增强政治意识、大局意识、核心意识、看齐意识，坚定维护党中央权威，坚决听从党中央和中央军委指挥。要抓组织、严制度，严肃开展党内政治生活，根据后勤工作特点加强党内监督，把各级党组织搞得很坚强很过硬。要抓作风、惩贪腐，坚决把党风廉政建设和反腐败斗争进行到底，教育广大后勤人员特别是领导干部分清公私两个字，砥砺品德操守，清清白白做人、干干净净做事。要抓队伍、强素质，选准用好干部，加快建设高素质新型后勤人才队伍，为兴后勤、强后勤提供人才支持和智力支撑。

11月9—10日

［纲　文］ **李源潮在重庆调研群团改革**。

［目　文］ 国家副主席李源潮在涪陵区听取“两江四岸”滨江规划介绍时说，要保护好生态环境，建设生态宜居城市；参观白鹤梁题刻水下博物馆时叮嘱，这是中华民族珍贵的历史文化遗产，要千秋万代保护好；在医药企业生产基地，勉励研发人员加快中药科学化，通过科学研究、科学生产振兴中华传统医药；到汽车企业，与共青团员交流，鼓励他们带动更多青年干好本职、追求上进；到两江新区，考察了科技公司时说，新常态下的经济发展面临着难得的产业替代机遇，要抓得早、抓得住，知市场、控风险，才能实现创新发展、跨越发展。

李源潮与重庆市青妇科侨负责人就学习贯彻十八届六中全会精神、推进群团改革进行座谈。他指出，青妇科侨等人民团体要深刻认识这次全会明确习近平总书记为党中央的核心、全党的核心的重大意义，增强政治意识、大局意识、核心意识、看齐意识，把各自所联系的群众紧密地团结在以习近平同志为核心的党中央周围，带领广大群众听党话、跟党走。要按照全面从严治党要求，认真贯彻执行全会通过的《准则》和《条例》，建设好人民团体中的党组织。青妇科侨领导班子和领导干部要带头学习领会、贯彻执行十八届六中全会精神，组织好面向群众的宣传解读，推动六中全会精神深入基层、深入群众、深入人心。

11月10日

［纲　文］ **国家主席习近平向国际博物馆高级别论坛致贺信**。

［目　文］ 习近平的贺信指出，博物馆是保护和传承人类文明的重要殿堂，是连接过去、现在、未来的桥梁，在促进世界文明交流互鉴方面具有特殊作用。中国博物馆事业已有一百多年历史。近年来，中国各类博物馆在场馆设施建设、藏品保护研究、陈列展示和免费开放、满足民众需求、推动中外文化交流等方面不断取得进展。中国各类博物馆不仅是中国历史的保存者和记录者，也是当代中国人民为实现中华民族伟大复兴的中国梦而奋斗的见证者和参与者。希望出席本次论坛的嘉宾们集思广益、凝聚共识，让世界各国博

物馆的丰富馆藏都活起来，为共同保护文化多样性、增进各国人民相互了解、促进人类文明进步作出贡献。

国际博物馆高级别论坛在深圳举行，为期三天，由联合国教科文组织、中国联合国教科文组织全国委员会、文物局、深圳市人民政府共同主办。来自44个国家和地区，以及中国各地博物馆的近200名文化官员、博物馆馆长和专家学者就博物馆的责任、从业人员的道德与技术标准以及面向更为广阔的国家和国际间博物馆合作等四个主题深入交换意见。国务院副总理刘延东出席开幕式，宣读贺信并致辞。

11月10日

［纲　文］　**国务院办公厅印发《控制污染物排放许可制实施方案》。**

［目　文］　《方案》由七个部分组成：一、总体要求。二、衔接整合相关环境管理制度。三、规范有序发放排污许可证。四、严格落实企事业单位环境保护责任。五、加强监督管理。六、强化信息公开和社会监督。七、做好排污许可制实施保障。

11月10日

［纲　文］　**国务院办公厅印发《关于全面推进政务公开工作的意见》。**

［目　文］　《意见》由六个部分组成：一、着力推进“五公开”。二、强化政策解读。三、积极回应关切。四、加强平台建设。五、扩大公众参与。六、加强组织领导。

《意见》指出，政务公开是行政机关全面推进决策、执行、管理、服务、结果全过程公开，加强政策解读、回应关切、平台建设、数据开放，保障公众知情权、参与权、表达权和监督权，增强政府公信力执行力，提升政府治理能力的制度安排。各级行政机关、法律法规授权的具有管理公共事务职能的组织为《关于全面推进政务公开工作的意见》的适用主体，公共企业事业单位参照执行。公民、法人和其他组织向行政机关申请获取相关政府信息的，行政机关应依据《中华人民共和国政府信息公开条例》的规定妥善处理。

11月10日

［纲　文］　**汪洋在北京主持召开国务院扶贫开发领导小组第13次全体会议。**

［目　文］　会议听取脱贫攻坚督查巡查情况汇报，研究部署下一阶段工作。国务院副总理、国务院扶贫开发领导小组组长汪洋强调，开展脱贫攻坚督查巡查，是全面从严治党在扶贫领域的重要体现，要把学习贯彻党的十八届六中全会精神作为重要政治任务，自觉在思想上政治上行动上同以习近平同志为核心的党中央保持高度一致，用好脱贫攻坚督查巡查成果，传导压力、增强动力、压实责任、解决问题，确保中央脱贫攻坚决策部署落到实处。督查巡查是推进工作的好办法，要认真归纳各地创新举措，提炼可复制、可推广经验，在面上推开。针对扶贫领域存在的形式主义、不实不准、基层工作薄弱、部分贫困群众内生动力不足等问题，要认真研究解决办法。要谋划好下一阶段脱贫攻坚工作，狠抓重点区域、重点群体、重点任务的集中攻坚，强化产业、就业等造血式扶贫措施，培育壮大贫困村集体经济，促进贫困群众稳定脱贫。

11月10日

［纲　文］　**外交部发言人就“慰安妇”受害者要求日本政府公开道歉表示，日方应以正确历史观教育国民。**

［目　文］　有记者问：据日本媒体报道，韩国、菲律宾、印度尼西亚、东帝汶等国的“慰安妇”受害者前两天联合向日本外务省提交写给首相安倍晋三的信函，要求日本政府公开道歉并依法进行赔偿。信中对日韩2015年就“慰安妇”问题达成的协议表示不满，认为这存在“国籍差异”，呼吁日政府聆听受害者心声，对学校及社会进行相关宣传教育活动。中方对此有何评论？

发言人说，中方的立场是一贯、明确的。强征“慰安妇”是日本军国主义在“二战”期间对亚洲等受害国人民犯下的严重反人道罪行，给他们带来了深重灾难，其负面影响至今未得到彻底清除。希望日方以正确的历史观教育本国国民，特别是青年一代，使他们全面、客观地了解、认识那段历史，不让悲剧重演。

11月10日

［纲　文］　**第八次中英经济财金对话在伦敦举行。**

［目　文］　国务院副总理马凯和英国财政大臣哈蒙德共同主持对话。双方就宏观经济形势和政策、贸易投资和市场准入、金融服务与金融市场发展、基础设施和产业战略等议题进行了深入探讨，并达成多项成果与共识。

9日，英国首相特雷莎·梅在伦敦会见马凯时表示，非常高兴9月在杭州与习近平主席会晤，英国脱欧后将寻求进一步提升同中国建立的全球全面战略伙伴关系。经济财金对话是英中关系的重要部分，也是英中关系“黄金时代”的重要体现，期待更多中国企业来英投资。英国支持并继续鼓励和实施自由贸易。

马凯表示，履行《中国加入世界贸易组织议定书》第十五条有关规定，是世贸组织成员应尽的义务，中方坚决反对任何变相延续“替代国”的做法。中方希望英方在该问题上秉持公正立场，推动如期、全面、干净地履行义务。

11月10日

［纲　文］　**中国在酒泉卫星发射中心用长征十一号运载火箭，成功发射了脉冲星试验卫星。**

［目　文］　此次发射的脉冲星试验卫星和配套运载火箭由中国航天科技集团公司所属的中国空间技术研究院和中国运载火箭技术研究院分别研制，这是长征系列运载火箭的第239次飞行。该星属太阳同步轨道卫星，卫星入轨并完成在轨测试后，将开展在轨技术试验，验证星载脉冲星探测器性能指标和空间环境适应性，积累在轨实测脉冲星数据，为脉冲星探测及技术体制验证奠定技术基础。此次任务同时还搭载了四颗微纳卫星，用以开展其他科学技术试验。

11月10—11日

［纲　文］　**2016中国国际友好城市大会在重庆举办。**

［目　文］　大会由中国人民对外友好协会、中国国际友好城市联合会、重庆市人民政府共同主办，主题是“创新发展，合作共享”，来自50多个国家的约700名代表与会。大会评选出多个对华友好城市交流合作奖、国际友好城市交流合作奖以及国际友好城市特别贡献奖。国家副主席李源潮出席开幕式并发表主旨讲话。

11月11日

［纲　文］　**纪念孙中山先生诞辰150周年大会在北京举行，习近平出席并发表讲话。**

［目　文］　全国政协主席俞正声主持大会。李克强、刘云山、王岐山、张高丽出席大会。在京中共中央政治局委员、中央书记处书记，全国人大常委会副委员长，国务委员，最高人民法院院长，全国政协副主席，以及中央军委委员出席大会。中央党政军群各部门和北京市负责人，各民主党派中央、全国工商联负责人和无党派人士代表，在京全国人大常委及部分人大代表，在京全国政协常委及部分委员，民族、宗教界和社会团体代表，部分外国驻华使节，孙中山先生亲属代表，港澳台有关人士代表及海外来宾，首都各界群众代表，解放军、武警部队官兵代表等约3000人参加大会。

中共中央总书记、国家主席、中央军委主席习近平指出，中国共产党人是孙中山先生革命事业最坚定的支持者、最忠诚的合作者、最忠实的继承者。我们对孙中山先生最好的纪念，就是团结一切可以团结的力量，调动一切可以调动的因素，把孙中山先生等一切革命先辈为之奋斗的伟大事业继续推向前进，把近代以来一切仁人志士为之奋斗的伟大事业继续推向前进，把近代以来中国人民和中华民族为之奋斗的伟大事业继续推向前进。

纪念大会前，习近平等会见了孙中山先生亲属及海外来宾代表。

11月11日

［纲　文］　**国务院、中央军委公布修订后的《中华人民共和国无线电管理条例》。**

［目　文］　《条例》共9章85条，主要有总则、管理机构及其职责、频率管理、无线电台（站）管理、无线电发射设备管理、涉外无线电管理、无线电监测和电波秩序维护、法律责任、附则等部分内容，自2016年12月1日起施行。

11月11日

［纲　文］　**国务院办公厅印发《关于调整河北小五台山等5处国家级自然保护区的通知》。**

［目　文］　《通知》说:《环境保护部关于调整河北小五台山等5处国家级自然保护区范围的请示》收悉。经国务院批准，现通知如下：一、国务院同意调整河北小五台山、辽宁大连斑海豹、吉林雁鸣湖、黑龙江五大连池和黑龙江东方红湿地国家级自然保护区的范围，并将黑龙江东方红湿地国家级自然保护区更名为黑龙江东方红国家级自然保护区。调整后保护区的面积、范围和功能分区等由环境保护部予以公布。二、有关地区要按照批准的调整方案组织勘界，落实自然保护区土地权属，并在规定的时限内标明区界，予以公

告。三、有关地区和部门要严格执行《中华人民共和国自然保护区条例》和《国家级自然保护区调整管理规定》等有关规定，切实加强对自然保护区工作的领导、协调和监督，妥善处理好自然保护区管理与当地经济建设及居民生产生活的关系，确保各项管理措施得到落实。

11月11日

［纲　文］　**人力资源社会保障部等12个部委印发《关于开展农民工工资支付情况专项检查的通知》。**

［目　文］　《通知》由三个部分组成：一、专项检查重点和工作目标。二、专项检查时间安排。三、工作要求。

《通知》要求落实企业清欠责任和地方政府监管责任，将保障农民工工资支付纳入政府考核评价指标体系，严格实行考核问责。

11月11日

［纲　文］　**财政部、教育部印发《城乡义务教育补助经费管理办法》，自2016年12月1日起施行。**

11月11日

［纲　文］　**由中科院长春光机所承担的国家重大科研装备研制项目"大型高精度衍射光栅刻划系统"通过验收，并制造出世界最大面积中阶梯光栅，标志着我国在此领域的相关技术达到国际领先水平。**

［目　文］　衍射光栅是一种纳米精度周期性微结构的精密光学元件，在光谱学、天文学、激光器、光通讯、信息存储等领域中有重要应用。光栅面积大可获得高集光率和分辨本领，精度高可获得更好的信噪比，但制造出大而精的光栅是世界性难题。

11月12日

［纲　文］　**国务院办公厅印发《关于对真抓实干成效明显地方加大激励支持力度的通知》。**

［目　文］　《通知》说：为充分发挥中央和地方两个积极性，鼓励各地从实际出发干事创业，推动形成主动作为、竞相发展的良好局面，国务院决定，根据每年国务院大督查和日常督查情况，对落实有关重大政策措施真抓实干、取得明显成效的地方，采取相应措施予以激励支持。

《通知》要求，各有关部门组织实施激励措施的具体办法，于2016年11月30日前报送国务院办公厅。从2017年起，各有关部门于每年1月31日前，根据上一年度工作成效，结合本部门日常督查情况和国务院大督查、相关专项督查情况，提出拟予激励支持的地方名单，报送国务院办公厅。国务院办公厅将统筹组织开展相关表扬激励工作。

11月12日

［纲　文］　**国务院任免国家工作人员。**

［目　文］　一、任命苟仲文为国家体育总局局长；免去刘鹏的国家体育总局局长职务。二、任命陈志刚为国务院扶贫开发领导小组办公室副主任；免去郑文凯的国务院扶贫开发领导小组办公室副主任职务。三、任命苟仲文为北京2022年冬奥会和冬残奥会组织委员会执行主席；免去刘鹏的北京2022年冬奥会和冬残奥会组织委员会执行主席职务。三、任命蔡奇为北京2022年冬奥会和冬残奥会组织委员会执行主席；免去王安顺的北京2022年冬奥会和冬残奥会组织委员会执行主席职务。

11月12日

［纲　文］　**中国在酒泉卫星发射中心用长征二号丁运载火箭，成功将云海一号01星送入太空。**

［目　文］　云海一号01星主要用于大气海洋环境要素探测、空间环境探测、防灾减灾和科学试验等领域。

11月12日

［纲　文］　**第八届美国电影艺术与科学学院理事会奖颁奖典礼在好莱坞高地中心举行，中国演员成龙获颁奥斯卡终身成就奖，是首位获此殊荣的华人影星。**

11月12日

［纲　文］　**《人民日报》发表题为《为振兴中华而继续奋斗》的评论员文章。**

11月12—14日

［纲　文］　**外交部部长王毅应邀对乌兹别克斯坦进行正式访问并出席在土耳其举行的中土外长磋商机制首次会议。**

［目　文］　12日，王毅在塔什干会见乌兹别克斯坦代总统米尔济约耶夫。

13日，王毅在安卡拉与土耳其外长查武什奥卢举行中土外长磋商机制首次会议，就双边关系以及共同关心的国际地区问题深入交换意见。双方一致同意，全面落实2015年以来两国元首三次会晤共识，落实中土政府间合作委员会机制首次会议成果，推动两国战略合作关系取得更大发展。深入对接“一带一路”和“中间走廊”倡议，创新合作思路和方式，重点推进东西高铁等大型合作项目，争取早期收获，实现共同发展。深化安全反恐合作，从根本上构建双方政治互信，为两国务实合作提供更坚实基础。双方承诺坚定相互支持对方为维护国家主权、安全和稳定所做的努力，绝不允许在本国发生损害对方国家安全的事情。双方还一致同意坚持政治解决地区热点问题，维护地区和平。

11月14日

［纲　文］　**国家主席习近平同美国当选总统特朗普通电话。**

［目　文］　习近平祝贺特朗普当选美国总统并表示，中美建交37年来，两国关系不断向前发展，给两国人民带来了实实在在的利益，也促进了世界和地区和平、稳定、繁荣。事实证明，合作是中美两国唯一的正确选择。当前，中美合作拥有重要机遇和巨大潜力，双方要加强协调，推动两国经济发展和全球经济增长，拓展各领域交流合作，让两国

人民获得更多实惠，推动中美关系更好向前发展。作为最大的发展中国家、最大的发达国家、世界前两大经济体，中美需要合作和可以合作的事情很多。我高度重视中美关系，愿同美方共同努力推进两国关系，更好造福两国人民和其他各国人民。

特朗普表示，感谢习主席祝贺我当选美国总统。我赞同习主席对美中关系的看法。中国是伟大和重要的国家，中国发展的良好前景令世人瞩目。美中两国可以实现互利共赢。我愿同你一道，加强美中两国合作。我相信美中关系一定能取得更好发展。

习近平和特朗普同意保持密切联系，建立良好工作关系，并早日会面，就两国关系发展和双方共同关心的问题及时交换看法。

11月14日

［纲　文］　**习近平签署命令追授海军某舰载航空兵部队一级飞行员张超“逐梦海天的强军先锋”荣誉称号。**

［目　文］　命令指出，张超矢志强军报国，倾力精武强能，勇于攻坚克难，坚守高尚品德，在每个岗位都拔尖过硬，先后数十次参加和完成战备巡逻、海上维权等重大任务。2015年3月，加入舰载机飞行员行列后，坚持以只争朝夕的劲头苦练精飞，取得优异成绩。2016年4月27日，张超在驾驶歼－15进行陆基模拟着舰训练时，飞机突发电传故障，不幸壮烈牺牲。张超是实现中国梦强军梦征程上涌现的先进典型，是忠诚践行强军目标的时代楷模，是“四有”新一代革命军人的杰出代表。全军和武警部队广大官兵要努力向张超学习，像他那样坚定理想信念，牢记使命担当，自觉把个人追求融入强军兴军伟大事业；像他那样积极练兵备战，大胆创新突破，不断提高打赢信息化战争需要的素质能力；像他那样砥砺血性胆气，发扬优良传统，勇于为党和人民奉献一切；像他那样坚守高尚品德，严守纪律规矩，始终保持革命军人良好形象。

中央军委号召，全军和武警部队广大官兵要以张超为榜样，高举中国特色社会主义伟大旗帜，坚持以邓小平理论、“三个代表”重要思想、科学发展观为指导，深入学习贯彻习主席系列重要讲话精神，团结奋进，锐意创新，扎实工作，为实现强军目标、建设世界一流军队贡献智慧和力量。

11月14日

［纲　文］　**李克强在北京主持召开座谈会，就做好经济发展和民生改善等工作听取有关专家、企业负责人的意见建议。**

［目　文］　张高丽、刘延东、汪洋、王勇等出席座谈会。来自高校、研究机构、企业、医院、地方住房保障中心的黄益平、沈明高、崔历、马正武、任正非、曾益新、颜江等围绕当前经济形势和下一步走势、如何更好解决民生领域重点问题等发了言。大家认为，当前中国经济企稳回升，尤其是三季度以来许多指标好于预期，结构调整、民生改善呈现许多亮点，新动能加快成长，企业效益改善，这些都支撑了对中国经济未来发展的信心。

国务院总理李克强说，在以习近平同志为核心的党中央坚强领导下，全国上下共同努力，2016年经济社会发展主要目标任务有把握较好完成，但要看到，当前国际环境中不确定因素增多，国内地区、行业经济走势分化也带来较大挑战。做好经济工作，要落实新发展理念，稳定和完善宏观政策，着力在巩固“稳”的基础上下功夫，多在积蓄“进”的力量上出实招，适度扩大总需求，着力推进供给侧结构性改革，更加突出提质增效，不断扩大经济向好态势。要通过加快新旧动能转换促进经济转型升级。近几年新动能成长超出预期，并带动了传统动能焕发生机，两者相辅相成，经济结构出现可喜变化，特别是在经济下行压力加大、高校毕业生人数创历史新高、去产能转岗人员增多的情况下，正是新动能的成长为稳定就业提供了有力支撑。当前，地区、行业走势分化既有阵痛，也孕育着希望。我国拥有9亿多劳动力、1.7亿受过高等教育和职业培训的人才，这是发展最大的“金矿”。要进一步推动简政放权、放管结合、优化服务，深化商事制度改革，实施“多证合一”等举措，破除各种不合理的门槛和束缚，维护公平竞争市场环境，降低制度性交易成本，多措并举缓解融资难融资贵问题，营造鼓励干事创业、宽容失误失败的氛围，更大程度激发市场活力和社会创造力。通过更高水平对外开放拓展发展空间。发展的根本目的是保障和改善民生，破解民生难题、回应民生关切、满足民生需求也会增添发展动力。各部门密切跟踪形势变化，统筹把握稳增长、促改革、调结构、惠民生、防风险，加强政策解读，合理引导市场预期，多向专家学者、企业、基层问计求策，积极谋划做好相关工作，为2017年乃至未来发展奠定基础。

11月14日

［纲　文］　**最高人民法院、中国保监会联合发布《关于全面推进保险纠纷诉讼与调解对接机制建设的意见》。**

［目　文］　《意见》共六个部分，对全面推进保险纠纷诉调对接机制建设作出明确要求。一是扩大机制覆盖面。二是加强平台建设。三是规范运作程序。四是健全工作机制。五是强化措施保障。六是加强政策引导与宣传教育。

11月14日

［纲　文］　**环境保护部、科学技术部印发《国家环境保护“十三五”科技发展规划纲要》。**

［目　文］　《纲要》由六个部分组成：一、“十三五”环保科技发展的形势与需求。二、指导思想和工作原则。三、规划目标。四、主要任务。五、重点行动。六、保障措施。

11月14日

［纲　文］　**中共中央党校举行2016秋季学期第二批入学学员开学典礼，中央党校校长刘云山出席典礼并讲话。**

11月14日

［纲　文］　**中组部、卫生计生委、国家行政学院在北京举办省部级干部“推动卫生与健康发展”专题研讨班。**

［目　文］　国务院副总理刘延东在开班式上强调，要学习贯彻党的十八届六中全会

精神，增强政治意识、大局意识、核心意识、看齐意识，以人民健康为中心，以新时期党的卫生与健康工作方针为指引，改革创新，奋发有为，把全国卫生与健康大会精神落到实处，推动健康中国建设开新局。党的十八大以来，在以习近平同志为核心的党中央领导下，医疗卫生事业取得新突破，人民健康水平获得新提升。当前，我国既面临传统健康挑战，又面临老龄化、疾病谱变化、不良生活方式等带来的健康新难题。要坚持保基本、强基层、建机制、补短板、兜底线，推动医疗卫生工作重心、资源配置双下沉，夯实基层发展根基。深化医疗、医保、医药改革，推进分级诊疗、现代医院管理、全民基本医保、药品供应保障、综合监管等制度建设，构建服务健康中国制度体系。要优化就医秩序和环境，理顺药品价格，推动基本医保全国联网和异地就医结算，让群众看病舒心安心。要做好重大疾病防控、重点人群保障、中医药振兴、健康产业发展等工作，努力全方位、全周期保障人民健康。

11月14日

［纲　文］　**中共中央政治局常委刘云山在北京会见微软公司首席执行官纳德拉。**

［目　文］　刘云山说：习近平主席提出的全球互联网发展治理主张，受到广泛赞同。中美都是网络大国，维护网络安全符合两国共同利益，双方应秉持开放、包容、合作的态度，推动网络安全合作。微软公司拥有技术和人才优势，希望微软与中国分享更多先进技术，为增进中美企业间交流合作作出积极贡献。

纳德拉赞赏中国互联网发展成就，表示微软高度重视与中国的合作，也从中受益，愿遵守中国法律，与中方一道共同开发世界一流技术标准和安全性能产品，成为美中两国务实合作、互利共赢的典范。

11月14日

［纲　文］　**第四次中法高级别经济财金对话在巴黎举行。**

［目　文］　本次对话以“巩固和发展紧密持久的中法经济财金战略伙伴关系”为主题。国务院副总理马凯与法国经济和财政部长萨班共同主持对话。对话取得60项成果，双方同意继续鼓励双边贸易，积极探索医疗、养老、农业食品、生态环保等新领域贸易合作水平；加快两国发展战略对接，进一步加强核能、汽车、航空航天等领域大项目投资合作，创造更加便利的双向投资制度环境；开拓第三方市场合作，成立第三方市场合作指导委员会，设立双方共同出资的第三方市场合作基金；拓展在债券、绿色金融、金融监管等领域的金融合作；共同致力于加强经济方面国际事务协调，特别是在二十国集团等多边框架下的沟通合作，共同落实好杭州峰会共识。

同日，法国总统奥朗德在巴黎会见马凯时表示，法方高度重视法中关系，愿同中方进一步深化能源、贸易、反恐等领域合作。法国欢迎中方参与并与法方加强合作，实现法中核能技术跨越式发展，开启两国核能合作新时代。法方反对贸易保护主义，将做出更大努力保护中国在法游客和侨民安全，希望更多中国人到法旅游。

马凯说，习近平主席和总统先生近年来多次成功互访和会晤，就发展双边关系达成广泛共识。我此次来法参加中法高级别经济财金对话，主要目的是落实两国领导人共识，以及二十国集团领导人杭州峰会成果，推动两国经贸务实合作向纵深发展，推进中法全面战略伙伴关系迈上新台阶。中方希望法方继续发挥重要影响力，敦促欧盟履行《中国加入世界贸易组织议定书》第十五条义务，并为建立公平、公正、透明、非歧视且符合世贸组织规则的国际贸易秩序发挥积极作用。

11月14日

［纲　文］　**外交部发言人表示，菲律宾总统杜特尔特最近一系列言行重申了他改善对华关系的立场，符合中菲双方利益**。

［目　文］　有记者问，据报道，杜特尔特上周表示，美国总统大选结果不会改变他与中国、东南亚其他国家建立更紧密关系的决定。他会继续推进有关工作，不会背信弃义。中方对此有何评论？

发言人说，当前，中菲关系得到全面改善。中方愿与菲方一道，不断扩大和深化两国友好合作，推动两国关系取得更多实实在在的成果，造福两国和两国人民。中方始终本着开放包容、互利共赢精神与各国发展关系。我们支持所有有关国家都能本着平等和相互尊重的精神发展正常的友好合作关系，希望这样的关系能够有助于维护地区的和平稳定与发展。

11月14—18日

［纲　文］　**国际社会保障协会第32届全球大会在巴拿马城召开，中国政府获社会保障杰出成就奖**。

［目　文］　“转变生活，塑造社会”是本届大会的主题。中国人力资源社会保障部部长尹蔚民率团出席大会。来自150多个国家的逾千名社会保障管理者、专家和从业人员与会。

会议决定，将“社会保障杰出成就奖（2014—2016）”授予中华人民共和国政府，以表彰中国近年来在扩大社会保障覆盖面工作中取得的卓越成就。尹蔚民代表中国政府接受了这个奖项。国际社会保障协会主席斯杜威表示，这将进一步鼓励全世界各国政府关注并学习中国经验，以惠及本国人民。

国际社会保障协会社会保障杰出成就奖是对某一个国家在社会保障方面作出的非凡承诺和杰出成就的世界性认可。国际社会保障协会在社会保障领域是世界上规模最大、代表性最广泛的国际组织。

11月15日

［纲　文］　**习近平、李克强、张德江等参加北京市区人大代表换届选举投票**。

［目　文］　中共中央总书记习近平在西城区中南海选区怀仁堂投票站参加区人大代表的选举投票时强调，这次县乡两级人大换届选举是全国人民政治生活中的一件大事。选举工作要坚持党的领导、坚持发扬民主、严格依法办事，保障人民选举权和被选

举权。要加强对选举工作的监督，对违规违纪违法问题“零容忍”，确保选举工作风清气正。

国务院总理李克强在西城区文津街选区紫光阁投票站投了票。全国人大常委会委员长张德江在西城区中南海选区人民大会堂投票站投了票。全国政协主席俞正声在西城区金融街二选区全国政协机关投票站投了票。中央书记处书记刘云山在西城区中南海选区怀仁堂投票站投了票。中央纪委书记王岐山在西城区大觉选区中央纪委机关投票站投了票。国务院副总理张高丽在西城区文津街选区紫光阁投票站投了票。江泽民、胡锦涛分别委托工作人员在西城区中南海选区怀仁堂投票站投了票。中共中央、全国人大常委会、国务院、最高人民法院、最高人民检察院、全国政协、中央军委有关领导同志和从领导职务上退下来的同志，在各自选区投票或委托他人投票。

11月15日是北京市区、乡镇两级人大代表换届选举投票日。北京市共设立投票站12270个，约900万选民参加投票，通过差额选举，产生新一届区人大代表4373人、乡镇人大代表9946人。

11月15日

［纲　文］　国家主席习近平、国务院总理李克强就巴基斯坦发生重大恐怖袭击事件分别向巴基斯坦总统马姆努恩·侯赛因、总理纳瓦兹·谢里夫致慰问电。

11月15日

［纲　文］　李克强主持召开国务院常务会议。

［目　文］　会议通过了根据国民经济和社会发展第十三个五年规划纲要制定的脱贫攻坚、教育脱贫、生态环境保护三个补“短板”的规划。

会议指出，打赢脱贫攻坚战，是党中央、国务院重大决策部署，有利于促进区域协调发展、补上全面建成小康社会的最突出“短板”、迈向共同富裕。要坚持精准扶贫脱贫与整体推进相结合，以革命老区、民族地区、边疆地区和集中连片特困地区为重点，加快实施一批增强贫困地区自我发展能力的重大工程，破解发展瓶颈制约，确保实现2020年脱贫攻坚目标。

会议通过教育脱贫攻坚五年规划，一是整合存量财政资金，支持各地改善贫困县义务教育突出“短板”。特岗计划优先满足贫困县需要，国培计划优先支持贫困县乡村教师校长培训。二是完善对贫困家庭学生的教育资助体系。将营养改善计划试点范围扩大到全部贫困县，免除公办普通高中建档立卡等家庭经济困难学生学杂费，逐步对贫困家庭学生接受中职教育实现免学费和国家助学金补助政策全覆盖。三是重点支持贫困地区每个地级市（州、盟）至少建设好一所符合当地发展需要的中等职业学校。实施职教圆梦计划，协调国家示范和重点中职对就业前景好的专业单列计划面向贫困家庭子女招生，让贫困学子掌握实用技能，脱贫致富、服务家乡。

会议指出，推进生态文明建设是国家重大战略，也是人民群众迫切期盼。会议通过《“十三五”生态环境保护规划》，确定了以下任务：一是强化源头管控。全面完成全国生态保护红线划定，完善环境标准和技术政策体系，淘汰高污染、高环境风险工艺、设备和产品，发展资源节约循环利用关键技术和生态治理修复成套技术，加快节能环保产业发展。二是大力实施大气、水、土壤污染防治行动计划，以提高环境质量为核心，对重点地区、流域、行业实行排放总量控制，加快实施一批生态环境保护重大工程，开展造纸、建材等 15 个重点行业治污减排专项治理，实施工业污染源全面达标排放计划，综合整治农业面源和畜禽养殖等污染。推进重点区域和重要生态系统保护与修复，构建生物多样性保护网络。三是强化重金属、危险废物、有毒有害化学品等风险全程管控。四是完善企业排放许可、排污权交易、环境损害赔偿等制度，建立多元化、跨区域生态补偿机制，强化环保督察执法，适时开征环境保护税，深化资源环境价格改革，打造绿色金融体系，建设美丽中国。

11 月 15 日

［纲　文］　**澳门特区行政长官崔世安在特区立法会发表 2017 年财政年度施政报告。**

［目　文］　崔世安在报告中指出，2016 年特区政府制定了澳门历史上第一个五年规划，并设立检查、评估、调整机制，为澳门今后在国家发展战略中发挥自身优势，促进“一个中心、一个平台”的建设明确了目标、路径和愿景。崔世安建议 2017 年继续实行现金分享措施，向永久性居民每人发放 9000 元（澳门元，下同），非永久性居民每人 5400 元。此外澳门永久居民还继续获得医疗券 600 元，住宅电费补贴亦维持每月 200 元。养老金及敬老金分别维持每月 3450 元和每年 8000 元。预计实施上述经济补贴和成果分享等，特区政府将支出约 123.52 亿元。

崔世安表示，要在中央政府的支持下，和广大居民一起，发挥“一国两制”的制度优势，在国家整体战略布局中，凭借自身优势和特点，把握祖国发展给澳门带来的机遇，深化粤澳合作，并拓展与其他地区之间的合作，积极参与“一带一路”国家发展战略，把建设“一个中心、一个平台”逐步推向新的阶段，促进澳门的经济形成多元格局，实现澳门长远持续发展。

11 月 15 日

［纲　文］　**中央军委副主席许其亮在北京会见孟加拉国海军参谋长尼扎姆丁。**

［目　文］　许其亮说，在两国领导人的关心下，中孟两军关系不断加强，各领域合作成果丰硕，成为两国关系中的一个亮点。中方愿继续为孟方提供力所能及的帮助，希望双方不断拓展交流领域，加强务实合作，推动两军关系更好向前发展。

尼扎姆丁表示，孟方感谢中方在孟国家发展和军队建设中给予的大力支持和帮助，致力于进一步发展双边关系，愿同中方深化两军各领域务实合作，推动孟中友谊不断发展。

11 月 15 日

［纲　文］　**第九届中华宝钢环境奖颁奖典礼在北京举行。**

［目　文］　本届以“推进生态文明，引领绿色发展”为主题，围绕城镇环境、环境管理、企业环保、生态保护、环保宣教等方面设立 5 个奖项，共评选出 24 个在环境保护

政府履职、企业尽责、公众参与等方面作出突出贡献的单位及个人。全国人大常委会副委员长沈跃跃、全国政协副主席罗富和出席活动并为获奖单位和个人颁奖。环境保护部副部长翟青出席活动并致辞。

中华环境奖是中国目前环境保护领域具有广泛社会影响的奖项。2000年，在曲格平的倡议下，由全国人大环境与资源保护委员会、全国政协人口资源环境委员会、教育部、环境保护部、新闻出版广电总局、中华全国总工会、共青团中央、全国妇联等单位共同设立，由中华环境保护基金会具体承办。该奖项旨在表彰和奖励为中国环境保护事业作出突出贡献者，以鼓舞社会各界共同参与到改善环境质量、推动绿色发展的行动中来。

11月15日

［纲　文］　**国务委员兼国防部部长常万全在德黑兰会见伊朗总统鲁哈尼。**

［目　文］　鲁哈尼说，习近平主席2016年1月对伊朗的成功访问，极大地提升了两国关系水平，伊方对此高度评价，并愿与中方共同努力，将访问成果落到实处。伊中两国同为"一带一路"重要国家，相信中国国防部部长此访必将推动两国防务关系取得更大发展。

常万全说：古老的丝绸之路是连接中伊两国人民友谊的纽带。建交以来，中伊相互理解和支持，两国友谊经受了国际风云变幻的考验。习主席2016年初访伊期间与总统阁下共同宣布了中伊建立全面战略伙伴关系，两国关系迈上新台阶，务实合作达到新水平。此访的目的就是为了落实两国元首达成的重要共识，深化交流合作，推动两国特别是两军关系进一步发展。

访问期间，常万全与伊朗国防部部长达赫甘举行会谈，会见了伊朗武装力量总参谋长巴盖里。

11月16日

［纲　文］　**国务院办公厅印发《关于完善集体林权制度的意见》。**

［目　文］　《意见》由六个部分组成：一、总体要求。二、稳定集体林地承包关系。三、放活生产经营自主权。四、引导集体林适度规模经营。五、加强集体林业管理和服务。六、加强组织保障。

11月16日

［纲　文］　**国务院办公厅印发《关于进一步开展创新政策与提供政府采购优惠挂钩相关文件清理工作的通知》。**

［目　文］　《通知》说，为履行"中国的创新政策与提供政府采购优惠不挂钩"的对外承诺，2011年11月17日，国务院办公厅印发《关于深入开展创新政策与提供政府采购优惠挂钩相关文件清理工作的通知》（国办发明电〔2011〕41号），要求各地方、各有关部门自2011年12月1日起停止执行规范性文件中关于创新政策与提供政府采购优惠挂钩的措施。为深入贯彻落实国办发明电〔2011〕41号文件有关要求，切实履行我国对外

承诺，经国务院同意，现就进一步开展清理工作有关要求通知如下：一、地方各级人民政府和有关部门要按照世贸组织规则和我国对外承诺，对涉及自主创新政策与提供政府采购优惠挂钩的规范性文件，再开展一次清理工作。清理后，要向社会公布继续有效、废止和失效的文件目录；未列入继续有效文件目录的规范性文件，不得作为行政管理的依据。今后不得制定违反我国对外承诺的新文件。二、对于不符合国办发明电〔2011〕41号文件规定的地方性法规，地方人民政府应及时向本级人民代表大会及其常务委员会报告，启动修订程序。地方各级人民政府要与本级人民代表大会及其常务委员会加强沟通，建议出台地方性法规时，注意与中央政府对外承诺保持一致。三、各省、自治区、直辖市人民政府负责对本行政区域内清理工作进行督促检查，有关工作进展情况请于2016年12月底前上报国务院，抄送发展改革委、科技部、财政部、商务部。

11月16日

［纲　文］　**商务部公布《机电产品国际招标代理机构监督管理办法（试行）》。**

［目　文］　《办法（试行）》共7章32条，主要有总则、招标机构注册办法、招标机构代理行为规范、信用监督管理、行政监督管理、法律责任、附则等内容，自2017年1月1日起施行。《机电产品国际招标机构资格管理办法》同时废止。

11月16日

［纲　文］　**环境保护部公布《建设项目环境影响登记表备案管理办法》，自2017年1月1日起施行。**

11月16日

［纲　文］　**国土资源部印发《国土资源部立案查处国土资源违法行为工作规范（试行）》。**

［目　文］　《规范（试行）》由12个部分组成：适用范围、工作要求和流程、立案、调查取证、案情分析和调查报告、案件审理、征求意见、法制审核、部审议形成处理决定、实施处理决定、执行、结案等内容。自2016年11月16日起施行，有效期8年。

11月16日

［纲　文］　**中共江西省第十四届委员会第一次全体会议选举鹿心社为江西省委书记，刘奇、姚增科为省委副书记，**

11月16日

［纲　文］　**外交部发言人就韩国拟将星州乐天高尔夫球场作为“萨德”反导系统基地一事表示，再次敦促有关方面正视中方合理关切，停止有关部署进程。**

［目　文］　据报道，韩国乐天集团已与韩军方协商一致，同意以土地置换方式将星州乐天高尔夫球场作为“萨德”反导系统基地。

发言人说，美国在韩国部署“萨德”反导系统严重破坏地区战略平衡，严重损害包括中国在内的本地区有关国家战略安全利益，与维护朝鲜半岛和平稳定的努力背道而驰。中方已多次就这一问题表达关切和明确反对立场。我们再次敦促有关方面正视中方合理关切，停止有关部署进程。中方将坚决采取必要措施维护自身安全利益。

11月16—18日

［纲　文］　**第三届世界互联网大会在浙江省乌镇举行，习近平在开幕式上通过视频发表讲话。**

［目　文］　习近平代表中国政府和中国人民，并以他个人的名义，向大会的召开表示热烈的祝贺，向各位嘉宾致以诚挚的问候并说，互联网是我们这个时代最具发展活力的领域。互联网快速发展，给人类生产生活带来深刻变化，也给人类社会带来一系列新机遇新挑战。互联网发展是无国界、无边界的，利用好、发展好、治理好互联网必须深化网络空间国际合作，携手构建网络空间命运共同体。“君子务本，本立而道生。”在2015年的大会上，我提出了全球互联网发展治理的“四项原则”“五点主张”，得到国际社会积极响应。中国愿同国际社会一道，坚持以人类共同福祉为根本，坚持网络主权理念，推动全球互联网治理朝着更加公正合理的方向迈进，推动网络空间实现平等尊重、创新发展、开放共享、安全有序的目标。本届大会以“创新驱动 造福人类——携手共建网络空间命运共同体”为主题，希望大家集思广益、增进共识、加强合作，让互联网更好造福人类。预祝大会圆满成功！

来自五大洲110多个国家和地区的政府代表、国际组织负责人、互联网企业领军人物、互联网名人、专家学者等共1600多名嘉宾参加大会。

中央书记处书记刘云山出席开幕式并致辞。他说，习近平主席重要讲话充分展现了对互联网时代发展大势的深刻洞察，体现了对人类共同福祉的高度关切，反映了国际社会特别是广大发展中国家的共同心声，为推进全球互联网治理贡献了中国智慧。

15日，刘云山在乌镇分别会见与会的柬埔寨副首相贺南洪、澳大利亚前总理霍克和美国高通公司总裁阿伯利。

11月16—18日

［纲　文］　**刘云山在浙江调研。**

［目　文］　中央书记处书记刘云山在湖州和杭州的农村、社区、企业，就基层学习贯彻党的十八届六中全会精神和基层党建工作进行调研。

刘云山主持召开座谈会时强调，要把学习贯彻全会精神作为“两学一做”学习教育的重要内容，对照全会要求抓好“两学一做”回顾检视工作，开好年底专题组织生活会，深化基层党建重点任务落实，推动学习教育常态化长效化。要按照全面从严的要求，使管党治党全方位、全覆盖、全过程严起来，做到真管真严、敢管敢严、长管长严。要注重抓好“关键少数”，推动领导干部带头遵守《准则》《条例》，带头履行好管党治党的主体责任，更好引领党员营造风清气正的政治生态。

11月16—17日

［纲　文］　**农业部在浙江湖州召开培育新型经营主体发展农业适度规模经营座谈会。**

［目　文］ 农业部部长韩长赋主持会议。国务院副总理汪洋出席座谈会并讲话。湖北、上海、湖南、河南四个省市的新型农业经营主体及浙江、安徽、江苏等部分省市作了典型发言。会议主要内容是：以培育新型经营主体发展农业适度规模经营为主线，考察湖州市家庭农场、农民专业合作社、农业企业和农业公共服务中心。交流各地好做法、好经验，理清工作思路，明确培育新型经营主体发展农业适度规模经营的重点任务。

汪洋强调，规模化新型农业经营主体是农业现代化的引领力量，要认真贯彻落实党中央、国务院的决策部署，强化政策扶持，做好示范引导，创新体制机制，积极培育新型农业经营主体，发展多种形式适度规模经营，不断提高农业综合效益和竞争力。

11月16—17日

［纲　文］ **第二届中国国务院发展研究中心与印度国家转型委员会对话会在印度新德里举行。**

［目　文］ 国务院发展研究中心主任李伟、副主任张来明率中方代表团出席会议，印度国家转型委员会副主席帕纳加里亚、特别秘书马利克等印方部长级官员和权威专家学者参会。帕纳加里亚等发表演讲，张来明主持专题研讨。

本届对话会围绕全球经济形势、经济转型与结构性改革、全球与区域贸易协定下的中印经济合作三个议题展开。李伟和帕纳加里亚致辞，张来明代表中方对本届对话会作简要总结。

11月16—24日

［纲　文］ **中央军委副主席范长龙对黎巴嫩、坦桑尼亚、埃塞俄比亚、吉布提进行正式友好访问。**

［目　文］ 16—17日，范长龙在黎巴嫩访问访问期间，会见了黎总统奥恩、候任总理哈里里，并与黎军司令卡瓦吉举行了会谈。

19—21日，范长龙在坦桑尼亚访问期间，会见了坦总统马古富力，与坦国防与国民服役部长姆维尼举行了会谈，并参访了坦军部队和院校。

21—23日，范长龙在埃塞俄比亚访问期间，会见了埃总统穆拉图，与埃国防部部长西拉杰、总参谋长萨莫拉举行了会谈。

23—24日，范长龙在吉布提访问期间，会见了吉总统盖莱，与吉总理卡米勒举行了会谈。

出访期间，范长龙看望慰问了中国在黎巴嫩执行联合国维和任务的官兵、援坦桑尼亚军事专家组、正在吉布提靠港补给的海军第24批护航编队指挥舰，以及执行吉布提保障设施建设任务的部队官兵，代表习近平主席和中央军委对远离祖国和亲人，在海外执行任务的官兵致以亲切的问候。范长龙强调，要深入学习贯彻党的十八届六中全会精神，不断增强政治意识、大局意识、核心意识、看齐意识，坚决维护习主席核心地位，坚决听从党中央、中央军委和习主席的指挥；紧紧围绕强军目标履行使命，坚持政治建军、改革强军、依法治军，深入探索新形势下海外执行任务的特点要求，不断提高官兵的能力素质，全力以赴完成好各项任务；大力加强党组织建设，充分发挥战斗堡垒作用，严格遵守法律法规和条令条例，展示我军威武之师、文明之师的良好形象。

11月17—23日

［纲　文］　国家主席习近平应邀对厄瓜多尔、秘鲁、智利进行国事访问并出席在利马举行的亚太经合组织第24次领导人非正式会议。

［目　文］　16日，习近平在前往厄瓜多尔途中，在意大利撒丁岛作技术经停并会见意大利总理伦齐和夫人。

17—18日，习近平应厄瓜多尔总统科雷亚邀请对厄瓜多尔访问。习近平在基多同科雷亚举行会谈。两国元首高度评价中厄传统友好，一致决定提升双边关系定位，建立中厄全面战略伙伴关系，推动两国关系在新形势下取得更大发展并见证了产能合作、投资、工业园区、经济技术、司法、新闻等领域多项双边合作文件的签署。双方发表了《中华人民共和国和厄瓜多尔共和国关于建立全面战略伙伴关系的联合声明》。习近平同科雷亚出席中方援建的厄瓜多尔公共安全应急指挥中心联合实验室揭牌仪式等活动，在基多会见厄瓜多尔国民代表大会主席里瓦德内拉。访厄前夕，习近平在厄瓜多尔《电讯报》发表题为《搭建中厄友好合作的新桥》的署名文章。

18—22日，习近平应秘鲁总统库琴斯基邀请出席亚太经合组织第24次领导人非正式会议并对秘鲁访问。在对秘鲁访问前夕，习近平在秘鲁《商报》发表题为《共圆百年发展梦 同谱合作新华章》的署名文章。

19日，2016年亚太经合组织工商领导人峰会在秘鲁利马举行。习近平出席峰会并发表题为《深化伙伴关系 增强发展动力》的主旨演讲；出席了亚太经合组织领导人同工商咨询理事会代表对话会，同代表们就亚太自由贸易区和亚太经济一体化、互联互通、中国经济形势和政策等议题交换看法。与会期间，习近平会见了俄罗斯总统普京、美国总统奥巴马、越南国家主席陈大光、菲律宾总统杜特尔特、哥伦比亚总统桑托斯。

20日，亚太经合组织第24次领导人非正式会议在利马举行。习近平出席并发表题为《面向未来开拓进取 促进亚太发展繁荣》的讲话，强调要深化亚太伙伴关系，以开放谋共赢，以融合促繁荣，不断开拓进取，共创亚太发展的美好未来。会议发表了《亚太经合组织第24次领导人非正式会议宣言》。习近平同亚太经合组织经济体领导人共同出席全球经济形势非正式对话会，听取国际货币基金组织总裁拉加德对世界经济形势的介绍，并阐述中国对世界经济的看法，强调中国推进改革的决心坚定不移，对改革和发展的前景充满信心。会议期间，习近平会见了与会的香港特别行政区行政长官梁振英。

21日，习近平在利马同库琴斯基举行会谈。两国元首高度评价中秘关系发展和各领域务实合作成果，就共同关心的问题深入交换意见，达成广泛共识并见证了《中华人民共和国政府与秘鲁共和国政府2016年至2021年共同行动计划》以及经贸、矿业、工业园区、信息互联互通、经济技术、质检、环境等领域多项双边合作文件的签署。

习近平在秘鲁国会发表题为《同舟共济、扬帆远航，共创中拉关系美好未来》的演讲，并会见秘鲁国会主席萨尔加多。习近平和彭丽媛在利马同库琴斯基和夫人兰格陪同下共同出席中拉文化交流年闭幕式并参观"天涯若比邻—华夏瑰宝展"。

22—23日，习近平应智利总统巴切莱特邀请对智利访问。在圣地亚哥同巴切莱特举行会谈，两国元首积极评价中智关系发展，一致决定将两国关系定位提升为中智全面战略伙伴关系，推动中智关系得到更大发展并见证了经贸、农业、质检、文化、教育、电子商务、信息通信、金融等领域多项双边合作文件的签署。双方发表了《中华人民共和国和智利共和国关于建立全面战略伙伴关系的联合声明》。习近平在圣地亚哥联合国拉丁美洲和加勒比经济委员会总部出席中拉媒体领袖峰会开幕式并发表题为《开创中拉媒体合作新局面》的致辞。习近平在智利《信使报》发表题为《共同开创中国和智利关系更加美好的未来》的署名文章。

24日，习近平在结束对智利访问回国途中在西班牙大加那利岛作技术经停并会见西班牙副首相萨恩斯。

11月17日

［纲　文］　**李克强主持召开国家能源委员会会议。**

［目　文］　会议审议通过根据国民经济和社会发展第十三个五年规划纲要制定的《能源发展"十三五"规划》，部署推进相关工作。国务院副总理、国家能源委员会副主任张高丽出席会议。王勇、万钢、周小川等和国家能源委员会成员单位以及能源企业负责人、部分专家学者等参加会议。发展改革委、能源局作了汇报，能源委成员单位和相关专家发了言。

国务院总理、国家能源委员会主任李克强说，能源战略是国家发展战略的重要支柱。当前，面对国际能源供求格局深刻调整、新一轮能源技术变革方兴未艾的形势，我国作为能源生产和消费大国，必须抓住机遇，贯彻落实新发展理念，以供给侧结构性改革为主线，积极推动能源消费、供给、技术、体制革命和国际合作，优化能源结构，努力补上能源发展中资源环境约束、质量效益不高、基础设施薄弱、关键技术缺乏等诸多短板，提升能源产业竞争力，构建清洁低碳、安全高效的现代能源体系，更好支撑中国经济持续稳定发展。能源生产既要优存量，把推动煤炭清洁高效开发利用作为能源转型发展的立足点和首要任务；也要拓增量，加快提升水能、风能、太阳能、生物质能等可再生能源比重，安全高效发展核能，优化能源生产布局。能源消费要抓好总量和强度双控制，综合运用经济、法律和必要的行政手段，聚焦工业、建筑、交通等重点领域切实推进节能减排，通过淘汰落后产能、加快传统产业升级改造和培育新动能，提高能源效率，推动形成注重节能的生活方式和社会风尚。当前要统筹做好冬季居民供暖和大气污染防治工作。加快技术创新和体制改革是推动能源可持续发展的关键依托。要集中力量在可再生能源开发利用特别是新能源并网技术和储能、微网技术上取得突破，全面建设"互联网+"智慧能源，提升电网系统调节能力，增加新能源消纳能力，发展先进高效节能技术，抢占能源科技竞争制高点。

李克强指出，保障国家能源安全需要统筹国内国际两个大局，既要立足国内，又要深化国际合作，形成多元稳定的供给格局。要巩固与传统资源国家的互利合作，优化能源贸易结构，抓住“一带一路”建设重大机遇，推进能源基础设施互联互通，加大国际产能合作，带动有竞争优势的能源装备出口。积极参与全球能源治理，推动国际能源秩序和治理体系朝着更加公正合理的方向发展。

11月17日

［纲　文］　工商总局、人力资源社会保障部、统计局印发《关于在企业年报中增加社保和统计事项有关问题的通知》。

［目　文］　《通知》由四个部分组成：一、将社保和统计相关事项纳入企业年报公示内容。二、做好增加企业年报事项的信息化系统调整工作。三、加强对企业年报信息的管理工作。四、强化措施，确保工作落实。

《通知》强调，各级工商、市场监管部门，人力资源社会保障和统计部门要积极争取地方政府和有关部门的支持，认真做好增加事项后的年报各项保障工作，确保工作顺利开展。

11月17日

［纲　文］　财政部印发《外国政府贷款项目代理银行管理办法》，自2017年1月1日起施行。

11月17日

［纲　文］　外交部发言人就日本防卫大臣有关言论表示，中方敦促日本作为域外国家不要破坏本地区国家共同维护南海和平稳定的努力，更不要搬弄是非。

［目　文］　有记者问，据《朝日新闻》报道称，日本防卫大臣稻田朋美在东盟防长会议后对记者称：“东盟防长们认为南海发生的事态也会在东海发生，东海发生的事态也会在南海发生，这都是相同的。对于日本而言守卫南海关系到守卫东海。”请问中方对此有何评论？

发言人说，中方维护领土主权和海洋权益的决心坚定不移。东盟国家在南海问题上持什么立场、怎么看待当前的南海局势，最好由东盟国家自己说。日本并不是东盟的代言人。不久前，菲律宾总统杜特尔特和马来西亚总理纳吉布先后访华，两国领导人也都同中方领导人就南海问题交换了意见，中方对东盟的态度有自己的判断。在中国和东盟国家的共同努力下，当前南海形势正朝着积极方向发展，南海问题也已经重回通过直接当事方谈判协商管控和解决分歧的正确轨道上来。

11月17日

［纲　文］　中国科学院软件研究所杨超等人在美国盐湖城举行的2016年全球超级计算大会上领取了戈登贝尔奖，他们的获奖应用名称为“千万核可扩展全球大气动力学全隐式模拟”。

11月18日

［纲　文］　**国务院办公厅印发《关于支持返乡下乡人员创业创新　促进农村一二三产业融合发展的意见》。**

［目　文］　《意见》由三个部分组成：一、重点领域和发展方向。二、政策措施。三、组织领导。

11月18日

［纲　文］　**最高人民法院印发《关于依法妥善处理历史形成的产权案件工作实施意见》。**

［目　文］　《意见》是在2012年12月与中国保监会联合下发《关于在全国部分地区开展建立保险纠纷诉讼与调解对接机制试点工作的通知》试点工作后，系统总结试点工作经验并广泛征求意见的基础上制定的。

《意见》由六个部分组成：一、充分认识依法妥善处理历史形成的产权案件的重要意义。二、明确目标任务和总体要求。三、正确把握工作原则。四、严格甄别纠正工作程序。五、审慎把握司法政策。六、狠抓工作落实。

11月18日

［纲　文］　**中共西藏自治区第九届委员会第一次全体会议选举吴英杰为自治区党委书记，洛桑江村（藏族）、齐扎拉（藏族）、邓小刚、丁业现为自治区党委副书记。**

11月18日

［纲　文］　**国防部部长常万全在北京会见罗马尼亚军队总参谋长丘科。**

［目　文］　常万全说，中罗两国传统友好，双方在涉及彼此核心利益的问题上给予坚定支持，在多个领域开展了富有成效的合作。中罗两军高层交往密切，务实交流与合作不断扩大。中方愿与罗方共同努力，不断推动两军关系迈上新台阶。

丘科说，罗中友好深入人心，中国是罗马尼亚在亚洲最重要的伙伴。罗方愿与中方加强对话，增进两军友好交流与合作。

11月18—19日

［纲　文］　**第六次全国妇女儿童工作会议在北京召开。**

［目　文］　国务院李克强出席会议并讲话。会议就深入贯彻中共中央总书记习近平讲话精神和治国理政新理念新思想新战略，加快“十三五”时期妇女儿童事业发展进行部署。向全国实施妇女儿童发展纲要先进集体和先进个人代表颁奖。

李克强说，尊重妇女、保护儿童是社会文明进步的重要标志。党和政府历来高度重视妇女儿童工作。新中国成立特别是改革开放以来，先后制定实施了三轮妇女儿童发展纲要，有力推动了妇女儿童事业与经济社会协调发展。党的十八大以来，以习近平同志为核心的党中央把促进妇女儿童事业发展放在更加突出的位置，不断完善法律法规政策，实施一系列重大举措，妇女儿童健康状况显著改善，受教育、受保护权利得到有效保障，亿万妇女在经济社会发展中创造了光辉业绩，展现了“半边天”的别样风采。新形势下，要继续贯彻男女平等基本国策和儿童优先原则，以更有力举措推动解决妇女儿童发展中存在的不平衡等问题，在更高水平上促进妇女儿童事业与经济社会协调发展。

11月18—19日

［纲　文］　**第二届两岸媒体人北京峰会举行。**

［目　文］　峰会由北京日报报业集团主办、台湾旺旺中时媒体集团协办。以“携手·和声”为主题，两岸近90家媒体及相关机构的200余名代表汇聚一堂，共谋携手发展愿景。

会议期间，全国政协主席俞正声会见与会代表时表示，两岸新闻交流为传播两岸信息、增进两岸同胞相互了解、促进感情融合发挥了重要作用。当前，维护两岸关系和平发展的政治基础和正确方向，是两岸同胞的民意主流，也有助于维护两岸媒体交流合作的环境和成果。我们高度重视并将一如既往推进两岸媒体交流合作。在两岸关系新形势下，希望两岸媒体善尽社会责任，加强正面引导，进一步发挥好增进两岸同胞了解、促进情感融合的平台作用；发挥好凝聚民意基础、维护两岸关系和平发展的载体作用；发挥好弘扬中华文化传统、增进民族认同的纽带作用。

11月19日

［纲　文］　**《习近平谈治国理政》秘鲁版首发式在秘鲁国家图书馆举行。**

［目　文］　《习近平谈治国理政》秘鲁版由外文出版社与秘鲁出版社合作翻译出版，是根据当地特点在南美洲推出的首个合作翻译版本。

11月19日

［纲　文］　**教育部印发《高等学校“十三五”科学和技术发展规划》。**

［目　文］　《规划》由九个部分组成：一、形势与需求。二、发展理念与主要目标。三、坚持引领创新，抢占原始新战略制高点。四、坚持支撑发展，服务国家战略需要。五、坚持科教融合，支撑高质量高等教育。六、坚持开放协同，构建科研组织新机制。七、坚持追求卓越，营造崇尚创新的文化氛围。八、深化改革与重大举措。九、组织实施。

11月19日

［纲　文］　**中共湖南省第十一届委员会第一次全体会议，选举杜家毫为省委书记，许达哲、乌兰（女，蒙古族）为省委副书记。**

11月19日

［纲　文］　**袁隆平科研团队培育超级稻创亩产新纪录。**

［目　文］　在广东省梅州兴宁市龙田镇环陂村，“华南双季超级稻年亩产3000斤全程机械化绿色高效模式攻关”项目测产验收组测产后宣布：该项目年亩产量达到1537.78公斤，项目实验获得成功，并创造了水稻亩产量新的世界纪录。袁隆平说，这是超级稻的第五代技术，此次项目成功，代表着中国水稻产量创下了一个新的世界纪录。

11月19日

［纲　文］ **《人民日报》发表题为《走好太空路上“新长征”》的评论员文章。**

11月19日

［纲　文］ **《人民日报》发表题为《让每个妇女儿童都沐浴在幸福安宁的阳光里》的评论员文章。**

11月19—21日

［纲　文］ **中央军委副主席范长龙对坦桑尼亚进行正式友好访问。**

11月20日

［纲　文］ **国家主席习近平向2016“中美旅游年”闭幕式致书面贺词。**

［目　文］ 习近平的贺辞说，值此2016“中美旅游年”闭幕之际，我谨代表中国政府和中国人民，并以我个人的名义，对“中美旅游年”的成功举办，表示热烈的祝贺！向长期以来致力于中美关系发展和友好交流合作的朋友们，表示衷心感谢！举办“中美旅游年”，是我和奥巴马总统作出的重要决定，目的是推动构建中美新型大国关系、促进双方务实合作、增进两国人民友谊。在双方共同努力下，“中美旅游年”活动丰富、成果丰硕，扩大了双方人员往来，促进了其他各领域务实合作，为中美关系发展注入了新动力。中美关系发展离不开两国人民参与和支持。希望双方将成功举办“中美旅游年”作为新的起点，持之以恒加强人员往来和人文交流，增进两国人民相互了解和友谊，不断夯实中美关系发展的社会基础。

21日，2016“中美旅游年”闭幕式在华盛顿举行。旅游局局长李金早主持闭幕式。国务院副总理汪洋在闭幕式上宣读习近平的贺辞并致辞表示，举办2016“中美旅游年”、促进两国人民友好交往，是习近平主席和奥巴马总统的倡议。2016年双方举办了丰富多彩的旅游推广和民间交往活动，带动旅游合作再获丰收，让两国民众“游”在其中、乐在其中，不仅为两国经济发展注入了强劲动力，还增进了两国人民相互了解。两国元首的期望已经变成了现实。中美都是旅游资源大国和市场大国，中国大众旅游时代正在蓬勃兴起，这将为包括美国在内的各国提供新的商机。中方愿与美方共同努力，实施更加便利的签证政策，提供更加便捷、舒适、安全的服务，放宽旅游业投资准入门槛，鼓励双方企业扩大投资合作，分享旅游业发展经验，做大共同利益的蛋糕。双方应本着互利共赢的原则，共同开创中美旅游交往新格局。

美国商务部长普里茨克出席闭幕式，并宣读了美国总统奥巴马的贺信。奥巴马祝贺2016“美中旅游年”取得成功。奥巴马说，“美中旅游年”的举办，使两国人民能够体验新文化、探索新地方，增进了相互了解，深化了两国人文交流与合作。美国政府鼓励和支持两国进一步拓展在旅游领域的交往与合作。来自中美两国各界一千多名嘉宾出席闭幕式。

11月20日

［纲　文］ **国务院办公厅印发《关于进一步扩大旅游文化体育健康养老教育培训等**

领域消费的意见》。

［目　文］《意见》由三个部分组成：一、着力推进幸福产业服务消费提质扩容。二、大力促进传统实物消费扩大升级。三、持续优化消费市场环境。

《意见》要求，各地区、各部门要充分认识进一步扩大国内消费特别是服务消费的重要意义，切实强化组织领导，逐项抓好政策落实，确保各项措施见到实效，不断研究解决扩消费和服务业发展所面临的新情况、新问题。各地区要结合本地实际制定具体实施方案，明确工作分工，落实工作责任。发展改革委等有关部门要注重分类指导，抓紧制定配套政策和具体措施，加强部门协作配合，共同开展好相关工作。

11月20日—12月11日

［纲　文］**中华史诗美术大展在中国国家博物馆举办**。

［目　文］展览由中国文学艺术界联合会、财政部和文化部主办，中国美术家协会承办。146件展品涵盖了中国画、油画、版画和雕塑4个画种，分别陈列于国博的8个展厅，这是中国美术在历史题材美术创作领域取得的最新成果。

12月6日，中宣部部长刘奇葆参观时指出，广大美术工作者要深入学习贯彻习近平总书记在文艺工作座谈会和中国文联十大、中国作协九大开幕式上的重要讲话精神，坚定文化自信，从中华优秀传统文化宝库中萃取精华、汲取能量，用多彩中国画卷振奋民族精神。

11月21日

［纲　文］**《人民日报》报道，中央军委印发《加强实战化军事训练暂行规定》**。

［目　文］《规定》以习近平关于实战化军事训练的系列重要指示为指导，明确了实战化军事训练的基本内涵和总体要求，进一步统一全军对实战化军事训练的认识，强调实战化军事训练是从实战需要出发从难从严进行的训练，是军事训练的基本要求，是推进训练与实战达到一体化的重要保证，要求全军必须把实战化贯穿渗透于军事训练全过程各领域。要着眼纠治当前军事训练中的突出问题，规范实战化军事训练组织实施，强调要依据敌情、我情、战场环境开展训练，保证联合训练落实，持续推进战法创新，规范战役战术训练程序，抓好指挥员训练，落实主官任教、按级任教，改进实兵检验性演习，加大训练难度强度。要着眼推动训风演风考风进一步转变，解决训练作假、图名挂号、争彩头和考核软、比武滥、拉动简单等问题，严格落实训练普考制度，严密组织考核比武拉动。要着眼科学调配训练保障资源，进一步提高实战化军事训练的综合保障效益，加强训练安全管理，改进训练宣传报道。

《规定》强调，各级党委要强化抓训责任，坚持训练中心地位、落实议训制度，实行训练成绩“一票否决”；各级军事训练监察部门和纪检监察部门要发挥职能作用，加强专项监察；对违反《规定》的情形要按照有关法规及时作出处罚。全军和武警部队要结合实际制定落实措施，细化有关标准要求，抓好贯彻执行，不断提高军事训练实战化水平。

11月21日

［纲　文］　**李克强在上海主持召开部分省市深化简政放权放管结合优化服务改革座谈会。**

［目　文］　来自东、中、西、东北地区11个省份或地级市政府负责人参加座谈会。上海市委书记韩正和上海市长杨雄、浙江代省长车俊、四川省长尹力、湖北武汉市长万勇等谈了在简政放权、放管结合、优化服务方面的探索和成效。河北省长张庆伟、内蒙古自治区主席布小林、黑龙江省长陆昊、福建厦门代市长庄稼汉、宁夏银川市长白尚成、江苏宿迁市长王天琦也介绍交流了有关情况。大家认为，“放管服”改革推动政府职能重塑，释放出巨大红利，透明、便利、公平的整体创业环境正在普遍形成，对新动能成长、就业扩大、结构升级的重要支撑作用日益显现。

国务院总理李克强说，“放管服”改革是全面深化改革特别是供给侧结构性改革的重要内容，是转变政府职能的重要抓手，是促进“双创”的重要举措，也是推进经济体制改革、处理好政府和市场关系的关键所在。针对目前改革中仍存在的不到位、不配套、不衔接等问题，必须进一步转变理念，持之以恒进行政府自我革命，以壮士断腕精神把“放管服”改革向纵深推进，用政府自身一时的痛换来人民长远的利。要围绕重点领域、关键环节继续加大放权力度。完善负面清单、权力清单、责任清单等制度，系统梳理经济建设和养老、教育、医疗等社会民生领域审批事项，提出整体改革意见，确保关联、相近类别审批事项“全链条”取消或下放，最大限度精简优化，协同配套，放宽市场准入，方便社会资本进入。放与管相辅相成，更有效的管就可以更多的放，管得好才能放得活。要围绕营造公平竞争环境强化事中事后监管，推动“双随机、一公开”监管方式2017年实现全覆盖，实行相关部门联合监管，避免重复检查、增加企业负担。加快建立完善失信惩戒制度，增强随机抽查威慑力。利用先进信息技术提高监管效能。提升服务水平要在智能便捷、公平可及上下功夫。各级政府要争做服务企业和群众的“行家里手”，推动“互联网+”政务服务，加快建成互通共享的网上服务平台，凡与企业生产经营、居民日常生活密切相关的服务事项，尽可能网上办理。“放管服”改革事关全局，利在长远。

11月21日

［纲　文］　**国务院总理李克强致函祝贺联合国工业发展组织成立50周年。**

［目　文］　李克强高度评价工发组织为广大发展中国家发展工业、加速增长，推进世界减贫与发展事业所作努力并表示，促进具有包容性的可持续工业化，推动创新，是2030年可持续发展议程的重要内容。中国政府着力实施创新驱动发展战略和“中国制造2025”战略，推进大众创业万众创新、工业化和信息化深度融合。我们倡导并推动国际产能合作，不仅旨在发挥各国产业互补优势，实现更高水平互利共赢，也为南南合作与南北合作开辟新的途径。中国作为最大的发展中国家，将一如既往支持联合国工发组织工作。相信工发组织将为世界经济实现强劲、可持续、平衡、包容增长作出更大

贡献。

11月21日

［纲　文］　**中央军委副主席许其亮在北京会见印度陆军参谋长辛格。**

［目　文］　许其亮说，当前，两军关系发展总体势头良好。两军应坚决落实两国领导人共识，加强务实交流合作，深化战略互信，做两国关系发展的推进器和稳定器。希望两国陆军继续加强边境管控与边防合作，维护边境地区和平与安宁。

辛格说，印方愿与中方加强防务领域交流，进一步深化边防合作，推动提升两军关系。

11月21日

［纲　文］　**外交部发言人就缅甸北部部分冲突地区有零星流弹落入中方导致中国边民受伤表示，中方已向缅方提出交涉，并采取措施加强边境管理，保护边民人身和财产安全。**

［目　文］　发言人说：缅甸部分少数民族地方武装11月20日与政府军在缅北地区临近中缅边境的缅方一侧发生交火。部分冲突地区有零星流弹落入中方，一名中国边民手臂被流弹击伤。中国驻缅甸大使馆已提醒中国在缅公民注意安全，尽量避免前往冲突地区。中方正继续密切关注形势发展，并与缅方保持沟通。我们强烈希望冲突双方保持克制，立即停止有关军事行动，避免局势升级，采取切实有效措施恢复边境安宁，并防止出现损害中方主权和边民生命财产安全的事情。

11月21—24日

［纲　文］　**第九届全球健康促进大会在上海召开。**

［目　文］　国务院总理李克强出席开幕式并致辞。李克强表示，健康是人全面发展、生活幸福的基石，也是国家繁荣昌盛、社会文明进步的重要标志。本届大会以“可持续发展中的健康促进”为主题，对于国际社会全面实现可持续发展议程的目标将产生重要影响。希望各国加强政策对话，搭建健康治理合作平台，提高发展中国家参与的代表性和发言权；促进包容联动，构建全球公共卫生安全防控体系，进一步提高全球应对突发公共卫生事件的能力；推动创新合作，增强健康供给和服务能力，集中力量攻克人类健康面临的共同难题；倡导互学互鉴，促进传统医学和现代医学融合发展，发挥人文交流在推动健康合作中的独特作用。中国是健康促进的积极倡导者和坚定践行者，走出了一条符合中国国情的卫生与健康发展道路。2009年中国启动实施新一轮医药卫生体制改革，确立了把基本医疗卫生制度作为公共产品向全民提供的基本原则。我们织起了覆盖13亿多人的全民基本医保网，为人人病有所医提供了制度保障。大力推进公共卫生服务均等化，为所有城乡居民免费提供基本公共卫生服务。在中国这个最大发展中国家，取得这样的成就实属不易。

大会由卫生计生委和世界卫生组织共同主办，上海市人民政府承办。来自全球126个国家和地区、19个国际组织的1180多位嘉宾，围绕会议主题，深入交流思想观点与实践，共享发展成果与经验。发布了成果文件《2030 可持续发展中的健康促进上海宣言》。大会呼吁世界各国增强命运共同体意识，将健康促进放在社会经济可持续发展全局重要位置，搭建多层次、宽领域、机制化的对话合作平台，政府、社会、个人共同发力，推动全球健康治理更加公正合理，提升健康供给和服务能力，筑牢全球公共卫生安全防控屏障，促进传统医学与现代医学互学互鉴，共同构筑公平、创新、共享、融合的健康促进事业发展道路。

会议期间，李克强会见世界卫生组织总干事陈冯富珍以及联合国人口基金、联合国环境规划署、国际电信联盟、各国议会联盟等国际组织主要负责人。李克强积极评价世界卫生组织等国际机构在促进全球健康事业中发挥的重要作用并表示，健康是人类的永恒追求。中国政府坚持把人民群众的健康等民生福祉放在优先位置，正在大力建设“健康中国”，提出到 2030 年建立更加完善的促进全民健康制度体系的目标。我们愿同世界卫生组织等国际机构加强合作，把中国和全球健康事业进一步推向前进。

陈冯富珍高度赞赏中国为全球健康事业所作贡献和建设“健康中国”的努力与成就，表示本次在华举办的全球健康促进大会规模空前，影响深远。世界卫生组织愿同中方加强合作，促进全球健康事业发展。

21 日，第九届全球健康促进大会国际健康城市市长论坛在上海举行。国务院副总理刘延东出席论坛并讲话。123 个中外城市市长、126 个国家和地区以及 19 个国际组织代表共 1000 余人参加。论坛通过了《健康城市上海共识》。

会议期间，刘延东会见了与会的世界卫生组织总干事陈冯富珍，联合国副秘书长、人口基金执行主任巴巴图德，国际电信联盟秘书长赵厚麟。

11 月 21—22 日

［纲　文］　**李克强在上海自贸试验区考察。**

［目　文］　国务院总理李克强在浦东新区市场监管局，听取实施工商、质量、食品药品和价格等“四合一”综合执法监管的情况介绍，了解对各部门行政审批开展网上督查的制度设计和实施效果，对他们不断创新事中事后监管体制和督查方式、促进提高政府行政效率表示赞许。李克强还通过“双随机、一公开”系统现场下达了食品安全抽查指令，对如何随机抽取检查对象和检查人员进行了检验。他说，改革不是简单的监管职能合并，而是强化净化市场的功能，催生市场活力。这既靠人，更靠体制的力量。在公共诉求处置信息平台，李克强对他们整合服务热线、更及时回应和处置群众投诉、维护市场秩序的做法予以肯定。

李克强在通用电气中国科技园，了解企业的创新技术和产品，并与企业的创客团队互动交流，询问他们的创新组织方式和运营模式；考察了上海电子口岸建设运营情况，看到这里通过整合相关部门职能、推动信息互换、监管互认、执法互助，打造国际贸易单一窗口，使企业通关效率提升几十倍。李克强说，当前世界经济复苏乏力，要全方位加强经贸合作，扭转国际贸易增长放缓态势，必须大力推动国际贸易投资便利化自由化。他叮嘱要把上海取得的经验加快推广到全国各口岸，特别是要有力推动改革开放，适应政府职能转变要求，借鉴国际领先经验，不断升级通关信息系统，提升综合管理能力，培育外贸新的竞争优势，打造新亮点。

李克强还听取了上海自贸试验区改革、开放、创新情况汇报，对三年来上海自贸试验区取得的经验和上海经济社会发展取得的成就予以肯定。希望上海认真学习贯彻习近平总书记系列重要讲话精神，勇啃改革硬骨头，挺立创新最前沿，深耕国际大市场，在国家发展大局中更好发挥引领示范作用。

11月21—23日

［纲　文］　**张德江在四川调研。**

［目　文］　全国人大常委会委员长张德江在宜宾、成都，听取对民法总则草案的意见和建议。在李庄镇同济社区、郫县青杠树村、青羊区同怡社区，了解村民委员会、居民委员会和社区的工作情况时说，基层群众自治组织直接与老百姓打交道，明确其民事主体地位，是制定民法总则和修改相关法律需要研究的重大课题。只有作出符合中国国情的科学规定，才能使它们更好地发挥组织群众、服务群众的重要作用；就企业等民事主体在经济活动中的权利义务问题同企业负责人交流座谈时说，民法总则的一个重要任务，就是要保护广大人民群众和企业的产权等各种权利。在享有权利的同时，也应当承担相应的义务，并在权益受到侵害时获得法律保护。

张德江在成都主持召开座谈会，11个省（区、市）人大常委会负责人、部分全国人大代表、法律工作者及专家学者参加了会议。张德江指出，制定民法总则必须坚持从国情和实际出发，贯彻和体现宪法精神和宪法原则，恪守以民为本、立法为民的理念，坚持问法于民，切实做好顶层设计、制度安排。一要正确处理好继承和发展的关系，全面总结我国民事立法的好经验好做法，坚持已被实践证明可行的民事法律规定，突出解决社会生活中出现的新问题，使民法总则在现行法律基础上得到完善、发展、提高。二要正确处理好民法总则与民法典各分编的关系，切实把握好民法总则谋篇布局、提炼归纳，为民法典各分编提供正确指引、科学衔接。三要正确处理好民法与行政法、经济法、社会法等其他法律部门的关系，切实做到分工明确清晰、相互协作配合，为加快建设中国特色社会主义法治体系作出新的贡献。

11月21—23日

［纲　文］　**第27届中美商贸联委会在美国华盛顿举行。**

［目　文］　国务院副总理汪洋与美国商务部长普里茨克、贸易代表弗罗曼共同主持联委会。美国农业部部长维尔萨克与会。联委会期间，中美双方围绕双边经贸关系12项重要议题进行深入讨论，举办工商界午餐会、企业家圆桌会、农业食品研讨会、数字经济研讨会等一系列合作性活动，举行数字经济战略性专题会议，并签署两项合作文件，达成诸多共识。双方公布了本届商贸联委会成果清单。

汪洋表示，习近平主席和奥巴马总统在杭州会晤和利马会晤期间，就推动中美经贸关系发展达成重要共识，为本届联委会的召开指明了方向。中方愿同美方一道努力，认真落实两国元首共识，拓宽合作面，推动两国在双向投资、知识产权、创新政策、竞争政策、标准制订、数字经济、食品安全等领域合作取得更多成果，妥善管控分歧，向外界诠释中美不冲突不对抗、相互尊重、合作共赢新型大国关系的内涵，为2017年及更长时期中美经贸关系发展打下坚实基础，展示中美商贸联委会机制的作用和生命力。

美方表示，联委会自成立以来，在促进双边贸易、扩大投资、解决工商界重点关注方面发挥了积极作用。近年来双方对联委会机制进行改革，增加了合作性系列活动和战略性议题的讨论，形成诸多共识。美方愿利用奥巴马政府剩余任期，推动双边经贸合作取得更多务实成果，为美中经贸关系在美政府换届后平稳过渡奠定基础。

11月22日

［纲　文］　**国家主席习近平、国务院总理李克强就印度北方邦列车脱轨事故分别向印度总统慕克吉、印度总理莫迪致慰问电。**

11月22日

［纲　文］　**国务院批复江苏省人民政府，同意将江苏省高邮市列为国家历史文化名城。**

［目　文］　批复说：一、同意将高邮市列为国家历史文化名城。高邮市历史悠久，文化遗存丰富，古城传统格局和风貌保持完好，邮驿文化和运河文化特色突出，具有重要的历史文化价值。二、江苏省及高邮市人民政府要根据本批复精神，按照《历史文化名城名镇名村保护条例》的要求，正确处理城市建设与保护历史文化遗产的关系，深入研究发掘历史文化遗产的内涵与价值，明确保护的原则和重点。编制好历史文化名城保护规划，并将其纳入城市总体规划，划定历史文化街区、文物保护单位、历史建筑的保护范围及建设控制地带，制定严格的保护措施。在历史文化名城保护规划的指导下，编制好重要保护地段的详细规划。在规划和建设中，要重视保护城市格局，注重城区环境整治和历史建筑修缮，不得进行任何与名城环境和风貌不相协调的建设活动。三、江苏省和住房城乡建设部、国家文物局要加强对高邮市国家历史文化名城规划、保护工作的指导、监督和检查。

11月22日

［纲　文］　**国务院办公厅印发《关于建立统一的绿色产品标准、认证、标识体系的意见》。**

［目　文］　《意见》由三个部分组成：一、总体要求。二、重点任务。三、保障措施。

《意见》强调，通过新闻媒体和互联网等渠道，大力开展绿色产品公益宣传，加强绿色产品标准、认证、标识相关政策解读和宣传推广，推广绿色产品优秀案例，传播绿色发展理念，引导绿色生活方式，维护公众的绿色消费知情权、参与权、选择权和监督权。

11月22日

［纲　文］　**张高丽在北京主持召开全国地理国情普查领导小组全体会议**。

［目　文］　国务院副总理张高丽表示，摸清地理国情家底，对于了解国情、把握国势、制定国策具有重要意义。习近平总书记2015年7月1日在给国测一大队老队员老党员的回信中指出，几十年来，国测一大队以及全国测绘战线一代代测绘队员不畏困苦、不怕牺牲，用汗水乃至生命默默丈量着祖国的壮美河山，为祖国发展、人民幸福作出了突出贡献，事迹感人至深。这是对测绘工作和广大测绘地理信息工作者的充分肯定，更是鞭策和鼓励。李克强总理指出，地理国情是重要的基本国情，要围绕服务国计民生，推出更好的地理信息产品和服务。我们要深入学习贯彻习近平总书记系列重要讲话精神和给国测一大队回信重要指示，贯彻落实李克强总理重要指示要求，紧紧围绕党和国家中心工作，加快推进测绘地理信息事业改革发展。

张高丽强调，第一次全国地理国情普查成果十分丰富，要认真做好普查成果数据发布和解读工作，拓展测绘地理信息公共服务的广度和深度，让社会公众和市场主体充分了解和开发应用普查数据。要紧密结合政府决策和管理需要，从宏观和微观、定量和定性、整体和局部等方面，充分挖掘地理国情普查成果蕴含的价值，创造性地做好普查成果分析和应用工作。要抓紧建立普查数据共享机制，打破部门、区域之间的数据壁垒和信息孤岛，向社会提供更好的公共服务。地理国情普查完成后，要扎实做好常态化地理国情监测工作。要加强依法监测，建立健全地理国情监测法律法规体系；坚持需求导向，扩大地理国情监测服务领域；建立协作机制，形成地理国情监测常态化工作格局；强化创新引领，提高地理国情监测保障能力；注重绩效评价，促进提升地理国情监测服务水平。

会前，张高丽在国家测绘地理信息局调研，察看了地理国情普查与监测成果展示、行政许可受理大厅。

11月22日

［纲　文］　**新华社讯，刘延东在上海调研**。

［目　文］　国务院副总理刘延东考察了超强超短激光试验装置和上海科技大学，并听取张江科学中心四个重大科技基础设施建设情况汇报。

刘延东强调，科技创新中心建设是一项系统工程，要突出重点，点面结合，力争早日取得突破性进展。一要优化布局基础科学研究基地，补齐原始创新短板，构筑科技创新重要策源地。二要实施重大科技项目和工程，夯实创新发展的产业技术基础，塑造具有先发优势的引领型发展。三要提升各类创新主体能力，推动央地、军民创新资源深度融合，积极培育创新型企业，辐射带动周边区域发展。四要发挥政策叠加效应，深化科技体制改革，完善激励创新的良好环境。五要积极融入全球创新网络，加强国际交流合作，努力提升全球影响力。

刘延东指出，重大科技基础设施作为张江科学中心的重要载体，是开展高水平科学研究和国际交流合作的有效平台。要精心设计施工，确保质量过硬、运行持久，吸引集聚高水平科研队伍，聚焦生命、材料、环境、能源、物质等领域，努力取得重大原创性突破，为科技进步和产业发展提供源头支撑。她要求科技创新中心建设领导小组和张江综合性国家科学中心理事会各成员单位主动服务，加强协作，为全国改革创新发展探索新路、积累经验。

11月22日

［纲　文］　**中国在西昌卫星发射中心使用长征三号丙运载火箭成功将天链一号04星送入太空。**

［目　文］　天链一号04星是中国第四颗地球同步轨道数据中继卫星，将与天链一号01星、02星、03星实现全球组网运行，为中国神舟飞船、空间实验室、空间站提供数据中继与测控服务，支持空间交会对接任务，同时为中国中、低轨道资源卫星提供数据中继服务，为航天器发射提供测控支持。

天链一号04星和长征三号丙运载火箭，分别由中国航天科技集团公司所属中国空间技术研究院、中国运载火箭技术研究院研制。此次任务是长征系列运载火箭的第241次飞行。

11月22日

［纲　文］　**云南大理白族自治州建州60周年，全国人大常委会、国务院发贺电祝贺。**

［目　文］　全国人大常委会、国务院的贺电表示，60年来，大理白族自治州经济发展，民族团结，社会稳定，人民生活不断改善，各项事业全面推进，取得了巨大成就。希望大理白族自治州各族人民紧密团结在以习近平同志为核心的党中央周围，高举中国特色社会主义伟大旗帜，全面贯彻落实党的十八大和十八届三中、四中、五中、六中全会以及中央民族工作会议精神，以邓小平理论、“三个代表”重要思想、科学发展观为指导，深入贯彻习近平总书记系列重要讲话精神，按照“五位一体”总体布局和“四个全面”战略布局，牢固树立创新、协调、绿色、开放、共享发展理念，进一步贯彻落实党中央、国务院支持云南经济社会发展的一系列政策措施，坚持各民族共同团结奋斗、共同繁荣发展，以自治州成立60周年为新的起点，解放思想，改革开放，凝聚力量，攻坚克难，为全面建成小康社会、实现中华民族伟大复兴中国梦，作出新的更大贡献。

大理白族自治州成立于1956年11月22日，是中国唯一的白族自治州。

11月22日

［纲　文］　**中共江苏省第十三届委员会第一次全体会议选举李强为省委书记，石泰峰、吴政隆为省委副书记。**

11月22日

［纲　文］　**中国南非国家双边委员会第六次全体会议在开普敦举行。**

［目　文］　国家副主席李源潮同南非共和国副总统拉马福萨共同主持会议。全会听取了双方外交、经贸、科技、矿产、能源、教育分委会工作汇报，共同回顾了过去三年来

中南关系取得的长足发展，并研究了推进中南关系发展的下一步努力方向。全会一致认为，习近平主席和祖马总统关心指导中南关系发展，为两国友好合作指明了方向。当前中南全面战略伙伴关系发展势头强劲，两国关系进入历史最好时期，政治互信空前深厚，各领域合作成果丰硕，两国元首系列重要共识和中非合作论坛约翰内斯堡峰会成果正得到全面落实。全会一致同意，今后，双方将继续以落实两国元首系列重要共识、《中南 5—10 年合作战略规划》和中非合作论坛约翰内斯堡峰会成果尤其是中非“十大合作计划”为主线，着力抓好以下几方面合作：一是巩固和深化彼此政治互信。二是深化并拓展务实合作。三是丰富和扩大人文交流。四是加强国际和地区事务协调与协作。五是发挥好彼此作为中非合作论坛共同主席国的作用，推动中非合作论坛约翰内斯堡峰会成果得到全面有效落实，建设好论坛机制，召开好论坛相关会议，为下一届论坛部长会召开打下坚实基础。

同日，李源潮在开普敦会见南非总统祖马时说，中国始终从战略高度和长远角度看待中南关系，将积极贯彻习近平主席提出的真实亲诚对非政策理念和正确义利观，全面落实两国元首重要共识和中非合作论坛约翰内斯堡峰会成果，推动中南全面战略伙伴关系不断发展。中国共产党和南非非国大是好朋友、真朋友，希望深化两党合作，加强治国理政经验交流，为两国关系发展服务。祖马说，南非与中国是好兄弟、好朋友和好同志。中方对南投资为南经济发展作出了贡献。祝愿南中国家双边委第六次全体会议取得丰硕成果，推动南中全面战略伙伴关系更好更快地向前发展。南中两国执政党友谊深厚，南方愿深化两党治党治国经验交流互鉴。

李源潮在南非期间，与南非副总统拉马福萨举行会谈，还分别会见了非国大总书记曼塔谢、南非共产党副总书记马派拉；出席了中南执政党建设和治国理政经验研讨会并作报告，考察了库哈工业园等中南合作项目。

11 月 22 日

［纲　文］ **《人民日报》发表题为《以“健康中国”建设促进全球健康发展——祝贺第九届全球健康促进大会召开》的评论员文章。**

11 月 23 日

［纲　文］ **李克强主持召开国务院常务会议。**

［目　文］ 会议主要内容是：一、听取 2016 年钢煤行业去产能工作基本完成任务情况汇报，决定派出国务院调查组严肃查处个别企业违法违规行为。会议指出，一要指导各地和中央企业严格按标准对 2016 年化解淘汰过剩落后产能任务开展验收，国务院有关部门要按照验收标准组织抽查，严格把关，确保产能真去真退。二要深入细致做好职工安置，督促地方严格使用好中央奖补资金、筹集好配套资金、做好职工转岗培训和社保费用衔接，搭建更多创业平台，拓宽就业和再就业渠道，加大对困难人员就业援助力度。三要支持产钢产煤地区将去产能与产业优化布局、转型升级相结合，进一步落实有保有压的金融政策，继续鼓励如宝钢、武钢等的优势企业加大兼并重组力度。尽快出台去产能相关债

务处置、资产处理等政策措施。四要强化绩效考核，对化解淘汰过剩落后产能工作成效突出的地方和企业给予表扬，对工作不力的强化督促督查。针对发现的河北安丰钢铁有限公司未批先建边批边建钢铁项目、江苏新沂小钢厂生产销售“地条钢”等顶风违法违规、严重干扰正常生产经营秩序问题，国务院决定派出调查组，予以严肃查处，对相关责任人严厉追责问责，并公开通报调查处理结果。二、决定再取消一批职业资格许可和认定事项，更加便利就业创业。会议决定，在2014年以来已分6批取消319项职业资格的基础上，再取消临时导游、餐厅服务员、保洁员等114项职业资格许可和认定事项。至此，国务院部门设置的职业资格已取消70%以上。对剩余的职业资格要尽快制定目录清单并向社会公布，清单外一律不得设定职业资格许可和认定事项。同时，要制定职业标准和评价规范，积极推动由企业和行业组织自主开展技能评价，为专业人才搭建市场化的职业发展通道。三、通过《中华人民共和国反不正当竞争法（修订草案）》，推动完善事中事后监管。草案完善充实了对不正当竞争行为的法律界定，补充了打击商业贿赂、加强商业秘密保护和互联网领域反不正当竞争等规定，强化民事赔偿责任，加大了对违法行为的信用惩戒和行政处罚力度。会议决定将草案提请全国人大常委会审议。

11月23日

［纲　文］　**国务院印发《“十三五”脱贫攻坚规划》。**

［目　文］　《规划》共11章，主要有总体要求、产业发展脱贫、转移就业脱贫、易地搬迁脱贫、教育扶贫、健康扶贫、生态保护扶贫、兜底保障、社会扶贫、提升贫困地区区域发展能力、保障措施等内容。

《规划》要求，要从精准扶贫脱贫、扶贫资源动员、贫困人口参与、资金项目管理和考核问责激励等方面，创新脱贫攻坚体制机制，构建政府、市场、社会协同推进的大扶贫开发格局。要按照中央统筹、省负总责、市县抓落实的工作机制，加强组织领导，层层落实责任，强化执纪问责，为全面打赢脱贫攻坚战提供坚强保障。

11月23日

［纲　文］　**中国西藏文化保护与发展协会第三届会员代表大会在北京召开。**

［目　文］　大会总结回顾了协会成立六年来的工作，审议并通过了协会工作报告，推举产生了新一届协会领导成员。全国政协副主席帕巴拉·格列朗杰当选中国西藏文化保护与发展协会第三届会长。

全国政协主席俞正声会见全体会议代表时指出，西藏文化是中华文化的重要组成部分，西藏文化保护与发展协会是致力于西藏文化保护与发展事业的重要民间团体，是对外宣传社会主义新西藏的重要平台。协会成立以来认真贯彻党和国家关于西藏工作的方针政策，在保护和发展西藏文化、促进各民族交往交流交融、参与国际交流与合作等方面，发挥了重要作用，取得了显著成绩。党的十八大以来，以习近平同志为核心的党中央高度重视西藏工作，提出了“治国必治边、治边先稳藏”的战略思想，确定了“依法治藏、富民兴藏、长期建藏、凝聚人心、夯实基础”的重要原则，为做好西藏各项工作指明了方向。

11 月 23 日

［纲　文］　**全国政协主席俞正声、中央军委副主席许其亮在北京分别会见俄罗斯国防部部长绍伊古。**

［目　文］　俞正声在会见绍伊古时表示，2016 年是《中俄睦邻友好合作条约》签署 15 周年和中俄战略协作伙伴关系建立 20 周年，在两国元首的大力推动下，双边关系处在历史最好时期。中俄发展全面战略协作伙伴关系，不仅惠及两国和两国人民，而且是维护地区乃至世界和平、促进国际公平正义的需要。中方高度重视并支持两军深入开展友好与务实合作，愿与俄方一道，继续加强战略互信，推动各领域交流合作，实现各自发展振兴并共同促进世界和平、稳定和发展。

绍伊古说，与中方加强全面战略协作伙伴关系是俄罗斯外交的优先方向。两国元首之间的密切交往是两国两军高水平合作的重要保证。俄方将按照两国元首共识，积极推进与中国军队在各领域的交流与合作。

许其亮在会见绍伊古时表示，两军关系是两国全面战略协作伙伴关系的重要组成部分，近年来在两国元首大力推动下，两军合作不断深化，取得积极成果。中方愿与俄方一道，积极落实两国元首达成的重要共识，进一步推动两军各领域交流合作，将两军关系不断推向新的高度。

绍伊古说，俄方高度重视发展中俄全面战略协作伙伴关系，俄罗斯军队将按照两国元首共识，进一步推进与中国军队在各领域的交流与合作，共同为维护地区和世界和平稳定继续发挥积极作用。

11 月 23 日

［纲　文］　**外交部发言人就韩日两国签署《军事情报保护协定》表示，韩国、日本军事情报合作应尊重地区国家安全关切。**

［目　文］　据韩联社报道，韩日两国 23 日在首尔正式签署韩日《军事情报保护协定》。协定签署后，韩日双方不必经过美国便可迅速进行情报共享。

发言人说，有关国家固守冷战思维，加强军事情报合作，将加剧半岛对立对抗，给东北亚地区增添新的不安全不稳定因素，不符合和平发展的时代潮流，不符合地区各国共同利益。当前朝鲜半岛形势复杂敏感，有关国家在开展军事合作时应切实尊重地区国家的安全关切，多做有利于和平发展的事，而不是相反。

有记者问，据媒体报道，一些“跨太平洋伙伴关系协定”（TPP）成员表示，如果美国退出 TPP，希望中国加入 TPP，中方对此持何态度？还有媒体认为，美国退出 TPP 将会把亚太经贸事务的主导权拱手让给中国，这对中国来说是重大机遇。请问中方对此有何评论？

发言人说，中方对有利于促进亚太经济一体化、促进区域贸易投资自由化与便利化，有助于亚太地区共同发展繁荣的贸易安排原则上均持开放态度。刚刚结束的亚太经合组织会议就亚太地区的自贸安排进行了讨论，同时决定要继续推进亚太自贸区进程，这是一个非常积极的信号。对于所谓主导权，我们始终认为，亚太地区的事应由亚太各国商量着办，而不是由某一家说了算。亚太地区经贸规则应由有关各方通过平等协商共同确定。中方愿同各方一道，在充分考虑亚太地区经济发展差异性和多样性的基础上，秉承开放包容、互利共赢的原则，继续推进亚太地区经济一体化进程，造福亚太各国和各国人民。在此过程中，中方也将发挥自己的作用，作出自己的贡献。

11 月 23—24 日

［纲　文］　**第七届中欧论坛汉堡峰会举行。**

［目　文］　峰会由德国汉堡商会主办。与会者围绕“一带一路”倡议、中国经济转型、“中国制造 2025”与“德国工业 4.0”对接等热点议题展开了讨论。国务院副总理刘延东出席峰会闭幕活动并发表主旨演讲。

刘延东表示，中国政府通过调结构、转方式、促改革、惠民生，使中国经济进入中高速增长的新常态。中国的发展是世界的机遇。中国提出“一带一路”倡议，就是要把中国的机遇转变为世界的机遇，通过合作共赢实现共同发展。中国坚定支持欧洲一体化进程。当前中欧都处于深化改革的重要阶段，中欧合作也处于提速升级的关键时期，双方应加强互信、互联、互补、互利，深入推进中欧发展战略对接，以更加开放的姿态携手创新，妥善处理经贸合作中的分歧，构建更加紧密的人文交流网络。中方期待与德方、欧方继续密切合作，积极落实二十国集团杭州峰会成果，共同为破解当前世界经济增长困局、提振世界经济增长信心提供新思路，为中欧各自发展创造新机遇。

25 日，刘延东在柏林总理府会见德国总理默克尔。

11 月 24 日

［纲　文］　**国务院印发《“十三五”生态环境保护规划》。**

［目　文］　《规划》共十章，主要内容有：一、全国生态环境保护形势。二、指导思想、基本原则与主要目标。三、强化源头防控，夯实绿色发展基础。四、深化质量管理，大力实施三大行动计划。五、实施专项治理，全面推进达标排放与污染减排。六、实行全程管控，有效防范和降低环境风险。七、加大保护力度，强化生态修复。八、加快制度创新，积极推进治理体系和治理能力现代化。九、实施一批国家生态环境保护重大工程。十、健全规划实施保障措施。

《规划》指出，地方各级人民政府是规划实施的责任主体，要把生态环境保护目标、任务、措施和重点工程纳入本地区国民经济和社会发展规划。国务院各有关部门要各负其责，密切配合，加大资金投入，加大规划实施力度。建立规划实施情况年度调度和评估考核机制，在 2018 年和 2020 年底，分别对规划执行情况进行中期评估和终期考核，评估考核结果向国务院报告，向社会公布。

11 月 24 日

［纲　文］　**全国政协在北京召开双周协商座谈会，就“加快食品安全监管体系建**

设”建言献策。

［日　文］　全国政协主席俞正声主持座谈会。全国政协副主席杜青林、张庆黎、卢展工、陈晓光、王钦敏出席座谈会。中编办副主任魏小东、农业部副部长陈晓华、工商总局副局长马正其、质检总局副局长吴清海等与委员互动交流。全国政协委员徐辉、田惠光、刘佩智、田中群、徐向东、吴刚、高体健、彭静、高小玫、王修林、李奇、方来英、李健、岳秉飞、李赤群、贾楠在座谈会上发言。

委员们认为，食品安全是重大的基本民生问题。党的十八大以来，党和国家采取了一系列重大政策举措，食品安全监管工作明显加强，食品安全整体状况明显好转，但食品安全监管还存在一些值得重视和需要解决的问题。要认真贯彻落实习近平总书记关于用最严谨的标准、最严格的监管、最严厉的处罚、最严肃的问责，加快建立科学完善的食品药品安全治理体系的重要指示，切实保障人民群众“舌尖上的安全”。

一些委员建议：一要高度重视食品安全监管。食品安全问题是人民群众当前最关心的公共安全问题，各级政府必须高度重视，摆到重要的位置，加大资金、人员、检测设备等方面的投入。二要树立法律的权威。完善食品安全的法律法规，推动食品造假售假行为入刑。实行问责制，加大食品安全问题的追责力度。上级行政机关要切实负起责任，必要时可以约谈下级行政机关。三要完善食品安全标准。突出安全性，既要解决标准缺失和滞后的问题，更要抓好现有标准的落实。四要加强食品安全监管队伍建设。加强人员培训、资格管理、行业准入，提高队伍素质。对各级食品安全监管队伍，应分层分级明确任务，提出要求。要加强信息化管理，提高监管效率。改进工作方式和模式，加强全程监管，发挥第三方检测机构的作用。动员社会各方面力量，促进社会共治。五要理顺监管体制。食品安全监管体制改革要以保障人民群众食品安全为目标，突出食品的安全监督和管理这个关键。

委员们还对农产品环节的管理、科技支持、小型便携快速检测仪器的应用、科研项目的安排、建立政府集中管理的检测中心等问题提出意见建议。

11月24日

［纲　文］　**江西丰城发电厂三期扩建工程发生冷却塔施工平台坍塌特别重大事故，习近平、李克强作出指示、批示。**

［日　文］　正在国外访问的中共中央总书记习近平在事故发生后立即作出指示，要求江西省和有关部门组织力量做好救援救治、善后处置等工作，尽快查明原因，深刻汲取教训，严肃追究责任。近期一些地方接连发生安全生产事故，国务院要组织各地区各部门举一反三，全面彻底排查各类隐患，狠抓安全生产责任落实，切实堵塞安全漏洞，确保人民群众生命和财产安全。

国务院总理李克强的批示指出，要求争分夺秒抢救被困人员，全力以赴救治伤员，尽最大努力减少伤亡。安全监管总局要牵头成立国务院工作组抓紧赶赴现场，指导和帮助地方做好搜救、救治等相关工作，查明事故原因并依法问责。要进一步督促地方严格落实各领域安全生产责任，强化监管和防范措施，严防此类重特大事故再次发生。

2017年9月15日，经国务院调查组调查认定，江西丰城发电厂“11·24”冷却塔施工平台坍塌特别重大事故为生产安全责任事故。事故造成73人死亡、2人受伤，直接经济损失10197.2万元。

11月24—27日

［纲　文］ **第四届中国海洋经济博览会在广东省湛江市举办。**

［目　文］ 本届海博会以“创新、绿色、开放、合作”为主题。由广东省人民政府与国家海洋局共同主办，湛江市人民政府、国家海洋局宣传教育中心、广东省海洋与渔业局、广东省商务厅、中国太平洋学会承办。首次邀请泰国作为主宾国参加，共有53个国家和地区参展参会。

会议期间，国家海洋信息中心首次发布了《中国海洋经济发展指数》。数据显示，2015年中国海洋经济发展指数达到119.9，比上年增长2.8%。“十二五”期间年均增速3.7%，海洋经济总体发展态势良好。

11月25日

［纲　文］ **国务院批复中国科协、科技部，同意设立“全国科技工作者日”。**

［目　文］ 批复说：同意自2017年起，将每年5月30日设立为“全国科技工作者日”，具体工作由你们商有关部门组织实施。

11月25日

［纲　文］ **教育部印发《盲校义务教育课程标准（2016年版）》《聋校义务教育课程标准（2016年版）》《培智学校义务教育课程标准（2016年版）》，2017年秋季开始执行。**

11月25日

［纲　文］ **环境保护部在北京召开落实《控制污染物排放许可制实施方案》座谈会。**

［目　文］ 环境保护部副部长赵英民主持会议。会议主要议题是组织省级环保部门深入学习领会《方案》，进一步统一思想、提高认识，并对下一步工作作出安排部署。

11月25日

［纲　文］ **公安部在北京召开全国公安机关电视电话会议。**

［目　文］ 会议主要内容是：专题部署安排打击整治“盗抢骗”违法犯罪、全面加强公共安全工作。公安部部长郭声琨出席会议并讲话。公安部常务副部长傅政华主持会议，副部长李伟作工作部署。

郭声琨强调，要认真贯彻落实习近平总书记重要指示和李克强总理批示精神，始终坚持把人民群众生命财产安全放在第一位，紧紧抓住岁末年初这一关键节点，紧紧抓住严重影响群众安全感的突出问题，采取强有力的措施，严厉打击“盗抢骗”犯罪活动，全面强化公共安全监管工作，确保社会大局持续稳定。各级公安机关要以人民群众的呼声为导向，结合公安工作实际，全面彻底排查整治各类公共安全隐患，严格落实公共安全责任，严防发生重特大火灾、道路交通等公共安全事故。要针对“盗抢骗”犯罪开展破案攻坚，集中侦破一大批案件、抓获一大批在逃人员、整治一批重点地区、返还一批涉案财物，切实打出声威、打出震慑、打出人民群众的信心和安全感。要强化责任担当，统筹做好反恐、治安防范、矛盾纠纷排查化解等工作，确保各项安保措施落到实处见到实效。

11月25日

［纲　文］　**文化部在北京召开推进现代公共文化服务体系建设视频会议。**

［目　文］　文化部部长雒树刚出席会议并讲话，文化部副部长杨志今主持会议。会议深入贯彻党的十八大和十八届三中、四中、五中、六中全会精神，总结交流中共中央办公厅、国务院办公厅《关于加快构建现代公共文化服务体系的意见》印发以来，各地贯彻落实、加强现代公共文化服务体系建设情况，并对下一步工作进行部署。北京、上海、广东、湖南、四川、青海、宁夏七省（区、市）文化厅（局）介绍了工作经验。

11月25日

［纲　文］　**新华社讯，王岐山在北京、山西、浙江就开展国家监察体制改革试点工作调研。**

［目　文］　中央深化国家监察体制改革试点工作领导小组组长王岐山强调，要深入贯彻党的十八届六中全会精神，落实全面从严治党战略部署和深化国家监察体制改革的决策部署，构建权威高效的国家监察体系，推进国家治理体系和治理能力现代化。党的领导是中国特色社会主义最本质特征，深化监察体制改革要坚定“四个自信”。在坚持党的领导问题上必须旗帜鲜明，决不能含糊其辞、语焉不详。我国正处在深化改革、实践探索的变革时期，凡是有利于党的领导的就必须坚持和加强。全面依法治国是党的主张，要把党的领导贯穿于立法、执法、司法、守法全过程，使党的主张成为国家意志。

王岐山指出，监察委员会实质上是反腐败机构，监察体制改革的任务是加强党对反腐败工作的统一领导，整合行政监察、预防腐败和检察机关查处贪污贿赂、失职渎职以及预防职务犯罪等工作力量，成立监察委员会，作为监督执法机关与纪委合署办公，实现对所有行使公权力的公职人员监察全覆盖。加强党的建设、全面从严治党，严肃党内政治生活、强化党内监督是最重要的标本兼治，深化国家监察体制改革目的正是完善党和国家的自我监督，不断增强自我净化、自我完善、自我革新、自我提高能力。在北京、山西、浙江先行先试，充分体现了中央的信任。信任就是鞭策和考验，考校的是“四个意识”和担当精神。党委要担负起主体责任，一把手负总责，纪委是专责，要把认识统一到中央的要求上来，联系本地区实际，发现问题、解决问题，为改革全面铺开和制定国家监察法提供实践基础。有理想但不能理想化，要聚焦试点方案确定的任务，把握好动态平衡，防止过犹不及。在全国人大常委会就试点工作作出有关决定后，先完成检察机关反贪等部门的转隶，确保思想不乱、工作不断、队伍不散，推动人员融合和工作流程磨合。监察委员会履行监督、调查、处置职责，与执法、司法机关有机衔接、相互制衡，实现依规治党和依法治国有机统一。

11 月 25 日

［纲　文］ **中共河北省第九届委员会第一次全体会议选举赵克志为省委书记，张庆伟、李干杰为省委副书记。**

11 月 25 日

［纲　文］ **中共广西壮族自治区第十一届委员会第一次全体会议选举彭清华为自治区党委书记，陈武（壮族）、侯建国为自治区党委副书记。**

11 月 26 日

［纲　文］ **国家主席习近平、国务院总理李克强就古巴革命领袖菲德尔·卡斯特罗逝世分别向古巴国务委员会主席兼部长会议主席劳尔·卡斯特罗致唁电。**

［目　文］ 习近平在唁电中写道，惊悉古巴革命领导人菲德尔·卡斯特罗同志不幸逝世，我谨代表中国共产党、政府、人民，并以我个人的名义，向你并通过你向古巴共产党、政府、人民，对菲德尔·卡斯特罗同志的逝世表示最沉痛的哀悼，向其家属致以最诚挚的慰问。菲德尔·卡斯特罗同志是古巴共产党和古巴社会主义事业的缔造者，是古巴人民的伟大领袖。他把毕生精力献给了古巴人民争取民族解放、维护国家主权、建设社会主义的壮丽事业，为古巴人民建立了不朽的历史功勋，也为世界社会主义发展建立了不朽的历史功勋。菲德尔·卡斯特罗同志是我们这个时代的伟大人物，历史和人民将记住他。我多次同菲德尔·卡斯特罗同志见面，促膝畅谈，他的真知灼见令我深受启发，他的音容笑貌犹在眼前。我深深怀念他，中国人民深深怀念他。菲德尔·卡斯特罗同志生前致力于中古友好，密切关注和高度评价中国发展进程，在他亲自关心和支持下，古巴成为第一个同新中国建交的拉美国家。建交 56 年来，中古关系长足发展，各领域务实合作成果丰硕，两国人民友谊与日俱增，这都与菲德尔·卡斯特罗同志的关怀和心血密不可分。菲德尔·卡斯特罗同志的逝世是古巴和拉美人民的重大损失，不仅使古巴和拉美人民失去了一位优秀儿子，也使中国人民失去了一位亲密的同志和真诚的朋友。他的光辉形象和伟大业绩将永载史册。我相信，在主席同志坚强领导下，古巴党、政府、人民必将继承菲德尔·卡斯特罗同志的遗志，化悲痛为力量，在社会主义建设事业中不断取得新的成绩。中古两党、两国、两国人民友谊必将得到巩固和发展。伟大的菲德尔·卡斯特罗同志永垂不朽！

李克强在唁电中表示，菲德尔·卡斯特罗同志毕生致力于古巴民族解放和国家发展事业，他也是中古关系的缔造者、守护者和推动者，为中古关系发展所作的杰出贡献永载史册。中国政府和人民一贯珍视中古友谊，高度重视发展两国关系。我们愿同古方一道，继承和发扬中古友好传统，推动两国关系持续深入发展，更好造福两国和两国人民。

29 日，习近平前往古巴驻华使馆吊唁古巴革命领袖菲德尔·卡斯特罗逝世。习近平在吊唁时指出，菲德尔·卡斯特罗同志是古巴共产党和古巴社会主义事业的缔造者，是古巴人民的伟大领袖。他是我们这个时代的伟人，他为世界社会主义发展建立的不朽历史功勋、他对各国正义事业的支持将被永远铭记。我今天前来吊唁，就是要向古巴同志表明，在这个特殊时刻，中国党、政府、人民同古巴党、政府、人民紧紧站在一起。相信在劳尔·卡斯特罗主席坚强领导下，古巴党、政府、人民必将继承菲德尔·卡斯特罗同志的遗志，化悲痛为力量，在古巴国家建设和社会主义发展事业中不断取得新成就。菲德尔·卡斯特罗同志生前致力于中古友好，是中古关系奠基者、推动者。他的逝世是古巴和拉美人民的重大损失，不仅使古巴和拉美人民失去了一位优秀儿子，也使中国人民失去了一位亲密同志和真诚朋友，我深深怀念他，中国人民深深怀念他。古巴是第一个同新中国建交的拉美国家，中古关系特殊友好。我们愿同古巴同志更加紧密地携起手来，坚定互信，同舟共济，继续推进中古两党两国友好关系持续稳定向前发展，不负菲德尔·卡斯特罗同志的遗愿。

古巴驻华大使拉米雷斯代表古巴党、政府和劳尔·卡斯特罗主席对习近平前来吊唁表示衷心感谢，表示这再次充分体现了中国党、政府、人民对古巴党、政府、人民的友好感情，体现了古中两国关系的高水平。拉米雷斯表示，菲德尔·卡斯特罗同志生前一直高度重视对华关系，密切关注中国社会主义建设成就。古巴党和政府将继承菲德尔·卡斯特罗同志遗志，不断推动古中关系向前发展。

同日，国家主席习近平特使、国家副主席李源潮出席古巴党和政府在哈瓦那革命广场为革命领袖菲德尔·卡斯特罗举行的群众纪念追悼大会并致辞。

11 月 26 日

［纲　文］ **中共内蒙古自治区第十届委员会第一次全体会议选举李纪恒为自治区党委书记，布小林（女，蒙古族）、李佳为自治区党委副书记。**

11 月 26—28 日

［纲　文］ **中国伊斯兰教第十次全国代表会议在北京举行。**

［目　文］ 会议总结了中国伊斯兰教第九次全国代表会议以来的工作，提出了今后的工作任务和目标。全国 31 个省、自治区、直辖市和新疆生产建设兵团的 372 名代表参加了这次会议。会议审议通过了《中国伊斯兰教协会第九届委员会工作报告》，修改通过了《中国伊斯兰教协会章程》等文件，选举产生了由会长杨发明等 22 人组成的新一届领导机构。

28 日，全国政协主席俞正声会见中国伊斯兰教协会新一届领导班子成员时指出，过去五年来，中国伊协高举爱国爱教旗帜，广泛凝聚力量，服务国家经济社会发展大局，积极引导伊斯兰教与社会主义社会相适应，为维护社会稳定、民族团结和祖国统一作出了积极贡献。当前我国正处在全面建成小康社会决胜阶段。希望新一届中国伊斯兰教协会，认真学习贯彻党的十八届六中全会精神和全国宗教工作会议精神，带领伊斯兰教界人士和广大信教群众，紧密团结在以习近平同志为核心的党中央周围，坚持党的宗教工作基本方针，充分发挥在经济社会发展中的积极作用，为全面建成小康社会凝心聚力，为实现“两个一百年”奋斗目标和中华民族伟大复兴的中国梦而努力奋斗。他强调，要坚持我国伊斯兰教中国化方向，继承和发扬中国伊斯兰教爱国守法、中道包容和“两世吉庆”等优良传统，引导信教群众增强国家意识、法治意识、公民意识，自觉抵御和防范各种极端思想的渗透，切实维护民族团结、宗教和顺、社会稳定。要加强伊斯兰教协会自身建设，加大人才培养力度，改进工作作风，充分发挥桥梁纽带作用，树立中国伊斯兰教的良好形象。

11月27日

［纲　文］　**发展改革委发布《固定资产投资项目节能审查办法》，自2017年1月1日起施行。**

11月27日

［纲　文］　**全军深入学习宣传贯彻习主席系列重要讲话精神座谈会在北京召开。**

［目　文］　会议认真贯彻党的十八届六中全会精神，总结分析党的十八大以来军队学习贯彻习主席系列重要讲话精神形势，对在新起点上把学习贯彻全面提高到新水平作出部署。中央军委副主席许其亮出席座谈会并讲话。来自全军和武警部队的22个单位和个人交流了经验做法。

许其亮指出，军队学习贯彻习主席系列重要讲话精神一定要始终走在前列，忠诚核心、拥戴核心、维护核心，必须作为最根本的使命要求。要系统地、内在地学好习主席系列重要讲话，树立实现强军目标、建设世界一流军队的抱负追求，着力把习主席讲话蕴含的立场观点方法这个活的灵魂学到手。要结合“两学一做”学习教育和全面彻底肃清郭伯雄、徐才厚流毒影响工作，重犁深耕，检视洗消。全军各级要把迎接党的十九大召开的思想理论准备工作抓紧抓实，筹划抓好系列讲话的学习研究宣传，采取扎实有力措施，推动兴起学习贯彻热潮。

11月27日

［纲　文］　**国务院安委会在北京召开全国安全生产电视电话会议。**

［目　文］　国务委员、国务院安委会副主任王勇主持会议。国务院副总理、国务院安委会主任马凯出席会议并讲话。国务委员、国务院安委会副主任郭声琨传达习近平总书记和李克强总理指示批示精神。

会议要求要认真贯彻落实习近平总书记和李克强总理关于江西丰城发电厂坍塌事故和全国安全生产工作的重要指示批示精神，坚持以人民为中心的发展思想，切实增强红线意识，严格落实安全生产责任，强化监管和防范措施，深入开展安全生产大检查，坚决遏制重特大事故发生，切实保障人民群众生命财产安全。

会议强调，近期重特大事故频发，造成重大人员伤亡，暴露出一些地方和企业红线意识淡薄、主体责任严重不落实、违法违规行为屡禁不止等突出问题。要深刻吸取事故教训，举一反三，抓住薄弱环节，进一步深入开展安全生产大检查。要针对教训查、突出重点查、抓住问题查，全面摸清安全隐患和薄弱环节，落实检查整改责任和措施，强化督导督查，加大追责力度，进一步提高安全生产保障水平。要针对岁末年初安全生产形势特点，进一步加强建筑施工、煤矿、交通运输、危化品、烟花爆竹、供电供热取暖等行业领域和人员密集场所安全监管，强化极端恶劣天气防范应对和应急值守，统筹做好安全生产各项工作，严防各类重特大事故发生。各地区、各部门和各单位要认真贯彻党中央、国务院决策部署，深化安全生产领域改革创新，全面加强和改进安全生产工作。要按照“党政同责、一岗双责、齐抓共管、失职追责”要求，狠抓安全生产责任落实。要切实强化重点行业领域专项治理，进一步加强监管执法，严厉打击违法违规生产经营建设行为，严肃追究责任。要严格安全准入，加强风险分级管控，夯实安全生产基础，努力创造良好稳定的安全生产环境。

11 月 27 日

［纲　文］ **中共福建省第十届委员会第一次全体会议选举尤权为省委书记，于伟国、倪岳峰为省委副书记。**

11 月 28 日

［纲　文］ **国家主席习近平、国务院总理李克强在北京分别会见候任联合国秘书长古特雷斯。**

［目　文］ 习近平祝贺古特雷斯出任下届联合国秘书长，强调中国将坚定支持古特雷斯履行好秘书长工作职责并指出，作为最具普遍性、权威性、代表性的政府间国际组织，联合国在应对全球性挑战中作用不可代替。第二次世界大战结束七十多年来，世界实现了总体和平、持续发展的态势，联合国对此功不可没。随着国际形势的发展变化，各国对联合国的期待上升，赞成联合国发挥更大作用。联合国应当旗帜鲜明地维护《联合国宪章》宗旨和原则，积极有为维护国际和平与安全，持之以恒推进共同发展，特别是要落实好 2030 年可持续发展议程和气候变化《巴黎协定》，照顾发展中国家利益，多为发展中国家发声、办事。

习近平强调，2016 年是中国恢复在联合国合法席位 45 周年。45 年来，通过保持高层往来，加强战略沟通和深化务实合作，中方同联合国合作取得了丰硕成果。中国为联合国事业作出积极贡献。中方将继续参与和支持联合国各领域合作，做联合国事业的坚定支持者、多边主义的坚定践行者，以《联合国宪章》宗旨和原则为核心的国际秩序的坚定维护者。要充分发挥高层交往的引领作用，通过高级别交流，带动中国与联合国的合作不断跃上新台阶，要推动我 2015 年宣布的中国支持联合国事业的各项举措开花结果。

古特雷斯感谢中方愿对其履行联合国秘书长职责给予宝贵支持并表示，当今世界，中国已经成为联合国事业和多边主义的重要支柱。习近平主席出席联合国成立 70 周年系列峰会期间指出中国将全力支持联合国工作，并提出了一系列坚定支持联合国和平与发展事业的重要举措，令人鼓舞。中方倡议建立亚洲基础设施投资银行、积极参与联合国维和行动并斡旋解决冲突、大力支持和帮助其他发展中国家，对国际和平与发展作出重要贡献。

联合国愿同中国更加密切合作，致力于维护和促进世界的和平、稳定和繁荣。

李克强在会见古特雷斯时表示，当前国际经济、政治格局正在发生深刻变化。国际社会应坚持以联合国为核心的多边合作体系，坚持经济全球化、政治多极化大方向。希望联合国继续坚定维护《联合国宪章》宗旨和原则，推进会员国平等参与全球治理，支持增强发展中国家在国际事务中的代表性和发言权。落实好可持续发展议程。推动通过政治手段、以和平方式解决争端。中国作为世界上最大的发展中国家和联合国安理会常任理事国，愿同各方加强合作，支持联合国维护权威、增强能力，更好应对各种挑战，促进世界和平、稳定与可持续、包容性发展。

古特雷斯表示，中国发展取得举世瞩目成就，国际影响力日益提升，在联合国事务中发挥了重要作用。联合国赞赏中方积极落实可持续发展议程，愿同中方密切合作，共同应对挑战，促进经济全球化和包容性发展。

同日，国务委员杨洁篪在北京会见了古特雷斯。

11月28日

［纲　文］　**中宣部、中央文明办在北京召开“推动移风易俗　树立文明乡风”电视电话会议**。

［目　文］　会议主要内容是：深入贯彻落实中共中央总书记习近平指示精神，分析农村移风易俗工作面临的新形势新情况，明确当前和今后一个时期的工作要求、主要任务和具体措施。中宣部部长、中央文明委副主任刘奇葆出席会议并讲话。中组部、中央农办、民政部和山东省、陕西省宝鸡市、福建省晋江市的负责人作了大会发言。刘奇葆强调要深入学习领会习近平总书记重要指示精神，坚持以社会主义核心价值观为引领，把反对铺张浪费、反对婚丧大操大办作为农村精神文明建设的重要内容，推动移风易俗，树立文明乡风。

11月28日

［纲　文］　**最高人民法院印发《关于充分发挥审判职能作用切实加强产权司法保护的意见》**。

［目　文］　《意见》由三个部分组成：一、坚持产权司法保护的基本原则。二、准确把握、严格执行产权保护的司法政策。三、加强产权司法保护的机制建设。

11月28日

［纲　文］　**山西省第十二届人民代表大会第六次会议补选楼阳生为山西省人民政府省长**。

11月28日

［纲　文］　**中共中央政治局常委刘云山在北京会见古巴共产党中央书记处书记阿尔瓦雷斯率领的古巴共产党代表团**。

［目　文］　刘云山对菲德尔·卡斯特罗逝世表示深感沉痛，赞扬他为中古友谊作出的杰出贡献并说，中古两国相距遥远，但共同的理想信念将两党两国紧密联系在一起。习

近平总书记和劳尔第一书记就深化两党两国关系达成重要共识，引领中古关系进入新的历史时期。中国共产党愿同古巴共产党开展多层次、宽领域合作，深化治党治国经验交流，共创中古友好新局面。刘云山还应询介绍了十八届六中全会精神。

阿尔瓦雷斯感谢中国党和人民对菲德尔·卡斯特罗同志逝世的沉痛哀悼。他通报了古巴国内形势和党建情况，希望古中两党加强治国理政经验交流，推动古中关系更好发展。

11 月 28 日

［纲　文］　**中国哈萨克斯坦合作委员会双方主席会晤在北京举行。**

［目　文］　国务院副总理张高丽同哈萨克斯坦第一副总理马明出席会晤。双方梳理了近期中哈合作委员会工作进展情况，深入讨论了两国在经贸、产能、农业、能源、旅游等领域的合作。

张高丽表示，近年来，在习近平主席和纳扎尔巴耶夫总统的直接推动下，中哈全面战略伙伴关系达到前所未有的新高度。中哈互为重要经济合作伙伴，开展合作意愿强烈、成果丰硕、前景广阔。中方愿同哈方一道，落实好两国元首和总理达成的共识，为加强合作创造良好的政策环境，扎实推进产能合作，夯实能源合作基础，深化农业、中小企业、互联互通、旅游、毗邻地区等领域合作，推动双边关系和各领域合作取得更多实实在在的成果。

马明表示，哈方视中方为外交优先方向，愿同中方进一步加强政策对接，深化各领域合作，实现互利共赢、共同发展。

11 月 28 日

［纲　文］　**《人民日报》发表题为《完善产权保护制度严格依法保护产权》的评论员文章。**

11 月 28 日—12 月 1 日

［纲　文］　**应国务院总理李克强邀请，老挝政府总理通伦对中国进行正式访问。**

［目　文］　访问期间，国家主席习近平、全国人大常委会委员长张德江在北京分别会见了通伦。李克强在北京同通伦举行会谈，两国总理共同见证了中老经济贸易等领域双边合作文件的签署。通伦还对湖南进行了访问。

习近平在会见通伦时强调，中老要巩固双边关系良好发展势头，拓展全面战略合作。两党两国领导人要通过各种方式密切交往，保持战略沟通，及时就重大问题交换意见。中老两党要加强治党理政经验交流，加强互学互鉴。双方要加强发展战略对接，共同推进“一带一路”建设并加强产能投资、能源开发、经济合作园区、基础设施建设等领域合作。中方愿同老方加强教育、文化、旅游、执法安全等领域交流合作，不断增进中老传统友好。中方愿同老方继续加强在中国与东盟合作、澜沧江—湄公河合作、联合国等多边框架内的协调和配合，继续相互理解和支持。通伦表示，老方感谢中方对老挝发展建设和担任东盟轮值主席国的支持。老方积极致力于加强老中两党两国交流合作，视中国为维护地区和平、稳定的重要力量，愿同中方密切在国际地区事务中沟通协调，继续推动东盟同中国关系深入发展。

李克强同通伦会谈时表示，中方愿同老方进一步对接发展规划和战略，推动重点领域合作取得新进展。发挥铁路、经济合作区、综合开发区等大项目的引领作用，推进产能与投资合作。在农业和农产品深加工、减贫等领域加强合作、分享经验。推进金融、国防安全等合作，密切人文等方面的交流。2016年是中国—东盟建立对话关系25周年。老方作为2016年东盟轮值主席国，成功主办东亚合作领导人系列会议，为推进中国—东盟关系发挥了积极作用。2017年将迎来东盟成立50周年。中方坚定支持东盟共同体建设，支持东盟在区域合作中的中心地位，积极支持和参与东盟有关纪念活动。希望老方继续为推动中国—东盟关系健康稳定发展作出不懈努力。通伦表示，中国是老挝真诚的朋友和兄弟。当前老中关系发展很好，双方高层交往频繁，务实合作取得令人满意的进展。老方愿以老中建交55周年为契机，积极对接发展战略，深化在基础设施、金融、农业、开发区建设等领域合作。老中铁路对老发展意义重要，老方将全力推进相关项目合作。老方愿为推动东盟与中国关系发展继续作出努力。

张德江在会见通伦时说，中国全国人大重视发展同老挝国会的友好关系，愿同老方继续保持多层次密切交往，落实好两国元首达成的重要共识，加强治国理政和立法工作经验交流，促进经贸合作，深化人文交流，为中老关系发展作出更大贡献。通伦表示，老方愿同中方一道努力，落实两国元首共识，深化务实合作，加强两国立法机关交流，促进两国关系发展。

11月29日

［纲　文］　**中共中央在北京举行纪念朱德同志诞辰130周年座谈会。**

［目　文］　中共中央总书记习近平出席座谈会并讲话。中共中央政治局常委张德江主持座谈会。中共中央政治局常委李克强、俞正声、刘云山、王岐山、张高丽出席座谈会。中央文献研究室主任冷溶、中央党史研究室主任曲青山、全国人大常委会副秘书长信春鹰、四川省委书记王东明等发言。部分中共中央政治局委员、中央书记处书记，部分全国人大常委会、国务院、全国政协领导同志，中央军委委员，中央党政军群有关部门、北京市、四川省负责人，朱德亲属、生前友好、原身边工作人员和家乡代表等出席了座谈会。

习近平强调，朱德同志在近70年的革命生涯中，为中国革命成功、为中国人民解放事业立下了丰功伟绩，为我国社会主义革命和建设事业建立了不朽功勋，深受全党全军全国各族人民爱戴和崇敬。朱德同志在毕生奋斗中表现出来的思想品德和精神风范，是党和人民的宝贵精神财富。我们纪念朱德同志，就是要学习他追求真理、不忘初心的坚定信念。对马克思主义的信仰，对社会主义和共产主义的信念，是共产党人的政治灵魂，是共产党人经受住各种考验的精神支柱。只有理想信念坚定的人，才能始终不渝、百折不挠，不论风吹雨打，不怕千难万险，坚定不移为实现既定目标而奋斗。我们纪念朱德同志，就是要学习他无限忠诚、光明磊落的坚强党性。党性是党员、干部立身、立业、立言、立德的基石。决定一个人如何的是品行，决定一名党员如何的是党性。全党同志一定要牢记自己的第一身份是共产党员，任何时候都同党同心同德，对党忠诚、为党分忧、为党担责、为党尽责，竭尽全力完成党交给的职责和任务。我们纪念朱德同志，就是要学习他实事求是、求真务实的思想方法。实事求是是马克思主义的精髓，是我们共产党人的重要思想方法。我们过去取得的一切成就都是靠实事求是。我们要把中国特色社会主义事业继续推向前进，还是要靠实事求是。全党同志一定要坚持解放思想、实事求是、与时俱进，随时准备坚持真理、修正错误。凡是有利于党和人民事业的，就坚决干、加油干、一刻不停歇地干；凡是不利于党和人民事业的，就坚决改、彻底改、一刻不耽误地改，不断开创事业发展新局面，不断开创马克思主义发展新境界。我们纪念朱德同志，就是要学习他心系人民、艰苦朴素的公仆情怀。党同人民风雨同舟、生死与共是党战胜一切困难和风险的根本保证，同人民打成一片是我们永远保持艰苦朴素作风的重要保证。我们的工作和决策必须以人民利益为重、以人民期盼为念，做到知民情、解民忧、纾民怨、暖民心，多干让人民满意的好事实事，充分调动人民群众积极性、主动性、创造性，使我们党始终拥有不竭的力量源泉。我们纪念朱德同志，就是要学习他一生学习、一生向前的奋斗精神。

朱德（1886 年 12 月 1 日—1976 年 7 月 6 日），伟大的马克思主义者，无产阶级革命家、政治家和军事家，中国共产党和中华人民共和国主要领导人之一，中国人民解放军创建人之一。1949 年 10 月 1 日中华人民共和国成立时，任中央人民政府副主席、中国人民解放军总司令，在 1954 年第一届全国人民代表大会上当选为中华人民共和国副主席，在第二、三、四届全国人民代表大会上连续当选为全国人大常委会委员长。在 1956 年中共八届一中全会上当选为中央政治局常务委员，并任中共中央副主席、中央军委副主席。1955 年被授予中华人民共和国元帅军衔。

11 月 29 日

［**纲　文**］　**国家主席习近平向“声援巴勒斯坦人民国际日”纪念大会致贺电。**

［**目　文**］　习近平在贺电中表示，巴勒斯坦问题是中东问题的核心，是中东和平的根源性问题，必须摆到国际议程的重要突出位置。以巴双方应当保持最大限度克制，避免紧张局势进一步升级。有关各方应当拿出远见卓识，早做政治决断，争取早日实现复谈并谈出成果。中方欢迎和支持一切有利于缓和巴以局势、早日实现“两国方案”的努力。中国是巴勒斯坦人民正义事业的坚定支持者，是巴以和平的真心斡旋方。中国作为联合国安理会常任理事国，愿同国际社会一道，为早日实现中东全面、公正、持久和平作出不懈努力。

同日，联合国举行“声援巴勒斯坦人民国际日”纪念大会。

1977 年，联大通过决议，将每年的 11 月 29 日定为“声援巴勒斯坦人民国际日”，以动员国际社会支持巴勒斯坦人民争取合法权利的斗争。

11月29日

［纲　文］　**李克强主持召开国务院常务会议。**

［目　文］　会议主要内容是：一、听取全面推开营改增试点减轻税负情况汇报，决定实行增值税定额返还以保障地方既有财力。会议指出，自2016年5月试点全面推开以来，各项工作平稳有序，新增试点的金融、建筑、房地产和生活服务业四大行业减税额呈逐月放大趋势，到10月底累计减税965亿元，新增加53万纳税户，26个细分行业全部实现了总体税负只减不增的预定目标。加上前期试点行业和原增值税行业通过营改增的减税额，预计全年减税总规模将超过5000亿元。下一步，要密切跟踪试点情况，对运行效果开展第三方评估，针对金融、建筑等试点行业企业反映的问题，及时研究明确相关领域纳税政策口径，在风险可控、制度公平前提下进一步完善相关措施，扩大减税效应。要深入重点行业开展政策辅导，帮助企业用好用足增值税抵扣机制。改进和优化纳税服务，提高办税便利程度。会议决定，从2016年起，中央对地方实施增值税定额返还，对增值税增长或下降地区不再增量返还或扣减。在下一步安排对地方均衡性转移支付和其他各类财力补助时，将统筹兼顾东中西部实际情况，妥善解决困难地区财力缺口，逐步提高地方财力保障水平。二、听取中央企业监督检查情况汇报，强化外部监督促进国资经营提质增效。2015年以来，监事会依法履职，改革创新监督机制，监督检查的针对性和有效性不断增强。从监督检查情况看，中央企业积极推进“瘦身健体”，促进结构优化升级，2016年生产经营稳中向好，特别是9、10月份营业收入实现正增长，扭转了连续20个月下滑局面，有力支持了经济社会平稳健康发展。但也发现部分企业财务管理不规范、违规经营、内控体系不健全等问题，存在国有权益受损风险。会议强调，国有企业是国民经济的骨干和基石。监事会要围绕促进国有资本保值增值、防止国有资产流失和推进国有企业提质增效，在国资监管中发挥更大作用。一是紧扣央企重大决策和生产经营中的重要事项等，深入分析存在的问题和风险，完善核查、处置、督办机制。二是强化境外国有资产监督，对企业在境外的投融资、产权变动、资金管控等逐步实现常态化监督检查，确保境外资产安全运营和保值增值。三是健全奖惩措施，对经营业绩突出的要加大激励，对造成国有资产重大损失的要严厉追究责任。中央企业要抓紧整改存在的问题，完善内部管理，着力提高国有资本运营效率，在提质增效、创新升级上下功夫，努力保持营收和利润增长势头，为国家经济社会发展和财政增收作出应有贡献。

11月29日

［纲　文］　**国务院印发《“十三五”国家战略性新兴产业发展规划》。**

［目　文］　《规划》由十个部分组成：一、加快壮大战略性新兴产业，打造经济社会发展新引擎。二、推动信息技术产业跨越发展，拓展网络经济新空间。三、促进高端装备与新材料产业突破发展，引领中国制造新跨越。四、加快生物产业创新发展步伐，培育生物经济新动力。五、推动新能源汽车、新能源和节能环保产业快速壮大，构建可持续发展新模式。六、促进数字创意产业蓬勃发展，创造引领新消费。七、超前布局战略性产业，

培育未来发展新优势。八、促进战略性新兴产业集聚发展，构建协调发展新格局。九、推进战略性新兴产业开放发展，拓展合作新路径。十、完善体制机制和政策体系，营造发展新生态。

《规划》强调，各地区、各有关部门要高度重视战略性新兴产业发展工作，加强组织领导，加快工作进度，切实抓好本规划实施工作，加强各专项规划、地方规划与本规划的衔接。地方各级人民政府要建立健全工作机制，细化实化政策措施，推动本规划各项任务落实到位。鼓励相关省（区、市）联合编制区域性发展规划，推进战略性新兴产业差别化、特色化协同发展。发展改革委要会同科技部、工业和信息化部、财政部，发挥好战略性新兴产业发展部际联席会议的牵头作用，加强宏观指导、统筹协调和督促推动，密切跟踪产业发展情况，及时研究协调产业发展中的重大问题；联席会议各成员单位和相关部门要积极配合，按照职责分工抓紧任务落实，加快制定配套政策，形成工作合力，共同推动战略性新兴产业发展壮大。

11月29日

［纲　文］　**新华社讯，国务院办公厅印发《关于规范公安机关警务辅助人员管理工作的意见》。**

［目　文］　《意见》从管理体制、岗位职责、人员招聘、管理监督、职业保障等方面，提出了规范警务辅助人员管理工作的具体措施和要求。

《意见》要求，地方各级人民政府要加强组织领导，强化监督检查，落实保障措施，切实担负起警务辅助人员管理工作的主体责任。要将警务辅助人员相关经费列入本级财政预算予以保障，依法保障警务辅助人员在工资福利、社会保险、劳动用工、劳动保护等方面的合法权益。

11月29日

［纲　文］　**国务院办公厅关于印发《危险化学品安全综合治理方案》。**

［目　文］　《方案》由六个部分组成：一、指导思想。二、工作目标。三、组织领导。四、时间进度和工作安排。五、治理内容、工作措施及分工。六、工作要求。

《方案》要求，各地区、各有关部门要高度重视危险化学品安全综合治理工作，加强组织领导，密切协调配合，精心组织实施，确保取得实效，并按季度向国务院安委会办公室报送工作进展情况。国务院安委会办公室要定期通报工作信息，适时组织对各地区、各有关部门开展危险化学品安全综合治理工作的情况进行督查。

11月29日

［纲　文］　**国土资源部发布修改后的《建设项目用地预审管理办法》《建设用地审查报批管理办法》，自2017年1月1日起施行。**

11月29日

［纲　文］　**证监会公布《基金管理公司子公司管理规定》。**

［目　文］　《规定》共6章41条，主要有总则、子公司的设立、基金管理公司的

管理与控制、子公司的治理与内控、监督检查、附则等内容，自2016年12月15日起施行。《证券投资基金管理公司子公司管理暂行规定》同时废止。

11月29日

［纲　文］　**证监会公布《基金管理公司特定客户资产管理子公司风险控制指标管理暂行规定》。**

［目　文］　《规定》共5章26条，主要有总则、风险控制指标标准及计算、监管报表的编报、监督管理、附则等内容，自2016年12月15日起施行。

11月29日

［纲　文］　**税务总局发布《印花税管理规程（试行）》。**

［目　文］　《规定》共6章29条，主要有总则、税源管理、税款征收、减免税和退税管理、风险管理、附则等内容，自2017年1月1日起施行。

11月29日

［纲　文］　**国务院防治重大疾病工作部际联席会议第一次全体会议暨国务院防治艾滋病工作委员会第三次会议在北京召开。**

［目　文］　国务院总理李克强对会议作出批示指出：加强艾滋病等重大疾病防治是维护人民群众健康和生命安全的有力保障。党中央、国务院高度重视做好艾滋病防治，“十二五”期间，在各地区、各部门和全社会的共同努力下，防治工作取得了显著成绩，应予充分肯定。“十三五”时期，要针对艾滋病防治的重点、难点问题，结合推进联合国2030年终结艾滋病流行可持续发展议程，更加注重预防为主、防治结合、综合治理，切实提高宣传教育的针对性、综合干预的实效性、检测咨询的可及性、随访服务的规范性，全面落实血液核酸检测、预防母婴传播、救治救助等政策措施，保障防治经费，加快药物研制，深化国际合作，进一步发挥好社会组织和志愿者力量，继续将我国艾滋病控制在低流行水平，为推进健康中国建设、提升人民群众健康水平作出新贡献。

会议审议了“十三五”艾滋病、结核病、血吸虫病、地方病防治规划和慢性病中长期防治规划。国务院副总理刘延东出席会议时强调，要贯彻落实李克强总理批示精神，按照健康中国建设总体部署，落实全国卫生与健康大会精神，坚持新时期卫生与健康工作方针，树立大健康、大卫生理念，完善防控机制和服务体系，预防为主，联防联控，全面提升重大疾病和传染病防治水平，构建中国特色公共卫生安全屏障，切实维护人民群众健康福祉，保障经济社会持续发展。

11月29日

［纲　文］　**张德江在北京会见以周融为团长的香港“帮港出声”访京团。**

［目　文］　全国人大常委会委员长张德江听取了访京团的情况介绍，充分肯定“帮港出声”的工作，勉励他们秉承为香港普通市民发声的宗旨，积极反映民情，广泛凝聚民意，弘扬爱国爱港主旋律，不断增强社会正能量并强调，中央政府坚定不移维护国家主权、安全、发展利益和香港长期繁荣稳定，希望广大香港同胞旗帜鲜明地反对“港独”，

共同维护香港社会政治稳定，切实把握国家发展机遇，凝心聚力谋发展、促和谐，推动香港“一国两制”实践不断向前发展。

11 月 29 日—12 月 1 日

［纲　文］ **中国农工民主党第十五届中央委员会第五次全体会议在北京召开。**

［目　文］ 会议审议通过了《中国农工民主党中央关于认真学习贯彻中共十八届六中全会精神的决议》《中国农工民主党第十五届中央委员会第五次全体会议关于中央常务委员会 2016 年工作报告的决议》《中国农工民主党第十五届中央委员会第五次全体会议关于中央监督委员会 2016 年工作报告的决议》《关于召开中国农工民主党第十六次全国代表大会的决议》《中国农工民主党第十五届中央监督委员会委员任免名单》。

11 月 29—30 日

［纲　文］ **第九届中日韩核安全监管高官会暨第四届高官会专题研讨会在北京召开。**

［目　文］ 环境保护部核安全总工程师刘华出席会议。日本原子力规制委员会秘书长清水康弘、韩国核安全与核安保委员会秘书长曹忠裴分别率日韩代表团参加会议。中日韩三方交流了各国核安全监管工作的最新情况。

11 月 30 日

［纲　文］ **中共中央政治局召开会议。**

［目　文］ 中共中央总书记习近平主持会议。会议审议通过：一、规范党和国家领导人有关待遇等文件。会议指出，打铁还需自身硬，全面从严治党必须从领导干部特别是高级干部做起，要求别人做到的首先自己做到，要求别人不做的自己坚决不做。党的十八大以来，以习近平同志为核心的党中央从制定和执行八项规定开始，从自身做起，形成了以上率下的良好政治氛围。对党和国家领导人办公用房、住房、用车、交通、工作人员配备、休假休息等待遇进一步作出规定，明确提出党和国家领导人退下来要及时腾退办公用房；不能超标准配备车辆、超规格乘坐交通工具，外出要轻车简从，最大限度减少对群众生产生活的影响；按规定配备工作人员并加强教育管理，严格约束亲属和身边工作人员；压缩赴外地休假休息时间，实行严格报批制度等。这些规定坚持从严要求，按照“保障工作需要、待遇适当从低”的原则，统一规范，强化约束，是贯彻落实党的十八届六中全会精神的重要举措，是对中央八项规定的拓展和深化，对加强党的作风建设意义重大，充分体现了以习近平同志为核心的党中央坚持以身作则、率先垂范，对全党具有重要示范和带动作用。有关规定从十八届中央政治局率先做起，并分批实施。会议强调，要做好统一思想认识工作，抓好贯彻执行。各有关方面要细化落实方案，制定具体实施办法。有关人员要自觉遵守。要加强督促检查，不打折扣、搞变通，确保各项规定落到实处。二、《中国共产党工作机关条例（试行）》。继承优良传统和宝贵经验，注重改革创新，对党的工作机关进行了科学分类，对党的工作机关的设立、领导机构、议事决策形式等作出系统规

定，是继党组工作条例、地方党委工作条例之后加强党的组织制度建设的又一重要制度建设举措，对提高党的领导水平和执政能力具有重要意义。各级党委要从全面从严治党的战略高度，充分认识加强和改进党的工作机关工作的重要性和紧迫性，把党的工作机关建设摆上重要议事日程，确保条例各项要求落到实处。三、《关于县以上党和国家机关党员领导干部民主生活会的若干规定》。对坚持和完善民主生活会制度，加强和规范党内政治生活，引导党员领导干部牢固树立政治意识、大局意识、核心意识、看齐意识，严肃认真开展批评和自我批评，做到忠诚干净担当，具有十分重要的意义。中央政治局要带头开好民主生活会。各级党委（党组）要抓好规定学习贯彻，组织开展学习培训，加强督促指导，确保各项要求落到实处。会议指出，要把开好2016年度民主生活会作为贯彻落实党的十八届六中全会精神的重要举措抓紧抓好。要突出主题，对照政治合格、执行纪律合格、品德合格、发挥作用合格要求，进行党性分析，开展批评和自我批评。要把忠诚老实、光明坦荡、公道正派、实事求是、艰苦奋斗、清正廉洁等作为对照检查的重要内容。要加强督促指导，对搞形式主义的要促其纠正，对走过场的要责令重开。

11月30日

［纲　文］　**国务院公布《企业投资项目核准和备案管理条例》，自2017年2月1日起施行。**

11月30日

［纲　文］　**国务院办公厅印发《湿地保护修复制度方案》。**

［目　文］　《方案》由七个部分组成：一、总体要求。二、完善湿地分级管理体系。三、实行湿地保护目标责任制。四、健全湿地用途监管机制。五、建立退化湿地修复制度。六、健全湿地监测评价体系。七、完善湿地保护修复保障机制。

11月30日

［纲　文］　**税务总局发布《税务行政处罚裁量权行使规则》。**

［目　文］　《规则》共4章28条，主要有总则、行政处罚裁量基准制定、行政处罚裁量规则适用、附则等内容，自2017年1月1日起施行。

11月30日

［纲　文］　**教育部等11部门印发《关于推进中小学生研学旅行的意见》。**

［目　文］　《意见》由五个部分组成：一、重要意义。二、工作目标。三、基本原则。四、主要任务。五、组织保障。

《意见》指出，教育部将遴选确定部分地区为全国研学旅行实验区，积极宣传研学旅行的典型经验。各地要积极创新宣传内容和形式，向家长宣传研学旅行的重要意义，向学生宣传“读万卷书、行万里路”的重大作用，为研学旅行工作营造良好的社会环境和舆论氛围。

11月30日

［纲　文］　**国家主席习近平就载有巴西足球运动员的玻利维亚民航包机失事向巴西**

总统特梅尔和玻利维亚总统莫拉莱斯致慰问电。

11月30日

［纲　文］　**中国匈牙利“一带一路”工作组首次会议在北京举行。**

［目　文］　外交部部长王毅和匈牙利外交与对外经济部部长西雅尔多共同出席开幕式并致辞。

同日，国务委员杨洁篪在北京会见西雅尔多时表示，中匈关系自建交以来保持平稳发展，中方愿同匈方共同努力，不断加强发展战略对接，挖掘两国在“一带一路”框架内的合作潜力，深化在经贸、金融、文化、教育、旅游等领域交流与合作，推动中匈友好合作伙伴关系、中国—中东欧国家合作和中欧关系迈上新台阶。

西雅尔多积极评价匈中关系，表示将继续推进两国各领域务实合作和人文交流，积极参与“一带一路”建设和中国—中东欧国家合作。

11月30日

［纲　文］　**联合国教科文组织保护非物质文化遗产政府间委员会第11届常会通过审议，批准中国申报的“二十四节气”列入联合国教科文组织人类非物质文化遗产代表作名录。**

11月30日

［纲　文］　**第14次上海合作组织成员国总检察长会议和2016金砖国家总检察长会议在三亚开幕。**

［目　文］　中共中央政治局委员、中央政法委书记孟建柱出席开幕式并致辞。最高人民检察院检察长曹建明，海南省委书记、省人大常委会主任罗保铭，上海合作组织副秘书长伊曼多索夫分别在开幕式上致辞。中央政法委秘书长汪永清，海南省委副书记、省长刘赐贵出席开幕式。最高人民检察院副检察长邱学强主持开幕式。

与会的上海合作组织成员国总检察长共同签署了《第十四次上海合作组织成员国总检察长会议纪要》。《会议纪要》强调，在遵守《上海合作组织宪章》基础上，根据《打击恐怖主义、分裂主义和极端主义上海公约》和其他国际条约的规定，上海合作组织成员国检察机关要进一步深化打击恐怖主义合作，拓展刑事诉讼方面的国际合作，全力推动对恐怖主义犯罪的有效调查。要采取有效措施对非法宣传恐怖主义、分裂主义和极端主义思想的行为进行治理，最大限度铲除恐怖活动滋生土壤，最大限度挤压恐怖活动的空间。要积极开展国际合作，打击涉及贩卖毒品和其他有组织犯罪的洗钱行为，铲除恐怖主义赖以存续、发展的经济基础。上海合作组织成员国检察机关要进一步开展打击网络恐怖主义的国际合作，研究防止利用互联网进行恐怖主义、分裂主义和极端主义活动的措施，力争解决恐怖分子通过网络通信相互勾联实施或准备实施犯罪的问题，摧毁恐怖组织的网上活动平台。要积极推进落实“或引渡或起诉”原则在合作打击恐怖犯罪中的实际运用，有效挤压恐怖分子利用国界及“政治避难”等方式规避打击的空间。要深入开展业务交流，及时通报恐怖主义犯罪出现的新情况、新问题，共同提高打击暴恐犯罪的能力水平。

《会议纪要》决定第 15 次上海合作组织成员国总检察长会议于 2017 年秋天在俄罗斯举行。

11 月 30 日—12 月 6 日

［纲　文］ **应国家主席习近平邀请，塞拉利昂共和国总统科罗马对中国进行国事访问。**

［目　文］ 访问期间，习近平在北京同科罗马举行了会谈，两国元首决定将中塞关系提升为全面战略合作伙伴关系，以落实中非合作论坛约翰内斯堡峰会成果为契机，全面拓展和深化两国各领域友好互利合作，更好造福两国人民，并共同见证了外交、经济、基础设施建设、卫生等领域双边合作文件的签署。国务院总理李克强、全国人大常委会委员长张德江在北京分别会见了科罗马。

习近平同科罗马会谈时指出，中方愿同塞方加强政府、政党、立法机构、军队、地方政府等各领域人员交往。双方要深化互利合作，促进共同发展。中方鼓励中国企业和金融机构积极参与塞拉利昂基础设施建设和矿产开发互利合作，促进塞拉利昂工业化和自主可持续发展，愿支持塞方发展农业，提高粮食安全保障能力。双方要加强人文交往，增进彼此友谊。中方愿同塞方加强文化、教育、卫生、旅游、媒体、智库、青年、妇女等领域交流合作，积极开展疾病联合研究，支持塞加强公共卫生防控体系和能力建设。双方要在国际上加强配合协作，维护非洲团结。中方愿同塞方就联合国事务、气候变化、2030 年可持续发展议程、非洲和平和安全等重大国际和地区问题加强沟通和协作，共同维护发展中国家正当权益。中方对非洲联合自强和一体化进程快速发展感到高兴。我们将秉持真实亲诚对非政策理念和正确义利观，全面落实中非合作论坛约翰内斯堡峰会成果，把实现自身发展同助力非洲自主可持续发展紧密结合起来，实现合作共赢、共同发展。

科罗马表示，2014 年塞拉利昂爆发埃博拉疫情最需要帮助的时候，中国率先驰援，并带动起国际社会共同行动。我愿向习主席、向中国政府和中国人民再次表示衷心感谢，塞拉利昂人民深深感受到中国人民的情谊。塞方坚持一个中国政策，钦佩中国发展成就，愿同中方加强各领域合作，落实好习主席在中非合作论坛约翰内斯堡峰会上提出的“十大合作计划”，推动塞中和非中全面战略合作伙伴关系不断深入发展。塞方愿密切同中方在国际事务中交流合作，加强相互支持。

李克强在会见科罗马时指出，中方愿同塞方深挖优势互补合作潜力，重点推进基础设施建设和产能合作，按市场化原则开展矿产、农渔业及产品深加工等合作。2014 年埃博拉疫情肆虐西非地区，中国向塞拉利昂等地区国家提供力所能及的帮助，共同努力战胜了疫情。中方愿同塞方加强对口医院、医务人员培训等公共卫生合作，继续向塞拉利昂派遣医疗队。

科罗马表示，塞中两国患难见真情。塞方愿借鉴中国发展经验，加强基础设施建设、矿产、农业等领域合作，开拓通信、公共卫生、旅游等合作新领域，将塞中关系与合作全面推向前进。

11 月 30 日—12 月 3 日

［纲　文］ **中国文学艺术界联合会第十次全国代表大会、中国作家协会第九次全国代表大会在北京召开。**

［目　文］ 习近平、李克强、张德江、俞正声、刘云山、王岐山、张高丽等党和国家领导人出席开幕式。

中共中央总书记习近平在开幕式上发表讲话强调，文运同国运相牵，文脉同国脉相连。广大文艺工作者要坚持以人民为中心的创作导向，坚持为人民服务、为社会主义服务，坚持百花齐放、百家争鸣，坚持创造性转化、创新性发展，高擎民族精神火炬，吹响时代前进号角，把艺术理想融入党和人民事业之中，做到胸中有大义、心里有人民、肩头有责任、笔下有乾坤，推出更多反映时代呼声、展现人民奋斗、振奋民族精神、陶冶高尚情操的优秀作品，努力筑就中华民族伟大复兴时代的文艺高峰。

会议通过了《中国作家协会第九届全国委员会第一次会议关于推举名誉职务的决定》，推举王蒙等 139 位为繁荣发展我国的文学事业作出重要贡献的资深作家和文学工作者为中国作家协会名誉副主席和名誉委员。会议号召全国广大作家和文学工作者继承中国文学的光荣传统，深入学习贯彻习近平总书记在文艺工作座谈会和中国文联十大、中国作协九大开幕式上的重要讲话精神，潜心创作，勇于创新，奉献出无愧于伟大时代和伟大人民的精品力作，为实现中华民族伟大复兴中国梦贡献力量。

会议审议通过了钱小芊代表中国作家协会第八届全国委员会所作的《高举旗帜 改革创新 书写中华民族伟大复兴中国梦的文学篇章》的工作报告，修订了《中国作家协会章程》。铁凝当选新一届中国作协主席。

12　月

12月1日

［纲　文］　**国家主席习近平电贺哇集拉隆功就任泰国国王。**

12月1日

［纲　文］　**国务院印发《关于取消一批职业资格许可和认定事项的决定》。**

［目　文］　《决定》说：取消“公路水运工程监理工程师资格”等7项专业技术人员职业资格许可和认定事项和“机械设备装配人员”等107项技能人员职业资格许可和认定事项。

12月1日

［纲　文］　**国务院办公厅发布《关于2017年部分节假日安排的通知》。**

12月1日

［纲　文］　**国务院第三次全国农业普查电视电话会议在北京召开。**

［目　文］　国务院副总理、中央农村工作领导小组组长、国务院第三次全国农业普查领导小组组长汪洋出席会议并作动员讲话。中宣部、中农办、民政部、司法部、国土资源部、水利部、新闻出版广电总局、林业局、扶贫办、国研室、中央军委后勤保障部、武警部队后勤部等第三次全国农业普查领导小组成员单位负责人参加了会议，第三次全国农业普查领导小组办公室组成人员列席了会议。吉林省和四川省政府负责人分别汇报了本地区农业普查的准备情况和主要做法。

汪洋指出，开展农业普查，是全面掌握“三农”基本情况、科学制定农业农村政策的一项重要基础性工作。要认真贯彻党中央、国务院的决策部署，切实加强领导、周密部署，高质量、高效率地做好第三次全国农业普查，为促进农业农村发展提供有力的数据支撑。第三次全国农业普查现场调查登记即将在2017年1月1日全面展开，各地区、各有关部门要迅速行动起来，精心进行业务准备，认真落实普查经费，深入开展宣传动员，全面做好现场调查工作。要牢固树立质量第一的意识，严格依照《统计法》和《全国农业普查条例》的规定开展普查，严格按照普查方案和实施细则规范业务流程，严格落实普查工作责任制，确保普查数据真实准确、完整及时。加强现代普查技术手段运用，强化监督问责，依纪依法惩处弄虚作假行为，切实排除对普查数据的各种人为干扰。要抓紧做好普查数据开发利用的各项准备，按期完成数据处理任务，及时发布普查成果，为各级党政领导和社会公众提供全面翔实的普查数据服务。

12月1日

［纲　文］　**刘延东在北京考察艾滋病防治工作。**

［目　文］　国务院防治艾滋病工作委员会主任刘延东考察了北京市朝阳区疾病预防控制中心，到自愿咨询检测室看望前来咨询的人员，慰问一线工作人员，深入了解政策实施、疾病救治、宣传教育和社会组织参与情况，并召开医学专家、基层防治人员、志愿者、社会组织和国际组织代表等参加的座谈会，听取意见建议。她指出，以习近平同志为核心的党中央高度重视人民群众健康。党的十八大以来，在各方共同努力下，艾滋病防治工作取得显著成绩，受艾滋病影响人群生活质量不断提高，基本实现了“十二五”防治目标。12月1日是全国卫生与健康大会之后第一个世界艾滋病日。要深入落实大会精神，围绕“十三五”防治目标，结合深化医药卫生体制改革，做好预防、干预和治疗服务，落实血液检测、救治救助、预防母婴传播等政策措施，最大限度减少疾病传播。要根据大众、高危人群、青少年的认知特点，增强科普宣传的针对性，帮助群众正确认识、主动预防艾滋病。要关口前移，依法打击新型毒品等违法犯罪活动，善管善用网络平台，发挥社会组织优势和作用，从源头上控制疾病传播。要实施新药创制科技重大专项，加快疫苗和药物研制，提升治疗效果。要在全社会传播防艾的文明理念，消除社会歧视，营造理解关爱感染者和患者的氛围，维护他们的尊严与合法权益。防治艾滋病是世界性难题，要深化国际合作，与各国协力实现联合国2030年可持续发展议程提出的终结艾滋病流行的目标。

12月1日

［纲　文］　**国务委员杨洁篪在北京会见美国旧金山驻美中华总会馆和湾区中国统一促进会友好侨领访问团一行。**

［目　文］　杨洁篪赞赏两会侨胞心连两岸，情牵中华，为促进中美友好、支持中国发展、推动和平统一作出了积极贡献。希望两会侨胞积极传播中华文化，广泛团结两岸侨胞，共同促进两岸关系和平发展。

该团应国务院侨务办公室邀请来华访问。北京行程结束后，还前往广东参访，瞻仰孙中山先生故居。

12月1日

［纲　文］　**《人民日报》发表题为《筑就民族复兴时代的文艺高峰》的社论。**

12月1—4日

［纲　文］　**首届世界工业设计大会在杭州良渚梦栖小镇召开。**

［目　文］　大会由中国工业设计协会联合全球二十多个国家和地区的组织、机构、企业、院校等发起，由工业和信息化部、浙江省人民政府共同主办，支持单位包括国际设计委员会、国际工业设计联合会、欧洲设计协会等。大会主题为“设计·生产力”，围绕设计产业发展举行系列国际峰会、多边会谈、全国工业设计座谈会等，汇集各国发展的宝贵经验和人类探索设计发展的共同智慧，探讨国际国内工业设计产业联合发展，创建全球

设计创新合作发展的新平台。同期举行了2016年中国优秀工业设计奖颁奖典礼、中国优秀工业设计展等活动。

国务院副总理马凯出席大会并致辞。马凯倡议，各国应携手并进、深化合作，努力推动全球工业设计走上数字化、网络化、智能化、绿色化发展道路，为促进世界经济实现创新、活力、联动、包容增长作出更大贡献。要共同促进技术创新，完善全球设计创新体系，搭建协同创新平台，提升工业设计创新能力；共同推动产业进步，大力支持基于新技术、新工艺、新装备、新材料的设计应用，推动工业设计服务领域延伸和服务模式升级，促进产业繁荣发展；共同优化发展环境，加强产业政策沟通，增进人才交流，推动标准体系互认，联合开展打击侵犯设计成果知识产权行动。

12月2日

［纲　文］　**国家主席习近平在北京会见美国前国务卿基辛格。**

［目　文］　习近平赞赏基辛格长期以来为中美关系发展所作积极贡献，指出持续健康稳定发展的中美关系符合两国人民根本利益，也有利于亚太地区和世界和平、稳定与繁荣。建交以来两国关系发展的实践证明，中美之间共同利益远大于分歧。当前，美国进入新旧政府更替阶段。我们愿意同美方共同努力，确保中美关系平稳过渡，并在新的起点上继续稳定发展，谱写新的篇章。

习近平强调，中美双方要正确理解彼此战略意图，摒弃零和思维，坚持不冲突不对抗、相互尊重、合作共赢，继续推进中美新型大国关系建设。双方要保持高层及各领域密切交往，维护两国互利的经贸关系持续稳定发展，充分发挥政府间机制性对话磋商的作用，拓展各领域务实合作，加强在重大国际和地区问题上的沟通和协调。要以建设性方式妥善处理两国间的一些不同看法和分歧。

基辛格说，感谢习近平主席再次会见我这个中国的老朋友。我很荣幸能为美中关系发展作出贡献。美中关系对两国和世界都至关重要。我相信，推动美中关系持续、稳定、更好地发展，也会是美国新政府的期待。我愿继续为增进美中相互了解和交往合作积极发挥作用。

1日，中共中央政治局常委王岐山在北京会见基辛格。王岐山说，人心向背是党执政的政治基础。中共十八届六中全会是全面从严治党的再动员、再部署、再出发。党内政治生活不严肃、不正常是党内存在问题的根源，必须严明政治纪律和政治规矩，推动新形势下的制度创新，严肃党内政治生活、强化党内监督，推动全面从严治党向纵深发展。完善国家监督，就是要对包括党的机关和各类政府机关在内的广义政府进行监督。要把党和国家的自我监督与民主监督、群众监督、舆论监督等结合起来，实现全面从严治党与全面深化改革、全面依法治国的有机统一。

基辛格表示，中国共产党在加强自身建设和反腐败方面取得的成绩令人瞩目，愿意为美中关系的健康发展作出贡献。

12月2日

［纲　文］　**全国生态文明建设工作推进会议在浙江湖州召开，习近平、李克强对生态文明建设作出指示、批示。**

［目　文］　中共中央总书记习近平对生态文明建设作出指示强调，生态文明建设是“五位一体”总体布局和“四个全面”战略布局的重要内容。各地区各部门要切实贯彻新发展理念，树立“绿水青山就是金山银山”的强烈意识，努力走向社会主义生态文明新时代。要深化生态文明体制改革，尽快把生态文明制度的“四梁八柱”建立起来，把生态文明建设纳入制度化、法治化轨道。要结合推进供给侧结构性改革，加快推动绿色、循环、低碳发展，形成节约资源、保护环境的生产生活方式。要加大环境督查工作力度，严肃查处违纪违法行为，着力解决生态环境方面突出问题，让人民群众不断感受到生态环境的改善。各级党委、政府及各有关方面要把生态文明建设作为一项重要任务，扎实工作、合力攻坚，坚持不懈、务求实效，切实把党中央关于生态文明建设的决策部署落到实处，为建设美丽中国、维护全球生态安全作出更大贡献。

国务院总理李克强作出批示指出，生态文明建设事关经济社会发展全局和人民群众切身利益，是实现可持续发展的重要基石。近年来，各地区各部门按照党中央、国务院决策部署，采取有效措施，在推动改善生态环境方面做了大量工作，取得积极进展。希望牢固树立新发展理念，以供给侧结构性改革为主线，坚持把生态文明建设放在更加突出的位置。着力调整优化产业结构，积极发展生态环境友好型的发展新动能，坚决淘汰落后产能。着力通过深化改革完善激励约束制度体系，建立保护生态环境的长效机制。着力依法督察问责，严惩环境违法违规行为。着力推进污染防治，切实抓好大气、水、土壤等重点领域污染治理。依靠全社会的共同努力，促进生态环境质量不断改善，加快建设生态文明的现代化中国。

国务院副总理张高丽在会上传达了习近平指示和李克强批示精神并讲话，进一步部署推进全国生态文明建设工作。浙江、福建、江西、贵州、青海和发展改革委、环境保护部负责人作会议发言。中央和国家机关有关部门、各省区市和计划单列市、新疆生产建设兵团负责人等参加会议。

12月2日

［纲　文］　**文化部印发《网络表演经营活动管理办法》，自2017年1月1日起施行。**

12月2日

［纲　文］　**“推进职业教育现代化座谈会——纪念职业教育法公布实施20周年”在北京召开。**

［目　文］　国务院总理李克强作出批示指出：加快发展现代职业教育，对于发挥我国人力和人才资源巨大优势、提升实体经济综合竞争力具有重要意义。在各方面共同努力下，近年来职业教育改革发展取得了显著成就，应予充分肯定。“十三五”时期，希望围

绕贯彻党中央、国务院重大战略部署，落实新发展理念，切实把职业教育摆在更加突出的位置，加快构建现代职业教育体系。坚持面向市场、服务发展、促进就业的办学方向，进一步深化改革创新，强化产教融合、校企合作，积极鼓励和支持社会力量参与，努力建成一批高水平的职业学校和骨干专业，加快培育大批具有专业技能与工匠精神的高素质劳动者和人才，深度融入大众创业、万众创新和“中国制造2025”的实践之中，促进新动能发展和产业升级，带动扩大就业和脱贫攻坚，为推动经济保持中高速增长、迈向中高端水平作出新贡献。

国务院副总理刘延东出席会议并讲话。她强调，要深入贯彻党中央、国务院决策部署，认真落实李克强总理重要批示，加快推进职业教育现代化，使职业教育在决胜全面小康进程中发挥更加突出的作用。

刘延东指出，要围绕国家发展和民生需求，坚持服务大局、育人为本、就业导向、多元办学、依法治教，把职业教育放在供给侧结构性改革和促进就业大格局中谋划，深化教育链产业链融合，主动服务动能转换和产业升级。要健全体制机制，建设示范性职业教育集团，推动具备条件的普通本科高校向应用型转变，实施好现代职业教育质量提升计划、产教融合发展工程，吸引社会力量投入。要紧跟产业变革创新培养模式，强化思想品德、职业道德教育，强化工匠精神培育，加强“双师型”教师队伍建设。要发挥职业教育在脱贫攻坚中的作用，建好贫困地区发展急需的中等职业学校，确保贫困地区有需求的青少年至少掌握一门实用技能，为他们人生出彩提供更多机会。要落实职业学校生均拨款制度，提高技术技能人才待遇地位，为职业教育营造更好环境。

座谈会由教育部和中华职业教育社主办，教育部部长陈宝生主持。国务院职业教育工作部际联席会议成员单位、全国政协有关部门，各省级教育行政部门主要负责人及分管负责人，部分行业企业和职业院校代表等参加了会议。

12月2日

［纲　文］　**非正规垃圾堆放点排查整治工作电视电话会议在北京召开。**

［目　文］　环境保护部部长陈吉宁、住房和城乡建设部部长陈政高出席会议并讲话。垃圾治理工作部际联席会议成员单位，各省、市、区、计划单列市及新疆生产建设兵团环境保护、住房城乡建设等部门参加会议。会议贯彻中共中央总书记习近平指示精神，认真落实国务院决策部署，进一步统一思想、明确责任，动员开展非正规垃圾堆放点全面摸底调查和集中整治，部署加强垃圾治理工作。

12月2日

［纲　文］　**最高人民法院第二巡回法庭对原审被告人聂树斌故意杀人、强奸妇女再审案公开宣判，宣告撤销原审判决，改判聂树斌无罪。**

［目　文］　河北省石家庄市人民检察院指控被告人聂树斌犯故意杀人罪、强奸妇女罪一案，石家庄市中级人民法院于1995年3月15日作出〔1995〕石刑初字第53号刑事附带民事判决。宣判后，被告人聂树斌、附带民事诉讼原告人康某2人分别提出上诉。

1995 年 4 月 25 日，河北省高级人民法院作出（1995）冀刑一终字第 129 号刑事附带民事判决，并根据最高人民法院授权高级人民法院核准部分死刑案件的规定，核准聂树斌死刑。2005 年 1 月 17 日，另案被告人王书金自认系聂树斌案真凶。2014 年 12 月 4 日，根据河北省高级人民法院请求，最高人民法院指令山东省高级人民法院复查本案。山东省高级人民法院经复查认为，原审判决缺少能够锁定聂树斌作案的客观证据，被告人作案时间、作案工具、被害人死因等存在重大疑问，据以定罪量刑的证据不确实、不充分，不能排除他人作案的可能性，建议最高人民法院重新审判该案。

2017 年 3 月 30 日，聂树斌家属获 268 万余元国家赔偿，聂母张焕枝表示不申诉。

12 月 2 日

［纲　文］ **外交部发言人就德国正式接任二十国集团主席国表示，中方支持德方举办一届成功的二十国集团峰会，落实好杭州峰会及历届峰会成果。**

［目　文］ 据报道，德国总理默克尔发表视频讲话表示，世界经济稳定与负责任的全球气候政策将是德担任二十国集团主席国期间的中心议题。

发言人说，德国已于 12 月 1 日正式接任 2017 年二十国集团主席国。中方注意到德方发布了 2017 年二十国集团汉堡峰会的主题和重点议题，较好地保持了杭州峰会的延续性。针对当前世界经济形势和国际社会期待，德方突出维护世界经济稳定、加强应对气候变化国际合作这两大问题十分重要。中方作为“三驾马车”成员，将积极参与德国汉堡峰会进程，支持德方举办一届成功的二十国集团峰会，落实好杭州峰会及历届峰会成果，共同推动世界经济强劲、平衡、可持续和包容增长。

12 月 2 日

［纲　文］ **《人民日报》发表题为《推动世界人权事业发展的中国方案》的评论员文章。**

12 月 2—3 日

［纲　文］ **中央军委军队规模结构和力量编成改革工作会议在北京举行。**

［目　文］ 中央军委深化国防和军队改革领导小组组长习近平在会议上发表讲话强调，军队规模结构和力量编成改革是深化国防和军队改革的重要组成部分，是推进我军组织形态现代化、构建中国特色现代军事力量体系的关键一步，是实现党在新形势下的强军目标、建设世界一流军队必须迈过的一道关口。全军要站在实现中国梦强军梦的战略高度，抓住机遇，一鼓作气，乘势而上，深入实施改革强军战略，把规模结构和力量编成改革推向前进，在中国特色强军之路上迈出新的更大步伐，以崭新的面貌迎接党的十九大胜利召开。军队规模结构和力量编成改革的总体思路是，以党在新形势下的强军目标为引领，贯彻新形势下军事战略方针，坚持政治建军、改革强军、依法治军，聚焦备战打仗，着眼于维护国家主权、安全、发展利益，有效应对各战略方向和重大安全领域现实威胁，按照调整优化结构、发展新型力量、理顺重大比例关系、压减数量规模的要求，推动我军由数量规模型向质量效能型、由人力密集型向科技密集型转变，部队编成向充实、合成、

多能、灵活方向发展，构建能够打赢信息化战争、有效履行使命任务的中国特色现代军事力量体系。

中央军委副主席、中央军委深化国防和军队改革领导小组副组长范长龙，就贯彻习主席讲话精神、推进军队规模结构和力量编成改革任务落实提出要求。中央军委副主席、中央军委深化国防和军队改革领导小组常务副组长许其亮，就军队规模结构和力量编成改革实施方案作说明。中央军委委员常万全、赵克石、张又侠、吴胜利、马晓天、魏凤和等出席会议。军委机关各部门、全军各大单位及有关方面负责人约230人参加会议。

12月2—7日

［纲　文］　**应全国人大常委会委员长张德江邀请，阿尔及利亚国民议会议长哈利法率团访华。**

［目　文］　访华期间，张德江在北京与哈利法会谈时表示，一是巩固互信，加大相互支持。加强各层次友好往来，增进对彼此国情和政治制度的了解和理解，尊重对方核心利益和重大关切，夯实两国关系政治基础。中方坚定支持阿尔及利亚为维护国家稳定、发展经济所作的努力。二是抓住机遇，深化互利合作。加强信息沟通，帮助对方企业更好地了解本国的法律法规、市场情况、社会风俗，同时从法律和政策层面不断完善投资与合作环境，为两国务实合作可持续发展创造条件。三是密切交流，促进治理互鉴。加强在推动经济转型升级、保障改善民生等方面的信息交流并分享经验，为深化改革、实现各自发展目标发挥积极作用。

哈利法说，阿中关系历久弥坚，两国友好深入人心。阿方祝贺中国共产党十八届六中全会不久前成功召开，赞赏中国在经济社会发展方面取得巨大成就，期待深化阿中各领域互利合作。阿尔及利亚国民议会愿与中国全国人大加强友好交往，为两国关系发展注入新的活力。

12月3日

［纲　文］　**国务院印发《中国落实2030年可持续发展议程创新示范区建设方案》。**

［目　文］　《方案》由四个部分组成：一、总体要求。二、主要任务。三、组织实施。四、保障措施。

《方案》要求，要统筹利用企业投入、社会资本、财政资金等，支持国家可持续发展议程创新示范区建设。支持符合条件的市场主体在国家可持续发展议程创新示范区开展先进适用技术转移转化，支持科研人员和团队深入国家可持续发展议程创新示范区开展技术指导，研究制定促进自然人、法人和其他组织为国家可持续发展议程创新示范区建设提供支持的政策措施。国家可持续发展议程创新示范区所在省（区、市）要根据实际情况研究制定专门的支持政策。

12月3日

［纲　文］　**内蒙古赤峰宝马矿业有限公司发生一起煤矿井下瓦斯爆炸事故，造成32**

人遇难。

［目　文］　5日，国务院内蒙古自治区赤峰宝马矿业“12·3”特别重大瓦斯爆炸事故调查组成立并在赤峰市召开第一次全体会议，安排部署调查工作。会议要求，坚决贯彻落实习近平和李克强关于安全生产指示批示精神，按照事故调查“四不放过”（事故原因未查清不放过、事故责任人未受到处理不放过、事故责任人和相关人员没有受到教育不放过、未采取防范措施不放过）的基本要求，以强烈的政治责任感、使命感开展事故查处工作，给遇难者家属、给全社会一个负责任的交代。

2017年9月8日，调查组认定，内蒙古自治区赤峰宝马矿业“12·3”特别重大瓦斯爆炸事故是一起生产安全责任事故。

12月3日

［纲　文］　**外交部发言人就美国当选总统特朗普同台湾地区领导人通电话表示，一个中国原则是中美关系的政治基础**。

［目　文］　有记者问，据媒体报道，12月2日美国当选总统特朗普同台湾地区领导人蔡英文通了电话。请问中方有何评论？

发言人说，必须指出，世界上只有一个中国，台湾是中国领土不可分割的一部分，中华人民共和国政府是代表中国的唯一合法政府，这是国际社会公认的事实。一个中国原则是中美关系的政治基础。我们敦促美国有关方面信守奉行一个中国政策、遵守中美三个联合公报原则的承诺，谨慎、妥善处理涉台问题，以免中美关系大局受到不必要的干扰。

12月3—9日

［纲　文］　**应全国人大常委会委员长张德江邀请，马尔代夫人民议会议长马斯赫率团访华**。

［目　文］　访华期间，张德江在北京与马斯赫举行会谈时说，2014年，习近平主席成功访马，两国元首一致同意构建中马面向未来的全面友好合作伙伴关系，勾画了两国关系发展蓝图。双方经贸、基建、旅游、民生、地方等方面合作不断取得积极进展。事实证明，中马不仅是相互信赖的好朋友，更是携手发展的好伙伴。双方的主要任务是推动落实两国元首达成的共识，使之转化为实实在在的合作成果，为中马关系发展注入新动力。一是加强经验交流。中马同为发展中国家，都面临着经济社会发展的重任。双方应充分发挥立法机关的作用，加强立法、治国理政经验交流，为各自国家的经济发展、民生改善提供有益借鉴。二是推动务实合作。习近平主席提出的“一带一路”倡议为中马合作提供了新的机遇。双方应加强战略对接，实施好已达成共识的合作项目，不断探索新的合作途径，为双方合作营造良好的法律和政策环境。三是增进友好感情。立法机关应积极发挥广泛联系人民群众的优势，促进两国人文交流和民间往来，增进相互信任和友谊，不断巩固和扩大中马友好的社会和民意基础。

马斯赫说，马中友好关系为国际社会树立了大小国家和谐相处的典范。发展对华互利合作是马尔代夫政府、议会和人民的一致愿望。马议会愿与中国全国人大一道，密切友好交往，加强交流互鉴，积极支持马中各领域务实合作，更好地造福两国和两国人民。

12月4日

［纲 文］ **中共中央办公厅印发《中国作协深化改革方案》。**

［目 文］《方案》明确了中国作协改革的指导思想、基本原则、总体目标。中国作协改革必须坚持政治引领，坚持以文化人，坚持问题导向，坚持转变职能，坚持服务基层。通过深化改革，切实解决中国作协存在的突出问题，作协组织政治性、先进性、群众性更加突出，联系党委和政府同广大作家、文学工作者的桥梁纽带作用充分发挥，凝聚力、影响力和工作活力显著提高，对网络文学和新的文学群体的覆盖面、引导力及服务管理效能显著增强，广大作家和文学工作者深入生活、扎根人民、潜心创作、勇攀高峰，创新精神和创造活力竞相迸发，文学精品和文学人才不断涌现，中国特色社会主义文学事业呈现日益繁荣发展的生动局面。

《方案》从五个方面提出了改革措施：第一，积极转变职能，改革完善组织机构。第二，建立健全面向基层、面向社会的服务体系。第三，建立联系新的文学群体、引导网络文学发展的工作机制。第四，构建对外、对港澳台文学交流新格局。第五，加强和改进党对文学工作的领导。

12月4日

［纲 文］ **国务院办公厅印发《关于对国务院第三次大督查发现的典型经验做法给予表扬的通报》。**

［目 文］《通报》说，2016年8月下旬至9月底，国务院部署开展了对重大政策措施落实情况的第三次大督查。从督查情况看，各地区、各部门认真贯彻落实中央经济工作会议部署和政府工作报告提出的任务要求，勇于创新、真抓实干，敢于担当、主动作为，在促进经济平稳增长、推进供给侧结构性改革、抓好“三去一降一补”重点任务、推动大众创业万众创新、培育发展新动能、破解民生难题等方面结合实际创造性地开展工作，取得了积极成效，形成了一些好的经验和做法。经国务院同意，对北京市海淀区以建设“双创”示范基地为契机促进经济发展提质增效等32项地方典型经验做法和发展改革委、工业和信息化部积极推进钢铁煤炭行业化解过剩产能工作等17项部门典型经验做法予以通报表扬。希望受到表扬的地区、部门珍惜荣誉，再接再厉，取得新的更大成绩。各地区、各部门要按照党中央、国务院的总体部署，牢固树立创新、协调、绿色、开放、共享的发展理念，坚持稳中求进工作总基调，积极适应和引领经济发展新常态，振奋精神，铆足干劲，迎难而上，锐意进取，学习借鉴典型经验做法，主动破解经济运行和改革发展中的难题，全力推动党中央、国务院重大决策部署落地生效，实现经济社会持续健康发展。

12月4日

［纲 文］ **新华社讯，中组部印发修订后的《党委（党组）讨论决定干部任免事项**

守则》。

［目　文］《守则》明确，选拔任用干部必须坚持党章规定的干部条件，坚持党管干部原则，坚持德才兼备、以德为先，坚持五湖四海、任人唯贤，坚持事业为上、公道正派，坚持注重实绩、群众公认，坚持信念坚定、为民服务、勤政务实、敢于担当、清正廉洁的好干部标准，强化党委（党组）的领导和把关作用，树立正确的用人导向。《守则》还明确了“凡提四必”“三个不上会”“两个不得”“五个不准”的要求。“凡提四必”，即讨论决定前，对拟提拔或进一步使用人选的干部档案必审、个人有关事项报告必核、纪检监察机关意见必听、线索具体的信访举报必查，坚决防止“带病提拔”。“三个不上会”，即讨论决定时，没有按规定进行酝酿动议、民主推荐、组织考察的不上会，没有按规定核实清楚有关问题的不上会，没有按规定向上级报告或报告后未经批复同意的干部任免事项不上会。“两个不得”，即不得以个别征求意见、领导圈阅等形式代替党委（党组）会集体讨论决定干部任免，党委（党组）主要负责人不得凌驾于组织之上，反对和防止个人或者少数人专断。“五个不准”，即不准任人唯亲，不准突击提拔调整干部，不准临时动议决定干部，不准超职数配备、超机构规格提拔任用干部，不准泄露讨论决定情况，坚决防止和纠正选人用人上的不正之风。

12 月 4 日

［纲　文］　**五四宪法历史资料陈列馆在浙江杭州开馆，习近平作出指示。**

［目　文］　中共中央总书记习近平作出指示强调，宪法是国家的根本法，是治国安邦的总章程，是党和人民意志的集中体现。坚持依法治国首先要坚持依宪治国，坚持依法执政首先要坚持依宪执政。中国共产党领导人民制定了“五四宪法”。设立五四宪法历史资料陈列馆，对开展宪法宣传教育、增强社会主义民主法治意识、推动尊法学法守法用法具有重要意义。开展宪法宣传教育是全面依法治国的重要任务。“五四宪法”历史资料陈列馆要坚持党的领导、人民当家作主、依法治国有机统一，努力为普及宪法知识、增强宪法意识、弘扬宪法精神、推动宪法实施作出贡献。

开馆仪式上浙江省委书记夏宝龙宣读了习近平指示。全国人大常委会副委员长兼秘书长王晨、浙江省有关负责人出席开馆仪式。

杭州是中华人民共和国第一部宪法“五四宪法”起草地。五四宪法历史资料陈列馆收藏了大量珍贵文物、文献资料和历史档案。

12 月 4 日

［纲　文］　**新华社讯，马凯在杭州调研工业设计产业发展情况并主持召开工业设计工作座谈会。**

［目　文］　国务院副总理马凯指出，工业设计是科学与艺术结合产生的新的生产力，是创新驱动战略的重要内容，是未来产业的核心竞争力，是“中国制造向中国创造转变、中国速度向中国质量转变、中国产品向中国品牌转变”的重要抓手，要摆在“中国制造 2025”的突出重要位置上加以推动。近年来，在党中央、国务院正确领导下，在各

地区、各有关部门积极推动下，经过广大制造企业、工业设计机构、设计人员等共同努力，我国工业设计产业快速发展，行业规模逐年扩大，创新能力有所提升，产业格局初步形成，设计成果不断涌现，为经济社会发展作出了积极贡献。但与国际先进水平相比，与中国制造转型升级迫切要求相比，与人民群众日益增长的多样化消费需求相比，还存在较大差距。加快发展工业设计产业，是一项重要而紧迫的任务。要按照实施创新驱动战略和"中国制造2025"总体要求，加强组织领导、做好规划引导、加大政策支持、优化发展环境，下大力气把工业设计产业搞上去。一要完善设计创新体系。建设一批工业设计中心，设立国家工业设计研究院，支持企业、设计机构、科研院校建立工业设计产业联盟，提升工业设计创新能力。二要提升产业发展水平。推动工业设计产业专业化、聚集化、高端化发展，培育形成一批具有核心竞争力的专业设计机构、国际知名的工业设计大师、世界影响力的设计品牌。三要健全公共服务平台。健全工业设计行业数据库，发展设计创新成果交易市场，积极推广"互联网+工业设计"，促进成果推广应用。四要提高人才队伍素质。加快院校工业设计课程创新，完善继续教育机制，广泛引进海外高端人才，健全人才激励机制，建设一支高层次、复合型设计专业人才队伍。五要加强多层次、宽领域国际交流合作。

12月4—5日

［**纲　文**］　**纪念《发展权利宣言》通过30周年国际研讨会在北京举行，习近平致信祝贺。**

［**目　文**］　国家主席习近平的贺信写道：值此纪念联合国《发展权利宣言》通过30周年之际，各国代表齐聚北京，出席以"共享发展：更好造福各国人民"为主题的国际研讨会，这对促进国际人权合作、推进各国和国际人权事业发展具有重要意义。我谨代表中国政府和中国人民，并以我个人的名义，对研讨会的举行表示热烈的祝贺。发展是人类社会永恒的主题。联合国《发展权利宣言》确认发展权利是一项不可剥夺的人权。作为一个拥有13亿多人口的世界最大发展中国家，发展是解决中国所有问题的关键，也是中国共产党执政兴国的第一要务。中国坚持把人权的普遍性原则同本国实际相结合，坚持生存权和发展权是首要的基本人权。多年来，中国坚持以人民为中心的发展思想，把增进人民福祉、保障人民当家作主、促进人的全面发展作为发展的出发点和落脚点，有效保障了人民发展权益，走出了一条中国特色人权发展道路。中国积极参与全球治理，着力推进包容性发展，努力为各国特别是发展中国家人民共享发展成果创造条件和机会。当前，中国人民正在为实现"两个一百年"奋斗目标、实现中华民族伟大复兴的中国梦而努力，中国人民生活将更加幸福，中国人民权利将得到更充分保障，中国将为人类发展进步作出更大贡献。30年前，经过包括中国在内的世界多国共同努力，联合国通过了《发展权利宣言》，对促进人类社会发展进步发挥了重要作用。中国希望国际社会以联合国2030年可持续发展议程为新起点，努力走出一条公平、开放、全面、创新的发展之路，实现各国共同发展。希望各位嘉宾深入探讨交流，发表真知灼见，为促进各国人民享有更加充分的人权贡

献智慧和力量。预祝研讨会取得圆满成功。

本次研讨会由国务院新闻办公室和外交部共同举办。中央书记处书记、中央宣传部部长刘奇葆在会上宣读了习近平的贺信并致辞，表示中国是《发展权利宣言》的积极倡导者和实践者，中国坚定不移走适合本国国情的正确发展道路，取得了举世瞩目的发展成就，不仅造福了亿万中国人民，也对世界人权事业发展作出了重大贡献。来自40多个国家、地区和国际组织的150多名官员、学者等出席研讨会。与会人士围绕大会主题进行了讨论。

12月4—10日

［纲 文］ **应全国人大常委会委员长张德江邀请，比利时联邦众议长布拉克率团访华。**

［目 文］ 访华期间，张德江、全国政协主席俞正声在北京分别与布拉克会谈、会见。布拉克还访问了四川。

张德江与布拉克会谈时说，立法机关合作在中比关系中发挥着独特作用。早在两国建交前的1956年，中国全国人大与比利时议会就开启了友好交往的历史。近年来，双方在原有良好合作基础上不断丰富交流形式和内容，为促进中比关系发展作出了新的贡献。今后，两国立法机关应进一步深化交流与合作。一是为增进两国政治互信多做工作。双方应相互理解、相互尊重。希望比议会继续做中比关系的支持者和推动者，恪守一个中国原则，理解和尊重中方核心利益和重大关切，妥善处理敏感问题，以实际行动维护中比关系政治基础。二是为深化两国务实合作创造条件。双方应积极支持中比合作，不断完善合作的政策和法律环境。双方应尽快完成有关条约的审批，推动两国在打击跨国犯罪和反恐、反腐败等方面的合作。三是为促进各自改革发展加强交流。双方应密切各层次友好往来，就治国理政以及关系国计民生的重大议题加强交流、互学互鉴，为各自国家经济社会发展提供有益借鉴，把两国立法机关合作水平推向新的高度。

布拉克说，比中关系正处于历史最好时期。比方尊重和理解中方核心关切，比利时议会珍视与中国全国人大的传统友谊，愿扩大交往、增进互信，不断丰富比中友好关系的内涵。

俞正声在会见布拉克时介绍了中国共产党领导的多党合作和政治协商制度，表示希望双方充分调动两国各界人士的积极性，为中比友好事业作出更大贡献。

布拉克说，比方愿不断加深与中方的相互了解和理解，尊重彼此差异，推动两国友好关系持续深入发展。

12月5日

［纲 文］ **习近平主持召开中央全面深化改革领导小组第30次会议。**

［目 文］ 中央全面深化改革领导小组副组长李克强、刘云山、张高丽出席会议。中央和国家机关有关部门负责人列席会议。

中央全面深化改革领导小组组长习近平指出，总结谋划好改革工作，对做好2017年和今后改革工作具有重要意义，要总结经验、完善思路、突出重点，提高改革整体效能，扩大改革受益面，发挥好改革先导性作用，多推有利于增添经济发展动力的改革，多推有利于促进社会公平正义的改革，多推有利于增强人民群众获得感的改革，多推有利于调动广大干部群众积极性的改革。

会议审议通过了《关于深化国有企业和国有资本审计监督的若干意见》《国务院国资委以管资本为主推进职能转变方案》《关于健全国家自然资源资产管理体制试点方案》《关于开展知识产权综合管理改革试点总体方案》《关于加强乡镇政府服务能力建设的意见》《关于制定和实施老年人照顾服务项目的意见》《中央国有资本经营预算支出管理暂行办法》《关于加强耕地保护和改进占补平衡的意见》《大熊猫国家公园体制试点方案》《东北虎豹国家公园体制试点方案》《围填海管控办法》《关于加强“一带一路”软力量建设的指导意见》《关于农村集体资产股份权能改革试点情况的报告》等12个文件。

会议强调，做好年度工作总结，既要兼顾全面、又要突出重点，既要讲成绩、也要说问题。要把改革年度账本点清楚，把抓改革落实的战术打法弄清楚，把改革成效理清楚，把改革遇到的矛盾和问题搞清楚。2017年改革工作要抓紧谋划，既要蹄疾步稳向纵深推进，又要有改革新面貌，配合好党的十九大召开这个大局。要推动落实党的十八届三中、四中、五中全会部署的改革任务，把六中全会提出的全面从严治党的改革任务纳入总盘子一体推进。要投入更多力量狠抓落实，健全各部门各地区改革督察机制。

12月5日

［纲　文］　**中共中央举行纪念万里同志诞辰100周年座谈会。**

［目　文］　中共中央总书记习近平出席座谈会并讲话。全国人大常委会委员长张德江主持座谈会，中共中央政治局常委刘云山出席座谈会。中央文献研究室主任冷溶、中央党史研究室主任曲青山、全国人大常委会副秘书长信春鹰、国务院副秘书长孟扬、山东省委书记姜异康发言。刘奇葆、汪洋、赵乐际、栗战书、杜青林、严隽琪、马培华等出席座谈会。中央和国家机关有关部门、北京市、安徽省、山东省负责人，万里亲属、生前友好、原身边工作人员和家乡代表等参加座谈会。

习近平强调，当前，我们党正带领人民走在实现“两个一百年”奋斗目标、实现中华民族伟大复兴中国梦的新长征路上，老一辈革命家为之奋斗的伟大事业和美好理想正在一步步实现。我们要继承和发扬先辈们的革命精神和崇高风范，不忘初心、继续前进，努力创造无愧于时代、无愧于人民的新业绩。在我们党走过的95年光辉历程中，涌现出一代又一代优秀中国共产党人，万里同志就是其中一位杰出代表。他的一生，是革命的一生、战斗的一生、全心全意为人民服务的一生，是追求真理、追求进步、为共产主义事业奋斗的一生。他为祖国和人民建立的功绩值得我们铭记，他的革命精神和崇高风范值得我们学习。我们纪念万里同志，就是要学习他坚定理想、坚守信仰的崇高精神。我们要保持在理想追求上的政治定力，以真理武装头脑、指引理想、坚定信仰，不断把为崇高理想奋斗的伟大实践推向前进。我们纪念万里同志，就是要学习他忠诚于党、坚持真理的坚强党性。中国共产党人的坚强党性，是我们党保持先进性和纯洁性、提高领导水平和执政能力的重要保证。我们一定要自觉坚持和维护党的领导，增强政治意识、大局意识、核心意识、看齐意识，自觉站在党和人民立场上，做到对党忠诚、为党分忧、为党担责、为党尽责，经受住历史和人民检验。我们纪念万里同志，就是要学习他实事求是、勇于探索的开拓精神。实践发展永无止境，认识真理、进行理论创新也永无止境。我们要坚持与时俱进，深入推动马克思主义基本原理同当代中国实际和时代特征相结合，努力开创事业发展新局面、马克思主义发展新境界。我们纪念万里同志，就是要学习他锐意改革、攻坚克难的政治担当。改革开放是当代中国最鲜明的特色，是我们党在新的历史时期最鲜明的旗帜。面对新形势新任务，我们要坚定不移高举改革开放旗帜，勇于全面深化改革，着力解决我国发展面临的一系列突出矛盾和问题，不断推进中国特色社会主义制度自我完善和发展。我们纪念万里同志，就是要学习他尊重人民、依靠人民的人民立场。人民立场是我们党的根本政治立场，群众路线是我们党的生命线和根本工作路线。我们要坚持一切为了人民、一切依靠人民，实现好、维护好、发展好最广大人民根本利益，充分发挥广大人民群众积极性、主动性、创造性，确保党始终同人民同呼吸、共命运、心连心，不断把为人民造福事业推向前进。我们纪念万里同志，就是要学习他严于律己、勤政廉政的优良作风。党的作风正，人民心气顺，党和人民就能同甘共苦。我们要坚持严字当头，持之以恒加强作风建设，坚持和发扬党的光荣传统和优良作风，永葆共产党人拒腐蚀、永不沾的政治本色，凝聚起推动党和人民事业不断从胜利走向胜利的强大力量。

万里（1916年12月—2015年7月15日），中国共产党的优秀党员，久经考验的忠诚的共产主义战士，杰出的无产阶级革命家、政治家，党和国家的卓越领导人，中国共产党第十一、十二届中央书记处书记，第十二、十三届中央政治局委员，国务院原副总理，第七届全国人民代表大会常委会委员长。

12月5日

［纲　文］　**国家主席习近平致信祝贺米尔济约耶夫当选乌兹别克斯坦总统。**

［目　文］　习近平在贺信中说，中乌是真诚互信的好邻居、好朋友、好伙伴。建交以来，两国关系保持良好发展势头，政治互信、互利合作、战略协作顺利推进。2016年，两国正式建立全面战略伙伴关系，为深化中乌全方位合作开辟了广阔前景。我高度重视中乌关系发展，愿同你保持密切联系，共同推动中乌全面战略伙伴关系承前启后、继往开来，更好造福两国和两国人民。

6日，外交部发言人说，中方尊重乌兹别克斯坦人民的选择，支持乌兹别克斯坦走符合本国国情的发展道路。相信在米尔济约耶夫总统的领导下，乌兹别克斯坦将保持政治稳定和发展繁荣，在国家建设事业中取得新的成就。中乌是全面战略伙伴，两国关系始终保持良好的发展势头。中方高度重视中乌传统友谊和全方位合作，愿同乌方一道努力，继续加大相互支持和战略协作，深化“一带一路”建设合作，推动两国关系继往开来，不断取得新的发展。

12月5日

［纲　文］ **发展改革委发布《中央预算内投资补助和贴息项目管理办法》。**

［目　文］《办法》共6章31条，主要有总则、申报和审核、批复和下达、项目实施管理、监督检查和法律责任、附则等内容，自2017年1月5日起施行。2013年发布的《中央预算内投资补助和贴息项目管理办法》（中华人民共和国国家发展和改革委员会令第3号）同时废止。

12月5日

［纲　文］ **人民银行公布《票据交易管理办法》。**

［目　文］《办法》共8章65条，主要有总则、票据市场参与者、票据市场基础设施、票据信息登记与电子化、票据登记与托管、票据交易、票据交易结算与到期处理、附则等内容，自2016年12月5日起施行。过渡期按照《中国人民银行办公厅关于做好票据交易平台接入准备工作的通知》执行。

12月5日

［纲　文］ **财政部、教育部印发《中小学幼儿园教师国家级培训计划专项资金管理办法》《改善普通高中学校办学条件补助资金管理办法》《现代职业教育质量提升计划专项资金管理办法》《特殊教育补助资金管理办法》，自2017年1月1日起施行。**

12月5日

［纲　文］ **财政部、教育部印发《支持学前教育发展资金管理办法》。**

［目　文］《办法》共6章28条，主要有总则、资金使用范围、资金分配与拨付、资金申报、资金监督检查和问责、附则等内容，自2017年1月1日起施行。《中央财政支持学前教育发展资金管理办法》同时废止。

12月5日

［纲　文］ **全国先进个体工商户表彰大会暨纪念中国个体劳动者协会成立30周年座谈会在北京召开，李克强会见与会代表。**

［目　文］ 国务院总理李克强说，个体私营等非公有制经济是社会主义市场经济的重要组成部分，是中国特色社会主义事业的重要建设力量，吸纳了全国40%左右的就业人员，在促进增长、活跃市场、创造财富、满足群众多样化需求等方面发挥了重要作用。党中央、国务院始终高度重视个体私营等非公有制经济发展，制定实施了一系列鼓励、支持、引导的政策措施，近期又出台了《关于完善产权制度依法保护产权的意见》，不断深化简政放权、放管结合、优化服务，大力推进商事制度改革，个体私营等非公有制经济发展又迎来新的巨大机遇。我国经济保持中高速增长、迈向中高端水平，需要千千万万富有活力市场主体的支撑。希望广大个体工商户积极投身大众创业、万众创新，充分借助我国丰富人力资源优势，发扬敢为天下先精神，瞄准市场需求，捕捉发掘商机，依托“互联网+”等平台，在创造群众需要的商品与服务中吸纳更多就业、实现更好发展。各级个体劳动者、

私营企业协会是党和政府联系广大个体工商户的桥梁和纽带。要主动适应新形势，不断创新服务机制，努力做到贴近市场、贴近企业，用更顺畅的渠道反映广大个体工商户的心声和诉求，用更有效的做法培育市场自律氛围，用更精准的服务为企业排忧解难，在办实事、求实效中助力个体私营经济健康发展。各级党委和政府要深入学习贯彻习近平总书记系列重要讲话精神，牢牢坚持“两个毫不动摇”，落实好鼓励个体私营经济发展的各项政策措施，用更大力度的改革、更有效的监管、更完善的服务打造规范有序、公平透明的营商环境，破除各种不合理准入限制，降低制度性交易成本，帮助解决融资难、融资贵等问题，更大程度激发市场主体活力，让个体私营经济和其他所有制经济共同发展。

国务委员王勇，全国政协副主席、全国工商联主席王钦敏出席表彰大会并向先进代表颁奖。工商总局局长张茅出席会议并讲话。会议对全国先进个体工商户和全国个私协会系统先进单位、先进工作者进行表彰，回顾中个协 30 年发展历程，展望个私经济发展前景，明确了协会下一步工作方向。

世界中小企业协会、中华全国总工会、共青团中央、中华全国妇女联合会、中华全国工商业联合会、港九新界贩商社团联合会、澳门市贩互助会等单位和机构向大会发来贺信。

12 月 5 日

［纲　文］　**湖南省第十二届人民代表大会第六次会议，补选许达哲为湖南省人民政府省长。**

12 月 5 日

［纲　文］　**中央军委副主席范长龙在北京会见吉布提军队总参谋长扎卡里亚。**

［目　文］　范长龙说，近年来，中吉双方认真落实两国元首达成的重要共识，加强和平安全领域交流合作，两国军队在国际维和、人员培训、医疗卫生、装备维修等方面交流与合作成效显著。中国军队愿与吉布提军队进一步深化高层交往，加强对话协调，扩大合作领域，把两军关系提升到新的高度。扎卡里亚说，吉方愿与中方共同努力，加强各领域务实合作，推动两国两军关系发展。

12 月 5 日

［纲　文］　**深港通开通，中国资本市场迎来新里程碑。**

［目　文］　深圳证券交易所和香港交易所同时宣告深港通正式开通。内地与香港股票市场直投通路全部打开，沪深港“共同市场”正式形成，中国资本市场对外开放又迈出重要一步。

12 月 5 日

［纲　文］　**《人民日报》发表题为《构建权威高效的国家监察体系》的评论员文章。**

12 月 5—6 日

［纲　文］　**全国青联十二届二次常委（扩大）会议在北京召开。**

［目　文］　国家副主席李源潮、团中央书记处第一书记秦宜智出席会议并讲话。团中央书记处常务书记、全国青联主席贺军科主持会议，16 位全国青联副主席以及全国青联

常委、各界别工作委员会秘书长、副秘书长，各省级青联秘书长共270余人参加了会议。

会议传达学习了党的十八届六中全会精神，专题研究部署推进青联改革有关工作。会议审议通过了《关于勇担时代责任、坚持自我革新，扎实推进青联改革的决议》《青年联合会组织办法》，审议通过了副主席、秘书长等人事事项，对部分违反章程的委员作出了处理。

12月5—6日

［纲　文］ **王岐山在江苏调研。**

［目　文］ 中共中央政治局常委王岐山江滨新村第一社区与党员群众交流；在镇江市调研并主持召开部分省（区）纪委书记座谈会，就贯彻落实六中全会精神，谋划好2017年工作和制定《中国共产党纪律检查机关监督执纪工作规则（试行）》征求意见。

王岐山强调，推动全面从严治党向纵深发展，纪委要以身作则，把监督执纪的权力关进制度笼子。打铁还需自身硬。习近平总书记把党章赋予纪委的职责，凝练为监督执纪问责，要求坚决防止“灯下黑”。中央纪委认真落实党中央要求，创新组织制度，强化自我监督，以坚决的态度清理门户。党的十八大以来，中央纪委机关共处理38人，其中立案查处17人、组织调整21人，全国纪检监察系统共处分7200余人、谈话函询4500余人次、组织处理2100余人。信任不能代替监督，对纪委的监督首先在于各级党委。纪委要把自我约束同接受党内监督、民主监督、群众监督和舆论监督结合起来，把制度的篱笆扎紧，建设忠诚干净担当的队伍，回答好谁来监督纪委的问题，不辜负党的信任和人民群众期盼。没有制约的权力是危险的，制度应起到制衡的作用。制定监督执纪规则要坚持问题导向，查找各环节的风险点，明确请示报告、线索处置、审查审理、涉案款物管理工作规程，建立审查过程全程录音录像、打听案情和说情干预登记备案等制度。对执纪违纪、失职失责的严肃查处，对不愿为、不敢为、不会为的要调整岗位，严重的就要问责。制定规则的过程，就是统一思想认识和加强培训教育的过程。规则要向全社会公布，昭示执纪者有更为严格的纪律要求，表明监督者必须接受监督。

12月5—7日

［纲　文］ **应全国人大常委会委员长张德江邀请，哈萨克斯坦议会上院议长托卡耶夫率团访华。**

［目　文］ 访华期间，国务院总理李克强、张德江在北京分别与托卡耶夫举行了会见、会谈。

李克强在会见托卡耶夫时表示，当前中哈政治互信不断增强，务实合作成果丰硕，产能合作成为两国合作新的增长点。中方愿将“一带一路”倡议同哈方“光明之路”新经济计划更好衔接，促进共同发展。希望两国立法机构加强交流合作，为两国关系发展夯实民意基础，提供法律和制度保障。

托卡耶夫表示，哈方钦佩中国经济建设取得的巨大成就，高度重视发展对华关系，愿同中方保持密切高层交往，推进发展战略对接、产能、互联互通等领域合作，使哈中关系不断取得新的发展。

张德江与托卡耶夫会谈时说，中国全国人大和哈萨克斯坦议会应进一步加强交流、密切合作。一是加大相互政治支持。加强在双边和多边场合的协调配合，坚定支持对方维护本国主权、安全和发展等核心利益，坚定支持对方走符合本国国情的发展道路，共同打击“三股势力”、维护地区安全和稳定，营造两国发展的良好外部环境。二是促进双方务实合作。积极推动丝绸之路经济带和“光明之路”新经济政策对接合作规划的落实，推进产能合作、经贸合作等。三是推动两国人文交流。在支持和参与国家级人文活动的同时，推动中哈地方、文化、高校、青年、智库等社会各界往来，密切两国的人文联系，推动中哈全面战略伙伴关系不断迈上新台阶。

托卡耶夫说，哈中友好关系根深叶茂、成果丰硕。哈方愿与中方携手，积极落实两国元首达成的共识，进一步深化双方政治、经济、人文、安全等领域合作。哈议会期待加强与中国全国人大的交流与合作，为哈中世代友好作出新的贡献。

12月5—6日

［纲　文］　**应外交部部长王毅邀请，伊朗外交部部长扎里夫对中国进行正式访问。**

［目　文］　5日，国务院副总理张高丽在北京会见扎里夫时表示，双方要按照两国领导人达成的重要共识，保持高层交往，夯实中伊关系政治基础，进一步深化共建“一带一路”框架下合作，深入对接发展战略，加强能源、经贸、投资、金融等合作，规划好双方互联互通、产能等领域合作路线图，推动双边务实合作有序有力推进，取得实际效果。

扎里夫表示，伊方正在积极落实两国元首达成的重要共识，愿积极参与“一带一路”建设，进一步深化双方各领域合作，丰富两国全面战略伙伴关系内涵。

同日，王毅在北京同扎里夫举行两国外长年度会晤机制首次会议并共同会见记者。王毅表示，伊朗是“一带一路”沿线重要国家，中方高度重视同伊方在共建“一带一路”框架下开展合作，希望与伊方在经贸、能源、基础设施建设等领域取得更多成果，并推动双方产能合作重点项目早日落地。伊核全面协议执行已近一年，进展总体顺利。希望协议继续得到持续、全面、有效的执行。

扎里夫表示，伊方支持中方的“一带一路”倡议，为倡议取得的进展感到高兴，愿在此框架下推动双方在能源、交通等领域的务实合作取得更多成果。伊朗感谢中方为推动伊核全面协议落实所作努力，希望协议能够不受干扰地继续得到执行。

12月5—6日

［纲　文］　**首届中国丹麦地方政府合作论坛在北京举行。**

［目　文］　论坛由中国人民对外友好协会和丹麦王国驻华大使馆共同主办。来自中国31个省、市、区和丹麦6个区、市的政府、学术界、企业界共计400名参会代表以“聚焦可持续发展，共享经济增长”为主题，围绕绿色城镇化、改善公共卫生、可持续食品和农业、人文交流四个主题进行了充分的交流和讨论。

12月6日

［纲　文］　**中共中央在北京召开党外人士座谈会，就2016年经济形势和2017年经济工作听取意见和建议。**

［目　文］　中共中央总书记习近平主持座谈会并讲话，李克强、俞正声、刘云山、张高丽、马凯、王沪宁、孙春兰、汪洋、栗战书、王勇、周小川和党外人士有罗富和、齐续春、陈晓光、马培华、蒋作君、邵鸿、黄志贤、修福金、徐辉、辜胜阻、朱永新、何维、曹鸿鸣、赖明、杨健、黄荣、欧阳昌琼等出席座谈会。

国务院总理李克强通报了2016年经济工作有关情况，介绍了中共中央关于做好2017年经济工作的考虑。民革中央主席万鄂湘、民盟中央主席张宝文、民建中央主席陈昌智、民进中央主席严隽琪、农工党中央常务副主席刘晓峰、致公党中央主席万钢、九三学社中央主席韩启德、台盟中央主席林文漪、全国工商联主席王钦敏、无党派人士代表李稻葵先后发言。他们赞同中共中央对2016年我国经济形势的分析和2017年经济工作的考虑，并就为中小实体企业开拓融资新渠道、促进制造业由大变强、加强财政和金融支持精准扶贫力度、加快住房领域的供给侧结构性改革、培育有效供给新动能、加强推动产业创新发展的体制机制创新、控制外汇管理风险、发展"共享经济"帮助缓解经济下行压力等提出意见和建议。

习近平指出，稳增长、促改革、调结构、惠民生、防风险的任务依然十分繁重。越是情况复杂，越是任务艰巨，越要全国上下团结一心。希望同志们把思想和行动统一到中共中央决策部署上来，把智慧和力量凝聚到各项经济社会发展政策措施落实上来，强化创新、协调、绿色、开放、共享的发展理念，围绕统筹推进"五位一体"总体布局和协调推进"四个全面"战略布局，围绕国家经济社会改革发展重点任务，坚持问题导向，深入调查研究，提出意见和建议。2016年是"十三五"开局之年。2016年以来，面对国内外形势深刻复杂变化，特别是在世界经济不稳定不确定因素增多、复苏动力不足的大背景下，我们坚持新发展理念，坚持稳中求进工作总基调，坚定推进供给侧结构性改革，坚定推进各项改革，经济社会发展主要目标任务有把握较好完成，可以实现"十三五"良好开局。长期以来，各民主党派同中国共产党长期共存、互相监督、肝胆相照、荣辱与共，履行民主监督职能，在帮助中国共产党科学决策、民主决策、依法决策上作出了重要贡献。2016年，各民主党派中央围绕打赢脱贫攻坚战，对口八个省份开展了脱贫攻坚民主监督专项工作，取得了阶段性成果。脱贫攻坚时间紧、任务重，希望各民主党派中央继续对各项精准扶贫、精准脱贫政策落实情况进行监督，及时提出意见和建议。中国共产党作为执政党，必须虚心接受各民主党派监督。只有这样，中国共产党才能更好领导人民、服务人民，才能团结带领全国各族人民实现中华民族伟大复兴的中国梦。希望同志们切实履行民主监督职能，更好坚持和完善中国共产党领导的多党合作和政治协商制度，更好发挥中国特色社会主义政治制度的优越性，不断为实现"两个一百年"奋斗目标、实现中华民族伟大复兴的中国梦作出贡献。

12月6日

［纲　文］　**交通运输部公布《水运建设市场监督管理办法》。**

［目　文］　《办法》共5章42条，主要有总则、水运建设市场主体及行为、监督检查、法律责任、附则等内容，自2017年2月1日起施行。

12月6日

［纲　文］　**交通运输部公布修改后的《道路旅客运输及客运站管理规定》，自2017年3月1日起施行。**

12月6日

［纲　文］　**工业和信息化部公布《边境地区地面无线电业务频率国际协调规定》。**

［目　文］　《规定》共6章33条，主要有总则，频率划分、规划和分配的协调，无线电台（站）使用频率的协调，监督管理，法律责任，附则等内容，自2017年2月1日起施行。原信息产业部2007年7月19日发布的《边境地区地面无线电业务国际频率协调暂行规定》同时废止。

12月6日

［纲　文］　**质检总局发布修改后的《质量监督检验检疫行政执法证件管理办法》，自2017年4月1日起施行。**

12月6日

［纲　文］　**财政部、教育部、人力资源社会保障部印发修订后的《中等职业学校国家助学管理办法》《中等职业学校免学费补助资金管理办法》，自2017年1月1日起施行。**

12月6日

［纲　文］　**教育部印发《关于加强直属高校建设工程管理审计的意见》。**

［目　文］　《意见》由六个部分组成：一、深化对建设工程管理审计的认识。二、实行建设工程管理审计全覆盖。三、建立建设工程投资评审制度。四、突出建设工程管理审计重点。五、完善建设工程管理审计结果运用机制。六、规范建设工程管理审计组织实施。

《意见》要求，各高校要高度重视建设工程管理审计工作，要按照本意见要求，制定或修订学校建设工程管理审计具体办法，并于2017年5月底前报教育部备案。

12月6日

［纲　文］　**国务院新闻办公室发表《中国的中医药》白皮书。**

［目　文］　白皮书全文九千余字，主要有前言、中医药的历史发展、中国发展中医药的政策措施、中医药的传承与发展、中医药国际交流与合作、结束语等内容。

12月6日

［纲　文］　**中国民主同盟第十一届中央委员会第五次全体会议在北京召开。**

［目　文］　会议的主要议程是学习中共十八届六中全会精神，听取并审议第十一届

中央常务委员会工作报告，审议通过民盟十一届五中全会决议等。

12月6日

［纲　文］　**台湾民主自治同盟第九届中央委员会第五次全体会议在北京召开。**

［目　文］　会议的主要内容是学习贯彻中共十八届六中全会精神，听取并审议台盟第九届中央常务委员会2016年工作报告，审议关于召开台盟第十次全盟代表大会的决议和台盟中央监督委员会人员调整的决定。

12月6日

［纲　文］　**中英高级别人文交流机制第四次会议在上海举行。**

［目　文］　国务院副总理刘延东与英国卫生大臣亨特作为机制双方主席共同主持会议。刘延东和亨特共同签署《中英高级别人文交流机制第四次会议联合声明》并见证有关领域13个合作协议签署。会议期间，刘延东会见了参会的英国教育大臣格里宁，文化、传媒和体育大臣布拉德利，北爱尔兰首席部长阿琳·福斯特。

同日，文化部和英国文化媒体体育部合作在上海东郊宾馆举办"跨越时空的对话——中英纪念汤显祖、莎士比亚逝世400周年研讨会"。刘延东和英国文化媒体和体育大臣布拉德雷出席研讨会开幕式并致辞。文化部部长雒树刚、教育部部长陈宝生、国务院副秘书长江小涓等出席开幕式。中英汤显祖、莎士比亚研究权威专家、知名学者、文学翻译家和艺术家40余人发言，相关学术研究机构、文艺院团以及高等院校等代表200余人参加研讨会。

12月6日

［纲　文］　**中国首艘自主设计建造的客箱船"海蓝鲸"号在山东威海下水。**

［目　文］　"海蓝鲸"号是中国自主研发、设计、建造的第一艘大型客箱船，船长182.6米，型宽25.2米，船舶总吨位2万吨以上，载客定额810人，载货460标准箱，服务航速可达22.5节以上。

12月6—9日

［纲　文］　**应国家主席习近平邀请，加蓬共和国总统邦戈对中国进行国事访问。**

［目　文］　访问期间，习近平在北京同邦戈举行了会谈。两国元首决定将中加关系提升为全面合作伙伴关系，以落实中非合作论坛约翰内斯堡峰会成果为抓手，对接两国发展战略，全面规划好两国各领域友好互利合作，实现共同发展，并共同见证了经济技术、文化、基础设施建设等双边合作文件的签署。国务院总理李克强、全国人大常委会委员长张德江在北京分别会见了邦戈。

习近平同邦戈会谈时指出，中方愿同加方筑牢政治互信基础，密切高层往来，扩大政府部门、执政党、议会、地方政府等各层次交流，将政治互信转化为推进合作发展的动力。双方要对接彼此发展战略。中方支持加方加快推进工业化进程，把资源优势转化为发展成果，愿继续推进有关在建合作项目，鼓励中国企业积极参与双方基础设施建设合作。中方愿同加方探讨建立农业合作机制，支持加方发展旅游、金融、电信等产业。双方要加强安全合作，中方愿帮助加方加强维稳、执法能力建设。双方要在文化、教育、卫生、人力资源开发、青年、妇女、媒体、智库等领域开展多样人文交流，落实好两国政府文化合作协定2016年至2020年执行计划。双方要密切国际事务协作，在应对气候变化、非洲和平安全等彼此重大关切问题上加强沟通和协调，维护好发展中国家的共同利益。

邦戈表示，十分高兴在竞选连任后首次国事访问来到中国。两国老一代领导人亲手缔造的加中传统友谊在双方共同努力下正继续蓬勃发展。加方愿积极参加习近平主席提出的中非“十大合作计划”框架下相关合作，不断深化非洲同中国的友好关系。加方坚持一个中国政策，致力于密切同中方在国际事务中协调配合。

李克强在会见邦戈时表示，中方愿同加方着眼发展经济、改善民生、提高可持续发展能力，更好对接发展战略，按照市场原则加强能源资源开发、基础设施建设、农林渔业及产品深加工等合作。中国自主研发的新型民航飞机安全性好、性价比高，能够满足非洲国家以及区域航空网发展需求，双方可就此探讨开展合作。

邦戈表示，加蓬正处于经济转型升级的重要时期，愿在基础设施开发、农林矿业深加工及民用航空等广泛领域深化对华合作，欢迎中国企业赴加投资兴业，共同开拓发展新机遇。

12月7日

［纲　文］　**国家主席习近平任免驻外大使。**

［目　文］　习近平根据全国人民代表大会常务委员会的决定任免下列驻外大使：一、免去郑竹强的中华人民共和国驻博茨瓦纳共和国特命全权大使职务；任命赵彦博为中华人民共和国驻博茨瓦纳共和国特命全权大使。二、免去赵亚力的中华人民共和国驻乌干达共和国特命全权大使职务；任命郑竹强为中华人民共和国驻乌干达共和国特命全权大使。三、免去殷立贤（女）的中华人民共和国驻塞舌尔共和国特命全权大使职务；任命余劲松（女）为中华人民共和国驻塞舌尔共和国特命全权大使。四、免去忻顺康的中华人民共和国驻纳米比亚共和国特命全权大使职务；任命邱学军为中华人民共和国驻纳米比亚共和国特命全权大使。

12月7日

［纲　文］　**李克强主持召开国务院常务会议。**

［目　文］　会议主要内容是：一、根据国民经济和社会发展第十三个五年规划纲要，审议通过“十三五”促进中部地区崛起和国家信息化、国家科技重大专项重点规划，推动区域协调发展、经济结构升级。会议确定了以下重点任务：一是顺应经济梯度转移趋势，对接国家区域发展战略，积极探索产业转移新模式，引导和支持东南沿海地区符合环保等要求的产业、国内外知名企业生产基地等向中部地区有序转移。二是全面推进对内对外开放，支持建设综合保税区等，加快复制推广自由贸易试验区改革创新成果。完善一站式通关服务体系，提高对外开放水平。三是统筹城乡发展，推进多种形式的适度规模经

营，以科技、一二三产业融合带动现代农业发展，促进农民工返乡就业创业。提升新型城镇化水平，加快城市群建设，提高吸纳农业转移人口落户、县域经济承接城市功能和辐射带动乡村发展能力。四是严格保护重点生态功能区，实施天然林草资源、湿地等重点生态环境保护和修复工程。五是全力脱贫攻坚，扶持革命老区振兴和资源枯竭城市转型。会议认为，加快信息化发展，促进资源互联集成、高效利用，提升产业数字化、智能化水平，对推动“中国制造2025”和大众创业、万众创新，培育新动能，提高群众生活品质，意义重大。会议通过《“十三五”国家信息化规划》，确定重点：一要打破信息壁垒和“孤岛”，构建统一高效、互联互通、安全可靠的国家数据资源体系，打通各部门信息系统，推动信息跨部门跨层级共享共用。实施“互联网+政务服务”等信息惠民工程，加快推进公共数据资源向社会开放。二要加快高速宽带网络建设，打通入户“最后一公里”，进一步推进提速降费。实施宽带乡村和中西部地区中小城市基础网络完善工程，采取移动蜂窝、光纤、低轨卫星等多种方式，加快农村及偏远地区4G网络覆盖。三要构建网络和信息安全监测预警、应急处置等保障体系，依法加强监管，顺应群众呼声，重点加大网络电信诈骗等违法行为打击力度，让群众安全放心使用网络。四要开展5G关键技术研发和产业化、北斗系统建设应用、网络扶贫、普惠性在线教育等12项优先行动。推动信息技术更好的服务经济升级和民生改善。会议通过国家科技重大专项“十三五”发展规划，要求瞄准全球科技前沿，聚焦产业升级、民生改善、生态治理等重大需求，强化资源集成和协同创新，动员社会资本等各方力量参与，加快推进集成电路装备、新药创制等重大专项，在种业自主创新、智能制造、新材料研发等重点领域适时启动实施一批新的重大专项，形成远近结合、梯次接续的系统布局，加强成果应用和产业化，推动我国科技实力和竞争力整体跃升。二、通过《中华人民共和国水污染防治法修正案（草案）》，会议决定将草案提请全国人大常委会审议。

12月7日

［纲　文］ **国务院印发《“十三五”旅游业发展规划》。**

［目　文］ 《规划》共八章，主要有：一、把握机遇，迎接大众旅游新时代。二、转型升级，明确旅游业发展新要求。三、创新驱动，增强旅游业发展新动能。四、协调推进，提升旅游业发展质量。五、绿色发展，提升旅游生态文明价值。六、开放合作，构建旅游开放新格局。七、共建共享，提高人民群众满意度。八、深化改革，完善旅游发展保障体系等内容。

《规划》指出，各地区要结合本地实际制定具体实施方案或者专项规划，明确工作分工，落实工作责任。各部门要按照职责分工，加强协调配合，明确具体举措和工作进度，抓紧推进。旅游局要加强对本规划实施情况的评估和监督检查，及时研究解决本规划实施过程中出现的新情况、新问题，重大情况及时报告国务院。

12月7日

［纲　文］ **国务院办公厅印发《关于全面放开养老服务市场提升养老服务质量的若**

干意见》。

［目　文］《意见》由六个部分组成：一、总体要求。二、全面放开养老服务市场。三、大力提升居家社区养老生活品质。四、全力建设优质养老服务供给体系。五、切实增强政策保障能力。六、加强监管和组织实施。

《意见》要求，要加强服务监管，加强养老设施和服务安全管理，确保老年人人身安全。加强行业自律，进一步完善养老服务标准体系。加强宣传引导，开展孝敬教育，营造养老、助老的良好社会氛围。加强督促落实，各地要及时制定配套实施意见，对政策落实情况进行跟踪分析和监督检查；各部门要加强协同配合，落实和完善相关优惠政策，共同促进养老服务提质增效。

12月7日

［纲　文］　第三次中美打击网络犯罪及相关事项高级别联合对话在美国华盛顿举行。

［目　文］　国务委员、公安部部长郭声琨与美国司法部部长林奇、国土安全部部长约翰逊共同主持对话。双方回顾了首次对话以来取得的成果，充分肯定对话机制的重要性、必要性，就继续深化中美网络安全各领域合作达成诸多新共识。中国公安部、网信办、外交部、工业和信息化部、国家安全部和司法部以及美国司法部、国土安全部、国务院、联邦调查局等部门负责人参加了对话。

郭声琨指出，根据2015年9月习近平主席和奥巴马总统达成的重要共识，中美建立了打击网络犯罪及相关事项高级别联合对话机制。前不久两国元首利马会晤就此次对话提出重要指导意见。在两国元首高度重视和亲自推动下，中美网络安全合作快速发展，已成为两国关系新亮点。双方在打击网络犯罪、网络安全保护、情报信息交流等领域合作持续推进、成效明显，为维护两国国家安全和人民安全作出了积极贡献。郭声琨表示，当前以网络安全为重点的中美执法安全合作正处在承前启后的关键时期。双方应坚持把对话机制作为两国就网络问题开展沟通交流的主渠道，聚焦合作，管控分歧，及时有效回应各自关切，实现不冲突不对抗、相互尊重、合作共赢。中方愿与美方现政府团队和新政府团队持续努力，推动两国网络安全合作在新起点上取得更大发展，为构建中美新型大国关系作出新贡献。

林奇和约翰逊表示，美中两国在打击网络犯罪、维护网络安全领域有着共同利益。高级别对话机制作为美中合作一大亮点，为维护两国网络安全及打击网络犯罪发挥了重要作用，也为双方执法部门坦诚交流、增进了解互信提供了重要平台。希望双方在现有基础上延续和发展好这一机制，进一步开展务实合作，共同打击网络恐怖主义和电子邮件诈骗等网络犯罪行为，建设性管控分歧，确保美中网络安全合作取得更多实质性成果。

中美双方在此次对话中就推进打击网络犯罪、网络安全合作、完善热线联络机制、网络反恐合作、情报信息共享等达成广泛共识，取得积极成果，在落实两国元首达成的共识方面取得重要进展。双方提议2017年在中国举行第四次对话。

12月7日

［纲　文］　**外交部发言人就日本首相安倍晋三将访问珍珠港表示，如果日方想深刻反省、真诚道歉，中方有很多场所可供其凭吊。**

［目　文］　有记者问，据报道，日本首相安倍晋三将访问珍珠港，但日本方面称安倍此访不会提及“道歉”，请问中方对此有何评论？

发言人表示，12月7日是“二战”时期日本偷袭珍珠港和太平洋战争爆发75周年。日本军国主义发动的那场侵略战争给本地区国家、特别是亚洲受害国人民造成了深重灾难。直到今天，国际社会一直都关注日方能否对那段历史有一个诚恳、正确的认识。美方是否期待日本方面对偷袭珍珠港道歉，我不作评论。就中方而言，我们一向认为，维护国际正义和“二战”后确立起的国际秩序十分重要；日本方面端正历史态度、对日本军国主义的反人类罪行拿出一个正确认识，以实际行动取信于包括中国在内的亚洲受害国人民十分重要。

记者问，有日本舆论认为，相较于珍珠港，安倍更应该去南京大屠杀遇难同胞纪念馆，请问你对此有何评论？

发言人说，正如同美国人民不会忘记珍珠港事件，中国人民不会忘记为抗战所付出的巨大民族牺牲，也不会忘记南京大屠杀死难同胞。如果日方想深刻反省、真诚道歉，无论是南京大屠杀遇难同胞纪念馆，还是“九一八”事变纪念馆，或是日本731部队遗址，中方有很多场所可供其凭吊。亚洲邻国也有很多这样的地方提醒日本乃至国际社会，“二战”期间加害国对受害国所犯罪行不容遗忘，历史不容篡改。

12月7日

［纲　文］　**《人民日报》发表题为《高度重视党的十九大代表选举工作》的评论员文章。**

12月7—8日

［纲　文］　**全国高校思想政治工作会议在北京召开。**

［目　文］　中共中央总书记习近平出席会议时指出，高校思想政治工作关系高校培养什么样的人、如何培养人以及为谁培养人这个根本问题。要坚持把立德树人作为中心环节，把思想政治工作贯穿教育教学全过程，实现全程育人、全方位育人，努力开创我国高等教育事业发展新局面。

中共中央政治局常委刘云山作总结讲话。中共中央政治局常委王岐山、张高丽出席会议。北京市、浙江省、陕西省、清华大学、哈尔滨工业大学、上海大学、华南师范大学、四川交通职业技术学院负责人在会上发言。部分中共中央政治局委员、中央书记处书记出席会议。中央党的建设工作领导小组成员、中央宣传思想工作领导小组成员、中央和国家机关有关部门负责人、中央军委机关有关部门负责人、各省区市和新疆生产建设兵团党委政府有关负责人、部分高校党委书记和校长出席会议。

12月7—9日

［纲　文］　**中国民主促进会第十三届中央委员会第五次全体会议在北京召开。**

［目　文］　会议的主要内容是学习贯彻中共十八届六中全会精神，听取和审议中国民主促进会第十三届中央常务委员会工作报告，审议通过关于召开中国民主促进会第十二次全国代表大会的决定，审议通过中国民主促进会第十三届中央委员会第五次全体会议决议等。民进中央主席严隽琪代表民进第十三届中央常务委员会作题为《不忘合作初心 聚力决胜小康》的工作报告。

12月8日

［纲　文］　国家主席习近平、国务院总理李克强就巴基斯坦民航客机失事分别向巴基斯坦总统侯赛因、巴基斯坦总理谢里夫致慰问电。

12月8日

［纲　文］　交通运输部公布《民用航空统计管理规定》。

［目　文］　《规定》共7章38条，主要有总则、统计调查管理、统计资料的管理与公布、统计机构与工作职责、外国民用航空器运营信息统计、监督检查和法律责任、附则等内容，自2017年1月7日起施行。2005年1月11日起施行的《中国民用航空统计管理办法》同时废止。

12月8日

［纲　文］　国资委公布《中央企业负责人经营业绩考核办法》。

［目　文］　《办法》共7章52条，主要有总则、考核导向、分类考核、目标管理、考核实施、奖惩、附则等内容，自2016年12月8日起施行。《中央企业负责人经营业绩考核暂行办法》同时废止。

12月8日

［纲　文］　中央公车改革领导小组办公室、发展改革委办公厅印发《关于完善配套政策持续巩固公车改革成果的通知》。

［目　文］　《通知》由五个部分组成：一、明确细化保留车辆使用办法。二、妥善处理好县乡基层工作人员公务出行。三、统筹差旅费和车改补贴相关政策，解决好中短途出差和去偏远地区下乡的公务出行需要。四、执法执勤用车严格配备到一线。五、从实际出发及时解决各种新情况新问题。

《通知》要求，各省（区、市）切实加强组织领导，每项重点工作均需明确任务牵头部门，对市、县两级贯彻落实提出统一要求，各级车改办切实发挥好协调和督促作用。各省（区、市）任务分工情况、时间节点安排、市县落实情况等于12月31日前向中央车改办专报。

12月8日

［纲　文］　全国政协在北京召开双周协商座谈会，就“健全现代农业科技推广体系”建言献策。

［目　文］　全国政协主席俞正声主持会议。全国政协副主席杜青林、张庆黎、齐续

春出席座谈会。全国政协委员陈锡文、朱保成、李晓东、伍跃时、刘晓庄、刘身利、吴鸿、车迎新、李成贵、陈星莺、范小建、薛亮、戴公兴、胡汉平、霍学喜，以及专家学者苑鹏、王贵满等在座谈会上发言。农业部副部长张桃林介绍了有关情况。农业部部长韩长赋、教育部副部长杜占元、科技部副部长徐南平、林业局副局长彭有冬等与委员互动交流。

委员们认为，党中央、国务院高度重视现代农业科技推广体系建设，作出了一系列重大决策部署，有力推进了农技推广事业发展。但现行农业科技推广体系还不适应农业供给侧结构性改革的新任务，不适应农业发展方式转变的新要求，不适应新型农业经营主体的新期盼，需要加快改革，为农业现代化提供有力支撑。

一些委员建议，健全现代农业科技推广体系，要抓好两个重点：一、要加强基层农技推广机构建设，这是农技推广体系建设中的关键环节。一要明确方向，突出基层农技推广机构的公共性和公益性，适应农业供给侧结构性调整和环境约束性转变。二要在深化内部改革的基础上加大投入。通过公开招聘、竞争上岗、择优录用的人员聘用制度，建设一支精干的基层农技推广队伍。三要逐步增强监督职能，确保市场主体的合规运行。四要强化队伍建设，加大培训力度，特别要加强网上培训。二、要充分发挥多元主体在农技推广服务中的作用。一要制定政策，支持农业大学和科研院所在科技推广中发挥更大作用。二要发挥市场组织的服务功能。一部分公共性公益性的事情，可以采取购买服务的办法解决。三要完善集体经济组织，加强对基层科技推广服务的指导和监督。四要深化农业科研机构改革，做到既有利于农业科技的推广，又有利于农业的科技创新。加强信息化建设，特别是发挥网购的作用。

12 月 8 日

［纲　文］　**中国环境与发展国际合作委员会 2016 年年会在北京举行。**

［目　文］　本次年会以“生态文明：中国与世界”为主题。中国环境与发展国际合作委员会主席张高丽，环境保护部部长、中国环境与发展国际合作委员会中方执行副主席陈吉宁出席会议并发表讲话。会议期间，陈吉宁与各国专家就环保领域的合作进行了交流。并与联合国副秘书长、联合国环境规划署执行主任索尔海姆共同签署了《中华人民共和国环境保护部与联合国环境规划署关于建设绿色“一带一路”的谅解备忘录》。

12 月 8 日

［纲　文］　**第 13 届高技能人才表彰大会在北京举行。**

［目　文］　中组部副部长、人力资源社会保障部部长尹蔚民出席大会并讲话。人力资源社会保障部副部长汤涛主持会议。人力资源社会保障部副部长张义珍宣读了人力资源社会保障部关于表彰第 13 届中华技能大奖和全国技术能手的决定，对 30 名中华技能大奖获得者和 299 名全国技术能手予以表彰。

同日，高技能人才座谈会在北京召开。国务院副总理马凯出席座谈会并代表党中央、国务院向第13届中华技能大奖获得者和全国技术能手表示热烈祝贺。他指出，高技能人才是我国人才队伍的重要组成部分，是工人队伍的核心骨干和优秀代表，是创新技术技能、创造社会财富的重要力量，在推动技术创新、经济发展和社会进步中发挥着重要作用。实施创新驱动发展战略，落实“中国制造2025”，推动经济提质增效升级、迈向中高端水平，必须加快培养一支数量充足、素质优良、结构合理的技能人才队伍。要完善制度保障，落实和健全政策措施，创造有利于技能人才成长的开发培养、选拔使用、引进聚集的体制机制。要加大培养力度，创新“校企双制、工学一体”的技能人才培养模式，完善以企业行业为主体、职业院校为基础、学校教育与企业培养紧密联系、政府推动与社会支持相互结合的高技能人才培养体系。要营造良好氛围，引导全社会尊重、重视、关心高技能人才的培养和成长，提高技能人才待遇水平和社会地位。广大高技能人才要将大国工匠精神薪火相传，培育和弘扬精益求精、爱岗敬业、勇于创新的优秀品格，为实现中华民族伟大复兴的中国梦作出新的贡献。

12月8日

［纲　文］　**外交部发言人表示，愿同美国新任驻华大使共同努力推动中美关系发展。**

［目　文］　美国当选总统唐纳德·特朗普的过渡团队宣布，艾奥瓦州州长特里·布兰斯塔德将被提名为美国驻华大使，一些美国媒体报道说，布兰斯塔德已经接受提名。现年70岁的布兰斯塔德1983年至1999年以及2011年至2016年担任艾奥瓦州州长。

就此，发言人说，布兰斯塔德州长是中国人民的老朋友。担任州长期间，布兰斯塔德为推动中美交流合作作出了很多努力。我们希望他能为推动中美关系发展作出更大贡献。美国驻华大使这一职务是联系美国政府和中国政府的重要桥梁。无论谁担任这一职务，中国政府都愿同他共同努力，推动中美关系持续健康稳定向前发展。

12月9日

［纲　文］　**习近平主持召开中共中央政治局会议。**

［目　文］　会议主要内容是：一、分析研究2017年经济工作。会议指出，2017年要召开党的十九大，也是实施“十三五”规划的重要一年和推进供给侧结构性改革的深化之年，做好经济工作意义重大。要全面贯彻党的十八大和十八届三中、四中、五中、六中全会精神，统筹推进“五位一体”总体布局和协调推进“四个全面”战略布局，坚持稳中求进工作总基调，适应把握引领经济发展新常态，牢固树立和贯彻落实新发展理念，坚持以提高发展质量和效益为中心，坚持宏观政策要稳、产业政策要准、微观政策要活、改革政策要实、社会政策要托底的政策思路，坚持以推进供给侧结构性改革为主线，适度扩大总需求，加强预期引导，深化创新驱动，全面做好稳增长、促改革、调结构、惠民生、防风险各项工作，促进经济平稳健康发展和社会和谐稳定。稳中求进工作总基调是我们治国理政的重要原则，对指导2017年经济工作具有特别重要的意义。要在保持社会稳定的

前提下，推进关键领域工作取得突破。会议要求，要深入推进“三去一降一补”，推动五大任务有实质性进展。要积极推进农业供给侧结构性改革，大力振兴实体经济，培育壮大新动能，加快研究建立符合国情、适应市场规律的房地产平稳健康发展长效机制，加快推进国企、财税、金融、社保等基础性关键性改革，更好发挥经济体制改革的牵引作用。要扎实推进“一带一路”建设，完善法治建设，改善投资环境，释放消费潜力，扩大开放领域，积极吸引外资。要继续做好各项民生工作，保持社会大局稳定。二、审议通过《关于加强国家安全工作的意见》。会议认为，国家安全是国家生存发展的前提、人民幸福安康的基础、中国特色社会主义事业的重要保障。党的十八大以来，党中央高度重视国家安全工作，推动国家安全工作在制度、法治、方略、工作举措上取得了新的明显进展。会议强调，必须坚持总体国家安全观，以人民安全为宗旨，统筹国内国际两个大局，统筹发展安全两件大事，有效整合各方面力量，综合运用各种手段，维护各领域国家安全，构建国家安全体系，走中国特色国家安全道路；必须坚持集中统一、高效权威的国家安全领导体制；必须坚持国家安全一切为了人民，一切依靠人民；必须坚持社会主义法治原则；必须开展国家安全宣传教育，增强全社会国家安全意识。

12月9日

［纲　文］　**习近平主持中共中央政治局第37次集体学习**。

［目　文］　本次学习的主题是中国历史上的法治和德治。中国政法大学法律史学研究院院长朱勇教授就这个问题进行讲解，并谈了意见和建议。中共中央政治局各位委员听取了讲解，并就有关问题进行了讨论。

中共中央总书记习近平指出，法律是准绳，任何时候都必须遵循；道德是基石，任何时候都不可忽视。在新的历史条件下，我们要把依法治国基本方略、依法执政基本方式落实好，把法治中国建设好，必须坚持依法治国和以德治国相结合，使法治和德治在国家治理中相互补充、相互促进、相得益彰，推进国家治理体系和治理能力现代化。法律是成文的道德，道德是内心的法律。法律和道德都具有规范社会行为、调节社会关系、维护社会秩序的作用，在国家治理中都有其地位和功能。“法安天下，德润人心。”法律有效实施有赖于道德支持，道德践行也离不开法律约束。法治和德治不可分离、不可偏废，国家治理需要法律和道德协同发力。改革开放以来，我们深刻总结我国社会主义法治建设的成功经验和深刻教训，把依法治国确定为党领导人民治理国家的基本方略，把依法执政确定为党治国理政的基本方式，走出了一条中国特色社会主义法治道路。要运用法治手段解决道德领域突出问题。法律是底线的道德，也是道德的保障。要加强相关立法工作，明确对失德行为的惩戒措施。要依法加强对群众反映强烈的失德行为的整治。对突出的诚信缺失问题，既要抓紧建立覆盖全社会的征信系统，又要完善守法诚信褒奖机制和违法失信惩戒机制，使人不敢失信、不能失信。对见利忘义、制假售假的违法行为，要加大执法力度，让败德违法者受到惩治、付出代价。要提高全民法治意识和道德自觉。法律要发挥作用，首先全社会要信仰法律；道德要得到遵守，必须提高全体人民道德素质。要加强法治宣传教育，引导全社会树立法治意识，使人们发自内心信仰和崇敬宪法法律；同时要加强道德建设，弘扬中华民族传统美德，提升全社会思想道德素质。要坚持把全民普法和全民守法作为依法治国的基础性工作，使全体人民成为社会主义法治的忠实崇尚者、自觉遵守者、坚定捍卫者。要深入实施公民道德建设工程，深化群众性精神文明创建活动，引导广大人民群众自觉践行社会主义核心价值观，树立良好道德风尚，争做社会主义道德的示范者、良好风尚的维护者。

12月9日

［纲　文］ **中共中央、国务院印发《关于推进安全生产领域改革发展的意见》。**

［目　文］《意见》由六个部分组成：一、总体要求。二、健全落实安全生产责任制。三、改革安全监管监察体制。四、大力推进依法治理。五、建立安全预防控制体系。六、加强安全基础保障能力建设。

《意见》要求，各地区各部门要加强组织领导，严格实行领导干部安全生产工作责任制，根据本意见提出的任务和要求，结合实际认真研究制定实施办法，抓紧出台推进安全生产领域改革发展的具体政策措施，明确责任分工和时间进度要求，确保各项改革举措和工作要求落实到位。贯彻落实情况要及时向党中央、国务院报告，同时抄送国务院安全生产委员会办公室。中央全面深化改革领导小组办公室将适时牵头组织开展专项监督检查。

12月9日

［纲　文］ **国务院办公厅批复工商总局，同意建立网络市场监管部际联席会议制度。**

［目　文］ 批复说，国务院同意建立由工商总局牵头的网络市场监管部际联席会议制度。联席会议不刻制印章，不正式行文，请按照国务院有关文件精神认真组织开展工作。

12月9日

［纲　文］ **财政部、林业局印发《林业改革发展资金管理办法》。**

［目　文］《办法》共9章47条，主要有总则、森林资源管护支出、森林资源培育支出、生态保护体系建设支出、国有林场改革支出、林业产业发展支出、资金分配下达、资金管理监督、附则等内容，自2017年1月1日起施行。《财政部国家林业局关于印发〈中央财政林业补助资金管理办法〉的通知》同时废止。《财政部国家林业局关于印发〈森林防火项目资金管理办法〉的通知》中有关规定与本办法不符的，执行本办法。

12月9日

［纲　文］ **教育部直属高校工作咨询委员会第26次全体会议在北京召开。**

［目　文］ 会议的主要任务是全面贯彻落实党的十八届六中全会以及全国高校思想政治工作会会议精神，围绕切实办好中国特色社会主义大学，研究新情况、部署新工作、推动新发展。教育部部长陈宝生主持会议。国务院副总理刘延东出席会议并讲话。教育部直属高校咨询委员，教育部在京全体党组成员，有关司局和直属单位负责人，中组部、发

展改革委、财政部、工业与信息化部、国家民委、北京市等有关方面负责人300人参加会议。

刘延东指出，高校要深入学习贯彻党的十八届六中全会和习近平总书记系列重要讲话精神，认真落实全国高校思想政治工作会议精神，按照党中央、国务院决策部署，坚持正确方向、坚持立德树人、坚持服务大局、坚持改革创新，办好中国特色社会主义高校，为全面建成小康社会、实现中国梦提供坚实的人才支撑。高等教育发展水平是国家发展水平和发展潜力的重要标志。要全面贯彻党的教育方针，坚持社会主义办学方向，加强改进高校党建和思想政治工作，培养社会主义建设者和接班人。要以人才培养为中心，以提高质量为核心，深化课程教学改革，加强教师队伍建设，促进高等教育内涵发展。要坚持德育为先，能力为重，促进学生德智体美全面发展。要加大高校科研支持力度，创新组织模式，畅通成果转化渠道，激发创新创造活力。要繁荣发展哲学社会科学，打造高端智库。要统筹推进世界一流大学和一流学科建设，提高高等教育发展水平，增强国家核心竞争力。要主动服务外交大局，参与人文交流与国际合作，助推国家软实力提升。她强调，要切实加强党对高等教育的领导，高校领导班子要不断提高思想政治素质和办学治校能力，做中国特色社会主义高校政治家、教育家。

12月9日

［纲　文］　**孟建柱在北京与部分省区新任政法委书记座谈。**

［目　文］　在听取新任政法委书记发言后，中央政法委书记孟建柱指出，坚定正确的政治方向是政法工作灵魂。要始终把坚持正确政治方向放在第一位，牢固树立政治意识、大局意识、核心意识、看齐意识，始终在思想上政治上行动上与以习近平同志为核心的党中央保持高度一致。要严守政治纪律和政治规矩，保持清清爽爽的同志关系、规规矩矩的上下级关系，在大是大非面前，敢于坚持原则，顶得住、不信邪、不懈怠。要崇尚法治、信仰法治，带头尊法学法守法用法，在工作中坚持讲事实、讲法律、讲规则、讲程序，始终在法治轨道上用权。面对新的形势、任务，要进一步加强学习，学习政法业务知识，学习法律知识，学习新的科技知识，掌握新的知识、方法，提高领导政法工作水平。要求真务实、善抓落实，加强调查研究，了解掌握政法工作情况、矛盾和问题，研究把握规律，加强工作指导和检查督导，确保政法工作各项部署落到实处、取得实效。要善于统筹协调，支持政法单位依法履行职责，帮助解决工作中遇到的重大问题。

12月9日

［纲　文］　**中泰贸易、投资和经济合作联合委员会第五次会议在北京举行。**

［目　文］　国务委员王勇与泰国副总理颂吉共同主持会议。会议旨在落实两国领导人达成的重要共识，深化各领域务实合作，深入推进“一带一路”建设。双方积极评价了中泰经贸联委会第四次会议以来取得的进展，并一致认为，要充分发挥现有双边机制的作用，对接两国发展规划，继续推进贸易投资和重大项目合作，共同推动中泰经贸合作不断深入发展。中泰双方共同签署了中泰经贸联委会第五次会议纪要、中泰经贸合作五年发展

规划延期和制定共同行动计划议定书、铁路合作谅解备忘录、农产品电子证书技术合作安排等文件。

12 月 9 日

［纲　文］　**国务院港澳办发言人就香港特别行政区行政长官梁振英宣布不参选下任行政长官一事发表谈话。**

［目　文］　发言人表示，我们对香港特区行政长官梁振英先生因家庭原因，决定不再参选下任行政长官深感惋惜，并尊重其个人决定。梁振英先生担任香港特区第四任行政长官以来，坚定地贯彻“一国两制”方针和基本法，稳妥处理了一系列重大政治法律问题，在维护国家主权、安全、发展利益和香港社会政治稳定方面作出了重要贡献，带领特区政府及社会各界在发展经济、改善民生、推动香港与内地交流合作等方面取得了积极成效。中央政府对他的工作一直给予充分肯定和高度评价。希望他做好余下任期内的工作，今后在香港和国家发展中继续发挥作用。

同日，中央政府驻香港联络办公室负责人就梁振英宣布不参选下任行政长官一事指出，梁振英担任香港特别行政区第四任行政长官以来，坚定贯彻执行“一国两制”方针和基本法，带领特区政府管治团队依法施政，勇于解决香港社会长期积累形成的困难和问题，广泛凝聚社会共识，在发展经济、改善民生、推进民主、促进和谐以及加强香港同内地的交流合作、促进国际联系等方面都付出了艰辛努力，成绩有目共睹。特别是在处理政改问题、应对非法“占中”事件、依法打击和遏制“港独”活动等一系列重大政治法律问题上，敢于担当，坚决维护国家主权和安全，坚决维护基本法权威，坚决维护香港社会大局稳定和广大市民福祉，坚决维护法治，表现出坚定的爱国爱港立场和驾驭复杂局势的能力。中央对梁振英行政长官的工作一直充分肯定、高度评价。

12 月 9 日

［纲　文］　**外交部发言人就日本不承认中国市场经济地位表示，日方应先诚实面对履约责任。**

［目　文］　有记者问，日本经济产业省 8 日表示，日方已决定继续不承认中国是市场经济国家并将维持征收“反倾销税”做法。中方对此有何回应？

发言人表示，日方现在需要说明的不是这个问题，而是在 12 月 11 日前，日本方面是否准备履行自己的国际承诺和国际义务，在对中国出口产品的反倾销调查中放弃使用“替代国”的做法。日方解决好自己的履约责任问题后，中方愿同日方谈谈中国市场经济地位问题。中国改革开放发展近 40 年来，不仅经济总量跃居世界第二位，还成为世界许多国家最大的贸易伙伴。特别是，中国经济的增长成为拉动全球经济增长的主要引擎之一，至今仍然贡献着全球经济增长的将近 1/4。不管日方愿不愿承认，中国与外部世界经济的高度关联和互利共赢本身就足以说明问题。

12 月 9 日

［纲　文］　**《人民日报》发表题为《坚持走自己的高等教育发展道路——一论学习贯**

彻习近平总书记高校思想政治工作会议讲话》的评论员文章。

12月10日

［纲　文］　**中宣部在北京召开学习贯彻习近平总书记在中国文联十大、中国作协九大开幕式上和会见中国记协第九届理事会代表时重要讲话精神座谈会。**

［目　文］　中宣部部长刘奇葆出席会议时指出，要深入学习贯彻习近平总书记重要讲话精神，坚持以人民为中心的创作导向，坚持为人民服务、为社会主义服务，坚持百花齐放、百家争鸣，坚持创造性转化、创新性发展，推动社会主义文艺繁荣发展。广大文艺工作者要坚定文化自信，坚持以社会主义核心价值观为引领，唱响时代正气歌，弘扬爱国主义主旋律，彰显传统文化精髓；始终站稳人民立场，深入生活、扎根人民，为人民抒写抒情抒怀；切实把创作生产优秀作品作为中心任务，推出更多高质量高品位的优秀作品。广大新闻工作者要坚持正确政治方向、舆论导向、新闻志向、工作取向，践行马克思主义新闻观，做党和人民信赖的新闻工作者。文联作协记协要提高联系服务能力，深化改革工作，增强协会组织活力、向心力、吸引力和行业影响力，更好地把广大文艺工作者和新闻工作者团结凝聚起来。宣传文化系统各部门各单位要加强宣传阐释，精心组织学习培训，把学习宣传贯彻习近平总书记重要讲话精神引向深入。

12月10日

［纲　文］　**交通运输部公布修改后的《国内水路运输管理规定》《公路水运工程试验检测管理办法》《路政管理规定》，自2016年12月10日起施行。**

12月10日

［纲　文］　**文化部在北京召开2016年全国文物科技工作会议。**

［目　文］　文化部部长雒树刚、文物局局长刘玉珠、科技部副部长徐南平、国家自然科学基金委员会副主任姚建年、国家标准化管理委员会副主任崔钢，与来自各省区市有关部门、科研单位和文物局重点科研基地的代表出席会议。会议发布了科技部、文化部、国家文物局联合制定的《国家“十三五”文化遗产保护与公共文化服务科技创新规划》和文物局、发展改革委、科技部、工业和信息化部、财政部联合制定的《“互联网＋中华文明”三年行动计划》。文物局向秦始皇帝陵博物院等机构负责的“考古发掘现场出土脆弱遗迹临时固型材料研究”、云冈石窟研究院等机构负责的“石质文物保护关键技术研究”等十个项目颁发“十二五”文物保护科学和技术创新奖，向《全民科学素养行动计划纲要》“十二五”实施工作先进集体和先进个人颁发奖状证书。会议还公布了第六批国家文物局重点科研基地，木结构古建筑安全评估与灾害风险控制国家文物局重点科研基地等七家机构入选。

12月10日

［纲　文］　**《人民日报》发表题为《始终坚持社会主义办学方向——二论学习贯彻习近平总书记高校思想政治工作会议讲话》的评论员文章。**

12月10—11日

［纲　文］ **第11届全球孔子学院大会在昆明召开。**

［目　文］ 大会由孔子学院总部（国家汉办）、云南省人民政府主办，主题是创新、合作、包容、共享。共举办14场中外大学校长论坛和孔子学院院长论坛，召开“中医、太极等中华文化对外交流座谈会”“孔子学院与‘一带一路’建设工作座谈会”及圆桌论坛3个专题会议，举办孔子学院总部项目咨询会及孔子学院汉语教材展、孔子学院文化创意展、云南非物质文化遗产及中医、旅游展等系列活动。来自140个国家和地区的大学校长、孔子学院代表共2200多人参加大会。国务院副总理、孔子学院总部理事会主席刘延东出席开幕会并致辞，为全球孔子学院先进个人和先进单位颁奖。

12月10—12日

［纲　文］ **外交部部长王毅对瑞士进行正式访问。**

［目　文］ 12日，王毅在伯尔尼会见瑞士联邦主席施奈德－阿曼时表示，中瑞关系已经成为不同社会制度、不同发展阶段和不同大小国家和平共处、合作共赢的样板。下阶段，中方愿同瑞方加强高层交往，深化各领域全方位合作。双方应发挥各自优势，把创新战略伙伴关系真正落到实处，为世界经济恢复增长提供新动力。双方应共同发出反对贸易保护主义的呼声，积极探讨中瑞自贸协定升级版，维护世界自由贸易体制。

施奈德－阿曼表示，瑞士高度重视中国，从中国经济发展中获益良多。瑞中关系非常好，双方在广泛领域开展良好对话，合作成果显著。希望双方切实落实创新战略伙伴关系，共同维护自由贸易体系，推动瑞中关系在经贸、金融、能源、旅游、文化等各领域取得更多积极成果。

访问期间，王毅与瑞士联邦委员兼外长伯克哈尔特会谈。王毅还分别会见联合国日内瓦办事处总干事穆勒、世界卫生组织总干事陈冯富珍和国际奥委会主席巴赫。

12月11日

［纲　文］ **国务院印发《关于实行中央对地方增值税定额返还的通知》。**

［目　文］ 《通知》说，为进一步完善分税制财政体制，落实全面推开营改增试点后调整中央与地方增值税收入划分过渡方案，国务院决定，从2016年起，调整中央对地方原体制增值税返还办法，由1994年实行分税制财政体制改革时确定的增值税返还，改为以2015年为基数实行定额返还，对增值税增长或下降地区不再实行增量返还或扣减。返还基数的具体数额，由财政部核定。

12月11日

［纲　文］ **中共中央办公厅、国务院办公厅印发《关于全面推行河长制的意见》。**

［目　文］ 《意见》由三个部分组成：一、总体要求。二、主要任务。三、保障措施。

《意见》要求，各省（自治区、直辖市）党委和政府要在每年1月底前将上年度贯彻落实情况报党中央、国务院。

12月11日

［纲　文］　**新华社讯，常万全在新疆调研边防工作。**

［目　文］　中央军委委员常万全强调，要深入学习宣传贯彻党的十八届六中全会精神，紧密团结在以习近平同志为核心的党中央周围，强化使命担当，合力强边固防，为实现新疆社会稳定和长治久安贡献力量。党中央、习主席对新疆工作高度重视，从战略全局的高度提出维护社会稳定和长治久安是新疆工作总目标。加强边防建设、强化边境管控是实现这一总目标的重要工作。军地各级要坚决贯彻习主席决心意图，深刻认识新疆在我国安全稳定全局中的特殊重要地位，深刻认识新疆安全稳定仍面临复杂严峻形势，深刻认识管边控边的任务艰巨繁重，进一步增强强边固防的使命感责任感紧迫感，采取超常措施，把边防各项建设和工作抓得更紧更有成效，让党中央、习主席放心。党政军警兵民“六位一体”合力强边固防是新疆的独特优势。要靠统一意志，把各方力量凝聚起来；要靠制度保障，把“六位一体”工作机制上升到制度层面来固化；要靠导向激励，把边防稳固作为衡量各级工作成效的重要尺度；要靠群策群力，把专司与群治作为强边固防的重要法宝，打好新形势下戍边维稳人民战争。要强化勇于担当的精神、不怕牺牲的血性、攻坚克难的决心、深入扎实的作风，不忘初心、矢志不移扎根边疆、奉献边疆、建功边疆，以优异成绩迎接党的十九大召开。

12月11日

［纲　文］　**中国在西昌卫星发射中心用长征三号乙运载火箭成功发射风云四号卫星。**

［目　文］　风云四号卫星是中国静止轨道气象卫星从第一代（风云二号）向第二代跨越的首发星，也是中国首颗地球同步轨道三轴稳定定量遥感卫星。

12月11日

［纲　文］　**第12届环境与发展论坛在北京举行。**

［目　文］　论坛由中华环保联合会、联合国环境规划署共同主办，以“改善环境质量，共图绿水青山”为主题。国内外著名专家学者、知名企业代表以及关心与支持环保事业的社会各界人士六百余人与会。

12月11日

［纲　文］　**《人民日报》发表题为《沿用好办法 改进老办法 探索新办法——三论学习贯彻习近平总书记高校思想政治工作会议讲话》的评论员文章。**

12月11—12日

［纲　文］　**国务委员杨洁篪应邀请访问墨西哥。**

［目　文］　12日，杨洁篪在墨西哥城会见墨西哥总统培尼亚。杨洁篪向培尼亚转达了习近平主席的亲切问候并说，习近平主席不久前成功访问拉美三国，为中拉关系发展注入新的强劲动力。墨西哥是拉美地区重要国家，中方愿同墨方加强沟通协调，共同推动中

拉整体合作不断迈上新台阶。培尼亚表示，近年来，墨中友好日益深厚，两国高层交往密切，政治互信不断加深，互利合作成果丰富。墨西哥致力于深化同中国的全面战略伙伴关系。墨方愿与中方共同努力，拓展两国贸易、投资、航空等各领域合作，加强文化交流，推动墨中关系发展得更快更好。

同日，杨洁篪还与墨西哥外长马谢乌举行会谈，就双边关系及共同关心的国际地区问题交换意见。

12月11—12日

［纲　文］ **“一带一路”生态环保国际高层对话会在深圳举办。**

［目　文］ 对话会由环保部和深圳市政府主办。来自“一带一路”沿线部分国家、国际组织高级别代表以及国家有关部委、机构和企业代表二百余人，围绕“加强生态环境保护，推动绿色‘一带一路’建设”主题，交流分享绿色发展的理念与实践，共商生态环保合作。

12月12日

［纲　文］ **第一届全国文明家庭表彰大会在北京举行，习近平会见全体代表。**

［目　文］ 中共中央总书记习近平在会见全体代表时指出，我们要重视家庭文明建设，努力使千千万万个家庭成为国家发展、民族进步、社会和谐的重要基点，成为人们梦想启航的地方。要动员社会各界广泛参与家庭文明建设，推动形成爱国爱家、相亲相爱、向上向善、共建共享的社会主义家庭文明新风尚。

中央文明委主任刘云山参加会见并出席表彰大会。中宣部部长刘奇葆主持大会。国务院副总理刘延东在大会上宣读表彰决定。大会为受表彰家庭代表颁奖。全国妇联、浙江省负责人，文明家庭代表邱宏涛、兰华雄、黄春红作大会发言。中央宣传思想工作领导小组成员、中央文明委委员、中央主要新闻单位、各省区市和新疆生产建设兵团有关负责人等参加会议。

为深入贯彻习近平总书记系列重要讲话精神特别是关于“注重家庭、注重家教、注重家风”重要指示精神，深化家庭文明建设，中央文明委开展了第一届全国文明家庭评选表彰活动。本次活动以爱国守法、遵德守礼、平等和谐、敬业诚信、家教良好、家风淳朴、绿色节俭、热心公益8个方面为评选标准，从全国范围评选了300户文明家庭。

12月12日

［纲　文］ **张德江主持召开十二届全国人大常委会第八十四次委员长会议。**

［目　文］ 全国人大常委会副委员长李建国、王胜俊、陈昌智、严隽琪、沈跃跃、吉炳轩、张平、向巴平措、艾力更·依明巴海、张宝文、陈竺出席会议。

会议决定，十二届全国人大常委会第二十五次会议12月19日至25日在北京举行。全国人大常委会副委员长兼秘书长王晨就常委会第二十五次会议议程草案、日程安排意见等作了汇报；全国人大常委会有关副秘书长，全国人大有关专门委员会、常委会有关工作委员会和代表资格审查委员会负责人就常委会第二十五次会议有关议题作了汇报。

12月12日

［纲　文］ **国务院发布《政府核准的投资项目目录（2016年本）》。**

［目　文］ 《目录》由12个部分组成：一、农业水利。二、能源。三、交通运输。四、信息产业。五、原材料。六、机械制造。七、轻工。八、高新技术。九、城建。十、社会事业。十一、外商投资。十二、境外投资。自2016年12月12日起执行，《政府核准的投资项目目录（2014年本）》即行废止。

12月12日

［纲　文］ **证监会公布《证券期货投资者适当性管理办法》，自2017年7月1日起施行。**

12月12日

［纲　文］ **旅游局公布修改后的《旅行社条例实施细则》，自2016年12月12日起实施。**

12月12日

［纲　文］ **旅游局公布废止《出境旅游领队人员管理办法》，自2016年12月12日起实施。**

12月12日

［纲　文］ **国务院总理李克强在北京会见泰国第一副总理巴维。**

［目　文］ 李克强表示，中方愿同泰方加强高层交往，拓展互利务实合作，扩大人文、防务和执法安全交流，推动中泰关系与合作迈上新台阶。我同巴育总理年内就推进中泰铁路合作达成新的共识。此次联委会签署合作备忘录，在明确现有高铁合作框架基础上，对开展下步合作作出安排。我们愿同泰方共同努力，推动中泰铁路建设不断取得积极进展，切实造福两国和地区人民。在当前国际经济政治形势下，加强东亚区域经济一体化建设是各方共识，特别是早日达成区域全面经济伙伴关系协议符合各方利益，有利于显示地区国家推动贸易投资自由化便利化的决心。中方支持东盟在区域合作中的中心地位，愿在中国—东盟关系和东亚合作框架下，就区域全面经济伙伴关系谈判同泰方等有关各方加强协调与沟通。

巴维表示，我此次受巴育总理委托来华通报泰中合作进展。泰方愿同中方加快推进泰中铁路等互联互通重点项目，深入开展旅游、互联网、农业、执法安全等领域合作。区域全面经济伙伴关系是一项造福亚洲的重要倡议，泰国作为东盟成员，愿为有关商谈凝聚共识、加快进展发挥积极推动作用。

同日，国务委员常万全在北京会见巴维。

13日，中共中央政治局委员、中央政法委书记孟建柱在北京会见巴维时说，中泰是友好邻邦。中方愿同泰方共同努力，加强经贸、人文等各领域合作，深化反恐领域务实合作，推动湄公河流域执法安全合作深入开展，为区域人员往来和货物运输提供安全保障，切实维护两国安全、促进地区稳定。巴维表示，泰方愿同中方深化包括执法安全在内的各领域务实合作，造福两国人民。

12 月 12 日

［纲　文］　**纪念西安事变 80 周年座谈会在北京召开。**

［目　文］　中央统战部部长孙春兰主持座谈会。全国政协主席俞正声出席座谈会并讲话。民革中央主席万鄂湘、张学良将军侄女张闾蘅、杨虎城将军之孙杨瀚、台湾同胞代表吴荣元、中央党史研究室主任曲青山先后在会上发言。杜青林、林文漪、张庆黎，中央党政军群有关部门、各民主党派中央、全国工商联和陕西省负责人，张学良、杨虎城和其他西安事变亲历者亲属，港澳台同胞、海外侨胞代表及专家学者参加座谈会。

俞正声指出，西安事变在中国近代历史上具有重大意义和深远影响。西安事变及其和平解决，结束了十年内战，促成了第二次国共合作，成为中国由长期内战走向全民抗战的转折点，成为扭转时局的枢纽。张学良、杨虎城两位将军也因他们崇高的爱国义举被誉为中华民族的“千古功臣”，永载史册，彪炳后世。

12 月 12 日

［纲　文］　**吉林省第十二届人大常委会第三十一次会议决定任命刘国中为吉林省人民政府副省长、代理省长。**

12 月 12 日

［纲　文］　**中央政治局常委刘云山在北京会见越共中央政治局委员、中央书记处书记、中央组织部部长范明政率领的越南共产党代表团。**

［目　文］　刘云山说，中国党愿与越南党一道深入落实习近平总书记同阮富仲总书记达成的重要共识，牢牢把握两党两国关系发展的正确方向，加强治国理政经验交流，深化各领域务实合作，推动中越全面战略合作伙伴关系长期健康稳定发展。刘云山应询介绍了十八届六中全会精神。范明政表示，越方高度赞赏中方协调推进“四个全面”战略布局取得的成就和为地区及世界和平发展作出的突出贡献，越南党愿与中国党全面深化党际关系，共同引领越中关系更好发展。

12 月 12 日

［纲　文］　**汪洋在北京主持召开国务院扶贫开发领导小组第 14 次全体会议。**

［目　文］　会议主要议题是：学习贯彻中共中央总书记习近平指示批示精神和国务院总理李克强批示要求，总结 2016 年脱贫攻坚进展，研究部署下一阶段工作。

国务院扶贫开发领导小组组长汪洋指出，要认真贯彻落实中央脱贫攻坚各项决策部署，增强看齐意识，强化问题导向，准确把握脱贫目标，狠抓精准扶贫落地，推动脱贫攻坚再上新台阶。2107 年是推进脱贫攻坚战的重要一年，要凝心聚力，一步一个脚印地狠抓落实。坚持“中央统筹、省负总责、市县抓落实”工作机制，充分调动地方各级政府工作积极性，切实瞄准建档立卡贫困人口，因地制宜、因户因人施策，重视解决影响精准的问题。要突出重点，聚焦特困地区、特困群众、特困群体，查找突出短板，集中力量攻坚。要从严考核监督，强化督查巡查，破除扶贫领域形式主义等问题。要强化产业、就业等造血机制，改进动员和帮扶方式，激发贫困群众内生发展动力。要推进稳定脱贫，攻坚期内对已脱贫人口继续给予适当支持，完善社保兜底政策，分步骤解决影响贫困的长期问题。要进一步加大扶贫投入，加强扶贫资金管理，全面提高脱贫实效。

12月12日

［纲　文］ **汪洋在北京主持召开全国旅游系统劳模先进代表座谈会。**

［目　文］ 国务院副总理汪洋指出，我国旅游业正处在黄金发展期和矛盾凸显期，改革发展任务艰巨繁重。要认真落实党中央、国务院有关决策部署，通过表彰先进、弘扬正气，进一步调动全体旅游工作者的积极性和创造性，推动旅游业发展迈上新台阶。过去五年是我国旅游业大发展、大变革的五年。旅游业走向国民经济建设的前沿，在稳增长、调结构、惠民生中发挥着日益重要的作用。榜样的力量是无穷的。要大力弘扬劳模精神，激励广大干部职工学习先进、争当先进，艰苦创业、爱岗敬业，为旅游业改革发展添砖加瓦。坚持以质量和效益为中心，促进旅游业从资源驱动向创新驱动转变。牢固树立“绿水青山就是金山银山”的理念，提升旅游生态文明价值。要实施旅游精准扶贫，让更多贫困户在旅游业发展中脱贫致富。大力规范旅游市场秩序，使旅游监管向法治化、精细化、标准化迈进。加强旅游队伍建设，造就一支结构合理、素质优良、具有开拓创新能力的旅游企业领军人物和专业技术人才队伍，更好地适应大众旅游时代的需求。

座谈会前，人力资源社会保障部、旅游局共同举办了全国旅游系统先进集体、劳动模范和先进工作者表彰活动。

12月12日

［纲　文］ **新华社讯，刘延东在云南调研。**

［目　文］ 国务院副总理刘延东在学校、医院和科研文化单位调研，到傣族、基诺族等少数民族村寨，与各族群众、基层干部和教育卫生工作者拉家常、问实情、谋发展。她指出，希望认真落实习近平总书记在云南考察时提出全面小康“一个民族都不能少”的要求，主动融入“一带一路”建设，把兴边富民、脱贫攻坚、民族团结工作结合起来，走出一条有特色的跨越发展路子。

12月12日

［纲　文］ **外交部发言人就个别国家借“世界人权日”批评中国人权状况表示，中方对有关国家的做法表示不满和反对。**

［目　文］ 有记者问：12月10日是第68个“世界人权日”。请问中方对推动国际人权事业发展有何看法？同时，我们也注意到个别西方国家发声批评中国人权状况。中方对此有何回应？

发言人说，促进和保护人权是人类的共同理想和追求。“世界人权日”本是国际社会加强人权保障、促进人权交流、推动国际人权事业健康发展的契机，却被个别国家当作对他国进行指责、干涉他国内政、将人权问题政治化的借口。中方对有关国家的做法表示不满和反对。世界上没有放之四海皆准的人权发展道路。各国必须根据自身国情和人民需求推进本国的人权事业。多年来，中国在发展和保护人权方面成就斐然，并得到国际社会广泛认可。我们愿在恪守《联合国宪章》宗旨和原则以及遵守国际关系基本准则的基础上，与各国就人权问题开展平等对话与合作，共同推动人权事业进步。关于有关国家声明中提到的个案，几乎都涉及违反或涉嫌违反中国法律的人。中国是法治国家，司法机关依法办案，中方坚决反对有关国家干预中国司法主权。

12月12日

［纲　文］　**商务部新闻发言人就美国、欧盟对华反倾销"替代国"做法表示，中国正式启动世贸组织争端解决程序。**

［目　文］　商务部新闻发言人表示，《中国加入世贸组织议定书》第十五条允许其他世贸组织成员在对华反倾销调查中使用"替代国"做法，但明确要求在中国加入世贸组织15年后，即2016年12月11日终止。随着15年期限的到来，其他世贸组织成员应立即停止依据《中国加入世贸组织议定书》第十五条在对华反倾销调查中使用"替代国"做法，这是所有世贸组织成员必须履行的国际义务。中方此前已在多双边场合与相关世贸组织成员认真沟通，敦促其善意履行义务，按期终止反倾销"替代国"做法。但令人遗憾的是，美国、欧盟迄今没有履行义务。美国、欧盟都是对中国采取反倾销措施最多的世贸组织成员之一，调查机关使用"替代国"做法导致人为提高中国企业的反倾销税率，对中国相关行业出口和就业造成了严重影响。世贸诉讼是世贸组织成员以规则为基础、解决贸易纠纷的通常做法。中方提起世贸诉讼，维护自身合法权益和国际贸易规则的严肃性，合情、合理、合法。中方再次敦促尚未根据《中国加入世贸组织议定书》第十五条按期终止对华反倾销"替代国"做法的世贸组织成员，尽快履行义务。同时，中方保留在世贸组织规则项下的权利，坚决捍卫自身合法权益。

12月12日

［纲　文］　**香港特区新一届行政长官选委会1200名委员全部产生。按照安排，2017年3月投票选出香港特区新一届行政长官。**

12月12日

［纲　文］　**原中央顾问委员会委员，中国共产党广西壮族自治区委员会原副书记，广西壮族自治区人民政府原主席、党组书记韦纯束在南宁逝世，享年95岁。**

12月12—15日

［纲　文］　**2016中国国际纪录片节在广州举办。**

［目　文］　纪录片节由新闻出版广电总局和广东省政府主办。来自111个国家和地区的4059部/集作品参展参评，再次刷新纪录，继续保持亚洲同类节展首位；促成纪录片交易合约价值总额近4亿元人民币，也创历年最高纪录。

12月13日

［纲　文］　**国家主席习近平、国务院总理李克强就土耳其发生爆炸事件分别向土耳**

其总统埃尔多安、土耳其总理耶尔德勒姆致慰问电。

12月13日

［纲　文］　**国家主席习近平、国务院总理李克强就埃及教堂遭遇恐怖爆炸袭击分别向埃及总统塞西、埃及总理伊斯梅尔致慰问电。**

12月13日

［纲　文］　**国务院总理李克强就英格利希就任新西兰政府总理致贺电。**

12月13日

［纲　文］　**中共中央、国务院在南京举行2016年南京大屠杀死难者国家公祭仪式。**

［目　文］　全国人大常委会副委员长沈跃跃主持公祭仪式。中央组织部部长赵乐际出席仪式并讲话。国务委员王勇、全国政协副主席齐续春和中央军委委员张又侠出席仪式。参加过抗日战争的老战士老同志代表，中央党政军群有关部门和东部战区、江苏省、南京市负责人，各民主党派中央、全国工商联负责人和无党派人士代表，港澳台同胞代表，为中国人民抗日战争胜利作出贡献的国际友人或其遗属代表，南京大屠杀幸存者及遇难同胞亲属代表，江苏省各界群众代表等参加公祭仪式。

赵乐际表示，今天，我们在这里隆重举行南京大屠杀死难者国家公祭仪式，悼念南京大屠杀无辜死难者，悼念所有惨遭日本侵略者杀戮的死难同胞，缅怀为中国人民抗日战争胜利献出生命的革命先烈和民族英雄，宣示中国人民牢记历史、不忘过去，珍爱和平、开创未来的坚定立场。惨绝人寰的南京大屠杀，是对国际条约的公然违背和践踏，是人类历史上十分黑暗的一页。面对极其残暴的日本侵略者，面对亡国灭种的危险境地，在中国共产党号召和引领下，中国人民凝聚起同仇敌忾、血战到底的空前斗志，中华大地成为众志成城、前赴后继的抗日战场，历经八年浴血奋战，赢得了抗日战争的伟大胜利，揭示了“正义必胜、和平必胜、人民必胜”的千古铁律。

12月13日

［纲　文］　**国务院办公厅关于转发人力资源社会保障部、国家公务员局《“十三五”行政机关公务员培训纲要》。**

［目　文］　《纲要》由四个部分组成：一、总体要求。二、培训内容。三、主要任务。四、组织保障。

12月13日

［纲　文］　**国务院办公厅复函浙江省人民政府、质检总局，同意浙江省开展国家标准化综合改革试点工作。**

［目　文］　复函说：一、同意浙江省开展国家标准化综合改革试点工作。浙江省国家标准化综合改革试点工作方案由浙江省人民政府制定发布。二、试点工作要全面贯彻党的十八大和十八届三中、四中、五中、六中全会精神，深入贯彻习近平总书记系列重要讲话精神，认真落实国务院决策部署，积极实施标准化战略，加快提升浙江省标准化总体水平，为全面深化标准化工作改革提供可复制、可推广的经验。三、浙江省人民政府要加强对试点工

作的组织领导，完善配套措施，健全协作机制，落实工作责任，积极稳妥推进试点工作，确保试点各项目标任务和政策措施落到实处。四、质检总局要会同国务院有关部门加强对试点工作的指导和协调，适时开展试点评估，总结推广经验，重大问题及时向国务院报告。

12月13日

［纲　文］　**交通运输部公布修改后的《中华人民共和国船舶及其有关作业活动污染海洋环境防治管理规定》《中华人民共和国船舶污染海洋环境应急防备和应急处置管理规定》，自2016年12月13日起实施。**

12月13日

［纲　文］　**交通运输部公布《中华人民共和国船舶登记办法》。**

［目　文］　《办法》共9章76条，主要有总则、登记一般规定、船舶所有权登记、船舶国籍、船舶抵押权登记、光船租赁登记、船舶烟囱标志和公司旗登记、自由贸易试验区国际、附则等内容。自2017年2月10日起施行。

12月13日

［纲　文］　**《习近平关于全面从严治党论述摘编》出版。**

［目　文］　《论述摘编》共分十个专题：一、全面从严治党，确保党始终成为中国特色社会主义事业的坚强领导核心。二、党要管党首先要从党内政治生活管起，从严治党首先要从党内政治生活严起。三、坚定理想信念，补足精神之钙。四、牢固树立"四个意识"，坚决维护党中央权威。五、坚持把纪律挺在前面，严明政治纪律和政治规矩。六、从严治吏，培养选拔党和人民需要的好干部。七、作风建设永远在路上。八、以零容忍态度惩治腐败。九、加强党内监督，发挥巡视利剑作用。十、落实全面从严治党主体责任。书中收入371段论述，摘自习近平2012年11月15日至2016年10月27日期间的讲话、文章等80多篇重要文献。

12月13日

［纲　文］　**国务院在北京召开全国改善农村人居环境电视电话会议。**

［目　文］　会议主要内容是：总结2016年全国改善农村人居环境工作，部署"十三五"时期重点工作。环境保护部、农业部、财政部等相关部门，围绕农村生活垃圾治理、污水处理、绿色村屯建设、传统村落保护等方面工作进行深度剖析总结，并就如何应对生产建设中的问题提出整改意见。

国务院副总理汪洋出席会议时强调，改善农村人居环境，加快补齐农村发展短板，是提高新农村建设水平、缩小城乡差距、促进协调发展的重要举措。要全面贯彻落实党中央、国务院的决策部署，进一步加强组织领导，强化政策保障，加大工作力度，加快建设农民宜居宜业的美好家园，为促进农村发展繁荣、如期全面建成小康社会打下坚实基础。

12月13日

［纲　文］　**水利部等十部委在北京召开视频会议，动员部署《关于全面推进河长制的意见》贯彻落实工作。**

［目　文］　会议学习贯彻中共中央总书记习近平系列讲话精神，按照中央全面深化改革领导小组第28次会议以及中共中央办公厅、国务院办公厅《关于全面推行河长制的意见》要求，总结交流各地河长制成功经验，动员部署全面推行河长制各项工作。

会议确定，北京、天津、江苏、浙江、安徽、福建、江西、海南等已在全省（直辖市）范围内实施河长制的地区，要尽快按《意见》要求修订完善工作方案，2017年6月底前出台省级工作方案，力争2017年底前制定出台相关制度及考核办法，全面建立河长制。其他省（自治区、直辖市）要在2017年底前出台省级工作方案，2018年6月底前制定出台相关制度及考核办法，全面建立河长制。建立水利部会同环境保护部等相关部委参加的全面推行河长制工作部际协调机制，强化组织指导和监督检查，协调解决重大问题。水利部、环境保护部将在2017年底对建立河长制工作情况进行中期评估，2018年底对全面推行河长制情况进行总结评估。

12月13日

［纲　文］　**海洋局在北京召开全国海洋科技创新大会。**

［目　文］　海洋局副局长林山青主持会议。海洋局局长王宏、国土资源部副部长曹卫星、科学技术部副部长徐南平出席大会并讲话。中央国家机关有关部委相关部门负责人，沿海各省（区、市）及计划单列市海洋厅（局）主要负责人，部分涉海科研院所、高校、专业机构、涉海央企以及涉海学会、协会相关负责人，海洋局机关各部门及局属单位负责人参加会议。

会议主要内容是：一、部署"十三五"时期海洋科技创新发展的工作思路和重点任务。二、印发《全国科技兴海规划（2016—2020年）》。三、12家国家科技兴海产业示范基地获得授牌。

12月13日

［纲　文］　**俞正声在北京会见香港潮州商会参访团全体成员。**

［目　文］　全国政协主席俞正声指出，香港潮州商会是"百年老会"，始终坚持爱国爱港立场，为促进香港繁荣稳定和内地改革发展，为中华民族解放和复兴作出了积极贡献。对香港潮州商会提出三点希望：一是希望坚持爱国爱港的传统。坚定中华民族伟大复兴的目标，坚定"一国两制"的决心和信心，决不允许任何人、任何组织、任何政党，在任何时候、以任何形式，把任何一块中国领土从中国分裂出去，这是全中国13亿人民包括港澳台同胞的一致心声。二是希望为香港发展多作贡献。中央政府全心全意希望香港同胞生活越来越好，而香港的发展要靠特区政府和香港广大同胞的共同努力。要支持特区政府依法行政，千方百计促进香港经济繁荣，用发展经济来促进稳定。三是希望继续更好地参与内地的发展建设。要抓住内地供给侧结构性改革的机遇，在促进会员事业发展的同时，促进内地的发展建设。

12月13日

［纲　文］　**云南省第十二届人民代表大会常务委员会第三十一次会议表决通过关于**

接受陈豪辞去云南省人民政府省长职务的决定，决定任命阮成发为云南省人民政府副省长、代理省长。

12月13日

［纲　文］　**《昆曲艺术大典》首发式在北京举行。**

［目　文］　首发式由中国艺术研究院与安徽出版集团时代出版传媒股份有限公司联合主办。《昆曲艺术大典》编纂工程于2004年启动，该项目被列入《国家“十一五”时期文化发展规划纲要》重要文化遗产保护出版项目、原国家新闻出版总署“十一五”和“十二五”重大出版工程项目。《昆曲艺术大典》由时代出版传媒股份有限公司暨安徽文艺出版社出版，成书149卷，版面字数约为9005万字，收录了明代以来昆曲最重要的文字文献、谱录文献、图片资料、音像资料文献、昆曲传承人的文化遗存等，其中明清及近代有关昆曲艺术的理论典籍、史料文献、谱录文献等是其核心内容。

12月13日

［纲　文］　**《人民日报》发表题为《家庭文明则社会文明》的评论员文章。**

12月14日

［纲　文］　**新华社讯，中共中央办公厅、国务院办公厅印发《党政主要负责人履行推进法治建设第一责任人职责规定》，自2016年11月30日起施行。**

12月14日

［纲　文］　**知识产权局公布《国家知识产权局规范性文件制定和管理办法》。**

［目　文］　《办法》共7章26条，主要有总则、起草、合法性审查、批准和发布、备案、清理、附则等内容，自2017年2月1日起施行。

12月14日

［纲　文］　**人民银行印发《中国人民银行金融消费者权益保护实施办法》。**

［目　文］　《办法》共6章50条，主要有总则、金融机构行为规范、个人金融信息保护、投诉受理与处理、监督与管理机制、附则等内容，自2016年12月14日起施行。

12月14日

［纲　文］　**环境保护部在北京召开全国环境影响评价工作会议。**

［目　文］　会议围绕学习贯彻中共中央总书记习近平系列讲话精神，坚持稳中求进工作总基调，服务“十三五”发展大局和环保中心工作，分析了环评改革面临的新形势、新机遇、新挑战，总结了“十二五”以来环评工作进展，提出了深化环评改革的总体要求，对下一阶段重点工作进行了部署安排。

12月14日

［纲　文］　**国台办发言人表示，坚持一个中国原则是台海和平稳定的基石。**

［目　文］　就美国当选总统特朗普日前在接受采访时称，他完全理解一个中国政策，但不明白美方为什么必须受一个中国政策束缚，除非美中就贸易等其他议题达成协

议。有记者问：台办对此有何评论？

发言人表示，台湾问题事关中国主权和领土完整，涉及中方核心利益。坚持一个中国原则，是发展中美关系的政治基础，也是台海和平稳定的基石。

有记者问，美国国会的参、众两院日前分别通过了2017年的国防授权法，纳入了台美资深的军事将领和官员交流的条文。台办对此有何评论？

发言人就此表示，我们坚决反对我建交国与台湾发生任何形式的官方往来和军事联系的立场是明确的，也是一贯的。

有记者提及台湾岛内一些人近日宣称的“甘心做美国棋子”的言论。

发言人表示，岛内一些顽固坚持“台独”立场与大陆为敌的势力，为了实现他们心中的所谓“台独”梦想，居然不惜卖身投靠，挟洋自重，甘当外部势力制约中国和遏制中国的筹码和棋子，这种心态真是“不以为耻、反以为荣”。

有记者针对台湾内部有人提出的“维持现状”已过时，台湾可以不受限于一中框架的论调发出提问。

发言人指出，这种言论充分暴露了岛内一些政治势力一心谋求“台独”分裂的本质，以及为了实现他们的“台独”梦想那种急不可待的心态。世界上只有一个中国，大陆和台湾同属一个中国，这具有不可辩驳的法理依据和事实依据，也是国际社会公认的现实。事实会告诉这些人，“台独”是一条走不通的死路。

12月14—16日

［纲　文］　**中央经济工作会议在北京举行。**

［目　文］　习近平、李克强、张德江、俞正声、刘云山、王岐山、张高丽出席会议。中共中央政治局委员、中央书记处书记，全国人大常委会有关领导同志，国务委员，最高人民法院院长，最高人民检察院检察长，全国政协有关领导同志以及中央军委委员等出席会议。各省、自治区、直辖市和计划单列市、新疆生产建设兵团党政主要负责人，中央和国家机关有关部门主要负责人，中央管理的部分企业和金融机构负责人，中央军委机关各部门及武警部队负责人参加会议。

中共中央总书记习近平在会上分析了当前国内国际经济形势，总结2016年经济工作，阐明经济工作指导思想，部署2017年经济工作。国务院总理李克强在讲话中阐述了2017年宏观经济政策取向，对2017年经济工作作出具体部署并作总结讲话。

会议认为，2016年以来，我们全面贯彻2015年中央经济工作会议决策部署，加强和改善党对经济工作的领导，坚持稳中求进工作总基调，坚持新发展理念，以推进供给侧结构性改革为主线，适度扩大总需求，坚定推进改革，妥善应对风险挑战，引导形成良好社会预期，经济社会保持平稳健康发展，实现了“十三五”良好开局。经济形势总的特点是缓中趋稳、稳中向好，经济运行保持在合理区间，质量和效益提高。经济结构继续优化，创新对发展的支撑作用增强。改革开放取得新突破，主要领域“四梁八柱”性改革基本出台，对外开放布局进一步完善。人民生活持续改善，贫困人口预计减少1000万以上。生态环境有所好转，绿色发展初见成效。成绩来之不易，必须充分肯定。同时，我国经济运行仍存在不少突出矛盾和问题，产能过剩和需求结构升级矛盾突出，经济增长内生动力不足，金融风险有所积聚，部分地区困难增多等。对这些问题，我们要高度重视，继续努力加以解决。我国经济运行面临的突出矛盾和问题，虽然有周期性、总量性因素，但根源是重大结构性失衡，导致经济循环不畅，必须从供给侧、结构性改革上想办法，努力实现供求关系新的动态均衡。供给侧结构性改革，最终目的是满足需求，主攻方向是提高供给质量，根本途径是深化改革。最终目的是满足需求，就是要深入研究市场变化，理解现实需求和潜在需求，在解放和发展社会生产力中更好满足人民日益增长的物质文化需要。主攻方向是提高供给质量，就是要减少无效供给、扩大有效供给，着力提升整个供给体系质量，提高供给结构对需求结构的适应性。根本途径是深化改革，就是要完善市场在资源配置中起决定性作用的体制机制，深化行政管理体制改革，打破垄断，健全要素市场，使价格机制真正引导资源配置。要加强激励、鼓励创新，增强微观主体内生动力，提高盈利能力，提高劳动生产率，提高全要素生产率，提高潜在增长率。2016年以“三去一降一补”五大任务为抓手，推动供给侧结构性改革取得初步成效，部分行业供求关系、政府和企业理念行为发生积极变化。2017年要继续深化供给侧结构性改革。第一，深入推进“三去一降一补”；第二，深入推进农业供给侧结构性改革；第三，着力振兴实体经济；第四，促进房地产市场平稳健康发展。

会议强调，做好经济工作，要贯彻落实党的十八届六中全会精神，把全面从严治党要求体现在党领导经济工作之中。各级领导干部特别是高级干部要把落实党中央经济决策部署作为政治责任，党中央制定的方针政策必须执行，党中央确定的改革方案必须落实。要深入调研，加强学习，提高本领，使制定的政策更加符合实际。要抓住想干事、敢干事这两个关键点，健全正向激励机制，促进干部创造性开展工作。全党坚定信心、知难而进，尽心尽力把经济工作做好。

12月14—16日

［纲　文］　**九三学社第十三届中央委员会第五次全体会议在北京召开。**

［目　文］　会议审议通过韩启德代表中央常务委员会所作工作报告。全会决定，2017年12月在北京召开九三学社第十一次全国代表大会。大会主要议程是，学习贯彻中共十九大精神，听取并审议九三学社第十三届中央委员会的报告，修改九三学社章程，选举九三学社第十四届中央委员会。

12月14—20日

［纲　文］　**第三届中国杂技艺术节在洛阳举办。**

［目　文］　艺术节由中国文学艺术界联合会、中国杂技家协会、中共河南省委宣传部、洛阳市人民政府主办，汇聚了在全国范围内遴选出的来自近20个杂技院团的24个精品节目和10台优秀杂技晚会和剧目，体现了我国当前杂技发展的艺术水准和丰硕成果，具有很强的观赏性和较高的审美价值。

12月14—18日

［纲 文］ **应外交部部长王毅邀请，塞尔维亚第一副总理兼外交部部长达契奇对中国进行正式访问。**

［目 文］ 15日，国家副主席李源潮在北京会见达契奇时说，希望双方共同努力，落实好两国元首共识，加强发展战略对接，挖掘贸易潜力，稳步推进基建、产能大项目合作，密切党际、人文、地方等方面交往，推动中塞全面战略伙伴关系取得更大发展。达契奇说，塞方坚定奉行一个中国政策，愿积极参与“一带一路”建设，不断深化各领域务实合作。

同日，王毅在北京同达契奇举行会谈时表示，中方愿同塞方一道，不断巩固传统友谊，加强高层交往，深化经贸、基础设施、金融、旅游等务实合作，进一步丰富双边关系内涵。中方赞赏塞方积极参与“一带一路”建设和中国—中东欧国家合作，支持塞方结合自身优势，推动双方在上述框架下的各领域合作取得更多成果。达契奇表示，塞方感谢中方一贯支持塞维护主权和领土完整，塞将始终坚定奉行一个中国原则，并继续在中方所有的重大关切问题上予以坚定支持。“一带一路”倡议与塞长远发展战略高度契合，塞方愿积极响应和参与，推动匈塞铁路等示范性项目早日落地。塞方也愿在“16+1合作”中发挥更加积极作用。

12月15日

［纲 文］ **国务院印发《“十三五”国家信息化规划》。**

［目 文］ 《规划》由七个部分组成：一、发展现状与形势。二、总体要求。三、主攻方向。四、重大任务和重点工程。五、优先行动。六、政策措施。七、组织实施。

《规划》指出，中央网信办、发展改革委要聚焦重点行业、重点领域和优先方向，统筹推进信息化试点示范工作，组织实施一批基础好、成效高、带动效应强的示范项目，防止一哄而起、盲目跟风，避免重复建设。各地区、各有关部门要发挥好试点示范作用，坚持以点带面、点面结合，边试点、边总结、边推广，推动信息化发展取得新突破。

12月15日

［纲 文］ **国务院办公厅批复吉林省人民政府，同意吉林市城市总体规划。**

［目 文］ 批复说：一、国务院原则同意《吉林市城市总体规划（2011—2020年）》（以下简称《总体规划》）。二、重视城乡区域统筹发展。在《总体规划》确定的3967平方公里城市规划区范围内，实行城乡统一规划管理。三、合理控制城市规模。到2020年，中心城区常住人口控制在200万人以内，城市建设用地控制在215平方公里以内。四、完善城市基础设施体系。要按照绿色循环低碳的理念规划建设城市基础设施。五、建设资源节约型和环境友好型城市。要按照促进生产空间集约高效、生活空间宜居适度、生态空间山清水秀的总体要求，形成合理的城市空间结构，促进经济建设、城乡建设和环境建设同步发展。六、创造优良的人居环境。要坚持以人为本，统筹安排

关系人民群众切身利益的教育、医疗、市政等公共服务设施的规划布局和建设。七、重视历史文化和风貌特色保护。要统筹协调发展与保护的关系，按照整体保护的原则，切实保护好城市传统风貌和格局。编制历史文化名城保护专项规划，落实历史文化遗产保护和紫线管理要求，重点保护好吉林文庙等各级文物保护单位及其周围环境，做好工业遗产保护和再利用。八、严格实施《总体规划》。城市建设要实现经济社会协调发展，物质文明和精神文明共同进步。城市管理要健全民主法制，坚持依法治市，构建和谐社会。吉林市人民政府要根据本通知精神，认真组织实施《总体规划》，任何单位和个人不得随意改变。吉林省和住房城乡建设部要加强对《总体规划》实施工作的指导、监督和检查。

12月15日

［纲　文］ **国务院总理李克强向乌兹别克斯坦新任总理阿里波夫致贺电。**

12月15日

［纲　文］ **国务院总理李克强向意大利新任总理真蒂洛尼致贺电。**

12月15日

［纲　文］ **国务委员杨洁篪在北京会见柬埔寨副首相贺南洪。**

［目　文］ 杨洁篪说，2016年中柬关系取得长足发展，特别是习近平主席访柬取得圆满成功，推动中柬全面战略合作伙伴关系迈上新的高度。中方始终视柬埔寨为好邻居、好朋友、好兄弟、好伙伴，愿与柬方共同落实好习近平主席访柬成果，深化中柬全方位合作，促进柬经济社会发展，切实造福两国人民。

贺南洪说，柬方珍视柬中传统友好，衷心感谢中方对柬埔寨发展事业的支持，愿与中方共同推动柬中关系不断发展。

12月15日

［纲　文］ **外交部部长王毅应约同法国外长艾罗通电话。**

［目　文］ 王毅表示，中方视法国为重要战略合作伙伴，愿同法方继续切实尊重、照顾彼此核心利益，落实好两国领导人达成的各项共识，推动中法全面战略伙伴关系深入发展。王毅赞赏艾罗最近就一个中国原则问题表明的鲜明立场，强调台湾问题涉及中国主权和领土完整，一个中国原则是其他国家同中国发展关系的前提和基础，在这个重大是非问题上，没有谁能成为例外。

艾罗重申，法中关系建立在互信互利基础之上，一个中国原则关系到国际和地区和平稳定，法方对此高度重视，愿继续就此发挥正能量。

12月15日

［纲　文］ **中国第一个海外陆地卫星接收站——中国遥感卫星地面站北极接收站，在瑞典基律纳通过现场验收并投入试运行。**

［目　文］ 中科院遥感与数字地球研究所承担建设和运行任务。该站位于瑞典基律纳航天中心，位于北极圈以北约200公里处，具有全天候、全天时、多种分辨率卫星的接

收能力。它的落成极大提高了中国全球数据的接收获取能力，尤其可以大大增加卫星拍摄数据的下传时效，这对自然灾害等需要快速响应的应用具有重大意义。

12月15—17日

［纲　文］ **中国致公党第十四届中央委员会第六次全体会议在北京召开。**

［目　文］ 会议审议通过《中国致公党第十四届中央委员会第六次全体会议关于中央常务委员会工作报告的决议（草案）》《关于召开中国致公党第十五次全国代表大会的决议（草案）》。会议原则通过《中国致公党第十五次全国代表大会代表名额分配及产生办法》。

12月16日

［纲　文］ **国务院批复湖南省人民政府，同意湖南省永州市列为国家历史文化名城。**

［目　文］ 批复说：一、同意将永州市列为国家历史文化名城。永州市历史悠久，文化遗存丰富，保存有独特的"两山一水一城"古城格局，历史街区特色鲜明，非物质文化遗产丰富，具有重要的历史文化价值。二、湖南省及永州市人民政府要根据本批复精神，按照《历史文化名城名镇名村保护条例》的要求，正确处理城市建设与保护历史文化遗产的关系，深入研究发掘历史文化遗产的内涵与价值，明确保护的原则和重点。编制好历史文化名城保护规划，并将其纳入城市总体规划，划定历史文化街区、文物保护单位、历史建筑的保护范围及建设控制地带，制定严格的保护措施。在历史文化名城保护规划的指导下，编制好重要保护地段的详细规划。在规划和建设中，要重视保护城市格局，注重城区环境整治和历史建筑修缮，不得进行任何与名城环境和风貌不相协调的建设活动。三、湖南省和住房城乡建设部、国家文物局要加强对永州市国家历史文化名城规划、保护工作的指导、监督和检查。

12月16日

［纲　文］ **发展改革委、商务部、人民银行、海关总署、税务总局、工商总局、质检总局印发《关于同意大连市等17个城市创建国家电子商务示范城市的通知》。**

［目　文］ 《通知》说，同意大连市、包头市、海口市、西宁市、乌鲁木齐市、邯郸市、葫芦岛市、大庆市、菏泽市、郴州市、绵阳市、铜仁市、玉溪市、宝鸡市、陇南市、吴忠市、五家渠市17个城市创建国家电子商务示范城市。

《通知》提出，示范城市将把创建国家电子商务示范城市作为促进经济转型升级、培育经济增长新动力的举措，突破城市地理空间和自然资源的限制，通过提升电子商务支付客户体验和安全性，发展农村电子商务、制造业电子商务等，统筹推进智慧商圈建设，以电子商务推动传统服务业转型升级，积极发展跨境电子商务，扩展国际贸易新渠道。在软环境建设上，示范城市将把完善电子商务法规政策环境，健全电子商务支撑环境，建设电子商务基础设施和交易保障措施，建立适应电子商务发展的新机制、治理电子商务市场的新模式、保障电子商务健康快速发展的新规制作为创建工作的首要任务。

12 月 16 日

［纲　文］ **公安部发布修改后的《吸毒检测程序规定》，自 2017 年 1 月 1 日起施行。**

12 月 16 日

［纲　文］ **交通运输部公布《民用航空器驾驶员学校合格审定规则》，自 2017 年 4 月 1 日起施行。**

12 月 16 日

［纲　文］ **第三届全国大众冰雪季启动仪式在北京举行。**

［目　文］ 国务院副总理刘延东、北京冬奥组委主席郭金龙出席启动仪式。本届冰雪季由体育总局、北京市政府、河北省政府和北京冬奥组委共同主办，横跨 25 个省（区、市），涵盖滑冰、滑雪、冰球、冰壶等冰雪项目，设有世界雪日、冬季阳光体育大会、冰雪马拉松等赛事活动，涉及青少年人群、大学生群体以及成年人群体，带动三千万人以上直接参与冰雪运动。

举办全国大众冰雪季，是贯彻落实习近平总书记关于“带动三亿人参与冰雪运动”指示、推动京津冀协同发展、落实全民健身国家战略、推进健康中国建设的重要举措。也是兑现中国申办冬奥会庄严承诺、备战 2022 年冬奥会的重要行动。其目的是让冰雪运动走向全国、走进校园、走进社区，不断掀起了解冰雪、参与冰雪、热爱冰雪的健身新热潮。

12 月 16 日

［纲　文］ **中国志愿服务联合会第一届理事会第六次会议在北京举行。**

12 月 16—17 日

［纲　文］ **中国民主建国会第十届中央委员会第五次全体会议在北京召开。**

［目　文］ 会议通过了《中国民主建国会第十届中央委员会第五次全体会议决议》《中国民主建国会第十届中央委员会关于召开第十一次全国代表大会的决定》。

12 月 17 日

［纲　文］ **国务院办公厅印发《关于进一步促进农产品加工业发展的意见》。**

［目　文］ 《意见》由六个部分组成：一、总体要求。二、优化结构布局。三、推进多种业态发展。四、加快产业转型升级。五、完善政策措施。六、加强组织保障。

12 月 17 日

［纲　文］ **国务院办公厅印发《关于成立 2017 年〈联合国防治荒漠化公约〉第十三次缔约方大会组织委员会和执行委员会的通知》。**

12 月 17 日

［纲　文］ **国务院批复发展改革委，同意促进中部地区崛起“十三五”规划。**

［目　文］ 批复说：一、原则同意《促进中部地区崛起“十三五”规划》（以下简称

《规划》），请认真组织实施。二、《规划》实施要全面贯彻党的十八大和十八届三中、四中、五中、六中全会精神，深入贯彻习近平总书记系列重要讲话精神和治国理政新理念新思想新战略，认真落实党中央、国务院决策部署，统筹推进“五位一体”总体布局和协调推进“四个全面”战略布局，牢固树立和贯彻落实创新、协调、绿色、开放、共享的发展理念，适应、把握和引领经济发展新常态，与推进“一带一路”建设、京津冀协同发展、长江经济带发展三大战略相衔接，以提高发展质量和效益为中心，以供给侧结构性改革为主线，以全面深化改革为动力，坚持创新驱动发展，加快推动新旧动能转换，加快推进产业结构优化升级，加快打造城乡和区域一体化发展新格局，加快构筑现代基础设施网络，加快培育绿色发展方式，加快提升人民生活水平，推动中部地区综合实力和竞争力再上新台阶，开创全面崛起新局面。三、山西、安徽、江西、河南、湖北和湖南省人民政府要深化对促进中部地区崛起重要性、紧迫性的认识，增强政治意识、大局意识、核心意识、看齐意识，将《规划》确定的重大工程、重大项目、重大政策、重要改革任务与本地区经济社会发展紧密衔接起来，抓紧安排部署，完善推进机制，强化政策保障，分解落实各项工作，确保《规划》提出的目标任务如期完成。四、促进中部地区崛起工作部际联席会议各成员单位、各有关部门和单位要按照职能分工，从全局和全国统一大市场角度，围绕促进中部地区崛起重点领域研究制定具体政策，在有关专项规划编制、政策措施实施、重点项目安排、体制机制创新等方面给予积极指导和支持；同时，注重调动社会力量，挖掘市场潜力，为《规划》顺利实施创造良好的政策环境，为增强中部地区经济发展动力提供有力支撑。五、发展改革委要加强综合协调与服务，会同有关部门对《规划》实施进行跟踪分析和督促检查，注意研究新情况、解决新问题、总结新经验，适时组织开展《规划》实施中期评估，推动《规划》各项目标任务落实。

12月17日

［纲　文］　**国务院办公厅批复山东省人民政府，同意潍坊市城市总体规划。**

［目　文］　批复说：一、国务院原则同意《潍坊市城市总体规划（2011—2020年）》（以下简称《总体规划》）。二、重视城乡区域统筹发展。在《总体规划》确定的2650平方公里城市规划区范围内，实行城乡统一规划管理。加强城中村和城乡结合部整治与改造，城镇基础设施、公共服务设施的建设应当统筹考虑为周边农村提供服务。三、合理控制城市规模。到2020年，中心城区常住人口控制在175万人以内，城市建设用地控制在192.5平方公里以内。四、完善城市基础设施体系。五、建设资源节约型和环境友好型城市。六、创造优良的人居环境。七、重视历史文化和风貌特色保护。八、严格实施《总体规划》。潍坊市人民政府要根据本通知精神，认真组织实施《总体规划》，任何单位和个人不得随意改变。山东省和住房城乡建设部要加强对《总体规划》实施工作的指导、监督和检查。

12月17日

［纲　文］　**全国发展和改革工作会议召开。**

［目　文］　会议贯彻落实中央经济工作会议精神，总结2016年发展改革工作，安

排部署2017年发展改革重点工作和主要任务。发展改革委主任徐绍史在会上作了题为《创新求实谋发展 敢于担当促改革 以优异成绩迎接党的十九大胜利召开》的报告。

12月17日

［纲　文］**《人民日报》发表题为《坚持稳中求进工作总基调 深化供给侧结构性改革》的社论。**

12月17—18日

［纲　文］**中国国民党革命委员会第十二届中央委员会第五次全体会议在北京召开。**

［目　文］会议学习贯彻中共十八届六中全会精神，听取和审议了第十二届中央常务委员会工作报告，增选了民革中央副主席。

12月18日

［纲　文］**《习近平谈治国理政》尼泊尔文版首发式在尼泊尔总统府举行。**

［目　文］尼泊尔总统班达里，中共中央政治局委员、中宣部部长刘奇葆出席首发式并致辞。班达里说，通过《习近平谈治国理政》，尼泊尔人民能够了解中国共产党，了解中国改革发展和国家治理，了解中国梦和中华文化，以及中国对世界的认识和看法。

《习近平谈治国理政》尼泊尔文版由中国外文局和尼泊尔中国研究中心合作翻译出版。2014年9月以来《习近平谈治国理政》以中、英、法、阿、俄等11个语种面向全球发行，引起国际社会强烈反响。

12月18日

［纲　文］**《人民日报》发表题为《稳中求进 奋发有为——一论贯彻落实中央经济工作会议精神》的评论员文章。**

12月19日

［纲　文］**国家主席习近平接受九国新任驻华大使递交国书。**

［目　文］习近平欢迎各国使节来华履新，表示中国政府将为各国使节履行职务提供便利和支持，希望各国使节为推动中国同各国双边关系发展、增进人民之间友谊作出积极贡献。习近平积极评价中国同各国良好关系，指出中国愿继续加强同各国友好务实合作，实现共同繁荣。习近平请使节们转达对有关国家领导人和人民的诚挚问候和良好祝愿。

各国使节转达了各自国家领导人对习近平的亲切问候。使节们表示，钦佩中国发展取得的巨大成就，支持中国提出的“一带一路”倡议，重视中国在国际上的地位和作用，致力于发展积极的对华关系。使节们表示，他们对出使中国深感荣幸，愿努力推动各自国家同中国的友好合作，更好造福各国和中国人民。

九国新任驻华大使是：埃及驻华大使马格杜布、纳米比亚驻华大使凯亚莫、贝宁驻华大使阿多韦兰德、突尼斯驻华大使哈立德、也门驻华大使穆罕默德、科威特驻华大使赛米赫、尼泊尔驻华大使鲍德尔、古巴驻华大使拉米雷斯、保加利亚驻华大使波罗扎诺夫。

12月19日

［纲　文］　**中共中央、国务院印发《关于推进防灾减灾救灾体制机制改革的意见》。**

［目　文］　《意见》由六个部分组成：一、总体要求。二、健全统筹协调体制。三、健全属地管理体制。四、完善社会力量和市场参与机制。五、全面提升综合减灾能力。六、切实加强组织领导。

《意见》要求，各地区要发挥主动性和创造性，因地制宜，积极探索，开展试点示范，破解改革难题，积累改革经验，推动防灾减灾救灾体制机制改革逐步有序深入。

12月19日

［纲　文］　**新华社讯，中共中央办公厅、国务院办公厅印发《关于深入推进经济发达镇行政管理体制改革的指导意见》。**

［目　文］　《意见》由三个部分组成：一、总体目标。二、改革任务。三、组织实施。

《意见》指出，地方各级党委要切实履行领导责任，把经济发达镇行政管理体制改革工作列入重要议事日程，研究重大问题，凝聚改革共识，牢牢把握正确的改革方向。根据经济发达镇不同地域特征和产业特点，科学制定改革方案和工作重点，加强理念引导、标准规范和技术指导，促进设计力量、专业技术人才、社会资本向经济发达镇流动汇集，建设特色鲜明、产城融合、充满魅力的新型城镇统筹推进经济发达镇行政管理体制改革和新型城镇化综合改革，赋予相同的土地、建设、金融扶持政策，形成改革合力。已开展改革试点的省份，要切实巩固试点成果，完善政策措施，渐次有序推开改革；未开展试点的省份，可以边试点边总结，逐步扩大改革范围。

12月19日

［纲　文］　**国务院办公厅批复广东省人民政府，同意佛山市城市总体规划。**

［目　文］　批复说：一、国务院原则同意《佛山市城市总体规划（2011—2020年）》（以下简称《总体规划》）。二、重视城乡区域统筹发展。在《总体规划》确定的3797.72平方公里城市规划区范围内，实行城乡统一规划管理，加强集体建设用地的规划管理。统筹中心城区与外围各级城镇规划建设，推进基础设施和公共服务设施共建共享。发挥佛山市在珠三角西翼的带动作用，加强广（州）佛（山）肇（庆）的产业和生态安全合作，推进广佛同城化。三、合理控制城市规模。到2020年，中心城区常住人口控制在220万人以内，城市建设用地控制在218.26平方公里以内。要贯彻落实城乡规划法关于先规划后建设的原则，禁止在《总体规划》确定的建设用地范围之外设立各类开发区和城市新区。四、完善城市基础设施体系。五、建设资源节约型和环境友好型城市。六、创造优良的人居环境。七、重视历史文化和风貌特色保护。八、严格实施《总体规划》。佛山市人民政府要根据本通知精神，认真组织实施《总体规划》，任何单位和个人不得随意改

变。广东省和住房城乡建设部要加强对《总体规划》实施工作的指导、监督和检查。

12月19日

［纲　文］　**最高人民法院、最高人民检察院、公安部印发《关于办理电信网络诈骗等刑事案件适用法律若干问题的意见》。**

［目　文］　《意见》由七个部分组成：一、总体要求。二、依法严惩电信网络诈骗犯罪。三、全面惩处关联犯罪。四、准确认定共同犯罪与主观故意。五、依法确定案件管辖。六、证据的收集和审查判断。七、涉案财物的处理。

12月19日

［纲　文］　**中组部、人力资源社会保障部印发《关于表彰全国老干部工作先进集体和先进工作者的决定》。**

［目　文］　《决定》说，为表彰先进、弘扬正气，激励各级老干部工作部门和广大老干部工作者奋发进取、再立新功，经中央领导同志同意，中央组织部、人力资源社会保障部决定，授予北京市朝阳区委老干部局等106个单位“全国老干部工作先进集体”荣誉称号，刘锡军等20名同志“全国优秀老干部工作者”荣誉称号，赵光国等286名同志“全国先进老干部工作者”荣誉称号。被授予“全国优秀老干部工作者”荣誉称号的同志享受省部级先进工作者和劳动模范待遇。

12月19日

［纲　文］　**财政部印发《中央财政农业保险保险费补贴管理办法》。**

［目　文］　《办法》共8章44条，主要有总则、补贴政策、保险方案、保障措施、预算管理、机构管理、监督检查、附则等内容，自2017年1月1日起施行。《财政部关于印发〈中央财政种植业保险保险费补贴管理办法〉的通知》《财政部关于印发〈中央财政养殖业保险保险费补贴管理办法〉的通知》《财政部关于中央财政森林保险保险费补贴试点工作有关事项的通知》同时废止。其他有关规定与本办法不符的，以本办法为准。

12月19日

［纲　文］　**国务院总理李克强在北京会见挪威外交大臣布伦德。**

［目　文］　李克强在会见布伦德时表示，中挪关系发展的历史表明，相互尊重、平等相待，切实照顾彼此核心利益和重大关切，是增强政治互信、促进双边关系顺利发展的前提和基础。两国外长进行了坦诚深入会谈，就双边关系正常化达成共识。中方赞赏挪威新一届政府坚持一个中国政策、致力于改善和发展对华关系的诚意，愿同挪方共同努力，翻开中挪关系新的一页，推动两国关系持续健康稳定发展。中挪经济互补性强，互利合作基础深厚，前景广阔。中方愿同挪方就签署双边自贸协定进行谈判，共同发出促进贸易投资自由化便利化的明确信号。密切人文交往，夯实两国关系发展与合作的民意基础。深化在国际地区事务中的合作，推动中国同北欧国家以及欧洲关系的发展。欢迎挪方继续扩大对华投资，在节能环保、科技研发等领域加强合作。

布伦德表示，挪方坚持一个中国政策，尊重中方核心利益和重大关切，这是两国关系发展的政治基础。挪方愿抓住两国关系正常化契机，加强高层交往，推进双边自贸协定谈判，拓展在水电、海上油气开发以及投资等领域的互利合作，共同推动全球贸易自由化。

同日，外交部部长王毅与布伦德举行会谈时表示，近年来，中挪关系出现了严重倒退。挪威方面对损害双方互信的原因进行了深刻反思，并与中方就如何改善双边关系进行了认真、严肃的磋商。双方就汲取教训、恢复互信达成了重要共识，这完全符合挪威国家和人民的根本利益，符合联合国宪章的宗旨和原则，符合中挪关系发展的正确方向。中方愿以此次布伦德外交大臣访华为契机，实现两国关系的正常化，并推动中挪关系今后保持健康稳定发展。布伦德表示，挪方将充分尊重中国的发展道路和社会制度，不支持任何损害中方核心利益和重大关切的行为，坚定奉行一个中国政策，愿在相互尊重、平等互利的基础上，翻开挪中关系发展新的一页。

双方发表《中华人民共和国政府与挪威王国政府关于双边关系正常化的声明》。

12月19日

［纲　文］　**孙春兰受中共中央委托向党外人士通报中央经济工作会议精神**。

［目　文］　齐续春、陈晓光、马培华、刘晓峰、王钦敏等出席通报会。各民主党派中央负责人、全国工商联有关人和无党派人士代表，中央统战部部领导班子成员参加会议。

中央统战部部长孙春兰指出，中央经济工作会议是在“十三五”良好开局、全面建成小康社会进入决胜时期召开的一次重要会议。习近平总书记重要讲话深刻总结了2016年我国经济缓中趋稳、稳中向好的总特点，指出了十八大以来我们党领导经济工作的三个重大经验，深刻分析了国内外经济发展大势，明确了做好经济工作的总体要求、工作思路和重点任务，体现了以习近平同志为核心的中共中央主动适应把握引领经济发展新常态、赢得发展主动权的战略远见和自信，展现了综合运用马克思主义唯物辩证法处理复杂问题的卓越能力和丰富经验，为促进经济平稳健康发展和社会和谐稳定指明了方向目标。

12月19日

［纲　文］　**外交部发言人表示，菲律宾总统杜特尔特在南海仲裁案问题上的政策符合中菲两国和两国人民根本利益**。

［目　文］　有记者问，据报道，杜特尔特17日表示将搁置南海仲裁裁决，不会向中方强加任何东西，菲不准备对抗中国。中方对此有何回应?

发言人说，杜特尔特总统在南海仲裁案问题上的政策符合中菲两国和两国人民根本利益，体现了双方不断加深的互信和友好感情。2016年10月杜特尔特总统成功访华以来，中菲关系实现全面改善并持续向好发展，双方互信不断加深，各领域务实合作全面开展并取得积极成果。中方愿同菲方继续共同努力，不断增进政治互信，妥善处理南海问题，携手实现共同发展。

12月19日

［纲　文］ **宁波舟山港2016年货物吞吐量突破9亿吨，成为全球首个“9亿吨”大港。**

12月19日

［纲　文］ **《人民日报》发表题为《坚定不移推进供给侧结构性改革——二论贯彻落实中央经济工作会议精神》的评论员文章。**

12月19日

［纲　文］ **《人民日报》发表题为《以改革筑牢安全生产的根基》的评论员文章。**

12月19—20日

［纲　文］ **中央农村工作会议在北京召开。**

［目　文］ 会前，中共中央总书记习近平主持召开中央政治局常委会会议，专门研究“三农”工作并讲话。习近平指出，2016年农业农村形势总体较好，2017年“三农”工作要继续为全局作贡献。要坚持新发展理念，把推进农业供给侧结构性改革作为农业农村工作的主线，培育农业农村发展新动能，提高农业综合效益和竞争力。要始终重视“三农”工作，持续强化重农强农信号；要准确把握新形势下“三农”工作方向，深入推进农业供给侧结构性改革；要在确保国家粮食安全基础上，着力优化产业产品结构；要把发展农业适度规模经营同脱贫攻坚结合起来，与推进新型城镇化相适应，使强农惠农政策照顾到大多数普通农户；要协同发挥政府和市场“两只手”的作用，更好引导农业生产、优化供给结构；要尊重基层创造，营造改革良好氛围。

国务院总理李克强在国务院常务会议上要求，要持续抓好“三农”工作，大力推进农业供给侧结构性改革，加快现代农业建设，积极调整农业结构，发展多种形式适度规模经营，深入开展农村“双创”，推动新型城镇化与农业现代化互促共进。深入推进脱贫攻坚，提高贫困地区和贫困群众自我发展能力。促进农业提质增效和农民持续增收，拓展农村发展空间。

中央农业工作会议上传达学习了习近平讲话和李克强指示要求，讨论了《中共中央、国务院关于深入推进农业供给侧结构性改革加快培育农业农村发展新动能的若干意见（讨论稿）》。国务院副总理汪洋出席会议并讲话。会议全面贯彻落实党的十八大和十八届三中、四中、五中、六中全会以及中央经济工作会议精神，总结“十三五”开局之年“三农”工作，分析当前农业农村形势，部署2017年农业农村工作。

会议指出，2016年以来，农业农村发展继续保持稳中有进的良好态势，为经济社会发展大局提供了有力支撑，农业结构调整迈出重要步伐，农村新产业新业态蓬勃发展，农村重要领域和关键环节改革深入推进，农村民生持续改善，农村社会保持和谐稳定。全年1000万人的脱贫任务有望超额完成，脱贫攻坚实现良好开局。推进农业供给侧结构性改革，是“三农”领域的一场深刻变革，关系农业的长远发展，在方向性问题上不能出偏差，不能犯颠覆性的错误，必须守住确保粮食生产能力不降低、农民增收势头不逆转、农村稳定不出问题的三条底线。会议要求，进一步推进精准扶贫各项政策措施落地生根，确保2017年再脱贫1000万人以上。

中央农村工作领导小组成员，各省、自治区、直辖市和计划单列市、新疆生产建设兵团负责人，中央和国家机关及军队有关单位负责人等出席会议。

12月19—25日

［纲　文］　**十二届全国人大常委会第二十五次会议在北京举行。**

［目　文］　全国人大常委会委员长张德江主持开、闭幕会。会议主要内容是：一、表决通过中医药法、公共文化服务保障法、环境保护税法，决定任命杨晓渡为监察部部长，国家主席习近平分别签署第59至62号主席令予以公布。二、会议表决通过了全国人大常委会关于提请审议民法总则草案的议案，决定提请十二届全国人大五次会议审议。三、表决通过全国人大常委会关于在北京市、山西省、浙江省开展国家监察体制改革试点工作的决定。四、表决通过全国人大常委会关于提请审议第十三届全国人大代表名额和选举问题的决定草案、香港特别行政区选举第十三届全国人大代表的办法草案、澳门特别行政区选举第十三届全国人大代表的办法草案等三个议案。五、分别表决通过全国人大常委会关于授权国务院在部分地区和部分在京中央机关暂时调整适用公务员法有关规定的决定、关于授权国务院在河北省邯郸市等12个试点城市行政区域暂时调整适用社会保险法有关规定的决定、关于军官制度改革期间暂时调整适用相关法律规定的决定。六、表决通过全国人大常委会关于召开十二届全国人大五次会议的决定。根据决定，十二届全国人大五次会议于2017年3月5日在北京召开。七、表决通过全国人大常委会关于批准中国政府和马来西亚政府关于刑事司法协助条约的决定。八、分别表决通过全国人大民族委员会、法律委员会、教育科学文化卫生委员会、环境与资源保护委员会关于十二届全国人大四次会议主席团交付审议的代表提出的议案审议结果的报告。九、表决通过全国人大常委会代表资格审查委员会关于个别代表的代表资格的报告。十、经表决，任命张毅为十二届全国人大内务司法委员会副主任委员，免去廖晓军的全国人大常委会预算工作委员会主任职务，任命刘昆为全国人大常委会预算工作委员会主任。

12月19—20日

［纲　文］　**全国扶贫开发工作会议在北京召开。**

［目　文］　会议总结了2016年扶贫开发工作取得的成效，分析脱贫攻坚当前面临的形势和任务，进一步明确2017年工作的思路和重点，围绕脱贫工作的目标，研究部署2017年扶贫开发的重点工作。

国务院扶贫开发领导小组组长汪洋出席会议时指出，要认真贯彻落实中央经济工作会议精神，学习贯彻习近平总书记扶贫开发重要战略思想，进一步增强责任感使命感紧迫感，紧盯脱贫攻坚目标，坚持问题导向，聚焦薄弱环节，深化精准扶贫精准脱贫，推动脱贫攻坚再上新台阶，以优异成绩迎接党的十九大胜利召开。2016年是脱贫攻坚首战之年，各地各部门认真贯彻党中央脱贫攻坚决策部署，采取超常规举措，强化支撑保障体系，狠抓工作责任落实，深入推进重点扶贫工程，全年减贫目标任务顺利完成，为下一步工作奠定了良好基础，成绩值得充分肯定。2017 年是脱贫攻坚承上启下、全面突破的关键之年，必须乘势而上，更加扎实有力推进各项工作。要深化精准扶贫，落实好中央统筹、省负总责、市县抓落实的工作机制，完善贫困户动态管理制度，切实做到因户因人施策。要瞄准贫困问题最突出的区域、群体和环节，加大攻坚力度，提高脱贫质量。要建立健全稳定脱贫长效机制，加大产业、就业扶贫力度，培育壮大贫困村集体经济，做好社保兜底，防止因灾因病返贫。要力戒扶贫领域中的形式主义，强化扶贫资金监管，严格考核评估和督查巡查，从严惩处扶贫领域违纪违法行为。要改进帮扶方式，树立良好风气，激活内生动力，不断加快贫困地区和贫困群众脱贫步伐。

12 月 20 日

［纲　文］　习近平在北京会见天宫二号和神舟十一号载人飞行任务航天员及参研参试人员代表。

［目　文］　李克强、张德江、俞正声、刘云山、王岐山、张高丽、马凯、刘延东、许其亮、范长龙、赵乐际、栗战书、常万全，中央军委委员赵克石、张又侠等参加会见。

中共中央总书记习近平强调，星空浩瀚无比，探索永无止境，只有不断创新，中华民族才能更好走向未来。我们正在实施创新驱动发展战略，这是决定我国发展未来的重大战略。航天科技是科技进步和创新的重要领域，航天科技成就是国家科技水平和科技能力的重要标志。航天科技取得的创新成果极大鼓舞了中国人民的创新信念和信心，为全社会创新创造提供了强大激励。2016 年是我国航天事业创建 60 周年。60 年来，在党中央坚强领导下，在全国大力支持下，一代代航天人不忘初心、接续奋斗，谱写了我国航天事业发展的壮美篇章，实现了我们先人们的飞天梦。这次任务圆满成功，标志着空间实验室飞行任务取得了重大阶段性胜利。这是我们在实现航天梦的长征路上竖立的又一座里程碑，全体中华儿女都为此感到骄傲。广大航天人建立的卓越功勋，党和人民永远不会忘记。空间实验室飞行任务启动以来，我们坚持自力更生、自主创新，突破了一大批核心和关键技术，首次实现我国航天员中期在轨驻留，为建设航天强国奠定了坚实基础。我们尊重和积极调动广大航天科技工作者的创造精神，锻炼和培养了一支能够站在世界航天科技前沿、勇于开拓创新的高素质人才队伍特别是青年才俊。我们注重传承优良传统，发扬特别能吃苦、特别能战斗、特别能攻关、特别能奉献的载人航天精神，彰显了坚定的中国特色社会主义道路自信、理论自信、制度自信、文化自信，为坚持和发展中国特色社会主义增添了强大精神力量。人类在浩瀚的宇宙面前是渺小的，但人类的探索精神是伟大的。希望广大航天人在航天事业发展的征程上勇攀高峰、不断前行，为建设航天强国和世界科技强国建功立业，为实现“两个一百年”奋斗目标、实现中华民族伟大复兴的中国梦不断作出新的更大的贡献。

神舟十一号飞船 10 月 17 日发射升空，11 月 18 日返回舱着陆，在轨飞行期间与天宫二号空间实验室成功进行自动交会对接。两名航天员在天宫二号与神舟十一号组合体内驻留30天，完成了一系列空间科学实验和技术试验，创造了中国航天员太空驻留时间新纪录，标志着我国载人航天工程取得新的重大进展。

12月20日

［纲　文］ **国务院印发《“十三五”节能减排综合工作方案》。**

［目　文］《方案》由12个部分组成：一、总体要求和目标。二、优化产业和能源结构。三、加强重点领域节能。四、强化主要污染物减排。五、大力发展循环经济。六、实施节能减排工程。七、强化节能减排技术支撑和服务体系建设。八、完善节能减排支持政策。九、建立和完善节能减排市场化机制。十、落实节能减排目标责任。十一、强化节能减排监督检查。十二、动员全社会参与节能减排。

12月20日

［纲　文］ **国务院办公厅印发《“互联网+政务服务”技术体系建设指南》。**

［目　文］《指南》由八个部分组成：一、总则。二、“互联网+政务服务”的主要内容。三、“互联网+政务服务”平台总体架构。四、政务服务信息的汇聚、发布与展示。五、政务服务事项的一体化办理。六、互联互通与信息共享。七、关键保障技术。八、网上政务服务的监督考核。

12月20日

［纲　文］ **财政部、环境保护部、发展改革委、水利部印发《关于加快建立流域上下游横向生态保护补偿机制的指导意见》。**

［目　文］《意见》由四个部分组成：一、总体要求。二、主要内容。三、保障措施。四、组织实施。

《意见》要求，各省（区、市）要根据本指导意见，结合实际情况，制定建立本行政区域内流域上下游横向生态保护补偿机制的具体实施办法。

12月20日

［纲　文］ **人力资源社会保障部在北京召开基本医疗保险全国联网和异地就医直接结算工作视频会。**

［目　文］ 人力资源社会保障部副部长游钧出席会议并讲话，对推进跨省异地就医住院医疗费用直接结算工作进行了全面部署。北京、江苏、广东和海南人社厅作了会议交流发言。各省、自治区、直辖市和新疆生产建设兵团人力资源社会保障厅（局）以及各副省级市人力资源社会保障局主管医保工作的负责人、医保经办机构负责人、信息化综合管理机构负责人参加会议。

会后，人力资源社会保障部与北京等22个申请首批启动基本医疗保险全国联网和跨省异地就医直接结算的省份签订了工作责任书，北京等10个省份签署了工作责任书，其他12个省份在视频会分会场签署责任书。

12月20日

［纲　文］ **青海省第十二届人民代表大会常务委员会第三十一次会议表决通过关于**

接受郝鹏辞去青海省人民政府省长职务的决定，决定任命王建军为青海省人民政府副省长、代理省长。

12月20日

［纲　文］　**澳门特区政府举行庆祝澳门回归祖国暨澳门特别行政区成立17周年酒会。**

［目　文］　全国政协副主席何厚铧、澳门特区行政长官崔世安、中央人民政府驻澳门特别行政区联络办公室主任王志民以及各界来宾出席酒会。

12月20日

［纲　文］　**第五次中国老挝两党理论研讨会在万象举行。**

［目　文］　研讨会以“对外开放条件下加强党的建设面临的挑战和经验”为主题。中共中央政治局委员、中宣部部长刘奇葆和老挝党中央政治局委员、中组部部长占西在研讨会开幕式上作主旨报告，分别介绍了中老两党加强自身建设的做法和经验。

同日，刘奇葆在万象会见老挝人民革命党中央总书记本扬。刘奇葆表示，中方愿同老方一道，落实好两党总书记重要共识，进一步密切高层交往，深化务实合作，促进人文交流，打造牢不可破的命运共同体。刘奇葆还介绍了中共十八届六中全会情况。

本杨表示，老中是具有重要战略意义的命运共同体，老挝党和政府高度重视老中传统友好，将不断推动双方各领域交流合作不断取得新进展。

12月20日

［纲　文］　**第八次中英战略对话在伦敦举行。**

［目　文］　国务委员杨洁篪与英国外交大臣约翰逊共同主持对话。双方还就共同关心的国际和地区问题交换意见。杨洁篪表示，习近平主席2015年成功对英国进行国事访问，双方决定共同构建中英面向21世纪全球全面战略伙伴关系。不久前，习近平主席同梅首相在二十国集团领导人杭州峰会期间会晤，再次确认中英关系“黄金时代”的大方向。中方愿同英方一道，认真落实两国领导人重要共识，加强战略沟通，增进政治互信，深化互利合作，推动中英关系在新形势下持续深入发展，共同促进世界和平、稳定与发展。约翰逊表示，英国坚定致力于发展同中国的战略伙伴关系，共同打造英中关系“黄金时代”。英方愿同中方加强战略沟通，推进经贸、投资、航空、基础设施等各领域合作，共同应对国际社会面临的重大挑战，在全球热点问题上加强协调。

同日，杨洁篪在伦敦会见英国首相特蕾莎·梅时说，中方愿同英方一道，密切双方高层交往，办好双边机制性对话，深化在核电、高铁、金融、创新等领域务实合作，在重大国际和地区问题上加强沟通协调，携手推进开放、包容的经济全球化，应对气候变化等全球性挑战，共同推动中英面向21世纪全球全面战略伙伴关系取得更多实质性发展。

特蕾莎·梅表示，英方期待同中方保持高层密切交往势头，加强双边各领域务实合作，促进全球自由贸易，同各国一起协力应对气候变化等共同面临的挑战。

12月20日

［纲　文］　**外交部部长王毅就俄罗斯驻土耳其大使遭枪击身亡事件向俄罗斯外长拉夫罗夫致慰问电。**

12月20日

［纲　文］　**中国航空工业集团公司研制的多用途直升机AC352在哈尔滨成功首飞。**

［目　文］　AC352直升机采用双发动机、宽机身设计，最大起飞重量7.5吨，可搭载14至16名乘客。该机型符合最新国际适航标准，应用大量成熟先进技术，性能优势突出，被公认为当今世界最安全、最舒适、最环保、最易驾驶、最经济的中型直升机之一，在同类直升机中创造了速度最快的纪录。该型直升机能广泛应用于近海运输、搜索救援、通用运输、警务执法、医疗救护、物资投送等领域，满足用户的多样化需求。

12月20日

［纲　文］　**《人民日报》发表题为《更好发挥改革牵引作用——三论贯彻落实中央经济工作会议精神》的评论员文章。**

12月21日

［纲　文］　**习近平在北京主持召开中央财经领导小组第14次会议。**

［目　文］　会议主要研究“十三五”规划纲要确定的165项重大工程项目进展和解决好人民群众普遍关心的突出问题等工作。中央财经领导小组副组长李克强，中央财经领导小组成员刘云山、张高丽出席会议。中央和国家有关部门以及有关地方负责人列席会议。会议听取了发展改革委关于“十三五”规划纲要确定的165项重大工程项目进展情况的汇报，分别听取了国家能源局关于推进北方地区冬季清洁取暖、浙江省关于普遍推行垃圾分类制度、农业部关于畜禽养殖废弃物处理和资源化、民政部关于提高养老院服务质量、住房城乡建设部关于规范住房租赁市场和抑制房地产泡沫、食品药品监管总局关于加强食品安全监管等的汇报。领导小组成员进行了讨论。

中央财经领导小组组长习近平指出，准确把握全面建成小康社会内涵，对实现第一个百年奋斗目标至关重要。全面建成小康社会，在保持经济增长的同时，更重要的是落实以人民为中心的发展思想，想群众之所想、急群众之所急、解群众之所困，在学有所教、劳有所得、病有所医、老有所养、住有所居上持续取得新进展。保持经济增长速度、推动经济发展，根本还是要不断解决好人民群众普遍关心的突出问题。从解决好人民群众普遍关心的突出问题出发推进全面小康社会建设，符合推进供给侧结构性改革的要求，有利于创造新的增长点、提高长期增长潜力，而新的增长点就蕴含在解决好人民群众普遍关心的突出问题当中。统筹推进“十三五”规划纲要提出的重大工程项目落实，是供给侧结构性改革中“补短板”的重要内容。补短板不是简单增加投资，而是切实从满足需要出发，增加有效供给。要加大脱贫攻坚力度，提高公共服务水平和质量，增强创新能力，加大人力资本投入力度，加快生态文明建设，补齐产业链条短板，加强基础设施薄弱环节。要统筹推进“三去一降一补”工作，既去旧、又育新，既减少无效供给、又扩大有效供给。要把落实重大工程项目与推动改革、形成体制机制结合起来，坚持问题导向，有什么体制障碍就改什么。要正确区分政府职责和市场作用，凡是市场能做的政府要创造条件引导民间资本进入，支持各类市场主体以多种形式参与项目实施并获取收益。

12月21日

［纲　文］　新华社讯，中央军委主席习近平签署命令发布新修订的《军队审计条例》。

［目　文］　《条例》共11章77条，主要有总则、审计机构及职权、审计人员、审计事项、审计计划、审计准备、审计实施、审计终结、审计工作制度、奖励与处分、附则等内容。自2017年1月1日起施行。2007年1月1日中央军委发布的《中国人民解放军审计条例》，2014年9月7日中央军委批准，原总参谋部、总政治部、总后勤部、总装备部发布的《军队领导干部经济责任审计规定》同时废止。

12月21日

［纲　文］　李克强主持召开国务院常务会议。

［目　文］　会议主要内容是：一、通过“十三五”卫生与健康规划，部署今后五年深化医药卫生体制改革工作。明确了主要任务：一是加强重大疾病防治，开展高血压、糖尿病、脑卒中等慢性病高危人群风险评估和重点癌种早诊早治，强化重大传染病、精神疾病、地方病和职业病防治，实施扩大国家免疫规划。加快培养儿科、精神、老年医学、护理等紧缺人才。二是重点加强基层和临床服务能力，推动医疗服务重心下移和诊疗资源下沉，提高老年人、残疾人、流动人口、贫困户等重点人群健康服务水平。三是加快创新药和临床急需品种审批上市。四是适应实施全面两孩政策新需求，合理配置妇幼保健、教育、社保等公共服务资源。五是加快发展健康产业，支持社会力量以多种形式参与健康服务，推动医疗、养老、旅游等深度融合，增加医养资源有效供给。会议确定了“十三五”期间深化医改重点任务。一是以基层首诊为导向，在居民自愿前提下大力推广家庭医生签约服务。二是2017年在各级各类公立医院全面推开综合改革，建立纵向医联体、医共体，降低药品、医用耗材、检查检验等价格，控制医疗费用不合理增长，合理提高诊疗、手术、康复、护理、中医等体现技术劳务价值的项目价格，调动医务人员积极性。三是健全基本医保稳定可持续筹资和报销比例调整机制，全面推行按病种付费为主、多种付费方式结合的医保支付方式改革，2017年基本实现符合转诊规定的异地就医住院费用直接结算。四是健全药品供应保障体系，扶持低价药、“孤儿药”、儿童用药等生产。加快推动医院门诊患者凭处方到零售药店购药。五是创新综合监管，放宽社会力量举办医疗机构准入要求，加强事中事后监管。二、确定加快灾后水利薄弱环节和城市排水防涝能力“补短板”建设，促进民生改善和生态修复。会议决定，在继续推进重大水利工程建设的同时，一是抓紧开展2016年汛期长江干堤出险堤段全面整治，实施中小河流治理、小型病险水库除险加固和重

点区域排涝能力、农村基层防汛预报预警体系建设工程，同时进一步提高太湖流域防洪减灾能力。二是对近年来内涝灾害严重的城市易涝点进行整治，实施地下排水管道（管廊）、雨水源头减排、排涝除险设施建设等工程。三、批准2016年度国家科学技术奖励评审结果。

12月21日

［纲　文］　**国务院印发《国家侨务工作发展纲要（2016—2020年）》。**

［目　文］　《纲要》以凝聚侨心侨力同圆共享中国梦为主题，以推动侨务工作全面协调可持续发展为主线，明确了"十三五"时期侨务工作的指导思想、基本原则和目标任务，从法治、经济、科技、文化、教育、社会等各方面，对我国侨务事业作出总体规划，是"十三五"时期侨务工作的指导性文件。

12月21日

［纲　文］　**国务院办公厅印发《中央预算单位2017—2018年政府集中采购目录及标准》。**

［目　文］　《目录及标准》由四个部分组成：一、集中采购机构采购项目。二、部门集中采购项目。三、分散采购限额标准。四、公开招标数额标准。

12月21日

［纲　文］　**最高法公布《关于审理拐卖妇女儿童犯罪案件具体应用法律若干问题的解释》，自2017年1月1日起施行。**

12月21日

［纲　文］　**工业和信息化部、商务部、科技部发布《关于加快推进再生资源产业发展的指导意见》。**

［目　文］　《意见》由六个部分组成：一、充分认识发展再生资源产业的重要性。二、总体要求。三、主要任务。四、重点领域。五、重大试点示范。六、保障措施。

12月21日

［纲　文］　**国务院总理李克强就德国柏林发生卡车冲撞圣诞市场事件向德国总理默克尔致慰问电。**

12月21日

［纲　文］　**俞正声在北京主持召开全国政协第五十二次主席会议。**

［目　文］　全国政协副主席杜青林、董建华、罗富和、李海峰、陈元、卢展工、周小川、王家瑞、王正伟、马飚、齐续春、陈晓光、马培华、王钦敏出席会议。

会议主要内容是：一、会议传达学习了中央经济工作会议精神，强调全国政协要认真学习贯彻习近平总书记的重要讲话和李克强总理的具体部署，紧紧围绕中共十八届六中全会和中央经济工作会议的安排部署，履行好政治协商、民主监督、参政议政职能，为国家经济社会发展贡献智慧和力量，以优异成绩迎接中共十九大胜利召开。二、决定2017年2月27日至28日召开政协第十二届全国委员会常务委员会第十九次会议，为召开政协第十二届全国委员会第五次会议作准备。三、会议审议通过了政协第十二届全国委员会常务委员会第十九次会议议程（草案）和日程，关于召开政协第十二届全国委员会第五次会议的决定（草案），政协第十二届全国委员会第五次会议秘书长、副秘书长名单（草案）和新闻发言人名单。会议讨论了政协全国委员会2017年协商计划和双周协商座谈会安排；听取了关于政协全国委员会2016年重点提案工作情况的汇报；研究了政协第十二届全国委员会常务委员会学习讲座2017年参考选题。会议决定将上述有关文件草案提请第十九次常委会议审议。四、会议审议通过关于撤销黄红云政协第十二届全国委员会委员资格的决定，并提请第十九次常委会议追认。

12月21日

［纲　文］　**环境保护部在北京召开国家空气质量监测事权上收工作总结视频会议。**

［目　文］　环境保护部副部长翟青出席会议并讲话。会议全面总结国家空气质量监测事权上收工作情况，安排部署下一步空气质量城市站运维工作，确保国家空气质量监测网稳定、保质、高效运行。国家环境空气质量监测事权上收是生态文明体制改革的重要内容，也是贯彻落实《生态环境监测网络建设方案》的重要举措，环境保护部党组高度重视，如期完成了全国1436个国家环境空气质量监测点位的上收工作。

12月21日

［纲　文］　**国家卫生计生委批准西藏自治区疾控中心生物安全三级实验室从事高致病性病原微生物实验活动。**

［目　文］　该实验室是我国省级疾病预防控制系统第12个投入使用的生物安全三级实验室，也是世界上海拔最高的生物安全三级实验室。

12月21日

［纲　文］　**外交部发言人就圣多美和普林西比与台湾“断交”表示，中方对此表示赞赏，欢迎圣普回到一个中国原则的正确轨道上来。**

［目　文］　有记者问，据报道，圣多美和普林西比政府发表声明，决定自12月21日起与台湾“断交”。中方对此有何评论？

发言人表示，一个中国原则涉及中国的核心利益和13亿多中国人民的感情，也是中国同世界各国保持和发展友好合作关系的前提和政治基础。坚持一个中国原则是国际社会民心所向，大势所趋。中国愿在和平共处五项原则和一个中国原则基础上同各国发展友好合作关系。众所周知，1971年10月第26届联合国大会通过了2758号决议，明确中华人民共和国政府是代表全中国的唯一合法政府。该决议所确认的一个中国原则已成为国际社会的普遍共识。

有记者问，蒙古国外长蒙赫奥尔吉勒日前接受媒体采访时表示，十四世达赖窜访蒙古国对蒙中关系发展产生了负面影响，蒙政府对此表示遗憾。蒙方坚定支持一个中国政策，今后不会邀请达赖窜访蒙古国。在本届政府任期内，达赖也不会通过宗教渠道再访问蒙古国。中方对此有何评论？

发言人说，中方重视蒙古国外长就达赖窜访蒙古国问题所作的明确表态。涉藏问题事关中国的主权和领土完整，涉及中方核心利益。中方在涉藏问题上的立场是坚定和明确的。希望蒙方真正从此次事件中汲取教训，切实尊重中方核心利益，信守有关承诺，为推动中蒙关系改善做出努力。

12月21日

［纲　文］《人民日报》发表题为《推进农业供给侧结构性改革培育农业农村发展新动能》的社论。

12月21日

［纲　文］《人民日报》发表题为《坚定信心 真抓实干 知难而进——四论贯彻落实中央经济工作会议精神》的评论员文章。

12月22日

［纲　文］　中共中央政治局常委会听取国务院关于江苏华达钢铁有限公司和河北安丰钢铁有限公司违法违规行为调查处理工作的汇报。

［目　文］　会议强调指出，以钢铁煤炭行业为重点推进去产能是深化供给侧结构性改革，落实“三去一降一补”任务的重要内容，针对调查发现的江苏华达钢铁有限公司生产销售“地条钢”、河北安丰钢铁有限公司未批先建边批边建钢铁项目，予以严肃查处，对相关责任人严厉追责问责，并公开通报调查处理结果。

29日，国务院办公厅印发《关于江苏华达钢铁有限公司和河北安丰钢铁有限公司违法违规行为调查处理情况的通报》。《通报》说，一、对华达公司违法违规生产销售“地条钢”处理决定：（一）责成江苏省政府向国务院作出深刻检查。（二）华达公司等长期违法违规生产销售“地条钢”，江苏省政府及有关市、县政府存在失职失责行为。依据《行政机关公务员处分条例》第二十条第四项之规定，对负有重要领导责任的江苏省副省长马秋林给予行政记过处分。（三）由江苏省根据有关规定，对111名责任人进行问责。其中，省管干部6人：给予省质量技术监督局副局长李景辉、徐州市市长周铁根行政记过处分；给予省发展改革委副主任赵芝明、经济和信息化委副主任高清、徐州市副市长冯兴振行政记大过处分；给予新沂市委书记王成长党内严重警告处分。其余市、县、乡（镇）有关责任人由江苏省依法依规给予处理。此外，依法依规追究华达公司等企业有关人员责任。（四）责令江苏省继续加大排查力度，对全省生产销售“地条钢”、违法违规新增钢铁产能等行为进行彻底整治，坚决防止死灰复燃。二、对安丰公司违法违规建设钢铁冶炼项目处理决定：（一）责成河北省政府向国务院作出深刻检查。（二）安丰公司违法违规建设钢铁冶炼项目，相关职能部门严重失察，行政效率低下，河北省政府及有关市、县政府存在失职失责行为。依据《行政机关公务员处分条例》第二十条第四项、第十四条第一款之规定，对负有重要领导责任的河北省副省长张杰辉给予行政警告处分。（三）由河北省根据有关规定，对27名责任人进行问责。其中，省管干部5人：给予省发展改革委副巡视员高俊钊、工业和信息化厅副厅长周军堂、秦皇岛市市长张瑞书行政记过处分；给予秦皇岛市常务副市长薛永纯行政记大过处分；给予昌黎县委书记刘学彬党内严重警告处分。其余市、县、乡（镇）有关责任人由河北省依法依规给予处理。此外，依法依规追究安丰公司有关人员责任。（四）责令河北省针对安丰事件暴露出的严重失察、行政效率低下等问题，抓紧制定整改落实方案；依法依规稳妥处置安丰公司违法违规项目。

12 月 22 日

［纲　文］　**国务院印发《关于加强政务诚信建设的指导意见》。**

［目　文］《意见》由六个部分组成：一、重要意义。二、总体要求。三、探索构建广泛有效的政务诚信监督体系。四、建立健全政务信用管理体系。五、加强重点领域政务诚信建设。六、健全保障措施。

《意见》要求，各地区各部门要加强领导，高度重视，狠抓落实，以政务诚信引领社会诚信，结合实际切实有效开展相关工作。发展改革委会同有关部门负责对本意见落实工作的统筹协调、跟踪了解、督促检查，确保各项工作平稳有序推进。

12 月 22 日

［纲　文］　**新华社讯，中共中央办公厅、国务院办公厅印发《生态文明建设目标评价考核办法》。**

［目　文］《办法》共 6 章 21 条，主要有总则、评价、考核、实施、监督、附则等内容，自 2016 年 12 月 2 日起施行。

12 月 22 日

［纲　文］　**国务院办公厅批复发展改革委，同意建立公平竞争审查工作部际联席会议制度。**

［目　文］　批复说：国务院同意建立由发展改革委牵头的公平竞争审查工作部际联席会议制度。联席会议不刻制印章，不正式行文，请按照国务院有关文件精神认真组织开展工作。

12 月 22 日

［纲　文］　**发展改革委印发《省级电网输配电价定价办法（试行）》。**

［目　文］《办法（试行）》共 5 章 25 条，主要有总则、准许收入的计算方法、输配电价的计算方法、输配电价的调整机制、附则等内容，自 2016 年 12 月 22 日起实行，有效期 5 年。

12 月 22 日

［纲　文］　**海洋局发布《海洋可再生能源资金项目实施管理细则（暂行）》。**

［目　文］《细则》共 7 章 32 条，主要有总则、组织管理、项目立项、项目实施与监管、项目验收与成果管理、奖惩、附则等内容，自 2016 年 12 月 22 日起施行。《海洋可再生能源专项资金项目实施管理细则》（国海科字〔2010〕713 号）同时废止。

12月22日

［纲　文］　**知识产权局、工业和信息化部印发《关于全面组织实施中小企业知识产权战略推进工程的指导意见》。**

［目　文］　《意见》由三部分组成：一、总体要求。二、重点任务。三、保障措施。

12月22日

［纲　文］　**国家防汛抗旱总指挥部全体会议在北京召开。**

［目　文］　国务院总理李克强作出批示指出：2016年面对我国超强台风多、降雨强度大、洪灾范围广、防御难度高、洪涝灾害严重程度多年少有的形势，国家防总及各有关方面按照党中央、国务院决策部署，科学研判，提前准备，密切协作，顽强拼搏，有效抵御了1998年以来最为严重的洪涝灾害，最大限度保障了人民群众生命财产安全。防汛抗洪抢险救灾的全面胜利，彰显了中华民族百折不挠的奋斗精神，成绩来之不易。谨向所有参加防汛抗洪抢险救灾的广大干部群众、人民解放军和武警部队官兵致以诚挚的问候和感谢！国家防总及有关部门和各地要认真总结经验，按照落实新发展理念的要求，针对存在的薄弱环节和突出问题，进一步深化防灾减灾救灾体制机制改革，健全完善防汛抗旱减灾体系；进一步加快灾后恢复重建和重大水利工程建设，集中力量补齐水利基础设施短板；进一步加强监测预警和应急管理，不断提高防灾减灾能力，为全面建成小康社会提供坚实的基础保障。

全体会议总结了2016年防汛抗洪抢险救灾工作成效和经验，安排部署下一阶段防汛抗旱工作。国务院副总理、国家防汛抗旱总指挥部总指挥汪洋出席会议并讲话。民政部、财政部、国土资源部、中国气象局、中央军委联合参谋部等部门负责人，北京市、江苏省、湖北省、广东省等省市相关部门负责人发言。国家防总、水利部、各流域防总负责人出席会议。

汪洋指出，要认真落实李克强总理批示精神，牢固树立灾害风险管理和综合减灾理念，从人民群众普遍关心的突出问题出发，加快推进灾后水利薄弱环节和涝灾严重城市防涝能力建设，全面提高综合防范和抗御水旱灾害的能力，为经济社会持续健康发展提供有力的防灾减灾保障。2016年我国洪涝灾害异常严重，在党中央、国务院的坚强领导下，各地区、各有关部门把确保人民群众生命安全放在首位，立足防大汛、抗大洪、抢大险提前安排部署，全面落实责任、强化措施，最大程度减轻了灾害损失，夺取了防汛抗洪抢险救灾的全面胜利。

12月22日

［纲　文］　**国家民委委员全体会议在北京召开。**

［目　文］　国家民委主任巴特尔主持会议。国务院副总理刘延东出席会议并讲话。中央国家机关有关部门负责人出席会议。

刘延东指出，要全面贯彻党的十八届六中全会、中央经济工作会议、中央民族工作会议精神和习近平总书记系列重要讲话精神，坚定不移走中国特色解决民族问题的正确道路，努力推动民族工作迈上新台阶。党的十八大以来，以习近平同志为核心的党中央对民族工作提出了一系列重大战略思想和重大理论观点，作出了一系列新决策新部署，各委员单位、各地区密切配合、扎实工作，为推动民族地区经济社会加快发展，巩固和发展各民族团结进步作出了重要贡献。民族工作关乎全局。民族工作战线要全面落实党中央国务院决策部署，准确认识民族工作面临的新形势新特点，着力加快少数民族和民族地区经济社会发展和民生改善，着力提高民族事务治理水平，着力促进各民族交往交流交融，不断推动民族工作取得新进展。要继续深入做好民族团结进步创建工作，加快民族地区脱贫攻坚和全面建成小康步伐，努力提升民族地区公共服务水平，切实维护民族团结和社会稳定。要不断加强党对民族工作的领导，不折不扣地把中央对民族工作的决策部署落到实处，以优异成绩迎接党的十九大胜利召开。

12月22日

［纲　文］　**全国政协主席俞正声在北京会见越南祖国阵线中央委员会副主席兼秘书长陈青敏。**

［目　文］　俞正声说，越共十二大后两党两国关系实现良好开局。11月，习近平主席在秘鲁亚太经合组织领导人非正式会议期间会见陈大光主席，就推进中越全面战略合作达成重要共识。中国党和政府高度重视发展中越关系，愿同越方一道，推动新时期两党两国关系取得新的更大发展。中国全国政协愿与越南祖国阵线继续深化双方友好交往和履职交流，为实现两国共同发展作出更大贡献。

陈青敏说，两国老一辈领导人缔造和培育的越中友谊是两党两国人民的宝贵财富。越方愿继续弘扬友好传统，推动两国全面战略合作伙伴关系不断向前发展。

12月22日

［纲　文］　**中国在酒泉卫星发射中心用长征二号丁运载火箭成功将我国首颗全球二氧化碳监测科学实验卫星发射升空。**

［目　文］　该卫星的成功研制和后续在轨稳定运行，使中国初步形成针对全球、中国及其他重点地区的大气二氧化碳浓度监测能力，填补了中国在温室气体监测方面的技术空白，其成果对中国掌握全球变暖的变化规律和全球碳排放分布、提高我国在应对全球气候变化的国际话语权等方面具有重要意义。

12月22日

［纲　文］　**外交部发言人表示，坚决反对美国在韩国部署“萨德”反导系统。**

［目　文］　有记者问，特朗普的幕僚弗林昨天称，美国在韩国部署“萨德”是两国作为盟友作出的正确决定，有助于稳固美韩同盟。这是特朗普团队首次就“萨德”问题表态。中方对此有何评论？

发言人说，关于“萨德”问题，中方已多次就这一问题表达关切和明确反对立场。美国在韩国部署“萨德”反导系统严重破坏地区战略平衡，严重损害包括中国在内的本地区有关国家战略安全利益，不利于维护朝鲜半岛的和平与稳定。我们再次敦促有关方面正视中方合理关切，停止有关部署进程。中方将坚决采取必要措施维护自身安全利益。

12月22—23日

［纲　文］ **全国政府秘书长和办公厅主任会议在北京召开。**

［目　文］ 会议指出，政府系统办公厅要深入贯彻党的十八大和十八届三中、四中、五中、六中全会以及中央经济工作会议精神，深入学习贯彻习近平总书记系列重要讲话精神和治国理政新理念新思想新战略，认真落实李克强总理关于做好政府办公厅工作的重要指示批示，适应新形势新任务，服务科学决策、狠抓政策落实，提升政府执行力和公信力。2017年是实施“十三五”规划的重要一年和供给侧结构性改革的深化之年。政府系统办公厅要切实增强“四个意识”特别是核心意识、看齐意识，更加紧密地团结在以习近平同志为核心的党中央周围，认真贯彻落实党中央、国务院决策部署，在推动经济平稳运行、改革持续深化、民生不断改善上谋良策、抓落实。要加强办公厅自身建设，更好发挥参谋助手作用，高标准严要求做好“三个服务”工作，以优异成绩迎接党的十九大胜利召开。

12月23日

［纲　文］ **习近平在北京分别会见来京述职的香港特别行政区行政长官梁振英、澳门特别行政区行政长官崔世安。**

［目　文］ 国家主席习近平听取了梁振英对香港当前形势和特别行政区政府工作情况的汇报后表示，一年来，在中央政府支持下，梁振英行政长官带领特别行政区政府稳健施政，在土地房屋、安老扶贫、科技创新等方面做了大量工作，取得了明显进展。在遏制“港独”、依法处置街头暴力活动等重大问题上，严格按照基本法、全国人大常委会对基本法的解释和特别行政区法律办事，维护了国家主权、安全、发展利益，维护了香港经济发展和社会稳定。中央对行政长官和特别行政区政府的工作充分肯定。香港回归祖国即将步入第二十个年头。“一国两制”在香港的实践取得的成绩有目共睹。“一国两制”是一项全新的事业，实践中出现新情况新问题是正常的。当前，香港社会、政治、经济发展平稳，中央政府和广大香港市民一样，都希望进一步发展经济、改善民生，希望社会和谐、市民安居乐业。中央政府坚定支持特别行政区政府依法遏制“港独”活动。“一国两制”符合国家利益和港人福祉，符合包括香港同胞在内的全国人民共同心愿，中央政府、特别行政区政府和香港社会要坚定信心、坚守底线、坚决维护，确保“一国两制”在香港的实践在基本法轨道上向前推进。中央尊重并理解梁振英因家庭原因不参选连任下任行政长官的决定。四年多来，梁振英行政长官和特别行政区政府全面准确贯彻“一国两制”方针和基本法，秉持“稳中求变，适度有为”的施政理念，立足当前，谋划长远，在打基础、利长远方面做了很多实事，为“一国两制”事业和香港繁荣稳定作出了重要贡献。习近平请行政长官转达他本人和中央政府对广大香港市民的新年祝福。

习近平听取了崔世安对澳门当前形势和特别行政区政府工作情况的汇报后表示，一年来，崔世安行政长官带领澳门特别行政区政府围绕促经济、重民生、稳发展的施政方针，迎难而上、稳健施政，在推进公共行政改革、促进经济适度多元发展、检讨博彩业、改善民生、依法处理重大问题等方面做了大量工作。行政长官和特别行政区政府还积极对接国家“十三五”规划和“一带一路”战略，制定了澳门历史上第一个五年发展规划，体现了谋划长远的担当。中央对行政长官和特别行政区政府的工作是充分肯定的。当前，澳门总体形势是好的，经济开始好转，民生持续改善，爱国爱澳核心价值深入人心，特别是在贯彻落实“一国两制”方针和基本法、维护国家安全和统一方面树立了榜样，中央对此高度评价。希望行政长官和特别行政区政府团结带领社会各界继承和发扬爱国爱澳传统，坚持从国家战略全局和澳门繁荣稳定大局出发谋划和开展工作；坚持把发展经济、改善民生放在首位；坚持依法有效施政，把澳门建设得更美、更好、更繁荣。习近平请行政长官转达他本人和中央政府对广大澳门市民的新年祝福。

12月23日

［纲　文］　**全国老干部工作先进集体和先进工作者表彰大会在北京召开，习近平对全国老干部工作作出指示**。

［目　文］　中共中央总书记习近平指出，老干部是党执政兴国的重要资源，是推进中国特色社会主义伟大事业的重要力量。广大老干部对党怀有深厚感情，对党的事业无比忠诚，体现了老干部忧党爱国为民的情怀。希望广大老干部珍惜光荣历史，不忘革命初心，永葆政治本色，继续做全面从严治党的坚定支持者和模范践行者，继续讲好中国故事、弘扬中国精神、传播好中国声音，积极为实现“两个一百年”奋斗目标和中华民族伟大复兴的中国梦贡献智慧和力量。老干部工作承担着党中央关心爱护老干部的重要任务，是一项需要付出、需要奉献的重要工作。长期以来，广大老干部工作者爱岗敬业、任劳任怨，为老干部工作作出了重要贡献。老干部工作部门和老干部工作者要认真学习先进典型，用心用情做好工作，努力在平凡的岗位上作出不平凡的业绩。

中组部部长赵乐际主持表彰大会并宣读习近平的指示。中共中央政治局常委刘云山会见全国老干部工作先进集体和先进工作者代表并出席表彰大会。大会对106个全国老干部工作先进集体和306名先进个人进行了表彰。中央和国家机关有关部门、有关人民团体、中管金融企业和部分国有重要骨干企业、各省区市和新疆生产建设兵团有关负责人等参加会议。

12月23日

［纲　文］　**李克强在北京分别会见来京述职的香港特别行政区行政长官梁振英、澳门特别行政区行政长官崔世安**。

［目　文］　国务院总理李克强听取梁振英对香港当前形势和特区政府工作情况的汇报后表示，一年来，香港特区政府积极进取，务实有为，在复杂多变的国际经济金融环境下，保持经济平稳增长和较低失业率，鼓励支持创新创业取得成效，在对接国家发展战略、拓展同内地交流合作、扩大国际交往等方面取得新的进展。中央政府对你和特区政府的工作给予充分肯定。中央政府坚定不移贯彻“一国两制”、“港人治港”、高度自治的方

针，严格依照宪法和基本法办事，全力支持香港特区政府和行政长官依法施政。继续根据国家和香港发展的需要，推出支持香港发展、加强两地合作的政策举措。希望香港特区政府把握大势，稳健施政，充分发挥作为国家“引进来”“走出去”双向服务平台的功能，抓住国家实施“十三五”规划和“一带一路”战略等重大机遇，提升香港在国家经济发展和对外开放中的地位和作用。密切跟踪国际经济形势变化，维护香港经济金融大局稳定，持续改善民生。相信在中央政府支持下，特区政府有能力、香港同胞有智慧保持香港的长期繁荣稳定，与祖国内地同发展、共进步。

梁振英表示，过去一年，在中央政府的关怀和支持下，香港特别行政区政府坚持把发展经济、改善民生作为施政重点，经济平稳运行，保持温和增长，失业率较低。特区政府将继续朝着国家所需、香港所长的方向，配合好国家“十三五”规划和“一带一路”建设，大力推动创新创业，保持香港繁荣稳定和经济发展。

李克强听取崔世安对澳门当前形势和特区政府工作情况的汇报后表示，前不久我赴澳门视察并出席中国—葡语国家经贸合作论坛，同澳门各界广泛接触，对澳门特区发展的生机活力印象深刻。特别是面对经济下行压力，澳门特区继续实现财政盈余和居民充分就业，经济适度多元发展取得新进展，社会保持和谐稳定，这同特区政府在行政长官带领下勤勉工作、务实开拓是分不开的。中央政府对你和特区政府的工作给予充分肯定。中央政府坚定不移贯彻“一国两制”、“澳人治澳”、高度自治的方针，严格依照宪法和基本法办事，全力支持澳门特区政府和行政长官依法施政，集中精力发展经济、改善民生，稳步推进公共行政改革，把澳门发展融入国家发展大局。前不久中央政府根据澳门需求制定了 23 项惠澳政策，希望澳门特区用好用足，不断推进世界旅游休闲中心和中国与葡语国家商贸合作服务平台建设取得新成果，在经济适度多元发展方面迈出新的步伐，增进广大澳门同胞的长期福祉。

崔世安表示，过去一年，在中央政府的关心指导和支持帮助下，特别是李克强总理莅临澳门视察并出席中葡论坛，宣布了一系列惠澳政策和支持中葡论坛的政策举措，有力促进了澳门经济社会发展和对外开放与合作。特区政府将主动对接国家发展战略，推进“一个中心、一个平台”建设，保持澳门经济总体稳定，民生不断改善。

12 月 23 日

［纲　文］　**李克强在北京主持召开会议，审议通过《西部大开发“十三五”规划》。**

［目　文］　张高丽、刘延东、汪洋、王勇、万钢出席会议。国务院西部地区开发领导小组成员单位等参加会议。会议部署进一步推动西部大开发工作。

李克强说，“十三五”时期，西部地区进入爬坡过坎、转型升级的关键阶段。要在以习近平同志为核心的党中央坚强领导下，贯彻落实新发展理念，以供给侧结构性改革为主线，适度扩大总需求，持续实施好西部大开发战略，加强与“一带一路”建设、长江经济带发展等重大战略的统筹衔接，坚持创新驱动、开放引领，大力夯实基础支撑，推动西部经济社会持续健康发展。西部开发在加大中央和东中部支持的同时，根本上要依靠改革开放创新增强内生动力。要持续深化简政放权、放管结合、优化服务等重点领域改革，继续落实好减税降费各项政策措施，降低制度性交易成本，促进形成营商环境好、要素成本低、市场潜力大的叠加优势，迸发全社会创业创新热情，吸引各类资本特别是民间资本踊跃参与西部建设。西部开发要增强可持续发展支撑能力，必须紧紧抓住基础设施和生态环保两大关键。着力破解道路、水资源等瓶颈制约，实施规划确定的“五横四纵四出境”综合运输大通道建设，加快打通“断头路”，提升乡村公路水平。开展重大引调水、大型灌区和“五小水利”等工程建设，实施农村饮水安全巩固提升工程。特别要围绕筑牢国家生态安全屏障大局，健全绿色发展机制，加大自然生态系统和环境保护力度，继续实施退耕还林还草、退牧还草、水土流失治理等重大生态工程，保护好森林、草原、湿地、江河源头等，完善生态补偿机制，坚决守住生态红线。

李克强强调，各地区各有关部门要继续在对口帮扶、财政税收、项目布局、融资服务等方面加大对西部的支持，助力西部发展。西部各地要增强紧迫感，自我加压，奋发有为，努力开创西部发展新局面。

12月23日

［纲　文］　**国务院批复国土资源部、发展改革委，同意全国土地整治规划。**

［目　文］　批复说：一、原则同意《全国土地整治规划（2016—2020年）》（以下简称《规划》），由国土资源部、发展改革委发布实施。二、《规划》实施要全面贯彻落实党的十八大和十八届三中、四中、五中、六中全会精神，深入贯彻习近平总书记系列重要讲话精神和治国理政新理念新思想新战略，紧紧围绕统筹推进“五位一体”总体布局和协调推进“四个全面”战略布局，牢固树立创新、协调、绿色、开放、共享的发展理念，按照党中央、国务院决策部署，坚持最严格的耕地保护制度和最严格的节约用地制度，实施藏粮于地和节约优先战略，以提升粮食产能为目标，大力推进农用地整理和高标准农田建设，夯实农业现代化基础；以促进城乡统筹发展为导向，大力推进城乡散乱、闲置、低效建设用地整理，推动美丽宜居乡村建设和新型城镇化发展；以精准扶贫、精准脱贫为要求，大力推进贫困地区土地综合整治，加大政策、项目、资金支持，助力脱贫攻坚；以保护生态环境为前提，大力推进废弃、退化、污染、损毁土地的治理、改良和修复，促进土地资源永续利用。三、通过《规划》实施，“十三五”期间，确保建成4亿亩、力争建成6亿亩高标准农田，使经整治的基本农田质量平均提高1个等级；通过土地整治补充耕地2000万亩，通过农用地整理改造中低等耕地2亿亩左右，耕地数量质量保护水平全面提升；整理农村建设用地600万亩，改造开发城镇低效用地600万亩，促进单位国内生产总值的建设用地使用面积降低20%，节约集约用地水平进一步提高；全面推进土地复垦，复垦率达到45%以上，开展土地生态整治，使土地资源得到合理利用，生态环境明显改善。四、地方各级人民政府要加强组织领导，切实落实主体责任，完善各项政策措施，依据上一级土地整治规划确定的目标和任务，做好本行政区域土地整治规划的编制实施，统筹安排高标准农田建设、农用地整理、城乡建设用地整理、土地复垦等各项工作，全面落

实《规划》确定的土地整治目标任务。五、国务院有关部门和单位要根据职责分工，密切协调配合，在规划编制、政策实施、项目安排、资金保障和体制机制创新等方面给予积极支持。国土资源部、发展改革委要牵头做好《规划》的组织实施工作，加强跟踪分析、督促检查和考核评估，认真研究解决《规划》实施中出现的问题，推动《规划》各项目标任务落实，重大问题及时向国务院报告。

12月23日

［纲　文］　**新华社讯，中共中央办公厅、国务院办公厅印发《关于做好2017年元旦春节期间有关工作的通知》。**

［目　文］　《通知》说：一、扎实做好关心群众特别是困难群众帮扶救助工作，真正做到解民忧、暖民心。二、切实保障节日市场平稳运行，更好满足人民群众精神文化生活需求。三、统筹安排好春运工作，保证群众节日安全顺畅出行。四、严格落实安全生产责任，严防重特大安全事故。五、妥善处理社会矛盾和问题，切实维护社会大局稳定。六、坚持勤俭文明过节，倡导良好社会风尚。七、严格遵守廉洁纪律，严防各类“节日腐败”。八、认真做好值守应急工作，确保各项工作正常运转。

《通知》要求，各地区各部门要高度重视，认真研究部署元旦、春节期间有关工作，严格督促检查，确保本通知精神落到实处。

同日，中央纪委印发为贯彻落实《通知》精神，强化监督执纪问责，营造风清气正的节日氛围，就有关事项明确：一、抓住重要节点，查处顶风违纪行为。二、维护群众利益，整治基层不正之风和腐败问题。三、严明换届纪律，营造良好换届环境。四、用好问责利器，夯实管党治党政治责任。各级纪委要坚决贯彻落实《通知》要求，精心组织走访慰问、专项救助、送温暖等活动，着力解决群众实际困难。要严格落实岗位责任制，加强节日期间安全和保密检查，健全值班应急机制，遇有突发事件或紧急情况，立即请示报告，及时妥善处置，确保各项工作正常运转。打铁还需自身硬，广大纪检监察干部要从自身做起，自觉做守纪律、讲规矩的表率。

12月23日

［纲　文］　**国务院办公厅印发《关于加强个人诚信体系建设的指导意见》。**

［目　文］　《意见》由七个部分组成：一、总体要求。二、加强个人诚信教育。三、加快推进个人诚信记录建设。四、完善个人信息安全、隐私保护与信用修复机制。五、规范推进个人诚信信息共享使用。六、完善个人守信激励和失信惩戒机制。七、强化保障措施。

《意见》要求，各地区各部门要加强领导，高度重视，率先垂范，结合工作实际，切实有效开展个人诚信体系建设相关工作。发展改革委会同有关部门负责对本意见落实工作的统筹协调、跟踪了解、督促检查，确保各项工作平稳有序推进。

12月23日

［纲　文］　**国务院办公厅印发《关于成立国家新材料产业发展领导小组的通知》。**

［目　文］《通知》说，为贯彻实施制造强国战略，加快推进新材料产业发展，国务院决定成立国家新材料产业发展领导小组（以下简称领导小组）。一、主要职责。审议推动新材料产业发展的总体部署、重要规划，统筹研究重大政策、重大工程和重要工作安排，协调解决重点难点问题，指导督促各地区、各部门扎实开展工作。二、组成人员。组长：马凯。副组长：苗圩、肖亚庆、林念修、阴和俊、刘昆。成员：杜占元、徐乐江、汤涛、张骥、潘功胜、黄丹华、李国、孙瑞标、田世宏、许宪春、贺化、张亚平、徐德龙、王兆星、方星海、梁涛、高瑞平、张克俭、陆明、冯丹宇。三、工作机构。领导小组办公室设在工业和信息化部，承担领导小组的日常工作。工业和信息化部副部长徐乐江兼任办公室主任，领导小组成员单位有关司局负责人担任办公室成员。

领导小组成员因工作变动需要调整的，由所在单位向领导小组办公室提出，按程序报领导小组组长批准。领导小组聘请有关方面专家组成国家新材料产业发展专家咨询委员会，为领导小组提供决策咨询。

12 月 23 日

［纲　文］ **环境保护部印发《排污许可证管理暂行规定》。**

［目　文］《规定》共 5 章 37 条，主要有总则、排污许可证内容、申请与核发、实施与监管、附则等内容。

12 月 23 日

［纲　文］ **推进“中国制造 2025”工作现场会暨国家制造强国建设领导小组第四次会议在长沙市召开。**

［目　文］ 国务院总理李克强对会议作出批示指出：加快推进制造强国建设是党中央、国务院立足全局、着眼长远作出的重大战略部署。一年多来，在各方面共同努力下，“中国制造 2025”实施取得了积极成效，已成为结构优化、创新发展的重要抓手，应予充分肯定。要深入分析当前世界产业发展新态势、竞争新特点，充分认识我国制造业发展的潜力、机遇和困难、挑战，以新发展理念为引领，以推进供给侧结构性改革为主线，聚焦市场需求、借鉴国际经验，着力深化简政放权、放管结合、优化服务和财税、金融等重点改革，完善政策支持，围绕大力发展先进制造业在市场准入、要素配置、降低成本等方面营造良好环境；着力把“中国制造 2025”“互联网 +”和大众创业万众创新紧密结合起来，形成新动能培育与传统动能改造提升互促共进的良性循环；着力弘扬企业家精神和工匠精神，苦练内功、精益求精、提质增效、追求卓越，努力攻克一批核心技术和关键工艺装备，提升智能制造、绿色制造水平，为促进经济中高速增长、迈向中高端水平提供坚实有力支撑。

国务院副总理马凯出席会议并讲话。工业和信息化部部长苗圩通报了“中国制造 2025”实施以来取得的主要工作成效及 2017 年重点工作计划，中国工程院院长、国家制造强国建设战略咨询委员会副主任周济，报告了“中国制造 2025”2016 年度重大标志性项目进展情况及下一步工作建议。国家制造强国建设领导小组成员单位、国家制造强国建设战略咨询委员会、部分省市政府及行业协会、中央企业负责人，湖南、广东、江苏、重庆四省（市）及宁波市政府，有关企业负责人在会上作经验交流发言。

12月23日

［纲　文］　**中共辽宁省第十二届委员会第一次全体会议选举李希为省委书记，陈求发（苗族）、王蒙徽为省委副书记。**

12月23日

［纲　文］　**中共云南省第十届委员会第一次全体会议选举陈豪为省委书记，阮成发、李秀领为省委副书记。**

12月23日

［纲　文］　**第12次中越两党理论研讨会在河内召开。**

［目　文］　研讨会以“对外开放条件下加强党的建设面临的挑战和经验”为主题。中共中央政治局委员刘奇葆和越共中央政治局委员、中央书记处书记、中组部部长范明政在研讨会开幕式上作主旨报告，分别介绍了中越两党加强自身建设的做法和经验。

22日，刘奇葆在河内会见越共中央总书记阮富仲时表示，在新形势下，中方愿同越方一道，始终从战略高度和长远角度看待和把握双边关系，坚持“十六字”方针和“四好”精神，落实好两党总书记重要共识，推动中越关系持续健康稳定发展。我们愿深化两党交流合作，互学互鉴，共同提高执政能力。

阮富仲说，当前越中关系发展势头良好，越方愿同中方进一步密切高层交往，深化治党治国经验交流，推进各领域交往与合作，不断巩固和发展越中传统友好和全面战略合作伙伴关系。

12月23日

［纲　文］　**澜沧江—湄公河合作第二次外长会在柬埔寨暹粒举行。**

［目　文］　外交部部长王毅与柬埔寨外交大臣布拉索昆共同主持会议。老挝外交部部长沙伦赛、缅甸外交国务部部长觉丁、泰国外交部部长敦·帕马威奈、越南副总理兼外交部部长范平明出席会议。会议审议通过了《澜湄合作第二次外长会联合新闻公报》《首次领导人会议成果落实进展表》《优先领域联合工作组筹建原则》三份成果文件。

王毅表示，澜湄合作首次领导人会议以来，澜湄合作机制建设不断加强，各优先领域联合工作组筹建工作有序推进，45个早期收获项目相继得到有效落实，各领域务实合作逐步展开。当前澜湄合作正处于培育期和发展关键阶段，六国应加大投入，培育平等相待、真诚互助、亲如一家的澜湄文化，本着共商、共建、共享原则，打造“澜湄合作走廊”，朝着建立澜湄国家命运共同体的目标迈进。

布拉索昆表示，澜湄合作的诞生与发展顺应了本区域各国发展的需求，各国感谢中方对澜湄合作的重视和投入，期待中方在合作进程中继续发挥引领和关键作用。

12月23日

［纲　文］　**中核集团中国原子能科学研究院和中国科学院近代物理研究所联合研制的核反应堆零功率装置“启明星Ⅱ号”成功实现首次临界。标志着中国在核反应堆新一代**

零功率装置研发领域获得重大突破，这对解决核废料安全处置问题具有重要意义。

12 月 23 日

［纲　文］　**故宫博物院与香港特区政府就故宫支持港方筹建“香港故宫文化博物馆”在故宫签署合作备忘录。**

［目　文］　在文化部部长雒树刚与香港特别行政区行政长官梁振英及见证下，故宫博物院院长单霁翔与香港特区政府政务司司长兼香港西九文化区管理局董事局主席林郑月娥签署了合作备忘录，并就合作事宜明确了双方合作意向和原则。

12 月 24 日

［纲　文］　**习近平给北京市八一学校科普小卫星研制团队学生回信。**

［目　文］　中共中央总书记习近平在信中写道，八一学校科普小卫星研制团队的同学们：你们好！知道由你们设计研制的科普小卫星即将发射，我非常高兴。中学生设计研制科普卫星是一次很好的尝试，你们攀登科技高峰的热情和勇气让我感到欣慰。你们在来信中表示，要让这颗小卫星发挥启明星一样的作用，不断激发自己科学探索的热情。希望你们保持对知识的渴望，保持对探索的兴趣，培育科学精神，刻苦学习，努力实践，带动更多青少年讲科学、爱科学、学科学、用科学，努力成长为祖国的栋梁之材，将来更好为实现中华民族伟大复兴的中国梦贡献力量。新年即将到来，祝你们和全校师生新年好。

2016 年 9 月 9 日，习近平来到自己的母校——北京市八一学校，走进科普实验室，同正在研制科普小卫星的老师和学生们交流，叮嘱同学们小卫星发射时要记得告诉他。卫星发射前，科普小卫星研制团队的学生们给总书记写信，报告了小卫星即将发射的消息，表示要让小卫星发挥启明星一样的领航作用，不断激发同学们科学探索热情。

八一学校学生设计研制的小卫星是中国首颗中学生科普小卫星，12 月 28 日在太原卫星发射基地发射升空、准确入轨，发回信标信号。卫星计划在轨运行 180 天，期间进行对地拍摄、无线电通讯、音频传输和快速离轨实验。

12 月 24 日

［纲　文］　**国务院印发《“十三五”促进民族地区和人口较少民族发展规划》。**

［目　文］　《规划》共 13 章，主要有面临的发展环境、总体要求、全力打赢脱贫攻坚战、促进经济跨越发展、优先保障和改善民生、推进生态文明建设、推进全方位开放合作、促进人口较少民族加快发展、加快少数民族特色村镇保护发展、深入开展民族团结进步创建活动、创新民族事务治理体系、发挥政策支撑作用、强化规划组织实施等内容。

12 月 24 日

［纲　文］　**《人民日报》发表题为《老干部工作大有可为》的评论员文章。**

12 月 24—25 日

［纲　文］　**全国党内法规工作会议在北京召开，习近平就加强党内法规制度建设作**

出指示。

［目　文］　中共中央总书记习近平作出指示强调，党的十八大以来，党中央高度重视党内法规制度建设，推动这项工作取得重要进展和成效。加强党内法规制度建设是全面从严治党的长远之策、根本之策。我们党要履行好执政兴国的重大历史使命、赢得具有许多新的历史特点的伟大斗争胜利、实现党和国家的长治久安，必须坚持依法治国与制度治党、依规治党统筹推进、一体建设。要按照十八大和十八届三中、四中、五中、六中全会部署，认真贯彻落实《中共中央关于加强党内法规制度建设的意见》，以改革创新精神加快补齐党建方面的法规制度短板，力争到建党100周年时形成比较完善的党内法规制度体系，为提高党的执政能力和领导水平、推进国家治理体系和治理能力现代化、实现中华民族伟大复兴的中国梦提供有力的制度保障。

中共中央政治局常委刘云山出席会议并讲话。刘奇葆、赵乐际、赵洪祝出席会议，栗战书传达了习近平总书记的指示并讲话。中央纪委机关、中央组织部、北京、浙江、福建、湖北、深圳等部门和地方有关负责人作交流发言。各省区市和新疆生产建设兵团党委分管党内法规工作的负责人、党委办公厅负责法规工作的有关人，各副省级城市党委分管党内法规工作的负责人，中央有关部委分管法规工作的负责人，党中央批准设立的有关单位党组（党委）负责人，中央办公厅、全国人大常委会办公厅、国务院办公厅、全国政协办公厅、中央军委办公厅等部门有关负责人参加会议。

刘云山指出，习近平总书记重要指示从全局和战略高度深刻阐明了加强党内法规制度建设的重大意义、主要任务和基本要求，为做好党内法规工作提供了重要遵循。落实好习近平总书记重要指示和党中央部署，要牢牢把握党内法规制度建设的正确方向，以党章为根本依据，切实体现党的意志主张，体现全面从严治党要求，强化“四个意识”特别是核心意识、看齐意识，坚持依法治国与制度治党、依规治党统筹推进、一体建设，推动党的制度优势更好转化为治国理政的实际效能。要突出工作重点，坚持目标导向和问题导向相统一，抓紧建立和完善主干性、支撑性党内法规制度，健全相关配套法规制度，统筹推进立改废释工作，加快形成内容科学、程序严密、配套完备、运行有效的党内法规制度体系。

12月24—25日

［纲　文］　**2016年国家级自然保护区评审会议在北京召开。**

［目　文］　环境保护部副部长、评委会主任委员黄润秋出席会议并讲话。第六届国家级自然保护区评审委员会11个成员单位的15名部门代表和33位专家委员参加了会议。经过评审委员会评审，7处晋升的自然保护区、8处调整的自然保护区通过评审。

12月25日

［纲　文］　**习近平签署中华人民共和国主席令（第59至62号）。**

［目　文］　主席令第59号说，《中华人民共和国中医药法》已由中华人民共和国第

十二届全国人民代表大会常务委员会第二十五次会议于2016年12月25日通过，现予公布，自2017年7月1日起施行。

主席令第60号说，《中华人民共和国公共文化服务保障法》已由中华人民共和国第十二届全国人民代表大会常务委员会第二十五次会议于2016年12月25日通过，现予公布，自2017年3月1日起施行。

主席令第61号说，《中华人民共和国环境保护税法》已由中华人民共和国第十二届全国人民代表大会常务委员会第二十五次会议于2016年12月25日通过，现予公布，自2018年1月1日起施行。

主席令第62号说，根据中华人民共和国第十二届全国人民代表大会常务委员会第二十五次会议于2016年12月25日的决定，任命杨晓渡为监察部部长。

12月25日

［纲　文］　**新华社讯，中共中央办公厅、国务院办公厅印发《关于进一步把社会主义核心价值观融入法治建设的指导意见》。**

［目　文］　《意见》由六个部分组成：一、重要意义和总体要求。二、推动社会主义核心价值观入法入规。三、强化社会治理的价值导向。四、用司法公正引领社会公正。五、弘扬社会主义法治精神。六、加强组织领导。

12月25日

［纲　文］　**国务院办公厅印发《生产者责任延伸制度推行方案》。**

［目　文］　《方案》由四个部分组成：一、总体要求。二、责任范围。三、重点任务。四、保障措施。

《方案》指出，各地区、各部门要高度重视推行生产者责任延伸制度的重要意义，加强组织领导，扎实推进工作。发展循环经济工作部际联席会议要把推行生产者责任延伸制度作为重要工作内容，加强顶层设计，统筹推进各项工作。发展改革委要细化实施方案，制定时间表、路线图，加强统筹协调和分类指导，重大情况及时向国务院报告。科技部、工业和信息化部、财政部、环境保护部、住房城乡建设部、商务部、人民银行、工商总局、质检总局、国务院法制办等部门要密切配合、形成合力，按照职责分工抓好落实。各地区要根据本地实际抓好具体实施，有力推进生产者责任延伸工作。

12月26日

［纲　文］　**国家主席习近平应约同联合国秘书长潘基文通电话。**

［目　文］　习近平积极评价潘基文担任联合国秘书长十年来为促进世界和平、发展、繁荣事业作出的积极努力，以及为深化中国同联合国合作作出的重要贡献。习近平指出，当前世界各国面临的新问题新挑战很多，需要加强全球有效治理，更好发挥联合国的作用。潘基文秘书长忠实履行联合国宪章赋予的职责，带领联合国秘书处积极开展工作，同会员国协商合作，达成2030年可持续发展议程和气候变化《巴黎协定》等重要成果，

取得了显著成绩。在双方共同努力下，中国同联合国的合作已经达到新的水平。中国将继续坚定支持联合国事业，同新任联合国秘书长古特雷斯先生保持密切合作，推动中国同联合国关系继续向前发展。

潘基文表示，在即将卸任联合国秘书长前夕，我对中国对我担任联合国秘书长工作给予的大力支持深表感谢。中国为促进全球可持续发展目标、推动南南合作并帮助广大发展中国家、应对气候变化发挥了重要领导作用。相信中方将继续同下任联合国秘书长密切合作，一如既往支持国际和平、可持续发展事业。

12月26日

［纲　文］　**国家主席习近平、国务院总理李克强就俄罗斯军机坠毁事件分别向俄罗斯总统普京、俄罗斯总理梅德韦杰夫致慰问电。**

12月26日

［纲　文］　**中共中央、国务院、中央军委印发《关于给景海鹏颁发“一级航天功勋奖章”授予陈冬“英雄航天员”荣誉称号并颁发“三级航天功勋奖章”的决定》。**

［目　文］　《决定》说，2016年10月17日，我国航天员景海鹏、陈冬同志驾乘神舟十一号载人飞船成功进入太空，在进行33天太空飞行，完成与天宫二号空间实验室交会对接，开展一批体现国际科学前沿和高新技术发展方向的空间科学与应用任务后，于11月18日顺利返回地面。天宫二号和神舟十一号载人飞行任务圆满成功，首次实现了我国航天员中期在轨驻留，标志着我国载人航天工程取得新的重大进展，展示了我国建设创新型国家和世界科技强国的最新成果，展示了中国人民攀登世界科技高峰的最新成就，对于进一步提升我国综合国力、科技实力、民族凝聚力，激励全党全军全国各族人民统筹推进“五位一体”总体布局和协调推进“四个全面”战略布局，不断开创中国特色社会主义事业新局面，具有重大意义。天宫二号和神舟十一号载人飞行任务圆满成功，凝聚着参加工程研制、建设、试验的广大科技工作者、航天员、干部职工、解放军指战员的智慧和心血。景海鹏、陈冬同志作为其中的杰出代表，团结协作、迎难克坚，体现了一流的、过硬的素质。景海鹏同志忠诚使命、顽强拼搏，先后三次执行航天飞行任务，为我国载人航天事业作出重大贡献。陈冬同志坚毅果敢、勇于挑战，精心精细操作，出色完成各项任务。为褒奖他们的卓著功绩，中共中央、国务院、中央军委决定，给景海鹏同志颁发“一级航天功勋奖章”，授予陈冬同志“英雄航天员”荣誉称号并颁发“三级航天功勋奖章”。景海鹏、陈冬同志是投身建设航天强国事业的飞天勇士，是实现中国梦强军梦征程上的时代先锋。中央号召，全党全军全国各族人民要以他们为榜样，学习他们爱党报国、忠诚使命的坚定信念，学习他们勇挑重担、恪尽职守的奋斗精神，学习他们不畏艰险、无私奉献的高尚品格，学习他们严谨细致、精益求精的扎实作风，努力在本职岗位上争创一流业绩。让我们更加紧密地团结在以习近平同志为核心的党中央周围，高举中国特色社会主义伟大旗帜，全面贯彻党的十八大和十八届三中、四中、五中、六中全会精神，以邓小平理论、“三个代表”重要思想、科学发展观为指导，深入贯彻习近平总书记系列重要讲话精神和治国

理政新理念新思想新战略，大力弘扬“两弹一星”精神和载人航天精神，艰苦奋斗，开拓创新，扎实工作，为实现“两个一百年”奋斗目标、实现中华民族伟大复兴的中国梦而努力奋斗！

12月26日

［纲　文］　**中共中央、国务院印发《关于稳步推进农村集体产权制度改革的意见》。**

［目　文］　《意见》由六个部分组成：一、重大意义。二、总体要求。三、全面加强农村集体资产管理。四、由点及面开展集体经营性资产产权制度改革。五、因地制宜探索农村集体经济有效实现形式。六、切实加强党对农村集体产权制度改革的领导。

12月26日

［纲　文］　**国务院办公厅印发《国家职业病防治规划（2016—2020年）》。**

［目　文］　《规划》由五个部分组成：一、职业病防治现状和问题。二、总体要求。三、主要任务。四、保障措施。五、督导与评估。

12月26日

［纲　文］　**文化部、新闻出版广电总局、体育总局、发展改革委、财政部印发《关于推进县级文化馆图书馆总分馆制建设的指导意见》。**

［目　文］　《意见》由五个部分组成：一、指导思想。二、基本原则。三、工作目标。四、主要措施。五、组织保障。

12月26日

［纲　文］　**新华社讯，中央军委下发《关于军队出席党的十九大代表选举工作的通知》。**

［目　文］　《通知》指出，党的十九大代表的选举产生，要坚持党的领导与发扬民主有机统一，采取自下而上、上下结合、反复酝酿、逐级遴选的办法进行。要广泛进行组织发动，激励基层党组织和广大党员积极参与代表人选的推荐提名。要根据多数党组织或多数党员的意见，逐级遴选择优。要严格组织考察，实行差额考察和考察预告，充分听取基层党组织、党代表、党员和群众的意见。要严把人选政治关，坚持把政治标准放在首位，突出考察人选的理想信念、政治品格和道德修养。严把人选廉洁关，坚决防止“带病提名”。要认真搞好会议选举，代表实行差额选举，差额选举的比例应多于15%。

《通知》要求，各级党委要把做好党的十九大代表选举工作作为一项重大而严肃的政治任务，列入重要工作日程，切实加强领导。要以高度的政治责任感和严谨细致的工作作风，周密筹划、精心组织，确保代表选举工作深入扎实开展。严肃政治纪律、组织纪律和选举纪律，把纪律和规矩挺在前面，坚持教育在先、警示在先、预防在先。加强对代表选举工作的全程监督，坚决杜绝拉票贿选等不正之风，对违规违纪问题“零容忍”，一经发现坚决查处，确保风清气正。要使代表选举产生的过程，成为理想信念教育和党性党风党纪教育的过程，成为党内政治生活生动实践和民主集中制教育的过程，成为落实全面从严治党要求、不断推进党的建设新的伟大工程的过程，进一步增强党的创造力凝聚力战斗力，动员广大党员干部更加紧密地团结在以习近平同志为核心的党中央周围，不忘初心、继续前进，勠力同心、锐意进取，为实现中国梦强军梦而努力奋斗。

12月26日

［纲　文］ **2017年全国交通运输工作会议在北京召开。**

［目　文］ 会议的主要任务是，全面贯彻落实党的十八大、十八届三中、四中、五中、六中全会和中央经济工作会议精神，学习贯彻中共中央总书记习近平系列重要讲话精神，总结2016年工作，分析当前形势，部署2017年工作。交通运输部党组书记杨传堂、交通部部长李小鹏出席会议并讲话。交通运输部和部管国家局领导，各省（区、市）、省会城市及计划单列市交通运输主管部门和部机关各司局、部属各单位的代表出席会议。陕西、宁夏、上海、内蒙古、广东、安徽、吉林等七个省市相关部门负责人作专题交流。

12月26日

［纲　文］ **全国住房城乡建设工作会议在北京召开。**

［目　文］ 住房城乡建设部党组书记、部长陈政高全面总结了2016年住房城乡建设工作，对2017年工作任务作出部署。各省、自治区住房城乡建设厅、直辖市建委及有关部门、计划单列市建委及有关部门主要负责人，新疆生产建设兵团建设局主要负责人，中共中央、国务院有关部门司（局）负责人，中央军委后勤保障部军事设施建设局、中国海员建设工会有关负责人，部机关各司局、部属单位主要负责人以及部分地级以上城市人民政府分管住房城乡建设工作的副市长出席会议。

12月26日

［纲　文］ **国家副主席李源潮在北京会见圣多美和普林西比外长博特略。**

［目　文］ 李源潮说，中圣普复交符合两国和两国人民的根本利益。中方高度赞赏圣普政府回到一个中国原则的正确轨道上来。中方愿同圣普方以复交为新起点，深化政治互信，广泛开展各领域交流合作，让中圣普两国复交尽早转化为实实在在的成果，更好造福两国人民。博特略表示，圣普政府高度重视发展对华关系，将坚定奉行一个中国原则，全面恢复和推进两国友好合作关系。

同日，外交部部长王毅在北京与博特略会谈。双方发表《中华人民共和国和圣多美和普林西比民主共和国关于恢复外交关系的联合公报》。

王毅表示，同中国复交是圣普作出的正确政治决断和战略抉择，符合圣普国家和人民的根本利益，顺应时代发展进步潮流，也会得到国际社会的普遍欢迎。一个中国原则是国际社会的广泛共识和国际关系基本准则。相信圣普会以实际行动坚持一个中国政策，支持中国的和平统一大业。

博特略表示，圣普在审时度势基础上，决定纠正历史错误，恢复与中国的外交关系，翻开两国关系新篇章。圣普愿与中方相互尊重主权和领土完整、互不干涉内政，坚定奉行一个中国政策，尊重和支持中方的核心利益和重大关切。

27日，国务委员杨洁篪在北京会见了博特略时表示，中圣普复交顺应时代潮流，符合两国和两国人民的根本利益。中方赞赏圣普回到一个中国原则正确轨道，希望在此原则基础上推动两国关系持续健康稳定发展。下一阶段，双方应增进政治互信，推进务实合作，开展人文交流，密切国际协作，使两国关系更好惠及两国人民。

博特略表示，圣普和中国复交开启了两国关系的新篇章。圣普将奉行一个中国原则，视中国为自身发展的战略伙伴，希望复交后与中方加强各领域合作，切实带动国内发展。圣普也非常高兴能重新回到中非合作的大家庭。

1975年7月12日，中国和西非岛国圣普建交。1997年，圣普宣布同台湾“建交”，中国政府随后中止了同圣普的外交关系。2016年12月26日，中国与圣普发表联合公报，宣布即日起恢复中断近20年的大使级外交关系。

12月26日

［纲　文］　**外交部发言人就俄罗斯总统普京对于俄中关系的评价表示，当前中俄全面战略协作伙伴关系处于历史最好水平。**

［目　文］　有记者问，普京12月23日举行年度记者会时再次高度评价俄中关系。他表示，俄中两国近年来建立的协作关系，超过了一般的“战略协作伙伴关系”。两国在很多国际问题上有着共同立场，这是国际事务中非常重要的稳定性因素。中方对此有何评论？

发言人表示，当前中俄全面战略协作伙伴关系处于历史最好水平。双方积极开展各领域全方位合作，不仅给两国和两国人民带来福祉，也为地区及世界的繁荣稳定注入正能量。中俄战略协作远远超出双边范畴，成为维护世界和平稳定的一块重要压舱石。

有记者问，美国前总统国家安全事务助理布热津斯基日前表示，与中国对抗不符合美利益，与中国密切合作更符合美利益。美中均无法独自领导当今世界，美中合作才能使美在世界上的影响力最大化。中方对此有何评论？

发言人说，中国政府一直认为，作为最大的发展中国家、最大的发达国家、世界前两大经济体，中美两国在维护世界和平稳定和促进全球发展繁荣等方面肩负着特殊的重要责任，拥有广泛共同利益。合作是中美双方唯一正确的选择。中美双方应秉承不冲突不对抗、相互尊重、合作共赢的原则，增进互信，聚焦合作，妥处分歧，推动中美关系取得更大发展，造福两国和世界人民。

12月26日

［纲　文］　**《人民日报》发表题为《努力开创党内法规事业新局面》的评论员文章。**

12月26—27日

［纲　文］　**中共中央政治局召开民主生活会。**

［目　文］　中共中央总书记习近平主持会议。会议主要内容是：以深入学习领会党的十八届六中全会精神为主题，围绕“两学一做”学习教育的要求，重点对照《关于新形势下党内政治生活的若干准则》《中国共产党党内监督条例》，联系中央政治局工作，联系党的十八大以来党中央抓作风建设的实际，联系自身执行中央八项规定的实际，进行自我

检查、党性分析，开展批评和自我批评，研究加强党内政治生活和党内监督的措施。

会议强调，深入学习贯彻党的十八届六中全会精神，把《准则》《条例》贯彻落实好，是把全面从严治党推向深入的战略举措。全面从严治党永远在路上。我们不能满足于已经取得的成绩，不能有松松劲、歇歇脚的心态，要以加强和规范党内政治生活、加强党内监督为抓手，推动全面从严治党不断深化，实现党内政治生态根本好转。贯彻执行《准则》《条例》，中央政治局既负有领导责任，也负有示范责任，只有带好头、做榜样，才能成为无声的命令，产生强大的感召力。领导干部职位越高、岗位越重要，就越要坦诚接受监督。党内监督没有禁区、没有例外。强化党内监督，要从中央委员会和中央政治局做起。中央委员会和中央政治局既是党内监督工作的领导者和推动者，也是党内监督的信号塔和标杆尺，全党看这里的信号，全党以这里为标尺。中央委员会和中央政治局的同志要习惯于在监督下开展工作，自觉诚恳接受全党监督，并做好自我监督。中央委员会和中央政治局的同志还要自觉接受党外监督、群众监督、舆论监督。

习近平在讲话中对中央政治局各位同志的对照检查发言进行了总结，并就中央政治局贯彻落实《准则》《条例》提出了要求。习近平强调，中央政治局的同志要牢固树立政治意识、大局意识、核心意识、看齐意识，坚持以党的旗帜为旗帜、以党的方向为方向、以党的意志为意志，当政治上的明白人。对党忠诚，关键是要有坚定的理想信念。“四个意识”不是空洞的口号，不能只停留在口头表态上，要切实落实到行动上。大家要以党的基本路线为根本遵循，认真领会和正确把握党的理论和路线方针政策，多从人类发展大潮流、世界变化大格局、中国发展大历史来认识和把握党的基本路线，深刻领会为什么基本路线要长期坚持。在对党忠诚问题上，中央政治局的同志必须纯粹。中央政治局要继续在坚持民主集中制方面成为全党典范，坚持民主基础上的集中和集中指导下的民主相结合。纪律严明是维护党的团结和集中统一的重要保证。每一个党员对党的政治纪律和政治规矩都要心存敬畏、严格遵守，中央政治局的同志首先应该做到，在指导思想和路线方针政策以及关系全局的重大原则问题上，脑子要特别清醒、立场要特别坚定。要严格执行重大问题请示报告制度，处理好全局和局部关系、中央和地方关系。党和国家事业发展，离不开全党脚踏实地、真抓实干。抓工作，是停留在一般性号召还是身体力行，成效大不一样。讲实话、干实事最能检验和锤炼党性。中央政治局要在开展批评和自我批评方面为全党作表率，做勇于自我革命的战士。要坚持实事求是，勇于批评和自我批评，勇于听取不同意见，及时改正错误。党要赢得民心，党中央要有权威，必须廉洁。要强化宗旨意识，坚定理想信念和精神追求，端正思想品行，提升道德境界，带头推动党风建设。要求全党做到的，中央政治局的同志首先要做到。要提高廉洁自律意识，在依法用权、正确用权、干净用权中保持廉洁，在守纪律、讲规矩、重名节中做到自律。中央政治局的同志要抵制特权思想，不搞特殊化，加强对亲属子女和身边工作人员的教育管理。

12月26—27日

［**纲　文**］　**全国商务工作会议在北京召开。**

［目　文］　会议的主要任务是，全面贯彻落实党的十八大和十八届三中、四中、五中、六中全会以及中央经济工作会议精神，总结2016年商务工作，分析商务发展形势，部署2017年重点工作。商务部部长高虎城作工作报告。中共中央、国务院有关部门，各省、自治区、直辖市、新疆生产建设兵团、计划单列市及副省级省会城市商务主管部门约170名代表出席会议。

12月27日

［纲　文］　**国务院印发《“十三五”卫生与健康规划》。**

［目　文］　《规划》由四个部分组成：一、规划背景。二、指导思想和发展目标。三、主要任务。四、保障措施。

《规划》指出，“十三五”时期卫生与健康工作要坚持以人民为中心的发展思想，坚持正确的卫生与健康工作方针，坚持计划生育基本国策，把人民健康放在优先发展的战略地位，以改革创新为动力，以促健康、转模式、强基层、重保障为着力点，更加注重预防为主和健康促进，更加注重工作重心下移和资源下沉，更加注重提高服务质量和水平，实现发展方式由以治病为中心向以健康为中心转变，显著提高人民健康水平，奋力推进健康中国建设。

12月27日

［纲　文］　**国务院印发《“十三五”深化医药卫生体制改革规划》。**

［目　文］　《规划》由四个部分组成：一、规划背景。二、指导思想、基本原则和主要目标。三、重点任务。四、保障措施。

《规划》要求，要统筹推进相关领域改革，健全完善人才培养使用和激励评价机制，加快形成多元办医格局，推进公共卫生服务体系建设。要强化组织领导，强调责任落实，注重改革探索，强化科技支撑，推进国际合作，加强督查评估和宣传引导，确保各项措施落实到位。

12月27日

［纲　文］　**中共中央办公厅、国务院办公厅印发《省级空间规划试点方案》。**

［目　文］　《方案》由四个部分组成：一、总体要求。二、主要任务。三、配套措施。四、工作要求。

《方案》要求，各试点省份党委和政府要高度重视，加强对试点工作的组织领导，建立健全相关工作机制，按照中央统一部署精心组织、细化方案，扎实高效推进各项工作；发展改革部门要加强统筹协调，牵头组织各有关部门建立部际协调机制，统一思想、密切协作，确保试点工作顺利进行；试点过程中的重大问题和重要改革成果，要及时向党中央、国务院报告。

12月27日

［纲　文］　**国务院新闻办发表《2016中国的航天》白皮书。**

［目　文］　白皮书总结了2011年以来中国航天的主要进展，并提出未来五年中国将加快航天强国建设步伐，力争2030年左右跻身世界航天强国行列。中国国家航天局副局长吴艳华在国新办新闻发布会上说，未来十年中国预计将发射约100颗卫星。

12月27日

［纲　文］　**国家互联网信息办公室发布《国家网络空间安全战略》。**

［目　文］　《战略》由四个部分组成：一、机遇和挑战。二、目标。三、原则。四、战略任务。

《战略》要求，要以总体国家安全观为指导，贯彻落实创新、协调、绿色、开放、共享的发展理念，增强风险意识和危机意识，统筹国内国际两个大局，统筹发展安全两件大事，积极防御、有效应对，推进网络空间和平、安全、开放、合作、有序，维护国家主权、安全、发展利益，实现建设网络强国的战略目标。

12月27日

［纲　文］　**环境保护部、档案局公布《环境保护档案管理办法》。**

［目　文］　《办法》共8章32条，主要有总则，环境保护部门档案工作职责，档案管理机构、文件，文件材料的归档，档案的管理，档案的利用，奖励与处罚，附则等内容。自2017年3月1日起施行。1994年10月6日公布的《环境保护档案管理办法》同时废止。

12月27日

［纲　文］　**教育部印发《关于加强普通高中学业水平考试考务管理的意见》。**

［目　文］　《意见》由六个部分组成：一、明确责任主体。二、规范考试场所。三、严格考试实施。四、严肃违规查处。五、加强应急处置。六、强化组织保障。

12月27日

［纲　文］　**中直机关召开学习贯彻党的十八届六中全会精神交流会。**

［目　文］　中直工委常务副书记张建平出席会议并讲话。中央纪委机关、中央宣传部、中央统战部、人民日报社、全国总工会等五个单位机关党委负责人作了交流发言。

会议要求，中直机关各级党组织和广大党员要深入学习贯彻六中全会精神，带头坚决维护以习近平同志为核心的党中央，带头坚决维护以习近平同志为核心的党中央权威，带头坚决同以习近平同志为核心的党中央保持高度一致，带头坚决贯彻落实党中央各项决策部署，为更好落实全面从严治党要求、推动中直机关事业发展提供坚强保证。

12月27日

［纲　文］　**全国能源工作会议在北京召开。**

［目　文］　会议深入学习贯彻习近平总书记系列重要讲话精神和治国理政新理念新思想新战略，贯彻落实中央经济工作会议精神，传达学习国务院总理李克强、国务院副总理张高丽关于能源工作的批示要求，总结2016年能源发展改革工作，部署2017年主要任务。发展改革委主任徐绍史出席会议并讲话。能源局局长作了《稳中求进谋发

展 聚焦供给抓改革 以能源事业的新成绩迎接党的十九大胜利召开》的工作报告。中共中央、全国人大、全国政协、国务院和中央军委相关部门有关司局负责人，各省、自治区、直辖市、新疆生产建设兵团政府负责能源发展改革工作的职能部门主要负责人，大型能源企业、能源装备制造企业、相关行业协会有关负责人出席会议。六家单位代表作交流发言。

12月27日

［纲　文］ **全国测绘地理信息工作会议在北京召开。**

［目　文］ 会议主要内容是：全面贯彻党的十八大和十八届三中、四中、五中、六中全会及中央经济工作会议精神，深入学习贯彻中共中央总书记习近平系列讲话和给国测一大队老队员老党员回信，贯彻落实国务院领导同志对测绘地理信息工作的批示、在第一次全国地理国情普查领导小组全体会议上的讲话和在国家测绘地理信息局调研考察时的指示精神，全面总结2016年工作，安排部署2017年重点任务。会议通报了全国省级测绘地理信息行政主管部门2016年度测绘地理信息工作绩效考核结果。

国土资源部部长、国家土地总督察姜大明出席会议并讲话。国土资源部副部长、国家测绘地理信息局局长库热西主持会议并作工作报告。全国各省、自治区、直辖市、计划单列市、新疆生产建设兵团测绘地理信息主管部门主要负责人，国家局所属各单位、机关各司室主要负责人出席会议。

12月27日

［纲　文］ **外交部发言人谈日本首相安倍访珍珠港，清算历史是一厢情愿。**

［目　文］ 有记者问，据共同社报道，“宽容的心”和“历史和解”将是日本首相安倍晋三访问珍珠港的关键词，他希望通过此行“完全清算‘二战’历史”。你对此有何评论？

发言人说：不要忘了，世界反法西斯战争的东方主战场在中国，中国人民为世界反法西斯战争的胜利付出了巨大的民族牺牲。没有中国等亚洲受害国的和解，日本历史这一页翻不过去。

12月27日

［纲　文］ **国防部部长常万全在北京与玻利维亚国防部长费雷拉举行会谈。**

［目　文］ 常万全说，近年来，在两国领导人的共同推动下，两国关系发展顺利，两军交往也呈现出良好发展势头，双方在团组互访、专业交流、人员培训等领域交流与合作不断扩大。中方愿与玻方一道，全面贯彻两国领导人达成的重要共识，不断推动两军关系迈上新台阶。

费雷拉说，感谢中方多年来对玻利维亚军队建设提供的支持和帮助，希望双方进一步加强合作，共同推动两军友好关系发展。

12月27日

［纲　文］ **《人民日报》发表题为《坚持一个中国原则是大势所趋》的评论员文章。**

12月27—29日

［纲　文］ **中国天主教第九次全国代表会议在北京举行。**

［目　文］ 会议审议通过了《中国天主教爱国会、中国天主教主教团第八届委员会工作报告》，修改通过了《中国天主教爱国会章程》《中国天主教主教团章程》等文件，选举产生了中国天主教爱国会主席房兴耀、中国天主教主教团主席马英林等新一届领导班子及常委、委员。来自全国31个省、自治区、直辖市的360余名代表参加了这次会议。

29日，全国政协主席俞正声在北京会见了中国天主教爱国会、中国天主教主教团新一届领导班子成员。

12月28日

［纲　文］ **习近平主持召开中共中央政治局会议，研究部署党风廉政建设和反腐败工作。**

［目　文］ 会议听取了中央纪律检查委员会2016年工作汇报，研究部署2017年党风廉政建设和反腐败工作。会议同意2017年1月6日至8日召开十八届中央纪律检查委员会第七次全体会议。

会议指出，党的十八大以来，以习近平同志为核心的党中央把全面从严治党纳入战略布局，领导全党全社会共同努力，推动全面从严治党取得重要阶段性成果，党内政治生活呈现新的气象，反腐败斗争压倒性态势已经形成，得到人民群众称赞，党心民心得到极大提振。中央纪委和各级纪律检查机关牢固树立政治意识、大局意识、核心意识、看齐意识，忠实履行党章赋予的职责，各项工作取得新进展新成效。全面从严治党的制度建设取得丰硕成果，推进标本兼治，表明“扎紧制度笼子”不是一句空话。全面加强纪律和作风建设，以钉钉子精神驰而不息纠正“四风”，强化日常管理监督，抓早抓小、防微杜渐。坚决查处政治问题和经济问题相互交织的腐败现象，遏制腐败蔓延势头。深化政治巡视，推进全覆盖，“回头看”放大和延续了震慑效应。深化国家监察体制改革，确定时间表、路线图，试点工作有序展开。严明换届纪律，确保好中选优，营造良好政治生态。2017年，要全面贯彻党的十八大和十八届三中、四中、五中、六中全会精神，统筹推进“五位一体”总体布局，协调推进“四个全面”战略布局，坚持稳中求进工作总基调，严肃党内政治生活，强化党内监督，深化国家监察体制改革，强化监督执纪问责，驰而不息纠正“四风”，持续形成高压态势，净化党内政治生态，推动全面从严治党向纵深发展。要深入贯彻党的十八届六中全会精神，认真学习《关于新形势下党内政治生活的若干准则》和《中国共产党党内监督条例》，加强对贯彻执行情况的监督检查。要严明政治纪律和政治规矩，加大问责力度，落实管党治党主体责任，确保交上作风建设合格答卷。要严把政治关、廉洁关，发现干部有问题及时报告，瞒报的要严肃问责。要扎实推进国家监察体制改革及试点工作，确保如期实现改革目标。要减少腐败存量、重点遏制增量，深入推进党风廉政建设和反腐败斗争，让广大群众感受到全面从严治党的实际成效。各级纪检监察机关要把自我监督和接受党内监督、民主监督、群众监督、舆论监督结合起来，做到打铁还需自身硬，建设一支让党放心、人民信赖、忠诚干净担当的队伍。

12月28日

［纲　文］　**新华社讯，习近平对神华宁煤煤制油示范项目建成投产作出指示。**

［目　文］　中共中央总书记习近平指出，这一重大项目建成投产，对我国增强能源自主保障能力、推动煤炭清洁高效利用、促进民族地区发展具有重大意义，是对能源安全高效清洁低碳发展方式的有益探索，是实施创新驱动发展战略的重要成果。这充分说明，转变经济发展方式、调整经济结构，推进供给侧结构性改革、构建现代产业体系，必须大力推进科技创新，加快推动科技成果向现实生产力转化。希望同志们再接再厉、精益求精，保证项目安全、稳定、清洁运行，不断扩大我国在煤炭加工转化领域的技术和产业优势，加快推进能源生产和消费革命，为实现“两个一百年”奋斗目标、实现中华民族伟大复兴的中国梦作出新的更大的贡献。

神华宁煤煤制油示范项目建成投产庆祝仪式在宁夏宁东能源化工基地煤制油项目区举行，仪式上宣读了习近平指示。该项目建成投产后年产油品405万吨，是目前世界上单套投资规模最大、装置最大、拥有中国自主知识产权的煤炭间接液化示范项目。

12月28日

［纲　文］　**李克强主持召开国务院常务会议。**

［目　文］　会议主要内容是：一、通过国家教育事业发展“十三五”规划，推进教育现代化为国家建设提供人才支撑。会议确定：一是推进教育公平。推动义务教育东中西部均衡发展，尤其要提高义务教育巩固率。增加中西部、贫困地区、革命老区、民族和边疆地区教育投入。继续提高重点高校招收贫困地区学生比例。实施教育扶贫结对帮扶，实现每一所贫困地区学校都有对口支援学校。保障残疾少儿、家庭经济困难学生、随迁子女、留守儿童等特殊群体平等受教育权利。二是推进教育教学改革，促进提高学生创新和实践能力。落实学校办学自主权，鼓励有条件的普通高中实行选课制、走班制，推行产教融合的职业教育模式，新增高教资源向新的城镇化地区、产业集聚区等延伸，探索建立适应弹性学习、学分制和主辅修制的本科教学制度，逐步建立基于平时学业和统一考试、参考综合素质评价的普通高中和高校招生录取机制。鼓励高校推进内设机构取消行政级别试点。依法保障和提高教师待遇，吸引一流人才从教。三是优化教育结构。在加强通识教育的同时，优先发展应用技术类和特色院校，新增高校招生计划主要向应用和技术技能型人才培养倾斜，加快培养现代农业、先进制造、服务业等急需人才。四是扩大教育开放合作，鼓励社会力量和民间资本举办学校和教育机构，探索对非营利性和营利性民办学校实行差别化扶持，依法完善中外合作办学办法，提高教育国际交流合作水平。二、确定扩大对外开放积极利用外资的政策措施，营造更加公平便利的市场环境。会议认为，一要修订《外商投资产业指导目录》及相关政策法规，鼓励外商更多投资高端、智能、绿色等先进

制造业和工业设计、现代物流等生产性服务业。“中国制造2025”战略的政策措施同等适用内外资企业。取消轨道交通设备、摩托车、燃料乙醇、油脂加工等制造业领域外资准入限制，放开会计审计、建筑设计等服务业准入。二要以深化改革促开放，降低制度性交易成本。推进对外资全面实施准入前国民待遇加负面清单管理模式，简化外资企业设立、变更等程序，落实内外资统一的注册资本制度，取消外资公司最低注册资本要求，对业务牌照和资质申请实行统一标准、统一时限，缩短海关登记、申领发票等办理时间。三要允许外资企业参与国家科技项目和标准化工作，同等适用研发费用加计扣除、高新技术企业优惠政策等。持有永久居留证的外籍高层次人才创办科技型企业，与中国公民享受同等待遇。严格保护外资企业知识产权。四要支持中西部地区承接外资产业转移，对鼓励类外商投资可在资金、用地、所得税等方面给予支持和优惠，不断深化中西部对外开放合作。

12月28日

［纲　文］　**国务院批复河南、河北、山西、安徽、山东省人民政府和发展改革委，同意中原城市群发展规划。**

［目　文］　批复说：一、原则同意《中原城市群发展规划》(以下简称《规划》)，请认真组织实施。二、《规划》实施要全面贯彻党的十八大和十八届三中、四中、五中、六中全会及中央城镇化工作会议、中央城市工作会议精神，深入贯彻习近平总书记系列重要讲话精神和治国理政新理念新思想新战略，认真落实党中央、国务院决策部署，统筹推进“五位一体”总体布局和协调推进“四个全面”战略布局，牢固树立和贯彻落实创新、协调、绿色、开放、共享的发展理念，适应把握引领经济发展新常态，坚持以推进供给侧结构性改革为主线，服务“一带一路”建设、中部地区崛起和新型城镇化等国家重大战略，培育发展新动能，推进基础设施互联互通，深化产业体系分工合作，加强生态环境同治共保，促进公共服务共建共享，推动城乡统筹协调发展，构建网络化、开放式、一体化的中原城市群发展新格局。三、河南、河北、山西、安徽、山东省人民政府要切实增强政治意识、大局意识、核心意识、看齐意识，加强组织领导，密切协调配合，落实工作责任，完善工作会商推进机制，抓紧制定实施方案和专项规划，依法落实《规划》明确的主要目标和重点任务。四、国务院有关部门要按照职能分工，研究制定支持中原城市群发展的具体政策，在有关规划编制、体制创新、政策实施、项目安排、资金投入、土地保障等方面给予积极支持。发展改革委要加强跟踪分析和督促检查，适时组织开展《规划》实施情况评估，重大问题及时向国务院报告。

12月28日

［纲　文］　**交通运输部等18个部门印发《关于进一步鼓励开展多式联运工作的通知》。**

［目　文］　《通知》由五个部分组成：一、依法加强监管，营造良好市场环境。二、夯实发展基础，提升支撑保障能力。三、深化行业改革，创新运输服务模式。四、推动信息共享，加快装备技术进步。五、深化对外合作，拓展国际联运市场。

《通知》要求，各有关部门要按照任务分工，抓紧推进相关工作，加大政策支持力度，加强跟踪监测和督促检查；利用全国现代物流工作部际联席会议机制，协调解决跨行业、跨部门、跨领域的规划、标准、政策等事项；充分发挥行业协会、商会等桥梁纽带作用，促进行业规范自律。各地区要切实加强组织领导，明确责任主体，强化协同配合，开展具体实施行动，及时解决存在的问题，力争实现2020年多式联运货运量比2015年增长1.5倍，努力走出一条结构优、质量高、效益好、带动力强的多式联运发展新路。

12月28日

［纲　文］　**人民银行发布修订后的《金融机构大额交易和可疑交易报告管理办法》，自2017年7月1日起施行。**

12月28日

［纲　文］　**中国海事仲裁委员会发布《中国海事仲裁年度报告》。**

［目　文］　《报告》显示，2015年海仲委受案总计136件，同比增加14.29%，其中涉外案件61件，同比增加32.60%。

12月28日

［纲　文］　**全国统计工作会议在北京召开。**

［目　文］　会议主题是，深入学习贯彻党的十八大和十八届三中、四中、五中、六中全会以及中央经济工作会议精神，认真学习贯彻习近平总书记关于统计工作重要讲话指示批示精神，学习贯彻李克强总理、张高丽副总理关于统计工作重要批示精神，学习贯彻关于深化统计管理体制改革提高统计数据真实性的意见，总结2016年统计工作，研究当前统计发展形势，部署2017年重点任务。发展改革委副主任兼国家统计局局长宁吉喆作了题为《深化统计改革、提高数据质量，积极构建现代统计调查体系》的报告。国务院各部门、行业协会统计机构负责人，各省、自治区、直辖市统计局局长和新疆生产建设兵团统计局局长，国家统计局各调查总队总队长，各副省级城市统计局局长和国家调查队队长等参加会议。

12月28日

［纲　文］　**全国体育工作座谈会在北京举行。**

［目　文］　国务院副总理刘延东出席座谈会并讲话。北京市、黑龙江省、上海市、江苏省、浙江省、厦门市、宁夏彭阳县、张家口市崇礼区的相关负责人分别就如何发挥优势、筹办北京冬奥运、推动冰雪项目普及、推动产业融合、改革思路、创新机制，构建全民健身工作新模式、建设健康城市、健康中国进行了大会发言。

刘延东强调，体育是社会发展和人类进步的重要标志，是综合国力和国家软实力的重要体现。体育战线要紧紧围绕建设体育强国目标，树立“大体育”理念，努力实现体育工作全地域覆盖、全周期服务、全社会参与、全球化合作、全人群共享，不断增强广大群众的获得感和幸福感。要坚持问题导向，聚焦难点热点，实现体育体制机制改革新突破；积极开展全民健身活动，推动群众体育蓬勃发展；以备战奥运会、筹办好2022年北京冬奥会为抓手，大力弘扬中华体育精神，实现竞技体育新突破；大力推进体育领域供给侧结构性改革，促进体育产业健康发展。

12月28日

［纲　文］　**外交部发言人针对日本负责对台湾交流事务的民间机构更名一事表示，中方对日方在台湾问题上采取消极举措强烈不满。**

［目　文］　有记者问，据报道，日本负责对台湾交流事务的民间机构“公益财团法人交流协会”将于2017年1月1日起更名为“公益财团法人日本台湾交流协会”。中方对此有何评论？

发言人说，中方在台湾问题上的立场是一贯和明确的。我们坚决反对任何制造“两个中国”“一中一台”的企图，对日方在台湾问题上采取消极举措表示强烈不满。中方敦促日方恪守《中日联合声明》确定的原则和迄今向中方所作的承诺，坚持一个中国原则，妥善处理涉台问题，不要向台湾当局和国际社会发出错误信息，不要给中日关系制造新的干扰。

12月29日

［纲　文］　**习近平致信祝贺《大辞海》出版暨《辞海》第一版面世80周年。**

［目　文］　中共中央总书记习近平的贺信写道：值此《大辞海》出版暨《辞海》第一版面世80周年之际，我对此表示衷心的祝贺！向为这两项重大文化工程付出大量心血的广大专家学者及同志们，致以诚挚的慰问！《辞海》和《大辞海》是大型综合性词典，全面反映了人类文明优秀成果，系统展现了中华文明丰硕成就，为丰富人民精神世界、增强人民精神力量作出了积极贡献。希望大家坚定文化自信，坚持改革创新，打造传世精品，通过不断实施高质量的重大文化工程，为培育和践行社会主义核心价值观、增强国家文化软实力、建设社会主义文化强国作出新的更大的贡献！

同日，《大辞海》出版暨《辞海》出版80周年座谈会在上海举行。中共中央政治局委员、上海市委书记韩正在会上宣读了习近平的贺信并讲话。他表示，我们要深入学习、深刻领会习近平总书记系列重要讲话精神，总结《辞海》《大辞海》编纂出版经验，促进文化大发展大繁荣，提升文化软实力。要坚定文化自信，弘扬社会主义核心价值观，注重以文化人、以文育人。要弘扬“一丝不苟、字斟句酌、作风严谨”的辞海精神，孜孜以求，精益求精，潜心研究，打造内涵深厚的传世精品。要兼收并蓄，推陈出新，善于创新，增强文化原创力，提升中华文化的影响力。

《辞海》是我国大型综合性词典，第一版于1936年在上海问世，至2016年已出版6版。《大辞海》是以《辞海》为基础编纂的特大型综合性词典，2003年起陆续出版，2016年9月通过国家验收。

12月29日

［纲　文］　**国务院印发《关于鼓励社会力量兴办教育促进民办教育健康发展的若干**

意见》。

［目　文］《意见》由七个部分组成：一、总体要求。二、加强党对民办学校的领导。三、创新体制机制。四、完善扶持制度。五、加快现代学校制度建设。六、提高教育教学质量。七、提高管理服务水平。

《意见》指出，鼓励社会力量兴办教育，促进民办教育健康发展，是一项事关当前、又利长远的重要任务。国务院有关部门要进一步解放思想，凝聚共识，加强领导，周密部署，切实落实鼓励社会力量兴办教育的各项政策措施。地方各级人民政府要根据本意见，因地制宜，积极探索，稳步推进，抓紧制定出台符合地方实际的实施意见和配套措施。

12月29日

［纲　文］　**国务院印发《关于全民所有自然资源资产有偿使用制度改革的指导意见》**。

［目　文］《意见》由三个部分组成：一、总体要求。二、各领域重点任务。三、加大改革统筹协调和组织实施力度。

《意见》要求，要加大改革统筹协调和组织实施力度，切实加强与自然资源产权制度、空间规划体系、生态保护补偿制度等相关改革的衔接协调，稳妥推进矿业权出让制度等改革试点，统筹推进法治建设，协同开展资产清查核算，强化组织实施，确保各具体领域改革任务落到实处。

12月29日

［纲　文］　**国务院办公厅印发《关于有序停止商业性加工销售象牙及制品活动的通知》**。

［目　文］《通知》说：一、分期分批停止商业性加工销售象牙及制品活动。2017年3月31日前先行停止一批象牙定点加工单位和定点销售场所的加工销售象牙及制品活动，2017年12月31日前全面停止。二、积极引导象牙雕刻技艺转型。停止商业性加工销售象牙及制品活动后，文化部门要引导象牙雕刻技艺传承人和相关从业者转型。三、严格管理合法收藏的象牙及制品。禁止在市场摆卖或通过网络等渠道交易象牙及制品。四、加强执法监管和宣传教育。各省、自治区、直辖市人民政府和有关部门要高度重视，加强组织领导，明确责任分工，确保停止商业性加工销售象牙及制品活动顺利进行，并妥善做好相关单位和人员安置、转产转型等工作，切实维护好社会和谐稳定。

12月29日

［纲　文］　**国务院办公厅印发《国家综合防灾减灾规划（2016—2020年）》**。

［目　文］《规划》由五个部分组成：一、现状与形势。二、指导思想、基本原则与规划目标。三、主要任务。四、重大项目。五、保障措施。

《规划》指出，国家减灾委员会建立规划实施跟踪评估制度，加强对本规划实施情况的跟踪分析和监督检查。国家减灾委员会各成员单位和各省级人民政府要加强对本规划相关内容落实情况的评估。国家减灾委员会办公室要制定本规划实施分工方案，明确相关部门职责，并做好规划实施情况总体评估工作，将评估结果报国务院。

12月29日

［纲　文］　**财政部、科技部、工业和信息化部、发展改革委印发《关于调整新能源汽车推广应用财政补贴政策的通知》**。

［目　文］　《通知》由三个部分组成：一、调整完善推广应用补贴政策。二、落实推广应用主体责任。三、建立惩罚机制。本通知自从2017年1月1日起实施，其他相关规定继续按《关于2016—2020年新能源汽车推广应用财政支持政策的通知》执行。

12月29日

［纲　文］　**公安部、卫生计生委发布修改后的《吸毒成瘾认定办法》，自2017年4月1日起施行**。

12月29日

［纲　文］　**国务院新闻办公室发表《中国交通运输发展》白皮书**。

［目　文］　白皮书指出，截至2015年底，中国铁路营业总里程达12.1万公里，居世界第二；高速铁路里程达1.9万公里，居世界第一；高速公路里程达12.4万公里，居世界第一；农村公路里程将近400万公里，通达99.9%的乡镇和99.8%的建制村；内河航道通航里程达12.7万公里，居世界第一。这是中国政府首次就中国交通运输建设发展发表的白皮书。

12月29日

［纲　文］　**文化部印发《文化部"一带一路"文化发展行动计划（2016—2020年）》**。

［目　文］　《计划》由四个部分组成：一、指导思想与基本原则。二、发展目标。三、重点任务。四、保障措施。

12月29日

［纲　文］　**教育部印发《关于加强"十三五"期间教育对口支援西藏和四省藏区工作的意见》**。

［目　文］　《意见》说："十三五"期间，将选择100所西藏中小学、幼儿园，与对口支援省市的100所优质中小学、幼儿园结成"手拉手"帮扶关系，帮助西藏中小学开齐、开足课程，实现受援学校教师"教对、教会、教好"的目标；定期从对口支援省市和教育部直属高校附属中小学选派800名左右教师进藏支教，"十三五"期间共计援助西藏20所中小学；由北京大学等27所高校团队对口支援西藏6所高校。

12月29日

［纲　文］　**财政部在北京召开全国财政工作会议**。

［目　文］　会议的主要任务是：全面贯彻党的十八大、十八届三中、四中、五中、六中全会和中央经济工作会议精神，总结2016年财政工作，研究部署2017年财政工作。财政部部长肖捷主持会议并讲话。全国人大常委会预工委主任刘昆，在京的财政部党组成员，各省（自治区、直辖市、计划单列市、新疆生产建设兵团）财政厅（局）长，财政部

驻各地财政监察专员办事处专员，特邀部门代表等出席了会议。

12 月 29 日

［纲 文］ **刘延东在北京与中医药高等学校教学名师座谈。**

［目 文］ 国务院副总理刘延东强调，要认真贯彻落实习近平总书记关于发展中医药和高等教育改革的重要讲话精神，遵循中医药发展规律，完善人才培养体系，打造知名院校和学科，办好中国特色、世界水平的中医药高等教育，为中医药事业发展提供智力支持和人才保障。60 年来，我国中医药高等教育长足发展，培养了近 200 万中医药专门人才。广大中医药教育工作者辛勤耕耘，彰显了学为人师、行为世范的品质和良术济世、大医精诚的价值追求，为传承发展中医药事业、增进群众健康福祉作出了贡献。要落实全国卫生与健康大会精神，筑牢大健康理念，以人民健康为导向，深化中医药高等教育综合改革。创新培养模式，提升教育质量，强化医科教协同，加强“通人文、读经典、重临床、强能力”的综合教育，坚持师承教育贯穿始终，构建服务全生命周期的学科专业体系。加大中医机理、方剂等攻关力度，加强中医古籍、传统诊疗技术的保护抢救和应用，推动中医药走向世界，以中医宝库和中国智慧造福更多民众。强化部门协作，加大投入力度，健全人才评价和激励机制，营造中医药发展的良好环境。

12 月 29 日

［纲 文］ **北京老舍文学院在北京市文联正式揭牌成立。**

［目 文］ 北京作协主席刘恒被聘任为北京老舍文学院院长，曹文轩、毕淑敏、刘庆邦、徐坤、邹静之被聘任为副院长，北京作家协会驻会副主席、秘书长王升山任常务副院长，陈晓明、孟繁华、张清华、陈福民等 19 位学者、作家聘为客座教授。

12 月 29 日

［纲 文］ **横跨云贵两省的北盘江大桥正式通车。**

［目 文］ 北盘江大桥位于云南省和贵州省交界处，桥面至江面高差达 565 米，大桥主桥为钢桁梁斜拉桥，主跨 720 米，为目前世界第一高桥，在同类型桥梁主跨的跨径中排名世界第二。

12 月 29—30 日

［纲 文］ **全国行政学院院长会议在北京召开。**

［目 文］ 会议通报了省级行政学院贯彻落实《行政学院工作条例》督查评估情况、首届行政学院系统精品课评选情况。青海、山东、甘肃、江苏、郑州、济南等六家地方行政学院负责人作了大会交流发言。各省（区、市）行政学院、副省级城市行政学院和新疆生产建设兵团行政学院主要负责人及教学培训管理部门负责人，有关省会城市行政学院主要负责人参加会议。

会议指出，行政学院系统要深入学习贯彻党的十八大和十八届三中、四中、五中、六中全会以及中央经济工作会议精神，深入学习贯彻习近平总书记系列重要讲话精神和治国理政新理念新思想新战略，牢固树立“四个意识”特别是核心意识、看齐意识，紧紧把握办学正确政治方向，把全面从严治党要求落实到学院工作中去，建立健全从严治院长效机制。面对新形势新任务，各级行政学院要以改革创新为动力，坚持质量立院、特色建院、开放办院、人才强院，充分发挥教学科研咨询三位一体独特优势和开放办学特色优势，重点打造好思想教育平台、高质量教育培训平台、高端智库平台和推动政策落实平台，不断开创行政学院发展新局面，为服务党和国家工作大局贡献更多智慧和力量。

12月30日

［纲　文］　**习近平主持召开中央全面深化改革领导小组第31次会议。**

［目　文］　中央全面深化改革领导小组副组长李克强、刘云山、张高丽出席会议。中央全面深化改革领导小组成员出席，中央和国家机关有关部门负责人列席会议。

中央全面深化改革领导小组组长习近平强调，经过三年多努力，一批具有标志性、关键性的重大改革方案出台实施，一批重要领域和关键环节改革举措取得重大突破，一批重要理论创新、制度创新、实践创新成果正在形成，全面深化改革的主体框架基本确立。2017年是全面深化改革向纵深推进的关键一年，要统筹协调各方面改革工作，增强改革定力，加强改革协同，完善抓落实的工作机制和办法，把责任压实、要求提实、考核抓实，推动改革落地见效。

会议审议通过了《中央全面深化改革领导小组2016年工作总结报告》《中央全面深化改革领导小组2017年工作要点》《关于加快构建中国特色哲学社会科学的意见》《关于进一步改革完善药品生产流通使用政策的若干意见》《推行行政执法公示制度、执法全过程记录制度、重大执法决定法制审核制度试点工作方案》《关于开展落实中央企业董事会职权试点工作的意见》《关于清理规范重点支出同财政收支增幅或生产总值挂钩事项有关问题的通知》《矿业权出让制度改革方案》《矿产资源权益金制度改革方案》《关于加强和完善城乡社区治理的意见》。

会议强调，2016年改革力度进一步加大，各项改革任务进展总体顺利。领导小组共召开了12次会议，审议了146个重大改革文件。领导小组确定的97个年度重点改革任务和128个其他改革任务基本完成，中央和国家有关部门还完成了194个改革任务，各方面共出台改革方案419个。各地区各部门按照党中央统一部署，针对重点难点问题，加大改革推进力度，重要领域和关键环节改革实现重大突破。实践证明，中央确定的改革总体目标和阶段性目标是符合实际的，改革的战略战术是行之有效的。

12月30日

［纲　文］　**国务院印发《“十三五”国家知识产权保护和运用规划》。**

［目　文］　《规划》由六个部分组成：一、规划背景。二、指导思想、基本原则和发展目标。三、主要任务。四、重点工作。五、重大专项。六、实施保障。

《规划》要求，各地区、各相关部门要加强对本规划实施情况的动态监测和评估工作。国务院知识产权战略实施工作部际联席会议办公室要会同相关部门按照本规划的部署和要求，建立规划实施情况的评估机制，对各项任务落实情况组织开展监督检查和绩效评估工作，重要情况及时报告国务院。

12月30日

［纲　文］　**国务院印发《国家人口发展规划（2016—2030年）》。**

［目　文］　《规划》共七章，主要有规划背景、总体思路、推动实现适度生育水平、增加劳动力有效供给、优化人口空间布局、促进重点人群共享发展、规划实施等内容。

《规划》要求，要增强规划实施的可操作性，强化人口数据支撑，建立人口预测预报制度，开展重大决策人口影响评估，完善人口与发展综合决策机制。要加强组织领导，做好宣传引导，推进国际合作，开展监测评估，健全规划实施机制，确保规划各项任务落到实处。

12月30日

［纲　文］　**国务院办公厅印发《知识产权综合管理改革试点总体方案》。**

［目　文］　《方案》由三个部分组成：一、总体要求。二、主要任务。三、组织实施。

《方案》强调，各有关部门和地方要按照本方案精神，统一思想，密切配合，强化全局和责任意识，勇于创新，主动改革，积极作为，抓好落实，确保改革试点工作取得实效。要及时总结、宣传改革试点进展和成效，加强试点地方工作交流，强化舆论引导，营造有利于知识产权综合管理改革的良好社会环境。

12月30日

［纲　文］　**保监会发布《关于进一步加强人身保险监管有关事项的通知》。**

［目　文］　《通知》说：一、保监会将建立人身保险公司保险业务分级分类监管制度。人身保险公司经营不同类型的保险业务，应当具备相应的管理能力，符合中国保监会关于产品精算、账户管理、业务管理的有关规定。2017年1月1日以后开业的人身保险公司自开业之日起一年内应开展普通型人身保险业务，开业满一年后根据公司经营管理能力逐步开展其他类型的保险业务。二、自本通知发布之日起，各人身保险公司应对精算规定及相关监管制度执行情况开展自查和整改。三、中国保监会将加强人身保险公司分支机构市场准入监管，引导人身保险公司合规经营和转型发展。四、自2017年1月1日起，各人身保险公司应当每月统计中短存续期产品相关数据，并于次月5日前向中国保监会报送。本通知自2016年12月30日起实施。中国保监会此前印发的有关规定与本通知不符的，以本通知为准。

12月30日

［纲　文］　**保监会印发《保险公司合规管理办法》。**

［目　文］　《办法》共6章42条，主要有总则，董事会、监事会和总经理的合规职责，合规负责人和合规管理部门，合规管理，合规的外部监督，附则等内容，自2017年7月1日起施行。中国保监会2007年9月7日发布的《保险公司合规管理指引》同时

废止。

12 月 30 日

［纲　文］　**财政部、科技部印发《国家重点研发计划资金管理办法》。**

［目　文］　《办法》共 8 章 57 条，主要有总则、重点专项概预算管理、项目资金开支范围、项目预算编制与审批、项目预算执行与调剂、项目财务验收、监督检查、附则等内容，自 2016 年 12 月 30 日起施行。2015 年 7 月 7 日财政部、科技部颁布的《关于中央财政科技计划管理改革过渡期资金管理有关问题的通知》和 2016 年 4 月 18 日财政部办公厅、科技部办公厅颁布的《关于国家重点研发计划重点专项预算管理有关规定（试行）的通知》同时废止。

12 月 30 日

［纲　文］　**银监会印发《关于民营银行监管的指导意见》。**

［目　文］　《意见》要求，民营银行应当加强关联交易管理，严格控制关联授信余额，严禁违规关联交易。鼓励民营银行在章程或协议中载明，主要股东但不限于主要股东及其关联方不从本行获得关联授信。明确差异化发展战略，坚持特色经营，为实体经济特别是中小微企业、“三农”和社区，以及大众创业、万众创新提供更有针对性、更加便利的金融服务，提高普惠金融服务水平。

12 月 30 日

［纲　文］　**保监会印发《财产保险公司保险产品开发指引》。**

［目　文］　《指引》共 9 章 53 条，主要有总则、产品开发基本要求、命名规则、保险条款要求、保险费率要求、产品开发组织制度、产品开发流程、评估修订与清理注销、附则等内容，自 2017 年 1 月 1 日起施行。

12 月 30 日

［纲　文］　**国土资源部公布《国土资源规范性文件管理规定》，自 2016 年 12 月 30 日起实施。**

12 月 30 日

［纲　文］　**卫生计生委、中宣部等 22 个部门印发《关于加强心理健康服务的指导意见》。**

［目　文］　《意见》由七个部分组成：一、充分认识加强心理健康服务的重要意义。二、总体要求。三、大力发展各类心理健康服务。四、加强重点人群心理健康服务。五、建立健全心理健康服务体系。六、加强心理健康人才队伍建设。七、加强组织领导和工作保障。

12 月 30 日

［纲　文］　**新闻出版广电总局公布《新闻单位驻地方机构管理办法（试行）》。**

［目　文］　《办法》共 6 章 46 条，主要有总则、驻地方机构设立、驻地方机构规范、监督管理、法律责任、附则等内容，自 2017 年 6 月 1 日起施行。2009 年 8 月 6 日原新闻

出版总署颁布的《报刊记者站管理办法》同时废止。

12月30日

［纲　文］　**教育部、人力资源社会保障部、民政部、中央编办、工商总局印发《民办学校分类登记实施细则》。**

［目　文］　《细则》共6章18条，主要有总则、设立审批、分类登记、事项变更和注销登记、现有民办学校分类登记、附则等内容。

12月30日

［纲　文］　**教育部、人力资源社会保障部、工商总局印发《营利性民办学校监督管理实施细则》。**

［目　文］　《细则》共9章50条，主要有总则、学校设立、组织机构、教育教学、财务资产、信息公开、变更与终止、监督与处罚、附则等内容。

12月30日

［纲　文］　**全国政协在北京举行新年茶话会。**

［目　文］　党和国家领导人习近平、李克强、张德江、俞正声、刘云山、王岐山、张高丽等同各民主党派中央、全国工商联负责人和无党派人士代表、中央和国家机关有关方面负责人以及首都各族各界人士代表欢聚一堂，共迎2017年元旦。茶话会由俞正声主持。

中共中央总书记习近平在茶话会上强调，一个时代有一个时代的主题，一代人有一代人的使命。新长征路上，每一个中国人都是主角、都有一份责任。让我们大力弘扬愚公移山精神，大力弘扬将革命进行到底精神，在中国和世界进步的历史潮流中，坚定不移把我们的事业不断推向前进，直至光辉的彼岸。

民进中央主席严隽琪代表各民主党派中央、全国工商联和无党派人士讲话，表示将更加紧密地团结在以习近平同志为核心的中共中央周围，不忘合作初心，继续携手前进，为实现“两个一百年”奋斗目标和中华民族伟大复兴的中国梦而努力奋斗。

12月30日

［纲　文］　**最高人民法院印发《关于为自由贸易试验区建设提供司法保障的意见》。**

［目　文］　《意见》由四个部分组成：一、提高认识，切实增强为自贸试验区建设提供司法保障的责任感和使命感。二、充分发挥审判职能作用，为促进自贸试验区健康发展提供司法保障。三、依法支持自贸试验区企业的创新做法，鼓励其探索新的经营模式。四、重视自贸试验区的特点，探索审判程序的改革与创新。

12月30日

［纲　文］　**新年戏曲晚会在国家大剧院举行，党和国家领导人习近平、李克强、张德江、俞正声、刘云山、王岐山、张高丽等出席并观看。**

12月30日

［纲　文］　**广东省十二届人大常委会第三十次会议在广州召开。会议决定接受朱小**

丹辞去广东省人民政府省长职务的请求，决定任命马兴瑞为广东省人民政府副省长、代理省长。

12月30日

［纲　文］　**重庆市四届人大常委会召开第三十二次会议。经表决，决定接受黄奇帆辞去重庆市人民政府市长职务的请求，决定任命张国清为重庆市人民政府副市长、代理市长。**

12月30日

［纲　文］　**外交部发言人就联合国新任秘书长古特雷斯于2017年1月1日起正式行使职权表示，中方愿同新任秘书长保持密切合作，推动中国同联合国关系继续向前发展。**

12月30日

［纲　文］　**国家存储器基地项目在武汉东湖高新区正式动工建设。**

［目　文］　该项目由国家集成电路产业基金、清华控股成员企业紫光集团、湖北省地方基金、湖北省科投共同投资建设，总投资约1600亿元，主要生产存储器芯片，总占地面积达1968亩。项目一期计划于2018年建成投产，到2020年总产能达到每月30万片。

2017年9月28日该项目（一期）一号生产及动力厂房实现提前计划一个月封顶。2018年4月11日芯片生产机台正式进行安装。

12月31日

［纲　文］　**习近平发表2017年新年贺词。**

［目　文］　国家主席习近平说，2016年即将过去，新年的钟声即将敲响。在这辞旧迎新的美好时刻，我向全国各族人民，向香港特别行政区同胞、澳门特别行政区同胞，向台湾同胞和海外侨胞，向世界各国各地区的朋友们，致以新年的祝福！2016年，对中国人民来说，是非凡的一年，也是难忘的一年，“十三五”实现了开门红。我们积极践行新发展理念，加快全面建成小康社会进程，推动我国经济增长继续走在世界前列。我们积极推进全面深化改革，供给侧结构性改革迈出重要步伐，国防和军队改革取得重大突破，各领域具有四梁八柱性质的改革主体框架已经基本确立。我们积极推进全面依法治国，深化司法体制改革，全力促进司法公正、维护社会公平正义。我们积极推进全面从严治党，坚定不移“打虎拍蝇”，继续纯净政治生态，党风、政风、社会风气继续好转。2016年，“中国天眼”落成启用，“悟空”号已在轨运行一年，“墨子号”飞向太空，神舟十一号和天宫二号遨游星汉，中国奥运健儿勇创佳绩，中国女排时隔12年再次登上奥运会最高领奖台……还有，通过改革，农村转移人口市民化更便利了，许多贫困地区孩子们上学条件改善了，老百姓异地办理身份证不用来回奔波了，一些长期无户口的人可以登记户口了，很多群众有了自己的家庭医生，每条河流要有“河长”了……

这一切，让我们感到欣慰。2016年，在美丽的西子湖畔，我们举办了二十国集团领导人第11次峰会，向世界贡献了中国智慧、中国方案，也向世界展示了美轮美奂的中国印象、中国风采。“一带一路”建设快速推进，亚洲基础设施投资银行正式开张。我们坚持和平发展，坚决捍卫领土主权和海洋权益。谁要在这个问题上做文章，中国人民决不答应！这一年，多地发生的自然灾害和安全事故，给人民生命财产和生产生活造成严重损失，我们深感痛惜。中国维和部队的几名同志壮烈牺牲，为世界和平献出了宝贵生命，我们怀念他们，要把他们的亲人照顾好。2016年，我们隆重庆祝了中国共产党成立95周年、纪念了中国工农红军长征胜利80周年，我们要牢记为中国人民和中华民族作出贡献的前辈们，不忘初心、继续前进。“新故相推，日生不滞。”即将到来的2017年，中国共产党将召开第十九次全国代表大会，全面建成小康社会、全面深化改革、全面依法治国、全面从严治党要继续发力。天上不会掉馅饼，努力奋斗才能梦想成真。小康路上一个都不能掉队！一年来，又有1000多万贫困人口实现了脱贫，奋战在脱贫攻坚一线的同志们辛苦了，我向同志们致敬。新年之际，我最牵挂的还是困难群众，他们吃得怎么样、住得怎么样，能不能过好新年、过好春节。我也了解，部分群众在就业、子女教育、就医、住房等方面还面临一些困难，不断解决好这些问题是党和政府义不容辞的责任。全党全社会要继续关心和帮助贫困人口和有困难的群众，让改革发展成果惠及更多群众，让人民生活更加幸福美满。上下同欲者胜。只要我们13亿多人民和衷共济，只要我们党永远同人民站在一起，大家撸起袖子加油干，我们就一定能够走好我们这一代人的长征路。中国人历来主张“世界大同，天下一家”。中国人民不仅希望自己过得好，也希望各国人民过得好。当前，战乱和贫困依然困扰着部分国家和地区，疾病和灾害也时时侵袭着众多的人们。我真诚希望，国际社会携起手来，秉持人类命运共同体的理念，把我们这个星球建设得更加和平、更加繁荣。让我们满怀信心和期待，一起迎接新年的钟声！谢谢大家。

12月31日

［纲　文］　习近平致信祝贺中国国际电视台（中国环球电视网）开播。

［目　文］　中共中央总书记习近平的贺信写道：值此中国国际电视台（中国环球电视网）开播之际，我代表党中央，对此表示热烈的祝贺！当今世界是开放的世界，当今中国是开放的中国。中国和世界的关系正在发生历史性变化，中国需要更好了解世界，世界需要更好了解中国。中国国际电视台（中国环球电视网）要坚定文化自信，坚持新闻立台，全面贴近受众，实施融合传播，以丰富的信息资讯、鲜明的中国视角、广阔的世界眼光，讲好中国故事、传播好中国声音，让世界认识一个立体多彩的中国，展示中国作为世界和平的建设者、全球发展的贡献者、国际秩序的维护者良好形象，为推动建设人类命运共同体作出贡献。

同日，中央书记处书记刘云山出席中国国际电视台（中国环球电视网）开播仪式并讲话。中宣部部长刘奇葆在开播仪式上宣读了习近平的贺信。国务院副总理刘延东等出席仪式。

中国国际电视台（中国环球电视网）英文简称CGTN，包括6个电视频道、3个海外分台、1个视频通讯社和新媒体集群，以丰富的内容和专业的品质为全球受众提供更好的服务。

12月31日

［纲　文］　**国家主席习近平和俄罗斯总统普京互致新年贺电。**

［目　文］　习近平代表中国政府和中国人民，向普京总统和俄罗斯人民致以诚挚的祝贺和美好的祝愿并表示，2016年，双方以庆祝《中俄睦邻友好合作条约》签署15周年和中俄战略协作伙伴关系建立20周年为契机，大力弘扬两国和两国人民世代友好的理念，加强各领域交流合作以及在国际事务中的协调配合，引领两国关系发展取得新的丰硕成果。中俄全面战略协作伙伴关系是促进地区及世界和平、发展、稳定的重要力量。新的一年里，我愿继续同你携手努力，推动双方保持密切高层交往，巩固战略和政治互信，促进“一带一路”建设与欧亚经济联盟建设对接合作，深化务实合作，办好媒体交流年，密切在国际事务中的战略协作，保持中俄全面战略协作伙伴关系稳定、持续、高水平发展，造福两国和两国人民。

普京向习近平主席致以新年和春节祝贺，祝全体中国人民幸福安康并表示，在2016年，俄中两国一如既往地开展了有效协作。双方成功落实第三个《俄中睦邻友好合作条约》实施纲要，协调配合有效推动解决全球和地区重大问题。相信在即将到来的一年里，俄中全面战略协作伙伴关系将更加蓬勃发展，造福两国人民，为巩固国际安全与稳定作出贡献。

12月31日

［纲　文］　**新华社讯，习近平、李克强对上海自贸试验区建设作出指示、批示。**

［目　文］　中共中央总书记习近平作出指示强调，建设上海自贸试验区是党中央、国务院在新形势下全面深化改革和扩大开放的一项战略举措。三年来，上海市、商务部等不负重托和厚望，密切配合、攻坚克难，紧抓制度创新这个核心，主动服务国家战略，工作取得多方面重大进展，一批重要成果复制推广到全国，总体上实现了初衷。望在深入总结评估的基础上，坚持五大发展理念引领，把握基本定位，强化使命担当，继续解放思想、勇于突破、当好标杆，对照最高标准、查找短板弱项，研究明确下一阶段的重点目标任务，大胆试、大胆闯、自主改，力争取得更多可复制推广的制度创新成果，进一步彰显全面深化改革和扩大开放的试验田作用。

国务院总理李克强作出批示指出，三年来，上海市、商务部会同有关部门锐意改革，勇于创新，扎实进取，上海自贸试验区建设取得重大进展，为全面深化改革、推动高水平对外开放积累了宝贵经验。相关方面要按照习近平总书记重要指示精神，深入贯彻党中央、国务院决策部署，牢固树立新发展理念，立足中国国情，拓展国际视野，围绕重点任务和薄弱环节继续深化自贸试验区改革探索，更大力度转变政府职能，更大程度激发市场活力，促进培育发展新动能和国际竞争新优势，在新一轮改革开放中进一步发挥引领示范作用，为推动经济保持中高速增长、迈上中高端水平作出新贡献。

国务院自由贸易试验区工作部际联席会议召集人汪洋主持召开了联席会议第四次全体会议，研究贯彻习近平指示和李克强批示精神。下一步，各自贸试验区将继续牢记使命、开拓创新，进一步对接最高标准，强化改革举措系统集成，形成更多制度创新成果，尽快向全国复制推广，发挥改革开放引领示范作用。

12 月 31 日

［纲　文］　**国务院总理李克强同俄罗斯总理梅德韦杰夫互致新年贺电**。

［目　文］　李克强表示，2016 年中俄关系继续保持高水平发展，双方本着《中俄睦邻友好合作条约》所确立的宗旨和原则，开展密切的战略协作，有效维护两国利益，促进世界和地区的和平、稳定与发展。在中俄总理定期会晤机制建立 20 周年之际，我们在圣彼得堡成功举行会晤，全面总结了各领域合作成果，就拓展两国务实合作新方向达成重要共识，进一步深化双方利益融合。我对此予以积极评价。在新的一年里，我愿同你继续保持密切沟通，推动两国经贸、能源、航空航天、高铁、远东开发等领域合作取得新成果，积极挖掘中小企业、科技创新、农业等领域合作潜力，密切人文交流，造福两国和两国人民。

梅德韦杰夫表示，2016 年俄中全面战略协作伙伴关系蓬勃发展，两国经贸和投资合作全面推进，能源、基础设施和工业领域一系列合作项目逐步落实，俄中媒体交流年活动顺利进行。欧亚经济联盟建设与丝绸之路经济带建设对接合作为两国扩大务实合作提供了新机遇，相信这一重要方向的合作将继续向前推进。

12 月 31 日

［纲　文］　**国土资源部等八部门联合印发《关于扩大国有土地有偿使用范围的意见》**。

［目　文］　《意见》由四个部分组成：一、总体要求。二、扩大国有建设用地有偿使用范围。三、规范推进国有农用地使用制度改革。四、严格国有土地开发利用和供应管理。

《意见》要求，各地区要认真落实本意见要求，加强指导支持，精心组织实施，切实做好扩大国有土地有偿使用范围各项工作。国土资源部将会同有关部门对本意见落实情况进行督促指导，重大事项及时向国务院报告。

12 月 31 日

［纲　文］　**环境保护部公布《污染地块土壤环境管理办法（试行）》**。

［目　文］　《办法》共 7 章 33 条，主要有总则、各方责任、环境调查与风险评估、风险管控、治理与修复、监督管理、附则等内容，自 2017 年 7 月 1 日起施行。

12 月 31 日

［纲　文］　**新闻出版广电总局电影局发布 2016 年中国电影基本数据**。

［**目　文**］　2016年，中国电影总票房达457.12亿元，同比增长3.73%，观影人次为13.72亿，同比增长8.89%，国产电影票房占票房总额的58.33%。中国电影产业在国民经济新的发展形势下实现了稳健增长。2016年，中国共生产电影故事片772部，动画电影49部。全年票房过亿元影片84部，其中国产电影43部。国产电影海外票房和销售收入38.25亿元，同比增长38.09%。与此同时，2016年全国新增影院1612家。

附　录

[附录一] **2016年中国县级以上行政区划变动一览表**

批准日期	批准机构	省、市、自治区	变动内容
1月7日	国务院	河北	1. 撤销张家口市宣化区和宣化县，设立新的张家口市宣化区，以原宣化区和宣化县的行政区域（不含沙岭子镇、大仓盖镇、姚家房镇、东望山乡）为新的宣化区的行政区域，宣化区人民政府驻建国街街道永安街8号 2. 撤销万全县，设立张家口市万全区，以原万全县的行政区域为万全区的行政区域，万全区人民政府驻孔家庄镇民主街2号 3. 撤销崇礼县，设立张家口市崇礼区，以原崇礼县的行政区域为崇礼区的行政区域，崇礼区人民政府驻西湾子镇长青路30号 4. 将原宣化县的大仓盖镇、东望山乡划归张家口市桥东区管辖，将原宣化县的沙岭子镇、姚家房镇划归张家口市桥西区管辖
		辽宁	撤销辽中县，设立沈阳市辽中区，以原辽中县的行政区域为辽中区的行政区域，辽中区人民政府驻蒲东街道滨水路26号
		山东	撤销定陶县，设立菏泽市定陶区，以原定陶县的行政区域为定陶区的行政区域，定陶区人民政府驻天中街道陶朱公大街939号
		西藏	1. 撤销山南地区和乃东县，设立地级山南市。山南市人民政府驻新设立的乃东区乃东路13号 2. 山南市设立乃东区，以原乃东县的行政区域为乃东区的行政区域。乃东区人民政府驻泽当镇英雄路21号 3. 山南市辖原山南地区的扎囊县、贡嘎县、桑日县、琼结县、曲松县、措美县、洛扎县、加查县、隆子县、错那县、浪卡子县和新设立的乃东区
		新疆	1. 撤销哈密地区和县级哈密市，设立地级哈密市。哈密市人民政府驻新设立的伊州区建国南路19号 2. 哈密市设立伊州区，以原县级哈密市的行政区域为伊州区的行政区域。伊州区人民政府驻东河区街道广东路2号 3. 哈密市辖原哈密地区的巴里坤哈萨克自治县、伊吾县和新设立的伊州区
		新疆	1. 同意设立县级昆玉市。昆玉市人民政府驻昆玉大道玉枣路1号 2. 昆玉市由新疆维吾尔自治区直辖，管理方式按有关文件规定执行 3. 昆玉市行政区域界线走向略

续表

批准日期	批准机构	省、市、自治区	变动内容
1月11日	国务院	安徽	安徽省人民政府由合肥市庐阳区长江路221号迁移至合肥市包河区中山路1号
1月13日	民政部	黑龙江	撤销抚远县，设立县级抚远市，以原抚远县的行政区域为抚远市的行政区域，抚远市人民政府驻抚远镇长江路111号。抚远市由黑龙江省直辖，佳木斯市代管
3月20日	国务院	辽宁	撤销大洼县，设立盘锦市大洼区，以原大洼县的行政区域为大洼区的行政区域，大洼区人民政府驻大洼镇红海滩大街66号
		云南	撤销沾益县，设立曲靖市沾益区，以原沾益县的行政区域为沾益区的行政区域，沾益区人民政府驻西平镇龙华东路78号
		广西	撤销柳江县，设立柳州市柳江区，以原柳江县的行政区域为柳江区的行政区域，柳江区人民政府驻拉堡镇柳北路45号
		贵州	1. 撤销遵义县，设立遵义市播州区，以原遵义县（不含山盆镇、芝麻镇、沙湾镇、毛石镇、松林镇、新舟镇、虾子镇、三渡镇、永乐镇、喇叭镇）的行政区域为播州区的行政区域，播州区人民政府驻南白镇西大街53号 2. 将原遵义县的山盆镇、芝麻镇、沙湾镇、毛石镇、松林镇划归遵义市汇川区管辖 3. 将原遵义县的新舟镇、虾子镇、三渡镇、永乐镇、喇叭镇和遵义市汇川区的北京路街道划归遵义市红花岗区管辖
		四川	撤销安县，设立绵阳市安州区，以原安县的行政区域为安州区的行政区域，安州区人民政府驻花荄镇银河大道8号
		江西	1. 撤销星子县，设立县级庐山市，将九江市庐山区牯岭镇划归庐山市管辖。以原星子县和庐山区牯岭镇的行政区域为庐山市的行政区域，庐山市人民政府驻南康镇紫阳南路45号。庐山市由江西省直辖，九江市代管 2. 将九江市庐山区更名为濂溪区
3月29日	国务院	河北	河北省人民政府驻地由石家庄市桥西区维明南大街46号迁至石家庄市长安区裕华东路113号
5月3日	国务院	四川	将资阳市代管的县级简阳市改由成都市代管

续表

批准日期	批准机构	省、市、自治区	变动内容
6月8日	国务院	上海	撤销崇明县，设立上海市崇明区，以原崇明县的行政区域为崇明区的行政区域，崇明区人民政府驻城桥镇人民路68号
		天津	撤销蓟县，设立天津市蓟州区，以原蓟县的行政区域为蓟州区的行政区域，蓟州区人民政府驻文昌街道府前街2号
		重庆	撤销开县，设立重庆市开州区，以原开县的行政区域为开州区的行政区域，开州区人民政府驻汉丰街道开州大道中段233号
		江苏	1. 撤销淮安市清河区、清浦区，设立淮安市清江浦区，以原清河区、清浦区的行政区域为清江浦区的行政区域，清江浦区人民政府驻城南乡淮海南路268号 2. 撤销洪泽县，设立淮安市洪泽区，以原洪泽县的行政区域为洪泽区的行政区域，洪泽区人民政府驻高良涧街道东九道26号
		广西	设立贺州市平桂区，将贺州市八步区的黄田镇、鹅塘镇、沙田镇、公会镇、水口镇、望高镇、羊头镇、大平瑶族乡、西湾街道划归平桂区管辖，以黄田镇、鹅塘镇、沙田镇、公会镇、水口镇、望高镇、羊头镇、大平瑶族乡、西湾街道的行政区域为平桂区的行政区域，平桂区人民政府驻西湾街道平桂大道1号
		内蒙古	设立鄂尔多斯市康巴什区，将鄂尔多斯市东胜区的哈巴格希街道、青春山街道、滨河街道划归康巴什区管辖，以哈巴格希街道、青春山街道、滨河街道的行政区域为康巴什区的行政区域，康巴什区人民政府驻滨河街道鄂尔多斯东街10号
		河北	撤销县级冀州市，设立衡水市冀州区，以原冀州市的行政区域为冀州区的行政区域，冀州区人民政府驻冀州镇冀新西路239号
		陕西	撤销安塞县，设立延安市安塞区，以原安塞县的行政区域为安塞区的行政区域，安塞区人民政府驻真武洞街道真武街1号
		山东	撤销垦利县，设立东营市垦利区，以原垦利县的行政区域为垦利区的行政区域，垦利区人民政府驻垦利街道盛兴路16号
6月16日	民政部	云南	撤销泸水县，设立县级泸水市，以原泸水县的行政区域为泸水市的行政区域，泸水市人民政府驻六库镇龙江路1号。泸水市由怒江傈僳族自治州管辖
9月14日	国务院	山东	撤销县级章丘市，设立济南市章丘区，以原县级章丘市的行政区域为章丘区的行政区域，章丘区人民政府驻双山街道府前大道287号

续表

批准日期	批准机构	省、市、自治区	变动内容
9月14日	国务院	江西	撤销赣县，设立赣州市赣县区，以原赣县的行政区域为赣县区的行政区域，赣县区人民政府驻梅林镇梅林大街5号
		河北	1. 撤销肥乡县，设立邯郸市肥乡区，以原肥乡县的行政区域为肥乡区的行政区域，肥乡区人民政府驻肥乡镇广安东路1号 2. 撤销永年县，设立邯郸市永年区，以原永年县的行政区域（不含南沿村镇、小西堡乡、姚寨乡）为永年区的行政区域，永年区人民政府驻临洺关镇洺州大道25号 3. 撤销邯郸县，将原邯郸县的河沙镇镇、南堡乡、代召乡划归邯郸市邯山区管辖，将原邯郸县的尚璧镇、南吕固乡、兼庄乡、三陵乡划归邯郸市丛台区管辖 4. 同意将磁县的高臾镇、光禄镇、辛庄营乡、花官营乡、台城乡划归邯郸市邯山区管辖，将磁县的林坛镇、南城乡划归邯郸市复兴区管辖,将原永年县的南沿村镇、小西堡乡、姚寨乡划归邯郸市丛台区管辖
		浙江	1. 撤销宁波市江东区，将原江东区管辖的行政区域划归宁波市鄞州区管辖 2. 将鄞州区的集士港镇、古林镇、高桥镇、横街镇、鄞江镇、洞桥镇、章水镇、龙观乡、石碶街道划归宁波市海曙区管辖 3. 撤销县级奉化市，设立宁波市奉化区，以原县级奉化市的行政区域为奉化区的行政区域，奉化区人民政府驻锦屏街道锦屏南路1号
		广东	1. 设立深圳市龙华区，将深圳市宝安区的龙华街道、大浪街道、民治街道、观湖街道、福城街道、观澜街道划归龙华区管辖，以龙华街道、大浪街道、民治街道、观湖街道、福城街道、观澜街道的行政区域为龙华区的行政区域，龙华区人民政府驻观湖街道广场沿河路1号 2. 设立深圳市坪山区，将深圳市龙岗区的坪山街道、坑梓街道划归坪山区管辖，以坪山街道、坑梓街道的行政区域为坪山区的行政区域，坪山区人民政府驻坪山街道深汕公路333号
9月16日	国务院	浙江	杭州市人民政府驻地由拱墅区环城北路318号迁至江干区解放东路18号
11月24日	国务院	重庆	1. 撤销梁平县，设立重庆市梁平区，以原梁平县的行政区域为梁平区的行政区域，梁平区人民政府驻梁山街道桂西路6号 2. 撤销武隆县，设立重庆市武隆区，以原武隆县的行政区域为武隆区的行政区域，武隆区人民政府驻巷口镇芙蓉中路9号
		四川	撤销郫县，设立成都市郫都区，以原郫县的行政区域为郫都区的行政区域，郫都区人民政府驻郫筒街道望丛中路998号

续表

批准日期	批准机构	省、市、自治区	变动内容
11月24日	国务院	云南	撤销晋宁县，设立昆明市晋宁区，以原晋宁县的行政区域为晋宁区的行政区域，晋宁区人民政府驻昆阳街道郑和路365号
		陕西	撤销户县，设立西安市鄠邑区，以原户县的行政区域为鄠邑区的行政区域，鄠邑区人民政府驻甘亭街道东街7号
		河南	撤销许昌县，设立许昌市建安区，以原许昌县的行政区域为建安区的行政区域，建安区人民政府驻将官池镇新许路15号
		广西	1. 撤销县级宜州市，设立河池市宜州区，以原宜州市的行政区域为宜州区的行政区域，宜州区人民政府驻庆远镇金宜大道378号 2. 河池市人民政府驻地由金城江区百旺路17号迁至宜州区中山大道6号
		江西	撤销东乡县，设立抚州市东乡区，以原东乡县的行政区域为东乡区的行政区域，东乡区人民政府驻孝岗镇子山路188号

资料来源：民政部网站。

［附录二］

2016年国民经济和社会统计资料

项 目	单 位	数 量	比上年增长
一、全国行政区划			
省级区划数	个	34	0
地级区划数	个	293	0.69%
地级市	个	293	0.69%
县级区划数	个	2851	0.04%
市辖区	个	954	3.58%
县级市	个	360	–0.28%
县	个	1366	–2.22%
自治县	个	117	0

续表

项　目	单　位	数　量	比上年增长
二、全国人口及就业状况			
年底总人口	万人	138271	0.59%
男	万人	70815	0.57%
女	万人	67456	0.61%
城镇	万人	79298	2.83%
乡村	万人	58973	–2.28%
人口出生率	‰	12.95	7.29‰
人口死亡率	‰	7.09	–0.28‰
人口自然增长率	‰	5.86	18.15‰
就业人员总数	万人	77603	0.20%
城镇	万人	41428	2.52%
乡村	万人	36175	–2.34%
第一产业	万人	21496	–1.93%
第二产业	万人	22350	–1.51%
第三产业	万人	33757	2.80%
三、国内生产总值及构成			
国内生产总值（按当年价格计算）			
国民总收入	亿元	740598.7	7.89%
国内生产总值	亿元	743585.5	7.91%
第一产业增加值	亿元	63672.8	4.62%
第二产业增加值	亿元	296547.7	5.14%
第三产业增加值	亿元	383365	10.75%
农林牧渔业增加值	亿元	65975.7	4.87%
工业增加值	亿元	247877.7	4.81%
建筑业增加值	亿元	49702.9	6.60%
批发和零售业增加值	亿元	71290.7	7.71%
交通运输、仓储和邮政业增加值	亿元	33058.8	8.43%
住宿和餐饮业增加值	亿元	13358.1	9.91%
金融业增加值	亿元	61121.7	5.61%
房地产业增加值	亿元	48190.9	15.56%
其他增加值	亿元	153008.9	13.67%
人均国内生产总值	元/人	53935	7.33%
国内生产总值构成（按当年价格计算）			
国内生产总值	%	100	0

续表

项 目	单 位	数 量	比上年增长
第一产业增加值	%	8.6	–2.27%
第二产业增加值	%	39.9	–2.44%
第三产业增加值	%	51.6	2.79%
农林牧渔业增加值	%	8.9	–2.20%
工业增加值	%	33.3	–2.92%
建筑业增加值	%	6.7	–1.47%
批发和零售业增加值	%	9.6	0.00%
交通运输、仓储和邮政业增加值	%	4.4	0.00%
住宿和餐饮业增加值	%	1.8	0.00%
金融业增加值	%	8.2	–2.38%
房地产业增加值	%	6.5	6.56%
其他增加值	%	20.6	5.64%
支出法国内生产总值（按当年价格计算）			
支出法国内生产总值	亿元	745632.4	6.65%
最终消费支出	亿元	399910.1	10.39%
居民消费支出	亿元	293443.1	10.33%
政府消费支出	亿元	106467	10.57%
资本形成总额	亿元	329137.6	5.21%
固定资本形成总额	亿元	318083.6	5.50%
存货变动	亿元	11054	–2.46%
四、全社会固定资产投资			
全社会固定资产投资			
新建	亿元	421160.34	10.55%
扩建	亿元	68981.93	2.55%
改建和技术改造	亿元	85391.54	4.32%
五、农林牧渔业生产状况			
总产值（绝对数按当年价格计算）	亿元	112091.26	4.70%
农作物播种面积	千公顷	166649.55	0.17%
粮食播种面积	千公顷	113034.48	–0.27%
全国主要农业产品产量			
粮食	万吨	61625.05	–0.83%
棉花	万吨	529.9452	–5.42%
油料	万吨	3629.5	2.62%
麻类	万吨	26.2	24.29%

续表

项　目	单　位	数　量	比上年增长
甘蔗	万吨	11382.46	–2.69%
甜菜	万吨	956.66	19.11%
烟叶	万吨	272.57	–3.77%
茶叶	万吨	240.49	6.93%
水果	万吨	28351.1	3.57%
六、工业生产状况			
工业增加值（按当年价格计算）	亿元	247877.7	4.81%
全社会建筑业增加值	亿元	49702.9	6.60%
全国主要工业产品产量			
纱	万吨	3732.6	5.50%
布	亿米	906.75	1.59%
化学纤维	万吨	4886.36	1.13%
成品糖	万吨	1443.3	–2.09%
彩色电视机	万台	15769.64	8.94%
家用电冰箱	万台	8481.57	6.12%
房间空气调节器	万台	14342.37	1.00%
原煤	亿吨	34.11	–8.97%
原油	万吨	19968.52	–6.93%
天然气	亿立方米	1368.65	1.68%
发电量	亿千瓦·时	61424.87	5.64%
粗钢	万吨	80760.94	0.47%
钢材	万吨	113460.74	0.99%
十种有色金属	万吨	5345.11	3.67%
水泥	万吨	241030.98	2.17%
硫酸（折100%）	万吨	9133.03	1.75%
烧碱（折100%）	万吨	3201.68	5.99%
乙烯	万吨	1781.14	3.88%
化肥（折100%）	万吨	6629.62	–10.80%
汽车	万辆	2811.91	14.76%
大中型拖拉机	万台	61.84	–10.14%
集成电路	万块	13179500	21.22%
程控交换机	万线	1457.69	–22.48%
移动通信手持机	万台	205819.34	13.55%
微型计算机设备	万台	29008.51	–7.67%

续表

项　目	单　位	数　量	比上年增长
七、全国能源生产和消费状况			
全国能源生产情况			
能源生产总量	万吨标准煤	346000	–4.28%
原煤占能源生产总量的比重	%	69.60	–3.60%
原油占能源生产总量的比重	%	8.20	–3.53%
天然气占能源生产总量的比重	%	5.30	10.42%
一次电力及其他能源占能源生产总量的比重	%	16.9	16.55%
全国能源消费情况			
能源消费总量	万吨标准煤	436000	1.42%
煤炭占能源消费总量的比重	%	62.00	–2.67%
石油占能源消费总量的比重	%	18.30	0.00%
天然气占能源消费总量的比重	%	6.40	8.47%
一次电力及其他能源占能源消费总量的比重	%	13.3	9.92%
八、交通运输及邮电状况			
运输线路长度			
铁路营业里程	万公里	12.4	2.48%
公路里程	万公里	469.63	2.60%
高速公路	万公里	13.1	6.07%
内河航道里程	万公里	12.71	0.08%
定期航班航线里程	公里	6348144	19.39%
管道输油（气）里程	万公里	11.34	4.32%
全国客运情况			
客运总量	万人	1900194.34	–2.22%
铁路客运量	万人	281405.23	11.01%
公路客运量	万人	1542758.67	–4.71%
水运客运量	万人	27234.4	0.60%
民航客运量	万人	48796.05	11.87%
全国旅客周转总量	亿人公里	31258.46	3.99%
铁路旅客周转量	亿人公里	12579.29	5.17%
公路旅客周转量	亿人公里	10228.71	–4.78%
水运旅客周转量	亿人公里	72.33	–1.03%
民航旅客周转量	亿人公里	8378.13	15.04%

续表

项　目	单　位	数　量	比上年增长
全国货运量			
货运总量	万吨	4386763	5.05%
铁路货运量	万吨	333186	–0.78%
公路货运量	万吨	3341259	6.07%
水运货运量	万吨	638238	4.02%
民航货运量	万吨	668	6.20%
管道货运量	万吨	73411	–3.24%
全国货物周转总量	亿吨公里	186629.48	4.64%
铁路货物周转量	亿吨公里	23792.26	0.16%
公路货物周转量	亿吨公里	61080.1	5.39%
水运货物周转量	亿吨公里	97338.8	6.07%
民航货物周转量	亿吨公里	222.45	6.91%
管道货物周转量	亿吨公里	4195.87	–10.06%
全国民用汽车拥有量			
民用汽车拥有量	万辆	18574.54	14.06%
私人汽车拥有量	万辆	16330.22	15.82%
民用运输船舶拥有量	艘	144568	–3.40%
沿海规模以上港口货物吞吐量	万吨	810933	3.36%
全国邮电业务情况			
邮电业务总量	亿元	43345.54	52.49%
邮政业务总量	亿元	7397.24	45.65%
电信业务总量	亿元	15616.95	–33.11%
函件数	亿件	36.19	–21.00%
包裹数	万件	2794	–34.16%
报刊期发数	万份	13617.5	–12.37%
九、商业、物价及外贸状况			
全国社会消费品零售情况			
社会消费品零售总额	亿元	332316.3	10.43%
批发和零售业商品销售额	亿元	558877.6	8.40%
住宿和餐饮业营业额	亿元	8938.19	5.00%
全国各种价格指数（以上年为100）			
居民消费价格指数		102	0.59%
商品零售价格指数		100.7	0.60%
工业生产者出厂价格指数		98.6	4.01%

续表

项 目	单 位	数 量	比上年增长
工业生产者购进价格指数		98	4.37%
固定资产投资价格指数		99.4	1.22%
全国进出口贸易情况			
进出口总额	亿元	243386.46	–0.86%
出口总额	亿元	138419.29	–1.95%
进口总额	亿元	104967.17	0.60%
进出口差额	亿元	33452.12	–9.17%
进出口总额	百万美元	3685557.41	–6.77%
出口总额	百万美元	2097631.19	–7.73%
进口总额	百万美元	1587926.22	–5.46%
差额	百万美元	509704.97	–14.18%
十、财政状况			
财政收入	亿元	159604.97	4.82%
财政支出	亿元	187755.21	6.75%
收支差额	亿元	–28150.24	19.24%
中央财政收入	亿元	72365.62	4.47%
地方财政收入	亿元	87239.35	5.11%
中央财政支出	亿元	27403.85	7.29%
地方财政支出	亿元	160351.36	6.66%
国家财政主要收入项目			
税收收入	亿元	130360.73	4.35%
非税收入	亿元	29244.24	6.94%
专项收入	亿元	6909.26	–1.09%
行政事业性收费	亿元	4896.01	0.47%
罚没收入	亿元	1918.34	2.21%
其他收入	亿元	1823.34	–11.83%
国家财政主要支出项目			
一般公共服务支出	亿元	14790.52	9.17%
国防支出	亿元	9765.84	7.46%
公共安全支出	亿元	11031.98	17.61%
教育支出	亿元	28072.78	6.85%
科学技术支出	亿元	6563.96	11.96%
文化体育与传媒支出	亿元	3163.08	2.81%
社会保障和就业支出	亿元	21591.45	13.53%

续表

项　目	单　位	数　量	比上年增长
医疗卫生支出	亿元	13158.77	10.09%
环境保护支出	亿元	4734.82	–1.42%
城乡社区事务支出	亿元	18394.62	15.79%
农林水事务支出	亿元	18587.36	6.94%
交通运输支出	亿元	10498.71	–15.03%
其他支出	亿元	1899.33	–48.25%
债务余额	亿元	120066.75	12.63%
国内债务	亿元	118811.24	12.65%
国外债务	亿元	1255.51	10.90%
十一、金融状况			
货币和准货币（M2）供应量	亿元	1550066.67	11.33%
货币（M1）供应量	亿元	486557.24	21.35%
流通中现金（M0）供应量	亿元	68303.87	8.05%
货币供应量中活期存款供应量	亿元	418253.37	23.84%
黄金储备	万盎司	5924	4.55%
外汇储备	亿美元	30105.17	–9.60%
十二、人民生活			
居民人均可支配收入	元	23821	8.44%
城镇居民人均可支配收入	元	33616	7.76%
农村居民人均可支配收入	元	12363	8.24%
居民人均消费支出	元	17111	8.90%
城镇居民人均消费支出	元	23079	7.89%
农村居民人均消费支出	元	10130	9.83%
十三、教育状况			
研究生培养机构学校数	所	793	0.13%
普通高校研究生培养机构数	所	576	0.17%
科研机构研究生培养机构数	所	217	0.00%
研究生在学人数	万人	198.1051	3.64%
研究生招生数	万人	66.7064	3.41%
研究生毕业生数	万人	56.3938	2.25%
普通高等学校数	所	2596	1.41%
本科院校学校数	所	1237	1.48%
专科院校学校数	所	1359	1.34%
中等教育学校数	所	77398	–1.30%

续表

项　目	单　位	数　量	比上年增长
高中阶段教育学校数	所	24711	–0.94%
高中学校数	所	13818	0.55%
普通高中学校数	所	13383	1.08%
初中阶段教育学校数	所	52687	–1.48%
初等教育学校数	所	189435	–7.72%
普通小学学校数	所	177633	–6.77%
高中在校学生数	万人	2366.6465	–0.33%
高中招生数	万人	802.9206	0.79%
普通中学毕业生数	万人	704.18	3.42%
高中毕业生数	万人	792.35	–0.66%
普通小学数	所	177633	–6.77%
普通小学教职工数	万人	554	0.91%
普通小学专任教师数	万人	578.9145	1.83%
普通小学在校学生数	万人	9913.0126	2.28%
普通小学招生数	万人	1752.4659	1.35%
普通小学毕业生数	万人	1507.4466	4.88%
特殊教育学校数量	所	2080	1.32%
特殊教育学校教职工数	万人	6	0.00%
特殊教育学校专任教师数	万人	5	0.00%
特殊教育学校在校学生数	万人	49.174	11.20%
特殊教育学校毕业生数	万人	5.9164	11.84%
幼儿园数	所	239812	7.21%
幼儿园教职工数	万人	382	9.14%
幼儿园专任教师数	万人	223	8.78%
幼儿园在校学生数	万人	4413.863	3.49%
出国留学人数	万人	54.45	3.97%
学成回国留学人数	万人	43.25	5.72%
十四、文化事业状况			
文化文物机构数	个	310641	3.84%
公共图书馆业机构数	个	3153	0.45%
群众文化服务业机构数	个	44497	0.47%
艺术教育业机构数	个	125	–4.58%
文化市场经营机构数	个	231573	4.19%

续表

项　目	单　位	数　量	比上年增长
图书、期刊和报纸出版情况			
图书出版种数	种	499884	5.07%
图书新出版种数	种	262415	0.76%
图书总印数	亿册	90.37	4.33%
期刊出版种数	种	10084	0.70%
期刊出版总印数	亿册	26.97	–6.29%
报纸出版种数	种	1894	–0.63%
报纸出版总印数	亿份	390.07	–9.31%
十五、卫生事业状况			
医疗卫生机构数	个	983394	–0.01%
医院数	个	29140	5.63%
综合医院数	个	18020	3.38%
中医医院数	个	3462	5.97%
专科医院数	个	6642	10.28%
基层医疗卫生机构	个	926518	0.62%
社区卫生服务中心	站 / 个	34327	0.02%
卫生人员数	万人	1117.29	4.48%
卫生技术人员数	万人	845.44	5.58%
执业（助理）医师数	万人	319.1	5.00%
执业医师数	万人	265.14	5.70%
注册护士数	万人	350.72	8.20%
药师数	万人	43.92	3.76%
乡村医生和卫生员数	万人	100.03	–3.02%
卫生机构床位数	万张	741.05	5.63%
医院床位数	万张	568.89	6.72%
专业公共卫生机构床位数	万张	24.72	4.61%
妇幼保健院（所、站）床位数	万张	20.65	5.68%
专科疾病防治院（所、站）床位数	万张	4	–0.74%

资料来源：国家统计局国家年度数据表（2018 年 3 月 2 日）。

[附录三] **2016 年中国参加的多边条约情况**

序号	名 称	签订日期（地点）	生效日期	中国采取行动情况	备注
1	欧洲复兴开发银行成立协定	1990 年 5 月 29 日（巴黎）	1991 年 3 月 28 日	2016 年 1 月 15 日国务院决定加入，同日交存加入书并对中国生效	适用于香港和澳门特区
2	濒危野生动植物种国际贸易公约第二十一条的修正案	1983 年 4 月 30 日（哈博罗内）	2013 年 11 月 29 日	1988 年 7 月 7 日交存接受书；2013 年 11 月 29 日对中国生效；2016 年 4 月 11 日国务院决定修正案适用于香港和澳门特区；5 月 10 日修正案扩展适用于香港和澳门特区	适用于香港和澳门特区
3	巴黎协定	2015 年 12 月 12 日（巴黎）	2016 年 11 月 4 日	2016 年 4 月 22 日签署，9 月 3 日批准，同日交存批准书，11 月 4 日对中国生效	适用于香港和澳门特区
4	关于汞的水俣公约	2013 年 10 月 10 日（熊本）	尚未生效	2016 年 4 月 28 日批准，8 月 31 日交存批准书	适用于香港和澳门特区
5	1975 年国际公路运输公约	1975 年 11 月 14 日（日内瓦）	1978 年	2016 年 4 月 28 日国务院决定加入	暂不适用于香港和澳门特区
6	《生物多样性公约》关于获取遗传资源和公正公平分享其利用所产生惠益的名古屋议定书	2010 年 10 月 29 日（名古屋）	2014 年 10 月 12 日	2016 年 5 月 4 日国务院决定加入，6 月 8 日交存加入书，9 月 6 日对中国生效	暂不适用于香港和澳门特区
7	第四代核能系统研究和开发国际合作框架协议的续签协议	2015 年 2 月 26 日（巴黎）	2015 年 2 月 26 日	2016 年 6 月 23 日签署，同日对中国生效	适用于香港和澳门特区
8	《关于持久性有机污染物的斯德哥尔摩公约》新增列六溴环十二烷修正案	2013 年 5 月 10 日（日内瓦）	2014 年 11 月 26 日	2016 年 7 月 2 日批准，9 月 27 日交存批准书，12 月 26 日对中国生效	适用于香港和澳门特区

续表

序号	名　称	签订日期（地点）	生效日期	中国采取行动情况	备注
9	2007 年内罗毕国际船舶残骸清除公约	2007 年 5 月 18 日（内罗毕）	尚未生效	2016 年 7 月 12 日国务院决定加入	暂不适用于香港和澳门特区
10	《关于简化和协调海关制度的国际公约修正案议定书》专项附约四第二章、专项附约六第一章	1999 年 6 月 26 日（布鲁塞尔）	2006 年 2 月 3 日	2016 年 4 月 20 日接受，7 月 14 日递交接受书，同日对中国生效	暂不适用于香港和澳门特区
11	关于成立中亚区域经济合作学院的协议	2016 年 10 月 26 日（伊斯兰堡）	尚未生效	2016 年 10 月 26 日签署	
12	上海合作组织成员国政府间国际道路运输便利化协定	2014 年 9 月 12 日（杜尚别）	尚未生效	2016 年 10 月 28 日核准，12 月 19 日交存核准书	适用于澳门特区，暂不适用于香港特区
13	关于印度共和国加入上海合作组织义务的备忘录	2016 年 6 月 24 日（塔什干）	尚未生效	2016 年 11 月 10 日核准，12 月 26 日交存核准书	适用于香港和澳门特区
14	关于巴基斯坦伊斯兰共和国加入上海合作组织义务的备忘录	2016 年 6 月 24 日（塔什干）	尚未生效	2016 年 11 月 10 日核准，12 月 26 日交存核准书	适用于香港和澳门特区
15	关于沿亚洲公路网国际道路运输政府间协定	2016 年 12 月 8 日（莫斯科）	尚未生效	2016 年 12 月 8 日签署	暂不适用于香港和澳门特区

资料来源：外交部网站。

［附录四］ 2016年国家科学技术奖励情况

<table>
<tr><th colspan="6">年度国家最高科学技术奖获奖人</th></tr>
<tr><td colspan="6">赵忠贤院士（中国科学物理研究所，由中国科学院推荐）
屠呦呦研究员（中国中医科学院，由国家中医药管理局推荐）</td></tr>
<tr><th colspan="6">年度国家自然科学奖获奖项目目录</th></tr>
<tr><td colspan="6">一等奖</td></tr>
<tr><td>序号</td><td>编号</td><td>项目名称</td><td colspan="2">主要完成人</td><td>推荐单位</td></tr>
<tr><td>1</td><td>Z-102-1-01</td><td>大亚湾反应堆中微子实验发现的中微子振荡新模式</td><td colspan="2">王贻芳 曹 俊 杨长根 衡月昆 李小男（中国科学院高能物理研究所）</td><td>中国科学院</td></tr>
<tr><th colspan="6">2016年度国家技术发明奖获奖项目目录（通用项目）</th></tr>
<tr><td colspan="6">一等奖</td></tr>
<tr><td colspan="6">空缺</td></tr>
<tr><th colspan="6">2016年度国家科学技术进步奖获奖项目目录（通用项目）</th></tr>
<tr><td colspan="6">特等奖</td></tr>
<tr><td>序号</td><td>编号</td><td>项目名称</td><td>主要完成人</td><td>主要完成单位</td><td>推荐单位</td></tr>
<tr><td>1</td><td>J-236-0-01</td><td>第四代移动通信系统（TD–LTE）关键技术与应用</td><td>曹淑敏 王晓云 徐学兵
陈山枝 张 平 赵先明
黄宇红 王志勤 杨 骅
魏丽红 边燕南 王映民
邓爱林 向际鹰 吴 迪
沈 嘉 杨 光 刘光毅
汪恒江 魏贵明 邢宏涛
蒋 远 徐 菲 孙晓南
万 蕾 徐慧俊 刘迪军
高全中 张万春 聂宇田
蔡亚莉 段晓东 李文宇
魏 然 李 星 孙韶辉
白 欣 柏燕民 张玉胜
肖善鹏 周世东 果 敢
王东明 王 可 江立红
张诗壮 李 斌 蔡月民
熊 兵 邱 刚</td><td>中国移动通信集团公司 工业和信息化部电信研究院 电信科学技术研究院 华为技术有限公司 中兴通讯股份有限公司 展讯通信(上海)有限公司 北京电信技术发展产业协会 宇龙计算机通信科技（深圳）有限公司 北京邮电大学 清华大学 东南大学 北京星河亮点技术股份有限公司 上海创远仪器技术股份有限公司 联想移动通信科技有限公司</td><td>工业和信息化部</td></tr>
</table>

续表

2016年度国家科学技术进步奖获奖项目目录（通用项目）					
一等奖					
序号	编号	项目名称	主要完成人	主要完成单位	推荐单位
1	J-21701-1-01	北京正负电子对撞机重大改造工程		中国科学院高能物理研究所 成都飞机工业（集团）有限责任公司 中信重工机械股份有限公司 中国科学技术大学 航天材料及工艺研究所 中国科学院理化技术研究所 中国科学院合肥物质科学研究院 湖北汉光科技股份有限公司 中国科学院上海硅酸盐研究所 中国科学院上海应用物理研究所	中国科学院
2	J-234-1-01	IgA肾病中西医结合证治规律与诊疗关键技术的创研及应用	陈香美 蔡广研 王永钧 邓跃毅 司徒卓俊 唐海涛 彭佑铭 郑 丰 冯 哲 孙雪峰 陈洪宇 张雪光 谢院生 朱 斌 陈万佳	中国人民解放军总医院 江苏苏中药业集团股份有限公司 杭州市中医院 上海中医药大学附属龙华医院 香港中文大学 中南大学湘雅二医院 大连医科大学附属第二医院	中国中西医结合学会
3	J-223-1-01	前置前驱8挡自动变速器（8AT）研发及产业化	徐向阳 周立亭 王书翰 苏成云 程火平 于新涛 李卫强 鲁 曦 戴振坤 郭 伟 郑 磊 郭明忠 李文冠 单丰武 尹 伟	盛瑞传动股份有限公司 北京航空航天大学 江铃汽车集团公司	中国汽车工程学会

续表

2016年度国家科学技术进步奖获奖项目目录（通用项目）					
序号	编号	项目名称	主要完成人	主要完成单位	推荐单位
4	J-236-1-01	DTMB系统国际化和产业化的关键技术及应用	杨知行 潘长勇 宋 健 王劲涛 戴书胜 黄浩东 叶 进 余 雷 张 超 杨 昉 王 军 王昭诚 彭克武 张 彧 骆训赋	清华大学 中国普天信息产业股份有限公司 北京海尔集成电路设计有限公司 北京北广科技股份有限公司 云南无线数字电视文化传媒有限公司 北京数字电视国家工程实验室有限公司 四川长虹电器股份有限公司 青岛海信电器股份有限公司 深圳创维—RGB电子有限公司 高拓讯达（北京）科技有限公司	北京市
5	J-21702-1-01	互联电网动态过程安全防御关键技术及应用	汤 涌 孙华东 易 俊 宋新立 仲悟之 林伟芳 张剑云 刘文焯 罗剑波 李文锋 何 剑 卜广全 文劲宇 张恒旭 郭为民	中国电力科学研究院 国网河南省电力公司 南京南瑞集团公司 国网新疆电力公司 华中科技大学 山东大学	中国电机工程学会
6	J-25201-1-01	航天重大工程的遥感空间信息可信度理论与关键技术	童小华 谢 欢 徐卫明 李景朝 刘世杰 舒 嵘 姜作勤 金雁敏 吕 刚 李 军 陈 鹏 张松林 叶 真 栾奎峰 刘向锋	同济大学 中国科学院上海技术物理研究所 中国地质调查局发展研究中心	上海市
7	J-230-1-01	新一代国家时间频率基准的关键技术与应用	房 芳 李天初 张爱敏 陈伟亮 高 源 刘年丰 林平卫 梁 坤 刘 昆 王伟波 林弋戈 所 睿 李明寿 宁大愚 高小珣	中国计量科学研究院	国家质量监督检验检疫总局
8	J-222-1-01	生态节水型灌区建设关键技术及应用	王沛芳 王 超 侯 俊 崔远来 钱 进 饶 磊 徐俊增 顾斌杰 敖燕辉 茆 智 杨士红 程卫国 何 岩 罗玉峰 张剑刚	河海大学 武汉大学 昆山市水利工程质量安全监督和水利技术推广站	教育部

续表

<table>
<tr><th colspan="6">2016 年度国家科学技术进步奖获奖项目目录（通用项目）</th></tr>
<tr><th colspan="6">创新团队</th></tr>
<tr><th>序号</th><th>编号</th><th>团队名称</th><th>主要成员</th><th>主要支持单位</th><th>推荐单位</th></tr>
<tr><td>1</td><td>J-207-1-01</td><td>第四军医大学消化系肿瘤研究创新团队</td><td>樊代明 沈祖尧 吴开春
于 君 聂勇战 药立波
杨安钢 韩 骅 韩国宏
郭学刚 时永全 潘阳林
梁巧仪 梁 洁 夏丽敏</td><td>中国人民解放军第四军医大学</td><td>陕西省</td></tr>
<tr><td>2</td><td>J-207-1-02</td><td>浙江大学能源清洁利用创新团队</td><td>倪明江 严建华 骆仲泱
樊建人 高 翔 周俊虎
周 昊 周劲松 池 涌
王智化 王树荣 黄群星
薄 拯 张彦威 岑可法</td><td>浙江大学</td><td>浙江省</td></tr>
<tr><td>3</td><td>J-207-1-03</td><td>中国农业科学院作物科学研究所小麦种质资源与遗传改良创新团队</td><td>刘 旭 何中虎 刘秉华
贾继增 辛志勇 李立会
景蕊莲 肖世和 马有志
张学勇 刘录祥 毛 龙
夏先春 孔秀英 张 辉</td><td>中国农业科学院作物科学研究所</td><td>农业部</td></tr>
<tr><th colspan="6">2016 年度中华人民共和国国际科学技术合作奖人选和组织</th></tr>
<tr><td colspan="6">1. 凯瑟琳娜·科瑟·赫英郝斯（Katharina Kohse Höinghaus）
2. 国际玉米小麦改良中心（International Maize and Wheat Improvement Center，西班牙文简称 CIMMYT）
3. 约翰·库茨巴赫（John Elmer Kutzbach）
4. 克里斯·葛立夫（Christopher Gordon Groves）
5. 简·埃蒙德·阿布瑞尔（Jean Raymond Abrial）
6. 维尔纳·胡芬巴赫（Werner Alfred Hufenbach）</td></tr>
</table>

资料来源：科技部网站。

［附录五］ 2016 年我国运动员创世界纪录和获世界冠军情况

<table>
<tr><th colspan="7">打破和超过世界纪录情况</th></tr>
<tr><th>项目</th><th>成 绩</th><th>运动员</th><th>性别</th><th>赛 事</th><th>产生日期</th><th>举办地</th></tr>
<tr><td rowspan="2">自行车女子场地团体竞速赛</td><td rowspan="2">31.928 秒</td><td>宫金杰</td><td>女</td><td rowspan="2">2016 年夏季奥运会</td><td rowspan="2">8 月 12 日</td><td rowspan="2">巴西</td></tr>
<tr><td>钟天使</td><td>女</td></tr>
</table>

续表

打破和超过世界纪录情况						
项目	成绩	运动员	性别	赛事	产生日期	举办地
男子小口径自选步枪 3*40（50 米）	463.7	惠子程	男	2016 年射击世界杯分站赛第二站	4 月 13 日	德国
男子气步枪（10 米）	210.6	钱学超	男	2016 年射击世界杯分站赛第二站	5 月 19 日	德国
女子 63 公斤级挺举	147	邓　薇	女	2016 年夏季奥运会	8 月 9 日	巴西
举重女子 63 公斤级总成绩	262	邓　薇	女	2016 年夏季奥运会	8 月 9 日	巴西
举重男子 56 公斤级总成绩	307	龙清泉	男	2016 年夏季奥运会	8 月 7 日	巴西
男子 77 公斤级抓举	177	吕小军	男	2016 年夏季奥运会	8 月 10 日	巴西
男子 400 米器泳	2 分 40.4 秒	池　聘	男	2016 年蹼泳世界锦标赛	6 月 26 日	希腊
女子 400 米器泳	2 分 56.9 秒	陈思佳	女	2016 年蹼泳世界锦标赛	6 月 26 日	希腊
获国际主要赛事世界冠军情况						
项目	成绩	运动员	性别	赛事	产生日期	举办地
男子 200 米自由泳	1 分 44.65 秒	孙　杨	男	2016 年夏季奥运会	8 月 8 日	巴西
男子 200 米个人混合泳	1 分 51.17 秒	汪　顺	男	2016 年短池游泳世界锦标赛	12 月 6 日	加拿大
男子 3 米跳板	547.6	曹　缘	男	2016 年夏季奥运会	8 月 16 日	巴西
女子 3 米跳板	406.05	施廷懋	女	2016 年夏季奥运会	8 月 14 日	巴西
女子 10 米跳台	439.95	任　茜	女	2016 年夏季奥运会	8 月 18 日	巴西
男子 10 米跳台	585.3	陈艾森	男	2016 年夏季奥运会	8 月 20 日	巴西

续表

获国际主要赛事世界冠军情况						
项目	成绩	运动员	性别	赛事	产生日期	举办地
男子双人10米跳台	496.98	林　跃	男	2016年夏季奥运会	8月8日	巴西
		陈艾森	男			
女子双人10米跳台	354	陈若琳	女	2016年夏季奥运会	8月9日	巴西
		刘蕙瑕	女			
女子双人3米跳台	345.6	吴敏霞	女	2016年夏季奥运会	8月9日	巴西
		施廷懋	女			
男子10米跳台	557.75	邱　波	男	第20届跳水世界杯	2月24日	巴西
女子10米跳台	454.65	任　茜	女	第20届跳水世界杯	2月21日	巴西
女子3米跳板	398.7	施廷懋	女	第20届跳水世界杯	2月23日	巴西
女子双人10米跳台	344.04	刘蕙瑕	女	第20届跳水世界杯	2月19日	巴西
		陈若琳	女			
男子双人10米跳台	456	林　跃	男	第20届跳水世界杯	2月21日	巴西
		陈艾森	男			
女子双人3米跳板	339.6	吴敏霞	女	第20届跳水世界杯	2月20日	巴西
		施廷懋	女			
女子20公里竞走	1小时28分35秒	刘　虹	女	2016年夏季奥运会	8月19日	巴西
男子20公里竞走	1小时19分14秒	王　镇	男	2016年夏季奥运会	8月12日	巴西
男子三级跳远	17.33	董　斌	男	2016年田径世界室内锦标赛	3月19日	美国
男子20公里竞走	1小时19分22秒	王　镇	男	2016年国际田联竞走团体锦标赛	5月7日	意大利
男子20公里竞走团体	世界冠军	王　镇	男	2016年国际田联竞走团体锦标赛	5月7日	意大利
		王凯华	男			
		蔡泽林	男			
	世界冠军	李天蕾	男	2016年国际田联竞走团体锦标赛	5月7日	意大利

续表

获国际主要赛事世界冠军情况						
项目	成绩	运动员	性别	赛事	产生日期	举办地
女子20公里竞走团体	世界冠军	吕秀芝	女	2016年国际田联竞走团体锦标赛	5月7日	意大利
		聂晶晶	女			
		杨家玉	女			
		切阳什姐	女			
羽毛球男子单打	世界冠军	谌　龙	男	2016年夏季奥运会	8月20日	巴西
羽毛球男子双打	世界冠军	张楠	男	2016年夏季奥运会	8月20日	巴西
		傅海峰	男			
女子团体	世界冠军	陈清晨	女	2016年羽毛球尤伯杯世界女子团体锦标赛	5月22日	中国
		孙　瑜	女			
		唐渊渟	女			
		赵云蕾	女			
		田　卿	女			
		汤金华	女			
		王适娴	女			
		李雪芮	女			
		于　洋	女			
		王仪涵	女			
女子81公斤级	世界冠军	杨晓丽	女	2016年拳击世界锦标赛	5月27日	哈萨克斯坦
女子64公斤级	世界冠军	杨文璐	女	2016年拳击世界锦标赛	5月27日	哈萨克斯坦
自行车女子场地团体竞速赛	31.928秒	宫金杰	女	2016年夏季奥运会	8月12日	巴西
		钟天使	女			
女子场地个人争先赛	世界冠军	钟天使	女	2016年场地自行车世界锦标赛	3月6日	英国
女子气手枪（10米）	199.4	张梦雪	女	2016年夏季奥运会	8月6日	巴西
女子移动靶混合速	388	杨　曾	女	2016年移动靶世界锦标赛	7月14日	德国
女子移动靶标准速团体	1132	苏　丽	女	2016年移动靶世界锦标赛	7月14日	德国
		赵丽丽	女			
		杨　曾	女			

续表

获国际主要赛事世界冠军情况

项目	成绩	运动员	性别	赛事	产生日期	举办地
女子移动靶混合速团体	1141	苏　丽	女	2016 年移动靶世界锦标赛	7 月 14 日	德国
		赵丽丽	女			
		杨　曾	女			
女子小口径自选步枪 3*20（50 米）	460.2	张彬彬	女	2016 年射击步手枪世界杯总决赛	10 月 4 日	意大利
男子手枪慢射（50 米）	190.6	庞　伟	男	2016 年射击步手枪世界杯总决赛	10 月 1 日	意大利
女子排球	世界冠军	刘晓彤	女	2016 年夏季奥运会	8 月 21 日	巴西
		林　莉	女			
		徐云丽	女			
		朱　婷	女			
		龚翔宇	女			
		惠若琪	女			
		张常宁	女			
		袁心玥	女			
		丁　霞	女			
		颜　妮	女			
		杨方旭	女			
		魏秋月	女			
乒乓球男子单打	世界冠军	马　龙	男	2016 年夏季奥运会	8 月 12 日	巴西
乒乓球女子单打	世界冠军	丁　宁	女	2016 年夏季奥运会	8 月 10 日	巴西
乒乓球男子团体	世界冠军	马　龙	男	2016 年夏季奥运会	8 月 18 日	巴西
		张继科	男			
		许　昕	男			
乒乓球女子团体	世界冠军	丁　宁	女	2016 年夏季奥运会	8 月 17 日	巴西
		刘诗雯	女			
		李晓霞	女			

续表

获国际主要赛事世界冠军情况						
项目	成绩	运动员	性别	赛事	产生日期	举办地
乒乓球男子团体	世界冠军	马　龙	男	2016年乒乓球世界锦标赛	3月6日	马来西亚
		樊振东	男			
		万　博	男			
		张继科	男			
		许　昕	男			
乒乓球女子团体	世界冠军	丁　宁	女	2016年乒乓球世界锦标赛	3月6日	马来西亚
		刘诗雯	女			
		陈　梦	女			
		李晓霞	女			
		朱雨玲	女			
乒乓球男子单打	世界冠军	樊振东	男	2016年乒乓球男子世界杯	10月3日	德国
跆拳道男子-58公斤级	世界冠军	赵　帅	男	2016年夏季奥运会	8月18日	巴西
跆拳道女子+67公斤级	世界冠军	郑姝音	女	2016年夏季奥运会	8月21日	巴西
女子团体	世界冠军	詹天瑞	女	2016年跆拳道世界杯	12月14日	阿塞拜疆
		邵芬芬	女			
		郭耘菲	女			
		郑姝音	女			
		闻人云涛	女			
		周美玲	女			
举重女子+75公斤级总成绩	307公斤	孟苏平	女	2016年夏季奥运会	8月14日	巴西
举重女子63公斤级总成绩	262公斤	邓　薇	女	2016年夏季奥运会	8月9日	巴西
举重男子56公斤级总成绩	307公斤	龙清泉	男	2016年夏季奥运会	8月7日	巴西
举重女子69公斤级总成绩	261公斤	向艳梅	女	2016年夏季奥运会	8月10日	巴西

续表

获国际主要赛事世界冠军情况						
项目	成绩	运动员	性别	赛事	产生日期	举办地
举重男子69公斤级总成绩	352公斤	石智勇	男	2016年夏季奥运会	8月9日	巴西
女子自由式60公斤级	世界冠军	裴星茹	女	2016年摔跤世界锦标赛	12月11日	匈牙利
女子500米	43.258秒	范可新	女	2016年短道速滑世界锦标赛	3月12日	韩国
男子1500米	2分17.355秒	韩天宇	男	2016年短道速滑世界锦标赛	3月12日	韩国
男子全能	68	韩天宇	男	2016年短道速滑世界锦标赛	3月13日	韩国
男子5000米接力	6分51.816秒	石竟男	男	2016年短道速滑世界锦标赛	3月13日	韩国
		韩天宇	男			
		武大靖	男			
		许宏志	男			
女子100米蹼泳	38.13秒	舒程静	女	2016年蹼泳世界锦标赛	6月24日	希腊
男子400米器泳	2分40.40秒	池　聘	男	2016年蹼泳世界锦标赛	6月26日	希腊
女子400米器泳	2分56.87秒	陈思佳	女	2016年蹼泳世界锦标赛	6月26日	希腊
女子400米蹼泳	3分16.24秒	孙祎婷	女	2016年蹼泳世界锦标赛	6月24日	希腊
女子800米蹼泳	6分49.27秒	孙祎婷	女	2016年蹼泳世界锦标赛	6月26日	希腊
女子1500米蹼泳	13分15.05秒	孙祎婷	女	2016年蹼泳世界锦标赛	6月26日	希腊
女子50米潜泳	16.25秒	刘思敏	女	2016年蹼泳世界杯总决赛	9月10日	俄罗斯
女子50米蹼泳	17.55秒	舒程静	女	2016年蹼泳世界杯总决赛	9月11日	俄罗斯
女子100米蹼泳	38.23秒	舒程静	女	2016年蹼泳世界杯总决赛	9月11日	俄罗斯
男子100米器泳	32.4秒	童振博	男	2016年蹼泳世界杯总决赛	9月10日	俄罗斯
女子800米蹼泳	6分59.19秒	孙祎婷	女	2016年蹼泳世界杯总决赛	9月10日	俄罗斯

续表

获国际主要赛事世界冠军情况						
项目	成绩	运动员	性别	赛事	产生日期	举办地
女子4×100米蹼泳接力	2分36.85秒	刘思敏	女	2016年蹼泳世界杯总决赛	9月11日	俄罗斯
		袁雅琪	女			
		舒程静	女			
女子4×100米蹼泳接力	2分36.85秒	许艺川	女	2016年蹼泳世界杯总决赛	9月11日	俄罗斯
五人操	21.944	马 超	女	2016年健美操世界锦标赛	6月19日	韩国
		潘立鉨	男			
		徐雪松	男			
		李凌啸	男			
		麻 东	男			
团体	世界冠军	华飞扬	男	2016年健美操世界锦标赛	6月19日	韩国
		于洋洋	女			
		付 垚	女			
		黄诚开	女			
		杨乔博	男			
		赵 明	男			
		黄子敬	男			
		李凌啸	男			
		麻 东	男			
		张慧雯	女			
		马 超	女			
		潘立鉨	男			
		王 锞	男			
团体	世界冠军	寿旻超	男	2016年健美操世界锦标赛	6月19日	韩国
		徐雪松	男			
男子四人团体	30.34	李 铮	男	2016年技巧世界锦标赛	4月3日	中国
		张 腾	男			
		周家槐	男			
		芮留铭	男			
女子大金属掷球混合赛	世界冠军	程锡平	女	2016年地掷球大金属地掷球女子世界锦标赛	10月7日	摩洛哥

续表

获国际主要赛事世界冠军情况						
项目	成绩	运动员	性别	赛事	产生日期	举办地
女子大金属地掷球单人连续抛击	世界冠军	王　杨	女	2016 年地掷球大金属地掷球女子世界锦标赛	10 月 7 日	摩洛哥
女子大金属地掷球双人赛	世界冠军	张　薇	女	2016 年地掷球大金属地掷球女子世界锦标赛	10 月 7 日	摩洛哥
		郭晓敏	女			
女子大金属地掷球双人接力连续抛击	世界冠军	程锡平	女	2016 年地掷球大金属地掷球女子世界锦标赛	10 月 7 日	摩洛哥
		王　杨	女			
美式九球	世界冠军	韩　雨	女	2016 年台球美式九球世界锦标赛	10 月 7 日	摩洛哥
女子个人全能	世界冠军	韩秋立	女	2016 年跳伞世界锦标赛	12 月 16 日	美国
女子集体定点	8 轮 41 公分	韩秋立	女	2016 年跳伞世界锦标赛	9 月 21 日	美国
		赵恬恬	女			
女子集体定点	8 轮 41 公分	张阳梅	女	2016 年跳伞世界锦标赛	9 月 21 日	美国
		何宇峰	女			
		高滨川	女			
C5	97.67	钱　峰	男	2016 年航海模型仿真项目世界锦标赛	9 月 11 日	俄罗斯
围棋男子个人	世界冠军	柯　洁	男	2016 年第 20 届三星车险杯世界围棋大师赛	12 月 8 日	韩国
国际象棋女子团体	世界冠军	赵　雪	女	2016 国际象棋世界奥林匹克女子团体赛	9 月 14 日	阿塞拜疆
		郭　琦	女			
		侯逸凡	女			
		居文君	女			
		谭中怡	女			
男子男刀	9.65	梁永达	男	2016 年第 1 届世界杯武术套路比赛	11 月 19 日	中国
男子太极拳	9.67	陈洲理	男	2016 年第 1 届世界杯武术套路比赛	11 月 19 日	中国
男子对练	9.71	史龙龙	男	2016 年第 1 届世界杯武术套路比赛	11 月 20 日	中国
男子对练	9.71	吴晓龙	男	2016 年第 1 届世界杯武术套路比赛	11 月 20 日	中国

续表

获国际主要赛事世界冠军情况						
项目	成绩	运动员	性别	赛事	产生日期	举办地
男子长拳	9.67	孙培原	男	2016 年第 1 届世界杯武术套路比赛	11 月 19 日	中国
男子南拳	9.67	王 地	男	2016 年第 1 届世界杯武术套路比赛	11 月 20 日	中国
女子枪术	9.65	赖晓晓	女	2016 年第 1 届世界杯武术套路比赛	11 月 20 日	中国
女子南拳	9.69	魏海玲	女	2016 年第 1 届世界杯武术套路比赛	11 月 20 日	中国
自选套路男子太极剑	9.78	吕泰东	男	2016 年第 1 届世界太极拳锦标赛	10 月 18 日	波兰
自选套路男子太极拳	9.78	陈洲理	男	2016 年第 1 届世界太极拳锦标赛	10 月 17 日	波兰
自选套路女子太极拳	9.77	于萌萌	女	2016 年第 1 届世界太极拳锦标赛	10 月 17 日	波兰
自选套路女子太极剑	9.76	戴丹丹	女	2016 年第 1 届世界太极拳锦标赛	10 月 18 日	波兰
男子 42 式太极剑	9.75	周琳海	男	2016 年第 1 届世界太极拳锦标赛	10 月 18 日	波兰
第三套国际武术竞赛套路女子太极剑	9.57	杜昊滢	女	2016 年第 1 届世界太极拳锦标赛	10 月 17 日	波兰
第三套国际武术竞赛套路女子太极拳	9.42	巨文馨	女	2016 年第 1 届世界太极拳锦标赛	10 月 18 日	波兰
第三套国际武术竞赛套路男子太极剑	9.55	崔碧晖	男	2016 年第 1 届世界太极拳锦标赛	10 月 17 日	波兰
男子散打 48 公斤级	世界冠军	朱记晖	男	2016 年第 8 届世界杯武术散打比赛	11 月 6 日	中国
女子散打 52 公斤级	世界冠军	章 乱	女	2016 年第 8 届世界杯武术散打比赛	11 月 6 日	中国
女子散打 56 公斤级	世界冠军	刘玲玲	女	2016 年第 8 届世界杯武术散打比赛	11 月 6 日	中国

续表

获国际主要赛事世界冠军情况						
项　目	成　绩	运动员	性别	赛　事	产生日期	举办地
男子散打65公斤级	世界冠军	徐吉福	男	2016年第8届世界杯武术散打比赛	11月6日	中国
女子散打70公斤级	世界冠军	苗玉杰	女	2016年第8届世界杯武术散打比赛	11月6日	中国
女子散打75公斤级	世界冠军	李　园	女	2016年第8届世界杯武术散打比赛	11月6日	中国
男子散发75公斤级	世界冠军	张　坤	男	2016年第8届世界杯武术散打比赛	11月6日	中国
男子散打80公斤级	世界冠军	付高峰	男	2016年第8届世界杯武术散打比赛	11月6日	中国
男子散打85公斤级	世界冠军	王文忠	男	2016年第8届世界杯武术散打比赛	11月6日	中国
男子散打90公斤以上级	世界冠军	叶　翔	男	2016年第8届世界杯武术散打比赛	11月6日	中国
男子健体174cm组	世界冠军	郑少忠	男	2016年健美世界锦标赛	11月13日	波兰

资料来源：国家体育总局网站。

［附录六］

2016年全国自然灾害情况

指　标	单位	数　量
农作物受灾面积	千公顷	26220.7
农作物绝收面积	千公顷	2902.2
旱灾受灾面积	千公顷	9872.7
旱灾绝收面积	千公顷	1018.3
洪涝、山体滑坡、泥石流和台风受灾面积	千公顷	10554.9
洪涝、山体滑坡、泥石流和台风绝收面积	千公顷	1442.4
风雹灾害受灾面积	千公顷	2908.0
风雹灾害绝收面积	千公顷	268.8
低温冷冻和雪灾受灾面积	千公顷	2885.0
低温冷冻和雪灾绝收面积	千公顷	172.7

续表

自然灾害受灾人口	万人次	18911.7
自然灾害受灾死亡人口	人	1706
自然灾害直接经济损失	亿元	5032.9

资料来源：2018 年 3 月 2 日，国家统计局国家年度数据表。

［附录七］

2016 年国务院机构简称

全　称	简　称
中华人民共和国国务院办公厅	
中华人民共和国国务院办公厅	国务院办公厅
国务院组成部门	
中华人民共和国外交部	外交部
中华人民共和国国防部	国防部
中华人民共和国国家发展和改革委员会	发展改革委
中华人民共和国教育部	教育部
中华人民共和国科学技术部	科技部
中华人民共和国工业和信息化部	工业和信息化部
中华人民共和国国家民族事务委员会	国家民委
中华人民共和国公安部	公安部
中华人民共和国国家安全部	安全部
中华人民共和国监察部	监察部
中华人民共和国民政部	民政部
中华人民共和国司法部	司法部
中华人民共和国财政部	财政部
中华人民共和国人力资源和社会保障部	人力资源社会保障部
中华人民共和国国土资源部	国土资源部
中华人民共和国环境保护部	环境保护部
中华人民共和国住房和城乡建设部	住房城乡建设部
中华人民共和国交通运输部	交通运输部
中华人民共和国水利部	水利部
中华人民共和国农业部	农业部
中华人民共和国商务部	商务部

续表

全 称	简 称
中华人民共和国文化部	文化部
中华人民共和国国家卫生和计划生育委员会	卫生计生委
中国人民银行	人民银行
中华人民共和国审计署	审计署
监察部与中共中央纪律检查委员会机关合署办公，机构列入国务院序列，编制列入中共中央直属机构。教育部对外保留国家语言文字工作委员会牌子。工业和信息化部对外保留国家航天局、国家原子能机构牌子。环境保护部对外保留国家核安全局牌子	
国家语言文字工作委员会	国家语委
国家航天局	航天局
国家原子能机构	原子能机构
国家核安全局	核安全局
国务院直属特设机构	
国有资产监督管理委员会	国资委
国务院直属机构	
中华人民共和国海关总署	海关总署
国家税务总局	税务总局
国家工商行政管理总局	工商总局
国家质量监督检验检疫总局	质检总局
国家新闻出版广电总局	新闻出版广电总局
国家体育总局	体育总局
国家安全生产监督管理总局	安全监管总局
国家食品药品监督管理总局	食品药品监管总局
国家统计局	统计局
国家林业局	林业局
国家知识产权局	知识产权局
国家旅游局	旅游局
国家宗教事务局	宗教局
国务院参事室	参事室
国家机关事务管理局	国管局
国家预防腐败局列入国务院直属机构序列，在监察部加挂牌。国家新闻出版广电总局加挂国家版权局牌子	
国家预防腐败局	预防腐败局
国家版权局	版权局
国务院办事机构	
国务院侨务办公室	侨办

续表

全　称	简　称
国务院港澳事务办公室	港澳办
国务院法制办公室	法制办
国务院研究室	国研室
国务院台湾事务办公室与中共中央台湾工作办公室、国务院新闻办公室与中共中央对外宣传办公室、国务院防范和处理邪教问题办公室与中央防范和处理邪教问题领导小组办公室，一个机构两块牌子，列入中共中央直属机构序列	
国务院台湾事务办公室	台办
国务院新闻办公室	新闻办
国务院防范和处理邪教问题办公室	防范办
国务院直属事业单位	
新华通讯社	新华社
中国科学院	中科院
中国社会科学院	社科院
中国工程院	工程院
国务院发展研究中心	发展研究中心
国家行政学院	行政学院
中国地震局	地震局
中国气象局	气象局
中国银行业监督管理委员会	银监会
中国证券监督管理委员会	证监会
中国保险监督管理委员会	保监会
全国社会保障基金理事会	社保基金会
国家自然科学基金委员会	自然科学基金会
国务院部委管理的国家局	
国家信访局	信访局
国家粮食局	粮食局
国家能源局	能源局
国家国防科技工业局	国防科工局
国家烟草专卖局	烟草局
国家外国专家局	外专局
国家公务员局	公务员局
国家海洋局	海洋局
国家测绘地理信息局	测绘地信局
国家铁路局	铁路局
中国民用航空局	民航局
国家邮政局	邮政局

续表

全　称	简　称
国家文物局	文物局
国家中医药管理局	中医药局
国家外汇管理局	外汇局
国家煤矿安全监察局	煤矿安监局
国家档案局与中央档案馆、国家保密局与中央保密委员会办公室、国家密码管理局与中央密码工作领导小组办公室，一个机构两块牌子，列入中共中央直属机关的下属机构序列	
国家档案局	档案局
国家保密局	保密局
国家密码管理局	密码局

资料来源：国办秘函〔2013〕12号文件。

图书在版编目(CIP)数据

中华人民共和国史编年.2016年卷/当代中国研究所,中央档案馆编.--北京:当代中国出版社,2019.9
ISBN 978-7-5154-0940-5

Ⅰ.①中… Ⅱ.①当… ②中… Ⅲ.①中国历史—现代史—编年体—2016 Ⅳ.①K270.43

中国版本图书馆CIP数据核字(2019)第116849号

出 版 人　曹宏举
责任编辑　张　瑞
责任校对　康　莹
装帧设计　海　洋
出版发行　当代中国出版社
地　　址　北京市地安门西大街旌勇里8号
网　　址　http://www.ddzg.net　邮箱：ddzgcbs@sina.com
邮政编码　100009
编 辑 部　(010)66572264　66572154　66572132　66572180
市 场 部　(010)66572281　66572161　66572157　83221785
印　　刷　北京润田金辉印刷有限公司
开　　本　787毫米×1092毫米　1/16
印　　张　60印张　2插页　1309千字
版　　次　2019年9月第1版
印　　次　2019年9月第1次印刷
定　　价　350.00元

ISBN 978-7-5154-0940-5